Frank J. Sulloway

Der Rebell der Familie

Frank J. Sulloway

# Der Rebell der Familie

## Geschwisterrivalität, kreatives Denken und Geschichte

Aus dem Amerikanischen
von Klaus Binder
und Bernd Leineweber

Siedler

Für Jerome Kagan

Charles Darwin, im Jahr 1840. Vier Jahre zuvor war er von seiner Weltumsegelung mit der *HMS Beagle* zurückgekehrt (1831–36). Neunzehn Jahre später legte er, das fünfte von sechs Kindern einer Familie kleiner Landadeliger, mit *Die Entstehung der Arten durch natürliche Zuchtwahl* (1859) seine Theorie der Evolution vor und revolutionierte damit die Wissenschaft der Biologie. Aufgrund der Familiendynamik, die seine Persönlichkeit formte, war er zum Weltveränderer gleichsam geboren. Wendet man Darwins Theorie auf die Wissenschaft vom menschlichen Verhalten und insbesondere auf die Entwicklung der Persönlichkeit an, dann liefert sie auch eine Anleitung, um die Ursprünge schöpferischer Leistungen zu erforschen.

Letzte Nacht habe ich darüber nachgedacht, wie man zum Entdecker von unentdeckten Dingen wird; und das ist ein ganz verzwicktes Problem. Viele kluge Menschen – Menschen, die viel klüger sind als die Entdecker – bringen es nie dazu, etwas Originelles zu schaffen.

Charles Darwin 1871, in einem Brief an seinen Sohn Horace
(*Emma Darwin*, Bd. 2, S. 207)

# Inhalt

# Einführung

Angeregt wurde ich zu diesem Buch durch eine merkwürdig bohrende Frage. Wie kommt es, daß bestimmte Menschen die Gabe besitzen, das Wissen ihrer Zeit als wertlos zurückzuweisen und unser Denken völlig umzuwälzen? Kopernikus, Newton und Darwin waren unter diesen kühnen Visionären, die unser Weltverständnis von Grund auf verändert haben. Und genauso fanden sich auch immer Menschen, die solche visionären Geistesblitze schnell als Neuerungen erkannt und sich angeeignet haben, ganz gleich wie radikal die neue Idee, wie erbittert der Widerstand gegen sie war.

Als Darwin seine Theorie der Evolution durch natürliche Selektion vorlegte, löste er in der wissenschaftlichen Welt die schärfsten Kontroversen aus; sie dauern bis zum heutigen Tag an. Obwohl seine Ideen heftig bekämpft wurden, gab es einige Wissenschaftler, die in Darwin sofort den größten Revolutionär der Wissenschaft seit Isaac Newton erkannt haben. Andere dagegen waren völlig entsetzt von der Vorstellung, daß die Menschen von den Affen abstammen sollten; sie brandmarkten Darwin als verblendeten Atheisten, der vom wahren Weg wissenschaftlichen Denkens abgewichen sei. Schließlich setzte sich die Auffassung der Minderheit durch, und Darwin wurde in Westminster Abbey beigesetzt, nicht weit entfernt von Isaac Newton.

Daß sich Darwin mit seinen revolutionären Ideen durchsetzen konnte, wirft eine weitere entscheidende Frage auf. Wie kommt es, daß einige Menschen im Verlauf von wissenschaftlichen Umwälzungen ihr altes, irriges Denken rasch aufgeben, während andere zäh an den herrschenden Lehren festhalten? Auf diese Frage haben Historiker, Soziologen, Philosophen und Psychologen viele verschiedene Antworten gegeben. Doch so zahlreich die Hypothesen, so umfangreich die empirischen Untersuchungen sind, keine dieser Antworten kann befriedigend erklären, warum bestimmte Menschen zu Rebellen werden, während andere mit dem gleichen Eifer den jeweiligen Status quo verteidigen.

Im Streit um Darwins Evolutionstheorie spielten natürlich religiöse Überzeugungen eine Rolle. Aber gegen viele wissenschaftliche Revolutionen wurde eher mit sachlichen als mit ideologischen Argumenten vorgegangen. So stieß Alfred Wegeners Theorie der Kontinentalverschiebung unter Geologen ein halbes Jahrhundert lang auf Ablehnung, bis sie schließlich doch akzeptiert wurde.

Hin und wieder wird das Lebensalter als ein relevanter Faktor genannt, doch läßt sich damit kaum erklären, daß manche Eltern für neue Ideen eintreten, während ihre Kinder den gleichen Neuerungen ablehnend gegenüberstehen.[1] Der große Naturforscher Étienne Geoffroy Saint-Hilaire zum

 Beispiel vertrat ein Vierteljahrhundert, bevor Darwin seine Theorie der natürlichen Selektion veröffentlicht hatte, einen evolutionstheoretischen Standpunkt, während sein Sohn Isidore, ebenfalls Naturforscher, eine derartige Idee, die quer zu allen herrschenden Auffassungen lag, verwarf. Aus dem Bereich der Politik ließe sich Benjamin Franklins ältester Sohn William nennen, der die amerikanische Revolution bekämpfte und als Loyalist des Landes verwiesen wurde. Diese und viele andere Beispiele zeigen, daß revolutionäre Neigungen mit dem Alter erstaunlich wenig zu tun haben.

Eine andere modisch-beliebte Hypothese über die Entstehung radikalen Denkens beruft sich auf Freuds Konzeption der ödipalen Rivalität. Revolutionäre Denker, heißt es, hätten oft eine schwierige Beziehung zu Vater oder Mutter gehabt.[2] Es fällt nicht schwer, diese These mit historischem Material zu stützen. Aber ebenso leicht läßt sich das Gegenteil beweisen. Es stimmt, daß der junge Darwin mit seinem Vater größere Konflikte austrug als viele andere Wissenschaftler. Alfred Russel Wallace jedoch, der unabhängig von Darwin eine Theorie der natürlichen Selektion entwickelt hat, stand in ausgezeichnetem Verhältnis zu seinen Eltern. Und es gibt viele berühmte Wissenschaftler, die ihre Disziplinen revolutionierten und doch keine nennenswerten ödipalen Konflikte durchlebten; zu ihnen gehören Francis Bacon, René Descartes, Louis Pasteur und Max Planck. Sogar Sigmund Freuds Beziehung zu seinen Eltern war besser als die der meisten Wissenschaftler.

Auch ökonomische Verhältnisse und sozialer Status werden zur Erklärung von revolutionären Neigungen herangezogen.[3] Doch haben die Auseinandersetzungen um revolutionäre Neuerungen einen ganz auffälligen Zug gemeinsam, dem mit dem Verweis auf den sozialen Status der Protagonisten nicht beizukommen ist: Die meisten größeren Umwälzungen führen in den Familien und unter den Geschwistern, die gemeinsam aufgewachsen sind, zu Polarisierungen. So berichtet ein Zeitgenosse der Französischen Revolution über die Phase der Schreckensherrschaft: »Das Schlimmste an dieser beklagenswerten Revolution ist die Zwietracht, die sie in privaten Kreisen und Familien, zwischen Freunden und selbst zwischen Liebenden gesät hat. Nichts ist von der Ansteckung unberührt geblieben.«[4] Dem entspricht, daß die Historiker bislang keine nennenswerten sozioökonomischen Unterschiede zwischen den Mitgliedern des französischen Nationalkonvents (1792-95) nachweisen konnten. Und doch haben sich diese überwiegend der Mittelschicht angehörenden Deputierten erbitterte Fehden geliefert, die nicht nur zur schonungslosen Politik des Terrors führten, sondern auch dazu, daß mehr als fünfzig dieser Politiker von ihresgleichen auf die Guillotine geschickt wurden. In den Konvent wurden sechzehn Brüder gewählt. Ihre Geschichte ist in unserem Zusammenhang besonders aufschlußreich. Denn die meisten dieser Brüderpaare waren Anhänger *rivalisierender* Parteien und Fraktionen. Ganz ähnliche Auswirkungen auf die Familien zeigte die Reformation. Auch sie entzweite Ehepaare, trennte Eltern von ihren Kindern und trieb Geschwister bis zum Brudermord.[5]

Was diese und andere Versuche, die Ursprünge des radikalen Denkens zu erklären, gleichermaßen übergehen, ist eine einfache und doch verblüffende

Beobachtung, die man am menschlichen Verhalten treffen kann. Wie die meisten Unterschiede zwischen Charakteren entwickeln sich auch diejenigen, die der Neigung zur Rebellion zugrunde liegen, *innerhalb* der Familie. Die Frage, warum jemand aufbegehrt und warum einige weitsichtige Menschen radikale Umwälzungen in Gang setzen, ist also gleichbedeutend mit der Frage, was denn Geschwister so verschieden werden läßt.

*Der Rebell der Familie* besteht aus vier Teilen, die meine grundlegende These unter einem jeweils neuen Gesichtspunkt betrachten. Teil I behandelt die zentrale Frage, warum bestimmte Wissenschaftler radikale Ideen bereitwillig akzeptieren und andere nicht. Darwins Hinwendung zur Evolutionstheorie läßt einen Grundzug revolutionärer Ideen erkennen. Wie die meisten Menschen neigen auch Wissenschaftler dazu, *radikale Neuerungen abzulehnen.* Selbst als sie mit den gleichen Ergebnissen biologischer Forschungen konfrontiert waren, die Darwin veranlaßt haben, von der Evolution auszugehen, weigerten sich seine engsten Kollegen, ihre auf der Schöpfungslehre beruhenden Überzeugungen aufzugeben. Es bedurfte also weit mehr als neuer Funde in der Wissenschaft, um aus Darwin einen Revolutionär werden zu lassen. Und wenn man die biographischen Umstände verfolgt, die Darwins Weg bestimmten, dann verdeutlichen sie exemplarisch einige der Einsichten, die ich gewonnen habe, als ich mehr als 6 000 Lebensläufe von Menschen aus allen Epochen der abendländischen Geschichte untersuchte. Bestimmte Menschen, so scheint es, sind gleichsam zur Rebellion geboren.

Meine These hat sich aus einer wegweisenden Beobachtung entwickelt. Zwischen Geschwistern können, auch wenn sie gemeinsam aufgewachsen sind, ebenso große Unterschiede in der Persönlichkeit bestehen wie zwischen Menschen aus verschiedenen Familien.[6] Diese Entdeckung, die von der psychologischen Persönlichkeitsforschung bestätigt wird, führt zu der Frage, warum Kinder in der gleichen Familie so unterschiedliche Erfahrungen machen. Sind es eher zufällige Einflüsse und Erlebnisse in der Familie, die solche Unterschiede hervorrufen, oder sind bestimmte Einflüsse regelmäßig mit Variablen verbunden, die die familiäre Umwelt strukturieren? Ganz sicher ist das Geschlecht (*gender*) von Belang, aber spielt es die einzige oder gar die wichtigste Rolle?

Wie steht es denn mit der Geburtenfolge? Sie ordnet jedem der Geschwister eine eigene Stellung zu. Schon eine oberflächliche Durchsicht der Literatur zur Geburtenfolge kann zeigen, wie entscheidend diese Variable ist. Dennoch ist sie in der Regel vernachlässigt worden, weil die entsprechenden Daten oft widersprüchlich erscheinen. Dabei lassen sich solche Widersprüche meist auf rein methodische Gründe zurückführen. Außerdem fehlt der umfangreichen Literatur zur Geburtenfolge eine theoretische Perspektive; eine weitere Ursache dafür, daß sie nicht zu sinnvollen Ergebnissen gefunden hat. Interpretiert man die Literatur jedoch in einem geeigneten Rahmen neu, dann wird man auf eindeutige Gesetzmäßigkeiten stoßen und der Antwort auf die Frage, was denn Geschwister so verschieden macht, einen ersten entscheidenden Schritt näherkommen.

Darwins Theorie und die derzeit im Entstehen begriffene, evolutionstheoretisch fundierte Psychologie bieten brauchbare Ansätze zum Verständnis des familiären Lebens und zur Beantwortung unserer Frage. Ein ganz wesentlicher Grund für die Unterschiede zwischen Geschwistern liegt in ihrer Konkurrenz um den Zugang zu den familiären Ressourcen. Der Streit darum, insbesondere um die elterliche Liebe, führt zu Rivalitäten. In der Natur haben wiederkehrende Konflikte Anpassungen zur Folge, welche die Chancen erhöhen, nach oben zu kommen. Geschwister setzen im Kampf gegen ihre Konkurrenten Körpergröße und körperliche Stärke ein. Diese offensichtlichen Ungleichheiten wirken sich auf viele der Taktiken, von denen Geschwister in ihrem Wettstreit Gebrauch machen, aus. Will man körperliche Differenzen messen und zugleich den Status eines Individuums in der Familie bestimmen, dann liefert die Geburtenfolge einen entscheidenden Faktor. Strategien, die Erstgeborene entwickeln, werden durch Gegenstrategien der Spätergeborenen beantwortet. Es kommt zu einem regelrechten evolutionären Rüstungswettlauf in der Familie. Im Hinblick auf das Primat des Geschwisterkampfs stimmt sogar die Bibel mit der Evolutionstheorie überein: Der erste in der Bibel erwähnte Mord – der von Kain an seinem jüngeren Bruder Abel – ist ein Brudermord.

Es liegt in der Stellung von Erstgeborenen, daß sie sich stärker mit Macht und Autorität identifizieren. Erstgeborene kommen als erste in die Familie, und sie nutzen ihre überlegene Größe und Stärke, um diese besondere Stellung zu verteidigen. Sie sind bestimmender, sozial dominanter, ehrgeiziger, eifersüchtiger auf ihren Status bedacht und gleichzeitig defensiver als ihre jüngeren Geschwister. Diese wiederum neigen aufgrund ihrer untergeordneten Position im Familiensystem dazu, den Status quo in Frage zu stellen und unter bestimmten Bedingungen auch eine »revolutionäre Persönlichkeit« zu entwickeln. Im Namen der Revolution haben sich Spätergeborene wiederholt den altehrwürdigen Grundannahmen ihrer Zeit entgegengestellt. Die kühnen Forscher, die Bilderstürmer und die Häretiker, die wir aus der Geschichte kennen, kommen aus ihren Reihen.

Der Einfluß der Geburtenfolge läßt sich – wie jener der Geschlechtszugehörigkeit – in der gesamten abendländischen Geschichte nachweisen, mit all seinen eindeutigen und drastischen Konsequenzen. Für den größten Teil der geschichtlich überlieferten Biographien gilt, daß die Geburtenfolge bestimmte, wer überlebte und wer starb, wer politische Macht besaß und wer nicht, wer einen Partner oder eine Partnerin zur Fortpflanzung fand. In vergangenen Jahrhunderten haben Eltern meist besonders viel für ihre Erstgeborenen getan, um sicherzustellen, daß wenigstens ein Nachkomme die familiäre Linie erfolgreich fortsetzen konnte. Erstgeborene wiederum hatten im allgemeinen mehr Nachwuchs. Schon vor Einführung der Primogenitur hatten die knappen Ressourcen dazu geführt, daß die Familie klein gehalten wurde, unter anderem durch Kindesmord und durch die Vernachlässigung jüngerer Geschwister. In ihrem Bemühen, die Kindheit zu überleben und ihre Gene an die nächste Generation weiterzugeben, gerieten die Spätergeborenen immer in Konflikt mit ihren älteren Geschwistern.[7]

Die Evolution des Verhaltens ist etwas anderes als die Frage, wie individuelles Verhalten erlernt wird. Kinder erben keine speziellen Gene, die sie zu Erstgeborenen oder Spätergeborenen werden lassen. Doch die Gene, die sie erben, helfen ihnen, die Konkurrenz um die elterliche Zuwendung zu bestehen. Durch die familiäre Umwelt ist festgelegt, wie diese Konkurrenz zum Ausdruck kommen wird. Würde man nur die Persönlichkeit betrachten, dann könnte jeder Erstgeborene ein Spätergeborener sein und umgekehrt. Die Folgen, die die Geburtenfolge für die psychische Entwicklung hat, zeigen mit erstaunlicher Deutlichkeit, welche Rolle die familiäre Umwelt spielt.

Das Buch dreht sich daher weniger um Geburtenfolge als vielmehr um Familiendynamik. In seinem zweiten Teil beschäftigt es sich mit den vielfältigen Einflüssen, die unabhängig von der Geburtenfolge die Persönlichkeitsentwicklung prägen. Geschwister entwickeln Unterschiede aus den gleichen Gründen wie biologische Arten: Differenzierung mildert die Konkurrenz um knappe Mittel. Kinder können mehr Nahrung und Aufmerksamkeit von den Eltern erlangen, wenn sie der direkten Konkurrenz aus dem Weg gehen und sich statt dessen an den vom Geschwisterkind weniger beanspruchten Elternteil wenden. Die Entwicklung der Geschwisterdifferenzen ist die Geschichte der Familienstruktur und der Nischen, die sich in der Familie herausbilden. Es ist auch die Geschichte der elterlichen Zuwendung und der unterschiedlichen Erfahrung dieser Zuwendung. Auch wenn sich Eltern noch so große Mühe geben, ihre Zuwendung gerecht zu verteilen, werden sie es nicht vermeiden können, eines der Kinder zu bevorzugen. Keine soziale Ungerechtigkeit aber wird tiefer empfunden als diejenige, die man in der eigenen Familie zu erleiden hat. Werden solche Gefühle nicht gemildert, untergraben sie den Respekt vor der Autorität und legen den Grundstein zu einer rebellischen Persönlichkeit.

Faktoren wie Geschlecht, Temperament, Konflikte zwischen Eltern und Kindern sowie der Verlust beider Eltern oder eines Elternteils sind von Bedeutung, wenn wir erklären wollen, wie sich eine rebellische Persönlichkeit entwickelt. Denn diese und andere Variablen haben Einfluß auf die Ausbildung von *Geschwisterstrategien*, die darauf zielen, möglichst viel elterliche Zuwendung zu ergattern. Selbst Einzelkinder machen von Geschwisterstrategien Gebrauch. Dieses scheinbare Paradox wurzelt in der Bedrohung durch ungeborene Geschwister, deren Einfluß auf das Familienleben – verstanden im Sinn der Darwinschen Theorie – so real ist wie das Ei und der Spermafaden, in denen jene residieren.

Einige Leser mögen diese Theorie der Persönlichkeitsentwicklung für zu deterministisch halten. Man sollte sich jedoch gewahr sein, daß Geschwisterstrategien als Ergebnis freiwilliger Entscheidungen weitgehend *selbst*bestimmt sind. Wenn Geschwister wollten, könnten sie durchaus auch andere Strategien verfolgen als jene, zu denen sie typischerweise greifen. Geschwister verhalten sich deshalb auf vorhersagbare Weise, weil manche Reaktionen auf die familiäre Umwelt wirkungsvoller sind als andere. Darüber hinaus sollte man bedenken, daß die familiäre Umwelt nur die allgemeinen Trends prägt, nicht die Einzelheiten; ein großer Teil des individuellen Verhaltens kann selbst durch die umfassendsten Theorien oder Modelle nicht erklärt werden. Die Debatte, ob menschliches Verhalten »determiniert« ist, ist daher im großen und ganzen fruchtlos: Einiges ist determiniert, anderes nicht.

Geschwisterstrategien führen dazu, daß Eigenschaften *neu entstehen.* Geburtenfolge, Geschlecht und Temperament wirken zusammen, wenn die Eigenheiten einer Person geprägt werden. Man kann nicht voraussagen, wohin eine solche Entwicklung führen wird, wenn man diese Variablen einfach nur addiert. Man braucht vielmehr eine Theorie der Geschwisterstrategien, wenn man die Züge einer Persönlichkeit deutlich darstellen und zeigen will, wie sich diese herausbilden und wie sie in ihrer Entwicklung mit der Familienstruktur und der innerfamiliären Dynamik zusammenhängen.

In Teil III geht es um den Einfluß der Gesellschaft, insbesondere im Hinblick auf gesellschaftliche Einstellungen und soziale Herkunft. Gesellschaftliche Einflüsse haben vor allem mit Unterschieden *zwischen* Familien zu tun. Auch wenn diese so gut wie keine direkten Auswirkungen auf die Persönlichkeit haben, formen sie dennoch gesellschaftliche Einstellungen und Werte, die ihrerseits das individuelle Verhalten nachhaltig prägen. Viele biographische Widersprüche lassen sich auflösen, wenn man anerkennt, daß die Persönlichkeitsstruktur von gesellschaftlichen Haltungen relativ unabhängig ist. Ein Mensch mit einer eher »konformistischen« Persönlichkeit mag dennoch freiheitliche Ansichten hegen, die er von den Eltern oder von anderen Autoritäten übernommen hat. Gesellschaftliche Einstellungen indes lassen sich auf Geschwisterunterschiede nicht nur unter den Nachkommen, sondern auch unter ihren unmittelbaren Vorfahren zurückführen. Die sozialen Überzeugungen von Ehegatten zeigen eine hohe Übereinstimmung. Über die Generationen hinweg bündeln sich weltanschauliche Differenzen zwischen Geschwistern durch die Wahl eines passenden Ehegatten, durch das »Gleich und gleich gesellt sich gern«. Politische und gesellschaftliche Sichtweisen, die sich in einer Familie feststellen lassen, gehen zu einem ganz wesentlichen Teil auf Geschwisterunterschiede zurück; sie sind Geschwisterdifferenzen in einer anderen Ausdrucksform. Wenn wir erklären wollen, warum einer oder eine radikal denkt, müssen wir viel darüber wissen, worin die Geschwisterunterschiede bestehen beziehungsweise wie sie sich darstellen.

Vieles in Teil III gehört in die allgemeine Geschichte. Weder Geburtenfolge noch Familiendynamik sind verantwortlich dafür, daß radikale Revolutionen in der Geschichte auftauchen. Doch sobald solche sozialen und politischen Aufstände einmal in Gang gesetzt sind, liefert die Familie eine entscheidende Quelle zum Verständnis der individuellen Differenzen, die diese Umwälzung in Gang *halten.* Es ist allerdings oft kaum zu unterscheiden, welche Verhaltensweisen auf Unterschiede in der Persönlichkeit zurückgehen und welche sich aus anderen Ursachen speisen, etwa aus Motiven soziologischer Natur oder aus der Situation selbst. Hat man keine wissenschaftlichen Kriterien, ist es schwer, die korrekten und die inkorrekten Vermutungen der Historiker auseinanderzuhalten. Die bislang von Historikern angewandten Methoden eignen sich zur Entwicklung von Hypothesen, aber nicht zu ihrer Überprüfung. Für diese Studie habe ich mehr als eine halbe Million Daten aus einigen zehntausend Biographien verarbeitet. Um so viele Informationen zusammenfassen und analysieren zu können, habe ich Computertechnik und rechnergestützte Testverfahren eingesetzt. Die meisten Menschen denken, Wissenschaft* sei eine Disziplin, ein Fach wie Physik oder Chemie. Aber Wissenschaft ist kein Fach, sondern eine *Methode.* Selbst im Bereich der Geschichte läßt sich vieles wissenschaftlich-methodisch untersuchen.[8]

Sind die wesentlichen Ursachen für rebellisches Verhalten im gesellschaftlichen Leben dieselben wie in der Wissenschaft? Das Politische bietet den Geschwisterstrategien eine komplizierte Arena; in der Politik geht es um Gewalt. Hinter dem linken Terrorismus und dem linken Egalitarismus stehen sehr unterschiedliche politische Neigungen. In den geschichtlichen Bewegungen dieser Couleur trifft man entsprechend auf ganz verschiedenartige Geschwister.

Welche Rolle die Familiendynamik für das politische Leben spielt, habe ich am Verlauf der Reformation und der Französischen Revolution untersucht. Diese beiden sozialen Umbruchsituationen gaben mir Gelegenheit, meine allgemeine These zu überprüfen und sie gleichzeitig weiter auszubauen. Die zuverlässigsten Voraussagen über Einstellungen zu gesellschaftlichen Veränderungen während dieser radikalen Umwälzungsprozesse lassen sich anhand der Geschwisterdifferenzen treffen. Die Französische Revolution ist die Geschichte von Kain und Abel im Großen. In dem Maße, wie die Klasse zur Erklärung der Schreckensherrschaft beitragen kann, macht sie zugleich deutlich, wie und warum der gemeinsame familiäre Hintergrund so grundverschiedene politische Meinungen unter Geschwistern hervorbrachte.

Auch Konflikte zwischen Ehegatten lassen die Regeln des Geschwisterkampfs erkennen. Die meisten Ehegatten sind mit Geschwistern aufgewachsen und haben im Bemühen, sich eine eigene familiäre Nische zu schaffen, Strategien der Anpassung erlernt. In gesellschaftlichen Revolutionen werden die Geschwisterdifferenzen nach außen sichtbar. Nicht alle Zeitgenossen der Reformation hatten das Glück, einen Ehepartner zu finden, der den gleichen Rang in der Geburtenfolge innehatte. Daher gerieten viele Paare über religiöse und politische Fragen in Streit. Heinrich VIII. ist nicht der einzige Mann, dessen Autorität durch eine unzufriedene Gattin auf die Probe gestellt wurde. Einige derjenigen königlichen Gattinnen, die sich zur protestantischen Häresie bekannt hatten, wurden von ihren Männern ins Gefängnis gesteckt. Andere traf das Schwert des Scharfrichters. Die Geburtenfolge eignet sich vortrefflich, um solche Ehekonflikte zu erklären, auch die, die Heinrich VIII. mit seinen sechs Frauen austrug.

Im vierten und letzten Teil meines Buches fasse ich zusammen, zu welchen Ergebnissen meine Untersuchung über die Neigung zur Rebellion und Weltveränderung geführt hat. Dabei machte mir die hochkontingente Natur geschichtlicher Prozesse schwer zu schaffen. Geschichte ist eine besondere

---

* Anm.d.Ü.: *science* bedeutet im Englischen Wissenschaft eher im Sinn »exakter Naturwissenschaften«.

Wissenschaft, denn das geschichtliche Material präsentiert so viele verschiedene und unvergleichliche Situationen. Zwar läßt sich das Verhalten von Menschen voraussagen, aber nur wenn es gelingt, den jeweiligen Handlungskontext mit allen seinen Besonderheiten zu erfassen. Wenn wir wiederkehrende Muster aufdecken wollen, müssen wir dem jeweils besonderen geschichtlichen Umfeld genausoviel Erklärungsspielraum einräumen wie den individuellen biographischen Einflüssen. Historiker beurteilen die Rolle des geschichtlichen Zusammenhangs richtig, doch es gelingt ihnen nicht, diesen wissenschaftlich zu erfassen. Angesichts der Überfülle von Interaktionen zwischen individuellen Anlagen und Prägungen auf der einen und Verhaltenskontexten auf der anderen Seite ist das Problem zu komplex, als daß es mit narrativen Methoden gelöst werden könnte.

Zieht man objektive Kriterien heran, können Innovationen analysiert und klassifiziert werden. Und wenn das gelingt, dann zeigt sich im Hinblick auf den Typus von Menschen, der sich zu ihrer Unterstützung bereit findet, eine bemerkenswerte, sich durch alle Umwälzungen hindurchziehende Beständigkeit. Wissenschaftlich betrachtet, sympathisieren Erstgeborene mit konservativen Neuerungen, denen Spätergeborene im allgemeinen ablehnend gegenüberstehen. »Vitalistische« Lehrmeinungen in der Biologie haben wiederholt Beispiele für diese Vorliebe von Erstgeborenen geliefert. Im Unterschied zu konservativen Innovationen ist es typisch für die Vorschläge von Revolutionären, daß sie mit den in der Gesellschaft allgemein akzeptierten Überzeugungen zusammenprallen, vor allem mit den herrschenden religiösen Dogmen. Die Kopernikanische Theorie und der Darwinismus sind Revolutionen, die von Spätergeborenen ausgingen und von Erstgeborenen heftig bekämpft wurden.

Es gibt ganz unterschiedliche Revolutionen, und sie würden dieselbe Person zu verschiedenen Antworten herausfordern. Eine einzelne Episode historischer Umwälzungen reicht daher nicht aus, zu erklären, warum jemand eine Führungsrolle in der Geschichte gespielt hat und ein anderer nicht. Man muß viele geschichtliche Ereignisse untersuchen und nach ihren Grundzügen klassifizieren. Erst wenn sie angemessen kategorisiert sind, läßt sich oft zeigen, daß menschliches Verhalten konsistent ist.

Als ich mit der Untersuchung begann, wollte ich nur einen Aspekt des menschlichen Verhaltens erklären – die Neigung zur Rebellion. Ich wußte nicht, worauf ich mich einließ. Verhaltensmuster, die als Lösung von ausweglosen Familiensituationen entwickelt wurden, bereiten Menschen darauf vor, zu Weltveränderern zu werden. Es ist eine grundsätzliche Entscheidung, ob man den Status quo akzeptiert oder ablehnt, eine Wahl, vor der wir alle einmal stehen. In der Familie lernen wir, solche Entscheidungen zu treffen. Die Familie ist die Prägestätte, das Laboratorium, in dem sich die individuelle Neigung zu Revolution oder Konterrevolution und damit eine der wichtigsten Antriebskräfte für geschichtliche Veränderungen entwickelt. In einer Art und Weise, die ich zu Beginn meiner Studie nicht erwartet hätte, liegen die Ursachen für rebellisches Verhalten in jeder Familie. Diese Geschichte betrifft uns alle.

Teil I

# Geburtenfolge und revolutionäre Persönlichkeit

Kapitel 1

# Offenheit für Innovationen in der Wissenschaft

Zu Darwins Zeit galt Evolution als ein ketzerischer Begriff; er widersprach sowohl der Bibel als auch dem gesunden Menschenverstand. Die meisten unter Darwins Zeitgenossen lehnten diese Vorstellung rundweg ab. Doch Darwin nahm sie ernst, auch wenn ihn seine Zweifel und Bedenken krank machten. Als er nicht mehr anders konnte, als den Gedanken der Evolution zu akzeptieren, sei dies für ihn wie »das Geständnis eines Mordes« gewesen.[1]

Dieses Buch beschäftigt sich mit den zahlreichen »Darwins«, die es in der Geschichte des abendländischen Denkens gab; mit Menschen, die versucht haben, die Denkweisen ihrer Zeit zu revolutionieren. Einige von ihnen, wie der Philosoph Giordano Bruno aus dem sechzehnten Jahrhundert, wurden verbrannt. Anderen war das Schicksal kaum gnädiger: Sie wurden für ihre ketzerischen Überzeugungen gehenkt oder geköpft. Wieder andere, wie Galilei, sind durch die mächtigen Institutionen ihrer Zeit gezwungen worden, ihren Erkenntnissen abzuschwören. Viele radikale Denker suchten sich zu schützen, indem sie ihre Werke anonym veröffentlichten. So benutzte etwa der gewitzte Voltaire über hundert verschiedene Pseudonyme. Allerdings hat ihn auch dieses Taktieren nicht davor bewahrt, für einen großen Teil seines Lebens aus seinem geliebten Paris und dann auch aus seinem Land verbannt zu werden. Obwohl sie Gefahr liefen, verbannt, geköpft oder verbrannt zu werden, konnten einige dieser mutigen Männer nicht zum Schweigen gebracht werden.

Warum akzeptierten die einen, so wie Darwin, neue Ideen, während andere sie ablehnten? Betrachtet man Darwins Fall, dann war das zwingende wissenschaftliche Beweismaterial kaum der entscheidende Beweggrund. Die Befunde, die ihn zum Anhänger des Evolutionsgedankens werden ließen, waren innerhalb weniger Jahre auch seinen Kollegen bekannt geworden. Doch nur Darwin ließ sich durch diese Belege derart aufrütteln, daß er auch Erklärungen in Betracht zog, die alle Denkgewohnheiten umstürzten. Es lohnt sich, diese Geschichte zu erzählen.

Am 27. Dezember 1831 verließ die *HMS Beagle* England zu einer auf fünf Jahre geplanten Weltreise. Das Ziel war, die südliche Küste von Südamerika zu erforschen und Längsvermessungen des Globus vorzunehmen. An Bord befand sich, als Naturforscher, Charles Darwin. Gerade zweiundzwanzig Jahre alt, hatte er an der Universität von Cambridge sein Examen abgelegt, um eine Laufbahn als Kleriker einschlagen zu können. Er war ein freundlicher Mann mit einem leidenschaftlichen Interesse für Geologie und Naturgeschichte, ein Mann, wie sein Onkel ihn treffend beschrieb, »von ausufernder Neugierde«.[2] Darwin verließ England in dem Glauben, daß Gott die Welt

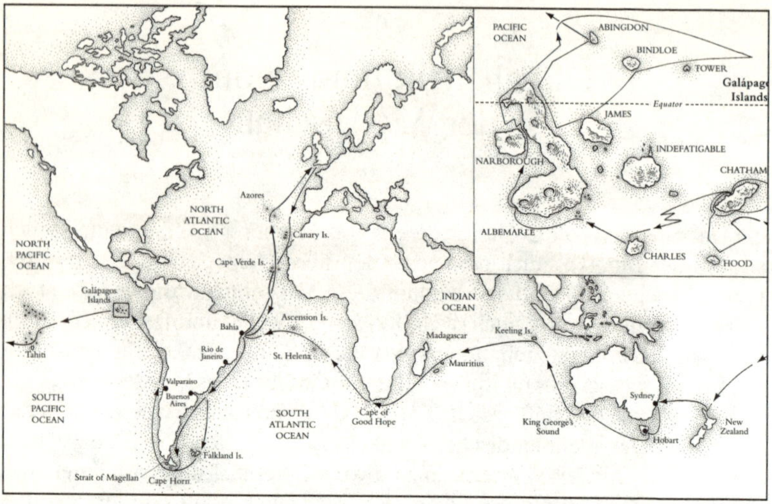


Abb. 1.1 Die Route der *HMS Beagle* während ihrer Reise um die Welt (1831-36). Kleine Karte, oben rechts: Die Galápagos-Inseln, etwa 1 000 Kilometer westlich von Ecuador, wo sich die *Beagle* im September und Oktober 1835 aufhielt. Darwin verbrachte nur fünf Wochen auf der Inselgruppe; was er dort fand, revolutionierte jedoch sein Denken über die Entstehung der Arten. An Land ging er auf vier größeren Inseln: Chatham, Charles, Albemarle und James. Dort sammelte er neun Tage lang, davon drei im Hochland, seine Beweisstücke.

erschaffen und jeder Kreatur einen Platz in ihr bestimmt habe. »An Bord der *Beagle*«, so erinnert er sich in seiner Autobiographie, »war ich ganz orthodox, und ich weiß noch, wie etliche Schiffsoffiziere (die auch ihrerseits orthodox waren) laut über mich lachten, weil ich die Bibel als unanfechtbare Autorität in einer Frage der Moral zitierte.«[3]

Dies änderte sich nach der Fahrt der *Beagle* und vor allem nach Darwins Aufenthalt auf den Galápagos-Inseln (Abb. 1.1).[4] Dieser Archipel, etwa 1 000 Kilometer westlich von Ecuador, besteht aus sechzehn größeren Inseln vulkanischen Ursprungs. Die ältesten der heutigen Galápagos-Inseln sind mehr als drei Millionen Jahre alt. Zu der Inselkette gehören auch Unterwasserberge (oder »versunkene« Inseln), die an die neun Millionen Jahre alt sind.[5] Dieser Zeitraum entspricht nur etwa einem Vierhundertstel des Erdzeitalters und gerade einem Zwanzigstel der Periode, die vergangen ist, seit die Dinosaurier die Erde bevölkerten. Dennoch: Die Zeit hat gereicht, um die Galápagos-Inseln gleichsam zu einem Schaukasten der Evolution und ihrer Ergebnisse werden zu lassen.

Der Archipel erstreckt sich über ein ovales Gebiet von nur knapp 400 Kilometern Durchmesser. Die meisten Inseln liegen in Sichtweite voneinander. Sie waren ursprünglich unbewohnt und sind von spanischen Seeräubern nach der dort lebenden Riesenlandschildkröte (*galápagos*) benannt worden.

Vulkankegel in der Nähe von Stephens Bay, Chatham Island. Darwin schrieb über diese Gegend in sein Tagebuch: »Eine Nacht schlief ich am Ufer auf einem Teile der Insel, wo sich schwarze abgestutzte Kegel außerordentlich zahlreich fanden: von einer kleinen Erhöhung aus zählte ich deren sechzig, und alle wurden von mehr oder weniger vollkommenen Kratern gekrönt ... Die ganze Oberfläche dieses Teils der Insel scheint von den unterirdischen Dämpfen wie ein Sieb durchlöchert worden zu sein ... Infolge ihrer regelmäßigen Form gaben die vielen Krater der Landschaft ein künstliches Aussehen, welches mich lebhaft an die Teile von Staffordshire erinnerte, wo die großen Eisenwerke am zahlreichsten sind. Der Tag war glühend heiß und das Kriechen über die rauhe Fläche und die wirren Dickichte sehr ermüdend; ich wurde aber durch die fremdartige zyklopische Landschaft reichlich belohnt« (*Reise eines Naturforschers um die Welt,* S. 639).

Die Inselgruppe sitzt gleichsam auf dem Äquator, das Klima dort ist heiß und trocken. Nur in den höheren Lagen sorgen die Wolken, die sich um die Vulkangipfel sammeln, für mildere Temperaturen und eine üppige Vegetation. Das Flachland dagegen hat wüstenähnlichen Charakter und ist mit Kakteen und blattlosem Gestrüpp bedeckt. Darwin verglich diese Dürrezonen mit dem, was »in den kultivierten Bereichen der Hölle«[6] zu sehen sein müßte.

Das Bemerkenswerteste an den Galápagos-Inseln, schrieb Darwin in seinem Reisetagebuch, seien ihre lebenden Bewohner:

> »Die Naturgeschichte dieser Inseln ist in hohem Grade merkwürdig und verdient sehr wohl Aufmerksamkeit. Die meisten organischen Erzeugnisse sind eingeborene Schöpfungen, die sich nirgendwo anders finden ... Bedenkt man die unbedeutende Größe dieser Inseln, so fühlt man sich nur um so mehr über die Zahl ihrer eingeborenen Geschöpfe und über ihren beschränkten Verbreitungsbezirk überrascht. Wenn man sieht, daß jede Höhe von einem Krater gekrönt wird und daß die Verbreitungsgrenzen der meisten Lavaströme noch ganz deutlich sind, so werden wir zu der Annahme geführt, daß sich innerhalb einer, geologisch genommen jüngeren Periode hier noch der Ozean ununterbrochen ausbreitete. Wir scheinen daher in beiden Beziehungen, sowohl im Raume als in der Zeit, jener großen Tatsache – jenem Geheimnis aller Geheimnisse –, dem ersten Erscheinen neuer lebender Wesen auf der Erde, näher gebracht zu werden.«[7]

Die Tatsache, daß die Galápagos-Gruppe geologisch jüngeren Ursprungs war, bot den Schlüssel zu dem, was Darwin das »Geheimnis der Geheimnisse« nannte. Nach der Schöpfungslehre hatte Gott verschiedene Arten zu unterschiedlichen Zeiten auf der Erde verteilt. Die Doktrin von den separaten Schöpfungen, die auch Darwin zur Zeit seines Besuchs der Galápagos-Inseln noch vertrat, versuchte zu erklären, warum die mannigfaltigen »Zentren« der Schöpfung jeweils eigene Tier- und Pflanzenarten aufwiesen. Solche geographischen Unterschiede schienen Darwin, wie er in seinem Reisetagebuch notierte, anzuzeigen, daß »die Schöpfungsperioden jeweils für sich & entfernt voneinander stattgefunden haben; daß der Schöpfer bei seiner Arbeit Ruhepausen einlegte«.[8] Die Theorie des Schöpfungsplans bildete das Rückgrat der Schöpfungslehre und bot eine Erklärung dafür, warum Lebewesen ihrer Umgebung so gut angepaßt sind. Dieser Theorie zufolge hat der Schöpfer, die Bedürfnisse jeder Spezies voraussehend, diese für den Ort, der ihnen im Haushalt der Natur zugewiesen war, angemessen ausgestattet.

Da die Lebewesen der Galápagos-Inseln sowohl einzigartig waren als auch sämtlich jüngeren geologischen Epochen entstammten, sah Darwin in ihnen Beweise für »separate Schöpfungsakte«. Andernfalls hätten sich auf den Inseln einige der im westlichen Südamerika beheimateten Arten finden müssen, die von dort aus auf die Inseln hätten gelangen können.

Vor allem der Umstand, daß die einzelnen Inseln der Galápagos-Gruppe von sehr nahe verwandten, aber dennoch nicht gleichen Arten bevölkert waren, versetzte Darwin in Erstaunen. Der Vizegouverneur der Inseln hatte Darwin als erster von diesen lokalen Variationen berichtet; er könne, so erklärte er Darwin, für jede Schildkröte »mit Sicherheit« sagen, von welcher Insel sie stamme. Zunächst schenkte Darwin dieser Behauptung nicht viel Beachtung, dann aber beschäftigte sie ihn doch und ließ ihn nicht mehr los.

Besonders die vielen verschiedenen, aber eng verwandten Finkenarten, die auf den Inseln zu beobachten waren, faszinierten ihn – dreizehn Arten, mit Schnäbeln, deren Größe von der eines Kernbeißerschnabels bis zu dem eines Zaunkönigs variierte. Es gibt vier Grundarten, die sich in der Hauptsache von Samen ernähren, zwei kaktusfressende Arten, eine blattfressende Art und sechs insektenfressende Baumarten, darunter den »Grasmücken«- und den »Specht«-Finken (Abb. 1.2). Über diese ungewöhnliche ornithologische Gruppe bemerkte Darwin später in seinem Reisetagebuch:

> »Wenn man diese Abstufung und Verschiedenartigkeit der Struktur in einer kleinen, nahe untereinander verwandten Gruppe von Vögeln sieht, so kann man sich wirklich vorstellen, daß infolge einer ursprünglichen Armut an Vögeln auf diesem Archipel die eine Spezies hergenommen und zu verschiedenen Zwecken modifiziert worden sei.«[9]

Darwin entdeckte eine weitere Besonderheit in der Tierwelt des Archipels: zwei Arten großer Eidechsen, von denen die eine nur auf dem Land, die andere aber auch im Meer lebt. Beide Arten waren der Wissenschaft bis dahin

Darwins Galápagos-Finken. Abgebildet sind vier der dreizehn Arten: (1) der großschnabelige Erdfink *(Geospiza magnirostris)*, (2) der Erdfink mit mittlerer Schnabelgröße *(G. fortis)*, (3) der kleine insektenfressende Baumfink *(Camarhynchus parvulus)* und (4) der Grasmückenfink *(Certhidea olivacea)*. Darwin war so beeindruckt von den evolutionstheoretischen Implikationen dieser Finkenarten, daß er diese Abbildung in die zweite Auflage seines *Journal of Researches into the Natural History and Geology* aufnahm. Die »Darwinfinken« gehören zu den bekanntesten Beispielen des Evolutionsprozesses.

Galápagos-Schildkröten.
Links: Die James-Island-Schildkröte *(Geochelone elephantopus darwini)*, eine kuppelförmige Art, die von einer Insel stammt, die ein üppiges Hochland und daher viel Nahrung und Wasser hat.
Rechts: Die Hood-Island-Schildkröte *(G. elephantopus hoodensis)*, eine Form mit einem extremen Sattelrücken, die der inzwischen ausgestorbenen Art von Charles Island ähnlich ist. Auf den niedrigeren und trockeneren Inseln haben sich Arten mit einem hochgewölbten Rückenschild entwickelt, der es den Tieren ermöglicht, ihren Hals höher zu recken, um an die Kaktusblätter zu gelangen, aus denen sie Nahrung und Wasser beziehen.

unbekannt gewesen und zeigten eine nahe Verwandtschaft. Darwin beobachtete, daß sich die Meeresart gewöhnlich in großen Gruppen auf den Lavafelsen in der Nähe der Küste aufhielt. Sie schien sich ausschließlich von Algen auf dem Meeresgrund zu ernähren, was sie zur weltweit einzigen Eidechsenart macht, die auch im Meer leben kann. Frühere Inselbesucher hatten diese unheimlich wirkenden Kreaturen »Kobolde der Dunkelheit«[10] genannt. Experimente, die ein Besatzungsmitglied der *Beagle* machte, indem er einen dieser Leguane an einem Stein festband und ihn so zu ertränken versuchte, zeigten, daß diese Geschöpfe imstande waren, mehr als eine Stunde unter Wasser zu bleiben.

Im Unterschied zur Meeresform war die auf dem Land lebende Variante der Leguane, wie Darwin beobachtete, sehr territorialbezogen: Die Tiere lebten in unterirdischen Höhlen. Die Meeresechse war überall auf dem Archipel zu beobachten, während die auf dem Land lebenden Leguane sich merkwürdigerweise nur auf vier der mittleren Inseln fanden. »Es ist sehr interessant, in dieser Weise eine gut charakterisierte Gattung zu finden, welche ihre marine und ihre terrestrische Art hat, die beide einem so beschränkten Teile der Welt angehören.«[11] Doch wie waren diese einzigartigen Formen, die

Galápagos-Leguane, die nur auf diesen Inseln vorkommen.
Links: Eine Meerechse *(Amblyrhynchus cristatus)* auf den Lavafelsen nahe der Küste. Rechts: Ein großer, ausgewachsener Landleguan *(Conolophus subcristatus)*. Auf James Island, wo Darwin die Landleguans beobachtete, sind sie inzwischen ausgestorben, und auf zwei anderen Inseln sind sie vom Aussterben bedroht. Als hier 1835 die *Beagle* zu Besuch war, war die Landform des Leguans äußerst zahlreich. »Ich kann keinen eindringlicheren Beweis für ihre Mengen geben, als wenn ich anführe, daß wir, nachdem wir auf der James-Insel zurückgelassen worden sind, eine Zeitlang keine Stelle finden konnten, die frei von ihren Höhlen gewesen wäre und wo wir unser einziges Zelt hätten aufschlagen können« (*Reise eines Naturforschers um die Welt,* S. 661).

es sonst nirgendwo gibt, auf die Galápagos-Inseln gekommen? Sollten sie dort *geschaffen* worden sein? Und wenn dies der Fall war, warum hatte Gott dann verschiedene Arten für Inseln geschaffen, die doch in Sichtweite voneinander lagen?

Als Darwin über diese Fragen nachdachte, ließ ihn der Gedanke nicht mehr los, ob nicht diese Lebewesen, die auf den Galápagos-Inseln beheimatet sind, von Lebensformen abstammen könnten, die vor langer Zeit vom amerikanischen Festland herübergekommen waren. Das hätte erklärt, warum so viele von ihnen einen »amerikanischen Stempel« tragen, wie zum Beispiel die Spottdrosseln und Fliegenschnäpper. Später schrieb er dazu in seinem Reisetagebuch:

> »Wahrscheinlich sind die Inseln des Kapverdischen Archipels [gegenüber der Küste von Nordwestafrika] in allen ihren physikalischen Bedingungen den Galápagos-Inseln viel ähnlicher, als diese physikalisch mit der Küste von Amerika übereinstimmen; und doch sind die ursprünglichen Bewohner der beiden Gruppen völlig ungleich; die der Kapverdischen Inseln tragen den afrikanischen Charakter, während

die des Galápagos-Archipels den Stempel des amerikanischen Gepräges tragen.«[12]

Dies, so Darwin, konnte doch nur bedeuten, daß die Inselbewohner von den Festlandformen abstammten, die ihnen geographisch am nächsten lagen. Außerdem schienen die auf jeder Insel spezifischen, jedoch eng verwandten Arten auf eine kontinuierliche Evolution innerhalb des Archipels selbst hinzuweisen. Es zeugt von Darwins revolutionärem Genius, wenn er erkannte, daß sich die biologischen Funde von den Galápagos-Inseln mit der Schöpfungslehre nicht vertrugen.

Der Besuch der Inselgruppe hatte seine Zweifel an der Unveränderlichkeit der Arten geweckt, doch war er nicht Experte genug, um zu beurteilen, welche Tiere gerade noch und welche nicht mehr zu einer Art gehörten.[13] Dies war das Gebiet der Taxonomie, deren Erkenntnisse für die Fragen, mit denen Darwin die Galápagos-Inseln verließ, von außerordentlicher Bedeutung waren.

Die *Beagle* beendete ihre Weltumseglung am 2. Oktober 1836. Bald darauf setzte sich Darwin mit verschiedenen Taxonomen in Verbindung, um die Exemplare, die er von der Expedition mitgebracht hatte, klassifizieren und beschreiben zu lassen. Die Vögel übergab er der Londoner Zoologischen Gesellschaft, die sie ihrerseits an John Gould, ihren Präparator weiterreichte. Dieser, fünf Jahre älter als Darwin, zählte zu den großen Ornithologen des neunzehnten Jahrhunderts.[14] Er hatte im Verlauf seines Lebens mehr als dreitausend Vogelarten, also etwa ein Drittel aller auf der Welt bekannten Formen, gezeichnet. Heute sind Goulds wundervoll illustrierte Arbeiten teure Sammlerstücke. Er hatte ein besonderes Geschick, Vögel durch das Nachahmen ihrer Stimmen anzulocken, und er identifizierte sich mit diesen Geschöpfen so sehr, daß er sich als Grabinschrift wünschte: »Hier liegt John Gould, der ›Vogelmann‹.«[15]

Als Gould in den ersten Januartagen des Jahres 1837 Darwins Expeditionsausbeute in Empfang nahm, interessierte er sich vor allem für die Stücke der Sammlung, die von den Galápagos-Inseln stammten. Er erkannte sofort, daß diese Exemplare der Wissenschaft im großen und ganzen unbekannt waren. Die Finken, unter denen Gould dreizehn Arten identifizierte, waren »so spezifisch in ihrer Gestalt«, daß er sich dazu »veranlaßt sah, sie als eine völlig neue Gruppe zu betrachten, ... die ausschließlich auf die Galápagos-Inseln beschränkt« war.[16] Außerdem bestätigte Gould Darwins Vermutung, daß eng verwandte Arten der Galápagos-Gruppe oft nur auf einzelnen Inseln vorkamen. Dies galt nach Goulds Meinung nicht nur für die Spottdrosseln, sondern ebenso für die Fliegenschnäpper und wahrscheinlich auch für einige der Finken. Er war wie Darwin davon überzeugt, daß die meisten der Landvögel von den Galápagos-Inseln einzigartig waren und nur auf dieser Inselgruppe vorkamen. Über die Tragweite dieses bedeutsamen Sachverhalts war sich Darwin während der Expedition noch nicht klar gewesen.

In den ersten beiden Monaten des Jahres 1837 hielt Gould in der Londo-

John Gould, der »Vogelmann«, 1849 (im Alter von fünfundvierzig Jahren)

ner Zoologischen Gesellschaft eine Reihe von Vorträgen über Darwins Galápagos-Vögel, und das Interesse daran war so groß, daß sogar Londoner Zeitungen darüber berichteten.[17] Als Darwin im März 1837 erfuhr, zu welchen Schlüssen Gould gekommen war, war er überwältigt von deren Implikationen. *Nahezu über Nacht war er bekehrt und wurde zu einem begeisterten Anhänger der Evolutionstheorie.*[18] Seine neuen Überzeugungen schlugen sich mit dem folgenden berühmten Eintrag in seinem privaten Tagebuch nieder: »Neues Notizbuch über die ›Transmutation der Arten‹, begonnen im Juli [1837] – War völlig überrascht seit letztem März über den Charakter der südamerikanischen Fossile – & Arten auf den Galápagos-Inseln. Diese Fakten (insbesondere letztere) Ursprung aller meiner Ansichten.«[19]

Darwin war der *einzige* Wissenschaftler, der sich von dem Material, das er von der Expedition der *Beagle* mitgebracht hatte, überzeugen ließ, eine evolutionstheoretische Erklärung zu akzeptieren. Keiner der Experten, auch nicht John Gould, der ihm behilflich gewesen war, die Funde zu klassifizieren und zu interpretieren, ließ sich von diesen brisanten Entdeckungen so beeinflussen wie Darwin. Von den zahlreichen Naturforschern, die Darwins Spezies von den Galápagos-Inseln während verschiedener Versammlungen der Londoner Zoologischen Gesellschaft direkt in Augenschein nehmen konnten, ließ sich ebenfalls kein einziger umstimmen. Darwin präsentierte seine Funde außerdem einigen seiner engsten Wissenschaftler-Freunde, unter anderem dem Geologen Charles Lyell, doch auch von diesen Kollegen sah sich keiner veranlaßt, seinen Glauben an die Schöpfungslehre in Frage zu stellen.[20] Den Begriff der Evolution allerdings hat Darwin damit, daß er die Schöpfungslehre verwarf, nicht erfunden. Seiner Theorie waren andere vorausgegangen. Darwins ureigene Leistung war die These von der natürlichen Selektion.

## Natürliche Selektion

Etwa fünfzehn Monate, nachdem Darwin seine Untersuchung über die Transmutation der Arten aufgenommen hatte, stieß er auf Thomas Malthus' *Essay on the Principle of Population* (1798). Darin hatte Malthus ausgeführt, daß menschliche Populationen die Tendenz hätten, »geometrisch« (oder exponentiell) zu wachsen. Diese Wachstumsrate könne, so Malthus weiter, nicht aufrechterhalten werden, weil die Versorgung mit Nahrungsmitteln nur in arithmetischer Progression zunähme. Das Bevölkerungswachstum werde vielmehr ständig in Grenzen gehalten durch Hungersnöte, Krankheiten und Kriege oder durch Einschränkung der Geburten. Darwin kam zu der genialen Einsicht, daß diese malthusianischen Prinzipien auf alle Populationen zutrafen, nicht nur auf menschliche. In seiner Autobiographie erinnert sich Darwin, welche Wirkung die Lektüre von Malthus' Schrift auf ihn hatte:

> »Weil ich durch meine lange Beobachtung der Verhaltensweisen von Pflanzen und Tieren wohl darauf vorbereitet war, anzuerkennen, daß ein Kampf ums Dasein überall stattfindet, wurde mir sofort deutlich, daß unter solchen Bedingungen vorteilhafte Variationen eher erhalten bleiben und unvorteilhafte eher vernichtet werden. Die Folge davon konnte nur die Bildung neuer Arten sein. Jetzt hatte ich endlich eine Arbeitshypothese.«[21]

Die folgenden fünfzehn Jahre verbrachte Darwin damit, die wissenschaftlichen Erkenntnisse, die er von seiner Expedition mitgebracht hatte, zu publizieren. Dem Material von den Galápagos-Inseln räumte er vor allem in seinem *Journal of Researches* (1839) und in einer kurz darauf veröffentlichten zoologischen Monographie (1841) breiten Raum ein. 1842 dann skizzierte er auf 35 Seiten seine Theorie der Evolution. Zwei Jahre später baute er diese Studie zu einer Abhandlung von 230 Seiten Umfang aus. Zur Vorsicht schrieb er seiner Frau einen Brief, in dem er sie darum bat, diese Untersuchung für den Fall, daß er vorzeitig sterben sollte, zu veröffentlichen.[22] Er wollte unbedingt verhindern, daß ein Zufall seine revolutionären Pläne durchkreuzte.

Erst 1854 begann Darwin mit der Arbeit an seinem »großen Buch« über die *Natural Selection.*[23] Er unterbrach seine Abhandlung über die Evolution im Juni 1858, als ihn ein kurzes Manuskript überraschte, das ihm der Zoologe Alfred Russel Wallace aus Malaysia zugesandt hatte. Es enthielt die gleiche Theorie der natürlichen Selektion, die Darwin zwanzig Jahre zuvor entwickelt hatte. Wie Darwin hatte Wallace Beweise gefunden, vor allem auf dem Malaiischen Archipel, die für eine geographische Verteilung der Arten sprachen, ein mächtiges Argument zugunsten der Evolution.

Gemeinsame Ehrungen für ihre Theorie schienen den beiden Entdeckern sicher zu sein, als das Manuskript von Wallace zusammen mit Auszügen aus Darwins Abhandlung von 1844 veröffentlicht wurde.[24] Doch die anschließende Verbreitung ihrer Erkenntnisse durch die einflußreiche Linnean Society in London erregte erstaunlich wenig Aufsehen. Insofern wird die Wirkung, die die Manuskripte von Wallace und Darwin auf Thomas Bell, den Präsidenten dieser Naturforschenden Gesellschaft, hatten, durchaus typisch gewesen sein. Bell jedenfalls schloß seinen Rückblick auf die Tätigkeiten der Linné-Gesellschaft im Jahr 1858 mit dem inzwischen klassischen Understatement: »Das Jahr ... war nicht gekennzeichnet durch eine dieser bemerkenswerten Entdeckungen, die das Wissenschaftsgebiet, auf dem sie hervorgebracht werden, auf der Stelle, wenn man so sagen darf, revolutionieren.«[25] Zwei Jahrzehnte zuvor hatte Bell dafür gesorgt, daß Darwins zwei Galápagos-Leguane taxonomisch beschrieben wurden. Doch war und blieb er unzugänglich für eine evolutionstheoretische Interpretation dieser wissenschaftlichen Funde.

Als Darwin der Lesung der beiden Manuskripte in der Linnean Society folgte, wurde ihm die Notwendigkeit deutlich, seine Vorstellungen mit zusätzlichen Belegen zu stützen. Statt sein Hauptwerk, das erst zur Hälfte geschrieben war, zu beenden, beeilte er sich daher, zunächst eine knappere Version seiner Thesen für die Veröffentlichung vorzubereiten. Dieser Text erschien im November 1859 unter dem Titel *On the Origin of Species by means of Natural Selection, or the Preservation of Favoured Races in the Struggle of Life (*dt. 1860: *Die Entstehung der Arten im Thier- und Pflanzenreiche durch natürliche Züchtung oder Erhaltung der vervollkommneten Rassen im Kampfe um's Daseyn).* Die *Entstehung* wurde »das Buch, das die Welt erschütterte« und die vielleicht bedeutendste Revolution in der Geschichte der modernen Naturwissenschaft einleitete.[26]

Die meisten von Darwins zeitgenössischen Lesern waren entsetzt über die Schlußfolgerungen seines Buches. Louis Agassiz, 1859 allgemein als der bedeutendste Naturforscher seiner Zeit betrachtet, verriß Darwins Theorie: »Ein wissenschaftlicher Fehlgriff, unwahr in den Tatsachen, unwissenschaftlich in der Methode und schädlich in der Tendenz.«[27] Darwins alter Geologielehrer Adam Sedgwick, Professor in Cambridge, schrieb ihm voller Bestürzung und Bitterkeit: »Ich habe Ihr Buch mit mehr Schmerzen als Vergnügen gelesen ... Theile habe ich mit absoluter Bekümmernis gelesen, weil ich sie für ganz und gar falsch und in einem schmerzlichen Grade unheilstiftend halte. Nachdem Sie in jener sichern Bahn aller soliden naturwissenschaftlichen Wahrheit Ihren Ausgang genommen haben, sind Sie von der wahren Methode der Induction *abgefallen.*«[28] Einem anderen Briefpartner gegenüber äußerte er sich geradezu verächtlich über die *Entstehung*: »Von der ersten bis zur letzten Zeile ist es ein schlau zusammengemixtes und serviertes Gebräu aus krassem Materialismus.«[29] Pierre Flourens, der Ständige Sekretär der Französischen Akademie der Wissenschaften, widmete der Ablehnung von Darwins Theorie ein ganzes Buch. »Was für unklare, was für falsche Ideen!« schimpfte er. »Was für ein metaphysischer Jargon, mit dem da die Naturgeschichte schwerfällig und umständlich überzogen wird! Was für eine anmaßende und leere Sprache! Welch kindliche und überholte Personifikationen! Oh Klarheit! Oh französische Geistesstärke, wo bist du?«[30]

Einige Leser hielten es sogar für möglich, Darwins Funde als Beweis für die Schöpfungslehre und gegen die Evolution anzusehen. In diesem Sinn interpretierte Robert FitzRoy, der Kapitän der *Beagle*, die Galápagos-Finken in seinem der Expedition gewidmeten *Narrative.* Ganz im Gegensatz zum Naturforscher schrieb er: »Die kleinen Vögel, die auf diesen von Lava bedeckten Inseln leben, haben kurze Schnäbel, die am Ansatz sehr dick sind, wie der des Dompfaffs. Dies scheint eine dieser bewundernswerten Vorkehrungen der Unendlichen Weisheit zu sein, durch die jedes Ding an den Platz angepaßt ist, für den es vorgesehen war.«[31]

Louis Agassiz entschloß sich 1872, ein Jahr vor seinem Tod, Darwins Spuren in Südamerika zu folgen, um dessen evolutionstheoretische Behauptungen vor Ort einer kritischen Prüfung zu unterziehen.[32] Er war von der Unwahrheit dieser Theorie so sehr überzeugt, daß er es zustande brachte, auf den Galápagos-Inseln Material ausfindig zu machen, mit dem er seinen Standpunkt stützen konnte. Er analysierte die jüngeren Lavaflüsse, die auf diesem Archipel reichlich vorhanden sind, und kam zu dem Schluß, daß die geologisch nachweisbare Zeit für einen so langsamen Prozeß wie den der Evolution nicht ausgereicht haben könne. Anders als Darwin unterzog sich Agassiz nicht der Mühe eines Besuchs im Hochland der Inseln. Dort hätte er ganz andere Beobachtungen machen können. Diese höher gelegenen Regionen mit ihrer ausgedehnten Erosion zeigen, daß es sich um geologisch relativ alte vulkanische Formationen handelt. Einem erfahrenen Naturforscher hätte ein Blick auf das Hochland der Galápagos-Inseln genügen müssen, um zu erkennen, daß hier ein geologischer Zeitraum von mehreren Millionen Jahren die Annahme eines evolutionären Wandels durchaus rechtfertigt. Doch Agassiz hat auf den Galápagos offenbar nur die Belege gefunden, nach denen er so angestrengt gesucht hatte.

Diesen und anderen zeitgenössischen Reaktionen auf Darwins Beweise für die Evolution können wir etwas Entscheidendes entnehmen: So zwingend diese Beweise für *Darwin* auch waren, auf andere wirkten sie nicht überzeugend. Dieser Umstand macht deutlich, wie tief die ideologischen Bin-

Drei verschiedene ökologische Zonen des Galápagos-Archipels.
Oben: James Island, die trockene Zone, die von jüngeren Lavaflüssen bedeckt ist. Der herausragende »Pinnacle Rock« in Sulivan's Bay ist der Rest eines vulkanischen Tuffkegels, dessen äußere Hänge erodiert sind, so daß nur der harte Basaltlavakern übrig geblieben ist. Diese ebene vulkanische Landschaft veranlaßte Louis Agassiz zu dem Glauben, daß die Galápagos-Inseln geologisch nicht sehr alt sein könnten und daher die Zeitspanne für eine evolutionäre Entwicklung zu kurz sei.
Unten links: Indefatigable Island, die höchstgelegene ökologische Zone der Galápagos-Inseln, der Farn- und Seggengürtel. Die meisten der alten Vulkankegel sind zu kleinen Hügelwellen erodiert. Die Erhebung auf der linken Seite ist wie der Pinnacle Rock das basaltene Relikt eines alten Vulkankegels.
Unten rechts: Der Autor beim Photographieren der Darwinfinken in der feuchten Zone, die von Wäldern des *Scalesia*-Baums und zahlreichen epiphytischen Farnen, Orchideen und Moosen bedeckt ist. Hätte Agassiz wie Darwin das Hochland der Galápagos-Inseln besucht, so hätte er vielleicht doch einen Eindruck von dem langen geologischen Zeitraum gewonnen, der für einen evolutionären Wandel zur Verfügung stand.

dungen reichten und wie wenig die meisten Naturforscher bereit waren, sich aus diesen zu lösen. Sie hielten fest am Glauben an eine konstante Welt, an der Theorie des Schöpfungsplans und an der Annahme, daß der Mensch einen einzigartigen Platz in der Schöpfung einnimmt.[33] Die verschiedenen Reaktionen auf Darwins Argumente für die Theorie der Evolution weisen zudem auf ein anderes, für die Wissenschaft bedeutsames Prinzip: »Tatsachen« sprechen auch in der Wissenschaft nicht für sich selbst, sondern erlangen ihre Bedeutung auf der Grundlage von Theorien und ideologischen Bindungen. Die Praxis und die Überzeugungen von Wissenschaftlern sind eingebettet in den jeweiligen sozialen Kontext.

Es ist dieser zutiefst gesellschaftliche Charakter der Wissenschaft, der Thomas Kuhn in *Die Struktur wissenschaftlicher Revolutionen* betonen ließ, daß es einer intellektuellen »Krise« bedürfe, damit solche Revolutionen überhaupt stattfinden können.[34] Ohne eine Krise, so Kuhn, neigten Wissenschaftler dazu, von geltenden Regeln abweichende Fälle beiseite zu schieben und sie als Folge von Irrtümern zu erklären.[35] Nur wenn Wissenschaftler bei dem Versuch, den Regeln widersprechendes Fallmaterial mit den geläufigen theoretischen Annahmen in Einklang zu bringen, wiederholt scheiterten, räumten sie schließlich ein, daß ihre Theorien möglicherweise falsch sein könnten. Erst in diesem Zustand einer sich zuspitzenden Krise werde eine Innovation akzeptabel, und die Wissenschaft trete in eine Periode der Revolution ein.[36]

Wissenschaftshistoriker haben an verschiedenen Beispielen gezeigt, daß den Regeln widersprechende Befunde – wahrscheinlich der Stoff, aus dem die meisten wissenschaftlichen Revolutionen gemacht sind – gewöhnlich erst post factum als solche anerkannt werden.[37] Dem menschlichen Verstand fällt es viel leichter, Fakten den bestehenden Erkenntnisstrukturen anzupassen als umgekehrt diese Strukturen zugunsten abweichender Befunde zu verändern. Die Geschichte der Wissenschaft ist reich an Beispielen dafür, daß die meisten Wissenschaftler Innovationen ablehnend gegenüberstehen.[38]

Es mußte mehr als ein Jahrhundert vergehen, bis die Behauptung des Kopernikus, daß sich die Erde um die Sonne drehe, wirklich anerkannt wurde. Im Fall der Newtonschen Revolution der Himmelsmechanik dauerte es sechs Jahrzehnte, bis die konkurrierende, von Descartes entwickelte Theorie der Gravitation, die von der Annahme von Wirbelstrudeln ausging, ad acta gelegt wurde. Und die 1912 von Alfred Wegener veröffentlichte Theorie der Kontinentalverschiebung wurde erst Mitte der sechziger Jahre allgemein akzeptiert – mehr als ein halbes Jahrhundert nach ihrer Veröffentlichung. Die Lehre von der Evolution war bereits in den vierziger Jahren des achtzehnten Jahrhunderts von de Maillet und Maupertuis deutlich formuliert worden, ein ganzes Jahrhundert, bevor sich Darwins Ideen in diesem Forschungsbereich durchzusetzen begannen.[39] Im Widerstand gegen Darwins evolutionstheoretische Vorstellungen läßt sich ein allgemeines, in der Geschichte der Wissenschaften immer wieder auftretendes Phänomen erkennen, wie Darwin selbst bemerkte: »Es scheint mir sehr bezeichnend, daß Newtons Theorie der Gravitation, die heute jedermann ganz selbstverständlich und klar erscheint, von einem so fähigen Mann wie Leibniz abgelehnt wurde. Die Wahrheit wird einen voreingenommenen Geist nicht erreichen.«[40]

Kuhns Begriff der intellektuellen Krise setzt voraus, daß Wissenschaftler als Gemeinschaft auf eine theoretische Neuerung antworten. Läßt sich Kuhns soziologische Perspektive auf den Fall Darwin übertragen? In bestimmter Hinsicht scheint das der Fall zu sein; man denke nur daran, wie Darwins naturwissenschaftliche Kollegen das Forschungsmaterial von den Galápagos-Inseln fast ausnahmslos in ihr von der Schöpfungslehre bestimmtes Theorie- und Denkgebäude einfügten. Andererseits spricht aber kaum etwas dafür, daß in den dreißiger Jahren des vorigen Jahrhunderts, also in dem Jahrzehnt vor der Veröffentlichung der *Entstehung*, auf dem Gebiet der Naturgeschichte eine Art Krise geherrscht hätte.[41] In seiner Autobiographie schreibt Darwin dazu:

> »Ich habe so manchen Naturforscher daraufhin befragt, und kein einziger ist mir begegnet, der Zweifel an der Permanenz der Arten zu haben schien. Sogar Lyell und Hooker schienen mir nie zuzustimmen, auch wenn sie mir immer mit Interesse zuhörten. Ein- oder zweimal habe ich fähigen Männern zu erklären versucht, was ich mit natürlicher Selektion meine, aber ich scheiterte ganz eklatant.«[42]

In dem darauffolgenden Jahrzehnt wurde evolutionstheoretisches Denken eher als Zeichen wissenschaftlicher Inkompetenz denn als Lösung der vielfältigen Probleme betrachtet, die sich bei der Interpretation der vorhandenen Erkenntnisse stellten. Wer sich mit Fragen der Evolution befaßte, geriet in den Ruch des pseudowissenschaftlichen Dilettantismus, der in Wissenschaftlerkreisen noch übler beleumundet war als offene Häresie. Robert Chambers, der Publizist und Geologe aus Edinburgh, der so viele Naturforscher beeinflußte, unternahm wohlüberlegte Schritte, um seine Identität als Autor der anonym veröffentlichten Schrift *Vestiges of the Natural History of Creation* (1844) verborgen zu halten. Er stellte in diesem eher spekulativen Werk die Behauptung auf, daß das Sonnensystem sich aus »einem allgemeinen Feuerdunst« entwickelt habe und das Leben auf der Erde durch einen Prozeß der »Entwicklung« entstanden sei. Chambers' Buch wurde viel gelesen und ebenso häufig und heftig kritisiert. Darwins geologischer Mentor Adam Sedgwick sprach für viele andere Wissenschaftler, als er sich empörte: »Ich verabscheue und verachte die *Vestiges* aus tiefster Seele.«[43]

Erst 1884, dreizehn Jahre nach Robert Chambers' Tod, wurde seine Autorschaft bekannt. Hätte sich die Wissenschaft in einer Krise befunden, dann mutete die Vorsichtsmaßnahme, für eine »epochemachende« wissenschaftliche Innovation die Anonymität zu wählen, merkwürdig an. Und wäre der

 Zustand der Wissenschaft ganz allgemein als krisenhaft empfunden worden, dann hätte auch Darwin sicher nicht das Gefühl gehabt, es sei wie »das Bekenntnis eines Mordes«, wenn er seine Ansichten einem befreundeten Wissenschaftler mitteilte.[44]

Weil sich die wissenschaftliche Welt in der Zeit vor Erscheinen der *Entstehung* eben nicht im Zustand der theoretischen Grundlagenkrise sah, hatten es Anhänger der Evolutionstheorie so schwer, Kollegen zu finden, die ihren Vorstellungen Aufmerksamkeit schenkten. In den fachwissenschaftlichen Kreisen war man sich weitgehend einig, daß es mit der Schöpfungslehre seine Richtigkeit habe. An radikalen Alternativen herrschte kein Interesse; vielmehr war man geneigt, sich über Kollegen lustig zu machen, die mit entsprechenden Vorschlägen an die Öffentlichkeit traten.

Kuhns Überlegungen führen also in die Irre; sie erklären nicht, warum Chambers, Darwin, Wallace und verschiedene andere radikale Wissenschaftler Vorstöße unternahmen, die Orthodoxie herauszufordern, obwohl keine allgemeine Krise die Suche nach Neuem begünstigte. »Kuhn räumt dem einzelnen Wissenschaftler«, bemerkt Mitroff, einer von Kuhns Kritikern, »für das Zustandekommen einer wissenschaftlichen Revolution eine viel zu passive Rolle ein.«[45] Auch andere bekannte Erklärungsversuche, etwa solche, die sich auf das »Genie« eines Wissenschaftlers berufen, erweisen sich als untaugliche Mittel, will man verstehen, warum bestimmte Wissenschaftler schließlich gegen tief verwurzelte Dogmen rebellieren. Vermutlich war ein Genie wie Darwin nötig, um die *Entstehung der Arten* zu schreiben; eine hinreichende Bedingung aber ist überlegene Intelligenz nicht. Andere nicht weniger kluge Wissenschaftler sahen das Problem erst gar nicht und hatten insofern auch gar keinen Grund, nach anderen Wegen Ausschau zu halten.[46]

Die Rezeption der *Entstehung der Arten* veranschaulicht ein weiteres bedeutsames Phänomen. Die Einstellungen zu Darwins Theorie waren höchst verschieden. Auf jeden hartgesottenen Evolutionsgegner, der das Licht nicht sah, kam ein eifriger Konvertit, der gar nicht mehr verstehen konnte, warum er nicht eher auf diese Lösung gekommen war. Ich erinnere nur an Thomas Henry Huxley, der, nachdem ihm die Grundidee der *Entstehung* eingeleuchtet hatte, den berühmten Ausspruch tat: »Wie äußerst einfältig, daran nicht gedacht zu haben!«[47] Oder an Hewett Cottrell Watson, der in den dreißiger Jahren zum Anhänger der Evolutionstheorie geworden war und an Darwin schrieb, bald nachdem er die *Entstehung* gelesen hatte: »Sie sind der größte Revolutionär in der Naturgeschichte in diesem Jahrhundert, wenn nicht in allen Jahrhunderten ... Nun, da diese neuen Ansichten in entsprechender Form vor das wissenschaftliche Publicum gebracht worden sind, scheint es wahrhaft merkwürdig, wie so Viele davon verfehlt haben den richtigen Weg früher zu erkennen.«[48] Watsons scharfsichtige Beobachtung trifft genau den Punkt, auf den es mir ankommt: Nicht die Tatsachen waren es, die aus Darwin einen revolutionären Denker werden ließen, sondern ein bestimmter Typus von Persönlichkeit – eine *revolutionäre* Persönlichkeit.

Wissenschaftliche Neuerungen wie auch die Prozesse, durch die neue Ideen Rückhalt finden, sind sehr stark von gesellschaftlichen Bedingungen geprägt. Gleichwohl ist es nicht die etablierte wissenschaftliche Welt, von der revolutionäre Neuerungen ausgehen, selbst wenn sie sich in einem krisenhaften Zustand befindet. Ausschlaggebend sind immer einzelne Menschen mit einer Vision – eben von Konventionen derart unabhängige Menschen wie Darwin. Andererseits aber verhält es sich hier wie im Bereich der künstlerischen Kreativität: Auch die Fähigkeit zur wissenschaftlichen Innovation ist nicht allein vom Individuum her zu verstehen. Die Darwinsche Revolution zeigt das Problem in seinem ganzen Umfang. Bestimmte Menschen, so scheint es, haben eine Neigung, die etablierten Wahrheiten herauszufordern. Die Frage ist *warum*.

Kapitel 2

# Geburtenfolge und wissenschaftliche Revolutionen

Nicht das reichere Faktenwissen unterscheidet den revolutionären von einem nicht-revolutionären Denker. Darwin verstand weitaus weniger von den verschiedenen Arten, die er im Verlauf der *Beagle*-Expedition gesammelt hatte, als die Experten zu Hause in England, die diese Organismen später für ihn klassifizierten. Ihnen wiederum entging, einem wie dem anderen, die revolutionäre Bedeutung dessen, was Darwin ihnen vorlegte. Aus irgendeinem Grund erkannte Darwin, der viel weniger wußte als seine Kollegen, doch wesentlich mehr als diese.[1]

Darwins Beispiel macht deutlich, daß man die Fähigkeit zu radikalen Neuerungen nicht dadurch entwickelt, daß man plötzlich auf etwas stößt, das allen Erfahrungen widerspricht. Man muß auch bereit sein, auf solche Funde geistig beweglich zu reagieren, man muß sie ernst nehmen und neue Theorien entwickeln, um sie zu erklären. Das erst macht wirkliche Kreativität aus; und der schöpferische Prozeß setzt das voraus, was Psychologen *Offenheit für Erfahrung* nennen. Menschen, die über diese Offenheit verfügen, werden als phantasievoll, flexibel, kreativ, unabhängig und aufgeschlossen beschrieben.[2] Solche Menschen lieben es, sich neuen Situationen und Eindrücken auszusetzen.

Vergleichende Untersuchungen über Geschwister und auch über Zwillingspaare, die teils gemeinsam, teils getrennt aufgewachsen sind, zeigen, daß solche Offenheit erblich ist. Man schätzt heute, daß 30 bis 40 Prozent der Varianzen von diesem und auch anderen Merkmalen der Persönlichkeit genetisch bestimmt sind. Überraschenderweise stellte sich bei diesen Untersuchungen aber auch heraus, daß der Einfluß der Umwelt auf die Persönlichkeit individuell sehr verschieden ist.[3] Im Hinblick auf Offenheit für Erfahrung vermag das gemeinsame familiäre Umfeld nur etwa fünf Prozent der Varianzen in den Tests verständlich zu machen. Im Vergleich dazu scheinen die nicht gemeinsam erlebten Umwelteinflüsse 35 Prozent erklären zu können – das ist das Siebenfache.

Wenn Geschwister, die in der gleichen Familie aufwachsen, verschiedene Erfahrungen machen, dann kann dies ganz allgemein zwei Gründe haben. Entweder sind es *zufällige Erfahrungen*, von denen viele außerhalb der Familie gemacht werden – beispielsweise in der Schule. Oder sie entspringen *systematischen Einflüssen*, die meist innerhalb der Familie auf die Kinder wirken. In diesem Fall bietet sich der Begriff der »Nische« an, denn mit seiner Hilfe läßt sich beschreiben, wie die einzelnen Familienmitglieder im Familiensystem unterschiedliche Rollen ausbilden. In der Ökologie wird mit dem Begriff Nische geschildert, wie verschiedene Arten die verfügbaren Ressour-

cen nutzen.[4] Nischen in der Familie lassen sich auf ähnliche Weise verstehen. 
Geschwister konkurrieren miteinander um die physischen, emotionalen und intellektuellen Ressourcen der Eltern. Sie schaffen sich, abhängig von Geburtenfolge, Geschlecht, physischen Eigenschaften und Temperament, unterschiedliche Rollen im Familiensystem und entwickeln aus diesen heraus verschiedene Methoden, sich bei den Eltern beliebt zu machen. Die Ältesten suchen die Gunst der Eltern zum Beispiel dadurch zu erlangen, daß sie den jüngeren Geschwistern gegenüber als Ersatzeltern auftreten. Damit ist diese Nische besetzt, und den Spätergeborenen ist diese Möglichkeit, sich der elterlichen Dankbarkeit zu versichern, versperrt. Dementsprechend identifizieren sie sich weniger mit den Eltern, ihre Nische ist nicht so sehr gewissenhaftes Verhalten, dafür um so mehr durch Ungezwungenheit bestimmt. Wenn die Kinder älter werden und ihre eigenen Interessen und Talente entwickeln, prägen sie auch ihre Nischen immer unterschiedlicher aus. Das eine Kind erlangt Anerkennung wegen seiner sportlichen Fähigkeiten, während das andere künstlerische Begabung zeigt. Wieder ein anderes versteht es zu vermitteln und wird zum Diplomaten der Familie. Weil Geschwister verschiedene Nischen besetzen – und dies tun auch Zwillinge –, erleben sie die Familie in unterschiedlicher Weise.

Wenn man Unterschiede in der Persönlichkeit nicht mehr auf Überempfindlichkeiten oder Abneigungen zurückführt, sondern auf Differenzen, wie sie unter Einfluß der familiären Nischen systematisch entwickelt werden, dann fällt es leichter, die Entwicklung einer Person zu erklären. Die Aufteilung der familiären Umwelt in Nischen wird vor allem durch die Geburtenfolge bestimmt. Die durch die Ordnungszahl festgelegte Geschwisterposition ist unter verschiedenen Aspekten zu betrachten. Sie steht für Unterschiede, die auf Alter und Größe, auf Macht und Privilegien innerhalb des Familiensystems zurückgehen. Daher ist die Geburtenfolge für uns so etwas wie der Hieroglyphenstein von Rosette, wenn es darum geht zu entschlüsseln, welche Prinzipien die familiären Nischen bestimmen.

Daß die Geburtenfolge Unterschiede in der Persönlichkeit bewirkt, ist im Hinblick auf eine ganze Reihe von Eigenschaften geltend gemacht worden.[5] Diese Kontraste sind so ausgeprägt, daß die jeweils Erstgeborenen anderen Erstgeborenen ähnlicher sein können als den eigenen Geschwistern. Vor allem identifizieren sich die ältesten Kinder stets enger mit den Eltern und mit der Autorität.[6] Diese durch viele Studien dokumentierte Tendenz stimmt mit dem allgemeinen Profil überein, das Erstgeborene als ehrgeizig, gewissenhaft und erfolgsorientiert charakterisiert. Im Verhältnis zu ihren jüngeren Geschwistern sind die ältesten Kinder jedoch auch konformistischer, konventioneller und defensiver – und all dies sind Eigenschaften, die sich auf Offenheit für Erfahrung *negativ* auswirken.

Derartige Trends, die sich aus der Geburtenfolge ergeben, werden nicht nur von der Persönlichkeitspsychologie bestätigt, sondern auch durch Zeugnisse aus der Geschichte, die ein weites Feld für »Persönlichkeitstests« bietet und damit die Chance, psychologische Erkenntnisse zu gewinnen. Im Verlauf der Geschichte haben die Menschen viele Verhaltensweisen entwickelt, die im psychologischen Labor schwer oder gar nicht zu untersuchen wären, zum Teil auch deshalb, weil sie manchmal verboten gehandelt haben. Aber selbst wenn sich menschliche Verhaltensweisen experimentell untersuchen lassen, sind Psychologen doch oft unsicher, ob sie die Ergebnisse solcher Tests auch auf das alltägliche Leben übertragen dürfen.[7] Historiker, die zum Beispiel Ketzerverbrennungen untersuchen, müssen sich um die Unterscheidung von »Testverhalten« und Verhaltensweisen im alltäglichen Leben nicht kümmern. Aus diesem und aus anderen Gründen gibt es kaum besseres Material als historische Zeugnisse, wenn man untersuchen will, warum sich das Persönlichkeitsmerkmal Offenheit für radikalen Wandel so unterschiedlich ausprägt.

## Über biologische und funktionale Geburtenfolge

Die Kategorie der Geburtenfolge kann in *biologischer* wie in *funktionaler* Bedeutung gebraucht werden.* Entscheidend für die Persönlichkeitsentwicklung ist nicht nur, mit welchen biologischen Anlagen ein Individuum auf die Welt kommt, sondern auch, in welche Umwelt es hineingeboren wird. Will man herausfinden, welche Auswirkungen die Geburtenfolge haben kann, liefert die familiäre Nische den Schlüssel; deshalb geht es in meinem Buch durchgängig um die funktionale Geburtenfolge.[8]

Meist fällt die biologische mit der funktionalen Geburtenfolge zusammen. Letztere kann sich jedoch ändern, zum Beispiel wenn eines der Geschwister stirbt oder wenn ein Geschwisterkind adoptiert wird, wenn die Eltern neue Ehen eingehen oder aus ähnlichen Gründen. Daß es derart mehrdeutige Fälle gibt, ändert nichts daran, daß die meisten Menschen Kindheit und Jugend in stabilen Geschwisterpositionen durchleben. Aus solchen konstanten Familienstrukturen stammt das Material, auf das ich mich beziehe, um zu testen, ob Unterschiede im Verhalten der Geschwister tatsächlich mit der Geburtenfolge zusammenhängen.

Sofern ich auf Angaben über Altersunterschiede zwischen Geschwistern gestoßen bin, habe ich sie festgehalten.[9] In Verbindung mit der Geburtenfolge sind solche Informationen einigermaßen verläßliche Prädiktoren** für Persönlichkeitsmerkmale wie Offenheit für Erfahrung. So sind etwa Erstgeborene, deren nächstfolgende Geschwister sechs oder mehr Jahre jünger

---

* In diesem Buch unterscheide ich zwischen *Geburtenfolge* und *Geburtsrang*. *Geburtenfolge* ist der allgemeinere Begriff, den ich benutze, um Erstgeborene (zu denen ich auch Einzelkinder zähle) generell von Spätergeborenen zu unterscheiden. Der Begriff *Geburtsrang* bezieht sich auf besondere Unterschiede, die sich durch den spezifischen Rang in der Geburtenreihe – für das erste, zweite, dritte Kind – ergeben. Häufig verwende ich, um die Anzahl der Kinder in einer Familie zu bezeichnen, den Begriff *Geschwisterzahl*, um so den mehrdeutigen Begriff *Familiengröße* zu vermeiden.

** In der Statistik bezeichnet ein Prädiktor eine zur Vorhersage eines Merkmals herangezogene Variable.

sind, funktional wie Einzelkinder zu betrachten. Personen, die als Einzelkinder groß geworden sind, stellen eine Art »kontrolliertes Experiment« dar – sie zeigen, was es heißt aufzuwachsen, ohne von Geburtenfolge oder Geschwisterrivalität betroffen zu sein. Auch wenn Einzelkinder mit den meisten Persönlichkeitswerten irgendwo zwischen Erstgeborenen und Spätergeborenen liegen, stehen sie den Erstgeborenen im Hinblick auf das Merkmal Offenheit für Erfahrung in der Regel näher. Denn wie jene neigen Einzelkinder dazu, sich mit den Eltern sowie mit Autorität und Autoritäten zu identifizieren. Ich werde noch auf einige Verhaltensdifferenzen zwischen diesen beiden Gruppen zu sprechen kommen. Obwohl sie bezeichnenderweise eher gering sind, lassen sich diese Unterschiede mit großen Samples doch nachweisen. Wenn ich indes die Haltung zu wissenschaftlichen Neuerungen analysiere, betrachte ich, sofern ich nichts anderes angebe, Einzelkinder und Erstgeborene als eine Gruppe.[10]

Was die Beschäftigung mit dem historischen Material so faszinierend macht, sind vor allem die vielen merkwürdigen Einzelheiten, auf die man stößt, und da geht es zum großen Teil auch um Familien. Solche bizarren Geschehnisse liefern die entscheidenden Fallstudien für die Geburtenfolge als funktionales Konzept. Darwins amerikanischer Kritiker Louis Agassiz war das fünfte Kind und zugleich das erste in seiner Familie, das nicht im Kindesalter starb. Drei seiner jüngeren Geschwister erreichten das Erwachsenenalter.[11] Funktional betrachtet, war Agassiz also das älteste von vier Kindern, und so wird er von mir auch definiert.

Wie Agassiz wuchs auch der französische Naturforscher Georges Cuvier als ältestes Kind auf, denn ein älterer Bruder war gestorben. Georges hieß eigentlich Jean-Léopold, doch seine Eltern riefen ihn immer mit dem Namen des verstorbenen Älteren. Ein weiterer Bruder, Frédéric, war vier Jahre jünger. In funktionaler Hinsicht war Georges Cuvier das ältere von zwei Kindern.[12]

Lebensgeschichten wie die von Louis Agassiz und dem älteren Cuvier zeigen, wie bedeutsam die Art und Weise ist, in der Menschen tatsächlich aufwachsen. Obwohl diesc Wissenschaftler »biologisch« Spätergeborene waren, tat sich keiner von beiden durch eine offene Geisteshaltung hervor. Über Agassiz schreibt die Wissenschaftshistorikerin Mary Winsor: »Er schien von seiner Veranlagung her unfähig, seinen Urteilen mit ehrlichem Zweifel zu begegnen, und zu stolz, einen Irrtum einzugestehen.«[13] Der Historiker Edward Lurie bestätigt dieses Verdikt und fügt hinzu, Agassiz habe von seinen Mitarbeitern »unbedingte Loyalität« verlangt; »unablässig von seiner Leidenschaft vorangetrieben«, habe er »keinerlei Widerspruch« dulden können.[14]

Cuviers politisches Ideal war der aufgeklärte Despotismus. Der Wissenschaftshistoriker William Coleman faßt die für einen Erstgeborenen typische Geistesart Cuviers wie folgt zusammen:

Louis Agassiz im Jahr 1861 (im Alter von vierundfünfzig Jahren). In dieser Zeit wurde Agassiz um seine Meinung zur Zukunft der Schwarzen in den Vereinigten Staaten gebeten. »Es giebt keine einseitigere Theorie über die menschliche Natur, als die, welche behauptet, daß alle Menschen gleich seien«, antwortete er, »in dem Sinne, als ob sie alle gleich fähig seien, menschlichen Fortschritt zu pflegen und die Civilisation zu fördern, besonders auf den verschiedenen Gebieten der geistigen und moralischen Thätigkeit ... Soziale Gleichheit halte ich zu allen Zeiten für unausführbar; sie ist bei dem Charakter der Negerrasse einfach eine Unmöglichkeit« (*Louis Agassiz. Leben und Briefwechsel*, S. 345f.).

> »Er war ... überzeugt, daß ein friedlicher und ordentlicher Geist der richtige Geist ist, so wie eine friedliche und ordentliche Gesellschaft die richtige Gesellschaft ist ... Um den Frieden zu sichern, müßten die Menschen im Einklang mit den bewährten Traditionen leben ...«[15]

In Franck Bourdiers Studie heißt es: »Cuvier hatte eine geradezu deutsche Mentalität und stellte sich die Gesellschaft als eine Art Organismus vor, in dem Unterordnung die Regel ist. Denen gegenüber, die er für ›höher‹ stehend hielt, verhielt er sich fügsam, während er denen, die er als ›unter‹ sich stehend empfand, autoritär begegnete ...«[16]

Cuvier diente treu unter Napoleon Bonaparte und unter drei Monarchen der Restauration, von denen einer ihn zum Baron machte. Wegen seiner imposanten Statur trug er den Spitznamen »das Mammut«; sich selbst sah er als »Bischof der Wissenschaft«.[17] Nach 1814 wurde er zum Staatsrat ernannt und

Georges Cuvier Anfang sechzig, nach einem postumen Portrait. Als er im Mai 1832 im Alter von vierundsechzig Jahren starb, hatte er gerade mit dem Entwurf einer gründlichen Kritik der Evolutionstheorie begonnen. In seiner letzten Vorlesung »verurteilte er die wissenschaftlich nutzlosen Theorien und den Pantheismus von Kielmeyer, Lamarck und Geoffroy (Saint-Hilaire), dann ging er vor einem über die Maßen gerührten Auditorium über zu einer feierlichen Huldigung der göttlichen Intelligenz, des Schöpfers aller Dinge«, wie Bourdier schreibt.
Im gleichen Monat landete ein junger Naturforscher mit Namen Charles Darwin in Rio de Janeiro. Es war die erste Etappe der fünfjährigen Reise, die ihn zum Gegner von Cuviers Lehren machen sollte.

hatte als solcher Einblick in das Tun und Lassen des gesamten wissenschaftlichen Establishments in Frankreich. Radikale Anhänger der Evolution verfolgte er mit einem Eifer, als wären sie Häretiker. Cuviers »Eitelkeit war grenzenlos und dem entsprach auch seine Gier nach Ehre und Lob«.[18] Stendhal fragte sich einmal, ob es überhaupt eine Geste der Unterwerfung und Erniedrigung gebe, die »Monsieur Cuvier« den Mächtigen nicht bezeugt hätte.[19]

Cuviers jüngerer Bruder Frédéric, der ebenfalls Naturforscher wurde, war das genaue Gegenteil seines berühmten älteren Bruders. Franck Bourdier schildert ihn als »bescheiden und sanft« und berichtet, er habe »loyale Freunde« angezogen.[20] So zurückhaltend er auftrat, in seinen wissenschaftlichen Überlegungen bewies er häufig große Kühnheit.[21] Zu seinen bedeutendsten Entdeckungen gehört, daß Primatengruppen meist hierarchisch organisiert sind und daß ein dominierendes Männchen an ihrer Spitze steht. So hätte er auch den Rang seines Bruders unter den französischen Naturhistorikern beschreiben können.

Alfred Russel Wallace, der zum Sozialisten wurde, bietet einen aufschlußreichen Kontrast zu funktional Erstgeborenen wie Agassiz und dem älteren Cuvier. Wallace war Mitentdecker der Theorie der natürlichen Selektion, und er stand mit seiner Originalität als Wissenschaftler immer im Schatten Darwins; die Biographin Annabell Williams-Ellis spricht von ihm gar als »Darwins Mond«.[22] Wallace war ein jüngerer Sohn, das achte von neun Kindern. Drei ältere Schwestern starben vor seiner Geburt, er wuchs also wie Darwin als das fünfte von sechs Kindern auf.[23] Alfreds jüngerer Bruder Edward starb im Alter von zweiundzwanzig Jahren während einer Expedition im Amazonasgebiet, auf der er den Älteren begleitete. Nach den Richtlinien, die ich dieser Untersuchung zugrundelege, starb Edward so spät, daß man den funktionalen Geburtsrang seines älteren Bruders oder dessen Status als mittleres Kind nicht ändern muß.

Tycho Brahe, der berühmte Astronom, war das älteste männliche und das zweite von zwölf Kindern einer dänischen Adelsfamilie. Ein Zwillingsbruder starb bei der Geburt. Drei jüngere Geschwister starben im Kindesalter. So wäre Tycho als das zweite von acht Kindern aufgewachsen, hätte nicht ein verrückter Zufall die Familiengeschichte durcheinandergebracht. Ein Geschwisterkonflikt, in diesem Fall unter der älteren Generation der Brahes, war dafür verantwortlich.

Tychos Vater Otto hatte einen älteren Bruder. Jörgen, ein Mann »von altem Schrot und Korn«,[24] war kinderlos verheiratet. Als ältester Sohn war er eifrig darauf bedacht, die familiäre Linie fortzusetzen. Daher ließ er seinen jüngeren Bruder wissen, daß es angesichts der Fruchtbarkeit von Ottos Frau »nur recht und billig wäre, wenn sie ihren Reichtum sozusagen mit ihm teilten«.[25] Otto und seine Frau lehnten ab, und just um die Zeit von Tychos Geburt wurden die Verhandlungen in dieser Angelegenheit eingestellt. Zwölf Monate später gebar Ottos Frau wieder einen Sohn, und nun nahm Jörgen die Dinge in die Hand. Als Bruder und Schwägerin einmal von zu Hause fort waren, kidnappte er den jungen Tycho. Otto Brahe drohte mit Mord, aber dann beruhigte er sich und akzeptierte das Geschehene, was seinem Sohn eine beträchtliche Erbschaft einbrachte.

Tycho Brahe wurde als einziges Kind auf einem Herrensitz erzogen, achtzig Kilometer vom Haus seiner leiblichen Eltern entfernt. Während seiner Kindheit hatte er wenig Kontakt zu seinen biologischen Geschwistern. Wäre Tycho nicht entführt und von seiner Tante und seinem Onkel separat erzogen worden, so hätte ich ihn (1) als Spätergeborenen, (2) als zweites Kind, (3) als ältesten Sohn und (4) als eines von acht überlebenden Geschwistern eingestuft. So aber betrachte ich ihn als Einzelkind.

Tycho wuchs zu einem »arroganten« und »kompromißlosen« Kerl heran, eher ein Erst- als ein Spätergeborener.[26] Anscheinend schlug er nach seinem Pflegevater, der sich durch die Art, in der er seine Untergebenen in die Schranken wies, als »Bauernschinder« einen Namen gemacht hatte.[27] Tycho

Tycho Brahe im Jahr 1586 (im Alter von vierzig Jahren). Er war heißblütig und berüchtigt für seine Streitereien über die Frage, wem der wissenschaftliche Vorrang gebührte. Mit zwanzig duellierte er sich deswegen sogar und trug eine aufgeschlitzte Nase davon. Seither mußte er sich mit einer kosmetischen Nasenprothese aus einer Gold- und Silberlegierung behelfen (auf dem Portrait zu erkennen). Eine falsche astrologische Vorhersage Tychos könnte der Grund für das Duell gewesen sein: Zwei Monate vorher hatte er den Tod Suleimans des Großen, des türkischen Sultans, zum Zeitpunkt einer Mondfinsternis vorausgesagt. Bald darauf traf die Nachricht ein, daß der Sultan gestorben war, aber sechs Wochen vor der Mondfinsternis. Mit diesem Fehlgriff hatte er sich weithin zum Gespött gemacht. In späteren Jahren verhielt er sich sehr zurückhaltend, wenn er gebeten wurde, Horoskope zu stellen.

gelangen einige bedeutende astronomische Entdeckungen, aber ein Revolutionär war er nicht; Kopernikus' Vorstellung, daß die Erde sich bewege, hielt er für »physikalisch absurd«.[28]

Im Alter von fünfundfünfzig Jahren führte er seinen eigenen vorzeitigen Tod herbei, weil er auf keinen Fall die Etikette verletzen wollte. Bei einem Gastmahl in vornehmer Gesellschaft trank er »etwas großzügig«, sah aber davon ab, sich zu entschuldigen und hinauszugehen, um seine Blase zu entleeren.[29] Diese fast den ganzen Abend andauernde Harnverhaltung trug ihm eine Blasenstörung ein, die neun Tage später zu seinem Tod führte. Ein Mann, der sich außerstande sah, die Tischsitten zu verletzen, um einem natürlichen Bedürfnis nachzukommen, scheint kaum der rechte Mann, die Grundfesten der geltenden Kosmologie anzugreifen, so wie Kopernikus es tat.

Die Geschichte der Naturwissenschaften wurde von mehr als einem Dutzend Begriffsschlachten unterbrochen, die heute und häufig auch schon zu ihrer Zeit als »Revolutionen« betrachtet werden beziehungsweise wurden.[30] Die Kopernikanische, die Newtonsche und die Darwinsche Revolution sind drei berühmte Beispiele. Diese und andere größere Umwälzungen des wissenschaftlichen Denkens sind von Historikern sorgfältig untersucht worden. Die entsprechende Sekundärliteratur hat es mir ermöglicht, eine Datenbank zusammenzustellen, die 3 890 Wissenschaftler umfaßt, die an 28 Innovationen vergleichbarer Art beteiligt waren. Meine Übersicht umfaßt sechzehn Ereignisse, die meist einhellig als wissenschaftliche »Revolutionen« betrachtet werden, und zwölf weitere, die weniger radikale Konsequenzen hatten. Bevor ich darstelle, was ich diesem Datenmaterial über den Zusammenhang von Geburtenfolge und wissenschaftlicher Neuerung entnehmen konnte, muß ich erklären, wie die Samples zustande kamen. Bei der Sammlung des historischen Materials habe ich versucht, drei grundsätzliche Regeln zu befolgen: (1) die Samples sollten *repräsentativ* sein; (2) die Bewertungen der wissenschaftlichen Positionen sollten *genau* sein; und weil diese Bewertungen Urteile enthalten, sollte (3) ihre *Verläßlichkeit* nachweisbar sein.

Die Beteiligung an wissenschaftlichen Innovationen habe ich in zwei Schritten dokumentiert. Zunächst habe ich die Sekundärliteratur ausgewertet, *vorläufige Samples* für jede dieser Kontroversen zusammengestellt und alle Personen registriert, die sich den Berichten zufolge zu Wort gemeldet haben.[31] In den meisten Fällen erlaubten meine Quellen, die Wissenschaftler als »Befürworter« oder »Gegner« der umstrittenen Innovation zu klassifizieren, wobei ich mich auf ausdrückliche Angaben der Historiker stütze.[32]

Zu den *endgültigen Samples* bin ich durch Befragung von mehr als hundert Experten der Wissenschaftsgeschichte gelangt. Diese Historiker waren mir bei der Bestätigung meiner vorläufigen Samples und bei der Einordnung der Beteiligten auf verschiedenen Skalen (einschließlich der formalen Skala »wissenschaftliche Position«)[33] behilflich, und ich habe sie auch gebeten, Personen zu benennen, die auf meiner vorläufigen Liste vielleicht fehlten. Über zweihundert Diskutanten, zumeist weniger bekannte, kamen auf diese Weise hinzu. Alle genannten Personen, deren wissenschaftliche Ansichten durch eine publizierte Quelle belegt werden konnten, wurden in die endgültigen Listen aufgenommen. Diskutanten, die die wissenschaftlichen Fronten wechselten, tauchen mehr als einmal in meiner Datenbank auf.

### *Kriterien für die Einstellung zu wissenschaftlichen Innovationen*

Um zu entscheiden, was die Akzeptanz einer wissenschaftlichen Theorie ausmacht, habe ich zwei Skalen benutzt – eine binäre und eine kontinuierliche. In die binäre Skala habe ich, entsprechend den Angaben in der Litera-

Charles Lyell 1865 (im Alter von siebenundsechzig Jahren), als die Debatten über Darwins Theorien ihren Höhepunkt erreichten. Lyell fiel es schwer zu akzeptieren, daß die Menschen von wilden Tieren abstammen sollten. In *Antiquity of Man* von 1863 war er zwar kurz davor, dieser umstrittenen Theorie beizupflichten, vollzog aber dann den entscheidenden Schritt doch nicht. Darwin, der auf Lyells Zustimmung und Unterstützung gehofft hatte, war bitter enttäuscht. Nachdem er *Antiquity of Man* gelesen hatte, schrieb er in einem Brief an Joseph Hooker: »Und das Beste an dem Scherze ist, daß er glaubt, er habe mit dem Muthe eines Märtyrers aus alten Zeiten gehandelt« (*Leben und Briefe*, Bd. 3, S. 9).

tur, eingetragen, ob jemand die Innovation unterstützt oder abgelehnt hat. Die kontinuierliche Skala dagegen bewertet Einstellungen in Stufen von 1 (extreme Gegnerschaft) bis 7 (uneingeschränkte Befürwortung). Um auf der binären Skala zu den Befürwortern von Darwins Theorie gezählt zu werden, mußte jemand akzeptiert haben, daß (1) Evolution stattfindet und (2) die natürliche Selektion eine plausible, wenn auch nicht unbedingt die ausschließliche Ursache der Evolution ist.[34] Charles Lyell zum Beispiel, das älteste von zehn Kindern, lehnte bis 1868 beide Vorstellungen ab. Er wird zunächst als ein Gegner und nach diesem Datum als vorsichtig-moderater Konvertit klassifiziert.

Wann immer der Sekundärliteratur entsprechende Hinweise zuverlässig zu entnehmen waren, habe ich die Einstellungen zur Evolutionstheorie mit Hilfe dieser siebenstufigen Skala beurteilt. Um mich abzusichern, habe ich zehn Wissenschaftshistoriker – alle Experten für die Darwinsche Revolution – gebeten, eine unabhängige Wertung mit derselben Skala vorzunehmen.[35] Eine durchlaufende Skalierung bietet größere Möglichkeiten, anhand von Abstufungen festzuhalten, wie die einzelnen Wissenschaftler auf den Darwinismus reagierten.

Wegen seiner anfänglich zögerlichen Haltung zu Darwins *Entstehung der Arten* wird Charles Lyell auf der Skala bei 3,75 eingeordnet, womit er einen Platz etwas unterhalb des Mittelwerts einnimmt. Er war ein enger Freund Darwins und eifrig bemüht, dessen evolutionstheoretischen Auffassungen Gehör zu verschaffen. Zusammen mit Joseph Hooker legte er im Juli 1858 der Linnean Society die berühmten Darwin-Wallace-Papiere vor, in denen die These von der natürlichen Selektion zum ersten Mal vertreten wurde. Darwin war, wie er 1860 in einem Brief an Asa Gray schrieb, Lyell sehr dankbar für dessen Intervention: »In Anbetracht seines Alters, seiner früheren Ansichten und seiner Stellung in der Gesellschaft meine ich, sein Benehmen bei dieser Sache ist heldenhaft gewesen.«[36]

Obwohl Lyell sich für Darwin engagierte, konnte ihn die Evolutionstheorie nicht sofort überzeugen. Mehr noch: Sie stürzte ihn in Konflikte, und 1863 teilte er Darwin mit: »Ich habe mich eingesetzt bis an den Rand der Erschöpfung, so weit wie meine Vernunft reicht und weiter, als Einbildungskraft und Gefühl zu folgen vermögen.«[37] Darwin bereitete es zunehmend Verdruß, daß sein Freund sich weigerte, die Tatsache der Evolution anzuerkennen.[38] Verschiedentlich haben Biographen die zu dieser Zeit angegriffene Gesundheit Darwins damit erklärt, daß Lyells mangelnde Unterstützung in der Öffentlichkeit ihn zutiefst enttäuscht habe.[39]

Für die Zeit nach 1868, als sich Lyell schließlich doch zu einem evolutionstheoretischen Standpunkt durchgerungen hatte, klassifiziere ich ihn mit 4,8 Punkten. Damit rangiert er etwas oberhalb einer »neutralen« Position (4,0), aber noch unterhalb der Ebene »gemäßigter« Unterstützung (5,0). Lyell starb 1875, im letzten Jahr meiner Übersicht. In den letzten sieben Jahren seines Lebens akzeptierte er zwar die Evolution, doch glaubte er nicht daran, daß der Evolutionsprozeß durch die natürliche Selektion oder durch irgendeinen anderen rein natürlichen Vorgang hinreichend zu erklären wäre. Statt dessen vertrat er die Meinung, daß Gott die Schöpfung in bestimmten Schritten im voraus festgelegt habe, vor allem den evolutionären Sprung vom Affen zum Menschen. Man könnte Lyells Standpunkt als »evolutionäre Schöpfungstheorie« bezeichnen; eine Position, die von unerschütterlichen Anhängern der Schöpfungslehre gern eingenommen wurde, wenn sie sich schließlich doch gezwungen sahen, eine evolutionäre Auffassung der Naturgeschichte zu akzeptieren.

Darwins alter Geologielehrer Adam Sedgwick rangiert auf derselben Skala bei 1,3 Punkten. Er lehnte Darwins Theorien, die sein »moralisches Empfinden heftig verletzt« hätten, vehement ab.[40] Die gleiche Wertung erhält Louis Agassiz. Kurz nach der Veröffentlichung der *Entstehung* hatte er sich in Amerika an die Spitze der Antidarwinisten gesetzt.[41]

Im Gegensatz zu diesen prominenten Gegnern der Evolutionstheorie

Tabelle 1 

**»Wissenschaftliche Positionen« zur Darwinschen Revolution**

| Bewertung* | Interpretation | Personen mit Informationen zur Geburtenfolge (EG=Erstgeborener, SG=Spätergeborener) |
|---|---|---|
| 1,0 | Extreme Gegnerschaft, oft emotionaler Art | Louis Agassiz (EG)<br>Karl Friedrich Schimper (EG)<br>Adam Sedgwick (SG) |
| 2,0 | Starke Gegnerschaft im allgemeinen begründet | Léonce Élie de Beaumont (EG)<br>John Herschel (EG)<br>Roderick Murchison (EG)<br>William Whewell (EG) |
| 3,0 | Gemäßigte Gegnerschaft oft respektvoll und sogar sympathisierend | James Dwight Dana (EG)<br>John Stevens Henslow (EG)<br>Fleeming Jenkin (EG)<br>Richard Owen (SG) |
| 4,0 | Neutral oder ambivalent | Charles Lyell (EG) *(vor 1868)* |
| 5,0 | Gemäßigte Befürwortung aber mit bedeutenden Einschränkungen | George Bentham (SG)<br>William Carpenter (SG)<br>Charles Lyell (EG) *(nach 1868)*<br>Jeffries Wyman (SG) |
| 6,0 | Starke Befürwortung mit wenigen Einschränkungen | Asa Gray (EG)<br>Joseph Dalton Hooker (SG)<br>Thomas Henry Huxley (SG)<br>Alfred Russel Wallace (SG) *(nach 1867)* |
| 7,0 | Uneingeschränkte Befürwortung, manchmal durchaus ans Fanatische grenzend | Charles Robert Darwin (SG)<br>Ernst Haeckel (SG)<br>Alfred Russel Wallace (SG) *(vor 1868)*<br>August Weismann (EG) |

* Auf der Basis von Skalierungen durch zehn Wissenschaftshistoriker. Für die Tabelle sind die Skalierungen zu Durchschnittswerten zusammengefaßt und zur nächsten ganzen Zahl aufgerundet worden.

wird Darwin mit 6,9 Punkten eingestuft. Bis auf einen haben ihm alle von mir befragten Experten die höchstmögliche Wertung (7,0) gegeben. Dieser eine plazierte ihn auf 6,0; er wollte Darwin nicht mit seinen fanatischen Anhängern vom Schlag eines Ernst Haeckel auf eine Stufe stellen. So erhielt keiner der Wissenschaftler meines Samples von allen Experten die »glatte Note« 7,0. Anscheinend gab es in der von mir untersuchten Epoche keine »reinen Darwinisten« – nicht einmal Charles Darwin selbst –, eine Ansicht, die von einer ganzen Reihe von Wissenschaftshistorikern vertreten wird.[42]

Meine historische Übersicht über das evolutionstheoretische Denken umfaßt die Periode von 1700 bis 1875. Diese wissenschaftliche Revolution gliedert sich in zwei Phasen: Die Scheidelinie ist das Jahr 1859, in dem Darwins *Die Entstehung der Arten* erschien. Der erste, der ernsthaft eine evolutionstheoretische Beweisführung vorbrachte, war der französische Geologe und Diplomat Benoît de Maillet (1656-1738).[43] Er glaubte, daß alles Leben sich aus Keimen im Meer entwickelt habe. Wegen der atheistischen Konsequenzen, die diese These in sich barg, wartete er zwei Jahrzehnte, bevor er sich zu einer Veröffentlichung entschloß. Erst 1735, drei Jahre vor seinem Tod, präsentierte er seine Ideen schließlich in einem Buch mit dem Titel *Telliamed*. Es wurde anonym und ohne offizielle Genehmigung publiziert; das allein macht schon deutlich, daß es gegen die allgemeinen Glaubensgrundsätze verstieß. Allerdings war de Maillet kein Mann, der auf Anerkennung völlig verzichtet hätte. Der Titel seines Buches ist ein Anagramm: der Name de Maillet rückwärts geschrieben.[44]

In der Zeit zwischen de Maillets *Telliamed* und Darwins *Entstehung* äußerten sich über zweihundert Wissenschaftler zum Thema Evolution. Die Mehrheit lehnte diese Vorstellung rundweg ab. Auch wenn man berücksichtigt, daß es mehr Spätergeborene gibt als Erstgeborene, läßt sich feststellen, daß unter den Befürwortern der Evolutionstheorie Spätergeborene deutlich überrepräsentiert sind; das beginnt bei de Maillet selbst. Andere bekannte Vertreter von evolutionstheoretischen Vorstellungen waren Erasmus Darwin (Darwins Großvater), Jean-Baptiste Lamarck und Étienne Geoffroy Saint-Hilaire: Alle drei waren sie das jüngste Kind in einer großen Familie (zusammen hatten diese drei Pioniere der Evolutionstheorie 29 ältere Geschwister).

Vor der Veröffentlichung der *Entstehung* äußerten sich 56 von 117 Spätergeborenen, oder 48 Prozent derer, die öffentlich dazu Stellung nahmen, in der einen oder anderen Art zustimmend zur Evolutionstheorie, während sich die Erstgeborenen als deren Gegner hervortaten. Von den 103 Erstgeborenen, deren Meinungen ich dokumentiert fand, sympathisierten nur neun (oder neun Prozent) mit Darwins Auffassungen, fünf dieser Personen schlossen sich der Evolutionstheorie erst zwischen 1850 und 1859 an (Abb. 2.1).[45*]

Mit einem einfach zu berechnenden statistischen Wert, der bedingten (oder relativen) Wahrscheinlichkeit, lassen sich die Ergebnisse, die wir an-

---

* Ergebnisse statistischer Berechnungen werden in den Textanmerkungen, die auf deren erste Erwähnung folgt, erläutert. Die meisten statistischen Werte in diesem Buch werden in Form von Korrelationen dargestellt, anhand derer sich unterschiedliche Wirkungen leicht vergleichen lassen.

In Abb. 2.1 wird eine Kleinst-Quadrate-Schätzung mit Distanz-Gewichten benutzt, um geglättete Durchschnittswerte für das Akzeptanz- oder Ablehnungsverhalten im zeitlichen Verlauf graphisch darzustellen (Wilkinson und Hill, *Using SYSTAT*, S. 380-91). Mit Hilfe solcher Glättungsverfahren lassen sich die Ergebnisse von Regressionen visuell verdeutlichen; sie betonen eher die Höhe des Wirkungszusammenhangs als die statistische Signifikanz.

**Aufnahmebereitschaft für die Evolutionstheorie nach Jahr und Geburtenfolge**

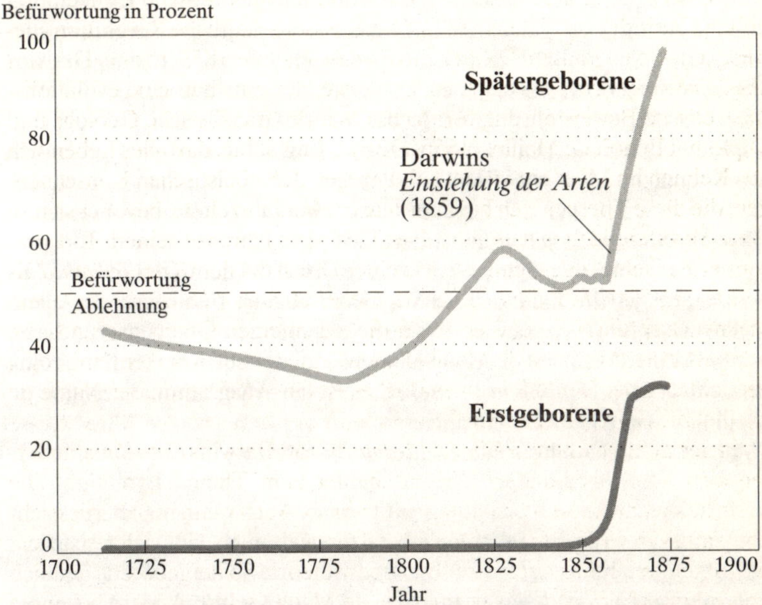


Abb. 2.1 Die Aufnahmebereitschaft für die Evolutionstheorie von 1700 bis 1875, bezogen auf die Geburtenfolge ($N$=433). In den Debatten, die in dem langen Zeitraum vor der Publikation von Darwins *Entstehung der Arten* geführt wurden, bekannten sich 9,7 mal mehr Spätergeborene als Erstgeborene zur Evolutionstheorie. Die Differenz zwischen beiden Gruppen wurde entsprechend der größeren Häufigkeit von Spätergeborenen in der Bevölkerung bereinigt. Die Wahrscheinlichkeit, daß diese auf die Geburtenfolge zurückgehenden Unterschiede im Befürwortungsverhalten zufällig sind, ist geringer als eins zu einer Milliarde.
Zu beachten ist die sprunghaft ansteigende Zustimmung, die der Darwinismus durch Erstgeborene bald nach Erscheinen der *Entstehung* erfährt. Erstgeborene, die für Darwins Theorien offen waren, ließen sich sehr schnell überzeugen, während diejenigen, die über eine geringere Offenheit verfügten, erst später zu einer Annahme des Darwinismus bereit waren.

hand der Geburtenfolge gewonnen haben, leicht zusammenfassen. Bei diesem Verfahren wird die unterschiedliche Häufigkeit der Später- und der Erstgeborenen in der Bevölkerung bereinigt, und die beiden Gruppen lassen sich dann direkt, Individuum für Individuum, vergleichen. In der Zeit vor 1859 betrug dieser Wert *9,7 zu 1*. Das heißt: Die *Wahrscheinlichkeit,* daß Spätergeborene (wie Darwin oder Wallace) evolutionstheoretische Ideen vertraten, war *9,7 mal so hoch* wie bei Erstgeborenen (beispielsweise Lyell oder Agassiz). Auch wenn man nicht viel von Statistik versteht, sieht man sofort, daß wir es hier mit einem außerordentlichen Befund zu tun haben.

In den dreißiger und vierziger Jahren ließ die allgemeine Akzeptanz der Evolutionstheorie nach – ein Umstand, der auf den beherrschenden Einfluß zweier Erstgeborener, Georges Cuvier und Charles Lyell, zurückzuführen ist. Cuvier und Lyell gingen damals wirkungsvoll gegen die Evolutionstheorie vor. Lyell formulierte seine Kritik in seinen *Principles of Geology*, die zwischen 1830 und 1833 erschienen. Zu diesem Zeitpunkt war Darwin mit der *Beagle* auf Weltreise. Nach seiner Rückkehr notierte er sich, daß »Lyells *Principles* exzerpiert und beantwortet werden müssen«.[46] Darwin wartete mit der Veröffentlichung seiner evolutionstheoretischen Vorstellungen auch deshalb so lange, weil er sich zuvor intensiv mit den Einwänden bedeutender Erstgeborener wie Lyell auseinandersetzte.

In den späten vierziger Jahren belebte sich das Interesse an der Evolutionstheorie wieder, und dies ist vor allem Robert Chambers' anonymer Schrift *Vestiges of Creation* von 1844 zuzuschreiben. In dieser Zeit stieg die bedingte Wahrscheinlichkeit, daß Spätergeborene Anhänger der Evolutionstheorie wurden, auf *17,5 zu 1*.[47] Bei einem solchen Verhältnis ist es nicht erstaunlich, daß Chambers ein jüngerer Sohn war – ebenso wie Alfred Russel Wallace, der bekannteste unter seinen Anhängern.

### *Die Rezeption des Darwinismus*

Die Antworten auf Darwins *Entstehung der Arten* (1859), das die Kontroverse grundlegend veränderte, habe ich einer eigenen Untersuchung unterzogen. Danach war die Wahrscheinlichkeit, daß Darwins Vorstellungen akzeptiert wurden, bei Spätergeborenen um das *4,4-fache höher* als bei Erstgeborenen. Die Tatsache, daß es Darwin gelang, die Anerkennung vieler Erstgeborener zu gewinnen, die ältere Theorien zum Thema Evolution noch abgelehnt hatten, muß man daher als Maßstab seines Erfolges betrachten.[48] Gleichwohl hat die Mehrheit der Erstgeborenen auch 1875, dem letzten Jahr in meiner Übersicht, die Evolutionstheorie noch nicht geteilt. Der französische Biologe Jean-Louis-Armand Quatrefages de Bréau – das ältere von zwei Kindern – kämpfte bis zu seinem Tod im Jahr 1892 gegen Darwins Einsichten. Sein letztes gegen Darwin gerichtetes Werk erschien 1894 postum unter dem Titel *Les Émules de Darwin* (Darwins Rivalen). Ein anderer Erstgeborener, der kanadische Geologe John William Dawson, verteidigte die Schöpfungslehre bis zu seinem Tod im Jahr 1899.

Bisweilen wird das neunzehnte Jahrhundert das »Jahrhundert Darwins« genannt, weil die Ideen dieses Mannes einen so dramatischen Einfluß auf das wissenschaftliche und gesellschaftliche Denken jener Zeit hatten.[49] Die Geburtenfolge bestimmte jedoch die Rezeption evolutionstheoretischer Vorstellungen so erheblich, daß sich deren Durchsetzung gleichsam in zwei Wellen abspielte, die mit dem Abstand von fast einem Jahrhundert aufeinander folgten. Um 1875 hatten die Erstgeborenen mit 40 Prozent den Zustimmungsgrad erreicht, der bei den Spätergeborenen bereits um 1775 zu

**Aufnahmebereitschaft für die Evolutionstheorie nach Alter und Geburtenfolge**

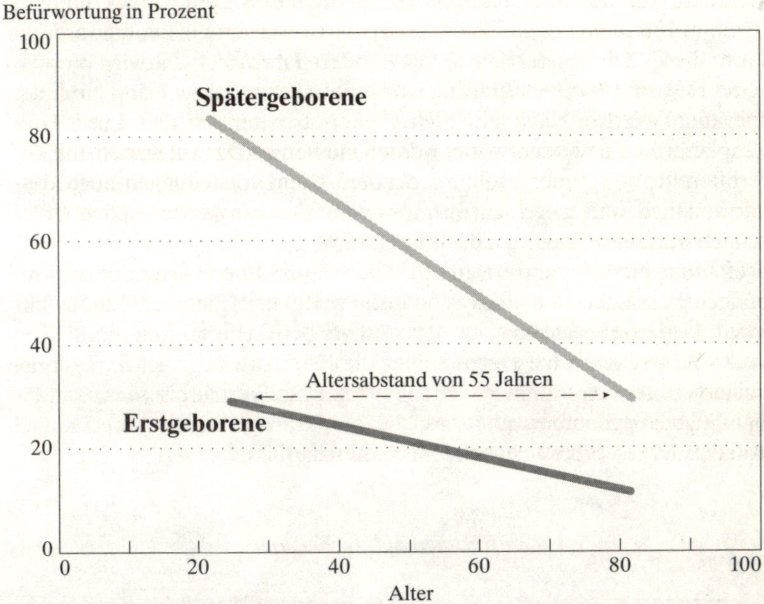


Abb. 2.2 Die Aufnahmebereitschaft für die Evolutionstheorie von 1700 bis 1875, bezogen auf Alter und Geburtenfolge (*N*=405). Dem Einfluß der Geburtenfolge entsprechend war ein achtzigjähriger Spätergeborener ebenso offen für die Evolutionstheorie wie ein fünfundzwanzigjähriger Erstgeborener.
Zwischen Geburtenfolge und Alter besteht eine signifikante Wechselwirkung. Erstgeborene standen dem Gedanken der Evolution im allgemeinen feindselig gegenüber, das heißt unabhängig von ihrem Alter. Wer jedoch im Alter engstirniger wird, ist meist in jungen Jahren von einer offeneren Geistesart gewesen. Bei Spätergeborenen übte das Alter einen weitaus größeren Einfluß auf die Einstellung zur Evolutionstheorie aus.

verzeichnen war. Eine einfache arithmetische Überlegung zeigt, daß das Jahrhundert nur darum zu »Darwins Jahrhundert« wurde, weil es damals in der Gesamtbevölkerung 2,6 mal so viele Später- wie Erstgeborene gab.[50]

Dabei ist ein kurioses Faktum in der demographischen Entwicklung für die Aufnahme des Darwinismus von nicht geringer Bedeutung: Der das neunzehnte Jahrhundert kennzeichnende Wandel in der Bevölkerungsstruktur hin zur Kleinfamilie vollzog sich in Frankreich bereits seit dem Ende des achtzehnten Jahrhunderts, also fünfzig Jahre früher als in anderen europäischen Ländern. Daraus erklärt sich, warum französische Wissenschaftler den Darwinismus stärker ablehnten als ihre Kollegen aus anderen Ländern. Darwin selbst beklagte sich über »diese entsetzlichen ungläubigen Franzosen«. Aber ihre Verweigerung hatte nichts mit ihrer Nationalität zu tun.[51] Um

1859 hatten französische Wissenschaftler durchschnittlich nur 1,1 Geschwister; in anderen Ländern lag der Durchschnitt bei 2,8 Geschwistern.[52] Während des gesamten neunzehnten Jahrhunderts konnten sich Darwins Ideen in Frankreich nicht durchsetzen; und es dauerte bis in die fünfziger Jahre dieses Jahrhunderts, also fast hundert Jahre nach Darwins grundlegendem Werk, bis die Theorie der natürlichen Selektion auch dort allgemein anerkannt wurde.[53] Nicht die Schule Cuviers, sondern Verhütung und Familienplanung sind für diese außerordentliche Verzögerung verantwortlich.[54]

Und eine weitere Beobachtung, die der Verlauf der Darwinschen Revolution deutlich macht, verdient Erwähnung: Das Alter ist eine einigermaßen genaue Variable, wenn man die mutmaßliche Einstellung zu wissenschaftlichen Innovationen voraussagen will. Ältere Forscher stehen neuen Ideen mit höherer Wahrscheinlichkeit ablehnend gegenüber als jüngere.[55] Dieser Umstand wiederum erleichtert es, den Einfluß der Geburtenfolge zu messen. Während der gesamten Debatte über die Evolution zeigten achtzigjährige Spätergeborene eine ähnliche Offenheit für diese Theorie wie fünfundzwanzigjährige Erstgeborene. Die Tatsache, ein Spätergeborener zu sein, glich also den Altersunterschied von fünfundfünfzig Jahren aus (Abb. 2.2).[56]

### *Andere wissenschaftliche Kontroversen*

Wir müssen uns natürlich fragen, ob es auch andere Veränderungen der Wissenschaft gab, die von Spätergeborenen in Gang gesetzt und unterstützt wurden. Zu diesem Zweck habe ich 28 Innovationen untersucht, die in der Wissenschaftsgeschichte der letzten fünf Jahrhunderte maßgebliche Spuren hinterlassen haben.[57] Von diesen 28 Innovationen habe ich jene sechzehn ausgewählt, die häufig als wissenschaftliche »Revolutionen« bezeichnet werden. So stehen auf meiner Liste neben der Darwinschen die Kopernikanische Revolution, die Newtonschen Grundgesetze der Mechanik und Einsteins besondere und allgemeine Relativitätstheorie.[58]

Einige wissenschaftliche Revolutionen hatten mehr, andere weniger weltanschauliche Folgen.[59] Daher empfiehlt es sich, bei diesen sechzehn Innovationen zwei Gruppen zu unterscheiden: die weltanschaulich radikalen und die nur technischen Revolutionen.[60] Newton wurde für seine wissenschaftlichen Leistungen mit dem Ritterstand geehrt, während Galilei der Ketzerei angeklagt wurde.

Damit ich sie als weltanschaulich radikale Revolution gelten lasse, muß eine innovative Theorie religiöse Kontroversen mit breiter Wirkung ausgelöst haben. Für dieses Kriterium habe ich formale Indikatoren benutzt, zum Beispiel, ob ein einschlägiges Buch auf den *Index Librorum Prohibitorum* der katholischen Kirche gesetzt wurde. Auch die Tendenz, wissenschaftliche Vorstellungen anonym zu veröffentlichen, so wie es de Maillet, Chambers und ein halbes Dutzend andere Vertreter der Evolutionstheorie vor Darwin praktizierten, weist auf weltanschauliche Radikalität hin. Auf der Grundlage dieser Merkmale sind nur vier der sechzehn von mir aufgelisteten, bedeutenderen Umbrüche in der Wissenschaft auch weltanschaulich radikale Revolutionen gewesen, nämlich die »Wende« des Kopernikus, James Huttons Theorie der Erdgeschichte, die Evolutionstheorien vor Darwin und der Darwinismus selbst.[61]

Huttons Theorie der Erdgeschichte ist weniger bekannt als andere radikale Revolutionen, aber sie ist nicht weniger als jene von allgemeinen Glaubenssätzen und Überzeugungen abgewichen. Im Gegensatz zu den Wissenschaftlern seiner Zeit, die geologische Veränderungen mit Katastrophen wie der Sintflut aus dem Buch Mose erklärten, schlug Hutton vor, keine anderen geologischen Prozesse gelten zu lassen als die heute zu beobachtenden, zum Beispiel Erosion und Witterungseinflüsse. Um größere Veränderungen der Erdkruste erklären zu können, muß man nach Hutton in riesigen Zeiträumen rechnen – in Millionen von Jahren. Die Welt hatte seinen berühmten Worten zufolge »keine Spur eines Anfangs und keine Aussicht auf ein Ende«.[62] Hutton verlängerte also den geologischen Zeitmaßstab drastisch gegenüber den in der Bibel veranschlagten 6 000 Jahren und war damit einer der Wegbereiter Darwins.[63] Seine Ideen, bekannt als Uniformitarianismus, standen im direkten Widerspruch zur biblischen Chronologie und wurden wegen ihrer atheistischen Substanz immer wieder kritisiert. Wie Darwin war auch Hutton ein Spätergeborener.

Außer den sechzehn Ereignissen, die Wissenschaftshistoriker als Revolutionen betrachten, bin ich zwölf weiteren Innovationen von weniger tiefgreifender Wirkung nachgegangen. Diese lassen sich wie die Revolutionen in zwei Gruppen unterteilen. Eine Gruppe – kontroverse Neuerungen – umfaßt sieben dieser zwölf Entdeckungen. Zu ihnen gehören die Erkenntnisse von Ignaz Semmelweis über das Kindbettfieber und Joseph Listers Einführung der antiseptischen Chirurgie. Obwohl diese beiden medizinischen Entdeckungen bedeutende Fortschritte brachten, werden sie von Wissenschaftshistorikern nicht als »Revolutionen« betrachtet.

Die andere Gruppe bezeichne ich als konservative Theorien. Unter dieser Kategorie lassen sich fünf Lehren zusammenfassen, die geeignet waren, die Religion oder Werte, wie sie vor allem in der Oberschicht galten, zu stützen. Im Lauf der Geschichte war die Biologie immer wieder ein fruchtbarer Boden für konservative Lehrmeinungen. Im siebzehnten Jahrhundert kamen mechanistische Erklärungen des Lebens auf, die die Schöpfungslehre ernstlich bedrohten. Sogenannte Vitalisten indes lehnten »materialistische« Theorien des Lebens heftig ab, und ihre Doktrinen waren oft mit religiösen Erwägungen unterfüttert.[64] 1766 erläuterte Albrecht von Haller einem befreundeten Naturforscher in einem Brief: »Es ist sehr gefährlich zuzugeben, daß sich ein Finger aufgrund von zufälligen Umständen gebildet hat. Wenn sich ein Finger selbst bilden kann, dann kann sich auch eine Hand selbst bilden und dann ein Arm und schließlich der ganze Mensch.«[65] Die wissenschaftlichen Kämpfe, die Haller führte, hatten, wie die Wissenschaftshistorikerin Shirley A. Roe schreibt, immer das gleiche Grundmotiv: »die Verehrung Gottes und die Verurteilung von Atheisten und Materialisten«.[66]

Tabelle 2

**Die Daten zur Geburtenfolge im Zusammenhang von 28 wissenschaftlichen Kontroversen**

| Kontroverse | Zeitraum | Bekannte Geburtenfolgen | Korrelation[a] | Wahrscheinlichkeit der Unterstützung durch Spätergeborene[b] |
|---|---|---|---|---|
| *Weltanschaulich radikale Revolutionen (N=4)* | | | | |
| Kopernikanische Revolution (bis 1609) | 1543-1609 | 30 | 0,38* | 5,4 : 1 |
| Kopernikanische Revolution (nach 1609) | 1610-1649 | 51 | 0,00 | 1,0 : 1 |
| Evolution vor Darwin | 1700-1859 | 221 | 0,43*** | 9,7 : 1 |
| Huttons Erdgeschichte | 1788-1829 | 46 | 0,31* | 5,2 : 1 |
| Darwinsche Revolution | 1859-1875 | 228 | 0,36*** | 4,6 : 1 |
| **Zwischenwert[c]** | **1543-1875** | **576** | **0,36*****| **4,8 : 1** |
| *Technische Revolutionen (N=12)* | | | | |
| Bacon und Descartes (Wissenschaftliche Methode)[d] | 1600-1685 | 82 | 0,09 | 1,7 : 1 |
| Harvey und der Blutkreislauf | 1628-1653 | 37 | 0,34* | 5,8 : 1 |
| Newtonsche Revolution Himmelsmechanik[d] | 1687-1750 | 65 | 0,24 | 3,1 : 1 |
| Lavoisiers Revolution der Chemie | 1778-1795 | 85 | 0,25* | 3,1 : 1 |
| Theorie der Eiszeit[e] | 1815-1849 | 42 | 0,00 | 1,0 : 1 |
| Lyell und der Uniformitarianismus[f] | 1830-1850 | 32 | 0,06 | 1,3 : 1 |
| Freudianische Psychoanalyse (bis 1919)[d] | 1900-1919 | 90 | 0,30** | 3,8 : 1 |
| Freudianische Psychoanalyse (nach 1919)[d] | 1920-1930 | 36 | -0,04 | 0,86 : 1 |
| Planck und die Quantentheorie | 1900-1919 | 59 | 0,05 | 1,2 : 1 |
| Einstein und die spezielle Relativitätstheorie[d] | 1905-1914 | 48 | 0,30* | 3,6 : 1 |
| Einstein und die allgemeine Relativitätstheorie[d] | 1915-1930 | 67 | 0,06 | 1,3 : 1 |
| Kontinentalverschiebung | 1912-1967 | 57 | 0,24 | 2,7 : 1 |
| Unschärferelation in der Physik[d] | 1918-1927 | 40 | 0,18 | 2,1 : 1 |
| **Zwischenwert** | **1600-1967** | **740** | **0,18***** | **2,2 : 1** |

| Kontroverse | Zeitraum | Bekannte Geburtenfolgen | Korrelation[a] | Wahrscheinlichkeit der Unterstützung durch Spätergeborene[b] |
|---|---|---|---|---|
| *Kontroverse Innovationen (N=7)* | | | | |
| Theorie der Präformation[g] | 1600-1699 | 20 | 0,41 | 6,0 : 1 |
| Theorie der Epigenese[d] | 1700-1820 | 45 | 0,21 | 2,3 : 1 |
| Mesmerismus[h] | 1780-1800 | 42 | -0,03 | 0,89 : 1 |
| Phrenologie[i] | 1796-1840 | 98 | 0,45*** | 9,0 : 1 |
| Kontroverse über das Devon | 1830-1840 | 15 | 0,22 | 2,5 : 1 |
| Semmelweis und Kindbettfieber | 1842-1862 | 37 | 0,22 | 2,6 : 1 |
| Lister und antiseptische Chirurgie | 1867-1880 | 45 | 0,14 | 1,9 : 1 |
| **Zwischenwert** | **1600-1880** | **302** | **0,28*** ** | **3,5 : 1** |
| *Konservative Theorien (N=5)*[j] | | | | |
| Ablehnung der Urzeugung (Vitalismus) | 1640-1859 | 67 | -0,24* | 0,36 : 1 |
| Idealistische Klassifikationssysteme | 1809-1859 | 43 | -0,41** | 0,08 : 1 |
| Moderner Spiritualismus | 1848-1920 | 110 | -0,09 | 0,68 : 1 |
| Keimtheorie | 1859-1880 | 33 | -0,19 | 0,30 : 1 |
| Eugenik | 1864-1949 | 142 | -0,06 | 0,76 : 1 |
| **Zwischenwert** | **1640-1949** | **395** | **-0,14** ** | **0,54 : 1** |

a. Eine positive Korrelation zeigt eine stärkere Befürwortung durch Spätergeborene an. Alle Korrelationen (*phi*) wurden aus den diskret definierten Werten der Geburtenfolge und der wissenschaftlichen Position errechnet. Der Grad der statistischen Signifikanz, ermittelt nach dem exakten Fisher-Test, wird durch Sternchen angezeigt: * ($p<0,05$), ** ($p<0,01$) und *** ($p<0,001$). Es werden zweiseitige Tests benutzt.

b. Durch die Berechnung der bedingten Wahrscheinlichkeit wird der Tatsache Rechnung getragen, daß Spätergeborene in der Bevölkerung häufiger sind als Erstgeborene.

c. Bei den Zwischenwerten sind die Korrelationen gewichtete Durchschnittswerte.

d. Diese Innovationen haben mit den weltanschaulich radikalen Revolutionen Züge gemeinsam (siehe S. 335, S. 423f.)

e. Louis Agassiz' der Schöpfungslehre verpflichtetes Konzept der Eiszeiten ist eine konservative Theorie, doch nicht alle Vertreter der Vergletscherungstheorie schlossen sich der katastrophentheoretischen Version von Agassiz an.

f. Lyells Doktrin des Uniformitarianismus kann man auch als späteres Stadium von Huttons weltanschaulich radikaler Revolution der Erdgeschichte und ihrer Theorie sehen.

g. Nach 1700 ist Präformation die konservative Alternative zur Epigenese.

h. Der Mesmerismus, die Lehre von der Heilkraft des Magnetismus, könnte auch als konservative Theorie eingestuft werden, wenn man ihn wie Darnton als »modischen Zeitvertreib für die Reichen und Gebildeten« betrachtet.

i. Die Phrenologie ist eine weltanschaulich radikale Revolution, die gescheitert ist. Wird die Phrenologie derart klassifiziert, dann beträgt die gewichtete Durchschnittskorrelation der Geburtenfolge für kontroverse Innovationen 0,17, während die für radikale Revolutionen 0,37 beträgt.

j. Die Lehren von *angeborenen Rassenunterschieden* sind konservative Theorien, besonders wenn sie die Minderwertigkeit von Schwarzen und anderen Minderheitengruppen betonen. Sherwood und Nataupsky berichten, daß erstgeborene Psychologen stärker als spätergeborene zu der Ansicht neigen, IQ-Unterschiede zwischen Schwarzen und Weißen seien angeboren. Die Wahrscheinlichkeit, die ich aus ihrer Tabelle 2 berechnet habe, ist 0,35 : 1 zugunsten einer größeren Befürwortung durch Erstgeborene ($r = -0{,}24$, $N = 82$, $p < 0{,}05$).

Konservative Theorien kann man als Antithesen zu weltanschaulich radikalen Revolutionen betrachten. Von Linné bis Darwin beruhten die meisten biologischen Klassifikationssysteme auf der Schöpfungslehre, zu deren Stützung sie gedacht waren. In den immer neuen Taxonomien spiegelte sich ihr Glaube an die göttliche Weisheit wider. Manche dieser »idealistischen« Systeme bedienten sich numerologischer Annahmen.[67] Die »Quinarianer« beispielsweise dachten, daß es fünf kreisförmig angelegte und sich überlappende Gruppen von Arten gäbe. In jedem Kreis identifizierten sie fünf weitere Kreise. Andere Biologen bevorzugten die Zahl sieben, die mit den Schöpfungstagen übereinstimmte. Für diese frommen Vertreter der idealistischen Zoologie war Gott ein Mathematiker wie Euklid, nur etwas klüger als dieser; mit der radikalen Fraktion, die die Darwinsche Revolution vorantrieb, gerieten sie zwangsläufig in besonders heftige Auseinandersetzungen. Wie der Wissenschaftshistoriker Adrian Desmond bemerkt, traten beide Gruppen für verschiedene »soziale und natürliche Welten« ein und standen einander oft »erbittert« gegenüber.[68]

In Tabelle 2 liste ich alle 28 Kontroversen meines Überblicks auf, verknüpft mit einigen Informationen zur Geburtenfolge. Für jede Kontroverse fasse ich meine Ergebnisse in relativen Wahrscheinlichkeitswerten zusammen. Die Tabelle beginnt mit der Kopernikanischen Revolution. In der Frühphase dieses Disputs betrug die bedingte Wahrscheinlichkeit *5,4 zu 1* zugunsten der Spätergeborenen. Das heißt, die Zustimmung eines Spätergeborenen zur Theorie des Kopernikus, die Erde drehe sich um die Sonne, war *5,4-fach wahrscheinlicher* als die eines Erstgeborenen. Kopernikus selbst war das jüngste von vier Kindern.

**Akzeptanz wissenschaftlicher Innovationen nach Geburtenfolge und Art der Innovation**

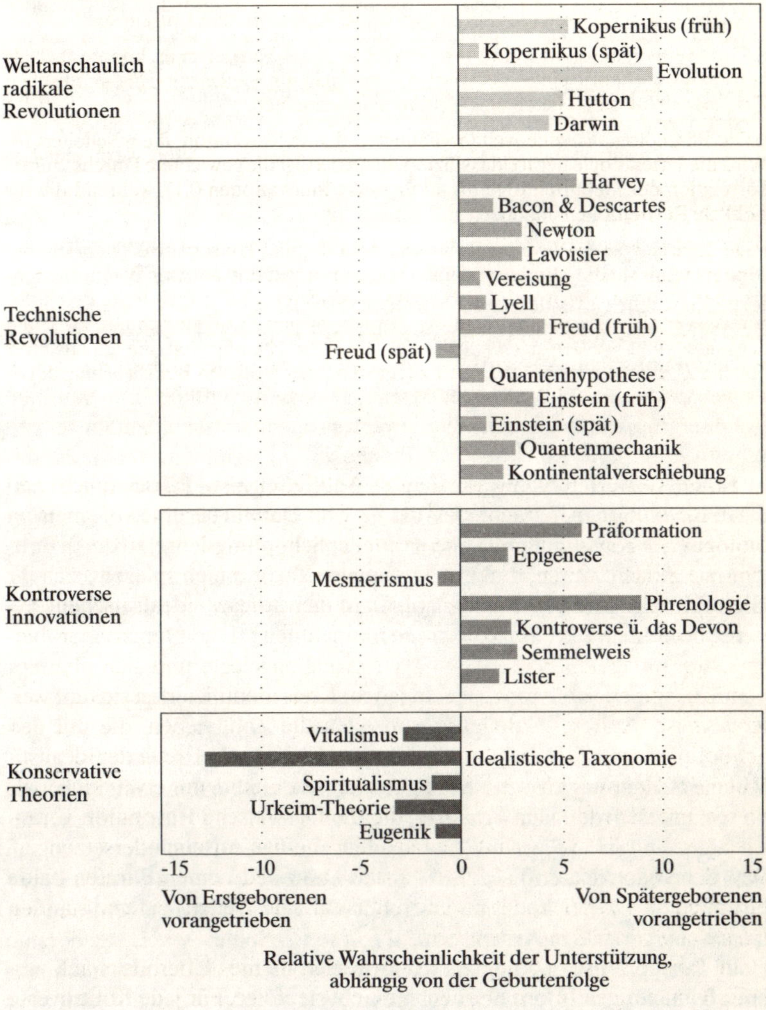


Abb. 2.3 Auswirkungen der Geburtenfolge im Verlauf von 28 wissenschaftlichen Innovationen. Eine positive Wahrscheinlichkeit für Akzeptanz oder Befürwortung einer Theorie verweist auf die zustimmende Einstellung von Spätergeborenen, während ein negativer Wert die überwiegende Befürwortung durch Erstgeborene anzeigt. In der Frühzeit der Kopernikanischen Revolution, vor Galileis Entdeckungen mit dem Fernrohr, war die Akzeptanz dieser Theorie unter Spätergeborenen 5,4-fach häufiger als unter Erstgeborenen. Die Tendenz, daß Spätergeborene sich neuen Theorien früher als Erstgeborene zuwenden, ist bei weltanschaulich radikalen Revolutionen am ausgeprägtesten. Für konservative Theorien hingegen ist es typisch, daß sie von Erstgeborenen akzeptiert, von Spätergeborenen aber abgelehnt werden.

Unter den Befürwortern wissenschaftlicher Neuerungen sind Spätergeborene durchgängig überrepräsentiert. Achtundzwanzig Innovationen habe ich in meiner Übersicht aufgeführt, und bei allen ist die Wahrscheinlichkeit, daß sie unter den Spätergeborenen Anhänger finden, *2 mal so hoch* wie unter Erstgeborenen. Die Wahrscheinlichkeit, daß es sich hierbei um reinen Zufall handelt, beträgt weniger als eins zu einer Milliarde.[69] Auch wenn die Begründer innovativer Theorien Erstgeborene sind – dies war der Fall bei Newton, Lavoisier, Einstein und Freud –, besteht ihre Anhängerschaft doch überwiegend aus Spätergeborenen. Unter radikalen wissenschaftlichen Neuerern sind Erstgeborene ebenso die Ausnahme wie unter Wissenschaftlern, die solche radikalen Innovationen begrüßen.[70]

Weil in diesen Ergebnissen nicht zwischen dem Typus der jeweiligen Innovation unterschieden wird, lassen sie den Einfluß der Geburtenfolge geringer erscheinen. Wir sind aber berechtigt, wissenschaftliche Innovationen in Untergruppen zu gliedern, und zwar aus einem entscheidenden statistischen Grund. Die Ergebnisse in Tabelle 2 sind signifikant *heterogen*, das heißt, die Geburtenfolge wirkt sich über alle Ereignisse hinweg signifikant unterschiedlich aus.[71] Wenn sich die Ergebnisse mehrfach durchgeführter Untersuchungen signifikant voneinander abheben, müssen wir die Möglichkeit in Betracht ziehen, daß es unabhängige Variablen gibt. Im geschichtlichen Prozeß hängen solche Variablen mit dem Ereignis selbst und mit seinem besonderen Charakter zusammen.

### *Weltanschauliche Radikalität*

Welche Bedeutung ideologische Faktoren für die Annahme einer Theorie haben, zeigt sich deutlich, wenn wir jede Klasse von Innovationen für sich betrachten. Im Verlauf von weltanschaulich radikalen Revolutionen ist die Wahrscheinlichkeit, daß sich Spätergeborene zu der abweichenden Lehre bekennen, *4,8-fach höher* als für Erstgeborene. Bei technischen Revolutionen finden sich unter den Anhängern *2,2 mal so viel* Später- wie Erstgeborene; eine Überrepräsentanz, die deutlich kleiner ist als im Fall des weltanschaulichen Radikalismus. Dennoch liegt dieser Wert noch immer signifikant über einem zufälligen Ergebnis.

Hinsichtlich konservativer Theorien dagegen verhält es sich genau umgekehrt. Hier ist die Wahrscheinlichkeit, daß Erstgeborene zu ihren Anhängern werden, *1,9 mal höher* als für Spätergeborene; eine signifikante Ungleichheit, die ebenfalls kein Zufall sein kann. In der Wissenschaft sind die Erstgeborenen oftmals Vertreter von *reaktionären* Ideen. Je reaktionärer eine Neuerung ist, desto deutlicher befürworten die Erstgeborenen solche Vorstellungen (Abb. 2.3).

Für eine statistische Überraschung sorgen die umstrittenen Innovationen,

Franz Joseph Gall in angeregter Unterhaltung mit einigen seiner Anhänger; im Hintergrund seine umfangreiche Sammlung von Schädeln und Modellköpfen. Die Karikatur aus dem Jahre 1808 macht die Feindseligkeit deutlich, die Galls Ideen von seiten der orthodoxen Medizin entgegenschlug.

also Theorien, die in der Regel nicht als Revolutionen betrachtet werden. Die relative Wahrscheinlichkeit für diese Gruppe liegt bei *3,4 zu 1* zugunsten der Spätergeborenen und ist damit bedeutend höher als bei den technischen Revolutionen (*2,2 zu 1*); eine Differenz, die ich nicht erwartet hätte.

Allerdings läßt sich diese Anomalie leicht erklären. Von den sieben umstrittenen Innovationen ist eine – nämlich die Phrenologie – falsch klassifiziert. Dieser Lehre zufolge sollte man kognitive Fähigkeiten und Charaktereigenschaften durch die Schädelformen bestimmen können. Die Phrenologie, 1796 von Franz Joseph Gall entwickelt, basierte auf der Annahme, daß die mentalen Funktionen auf bestimmte Regionen im Gehirn zurückverfolgt werden könnten. Wegen dieser offen materialistischen Unterstellung schien Galls Theorie die Existenz der Seele zu leugnen und traf folgerichtig auf den erbitterten Widerstand von orthodoxen Wissenschaftlern, unter ihnen auch Georges Cuvier. Im Jahre 1801 untersagte der österreichische Kaiser Franz Josef I. Gall in einem persönlichen Brief, seine Theorien weiterhin in öffentlichen Vorträgen vorzustellen, denn diese beförderten Materialismus, Unmoral und Atheismus.[72] Als Gall 1828 starb, verweigerte ihm die katholische Kirche ein christliches Begräbnis. Außerdem wurden seine Schriften über die Schädellehre auf den *Index* gesetzt, womit eines meiner Kriterien für eine weltanschaulich radikale Revolution erfüllt wäre. Gall selbst lag im (unter seinen Anhängern sehr ausgeprägten) Trend der Geburtenfolge – auch er war ein Spätergeborener, das sechste von zehn Kindern.

Im Fall der Phrenologie zeigt sich, daß man bei dem Versuch, wissenschaftliche Neuerungen als »Revolutionen« zu bewerten, nicht zu sehr auf nachträgliche Urteile bauen sollte, auch nicht auf solche heutiger Wissenschaftshistoriker.[73] Es gab durchaus umstrittene Innovationen, die wie Mesmerismus und Phrenologie zu ihrer Zeit als revolutionäre Entdeckungen galten. Wenn der angemessene Indikator für eine bahnbrechende geistige Umwälzung eher die ideologische Abweichung als der Erfolg ist, dann gehört die Phrenologie auf jeden Fall in die Klasse radikaler Innovationen.[74]

Und noch ein Umstand erschwert die Klassifizierung wissenschaftlicher Kontroversen: Die Einschätzung dessen, was jeweils zur Debatte stand, befürwortet oder abgelehnt wurde, änderte sich im Lauf der Zeit. Erfolgreiche radikale Revolutionen erscheinen irgendwann als technische. Dieser Umstand spiegelt sich ganz deutlich in den Auswirkungen der Geburtenfolge. Sie werden schwächer, sobald die Kontroversen sich so verändern, daß sie die Klasse wechseln. So etwa läßt sich für spätere Phasen der Auseinandersetzungen um die Kopernikanische Theorie ein verminderter Einfluß der Geburtenfolge feststellen. Das gleiche gilt für Huttons Theorie der Erdgeschichte, für die Freudsche Psychoanalyse und für die Relativitätstheorie.[75] Der mäßigende Einfluß der Zeit macht sich bei allen Typen von wissenschaftlichen Innovationen bemerkbar, auch wenn er im Verlauf weltanschaulich radikaler Revolutionen deutlicher in Erscheinung tritt als bei anderen Neuerungen (Abb. 2.4).[76]

Die Auswirkungen der Geburtenfolge werden im zeitlichen Verlauf *einzelner* Kontroversen geringer; doch gilt diese Tendenz nicht für den Geschichtsverlauf im ganzen. Mit anderen Worten: Die Wirkungen der Geburtenfolge sind in den Kontroversen des zwanzigsten Jahrhunderts genauso signifikant wie vor vierhundert Jahren, jeweils bezogen auf den Typus der Innovation.[77]

Damit entfällt auch die Möglichkeit, Unterschiede, die durch die Geburtenfolge bedingt sind, auf Geltung und Praxis des Erstgeburtsrechts, der Primogenitur, zurückzuführen.[78] Die Primogenitur – der Brauch, den Grundbesitz dem ältesten Sohn ungeteilt zu vererben – wurde in den meisten euro-

**Unterschiede in der Befürwortung wissenschaftlicher Innovationen, abhängig von der Geburtenfolge und von Art und Phase der Innovation**

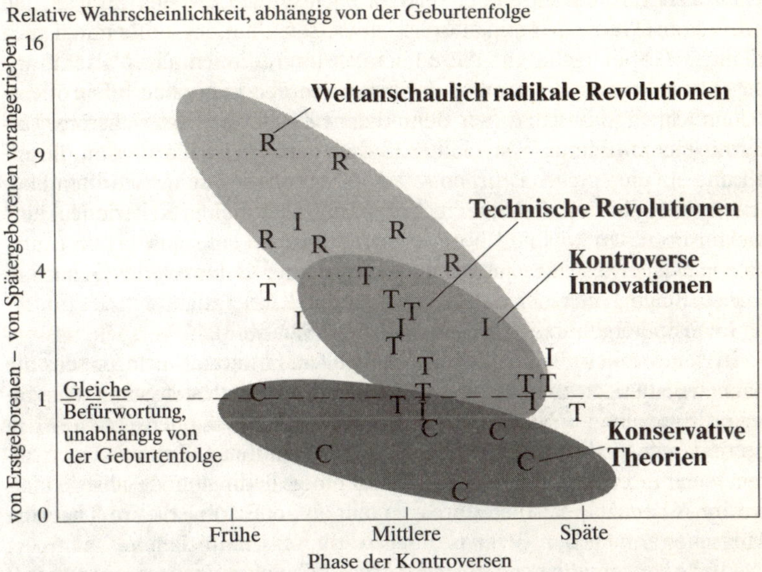


Abb. 2.4 Unterschiedliche Bereitschaft zur Akzeptanz wissenschaftlicher Innovationen in Abhängigkeit von der Geburtenfolge und bezogen auf Art und Phase der Kontroverse, dargestellt an 28 Innovationen. Die Innovationen werden entsprechend der relativen, auf die Geburtenfolge bezogenen Wahrscheinlichkeit ihrer Befürwortung dargestellt. Ein Wert über 1,0 zeigt eine höhere Wahrscheinlichkeit der Zustimmung durch Spätergeborene; ein Wert unter 1,0 steht für den umgekehrten Trend. Während der Frühphasen von weltanschaulich radikalen Revolutionen war die Wahrscheinlichkeit der Befürwortung unter Spätergeborenen zehnfach höher als unter Erstgeborenen. Und umgekehrt ist in späten Phasen von Kontroversen um konservative Theorien die Wahrscheinlichkeit, daß Erstgeborene sich diese zu eigen machen, zwei- bis dreifach so hoch wie unter Spätergeborenen.
In allen Klassen wissenschaftlicher Innovationen besteht bei Erstgeborenen eine höhere Wahrscheinlichkeit als bei Spätergeborenen, daß sie sich zu einem späteren Zeitpunkt der Debatte zustimmend verhalten. Die mäßigende Rolle der Zeit ist bei weltanschaulich radikalen Revolutionen bedeutend ausgeprägter als bei wissenschaftlichen Innovationen anderer Art.

päischen Ländern im Gefolge der Französischen Revolution abgeschafft.[79] Die Veränderung des Erbrechts hatte aber keinen meßbaren Einfluß auf den Wirkungsfaktor der Geburtenfolge. Es läßt sich auch nicht feststellen, daß Spätergeborene, die gleichwohl älteste Söhne und damit durch das Erstgeburtsrecht begünstigt waren, für Innovationen weniger Offenheit gezeigt hätten als jüngere Söhne.[80] Was zum Widerstand gegen radikalen Wandel trieb, war nicht die Aussicht auf Erbschaft des Familienvermögens, sondern die funktionale Rolle des Erstgeborenen.[81]

Konservative Theorien sind mit anderen Akzeptanzmustern verbunden als die übrigen wissenschaftlichen Neuerungen, daher analysiere ich sie separat. Der Einfachheit halber verwende ich für die 23 Innovationen, die keine konservativen Implikationen haben, den Ausdruck »liberale Theorien«. Daß Spätergeborene diese liberalen Innovationen akzeptierten, war *3,1-fach* wahrscheinlicher, als daß Erstgeborene so handelten.[82] Die Wahrscheinlichkeit, daß sich dieser Befund dem Zufall verdankt, ist geringer als eins zu einer Milliarde. Vergleichen wir die Reaktionen auf Theorien, die unter diese beiden gegensätzlichen Kategorien (konservativ versus liberal) fallen, dann ergibt sich, daß Spätergeborene *5,7 mal so häufig* für liberale Alternativen optierten wie Erstgeborene. Und wenn eine *konservative* Theorie und eine *radikale* Alternative zur Wahl standen, dann war der von der Geburtenfolge bedingte Unterschied noch gravierender: *8,9 zu 1* zugunsten des Eintretens von Spätergeborenen für die völlig neue Sichtweise.[83]

In den Kapiteln 9 und 14 werde ich weiteres Material vorlegen, das die Unterscheidung zwischen konservativen und – im weitesten Sinne – liberalen oder gemäßigten Neuerungen stützt. Soziale Einstellungen eignen sich in besonderem Maße, diese Unterscheidung zu erhärten. Führt man Kontrolluntersuchungen zu den durch die Geburtenfolge bedingten Verschiedenheiten im Akzeptanzverhalten durch, so fällt auf, daß konservative Theorien Menschen ansprechen, deren Haltungen zu gesellschaftlichen Verhältnissen ebenfalls konservativ geprägt sind, liberale Theorien dagegen werden von denen bevorzugt, die auch in sozialen Zusammenhängen aufgeschlossen denken. Außerdem werden liberale Theorien, anders als die konservativen, eher von jungen Leuten angenommen. Vermischt man diese beiden Klassen von Innovationen, verdeckt man alle Dispositionen für die Offenheit gegenüber Neuerungen – Alter, gesellschaftliche Einstellungen und Geburtenfolge.

Neben weltanschaulichem und technischem Gehalt gibt es weitere Faktoren, die die Auswirkungen der Geburtenfolge in der Wissenschaft mildern können. Ganz allgemein gesprochen geht es um die Art, mit der eine Kontroverse ausgetragen wird.[84] Spätergeborene sind besonders häufig unter den Anhängern jener Neuerungen vertreten, denen anfangs wenig Unterstützung zuteil wurde, die viel Streit auslösten und bei denen es lange Zeit dauerte, bis die aufgeworfenen Probleme geklärt waren.[85] Wenn wir diese drei Indikatoren zusammennehmen, zeigt sich, daß sie die durch die Geburtenfolge bedingten Unterschiede entscheidend prägten. Wenn die Auseinandersetzungen um wissenschaftliche Innovationen von allen drei Indikatoren bestimmt waren, liegt die relative Wahrscheinlichkeit bei *4,2 zu 1* zugunsten der Akzeptanz durch Spätergeborene. Haben die drei Indikatoren nur geringen Einfluß auf eine Kontroverse, dann beträgt dieser Wert lediglich *1,4 zu 1* – eine sehr kleine Differenz, die statistisch nicht mehr signifikant ist.

**Aufnahmebereitschaft für wissenschaftliche Innovationen, abhängig von Geburtenfolge und Geschwisterzahl**

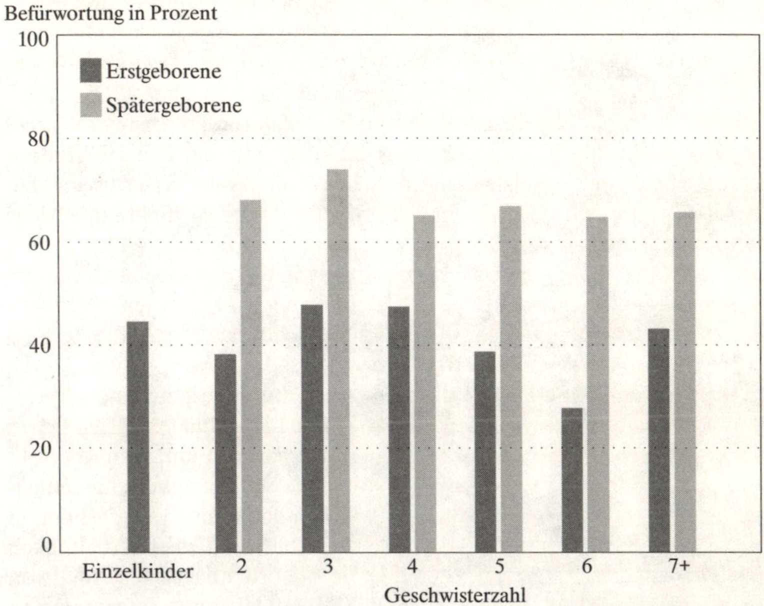


Abb. 2.5 Durch Geburtenfolge bedingte Akzeptanzunterschiede bei 23 liberalen wissenschaftlichen Theorien, bezogen auf die Zahl der Geschwister (*N*=1218). Der durch Geburtenfolge bedingte Unterschied ist statistisch signifikant, und zwar bei jeder Geschwisterzahl von 2 bis 7 und mehr.

## Zu einigen Einwänden gegen die Relevanz der Geburtenfolge

In einer breit angelegten, kritischen Studie zur Literatur über Geburtenfolge haben die beiden Schweizer Psychologen Cécile Ernst und Jules Angst auf eine Fehlerquelle einschlägiger Untersuchungen aufmerksam gemacht. Die meisten Studien hätten, so die These, bestimmte Hintergrundvariablen zu wenig berücksichtigt,[86] beispielsweise daß Unterschichtfamilien im allgemeinen größer sind als Oberschichtfamilien und darum eine größere Zahl von Spätergeborenen aufweisen. Deshalb sei eine Trendberechnung, die Einflußgrößen wie Schichtzugehörigkeit und Geschwisterzahl auf die Geburtenfolge nicht hinreichend einbeziehe, nicht aussagekräftig. In diesen Fällen könnten sich ebensogut Unterschiede zwischen Familien ausgewirkt haben.

Um solchen methodischen Bedenken zu begegnen, habe ich Daten zu allen Variablen gesammelt, die Ernst und Angst als mögliche Störfaktoren be-

**Aufnahmebereitschaft für wissenschaftliche Innovationen, bezogen auf Geburtenfolge und Schichtzugehörigkeit**

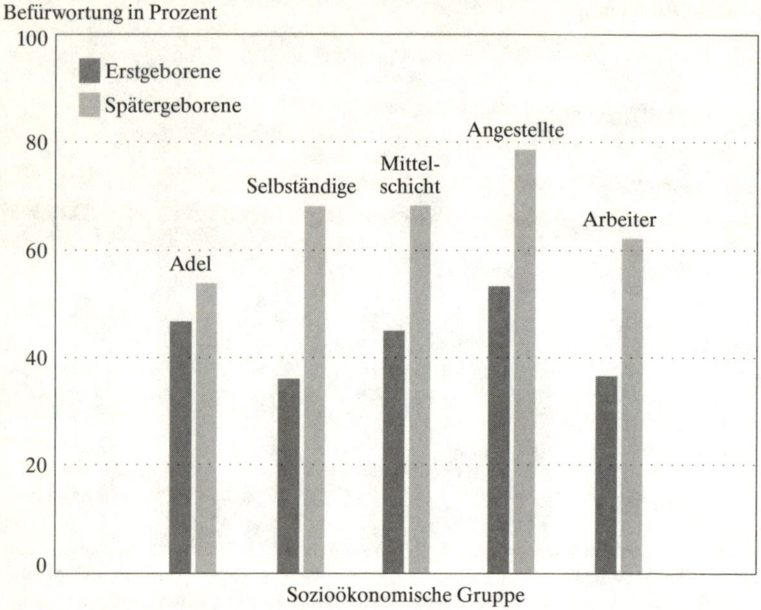


Abb. 2.6 Durch Geburtenfolge bedingte Akzeptanzunterschiede hinsichtlich 23 liberaler wissenschaftlicher Theorien, bezogen auf die Zugehörigkeit zu sozialen Schichten (*N*=1502). Der Einfluß der Geburtenfolge ist in jeder Schicht statistisch signifikant, ausgenommen bei Adligen. Die Herkunft hat keinen allgemeinen Einfluß auf wissenschaftliche Positionen. Der sozioökonomische Status wurde nach der Berufstätigkeit des Vaters bestimmt.

nennen, wenn der Einfluß der Geburtenfolge untersucht wird. Die wichtigste davon ist die Geschwisterzahl. In meinem Sample habe ich daher die Überrepräsentanz von Spätergeborenen innerhalb der Anhängerschaft neuer Ideen im Hinblick auf eine Geschwisterzahl zwischen 2 und 20 untersucht. Es zeigt sich, daß bei meinen Ergebnissen die Familiengröße keinen Störfaktor darstellt (Abb. 2.5).[87]

Die Schichtung der Daten nach sozialer Herkunft ergibt, daß Spätergeborene neuen Theorien stets eher zuneigen als Erstgeborene – ganz gleich aus welchem sozioökonomischen Umfeld sie stammen, ob aus dem Adel oder aus Arbeiterfamilien. Dieser Trend weist nur im Hinblick auf die Aristokratie keine statistische Signifikanz auf. Wir kommen also zu dem überraschenden Ergebnis, daß Schichtzugehörigkeit und Herkunft keinen erkennbaren Einfluß auf die Akzeptanz wissenschaftlicher Innovationen haben (Abb. 2.6).[88]

Der Geburtenfolgetrend hat sich bei den Adligen meines Samples als sta-

**Geschwisterpaare unter den Wissenschaftlern: die durch Geburtenfolge bedingte Aufnahmebereitschaft für liberale Theorien**

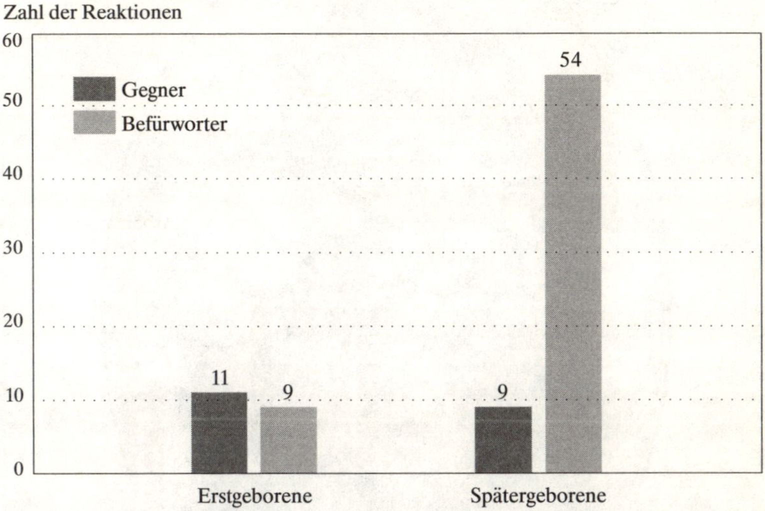


Abb. 2.7 Die Aufnahme liberaler Theorien durch Geschwisterpaare unter den Wissenschaftlern ($N$=83). Die durch die Geburtenfolge bedingten Unterschiede sind beträchtlich. Die Wahrscheinlichkeit, daß sich ein Spätergeborener zustimmend verhält, ist *7,3-fach höher* als bei dessen ältestem Geschwister.
Die Abbildung veranschaulicht auch, wie der relative Wahrscheinlichkeitswert zustande kommt. Die Wahrscheinlichkeit, daß ein Spätergeborener eine wissenschaftliche Innovation akzeptiert, liegt bei *54 zu 9* (oder *6,0 zu 1*), bei Erstgeborenen liegt die Rate bei *9 zu 11* (oder *0,8 zu 1*). Die relative Wahrscheinlichkeit beträgt 54/9 geteilt durch 9/11, also *7,3 zu 1* zugunsten der Spätergeborenen.

tistisch nicht signifikant erwiesen. Sie unterscheiden sich von den anderen Mitgliedern meines Samples auch in anderer Hinsicht. Vor allem sind sie in den Kontroversen unterrepräsentiert; oder anders gesagt: Sie sind insbesondere an solchen Kontroversen beteiligt, deren Frontlinien nicht durch die Geburtenfolge bestimmt wurden. Berücksichtigt man diese Differenzen des sozialen Hintergrunds zwischen Adeligen und Nichtadeligen, zeigt sich, daß auch die Kinder des Adels beeindruckende, durch die Geburtenfolge bedingte Unterschiede aufweisen.[89]

Den Härtetest für die Wirksamkeit der Geburtenfolge bedeutet die Frage, ob sie sich auch unter Geschwistern feststellen läßt, die gemeinsam in derselben Familie aufgewachsen sind. Zu meinem Sample gehören 105 Geschwister, darunter Georges und Frédéric Cuvier. Von drei Vierteln dieser Geschwister sind Äußerungen zu denselben wissenschaftlichen Innovationen überliefert. Die Geburtenfolge erweist sich auch hier als hervorragendes Instrument zur Voraussage ihrer Positionen und Präferenzen. In Kontrover-

Frédéric Cuvier im Jahr 1826 (im Alter von zweiundfünfzig Jahren). Dieses Portrait läßt die sympathischen Wesenszüge erahnen, durch die sich Frédéric deutlich von seinem Bruder unterschied, dessen autoritäres Gehabe legendär war. Frédéric war kein ausgesprochener Anhänger der Evolution wie seine Kollegen Lamarck oder Geoffroy Saint-Hilaire, aber auf dem Gebiet der Verhaltenswissenschaften war er bemerkenswert offen für diese Vorstellung.
Kurz nachdem Darwin 1837 die Evolutionstheorie akzeptiert hatte, studierte er Cuviers Ideen zur Evolution des Verhaltens und übernahm dessen Schriften in Auszügen in sein erstes Notizbuch über die Transmutation der Arten. Zweiundzwanzig Jahre später, in der *Entstehung der Arten* (1859), wies Darwin ausdrücklich auf Frédéric Cuviers Pionierleistung hin.

sen über liberale Theorien haben sich Spätergeborene *7,3-fach häufiger* als die Erstgeborenen der Familien für die entsprechende Innovation ausgesprochen. Die Ungleichheit ist also doppelt so hoch wie die, die man unter nicht verwandten Wissenschaftlern beobachten kann. Die Einbeziehung des jeweiligen familiären Hintergrundes ergab keine Nivellierung, sondern eher eine Verstärkung der durch Geburtenfolge bedingten Akzeptanzunterschiede (Abb. 2.7).[90]

Selbst wenn Geschwister eine neue wissenschaftliche Theorie gemeinsam akzeptierten oder ablehnten, so konnten ihre Äußerungen doch von unterschiedlicher Entschiedenheit sein. Die Brüder Cuvier sind dafür ein gutes Beispiel. In der Expertenbewertung erhielt Frédéric 3,3 von 7 möglichen Punkten für seine vorsichtige, mäßig sympathisierende Einstellung zur Evolutionstheorie. Sein älterer Bruder Georges, der diese Ansichten heftig bekämpfte, erhielt 1,0 Punkte. Der Unterschied zwischen den beiden Cuviers – 2,3 Punkte – ist etwas größer als die durch Geburtenfolge bedingte, durchschnittliche Differenz zwischen Geschwistern unter den Wissenschaftlern.[91] Was im Hinblick auf das Kriterium Geburtenfolge letztlich zählt, ist die *relative* Differenz zwischen Geschwistern aus der gleichen Familie. Im Vergleich zu Georges nahm Frédéric eine typische »Spätergeborenen-Position« zur Evolution ein. 

Frédéric Cuviers Vorstellungen über die Entwicklung der Arten lassen zwischen den beiden Brüdern eine weitere Diskrepanz ihrer wissenschaftlichen Auffassungen erkennen und geben zugleich ein Beispiel für ein bedeutsames Prinzip der Geschwisterdifferenz. Im Jahr 1797 rief Georges Cuvier seinen Bruder nach Paris. Anfangs arbeitete Frédéric, gerade sechsundzwanzig Jahre alt, im Museum für Naturgeschichte als Assistent seines Bruders, 1804 dann bestellte ihn Georges zum Direktor des Museumszoos. Frédéric nutzte die Möglichkeiten seiner neuen Stellung und studierte das Verhalten der Tiere; ein Gebiet, das damals noch in den Kinderschuhen steckte. In diesem Forschungsbereich der Biologie – in dem Spätergeborene immer wieder Pionierarbeit geleistet haben – gelangen Frédéric »höchst originelle« Untersuchungen, die »seiner Zeit weit voraus« waren.[92] Er war beeindruckt von der Intelligenz der Säugetiere, mit deren Verhalten er sich beschäftigte, und schloß daraus, daß die Instinkte dieser Tiere vererbte Formen des Lernens seien. Mit solchen Überlegungen entfernte er sich deutlich von der herrschenden Lehrmeinung, der zufolge Instinkte den göttlichen Schöpfungsplan bewiesen. Frédéric äußerte sogar die Vermutung, daß das moralische Gewissen des Menschen seinen Ursprung im animalischen Geselligkeitstrieb habe.

Obwohl Frédéric Cuvier für das Gebiet, auf dem sein Bruder Experte war – Morphologie und Physiologie der Tiere – die Vorstellung nicht akzeptierte, daß die Arten sich verändert haben könnten, gehörte er aufgrund seiner Ansichten über tierisches Verhalten doch eindeutig ins Lager der Evolutionsanhänger. »Trotz seiner brüderlichen Ergebenheit«, schreibt der Historiker Robert Richards, »war Cuvier ... im Bereich des tierischen Verhaltens ein Anhänger der Evolution, wenn auch ein gemäßigter.«[93] Rein logisch betrachtet, waren Frédérics wissenschaftliche Auffassungen über die Arten widersprüchlich, sein Biograph Richards nennt sie denn auch »äußerst seltsam«.[94] Doch Frédéric dachte wie ein Spätergeborener, nicht wie ein Logiker. Im Schatten seines Ehrfurcht gebietenden Bruders kultivierte er seine eigene wissenschaftliche Nische. Und in dieser Nische – der Wissenschaft vom Verhalten der Tiere – setzte er sich respektvoll über die Ansichten seines Bruders hinweg, der die Arten als unveränderlich ansah. Er starb 1838, zu früh, um sich zu Darwins Theorien äußern zu können. Bescheiden bis zu seinem Ende, ließ er auf seinen Grabstein setzen: »Frédéric Cuvier, Bruder von Georges Cuvier.«[95]

## Zusammenfassung

Die meisten Innovationen im Bereich der Wissenschaft, vor allem die radikalen, sind von Spätergeborenen ausgelöst und befürwortet worden. Dagegen neigen Erstgeborene dazu, innovative Ideen zurückzuweisen, besonders wenn sie dazu angetan sind, lange akzeptierte Prinzipien umzustoßen. In den Frühphasen radikaler Revolutionen ist es um das *5- bis 15-fache* wahrscheinlicher, daß Spätergeborene abweichende Auffassungen übernehmen, als daß Erstgeborene dies tun würden. Bei technischen Revolutionen liegt die Wahrscheinlichkeit der Akzeptanz durch Spätergeborene um das *2- bis 3-fache* höher. Erstgeborene hingegen vertreten eher konservative Neuerungen, die meistens auch von ihnen ausgehen. Sie begrüßen konservative Lehren als Bollwerke gegen einen möglichen radikalen Wandel; ihre Akzeptanzbereitschaft dafür ist *doppelt so hoch* wie die von Spätergeborenen.

Meine Behauptung, daß es im Hinblick auf Offenheit für wissenschaftliche Innovationen signifikante Unterschiede zwischen Geschwistern gibt, konnte nicht nur deshalb aufgestellt werden, weil Hintergrundvariablen wie Schichtzugehörigkeit und Geschwisterzahl berücksichtigt wurden. Durch Geburtenfolge bedingte Unterschiede lassen sich in jedem der über zwanzig Länder nachweisen, die in meiner historischen Übersicht repräsentiert sind. Sie gelten für Männer und Frauen gleichermaßen, was ich in Kapitel 6 nachweisen werde. Und schließlich ist der Einfluß der Geburtenfolge auf die Anerkennung von Innovationen seit der Reformation, also seit fast fünf Jahrhunderten, etwa gleich geblieben. Denn obwohl Familienstruktur und -dynamik sich in den letzten Jahrhunderten verändert haben, läßt sich empirisch nicht nachweisen, daß diese Veränderungen sich auch auf die hier beschriebenen Wirkungen der Geburtenfolge ausgewirkt hätten. Kurz gesagt: Wenige Aspekte des menschlichen Verhaltens können quer zu Schicht, Nationalität, Geschlecht und Zeit derartig verallgemeinert werden.

Der Einfluß der Geburtenfolge ist besonders erstaunlich, wenn wir Menschen miteinander vergleichen, die in derselben historischen Periode leben und sich mit denselben theoretischen Konzepten konfrontiert sehen. Vor 1859 dachten die meisten Erstgeborenen nicht anders als Voltaires Dr. Pangloss, der Hauslehrer des Candide, der sich nicht davon abbringen ließ, daß alles in dieser Welt »zum Besten« bestellt sei. In der Biologie vertraten und verteidigten Erstgeborene jene Lehren, die von der Weisheit und Allmacht Gottes kündeten. Ihre Weltsicht ließ sich vom Bedürfnis nach Stabilität und dem Glauben an die göttliche Vorsehung leiten. Wie Georges Cuvier und Charles Lyell rühmten erstgeborene Naturforscher das »Gleichgewicht der

Natur«, das die Geschöpfe überall an ihrem vorgesehenen Platz zu halten schien.

Der Einfluß der Geburtenfolge auf wissenschaftliche Weltsichten ist so groß, daß vor Darwin die Wahrscheinlichkeit für Spätergeborene, daß sie einer »radikalen« Innovation den Vorrang vor einer »konservativen« geben würden, 124-fach höher lag als für Erstgeborene. Dieser statistische Befund ergibt sich aus folgender Berechnung: In meiner geschichtlichen Übersicht gibt es pro 12,8 Erstgeborenen nur einen spätergeborenen Anhänger solcher biologischer Theorien, die die göttliche Weisheit feierten. Umgekehrt kommen auf jeweils 12,8 erstgeborene Anhänger der Evolution 124 Spätergeborene.[96]

Dieser ausgeprägte Zusammenhang zwischen Geburtenfolge und den jeweiligen wissenschaftlichen Weltsichten verlangt nach einer Erklärung. Und es stellt sich heraus, daß eine der in meiner Übersicht dargestellten Theorien dazu herangezogen werden kann – die Darwinsche. Geschwister geraten in Konflikte miteinander, weil ihre Interessen nicht immer übereinstimmen. Geschwisterstrategien und auch die Unterschiede im Persönlichkeitsmerkmal Offenheit für Erfahrung sind – in Anlehnung an Darwin – Anpassungsleistungen, um elterliche Liebe und Aufmerksamkeit zu erlangen. Jüngere Geschwister müssen sich in ihrer Entwicklung anderen Herausforderungen stellen als die älteren, und somit entfalten sich auch ihre Persönlichkeiten entsprechend anders.*

Daß die Geburtenfolge für die Evolutionstheorie Konsequenzen hat, ist bereits Darwin nicht entgangen. 1864 schrieb er in einem Brief an Alfred Russel Wallace: »Was ist aber die Primogenitur für ein schrecklicher Plan die natürliche Zuchtwahl zu zerstören!«[97] Auch Joseph Hooker gegenüber äußerte er diesen Gedanken: »Die Primogenitur widerstrebt der Zuchtwahl ganz fürchterlich; nehmen Sie einmal an, der erstgeborne Bulle würde nothwendig von jedem Farmer zum Beschäler seiner Heerde gemacht!«[98] Wie man sieht, erklären Darwins Theorien eben nicht nur, warum das Erstgeburtsrecht dem Darwinschen Gedanken der natürlichen Selektion zuwiderläuft und kaum dazu beiträgt, bessere Filets zu produzieren. Darwins evolutionstheoretische Denkweise vermag darüber hinaus eine Reihe psychologischer Probleme zu erhellen, die wir erst jetzt zu verstehen beginnen. Wendet man Darwins Prinzipien auf die Familiensituation an, finden wir mit ihrer Hilfe eine Antwort auf die bohrende Frage, warum Geschwister so verschieden sind. Eine evolutionstheoretisch fundierte Psychologie kann somit erklären, warum Spätergeborene geneigt sind, radikale Veränderungen zu begrüßen,

---

* Auf das Verhalten bezogen umfassen »Anpassungen« im Darwinschen Sinne zwei verschiedene Typen, die nicht vermischt werden dürfen. Genetisch verursachte Anpassungen gehen auf den Prozeß der natürlichen Selektion während der Evolution zurück. Im Gegensatz dazu sind Anpassungen, die ein Individuum im Laufe seines Lebens in seiner Entwicklung vollzieht, *erlernte* Verhaltensweisen, die Wechselwirkungen mit der genetischen Umwelt einschließen. Die Entwicklungspsychologie, auch der Zweig, der sich mit Geschwisterstrategien befaßt, beschäftigt sich hauptsächlich mit Verhaltensweisen, die in erster Linie erlernt sind.

während ihre älteren Geschwister lieber am Status quo festhalten. Wandel begünstigt den Untergeordneten. Jüngere Geschwister scheinen diese Logik des Verhaltens instinktiv zu beherzigen. Und die gleiche Logik befolgen auch ihre älteren Geschwister, wenn sie sich eifernd die entgegengesetzte Weltsicht des Dr. Pangloss zu eigen machen.

Kapitel 3

# Geburtenfolge und Persönlichkeit

Psychologen untersuchen die Geburtenfolge seit mehr als einem Jahrhundert, und sie haben dabei viele interessante Erkenntnisse gewonnen. Erstgeborene, so heißt es zumeist, seien verantwortungsbewußter und erfolgsorientierter als Spätergeborene; diese wiederum verhielten sich sozialer als ihre älteren Geschwister.[1] Es gibt zahlreiche Erklärungen dafür, aber keine Theorie hat sich allgemein durchsetzen können.

Alfred Adler, ein früher Anhänger Freuds, der sich 1911 von diesem trennte, um seine eigene Schule der »Individualpsychologie« zu begründen, maß der Geburtenfolge große Bedeutung bei.[2] Das erstgeborene Kind werde, so Adler, durch die Geburt des nachfolgenden Geschwisters »entthront«.[3] Die Erstgeborenen, die mit diesem Trauma fertig werden müßten, versuchten, es ihren Eltern gleichzutun. In ihrer Rolle als Ersatzeltern neigten sie dazu, die Bedeutung von Recht und Ordnung zu hoch zu bewerten und zu »machthungrigen Konservativen« zu werden.[4] »Häufig versteht ein Kind, das entmachtet worden ist, das sein kleines Königreich verloren hat, besser als andere die Bedeutung der Macht der Autorität.«[5] Gelinge es Erstgeborenen nicht, die elterliche Gunst zu gewinnen, dann, so Adler, könnten sie zu Rebellen werden.

Adler, selbst ein Zweitgeborener, war der Auffassung, daß Individuen mit diesem Geburtsrang kooperativer seien als Erstgeborene. Ein zweitgeborenes Kind strenge sich mehr an als seine älteren Geschwister und verhalte sich stets, als ob es »an einem Wettlauf teilnähme, steht immer unter Dampf und übt sich beständig, das ältere Geschwister zu übertreffen«.[6] Infolgedessen könnten nur wenige Zweitgeborene »die strenge Führung anderer ertragen«.[7] Die jüngsten Kinder wiederum seien nicht von Entthronung betroffen, und ihnen wird daher nachgesagt, daß sie faul und verwöhnt seien. »Ein verwöhntes Kind kann nie selbständig sein.«[8] Hätten Spätergeborene das Gefühl, in besonderem Maße im Schatten ihrer älteren Geschwister zu stehen, könne dies zu Minderwertigkeitsgefühlen führen. Entscheide sich ein jüngstes Kind jedoch, mit seinen älteren Geschwistern zu konkurrieren, dann werde es im späteren Leben meist sehr erfolgreich sein.

Adlers Hypothesen lassen sich mit fast allen Ergebnissen psychologischer Studien vereinbaren. Nach Adler können Erstgeborene ebenso gut konservativ wie rebellisch, Spätergeborene ebenso auf Wettstreit ausgerichtet wie faul sein. Um einen Nutzen zu haben, müssen solche Hypothesen allerdings in einer Weise formuliert sein, die sie widerlegbar macht. Der psychoanalytische Ansatz, menschliches Verhalten zu erklären, ist

Sigmund Freud (links) im Alter von fünfzig Jahren und Alfred Adler im Alter von etwa fünfundvierzig Jahren, um die Zeit ihres Bruchs. Nach Ansbacher beeinflußte ihr jeweiliger Geburtsrang sowohl die Auswahl ihrer Patienten, wie auch die Theorien, die sie anhand dieses klinischen Materials entwickelten. Freud, der unbestrittene Günstling seiner Mutter und ein typischer Erstgeborener, war sich seiner sozialen Stellung sehr bewußt; er schätzte Autorität und Macht und schrieb einmal, daß die Nichtswürdigkeit von Menschen, Analytiker eingeschlossen, immer einen tiefen Eindruck auf ihn hinterlassen habe. Zu dieser Einstellung paßte seine Annahme, daß im Menschen eine angeborene Neigung zum Destruktiven stecke, die von einer höheren Autorität (dem Über-Ich) ständig kontrolliert werden müsse. Freuds Klientel gehörte weitgehend der Oberschicht an, während Adler mehr mit Patienten aus der Unterschicht zu tun hatte.
Adler war Ansbacher zufolge nicht zuletzt durch seinen Status als zweiter Sohn dazu gelangt, Freuds »erstgeborene« Vorstellung des Ödipuskomplexes (mit ihrer Überbetonung der Eltern-Kind-Beziehungen) mit Vorsicht zu betrachten. In der eigenen theoretischen Arbeit ließ er sich von der psychologischen Bedeutung der Geburtenfolge leiten und sah seine Patienten als Opfer ihres Kampfes um mehr Macht (das Schicksal vieler jüngerer Geschwister).

deshalb weitgehend gescheitert, weil er dazu neigt, auf die Überprüfung seiner Hypothesen zu verzichten.[9] Er bedarf der systematischen Untersuchung, um Geltung beanspruchen zu können, klinische Fallbeispiele reichen dafür nicht aus.[10] Anekdotisches Material erfüllt in der Wissenschaft andere Aufgaben. Es kann zum Beispiel nützlich sein, wenn es darum geht, Hypothesen zu entwickeln oder Tendenzen zu veranschaulichen, die durch statistische Prüfverfahren bereits bestätigt sind.

### *Evolutionäre Konflikte*

Die Evolutionstheorie hält auf die Frage, warum die Geburtenfolge die Persönlichkeitsbildung überhaupt beeinflussen kann, eine verblüffende Antwort parat. Die Evolution ist durch einige wenige in der Biologie verankerte Konflikte bestimmt. Organismen stehen in ständiger Auseinandersetzung mit ihrer Umwelt, zu der auch Räuber und krankhaft veränderte Gene zählen. Aufgrund dieser Einsicht gelangte Darwin zu seiner berühmt gewordenen Theorie der natürlichen Selektion. Im unerbittlichen Kampf ums Dasein können selbst kleine Unterschiede zwischen Einzelwesen die Balance zwischen Überleben und Tod verändern. Individuen haben, wenn sie über Eigenschaften verfügen, die ihnen in diesem Kampf einen Vorteil verschaffen, eine größere Chance, diese an ihre Nachkommenschaft weiterzugeben. Mit der Zeit werden die Arten durch die natürliche Selektion an die Gefahren, die in ihrer Umwelt lauern, angepaßt.

Darwin erkannte ein weiteres Prinzip, das den evolutionären Wandel entscheidend prägt: die sexuelle Selektion. In der *Entstehung der Arten* (1859) und noch nachdrücklicher in der *Abstammung des Menschen* (1871) benutzte er dieses Prinzip, um die sekundären Geschlechtsmerkmale zu erklären. Der Pfau hat seinen wundervollen Schwanz in Reaktion auf den sexuellen Wettbewerb entwickelt. Zwar fallen die Pfauenhähne mit dem beschwerlichen Kunstwerk, das sie mit sich herumtragen, leichter allen möglichen Räubern zum Opfer, aber die unterschiedlichen Vorlieben der Hennen haben Vorrang vor dem Druck der natürlichen Selektion. Gebilde wie der Pfauenschwanz, die die »Tauglichkeit« oder »Fitneß« im klassisch-darwinistischen Sinne beeinträchtigen, zeigen, daß natürliche und sexuelle Selektion voneinander unabhängige Prozesse sind.

Die Biologen haben mehr als ein Jahrhundert gebraucht, um über die beiden fundamentalen Einsichten Darwins hinauszugelangen. Erst in den letzten Jahren haben sie begonnen, das Thema der Evolution vom genetischen Standpunkt aus zu betrachten. William Hamilton, ein graduierter Student, schlug 1963 eine Lösung für ein Problem vor, das die größten Geister in der Biologie seit Darwin matt gesetzt hatte.[11] Weil die natürliche Selektion ausschließlich auf das Wohl des Individuums gerichtet ist, ist das Ergebnis von Natur aus selbstbezogen. Dennoch gibt es Lebewesen, die miteinander kooperieren. Aus welchem Grund? Hamiltons Antwort auf diese Frage war die Theorie der »Verwandtenselektion«. Kopien der Gene eines Lebewesens, das sich altruistisch verhält, finden sich typischerweise in seinen nächsten Verwandten. Weil die Verwandtschaft von altruistischen Handlungen profitiert, verbreitet sich die genetische Kodierung dieses Verhaltenstypus in der entsprechenden Population, auch wenn dies gelegentlich auf Kosten des Altruisten geht (Tabelle 3).

Tabelle 3

**Fünf Prinzipien der Darwinschen Evolutionstheorie**

(Jedes Prinzip erklärt eine bestimmte Klasse von biologischen Anpassungen, die sich in Reaktion auf bestimmte Konflikte entwickelt haben.)

| Prinzip | Konflikt | Anpassungs-entwicklungen |
|---|---|---|
| *Klassische Prinzipien (Charles Darwin, 1859)* | | |
| 1. Natürliche Selektion | Lebewesen vs. Umwelt | Anpassungen für das Überleben |
| 2. Sexuelle Selektion | Zwischen den verschiedenen Geschlechtern und unter Gleichgeschlechtlichen | Sekundäre Geschlechtsmerkmale<br>Paarungsverhalten |
| *Neuere Theorien (1963 bis heute)* | | |
| 3. Verwandtenselektion | Zwischen Verwandten und Nicht-Verwandten (und unter Verwandten, je nach Grad der Verwandtschaft) | Altruistisches und kooperatives Verhalten<br>Elterliche Investition |
| *Folgen der Verwandtenselektion: Familiendynamik* | | |
| 4. Eltern-Kind-Konflikte | Zwischen den Eltern und dem Nachwuchs | Entwöhnungskonflikte<br>Kindesmord<br>Diskriminierung durch die Eltern |
| 5. Geschwister-Konflikte | Zwischen Geschwistern | Geschwisterrivalität<br>Geschwisterstrategien<br>Geschwisterdifferenzen |

Seine Überlegungen bündelte Hamilton in dem Begriff »Gesamtfitneß«: Sie ergibt sich aus dem reproduktiven Erfolg eines Individuums zusammen mit seinem mehr oder weniger großen Beitrag zum reproduktiven Erfolg seiner Verwandten, entsprechend ihres Verwandtschaftskoeffizienten.[12] Der Logik dieser Vorstellung einer Gesamtfitneß entsprechend, machte J. B. S. Haldane die spöttische Bemerkung, er würde sein Leben hingeben, wenn er damit mehr als zwei Brüder, vier Halbbrüder oder acht Vettern gewinnen könne – eine Formel, die die genetischen Kosten, die ein Individuum erbringt, wenn es sich selbst für die engen Verwandten opfert, recht genau beziffert.[13]

Hamiltons Erklärung altruistischer Verhaltensweisen im Darwinschen Sinn wurde als »der bedeutendste Fortschritt in der Evolutionstheorie seit Charles Darwin und Gregor Mendel« gefeiert.[14] Merkwürdigerweise stießen diese Ideen nicht sofort auf Zustimmung, und an der Universität von London hielt man sie nicht für ausreichend, um Hamilton zu promovieren.[15] Seine Theorie der Verwandtenselektion inspirierte jedoch umfangreiche empirische Untersuchungen, die seine zentrale Idee bestätigten und vertieften. Erweiterungen des Hamiltonschen Prinzips wurden vor allem entwickelt, um die Konflikte um elterliche Zuwendung zu erklären.

Auf der methodischen Grundlage einer Kosten-Nutzen-Rechnung baute Robert Trivers das Prinzip der Verwandtenselektion zum Prinzip des »Eltern-Nachkommen-Konflikts« aus.[16] Bei den meisten Lebewesen mit geschlechtlicher Reproduktion teilen Eltern und Nachkommen nur die Hälfte ihrer Gene. Daher können Eltern mit ihren Nachkommen in Konflikte über das optimale Zuwendungsniveau geraten; die Uneinigkeit über die beste Verteilung der elterlichen Ressourcen wird beispielsweise im Entwöhnungskonflikt deutlich. Während der Entwöhnungszeit möchte der Nachkömmling weiterhin gefüttert werden. Aber den genetischen Interessen der Eltern ist gewöhnlich besser gedient, wenn sie weitere Nachkommen zeugen und aufziehen. Bei vielen Arten sind Entwöhnungskonflikte mit einem beträchtlichen Ausmaß an physischer Gewalt verbunden, wenn nämlich die Eltern ihrem Sprößling die Kosten für seinen Widerstand auferlegen.[17] Erreichen diese Kosten eine bestimmte Höhe, wird sich der Sprößling schließlich mit seinen Eltern einigen.

Die Theorie vom Konflikt zwischen Eltern und Nachkommen birgt ein weiteres Prinzip in sich, das grundlegend für die Evolution ist. Weil Geschwister im Durchschnitt nur die Hälfte ihrer Gene gemeinsam haben, stößt der an sich beträchtliche Altruismus zwischen ihnen doch an Grenzen. Geschwister neigen dazu, die Aufteilung der gemeinsamen Ressourcen unterschiedlich zu beurteilen. Während Eltern ihre Nachkommenschaft normalerweise dazu anhalten, die knappen Mittel gerecht miteinander zu teilen, werden die Nachkommen im allgemeinen jeder mehr für sich beanspruchen als sie bereit sind, an die Geschwister abzugeben. Als »fair« wird es ein Nachkomme in der Regel bereits empfinden, wenn er einem Geschwister statt der Hälfte von einem gemeinsamen Gut ein Drittel abgibt – eine Folge der Tatsache, daß ein Nachkomme (von der Genverteilung her) mit sich selbst doppelt so verwandt ist wie mit seinen Geschwistern.[18]

Der »Geschwisterkonflikt« wird im allgemeinen mit dem Prinzip des Eltern-Nachkommen-Konflikts zusammengefaßt. Beide Grundsätze gehören biologisch untrennbar zusammen, dennoch würde man etwas wesentliches übersehen, wenn man sie als einen einzigen Prozeß behandelte: Vielmehr wird der Widerstreit zwischen Eltern und Nachkommen durch den Geschwisterkonflikt vorangetrieben. Wenn Eltern nur einen Sprößling haben, stimmen ihre von der genetischen Reproduktion bestimmten Interessen mit denen des Sprößlings überein, und es wird – im Darwinschen Sinn des Begriffs – zu keiner Auseinandersetzung zwischen Eltern

Charles Darwin um 1857 (im Alter von achtundvierzig Jahren); damals arbeitete er an der *Entstehung der Arten.* Nach deren Erscheinen 1859 wartete er ein Jahrzehnt, bevor er sich zur Evolution des Menschen äußerte. Auf *Die Abstammung des Menschen* (1871) folgte ein Jahr später *Über den Ausdruck der Gemütsbewegungen bei Menschen und Tieren* (1872). Dazu hatte er sich ursprünglich in der *Abstammung des Menschen* äußern wollen, doch die vielfältigen Konsequenzen des Themas für die Evolutionstheorie bewogen ihn, ein ganzes Buch darüber zu schreiben.

und Kindern kommen. Andererseits muß ein Individuum nicht unbedingt Geschwister haben, um einen Geschwisterkonflikt zu durchleben. Wie das Dilemma der Entwöhnung zeigt, sind auch zukünftige Geschwister eine nicht zu unterschätzende Quelle für die Rivalität um elterliche Zuwendung.[19] Wenn sich Einzelkinder gegen das Abstillen wehren, dann kämpfen sie bereits mit einem (künftigen) Geschwister.

### *Kindesmord*

Hamiltons Theorie der Verwandtenselektion und der Konflikte, die sich aufgrund dieses Prinzips unter engen Verwandten ergeben, bietet eine Erklärung für eine besonders erbarmungslose Seite tierischen Verhaltens:

Unter bestimmten Umständen bringt es einem Lebewesen Anpassungsvorteile, wenn es seine nächsten Verwandten tötet. Der Kindesmord, der lange als seltenes und abartiges Phänomen betrachtet wurde, ist bei Insekten, Fischen, Vögeln und Säugetieren weit verbreitet. Auch Geschwisterrivalitäten, die bisweilen im Geschwistermord enden, sind im gesamten Tierreich zu beobachten. Man denke etwa an die Sandhaie. Deren Junge fressen sich in den Eileitern des Muttertiers solange gegenseitig auf, bis ein einziges wohlgenährtes Exemplar übrig bleibt. Ein derart schrankenloses Geschwistermordverhalten ist sicher selten, aber ein uneingeschränkter Altruismus kommt auch nicht häufiger vor. 

Geschwistermord ist besonders bei Seevögeln und Raubvögeln verbreitet. Diese Arten legen gewöhnlich ein Ei mehr, als die Eltern erfolgreich großziehen können. Was dann geschieht, ist artspezifisch und hängt auch von der verfügbaren Nahrungsmenge ab. Bei den Blaufußtölpeln zum Beispiel kommt es zum Geschwistermord, wenn das älteste Küken gerade noch 80 Prozent des in einem guten Jahr normalen Gewichts wiegt.[20] Dann pickt es das jüngere Küken zu Tode oder stößt es aus dem Nest. »Alle Untersuchungen zu Arten, die Geschwistermord praktizieren«, heißt es in einem Forschungsbericht der Biologen Mock, Drummond und Stinson, »belegen, daß stets das jüngste Mitglied Opfer der Brut ist.«[21] Die Eltern greifen in diesen tödlichen Geschwisterkampf nicht ein; es liegt nicht in ihrem genetischen Interesse. Im Gegenteil, oft nehmen sie sogar daran teil. Wenn das ältere Tölpelküken das jüngere aus dem Nest gestoßen hat, dann hindern es die Eltern unerbittlich daran, über den Ring aus Guano, der das Nest umzieht, zu klettern. Bei dieser Art ist »Geschwistermord« eine Teamleistung.[22]

Meister aller Arten, die den Geschwistermord praktizieren, ist sicher der Kuckuck. Die Weibchen legen ihre Eier in die Nester anderer Vogelarten, ein Ei pro Nest. Das Kuckucksküken ist mit seinen Stiefgeschwistern nicht verwandt, hat also keinen Grund, die elterliche Fürsorge mit diesen zu teilen. Kaum ist es ausgeschlüpft, macht es sich daran, alle Eier und sogar lebendige Küken aus dem Nest zu stoßen. Es hat eine besondere Vertiefung auf seinem Rücken, die ihm dazu dient, runde Gegenstände zwischen seine Schulterblätter zu laden und über den Nestrand zu befördern. Dieses Verhalten ist instinktiv, und der Kuckuck macht sich kurz nach dem Schlüpfen an sein tödliches Werk, obwohl er zu diesem Zeitpunkt noch blind ist (Abb. 3.1).

Geschwistermord kann für Eltern, deren Interessenlage, im Darwinschen Sinn betrachtet, nicht immer mit der ihrer Nachkommenschaft übereinstimmt, durchaus von Wert sein. Die natürliche Selektion zeigt das Bestreben, solche Konflikte in die frühesten Entwicklungsstufen zu verlagern, also in eine Zeit, in der die Eltern noch nicht viel in ihre Nachkommen investiert haben. Bei einigen Säugetierarten kommt es zum Geschwistermord im Mutterleib, wenn die Föten um die wenigen Plätze konkurrieren, die für das Einnisten an der Gebärmutterwand zur Verfü-

Abb. 3.1 Das Graukehlchen, eine europäische Sperlingsart, ist mit einem Nestschmarotzer konfrontiert. »Kurz nachdem das Kuckucksküken geschlüpft ist, beginnt es, noch nackt und blind, die Eier des Graukehlchens eins nach dem anderen aus dem Nest zu schieben. Das Graukehlchen greift nicht ein, auch wenn sein reproduktiver Erfolg vor seinen eigenen Augen zerstört wird« (Davies, *Dunnock Behavior and Social Evolution*, S. 217).
In *Entstehung der Arten* hat Darwin auf den »wunderlichen Instinct« aufmerksam gemacht, der das Kuckucksküken veranlaßt, seine Pflegegeschwister aus dem Nest zu werfen. »Man hat nun in kühner Weise behauptet, dies sei eine wohlthätige Einrichtung, damit der junge Kuckuck hinreichende Nahrung erhalte und dass seine Pflegegeschwister umkommen können, ehe sie viel Empfindung erlangt haben!« Die natürliche Selektion biete, so Darwin, eine weitaus plausiblere Erklärung für das Nestschmarotzertum als die Lehre vom göttlichen Schöpfungsplan.

gung stehen.[23] Bei anderen Arten haben die Mütter Gegenstrategien entwickelt, um dem Geschwistermordverhalten nach der Geburt einen Riegel vorzuschieben. Kanarienvögel zum Beispiel haben eine einfallsreiche Methode entwickelt, um ihre später schlüpfenden Küken zu schützen. Die Weibchen legen in einem Zeitraum von mehreren Tagen vier oder fünf Eier. Die Küken kriechen dann im Abstand von einem Tag heraus, wobei die früher ausgeschlüpften die Nahrung zu monopolisieren versuchen. Den Vorteil der älteren Küken haben die Kanarienweibchen dadurch ausgeglichen, daß sie jedem folgenden Ei eine größere Dosis Testosteron zusetzten. Das letzte Küken kann zwanzigmal so viel Testosteron bekommen haben wie das erste. Das Hormon macht die frisch ausgeschlüpften Vögel kampflustig und beschleunigt ihr Wachstum.[24] Diese Taktik ist gerade so, als gäben Menschenmütter ihren spätergeborenen Kindern Fingerknöchel aus Messing mit.

Das Beispiel der Kanarienvögel führt uns zu einer wichtigen Unterscheidung zwischen zwei verschiedenen Typen biologisch wirksamer Ursachen. Die Darwinsche Theorie erhellt die *letzten* Ursachen des Verhaltens.[25] Diese erklären, *warum* ein bestimmtes Verhalten auftritt. Insektenfressende Vögel ziehen im Winter nach Süden, Eulen dagegen nicht. Die Evolutionstheorie erklärt, weshalb das so ist: Den Grund liefern die unterschiedlichen ökologischen Erfordernisse für diese Arten. Die Evolutionstheorie sagt uns aber nicht, *wie* der Migrationsinstinkt ausgelöst wird, wenn der Winter naht, sowenig wie sie zeigt, auf welchem Weg das Testosteron in den Eiern der Kanarienvögel das unter der rivalisierenden Nachkommenschaft unausgeglichene Kräfteverhältnis ausbalanciert. Diese Fragen beantwortet die Tierphysiologie, indem sie die *nächsten* Ursachen benennt und zeigt, wie sie ihre Wirkungen entfalten.

Analog dazu erklären psychologische Theorien menschliches Verhalten und seine Entwicklung nach dem Prinzip der nächsten Ursache. Die Psychologie hilft uns zu verstehen, wie Menschen im Rahmen einer bestimmten genetischen Ausstattung und einer bestimmten Familiengeschichte diese oder jene persönlichen Eigenschaften entwickeln. Die evolutionstheoretisch fundierte Psychologie dagegen fragt nach ganz etwas anderem; sie interessiert sich nicht dafür, *wie* eine Familiendynamik eine Persönlichkeit formt, sondern *warum* sie das tut. Es ist wichtig, sich klar zu machen, daß weder nächste noch letzte Ursachen allein eine vollständige Erklärung des Verhaltens zu liefern vermögen. Diese jedoch ist aber auch nicht nur die einfache Summe ihrer kausalen Teile. Je mehr eine Spezies, wie die unsere, fähig ist, ein Leben lang zu lernen, desto mehr muß das individuelle Verhalten als Produkt von komplexen Wechselwirkungen zwischen nächsten und letzten Ursachen erklärt werden. Um diese Perspektive, um diese Wechselwirkungen geht es in diesem Buch.

Im Licht des Darwinismus sind Geschwistermord, elterlicher Kindesmord, Empfängnisverhütung durch Stillen und nachlässige Versorgung mit Nahrungsmitteln verwandte Phänomene.[26] Das Stillen unterdrückt den Eisprung, so daß es nicht zur Befruchtung kommt. Wenn Mütter nicht genügend Nahrung finden, ist die Kontrazeption durch Stillen besonders effektiv. Obwohl dadurch keine Eier verlorengehen, so ist doch jede Verzögerung ihrer Verwendung verbunden mit einer Degeneration des Zellgewebes, die bis zum Absterben der entsprechenden Gene führen kann. Das Stillen kombiniert also, soweit es um seine empfängnisverhütenden Folgen geht, den Kindesmord mit dem Geschwistermord.

Auch hinter spontanen Fehlgeburten lassen sich Darwinsche Prinzipien erkennen. Die Häufigkeit solcher Totgeburten erhöht sich durch Streß und falsche Ernährung. Wenn die Reproduktionskosten das Leben der Mutter gefährden, dann greift die Natur häufig ein und beendet die Schwangerschaft. Auch beim Menschen kommt es zur »Kindestötung« in utero. Ein beträchtlicher Anteil von Zwillingen, die im Ultraschall noch sichtbar gewesen sind, wird nie geboren. In den meisten Fällen wird der kleinere Zwilling vor Beginn des siebenten Monats von der Mutter wieder absorbiert.

In traditionellen Gesellschaften greifen manchmal die Eltern selbst zu dem Mittel des Kindesmords, etwa wenn Geschwister zeitlich zu kurz hintereinander geboren werden oder wenn die Ressourcen knapp sind. »Das klassische Beispiel«, berichtet die Anthropologin Sarah Hrdy, »ist die Tötung des jüngeren von zwei im Alter nah beieinander liegenden Kindern, womit die Investitionen in ein neues Kind zugunsten eines gesunden älteren Kindes, das die ersten gefährlichen Lebensjahre schon überstanden hat, abgebrochen werden.«[27] Im allgemeinen wird der Kindesmord in traditionellen Gesellschaften geduldet, aber niemals die Tötung eines älteren von zwei Geschwistern.[28] Als eine Form der natürlichen Auslese vollzieht sich die »Geschwisterselektion« offenbar ganz auf Kosten der Spätergeborenen.

Wenn Eltern unerwünschte Nachkommen nicht bei der Geburt töten, dann kann die nachlässige Versorgung mit Nahrungsmitteln dasselbe bewirken. Geburtenfolge und Geburtenabstand sind die einflußreichsten Komponenten bei dieser Art von »maskiertem Kindesmord«.[29] In Lateinamerika ist die Sterblichkeit bei Kindern, die in der Geburtenfolge auf Platz fünf oder darüber liegen, zwei- bis dreimal höher als bei Erstgeborenen. Sogar bei Zweitgeborenen ist, wenn ihr Altersabstand zum älteren Geschwister gering ist, die Sterblichkeit bedeutend höher als bei Erstgeborenen. Dies gilt für viele Länder und unabhängig vom Alter der Mutter.[30] Die Anthropologin Nancy Scheper-Hughes stellte in einer Studie über Frauen im ländlichen Brasilien fest, daß diesen Müttern die bedrängte Lage der Spätergeborenen durchaus bewußt war:

> »Manche ältere Frauen äußerten sich über die Gefühle, die sie hatten, als ihre jüngeren und überzähligen Kinder geboren wurden: Sie hätten genug Kinder, die neuen seien eine unerwünschte Last, und darum seien sie dankbar, wenn ein Kind im Kleinkindalter sterbe.«[31]

In Gesellschaften der Entwicklungsländer legitimiert der Volksglaube die Praxis des Kindesmords durch Vernachlässigung, indem die Vorstellung bekräftigt wird, daß manche Kinder von Geburt an »dem Untergang geweiht« und »besser tot« wären.[32] Wenn unerwünschte Kinder krank werden, dann bleibt ihnen häufig die ärztliche Hilfe versagt und es wird ihnen »erlaubt zu sterben«.[33]

In den meisten Entwicklungsländern besteht eine Chance von 2 zu 1, die Kindheit zu überleben, und je höher der Geburtsrang der Kinder, desto niedriger ist die Wahrscheinlichkeit, daß sie überleben. Und selbst wenn Spätergeborene schließlich durchkommen, steht ihnen noch immer die Anstrengung bevor, die ablehnend-diskriminierende Einstellung der Eltern zu ihren Gunsten zu wandeln. In der gesamten Evolution der menschlichen Spezies hatten ältere Geschwister größere Aussichten, sich zu reproduzieren, als die jüngeren. Weil die älteren mehr Kinderkrankheiten überlebt haben, ist es wahrscheinlicher, daß sie das Erwachsenenalter erreichen. Als Investitionen betrachtet, die von den Eltern zur Reproduktion ihrer Gene getätigt werden, sind Erstgeborene »hochkarätigen Wertpapieren«, ihre jüngeren Geschwister dagegen »Kleinaktien« vergleichbar. Erstgeborene bekommen in der Tendenz auch früher als ihre jüngeren Geschwister Nachwuchs. Eltern ziehen oft ihre Erstgeborenen vor, selbst wenn diese bereits erwachsen sind: ein Mittel, mit dem sie die erstgeborenen Enkel favorisieren.[34]

Die meisten Kulturen erkennen die Logik des Darwinismus an: Sie verbinden die Geburtenfolge mit dem reproduktiven Erfolg und räumen den Erstgeborenen einen höheren Status ein. Dies spiegelt sich sogar in der Art und Weise, wie gelegentlich in Großbritannien über die Söhne von Prinz Charles und von Prinzessin Diana geredet wird: Der eine ist der »Erbe« (heir) und der andere der »Überflüssige« (spare). Ein Überblick über neununddreißig nicht-abendländische Kulturen ergab, daß die Erstgeborenen in jeder dieser Kulturen einen gewichtigeren Rang genießen und daß ihnen überall mehr Achtung entgegengebracht wird als Spätergeborenen. Im alten Japan kam der geringere Status von jüngeren Geschwistern in einem Spitznamen zum Ausdruck: Sie wurden »kalter Reis« genannt, in Anspielung auf die Sitte, daß Spätergeborene sich mit den Resten begnügen mußten, die vom Tisch der Eltern und des Erstgeborenen für sie abfielen.[35]

### *Praktiken des Erbrechts*

Auch das Vererben ist eine Form der elterlichen Investition. Im allgemeinen stimmen die gesellschaftlichen Erbschaftsregeln mit den Grundsätzen der Evolutionstheorie überein. Damit soll aber nicht behauptet werden, daß spezifische Regeln, etwa die Primogenitur, aus angeborenen Neigungen folgten.[36] Wenige Aspekte des menschlichen Verhaltens zeigen ein genetisch vorherbestimmtes Muster. Angeboren ist aber das Bestreben von Eltern, umsichtig für ihre Nachkommen aufzukommen, um so die Gesamtfitneß zu steigern. Die jeweilige Kultur bestimmt, wie dieses Ziel erreicht wird.

Recht verstanden, bringen die Erbschaftsregeln eine in den Prinzipien des Darwinismus liegende, aber unzureichend gewürdigte Wahrheit zur Geltung: nämlich daß solche Regeln stets abhängig sind vom jeweiligen Kontext.[37] Wenn Eltern sich *flexibler* Vererbungsstrategien bedienen, ist das ganz im Sinn jener Prinzipien. Sobald die Nachkommen die gefährliche Periode der Kindheit überlebt haben, verliert ihr reproduktives Potential weitgehend seine Abhängigkeit von der Geburtenfolge. Daher investieren Eltern in ihre überlebenden Nachkommen zu mehr oder weniger gleichen Teilen. Da das Überleben einer Familie immer auch vom

Zufall abhängt, vermindert die gleiche Verteilung der elterlichen Zuwendung das Risiko, daß die familiäre Linie erlischt. Der Reichtum in den italienischen Stadtstaaten des mittelalterlichen Europa beruhte auf finanziellen Spekulationen und konnte innerhalb einer Generation gewonnen werden oder verloren gehen. Die Eltern schützten ihren genetischen Einsatz, indem sie ihr Vermögen zu gleichen Teilen vererbten.[38]

Betrachtet man die Primogenitur (in Verbindung mit geschlechtsspezifischen Erbschaftsregeln) unter Darwinschen Gesichtspunkten, dann erscheint sie als eine Strategie, die familiäre Linie in einer wohlhabenden agrarischen Umwelt langfristig erfolgreich zu erhalten. Der Theorie der Gesamtfitneß zufolge investieren reiche Eltern mehr in ihre männlichen Nachkommen.[39] Die Fähigkeit des Mannes, Nachwuchs zu zeugen, ist physiologisch weniger begrenzt, und Besitztum kann diese Fähigkeit weit über die Möglichkeiten hinaus vergrößern, die einer Frau zur Verfügung stehen. Wenn seine Frau im Kindbett stirbt, wird ein wohlhabender Mann wieder heiraten. In Gesellschaften, in denen die Ehe mit mehreren Frauen erlaubt ist, sichern sich vermögende Männer einen unverhältnismäßig hohen Anteil an Frauen. Wenn der Reichtum an Landbesitz gebunden ist, werden Eltern zum Erstgeburtsrecht tendieren, um zu verhindern, daß der sozioökonomische Status der Familie sinkt.

In Familien, die nicht zur Elite gehören, sind Söhne im Vergleich zu Töchtern im Nachteil. Landlose Söhne können mit reichen Söhnen nicht erfolgreich konkurrieren, ihre Schwestern jedoch haben die Möglichkeit, ihren sozialen Status durch Heirat zu verbessern. Unter diesen Umständen investieren Eltern mit einer reichen Aussteuer in ihre Töchter.

Einige breit angelegte Untersuchungen haben diese These der Kulturabhängigkeit von Vererbungspraktiken überprüft. Eine Studie über das mittelalterliche Portugal beschäftigt sich mit den fünfundzwanzig führenden Adelsfamilien aus der Zeit von 1380 bis 1580.[40] Erfaßt wurden 3 700 Personen, und anhand genealogischer Aufzeichnungen wurden Daten gesammelt zur Geburtenfolge, zu Heiratsmustern und zur Reproduktionsgeschichte dieser Familien. Wie zu erwarten war, investierten diese Elitedynastien mehr in ihre Söhne als in ihre Töchter, und zwar jeweils entsprechend dem Geburtsrang; auch hier also gab es »Erben« und »Überflüssige«.

Im Gegensatz dazu kümmerte der portugiesische Kleinadel sich vor allem um seine Töchter. Die nicht der Elite angehörenden Eltern statteten ihre Töchter mit einer Mitgift aus und konnten auf diese Weise sicherstellen, daß ein Nachkomme – meistens die älteste Tochter – die familiäre Linie fortsetzte.

Jüngere Söhne hatten, gleich aus welcher Schicht sie stammten, geringe Aussichten auf eine günstige Heirat. Diese landlosen Männer waren eine Bedrohung für die politische Stabilität, und so ermunterte der portugiesische Staat sie, ihre Aggressionen an anderen Staaten auszulassen. In der Hoffnung, ihre soziale Position zu verbessern, nahmen die nachgeborenen Söhne an Eroberungskriegen, Kreuzzügen und Expeditionen teil. Weit mehr jüngere als erstgeborene Söhne starben in solchen Kriegszügen, meist im weit entfernten Indien.[41] 

Im mittelalterlichen Portugal hatte die Geburtenfolge »katastrophale Auswirkungen auf die Aussicht auf eine Heirat«.[42] Im Verlauf von zweihundert Jahren bekamen die erstgeborenen Männer 50 Prozent mehr Nachkommen als ihre jüngeren Brüder. Die Fruchtbarkeit der Schwestern zeigte eine ähnliche, durch die Geburtenfolge bedingte Ungleichheit. Viele jüngere Söhne, die nicht heiraten konnten, hatten allenfalls die Chance, Väter unehelicher Kinder zu werden.[43]

Die abendländische Geschichte kann daher durchaus als ein oft häßlicher Streit um das Recht der Reproduktion betrachtet werden.[44] Häufiger als man annehmen möchte, sind diese Kämpfe *innerhalb der Familie* ausgefochten worden. In manchen Gesellschaften sind die Spätergeborenen von Geburt an zu Dienern im Haushalt ihres ältesten Bruders oder ihrer ältesten Schwester erzogen worden.[45] Unter diesen Umständen wird der Geschwisterkonflikt zum »Klassenkampf«.

## Anpassungsstrategien für Geschwister

In allen Gesellschaften machen Eltern Unterschiede im Hinblick auf das Potential ihrer Kinder und richten ihre Investitionen in jedes Kind entsprechend ein. Dem diskriminierenden Verhalten ihrer Eltern begegnen Geschwister mit eigenen Strategien. In der Forschung ist allgemein anerkannt, daß Geschwister sehr empfindlich reagieren, wenn Eltern eines der Kinder tatsächlich oder vermeintlich bevorzugen.[46] Geschwister können sich stundenlang darüber streiten, wer das schönere Geschenk bekommen hat. Einen evolutionstheoretisch denkenden Psychologen wird ein solches Verhalten nicht erstaunen. Für die Geschwisterrivalität gelten die Gesetze des Darwinismus. Damit die Eltern spuren, konkurrieren Geschwister selbst dann miteinander, wenn die Eltern darauf achten, daß sie ihre Kinder nicht unterschiedlich behandeln. Das Vorauseilen der Geschwisterrivalität zeigt, daß diese im Prozeß der Evolution verankert ist.

In ihrem Bemühen, möglichst viel Zuwendung der Eltern zu ergattern, greifen Geschwister zu einigen grundlegenden Strategien. Zunächst können sie versuchen, die Gunst der Eltern direkt zu erlangen und zu vergrößern – zum Beispiel indem sie helfen oder gehorchen. Oder indem sie danach trachten, ihre Rivalen zu bezwingen, damit diese ihre Ansprüche auf elterliche Aufmerksamkeit einschränken. Schließlich können diejenigen, die glauben, daß sie von anderen Geschwistern unterdrückt werden, Gegenmaßnahmen ergreifen und Friedensangebote machen, sie können rebellieren oder auch beide Taktiken kombinieren. Es hängt vom Alter sowie von Körpergröße und Stärke ab, welche Strategie die wirkungsvollere ist. Genau hier kommt die Geburtenfolge erneut ins Spiel.[47]

»Mama mochte dich und Pinkie und Spike und Custard und Fluffy immer am liebsten.«

*Die Geburtenfolge und die »großen fünf« Dimensionen der Persönlichkeit*

Um zu entscheiden, ob die Geburtenfolge eine nächste Ursache für Geschwisterdifferenzen ist, ist es hilfreich, zunächst eine allgemeine Taxonomie persönlicher Eigenschaften zu entwickeln. Die meisten dieser Eigenschaften lassen sich in fünf umfassende »Dimensionen« gruppieren. Diese fünf Dimensionen tauchen in allen Persönlichkeitstests auf, ganz gleich in welchem Land und in welcher Sprache sie vorgenommen werden.[48] Die »großen Fünf« sind (1) Extravertiertheit, (2) Freundlichkeit, (3) Gewissenhaftigkeit, (4) neurotische Disposition und (5) Offenheit für Erfahrung.[49]

An diesen »großen Fünf« orientiere ich mich, wenn ich die durch Geburtenfolge bedingten Geschwisterdifferenzen betrachte. Zwar sind weitere Studien notwendig, um einige meiner Hypothesen zu bestätigen, aber im großen und ganzen stimmen sie mit den Befunden wissenschaftlicher Studien überein. Ich formuliere sie als Antworten auf eine bestimmte Frage: Welche Strategien setzen Kinder ein, die sich, durch die Geburtenfolge bedingt, voneinander unterscheiden, wenn sie um elterliche Zuwendung konkurrieren? Ich habe meine Hypothesen in Anlehnung an Darwin entwickelt; bewähren müssen sie sich jedoch durch ihre eigene empirische Geltung.

*1. Extravertiertheit.* Diese Persönlichkeitsdimension ist unter mindestens sechs Gesichtspunkten zu betrachten, die sich wiederum in zwei Rubriken gruppieren lassen: als Eigenschaften, die mit dem Temperament zu tun haben, und als interpersonale Eigenschaften. Die ersten drei Facetten betreffen das Aktivitätsniveau, das Erregungsverhalten und positive Gefühle wie Selbstvertrauen. Aber auch Schüchternheit ist eng mit dem Temperamentsaspekt von Extravertiertheit verbunden. Die drei interpersonalen Attribute sind Wärme, Freundlichkeit und Geselligkeit – alle drei Aspekte des menschlichen Umgangs.[50] Die Voraussage, die sich von der Geburtenfolge ausgehend für die temperamentbestimmten Eigenschaften der Extravertiertheit treffen läßt, stimmt mit derjenigen für die interpersonalen Eigenschaften nicht überein. 

Ich wende mich zunächst dem Verhältnis von Geburtenfolge und Temperament zu. Den größten Teil der Kindheit genießen Erstgeborene den Vorteil, größer, stärker und klüger zu sein als ihre jüngeren Geschwister. Daraus folgt, daß sie selbstsicherer sind als Spätergeborene. Die Kosten, die ihnen entstehen, wenn sie Geschwister haben, suchen sie dadurch gering zu halten, daß sie diese beherrschen. Auf der Skala für Verhaltensweisen wie »Bestimmtheit« und »Dominanz« rangieren sie höher als Spätergeborene. Mit einigen Einschränkungen, die in diesem Kapitel noch diskutiert werden, bestätigen die bisherigen Studien diese Erwartungen. Unter anderem ist man zu dem Ergebnis gelangt, daß Erstgeborene mehr Selbstvertrauen haben und daher unter politischen Führern, etwa unter den amerikanischen Präsidenten und den britischen Premierministern, überrepräsentiert sind.[51]

Wenn Extravertiertheit an Formen des menschlichen Umgangs gemessen wird, einem Attribut, das mit einem niedrigeren sozialen Status in Verbindung gebracht wird, dann sollten dementsprechend Spätergeborene höher rangieren. Man kann darum keine allgemeine Aussage über einen Zusammenhang zwischen Geburtenfolge und Extravertiertheit treffen, auch wenn sich zu einigen der sechs Aspekte dieser Dimension durchaus gesetzmäßige Aussagen machen lassen.

*2. Freundlichkeit/Feindseligkeit.* Ebenfalls aufgrund ihrer physischen Überlegenheit neigen Erstgeborene eher als Spätergeborene dazu, die Position eines Gegners einzunehmen, und sie selbst stufen sich in der Skala, die die Bereitschaft zur Anwendung physischer Stärke mißt, höher ein. Von ihren Geschwistern werden sie ebenso bewertet.[52] Spätergeborene müssen aufgrund ihrer kleineren Statur zu Strategien greifen, die ihnen helfen, körperliche Konfrontationen zu vermeiden: Sich den Forderungen der Erstgeborenen fügen, kooperieren, verhandeln, weinen oder bei den Eltern Schutz suchen. Diese »Untermacht«-Strategien sind durch Studien zum Verhalten Spätergeborener belegt.[53] Im Vergleich zu Erstgeborenen sind Spätergeborene außerdem altruistischer und einfühlsamer und stärker an Gleichaltrigen orientiert.[54]

*3. Gewissenhaftigkeit.* Der besondere Platz, den Erstgeborene in der Familienkonstellation einnehmen, macht sie in ebenso besonderer Weise empfänglich für die Wünsche, Werte und Standards der Eltern. Wenn sie der elterlichen Gunst teilhaftig werden wollen, besteht eine wirkungsvolle Möglichkeit darin, sich an Aufgaben der Kindererziehung zu beteiligen und in der Familie die Rolle des »verantwortungsvollen« Kindes zu übernehmen. Daher rangieren Erstgeborene auf der Skala für »Gewissenhaftigkeit« höher als Spätergeborene. Sie erbringen gute Leistungen in der Schule und auf anderen intellektuellen Gebieten, denn sie wollen die Erwartungen ihrer Eltern erfüllen.[55] Immer wieder haben Studien gezeigt, daß Erstgeborene »stärker mit den Eltern identifiziert und eher bereit sind, deren Autorität zu akzeptieren«.[56]

*4. Neurotische Disposition.* Meine psychodynamischen Hypothesen für diese Dimension sind eingeschränkter als die für die anderen Dimensionen, denn neurotische Dispositionen (oder emotionale Labilität) können nicht so klar zugeordnet werden. Erstgeborene sind nicht »nervöser« oder »neurotischer« als Spätergeborene.[57] Doch haben neurotische Strukturen oft mit Eifersucht zu tun, einer Eigenschaft, die der Sicherung wertvoller Ressourcen dient.[58] Vom Standpunkt des Darwinismus aus sind Geschwister eine Bedrohung für das Überleben des einzelnen. Eine der gewöhnlichsten Ursachen der Kindersterblichkeit ist Nahrungsmangel, der zunehmen kann, wenn die Zahl der Geschwister wächst. Negative Gefühle wie Eifersucht sind natürliche Reaktionen auf diese Bedrohung.

Erstgeborene haben mehr Grund als Spätergeborene, auf ihre Geschwister eifersüchtig zu sein. Jeder Erstgeborene verfügt zu Beginn seines Lebens über die ungeteilte elterliche Zuwendung. Spätergeborene, die elterliche Investitionen von Anfang an teilen müssen, leiden nie so sehr wie Erstgeborene unter einer Verminderung elterlicher Liebe und Fürsorge, die durch die Ankunft eines neuen Geschwisterkindes ausgelöst wird. Eltern mißbilligen die Eifersucht, so daß Erstgeborene diese Eigenschaft oft unterdrücken. Aber wenn die Eltern nicht hinsehen, dann kann die Eifersucht des Erstgeborenen plötzlich hervorbrechen und ein sehr wirkungsvolles Mittel sein, die jüngeren Geschwister einzuschüchtern.

Die Literatur zur Geburtenfolge bestätigt diese Annahmen. Zum Beispiel wird oft gesagt, daß Erstgeborene besorgter um ihren Status seien.[59] Sie verhalten sich auch emotionaler als Spätergeborene und erholen sich langsamer, wenn sie sich aufgeregt oder empört haben.[60] Männliche Erstgeborene neigen stärker zu Wutausbrüchen und Rachegefühlen.[61] Die Bibel erzählt die gleiche Geschichte. Es war Kain und nicht sein jüngerer Bruder Abel, dessen Eifersucht den ersten biblischen Mord herbeiführte.

*5. Offenheit für Erfahrung.* Hier, wo es um Eigenschaften wie »unkonventionell«, »abenteuerlustig« und »rebellisch« geht, ist anzunehmen, daß Spätergeborene höher rangieren. Denn sie identifizieren sich weniger mit den Eltern und haben Erfahrungen mit Herrschaft und Bevormundung. Als die »Zu-kurz-Gekommenen« der Familie können sie sich in unterdrückte Menschen einfühlen und unterstützen daher im allgemeinen gesellschaftliche Veränderungen, die auf mehr Gleichheit zielen. Solche Veränderungen herbeizuführen ist meistens riskant, daher ist anzunehmen, daß Spätergeborene auch wagemutiger sind als Erstgeborene.[62]

Die Literatur zur Geburtenfolge bestätigt diese Vermutungen. Spätergeborene neigen dazu, Autorität in Frage zu stellen und dem Konformitätsdruck zu widerstehen. Erstgeborene dagegen beugen sich eher der konventionellen Moral. Durch Studien ist ebenfalls belegt, daß Spätergeborene risikoorientierter sind als Erstgeborene. Sie nehmen häufiger an gefährlichen physischen Aktivitäten teil, zum Beispiel an Kontaktsportarten.[63] 

Obwohl die Literatur zur Geburtenfolge diese fünf Tendenzen zwar im großen und ganzen bestätigt, hat dieser Forschungszweig bislang nicht übermäßig viel Anerkennung gefunden. Vor allem von Psychologen wird heftig bestritten, daß es derartige allgemeine Tendenzen überhaupt gibt. Diese Gründe für ihre Einwände gilt es zu untersuchen.

## Die Theorie der Geburtenfolge auf dem Prüfstand

Vor mehr als zwei Jahrzehnten hat Carmi Schooler unter dem Titel »Auswirkungen der Geburtenfolge: nicht hier, nicht jetzt!« seine vernichtende Übersicht über die Literatur zur Geburtenfolge veröffentlicht.[64] Seitdem sind einige weitere namhafte Wissenschaftler zu dem gleichen Urteil gelangt: Daß die Geburtenfolge irgendwelche Folgen habe, sei ein Hirngespinst. Für ihr bemerkenswertes, 1983 veröffentlichtes Buch haben Cécile Ernst und Jules Angst über tausend Veröffentlichungen zum Thema Geburtenfolge durchgesehen. Sie kamen zu dem Schluß, die meisten der Geburtenfolge zugeschriebenen Auswirkungen seien nichts als die Folge mangelhafter Untersuchungsmethoden.[65]

Nach Ernst und Angst leiden die Forschungen zur Geburtenfolge durchweg darunter, daß sie wichtige Hintergrundfaktoren wie soziale Herkunft und Familiengröße außer acht lassen. Im Durchschnitt seien Unterschichtfamilien größer als solche der Oberschicht, was zu falschen Kreuzkorrelationen mit der Geburtenfolge führe. Ihren Literaturbericht fassen Ernst und Angst mit der schlichten Feststellung zusammen: »Die Einflüsse der Geburtenfolge auf die Persönlichkeit und den IQ werden weit überschätzt.«[66] Andere, ebenso sorgfältige Untersuchungen, die mit eigenen Daten arbeiten, kommen zu dem gleichen Ergebnis. Die Geburtenfolge, so Dunn und Plomin, spiele »für die Entstehung von Geschwisterunterschieden nur eine Nebenrolle.«[67]

### *Widersprüchliche Daten: Ein meta-analytischer Überblick*

Die schwungvolle Kritik von Ernst und Angst übergeht ein wichtiges methodisches Problem der empirischen Verhaltenswissenschaften, nämlich die Frage, wie widersprüchliche Daten zu interpretieren sind. Solche Daten finden sich massenhaft in jeder einschlägigen Untersuchung, selbst auf den Gebieten der Verhaltensforschung, in denen die allgemeinen

Tendenzen gar nicht mehr umstritten sind. Bei jeder Studie müssen wir uns die Frage stellen, ob signifikante Ergebnisse über die Zufallserwartungen hinausgehen; das gilt gerade auch für genau konstruierte Testreihen. Eine Antwort finden wir mit der *Meta-Analyse.*[68]

Dieses Verfahren geht, um statistische Aussagekraft zu gewinnen, von der Zusammenfassung möglichst vieler Untersuchungen aus.[69] Kleine Studien sind weniger verläßlich als große. In der Regel arbeiten verhaltenswissenschaftliche Untersuchungen mit etwa 70 Testpersonen.[70] Da mit kleinen Samples oft keine zuverlässigen Schätzungen möglich sind, lassen sich statistische Zusammenhänge, die für größere Samples als gesichert gelten, häufig nicht bestätigen. Außerdem führen die gängigen Vorsichtsmaßnahmen gegen »Zufallsergebnisse« zu irrtümlichen statistischen Folgerungen; man verzichtet lieber auf eine richtige Aussage, als eine falsche Aussage zu machen. Jeder weiß, daß Mädchen im Alter von achtzehn Jahren größer sind als im Alter von vierzehn Jahren. In Samples mit nur 70 Versuchspersonen würden wir diese gesetzmäßige Beziehung statistisch lediglich in der Hälfte der Fälle bestätigt finden. Allein der gesunde Menschenverstand sagt uns, daß Ergebnisse, die auf Samples mit 10 000 Versuchspersonen beruhen, verläßlicher sind als solche, die auf die Befragung von 100 Probanden zurückgehen.

Lassen wir in der Übersicht von Ernst und Angst alle Untersuchungsergebnisse zur Geburtenfolge beiseite, die soziale Herkunft und Geschwisterzahl nicht angemessen berücksichtigen, dann bleiben 196 Studien mit 120 800 Versuchspersonen, in welche diese Einflußgrößen einbezogen sind. Die zahlreichen Effekte der Geburtenfolge, die in diesen Arbeiten dargestellt werden, machen nicht den Eindruck von Konstrukten, die auf unzureichenden Untersuchungskonzepten beruhen. Um meine eigenen Hypothesen über die Geburtenfolge zu überprüfen, habe ich jede dieser Studien derjenigen der fünf großen Dimensionen zugeordnet, für die sie die größte Bedeutung hat. Die überwiegende Zahl dieser 196 Untersuchungen war bereits von Ernst und Angst in Kategorien zusammengefaßt worden, die meinen »großen Fünf« ziemlich genau entsprechen: Extravertiertheit, Aggression, Verantwortlichkeit, neurotische Disposition und Konformität. In allen Fällen bin ich der Klassifikation der beiden gefolgt (Tabelle 4).

Von diesen 196 sorgfältig überprüften Publikationen kommen 72 zu signifikanten Ergebnissen zur Geburtenfolge, die mit meinen psychodynamischen Hypothesen übereinstimmen. Vierzehn Studien weisen gegenteilige Ergebnisse aus. Die übrigen 110 Studien sind statistisch in keiner Richtung signifikant. Was bedeutet das? In jeder Gruppe dieser 196 Studien muß man mit etwa 10 zufallsbedingten Bestätigungen rechnen. Wir können zu 99 Prozent sicher sein, daß es nicht mehr als 21 durch Zufall bedingte, falsche Bestätigungen gibt. Die Wahrscheinlichkeit, daß 72 Ergebnisse falsch sind, ist geringer als 1 zu $10^{18}$. Trotz gelegentlicher negativer Daten macht die Literatur zur Geburtenfolge konsistente Trends deutlich, die weit über allen Zufallserwartungen liegen.[71]

*»Ich kannte Darwin. Netter Kerl.«*

Charles Darwin war, wie seine Biographen berichten, ein äußerst liebenswürdiger und verbindlicher Mensch.

Vier der fünf großen Persönlichkeitsdimensionen weisen besonders eindrucksvolle Tendenzen auf; das gilt vor allem für »Offenheit für Erfahrung«, ein Bereich, in dem es über zehnmal mehr Bestätigungen als Verneinungen gibt. Im Verhältnis zu Erstgeborenen sind Spätergeborene nonkonformistischer, abenteuerlustiger und unkonventioneller. »Gewissenhaftigkeit« wird von 20 Studien bestätigt und von keiner verneint.[72] Die Erstgeborenen scheinen die »Braven« zu sein.

Nur im Hinblick auf »Extravertiertheit« ist das Resultat uneindeutig. Für diese Dimension gab es sowohl bestätigende als auch verneinende Studien, und zwar in beiden Richtungen mehr, als nach der Zufallswahrscheinlichkeit zu erwarten waren. Dieses unspezifische Resultat scheint eher auf das Konstrukt »Extravertiertheit« zurückzugehen als auf die Geburtenfolge. In den Untersuchungen zu dieser Eigenschaft werden »menschlicher Umgang« oder »Geselligkeit« häufig mit »Bestimmtheit«, einer Erstgeborenentendenz, zusammengenommen. Wenn Daten über Geburtenfolge und Extravertiertheit indes nach verschiedenen Unterskalen für diese Dimension analysiert werden, dann erhält man einigermaßen sinnvolle Ergebnisse.[73]

### *Einflußgrade*

Mit meta-analytischen Mitteln lassen sich auch andere Widersprüchlichkeiten in der Literatur zur Geburtenfolge klären. Der Grad, in dem die Geburtenfolge die Persönlichkeit formt, variiert signifikant, je nachdem

Tabelle 4

**Zusammenfassung von 196 kontrollierten Studien zur Geburtenfolge, klassifiziert nach den großen fünf Persönlichkeitsdimensionen**

| Verhaltensbereich | Ergebnisse[a] | Zufallswahrscheinlichkeit des Ergebnisses[b] |
|---|---|---|
| *Offenheit für Erfahrung* | | |
| Erstgeborene verhalten sich konformer, traditioneller und identifizieren sich stärker mit den Eltern | 21 zustimmend (2,2 erwartet)<br>2 widersprechend<br>20 indifferent | $< 1 : 10^9$ |
| *Gewissenhaftigkeit* | | |
| Erstgeborene verhalten sich verantwortungsvoller, erfolgsorientierter, organisierter und zielstrebiger | 20 zustimmend (2,3 erwartet)<br>0 widersprechend<br>25 indifferent | $< 1 : 10^9$ |
| *Freundlichkeit/Feindseligkeit* | | |
| Spätergeborene sind gelassener, kooperativer und umgänglicher | 12 zustimmend (1,6 erwartet)<br>1 widersprechend<br>18 indifferent | $< 1 : 10^9$ |
| *Neurotische Disposition (Emotionale Labilität)* | | |
| Erstgeborene sind neidischer, besorgter, neurotischer, ängstlicher und schließen sich in Belastungssituationen anderen an | 14 zustimmend (2,4 erwartet)<br>5 widersprechend<br>29 indifferent | $< 1 : 10^9$ |
| *Extravertiertheit* | | |
| Erstgeborene sind extravertierter, aggressiver, bestimmender und neigen dazu, Führungsrollen zu übernehmen | 5 zustimmend (1,5 erwartet)<br>6 widersprechend<br>18 indifferent | $< 1 : 10^6$ (die Studien sind jedoch widersprüchlich)[c] |
| **Alle Ergebnisse zusammengefaßt** | 72 zustimmend (9,8 erwartet)<br>14 widersprechend<br>110 indifferent | $< 1 : 10^{18}$ |

Bemerkung: Die Tabelle ist zusammengestellt nach Daten von Ernst und Angst (S. 93-189). Aufgenommen wurden nur die Studien, die die Faktoren soziale Herkunft und Geschwisterzahl berücksichtigt haben. Jedes Ergebnis repräsentiert eine »Studie« (siehe Anm. 68).

a. Auf der Grundlage einer Zufallsrate von 5 Prozent für Bestätigung.



b. Auf Grundlage der meta-analytischen Methode, wonach die bestätigenden Studien gegen alle anderen Ergebnisse gewertet werden, wie Rosenthal in *Judgment Studies*, S. 213, vorschlägt; einseitige Tests. Die erwartete Anzahl von bestätigenden Studien wurde auf ein Minimum von 5 festgesetzt, so daß die Signifikanz aller statistischen Vergleiche bei $p<0{,}005$ liegt. Für Offenheit $z=13{,}19$; für Gewissenhaftigkeit $z=12{,}14$; für Verbindlichkeit $z=8{,}44$; für neurotische Dispositionen $z=7{,}68$; für Extravertiertheit z=5,01 und für alle Resultate zusammen $z= 20{,}39$.

c. In diesem einen Fall habe ich positive und negative Studien zusammen mit den indifferenten verglichen, und einen zweiseitigen Test angewandt.

welcher Bereich analysiert wird – ein ganz wesentlicher Befund.[74] Zum Beispiel übt die Geburtenfolge auf die Dimensionen »Offenheit für Erfahrung« und »Gewissenhaftigkeit« einen bedeutend größeren Einfluß aus als auf die anderen drei. Und sie zeigt viel ausgeprägtere Auswirkungen in den Dimensionen »Freundlichkeit« und »Neurotische Disposition« als in der Dimension »Extravertiertheit«. Die Geburtenfolge sagt viel über die Neigung zur Rebellion, aber wenig über Schüchternheit aus. Im nächsten Kapitel werde ich zeigen, warum »Offenheit für Erfahrung« in konsistenterer Relation zur Geburtenfolge steht als die anderen Dimensionen.

Ein weiteres überraschendes Ergebnis in diesem Zusammenhang hat mit dem Unterschied zwischen Studien zu Persönlichkeitsvariablen und solchen zu intellektuellen Fähigkeiten zu tun. Der Einfluß der Geburtenfolge auf die Persönlichkeitseigenschaften ist *fünf- bis zehnmal größer* als auf die akademischen Leistungen und den Intelligenzquotienten.[75] Daß die Geburtenfolge sich auf die intellektuellen Fähigkeiten durchweg geringfügig auswirkt, haben Ernst und Angst völlig zu Recht betont. Erstgeborene sind tüchtiger als Spätergeborene, aber die typische Differenz im IQ (ein Punkt für jeden weiteren Geburtsrang) hat auf das Individuum bezogen wenig praktische Bedeutung.[76]

Gut aufgebaute Studien zeigen, daß die Korrelationen zwischen Geburtenfolge und Persönlichkeitsmerkmalen von 0,40 (für Offenheit für Erfahrung) bis auf 0,10 (für Extravertiertheit) sinken.[77] Was bedeutet eine Korrelation von 0,40? Einer Korrelation dieser Größenordnung entspräche zum Beispiel ein Medikament, das die Chancen, eine lebensbedrohliche Krankheit zu überstehen, von 30 auf 70 Prozent erhöht (und damit die Überlebenswahrscheinlichkeit verdoppelt). Die Korrelationen der Geburtenfolge mit anderen Persönlichkeitsvariablen sind in der Regel halb so groß, aber immer noch eindrucksvoll. Ein Vergleich: Die durchschnittliche Korrelation zwischen Geschlecht und den fünf großen Persönlichkeitsdimensionen beträgt 0,14; ist also kleiner als bei vielen der durch die Geburtenfolge bedingten Persönlichkeitsdifferenzen.[78]

Allen Einwänden zum Trotz zeigt die Literatur über die Geburtenfolge konsistente Verhaltenstrends. Eine tiefergehende Analyse führt sogar zu einem noch eindeutigeren Ergebnis: Die Arbeiten bestätigen den Einfluß der Geburtenfolge durchgehend. Ein wichtiger Grund dafür sind die *Wechselwirkungen*. Eine solche Wirkung ergibt sich, wenn zwei oder mehr Variablen Merkmale haben, die sich nicht einfach addieren lassen. Der gemeinsame Effekt ist synergetisch und »emergent«, er schafft etwas Neues, so wie sich die Eigenschaften des Wassers aus seinen Grundstoffen ergeben – aus Wasserstoff und Sauerstoff.

Dieser Charakter der Geburtenfolge-Effekte wird von der umfassendsten Studie, die je durchgeführt wurde, anschaulich demonstriert. Von 1954 an veröffentlichte Helen Koch, Psychologin an der Universität von Chicago, eine Folge von zehn Artikeln über Einzelstudien, in denen sie den Einfluß der Geburtenfolge auf Dutzende von psychischen Merkmalen getestet hat.[79] Die Arbeiten von Helen Koch sind bemerkenswert wegen des raffinierten Aufbaus ihrer Untersuchungen. Bis heute gibt es keine Studie, die so viele einander zuwiderlaufende Variablen berücksichtigt hätte. Als Sample für ihre Studie wählte Helen Koch 384 fünf- und sechsjährige Kinder aus Schulen in der Umgebung von Chicago. Alle stammten aus intakten weißen Familien mit zwei Kindern. Sie unterteilte ihr Sample in Untergruppen, die sie so wählte, daß sie jede Kombination von Geburtenfolge, Geschlecht und Geschwistergeschlecht eigens testen konnte. Außerdem richtete sie drei Untergruppen entsprechend der Altersunterschiede zwischen den Geschwistern ein. Technisch folgte die Studie dem Muster 2 mal 2 mal 2 mal 3; es gab also 24 Untergruppen zu je 16 Kindern. Zuletzt organisierte sie die Untergruppen auch noch nach der Herkunft. Selbst Gregor Mendel, der österreichische Mönch, der mit seinen sorgfältig geplanten Züchtungsexperimenten die Vererbungsgesetze entdeckte, wäre von einem derart durchdachten Forschungsplan vermutlich beeindruckt gewesen.

Helen Koch bat die Lehrer, die Versuchspersonen einzustufen, und zwar nach 58 Meßgrößen, mit denen das Verhalten der Kinder klassifiziert wurde. Als Eigenschaften, in denen sich Erstgeborene typischerweise von Spätergeborenen unterscheiden, wurden Selbstvertrauen, Konkurrenzverhalten, das Bestehen auf den eigenen Rechten, emotionale Intensität und die tiefe Verstimmung im Fall von erlittenen Niederlagen genannt.[80] Koch hat diese Persönlichkeitsdifferenzen dahingehend zusammengefaßt, daß Erstgeborene trotz ihres Selbstvertrauens »angespannt, ängstlich, defensiv und um ihren Status besorgt« seien.[81] Die verschiedenen Trends, die ich in diesem Kapitel bereits beschrieben habe, stimmen mit den Ergebnissen von Kochs Studienreihe überein.

Überraschend an Kochs Untersuchung ist die Zahl der Wechselwirkungen, die sie aufgeführt hat. Diese nicht-additiven Effekte betreffen die

Geburtenfolge, das Geschlecht der Testperson, das Geschlecht des Geschwisters und den Altersabstand – also Wechselwirkungen von zwei, drei oder sogar vier Faktoren. Insgesamt war der Einfluß der Geburtenfolge an 31 signifikanten Wechselwirkungseffekten, dagegen nur an 5 Haupteffekten nachweisbar. (Ein »Haupteffekt« gilt für das ganze Sample, nicht nur für Untergruppen.) Altersabstand und Geschlecht des Geschwisters trugen zu weiteren 36 Wechselwirkungen bei. Direkt oder indirekt zeigten Geburtenfolge, Altersabstand und das Geschlecht des Geschwisters 72 signifikante Effekte. Die Zufallswahrscheinlichkeit dieser Resultate ist geringer als 1 zu einer Million.[82]

### *Wechselwirkungseffekte als »Geschwisterstrategien«*

Nun möchte ich einige der typischen, in Kochs Studie festgestellten Wechselwirkungen diskutieren. Verglichen mit spätergeborenen wurden erstgeborene Jungen als zorniger, rachsüchtiger und grausamer beurteilt. Bei Mädchen erreichten diese Trends keine statistische Signifikanz.[83] Mädchen jedoch zeigten signifikante, durch Geburtenfolge bedingte Unterschiede in ihrer Tendenz zu zänkischem Verhalten.[84] Erstgeborene Jungen üben ihre Dominanz aggressiv und strafend aus; dazu neigen auch erstgeborene Mädchen, allerdings mit verbalen Mitteln. Gemeinsam ist beiden Geschlechtern, daß bei Erstgeborenen eher ein abgrenzendes Verhalten zu beobachten ist, daß sie »antagonistischer« sind als Spätergeborene, eine Tendenz, die mit einer meiner großen fünf Persönlichkeitsdimensionen übereinstimmt.

Die meisten von Kochs Studie herausgestellten Wechselwirkungen lassen sich entsprechend erklären. Geschwister verstehen rasch und genau, wie Verhaltensnormen mit dem Geschlecht zusammenhängen, und sie formen diese Normen im Sinn ihrer strategischen Ziele. Durchgehend scheint die Geburtenfolge – und nicht diese oder jene Verhaltensweise, mit der jene Ziele durchgesetzt werden – den *Kern der Strategien* auszumachen. Dasselbe gilt für andere Ursachen von Geschwisterdifferenzen, auch für das Geschlecht.[85]

Daß die Geburtenfolge und das Geschlecht sich so häufig gegenseitig beeinflussen, hat seinen Grund unter anderem darin, daß beide Variablen ähnliche Strategien befördern. Soziale Lebewesen suchen Zugang zu wertvollen Ressourcen grundsätzlich auf zwei Wegen – entweder durch Herrschaft oder durch Kooperation. Erstgeborene neigen zu Verhaltensweisen, die Statusvorteile vergrößern. Dieser Hang kennzeichnet auch »männliches« Verhalten. Spätergeborene neigen zu Kooperation, eine Verhaltenstendenz, die auch »weiblich« ist.[86]

Die enge Beziehung zwischen Geburtenfolge und Geschlecht wird durch eine nochmalige Analyse von Helen Kochs Daten untermauert, die Orville Brim vorgenommen hat.[87] In Anlehnung an Talcott Parsons' so-

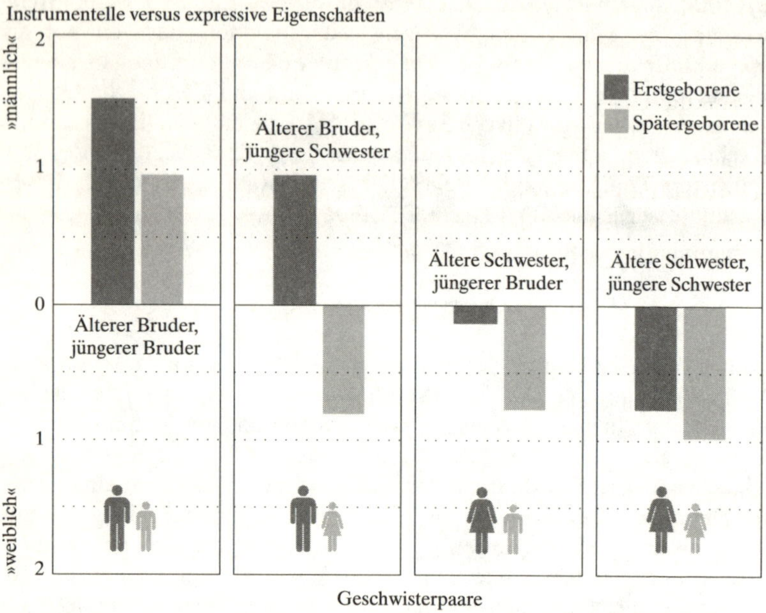


Abb. 3.2 Geschlechtsspezifische Eigenschaften nach Helen Koch ($N$=384). Die standardisierten Skalen für jedes Geschwisterpaar sind dargestellt entsprechend der Geburtenfolge, des eigenen Geschlechts und der Geschlechtszugehörigkeit des Geschwisters. Wie zu erwarten, legen die männlichen Versuchspersonen eher konventionelle männliche Eigenschaften an den Tag. Geschwister, die einen Bruder haben, zeigen ebenfalls eher »männliche« Tendenzen. Schließlich übt die Geburtenfolge einen signifikanten Einfluß auf das geschlechtsspezifische Verhalten aus. In allen vier Paarkonstellationen sind die Erstgeborenen »männlicher« als die Spätergeborenen. Am ausgeprägtesten ist dieser Effekt bei männlichen Versuchspersonen. Nur bei dem Paar aus erstgeborener Schwester und jüngerem Bruder prägt das Mädchen in stärkerem Maße »männliche« Eigenschaften aus als der Bruder. Der Einfluß der Geburtenfolge auf geschlechtsspezifische Charakteristika zeigt sich durchgängig und ist um etwa zwei Drittel stärker als der Einfluß der Geschlechtszugehörigkeit selbst.

ziologisches Familienmodell unterschied Brim die von Koch verwendeten Meßgrößen des Verhaltens nach »instrumentellen« und »expressiven« Eigenschaften, die mit männlichen und weiblichen Rollen übereinstimmen.[88] Brims Liste »männlicher« Tendenzen enthält Eigenschaften wie Führerschaft, Selbstvertrauen, Bestimmtheit, Konkurrenzdenken und Aggressivität. In der entsprechenden Liste »weiblicher« Neigungen erscheinen vor allem Merkmale wie Zuwendung, Kooperation und Flexibilität.

Brim definierte diese Verhaltenstendenzen, indem er jede von Kochs

24 Geschwistergruppen danach bewertete, wie sie an Wechselwirkungen beteiligt waren. Mit dieser ungewöhnlichen Skalierungsmethode konnte er synergetische Verhaltensweisen, die Status und Dominanz beziehungsweise Liebe und Kooperation befördern, herausfinden und einander gegenüberstellen.[89] 

Auf der Grundlage von Brims Analyse lassen sich die Erstgeborenen beider Geschlechter als die »Alpha-Männchen« ihres Geschwistersystems bezeichnen. Wie Brim herausfand, läßt das Geschlecht des Geschwisterkinds signifikante Aussagen über instrumentelles Verhalten zu. Jungen mit einem Bruder sind stärker auf Konkurrenz ausgerichtet und bestimmender als Brüder von Schwestern.[90]

Anders als die instrumentellen Tendenzen zeigen sich die expressiven vornehmlich bei Mädchen und Spätergeborenen.[91] Spätergeborene Jungen (vor allem wenn das ältere Kind eine Schwester war) wurden von ihren Lehrern als besonders »weichlich« eingestuft, und Mädchen, die allgemein schon als flexibel und verbindlich galten, waren dies in noch höherem Maße, wenn sie auch die jüngeren Geschwister waren.[92]

Brims Ergebnisse machen deutlich, daß die Geburtenfolge viele Eigenschaften bestimmt, die gängigen Vorstellungen zufolge mit dem jeweiligen Geschlecht in Verbindung gebracht werden. Wer daher Effekte der Geschlechtszugehörigkeit untersuchen will, muß sich zugleich für die Geburtenfolge interessieren und umgekehrt. Waren die geschlechtsbedingten Differenzen, die Koch mit ihrer Studie nachweisen konnte, schon sehr zahlreich, so gab es doch weitaus mehr von der Geburtenfolge abhängige Unterschiede. In Geschwisterpaaren aus erstgeborenem Mädchen und spätergeborenem Jungen waren die Mädchen »männlicher« als die Jungen.[93] Insgesamt war der Einfluß der Geburtenfolge auf Eigenschaften, die mit dem Geschlecht verbunden waren, um *zwei Drittel höher als der Einfluß des Geschlechts.* Die Frauenforschung sollte sich mit diesen Ergebnissen befassen: Sie sind von großer Bedeutung für die Art und Weise, wie sich die Geschlechtszugehörigkeit im Leben des einzelnen ausdrückt. Wie die Effekte der Geburtenfolge sind auch geschlechtsspezifische Verhaltensweisen oft ein Produkt, das erst das Familiensystem als Ganzes hervorbringt (Abb. 3.2).

## Zusammenfassung

Helen Kochs bahnbrechende Studie beweist zwingend, daß die Geburtenfolge die Persönlichkeit formt. Doch ebenso wichtig ist ihr Beleg, daß Geschlechtszugehörigkeit und andere systematische Geschwisterdifferenzen für die menschliche Entwicklung von grundlegender Bedeutung sind. Diese Entwicklung ist bestimmt von zahlreichen Wechselwirkungen, die neben dem Geschlecht am häufigsten durch den Altersabstand zwischen den Geschwistern und das Geschlecht der anderen Geschwister ausgelöst werden. In den folgenden Kapiteln werde ich diese Liste erweitern, die, korrekt angelegt, eine breite Vielfalt von Einflüssen umfaßt, die die familiäre Nische eines Kindes bestimmen.

Wie die Alpha-Männchen in Primatengruppen trachten Erstgeborene nach Status und Macht. Sie spezialisieren sich auf Strategien, die geeignet sind, Rivalen zu unterwerfen. Die fünf großen Persönlichkeitsdimensionen sind ein zweckdienliches Instrument, diese Strategien zusammenzufassen. Erstgeborene neigen dazu, dominant, aggressiv, ehrgeizig, eifersüchtig und konservativ zu sein. Auf diesen fünf Verhaltensebenen ist der Einfluß der Geburtenfolge durchgängig und unübersehbar.

Wie Primaten mit niederem Status sind spätergeborene Menschenkinder in Auseinandersetzungen mit ihren älteren Geschwistern im Nachteil. Daher zeigen sie oft eine ausgeprägte Tendenz zur Rebellion; doch ist es genausogut möglich, daß sie hart arbeiten und ihr Los durch verträgliche Formen im menschlichen Umgang und Kooperation zu verbessern suchen. Dominanz und Kooperation sind uralte Strategien, die durch verschiedene Formen der Selektion geschaffen und fortgeführt worden sind.[94] Beide Wege können zum Erfolg führen.

Im Drama der Geschwisterkonkurrenz scheinen die Geburtenfolge und das Geschlecht den entscheidenden Part zu spielen, wenn es darum geht, die geeigneten Strategien auszuwählen. Diese Schlußfolgerung ergibt auch evolutionstheoretisch einen Sinn. Indem unsere Vorfahren ihre Geschwisterstrategien auf das kognitive und physische Diktat des Alters abgestimmt haben, wurde die Geschwisterrivalität zunehmend wie ein Schachspiel ausgetragen, in dem Taktiken auf alters- und geschlechtssensible Weise koordiniert werden. Auch der Nachwuchs in unseren Tagen spielt dieses Drama der Evolution weiter. Überall in der Welt streiten die Kinder um mehr elterliche Zuwendung und passen sich mit ihren Strategien ihrer jeweiligen familiären Nische an. Letzten Endes dreht sich die Geschwisterrivalität darum, wer die Kindheit überlebt. Im Sinn des Darwinismus heißt das aber: Ist die Hürde der Kindheit einmal genommen, konkurrieren Geschwister weiter und kämpfen um das Recht auf Nachkommenschaft. Im Versuch, diese beiden, von Darwin als fundamental beschriebenen Ziele zu erreichen, werden Geschwister zu gewitzten Strategen. Was dabei entsteht, nennt man Persönlichkeit.

# Teil II

# Familie ist alles

Kapitel 4

# Nischen in der Familie

## Darwins »Divergenzprinzip«

Viele Untersuchungen der letzten zwei Jahrzehnte haben gezeigt, daß Geschwister, die in der gleichen Familie aufgewachsen sind, fast so verschieden sind wie Menschen, die überhaupt nicht miteinander verwandt sind. Zumindest wenn biologische Geschwister einander in ihren Persönlichkeiten ähnlicher sind als adoptierte Kinder, werden solche Ähnlichkeiten den gemeinsamen Genen zugeschrieben und nicht der gemeinsam erlebten familiären Umwelt. Je länger Geschwister miteinander leben, desto unterschiedlicher werden sie. Warum sind Geschwister so verschieden? Das ist eine der drängendsten Fragen, die sich der Persönlichkeitspsychologie stellen. Eine Antwort darauf wäre auch für eine Reihe von Nachbardisziplinen wie Biographie und Geschichte von Bedeutung.[1]

Daß Brüder und Schwestern sich auffallend voneinander unterscheiden können, haben auch Geschwister selbst immer wieder festgestellt, oft zu ihrem eigenen Erstaunen. Darwin zum Beispiel sagte von seinem vier Jahre älteren Bruder Erasmus: »Die Ausprägungen unseres Denkens und Geschmacks waren ... so wenig ähnlich, daß ich ihm intellektuell wohl nicht viel verdanke – (auch meinen vier Schwestern nicht, die im Wesen sehr verschieden waren).«[2]

Der bedeutende Sprachforscher Wilhelm von Humboldt machte eine ähnliche Beobachtung in bezug auf sich und seinen jüngeren Bruder, den Naturforscher Alexander: »Beinahe wünschte ich mir meines Bruders Temperament. Er hat zwar Langeweile hier, aber im Grunde ist er doch recht vergnügt. Er läuft viel herum, moquirt sich, und so immer fort. Aber traurig ist er gar nicht ... Uebrigens leben wir beide noch wie sonst miteinander. Wir sind uns sehr gut, aber selten einig. Unser Charakter ist zu verschieden.«[3]

Wilhelm war kein großer Freund des Reisens, Alexander dagegen – »immer unterwegs« – wurde für seine Entdeckungen in Mittel- und Südamerika (1799-1804) rasch berühmt. In nur fünf Jahren legte er 50 000 Kilometer in weitgehend unerforschten Gebieten zurück: zu Fuß, zu Pferd, mit dem Boot oder auf Segelschiffen.[4] Unzählige Male setzten er und sein Reisegefährte Aimé Bonpland ihr Leben aufs Spiel. Im Alter von sechzig Jahren erfüllte sich Alexander den Wunsch, Sibirien zu bereisen – weitere 13 000 Kilometer. Für seinen Bruder Wilhelm war es bereits Abenteuer genug, den Winter in Italien zu verbringen.

Geschwister können so verschieden sein, daß Beobachter sich außerstande sehen, dafür eine Erklärung zu finden. James Parton, einer von Voltaires Biographen aus dem neunzehnten Jahrhundert, war so erstaunt über den Gegensatz zwischen dem respektlosen François und seinem bigotten älteren Bruder Armand, daß er sich fragte: »Welcher Darwin wird uns dieses Geheimnis der Naturgeschichte unserer Rasse enthüllen?«[5]

### *Eine Darwinsche Theorie der Persönlichkeit*

Als dieser Biograph den Namen Darwin erwähnte, war er der Antwort näher, als er ahnte. Denn Geschwister sind verschieden, weil in ihnen zum Ausdruck kommt, was Darwin das »Divergenzprinzip« nannte. Überall in der organischen Natur ist die Ausprägung von Unterschieden eine nützliche Strategie, wenn Arten um knappe Ressourcen konkurrieren. Diese Einsicht, die Darwin in den fünfziger Jahren während einer Kutschfahrt kam, löste ein bis dahin ungeklärtes Rätsel der Evolution. Warum entwickeln sich Arten in verschiedene Richtungen? »Die Lösung«, so wurde Darwin klar, »besteht ... darin, daß die modifizierten Abkömmlinge aller dominanten und sich weiter verbreitenden Formen dazu neigen, sich vielen, hochgradig verschiedenen Stellen im Naturhaushalt anzupassen.«[6] Er war so beeindruckt von dieser Vorstellung, daß er sie neben der natürlichen Selektion für den Schlüssel der *Entstehung* hielt.[7]

Selbst wenn Arten morphologisch kaum voneinander zu unterscheiden sind, wird man feststellen, daß sie im Hinblick auf ihre Umweltbedingungen gewöhnlich nicht die gleichen Bedürfnisse haben. Diese Fälle – von Biologen im allgemeinen »Geschwisterart« genannt – repräsentieren die Evolution in ihrem frühesten Stadium.[8] Wenn ihnen nur genügend Zeit bleibt, dann tendieren diese Arten dazu, Formen zu entwickeln, die charakteristisch voneinander abweichen, ein Prozeß, der »adaptive Radiation« genannt wird. Zu den bekanntesten Beispielen zählen die Darwinfinken von den Galápagos-Inseln. Die Mitglieder dieser Unterfamilie besetzen verschiedene ökologische Nischen und können deshalb in weit größeren Zahlen zusammenleben, als es ihnen sonst möglich wäre.

Weil die Freßgewohnheiten einiger Darwinfinken-Arten die gleichen sind, kommen sie niemals auf derselben Insel vor.[9] Daraus wurde das »Konkurrenzausschlußprinzip« abgeleitet, ein biologisches Gesetz, das besagt, daß zwei Arten, deren Anforderungen an die Umwelt identisch sind, nicht in ein und demselben Habitat koexistieren können.[10] Wenn ähnliche Arten nebeneinander leben, dann ist an ihnen ein Phänomen, das als »Merkmalsverschiebung« bekannt ist, zu beobachten. Zum Beispiel werden Unterschiede in der Schnabelgröße verstärkt, wodurch die Konkurrenz um dieselbe Nahrung abnimmt.[11] Koexistenz ist nur durch evolutionäre Diversifikation möglich.

Auch Kinder durchlaufen in ihrer Entwicklung einen Prozeß der adaptiven Radiation, um sich in der Familie ihre eigenen Nischen zu schaffen. Sie verfolgen verschiedene Interessen, entwickeln unterschiedliche Fähigkeiten und vermindern dadurch die direkte Konkurrenz. Dieses aus der Evolutionstheorie bekannte Prinzip macht es mir möglich, das Thema der Geburtenfolge und ihres Einflusses auf die Persönlichkeit noch einmal ganz neu aufzugreifen. Wir haben anhand von Persönlichkeitstests und an geschichtlichen Beispielen gesehen, daß Spätergeborene in besonderem Maß offen für Erfahrungen sind. *Aber warum*? Offenheit hilft den jüngeren Geschwistern bei ihrer Suche nach einer unbesetzten familiären Nische. Diese psychische Fähigkeit ist der Motor, der das von Darwin entdeckte Divergenzprinzip antreibt.[12] 

Aus darwinistischer Sicht bietet die Persönlichkeit das Repertoire an Strategien, die ein Individuum entwickelt, um die Kindheit zu überleben. Der größte Teil dieser Strategien sind *Geschwister*strategien. Wenn ich von Geschwisterstrategien spreche, möchte ich damit Einzelkinder keineswegs ausschließen. Sie sind ein Sonderfall. Wie alle Kinder suchen auch Einzelkinder soviel elterliche Zuwendung wie möglich auf sich zu vereinigen. In traditionellen Gesellschaften tun sie dies, indem sie sich gegen das Abstillen wehren, was wiederum die Empfängnisfähigkeit der Mutter beeinflußt. Es ist wie beim Kuckuck-Küken: Bei Einzelkindern haben die Geschwisterstrategien ihren Zweck bereits erfüllt.

Eine Theorie der Geschwisterstrategien kann sich jedoch nicht allein auf die Geburtenfolge stützen. Der Konflikt zwischen Eltern und Nachkommenschaft, die verfügbaren elterlichen Ressourcen, die Familiengröße, das Geschlecht und das Temperament sind ebenso Faktoren, die berücksichtigt werden müssen.

## Die genetischen Ursprünge der Verschiedenheit zwischen Geschwistern

Den Gesetzen der Genetik zufolge sind Brüder und Schwestern bereits bei der Empfängnis sehr verschieden. Durchschnittlich haben Geschwister nur die Hälfte ihrer Gene gemeinsam.[13] Die Erbanlagen sind nicht nur für physische Eigenschaften verantwortlich, sondern auch für zahlreiche Persönlichkeitsmerkmale. Schon von Geburt an zeigen sich Unterschiede im Temperament der Kinder.[14] Harriet Zuckerman drückte das einmal so aus: »Alle Eltern sind Anhänger der Milieutheorie – bis sie ihr zweites Kind bekommen.«[15]

Wenn sich 50 Prozent der Gene decken, dann müßte man eigentlich davon ausgehen, daß Geschwister in ihrer Persönlichkeit deutliche Ähnlichkeiten zeigen. Genau das aber ist nicht der Fall. Durch die geschlechtliche Fortpflanzung halbiert sich nicht nur der genetische Beitrag jedes Elternteils; die Gene werden auch durch einen »Rekombination« genannten Prozeß in ihrer Abfolge neu zusammengesetzt. Der Zwillingsforscher David Lykken hat dafür eine anschauliche Metapher gefunden.[16] Geschwister, sagt er, seien wie Menschen mit einer ähnlichen Telefonnummer: So, wie eine neue Verbindung herauskomme, wenn man die Ziffern einer Telefonnummer durcheinanderbringe, so bewirken auch Gene, die durcheinandergewürfelt würden, etwas Neues, Verschiedenartiges. Daher sind viele genetische Einflüsse einzigartig und nicht vererbbar, ihr Zustandekommen läßt sich nicht vorhersagen.[17]

Das berühmte Rennpferd Secretariat soll derartige Eigenschaften besessen haben.[18] Dieses Pferd gewann 1973 die Triple Crown. Zu sagen, Secretariat habe die Kursrekorde »gebrochen«, wäre stark untertrieben: Es rannte alle bisherigen Rekorde über den Haufen. Rennerfolge wie zum Beispiel sein Sieg beim Derby von Belmont haben sich bis heute nicht wiederholt. Auch von Secretariats ungefähr 400 Fohlen reichte nur eines annähernd an seine Fähigkeiten heran: Risen Star gewann zwei der drei Wettbewerbe für die Triple Crown, aber selbst bei diesen Siegen fiel er um einige Sekunden hinter die Rekordmarke seines Erzeugers zurück. Den Pferdebesitzern, die für Secretariats Zuchtdienste ordentlich zahlen mußten, hätte man das Problem leicht erklären können: Waren die Gene einmal durcheinandergeraten, dann konnte Secretariats »genetische Hälfte« niemals mehr wirklich die Hälfte sein.

Eineiige Zwillinge sind sich in ihrer Persönlichkeit deshalb so ähnlich, weil sie die gleichen durch Rekombination hervorgerufenen Eigenschaften besitzen. Das erklärt auch, warum eineiige Zwillinge oft selbst dann noch ganz ähnliche Eigenarten im Verhalten zeigen oder dieselben seltsamen Angewohnheiten oder ausgefallenen Neigungen haben, wenn sie getrennt voneinander aufgewachsen sind. Einige solcher Ähnlichkeiten mögen vom Zufall bestimmt sein, aber sie treten bei eineiigen Zwillingen bedeutend häufiger auf als bei zweieiigen.[19]

Es ist viel darüber diskutiert worden, ob die genetische Vielfalt, die den meisten Persönlichkeitsmerkmalen zugrunde liegt, adaptiver Art ist. Vieles spricht dafür.[20] Unveränderliche Merkmale wie die Anzahl der Herzkammern zeugen von evolutionären Kämpfen, die vor langer Zeit ausgefochten wurden. Veränderliche Merkmale dagegen repräsentieren Schauplätze evolutionärer Kämpfe, die noch geführt werden.[21] Ihr Ausgang ist ungewiß, weil sich noch keine genetische Lösung als optimal erwiesen hat. Dafür bietet die Sensationslust – eine erbliche Eigenschaft – ein gutes Beispiel.[22] Für diese Verhaltensweise, die in bestimmten Kontexten anwendbar ist und in anderen nicht, gibt es keine ideale Neigung. Die meisten Verhaltensprobleme lassen sich auf verschiedene Weise lösen. Wenn man beispielsweise hungrig ist, kann man sein Bedürfnis befriedigen, indem man anderen das Essen wegnimmt. Man kann aber auch verhandeln und versprechen, die gewährte Hilfe auf Basis der Gegenseitigkeit mit zukünftigen Handlungen zu vergelten.

Die Erbanlagen repräsentieren den im Überlebenskampf vergangener Zeiten gewonnenen Erfahrungsschatz. Wir werden in diese Welt mit einem umfangreichen genetischen Werkzeugkasten hineingeboren, aus dem wir uns mit früher bereits erfolgreichen Strategien bedienen können. Die individuellen Erfahrungen in der Familie veranlassen uns, das Verhaltensrepertoire zu entwickeln, das für unser Leben entscheidend wird. Gene und Vererbungsgesetze spielen dabei eine große Rolle, von ebenso großer Bedeu-

Von Geburt an getrennt, treffen sich die Mallifert-Zwillinge zufällig beim Patentanwalt.

tung jedoch ist die Umwelt. Das Verhältnis zwischen Natur (*nature*) und Erziehung (*nurture*) entspricht dem zwischen dem Künstler und seinem Werkzeug. Die Erbanlagen sind gleichsam Leinwand und Farbe. Die Umwelt, die die individuelle Entwicklung anstößt, entspricht dem Pinselstrich des Künstlers. Ebenso hat unsere Art einen »Instinkt« für den Spracherwerb – den andere Primaten nicht besitzen –, aber es ist der kulturelle Zusammenhang, der darüber entscheidet, welche besondere Sprache wir lernen.[23]

Darwins Theorie wird oft irrtümlich mit genetischem Determinismus, mit Vorbestimmung in Verbindung gebracht. Es liegt aber auf der Hand, daß Natur und Erziehung eine Straße mit zwei Fahrtrichtungen bedeuten, und von evolutionstheoretisch denkenden Biologen ist dies auch immer wieder bestätigt worden. Bei vielen Arten lösen Umwelteinflüsse Hormonausschüttungen aus, die das Verhalten regulieren. Wenn ein Primat zum Alpha-Männchen wird, dann steigt sein Testosteronspiegel. Gibt man einem untergeordneten Primatenmännchen eine Testosteronspritze, wird es an die Spitze der Hierarchie aufsteigen. Beim Alpha-Männchen, das von seinem Platz verdrängt worden ist, sinkt der Testosteronspiegel wieder. Einige Antidepressiva haben eine ähnliche Wirkung. Aus Beta-Männchen, denen ein solches Medikament verabreicht wird, werden Alpha-Männchen.[24]

Recht verstanden, sind evolutionstheoretische Begründungen des menschlichen Verhaltens alles andere als deterministisch. Ein sich auf die Darwinsche Theorie stützender Zugang lenkt die Aufmerksamkeit auf die ständige Wechselwirkung zwischen Natur und Erziehung und sieht diese Interaktion darüber hinaus unter dem Blickwinkel der *Entwicklung*.[25] Außerdem betont die Darwinsche Evolutionstheorie *die Einzigartigkeit des Individuums*, und Geschwisterunterschiede belegen vielleicht in besonderer Weise diese Perspektive. Wenn man die entwicklungsbezogenen Wechselwirkungen zwischen genetischer Ausstattung und Umwelt endlich angemessen berücksichtigt, dann ist die Unterscheidung zwischen Natur und Erziehung nicht länger von Nutzen.

## Umwelteinflüsse auf die Persönlichkeit

Verglichen mit anderen Arten haben Menschen bemerkenswert »offene« genetische Programme, die dem Lernen förderlich sind.[26] Solche Programme sind während der Evolution stets durch lange währende elterliche Pflege stark begünstigt worden. Die umfangreichen elterlichen Investitionen haben ihrerseits die auf Anpassung beruhenden Konsequenzen für solche Verhaltensstrategien verstärkt, die die Pflege maximieren konnten. Weil die Umwelt diesen Prozeß auf zahllosen und sehr verschiedenen Wegen fördern kann, sind Geschwister sehr empfänglich für ihren Einfluß. Offenheit für Erfahrung ist die Persönlichkeitsdimension, die dieses für die Menschen typische Merkmal am deutlichsten erkennen läßt.[27]

### *Zufällige Ereignisse*

Einflüsse, mit denen die Umwelt auf die Persönlichkeit wirkt, lassen sich einteilen in zufällige Ereignisse und systematische Erfahrungen. Das Angebot, als Naturforscher an der Expedition der *Beagle* teilzunehmen, war, so Darwin, »das wichtigste Ereignis meines Lebens und hat meine ganze Berufslaufbahn bestimmt; und doch hing es von dem ganz nebensächlichen Umstand ab, daß mein Onkel mir anbot, mich die 50 Kilometer nach Shrewsbury zu fahren, was nur wenige Onkel an seiner Stelle getan hätten.«[28] Darwins Onkel hatte die Fahrt unternommen, um Darwins Vater und seine älteren Schwestern, die Darwin anfangs die Teilnahme an der Reise nicht erlauben wollten, umzustimmen. Der Onkel hatte Erfolg, und Darwins Leben nahm einen ganz neuen Verlauf.[29] So mag der Zufall dabei eine Rolle gespielt haben, ebenso wahr ist aber, daß Darwin bereits dabei war, eine eigene Reise zu den Kanarischen Inseln zu organisieren. Seine naturgeschichtlichen Interessen und sein brennender Wunsch zu reisen, prädestinierten ihn für den Posten auf der *Beagle*, und aus eben diesem Grund wurde er von seinem Lehrer Henslow vorgeschlagen.

Aus darwinistischer Sicht würde man erwarten, daß systematische Erfahrungen und besonders diejenigen, die in Verwandtschaftsgruppen gemacht werden, wichtiger für die Entwicklung der Persönlichkeit sind als Einflüsse, die auf Vorlieben oder Abneigungen zurückgehen. Unter »systematischen Erfahrungen« verstehe ich solche, die regelmäßig wiederkehren und auf Ei-

genschaften von Individuen oder deren Umgebungen zurückzuführen sind. 
Zwar läßt sich der Grad, mit dem die Persönlichkeit eher durch systematische Erfahrungen als durch zufällige Ereignisse geformt wird, mit unserem derzeitigen Wissensstand nicht genau bestimmen, aber das Material, das ich in diesem Buch vorlege, bestätigt die überwältigende Bedeutung der systematischen Erfahrungen.[30] Die meisten systematischen Erfahrungen aber werden *in der Familie* gemacht.

### *Systematische Erfahrungen: Elterliche Diskriminierung*

Eltern müssen zu ihrem Erstaunen immer wieder feststellen, daß sie ein Kind einem anderen vorziehen, obwohl sie sich doch alle Mühe geben, ihre Kinder gleich zu behandeln.[31] In einer Studie erklärten zwei Drittel der befragten Kinder, ihre Mütter seien parteiisch.[32] Kinder berichten außerdem von stärkerer elterlicher Diskriminierung als die Eltern selbst. Jedenfalls sind sie höchst wachsam gegenüber jedem Anzeichen ungleich verteilter Gunst.

Daß Kinder sich so verhalten, ist aus Darwinscher Sicht einleuchtend.[33] Ein Kind, das mit der elterlichen Zuwendung nicht sicher rechnen kann, muß sich mit dieser Tatsache des Lebens abfinden und nach anderen Lösungen suchen. Dieses Thema hat auch Schriftsteller immer wieder fasziniert, und keiner widmete sich ihm mit größerer Leidenschaft als Charles Dickens; es verfolgte ihn geradezu seine ganze literarische Karriere hindurch.

Im Alter von elf Jahren machte es Dickens »bekümmert und niedergeschlagen«, als seine verarmten Eltern der älteren Schwester erlaubten, die Königliche Musikschule zu besuchen, und er nun allein zu Hause bleiben und die Stiefel seines Vaters putzen, auf die jüngeren Geschwister aufpassen und kleine Besorgungen machen mußte.[34] Bald darauf kam der Vater wegen seiner Schulden ins Gefängnis. Zwei Tage nach seinem zwölften Geburtstag wurde Dickens zum Arbeiten in eine Schuhcreme-Fabrik geschickt. Als seine ältere Schwester an der Königlichen Akademie eine Silbermedaille gewann, fühlte er sich »tief gedemütigt aufgrund seiner so gegensätzlichen Lage, obwohl er unfähig war, ihr den Erfolg zu neiden«.[35] Er erinnerte sich später an die Preisverleihung:

> »Ich konnte es nicht ertragen, an mich zu denken – außerhalb des Bereichs alles solchen ehrenvollen Wetteifers und Erfolges wie ich stand. Die Thränen flossen mir die Wangen hinaus ... Ich betete, als ich an jenem Abend zu Bette ging, um Erlösung aus der Demüthigung und Verwahrlosung, in der ich mich befand. Ich hatte nie vorher so viel gelitten.«[36]

Nachdem Dickens' Vater aus dem Schuldgefängnis freigekommen war, geriet er mit dem Arbeitgeber seines Sohnes in Streit, und Charles wurde entlassen. Seine Mutter versuchte, die Angelegenheit wieder zu bereinigen;

 doch sie konnte sich nicht durchsetzen, und so erhielt Charles die Erlaubnis, zu Hause zu bleiben. Mit einer Bitterkeit, die auch durch die Zeit nicht gemildert wurde, erklärte Dickens später: »Aber vergaß nie nachher, werde nie vergessen, kann nie vergessen, daß meine Mutter sich mit Wärme dafür erklärte, daß ich zurückgeschickt werden solle.«[37]

Daß ihn seine Eltern zeitweise hatten »fallen lassen«, verstörte ihn so tief, daß er weder seiner Frau noch seinen Kindern jemals von dieser Begebenheit erzählte.[38] Zwei Jahrzehnte nach seiner Erfahrung mit der Schuhcreme-Fabrik bekannte er schließlich:

> »Keine Worte können die geheime Seelenqual ausdrücken, die ich erduldete, als ich meine früheren Hoffnungen, ein gelehrter und berühmter Mann zu werden, in meiner Brust zusammenstürzen fühlte ... Mein ganzes Wesen war so von dem Schmerz und der Demüthigung dieser Gedanken durchdrungen, daß ich selbst jetzt, berühmt, geliebt und glücklich wie ich bin, in meinen Träumen oft vergesse, daß ich ein liebes Weib und Kinder habe – selbst jetzt, da ich ein Mann bin – und trostlos in jene Zeit meines Lebens zurückwandere.«[39]

Dieses autobiographische Fragment wurde zur Grundlage für *David Copperfield* (1849-50), den Roman, den Dickens einmal »ein höchst kompliziertes Gewebe aus Dichtung und Wahrheit« genannt hat.[40] Die Erfahrung, von seinen Eltern verlassen worden zu sein, beantwortete der junge Dickens mit einer geradezu obsessiven Beschäftigung mit diesem Thema und den verschiedenen Möglichkeiten, sich davon zu befreien. »Praktisch alle seine Romane«, schreibt der Biograph Peter Ackroyd, »drehen sich um das Leben in der Familie ..., vor allem um das Erniedrigende und Unbefriedigende der familiären Verhältnisse.«[41] Dickens' bittere Erfahrungen können den Einfluß, den Differenzen innerhalb der Familie auf die Persönlichkeitsentwicklung haben, verdeutlichen. Kinder merken vielleicht nicht, daß sie von ihren Eltern weniger geliebt werden als irgendwelche anderen Kinder, doch wird ihnen schmerzlich bewußt, wenn sie weniger geliebt werden als die Geschwister.[42] Kinder reagieren besonders empfindlich auf die Ungerechtigkeiten in der eigenen Familie, weil die psychischen Mechanismen, mit denen solche Ungleichheiten aufgespürt werden, sich in diesem sozialen Umfeld entwickelt haben.[43] Daher lassen sich mit dem Faktor der Herkunft so wenige Aussagen über die Bereitschaft zu sozialem Radikalismus treffen. Die Motive zur Rebellion entwickeln sich im allgemeinen *in* der eigenen Familie und nicht *zwischen* verschiedenen Familien.

Charles Dickens im Jahr 1839 (im Alter von siebenundzwanzig Jahren). *Oliver Twist*, sein zweiter Roman, war ein Jahr zuvor erschienen. Sein Erfolg beruhte auf einer einfachen Wahrheit, die jedem Kind bekannt ist und die Dickens in *Große Erwartungen* (1861) wie folgt zum Ausdruck brachte: »In der kleinen Welt, in der Kinder leben und ganz gleich, von wem sie aufgezogen werden, wird nichts so fein wahrgenommen und so empfindlich registriert wie Ungerechtigkeit.«

Voltaire in seinen späteren Jahren. Den religiösen Fanatismus seines Bruders beantwortete er damit, daß er zum entschiedensten Kritiker der katholischen Kirche wurde. In *Le Dépositaire* (1772) gab Voltaire den älteren Bruder der Lächerlichkeit preis. In einer Szene des Stückes läßt er zwei Brüder einen Dialog führen; der biographische Bezug ist unübersehbar. Der ältere Bruder wird als »ein ernsthafter Tor« beschrieben, der »den extravaganten Plan« gefaßt hat, »ein vollkommener Mensch« zu werden. Der jüngere dagegen »lebt, um zu gefallen und Gefälligkeiten zu erlangen; er ist vielleicht ein bißchen wild, aber ganz und gar liebenswürdig und ehrbar – und überall beliebt« (Parton, *Life of Voltaire*, Bd. 1, S. 56f.).

### *Geschwisterbeziehungen*

Nachkommende Geschwister bewirken tiefgreifende Veränderungen in der Umwelt jedes einzelnen Kindes. In einer Studie gaben mehr als drei Viertel der befragten Geschwister an, daß sie zueinander ganz verschiedenartige Beziehungen hätten.[44] Bei Judy Dunn und Robert Plomin findet sich ein aufschlußreiches Beispiel:

> »Ich glaube, ich wäre sehr allein ohne Carl (ein zehnjähriges Mädchen über seinen sechsjährigen Bruder). Nach der Schule holt er mich vom Ausgang ab, das finde ich sehr nett ... Ich weiß nicht, was ich ohne einen Bruder machen würde.

(Carl über seine Schwester) Sie ist ziemlich eklig, wir reden nicht viel miteinander. Eigentlich weiß ich nicht viel über sie. (Interviewer: Was magst Du besonders an ihr?) Nichts. Manchmal, wenn ich etwas falsch mache, schimpft sie mich richtig böse aus.«[45]

Nicht alle Geschwister nehmen ihre Beziehung so unterschiedlich wahr wie diese beiden, aber eine wirkliche Übereinstimmung ist ebenfalls sehr selten.

Weil Geschwister so verschieden sind, stellen sie häufig soziale Vergleiche an. Ein schüchternes Kind mag sich neben einem extravertierten Bruder oder einer solchen Schwester ungeschickt oder dumm vorkommen. Wenn eines der Kinder gut in der Schule ist oder sich in einer Sportart besonders hervortut, dann überlegen die Geschwister hin und her, wie sie diese Leistungen wettmachen könnten.

Jüngere Geschwister reagieren besonders empfindlich, wenn der Vergleich mit älteren Geschwistern zu ihren Ungunsten ausfällt. Darum werden sie sich Dingen zuwenden, die jene noch nicht für sich entdeckt haben. Sie finden Geschmack an allem, mit dem sie eine überlegene Position erreichen können. Das ist der Grund, warum Voltaire sich als Dichter versuchte. »Ich schrieb schon Verse, als ich noch in der Wiege lag«, soll er einmal gesagt haben. Anscheinend hatte seine Familie Vergnügen daran, ihn zum Verseschmieden zu ermuntern und ihn dann gegen seinen Bruder Armand auszuspielen. Es war ein leichter Sieg für Voltaire. James Parton schreibt dazu in seiner Biographie: »Die Gedichte des Jüngeren waren so gut, daß sie dem Vater zunächst gefielen, ihn dann aber beunruhigten, denn er war ein vernünftiger Mann und er verfolgte besorgt, wie sich bei seinem Sohn ein so wenig einträgliches Talent entwickelte.«[46] François Arouet der Ältere unterschätzte die Gaben seines Sohnes, der mit seinen literarischen Arbeiten zu einem der reichsten Männer Europas werden sollte.

Das Beispiel Voltaires ist auch in anderer Hinsicht aufschlußreich. Seine Persönlichkeit war im Grunde das genaue Gegenteil seines Bruders. Der älteste Sohn, Armand, ist als »schwere, verschlossene, zurückhaltende und ein wenig unbeholfene Natur« geschildert worden.[47] Er war der »pietätvolle« Sohn, den der Vater begünstigte, indem er ihm sein lukratives Amt als königlicher Notar hinterließ.[48] Im Alter von siebzehn Jahren schloß Armand sich den Janseniten an, einer fanatischen katholischen Sekte. Sein religiöser Eifer ging so weit, »daß er jede Art von Zerstreuung verurteilte und überall begierig nach Zeichen der göttlichen Gnade suchte«.[49] Voltaire erfüllte das mit »Ekel und Verachtung«, er fühlte sich abgestoßen von der Frömmelei des Bruders, durch die »ein gewissenhaftes Leben auf verletzende Weise lächerlich gemacht« werde.[50] Er wandte sich der Literatur zu, einem Beruf, der in seiner Familie als »gesellschaftlich unnütz« galt – aber so konnte er die Kunst der Satire vervollkommnen und sein außergewöhnliches Talent gegen Bigotterie und Ungerechtigkeit richten.[51] Seine bevorzugte Zielscheibe war die katholische Kirche.

### *Die Wirkung von Geschwistergegensätzen*

Dramatische Unterschiede zwischen Geschwistern sind gang und gäbe. Sie entstehen, weil Geschwister innerhalb der Familie verschiedenartige Nischen kultivieren. Mein beliebtestes Beispiel für die »Nischensuche« ist die Familie von Ralph Nader, dem amerikanischen Kreuzritter für die Rechte der Verbraucher. Im jugendlichen Alter beschlossen die vier Nader-Kinder, die Welt unter sich aufzuteilen. Jedes der Geschwister spezialisierte sich auf die Sprachen, Kulturen und die Geschichte, die zu »seinem« beziehungsweise »ihrem« Teil des Globus gehörten. Shafeek, der älteste, wählte für sich die Vereinigten Staaten und Kanada und erwarb später seinen akademischen Grad an einer kanadischen Universität. Claire, die zweite, spezialisierte sich auf den Mittleren Osten und schrieb ihre Magisterarbeit über ein Thema, das mit dieser Region zu tun hatte. Laura, die dritte, wählte Mexiko und Lateinamerika; am Wells College schrieb sie ihre Diplomarbeit über die Führer der mexikanischen Revolution und ihre Darstellung in mexikanischen Romanen. Die Arbeit, die sie bei den Literaturwissenschaftlern eingereicht hatte, wurde vom Fachbereich als zu exotisch abgelehnt. Glücklicherweise schaltete sich ein aufgeklärter Collegepräsident ein, der ihr das erste (und bisher einzige) Diplom für lateinamerikanische Studien am Wells College verlieh. Laura Nader wurde Anthropologin und gehört der Universität Kalifornien in Berkeley an.

Das jüngste der vier Nader-Geschwister, Ralph, hatte sich für China und den Fernen Osten entschieden. Er studierte an der Princeton Universität und lernte Chinesisch, Russisch und Arabisch. An der Harvard Law School wandte sich Nader der Sicherheit der Konsumenten in den Vereinigten Staaten zu. Er nahm den Kampf gegen General Motors und andere große Unternehmen auf, legte sich also mit dem »Großen Bruder« an. Keines der vier Nader-Geschwister spezialisierte sich auf Europa, da sie alle sich in der Schule damit hatten befassen müssen. Indem sie sich auf andere Weltgegenden konzentrierten, konnten sie alle zusammen mehr über die verschiedenen Teile der Welt lernen und zugleich die direkte Konkurrenz untereinander vermeiden.*

Mit dem Begriff *Gegensatzeffekte* kann man solche systematischen Differenzen zwischen Geschwistern beschreiben. Obwohl reichlich Material zu diesem Phänomen vorhanden ist, beginnen wir erst jetzt, die psychischen Mechanismen zu verstehen, die ihm zugrundeliegen. Frances Schachter und andere haben eine fesselnde Studie über die Interessen und Persönlichkei-

* Ich danke Laura Nader für diese biographischen Einzelheiten, und ich fordere auch meine Leser auf, mir Geschichten über Geschwisterkonkurrenz und die Einrichtung von familiären Nischen zu schicken. Entsprechende Informationen können zur weiteren Klärung der theoretischen Fragen beitragen, die in diesem Kapitel aufgeworfen werden. Adressieren Sie Ihre Beiträge bitte an mich, c/o Siedler Verlag, Kaiserin-Augusta-Allee 5, 10553 Berlin.

»Und dann, kaum hatte ich mir meine Nische geschaffen, gingen sie los und bekamen das nächste Kind.«

ten von Collegestudenten aus Familien mit zwei und drei Kindern vorgelegt.[52] Ungewöhnlich an dieser Untersuchung ist, daß die Autorin und ihre Mitarbeiter die Versuchspersonen dazu anhielten, sowohl sich selbst als auch ihre Geschwister zu beurteilen. In allen Familien zeigten sich zwischen den beiden ersten Geschwistern die größten Unterschiede, gefolgt von denen zwischen dem zweiten und dritten Kind. Die Differenzen zwischen nicht direkt aufeinander folgenden Geschwistern waren bedeutend kleiner. Auch das Geschlecht spielte eine Rolle: Die Unähnlichkeiten waren bei gleichgeschlechtlichen Geschwisterpaaren am auffälligsten. Schachter hat für die Diskussion dieser Geschwisterdifferenzen den Begriff »Desidentifikation« geprägt.[53]

Die Ergebnisse sind Teil eines komplizierten Musters, das Schachter und seine Mitarbeiter in ihrer geschickt durchgeführten Studie aufgedeckt haben. Systematisch sind diese Geschwisterdifferenzen im Hinblick auf die Identifikation mit den Eltern. Wenn sich ein Kind stark mit einem Elternteil identifiziert, dann identifiziert sich das nachfolgende in besonderem Maße mit dem anderen. In allen Familien waren die eindeutig verteilten Elternidentifikationen bei dem ersten Geschwisterpaar besonders ausgeprägt.

### *Theoretische Überlegungen*

Alles, was wir über Geschwister wissen, deutet darauf hin, daß sie ihren Weg suchen und einschlagen, um verschieden zu sein. Aber warum? Schachter präsentierte ihre Ergebnisse in psychoanalytischen Begriffen. Desidentifikation sei eine »Abwehr« gegen Geschwisterrivalität – ein Versuch, mit den mörderischen Impulsen umzugehen, die aus dem »Kainkomplex« hervorgehen.[54] Der psychoanalytischen Theorie zufolge haben Geschwister den unbewußten Wunsch, andere Familienmitglieder zu töten. Wenn das Opfer nicht ein Elternteil ist, dann ist es ein Bruder oder eine Schwester.[55] Ein an Darwin geschulter Psychologe würde Schachters psychoanalytische Deutung auf den Kopf stellen: Der Hauptgrund, warum Geschwister verschieden sein wollen, wäre dann nicht die Defensive, sondern die Offensive. Geschwister machen sich unbesetzte Nischen zunutze, weil sie etwas gewinnen wollen: nämlich mehr elterliche Zuwendung. Wenn Desidentifikation den »intrapsychischen Konflikt« mildern hilft, wie Schachter ausführt, dann ist dieses Ergebnis nur ein Nebenprodukt eines grundlegenden darwinistischen Ziels. Diese evolutionstheoretische Erklärung mag selbst nur hypothetisch sein, aber sie stimmt doch mit den Ergebnissen tierbiologischer Studien überein, die das Phänomen vielfältig belegen können.[56] Sollte sich die Hypothese als unzutreffend herausstellen, dann bildete der *Homo sapiens* eine doch erstaunliche Ausnahme von einem fundamentalen evolutionären Prinzip.

Der Hauptnutzen, den man davon hat, wenn man sich von seinen Geschwistern unterscheidet, ist die Aussicht auf mehr elterliche Investitionen. Spätergeborene haben durch diese Strategie mehr zu gewinnen als Erstgeborene, die in der Regel schon begünstigt sind und sich als erste eine familiäre Nische aussuchen konnten. Das Prinzip der Diversifikation bietet jüngeren Geschwistern drei Vorteile. Erstens: Wenn es um ähnliche Fertigkeiten geht, dann befinden sich die Spätergeborenen aufgrund ihres Altersunterschieds in einem Entwicklungsrückstand zu den älteren Geschwistern. Je mehr sie sich anderen Feldern zuwenden, desto eher können sie Vergleiche mit den älteren Geschwistern, die zu ihren Ungunsten auszufallen drohen, vermeiden. Zweitens: Wenn die Kinder unterschiedliche Fähigkeiten entwickeln, können die Eltern sie nicht so ohne weiteres vergleichen. Unklarheiten in dieser Hinsicht wirken sich im allgemeinen zum Vorteil der Jüngeren aus. Und der dritte und wichtigste Vorteil der unterschiedlichen Entwicklung von Geschwistern ist die Zunahme der Gesamtfitneß der Eltern, die mit jedem weiteren Kind wächst, im Verhältnis zu der Summe der Fertigkeiten, die in der Familie bis dahin noch nicht vorhanden waren. Der Gewinn neuer Fähigkeiten war besonders in den kleinen Gruppen willkommen, die das Leben unserer Vorfahren bestimmten. Wenn die älteren Geschwister allesamt das Speerwerfen beherrschten, dann war es Zeit, das Bogenschießen zu erfinden. Wenn sie geschickte Jäger waren, dann mußte man darangehen, die Fertigkeiten des Fischens zu entwickeln. Die Ausbildung von verschiedenartigen Talenten half unseren hominiden Vorfahren, sich gegen eine harte, grausame und unberechenbare Umwelt zu schützen, so wie heute die Streuung von finanziellen Investitionen das Risiko vermindert, daß sie sich nicht auszahlen. Kurzum, Spätergeborene haben auch deshalb die Tendenz, sich zu »radikalisieren«, weil sie versuchen, neue Wege zu finden, auf denen sie sich eine familiäre Nische schaffen können.[57]

Daß Geschwister um familiäre Nischen rangeln und wetteifern, auch um die des »Radikalen der Familie«, folgt aus der Wechselwirkung zwischen Ge-

**Aufnahmebereitschaft für Innovationen, bezogen auf Geburtsrang und Geschwisterzahl**

Wahrscheinlichkeit der Befürwortung im Verhältnis zu Einzelkindern

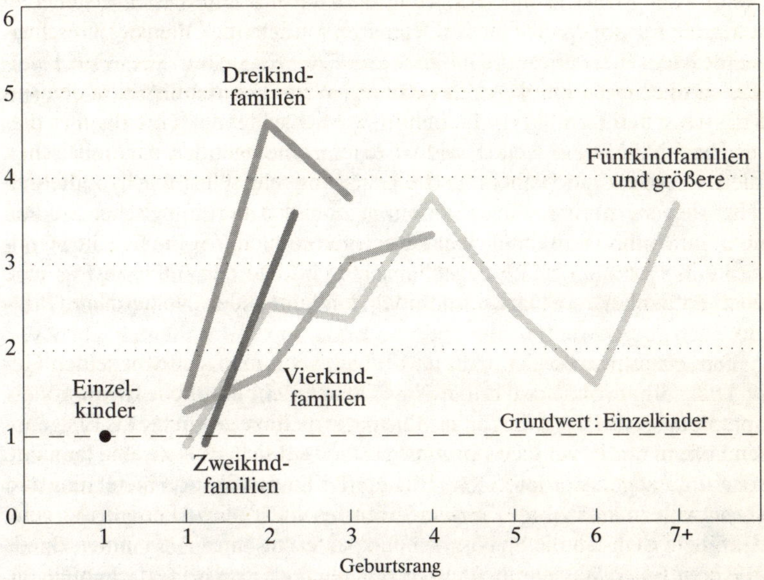


Abb. 4.1 Geburtsrang und Geschwisterzahl im Hinblick auf die Aufnahmebereitschaft für 23 liberale wissenschaftliche Theorien. Die bei jeder Position in der Geburtenfolge gegebene Wahrscheinlichkeit der Befürwortung ist bezogen auf den Grundwert bei Einzelkindern. Die Wahrscheinlichkeit der Zustimmung von Zweitgeborenen ist bei einer Geschwisterzahl von drei Kindern 4,6-mal so hoch wie bei Einzelkindern. Weil Einzelkinder keine Geschwister haben, bilden sie die »Kontrollgruppe« in Untersuchungen zur Geburtenfolge.
Grundsätzlich verhält sich die Radikalität von Einstellungen proportional zum *relativen Geburtsrang* (vom ersten bis zum letzten). Dieser Sachverhalt zeigt, daß Geschwister um familiäre Nischen rangeln. Eine bereits besetzte Nische steht anderen Geschwistern nicht mehr zur Verfügung. Haben sie eine große Zahl von Geschwistern, sind die Spätergeborenen bedeutend weniger radikal als bei einer kleinen Geschwisterzahl (eine Wechselwirkung). Anhand dieses Sachverhalts lassen sich Spekulationen darüber anstellen, wie sich familiäre Beziehungen ändern, wenn die Zahl der Geschwister zunimmt. Zum Beispiel ist es möglich, daß in großen Familien die Geschwister zu mehr Kooperation ermuntert werden.

burtsrang, Geschwisterzahl und radikalen Einstellungen. Erstgeborene neigen dazu, den Status quo zu respektieren, das zweite von zwei Kindern hingegen nimmt eine deutlich radikale Position ein. Wenn weitere Geschwister vorhanden sind, dann sind es die Letztgeborenen, die zu den radikalsten Mitgliedern der Familie werden. Die mittleren Geburtsränge zeigen im allgemeinen auch mittlere Grade radikaler Einstellungen (Abb. 4.1).[58]

Viele Hypothesen der Darwinschen Evolutionstheorie über das menschliche Verhalten wie auch meine Erklärung des Problems, warum Geschwister nach Verschiedenheit trachten, stimmen mit unseren intuitiven Einsichten überein. Man kann, so meine ich, zu solchen Überlegungen auch ohne Kenntnis des Darwinismus gelangen. Zum Beispiel läßt sich »darwinistisch« erklären, warum wir vor großen Raubtieren weglaufen; der sogenannte gesunde Menschenverstand hat die gleiche Erklärung parat. Sicher sind nicht alle evolutionstheoretischen Erklärungen des menschlichen Verhaltens selbstverständlich, aber doch eine ganze Menge.[59] Wenn dies zutrifft, dann erhebt sich die interessante Frage, wozu man eine evolutionstheoretisch fundierte Psychologie braucht und wer sie braucht. Die psychoanalytische Theorie verdankt ihre Anziehungskraft zum Teil ihrer entschlossenen Abkehr vom intuitiven Wissen. Wer hätte vor Freud daran gedacht, daß wir alle den unbewußten Wunsch hegen, unseren gleichgeschlechtlichen Elternteil zu töten? Sicher kein Darwinist! Im Vergleich zur psychoanalytischen Theorie erscheinen evolutionstheoretische Erklärungen des menschlichen Verhaltens etwas glanzlos.

Daß die evolutionstheoretischen Prinzipien intuitiv plausibel sind, spricht tatsächlich jedoch für sie. Die meisten Einsichten des Darwinismus sind offenkundig, weil wir durch sie leben. Dennoch müssen sie einer Prüfung unterzogen werden.[60] Ich möchte in diesem Kapitel zeigen, daß Wissenschaftler auch in ihrer Karriere Strategien verfolgen, die ursprünglich auf die Suche nach familiären Nischen und deren Ausbau zugeschnitten waren. Die kreativsten Wissenschaftler können genau das am besten, was auch findige Geschwister auszeichnet: Sie nutzen unbesetzte Nischen.

## Eine Nische verteidigen

### *Die Sicherung der Vorrangstellung*

Die familiäre Nische eines Erstgeborenen ist weitgehend dadurch gekennzeichnet, daß sie die erste ist. In dem Maß, in dem diese Nische Vorteile bringt, die den anderen Geschwistern verwehrt sind, wird der Erstgeborene seine Interessen eifersüchtig verteidigen. Um dies erfolgreich tun zu können, verhalten sich Erstgeborene dominant und defensiv. Wie die Alpha-Männchen der Primatengesellschaften schützen sie ihren besonderen Status.

Ein gutes Beispiel für diesen defensiven Stil bietet die Karriere des französischen Geologen Léonce Élie de Beaumont. Er war der erste von zwei Söhnen und wurde als »dogmatisch, kalt und distanziert« geschildert.[61] Sein ganzes Leben hindurch hielt er an seinen originellen, aber irrigen Theorien über die Formation der Gebirge fest. Neue Ideen lehnte er grundsätzlich ab. In den fünfziger Jahren des neunzehnten Jahrhunderts tat er die bahnbrechende Entdeckung prähistorischer Werkzeuge durch Boucher de Perthes als nichtig ab. Darwins Evolutionstheorie nannte er »eine hohle Wissenschaft«. Als er 1874 starb, galt er als letzter Gegner der Theorie der Vergletscherung, die vier Jahrzehnte zuvor aufgestellt worden war.[62] Wie der Wissenschaftshistoriker Mott Greene schreibt, war es ihm »intellektuell nicht gegeben, etwas zurückzunehmen«.[63]

William Whewell, ein weiterer Erstgeborener unter Darwins Kritikern, zeigte eine ähnliche Neigung, seine Unfehlbarkeit zu verteidigen. In einer Biographie heißt es: »Sein jäh aufflammender Unmut über jede Art von Kritik, seine autokratische und oft willkürliche Ausübung der akademischen Macht und die Eifersucht, mit der er seine Position verteidigte, stehen außer Frage.«[64] Whewell, der Darwin kennengelernt hatte, als dieser an der Universität von Cambridge studierte, gab seiner Meinung über *Die Entstehung der Arten* ganz praktischen Ausdruck. Als Master des Trinity College in Cambridge verbot er, daß Darwins Buch von der Bibliothek des College angeschafft wurde.[65]

Streitigkeiten um den Vorrang gehören zu den deutlichsten Äußerungen des Territorialverhaltens unter Wissenschaftlern. Dahinter steht das Bedürfnis, der Primus zu sein. Es ist anzunehmen, daß Erstgeborene dies stärker zum Ausdruck bringen als Spätergeborene. Um diese Annahme zu überprüfen, habe ich über hundert Gelegenheiten analysiert, bei denen Wissenschaftler über Rangfragen stritten.[66] In den meisten Fällen lassen sie sich eindeutig der Gruppe der Aggressoren beziehungsweise jener der Opfer zurechnen. Eine dritte bedeutende Untergruppe bilden Wissenschaftler, die solche Auseinandersetzungen vermieden, indem sie entweder einwilligten, sich in die Ehre zu teilen, oder auf ihre Ansprüche verzichteten.

200 Personen habe ich in diese Übersicht aufgenommen. In diesem Sample war die Wahrscheinlichkeit, daß Erstgeborene Prioritätsstreitigkeiten vom Zaun brachen oder sie kompromißlos durchfochten, 3,2-fach höher als im Falle der Spätergeborenen.[67] Galilei, Newton, Leibniz und Freud sind solche Erstgeborenen, die ihren Vorrang mit aller Macht zu behaupten und die Karrieren von Wissenschaftlern, die ihnen im Weg standen, durch ehrenrührige Bezichtigungen zu stören suchten. Viele Spätergeborene wurden von Erstgeborenen in derartige Streitereien hineingezogen, indem sie sich mit dem Vorwurf des Plagiats konfrontiert sahen; daraufhin waren die Beschuldigten in der Regel gezwungen, eine Position zu verteidigen, der wirklich der Vorrang gebührte.

Einen besonderen Namen hat sich Isaac Newton mit solchen Disputen gemacht. Er war ein arroganter Mann, der »mit eiserner Hand«[68] über die Royal Society herrschte. Unerbittlich stritt er mit Leibniz über die Entdeckung der Differentialrechnung; er stellte aus seinen Anhängern in der Royal Society ein handverlesenes Untersuchungskomitee zusammen, leitete die ihm selbst dienliche Untersuchung und schrieb auch anonym den veröffentlichten Bericht des Komitees.[69] Und weil ihm dies noch immer nicht genug schien, veröffentlichte er abermals anonym eine Besprechung, in der er seinen eigenen Bericht über die Maßen lobte. »Bei allem, was recht ist«, schrieb I. Bernard Cohen über Newton und Leibniz, »das Verhalten dieser beiden Männer war höchst erstaunlich.«[70] Wie Newton war auch Leibniz

Links: Humphry Davy, der berühmte, aber auch für seine Arroganz und Eifersucht bekannte Chemiker, im Jahr 1821 (im Alter von zweiundvierzig Jahren). Rechts: Michael Faraday im Jahr 1842 (im Alter von fünfzig Jahren). Seine brillanten experimentellen Untersuchungen stellten die seines ehemaligen Vorgesetzten Davy in den Schatten. Faraday war ein bescheidener und freundlicher Mann, dem es Spaß machte, Kindern die Geheimnisse der Wissenschaft näher zu bringen.

Erstgeborener, daher rührt die Schärfe ihres Streits. Erstgeborene können es nicht ertragen, die Zweitbesten zu sein, und sind, damit es dazu erst gar nicht kommt, schnell bereit, auf freundschaftliche Umgangsformen zu verzichten.

Einige Sozialgeschichtler haben die Gründung der Royal Society und die Entstehung der experimentellen Methode mit dem für die damalige wissenschaftliche Diskussion neuen »höflichen« Stil in Verbindung gebracht. »Die experimentellen Denker der Royal Society«, meinen Steven Shapin und Simon Schaffer, »waren ›maßvoll, bescheiden und freundlich‹; sie waren tolerant gegenüber anderen Meinungen und arbeiteten kollektiv an erreichbaren und soliden Zielen.«[71] Mit dieser Behauptung steuern Shapin und Schaffer an Newton – einem entschieden zänkischen Geist – vorbei und gründen ihr Argument auf Robert Boyle, den Chemiker, der ein brillanter Vertreter der experimentellen Methode war. Boyle war das jüngste von vierzehn Kindern und wird von einem Biographen als ein »freundlicher und bescheidener« Mann beschrieben, ein typischer Spätergeborener also.[72] Ein englischer Zeitgenosse sagte von ihm, er sei von einer »geradezu übertrieben zivilen Gesinnung«.[73] Dieser Übertreibung hätte Boyles älteren Bruder Roger, den militärischen Führer unter Cromwell und Gelegenheitsdichter, wohl niemand bezichtigt. Unvergeßlich sind dessen Verse: »Ein Dichter ist ein Sultan, hat er nur seinen Willen;/ Denn jeder Autor würde seinen Bruder killen.«[74]

Ein ebenso beredtes Beispiel für wenig ziviles Benehmen in der Wissenschaft war das Verhalten, das Humphry Davy seinem jungen Assistenten Michael Faraday gegenüber an den Tag legte. Dieser hatte 1821 die elektromagnetische Induktion entdeckt und konnte auf der Grundlage dieses Prinzips demonstrieren, wie sich Elektrizität in mechanische Bewegung umsetzen läßt. Jeder Elektromotor, der heute in Gebrauch ist, beruht auf dieser revolutionären Entdeckung. Einige Wissenschaftler waren der Meinung, Faraday hätte sich die Ehre mit William Hyde Wollaston teilen sollen, der die radikalen Konsequenzen seiner eigenen Idee übersehen hatte, aber Wollaston machte keine Anstalten, über die Sache zu streiten. Beide, Faraday und Wollaston, waren jüngere Söhne.

Humphry Davy, das erste von fünf Kindern, redete sich ein, Faraday habe Wollastons Ideen gestohlen. Wie anders hätte sein früherer Laborassistent, so Davys Gedankengang, eine so bedeutende Entdeckung machen können? Hinter Davys Unterstellung steckte schlichte Eifersucht:

> »Die Entdeckung der elektromagnetischen Umdrehungen im Jahre 1821 hatte Faraday internationalen Ruhm eingebracht. Davy ... sah seine Vormacht in der englischen Wissenschaft angesichts der Leistungen seines ehemaligen Laborhelfers dahinschwinden. Er war kein bösartiger Mensch, aber er war eitel und konnte Faradays wachsenden Ruhm nicht mit Anstand hinnehmen.«[75]

Faraday war ungewöhnlich bescheiden, er hatte überhaupt keinen Sinn für wissenschaftliche Polemik und fühlte sich durch Davys Anschuldigungen tief verletzt.[76] Die Angelegenheit spitzte sich zu, als Faraday 1824 zur Aufnahme in die Royal Society vorgeschlagen wurde. Davy war Präsident dieser hochangesehenen Vereinigung und führte eine erbitterte Kampagne gegen seinen früheren Assistenten. Als es danach aussah, daß Faraday gewählt würde, versuchte Davy die Abstimmung zu verhindern. Trotz Davys Opposition und einer Gegenstimme (es war Davys Stimme) wurde Faraday berufen.[77]

### *Großmut in der Wissenschaft*

Obwohl sie befürchten mußten, für ihre Entdeckungen keine Anerkennung zu bekommen, haben sich einige Wissenschaftler erstaunlich großmütig verhalten. Im Jahre 1799 entwickelte der fünfundzwanzigjährige Jean-Baptiste Biot eine Methode zur Lösung von Differenz-Differentialgleichungen. Er wurde daraufhin von Pierre Simon de Laplace aufgefordert, seine Ideen am Institut de France vorzustellen. Zusammen mit Sylvestre Lacroix und Napoleon Bonaparte (der in Mathematik dilettierte, bevor er Europa eroberte) schrieb Laplace ein Memorandum zugunsten Biots und seiner Entdeckung. »Nur kurze Zeit später zeigte Laplace Biot ein Manuskript, das er in einer Schublade abgelegt hatte und aus dem hervorging, daß er schon vor Jahren zu etwa der gleichen Methode gelangt war.«[78] Die vielen Studenten von Laplace wurden, wie Biot berichtete, »zu ebenso vielen Adoptivkindern seines Denkens ... Er kümmerte sich so sehr um uns, daß wir nicht selbst an uns zu denken brauchten.«[79] Laplace war Letztgeborener.

Eine Rangstreitigkeit, die sehr heftig hätte werden können, haben zwei besonders ritterliche jüngere Söhne zu vermeiden gewußt. Im Juni 1858 erhielt Charles Darwin ein Manuskript von Alfred Russel Wallace, der in Malaysia Belege für naturgeschichtliche Thesen sammelte. Die kurze Abhandlung von Wallace nahm Darwins Theorie der natürlichen Selektion zur Gänze vorweg. Darwin war wie gelähmt. Wallace hatte ihn nicht darum gebeten, nach einer Möglichkeit zu suchen, die Abhandlung zu veröffentlichen; Darwin sollte das Manuskript nur an Charles Lyell weiterleiten.[80] Nachdem Darwin die Schrift, die wie eine Bombe bei ihm einschlug, erhalten hatte, folgte er dem Ersuchen von Wallace und schrieb an Lyell:

> »Ihre Worte haben sich mit einer Macht als wahr erwiesen, der ich hätte zuvorkommen müssen ... Nie erlebte ich eine derartige Übereinstimmung. [Wenn] Wallace meine M.S.-Skizze im Jahre 1842 ganz ausgeschrieben hätte, dann hätte er keine bessere Zusammenfassung geben können. Sogar seine Begriffe stehen nun als Überschriften über meinen Kapiteln ... So wird meine ganze Originalität, was immer sie auch bedeuten mag, zunichte werden.«[81]

Obwohl Darwin über die Aussicht, den Rang des Erstentdeckers einzubüßen, sehr betrübt war, bot er an, zugunsten des jüngeren Naturforschers zurückzutreten. »Ich würde eher mein ganzes Buch verbrennen«, teilte er Lyell mit, »als zulassen, daß er [Wallace] oder sonst irgend jemand annehmen könnte, ich hätte mich schäbig verhalten.«[82] Zusammen mit Joseph Hooker gelang es Lyell, Darwin davon zu überzeugen, daß es keineswegs unehrenhaft wäre, wenn er sein Manuskript gleichzeitig publizierte. So erschien das Manuskript von Wallace 1858 in der Juliausgabe im *Linnean Society's Journal* zusammen mit Auszügen aus Darwins unveröffentlichten Arbeiten.[83]

Wallace reagierte auf diese »delikate Situation« äußerst liebenswürdig und ließ verlauten, daß »es mir großen Schmerz & Kummer bereitet hätte, wenn Mr. Darwins über die Maßen großzügige Haltung ihn veranlaßt hätte, meinen Essay ohne seine eigene, viel früher entstandene Arbeit, die, daran zweifle ich nicht, weitaus vollständigere Ansichten zu demselben Gegenstand enthält, zu veröffentlichen.«[84] Auf Wallace' überschwengliches Lob der *Entstehung der Arten* antwortete Darwin: »Die meisten Personen würden wohl in Ihrer Lage etwas Neid oder Eifersucht empfunden haben. Wie prächtig frei von diesen gemeinsamen Fehlern der Menschheit scheinen Sie mir doch zu sein.«[85]

Nach Wallace' Rückkehr nach England im Jahre 1862 wurden er und Darwin gute Freunde. Einige Jahre später äußerte Darwin Wallace gegenüber: »Wenig Dinge in meinem Leben haben mir eine größere Befriedigung gewährt, – daß wir niemals irgend welche Eifersucht auf einander empfunden haben, trotzdem wir in einem Sinne Rivalen sind.«[86] 1889, sieben Jahre nach Darwins Tod, gab Wallace eine Reihe von Beiträgen zur Evolutionstheorie unter dem Titel *Darwinismus* neu heraus. Stets betrachtete er die Theorie der natürlichen Selektion als Darwins Entdeckung. Wie der Soziologe Robert Merton bemerkte, steht man hier vor dem erstaunlichen Fall, daß zwei Wissenschaftler »einander darin zu überbieten versuchten, dem jeweils anderen das Verdienst an Ergebnissen zuzuweisen, zu denen sie beide auf getrennten Wegen gelangt waren«.[87] Es ist kaum vorstellbar, daß zwei Erstgeborene sich unter den gleichen Umständen ebenso großherzig verhalten hätten. In der Nische des Erstgeborenen ist es nicht förderlich, anderen den Vorrang zu überlassen.

## Offenheit und Diversifikation

### *Hypothesen*

Jüngere Geschwister tun gut daran, den älteren gegenüber, die nach Jahren und Erfahrung überlegen sind (und die Neigung besitzen, für gute Ideen das Recht des Ersten zu beanspruchen), eigene Interessen zu entwickeln. Je mehr, desto besser. Ein breites Feld eigener Vorlieben erhöht die Wahrscheinlichkeit, persönliche Talente zu entdecken, die die Eltern für unterstützenswert halten. Interessenvielfalt ist ein vorzüglicher Beweis für die Offenheit für Erfahrung, und diese Hypothese paßt zu vielen geläufigen Annahmen über die Geburtenfolge.[88]

Die ausgeprägte Verbindung zwischen Geburtenfolge und Offenheit für Erfahrung ist nicht zufällig. Spätergeborene antworten mit Offenheit und Wendigkeit taktisch auf den Vorrang der Erstgeborenen und erleichtern die »adaptive Radiation« im Familiensystem. Im Unterschied zu den dreizehn Arten von Darwinfinken, die Millionen von Jahren gebraucht haben, um ihre jeweils unterschiedliche Form zu entwickeln, können wir dasselbe Anpassungsziel erreichen, indem wir unseren Verstand gebrauchen. Jonathan Weiner hat dies in seinem Buch *Der Schnabel des Finken*, für das er den Pulitzer-Preis erhielt, in folgendem Aperçu ausgedrückt: »Das Denken ist unser Schnabel.«[89] Ob Interessen, Einstellungen oder kognitiver Stil, bei Spätergeborenen ist alles auf »Divergenz« angelegt.

In der Psychologie gibt es den Begriff »divergentes Denken«, um diesen psychischen Stil zu beschreiben,[90] der darauf zielt, eine möglichst große Anzahl von Lösungen für ein Problem zu finden. Bei entsprechenden psychologischen Tests werden die Versuchspersonen manchmal gefragt, wieviele Verwendungsweisen sie sich für einen Gegenstand wie eine Büroklammer vorstellen können. Originalität, geistige Flexibilität und Findigkeit sind Merkmale des divergenten Denkens. Es steht im Gegensatz zum sogenannten konvergenten Denken, das darauf gerichtet ist, auf eine Frage eine einzige feste Antwort zu finden. Konvergentes Denken steht bei IQ-Tests im Vordergrund. Divergentes Denken wird am wirkungsvollsten durch das Leben getestet, vor allem durch ein Leben unter schwierigen Umständen.

Sämtliche Bedingungen, die in der organischen Evolution Verschiedenheit befördern, treten auch im Verlauf eines normalen Familienlebens auf. Divergenz dient der Anpassung, wenn Konkurrenz um knappe Ressourcen wie die elterliche Zuwendung entsteht. Vielfalt nützt in dreierlei Hinsicht: Sie vermindert die direkte Konkurrenz unter Geschwistern; sie kann (aus Gründen, die ich noch erklären werde) ein Mittel sein, mehr elterliche Zuwendung zu erlangen; und sie vermindert die Abhängigkeit der Nachkommen von den Eltern. Betrachtet man das Familienleben unter darwinistischer Perspektive, kommt man zu einer Reihe von überprüfbaren Hypothesen über die Diversifikationen von Geschwistern. Ich führe diese Hypothesen in der Form von vier »Regeln« auf, nach denen ein Höchstmaß an elterlicher Zuwendung ergattert werden kann.

*Regel 1: Wenn du Spätergeborener bist, setze auf Entwicklungsvielfalt.* Unter gleichen Lebensbedingungen für Geschwister tun Spätergeborene gut daran, vielfältige Interessen zu entwickeln. In der Regel investieren Eltern viel in ihre ältesten Kinder. Ob sie dies mit weiteren Nachkommen genauso halten, hängt davon ab, welche Aussichten bestehen, daß diese Investitionen sich »lohnen«. Je mehr Talente spätergeborene Nachkommen zeigen, desto wahrscheinlicher werden Eltern diejenigen unter ihnen fördern, die die Vielversprechendsten sind.

*Regel 2: Wenn die elterlichen Ressourcen begrenzt sind, setze auf Entwicklungsvielfalt.* Wenn Eltern nicht die Möglichkeiten haben, alle Interessen und Anlagen ihrer Kinder zu fördern, dann werden sie am meisten in die Nachkommen investieren, die die meisten Talente und den größten Eifer zeigen. Bei begrenzten Ressourcen nützt Diversifikation allen Nachkommen – sowohl Erstgeborenen als auch Spätergeborenen.

*Regel 3: Deine Entwicklungsvielfalt sollte im Verhältnis zur Anzahl deiner Geschwister stehen.* Die Logik, die Spätergeborene dazu veranlaßt, sich in vielfältige Richtungen zu entwickeln, wenn die familiären Ressourcen knapp sind, gilt gleichermaßen, wenn zahlreiche Rivalen um die elterliche Zuwendung konkurrieren.

*Regel 4: Unter bestimmten Umständen lasse die vorigen drei Regeln außer acht und spezialisiere dich.* Sind die familiären Ressourcen knapp, dann kann es klug sein, eine Spezialisierung in Betracht zu ziehen. Spezialisierung ist eine vorteilhafte »divergente« Strategie, wenn andere Geschwister sich bemühen, »Generalisten« zu werden. Paradoxerweise bekommen manche Kinder mehr, wenn sie weniger verlangen. Unter bestimmten Bedingungen ist diese »konträre« Strategie erfolgversprechend. Zunächst müssen Interessen sehr sorgfältig ausgesucht werden. Zweitens muß man es auf diesen Feldern durch Studium oder Praxis zu einer gewissen Meisterschaft bringen. Und drittens ist Spezialisierung eine gute Strategie, um mehr elterliche Zuwendung zu erlangen, wenn die dem Alter nach am nächsten stehenden Geschwister »generalistische« Nischen gewählt haben.

Um diese vier Hypothesen zu überprüfen, habe ich die Karrieren der 3 890 Wissenschaftler aus meiner Datenbank untersucht.[91] Meine abhängige Variable ist die Tendenz von Wissenschaftlern, sich zu spezialisieren oder zu generalisieren. 52 Prozent beschränkten ihre wissenschaftliche Arbeit auf ein einziges Gebiet wie zum Beispiel Astronomie. Weitere 35 Prozent lieferten bedeutende Beiträge zu zwei Gebieten wie beispielsweise Geologie und Paläontologie. Nur 9 beziehungsweise 3 Prozent brachten es zu beachtlichen Leistungen in drei oder gar vier wissenschaftlichen Arbeitsbereichen. Ein herausragender »Generalist« war Charles Darwin, der auf fünf Gebieten ansehnliche Erfolge erzielte – geographische Expeditionen, Geologie, Zoologie, Botanik und Psychologie. In den letzten vierhundert Jahren hat nur 1 Prozent der Wissenschaftler die Breite der Forschungs- und Arbeitsgebiete von Darwin erreicht.[92] Er war tatsächlich ein »divergenter« Typ und hat möglicherweise deshalb die evolutionstheoretische Bedeutung dieses Prinzips erkannt.

Leistungen in mehreren Disziplinen begründen den Ruf eines hervorragenden Gelehrten.[93] Wäre Diversifikation die einzige Voraussetzung für wissenschaftlichen Erfolg, dann würde jeder Wissenschaftler diese Strategie bis zum Extrem verfolgen und dem Beispiel des Jesuiten Athanasius Kircher aus dem siebzehnten Jahrhundert nacheifern. Mit Veröffentlichungen in zehn verschiedenen Disziplinen hält er in meiner Studie den Rekord in vielseitiger Gelehrsamkeit, doch verzettelte er sich und konnte daher keinen dauerhaften Ruhm ernten. Darwin hingegen beschränkte sich auf fünf Disziplinen und brachte sie alle mit dem vereinigenden Prinzip der Evolution in Verbindung. Darum war er weitaus erfolgreicher.

### *Ergebnisse*

*Regel 1 (»Wenn du Spätergeborener bist, setze auf Entwicklungsvielfalt«).* Diese Regel hat sich bestätigt. Je höher der Geburtsrang eines Individuums ist, desto größere intellektuelle Vielseitigkeit hat er oder sie ausgebildet. In allen Familien waren es die jüngsten Kinder, die ihre Entwicklung am vielseitigsten angelegt haben.[94] Voltaire, das jüngste von drei Kindern, ist ein gutes Beispiel dafür. Er brachte es auf fünf Gebieten zu bedeutenden Leistungen: Physik (mit der Popularisierung der Newtonschen Theorie), Naturgeschichte, Moralphilosophie, Geschichte und Literatur.

*Regel 2 (»Wenn die elterlichen Ressourcen begrenzt sind, setze auf Entwicklungsvielfalt«).* Auch diese Regel bestätigte sich. Wissenschaftler aus der Unterschicht (Erstgeborene eingeschlossen) verfolgten mehr Interessen als Wissenschaftler aus der Oberschicht.[95] Dieses Resultat ist beachtenswert, weil es sozio-ökonomisch begründeten Erwartungen zuwiderläuft. Wissenschaftler aus wohlhabenden Familien standen genügend Ressourcen zur Verfügung, um ihre Forschungsarbeit vielseitig zu gestalten, und doch wählten sie diesen Weg seltener als Angehörige der unteren Schichten. Diversifikation gedieh am ehesten in von Knappheit bestimmten Milieus.

*Regel 3 (»Deine Entwicklungsvielfalt sollte im Verhältnis zur Anzahl deiner Geschwister stehen«).* Diese Regel bestätigte sich ebenfalls, allerdings mit einer unerwarteten Einschränkung. Im allgemeinen zeigten Wissenschaftler dann breiter gestreute Interessen, wenn sie mit vielen und nicht wenn sie mit wenigen Geschwistern aufgewachsen waren.[96] Aber durch die Klassenzugehörigkeit wird dieser Trend modifiziert. In Oberklassenfamilien mit vielen Kindern zeigte sich, überwiegend auf seiten der Spätergeborenen, eine relativ große Variationsbreite wissenschaftlicher Neigungen. In Mittel- und Unterklassenfamilien steht aber die Geschwisterzahl in einer negativen Korrelation zur Anzahl der wissenschaftlichen Interessen, was Regel 2 widerspricht. Am stärksten waren Spätergeborene von diesem Trend betroffen, vielleicht vor allem deshalb, weil die Erstgeborenen die verfügbaren familiären Ressourcen bereits für sich vereinnahmt hatten. Signifikante Ergebnisse nach Regel 3 haben daher mit drei verschiedenen Effekten zu tun: Die Familiengröße ist der Haupteffekt; eine in zwei Richtungen verlaufende Wechselwirkung zwischen Familiengröße und Klassenzugehörigkeit; und eine in drei Richtungen verlaufende Wechselwirkung zwischen Familiengröße, Klassenzugehörigkeit und Geburtenfolge.[97] Geschwisterstrategien sind eine komplizierte Angelegenheit.

Es fragt sich, welche nächsten Ursachen für diese Wechselwirkungen verantwortlich sind. Eine plausible Erklärung wäre, daß Eltern aus der Mittel- und der Unterklasse ihre Investitionen zum Nachteil der jüngeren Geschwister auf den ältesten Sohn konzentrieren. Ein gutes Beispiel für diese Art ungleicher elterlicher Aufwendungen liefert Sigmund Freud, ein Erstgeborener. »Trotz seiner Jugend«, schrieb seine Schwester Anna, »wurden Sigmunds Worte und Wünsche von jedermann in der Familie respektiert«.[98] Als Freud elf Jahre alt war, begann Anna mit dem Klavierunterricht. Obwohl sich das Zimmer ihres Bruders nicht in der Nähe des Klaviers befand, bestand Sigmund darauf, daß der Lärm ihn beim Lernen störe. »Das Klavier verschwand«, beklagte sich Anna, »und mit ihm jede Gelegenheit für seine [fünf] Schwestern, Musikerinnen zu werden.«[99] Hier obsiegte der Vorrang des Erstgeborenen über die Bemühungen der Spätergeborenen, sich eigenständig zu entwickeln. Das Geld für die Klavierstunden wurde in die vielen Bücher gesteckt, die Sigmund schon als Kind für seine Studien brauchte.

*Regel 4 (»Unter bestimmten Umständen lasse die vorigen Regeln außer acht und spezialisiere dich«).* Angesichts begrenzter familiärer Ressourcen nehmen viele Spätergeborene ihre Zuflucht zu Regel 4. Diese Regel drückt sich auf so subtile Weise aus, so daß ihr Einfluß manchmal schwer festzustellen ist. Die optimale Strategie hängt zum Teil davon ab, welche Strategien sich die anderen Nachkommen zunutze machen. Erstgeborene haben, je nachdem welche familiären Ressourcen verfügbar sind, gleichsam ein Vorrecht auf die beste Strategie. Das Verhalten der Erstgeborenen bestimmt dann die Strategien der Zweitgeborenen, diese die des nächsten Geschwisters und so weiter.[100]

**Zahl der wissenschaftlichen Arbeitsgebiete im Verhältnis zu Geburtsrang und Geschwisterzahl**

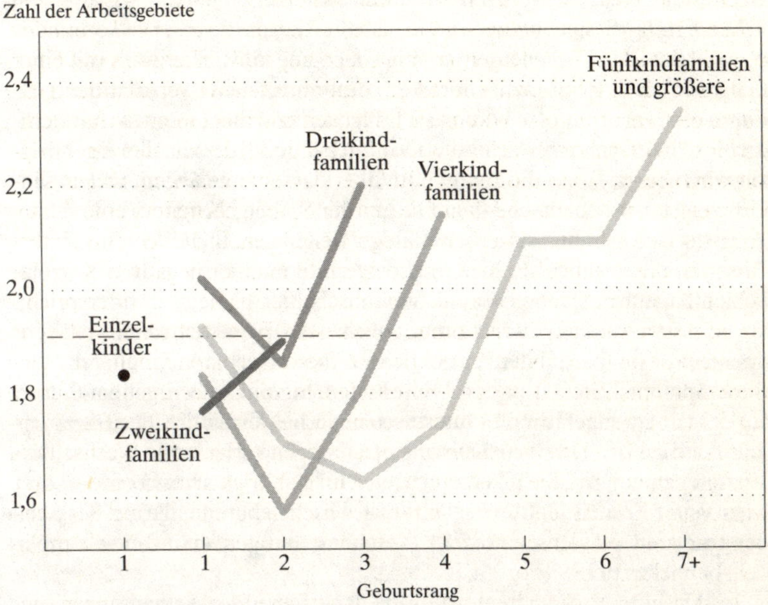


Abb. 4.2. Geburtsrang und Geschwisterzahl im Verhältnis zur Zahl der Gebiete, mit denen Wissenschaftler sich befassen. In der Tendenz sind Letztgeborene am vielseitigsten. Erstgeborene zeigen zwar weniger Variationen als Letztgeborene, aber sie arbeiten auf mehr Gebieten als die mittleren Kinder – vor allem als jene, die den Erstgeborenen im Geburtsrang unmittelbar folgen.
Die Wechselwirkung zwischen Geburtsrang und Geschwisterzahl wird durch das Diversifikationsverhalten in kleinen Geschwistergruppen veranschaulicht. Bei zwei Geschwistern entwickelt das zweite Kind verschiedene Interessenrichtungen. Bei drei Kindern spezialisiert sich das zweite und gelangt dadurch in einen ausgeprägten Gegensatz zu den beiden anderen Geschwistern.

Je größer die Zahl der Rivalen um die elterliche Zuwendung war, desto ausgeprägter reagierten Erstgeborene mit der Entwicklung verschiedener Interessen. Auch Letztgeborene verfolgten dieses Ziel, und zwar noch intensiver als Erstgeborene. Umzingelt von lauter Möchtegern-Leonardo-da-Vincis, beherzigten mittlere Kinder daher oft Regel 4. Ihre Tendenz zu begrenzten Neigungen ist häufig verbunden mit dem Altersabstand. Je größer der Altersunterschied zwischen den mittleren Kindern und ihrem nächstälteren Geschwister war, desto eher bedienten sie sich der normalerweise von Letztgeborenen bevorzugten Strategie. In Familien mit einer bestimmten Größe zeigen diese vom Geburtsrang abhängigen Trends im Diversifizierungsverhalten U-förmige Muster. Die graphische Darstellung macht dies besonders anschaulich (Abb. 4.2).[101]

Bis zu welchem Grad beeinflussen Geschwisterstrategien den wissenschaftlichen Erfolg? Erstgeborener zu sein, ist mit Rang und Ansehen verbunden, obwohl der Effekt bescheiden ist. Wird der Rang in Abhängigkeit von Familiengröße und Klassenzugehörigkeit bestimmt, dann verschwinden die durch die Geburtenfolge bedingten Differenzen im allgemeinen (so auch in meiner Untersuchung). Verblüffende Unterschiede bleiben allerdings in bezug auf die Frage, *wie* die Betreffenden zu Ansehen gelangen. Es gibt viele Geschwisterstrategien, und daher führen viele Wege nach Stockholm.[102]

Historisch gesehen, waren vielfältige wissenschaftliche Interessen dem Ruhm eher zuträglich als enger begrenzte Interessengebiete. In den oberen Schichten waren spätergeborene Wissenschaftler gemeinhin erfolgreicher als erstgeborene, und zwar hauptsächlich deswegen, weil sie ein breiteres Spektrum von Neigungen entwickelten. Besonderes Ansehen erlangten diese Spätergeborenen in den Wissenschaften vom Leben, einem Gebiet, auf dem ihre weitgefächerten Interessen unverhältnismäßig viel zu ihrem Erfolg beitrugen.[103] Dies war Darwins Strategie, um den berühmtesten ihrer Vertreter zu nennen. Sie machte sich auch für Lamarck, Humboldt und Darwins Vetter Francis Galton bezahlt – alles Letztgeborene, die auf der Skala der Faktoren »wissenschaftliches Ansehen« und »Diversifikation der Arbeitsbereiche« bei 99 Prozent liegen.[104]

In den unteren Schichten waren die Aussichten für Erstgeborene, eine Karriere in den mathematischen Naturwissenschaften zu machen, geringer, weil man dazu im allgemeinen finanzielle Unabhängigkeit braucht. Daher verlegten sie sich auf die Biologie und wandten wie spätergeborene Biologen aus den oberen Klassen die Taktik der Diversifikation an. Georges Cuvier beherrschte beispielsweise die traditionellen Gebiete der organismischen Biologie und stellte auf diese Weise sicher, daß die Nische seines jüngeren Bruders Frédéric (Tierverhalten) klein und marginal ausfiel. Weil Erstgeborene aus der Unterklasse sich bevorzugt in verschiedenen Richtungen ausbildeten, gelangten sie eher zu Rang und Würden als Spätergeborene aus denselben Schichten. Daraus ergibt sich, daß der Zusammenhang zwischen Geburtenfolge und wissenschaftlichem Rang auch von der Klassenzugehörigkeit beeinflußt wird, die mit beiden Variablen korreliert ist. Aber eine Konstante bleibt: Die Erstgeborenen aus allen sozialen Klassen wählten den direktesten Weg zum wissenschaftlichen Ruhm. Spätergeborene gingen eher unkonventionelle Wege.[105]

Diese Ergebnisse über Klassenzugehörigkeit und wissenschaftlichen Rang sind typisch für die Verbindung zwischen Geschwisterstrategien und intellektuellem Erfolg. Unter Wissenschaftlern ist die Klassenzugehörigkeit für die Leistung kaum von Belang. Dennoch nimmt sie indirekt Einfluß, indem sie Geschwister aus derselben Familie veranlaßt, unterschiedliche Strategien einzuschlagen. Paradoxerweise drückt sich die Klassenzugehörigkeit als Differenz *innerhalb* der Familie aus.

Niels und Harald Bohr um 1950. Die Brüder waren das zweite und dritte von drei Kindern. Niels (rechts), der älteste Sohn, war ernst und zurückhaltend, während der achtzehn Monate jüngere Harald mehr aus sich herausging. In ihrer Jugend spielten sie Fußball in der dänischen Nationalmannschaft; Niels war Ersatztormann. Harald traf den schwachen Punkt seines Bruders, als er bemerkte, daß Niels für die Olympiamannschaft »nicht gut genug war« (Moore, *Niels Bohr*, S. 27). Harald war Mittelfeldspieler in der ersten Mannschaft und gewann mit ihr eine Silbermedaille bei den Olympischen Spielen von 1908. Doch Niels ließ sich nicht übertrumpfen und errang 1922 den Nobelpreis für Physik. Die wissenschaftlichen Leistungen seines Bruders erreichte Harald, der Mathematiker, nie.

Hinsichtlich des wissenschaftlichen Rangs verdient auch ein anderer Gesichtspunkt Beachtung. Abhängig von der Intensität der elterlichen Investition zeigten mittlere Kinder ein ungewöhnliches Geschick, sich wissenschaftliche Hochachtung zu erwerben, indem sie sich auf ein Gebiet beschränkten.[106] Gregor Mendel, der Entdecker der Vererbungsgesetze, ist dafür ein gutes Beispiel.

Mendel kam aus einer bäuerlichen Familie mit drei Kindern. Weil seine jüngere Schwester auf ihren Anteil am Hoferbe verzichtete, konnte er eine Universität besuchen.[107] Als ihm die Mittel fehlten, sein Studium fortzusetzen, trat er in ein Kloster ein. Lehrverpflichtungen an einer örtlichen Realschule und der Klosteralltag ließen ihm kaum Zeit zur Forschung. In seiner ganzen Laufbahn veröffentlichte Mendel nur dreizehn Aufsätze. Einer davon machte ihn für immer berühmt.

Mendels Genius bestand in seiner Fähigkeit, wesentliche Zusammenhänge mit den einfachsten experimentellen Mitteln zu entdecken. 1855, ein Jahr bevor er seine Hybridenexperimente mit gewöhnlichen Gartenerbsen begann, schrieb der Direktor seiner Realschule einen kurzen Bericht über seinen freundlichen Mönch: »Herr Mendel experimentiert sehr geschickt und weiß mit geringen Mitteln viel zu zeigen, und zwar sowohl in der Physik als in der Naturgeschichte«.[108] Zwischen 1856 und 1863 hybridisierte Mendel nach einem einfachen Untersuchungsschema Tausende von Gartenerbsen. Hunderten bekannterer Biologen, die über bessere Ausstattungen verfügten, ist nicht gelungen, was Mendel in einem kleinen Klostergarten vollbrachte. Ihnen fehlte der revolutionäre Genius, der Mendels familiäre Nische auszeichnete.

## Risikobereitschaft

Spätergeborene tendieren dazu, Risiken einzugehen. Aus darwinistischer Sicht sind die evolutionären Kosten für gefährliche Unternehmungen dann gering, wenn die Überlebens- und Reproduktionsaussichten ebenfalls gering sind. Risikobereitschaft einzugehen ist eine nützliche Strategie auf der Suche nach einer unbesetzten Nische und eine wichtige Komponente der Offenheit für Erfahrung. Offene Menschen werden häufig auch als »abenteuerlustig« und »wagemutig« bezeichnet.[109]

Ganz unterschiedliche Studien stützen diese Auffassung. Verglichen mit Erstgeborenen, stufen sich Spätergeborene öfter als »körperlich einsatzfreudig« ein.[110] Sie betreiben häufiger gefährliche Sportarten wie Rugby, Football, Boxen oder Fallschirmspringen. Im Gegensatz dazu bevorzugen Erstgeborene Schwimmen, Tennis, Golf und andere Sportarten ohne Körperkontakt. Die Neigung zu gefährlichen Sportarten steigt mit dem Geburtsrang und der Familiengröße.[111] Zwei uralte Regeln der Geschwisterlaufbahn!

### *Wissenschaftler und Forschungsreisende*

Um die Voraussetzungen der Risikobereitschaft genauer zu bestimmen, habe ich Wissenschaftler, die auch als Forschungsreisende unterwegs waren, gesondert untersucht.[112] Vor der Mitte des neunzehnten Jahrhunderts war Reisen in weit entfernte Gegenden mit beträchtlichen Gefahren verbunden, einschließlich der für Leib und Seele. Während der Expedition der *Beagle* starben fünf Männer durch Unfälle und Krankheiten, und auch Darwin geriet mehrere Male in Todesgefahr. Humboldts Reisegefährte Aimé Bonpland wurde von einem paraguayanischen Diktator neun Jahre ins Gefäng-

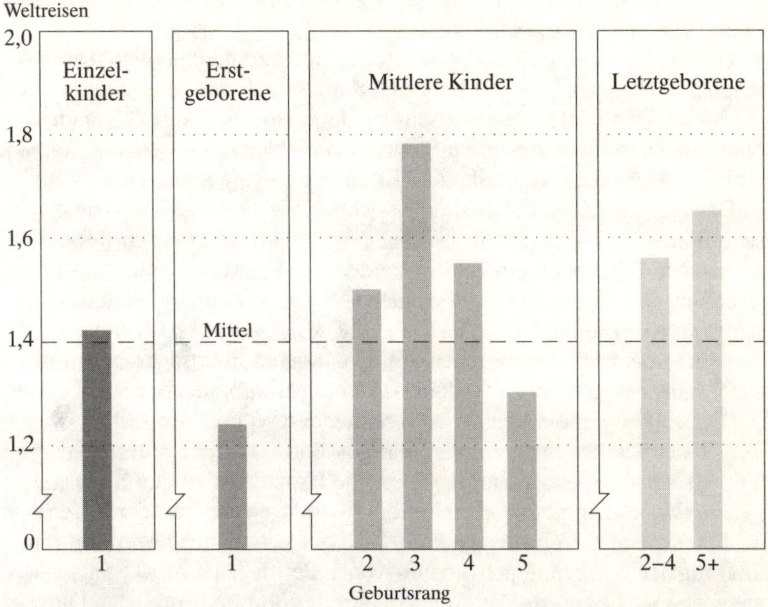


Abb. 4.3 Geburtenfolge und Weltreisen, definiert von 0 (keine Reise in ein anderes Land) bis 4 (Weltreisen). Die gestrichelte Linie bezeichnet die mittlere Reisequote des Samples. Entsprechend der Klassenzugehörigkeit und der Geschwisterzahl unternahmen Spätergeborene bedeutend mehr Reisen in ferne Weltteile als Erstgeborene. Die meisten Weltreisen entfallen auf die Geburtsränge zwei bis vier und fast ebenso viele auf die Letztgeborenen der Geburtsränge fünf und höher. Im Vergleich zu den Erstgeborenen liegt die Wahrscheinlichkeit, daß Spätergeborene zu Weltreisen aufbrechen, zweifach, bei Letztgeborenen sogar dreifach höher.

Weltreisen lassen Geschwisterdifferenzen erkennen, die unabhängig von sozioökonomischen Rahmenbedingungen wie dem Erstgeburtsrecht bestehen. Zum Beispiel reisten Einzelkinder und spätergeborene älteste Söhne bedeutend mehr als älteste Söhne, die Erstgeborene waren. Man könnte einwenden, daß Erstgeborene, die älter sind als ihre Geschwister, vielleicht schon eigene Familien hatten, so daß sie stärker an ihr Zuhause gebunden waren. Ein Erstgeborener ist aber in der Gesamtbevölkerung nicht älter als der durchschnittliche Spätergeborene, und darauf kommt es an. Auch wenn man das Alter der Eltern im Verhältnis zu ihren Nachkommen, aus dem sich ein Einfluß auf die verfügbaren Ressourcen ergeben könnte, als Variable nimmt, werden diese durch Geburtenfolge bedingten Unterschiede nicht geringer.

 nis gesteckt, weil dieser befürchtete, sein Monopol für Mate-Tee zu verlieren.[113] Auch Darwin mußte in Südamerika erfahren, daß Naturforscher rasch in den Verdacht geraten, Spione zu sein.

Um die Beziehung zwischen Weltreisen und familiären Nischen auszuloten, habe ich jedes Mitglied meines Samples nach der weitesten von ihm zurückgelegten Entfernung von seinem Geburtsort definiert.[114] Die meisten Naturforscher, die die größten Strecken zurücklegten, waren wie Darwin, Wallace, Alexander Humboldt und Bonpland jüngere Söhne (Abb. 4.3).[115]

Darwins Geschichte macht eine wichtige, für Forschungsreisende typische Tendenz deutlich. Schon als Kind träumte er davon, eine große Seereise zu machen.[116] Ähnlich ging es Alexander von Humboldt, auf den die Betrachtung geographischer Karten einen »geheimen Zauber« ausübte, den er schon als Kind »unwiderstehlich« fand.[117] Diese kindlichen Phantasien wurden von einem Spätergeborenen auf den anderen übertragen und wirkten gleichsam ansteckend. Als Student las Darwin Humboldts Bericht über dessen Entdeckungen, der in ihm den »brennenden Wunsch« entfachte, »wenigstens einen kleinen Stein zum großartigen Bauwerk der Naturwissenschaft beizutragen«.[118] Später organisierte er eine Expedition zu den Kanarischen Inseln. »Ich lese immer wieder Humboldt«, teilte er seinem Lehrer Henslow im Juli 1831 mit. »Tun sie dasselbe, & ich bin sicher, nichts wird uns daran hindern, den Großen Drachenbaum [von Teneriffa] zu sehen.«[119] Einen Monat später durchkreuzte das Angebot, auf der *Beagle* mitzureisen, Darwins Pläne. Als die *Beagle* auf der Überfahrt nach Südamerika vor den Kanarischen Inseln für kurze Zeit vor Anker ging, bekam er den Drachenbaum schließlich doch noch zu sehen.

Meine Studie befaßt sich vorwiegend mit Wissenschaftlern, und deren Entschluß, auf Reisen zu gehen, kam meist aus freiem Willen zustande. Immer wieder schlugen Erstgeborene die Gelegenheit, weit entfernte Weltteile kennenzulernen, aus. Die Teilnahme an der Expedition der *Beagle* war zunächst Darwins Lehrer John Stevens Henslow, einem Erstgeborenen, angeboten worden. Henslow empfahl statt seiner Darwin. Ein anderer berühmter Erstgeborener, der schwedische Botaniker Carl von Linné, lehnte es mehrmals ab, seine botanischen Kenntnisse durch Reisen zu erweitern. So wies er die verlockende Einladung von Hermann Boerhaave, der ihn kostenlos auf holländischen Schiffen unterbringen wollte, zurück und »entschuldigte sich mit der Begründung, daß die Hitze für jemanden, der in einem kalten Klima aufgewachsen ist, unerträglich wäre«. Linnés Biograph nennt die wahren Gründe: »Tatsächlich haßte der Schwede extreme Kälte ebenso wie extreme Wärme und [ein Besuch des nahegelegenen] Lappland hatte ihm gezeigt, daß er gar nicht interessiert war, sich irgendwo ›auf primitive Art‹ durchzuschlagen.«[120] Als Napoleon Bonaparte seinen Ägypten-Feldzug organisierte, bat er verschiedene französische Wissenschaftler um Unterstützung. Georges Cuvier wollte Paris nicht verlassen, Geoffroy Saint-Hilaire hingegen, ein Letztgeborener, sagte begeistert zu. Zwischen 1798 und 1801 gelangen ihm zahlreiche wissenschaftliche Beobachtungen, begleitet von vielen Abenteuern, bei denen er oft sein Leben aufs Spiel setzte.«[121]

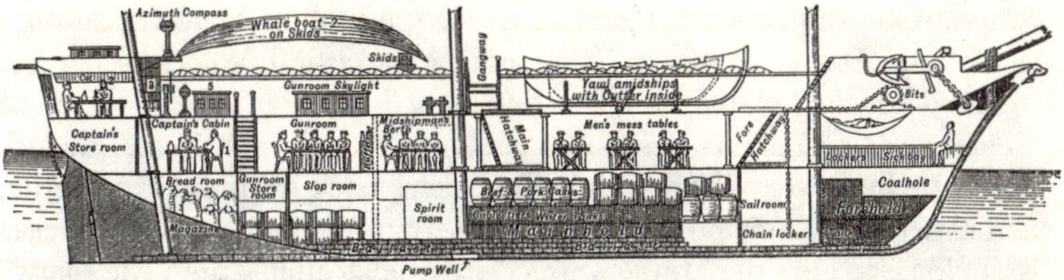


Schnitt durch die *Beagle*, gezeichnet 1890 von einem Schiffskameraden Darwins. Zu sehen sind (1) Darwins Platz in der Kapitänskajüte, (2) sein Platz in der Heckkajüte und (3) die Schubfächer für seine Sammlungen.
Darwin litt furchtbar unter der Seekrankheit, besonders in Feuerland. »Ich hasse und verabscheue das Meer & alle Schiffe, die auf ihm segeln«, bekannte er seiner Schwester Susan, als die fünfjährige Reise sich dem Ende zuneigte (*The Correspondence of Charles Darwin*, Bd. 1, S. 503). Dennoch dachte er nach seiner Rückkehr nach England daran, nochmals in See zu stechen.

Wenn Erstgeborene überhaupt eine weite Reise antraten, dann oft unter vergleichsweise komfortablen Bedingungen. Im Jahre 1865 begab sich Darwins amerikanischer Gegenspieler Louis Agassiz nach Südamerika, um Darwins Spuren zu folgen. Die Reise unternahm er auf einem Luxusdampfer und nicht auf die primitive Art, mit der sich die Spätergeborenen in der Regel fortbewegten. Auf dem Deck seines Dampfers in Brasilien brüstete er sich damit, er betreibe seine »Forschungen mit so viel Bequemlichkeit, als ob ich in meinem Studirzimmer oder in dem Museum von Cambridge wäre«.[122] Er wurde von seiner Frau und sechs Mitarbeitern begleitet.

Die Anstrengungen, die Alfred Russel Wallace auf sich nahm, stehen dazu in einem aufschlußreichen Gegensatz. Von 1848 bis 1852 erforschte Wallace zusammen mit Henry Walter Bates die Nebenflüsse des Amazonas. Auf der Rückfahrt im Jahre 1852 brach auf dem Schiff ein Feuer aus; es sank. Alles, was er in vierjähriger Arbeit gesammelt hatte, sein Tagebuch und auch die meisten wissenschaftlichen Aufzeichnungen gingen verloren. Er mußte außerdem den Verlust seines jüngsten Bruders Edward verschmerzen, der am Amazonas zu ihm gestoßen war und im Alter von zweiundzwanzig Jahren an Gelbfieber starb.[123]

1854 startete Wallace zu einer neuen Expedition, diesmal nach Malaysia, wo er sich Malaria zuzog. Während er mit einem Malariaanfall darniederlag, kam ihm der Gedanke der natürlichen Selektion.[124] Wissenschaftler wie Wallace, die sich den Gefahren in weit entfernten Weltteilen aussetzen, neigen in der Regel zu radikalen Ideen. Und wenn sie ihr Leben nicht auf kühnen Forschungsreisen riskieren, dann fordern sie zu Hause stürmische Debatten heraus. Die Teilnehmer an den Debatten über Darwins Revolution der Biologie, die eine Weltreise unternommen hatten, zählten überwiegend zu den Anhängern des Darwinismus. Abgesehen von Wallace und Darwin vertraten prominente spätergeborene Forschungsreisende wie Joseph Hooker, Thomas Henry Huxley und Ernst Haeckel die Evolutionstheorie. Aber dies ist nicht in erster Linie durch das Reisen, sondern durch die Geburtenfolge zu erklären. Wenn man bedenkt, daß Weltreisen mit dem Umstand korrelieren, daß die Forscher meist Spätergeborene waren, dann sind sie kein signifikanter Prädiktor mehr.[125]

Wie die Interessenvielfalt so folgt auch der Faktor Weltreise den vier Regeln der Geschwisterlaufbahn, die ich oben skizziert habe. Wer in entfernten Weltteilen sein Leben riskierte, war (1) Spätergeborener, stammte (2) aus einer großen Familie, (3) aus den unteren Klassen und hatte (4) Forschung zu seiner familiären Nische gemacht. Dieser letzte Sachverhalt ergibt sich aus einem signifikanten Zickzackmuster, das die Beziehung zwischen Weltreisen und Geburtsrang beschreibt. Erstgeborene reisten nicht, wohl aber Zweitgeborene. Andere mittlere Söhne reisten weniger, wahrscheinlich deshalb, weil die »Forscher«-Nische schon besetzt war. Da die mittleren Geschwister diese Nische ungenutzt ließen, wurde sie für die Letztgeborenen, die unermüdlichsten Reisenden, wieder attraktiv.[126]

Die Vorliebe für Reisen mit ihren »unwiderstehlichen« Wurzeln in kindlichen Tagträumereien zeigt alle Merkmale einer Geschwisterstrategie. Wie intellektuelle Vielseitigkeit sind auch weite Reisen eine aussichtsreiche Möglichkeit, eine freie Nische zu finden. Die meisten jüngeren Geschwister sind daher Forscher und Entdecker. Und für manche von ihnen wird der Prozeß des Entdeckens selbst zur Nische.[127]

## Zusammenfassung

Es ist kaum bekannt, daß Darwin sein Leben lang an Biographien interessiert war.[128] Er hat zahllose Lebensgeschichten gelesen und selber drei solcher Texte verfaßt: einen über seinen Großvater Erasmus Darwin, seine Autobiographie und einen Bericht über die psychische Entwicklung seines Sohnes in den ersten drei Lebensjahren.[129] Auch ein beachtlicher Teil seiner Autobiographie beschäftigt sich überdies mit seinem Vater.[130] Insgesamt widmet sich Darwin mit diesen Arbeiten vier Generationen seiner Familie. Warum maß er Biographien eine solche Bedeutung zu? Seine Theorien haben mit *Individuen* zu tun, und zwar mit ihrer lebenslangen Entwicklung. Natürliche Selektion, so war sein Gedanke, prägt das ganze Leben eines Individuums. Recht verstanden, sind alle Darstellungen der von Darwin entdeckten Prozesse Biographien.

Kindheit und Familie sind für das menschliche Verhalten von zentraler Bedeutung, denn sie bilden den unmittelbaren kausalen Kontext für diese Entwicklungsszenarien. In der Kindheit geht es um die Suche nach einer familiären Nische. Die erste Regel für eine Geschwisterlaufbahn besagt, daß ein Kind sich von seinen Brüdern und Schwestern unterscheiden muß, vor allem als spätergeborenes. Die Verschiedenheit von Geschwistern bezeugt die wichtige Rolle, die die Umwelt für die persönliche Entwicklung spielt. Auch wenn dieser Prozeß evolutionären Prinzipien folgt, so spielt er sich doch in einer gleichsam fugenlosen Wechselwirkung zwischen genetischem Potential und Umweltbedingungen ab.

Geschwister gehen sich aus dem Weg und entwickeln sich unterschiedlich, weil es nach Darwin in ihrem Überlebensinteresse liegt. Vielfalt reduziert die Konkurrenz um knappe Ressourcen. Auch läßt sich auf diese Weise eine unbesetzte Nische finden. Im Unterschied zu anderen Arten ist Divergenz beim Menschen eine Angelegenheit des Bewußtseins. Menschen vollbringen im Laufe der Entwicklung eines Individuums das, wozu andere Arten viele Generationen brauchen. Natürlich schlagen Geschwister manchmal verschiedene Richtungen ein, ohne daß die Hoffnung im Hintergrund steht, auf diese Weise mehr elterliche Zuwendung zu ergattern. Beispielsweise unterscheiden sie sich mitunter aus Trotz oder aus dem Gefühl einer moralischen Überlegenheit. Dennoch dient der übergreifende Prozeß der Divergenz in den meisten Fällen dazu, die Arbeitsteilung innerhalb der Familie zu verbessern und den einzelnen Familienmitgliedern eine größere Bandbreite sozialer und intellektueller Gesichtspunkte zugänglich zu machen.

Darwins Theorien bieten eine ausgezeichnete Orientierung, wenn es darum geht eine Biographie zu verfolgen und zu verstehen. Das gilt insbesondere für das von ihm erkannte Prinzip der Divergenz, mit dessen Hilfe sich die Frage lösen läßt, die James Parton, den Voltaire-Biographen aus dem letzten Jahrhundert, nicht mehr losließ: Warum war Voltaire so verschieden von seinem frommen älteren Bruder? Die gesamte Karriere des Jüngeren war eine divergente Reaktion auf die Probleme des »Voltaireschen« Familienlebens. Er fand eine derart radikale Lösung für sein Dilemma, daß der eigenen Familie das Geniale daran entging. In Abgrenzung zu seinem älteren Bruder, der Gott und den Status quo anbetete, widmete er sein Leben der Kritik »der besten aller möglichen Welten«. Er verpackte seine beißende Gesellschaftskritik in eine so gefällige Dichtung, daß seine Opfer nie wußten, ob sie weinen oder lachen sollten. An jenem Tag, an dem François Arouet der Jüngere von seiner Familie aufgefordert wurde, mit seinem älteren Bruder in einen Dichterwettstreit zu treten, entdeckte der zukünftige »Voltaire« seine Nische. Sein Genie war genau das eines jüngeren Geschwisters: Geistige Beweglichkeit – und das in Versen!

Kapitel 5

# Störungen in Familie und Entwicklung

Voltaire hatte recht. Unsere Welt ist nicht die beste aller möglichen. Candide hat die Erfahrung gemacht, daß die Unvollkommenheiten und das Leiden überall auf dieser Welt die optimistische Philosophie des Dr. Pangloss Lügen strafen. Aber bis er dies verstanden hatte und sich schließlich von den Platitüden seines Lehrers lösen konnte, mußte der unglückliche Candide Raubüberfälle, Auspeitschungen und Sklaverei erdulden.

Alltägliches Elend trifft vor allem Kinder. In vielen Entwicklungsländern leiden sie an chronischer Unterernährung und an Krankheiten. Soweit wir in der Geschichte zurückblicken können, stets hat nur die Hälfte aller Nachkommen das Erwachsenenalter erreicht. Und selbst wenn das Leben von Kindern nicht ernsthaft gefährdet ist, so ist deren Kindheit doch nicht frei von Störungen. Stoßen Kinder in ihrer Entwicklung auf Hindernisse, dann tun sie alles, um ihre Situation zu verbessern. Wir leben bestimmt nicht in Pangloss' »bester aller möglichen Welten«, aber wir machen gewöhnlich das Beste aus der Welt, in der wir leben. Dieses Körnchen Wahrheit in der Vorstellung des Dr. Pangloss spiegelt die Lehre seines größten Gegners, Charles Darwin: Evolution befördert Anpassung. Wie keine andere Art verfügt der *Homo sapiens* über ein »offenes« genetisches Programm, das es jedem Individuum erlaubt, sich auch im Lauf seiner individuellen Entwicklung immer wieder anzupassen.

Entwicklungsstörungen betreffen die Mitglieder einer Familie auf unterschiedliche Weise. Wenn beispielsweise die Eltern sterben, wirkt sich dieser Verlust auf jedes Kind anders aus, denn zwischen den Geschwistern bestehen Altersunterschiede. In einem solchen Fall wird das älteste Kind vielleicht auf seine weitere Ausbildung verzichten, um die jüngeren Geschwister zu unterstützen, deren Chancen, ein Studium zu beginnen, dadurch vielleicht sogar steigen. Ein Unglück kann dem einen Geschwisterkind Möglichkeiten verbauen und gleichzeitig einem anderen neue eröffnen.

Um zu verstehen, warum solche Störungen zu unterschiedlichen Ergebnissen führen, müssen wir die Geschwisterstrategien und die mit ihrer Hilfe geschaffenen Nischen im Gesamtsystem der Familie betrachten. Eine von Geschwisterstrategien ausgehende Theorie kann sich nicht alleine auf Geburtenfolge und Geburtsrang beziehen; sie muß ebenso die verfügbaren elterlichen Ressourcen, die Unausgewogenheit ihrer Verteilung und die Konflikte, die sich daraus ergeben, berücksichtigen. Welche Geschwisterstrategien sich wie herausbilden, hängt ab von Geschlecht, Temperament und Geburtenfolge. Dies gilt auch für Einzelkinder, die einen besonderen Fall der allgemeinen Theorie darstellen. Nicht anders als andere Kinder auch, setzen Einzelkinder, wie schon erwähnt, alles daran, so viele elterliche Investitionen wie möglich zu erlangen. Bleiben sie Einzelkinder, haben sie – wie der Kuckuck – ihr strategisches Ziel erreicht; sie liefern also Beispiele erfolgreicher Geschwisterstrategien. In jedem von uns steckt ein »Einzelkind«. Bei Kindern, die mit Geschwistern aufwachsen, werden die typischen Einzelkindstrategien ergänzt durch andere, die auf die Auseinandersetzung mit ihren Brüdern und Schwestern gerichtet sind.

## Konflikte mit den Eltern

Konflikte unter Geschwistern und Eltern-Kind-Konflikte sind aus Darwinscher Sicht zwei Seiten ein und derselben Medaille. Eltern-Kind-Konflikte sind Teil der Dynamik, welche die durch Geburtenfolge bedingten Unterschiede weiter vorantreibt. Zugleich haben diese Konflikte auch viel mit dem zu tun, was wir als *Bindung* bezeichnen. Bindungsverhalten ist im Anschluß an die bahnbrechenden Arbeiten des englischen Psychologen John Bowlby eingehend untersucht worden.[1] Bowlby teilte die konventionelle Auffassung seiner Zunft nicht, derzufolge Bindung als neurotische Abhängigkeit von der Mutterbrust zu verstehen sei. Er beobachtete Kinder, die von ihren Eltern getrennt lebten, und fand heraus, daß Bindung mehr ist als nur ein konditionierter Reflex, der sich in der Stillphase herausgebildet hat. 1952 stieß er auf Studien, die näher beleuchteten, wie sich das Verhalten von Vögeln ausprägt. In diesem Prozeß lernen Jungtiere, sich in ihrem geselligen Verhalten auf Tiere der eigenen Art zu beschränken. Frisch geschlüpfte Gänse werden vom ersten sich bewegenden Objekt, dem sie begegnen – gewöhnlich ist dies die Mutter –, geprägt. Und von diesem Augenblick an folgen die jungen Vögel diesem Objekt getreu überallhin – auch ein Mensch kann als ein solches Objekt fungieren. Aus diesen Befunden und aus entsprechenden Beobachtungen zum Verhalten von Primaten schloß Bowlby, daß Bindung ein Anpassungssystem ist, das auf darwinistischen Prinzipien beruht. Wenn Gänseküken dicht bei der Mutter bleiben, fallen sie weniger leicht Räubern zum Opfer und erlernen Techniken zum Überleben und zur Fortpflanzung.[2] Folgestudien haben diese Erkenntnis bestätigt. Die Nachkommen der meisten Tierarten sind durch Räuber bedroht; für Primaten ist nachgewiesen, daß alleinstehende Männchen Kinder töten.[3] Ein Junges, das gestillt wird, ist ein effektives Mittel der Empfängnisverhütung. Das Alpha-Männchen indes hat, ähnlich wie die katholische Kirche, keine sehr hohe Meinung von Geburtenkontrolle. Wenn es eine Horde übernimmt, dann profitiert es vom Kindsmord, weil der Verlust eines gestillten Babys dessen Mutter wieder empfängnisbereit macht. Aber selbst in diesen Verhaltensweisen spiegeln sich darwinistische Grundsätze, denn diese Männchen töten nur Nachkömmlinge, die zu alt sind, als daß sie ihre eigenen sein könnten.

Aufgrund der Gefahren durch Räuber und kindesmordende Alttiere haben die meisten Tierarten in Physiologie und Verhalten eine Reihe von Mechanismen entwickelt, die dafür sorgen, daß die Jungen in der Nähe der Mütter bleiben. Eine Seelöwin kann ihr Junges unter Hunderten anderer, an dessen besonderem Ruf erkennen.

Ende der fünfziger Jahre konnte Harry Harlow nachweisen, daß mutterlos aufwachsende Affen sich nicht normal entwickeln. Harlow fabrizierte Ersatzmütter aus Holz, Schaumgummi und Plüschdecken und ließ die Jungen mit einer Flasche füttern, die an der Plüschmutter angebracht war. Die Jungen ließen durchaus Bindungen an ihre Plüschmütter erkennen und auch die körperliche Entwicklung verlief normal, ihre sozialen Fähigkeiten jedoch waren stark beeinträchtigt. Kamen sie mit anderen, normal aufwachsenden Jungtieren in Berührung, kauerten sie sich ängstlich zusammen, unfähig, an den Spielen der anderen teilzunehmen. Als ausgewachsene Tiere entwickelten sie Züge von Grausamkeit und brachten manchmal sogar die eigenen Nachkommen um.[4]

Ein gestörtes Bindungsverhalten hat bei Menschen dieselben Konsequenzen wie bei anderen Primaten. Ausgeprägte Konflikte führen zu Entwicklungsstörungen. Daher habe ich den Eltern-Kind-Konflikt in meine Untersuchung, warum Menschen zu Rebellen werden, einbezogen und bei 989 Individuen meines Samples auf der Grundlage autobiographischer und biographischer Berichte die Beziehungen zu den Eltern untersucht. Drei unabhängige Experten ließ ich beurteilen, ob das Verhältnis herzlich, zwiespältig oder sehr konfliktbetont war.[5]

### *Einflüsse von Eltern-Kind-Konflikten*

Grundlegende Konflikte mit den Eltern fördern die Neigung des Nachwuchses, Autoritäten und Autorität abzulehnen. Auf den wissenschaftlichen Bereich bezogen, läßt das Vorliegen eines heftigen Eltern-Kind-Konfliktes Offenheit für Innovationen vorhersagen. Erstaunlicherweise bezieht sich dieser Befund in den meisten Fällen auf Erstgeborene. Kennzeichen ihrer Nische ist unter anderem eine starke Identifikation mit den Eltern, von denen sie in der Regel bevorzugt werden. Konflikte unterbrechen die üblichen Erstgeborenenstrategien und bewirken, daß Erstgeborene sich dann oft wie Spätergeborene verhalten (Abb. 5.1).[6]

Spätergeborene reagieren in einem solchen Fall mit Radikalisierung, allerdings ist der Effekt wesentlich geringer als bei Erstgeborenen. Was kümmert einen ein Hunnenkönig Attila als Vater oder die Böse Hexe als Mutter, wenn man schon mit einem dominanten älteren Bruder oder einer herrschsüchtigen älteren Schwester geschlagen ist?

Der Rang in der Geburtenfolge trägt beträchtlich mehr zur Ausprägung der Persönlichkeit bei als der Konflikt mit den Eltern. Im direkten Vergleich beider Variablen ist die Stellung in der Geburtenfolge doppelt so wichtig. Aus psychoanalytischer Sicht muß dieses Ergebnis überraschen.[7] Die Psychohistorie gründet sich zum großen Teil auf Freuds Begriff des Ödipus-

**Aufnahmebereitschaft für wissenschaftliche Innovationen im Verhältnis zu Eltern-Kind-Konflikten und der Geburtenfolge**

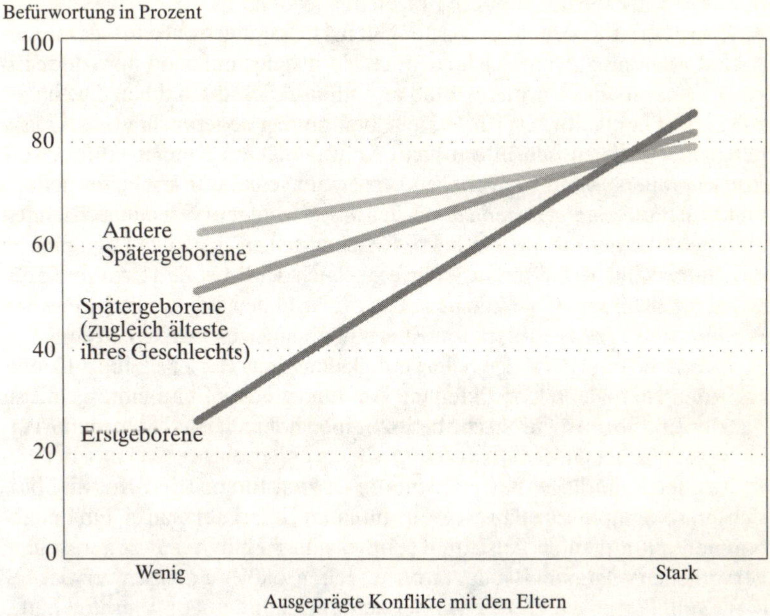


Abb. 5.1 Eltern-Kind-Konflikte und Geburtenfolge in Relation zu Offenheit für wissenschaftliche Innovationen. Konflikte mit den Eltern bewirken, daß Kinder eine gewisse Offenheit für Neuerungen entwickeln. Zwischen Geburtenfolge und Eltern-Kind-Konflikt besteht eine Wechselwirkung: Für Erstgeborene haben Auseinandersetzungen mit den Eltern eine besondere Bedeutung, das gilt auch für Spätergeborene, die ihrem Geschlecht nach Älteste sind.

komplexes, ein Thema, das Darwinisten ganz anders beurteilen.[8] Konflikte mit den Eltern spielen eine bedeutende Rolle in der Persönlichkeitsentwicklung; doch nehmen diese, anders als Freud behauptet hat, keinen geschlechtstypischen Verlauf. Freud aber war überzeugt davon, daß Kinder Mordgelüste gegen den jeweils gleichgeschlechtlichen Elternteil hegen. Die Darwinsche Theorie widerspricht dem energisch. Ein Kind, das einen Elternteil tötete, beginge evolutionär gesehen Selbstmord. Und nur den *Wunsch* zu haben, Vater oder Mutter zu töten, ohne ihn je auszuführen, wäre Zeitverschwendung: Die natürliche Selektion würde dafür sorgen, daß die »freudianischen« Gene, in denen die Vater- beziehungsweise Muttermordphantasien kodiert sind, in einer Population rasch verschwänden.[9]

Um Freuds Behauptung zu überprüfen, habe ich mein Wissenschaftler-Sample auf Konflikte mit jeweils beiden Elternteilen untersucht. Anders als man aus psychoanalytischem Blickwinkel erwarten würde, stellte sich heraus, daß Konflikte mit der Mutter ebenso häufig auftraten wie mit dem Vater. Mehr noch: Beide Konfliktursachen trugen in gleichem Maße zur Entstehung radikaler Einstellungen in Fragen der Wissenschaft bei.[10]

Eltern-Kind-Konflikte und Offenheit für Erfahrung stehen in wechselseitigem Verhältnis zueinander. So wie Schwierigkeiten mit den Eltern oder mit einem Elternteil ein größeres Maß an Offenheit (und Unabhängigkeit von der elterlichen Autorität) zur Folge haben, so reguliert der Grad der Unabhängigkeit zugleich den Eltern-Kind-Konflikt. Eltern-Kind-Konflikte werden minimiert, wenn Erstgeborene einen »engen« oder konformistischen Denkstil und Spätergeborene einen in Maßen »offenen« oder unabhängigen Stil übernehmen. Entwickeln beide Geschwister den gleichen Stil, nehmen die Eltern-Kind-Konflikte an Schärfe zu. Auch der Preis, den Erst- und Spätergeborene für ihre Unabhängigkeit zu zahlen haben, ist jeweils ein anderer. Bei jüngeren Kindern tolerieren Eltern unabhängiges Denken. Wenn aber Erstgeborene eine derartige Selbständigkeit an den Tag legen, führt dies zu bedeutend heftigeren Konflikten mit den Eltern. Kurz: Es scheint, als müsse der, der eine begünstigte Nische besetzt, einen höheren Preis für seine Unabhängigkeit bezahlen.[11]

Auf der Grundlage dieser Erkenntnisse zum Eltern-Kind-Konflikt läßt sich eine biographische Faustregel formulieren. Begegnet man einem Erstgeborenen mit radikalen Ansichten (und es gibt Familien, aus denen solche hervorgehen), dann muß man davon ausgehen, daß er einen schwerwiegenden Konflikt mit seinen Eltern oder zumindest mit einem Elternteil hatte. Solche Auseinandersetzungen machen manche Erstgeborene zu Spätergeborenen ehrenhalber.

Die Tendenz von Erstgeborenen, Strategien von Spätergeborenen zu übernehmen, ist in Unterschichtfamilien am weitesten verbreitet. In den Ober- und Mittelschichten wird elterliche Autorität eher akzeptiert, möglicherweise weil die Eltern sichere Rollenvorbilder anbieten.[12] Eltern in ärmlichen Verhältnissen hingegen reizen nicht in gleichem Maße zur Nachahmung. Unter solchen Umständen sehen sich Erstgeborene zuweilen gezwungen, auf Kosten ihres eigenen reproduktiven Potentials in ihre jüngeren Geschwister zu investieren. Die Vorteile, die eine Erstgeborenennische in der Regel bietet, gehen ihnen dann verloren. Der Wert von familiären Nischen bemißt sich daher an den Möglichkeiten, die den Eltern für ihre Zuwendungen zur Verfügung stehen.

Gideon Lincecum (1793-1874), ein Insektenforscher aus dem tiefen Süden der USA, ist dafür ein gutes Beispiel. Lincecum war ein regelrechter Bilderstürmer. Als bekennender Atheist versuchte er, in Texas, wo er ein unstetes und abwechslungsreiches Leben führte, 1859 eine »Gesellschaft der Ungläubigen« zu gründen. Weil ihm Indianer lieber seien als Weiße, wie er einmal sagte, lebte er eine Zeitlang bei verschiedenen Indianerstämmen und lernte deren Sprachen.[13] Er hatte Darwins *Entstehung der Arten* kaum gelesen, da erklärte er sich schon zu dessen Anhänger. In einem enthusiastischen Brief schrieb er ihm, daß er sich bereits unabhängig von der *Entstehung* von der Wahrheit der Evolution überzeugt habe. Tatsächlich teilte er schon seit langem die evolutionstheoretischen Auffassungen von Darwins Großvater Erasmus.[14]

Lincecum war das erste von zehn Kindern, damit lag seine Chance, zum Anhänger der Evolutionstheorie zu werden, bei 20 zu 1. Und so ist es in seinem Fall der Konflikt mit den Eltern, der erklärt, warum er diese ungewöhnliche Entwicklung durchlaufen konnte. Mit seinem Vater, einem landwirtschaftlichen Wanderarbeiter und Trunkenbold, der sich seines »berüchtigten Charakters« rühmte, kam er schlecht zurecht.[15] Bevor er zwanzig wurde, lief er von zu Hause weg, um dem »bösartigen Lebenswandel« seines Vaters zu entkommen.[16] Vor dem Hintergrund eines derart massiven Eltern-Kind-Konflikts beträgt die Wahrscheinlichkeit, daß Lincecum wissenschaftlich innovative Ideen annehmen würde, 80 Prozent.

Ein weiterer radikaler Erstgeborener in meinem Sample ist Johannes Kepler (1571-1630). Er, ein glühender Anhänger des Kopernikus, veröffentlichte seine kosmologischen Vorstellungen dreizehn Jahre vor Galilei. 1597 bat er diesen dringend, diese nun auch öffentlich zu billigen. Privat war Galilei ein Anhänger des Kopernikus, doch bevor er damit an die Öffentlichkeit trat, wollte er sicher gehen und bessere Beweise haben, die er 1609, mit dem neu erfundenen Fernrohr, auch erbringen konnte. Kepler brauchte keine empirische Absicherung der kopernikanischen Argumente. Entschlossen vollzog er den radikalen Schritt und postulierte die Ellipse und nicht mehr den Kreis als Form der Planetenbahnen. Selbst Galilei, der ansonsten standhaft anti-aristotelisch dachte, konnte diesen Bruch mit den traditionellen Vorstellungen nicht akzeptieren.[17]

Keplers Beziehungen zu Vater und Mutter, die eine »Ehe voller Zank« führten, waren schwierig.[18] In einem Familienhoroskop, das er im Alter von sechsundzwanzig Jahren erstellte, beschrieb er seinen Vater als »bösartig, unnachgiebig, streitsüchtig«, ein Mann, der »zu einem bösen Ende bestimmt sei«.[19] Der Vater war Landsknecht und selten zu Hause; aber sogar damit machte er seine protestantische Familie unglücklich, denn er kämpfte in Holland auf katholischer Seite. Als Kepler siebzehn Jahre alt war, verließ der Vater die Familie und wurde nie wieder gesehen.

Seine Mutter schilderte Kepler als »klein, mager, von schwärzlich-brauner Gesichtsfarbe, klatschsüchtig und zänkisch, von schlechter Veranlagung«.[20] Sie war ein Unruhegeist, verärgerte ihre Nachbarn, die sich mit der Anschuldigung rächten, die Frau sei eine Hexe. Es kam zu einem Prozeß, und Keplers Mutter wäre hingerichtet worden, hätte sich ihr Sohn nicht eingeschaltet. Es waren einigermaßen absurde Familienverhältnisse, doch glücklicherweise besaß Kepler genug Humor, um damit fertig zu werden. In dem Familienhoroskop taucht auch er selbst auf (in der dritten Person):

> »Dieser Mensch [d.h. Kepler] hat in jeder Hinsicht eine hundeähnliche Natur. Sein Äußeres ist das eines Schoßhündchens ... Gespräche langweilen ihn, aber er begrüßt Besucher genau wie ein kleiner Hund; doch so-

Johannes Kepler um 1620, im Alter von achtundvierzig Jahren,
auf dem Gipfel seiner Karriere.

bald man ihm das Geringste fortnimmt, fährt er auf und knurrt. Übeltäter verfolgt er beharrlich – soll heißen, er verbellt sie. Er ist heimtückisch und beißt die Leute mit seinem bitteren Spott. Viele Leute haßt er aufs höchste, und diese gehen ihm aus dem Weg, aber seine Herrenleute lieben ihn ... Seine Verwegenheit kennt keine Grenzen.«[21] 

Ich habe Lebensläufe von über tausend Erstgeborenen aus dem Westen studiert, und Johannes Keplers Selbstbeschreibung ist kaum die eines typischen Erstgeborenen. So sind beispielsweise Rücksichtslosigkeit und Sarkasmus eher Merkmale von Spätergeborenen. Daß man bei Kepler auf solche Wesenszüge trifft, paßt zu dem Sachverhalt, daß er ein sehr gebrochenes Verhältnis zu seinen Eltern hatte. Wegen seiner schweren Kindheit ist für ihn, einen Erstgeborenen, die Wahrscheinlichkeit, daß er neue Ideen und Vorstellungen akzeptieren würde, ungewöhnlich hoch.[22]

Auch Isaac Newton (1643-1727) war ein Erstgeborener, der wegen seines atypischen familiären Hintergrundes dazu disponiert war, zum radikalen Denker zu werden.[23] Als er zur Welt kam, war sein Vater gerade gestorben. Seine Mutter heiratete wieder, als Isaac drei Jahre alt war, und lebte dann mit ihrem zweiten Mann zusammen, einem Geistlichen namens Barnabas Smith. Isaac dagegen wuchs bei seinen schon recht betagten Großeltern auf. In seiner Newton-Biographie schreibt Richard Westfall über diesen prägenden Lebensabschnitt:

> »Der Verlust der Mutter muß für den Dreijährigen, der ohne Vater aufgewachsen war, ein traumatisches Ereignis gewesen sein ... Newton war ein zerquälter Mensch, eine extrem neurotische Person und befand sich meistens, und ganz sicher in seinen mittleren Lebensjahren, am Rande des Zusammenbruchs. Es ist alles andere als leichtfertig, wenn man annimmt, daß die innere Qual dieses Jungen durch die zweite Heirat und den Wegzug der Mutter enorm zunahm. Es hatte ihn schon genug verstört, als er erkennen mußte, daß er im Unterschied zu anderen Kindern keinen Vater hatte ... In seinem späteren Leben knüpftc er zahlreiche Beziehungen an, aber es waren, wie sich feststellen läßt, niemals feste Verbindungen. Das einsame Jungenleben war das erste Kapitel in einer langen Laufbahn des Alleinseins.«[24]

Und zur abweisenden Haltung des Barnabas Smith gegenüber seinem Stiefsohn Isaac heißt es bei Westfall: »Sein Handeln spricht eine unmißverständliche Sprache ... Der Dreijährige wuchs heran, aber er nahm das Kind nicht in sein Pfarrhaus in North Witham auf.«[25] Dort wurden drei Halbgeschwister geboren und erfreuten sich der Liebe von Newtons Mutter.

Als der Stiefvater starb, war Isaac zehn Jahre alt. Dann erst wurde ihm gestattet, mit seiner Mutter und den drei Halbgeschwistern zusammenzuleben. Schriftliche Aufzeichnungen von Newton verraten, daß ihn der Ausschluß aus dem Haushalt seines Stiefvaters mit heftigem Groll erfüllte. Im Alter von

Isaac Newton 1689, im Alter von sechsundvierzig Jahren; zwei Jahre zuvor hatte er sein monumentales Werk *Mathematische Prinzipien der Naturlehre* veröffentlicht. Ein Bekannter aus seiner Kindheit erinnerte sich an ihn als »einen schüchternen, schweigsamen, nachdenklichen Jungen«, der »nie mit den anderen im Freien spielte« (Westfall, *Never at Rest*, S. 59).

neunzehn Jahren legte er eine Liste mit seinen Sünden an; einer der Punkte darin lautet: »Ich habe meinem Vater und meiner Mutter Smith gedroht, ich würde sie und ihr Haus verbrennen.«[26] Kein Erstgeborener aus einer einigermaßen intakten Familie würde eine solche Drohung äußern (oder noch einen Schritt weitergehen und ein derart revolutionärer Denker werden). Newton paßt genau in das Profil eines radikalen Erstgeborenen, der sich nicht mit seinen Eltern und auch generell nicht mit Autoritäten identifiziert. In seinen umfangreichen Schriften findet sich nicht eine Stelle, die ein zärtliches Gefühl für seine Mutter zu erkennen gibt; nicht einmal über ihren Tod hat er eine Notiz hinterlassen.

Mißlingt die Identifikation mit den Eltern, kann es passieren, daß Erstgeborene mit ihren jüngeren Geschwistern gemeinsame Sache machen. Ein an Dickens erinnerndes Beispiel dafür bietet die Lebensgeschichte von William und Robert Chambers, die zusammen die W. & R. Chambers Publishing

Company gründeten. Sie waren die beiden ersten Kinder einer großen Familie aus Edinburgh. Robert, der Jüngere der beiden, vertrat schon vor Darwin evolutionstheoretische Anschauungen und veröffentlichte 1844 *Vestiges of the Natural History of Creation.* Seit 1859 gehörte er zu den Anhängern von Darwins Theorien.

Als die Chambers-Brüder ungefähr zwölf und vierzehn Jahre alt waren, stürzten Ungeschicklichkeiten ihres Vaters die Familie in den wirtschaftlichen Ruin. Die Brüder mußten die Schule verlassen. »In Winternächten«, berichtet Millhauser, Roberts Biograph, »pflegten die beiden zusammen mit anderen Unglücklichen das düstere alte Tolbooth Gefängnis aufzusuchen, um sich dort ein bißchen aufzuwärmen.«[27] Einige Jahre später mußten sie die Schulden ihres Vaters übernehmen. William hat später eine bewundernde Biographie über den ihm intellektuell überlegenen Bruder verfaßt; darin heißt es: »Die Literatur ist voller Beispiele dafür, wie ... Väter durch ihre Söhne geschwächt und verdrängt werden, aber erstaunlich wenig ist zu hören von den vielen einfallsreichen Mitteln und Wegen, auf denen dies Väter ihren Söhnen und Töchtern antun.«[28]

Als William achtzehn Jahre alt war, gab er Robert Geld, damit dieser einen kleinen Buchladen eröffnen konnte; es waren die Ersparnisse aus vier Jahren. Diese brüderliche Geste trug Früchte und führte schließlich zur Entstehung des weltberühmten Verlages der Chambers-Brüder. Als Geschäftspartner arbeiteten die beiden ihr ganzes Leben hindurch harmonisch zusammen. Wenn es um sozialen Aufstieg geht und die Eltern keine entsprechende Unterstützung bieten können, dann bietet sich die Kooperation zwischen Geschwistern an. Obwohl sie bestimmten Grundregeln folgen, sind Geschwisterstrategien erstaunlich flexibel, denn entwickelt werden sie in Auseinandersetzung mit der besonderen familiären Umwelt, in der die Kinder aufwachsen.

### *Ein radikaler Monarch*

Konflikte mit den Eltern hinterlassen bei Spätergeborenen der oberen Geburtsränge die deutlichsten Spuren. Besonders empfänglich für diese Störungen sind spätergeborene älteste Söhne, vor allem wenn sie die Zweitgeborenen in großen Familien sind.[29] Ein beredtes Beispiel dafür liefert Voltaires Gönner Friedrich der Große. Bei Monarchen geht man im allgemeinen davon aus, daß sie konservativ sind. Darin steckt insofern ein Körnchen Wahrheit, als Könige und Königinnen in der Regel Erstgeborene oder zumindest die ältesten Kinder ihres Geschlechts sind. Friedrich war der älteste Sohn und das zweite der zehn Kinder Friedrich Wilhelms I. von Preußen. Doch trotz seines Geburtsrangs zeigte sich Friedrich, auch als er schließlich König war, als ein Mensch von ungewöhnlich offener Geistesart. Er spottete über alle Religionen, verbot jedoch keine. Eine seiner ersten Amtshandlungen war die klare Order: »Die Religionen müssen alle toleriert werden, ...

 denn hier muß ein jeder nach seiner Façon selig werden.«[30] Während seiner Regierungszeit stand er mit vielen Freidenkern in freundschaftlichem Verkehr, und auch der von Ludwig XV. des Landes verwiesene Voltaire fand von 1750 bis 1752 am lebhaften Hof des Preußenkönigs eine Zuflucht.

Wie kam es, daß ein König eine so tolerante Gesinnung entwickeln konnte? Friedrichs Vater war ein strenger, launischer und brutaler Mann, dem Kunst und Bildung nichts galten. Friedrichs Mutter war kaum besser, eine selbstsüchtige, schwierige Frau, die ihre Kinder aus Protest gegen ihre unglückliche Lage wider den Vater aufhetzte. Es gibt eine Anekdote, die Friedrich Wilhelms unleidliche Art genau trifft und ahnen läßt, was für ein Leben dessen ältester Sohn führen mußte. Der König hatte die Angewohnheit, sich seine Untertanen vorzuknöpfen und sie über alles mögliche auszufragen. Daher suchten diese meist das Weite, wenn sie den König nur von ferne sahen. Eines Tages ließ er einen Mann zu sich bringen, der verzweifelt versucht hatte, sich zu verstecken. Der König wollte wissen, warum dieser Mann vor ihm geflohen war. Schlotternd vor Angst gestand der Festgenommene, er habe sich gefürchtet. »Gefürchtet, Gefürchtet?« donnerte der König und bearbeitete ihn mit seinem Stock, »lieben sollt ihr mich, Canaille!«[31]

Friedrichs Hofmeister hatte den Auftrag, einen Berufssoldaten aus dem Jungen zu machen; der Prinz sollte sich Ruhm und Ehre »mit dem Schwert« erobern. Doch zu des Vaters Verdruß entwickelte Friedrich alle Eigenschaften, die jener verachtete. Er war ein empfindsamer Junge, der die deutsche Sprache haßte und alles liebte, was aus Frankreich kam. Der Vater bemühte sich, ihm »männliche« Interessen einzubleuen. Und je mehr er insistierte, desto mehr haßte ihn der Sohn dafür. Friedrichs ältere Schwester erinnert sich, daß der »König meinen Bruder nicht ertragen konnte; er behandelte ihn schlecht, wenn er ihm nur unter die Augen kam, und Friedrich geriet in panische Angst. Jedesmal wenn der König meinen Bruder sah, drohte er ihm mit dem Stock.«[32] Friedrich und seine Schwester wurden aus der Gegenwart des Königs verbannt, nur die Mahlzeiten nahmen sie gemeinsam ein, und »oft holte er nach uns mit seiner Krücke aus«.[33] Einmal warf der König mit einem Teller nach Friedrich und traf ihn beinahe am Kopf.[34]

Im Jahr 1730, als Friedrich achtzehn Jahre alt war, versuchte der König in einem Anfall von Wahnsinn, den Sohn mit einer Vorhangschnur zu erdrosseln. Nur das beherzte Dazwischentreten eines Lakaien rettete ihm das Leben:

> »Eines Morgens ließ er mich holen. Als ich ins Zimmer trat, packte er mich beim Haar und warf mich auf den Boden. Nachdem er mit seinen Fäusten auf mich eingeschlagen hatte, zerrte er mich zum Fenster und schnürte mir die Vorhangkordel um die Kehle. Glücklicherweise konnte ich gerade noch seine Hände festhalten, aber als er mit aller Macht die Kordel um meine Kehle zuzog, fühlte ich mich dem Ersticken nahe und rief um Hilfe. Ein Page eilte mir zu Hilfe und mußte Gewalt anwenden, um mich zu befreien.«[35]

Friedrich II. mit seinen jüngeren Brüdern im Jahr 1730. Von links nach rechts: Friedrich (im Alter von achtundzwanzig Jahren), Ferdinand (zehn Jahre), August Wilhelm (achtzehn Jahre) und Heinrich (vierzehn Jahre). Prinz Heinrich beneidete seinen ältesten Bruder und sprach als Junge manchmal monatelang nicht mit ihm. Auf dem Bild sind die Gefühle des Prinzen Heinrich, wie vor allem der Blick zeigt, gut getroffen.

Friedrich mußte um sein Leben fürchten und entschloß sich, nach England zu fliehen. Als der König von den geheimen Reisevorbereitungen erfuhr, ließ er den Sohn und seinen Mitverschwörer festnehmen und vor ein Kriegsgericht stellen. Der Militärgerichtshof verurteilte den Verschwörer zu lebenslanger Haft, aber er weigerte sich, über Friedrich zu richten. Aus Wut über das milde Urteil des Gerichts hob Friedrich Wilhelm es auf und ließ beide Deserteure zum Tode verurteilen. Friedrich mußte aus seiner Gefängniszelle mitansehen, wie sein Freund, zu dem er auch homosexuelle Beziehungen unterhielt, geköpft wurde.[36] Eine Zeitlang erwog der König allen Ernstes, auch den eigenen Sohn hinrichten zu lassen. Nur weil er Irritationen auf der internationalen politischen Bühne fürchtete, änderte er seine Absichten.

Über ein Jahr blieb Friedrich in Festungshaft, bis er sich dem Willen seines Vaters unterwarf. Stück für Stück gewann er seine Stellung als Kronprinz zurück. Als der Vater 1740 starb, folgte ihm Friedrich im jugendlichen Alter von achtundzwanzig Jahren auf den Thron. Eine seiner ersten Amtshandlungen war, die Pressefreiheit herzustellen. »Er ertrug mit verächtlichem

Voltaire und Friedrich der Große (rechts) in Sanssouci, Friedrichs Sommerresidenz bei Potsdam. Nach seiner Ankunft an Friedrichs freigeistigem Hof schrieb Voltaire an einen guten Freund: »Größe und Grazie, Grenadiere und Musen, Trompeten und Violinen, platonische Gastmahle, Gesellschaft, Freiheit. Wer hätte das erwartet? Dennoch, es ist die Wahrheit« (Zitiert nach Asprey, *Frederick the Great*, S. 396).

Schweigen Hunderte von Schmähschriften, die gegen ihn veröffentlicht wurden. Er ließ sogar eine davon, die auf der Straße angeschlagen war, höher hängen, damit sie besser lesbar war.«[37] Und auch als Voltaire ein skurriles Bändchen publizierte, in dem er Friedrichs homosexuelle Affären aufs Korn nahm, blieb dieser ungerührt. Kein Herrscher habe bislang despektierlichem Verhalten entrinnen können, und er wolle nicht die Ausnahme von dieser Regel sein.[38]

Es paßt tatsächlich in dieses Bild, daß Voltaire und Friedrich der Große derart verwandte Geister und Aufklärer waren. Der eine überlebte die Grausamkeiten seiner Kindheit, einen Mordversuch und sogar eine Todesstrafe, die ein aus dem Gleichgewicht geratener Vater über ihn verhängt hatte, und wurde König von Preußen; der andere wurde im Widerstand gegen seine reaktionäre Familie zum Rebellen und zum ungekrönten König der Aufklärung. Sogar die Unterschiede zwischen König und Untertan vermochten nicht aufzuheben, was durch ähnliche Familiendynamiken geformt worden war. Wie Friedrich selbst einmal bemerkte: »Die Eindrücke der Kindheit lassen sich nicht aus der Seele entfernen.«[39]

## Altersabstände

Wenn ein jüngerer Bruder oder eine jüngere Schwester geboren wird, dann führt dies bei einem nur wenig älteren Geschwisterkind meist zu einer Störung in dessen Entwicklung. Wie schwerwiegend diese ist, hängt vom Altersunterschied der Geschwister ab. Die Folgen können vorteilhaft oder nachteilig sein, je nachdem, wie groß der Abstand zwischen den Geburten ist. Geschwister sind gleichsam genetische Versicherungspolicen. Stirbt ein Kind, bevor es selber Nachkommen hat, bleibt in seinen überlebenden Geschwistern im Durchschnitt etwa die Hälfte seiner Gene erhalten und wird in Neffen und Nichten fortbestehen. Wesentlich ältere Nachkommen – die nicht mehr von der elterlichen Fürsorge abhängen – kostet es am wenigsten, wenn weitere Geschwister nachkommen. Ältere Kinder nehmen oft eine schützende Rolle gegenüber dem Neuankömmling ein, so wie die drei Geschwister des österreichischen Biologen Paul Kammerer. Diese, etwa zwanzig Jahre älter als er, vergötterten den Säugling und blieben ihm auch in späteren Jahren liebende und loyale Brüder.[40]

Bei einem geringen Altersabstand dagegen erhöht sich die Konkurrenz um die elterliche Investition; und so kommt es zu heftigeren Eltern-Kind-Konflikten und zu einer größeren Rivalität zwischen den Geschwistern. Am höchsten sind die Kosten, die durch ein jüngeres Geschwister entstehen, wenn beide Kinder noch im Kleinkindalter sind. In traditionellen Gesellschaften sind Geburtenintervalle von weniger als fünf Jahren mit einer erhöhten Kindersterblichkeit verbunden.[41] Daraus ist zu folgern, daß der Einfluß der Geburtenfolge auf die Geschwisterstrategien bei den Kindern am größten sein wird, deren Altersabstand fünf Jahre unterschreitet. Unter diesen Umständen neigen ältere Geschwister dazu, ihre Rivalen auszustechen, eine Taktik, die Ressentiment und Rebellion begünstigt. Die jüngeren Geschwister reagieren auf die Angriffe der älteren, indem sie versuchen, die Möglichkeiten für einen direkten Vergleich mit ihren älteren Geschwistern gering zu halten; aus diesem Grund entwickeln sie vielfältige Interessen.

Um diese Hypothese zu überprüfen, habe ich alle Daten, die ich bei den Wissenschaftlern meines Samples über Altersabstände finden konnte, zusammengetragen und ausgewertet. Offenheit für Erfahrung ist der psychische Motor, der Darwins Divergenzprinzip, diesen unmittelbaren Ausdruck der Konkurrenz um knappe Ressourcen, antreibt. Daher ist zu erwarten, daß Offenheit abhängig ist von den Geburtenintervallen. Diese Hypothese hat sich bestätigt. Die größten Unterschiede in der Entwicklung einer revolutionären Persönlichkeit sind bei den Kindern festzustellen, die in einem mittleren Altersabstand zueinander stehen. Dagegen werden Geschwister, deren Altersabstand vergleichsweise klein beziehungsweise relativ groß ist, durch revolutionäre Ereignisse bedeutend weniger polarisiert (Abb. 5.2).[42]

Dieses Ergebnis läßt sich durch eine umfassendere Messung unserer Persönlichkeitsdimension »Offenheit für Erfahrung« erhärten. Wir kombinieren drei Indikatoren: Offenheit für Veränderungen in den Wissenschaften, Breite der Interessen und Reisen. Es zeigt sich, daß der Altersabstand einen bedeutend größeren Einfluß auf diese zusammengesetzte Meßgröße hat als auf die wissenschaftliche Stellungnahme allein.[43] Spätergeborene Wissenschaftler, die drei bis fünf Jahre jünger waren als ihr nächstälteres Geschwister, rangierten auf dieser Skala am höchsten. Gute Beispiele liefern wiederum Darwin und Wallace. Beide waren vier Jahre jünger als ihre jeweils nächstälteren Geschwister. Dank ihrer Vorliebe für Weltreisen und ihren weitgestreuten Interessen stehen sie in meinem Sample von 2458 Wissenschaftlern, für die ich entsprechende Informationen vorliegen hatte, auf Platz drei der Skala für Offenheit.[44]

Warum wirkt sich der Geschwistergegensatz gerade bei mittleren Altersabständen so stark aus? Eigentlich würde man ein anderes Ergebnis erwarten. Denn das Überleben der Geschwister ist um so gefährdeter, je geringer ihr Altersabstand ist. Also müßte man doch annehmen, daß geringe und nicht mittlere Altersabstände die größten Differenzen zwischen Geschwistern auslösen. Die Daten, die ich über die Persönlichkeitsentwicklung vorgelegt habe, scheinen einer Darstellung dieses Zusammenhangs in Darwinschem Sinne zu widersprechen.

Eine mögliche Lösung für diesen Widerspruch macht, obwohl sie spekulativ ist und weiterer Überprüfung bedarf, deutlich, welcher Art die Annahmen sind, die für eine darwinistische Herangehensweise an menschliches Verhalten entscheidend sind. Nach Hamiltons Theorie müssen die Kosten, die Geschwister verursachen, zu dem Gewinn in Beziehung gesetzt werden, den die Verwandtschaft einbringt. Für ein älteres Kind richtet sich der Gewinn nach der Wahrscheinlichkeit, mit der das jüngere Geschwister überlebt. Dementgegen stehen die Überlebenschancen des älteren Kindes. Der operative Faktor ist die relative Differenz der Überlebenswahrscheinlichkeit. Je enger Geschwister im Alter beieinander liegen, desto ähnlicher sind ihre Ansichten; in diesem Fall werden die Geschwister die Vorteile des Altruismus kaum gering schätzen. Zwillinge – auch zweieiige – haben allen Grund, sich altruistisch zueinander zu verhalten, denn sie sitzen, darwinistisch gesehen, im gleichen Boot.[45] Für beträchtlich ältere Kinder hingegen sind die Kosten, die durch ein Neugeborenes entstehen, so niedrig, daß der Gewinn

**Aufnahmebereitschaft für wissenschaftliche Innovationen, bezogen auf Geburtenfolge und Altersabstand**

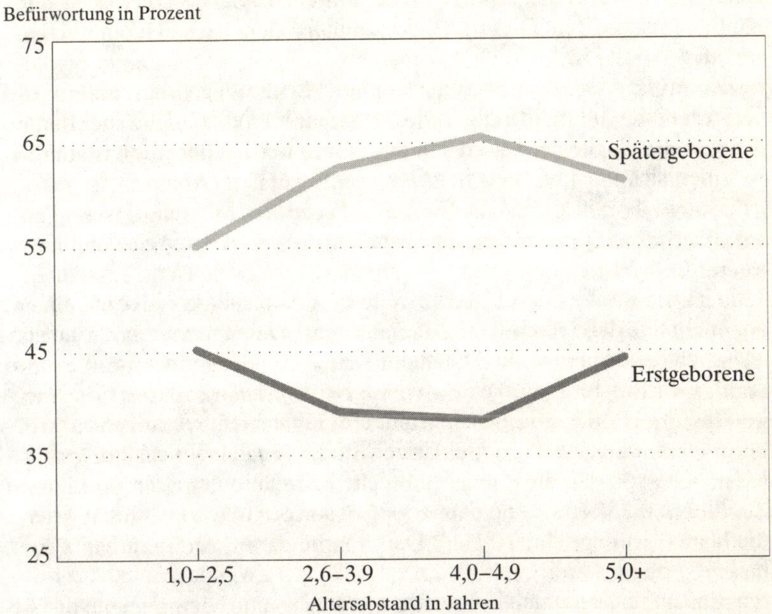


Abb. 5.2 Die Akzeptanz von wissenschaftlichen Innovationen, bezogen auf Geburtenfolge und Altersabstände zwischen Geschwistern. Die beiden Variablen stehen in Wechselwirkung: Durch Geburtenfolge bedingte Unterschiede sind bei mittleren Altersabständen bedeutend größer als bei den großen oder kleinen. Einzelkinder werden hier wie die ihnen ähnlichen »Erstgeborenen« mit großem Altersabstand gezählt.

selbst dann in aller Regel größer ist, wenn man die Ungewißheit, ob es sich jemals reproduzieren wird, mit berücksichtigt. Bei mittleren Altersabständen jedoch übersteigen die »bereinigten« Kosten, die mit einem jüngeren Geschwister verbunden sind, den Gewinn.[46]

Diese Hypothese führt zu einer überprüfbaren Folgerung. Eltern sind mit allen ihren Nachkommen gleichermaßen verwandt. Das gilt auch für die Nachkommen untereinander, doch sind sie mit sich selbst doppelt so verwandt wie mit ihren Geschwistern. Aus diesem Grund neigen Geschwister dazu, die Überlebenschancen eines Geschwisterkindes weitaus schlechter zu bewerten als ihre Eltern. Der Grad der Abweichung in den Bewertungen zwischen Eltern und Nachkommen wird je nach Wirkungsweise des Altersabstands in ihrer Funktion variieren. Die unterschiedliche Bewertung durch Eltern und Nachkommen folgt einem kurvilinearen Trend. Erstgeborene mit einem drei bis fünf Jahre jüngeren Geschwister werden heftigere Eltern-Kind-Konflikte durchleben als Erstgeborene mit Geschwistern in anderen

 Altersabständen. Dagegen wird der oder die jüngere in einem solchen Geschwisterpaar weniger heftige Konflikte mit den Eltern durchleben, weil die Eltern seine Interessen schützen und es für die Aggressionen des älteren Kindes entschädigen. Diese Trends jedenfalls haben sich in meinen Untersuchungen bestätigt.[47]

Daraus läßt sich eine noch allgemeinere Schlußfolgerung ableiten. Das Geburtenintervall betrifft die darwinistischen Interessen der Kinder in anderer Weise als die der Eltern. Die Interessen der Kinder wiederum unterscheiden sich entsprechend der Geburtenfolge. *Weil Geburtenfolge und Altersabstand Asymmetrien in die Gesamtfitneß einführen, sind sie die eigentlichen Ursachen dafür, daß die gemeinsame familiäre Umwelt nicht auf gleiche Weise erlebt wird.*

Die Darwinsche Logik legt eine weitere – überprüfbare – Idee nahe. Es ist anzunehmen, daß Geschwisterdifferenzen zwischen zweieiigen Zwillingen, zwischen denen ja gar kein Altersunterschied besteht, geringer sind als zwischen Geschwistern, die keine Zwillinge sind, obwohl doch beide Nachkommenpaare oder -gruppen ungefähr die Hälfte ihrer Gene gemeinsam haben. Aus einer Reihe von einschlägigen Studien zu Persönlichkeitsmerkmalen geht hervor, daß die durchschnittliche Korrelation zwischen zweieiigen Zwillingen 0,25 beträgt und damit doppelt so hoch ist wie bei Geschwistern, die keine Zwillinge sind (0,11).[48] Dies könnte darauf zurückzuführen sein, daß die größere Ähnlichkeit zwischen zweieiigen Zwillingen mit dem größeren Maß an gemeinsamen Erfahrungen zu tun hat und eben nicht nur der Altersgleichheit (und damit der Gleichheit im Hinblick auf die Gesamtfitneß) zuzuschreiben ist. Weil jedoch die Rolle, die die gemeinsame Umwelt für die Persönlichkeitsentwicklung spielt, im allgemeinen nicht sehr groß ist, erscheint diese Erklärung nicht besonders überzeugend, auch wenn sie nicht völlig von der Hand zu weisen ist.[49]

## Verlust der Eltern

Geschwister konkurrieren nicht ohne Grund: Sie wollen ihren Anteil an den elterlichen Investitionen steigern. Ein Mangel an solchen Zuwendungen, so steht daher zu erwarten, wird andere Auswirkungen der Geburtenfolge zutage fördern. Um ein extremes Beispiel zu nehmen: Geschwister, die in einem Waisenhaus groß geworden sind, verhalten sich vermutlich nicht wie typische Erst- beziehungsweise Spätergeborene.

Tatsächlich beeinflußt der Verlust der Eltern die Effekte der Geburtenfolge. Dabei spielen Schicht und Herkunft eine große Rolle. In Ober- und Mittelschicht vermindert der frühe Verlust eines Elternteils die typischen Geschwisterdifferenzen im Hinblick auf radikale Einstellungen. In der Unterschicht dagegen hat dieser Verlust die *entgegengesetzte* Wirkung. Hier läßt der frühe Verlust der Eltern oder eines Elternteils Erstgeborene zu unbeirrbaren Konservativen werden. Und deren Konservatismus treibt die jüngeren Geschwister um so mehr ins Lager der Rebellen (Abb. 5.3).[50]

**Aufnahmebereitschaft für Innovationen, bezogen auf Geburtenfolge, Verlust der Eltern und Schicht**

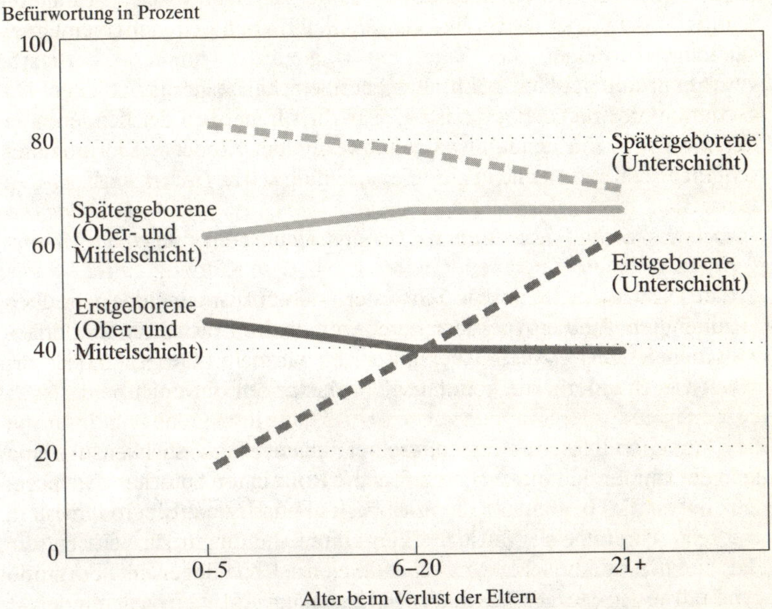


Abb. 5.3 Offenheit gegenüber wissenschaftlichen Innovationen, bezogen auf Geburtenfolge, Schicht und Verlust der Eltern. Die Graphik zeigt Wechselwirkungen in drei Richtungen.
Offenheit für Erfahrung wird durch die Geburtenfolge beeinflußt, nicht aber durch Schichtzugehörigkeit und Verlust der Eltern (zumindest nicht direkt). Die beiden letztgenannten Variablen stehen jedoch in Wechselwirkung mit der Geburtenfolge. In Ober- und Mittelschicht mildert der frühe Verlust der Eltern die Auswirkungen der Geburtenfolge. In der Unterschicht tritt der gegenteilige Effekt ein: Die durch Geburtenfolge bedingten Differenzen werden verstärkt. An diesen in drei Richtungen verlaufenden Wechselwirkungen lassen sich Veränderungen in den familiären Nischen erkennen, die im Text erläutert werden.

Diese wechselseitigen Zusammenhänge lassen vermuten, daß der Verlust der Eltern die Persönlichkeitsentwicklung indirekt betrifft: nämlich durch seinen Einfluß auf die familiären Rollen und Nischen. Wenn Geschwister um ein Elternteil trauern, dann werden sie sich gegenseitig eher unterstützen. Diese Nähe bleibt manchmal erhalten, besonders dann, wenn der Tod die Familienstruktur nicht verändert.[51] Alexander und Wilhelm von Humboldt haben ihren Vater verloren, als sie acht und zehn Jahre alt waren. Daraufhin verlebte Alexander die Kinder- und ersten Jugendjahre »in nie getrennter Gemeinschaft mit dem älteren Bruder Wilhelm«.[52] Teilweise mag diese Nähe darauf zurückzuführen sein, daß Wilhelm nie der Mann im Haus wurde. Ein Hauslehrer, der treue Kunth, vertrat die Vaterstelle; er unterrichtete die Brüder in verschiedenen Fächern und begleitete sie überallhin. »Die bisherigen äussern Verhältnisse derselben«, urteilt der Humboldt-Biograph Bruhns, »erfuhren keine Veränderung.«[53] Auch als die Brüder ihr Studium abgeschlossen hatten, blieb Kunth ein Mitglied der Familie. Als er starb, wurde er unweit der Humboldtschen Familiengruft beigesetzt.

Auch Max Born, Nobelpreisträger in Physik, hat beschrieben, wie der Tod der Mutter ihn seiner jüngeren Schwester näher brachte. Er war das ältere von zwei Kindern und gerade vier Jahre alt, als die Mutter starb:

> »Nie war jemand da, zu dem wir Kinder mit unseren kleinen Sorgen und Freuden Zuflucht nehmen konnten wie andere Kinder zu ihrer Mutter. Um so mehr hielten meine Schwester und ich zusammen. Wir spielten miteinander und entwickelten eine Art Geheimsprache, für alles erfanden wir verzerrte Ausdrücke, mit denen wir uns in Gegenwart der Erwachsenen unterhalten konnten, ohne verstanden zu werden.«[54]

Zu Borns »Zwillingserfahrung« mit seiner jüngeren Schwester wäre es sicher nicht gekommen, hätte er ihr gegenüber die Rolle einer Autorität eingenommen. Es war die Großmutter, die »die oberste Befehlsgewalt übernahm« und, wie Born schreibt, eine Haushälterin als ihren »Leutnant« zur Seite hatte.[55] Diese beiden militärischen Mütter erfüllten die Rolle der Eltern, Born und seine Schwester dagegen waren die »Soldatenkumpel«.[56]

In Mittel- und Unterschichtfamilien kommt es nicht so häufig vor, daß sich Erwachsene, etwa Hauslehrer oder Haushälterinnen um die jüngeren Geschwister kümmern. In diesem Fall werden häufig die Erstgeborenen zu Ersatzeltern.[57] Theodor Billroth beispielsweise, ein berühmter Chirurg aus dem neunzehnten Jahrhundert, verlor seinen Vater, als er fünf Jahre alt war, und seine tuberkulosekranke Mutter führte den Haushalt vom Krankenbett aus. Ob er wollte oder nicht, schreibt sein Biograph Absolon, »Theodor mußte Verantwortung übernehmen und sich um die Schularbeiten seiner jüngeren Brüder kümmern.«[58] Klinische Beobachtungen zeigen, daß sich jüngere Geschwister gerade dann gegen ihre erstgeborenen Geschwister auflehnen, wenn diese ihnen mit der gestärkten Autorität von Ersatzeltern entgegentreten.[59] Je früher Geschwister aus Unterschichtfamilien einen Elternteil verlieren, desto mehr treibt es sie auseinander.

Der Verlust eines Elternteils wirkt sich auf den Eltern-Kind-Konflikt ebenso aus wie auf radikale Einstellungen. Die Konflikte zwischen den Nachkommen und dem lebenden Elternteil verschärfen sich. Vor allem unter Spätergeborenen sind diese Effekte zu beobachten. Erstgeborene dagegen haben *weniger* Konflikte mit dem lebenden Elternteil. Die Ersatzelternrolle ist mit gewissen Privilegien verbunden. In Oberschichtfamilien, in denen andere Machtstrukturen herrschen, verändert sich das Ausmaß des Eltern-Kind-Konflikts nach dem Verlust eines Elternteils gewöhnlich nicht.[60] Kurz: Ändern sich die familiären Rollen, dann ändern sich auch die

Max Born, einer der Begründer der neuen Quantenmechanik, in den zwanziger Jahren. Er war ein eher schüchterner Mensch, was er in seiner Autobiographie auch kommentiert: »Keine Mutter war da, der ich mich anvertrauen und die mein Vertrauen wiederherstellen konnte. So kam es, daß ich ein etwas sonderlicher Kauz wurde. Ich selbst wußte dies nicht; nachdem ich jedoch geheiratet hatte und zum ersten Mal in meinem Leben mit einem anderen Menschen eng vertraut wurde, erfuhr ich von meiner Frau, was mit mir nicht in Ordnung war« (*Mein Leben*, S. 16).

Muster des Eltern-Kind- und des Geschwisterkonflikts. Ein berühmtes Fallbeispiel kann diesen Punkt verdeutlichen.

### *Darwins Verlust der Mutter*

Der Psychologe John Bowlby schrieb eine Biographie über Darwin, in deren Mittelpunkt er den Verlust der Mutter stellt; sie starb, als Charles acht Jahre alt war.[61] Außergewöhnlich an Darwins Entwicklung sei gewesen, daß er nach dem Tod der Mutter keine Gelegenheit fand zu trauern. Vater und Schwestern weigerten sich in ihrem Kummer, über den Tod von Frau und Mutter zu sprechen oder auch nur ihren Namen zu nennen. In dieser »Mauer des Schweigens« sah Darwin später den Grund für seine Unfähigkeit, sich an seine Mutter zu erinnern; er wußte nicht einmal mehr, wie sie aussah. An andere Erlebnisse aus seiner Kindheit dagegen erinnerte er sich ausgezeichnet, wie seine Autobiographie beweist.

Eine erstaunliche Episode läßt erkennen, wie sehr Darwin die Erinnerung an seine Mutter »verdrängte«.[62] In der Familie war ein Spiel mit Wörtern sehr beliebt. Es ging darum, den Mitspielern Wörter abzunehmen, indem man durch Hinzufügen von Buchstaben neue Wörter bildete. Als Darwin einmal beobachtete, wie ein Mitspieler den Buchstaben M vor das Wort OTHER setzte, betrachtete er dieses Wort lange. Schließlich wandte er ein: »MOE-THER. Das Wort MOE-THER gibt es doch gar nicht.«[63]

Der Tod der Mutter änderte die Familiendynamik, und dies beschädigte Bowlby zufolge Darwins Selbstachtung. Sein Vater reagierte mit Depressionen und flüchtete sich in »Sarkasmus und Schikanen«. Darwins Cousine Emma, seine spätere Frau, kannte den Doktor schon, als sie noch Kind war. »Er war ein unruhiger Mann«, berichtet sie, »laute und schmutzige Jungs konnte er nicht ertragen.«[64]

Robert Darwins Reizbarkeit und seine depressive Verfassung trugen dazu bei, daß sich die ohnehin nicht ganz einfache Beziehung zu seinem Sohn, den er als »einen ganz gewöhnlichen Jungen« betrachtete, noch schwieriger gestaltete. In seiner Autobiographie berichtet Darwin, daß der Vater nicht viel von seiner Beschäftigung mit Naturgeschichte gehalten habe. »Ich war tief gekränkt, als mein Vater mir einmal sagte: Außer Schießen, Hunden und Rattenfangen hast du nichts im Kopf; du wirst noch zur Schande für dich selbst und deine ganze Familie.«[65] Darwins Tochter Henrietta erinnert sich an folgenden Ausspruch ihres Vaters: »Ich glaube, daß, als ich jung war, mein Vater ein wenig ungerecht gegen mich war; später aber erfüllte es mich mit Dank, denken zu dürfen, daß ich sein größter Liebling wurde.«[66] In Anbetracht von Darwins sanfter und nachsichtiger Art muß man wohl annehmen, daß er mit einer solchen Bemerkung seine Enttäuschung heruntergespielt hat.

Infolge von Susannah Darwins Tod wandelte sich auch die Beziehung ihres Sohnes zu seinen beiden großen Schwestern, insbesondere zur neun Jahre älteren Caroline. Sie wollte ihm eine zweite Mutter sein, aber sie nahm ihre Aufgabe wohl etwas zu ernst. Jedesmal wenn er ein Zimmer betreten habe, in dem Caroline anwesend war, schrieb Darwin später in seiner Autobiographie, habe er sich gefragt: »Was wird sie wieder an mir auszusetzen haben? Und dann wappnete ich mich und nahm mir vor, ihren Tadel an mir abprallen zu lassen.«[67] Darwin wuchs nie aus dieser untergeordneten Position heraus; noch im letzten Jahr seiner Expedition mit der *Beagle* schrieb er seinen älteren Schwestern, daß sie nun, da er bald zurückkehre, ihren »Auftrag, mich auszuschelten & zu zivilisieren« wie in all den zurückliegenden Jahren wieder wahrnehmen könnten.[68]. Nur zu deutlich fehlte Darwin in seiner Kindheit die Gewißheit, sich auf jemanden ganz verlassen zu können.

Bowlby zufolge war es das Zusammentreffen dreier Faktoren, das ihn anfällig für Ängste, Depressionen und die vielgestaltigen Symptome des »Hyperventilationssyndroms« machte: die fehlenden Gelegenheiten, über den Tod der Mutter zu sprechen, die schwierige Beziehung zum Vater und seine

Links: Robert Waring Darwin (1766-1848), Darwins Vater, ein großer und dickleibiger Mann, der, als er sich das letzte Mal wog, 130 Kilogramm auf die Waage brachte. »Und er nahm danach immer noch weiter zu«, berichtet sein Sohn. Rechts: Susannah Wedgwood Darwin (1765-1817), Darwins Mutter, die (vermutlich an Krebs) starb, als er acht Jahre alt war. Er konnte sich kaum an sie erinnern; von anderen wurde sie jedoch als »freundliche, sympathische Person« beschrieben, die die Interessen ihres Mannes an Botanik und Zoologie geteilt habe. Die Ländereien und Gärten der beiden seien berühmt für ihre ausgewählten Sträucher und Blumen gewesen. Sie züchteten Vögel und Tiere, und die Schönheit, die Vielfalt und die Zahmheit ihrer ›Bergtauben‹ seien in der ganzen Stadt und weit darüber hinaus gerühmt worden.

ambivalenten Gefühle den übereifrigen Schwestern gegenüber. Neuere epidemiologische Untersuchungen haben gezeigt, daß die Empfänglichkeit für psychosomatische Störungen durch den frühzeitigen Verlust eines Elternteils zunimmt.[69]

Nach seiner Rückkehr von der *Beagle*-Expedition, die er bei überwiegend bester Gesundheit und mit unermüdlicher Energie hinter sich gebracht hatte, überfielen ihn zunehmend »starker Schüttelfrost und Brechreiz«, ausgelöst vor allem durch die Aufregung, in die er geriet, wenn er mit Menschen sprechen mußte. Bis zum Ende seines Lebens litt Darwin an Schwindelanfällen, Brechreiz und hysterischen Weinkrämpfen, die ihn oft an den Rand der Erschöpfung brachten. Im Alter von zweiunddreißig Jahren schrieb er 1841 an einen Cousin, er sei »zu einem ruhigen Leben gezwungen und kaum in der Lage, jemanden zu sehen oder auch nur mit den nächsten Anverwandten ein längeres Gespräch zu führen«.[70] Er fühle sich, stellte er pathetisch fest, »wie ein lebendiges Grab«.[71]

Dies alles paßt zum Hyperventilationssyndrom. Hyperventilation nennt man eine unwillkürliche Beschleunigung der Atmung, die auf eine übermäßige Erregung des vegetativen Nervensystems zurückgeht. Da der Ener-

Vier der sechs Geschwister Darwin. Oben links: der vier Jahre ältere Erasmus. Oben rechts: die neun Jahre ältere Caroline, die nach dem Tod der Mutter versuchte, diese zu ersetzen. Unten: Charles und seine Schwester Catherine, die beiden Jüngsten in der Familie, ein Jahr vor dem Tod Susannahs. Darwin hält eine Pflanze in der Hand, vermutlich ein Zeichen für das Interesse der Mutter an Gärten und Blumen.

gieverbrauch nicht gleichzeitig steigt, sinkt der Kohlendioxydspiegel im Blut und die geschilderten Symptome stellen sich ein. Der Patient muß dann ein paar Minuten in eine Papiertüte atmen, so daß sich der Kohlendioxydspiegel wieder hebt und die Symptome verschwinden.

Bowlby zufolge war Darwins Hyperventilationssyndrom der physiologische Ausdruck seiner Empfindlichkeit gegen Kritik, die sich auch in seinen Arbeitsgewohnheiten niedergeschlagen habe. Darwin lebte in der beständigen Furcht, zu versagen oder Fehler zu machen; daher arbeitete er stets bis zum Umfallen. »Das Wort Feiertag«, bekannte er seinem Freund Joseph Hooker, »ist für mich in einer todten Sprache geschrieben, und ich bedauere das sehr.«[72] In seinem Lebensbericht schildert Darwin, wie er allmählich den

Geschmack an Dichtung und Musik verlor. »Mir scheint«, klagt er, »mein Geist ist eine Art Maschine geworden, wie gemacht dafür, allgemeine Gesetze knirschend aus großen Tatsachensammlungen auszumahlen.«[73] Er trieb sich immer weiter an, bis die Anfälle von Brechreiz so überhandnahmen, daß seine Frau ihn zwang, zu einer »Ruhekur« in ein Heilbad zu fahren. Doch der zerstörerische Kreislauf von Erschöpfung und Entkräftung und anschließenden Klagen über seinen jämmerlichen Zustand wiederholte sich immer wieder. Bowlby dazu:

> »Darwins wissenschaftliche Arbeit ... war auch ein unverzichtbares Mittel zur Flucht vor seinem Leiden. Kein Wunder, daß er zuviel arbeitete. Er tat dies wie ein Süchtiger, sieben Tage die Woche nach dem immer gleichen Tagesplan und Woche für Woche, bis er nicht mehr konnte.«[74]

Seine leicht zu erschütternde Selbstachtung erklärt auch Eigenheiten seines »wissenschaftlichen Stils«. Auffällig ist sein chronischer Selbstzweifel. Ständig stellte er sein eigenes Urteil in Frage; letztlich ließ ihn dies zu einem Genie in der Überprüfung von Hypothesen werden. Unglücklicherweise jedoch forderte diese besessene Suche nach möglichen Fehlern und Irrtümern einen hohen emotionalen Preis.

Darwin konnte seine Neigung zum Selbstzweifel nur deshalb in wissenschaftlichen Erfolg ummünzen, weil sie durch eine andere Eigenart seiner Persönlichkeit ausgeglichen wurde. Wenn er auf Widerspruch traf, blieb er erstaunlich hartnäckig.[75] Das mag uns daran erinnern, wie er sich als Junge »starrköpfig« stellte und so tat, als gingen ihn die Vorhaltungen seiner Schwester Caroline nichts an. Wäre er von seiner Mutter gescholten worden, hätte er vielleicht anders reagiert; der älteren Schwester gegenüber jedoch verhielt er sich herausfordernd und trotzig.

Wenn »Starrköpfigkeit« richtig eingesetzt wird, ist sie eine durchaus nützliche Eigenschaft. In Darwins Fall war sie von grundlegender Bedeutung für seine lebenslangen Forschungen über die Evolution. Er selbst schätzte diesen Charakterzug, der seiner Meinung nach entscheidend für geniale Leistungen war.[76] Mit besonderem Stolz wiederholte er den Satz: »Es ist starrköpfig, so zu sein.«[77] »Starrköpfigkeit«, so kommentiert Francis Darwin diesen Ausspruch des Vaters, »drückt seinen geistigen Zustand beinahe besser aus als Ausdauer. Ausdauer scheint kaum seinen glühenden Wunsch auszudrücken, die Wahrheit zu zwingen, sich zu enthüllen.«[78] Als Wissenschaftler stellte sich Darwin den umstrittensten Fragen seiner Zeit mit der gleichen stoischen Entschlossenheit, mit der er auch den Mahnungen seiner Schwester begegnet war. Genialität, zumindest in der Form, wie Darwin sie offenbar auffaßte, war eben eine seiner unverwechselbaren Geschwisterstrategien. Natürlich erschöpfte sich Darwins Genius nicht in beharrlich starrköpfiger Ablehnung anerkannter Autoritäten; doch mit intellektueller Brillanz allein hätte er wenig ausrichten können, als es darum ging, die Revolution voranzutreiben, die heute mit seinem Namen verbunden ist.

Darwins Arbeitszimmer in Down House in seinem Todesjahr (1882). Seinem Sohn Leonard vertraute er einmal an, er habe sich »nie wirklich wohlgefühlt, es sei denn, er konnte sich ins Schreiben versenken« (Bowlby, *Charles Darwin*, S. 12).

Darwins Leben und seine umwälzenden Errungenschaften bestätigen eine wichtige Einsicht: Es ist nicht der Verlust der Eltern, sondern es sind die Veränderungen in den Geschwisterbeziehungen, die sich auf die Persönlichkeit auswirken. Nach dem Tod von Vater oder Mutter spielen überdies Schicht und Herkunft eine Rolle, denn sie beeinflussen die Wahrscheinlichkeit, daß Geschwister zu Ersatzeltern werden. Wie unzulängliche Elternschaft kann auch ihr unzulänglicher Ersatz die Neigung zur Rebellion befördern.

## Zusammenfassung

Es ist nicht die beste aller möglichen Welten, in der wir leben. Das hat Darwin im Verlauf seines Lebens als Wissenschaftler erkannt. Wie Voltaires Candide hatte auch er zunächst geglaubt, was ihm über die Vollkommenheit der Welt gesagt wurde. Gott, so schrieb William Paley, ein berühmter englischer Panglossianer, habe in seiner Weisheit jedes Lebewesen dem ihm bestimmten Platz im Haushalt der Natur angepaßt. Noch zwei Tage vor der Veröffentlichung der *Entstehung der Arten* erklärte Darwin: »Ich habe kaum jemals ein Buch mehr bewundert als Paleys Theologie der Natur. Ich konnte es fast auswendig.«[79]

Doch nicht mit dem göttlichen Schöpfungsplan, sondern mit der Evolution durch natürliche Selektion läßt sich erklären, warum jede Kreatur an ihre Umwelt angepaßt ist. Diese Theorie macht außerdem deutlich, warum eine Kreatur nie *vollkommen* an ihre Umwelt angepaßt ist. Schmerz und Leid sind zwei denkwürdige Folgen der Unvollkommenheit dieser Welt. »Es entspricht ... meiner Vorstellungsart weit besser«, schrieb Darwin in *Entstehung der Arten*, »solche Instincte, wie die des jungen Kuckucks, der seine Nährbrüder aus dem Nest stösst, wie die der Ameisen, welche Sclaven machen, oder die der Ichneumoniden, welche ihre Eier in lebende Raupen legen, nicht als eigenthümliche oder anerschaffene Instincte, sondern nur als unbedeutende Folgezustände eines allgemeinen Gesetzes zu betrachten.«[80] Ein Jahrhundert später ist die Evolution noch immer das einzige große verbindende Prinzip in den Wissenschaften vom Leben. »Außer im Lichte der Evolution ergibt nichts in der Biographie einen Sinn«, bemerkte einmal der amerikanische Genetiker Theodosius Dobzhansky.[81]

Die Entwicklung des Menschen stimmt mit den grundlegenden Prinzipien Darwins überein, auch wenn sie in den meisten Einzelheiten durch Lernen geformt wird. Dieser Prozeß hat manchmal Haken, wie Darwin aus erster Hand wußte. Seine persönlichen Schwierigkeiten hatten damit zu tun, daß er in einer großen Familie zu den Letztgeborenen gehörte; mit dem Altersabstand von vier Jahren zu seinem nächstälteren Geschwister; mit einer gestörten Beziehung zum Vater; damit, daß die Mutter starb, als er acht Jahre alt war, und mit einer älteren Schwester, die den Jungen übereifrig bemutterte. Vor diesem Hintergrund durchlebte Darwin zahlreiche der Entwicklungsstörungen, die radikale Neigungen befördern. Mit seinen Theorien lieferte er einen allgemeinen Rahmen, mit dessen Hilfe sich letzte und nächste Ursachen, die die individuelle Entwicklung bestimmen, in Beziehung setzen lassen; diese Theorien sind zugleich ausgesprochen nützlich, will man den Verlauf und die Ergebnisse biographischer Prozesse erklären.

Der Verlust der Eltern zeigt, daß Erfahrungen, die in der Familie gemacht werden und zu Entwicklungsstörungen führen, für jedes Familienmitglied spezifische Folgen haben. Bei Geschwistern rühren die verschiedenen Reaktionen auf den Verlust daher, daß jedes eine andere Nische im Familiensystem besetzt. Hinzu kommen die Auswirkungen der Herkunft, so bescheiden ihr genereller Einfluß auf die Persönlichkeitsentwicklung auch sein mag. Wenn indes ein Elternteil stirbt, beeinflußt die Schichtzugehörigkeit den Wandel der familiären Nischen. In Unterschichtfamilien nimmt das älteste Kind oft die Ersatzelternrolle ein; eine Position, in die jüngere Geschwister selten gedrängt werden. In Oberschichtfamilien hat der Verlust von Vater oder Mutter andere Folgen; die Nischen in solchen Familien haben eine andere Struktur.

Diese Befunde stehen in Widerspruch zur marxistischen These vom Klassenkampf als dem Motor der Geschichte. Revolutionäre verdanken ihre Radikalität der Konkurrenz um begrenzte familiäre Ressourcen – sowie den Nischen, die das jeweilige Konkurrenzverhalten prägen – und nicht dem Klassenbewußtsein.[82] Ebensowenig ergibt der Freudsche Begriff des Ödipuskomplexes unter Darwinschen Gesichtspunkten einen Sinn. Nachkommen versuchen nicht, einen Elternteil umzubringen, um den anderen für sich allein zu besitzen. Kinder streben nach Maximierung der elterlichen Investitionen, nicht nach deren Halbierung. Weil Freud den Darwinschen Prinzipien keine Beachtung geschenkt hat, waren seine entwicklungstheoretischen Annahmen von vornherein zum Scheitern verurteilt. Das Versagen der Psychoanalyse – sowohl in theoretischer wie in therapeutischer Hinsicht – liest sich wie eine Fußnote zu diesem grundsätzlichen Mißverständnis der Erfahrungen, die in der Familie gemacht werden.

Der Eltern-Kind-Konflikt ist ein signifikanter Prädiktor für Radikalismus, auch wenn er nicht annähernd so wichtig ist wie die Geburtenfolge. Dennoch hilft uns der Konflikt mit den Eltern zu verstehen, warum manche Erstgeborene eine besondere Offenheit für radikale Neuerungen erkennen lassen. Meine Behandlung biographischer Einzelschicksale wie Kepler oder Newton mag gelegentlich den Eindruck erwecken, hier versuche jemand nachträglich, eine Theorie über Geburtenfolge zu retten; dieser Ansatz beruht jedoch strikt auf wissenschaftlichen Methoden. Kein einziger einzelner Aspekt der familiären Erfahrung ist ein unfehlbarer Prädiktor menschlichen Verhaltens; vielfältige Prädiktoren sind daher weit sinnvoller als einzelne. Auf der Grundlage eines Modells mit zwei Variablen für Radikalismus läßt sich für Kepler und Newton indes voraussagen, daß sie sich radikalen wissenschaftlichen Neuerungen anschließen werden, während andere Erstgeborene diese bekämpfen werden. Das Wissenschaftliche daran ist der Prozeß, mit dem die Hypothese überprüft wird.

Geschwisterstrategien sind nicht in Stein gemeißelt. Und sie sind auch nicht genetisch vorherbestimmt. In unserer Entwicklung stoßen wir auf Hindernisse, und daher hat uns die Evolution mit Mitteln ausgestattet, die uns zu wendigen Strategen werden lassen. Durch problematische familiäre Nischen werden manche Erstgeborene ehrenhalber zu Spätergeborenen. In den Kontext der Darwinschen Theorien gestellt, spiegelt die Persönlichkeitsentwicklung die unauslöschlichen Prägungen, die familiäre Nischen und Entwicklungsstörungen hinterlassen haben.

Kapitel 6

# Geschlecht

Es ist eine uralte Streitfrage, welche Persönlichkeitsmerkmale von der Geschlechtszugehörigkeit abhängen und in welchem Ausmaß sie das tun. Über lange Zeiten wurden Frauen als das »schwache Geschlecht« und damit als minderwertige Wesen betrachtet, denen ein entsprechend untergeordneter sozialer Status zukomme. Mit der Tatsache, daß das Gehirn von Frauen kleiner ist als das von Männern, glaubte man, die weibliche Unterlegenheit beweisen zu können. Doch schließlich fand man heraus, daß die Größe des Gehirns mit der Körpergröße zusammenhängt; proportional unterscheidet sich das Gehirnvolumen von Männern und Frauen nicht.[1] Mit dem Aufkommen verläßlicherer psychologischer Testverfahren wurde es möglich zu zeigen, daß viele Geschlechterdifferenzen imaginär sind und in Wirklichkeit nicht existieren. Gleichwohl kommt die einschlägige Literatur zu widersprüchlichen Ergebnissen. In einigen Untersuchungen heißt es beispielsweise, Frauen verhielten sich konformer als Männer. Andere behaupten genau das Gegenteil.[2] Was soll man also glauben?

Auf viele psychische Eigenschaften hat das Geschlecht einen eher untergeordneten oder gar keinen Einfluß. Generell ist das Geschlecht als solches kein besonders relevanter Faktor, ganz anders als die vom *Geschlecht (gender) bestimmte Geschlechterrolle.* Wie Maria Linn, eine Expertin auf diesem Gebiet, dazu bemerkt: »Geschlechterdifferenzen hinsichtlich der Bewältigung intellektueller und psychosozialer Aufgaben sind verhältnismäßig gering, verglichen mit den massiven Unterschieden, die in der Verteilung von einflußreichen, einträglichen, befriedigenden und sicheren Karrieren zwischen Männern und Frauen bestehen.«[3]

Bestimmte psychische Unterschiede zwischen den Geschlechtern sind wiederholt untersucht worden. Sie betreffen vornehmlich Aggression, selbstbewußtes Auftreten, Konformität und Innengerichtetheit.[4] Eine weitere Differenz hat mit den Werten zu tun, die man sich beim Partner am meisten wünscht. Männer bewerten bei der Partnerwahl Jugend und Attraktivität höher als Frauen. Diese wiederum suchen beim Partner eher den wirtschaftlichen Erfolg. Ungefähr gleich werden dagegen Eigenschaften wie Ehrlichkeit und Freundlichkeit beurteilt.[5]

Eine Reihe von Geschlechterdifferenzen zeigt sich bei besonderen Situationen und Aufgaben.[6] Männer schneiden, wenn es um Naturwissenschaften geht, bei Tests gewöhnlich besser ab. Dafür wissen Frauen mehr, wenn Gesundheitspflege gefragt ist.[7] Auch im Hinblick auf konformes Verhalten sind die Unterschiede abhängig von den jeweiligen Aufgabenstellungen. In experimentellen Studien mit Erwachsenen trat zutage, daß sich Frauen im allgemeinen konformer verhalten als Männer. Geht es allerdings um Sachverhalte, in denen Frauen sich besser auskennen (Damenmode zum Beispiel), verhalten sich Männer konformer.[8] Derartige Wechselwirkungen zwischen Personen, Situationen und Aufgabenstellungen sind selbstverständlich. Doch selbst wenn solche Interaktionseffekte erkannt werden, besteht häufig die Neigung, sie als »widersprüchliche Ergebnisse« zu interpretieren, wobei der tatsächliche Einfluß der Geschlechtszugehörigkeit unterschätzt wird.

Viele dieser Wechselwirkungen haben ihre Vorläufer im Familiensystem. Geschwister sehen sich in ihren jeweiligen familiären Nischen mit unterschiedlichen Verhaltenskontexten konfrontiert. Paradoxerweise kann gerade die Geschlechtszugehörigkeit zu einer Antwort auf die Frage beitragen, warum Schwestern so verschieden sind. »Weiblich« zu sein heißt für Erstgeborene etwas anderes als für Spätergeborene. Dasselbe gilt für Brüder. In der Entwicklung der Persönlichkeit – auch der Merkmale, die mit dem Geschlecht korrelieren – sind die Wirkungen familiärer Nischen größer als die Effekte biologischer Tatsachen; die prägende Kraft der Nischen überlagert sogar kulturelle Stereotypen. Studien zur Konformität können uns helfen, diesen Punkt zu verdeutlichen.

## Geburtenfolge und Konformität

Die vom sozialen Kontext bestimmte Geschlechtszugehörigkeit ist für eine überraschende Abweichung von unseren bisherigen Erkenntnissen über Geburtenfolge und konformes Verhalten verantwortlich. Betrachtet man »Schwesternpaare«, dann handeln die Erstgeborenen ausgesprochen nonkonformistisch, während die Spätergeborenen deutlich angepaßter sind.[9] Dieses Ergebnis gilt aber nur für Schwesternpaare, die keine weiteren Geschwister haben. In größeren Geschwistergruppen sind es die erstgeborenen Frauen, die sich konform verhalten, während die Spätergeborenen rebellieren; und hier macht es keinen Unterschied, ob es Brüder in der Geschwistergruppe gibt oder nicht. Diese Daten zeigen, wie wichtig es ist, auf Wechselwirkungen zu achten, wenn es um Fragen der Geschlechtszugehörigkeit geht; insbesondere auf die Rolle, die die familiäre Nische spielt (Abb. 6.1).[10]

Einige Psychologen haben versucht, diese Ergebnisse mit der Rollentheorie zu erklären.[11] Ihr zufolge lernen Geschwister geschlechtsspezifisches Verhalten voneinander, wobei dieser Prozeß durch das Geschlecht des Rollenvorbilds beeinflußt wird.[12] Bei zwei Schwestern wächst die jüngere mit einem Vorbild auf, das weibliches Verhalten beispielhaft vorlebt. Sie lernt, schwesterlichen Tugenden nachzueifern, sich etwa um Kooperation und Anpassung an Gruppenwünsche zu bemühen.[13]

Will man das Verhalten von Schwesternpaaren ohne weitere Geschwister erklären, bietet es sich an, von einer »Aufteilung der Nischen« auszugehen. Weil es keine Brüder gibt, scheinen Schwestern einander eine instrumentelle (männliche) und eine expressive (weibliche) Nische zuzuweisen. Die ältere

**Von der Geburtenfolge bestimmtes konformes Verhalten bei weiblichen Personen mit einer Schwester oder einem Bruder** 

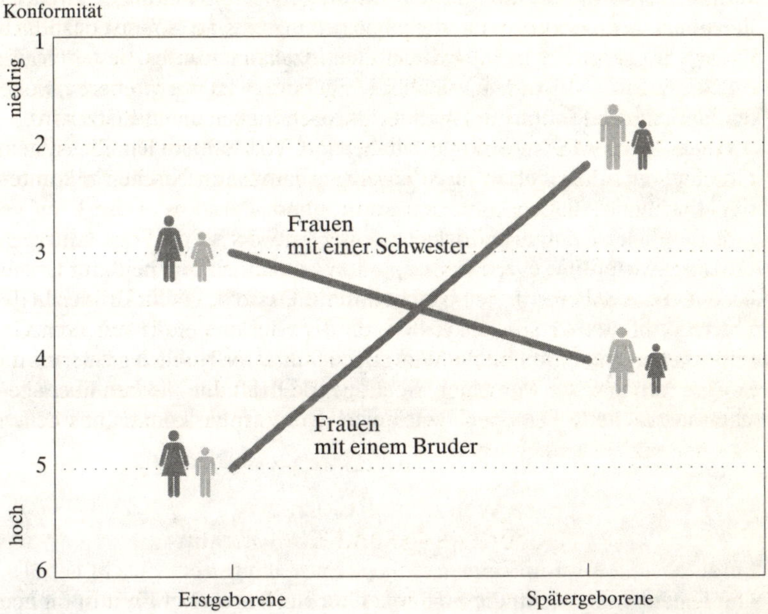


Abb. 6.1 Geburtenfolge und konformes Verhalten bei weiblichen Personen mit einer Schwester oder einem Bruder. Auf der vertikalen Skala ist der Rang der Konformität in den vier Geschwistergruppen eingetragen, wobei die Werte für die vier analogen (hier nicht gezeigten) männlichen Geschwistergruppen mit einbezogen sind.
Bei Schwesternpaaren verhalten sich die Spätergeborenen konformer als die Erstgeborenen. Bei Schwestern mit einem Bruder ist das übliche, von der Geburtenfolge bestimmte Muster vorherrschend: Erstgeborene verhalten sich konform, Spätergeborene nicht. Am wenigsten konformistisch verhalten sich spätergeborene Schwestern mit älterem Bruder. Für sich genommen lassen weder Geburtenfolge noch das Geschlecht des Geschwisterkindes signifikante Voraussagen über dic Konformität von Frauen zu. Die Effekte der Wechselwirkung zwischen Geburtenfolge und Geschwister-Geschlecht dagegen sind signifikant.

Schwester, die nicht mehr das einzige Objekt mütterlicher Aufmerksamkeit ist, wird sich vornehmlich mit dem Vater identifizieren und so eher instrumentelle Eigenschaften entwickeln.[14] Die zwischen Geschwistern wirksamen Gegensatzeffekte verstärken diese unterschiedlichen Identifikationen offenbar. Zwar weiß man nicht genau, welche psychischen Mechanismen für die Aufteilung der Nischen verantwortlich sind; daß so etwas geschieht, ist jedoch hinreichend belegt, vor allem durch die offenkundigen Wechselwirkungen zwischen Geburtenfolge, dem eigenen und dem Geschlecht des jeweiligen Geschwisterkindes.[15]

Die soeben vorgestellten Studien beziehen sich auf Familien mit zwei

 Kindern. Bei einer größeren Geschwisterzahl ändern sich die Ergebnisse, weil die Verteilung der Nischen hier anderen Regeln folgt. Große Geschwistergruppen verstärken die Pflichten, die den Erstgeborenen als Ersatzeltern obliegen. Die Übernahme elterlicher Verantwortung führt meist dazu, daß älteste Schwestern sich mit der Mutter identifizieren und sich daher an die elterliche Autorität anpassen. Wächst die Familie, steigt die Wahrscheinlichkeit, daß Schwestern mit Brüdern aufwachsen. Leben sie mit Brüdern zusammen, werden Schwestern traditionelle Geschlechtsrollen annehmen, und dann hat die Geburtenfolge den bereits bekannten Einfluß auf konformes Verhalten.[16]

Wesentlich ist, daß die Geschlechterfrage auf vielfältige Weise mit anderen Geschwisterdifferenzen verknüpft ist. Hinsichtlich der meisten Persönlichkeitsmerkmale verringern Geschwisterdifferenzen die Wirkung von Geschlechterdifferenzen. Eigenschaften, die sich auf das Geschlecht zurückführen lassen, treten von Individuum zu Individuum verschieden hervor, und zwar in Abhängigkeit von jenen Wechselwirkungen, die die familiären Nischen ausmachen.[17] Die Geschichte liefert einige der besten Beispiele dafür.

## Weibliche Reformer

Um zu verstehen, warum Frauen radikale Einstellungen entwickeln, habe ich eine Datenbank erstellt, die 504 bekannte Reformer und Reformerinnen aus der amerikanischen Geschichte umfaßt.[18] Als Kontrollgruppe habe ich 110 Amerikanerinnen und Amerikaner dazugenommen, die sich als Vertreter konservativer Ziele hervorgetan haben. In dem beide Gruppen umfassenden Sample liegt der Anteil der Frauen bei 35 Prozent.[19]

Meine Übersicht umfaßt 61 nach Ziel und Gegenstand verschiedene Reformen, die sich um medizinische Versorgung, Nahrungsmittel, Kleidung, Wohnen, Politik, Rassengleichheit und Frauenrechte drehten. Der Einfachheit halber habe ich diese Reformbewegungen in fünf Kategorien unterteilt: (1) religiöse und politische Reformen, (2) der Kampf um Gleichheit der Rassen, (3) Frauenrechtsbewegung, (4) Gesundheitswesen und (5) andere Sozialreformen (Wohnungs- und Bildungswesen, Alkoholmißbrauch et cetera).[20] Diese Unterscheidungen sind wesentlich, weil Reformbewegungen ihre Anhänger nach dem Muster »Person in bestimmter Situation« gewinnen, also auf der Grundlage von Wechselwirkungen, die ihrerseits von Geschwisterdifferenzen abhängig sind.

Anhänger von Reformbewegungen unterscheiden sich nicht nur nach den Interessen, die mit der jeweiligen Reform verfolgt, sondern auch nach dem Grad der Radikalität, mit dem diese vertreten werden. »Einige verfochten ihre Sache mit freundlichen Appellen an die Vernunft und suchten nur maßvolle gesellschaftliche Veränderungen zu erreichen, andere dagegen riefen zu grundlegendem und strukturellem Wandel auf, manchmal in einer äußerst deutlichen Sprache.«[21] Alle, denen es nur darum ging, das System zu

HARRIET TUBMAN.

Harriet Tubman (circa 1820–1913). Von ihrem Vater lernte sie, wie man sich im freien Gelände bewegt. Nach ihrer Flucht aus dem Süden im Jahr 1849 arbeitete sie in Philadelphia als Hausangestellte, Köchin und in der Fabrik, um ihre Befreiungsaktionen zu finanzieren. Wie der militante Kämpfer John Brown verachtete sie die Gegner der Sklaverei, die lediglich mit Worten fochten und nicht mit Taten. Nur weil sie krank war, nahm sie nicht an Browns Aktion auf Harpers Ferry vom Oktober 1859 teil, die unter einem schlechten Stern stand. Aufgrund ihres ungewöhnlichen Mutes und ihrer Entschlußkraft wurde die Tubman oft »der Moses ihres Volkes« genannt (Wrench, »Harriet Tubman«).

verbessern, und nicht darum, es umzustürzen, bezeichne ich als »gemäßigte Reformer/innen«. Diese Menschen wollten in der Regel die Lebensbedingungen erleichtern, das Gesundheits- oder das Bildungswesen ausbauen. »Radikale Reformer/innen« machten dagegen konfliktträchtige Themen aus Kultur, Politik und Religion, zum Beispiel das Verhältnis der Rassen, zu ihrer Angelegenheit. Zu dieser Gruppe gehören Sozialisten, Kommunisten, Anarchisten und die Gegner der Sklaverei. Immer wieder in der abendländischen Geschichte starben Menschen für ihre Sache, was dazu beitrug, daß sich egalitäre Ideen auf der ganzen Welt verbreiteten.

Im Vergleich zu gemäßigten Reformern gehörten die radikalen im allgemeinen eher rassischen Minderheiten und den unteren Klassen an. Und sie waren meist Spätergeborene. Diese Trends gelten für beide Geschlechter. Als isolierte Variable jedoch steht das Geschlecht in keiner signifikanten Korrelation zur Radikalität in sozialen Fragen.[22] Dennoch beeinflußt es die reformerischen Tendenzen auf indirekte Weise, also durch vielfältige Wechselwirkungen zwischen Geburtenfolge, Geschlecht der Geschwister und anderen Aspekten der Familienstruktur. Ich beginne mit der Rolle, die die Geburtenfolge spielt.

Nimmt man die Attraktivität, die der Abolitionismus für gesellschaftlich Unterprivilegierte hatte, als Kriterium seiner Radikalität, dann war der Kampf gegen die Sklaverei die radikalste Reformbewegung in Amerika.[23] Die Auseinandersetzung um die Sklaverei spaltete die Nation und stürzte sie in einen bewaffneten Konflikt; und sie offenbart ein für Bürgerkriege typisches Muster: die Polarisierung von Geschwistern aus derselben Familie. Der Abolitionismus zog von allen Reformbewegungen, die ich in meine Übersicht aufgenommen habe, die meisten Spätergeborenen auf seine Seite. Prominente Gegner der Sklaverei waren – ob Männer oder Frauen – in der Regel jüngere Geschwister.[24] Harriet Beecher Stowe, die Autorin von *Onkel Toms Hütte* (1852), beispielsweise war das siebente von dreizehn Kindern. Von ihrer ergreifenden Erzählung über das System der Sklaverei und seine entsetzlichen Grausamkeiten wurden im ersten Jahr nach Erscheinen mehr als 300 000 Exemplare verkauft, es folgten Übersetzungen in fünfundfünfzig Sprachen. Als Harriet Beecher Stowe 1863 Abraham Lincoln vorgestellt wurde, sagte er: »Das also ist die kleine Lady, die den großen Krieg gemacht hat.«[25]

Unter den spätergeborenen Abolitionisten waren auch einige äußerst mutige schwarze Frauen, so zum Beispiel Harriet Tubman. Sie wurde als eines der letzten von elf Kindern geboren (ihr genauer Geburtsrang ist unbekannt) und erlebte am eigenen Leib, wie grausam Sklaven behandelt wurden.[26] Sie war noch ein Kind, als zwei ihrer älteren Geschwister verkauft wurden. 1849 – sie war etwa dreißig Jahre alt –, lief sie weg. Sie war nur des Nachts unterwegs und schlug sich, den Polarstern zur Orientierung nutzend, von Maryland nach Philadelphia durch. Einige ihrer Brüder, die zunächst mit ihr geflohen waren, gingen aus Angst zurück. Im Verlauf der nächsten zehn Jahre kehrte Harriet Tubman neunzehnmal in den Süden zurück und führte etwa dreihundert Sklaven nach Norden in die Freiheit. Sie befreite sieben ihrer Geschwister und ihre bereits betagten Eltern. Die Sklavenhalter von Maryland versuchten, ihren Befreiungszügen Einhalt zu gebieten, und setzten eine hohe Belohnung auf ihren Kopf aus, jedoch ohne Erfolg. »Sie organisierte ihre Fahrten wie militärische Feldzüge«, schreibt Susan Wrench in ihrer Biographie, »und sie bestand auf strikter Disziplin – wenn nötig bedrohte sie ihre ›Mitreisenden‹ sogar mit dem Tod, wenn diese daran dachten umzukehren. In den zehn Jahren ihrer Fluchthilfe ist nicht ein einziger der mit ihr flüchtenden Sklaven gefangengenommen worden, auch hat sich keiner ergeben.«[27] Ein Zeitgenosse beschrieb Harriet als »ganz und gar furchtlos«.[28] Als sie einmal mit einigen flüchtigen Sklaven kurz vor der Gefangennahme stand, beschloß sie kaltblütig, einen Zug in Richtung Süden zu nehmen, weil sie vermutete, daß sich niemand um eine Gruppe Schwarzer, die in diese Richtung fuhren, kümmern werde. John Brown, der den Befreiungszug auf Harpers Ferry anführte, bewunderte die Tubman und nannte sie »General«.[29] Während des Bürgerkriegs war sie als Spionin für den Norden im Süden aktiv. 

Im Gegensatz zu spätergeborenen Frauen haben erstgeborene eher die Tendenz gezeigt, den Status quo zu verteidigen.[30] Die ehemalige Schönheitskönigin Anita Bryant etwa trat in den sechziger Jahren als erklärte Gegnerin der Homosexualität in Erscheinung, und zwar mit einer Vehemenz, die sie ihren Posten als Sprecherin von Floridas Citrusindustrie kostete. Später hatte sie ein religiöses Bekehrungserlebnis, in dessen Folge sie sich allmählich von ihren Homosexualitätsphobien befreien konnte. Eine weitere prominente konservative Erstgeborene ist Phyllis Schlafly. 1964 beteiligte sie sich als aktive Anhängerin Goldwaters voller Eifer an der Kampagne gegen das *Equal Rights Amendment,* und in »ihrem Kampf gegen die Frauenrechtsbewegung sah sie gleichsam eine religiöse Aufgabe«.[31] Eine weitere Erstgeborene in meinem Sample ist Ayn Rand. Um »Altruismus, Kooperation, Menschlichkeit, Güte in all ihren Variationen« zu entlarven, entwickelte sie ihre Philosophie des Objektivismus.[32] Der Schlüssel zum Glück, behauptete sie, seien die Befriedigung des Ego und Selbstachtung. Die Philosophie der Ayn Rand spiegelt das Extrem jenes Gegensatzpaares Freundlichkeit/Feindseligkeit, das eines unserer großen fünf Persönlichkeitsdimensionen bezeichnet. Die Geburtenfolge ist für Unterschiede in dieser Dimension ein ausgezeichneter Prädiktor.

Wenn erstgeborene Frauen sich für soziale Reformen einsetzen, dann tun sie dies in der Regel auf Gebieten wie dem Gesundheitswesen oder der sozialen Fürsorge. Erstgeborene werden durch ein ausgeprägtes moralisches Gewissen zu Reformen motiviert. Ein gutes Beispiel dafür liefert Catherine Esther Beecher, die älteste Schwester von Harriet Beecher Stowe und das erste Kind der Familie. Sie ließ sich von ihrem reformfreudigen Vater, dem Reverend Lyman Beecher dazu anregen, sich für die Ausbildung von Frauen zu engagieren, doch hatte ihr Reformwillen durchaus Grenzen. Angelina Grimké, einer Spätergeborenen, die Frauen für den Kampf gegen die Sklaverei zu gewinnen suchte, erklärte Catherine Beecher, daß »Frauen den Männern in der Gesellschaft von Natur aus untergeordnet ... und darüber erhaben sind, sich in politische Angelegenheiten einzumischen«.[33] Sie hielt überhaupt nichts vom Frauenwahlrecht. Zwei ihrer jüngeren Geschwister wiederum, Isabella und Henry Ward Beecher, traten vehement dafür ein. Verschiedene familiäre Nischen, verschiedene Reformansätze.

Gegensätze wie der zwischen den Beecher-Kindern zeigen sich in meinem ganzen Sample. Bedeutend mehr spätergeborene als erstgeborene Frauen entwickelten für ihr Geschlecht untypische Verhaltensweisen.[34] Fast das ganze neunzehnte Jahrhundert hindurch galt es als unpassend, wenn sich Frauen »in politische Dinge einmischten«, und häufig war es ihnen sogar per

 Gesetz untersagt, vor einem gemischt-geschlechtlichen Publikum zu sprechen. Doch dies hinderte spätergeborene Frauen nicht daran, die Grenzen, die ihnen durch ihre Geschlechtszugehörigkeit gesetzt waren, zu überschreiten und sich an verschiedenen politischen Reformen zu beteiligen.

Manchmal brachen sie zu diesem Zweck auch mit Herkommen und Traditionen ihrer Heimat. Die Grimké-Schwestern Sarah und Angelina waren die beiden ersten Frauen aus dem Süden, die sich bei den Abolitionisten engagierten. Sarah war das sechste Kind einer aristokratischen Familie aus Charleston; ihre jüngere Schwester Angelina war das vierzehnte und letzte Kind. Beide Schwestern bedrückte die elende Lage der Sklaven so sehr, daß sie dem Süden in den zwanziger Jahren des letzten Jahrhunderts den Rücken kehrten und sich in Philadelphia niederließen. Bald darauf machten sie die Bekanntschaft des radikalen Abolitionisten William Lloyd Garrison und wurden in der Bewegung aktiv. Sie hielten, auch vor gemischtem Publikum, Vorträge über das Übel der Sklaverei und mußten sich von Nordstaatlern vorwerfen lassen, sich nicht »schicklich« zu verhalten. Ihr Heimatstaat South Carolina ging noch einen Schritt weiter und drohte mit Gefängnisstrafen für den Fall, daß sie zurückkehrten. 1838 hielt Angelina Grimké als erste Frau eine Rede vor einer amerikanischen gesetzgebenden Körperschaft: Vor dem Parlament des Staates Massachusetts verteidigte sie das Recht der Frauen, Eingaben zu machen. Angelina, die radikaler war als ihre ältere Schwester Sarah, meinte: »Wir Frauen, die wir für die Abschaffung der Sklaverei eintreten, stellen die Welt auf den Kopf.«[35]

Es entspricht ihrer Tendenz zur Radikalität, daß spätergeborene Frauen eher als erstgeborene für Reformen eintraten, die vor allem Interessen der unteren Schichten betrafen. So fanden die Bewegung für die Geburtenkontrolle und der Anarchismus vor allem die Unterstützung der Unterschichten, aber auch von seiten Spätergeborener aus der Oberschicht. Erstgeborene aus der Oberschicht dagegen hielten sich von beiden Bewegungen fern; sie fühlten sich eher von klassischen Oberschicht-Themen wie Kinderfürsorge und Kampf gegen den Alkoholmißbrauch angesprochen.[36]

### *Rasse und Geschlecht als Variablen*

Meine Studie zu amerikanischen Reformern und Reformerinnen bestätigt die Bedeutung von Variablen wie Rassen- und Geschlechtszugehörigkeit: In Wechselwirkung mit der Geburtenfolge haben sie Einfluß auf Reformtendenzen. Nehmen wir das Verhalten von Angehörigen religiöser oder rassischer Minderheiten. Der Minderheitenstatus bewirkt eine ausgeprägtere Neigung zu radikalen Reformen. Berücksichtigt man diese Tendenz, dann ist die Wahrscheinlichkeit, daß Erst- und Spätergeborene aus Familien, die zu Minderheitengruppen zählen, sich an radikalen Reformen beteiligen höher als für Erst- und Spätergeborene aus der weißen protestantischen Mehrheit. Dieser Wechselwirkungseffekt gilt für beide Geschlechter.[37] Der Hauptgrund dafür liegt in der Art und Weise, in der sich der Minderheitenstatus auf Erstgeborene auswirkt. Spätergeborene rebellieren unabhängig davon, welcher Rasse sie angehören; und wenn sie unter Bedingungen ethnischer Unterdrückung aufwachsen, verhalten sich auch Erstgeborene nicht anders als Spätergeborene. Besonders die Sklaverei führte unter leiblichen Brüdern zu wirklicher Brüderlichkeit.

Unter den Frauen in meiner Studie befindet sich eine Erstgeborene, die zur radikalen Reformerin wurde: Sojourner Truth. Sie wurde im Staat New York als Tochter niederländisch sprechender Sklaven geboren und war das zweitjüngste Kind in einer großen Familie. Bis auf eines – einen jüngeren Bruder – sind alle ihre Geschwister als Sklaven verkauft worden; dies geschah bereits vor Sojourners Geburt, und so wurde sie, funktional gesehen, als Erstgeborene groß. Auch Sojourner wurde verkauft, 1806, im Alter von neun Jahren, auf einer Versteigerung. 1828 schließlich erhielt sie, dem Gesetz des Staates New York entsprechend, die Freiheit. Danach schloß sie sich der Bewegung zur Abschaffung der Sklaverei an. Von imponierender Gestalt und eine glänzende Rednerin, konnte sie auch »ein rüdes und skeptisches Publikum dazu bringen, mit gespannter Aufmerksamkeit zuzuhören, wenn sie ruhig und kraftvoll das Leben in der Sklaverei beschrieb«.[38] Im Jahre 1851 nahm sie an einer nationalen Versammlung im Staat Ohio teil, bei der es um die Frage des Frauenwahlrechts ging. Mehrere männliche Redner hatten davon gesprochen, daß man Frauen verwöhnen müsse, und daraufhin hielt sie ihre berühmte Rede »Bin ich etwa keine Frau?« (»Ain't I a Woman?«):

> »Dieser Mann da drüben sagt, daß man Frauen in den Wagen helfen und sie über Gräben tragen soll und daß sie immer den besten Platz haben sollen. Mir hat nie jemand in den Wagen oder über Dreckpfützen geholfen oder den besten Platz eingeräumt, und bin ich etwa keine Frau? Schaut her! Schaut auf meinen Arm! Ich habe gepflügt und gepflanzt und in die Scheune eingefahren, und kein Mann konnte das besser machen – und bin ich etwa keine Frau? Ich konnte so viel arbeiten und so viel essen wie ein Mann (wenn ich genug bekommen konnte), und ich konnte auch die Peitsche aushalten – und bin ich etwa keine Frau?«[39]

Wenn sich Erstgeborene wie Sojourner Truth radikalen Reformbewegungen anschließen, dann ist ihre Radikalität oft ein Hinweis auf eine Störung in ihrer Entwicklung. Unter den Bedingungen der Sklaverei war das Leben der Schwarzen voll von Entwicklungsstörungen.

Charlotte Forten Grimké, eine erstgeborene Abolitionistin, macht eine andere Wechselwirkung zwischen Rasse und Geburtenfolge deutlich. Charlotte stammte aus einer schwarzen Familie, die seit drei Generationen in der Bewegung eine wichtige Rolle spielte. Die meisten ihrer Verwandten waren Abolitionisten, so auch ihr Vater und mehrere Tanten. Wie andere Erstgeborene auch, identifizierte sich Charlotte mit ihren Eltern und übernahm deren gesellschaftliche Wertvorstellungen. Indem sie dies tat, identifizierte sie sich zugleich mit der Rebellion gegen den Status quo. Die ältesten Kinder sind meist nicht zum Rebellen geboren, doch können sie unter dem Einfluß radikaler Rollenvorbilder durchaus zu Rebellen werden.[40]

In der Frauenrechtsbewegung sind erstgeborene Frauen überrepräsentiert.[41] Dieses Ergebnis scheint meine These zu widerlegen. Doch erklärt sich dieser angebliche Widerspruch durch einen weiteren Wechselwirkungseffekt. Es war die Verweigerung des Wahlrechts für Frauen, die den Erstgeborenen den Weg in *diese* Rebellion ebnete, ähnlich wie die Sklaverei es erstgeborenen Schwarzen leichter machte, für die Freiheit zu kämpfen. Anhängerinnen der Frauenrechtsbewegung finden sich vornehmlich unter Erstgeborenen aus der Oberschicht. Bei ihrem hohen sozialen Status und ihrer Bildung mußte es ihnen als besonders ärgerlich erscheinen, auf den häuslichen Bereich beschränkt zu sein.[42] Außerdem sind Erstgeborene erfolgsorientierter als Spätergeborene; auch aus diesem Grund waren diese Frauen besonders motiviert, gegen ihre mißliche Lage zu protestieren.

Diese letzte Wechselwirkung wird noch deutlicher, wenn wir uns das Spektrum der Reformen ansehen, für welche die Frauen meines Samples eingetreten sind. Einige Frauenwahlrechtlerinnen beschränkten ihre Bemühungen auf das Gebiet der Frauenrechte, andere wiederum engagierten sich darüber hinaus für weitere radikale Reformen. In dieser Gruppe sind spätergeborene Frauen überrepräsentiert.[43] Kurz, die radikalsten unter den Frauenrechtlerinnen waren Spätergeborene. Sie nutzten den Kampf um mehr Rechte für die Frauen als Sprungbrett für weiterreichende Forderungen, nicht als Selbstzweck.

Ich fasse meine Ergebnisse zusammen: Wann immer sich spätergeborene Frauen Reformbewegungen anschlossen, stets überschritten sie die gesellschaftlichen Konventionen, die mit Geschlecht, Schicht, Geographie und Rasse gegeben waren. Erstgeborene Frauen favorisierten »feine« Reformen – Betätigungsfelder, die in ihrem sozialen Milieu als angemessen galten. Menschen, die ein *persönliches Interesse* an Reformen haben, engagieren sich mit höherer Wahrscheinlichkeit in entsprechenden Bewegungen, und der Einfluß der Geburtenfolge wird geringer. Spätergeborene Reformer und Reformerinnen unterscheiden sich von ihren älteren Geschwistern durch ihre Bereitschaft, radikale Veränderungen unabhängig von persönlichen Interessen zu unterstützen. Sie beteiligen sich aus Empathie, nicht aus einem ausgeprägten Moralempfinden, aus Gewissensgründen oder aus dem Bedürfnis nach Erfolg heraus.

## Frauen in der Wissenschaft

In meiner Studie über den Fortschritt in den Wissenschaften gibt es sechsunddreißig Frauen, die an wissenschaftlichen Neuerungen mitgewirkt haben.[44] Zwar ist dies nur ein geringer Bruchteil des gesamten Samples, doch sind diese Frauen insofern bemerkenswert, als sie allesamt ausgesprochen radikale Standpunkte bezogen haben: *mit einer Ausnahme bekannten sich alle (oder 97 Prozent) zu der jeweils innovativen Alternative.* Nur 57 Prozent der Männer akzeptierten die jeweils neuen Ideen – ein signifikanter Unterschied.[45] Diese vom Geschlecht bestimmte Differenz verweist auf eine längere Geschichte; es geht da um die Folgen, die wissenschaftliche Initiationsrituale haben. Die größte Revolution, die diese Frauen zu bestehen hatten, war es, überhaupt »in die gelehrte Gesellschaft« aufgenommen zu werden. Hatten sie das geschafft, waren sie auf wissenschaftliche Revolutionen bestens vorbereitet. 

Zwar steht die Geschlechtszugehörigkeit in enger Verbindung zu radikalem Denken, aber Korrelation bedeutet auch in diesem Fall nicht Kausalität. Wenn Frauen zu radikalen Wissenschaftlerinnen werden, sind außer dem Geschlecht auch andere Aspekte der familiären Nische dafür verantwortlich. Die Frauen in meiner Studie waren meist Letztgeborene; zumindest hatten sie einen älteren Bruder.[46] Diese Erkenntnisse stehen im Gegensatz zu dem, was man über die Männer weiß. Unter ihnen sind es die Erstgeborenen, die für wissenschaftliche Karrieren prädestiniert sind.[47] Erstgeborene neigen zu Wissensgebieten, bei denen es auf Sicherheit und Gewißheit ankommt und die große Leistungen und Erfolge versprechen. Als Frauen nach und nach zur Wissenschaft zugelassen wurden, stellten zunächst und zunehmend Erstgeborene die Mehrheit in diesem für sie neuen Berufsfeld.[48] Erstgeborene finden sich massenhaft ein, sobald die Revolutionen im großen und ganzen vorüber sind.

Das Spätergeborensein ist nur eines der Merkmale von Frauen, die Pionierleistungen in der Wissenschaft vollbrachten. Diese Wissenschaftlerinnen sind häufig in aufgeschlossenen Familien aufgewachsen und haben auch zu gesellschaftlichen Fragen freigeistige Standpunkte bezogen.[49] Außerdem hatten sie häufiger als die Männer Konflikte mit den Eltern oder mit einem Elternteil.[50] Eine genauere Analyse zeigt, daß sie sich hauptsächlich an den Müttern rieben.[51] Zwietracht zwischen Müttern und Kindern führt in der Regel zur stärkeren Identifikation der Kinder mit dem Vater. Die Familiendynamiken, die diese Frauen erlebten, begünstigten instrumentelle Tendenzen – und daraus erklärt sich das für ihr Geschlecht untypische Verhalten.

Konservative Ideen finden Anklang bei konservativen Menschen – im allgemeinen bei Frauen und Männern gleichermaßen. Unter den Frauen meiner Untersuchung, die sich an Kontroversen über konservative Neuerungen in der Wissenschaft beteiligten, sind Erstgeborene überrepräsentiert.[52] Der Glaube an die Möglichkeit, mit Toten Kontakt aufnehmen zu können, war, ideologisch gesehen, etwas anderes als der Glaube an Darwins Evolutionstheorie. Die eine Auffassung bekräftigte die Existenz Gottes (und stieß bei Erstgeborenen auf Interesse), während die andere die Rolle Gottes in der Schöpfung verneinte (und bei Spätergeborenen Anklang fand). Diese ideologischen Differenzen lassen sich anhand biographischer Beispiele am ehesten verdeutlichen.

Eine Frau in meinem Sample stand einer liberalen wissenschaftlichen Revolution ablehnend gegenüber: Margaret Mead. Sie, eine gesellschaftlich aufgeschlossene Erstgeborene, war gleichwohl in den späten zwanziger Jahren dieses Jahrhunderts eine Gegnerin der Psychoanalyse.[53] Nachdem diese ihre Anstößigkeit verloren hatte, änderte Margaret Mead ihre Ansichten und akzeptierte viele von Freuds Ideen. Als dann die feministische Bewegung aufkam und Frauen die Psychoanalyse angriffen, »erlaubte sich Margaret Mead nicht, in den Chor der Vorwürfe gegen Freud einzustimmen«.[54] Sie tadelte Karen Horney, eine der bedeutendsten Kritikerinnen Freuds, denn diese hätte, so meinte Mead, »das Schisma vermeiden sollen, anstatt die psychoanalytische Bewegung zu spalten«.[55]

Trotz ihrer liberalen gesellschaftlichen Haltung war Margaret Mead nicht sonderlich offen für intellektuelle Abweichung, ein Umstand, der zu der autokratischen Rolle paßt, die sie innerhalb ihrer Familie spielte – als Ersatzmutter für ihre jüngeren Geschwister, zwei Schwestern und einen Bruder. In ihrer Autobiographie schreibt sie: »In vieler Hinsicht betrachtete ich die Babies als meine Kinder, die ich beobachten, belehren und erziehen konnte.«[56] In einer anderen biographischen Quelle heißt es: »Im Alter von acht Jahren ... machte sich die erstgeborene Margaret Notizen über die kleinen Eingeborenen in ihrem Haushalt. Sie war beschützend und dominierend, natürlich mit den besten Absichten, und schmiedete Pläne für die Zukunft ihrer Geschwister ... Ihr ganzes Leben blieb sie die beschützende und bestimmende große Schwester.«[57] Diese Eigenschaften übertrugen sich auf ihre wissenschaftliche Arbeit und führten zu einer Kontroverse, die von den Medien in der ganzen Welt gespannt verfolgt wurde.

Das Gegenteil einer revolutionären Persönlichkeit ist eine, die die Welt so wahrnimmt, wie es zu erwarten ist. Solche Menschen neigen dazu, Daten und Tatsachen in vorhandene kognitive Schemata einzufügen, die sie oft von Eltern und Mentoren übernommen haben. Margaret Meads Karriere als Ethnologin war der Aufgabe gewidmet, das – liberale – Umweltparadigma ihres Lehrers »Papa« Franz Boas, auszubauen. Im Jahre 1925 schickte Boas die dreiundzwanzigjährige Margaret in den amerikanischen Teil von Samoa. Sie sollte zeigen, daß kulturelle und nicht biologische Bedingungen das menschliche Verhalten auf diesen idyllischen Südseeinseln bestimmen. Sie entschloß sich, die Adoleszenz zu untersuchen, um die biologisch ausgerichtete Theorie, die G. Stanley Hall zu diesem Gegenstand entwickelt hatte, zu widerlegen. Kurz vor ihrer Abreise gab Boas ihr eine halbstündige Einführung in Methoden der Feldforschung.[58]

In Samoa verbrachte sie zunächst sechs Wochen im Hafen Pago Pago auf der Hauptinsel Tutuila. Dann ließ sie sich auf der kleineren Insel Ta'u nieder, wo sie sieben Monate lang bei der Familie eines Schiffsapothekers wohnte. Sprachbegabung, so einer ihrer späteren Kollegen, »gehörte nicht zu ihren starken Seiten«, und während ihres Aufenthalts auf Samoa schnappte sie le-

Margaret Mead auf einer Pressekonferenz im Jahr 1971 (im Alter von siebzig Jahren). Sie war eine typische Erstgeborene, von der eine Zimmergenossin auf dem College sagte, sie sei »zielorientiert, auch wenn es gar kein Ziel gab«. Im Verlauf ihrer langen und mit viel Anerkennung verbundenen Karriere schrieb sie 39 Bücher und 1 397 Artikel, dazu kommen mehr als 40 Filme und Filmdokumente. Einer ihrer Kollegen, der Ethnologe Marvin Harris, nannte sie »die umtriebigste, schwerstarbeitende Inkarnation der protestantischen Ethik seit Calvin«. Im Jahr 1978, kurz vor ihrem Tod, bemerkte Mead zu einer Pflegerin, sie müsse wohl sterben. »Ja«, antwortete diese freundlich und fügte hinzu: »Wir alle müssen einmal sterben«. – »Aber das ist etwas anderes«, habe Margaret Mead zurückgegeben (Howard, *Margaret Mead*, S. 47, S. 424, S. 439).

diglich ein paar Brocken des Eingeborenenidioms auf.[59] Um Informationen über das Leben auf Samoa zu bekommen, hielt sie sich zumeist an heranwachsende Mädchen. Aus deren Berichten schloß sie, daß Samoa eine »sehr einfache Kultur« sei, deren grundlegende Struktur man »in wenigen Monaten« verstehen könne.[60]

In ihrem Bestseller *Kindheit und Jugend in Samoa* (1928) portraitierte sie das Leben der Samoaner als eine friedliche Idylle, in der es keine Konkurrenz und »für alle Konflikte einfache Lösungen« gebe.[61] Sexualität werde dort als »Spiel« betrachtet, und die Heranwachsenden könnten ihren sexuellen Wünschen vor der Ehe frei folgen. In solch promiskuitiven Gesellschaften gelte »der Mann schon als senil«, wenn er »nicht öfter als ein Mal in einer Nacht den Akt vollziehen kann«.[62] Promiskuität schütze die jungen Samoanerinnen vor der Schwangerschaft; den Beweis für diese Annahme blieb

 Mead allerdings schuldig. Auch gebe es keine sexuelle Eifersucht, da die Kinder nur lockere Bindungen an ihre Eltern hätten, so daß sich auch kein Ödipuskonflikt ausbilde.[63] Samoa sei, so ihr Schluß, eine Gesellschaft ohne Rivalitäten, denn die Menschen dort weigerten sich, das Leben ernst zu nehmen. Diese unerwarteten Forschungsergebnisse, über die sich ihr Lehrer Franz Boas höchst erfreut zeigte, waren der Anlaß für »die Entstehung eines Mythos ..., der wie kein anderer in der Anthropologie des zwanzigsten Jahrhunderts Verbreitung fand«.[64]

Dreißig Jahre nach Margaret Meads Aufenthalt auf Samoa führte der Ethnologe Lowell Holmes dort, wo sie ihre Feldforschung unternommen hatte, eine Folgestudie durch. Auch wenn sie der Meinung war, die Samoaner seien frei von Rivalitätsgefühlen, so traf das auf sie selbst offenbar nicht zu. Auf einen Brief an Mead, mit dem Holmes sich und sein Vorhaben vorstellen wollte, erhielt er eine »äußerst skeptische und unkooperative« Antwort. »Sie schrieb zurück, daß sie nicht wisse, wer ich sei, und ich möge doch die Freundlichkeit haben, meine Untersuchung mit ihr abzusprechen, bevor ich losführe.«[65]

Zu seiner nicht geringen Überraschung stieß Holmes bald auf eine Reihe von Phänomenen, die im Widerspruch zu Margaret Meads klassischem Bericht standen. Er beobachtete unter den Samoanern heftige Rivalitäten, erlebte sie als aggressiv und in hohem Maße mit Rang- und Statusfragen beschäftigt; sie bestraften Regelverletzungen und verhielten sich in sexuellen Dingen ziemlich puritanisch. Vergewaltigungen, laut Mead »dem Denken der Samoaner gänzlich fremd«, waren weit verbreitet.[66] Die regierungsamtliche Statistik für 1953 wies sie als das fünfthäufigste Verbrechen aus. Jungfräulichkeit wurde in der samoanischen Kultur so hoch bewertet, daß Männer zuweilen nachts in die Hütten von heranwachsenden Mädchen schlichen, um diese im Schlaf manuell zu deflorieren. Einmal entjungfert, galten die Mädchen als befleckt und hatten keine Aussicht mehr auf eine Heirat mit einem hochrangigen Mann. Der Akt des *moetotolo* (des zu den Schlafenden Schleichens) ermöglichte es dem Vergewaltiger, das Opfer als seine Frau zu beanspruchen.[67] Holmes war ein junger Wissenschaftler und tat sein Bestes, um die Widersprüche zwischen seinen Erkenntnissen und denen der weltberühmten Margaret Mead so gering wie möglich zu halten.

Erstgeborenen fällt es meist schwer, Fehler zuzugeben. Margaret Mead reagierte auf Holmes' 1958 erschienenes Buch über Samoa äußerst verärgert und veröffentlichte eine ablehnende Kritik. Als sie Holmes später auf einer Tagung der American Anthropological Society traf, ließ sie ihrer Wut auf den jungen Wissenschaftler freien Lauf. Holmes berichtet darüber:

> »[Sie] trieb mich in die Enge und putzte mich herunter; mein Verhalten sei unehrenhaft und meine Arbeit miserabel. Ich hatte damals gerade meinen Doktor gemacht, und das war schon ziemlich hart für mich ... Sie ist eine Frau, die man sich nicht zum Feind machen sollte, das kann ich Ihnen versichern.«[68]

Die andere Seite von Gary Larson

»Die Ethnologen kommen!«

Holmes war nicht der einzige, der Meads ethnologische Thesen in Frage stellte. Bis zu ihrem Lebensende war viel Material zusammengetragen worden, in dessen Licht ihr idyllisches Portrait der samoanischen Gesellschaft höchst zweifelhaft erschien. Dennoch weigerte sie sich, die Einwände anderer Forscher zur Kenntnis zu nehmen, und lehnte es ab, ihr berühmtes Buch, das meistgelesene auf diesem Gebiet, noch einmal durchzusehen.

Margaret Mead starb 1978. Fünf Jahre später veröffentlichte ein neuseeländischer Ethnologe ein Buch über Samoa, das auf der ganzen Welt für Schlagzeilen sorgte. Der Autor, Derek Freeman, hatte seit 1940 auf den Inseln Samoas gelebt und konnte sich mit den Eingeborenen fließend in deren Sprache unterhalten. Er war von einem Stammeshäuptling adoptiert und selber in den Kreis der Häuptlinge aufgenommen worden. Daher konnte er an den Versammlungen des Stammes teilnehmen und erfuhr viele Einzelheiten über die samoanische Gesellschaft, die vor Fremden geheimgehalten wurden. Seit Meads Besuch hatten viele Samoaner Englisch gelernt. Einige von ihnen machten Bekanntschaft mit Meads Buch, bei dessen Lektüre sich ihnen die Haare sträubten. Bei Meads Schilderung des Lebens auf Samoa handele es sich um eine geradezu »groteske« Verzerrung ihrer Gesellschaft.[69] Wiederholt wurde Freeman von diesen Samoanern gebeten, den Bericht zu korrigieren. Sein Buch, das auf jahrzehntelangen Studien beruhte, listete unerbittlich alle Fehler der Mead auf und bot auch eine spannende Erklärung für ihren grundlegenden Irrtum, über den ihn eingeborene Samoaner aufgeklärt hatten.

Anscheinend war Margaret Mead von ihren jugendlichen Informantinnen vorsätzlich getäuscht worden. Sexualität ist tabu bei den Samoanern, und die Heranwachsenden bringen zu diesem Thema kein Wort über die Lippen. Wenn sich herausstellt, daß eine Frau zur Zeit ihrer Verheiratung keine Jungfrau mehr ist, dann wird dies zu einem großen Unglück für sie und ihre Familie. Die Jungfräulichkeit von Töchtern aus sozial angesehenen Familien wurde in einer besonderen Zeremonie überprüft, die, anders als Mead glaubte, nicht zu umgehen war. Weil sie ihre Informantinnen drängte, ihr Einzelheiten mitzuteilen, legten diese sich Lügen zurecht, »um sie auf den Arm zu nehmen«,[70] ein beliebter Zeitvertreib, »dem sich die Samoaner gern verschreiben, denn er verschafft ihnen ein wenig Erleichterung von der Strenge ihrer autoritären Gesellschaftsordnung«.[71]

Bei ihren späteren ethnologischen Studien arbeitete Margaret Mead meist mit anderen Forschern zusammen. Diese Strategie half ihr, die Fehler ihrer ersten Feldstudie nicht zu wiederholen.[72] Alle Wissenschaftler machen Fehler, und auch Margaret Meads jugendlicher Irrtum ist durchaus verständlich. Aufschlußreich allerdings ist die *Art* ihres Fehlers. Fehler von Erstgeborenen sind oft die ihrer Lehrer – in Meads Fall von »Papa« Franz Boas. Die Irrtümer von Spätergeborenen resultieren dagegen in der Regel aus einem Übermaß an rebellischem Eifer.

### *Radikale Frauen in der Wissenschaft*

Viele Frauen aus meiner Studie standen in enger Beziehung zu anderen revolutionären Gestalten wie Voltaire, Darwin oder Freud. Sie übernahmen die Rolle von Übersetzern oder öffentlich wirksamen Kommentatoren der revolutionären Ideen. Oder sie gingen mit ihren eigenen wissenschaftlichen Beiträgen weit über die Leistungen der revolutionären Denker, die sie eifrig unterstützten, hinaus. Das möchte ich an einigen biographischen Beispielen verdeutlichen.

*Émilie du Châtelet.* Madame Émilie du Châtelet ist eine der radikalsten Frauen, die sich in meiner Studie finden. Sie war das vierte von fünf Kindern und wurde von ihrem Vater, der ihre intellektuelle Begabung erkannte und sie selbst unterrichtete, sehr gefördert. Sie bekam Privatunterricht und lernte Englisch, Latein, Italienisch, Mathematik und Naturwissenschaften. Mit Ende zwanzig studierte sie Mathematik bei Maupertuis und begann schon bald einen Briefwechsel mit anderen hervorragenden Mathematikern ihrer Zeit, darunter Alexis-Claude Clairaut und Leonhard Euler. Sie war eine leidenschaftliche Feministin und sagte einmal: »Wenn ich Königin wäre ..., würde ich das Übel zu beseitigen suchen, daß praktisch eine Hälfte der Menschheit von allem abgeschnitten ist. Ich würde Frauen an allen Men-

Emilie du Châtelet, eine frühe Anhängerin Newtons in Frankreich.

schenrechten teilhaben lassen, besonders an denen, die im Geistigen liegen.«[73]

1740 veröffentlichte Mme. du Châtelet ihre *Institution de physique*, mit der sie die Newtonsche Lehre gegen die herrschende kartesianische Physik verteidigte. Später übersetzte sie Newtons *Principia* ins Französische, ein Werk, zu dem Clairaut einen ausführlichen Kommentar schrieb. In der Biographie von Esther Ehrman heißt es:

> »Das Haus der Mme. du Châtelet, das berühmte Cirey, wurde der Sitz des Newtonschen Lagers, das gegen die alte kartesianische Ordnung zu Felde zog. Ein Laboratorium wurde eingerichtet, Wissenschaftler aus Paris und aus dem Ausland wurden eingeladen, und jedermann ›newtonisierte‹.«[74]

An Charles Dufay, einen französischen Physiker, der noch Kartesianer war, schrieb Mme. du Châtelet über Descartes' Wirbeltheorie: »Es ist ein Haus, das in sich zusammenfällt und das an allen Seiten abgestützt werden muß. Es wäre klug, es zu verlassen.« Dazu bemerkt der Wissenschaftshistoriker John Heilbron: »Aber die Bewohner dieses verrückten Hauses weigerten sich auszuziehen.«[75] Den Bemühungen von Mme. du Châtelet – und von Clairaut, Maupertuis und Voltaire – war es schließlich zu verdanken, daß die Herrschaft der kartesianischen Physik in Frankreich doch zu Ende ging.

Mme. du Châtelet spielte nicht nur eine Rolle bei der Durchsetzung der Newtonschen Revolution, sie engagierte sich auch für andere radikale Innovationen in der Wissenschaft. Im Jahr 1735 übersetzte sie Bernard Mandevilles »Bienenfabel« (1723), ein umstrittenes Werk, in dem dargelegt wird, daß Gier den Wohlstand befördere, Prostitution die Ehemänner glücklich mache und Schmutz und Abfall Zeichen für eine wohlhabende Gesellschaft seien. Mme. du Châtelet liebte Bücher, die »die geltenden Anschauungen auf den Kopf stellen«.[76] Ludwig XV. und sein leitender Minister, H. de Fleury, zeigten sich weniger begeistert: Die Übersetzung der »Bienenfabel« wurde auf dem Scheiterhaufen öffentlich verbrannt.

Im Jahre 1737 nahm Mme. du Châtelet an einem Preisausschreiben der Académie des Sciences um den besten Essay über die Natur des Feuers teil, und zwar heimlich. Um Voltaire, der in ihrem Haus wohnte und sich ebenfalls an dem Wettbewerb beteiligte, zu überraschen, schrieb sie ihren Essay bei Nacht. Einen Monat lang zwang sie sich, mit einer Stunde Schlaf auszukommen. Den Preis gewann Leonhard Euler, ein Erstgeborener, der die kartesianische Opposition repräsentierte. Die Académie war sehr beeindruckt von Mme. du Châtelets und Voltaires Einsendungen und ließ beide Texte zusammen mit dem preisgekrönten Essay abdrucken. Die Historikerin Ira Wade hat die Arbeiten der beiden verglichen und kommt zu dem Schluß, daß »sie einen besseren Überblick über die Wissenschaft ihrer Zeit hatte, gegenüber anderen, nicht von Newton beeinflußten Wissenschaftlern offener war und in ihren Untersuchungen eine größere Originalität und Vorstellungskraft bewies«.[77] Im Alter von dreiundvierzig Jahren beendete eine späte Schwangerschaft das Leben von Mme. du Châtelet. Sie starb am Kindbettfieber. Voltaire war völlig außer sich vor Schmerz. In seinem Nachruf schrieb er: »Wir waren Zeugen von zwei Wundern, dem einen, daß Newton dieses Werk [die *Principia*] geschrieben, und dem anderen, daß eine Frau es übersetzt und erläutert hat.«[78]

*Harriet Martineau.* Harriet Martineau, das sechste von acht Kindern, machte Mesmerismus, Phrenologie und Darwinismus zu ihrer Sache. Auch ihre Karriere als Sozialkritikerin war beachtlich. Mit Darwins älterem Bruder Erasmus war sie gut befreundet. Er besuchte sie so häufig in ihrem Londoner Haus, daß gemunkelt wurde, die beiden seien ein Liebespaar. Im Jahr 1838 schrieb Darwin über die Martineau: »Sie ist eine wundervolle Frau. Als Lyell zu ihr kam, traf er dort auf Rogers, L$^{d}$. Jeffrys & Empson [alle drei namhafte Autoren der *Edinburgh Review*], die ihr ebenfalls einen Besuch abstatteten. Was für eine Frau! Sie versteht es, alle großen Geister um sich zu versammeln.«[79] In ihrer *Autobiography* gab Martineau das Kompliment zurück. Zu den »hervorragenden Männern« aus ihrer Bekanntschaft, »die nicht eingebildet waren«, gehöre auch der »einfache, kindliche, gewissenhafte und erfolgreiche Charles Darwin, der damals gerade allen lebenden englischen Naturforschern den Rang ablief«.[80]

Es ist sehr wahrscheinlich, daß man in der Biographie radikaler Frauen auf schwierige Beziehungen zu den Eltern und insbesondere zur Mutter

Harriet Martineau um 1834 (sie war Anfang dreißig). Ihr Interesse am Bevölkerungswachstum brachte sie dazu, die radikalen Schriften von Thomas Robert Malthus zu studieren; dem Autor begegnete sie im Jahr 1834. Zwei Jahre später, kurz nach dessen Rückkehr von der Expedition mit der *Beagle*, lernte sie auch Charles Darwin kennen.

stößt. Harriet Martineau macht hier keine Ausnahme. In ihrer Autobiographie findet sie bittere Worte über die »Knechtschaft in meinem frühen Leben«.[81] Insbesondere die kalte mütterliche Autorität, unter der sie als Kind zu leiden hatte, sei eine »Unterdrückung des Geistes« gewesen. Diese Erfahrung habe sich bei ihr zu einer »inneren Rebellion« ausgewachsen. »Die wohlmeinende, aber unerbittliche Disziplin ihrer Eltern und die Gedankenlosigkeit und Rohheit ihrer älteren Geschwister«, schreibt die Biographin Leslie Stephen, »bedrückten sie sehr und machten sie schwermütig, eifersüchtig und kränklich.« Mit siebzehn Jahren wurde sie zu einer Tante geschickt, und »hier fand sie zum ersten Mal ... einen ›Menschen, vor dem sie keine Angst hatte‹.«[82]

In den frühen dreißiger Jahren des letzten Jahrhunderts begann sie sich mit Thomas Robert Malthus' umstrittener Theorie des Bevölkerungswachstums zu beschäftigen. Seine *Abhandlung über das Bevölkerungsgesetz* (1798) hatte Malthus ganz im Geist von Voltaires *Candide* verfaßt: Er wollte zeigen, daß die Welt nicht unendlich zu vervollkommnen ist. Die Utopisten sollten aus ihren Träumen gerissen und an die Allgegenwart von Kampf, Armut und Tod erinnert werden.[83] Viele unter Martineaus Zeitgenossen waren der Auffassung, es gehöre sich nicht für eine Frau, über Themen wie die geschlechtliche Fortpflanzung zu schreiben; dafür daß sie auch noch die »gräßlichen« Ansichten Malthus' teilte, erhielt sie Drohbriefe und mußte ständig »in Angst und Schrecken« leben. Diese Erfahrung lehrte sie, daß Menschen, »die für eine moralische Reform des persönlichen oder gesellschaftlichen Lebens eintreten, gerade von denen der Unmoral bezichtigt werden, die daran interessiert sind, daß die verdorbenen Zustände andauern«.[84]

Es ist nicht auszuschließen, daß die Martineau den Anstoß für Darwins Beschäftigung mit Malthus und damit für seine Theorie der natürlichen Selektion gab. Wir haben es hier mit einem regelrechten Netz von Spätergeborenen zu tun, die gegen Überzeugungen nach Art des Dr. Pangloss rebellierten. Malthus war das zweitjüngste von sieben Kindern; von Malthus führen die Verbindungslinien zu Harriet Martineau, von dieser zu Erasmus Darwin (dem vierten von sechs Kindern) und zu dessen jüngerem Bruder Charles. Von Erasmus lieh sich Charles Darwin Malthus' *Abhandlung* aus, deren Lektüre ihn im September 1838 zu seinen revolutionären Schlußfolgerungen führte.[85]

### *Frauen und die Psychoanalyse*

Auch unter den Pionieren der Psychoanalyse gab es eine ganze Reihe radikaler Frauen, so Karen Horney (das zweite von zwei Kindern), Helene Deutsch, Melanie Klein (beide das jüngste von vier Kindern) und Freuds Tochter Anna (das jüngste von sechs Kindern). Von diesen vier Frauen war Freuds Tochter die konservativste. Man weiß inzwischen, daß Freud seine Tochter analysiert hat – eine besonders wirkungsvolle Art, die »Widerstände« gegen seine Theorien zu verringern.[86] Anna kam mit ihrer Mutter schlecht zurecht, zugleich stand sie loyal zu den Auffassungen des Vaters und wurde seine persönliche Sekretärin. Nachdem Freud an Krebs erkrankt war, wurde sie auch seine Pflegerin. Anna Freud war eine scheue Person, ohne jegliche Neigung zur Rebellion.

Karen Horney konnte ihre Schüchternheit weitgehend überwinden und wurde zu einer »sanften Rebellin«.[87] In den zwanziger Jahren führten zwei strittige Fragen zu schwerwiegenden Spaltungen in der psychoanalytischen Bewegung. Die erste Kontroverse betraf den Ödipuskomplex. Freud betrachtete die ödipalen Konflikte als den »Kernkomplex« der Neurosen, doch einige seiner Anhänger wollten ihm da nicht folgen. Ein zweiter Streitpunkt war die Entwicklung der weiblichen Sexualität, die nach Freuds Ansicht lediglich eine verkümmerte Form der männlichen war. Frauen sah er als »verwundete« Männer – auf das Nichtvorhandensein eines Phallus reagierten sie mit »Penisneid« und mit Ablehnung der Mutter (die sie angeblich für diesen Mangel verantwortlich machten).[88]

Karen Horney erkannte weder die zentrale Bedeutung des Ödipuskomplexes an noch teilte sie Freuds phallozentrische Vorstellung von der weibli-

Sigmund und Anna Freud im Jahr 1917, auf einer Wanderung in den Dolomiten. Zur Zeit der Aufnahme war Freud einundsechzig, Anna einundzwanzig Jahre alt.

chen Sexualität.[89] Sie widersprach auch Freuds Behauptung, daß kleine Mädchen keine vaginalen Empfindungen hätten. Weiblichkeit entwickle sich bei Mädchen als etwas ganz Eigenständiges, jedenfalls nicht als Resultat einer Flucht vor der Männlichkeit. Die Frau, wie Karen Horney sie sah, sei, so Jack Rubins, ein Historiker der Psychoanalyse, »einc Rebellin, nicht der passive, unterwürfige Typ, den Freud und Abraham als die ›normale‹ Frau ansahen.«[90]

1932 emigrierte Karen Horney in die Vereinigten Staaten. Zehn Jahre später reagierte die American Psychoanalytic Association auf ihre zunehmend abweichenden Ansichten mit einer Einschränkung ihres Rechts der Kandidatenausbildung. Horney gab nach und gründete eine Gegenorganisation, die Association for the Advancement of Psychoanalysis.[91] Aus ihrem erfolgreichen Aufstand gegen Freud ging in den Vereinigten Staaten die Schule der interpersonalen Psychiatrie hervor.

Die vielleicht radikalste unter den psychoanalytischen Revisionistinnen war Melanie Klein, die von vielen als »Häretikerin« betrachtet wurde.[92] Virginia Woolf beschrieb sie als »eine Frau von Charakter und Stärke«, andere bewunderten sie als »Matriarchin« und als Frau mit einem kämpferischen

 Wesen.[93] Sie ließ sich derart von ihren Ideen packen, daß Donald Winnicott, ein Analytikerkollege, sie eine »Heureka-Ruferin« nannte.[94] Sie war eine Wegbereiterin der Kinderanalyse und dehnte die psychoanalytische Theorie auf die präödipalen Phasen aus. »Bezaubert vom Konzept des Unbewußten ... ließ [sie] sich in spekulative Tiefen führen, vor denen selbst Freud zurückgewichen war. Das war ihr Vergehen; weil sie es wagte, eigene Wege der Forschung einzuschlagen, wurde sie gebrandmarkt, verleumdet und verspottet.«[95]

Wie Karen Horney maß sie Freuds Vorstellung vom Ödipuskomplex keine große Bedeutung zu, so wie sie auch dessen Ideen zur weiblichen Sexualität ablehnte. Melanie Klein interessierte sich vor allem für die Rolle der Mutter, deren Einfluß Freud, gemessen an seiner Beschäftigung mit der ödipalen Rivalität zwischen Vater und Sohn, als sehr gering veranschlagte. Melanie Klein ließ sich nicht davon abbringen, Neurosen bis in die ersten Lebensmonate zurückzuverfolgen, und sie suchte die Ursprünge der Psychopathologie in Traumata wie dem Abstillen und der schizophrenen Vorstellung des Kindes von der guten und bösen Brust.[96] Freuds Reaktion auf diese abweichenden Ideen war vorhersehbar: Er »lehnte die Richtung, die Melanie Klein einschlug, kategorisch ab«.[97]

Melanie Kleins Ideen über »Objektbeziehungen« wurden zum vorherrschenden psychoanalytischen Paradigma in Großbritannien; ihre Auffassungen werden noch heute von vielen geteilt. John Bowlby, der die Theorie der Bindung entwickelte, wurde von Melanie Klein ausgebildet. Bowlby war klug genug zu sehen, daß sie, bei all ihrer Radikalität, »in bezug auf wissenschaftliche Methodik ahnungslos« war.[98] Dank Bowlbys Entschluß, das Phänomen der Bindung wissenschaftlich zu untersuchen, haben sich einige von Melanie Kleins Spekulationen in der wissenschaftlichen Psychologie durchsetzen können.[99]

## Zusammenfassung

Das Geschlecht hat auf viele Persönlichkeitsmerkmale erstaunlicherweise einen nur indirekten Einfluß, der mit den Geschlechterstereotypen nicht übereinstimmt. Manche Frauen sind freundlicher, empathischer und liberaler, weil sie Frauen sind. Doch kann, je nach der familiären Nische, das Frausein auch einen gegenteiligen Effekt haben. Insbesondere Erstgeborene zeigen, unabhängig von ihrem Geschlecht, die Neigung, »Alpha-Männchen« zu werden. Den Faktor Geschlechtszugehörigkeit und seinen Einfluß kann man darum nur von Fall zu Fall untersuchen.

Wenn wir verstehen wollen, warum einige Frauen rebellieren und andere nicht, müssen wir die Frage beantworten: »Warum können Schwestern so verschieden sein?« Die Antwort schließt die unterschiedlichen Formen ein, in denen familiäre Nischen dafür sorgen, daß sich Geschwister im Hinblick auf Risikobereitschaft und Offenheit für Erfahrung auseinanderentwickeln.

Geschlechterdifferenzen spielen für die Ausprägung dieser Merkmale nur eine untergeordnete Rolle, ganz anders als die Geschwisterdifferenzen. Weil Spätergeborene eher als Erstgeborene dazu tendieren, gegen den Status quo zu opponieren, sind sie häufig für abweichlerische Reformen eingetreten. In der amerikanischen Geschichte waren die radikalsten Reformerinnen im allgemeinen jüngere Geschwister. Im Bereich von Politik und Religion und auf dem Gebiet der Rassenbeziehungen haben sich diese spätergeborenen Frauen um egalitärer Ziele willen über die Schranken von Geschlecht und Herkunft hinweggesetzt. Erstgeborene Frauen dagegen haben sich nicht an radikalen Reformen beteiligt, sondern ihre Bemühungen darauf beschränkt, das System zu verbessern; an Umsturz dachten sie nicht. Weil die Geschwisterdifferenzen eine derart entscheidende Rolle spielen, ist der Einfluß der Geburtenfolge auf Reformtendenzen viel größer als der von Geschlecht oder sozialer Herkunft. Zwar lassen auch gesellschaftliche Einstellungen Offenheit für radikale Neuerungen und Reformen vorhersagen. Doch selbst unter Menschen, die gesellschaftlich liberale Werte verfolgen, lassen sich bei Spätergeborenen eine stärkere Neigung zum Wandel und eine größere Toleranz für abweichendes Verhalten feststellen als bei Erstgeborenen.[100] 

In vergangenen Jahrhunderten waren Frauen in der Wissenschaft eine kleine Minderheit, und eine Tendenz zur Radikalität war fast so etwas wie eine Vorbedingung für ihren Eintritt in diese berufliche Sphäre. Das erklärt, warum Wissenschaftlerinnen wissenschaftlichen Innovationen offener gegenüberstanden als die Männer in meiner Studie. Aufgrund ihrer persönlichen Erfahrungen, die eng mit den Nischen verbunden sind, die sie in ihren Familien gefunden haben, wurden diese radikalen Frauen im allgemeinen gleichsam zu Rebellinnen geboren. Wenn wir die Merkmale der jeweils besetzten Nischen überprüfen, stellt sich heraus, daß Geschlechtszugehörigkeit für die Tendenz zu radikalen wissenschaftlichen Positionen kein Prädiktor ist.[101] Sie trägt nur *indirekt* zur Radikalisierung bei; diese ergibt sich vielmehr aus den Wechselwirkungen zwischen Geschlechtszugehörigkeit und familiärer Nische.

Zu den Eigenschaften von Radikalen (auch von radikalen Frauen) gehört gewöhnlich die Offenheit für Erfahrung; darum sind sie empfänglicher für Befunde und Ergebnisse, die bislang gültigen Regeln widersprechen, und sie sehen auch eher die Notwendigkeit für konzeptionell-methodischen Pluralismus. Manche feministischen Wissenschaftlerinnen betrachten dies als Ziel einer Wissenschaft, die »frei von Merkmalen der Geschlechtszugehörigkeit« ist.[102] Unterschiede, die auf die Geschlechtszugehörigkeit zurückgehen, sind eng mit Geschwisterdifferenzen verwoben, daher läßt eine solche Zielsetzung auch etwas über Geburtenfolge und unterschiedliche familiäre Nischen erkennen. Es sind nicht einfach die Männer dafür verantwortlich, daß die Wissenschaft dogmatisch, unpersönlich und auf Wettstreit angelegt ist. Wissenschaft und Literatur waren immer von Erstgeborenen beherrscht, die im tradierten Bildungssystem Erfolg hatten. Es gibt zahlreiche Wechselwirkungen zwischen Geschlecht und familiären Nischen, und selbst eine Wissenschaft, von der Männer ausgeschlossen wären, wäre ja nicht geschlechtsneutral. Nur wenn wir uns diesem Paradox stellen und berücksichtigen, welche Rolle familiäre Nischen für seine Auflösung spielen können, werden wir auch verstehen, warum manche Menschen – Frauen wie Männer – rebellieren und andere nicht.

Kapitel 7

# Temperament

In einem gewissem Umfang sind die meisten Persönlichkeitsmerkmale erblich.[1] Daß viele Verhaltensweisen zumindest teilweise genetisch festgelegt sind, heißt aber nicht, daß sie vorherbestimmt wären. Innerhalb der normalen Bandbreite physischer und psychischer Eigenschaften ist die Art und Weise, in der sich bestimmte Merkmale durchsetzen, von Umwelteinflüssen abhängig. Biologische Prädispositionen setzen jedoch Grenzen. Zum Beispiel ist es schwierig, ein Basketballprofi zu werden, wenn man von den Erbanlagen her dazu bestimmt ist, nicht größer als 1,55 Meter zu werden. Auch wird man im Marathonlauf niemals Weltklasse erreichen, wenn man die dazu notwendige Lungenkapazität nicht hat. In ganz ähnlicher Form setzen bestimmte Persönlichkeitsmerkmale dem sozialen Verhalten Grenzen.

Eigenschaften, die sich früh bemerkbar machen und die mit dem Gefühlsleben eines Menschen zu tun haben, werden landläufig als das »Temperament« einer Person bezeichnet. Schon bei Neugeborenen lassen sich individuelle Unterschiede in der Stimmungslage und im Aktivitätsniveau feststellen.[2] Die Neigung zu Schüchternheit kann man bereits bei einjährigen Kindern beobachten; andere Persönlichkeitsmerkmale wie etwa Gewissenhaftigkeit treten erst in einem späteren Entwicklungsstadium in Erscheinung. Die meisten Aspekte des Temperaments scheinen erblich zu sein. »Temperament« läßt sich in drei Komponenten unterteilen: Aktivitätsniveau, Geselligkeit und Emotionalität.[3]

Wenn es um die Frage geht, warum Geschwister so verschieden sind, spielt das Temperament eine besondere Rolle. Individuelle Unterschiede im Temperament haben je nach den familiären Nischen recht unterschiedliche Folgen für die gesamte Persönlichkeitsstruktur. Differenzen, die biologischen Ursachen zugeschrieben werden können, werden durch Umwelteinflüsse oft verstärkt. Dies gilt vor allem für die Neigung zur Rebellion. Schüchternheit zum Beispiel kann, je nach der familiären Nische, die Entfaltung einer revolutionären Persönlichkeit befördern oder behindern. Solche gegensätzlichen Entwicklungsrichtungen sind möglich, weil sich die meisten Persönlichkeitsmerkmale durch komplizierte Wechselwirkungen zwischen erblichen Anlagen und Umwelterfahrungen herausbilden. Viele dieser Erfahrungen werden nicht gemeinsam gemacht und entspringen dem Familiensystem.

Schüchternheit steht in enger Beziehung zu Introvertiertheit/Extravertiertheit, zu einer unserer fünf großen Persönlichkeitsdimensionen also. Aber Schüchternheit und Introvertiertheit sind nicht das gleiche. Schüchternheit kann auch mit Angst vor Menschen zusammenhängen, einem Attribut, das der Dimension »neurotische Dispositionen« zuzurechnen ist.[4] Sie berührt also zwei große Persönlichkeitsdimensionen. Weil Schüchternheit ebenfalls als »nervöse Introvertiertheit« eingestuft werden kann, ist es angebracht, »Introvertiertheit« zu definieren.

Der britische Psychologe Hans Eysenck schreibt dazu:

> »Der typisch Extravertierte ist sozial aufgeschlossen, liebt Geselligkeit, hat viele Freunde, muß sich anderen Menschen mitteilen, liest und studiert nicht gern allein. Er liebt Aufregungen, geht Risiken ein, handelt aus dem Augenblick heraus und ist allgemein eine impulsive Persönlichkeit ... Er neigt zu Aggressionen und wird schnell ungeduldig.
> Der typisch Introvertierte ist ruhig, zieht sich zurück und neigt zur Selbstbeobachtung, er liebt Bücher mehr als Menschen, ist ›zugeknöpft‹ und distanziert außer gegenüber intimen Freunden. Er plant voraus, ist vorsichtig und mißtraut dem Impuls des Augenblicks. Er liebt keine Aufregungen, begegnet Problemen des Alltags mit angemessenem Ernst und neigt zu einer geordneten Lebensführung.«[5]

Nicht alle Psychologen stimmen dieser Definition in allen Einzelheiten zu, doch über ihre Grundzüge dürfte im großen und ganzen Einigkeit herrschen: Extravertierte Menschen sind gesellig, introvertierte dagegen sind reserviert und legen eine ruhige Art an den Tag. Schüchterne Personen verhalten sich introvertiert, weil sie *ängstlich* sind, daher fühlen sie sich in Gegenwart von Fremden unwohl.[6] Wenn scheue Kinder aufwachsen, wird ihre Schüchternheit im Umgang mit anderen Menschen zur Ursache kleiner, aber ständig wiederkehrender Entwicklungsstörungen. Diese Verhaltenseinschränkung begrenzt die Strategien, die ein Kind wählen und einsetzen kann, um die Konkurrenz mit den Geschwistern zu bestehen. Vor allem fällt es schüchternen Erstgeborenen schwer, den Geschwistern gegenüber dominant aufzutreten. Auf solche und andere Unterschiede im Temperament müssen Geschwister ihre Konkurrenzstrategien abstimmen.

### *Die Biologie der Schüchternheit*

Schüchternheit gehört zu den Persönlichkeitsmerkmalen mit der höchsten Erblichkeit. Verhaltensgenetische Untersuchungen haben ergeben, daß die verschiedenen Spielarten der Schüchternheit zu etwa 50 Prozent erblich sind; die meisten anderen Eigenschaften liegen bei 30 bis 40 Prozent.[7] Obwohl die grundlegenden Züge der Persönlichkeit erblich sind, weiß man über deren physiologische Substanz bislang nur wenig. Im Fall der Schüchternheit jedoch ist sie gut erforscht. 

Der Psychologe Jerome Kagan hat reichhaltiges Material darüber zusammengetragen. Er und seine Mitarbeiter haben besonders scheue oder in hohem Maße aus sich herausgehende Kinder beobachtet, die im Alter von zwei Jahren ausgewählt wurden. Als Anzeichen von Schüchternheit wurden in Kagans Studie Verhaltensweisen wie das Klammern an die Mutter, Reden mit leiser Stimme und der Versuch, die Berührung mit unbekannten Gegenständen oder Erfahrungen zu vermeiden, angenommen.[8] Auch Alpträume und Phobien gelten als typisch für schüchterne Kinder.

Es gibt fünf zuverlässige physiologische Indikatoren für Schüchternheit. Verglichen mit ungehemmten haben schüchterne Kinder hohe und stabile Herzfrequenzen. Eine derartige Herzfrequenz weist auf Wachsamkeit hin. Scheue Kinder fürchten ihre Umgebung mehr und sind daher besonders wachsam. Selbst ungeborene Kinder, die sich später als schüchtern herausstellen, haben überdurchschnittlich hohe und stabile Herzfrequenzen.

Weitere physiologische Anzeichen für Schüchternheit sind vergrößerte Pupillen bei kognitiven Aufgaben, höherer Blutdruck, höhere Muskelspannung in den Stimmbändern (die durch Tonanalysen gemessen wird) und die erhöhte Ausschüttung von Speichelkortisol. (Kortisol wird bei Streß von der Nebennierenrinde abgesondert.) Die kombinierte Messung dieser physiologischen Indikatoren ergibt eine hohe Korrelation mit Schüchternheit. Einige dieser Indikatoren sind im Hinblick auf Introvertiertheit untersucht worden, und auch hier ist die Korrelation hoch. So ist physiologisch ein enger Zusammenhang zwischen Schüchternheit und Introvertiertheit nachweisbar.[9]

Natur (*nature*) und Erziehung (*nurture*) wirken bei der Ausprägung von schüchternen und nicht schüchternen Charakteren zusammen. Zwei Drittel der von Kagan getesteten schüchternen Kinder waren Spätergeborene, zwei Drittel der extravertierten Kinder dagegen Erstgeborene. Er stellte daher die Hypothese auf, daß ältere Kinder, die ihre jüngeren Geschwister zuweilen aggressiv behandeln, ein angeborenes Temperament zu der Persönlichkeitseigenschaft verändern, die später als Schüchternheit auffällt.[10]

### *Biographische Beispiele*

Für meine Studie habe ich systematisch biographische Informationen über die Persönlichkeitsstrukturen der Wissenschaftler in meinem Sample gesammelt, insbesondere alles, was ich über Eigenschaften wie Ängstlichkeit im Umgang mit anderen Menschen und Introvertiertheit/Extravertiertheit in Erfahrung bringen konnte.[11] Mein Vorgehen wird deutlicher werden, wenn ich einige Formen der Schüchternheit, auf die ich gestoßen bin, beschreibe.

*Charles Darwin.* Darwin ist ein gutes Beispiel, denn wie die meisten von uns liegt er so ungefähr in der Mitte zwischen Schüchternheit und Extravertiertheit. So hat ihn sein Sohn Francis erlebt:

»Die offenkundige Güte und Einfachheit seines Wesens verliehen ihm einen lebendigen Charme, der viele beeindruckte, die mit ihm in Berührung kamen. In Gesellschaft war er lebhaft, von sprühendem Witz und von einer leichten und natürlichen Art, die daher rührte, daß ihm jegliche *Pose* oder Prätention abging. Es lag in seiner Natur, Gefühle warm und freimütig zu äußern; und wenn ihn irgend etwas verdrießlich stimmte – zum Beispiel Grausamkeit –, dann flaute sein Ärger bald wieder ab. Er liebte das Gespräch über alles und besaß die schöne Gabe des Zuhören-Könnens in ganz ungewöhnlichem Maße.«[12]

Dieser Beschreibung nach scheint Darwin ein extravertierter Mensch gewesen zu sein. Doch konnte er sich auch sehr verschlossen und zurückhaltend geben. Francis Darwin ist nicht entgangen, daß seines Vaters »Art gegenüber Fremden etwas von förmlicher Höflichkeit hatte, ein Verhalten, das durch sein zurückgezogenes Leben in Down vielleicht begünstigt worden ist«. Auch anderen Beobachtern fiel auf, daß er sich Menschen gegenüber, die er nicht gut kannte, reserviert verhielt.[13]

Darwin liebte die Einsamkeit dieses ländlichen Orts, die er für seine Arbeit brauchte. »Zurückgezogener als wir es hier tun«, schrieb er in seiner Autobiographie, »kann man wohl kaum leben.«[14] Jeder Tag verlief mit der Genauigkeit eines Uhrwerks, und nur ungern ließ er sich ohne Vorankündigung stören. Um unangemeldeten Gästen zuvorzukommen, brachte er an einem Fenster seines Arbeitszimmers einen kleinen Spiegel an, so daß er sehen konnte, wenn Besucher die Einfahrt entlangkamen.[15] Doch lud er auch oft Gäste für ein Wochenende nach Down, das etwa 25 Kilometer südlich von London liegt, ein, die dann für gewöhnlich am Freitag nachmittag ankamen und erst am Sonntag wieder abfuhren. Wenn Darwin extravertiert war, dann war er es auf seine ganz eigene Art.

Darwin zeigt uns beispielhaft, wie schwierig es ist, Eigenschaften wie Extravertiertheit nachzuweisen. In bestimmten Zusammenhängen verhält sich jeder extravertiert. Darwin hat auf diesen Punkt selbst aufmerksam gemacht. In *Über den Ausdruck der Gemütsbewegungen bei Menschen und Tieren* (1872) schrieb er, daß »Personen, welche äußerst scheu sind, ... selten in der Gegenwart derjenigen schüchtern [sind], mit denen sie vollständig vertraut sind und von deren guter Meinung und Sympathie sie vollkommen versichert sind«.[16] Der echte Extravertierte geht *ständig* aus sich heraus. Darwin hingegen war mal extravertiert, mal schüchtern. Meine Berater gaben ihm auf einer Sieben-Punkte-Skala zur Dimension Introvertiertheit/Extravertiertheit übereinstimmend 4,5 Punkte – damit liegt er etwas über dem Mittelwert.

*Louis Agassiz.* Er war – im Gegensatz zu Darwin – durchgängig extravertiert, und mir ist kein Wissenschaftler bekannt geworden, der geselliger oder von größerem Selbstvertrauen gewesen wäre. Er war ein glänzender Vor-

Louis Agassiz im Jahr 1844 (im Alter von fünfunddreißig Jahren). Das Gemälde zeigt ihn in einem Gletschergebiet in der Nähe des schweizerischen Neuchâtel, wo er einen großen Teil seiner bahnbrechenden Arbeit über die Geologie der Gletscher verfaßte. Zu dieser Zeit war er noch ein ausgezeichneter Fechter, der auch öffentliche Turniere nicht scheute. Sechzehn Jahre später, mittlerweile Harvard-Professor, lieferte er sich intellektuelle Gefechte mit Darwins amerikanischen Anhängern. Diesen Kampf verlor er letztlich, allerdings nicht ohne starke öffentliche Unterstützung für seine Ansichten, die die Schöpfungslehre verteidigten.

tragsredner und fesselte sein Publikum mühelos mit seinem Charme. Er schloß »leicht und schnell« Freundschaft und war eine geborene Führernatur.[17] Ein Studienfreund beschrieb ihn so: »Er war immer bereit, etwas zu beweisen oder über irgendeinen Gegenstand zu sprechen. Handelte es sich um ein Thema, mit dem er nicht so vertraut war, dann machte er sich in Windeseile gründlich kundig, und bei der nächsten Gelegenheit sprach er davon auf so glänzende Art und mit solch profundem Wissen, daß er uns stets von neuem in höchstes Erstaunen versetzte.«[18]

Er war bekannt als fleißiger und ausdauernder Arbeiter, doch überraschte es seine Freunde immer wieder, wie erpicht er auf Vergnügungen und Unterhaltung war. Wenn man sich traf, »war er der erste, der kam, und der letzte, der ging, und seine starke Konstitution verlangte nach solchen Mengen an Essen und Trinken, daß er alle anderen weit hinter sich ließ.« In diesen Studentenjahren lebte er nach der Devise: »Der erste bei der Arbeit, der erste beim Spiel.« Daran sollte er sich auch weiterhin »mit seltenen Ausnahmen« halten.[19]

Agassiz war ein brillanter Fechter und Vorsitzender eines studentischen Fechtclubs. Als der Schweizer Club, dem er angehörte, einmal von einem deutschen Verein beleidigt wurde, wählte man ihn, die Clubehre zu verteidigen. Auch der gegnerische Verein stellte seinen besten Fechter auf, aber mit diesem Arrangement gab sich Agassiz nicht zufrieden. Er verlangte: »Ich möchte nicht mit einem von Ihnen, sondern mit Ihnen allen kämpfen, mit einem nach dem anderen.« Rasch erledigte er vier seiner Gegner mit Treffern im Gesicht und wollte mit denen, die noch übrig waren, fortfahren. Der deutsche Verein jedoch, dessen beste Kämpfer geschlagen waren, erklärte, die Sache sei weit genug getrieben, und brachte den auftrumpfenden Louis dazu, die Ehre seines Clubs als wiederhergestellt zu betrachten. Agassiz focht noch weitere Duelle »zu seiner Ehre und immer mit Erfolg«.[20] Meine Berater gaben ihm unabhängig voneinander mit 7,0 Punkten den höchstmöglichen Wert auf meiner Skala.

*Percy Williams Bridgman.* Der äußerst gesellige und verwegene Agassiz ist ein guter Kontrast zu Percy Bridgman, einem amerikanischen Physiker und Wissenschaftstheoretiker, der die operationale Analyse erfand. Dem »Operationalismus« zufolge ergibt sich die Bedeutung eines naturwissenschaftlichen Begriffs aus der wissenschaftlichen Operation, die zu ihm führt, und damit aus der Meßbarkeit. In einer Biographie wird berichtet, wie Bridgmans Schüchternheit seiner Fähigkeit zu gesellschaftlichem Umgang enge Grenzen setzte:

> »Obwohl durchaus auf Wettstreit ausgerichtet, war er ein bescheidener Mensch, der gern zurückgezogen lebte. Wer nicht weiß, was Schüchternheit ist, kann kaum ermessen, wieviel psychischen Aufwand es kostet, die Grenzen, die sie setzt, zu überwinden ... Bridgmans Schüchternheit ... führte dazu, daß er sich bei öffentlichen Vorträgen und Auftritten äußerst unwohl fühlte; tatsächlich waren ihm Vorlesungen nicht nur unangenehm, er war auch kein guter Redner.«[21]

Als junger Wissenschaftler wurde Bridgman einmal gebeten, seine Studien auf einer Tagung zur Diskussion zu stellen. Nachdem er die anderen Vorträge verfolgt hatte, zog er den seinen aus Schüchternheit zurück. Seinen Studenten stand er als Lehrer stets mit Rat und Tat zur Verfügung, am liebsten war es ihm jedoch, wenn man ihn in Ruhe ließ. Bridgman ist eine Ausnahme von der Regel, daß Erstgeborene wissenschaftlichen Revolutionen ablehnend gegenüberstehen. Er unterstützte zwei davon – die Quantenphysik und die Relativitätstheorie. Meine Berater gaben ihm 1,5 Punkte auf meiner Skala, die niedrigste Wertung, die im Sample vergeben wurde.

**Aufnahmebereitschaft für wissenschaftliche Innovationen, bezogen auf Geburtenfolge und Schüchternheit**

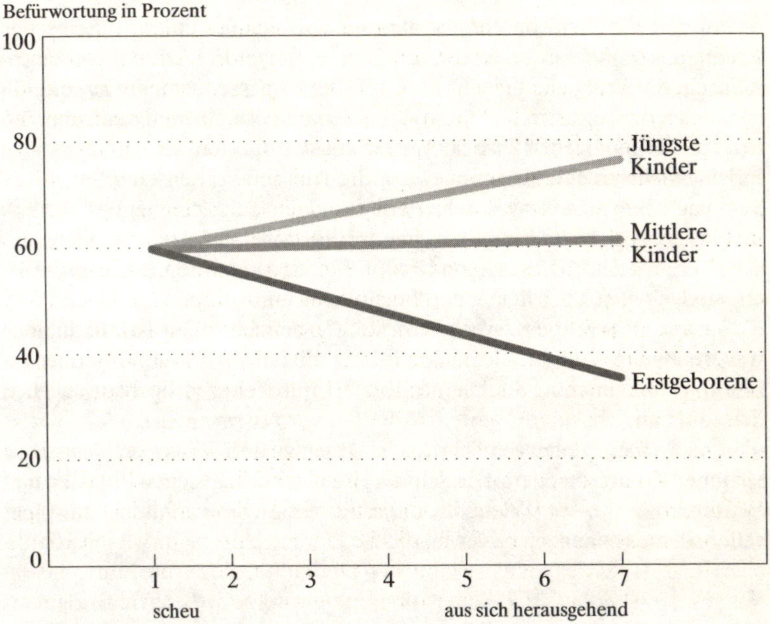


Abb. 7.1 Die Bereitschaft, wissenschaftliche Neuerungen positiv aufzunehmen, bezogen auf Geburtenfolge und den Grad der Schüchternheit. Eine Veranlagung zur Schüchternheit hält Menschen ab, die Tendenzen zum Ausdruck zu bringen, die ihrem Geburtsrang nach eigentlich zur Geltung kommen müßten. Ein scheuer Spätergeborener hat es schwer, sich standhaft zu radikalen Ideen zu bekennen. Schüchterne Erstgeborene dagegen akzeptieren neue Theorien eher als weniger scheue.
Dieser Sachverhalt zeigt eine signifikante Wechselwirkung: Geburtsrang und Schüchternheit haben *nichtadditive* Folgen. Die Geburtenfolge hat einen signifikanten Haupteffekt auf die wissenschaftliche Stellungnahme; und dasselbe gilt auch von der Schüchternheit, aber nur in Verbindung mit dem Geburtsrang.

## Schüchternheit und revolutionäre Persönlichkeit

Es gibt keine direkte Beziehung zwischen dem Persönlichkeitsmerkmal Schüchternheit und einer revolutionären Persönlichkeit. Scheue Wissenschaftler können Innovationen ebenso begrüßen wie extravertierte. Hinter diesen Ergebnissen versteckt sich jedoch ein merkwürdiger Zusammenhang, der wiederum mit der Geburtenfolge zu tun hat.

Extravertierte Menschen reagieren auf neue Ideen entsprechend ihrem Rang in der Geburtenfolge (Abb. 7.1).[22] Extravertierte Erstgeborene wie Louis Agassiz beispielsweise lehnen radikale Neuerungen ab – und das mit

 Eifer und Hingabe. Bis in sein Innerstes war Agassiz überzeugt, daß Darwin mit seiner Evolutionstheorie im Unrecht sei. Extravertierte Spätergeborene wiederum sind ebenso fest davon überzeugt, daß radikale Innovationen gerechtfertigt sind, und verteidigen abweichende Ideen mit einem Selbstvertrauen, das schüchternen Revolutionären fehlt. Der Einfluß der Geburtenfolge auf die Radikalität des Denkens ist bei ausgesprochen extravertierten Individuen besonders eindrucksvoll – sie bestätigt sich in neun von zehn Fällen. Revolutionäre und ihre stimmgewaltigsten Gegner sind in der Regel nicht schüchtern. Die ausgesprochen schüchternen Wissenschaftler meines Samples lassen sich nur zu 56 Prozent durch die Geburtenfolge erfolgreich klassifizieren. Schüchterne Menschen wollen sicher gehen und scheuen extreme Ansichten.[23] Diese Befunde über Geburtenfolge und Schüchternheit zeigen den typischen Effekt einer Wechselwirkung.

Warum besteht diese Wechselwirkung? Schüchternheit ist ein subtiler Ausdruck einer Entwicklungsstörung, der die üblichen Äußerungsformen von Geschwisterstrategien beeinträchtigt. Ein scheuer Erstgeborener fragt sich: »Wer bin ich, einem Einstein (oder Darwin) zu sagen, daß er einen wissenschaftlichen Fehler gemacht hat?« Dagegen fehlt einem schüchternen Spätergeborenen oft das nötige Selbstvertrauen, um zu einem wirklichen Revolutionär zu werden. Wieder können uns einige biographische Beispiele helfen, diese Tendenzen zu verdeutlichen.

### *Extravertierte Radikale*

*Thomas Henry Huxley.* Schüchternheit kann entscheidend dafür sein, ob ein Mensch sich dazu entschließt, sich offen zu einer radikalen Sache zu bekennen, oder ob er sich privat zwar aufgeschlossen verhält, öffentliche Kontroversen aber meidet. Wo wäre der Letztgeborene Thomas Henry Huxley 1860 geblieben, wenn er nicht seinen berühmten und berüchtigten Witz gehabt hätte, oder gar Angst, vor einem großen Publikum zu reden? Es war Huxley, der, zusammen mit Joseph Hooker, bei den berühmten Oxforder Debatten über Darwins Theorien gegen Bischof »Soapy« Sam Wilberforce antrat. Nachdem dieser den Begriff der Evolution ins Lächerliche gezogen hatte, stellte er Huxley voller Verachtung die Frage, über welche Linie er wohl glaube, vom Affen abzustammen, ob über die mütterliche oder die väterliche? Huxley zischte seinem Nachbarn die Worte zu: »Der Herr hat ihn in meine Hände gegeben«, stieg aufs Podium und nahm den armen Bischof nach allen Regeln der Kunst auseinander. Zunächst demonstrierte er dessen bare Unkenntnis, um anschließend zu einer der denkwürdigsten Entgegnungen in der Geschichte der Wissenschaft zu gelangen:

> »Wenn mir denn nun, sagte ich, die Frage gestellt wird, ob ich lieber einen elenden Affen zum Großvater hätte oder einen von der Natur mit großen Gaben ausgestatteten Mann von bedeutendem Einfluß, einen Mann aber,

Thomas Henry Huxley 1857 (im Alter von zweiunddreißig Jahren), zwei Jahre vor Veröffentlichung der *Entstehung der Arten.* Nachdem er sein Exemplar erhalten hatte, schrieb er an Darwin: »Ganz gewiß haben Sie die immerwährende Dankbarkeit aller denkenden Menschen verdient – Und was die bellenden & kläffenden Köter angeht, die es geben wird – so sollen Sie sich gegenwärtig halten, daß einige Ihrer Freunde über ein Maß an kämpferischem Willen verfügen, das (obwohl Sie es oft & und zu recht gerügt haben) Ihnen gut zustatten kommen wird – Ich schärfe schon meine Klauen & meinen Schnabel und bin bereit« (*The Correspondence of Charles Darwin*, Bd. 7, Brief vom 23. November 1859).

der diese Gaben und seinen Einfluß zu dem einzigen Zweck gebraucht, eine ernsthafte wissenschaftliche Diskussion ins Lächerliche zu ziehen – dann würde ich nicht zögern zu sagen, daß ich lieber vom Affen abstammte.«[24]

Im Auditorium fiel eine Dame in Ohnmacht und mußte hinausgetragen werden. Der sonst so milde Darwin schrieb Huxley von seinem sicheren Hafen Down House aus mit diebischer Freude: »Wie konntest Du es wagen, einen lebenden Bischof derart anzugreifen? Ich schäme mich für Dich! Hast Du denn gar keinen Anstand ... ? Bei Jupiter, es sieht so aus, als hättest Du es gut gemacht!« Darwin selbst hat nie an öffentlichen Debatten über seine evolutionstheoretischen Ideen teilgenommen. Seinem Freund Joseph Hooker bekannte er: »Ich wäre eher gestorben, als daß ich versucht hätte, dem Bischof vor einer solchen Versammlung zu antworten.«[25] Der streitlustige Huxley hingegen verteidigte Darwins Ideen wiederholt in der Öffentlichkeit, was ihm den Spitznamen »Darwins Bulldogge« eintrug.

*Voltaire (François-Marie Arouet).* Der unnachahmliche Franzose gehört zu den Personen in meinem Sample, die auf der Skala der Extravertiertheit zuoberst stehen. Ebenfalls ein Letztgeborener, war er Thomas Henry Huxley sehr ähnlich. Voltaires glänzende literarische Karriere illustriert jene militante Radikalität, die sich bei Menschen findet, bei denen ein ausgeprägtes Selbstvertrauen mit dem Status des Letztgeborenen zusammentrifft. Der Naturforscher Charles Bonnet – ein Erstgeborener – sprach für die meisten konservativen Geister seiner Generation, als er meinte, daß »die Vorsehung offenbar Erdbeben, Überschwemmungen, Häresie und Voltaire erlaubt« habe.[26]

Voltaire galt als »einer der lebhaftesten Geister des Jahrhunderts«, und ganz gewiß war er der unbestrittene Meister der Ironie.[27] Als junger Literat in Paris war »François ein Erfolg in jedem Salon, in den er geladen wurde«.[28] James Parton schreibt in seiner Biographie: »Er hatte einen blitzschnellen Verstand, der ihn äußerst schlagfertig machte, daher war jede Konversation, an der er teilnahm, voller Esprit.«[29] Bei seinem Talent wundert es nicht, daß er von aufgebrachten Opfern seiner spitzen Zunge mehrfach tätlich angegriffen wurde. »Dieser bewegliche Geist«, heißt es bei Parton, »lebte vertraut und furchtlos unter den Monarchien und Hierarchien seiner Zeit, mal verhielt er sich schmeichlerisch wie ein Höfling und hütete sich vor den vernichtenden Schlägen der Mächtigen, dann wiederum ließ er sich mit frechen Entgegnungen aus der Ferne und aus den bequemen Schlupfwinkeln vernehmen, in denen er für seine Herren unerreichbar war.«[30]

Die folgende Episode, in der Voltaire ein Erlebnis mit seinem jähzornigen Vater schildert, gibt einen Eindruck von seinen Geistesblitzen. »Eines Tages schimpfte mein Vater ganz fürchterlich und ohne Grund mit seinem Gärtner. Er hätte ihn fast geschlagen und schrie ihn an: ›Hinaus mit dir, du Lump! Hoffentlich findest du wieder einen Herrn, der so geduldig ist wie ich!‹ « Diese in ihrem Zorn aberwitzige Rede erinnerte Voltaire an eine Figur in einem Theaterstück, das er kurz zuvor gesehen hatte. Er lud seinen Vater ein, das Stück mit ihm anzuschauen. Vorher ging er unbemerkt zu dem Schauspieler, der jene Figur spielte, und bat diesen, den gewöhnlichen Text durch *genau die Worte* zu ersetzen, die sein Vater dem Gärtner an den Kopf geworfen hatte. Voltaire merkte zu dieser Geschichte an: »Mein guter Vater korrigierte sich ein bißchen.«[31]

Voltaires nie erlahmender Witz machte ihm in Verbindung mit seiner Neigung zu radikalen Standpunkten das Leben immer wieder schwer. Als junger Mann saß er zweimal in der Bastille ein, nachdem er Angehörige des Adels verhöhnt hatte. Der verärgerte Chevalier de Rohan ließ ihn von seinen Leuten in der Öffentlichkeit züchtigen. Voltaire suchte Rache, nahm Fechtunterricht und forderte ihn zum Duell heraus.[32] Noch bevor der Tag des Duells anbrach, saß er schon wieder in der Bastille. Schließlich wurde er wegen Erregung öffentlichen Ärgernisses des Landes verwiesen.

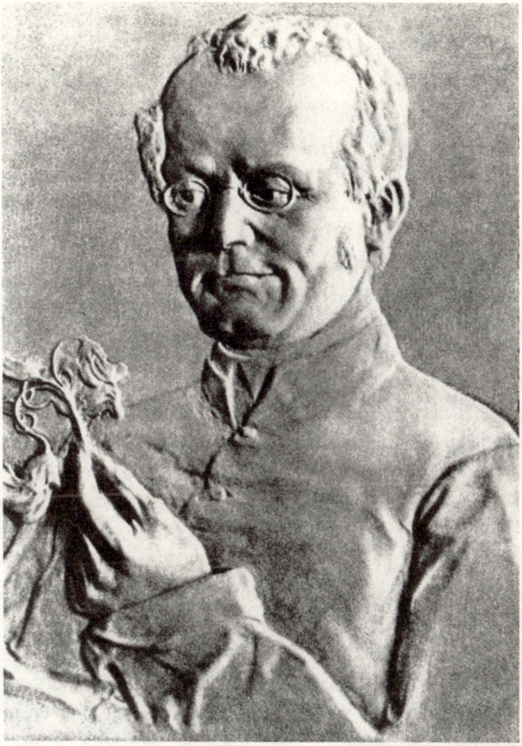

Gregor Johann Mendel mit einer gemeinen Gartenerbse. Er wurde 1868 im Alter von sechsundvierzig Jahren zum Prälaten seines Klosters gewählt, zwei Jahre nach der Veröffentlichung seiner berühmten Abhandlung über die Vererbungsgesetze. Seine neuen Pflichten hinderten ihn daran, seine Forschungen in großem Umfang weiter zu betreiben.

Nach dreijähriger Abwesenheit kehrte er 1729 nach Paris zurück. Bald darauf steckte er wegen radikaler Äußerungen wieder bis zum Hals in Schwierigkeiten. Den Rest seines Lebens verbrachte er in der Verbannung, im Exil oder auf der Flucht vor Haftbefehlen. In späteren Jahren schloß er seine Mitteilungen zumeist mit den Worten »*Écrasez l'Infâme*« (»Zerquetscht das Niederträchtige«).[33] Das Infamste jedoch war in seinen Augen der verderbliche Einfluß religiöser Fanatiker, zu denen auch sein älterer Bruder, der Jansenist, gehörte.

### *Revolutionäre wider Willen*

Es kommt vor, daß schüchterne Menschen zu radikalen Durchbrüchen gelangen, ohne daß sie es wollten oder sich wirklich der Konsequenzen ihres

 Tuns bewußt gewesen wären. Solche Menschen muß man als Revolutionäre *wider Willen* betrachten. Selbst wenn sie radikale Absichten hegen, hindert ihre Schüchternheit sie nicht selten daran, ihre Botschaft auch zu verkünden. Das klassische Beispiel eines schüchternen Revolutionärs ist Gregor Mendel, der österreichische Mönch, der die Vererbungsgesetze entdeckte. Mendel war das zweite von drei Kindern und der einzige Sohn.

Über einen Zeitraum von zehn Jahren züchtete der äußerst akribische Mendel an die 30 000 Erbsenpflanzen und untersuchte ihre Samen im Hinblick auf die vererbten Anlagen. Einige Samen beispielsweise sind glatt, andere faltig – ein Unterschied, der von einem einzigen Gen bestimmt wird. Mendel veröffentlichte seine Vererbungsgesetze im Jahre 1866. Leider erschienen seine Mitteilungen in einer relativ unbekannten Zeitschrift, den *Verhandlungen des naturforschenden Vereins Brünn.* Vierunddreißig Jahre mußten vergehen, bis jemand die Bedeutung von Mendels Entdeckungen erkannte. 1900 schließlich wurden die Mendelschen Gesetze unabhängig voneinander von drei Biologen noch einmal »entdeckt«, so daß Mendels Veröffentlichung schließlich auch gewürdigt werden konnte.[34] In der Fachwelt wurde lange darüber gerätselt, warum Mendels Erkenntnisse so lange übergangen worden waren.

Mendel war ein intellektueller Revolutionär, aber er hatte nicht die richtige Persönlichkeit für diese Rolle. Während seines Universitätsstudiums erlitt er aus Prüfungsangst zweimal einen Nervenzusammenbruch; einmal war er sogar gezwungen, für ein Jahr nach Hause zurückzukehren. Er wird als »überempfindlich« beschrieben und als jemand, der sich von »Furcht und Schüchternheit überwältigen« ließ, was ihn gelegentlich fast pathologisch depressiv machte.[35] Die Sorge, daß er es mit der realen Welt nicht würde aufnehmen können, trieb diesen milden und sanften Charakter schließlich ins Kloster.[36]

Nachdem Mendel seine berühmte Abhandlung über die Erbsen einmal publiziert hatte, unternahm er wenig, um seine Ideen bekannt zu machen. Zwar war er empfänglich für Darwins Theorien, aber er scheint weder Darwin noch einer anderen führenden Persönlichkeit aus dessen Umfeld geschrieben zu haben. Außerdem verzichtete er darauf, seine Entdeckungen in Buchform vorzulegen. Bis vor kurzer Zeit aber genügten Aufsätze nicht, um eine wissenschaftliche Revolution in Gang zu setzen; dazu mußte man ein Buch veröffentlichen. Auch die berühmten Darwin-Wallace-Papiere, in denen 1858 erstmals von der Theorie der natürlichen Selektion die Rede war, hatten so gut wie keine Wirkung. Es bedurfte der *Entstehung der Arten* (1859), um die Darwinsche Revolution auszulösen.

Andere Beispiele für wissenschaftliche Revolutionäre, deren Schüchternheit ihrer Wirkung Grenzen setzte, liefern typischerweise Spätergeborene. Nikolaus Kopernikus etwa, das letzte von drei Kindern, war ausgesprochen reserviert. Arthur Koestler nennt ihn in seiner Kopernikus-Biographie den »zaghaften Kanonikus«.[37] Aus Furcht, in Kontroversen verwickelt zu werden, »weigerte er sich lange, sein meisterliches Werk *Von den Umdrehungen der*

Nikolaus Kopernikus. Martin Luther nannte ihn den »neuen Astrologen« und den »Narren, der die gesamte Astronomie umstürzen will« (Stimson, *The Gradual Acceptance*, S. 39).

*himmlischen Sphären* zu veröffentlichen«.[38] Er ließ lediglich ein Manuskript zirkulieren, den sogenannten *Commentariolus* (Kurzer Auszug), der seine abweichende Theorie beschrieb. 1533 erläuterte Johann Albrecht Widmannstetter, der Sekretär von Papst Clemens VII., diesem die kopernikanische Theorie. »Diese Erläuterung gefiel dem Papst so sehr, daß er Widmannstetter ein wertvolles griechisches Manuskript zum Geschenk machte, das heute noch erhalten ist.«[39] Im darauffolgenden Jahr starb Clemens VII., zu seinem Nachfolger wurde Paul III. gewählt. Widmannstetter trat nun in den Dienst des Kardinals Nikolaus Schönberg, der zu den wichtigsten Vertrauten des neuen Papstes gehörte. Schönberg war so beeindruckt von Widmannstetters Bericht über die neue Theorie, daß er 1536 selbst an Kopernikus schrieb und diesen drängte, seine Ideen zu veröffentlichen. Und immer noch sperrte sich dieser.[40] Anscheinend hat er die Publikation nicht aus Furcht vor der Kirche zurückgehalten. Nein, er hatte Sorge, sich bei seinen ungläubigen Kollegen lächerlich zu machen, und das wollte er vermeiden.[41]

Von radikalen Ideen fühlen sich eher extravertierte Spätergeborene angesprochen, und diese Neigung bewahrte Kopernikus davor, vergessen zu werden. 1540, drei Jahre vor seinem Tod, ließ er sich von Georg Joachim Rhetikus, einem jungen und verwegenen Letztgeborenen, überreden, seine Theorie des Kosmos zu veröffentlichen. Rhetikus war genau jene intellektuelle »Bulldogge«, die für diese Aufgabe erforderlich war. Obwohl Lutheraner, nahm er das Risiko eines Besuchs in Frauenburg im katholischen Polen auf sich, um die neue Kosmologie von ihrem Meister zu erlernen. Zu dieser Zeit herrschte dort gegenüber Lutheranern eine entschieden feindliche Einstellung, und der Bischof von Frauenburg hatte eben erst alle Sympathisanten Luthers aus seinem Bistum verbannt. Durch einen Erlaß wurden alle Söhne von Edelleuten, die Universitäten »an den vergifteten Orten des ketzerischen Luthertums« besuchten, zurückgerufen.[42] Ausgerechnet an einem dieser Orte, nämlich in Luthers Wittenberg, war Rhetikus Professor. Im Gegensatz zu dem vorsichtigen Kopernikus war er ein »begeisterungsfähiger« und »übereifriger« Mann.[43] Er zog Folgerungen aus Kopernikus' Ideen, die der schüchterne Domherr von Frauenburg selbst nicht zu ziehen gewagt hatte.

Als Rhetikus in Frauenburg ankam, wurde er von Kopernikus empfangen. Die beiden Astronomen ließen sich weder durch ihre konfessionellen Differenzen noch durch die Tatsache stören, daß Kopernikus Domherr der katholischen Kirche war. Kopernikus gestattete Rhetikus, alle seine unveröffentlichten Manuskripte zu lesen, und rasch hatte sich dieser mit der neuen Kosmologie vertraut gemacht. 1540 veröffentlichte er einen *Ersten Bericht* darüber und verbrachte die folgenden drei Jahre damit, Kopernikus' *opus magnum* für den Druck vorzubereiten. An seinem Todestag, »gerade bevor er seine Augen für immer schloß«, hielt Kopernikus ein Exemplar seines Buchs in der Hand.[44] Nach revolutionären Standards war das ein sehr enger Termin.

Fast vierzig Jahre später war es Rhetikus, der, inzwischen in Ungarn lebend, einen Besucher aus dem fernen Wittenberg empfing, der seinerseits die lange Reise auf sich genommen hatte, um über eines von Rhetikus' Werken zu diskutieren. Rhetikus begrüßte seinen Gast mit den Worten: »Du besuchst mich im gleichen Alter, in dem ich zu Kopernikus kam. Hätte ich ihn nicht aufgesucht, wäre keines seiner Werke je zutage gekommen.«[45] Aus Rhetikus' Beziehung zu Kopernikus und ihrer Geschichte läßt sich eine praktische Empfehlung für die Planung einer wissenschaftlichen Karriere ableiten: Ein scheuer Mensch mit radikalen Absichten sollte ernsthaft erwägen, ob es für ihn nicht vorteilhaft wäre, mit einem extravertierten Letztgeborenen zusammenzuarbeiten.

Max Planck, ein anderer schüchterner Revolutionär, formulierte eine der radikalsten Ideen der modernen Physik. Mit seinem »Wirkungsquantum« beendete er die Ära der klassischen, vom Kontinuitätsprinzip bestimmten Physik. Nicht jeder Neuerer will mit seiner Tat eine Umwälzung in Gang setzen oder gar selbst zum Dreh- und Angelpunkt einer solchen werden. 1931 erklärte Planck einem amerikanischen Physiker, wie er zu seinem alles umstürzenden Begriff des Quantums gekommen war:

»Kurz zusammengefaßt kann ich die ganze Tat als einen Akt der Verzweiflung bezeichnen. Denn von Natur bin ich friedlich und bedenklichen Abenteuern abgeneigt. Aber ich hatte mich nun schon seit sechs Jahren (von 1894 an) mit dem Problem des Gleichgewichtes zwischen Strahlung und Materie herumgeschlagen, ohne einen Erfolg zu erzielen ...; eine theoretische Deutung *mußte* daher um jeden Preis gefunden werden, und wäre er noch so hoch. Die klassische Physik reichte nicht aus, das war mir klar.«[46]

Nach eigenem Bekunden sah sich Planck *gedrängt*, seinen radikalen Vorschlag zu machen. Damit reagierte er auf eine Situation, die Thomas Kuhn eine »Krise« in der Wissenschaft nannte.[47] Trotzdem fühlte Planck sich nie ganz wohl bei diesem Schritt, der von der herrschenden Lehrmeinung abwich. Später versuchte er, seine revolutionäre Hypothese mit der klassischen Mechanik zu versöhnen. Über Plancks Bemühungen, die traditionelle Physik doch noch zu retten, schrieb der Wissenschaftshistoriker John Heilbron: »Um 1910 äußerte er sich wie der Beschützer einer bedrohten oder gar verlorenen Sache ... Seitdem wurde konservatives Denken – immer kongenial – zu einer Pflicht für ihn und zur allgemeinen Regel für seine Forschung. Wenn Wissenschaftler alt und einflußreich werden, sagte er, sollten sie, wenn sie schon neue Wege gehen, besondere Vorsicht und Zurückhaltung walten lassen.«[48]

## Ursachen der Schüchternheit

Die umweltbedingten Ursachen der Schüchternheit sind längst nicht so gut erforscht wie ihre physiologischen Merkmale. Zwar gibt es Untersuchungen, die die Geburtenfolge einbeziehen, doch sind deren Ergebnisse widersprüchlich.[49] Sie sind es deshalb, weil die Geburtenfolge mit anderen Strukturen des Familiensystems (insbesondere mit seinen verschiedenen Nischen) in Wechselwirkung steht. Bei den Wissenschaftlern meines Samples zeigt sich, daß Schüchternheit sowohl von der Geburtenfolge als auch von der Größe der Geschwistergruppe auf diese Art beeinflußt wird. In kleinen Geschwistergruppen ist keine Beziehung zwischen Schüchternheit und dem Geburtsrang zu erkennen. Bei einer größeren Geschwisterzahl besteht die Tendenz, daß Erstgeborene mehr aus sich herausgehen, während die Spätergeborenen reservierter werden (Abb. 7.2).[50]

Eine psychologische Erklärung dieser Befunde muß bei drei Überlegungen ansetzen: (1) bei den Auswirkungen der Geburtenfolge auf die Persönlichkeitsstruktur; (2) bei den Sozialisationseffekten, die von der Geschwistergruppe ausgehen; und (3) bei der Wechselwirkung zwischen Geburtenfolge und Geschwisterzahl, die für die Strategien der Herrschaft oder Unterwerfung maßgebend ist. Wir ziehen, um die umweltbedingten Ursachen der Schüchternheit zu ermitteln, für die experimentelle Kontrolle nur

 Kinder heran. Einzelkinder sind etwas weniger extravertiert als Erstgeborene mit Geschwistern. Deren Vorhandensein scheint extravertiertes Verhalten zu begünstigen, indem sie dem Nachwuchs größere Übung im Umgang mit anderen ermöglichen.[51]

Die Geburtenfolge ist eine wichtige Voraussetzung für Schüchternheit, doch ändern sich deren Konsequenzen mit zunehmendem Alter und sind außerdem von Altersabständen und der Größe der Geschwisterzahl abhängig. Die Forschung zeigt, daß Spätergeborene als *kleine* Kinder stärker zu reserviertem Verhalten neigen als die älteren Geschwister.[52] Ein zweijähriges Kind läßt sich von einem vierjährigen leicht einschüchtern, während der gleiche Altersunterschied bei Teenagern keinen derart ausgeprägten Effekt mehr hat. Der Altersabstand hat einen mäßigenden Einfluß auf diesen Entwicklungstrend und betrifft Spätergeborene auf andere Weise als Erstgeborene. Die extravertiertesten Erstgeborenen sind drei oder vier Jahre älter als ihre nächsten Geschwister.[53] Bei dieser Altersdifferenz treten ja auch die meisten anderen durch die Geburtenfolge bedingten Unterschiede in der Persönlichkeit am stärksten hervor. Je geringer (ein bis zwei Jahre) der Altersabstand ist, desto scheuer sind jüngere Kinder. Der Altersunterschied befördert bei jüngeren Geschwistern anscheinend nicht nur die Neigung zur Rebellion, sondern bietet offensichtlich auch einen Maßstab für extravertierte Verhaltensmuster.

Spätergeborene legen ihre ursprüngliche Schüchternheit oft ab, besonders dann, wenn sie lernen, wirksame Strategien zu entwickeln, die es ihnen ermöglichen, mit ihren älteren Geschwistern fertig zu werden. Auch die Zeit hilft natürlich, denn nach und nach verschwinden die von der körperlichen Entwicklung bedingten Ungleichheiten, unter denen Spätergeborene in ihrer frühen Kindheit zu leiden haben. Wie weitgehend sie ihre Schüchternheit zu überwinden lernen, hängt ab von der Anzahl der Geschwister. Ist die Geschwistergruppe klein, haben Spätergeborene eher die Möglichkeit, in kognitiver und physischer Hinsicht mit ihren älteren Geschwistern gleichzuziehen. In großen Familien sorgt die Geburtenfolge also für größere Unterschiede in der Ausprägung von Schüchternheit, und Spätergeborene sind oft scheuer, weil sie mehr hin- und hergeschoben werden.

Wenn Kinder, die zur Schüchternheit veranlagt sind, die Eltern oder einen Elternteil verlieren, ziehen sie sich in der Regel noch stärker zurück. Es liegt an den familiären Nischen, wie sich eine solche Erfahrung den Geschwistern mitteilt. In der Mittel- und vor allem in der Oberschicht ist der frühe Verlust der Eltern mit abnehmender Extravertiertheit verbunden. Der frühe Verlust vor allem der Mutter, weniger des Vaters, ist für diesen Effekt verantwortlich.[54] Wie Bowlby und andere Psychologen gezeigt haben, werden Kinder vor allem dann unsicher, wenn ihre Bindung an die Mutter plötzlich abbricht.[55] Aber das gilt nicht in jedem Fall. In der Unterschicht nämlich ist der frühe Verlust der Eltern mit einer *Zunahme* der Extravertiertheit verbunden. Dieser eher unerwartete Effekt ist wahrscheinlich auf die Ersatzelternschaft zurückzuführen, denn er läßt sich besonders bei Erstgeborenen feststellen.[56]

**Unerschrockenheit versus Schüchternheit im Verhältnis zur Geburtenfolge und der Geschwisterzahl**

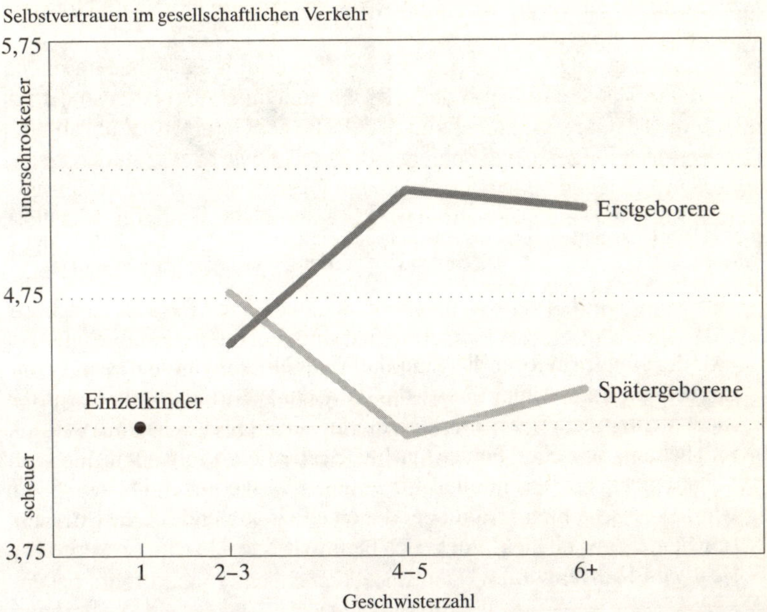


Abb. 7.2 Beziehungen zwischen Geburtenfolge, Geschwisterzahl und Schüchternheit. Bei kleinen Geschwistergruppen besteht keine signifikante Relation zwischen Geburtsrang und Schüchternheit. Bei größerer Geschwisterzahl sind Spätergeborene schüchterner als Erstgeborene. Insgesamt ist die Geburtenfolge ein signifikanter Haupteffekt im Hinblick auf Schüchternheit, die Geschwisterzahl jedoch nicht. Dagegen ist die Wechselwirkung zwischen Geburtenfolge und Geschwisterzahl signifikant.

Der Zugewinn an persönlicher Macht, der mit der Übernahme elterlicher Pflichten verbunden ist, läßt das Selbstvertrauen dieser Kinder wachsen. Was Bowlby von Darwins Krankheit sagt, nämlich daß sie ihre Ursache im frühen Verlust der Mutter habe, gilt nach meinen Befunden ganz allgemein für Spätergeborene.[57] Für Erstgeborene, und insbesondere für solche aus der Unterschicht, lassen sich vergleichbare Abweichungen nicht immer auf diese Weise erklären. Den Schlüssel für solche Unterschiede liefern wiederum die familiären Nischen: Diese sind verschieden, und entsprechend verschieden sind auch die Konsequenzen, die Entwicklungsstörungen nach sich ziehen.

Biographische Episoden aus meiner Studie verdeutlichen diese allgemeinen Überlegungen. Georg Groddeck, ein früher Anhänger Freuds, bezeichnete sich selbst wegen seiner unorthodoxen psychoanalytischen Ansichten als »wilden Analytiker«. Er war das jüngste von fünf Kindern. Von Biographen wurde darauf hingewiesen, daß seine Schüchternheit mit der Beziehung zu seinen Geschwistern zusammenhing:[58]

Wer die »Peanuts« kennt, weiß, daß Linus seine Schmusedecke über alles liebt: ein Zeichen seiner Unsicherheit. Diese Szene mit seiner älteren Schwester Lucy, die bekanntlich nicht unterzukriegen ist, zeigt anschaulich, warum es jüngeren Geschwistern manchmal so schwer fällt zu rebellieren.

> »Als der Jüngste hatte er die Hauptlast ihrer Neckereien zu tragen. Er war das beliebteste Ziel ihres Spotts: das Baby, das Worte falsch aussprach, das nicht richtig zählen konnte, das immer alles falsch verstand und alle möglichen komischen Fehler machte. Bei den Mahlzeiten wurden seine Ungeschicklichkeiten in allen Einzelheiten ausgebreitet, immer wieder wurden Geschichten erzählt, bei denen alle in johlendes Gelächter ausbrachen. Gegen all dies bildete sich natürlich eine Abwehr. Er wurde vorsichtig und schweigsam.«[59]

Die Schriftstellerin Harriet Martineau erklärte ihre Schüchternheit auf ähnliche Weise: »Ich war fast das jüngste Kind in einer großen Familie und nicht nur den strengen Regeln unterworfen, die für alle galten, sondern auch der ruppigen und herabsetzenden Behandlung durch die größeren Kinder ausgesetzt, die es nicht böse meinten, mir aber doch einen irreparablen Schaden zugefügt haben.« Als Kind war Harriet kränklich und depressiv. Ihre Mutter beschrieb sie als »das schüchternste Kind«, das sie je erlebt habe.[60] Erst mit zunehmendem Alter wurde sie ihrer Scheu allmählich Herr.

Wenn es gelingt, die Schüchternheit zu überwinden, dann ist dies meist einer inneren »Revolution« vergleichbar, die vor allem jene Spätergeborenen bewältigen, die erfolgreich gegen den Vorrang ihrer älteren Geschwister rebelliert haben. In vielen Fällen legen diese rebellischen Spätergeborenen ihre Schüchternheit ab, indem sie ihre Offenheit für Erfahrung systematisch kultivieren, so wie beispielsweise der evolutionstheoretisch arbeitende Biologe Ernst Mayr. Keiner seiner Bekannten hätte ihn als ruhigen oder beschaulichen Charakter bezeichnet, doch genau dies war er als Kind. Er war der zweite von drei Söhnen und haßte die dominante Art seines älteren Bruders. Während seiner Kindheit träumte er immer wieder davon, ein berühmter Entdecker zu werden. Er erfüllte sich seinen Wunsch im Jahr 1928, als er an einer zoologischen Expedition nach Neu-Guinea teilnahm. Über die Bedeutung, die das Reisen für ihn gewann, schrieb er später: »Der tägliche Kampf mit unbekannten Schwierigkeiten, die Notwendigkeit, die Initiative ergreifen zu müssen, die Berührung mit der fremden Psyche der Naturvölker und sonstige Unwägbarkeiten einer Expedition bringen eine charakterliche Entwicklung mit sich, die in der Routine des zivilisierten Lebens nicht zu haben ist.«[61]

Als Mayr 1930 nach Deutschland zurückkehrte, traf er sein früheres Kindermädchen und erzählte ihr, daß er bald nach New York gehen werde, um eine Stelle am American Museum of Natural History anzutreten. Das Kindermädchen antwortete ganz erstaunt: »Aber du warst doch immer ein so stilles und verträumtes Kind!«[62] Mayrs »Spätergeborenen-Stil« konnte sich durch seine Offenheit für Erfahrung entfalten und entwickeln; diese machte aus dem introvertierten Jungen einen bemerkenswert extravertierten Erwachsenen. Wenn man durch Dschungel reist, in denen Kopfjäger und Giftschlangen lauern können, und wenn man sich in Sprachen wie Malaiisch verständigen muß, dann wirkt sich dies zweifellos auch auf die psychologische Verfassung aus. Kurz: Entdeckungsreisen – ob geographischer oder anderer Art – verändern einen Menschen.

## Zusammenfassung

Am Persönlichkeitsmerkmal Schüchternheit kann man sehen, daß sich eine angeborene Verhaltensdisposition je nach der familiären Nische, die ein Individuum einnimmt, vollkommen unterschiedlich auswirken kann. Scheue Erstgeborene sind offener für Erfahrung, als es Erstgeborene sonst sind – bei Spätergeborenen stellt sich der gegenteilige Effekt ein. Zu solchen gegensätzlichen Entwicklungsergebnissen kann es kommen, weil Temperamente in sich selbst kein Verhaltensziel sind. Vielmehr werden sie im Kontext des Familiensystems in den Dienst von Geschwisterstrategien gestellt, mit denen um die innerfamiliäre Hierarchie und um die Nischen gerungen wird, von denen Herrschaft und Unterdrückung abhängen. Diese Nischen und nicht angeborene Veranlagungen entscheiden letztlich darüber, wie sich die Persönlichkeitsstruktur ausprägt. Wenn die Natur mit dem individuellen Temperament eine Art Grundstein legt, dann wird dieser von der familiären Umgebung durch strategische Drehungen zurechtgerückt, die so vielfältig sind wie die Nischen, die zu ihnen Anlaß geben.

Nach der Theorie der familiären Nischen ist Schüchternheit sowohl Ursache als auch Wirkung – ein Brennpunkt unaufhörlicher Wechselwirkungen zwischen Geschwisterstrategien und den Möglichkeiten, die das Familienleben bietet. Bestimmte Züge des Familiensystems verstärken schüchternes Verhalten, das besonders häufig bei Spätergeborenen mit vielen Geschwistern und bei Menschen zu beobachten ist, die in früher Kindheit einen Elternteil verloren haben. Aufgrund der Wechselwirkungen zwischen Erbanlagen und der Umwelt kann die Tatsache, daß jemand ein Spätergeborener ist, geradezu widersprüchliche Folgen haben, indem er beispielsweise rebellisch und schüchtern zugleich wird. Dies ist eine brauchbare Formel für solch schüchtern-radikale Kämpfer wie Kopernikus und Darwin. Menschen wie sie bewegen sich auf dem schmalen Grat zwischen revolutionärer wissenschaftlicher Entdeckung und nagendem Selbstzweifel. Andere vorsichtige Spätergeborene haben wie Max Planck ihr ganzes Leben damit verbracht, sich ihren eigenen radikalen Einsichten zu widersetzen. Wieder andere Rebellen sind sanftmütig wie Mendel, der das Neue, das er entdeckt hat, nicht mit dem Nachdruck präsentieren konnte, der nötig gewesen wäre, damit seine Ideen bereits zu seinen Lebzeiten Akzeptanz gefunden hätten. Und Kopernikus hat einfach das Glück gehabt, einem Spätergeborenen zu begegnen, der extravertierter war als er und ihn davor bewahrte, möglicherweise in Vergessenheit zu geraten. In der Geschichte wissenschaftlicher Entdeckungen gäbe es nicht so viele interessante biographische Szenarien, wenn nicht die persönliche Entwicklung von den ständigen Wechselwirkungen zwischen familiären Nischen und Temperament geprägt wäre.

Kapitel 8

# Ausnahmen von der Regel

## Das Zusammenwirken der familiären Einflüsse

Geschwister schaffen sich im Familiensystem anpassungsfähige Nischen, um sich den Zugang zu den gewünschten elterlichen Ressourcen zu sichern. Ältere Geschwister besetzen in der Regel die Nischen, die am leichtesten verfügbar sind, wie zum Beispiel schulischer Erfolg oder die Übernahme erwachsenenähnlicher Verhaltensweisen oder Verantwortlichkeiten. Die jüngeren Geschwister sehen sich dann gezwungen, unkonventionellere und immer radikalere Wege zu gehen. Radikalität entwickelt sich aber auch durch eine Reihe von Einflüssen, die von außen kommen und ihren Ursprung nicht in der Familie haben. Aus der Familiendynamik allein läßt sich das individuelle Verhalten nicht immer erläutern, auch wenn sie in beträchtlichem Maße zur Erklärung beiträgt.

In den vorangegangenen Kapiteln habe ich mehr als ein Dutzend Variablen dargestellt, die möglicherweise an der Ausprägung einer revolutionären Persönlichkeit beteiligt sind. Allerdings ist es nicht ganz einfach, das Zusammenwirken dieser Faktoren zu erfassen. Welches Maß an Radikalität würden wir beispielsweise bei einem schüchternen spätergeborenen Jungen aus einer Unterschichtfamilie vermuten, der im Alter von sieben Jahren Halbwaise wurde? Wird die Veranlagung dieses Jungen zur Schüchternheit den typisch radikalisierenden Einfluß der Geburtenfolge aufheben? Wirkt sich der Verlust eines Elternteils, der Spätergeborene aus der Unterschicht im allgemeinen in eine rebellische Haltung treibt, weil hier ältere Geschwister als Ersatzeltern auftreten, bei schüchternen Spätergeborenen ebenso spürbar aus? Und wenn dies der Fall ist, gleicht dann die Verstärkung radikaler Verhaltensweisen, die typisch ist, wenn ältere Geschwister die Elternrolle übernehmen, den durch Schüchternheit bedingten geringeren Grad an Radikalität aus? Solche biographischen Szenarien zeigen, daß unsere Annahmen über die Ursprünge radikalen Denkens alles andere als selbstverständlich sind.

Glücklicherweise können wir kausale Modelle konstruieren, die es uns erlauben, durch die *Kombination* vielfältiger biographischer Variablen Voraussagen für einzelne Individuen zu treffen. Man mag erstaunt darüber sein, daß individuelles Verhalten anhand von statistischen Modellen erklärt werden soll, aber manchmal gibt es keine andere Möglichkeit. Die Voraussagen, die mit solchen Modellen möglich werden, sind »zu erwartende Wahrscheinlichkeiten«, die von 0 bis 100 Prozent reichen können. Eine Annahme über das wahrscheinliche Verhalten eines Individuums kann bis zu 90 oder gar 95 Prozent zuverlässig sein. Was heißt das? Es bedeutet, daß wir mit gutem Grund davon ausgehen können, daß 95 von 100 Menschen, die ein charakteristisches biographisches Profil gemeinsam haben, in Kontroversen, die die Bevölkerung in zwei Lager spalteten, zu Anhängern der jeweils radikalen Standpunkte wurden. Wir können ebenfalls zu 95 Prozent sicher sein, daß einige Menschen mit anderen biographischen Profilen diesen radikalen Neuerungen *ablehnend* gegenüberstanden. Zwar können diese statistischen Verallgemeinerungen nicht für jeden einzelnen getroffen werden, aber doch für die meisten der bedeutenden geschichtlichen Figuren. Menschen, die der Geschichte ihren Stempel aufdrücken, sind in der Regel extrem, vor allem im Hinblick auf Merkmale wie Offenheit für Erfahrung.[1]

Dieses Kapitel hat zwei wesentliche Ziele. Zum einen sollen die bereits dokumentierten, signifikanten Trends, die sich auf Familiendynamik und revolutionäre Persönlichkeit beziehen, in einem einzigen Modell zusammengefaßt werden, das Voraussagen über menschliches Verhalten erlaubt. Zum anderen aber möchte ich alles Erdenkliche unternehmen, um dieses Modell zu falsifizieren. Ich will versuchen, der entschiedenste Kritiker meines Konstrukts zu sein, indem ich gerade dessen Unzulänglichkeiten heraushebe. Wenn wir uns auf seine Fehler konzentrieren – insbesondere auf die Individuen, die sich eben nicht so verhalten wie vermutet –, können wir die Grenzen eines familiendynamischen Modells richtig einschätzen *und die Einflüsse, die es nicht erfaßt, herausstellen.* Dort, wo es versagt, und nicht dort, wo es zutrifft, lassen sich weiterführende Einsichten gewinnen.

Acht Faktoren habe ich in mein familiendynamisches Modell zur Erklärung radikalen Verhaltens aufgenommen. Deren wichtigste sind die *Geburtenfolge* und der *Eltern-Kind-Konflikt.* Außerdem sind in das Modell sieben signifikante Wechselwirkungen eingeflossen, die wiederum sechs weitere Prädiktoren betreffen: *Geschwisterzahl, Geschlechtszugehörigkeit, Altersabstände zwischen den Geschwistern, das Alter beim Verlust der Eltern oder eines Elternteils, soziale Schicht* und *Temperament.* Der Eltern-Kind-Konflikt beispielsweise läßt radikale Verhaltensweisen eher bei Erst- als bei Spätergeborenen erwarten. Das Modell berücksichtigt auch, daß Schüchternheit und der Verlust der Eltern oder eines Elternteils gegenläufige Folgen für die Persönlichkeitsentwicklung haben können, und zwar abhängig davon, ob es um Erst- oder um Spätergeborene geht. Diese und andere Wechselwirkungen sind zusammen mit den drei Haupteffekten in Tabelle 5 dargestellt.

Dieses Modell erlaubt Voraussagen für bestimmte Untergruppen wie Männer, männliche Spätergeborene, schüchterne männliche Spätergeborene, schüchterne männliche Spätergeborene aus großen Geschwistergruppen und so weiter. Man kann in diesem Sample, von jeweils gemeinsamen biographischen Erfahrungen ausgehend, mehr als fünfhundert Untergruppen bilden. Und für jede dieser Untergruppen kann man mit Hilfe des Modells differenzierte Verhaltenserwartungen formulieren. Eine dieser Gruppen besteht beispielsweise aus Unterschichtmännern, die Erstgeborene, extravertiert, zwei bis vier Jahre älter als das nächste Geschwister sind und aus Geschwistergruppen mit zwei bis vier Kindern stammen. In dieser Untergruppe kann man außerdem Individuen unterscheiden, die vor ihrem achten

Tabelle 5 

**Ein familiendynamisches Modell für radikales Verhalten**

| Prädiktoren | Folgen für das Verhalten |
|---|---|
| *Haupteffekte* | |
| 1. Geburtenfolge | Verglichen mit Erstgeborenen, sind Spätergeborene rebellischer und offener für Erfahrung. Die operative Variable ist der *relative Geburtsrang* (vom ersten bis zum letzten) |
| 2. Eltern-Kind-Konflikte | Schwere Konflikte erhöhen die Neigung zur Rebellion; es besteht eine Wechselwirkung mit der Geburtenfolge (Erstgeborene sind signifikant häufiger betroffen als Spätergeborene) |
| 3. Geschwisterzahl | Größere Geschwistergruppen sind radikaler als kleinere; außerdem gibt es eine Wechselwirkung zwischen Geschwisterzahl und Geburtsrang |
| *Wechselwirkungen* | |
| 4. Geschlecht | Wechselwirkung mit Geburtenfolge und dem Eltern-Kind-Konflikt |
| 5. Altersabstände | Mäßige Altersabstände polarisieren die Geschwister, in Interaktion mit der Geburtenfolge |
| 6. Alter beim Verlust eines Elternteils | Wechselwirkung mit Geburtenfolge und sozialer Schicht; ausgelöst durch Ersatzelternschaft älterer Geschwister. Der Verlust berührt die Bindungen, deshalb hat er auch Folgen für die Persönlichkeitsstruktur (besonders für die Schüchternheit) |
| 7. Soziale Schicht | Wechselwirkung mit Geburtenfolge und dem Alter, in dem es zum Verlust eines Elternteils gekommen ist. Damit auch Einfluß auf die verfügbaren familiären Nischen und das Zuwendungsverhalten des überlebenden Elternteils |
| 8. Temperament | Wechselwirkung mit Geburtenfolge; beeinflußt durch den Verlust eines Elternteils und durch Geburtenfolge, Geschwisterzahl und Ersatzelternschaft |

Zusammenfassung der in das Modell aufgenommenen signifikanten Effekte: Drei Haupteffekte (*Geburtenfolge, Eltern-Kind-Konflikt, Geschwisterzahl*), sechs zweiseitige Wechselwirkungen (*Geburtenfolge und Geschwisterzahl, Geburtenfolge und Altersabstände, Geburtenfolge und Eltern-Kind-Konflikt, Geburtenfolge und Temperament, Geburtenfolge und Geschlechtszugehörigkeit, Eltern-Kind-Konflikt und Geschlechtszugehörigkeit*) und eine dreiseitige Wechselwirkung (*Geburtenfolge, soziale Schicht und Verlust der Eltern*).
Für dieses Modell aus zehn Variablen ist das korrigierte $R$=0,33 ($df$=10/1152 [das harmonische Mittel], $F$=15,49, $p$<0,0001). Alternative Modelle sind möglich. Die aussagestärksten Varianten enthalten die Variablen gesellschaftliche Einstellungen (Kapitel 9) und sozialer und intellektueller Kontext (Kapitel 14).

 Lebensjahr zu Halbwaisen wurden und eine einigermaßen gute Beziehung zum überlebenden Elternteil hatten. Bei Erstgeborenen führt Ersatzelternschaft, ähnlich wie Extravertiertheit, in der Regel zu dominantem Verhalten. Die Formel mit den acht Variablen, die ich gerade vorgestellt habe, ist daher ein wirkungsvolles »Rezept« für gesellschaftlichen Konservatismus.

Ein typischer Angehöriger dieser hochkonservativen Untergruppe ist Hugh Miller, ein schottischer Naturforscher aus dem neunzehnten Jahrhundert und fanatischer Gegner der Evolutionstheorie. 1847 veröffentlichte er *Footprints of the Creator*, ein Buch, mit dem er die Thesen von Robert Chambers' *Vestiges of Creation* (1844) zu widerlegen suchte. Nach Miller ist die Natur das Werk Gottes, entstanden durch »verschiedene Schöpfungsschritte, die jeweils neue und höhere Organisationsformen hervorbrachten, die im Menschen ihre Krönung fanden«.[2] Die *Footprints* wurden zum Bestseller und erlebten zweiundzwanzig Auflagen, die letzte im Jahr 1883. Miller ist eine der zwölf Personen in meiner Studie, die alle acht von mir aufgelisteten biographischen Grundzüge auf sich vereinigen: Zehn dieser zwölf Personen (oder 83 Prozent) lehnten sogenannte liberale Innovationen ab. Das Modell sagt voraus, daß 71 Prozent von ihnen so handeln würden.[3]

Am anderen Ende des Spektrums befinden sich die extrem radikalen Charaktere. Verglichen mit diesen fanatischen Revolutionären, erscheinen Neuerer von so sanftmütigem Wesen wie Kopernikus oder Darwin geradezu als maßvoll. Die Zeloten des radikalen Wandels haben einen ähnlichen familiären Hintergrund wie der Reaktionär Hugh Miller – nur in einem Merkmal unterscheiden sie sich: *Sie sind Spätergeborene.* Auf dreizehn Personen meines Samples traf dieses biographische Profil zu. Elf davon (oder 85 Prozent) wurden zu Anhängern von liberalen Neuerungen. Die Voraussage nach meinem familiendynamischen Modell liegt nicht weit von diesem Wert entfernt: 83 Prozent. Das, was Erstgeborene wie Hugh Miller zu Erzkonservativen werden ließ, machte jüngere Geschwister mit dem gleichen familiären Hintergrund zu unbeirrbaren Radikalen.

Ein bemerkenswertes Beispiel dafür ist Thomas Hobbes. Dessen Vater, ein verarmter Geistlicher, erschlug einen Amtskollegen, als sein Sohn sieben Jahre alt war. Er mußte fliehen, und der Junge sah ihn nie wieder. Hobbes, der zweite Sohn in einer Familie mit drei Kindern, wurde zu einem der radikalsten Denker seiner Zeit.[4] Am bekanntesten wurde der *Leviathan* (1651), ein politisch-philosophisches Werk, in dem Hobbes die Auffassung vertrat, der Mensch sei, anders als die Theologen glaubten, nicht von Natur aus gut; daher bedürfe es einer starken und strengen Regierung, um den menschlichen Eigennutz zu zügeln. Hobbes verstand das Naturrecht als rein weltliche Angelegenheit, ohne jegliche Wurzeln in der göttlichen Vorsehung.[5] Die zeitgenössischen Reaktionen auf den *Leviathan* bestätigten den radikalen Charakter des Buchs, und Hobbes wurde tiefer »als irgendein anderer englischer Denker zuvor oder danach« in Kontroversen verwickelt.[6] Seine die Zeitgenossen schockierenden Ansichten über die Moral wurden im Unterhaus sogar als »eine mögliche Ursache für das Große Feuer von 1666« genannt, und

Hugh Miller, gegen Ende dreißig. Er war ursprünglich Steinmetz und interessierte sich, angeregt durch die Fossilien, die er in seinen Steinblöcken fand, für Geologie und Paläontologie. Später litt er an einer Lungenkrankheit, Komplikationen führten zu geistiger Verwirrung. 1856, im Alter von vierundfünfzig Jahren und drei Jahre vor der Veröffentlichung der *Entstehung der Arten*, beging Miller Selbstmord.

im Oberhaus drängte ein bischöflicher Ausschuß darauf, Hobbes wegen Häresie zu verbrennen.[7] Mein familiendynamisches Modell sagt die Wahrscheinlichkeit für Hobbes' Radikalität mit 77 Prozent voraus (Abb. 8.1).[8]

Ein weiterer Weg, der nahezu mit Sicherheit zu extremer Radikalität von Spätergeborenen führt, ist der Konflikt mit den Eltern. Das berühmte *enfant terrible* der Aufklärung, Voltaire, ist dafür geradezu exemplarisch. Er, ein extravertierter Letztgeborener, verlor im Alter von sieben Jahren seine Mutter und stand heftige Konflikte mit seinem Vater und seinem älteren Bruder, einem Jansenisten, durch; Voltaire war wirklich zur Rebellion gleichsam geboren. Bei seinem familiären Hintergrund und seinem Temperament liegt die Wahrscheinlichkeit, daß er radikale Ideen vertreten würde, bei 88 Prozent.

Andere extravertierte Letztgeborene in meinem Sample sind Thomas Henry Huxley und Darwins deutscher Anhänger Ernst Haeckel.[9] Wenn

 Huxley zu Recht den Spitznamen »Darwins Bulldogge« erhalten hat, müßte man Haeckel »Darwins deutschen Schäferhund« nennen. Nach Darwins Geschmack waren beide zu kämpferisch, und er versuchte wiederholt, ihren Eifer zu bremsen. Haeckel besuchte Darwin 1866 in Down House, und Darwin und seine Frau fanden seine derbe und laute Art kaum erträglich.[10] Im darauffolgenden Jahr mahnte Darwin Haeckel, doch nicht immer für Ärger zu sorgen. Ärger, warnte er den deutschen Anwalt seiner Ideen, mache blind, »so daß Ihre Argumente keine Aussicht haben dürften, diejenigen zu beeinflussen, welche bereits gegen unsere Ansichten eingenommen sind«.[11] Haeckels Landsmann Ernst Krause notierte einmal, daß es Haeckel gelungen sei, »allen Haß und alle Erbitterung«, die Darwins Vorstellungen galten, auf sich zu konzentrieren. »In überraschend kurzer Zeit [wurde es] in Deutschland Mode ..., daß Haeckel getadelt wurde, während Darwin als das Ideal von Vorsicht und Mäßigung hoch erhoben wurde.«[12] Solche Unterschiede zwischen radikalen Denkern legen die Vermutung nahe, daß eine extrem revolutionäre Persönlichkeit auch zu viel des Guten sein kann. An Darwin wird ersichtlich, daß der Erfolg sich auch deshalb einstellt, weil man geduldig und maßvoll ist und militantes, aggressives Auftreten vermeidet. Nach meinem familiendynamischen Modell liegt die Wahrscheinlichkeit, radikale Einstellungen zu entwickeln, für Darwin bei 73 Prozent, also deutlich über dem Bevölkerungsdurchschnitt, aber auch deutlich unterhalb der Wertungen für militantere Wissenschaftler. Haeckel hingegen liegt bei 85 Prozent, also näher bei Voltaire (88 Prozent) und Huxley (80 Prozent) als bei dem sanftmütigen Darwin.[13]

Insgesamt lassen sich mit meinem Modell zwei Drittel der Wissenschaftler meines Samples zutreffend klassifizieren. Es ist von besonderem Nutzen, wenn es um die Bestimmung extremer Haltungen geht. Überschreitet die Wahrscheinlichkeit für radikales Verhalten die 80 Prozent-Marke, sind 83 Prozent der Voraussagen des Modells korrekt. Beträgt die vorausgesagte Wahrscheinlichkeit mehr als 85 Prozent, liegt die Zuverlässigkeit des Modells bei 89 Prozent. Bei äußerst radikalen Menschen ist es sehr wahrscheinlich, daß sie ihre Zustimmung zu wissenschaftlichen Innovationen mit militanten Mitteln zum Ausdruck gebracht haben.

Ein entscheidender Vorteil eines familiendynamischen Modells ist die Aussagekraft, die es im Hinblick auf einzelne Variablen hat. Wie andere Faktoren, die zur Entstehung radikaler Einstellungen beitragen, ist auch die Geburtenfolge ein *fehlbarer* Prädiktor. Ihr prinzipieller Vorzug ist der, daß sie sich als *weniger* fehlbar als die anderen Prädiktoren erwiesen hat, die ich identifizieren konnte. Ein Modell, das viele Variablen berücksichtigt, kann die Erklärungsdefizite der Kategorie Geburtenfolge jedoch zum Teil ausgleichen. Der typische Weg, auf dem Erstgeborene zu Radikalen werden, ist – wie an Kepler und Newton zu beobachten ist – der Konflikt mit den Eltern. Auch Schüchternheit spielt eine Rolle, allerdings ist dieser Faktor von geringerer Wirkung. Den Unterschieden in den einzelnen Biographien entsprechend liegt die Wahrscheinlichkeit, daß Erstgeborene radikale Einstellungen

**Aufnahmebereitschaft für wissenschaftliche Innovationen, verglichen mit der multivariaten Wahrscheinlichkeitsannahme**



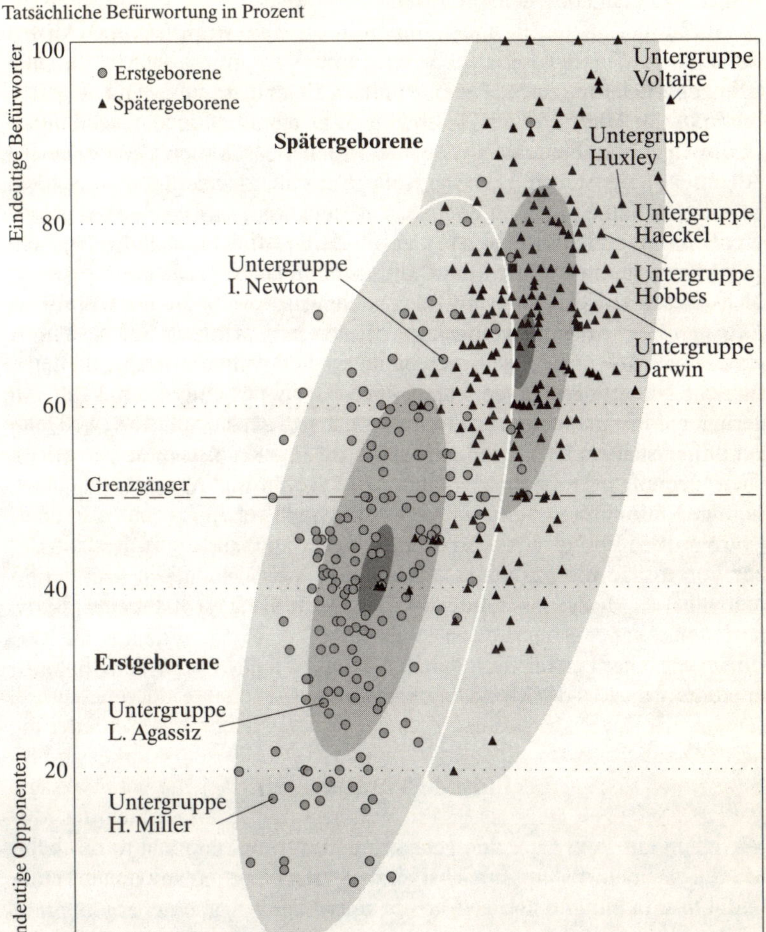


Abb. 8.1 Voraussagen auf der Grundlage eines mit acht Variablen arbeitenden »familiendynamischen« Modells für wissenschaftliche Radikalität. Es beruht auf einer Datenbank, die über 3 111 Personen umfaßt, die sich an 28 wissenschaftlichen Debatten beteiligt haben. In der graphischen Darstellung werden die Voraussagen dem beobachteten Verhalten von Untergruppen mit zehn oder mehr Mitgliedern gegenübergestellt. Die äußeren Ellipsen bezeichnen den Konfidenzbereich für beide Hauptgruppen (Erstgeborene und Spätergeborene) bei einer Vertrauenswahrscheinlichkeit von 95 Prozent. Für die inneren Ellipsen liegt das Konfidenzniveau bei 99,9 Prozent. Das Modell ist zur Bestimmung von Grenzgängern gut geeignet, vor allem aber zur Bestimmung von Individuen mit extremen Ansichten.

 entwickeln werden, zwischen 16 bis 67 Prozent – eine mehr als vierfache Differenz. Es gibt also in der Wissenschaft nicht den *typischen* Erstgeborenen, wohl aber »Erstgeborenentendenzen«.

Auch unter Spätergeborenen finden sich einige Gruppen, deren Verhalten von der Regel voraussagbar abweicht. Das gilt etwa für die extrem Schüchternen. Eine zweite Gruppe umfaßt diejenigen, die einen oberen Geburtsrang in einer großen Geschwisterzahl einnehmen. Zu einer dritten Gruppe gehören Spätergeborene, die ihrem nächstälteren Geschwister im Alter sehr nahe stehen. Darwins Kollege Joseph Hooker ist von all diesen biographischen Einflüssen geprägt, und sein wissenschaftliches Temperament stimmt verhältnismäßig genau mit deren Effekten überein. Fünfzehn Jahre lang war er mit Darwins evolutionstheoretischen Annahmen vertraut, blieb diesen abweichenden Ideen gegenüber jedoch ablehnend, bis er die *Entstehung der Arten* im Manuskript gelesen hatte. Hooker war ein Grenzgänger, viel zu vorsichtig, um zu rebellieren. Die Wahrscheinlichkeit, daß er radikale Neuerungen akzeptieren würde, liegt bei 62 Prozent und ist damit geringer als für manche Erstgeborene. Solche wissenschaftlichen Grenzgänger bilden sich ein Urteil, indem sie sich auf eine Kombination aus öffentlicher Meinung und wissenschaftlicher Beweisführung stützen. Sie sind vorsichtige Rationalisten, keine wissenschaftlichen Eroberer.

Im großen und ganzen also erlaubt unser familiendynamisches Modell zur Voraussage von Radikalität zutreffende Aussagen, allerdings nicht immer. Um das Modell zu verbessern, sollte man die fehlerhaften Prognosen, zu denen es verleitet, von Fall zu Fall überprüfen. Je unzutreffender die Klassifizierung einer Person, desto nützlicher ist der Fehler, wenn man ihn nutzt, um die Schwächen des Modells aufzuspüren.

## Falsche Voraussagen

Vor allem aus zwei Gründen gelangt man mit dem familiendynamischen Modell zu Fehlurteilen. Zunächst einmal auf Grund *falscher Daten*. Häufig findet man in biographischen Quellen unrichtige Angaben über Geburtenfolge, Geschwisterzahl, sozialen Status der Eltern oder andere wichtige Lebensumstände. Gelegentlich habe ich solche Fehler entdeckt und berichtigt, aber zweifellos gibt es Irrtümer in den Berichten, die ich nicht als solche erkennen konnte. Unrichtige Informationen sind jedoch nicht die Hauptursache für falsche Klassifikationen; ihr Beitrag zur gesamten Fehlerquote dürfte bei etwa 5 Prozent liegen.[14]

Die zweite und wesentlichere Fehlerquelle sind *ungenügende biographische Informationen*. So sind zum Beispiel Alter, Freundschaften oder soziale Einstellungen einflußreiche Faktoren, die in das familiendynamische Modell nicht eingehen. Auch ethnische Zugehörigkeit und Religion sowie fachliche Bindungen können für die Meinungsbildung in wissenschaftlichen Kontroversen eine Rolle spielen. Und schließlich ist das wissenschaftliche

Beweismaterial von Bedeutung. Daß es neue Forschungsergebnisse gibt, ist eine Sache, die andere Frage aber ist, ob und wie eingehend sich der einzelne sich damit vertraut macht. Geschwisterdifferenzen haben darum eine so große Bedeutung, weil sie in spezifischen Wechselwirkungen mit diesen anderen Ursachen radikaler Einstellungen stehen. Geschwister können auf die gleichen Impulse – gleichgültig, ob sie aus der Familie oder von außerhalb kommen – häufig sehr unterschiedlich reagieren. 

Eine besonders krasse Fehlklassifikation auf Grundlage des familiendynamischen Modells betrifft Galilei. Er war das erste von vier Kindern, die Wahrscheinlichkeit, daß er radikale Einstellungen entwickeln würde, liegt bei nur 30 Prozent. Und doch war er ein energischer Gegner eines Wahrheitsbegriffs, der sich wie der scholastische auf Autorität gründet – ein so entschiedener Gegner, daß ihm schließlich von der päpstlichen Inquisition der Prozeß gemacht und er wegen Häresie verurteilt wurde. Unter allen 3 111 nach meinem Modell ermittelten Wahrscheinlichkeiten liegt die berechnete Voraussage für Galilei am weitesten von der historischen Wahrheit entfernt.

Eine plausible Erklärung für Galileis Radikalität hat der Galilei-Forscher Stillman Drake geliefert.[15] Er verweist auf Galileis Verhältnis zu seinem Vater Vincenzo, einem Berufsmusiker, der in der Geschichte der Musiktheorie einen bedeutenden Platz einnimmt. Nach der damals vorherrschenden Harmonienlehre wurden Konsonanzen und Dissonanzen mit pythagoräischen Zahlenverhältnissen erklärt, die man mit Gottes Schöpfungsplan in Zusammenhang brachte. Die Zahlenverhältnisse 2:1, 3:2 und 4:3 beispielsweise stellten angeblich die Intervalle der Oktave, der Quinte und der Quarte dar. Diese Theorie ließ aber ein Problem offen: Töne bilden ein Kontinuum, während Zahlen diskrete Verhältnisse bezeichnen. Außerdem kommt es häufig vor, daß Intervalle, die angenehm klingen, in pythagoräischen Zahlenverhältnissen nicht ausgedrückt werden können. Ausgehend von diesem Gegensatz zwischen den Zahlenverhältnissen und den Klängen kam es zu einem völlig neuen Verständnis der musikalischen Harmonie, und hier leistete Galileos Vater Pionierarbeit.

Anscheinend war Vincenzo ein »ausgesprochener Gegner der Autorität, wenn es um Fragen ging, die einer direkten Untersuchung zugänglich sind«.[16] Der Widerspruch zwischen dem, was er bei seinen Lehrern gelernt hatte, und dem, was er mit seinem eigenen, musikalisch ausgebildeten Ohr hören konnte, ließ ihm keine Ruhe. Er bestimmte die Eigenschaften der Harmonie mit Hilfe gestimmter Saiten unterschiedlicher Länge und Spannung und konnte zeigen, daß Harmonien die pythagoräischen Regeln nicht bestätigten, sondern verletzten. Vincenzo publizierte die Ergebnisse seiner Experimente 1581 in seinem *Dialog über die alte und neue Musik*; sein ältester Sohn war damals siebzehn Jahre alt. Es ist anzunehmen, daß Galileo an den Versuchen seines Vaters beteiligt war. Er war selbst ein begabter Laienmusiker und wurde von seinem Vater in Theorie und Praxis der Musik unterwiesen. Glaubt man Wissenschaftshistorikern, dann bestand Galileis eigentlich revolutionärer Beitrag zur modernen Wissenschaft darin, daß er darauf bestand, mathematische Gesetze in der Physik experimentell zu bestätigen.[17] Diese von der herrschenden Lehre abweichende Auffassung aber sei, so Drake, durch Vincenzo Galileis musikalische Forschungen »unmittelbar beeinflußt« gewesen.[18]

Stillman Drakes biographische Detektivarbeit legt nahe, daß Galilei möglicherweise ein wissenschaftlicher Radikaler wurde, weil er der Sohn eines Radikalen war. Sein Vater lehrte ihn nicht nur, Autorität in Frage zu stellen, er brachte ihm auch bei, dies mit experimentellen Mitteln zu tun. Ob Galileis Bereitschaft, radikale Ansichten zu übernehmen, tatsächlich auf seinen Vater zurückging, läßt sich mit wissenschaftlichen Methoden nicht beantworten. Was sich jedoch beantworten läßt, ist eine andere Frage: Besteht für Erstgeborene wie Galilei, die in radikalen Elternhäusern großgeworden sind, eine höhere Wahrscheinlichkeit, sich radikalen Neuerungen anzuschließen, als für *andere* Erstgeborene? Die Antwort auf diese Frage ist ein uneingeschränktes Ja.[19]

Der Fall Galilei macht einen weiteren Mangel des familiendynamischen Modells deutlich. Galilei war zehn Jahre älter als das nächste Kind, eine Schwester. Funktional gesehen, wuchs er also auf wie ein Einzelkind. Einzelkinder jedoch sind die nach meinem familiendynamischen Modell am wenigsten berechenbare Untergruppe, eben weil sie keine Geschwister haben. Einzelkinder reagieren – mangels Geschwisterkindern – eher auf Einflüsse, die in meinem familiendynamischen Modell derzeit nicht erfaßt sind, etwa auf die sozialen Werte, die von den Eltern vertreten werden. Weil die Nische des »Radikalen der Familie« nicht von jüngeren Geschwistern besetzt ist, können Einzelkinder eher zu Radikalen werden.[20]

Einige biographische Beispiele werden genügen, um zu erläutern, was ich mit den sozialen Einstellungen der Eltern und deren Einfluß auf die Nachkommen meine. Kapitän Robert FitzRoy, ein Letztgeborener, war ein entschiedener Gegner des Evolutionsgedankens. Wie konnte ein Mann, der fünf Jahre auf der *Beagle* mit Darwin die Kajüte teilte, später dessen Theorien ablehnen? Nach dem familiendynamischen Modell hätte er den Darwinismus akzeptieren müssen (die Wahrscheinlichkeit dafür liegt bei 66 Prozent). In jungen Jahren war FitzRoy ein Anhänger der Phrenologie – einer der in meiner Studie untersuchten fünf radikalen ideologischen Revolutionen –, er wird also wenigstens hinsichtlich einer anderen wissenschaftlichen Debatte durch das Modell richtig klassifiziert. Darwin bemerkte in diesem Zusammenhang, FitzRoy sei der Überzeugung gewesen, »er könne den Charakter eines Menschen an seinem Profil erkennen; und nun hatte er seine Zweifel, daß ein Mensch mit meiner Nase genug Energie und Entschlossenheit für die geplante Reise besitzen könne. Aber ich bin sicher, daß er sich davon überzeugen konnte, daß meine Nase falsches Zeugnis abgelegt hat.«[21]

FitzRoy, ein Nachkomme Charles II. in der fünften Generation, gehörte dem Hochadel an. Während der Zeit auf der *Beagle* brachte er Darwin, der ein Anhänger der Liberalen war, mit seinen Tory-Ansichten in Schwierigkeiten. Nach der Expedition heiratete FitzRoy eine äußerst fromme Frau und

Robert FitzRoy, im Jahr 1863 (im Alter von achtundfünfzig Jahren), nach seiner Beförderung zum Vizeadmiral. In den sechziger Jahren wurde er geisteskrank. Wegen der wiederholten Kritik an seinem Sturmwarnsystem verfiel er in Depressionen und durchtrennte sich an einem Sonntag im Jahr 1865 in seinem Ankleidezimmer mit einem Rasiermesser die Kehle.

machte selbst eine religiöse Bekehrung durch. Hatte er während der Expedition in theologischen Fragen noch eher gemäßigte Standpunkte vertreten, so entwickelte er sich nun zu einem buchstabengetreuen Gläubigen, der mit Nachdruck die Auffassung vertrat, daß die Sintflut wirklich stattgefunden habe.[22] Jahre später wurde er aus religiösen Gründen zum erbitterten Gegner von Darwins Evolutionstheorie. 1860 nahm er an den Versammlungen in Oxford teil, auf denen Huxley mit Bischof Wilberforce debattierte.[23] Während die Argumente für und wider Darwins Theorien hin- und hergingen, schritt er durch den Hörsaal, hielt eine Bibel über seinen Kopf und rief: »Das Buch, das Buch!«[24] Sein religiöser Fanatismus paßte zu seinen politisch konservativen Ansichten und bestimmte offensichtlich auch seine Opposition gegen den Darwinismus.[25] Dagegen verhielt er sich wissenschaftlichen Auseinandersetzungen gegenüber, die *keine* Fragen der Religion berührten, verhältnismäßig offen. In den fünfziger Jahren wurde er zum Leiter des neu geschaffenen Wetteramtes und war maßgeblich an der Entwicklung systematischer Wettervorhersagen beteiligt, ein Begriff, der durch ihn erst bekannt wurde. Von Kritikern, die der Meinung waren, daß das Wetter niemals zu einer Wissenschaft reduziert werden könne, mußte er viel Schimpf und Hohn erdulden.

Die Frage, ob FitzRoy Darwin hätte unterstützen können, ist durchaus vergleichbar mit der Frage, ob der Papst Galilei wirklich hätte verfolgen lassen müssen. Die zweifelhafte Ehre, Galilei der Ketzerei anklagen zu lassen, gebührt Maffeo Barberini (Urban VIII.). Er war das fünfte von sechs Kindern, und auch er wird, was sein Verhalten in der Debatte über das Kopernikanische Weltbild angeht, nach dem familiendynamischen Modell falsch klassifiziert. Gleichwohl läßt sich Urbans Handlungsweise verständlich machen, wenn man sich die Kette von Ereignissen vergegenwärtigt, die dazu geführt hat.

Für einen Papst war Urban ein verhältnismäßig aufgeschlossener Mann. Mehr als zwei Jahrzehnte zählte er zu den Bewunderern Galileis und betrachtete sich als dessen persönlichen Freund. Im Jahr 1630, drei Jahre vor Galileis Prozeß, berichtete ihm Tommaso Campanella von einigen Deutschen, die sich dem Katholizismus wieder annäherten. Diese Deutschen hätten das Edikt von 1616, das die Kopernikanische Theorie offiziell mit Bann belegte, als Skandal empfunden. Als Urban das hörte, gab er zur Antwort: »Das war nie Unsere Absicht, und hätte es an mir gelegen, so wäre dieses Dekret nie erlassen worden.«[26] Im gleichen Jahr erteilte er Galilei persönlich die Erlaubnis, sein Buch über die Lehre des Kopernikus zu schreiben; die einzige Bedingung sei, daß er die Theorie als »Hypothese« darstellen müsse.

Was also war schief gelaufen? Galilei, von seinem Ehrgeiz mitgerissen, mißachtete offen die Instruktionen des Papstes. Sein *Dialog über die beiden hauptsächlichsten Weltsysteme* (1632) ist alles andere als eine ausgewogene Diskussion des Themas. Damit nicht genug, brachte Galilei es außerdem fertig, den Papst zu beleidigen. Urban hatte die Erlaubnis, das von der herrschenden Lehre abweichende Buch zu schreiben, an die Auflage geknüpft, daß die Ptolemäische Theorie das letzte Wort behalten müsse. Galilei aber legte das Schlußargument seiner Figur »Simplicio«, einem etwas dümmlichen Aristoteliker, in den Mund. Und zur Mißachtung des Gebots gesellte sich nun noch die Beleidigung: Galilei ließ seinen Simplicio ausgerechnet das vom Papst bevorzugte Argument in dieser Angelegenheit vorbringen. Die Parallele zwischen Simplicio und Urban entging den italienischen Lesern nicht, und der wutentbrannte Papst nahm seine historisch gewordene Rache.[27] Im Prozeß gegen Galilei ging es nicht allein um Ketzerei. Es ging auch um den Ehrgeiz eines Erstgeborenen, der die Nachsicht eines Spätergeborenen überstrapaziert hatte.

Nicht nur religiöse Doktrinen bringen das familiendynamische Modell in ernste Schwierigkeiten. Am Beispiel John Lubbocks, eines hervorragenden Entomologen und Anthropologen, lassen sich zwei weitere Lücken des Modells aufzeigen. Lubbock war ein eifriger Anhänger Darwins, was nach seiner familiären Nische kaum zu erwarten stand. Er war das erste von elf Kindern eines Baronets, kam zudem mit seinen Eltern gut zurecht, und weder Vater noch Mutter gaben ihrem Sohn ein revolutionäres Vorbild. Dem Modell zufolge liegt die Wahrscheinlichkeit, daß sich Lubbock für radikale Neuerungen interessieren würde, bei nur 41 Prozent, einem Wert, der offensichtlich zu niedrig ist, um zu einem loyalen Verteidiger des Darwinismus zu werden.

Das Modell berücksichtigt allerdings nicht, daß Lubbock in Down aufwuchs und Darwins Nachbar war. Als dieser sich 1841 in Down niederließ, war Lubbock sieben Jahre alt. Er zeigte großes Interesse für Naturgeschichte, und so wurde Darwin für ihn »fast ein zweiter Vater«.[28] Er besorgte dem Jungen das erste Mikroskop, und die frühesten wissenschaftlichen Studien seines Schützlings beschäftigten sich mit Funden, die Darwin von seiner Reise auf der *Beagle* mitgebracht hatte. Als Jugendlicher verfertigte Lubbock die Illustrationen für Darwins Monographien über Ringelgänse, die wichtige Argumente für die Evolutionstheorie enthielten. Auch auf Lubbocks weitere Karriere hat Darwin in vielfacher Hinsicht Einfluß genommen. Durch seine Fürsprache konnte Lubbock 1856 einen Vortrag vor der Royal Society halten, was dazu führte, daß er zum Mitglied gewählt wurde. Er war erst vierundzwanzig Jahre alt, als ihm diese seltene Ehre zuteil wurde, und er revanchierte sich bald darauf, indem er Darwin entscheidende Ratschläge zu Fragen der Statistik gab, als dieser am Entwurf der *Entstehung der Arten* arbeitete. Bereits vor der Veröffentlichung dieses Werks war Lubbock ein enthusiastischer Anhänger von Darwins abweichenden Ideen.

Drei für Lubbocks Entwicklung zentrale biographische Fakten blieben in meinem Modell außen vor: (1) seine enge persönliche Beziehung zu Darwin; (2) sein relativ junges Alter (1859 war er erst fünfundzwanzig Jahre alt); und (3) seine in gesellschaftlichen Fragen liberale Einstellung (er wurde später als Abgeordneter der Liberalen Partei ins Parlament gewählt). Bezieht man diese zusätzlichen Faktoren in das Modell ein, steigt die Wahrscheinlichkeit, daß Lubbock die Theorie der natürlichen Selektion akzeptieren würde, auf 80 Prozent.[29]

John Lubbock verdeutlicht darüber hinaus eine weiterc rätselhafte Eigenart des radikalen Denkens. Obwohl ein loyaler Anhänger des Darwinismus, äußerte er seine Ansichten vergleichsweise zurückhaltend. »Als Vertreter des Darwinismus«, schreibt Fred Somkin in seiner Biographie, »war er so aktiv wie Huxley, aber ohne dessen ungezügelten Trotz.«[30] Die Popularität von Lubbocks Büchern über kulturelle Evolution habe dazu geführt, »daß im Laufe einer Generation immer wieder Neuauflagen erschienen, auch als ihre etwas sehr vereinfachte evolutionstheoretische Ausrichtung überholt war. Doch Lubbock hielt stets an diesen frühen Auffassungen fest.«[31] Das hätte ich, der ich die biographischen Einzelheiten kannte, niemals erwartet. Auch aufgeschlossene Erstgeborene bleiben Erstgeborene. Sie mögen, wenn sie aus einer liberalen Familie stammen, gesellschaftlich progressive Einstellungen vertreten, doch macht dieser Einfluß sie im allgemeinen nicht zu Rebellen. Ebensowenig vergrößert er ihre Offenheit für Erfahrung. Im Gegenteil, die rigidesten Radikalen sind in der Regel Erstgeborene, die durch ihre Eltern radikalisiert worden sind.

Ich könnte noch zahlreiche solcher Geschichten aufführen, die ich mit meinem Modell nicht hätte voraussagen können, und auch zwingende Gründe nennen, warum ich diese Menschen falsch klassifiziert habe. Doch bleiben sie alle, so überzeugend sie auch sein mögen, auf den Einzelfall beschränkt und ergeben keinen wissenschaftlichen Beweis. Mit anekdotischem Material lassen sich nur Hypothesen bilden. Will man diese bewerten, muß man sie *für jedes Individuum in meiner Datenbank* überprüfen und außerdem diese Tests daraufhin kontrollieren, ob nicht möglicherweise andere Prädiktoren das Ergebnis verschieben. Das kann dann so aussehen:

»Ist der Papst katholisch?« Nehmen wir an, Urban VIII. wäre Protestant gewesen. Hätte er sich auch unter diesen Umständen dafür entschieden, Galilei wegen Ketzerei den Prozeß zu machen? Für eine direkte und einfache Antwort auf diese Frage müßte man wissen, ob Katholiken insgesamt der Kopernikanischen Theorie feindseliger gegenüberstanden als Protestanten. Also habe ich die Teilnehmer dieser Kontroverse systematisch nach ihrem Bekenntnis definiert und herausgefunden, daß es keinen meßbaren Einfluß auf das Ergebnis hatte, ob jemand katholisch war oder nicht.[32]

Und wie steht es damit, daß der Papst Theologe war? Hatte sein Berufsstand eine Bedeutung für seine Opposition gegen die Kopernikanische Theorie? Um auch hier eine Antwort zu finden, habe ich die Teilnehmer der Kontroverse nach ihrer theologischen Ausbildung unterschieden. Und wie die Konfession spielte auch dieser Faktor keine Rolle.[33] Dafür aber stellte sich heraus, daß eine verwandte, ebenfalls den Stand betreffende Variable signifikanten Einfluß hatte: nämlich *ob jemand Wissenschaftler war oder nicht.* Menschen, die sich täglich mit dem wissenschaftlichen Erkenntnisprozeß befaßten, waren für die Theorie des Kopernikus aufgeschlossener als diejenigen, die nicht wissenschaftlich arbeiteten.[34] (Bei Wissenschaftlern muß man wohl davon ausgehen, daß sie auch mit den astronomischen Befunden, auf die sich die Kopernikanische Theorie stützte, vertraut waren.) Ein weiterer verläßlicher Prädiktor für eine Unterstützung der Kopernikanischen Revolution ist das Alter. Die Wahrscheinlichkeit der Zustimmung ist bei Jüngeren signifikant höher als bei Älteren.[35]

Das Alter Urbans VIII. und sein priesterlicher Stand erlauben eine genauere Voraussage über seine Antwort auf die Kopernikanische Theorie. Als 1632 Galileis *Dialog* erschien, war Urban vierundsechzig Jahre alt. Für einen älteren Nichtwissenschaftler ist die Wahrscheinlichkeit, daß er die Kopernikanische Wende akzeptieren würde, relativ gering – nämlich 29 Prozent mit einer kleinen statistischen Abweichung nach oben oder unten. Auf der Grundlage dieses erwarteten Akzeptanzniveaus sagt uns das familiendynamische Modell, um wieviel *stärker* oder *schwächer* die radikalen Neigungen des Papstes im Vergleich mit anderen vierundsechzigjährigen Nichtwissenschaftlern hätten sein müssen: Die Wahrscheinlichkeit, daß Papst Urban VIII. sich der Kopernikanischen Theorie anschließen würde, liegt bei 45

Der Prozeß gegen Galilei vor der päpstlichen Inquisition 1633. Obwohl die Beweise gegen ihn zweifelhaft waren, ließ sich Galilei zu einem Schuldbekenntnis überreden – wegen »eitlen Ehrgeizes, Ignoranz und Unachtsamkeit«. Als guter Katholik fiel er danach auf die Knie und widerrief vor den Kardinälen und anderen Zeugen seine kopernikanischen Auffassungen.

Prozent. Dieser Wert entspricht den historischen Ereignissen. Ich habe die Rolle, die Beleidigungen in der Geschichte spielen, nicht systematisch analysiert, aber ich denke, wir benötigen keine Modellrechnungen, um zu sehen, daß Galileis ungeschickt gewählter Vergleich zwischen Simplicio und Urban den Ausschlag dafür gab, daß ein Papst, der zuvor ein Grenzgänger in der Kontroverse war, sich nun doch gegen Galilei wandte. Sogar in diesem Augenblick zögerte Urban noch, seinen Freund der Inquisition auszuliefern. Stillman Drake weist darauf hin, daß Urban VIII. eine Sonderkommission einberufen habe »und Galilei damit besser behandelte, als dieser ihn behandelt hatte«.[36]

Am Beispiel Urbans VIII. lassen sich die Grenzen eines familiendynamischen Modells zur Voraussage radikalen Verhaltens erkennen. Das Modell kann die Wahrscheinlichkeit, daß jemand zum Anhänger einer radikalen Theorie wird, nur *im Verhältnis zu den bestmöglichen Prädiktoren angeben, die auf der Grundlage von anderen einschlägigen Informationen zu gewinnen sind.* Geschwisterdifferenzen schieben Personen auf der Skala radikalen Verhaltens hinauf oder hinunter, je nachdem, welche weiteren Sachverhalte biographisch wirksam werden. Ich habe die fehlerhaften Voraussagen des Modells gründlich untersucht und dabei mehr als ein Dutzend Faktoren identifiziert, die für eine Erklärung der Abweichungen in Frage kommen. Die wichtigsten dieser hypothetischen Einflüsse sind Alter, gesellschaftliche Einstellungen, persönliche Einflüsse und nationale Unterschiede. Zur besseren Übersicht liste ich diese Hypothesen in Tabelle 6 auf und gebe an, welche überprüft wurden und welche nicht.

Wenn man, um einzelne Abweichungen zu erklären, in ein Modell stets neue Variablen einfügt, stellt sich irgendwann die Frage, ob ein solches Modell überhaupt noch falsifizierbar ist. Meine Antwort lautet: Ja. Zunächst darf eine zusätzliche Variable nur dann in ein Modell aufgenommen werden, wenn man die Daten für alle Variablen, die das Modell bereits enthält, kontrolliert hat und sich mit der neuen Variable die Zufallsquote signifikant herabsetzen läßt.[37] Dieses Prüfverfahren stößt auf immer größere Schwierigkeiten. Denn selbst dann, wenn neue Variablen es erfolgreich durchlaufen haben, fügen sich bestimmte Individuen noch immer nicht den Voraussagen, die sich aus dem Modell ergeben und »widerlegen« so dessen Erklärungsanspruch.

Meine Hypothesen über familiäre Einflüsse sind aus einem anderen Grund leicht zu widerlegen: Ich habe sie *sehr spezifisch* formuliert. Für mein familiendynamisches Modell wäre es eine ernsthafte Herausforderung, wenn aus dem Material etwa hervorginge, daß sich Erstgeborene immer dann mit konservativen Doktrinen identifizieren, wenn sie schwere Konflikte mit ihren Eltern oder mit einem Elternteil hatten. In ähnlicher Weise würden Daten, aus denen hervorgeht, daß schüchterne Menschen sich nach der Geburtenfolge signifikant unterscheiden, extravertierte Menschen aber nicht, meinen Erklärungsanspruch widerlegen. Es gibt mehr als ein Dutzend Möglichkeiten, mein familiendynamisches Modell radikalen Verhaltens zu falsifizieren.

Hinzu kommt, daß ich bei der Formulierung meiner Argumente stets den historischen Kontext und seine Bedeutung berücksichtigt habe. Ich habe beispielsweise versucht, wissenschaftliche Innovationen auch nach ihren ideologischen Konsequenzen zu beurteilen und dabei Kriterien benutzt, die unabhängig von Geschwisterdifferenzen sind. Daher könnten sich meine Annahmen über Geschwisterdifferenzen in mehrfacher Hinsicht widerlegen lassen. Würde etwa gezeigt, daß »konservative« Innovationen wie Eugenik oder Vitalismus systematisch von Spätergeborenen vertreten beziehungsweise von Erstgeborenen abgelehnt wurden, wären meine Behauptungen hinfällig. Ähnliches gälte für das umgekehrte geschichtliche Szenario. Erstgeborene unterstützen radikale Revolutionen im allgemeinen nicht; könnte aber dargestellt werden, daß dies regelmäßig doch der Fall ist, müßte ich meine Argumente revidieren. Sie wären auch hinfällig, wenn sich Befunde über Innovationen mit klaren ideologischen Implikationen fänden, aus denen hervorginge, daß Geschwisterdifferenzen für das jeweilige Verhalten *irrelevant* wären. Ich möchte meine Kolleginnen und Kollegen auffordern, nach solchen Fällen zu suchen. Potentiell müßte es Tausende davon geben; sollte meine Annahme, daß die familiäre Dynamik die Persönlichkeitsentwicklung beeinflußt, jedoch zutreffen, wird es zu wenigen wirklichen Widerlegungen des Modells kommen. Natürlich wird es immer individuelle Aus-

Tabelle 6

**Hypothesen über radikales Verhalten, die durch Klassifikationsfehler des familiendynamischen Modells nahegelegt werden**

| Variable | Hypothese | Geprüft? | Bestätigt? |
|---|---|---|---|
| Gesellschaftliche Einstellung | Unter Berücksichtigung der Geschwisterdifferenzen sind gesellschaftlich aufgeschlossene Menschen offener für radikalen Wandel | Ja | Ja [a] |
| Gesellschaftliche Einstellung der Eltern | Unter Berücksichtigung der Geschwisterdifferenzen neigen Menschen mit aufgeschlossenen Eltern dazu, sich ebenso zu verhalten und radikalen Wandel zu unterstützen | Ja | Ja [a] |
| Geburtsrang der Eltern | Unter Berücksichtigung der Geschwisterdifferenzen unterstützen Menschen mit spätergeborenen Eltern mit größerer Wahrscheinlichkeit radikalen Wandel | Ja | Ja [b] |
| Alter | Junge Menschen unterstützen radikalen Wandel mit größerer Wahrscheinlichkeit | Ja | Ja [c] |
| Beeinflussung durch Dritte | Mentoren oder Freunde beeinflussen die Annahme radikaler Ideen | Ja | Ja [d] |
| Nationale Unterschiede | Nationale und geographische Unterschiede beeinflussen den Ausgang kontroverser Debatten | Ja | Ja [e] |
| Soziale Schicht | In der Unterschicht finden sich mehr Anhänger radikalen Wandels als in der Oberschicht | Ja | Nein [c] |
| Rivalitäten | Wissenschaftler, die selbst theoretische Innovationen vorschlagen, neigen dazu, rivalisierende Neuerungen zum gleichen Thema abzulehnen | Nein | – |
| Wissenschaftliche Beweise | Wissenschaftler übernehmen radikale Innovationen sowohl in Reaktion auf disziplinäre Verbindungen als auch auf neue und zwingende Befunde | Ja | Ja [f] |

a. Kapitel 9
b. Kapitel 9, 11
c. Kapitel 2, 10-14
d. Kapitel 10-11, 14
e. Kapitel 10-14
f. Kapitel 2, 14

 nahmen geben, dennoch bin ich sicher, daß die Erklärungsprinzipien, die ich mit diesem Buch dokumentiert habe, dann als allgemeine Regeln gelten können.[38]

## Zusammenfassung

Im zweiten Teil dieses Buches habe ich versucht zu zeigen, wie unterschiedliche familiäre Nischen zu unterschiedlichen Erfahrungen in der Familie führen. Auch wenn die Richtung dieser Geschichte mitunter Drehungen und Wendungen nimmt, weicht sie doch selten völlig vom uralten Darwinschen Szenario ab: Geschwister entwickeln Strategien, die ihnen helfen sollen, einen möglichst großen Anteil der elterlichen Zuwendung zu erlangen.

Es ist gewöhnlich möglich, biographische Einflüsse zu bestimmen, die Ausnahmen von den Verallgemeinerungen über die Persönlichkeitsentwicklung erklären können. Doch obwohl ich in diesem Kapitel dieses Problem angesprochen und verschiedene Hypothesen vorgeschlagen habe, mit deren Hilfe sich auch diese Einzelfälle einbeziehen ließen, ist das Thema kaum als auf wissenschaftliche Weise gelöst zu betrachten. Ohne Prüfverfahren haben nachträgliche Behauptungen über biographische Ausnahmen eine gewisse Beliebigkeit. Lediglich mit Hilfe weiterer Tests auf der Basis großer und repräsentativer Samplers läßt sich bestimmen, ob einige dieser nachträglichen Hypothesen als begründete Prinzipien zur Erklärung herangezogen werden können.

Bislang haben wir erst einen Teil der Einflüsse berücksichtigt, durch welche radikales Denken zustande kommt. Dagegen habe ich bisher nur wenig über gesellschaftliche Einstellungen, empirische und kognitive Begründungen und den geschichtlichen Kontext gesagt – Themen, auf die ich noch eingehen werde. Aber auch der Zufall spielt eine nicht unerhebliche Rolle. Dennoch: Keiner dieser zusätzlichen Faktoren wird in seiner Wirkung verständlich werden, wenn man sich nicht der engen Verquickung jedes einzelnen mit den individuellen Veranlagungen gewahr ist, die durch die Familiendynamik geprägt werden. So wie die Schichtzugehörigkeit keinen direkten Einfluß auf das radikale Denken hat, kommen auch viele andere »soziologische« Ursachen radikaler Einstellungen nur indirekt, nämlich über die Geschwisterdifferenz, zum Ausdruck. Dasselbe gilt für rationales Verhalten und erklärt beispielsweise, warum Geschworene, obwohl sie dieselbe Beweislage vor sich haben, zu verschiedenen Urteilen kommen. Geschwister reagieren unterschiedlich auf die Welt, in der sie leben. Sie haben den gleichen familiären Hintergrund, sind geprägt von den gleichen historischen Umständen, und doch passen sich die einen dem Status quo an, während die anderen zu Rebellen werden.

Teil III

# Gesellschaftliches und politisches Denken

Kapitel 9

# Gesellschaftliche Einstellungen

In den folgenden fünf Kapiteln geht es um das Verhältnis zwischen politischen oder religiösen Einstellungen und der Unterstützung revolutionärer Ziele. Ich habe mich mit zahlreichen gesellschaftlichen Einflüssen wie Nationalität, ethnische Identität und Berufsfeld beschäftigt; die wichtigsten gesellschaftlichen Faktoren sind jedoch die politischen und religiösen Überzeugungen. Kein Wunder, denn in sozialen Umbruchsituationen ist der Zusammenhang von ideologischen oder religiösen Anschauungen und revolutionärem Denken selbstverständlich. Konservative stehen revolutionären Veränderungen im allgemeinen ablehnend gegenüber, während Liberale sie unterstützen. Auch das ist allgemein bekannt.[1] Dennoch haben weder Historiker noch Psychologen angemessen berücksichtigt, daß liberale Einstellungen und Offenheit für gesellschaftliche Veränderungen nicht das gleiche sind. Das eine sind politische und religiöse *Einstellungen*, zu denen auch Ideen und Überzeugungen zählen; Offenheit für Veränderungen dagegen ist ein *Persönlichkeitsmerkmal*, das die Flexibilität erkennen läßt, mit der geltende Ansichten ungeachtet ihrer spezifischen Natur verändert werden. So können Liberale durchaus ziemlich engstirnig sein, während es wiederum Konservative gibt, die neuen Wegen des Denkens aufgeschlossen gegenüber stehen. Gesellschaftliche Haltungen sind ein hybrides Konstrukt, denn sie haben mit sozialen Zusammenhängen ebensoviel zu tun wie mit der Psychologie eines Menschen. Das darf man nicht aus den Augen verlieren. Wir müssen die verschiedenen Ursprünge gesellschaftlicher und politischer Überzeugungen auseinanderhalten und getrennt zurückverfolgen, wie sie in der Familie entstanden sind; ansonsten werden wir nie verstehen können, wie Geschwister denken und sich verhalten. Zunächst werden solche Auffassungen von den Eltern übernommen, und dies tun in der Regel alle Geschwister. Viele Menschen mit gesellschaftlich radikalen Einstellungen haben diese gleichsam geerbt.

Doch auch wenn Geschwister im allgemeinen die gleichen Grundüberzeugungen teilen, so unterscheiden sie sich doch im *Stil* ihres gesellschaftlich-politischen Denkens. Spätergeborene sind offener für Erfahrungen und daher eher bereit zu revidieren, was sie von ihren Eltern gelernt haben. Charles Darwin zum Beispiel wurde nicht zum Agnostiker erzogen. Sein Vater war glücklich, als er sah, daß sein Sohn eine klerikale Laufbahn anstrebte, und seine älteren Schwestern gaben sich alle Mühe, sein religiöses Feuer zu schüren, selbst als er bereits um die Welt segelte. Hätte er nicht an dieser Expedition teilgenommen, hätte er sich wahrscheinlich zum Priester weihen lassen und eine Stelle als Landpfarrer angetreten. Er war ungewöhnlich offen für neue Erfahrungen und hat im Lauf seines Lebens seine religiösen Überzeugungen immer wieder überprüft. Als er dann die Sechzig überschritten hatte, war von seinen ursprünglichen Vorstellungen nicht mehr viel übrig geblieben. »Meine Theologie ist ein ziemliches Durcheinander«, gestand er 1870 seinem Freund Joseph Hooker. Hatte er als junger Mann gerne und mit großer Erbauung Paleys *Natural Theology* gelesen, so gelang es ihm später nicht mehr, »einen Beweis für einen gütigen Plan [in der Welt] oder überhaupt für einen Plan im einzelnen« zu erkennen.[2]

Wie die gesellschaftlichen Ansichten der Nachkommen so haben sich auch die der Eltern in deren familiärem Umfeld, in sich unterschiedlich auswirkenden familiären Nischen gebildet. Um die gesellschaftlichen Einstellungen eines Individuums zu verstehen, müssen Biographen oft weit zurückgehen und eine Familiengeschichte über mehrere Generationen verfolgen. Geht man dabei systematisch vor, kann dies zu erstaunlichen Ergebnissen führen. Faktoren wie Schichtzugehörigkeit können die Entstehung radikalen Denkens nur in geringem Maße erklären. *Wo es um gesellschaftliche Einstellungen geht, sind oder waren Differenzen zwischen Individuen ursprünglich stets Geschwisterdifferenzen.* Diese Behauptung will ich in diesem Kapitel überprüfen.

## Methodische Überlegungen

Die gesellschaftlichen Überzeugungen vieler historischer Persönlichkeiten sind verhältnismäßig gut bekannt, weil sie sich durch eine Reihe von Quellen belegen lassen. Ich beziehe meine Informationen aus drei verschiedenen Kategorien von Quellen: Zunächst habe ich Daten gesammelt, die aus eigenhändig verfaßten Dokumenten der betreffenden Personen stammen (Briefe, Autobiographien, persönliche Dokumente). Dann habe ich Beobachtungen von Zeitgenossen herangezogen, also Zeugnisse von Familienangehörigen, Freunden und Kollegen. Von Darwins Frau und seinen Kindern beispielsweise gibt es Hinweise auf Darwins politische und religiöse Ansichten, und Darwin selbst hat entsprechendes über seine engsten Freunde berichtet. Und drittens habe ich mir Auskünfte von Historikern eingeholt. Auf dieser Grundlage war es mir möglich, die gesellschaftlichen Einstellungen von 2 766 Wissenschaftlern einigermaßen zuverlässig zu beurteilen.

### *Beurteilungen von Experten*

Den größten Teil meiner Informationen über gesellschaftliche Einstellungen verdanke ich Geschichtswissenschaftlern, die mit über 19 000 individuellen Beurteilungen zu dieser Untersuchung beigetragen haben.[3] Um die gesellschaftlichen Ansichten der Wissenschaftler in meinem Sample zu bestimmen, habe ich 94 Historiker gebeten, ihre Beurteilungen auf einer Fünfpunkteskala vorzunehmen: 1,0 war definiert als »erzkonservativ«; 3,0 bedeu-

Geschwisterunterschiede im Hinblick auf gesellschaftliche Einstellungen müssen im weiteren Kontext der elterlichen Einstellungen betrachtet werden. Über die vier Patienten dieser Karikatur läßt sich folgendes vermuten: der sich offen bekennende homosexuelle Republikaner ist entweder Spätergeborener aus einer republikanischen Familie oder Erstgeborener aus einer demokratischen Familie (doch nicht umgekehrt); der schwarze Konservative ist Erstgeborener; die »Feministin für Freud« wird Erstgeborene sein, besonders wenn sie die Tochter eines Psychoanalytikers ist; und der »vegetarische Vampir« ist ein Spätergeborener, vor allem wenn er aus einem alten Vampirgeschlecht stammt.

tete »liberal« und 5,0 »extrem radikal«. Auch halbe Punkte konnten vergeben werden, so daß neun Abstufungen zur Verfügung standen. Die Experten wurden gebeten, nur zu den historischen Gestalten ein Urteil abzugeben, die in ihr Fachgebiet fielen. Alle Interviews habe ich selbst geführt.

Ziel dieser Bewertung war es, die betreffenden historischen Personen stets in *Relation zu ihren Zeitgenossen* in dieses Spektrum einzuordnen. Vor jedem Interview habe ich den jeweiligen Experten gebeten, die Beurteilungsskala auf die betreffende historische Epoche und nationale Situation abzustimmen. In England um 1640 wurde zum Beispiel ein Konservativer als »Royalist« bezeichnet, während jemand mit den entsprechenden politischen Ansichten zweihundert Jahre später als »High Tory« galt. Trotz der verschiedenen Bezeichnungen sind beide Typen von Konservativen auf der Fünfpunkteskala zwischen 1,0 und 2,0 bewertet worden.

Da sich gesellschaftliche Einstellungen mit der Zeit ändern können, habe ich die Gutachter auch gebeten, ihre Beurteilung für das Jahr vorzunehmen, in dem der betreffende Wissenschaftler zu einer umstrittenen Neuerung Stellung bezog. So wurde etwa Charles Darwin in zehn verschiedenen Altersstufen zwischen 20 und 69 Jahren beurteilt. In diesem Zeitraum entwickelte er sich vom Anhänger der »Broad Church« – einer liberalen Richtung in der anglikanischen Kirche (beurteilt mit 2,75) – zum »Agnostiker« (4,5). Seine politischen Ansichten dagegen verschoben sich nur minimal, und zwar innerhalb des »liberalen« Bereichs (von 3,25 zu 3,5).

 Diese Art der »historischen Soziometrie« war für mich ein Experiment, und anfänglich war ich unsicher, ob man mit diesen Methoden überhaupt zuverlässige Ergebnisse erreichen kann. Doch besteht glücklicherweise eine hohe Übereinstimmung zwischen den Einschätzungen, die den Selbstzeugnissen, den veröffentlichten Beschreibungen von Zeitgenossen und den Expertisen zu entnehmen sind. Die mit diesen drei Methoden erreichbare Zuverlässigkeitsrate beträgt 0,92.[4]

## Gesellschaftliche Einstellungen und wissenschaftlicher Wandel

Politische und religiöse Überzeugungen spielen für die Reaktionen auf Veränderungen in der Wissenschaft eine durchweg bedeutende Rolle. *Der Grad des Einflusses hängt von der Art der Neuerung ab.* Verglichen mit Konservativen gehören Wissenschaftler mit liberalen Einstellungen häufiger zu denen, die mit wissenschaftlichen Neuerungen sympathisieren, vor allem wenn diese mit radikalen weltanschaulichen Folgen verbunden sind. Im Hinblick auf eine materialistische Theorie wie die Evolutionstheorie ist die Wahrscheinlichkeit, daß Darwin einen abweichenden Standpunkt einnehmen würde, sechsfach höher als für seinen alten Freund FitzRoy, einem High Tory und religiösen Fanatiker; für den Sozialisten Alfred Russel Wallace liegt sie sogar elfmal höher (Abb. 9.1).[5]

Von konservativen wissenschaftlichen Neuerungen fühlten sich durchweg auch politisch Konservative angesprochen. Der französische Mathematiker Augustin-Louis Cauchy liefert ein gutes Beispiel für diese Neigung. Als Karl X. durch die Julirevolution von 1830 den Thron verlor, folgte er seinem König ins Exil. »Er war ein absoluter und unbeugsamer Anhänger der Bourbonen«, heißt es in einer Biographie.[6] Ein Kollege bestätigte dieses Urteil; Cauchy sei »unendlich katholisch und bigott« gewesen. Stendhal nannte ihn einen »veritablen Jesuiten im kurzen Rock«.[7] Daß er ein kompromißloser Anhänger vitalistischer Lehrmeinungen in Physiologie und Medizin war, paßt zu Cauchys konservativer Weltsicht. Nach 1820 attackierte er die Gallsche Phrenologie mit der Begründung, sie gefährde »den Frieden und das gesellschaftliche Wohlergehen«.[8] Stendhal schildert einen Vorfall in der Académie des Sciences 1826:

> »Nach dem Vortrag eines Naturforschers stand Cauchy auf und protestierte gegen den Beifall. ›Auch wenn diese Dinge so wahr sind, wie ich glaube, so sind sie doch falsch.‹ Es wäre, so fuhr er fort, ›unpassend, sie der Öffentlichkeit bekannt zu machen, wenn man sich den teuflischen Zustand vor Augen hält, in den unsere scheußliche Revolution die öffentliche Meinung gestürzt hat. Vorträge wie dieser können unserer heiligen Religion nur schaden.‹ Gelächter wurde laut, als man Cauchy so reden hörte. Anscheinend suchte er die Rolle eines Märtyrers einzunehmen, der sich der Verachtung preisgab.«[9]

**Aufnahmebereitschaft für liberale wissenschaftliche Innovationen im Verhältnis zur gesellschaftlichen Einstellung und zur Geburtenfolge**

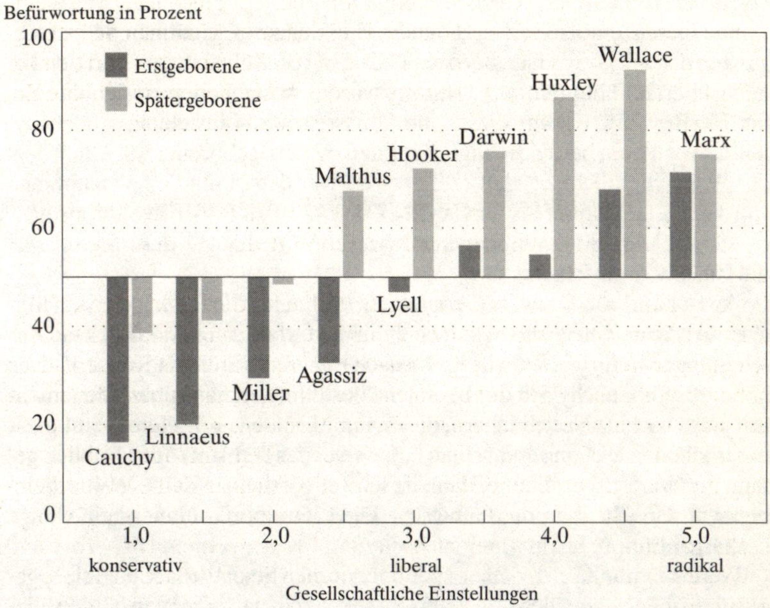


Abb. 9.1 Durchschnittliche Zustimmungsniveaus für 23 liberale Theorien, geschichtet nach gesellschaftlichen Einstellungen und Geburtenfolge. Die Namen prominenter Wissenschaftler sind bei ihren jeweiligen biographischen Untergruppen angegeben. Verglichen mit extremen Konservativen (<1,5 auf der Skala, *N*=35), ist die Wahrscheinlichkeit, daß extreme Radikale (>4,5, *N*=60) liberalen Neuerungen in der Wissenschaft zustimmen, 12,5-fach höher. Die ausgeprägte Beziehung zwischen gesellschaftlichen Einstellungen und Anhängerschaft gilt, separat betrachtet, für Erst- wie für Spätergeborene. Unter Berücksichtigung der sozialen Grundüberzeugungen liegt die Wahrscheinlichkeit, daß Spätergeborene neue Theorien unterstützen, signifikant höher.

Zwei nichtwissenschaftliche Veröffentlichungen von Cauchy beschäftigen sich mit der Verfolgung der Jesuiten. Die Ursache dieses beklagenswerten Zustandes sah er in der Feindseligkeit, die sich der Sünder bemächtige, wenn sie mit der »Tugendhaftigkeit der Jesuiten« konfrontiert seien.[10]

Sozial Konservative fanden sich vor allem unter den Anhängern der Eugenik.[11] Die Hauptströmung der eugenischen Bewegung vertraten die Auffassung, daß sich die Verbrechensrate senken ließe, wenn man Kriminelle sterilisiere und damit verhindere, daß »schlechte« Gene an künftige Generationen vererbt würden. Einigen Eugenikern galten auch Behinderte als Kandidaten für die Sterilisation.[12] Derartige Empfehlungen, die durch Rassismus und Klassendünkel weiteren Auftrieb erhielten, führten zu dem strengen amerikanischen Einwanderungsgesetz von 1917, das für alle Immigranten Lese- und Schreibtests vorschrieb. Die deutsche Rassenpolitik gipfelte zwei Jahrzehnte später in den Greueltaten des Nationalsozialismus (Abb. 9.2).[13]

Die Geburtenfolge verstärkt den Einfluß der gesellschaftlichen Überzeugungen. Cauchy war Erstgeborener. Daher ist die Wahrscheinlichkeit, daß er neue liberale Theorien unterstützen würde, wesentlich geringer als etwa für FitzRoy, auch wenn dieser die konservativen Einstellungen Cauchys teilte. Wenn man berücksichtigt, daß FitzRoy Letztgeborener war, dann liegt die Wahrscheinlichkeit, daß er Theorien wie der Phrenologie zustimmen würde, 3,3-fach höher als für Cauchy. Obwohl FitzRoy der Evolutionstheorie sehr ablehnend gegenüberstand, war er ein Anhänger der Phrenologie, die Cauchy verabscheute.

Ausgehend von Darwins Geburtsrang und seinen liberalen gesellschaftlichen Ansichten liegt die Wahrscheinlichkeit, daß er materialistische Anschauungen befürworten würde, 4,4-fach höher als für FitzRoy und 15-fach höher als für Cauchy. Ich denke an jene berühmte Passage über Transmutation aus Darwins Notizbüchern, die er vier Monate vor der Entdeckung der natürlichen Selektion geschrieben hat: »Wenn das Denken (oder, genauer gesagt, der Wunsch) erblich ist, dann ist schwer vorstellbar, daß es etwas anderes ist als eine Struktur des Gehirns ... Die Liebe zur Gottheit ist eine Folge der Organisation, oh du Materialist!«[14]

Wenn wir nun Cauchy einen spätergeborenen Sozialisten wie Wallace gegenüberstellen, dann liegt die Wahrscheinlichkeit, daß einer von beiden liberale Neuerungen unterstützen würde, bei 58 zu 1 zugunsten von Wallace. Dieser kämpfte sein ganzes Leben gegen herrschende Auffassungen an und machte sich immer wieder radikale Standpunkte genau der Art zu eigen, die Cauchy in Wut brachten. H. Lewis Mac Kinney bezeichnet Wallace in seiner Biographie als einen Menschen, der »Dinge in Gang brachte ... Während sich andere zurückzogen, rüstete sich Wallace zur Schlacht.«[15] Er verfocht eine ganze Reihe gesellschaftlich und politisch unorthodoxer Ziele, so etwa die Vergesellschaftung von Grund und Boden, die Gleichberechtigung der Frau, den Sozialismus und die Evolution durch natürliche Selektion. Daß er zum Anhänger der Phrenologie wurde, einem Gebiet, das er in seinen Zwanzigern eifrig studierte, verstand sich nachgerade von selbst.

## Die Entstehung gesellschaftlicher Einstellungen

Wie erwirbt man gesellschaftliche Einstellungen? Viele Historiker vertreten die Auffassung, solche Überzeugungen seien durch Klassen- oder Schichtzugehörigkeit bestimmt, bleiben den Nachweis für diese Behauptung im allgemeinen jedoch schuldig.[16] Außerdem würde man doch gern wissen, in welchem Umfang die Nachkommen gesellschaftliche Einstellungen ihrer Eltern teilen. Und man sollte auch danach fragen, ob es zwischen den gesellschaftlichen Einstellungen von Geschwistern Unterschiede gibt und wenn, wie tief-

**Aufnahmebereitschaft für konservative wissenschaftliche Theorien im Verhältnis zur gesellschaftlichen Einstellung und zur Geburtenfolge**

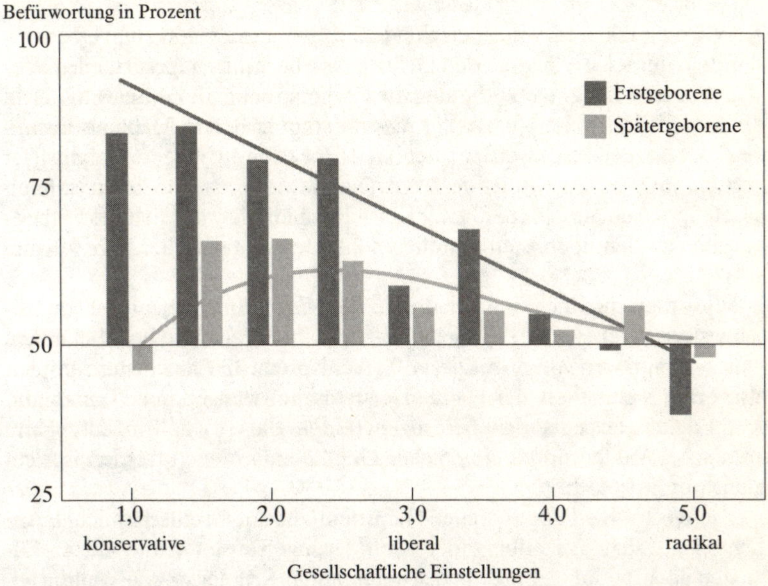


Abb.9.2 Durchschnittliche Zustimmungsniveaus für fünf konservative wissenschaftliche Theorien – Vitalismus, idealistische Versionen der Taxonomie, Keimtheorie, Spiritualismus und Eugenik – geschichtet nach der gesellschaftlichen Einstellung und der Geburtenfolge. Verglichen mit gesellschaftlich Radikalen (>4,5 auf der Skala, *N*=31), ist die Wahrscheinlichkeit, daß Konservative (<1,5, *N*=16) solchen Innovationen zustimmen, 2,5-fach höher. Die Beziehung zwischen gesellschaftlichen Einstellungen und Anhängerschaft gilt, separat betrachtet, für Erst- wie für Spätergeborene. Unter Berücksichtigung der gesellschaftlichen Überzeugungen ist die Unterstützung konservativer Neuerungen durch Erstgeborene signifikant wahrscheinlicher.
Die Zustimmung zu konservativen wissenschaftlichen Innovationen vermittelt sich durch eine Wechselwirkung zwischen Geburtenfolge und gesellschaftlicher Einstellung. Erstgeborene Konservative sprechen eher auf die ideologisch reaktionären Konsequenzen dieser Theorien an als spätergeborene Konservative.

greifend diese sind. Schließlich lohnt es sich zu untersuchen, in welcher Beziehung gesellschaftliche Haltungen zu gesellschaftlichen Merkmalen wie Rasse und Geschlechtszugehörigkeit stehen.

Ich habe mehrere hundert Eltern von Wissenschaftlern meines Samples auf ihre gesellschaftlichen Überzeugungen hin bewerten lassen. Auch diese Beurteilungen wurden von Historikern vorgenommen beziehungsweise biographischen Informationen entnommen.[17] Die Korrelation zwischen den gesellschaftlichen Einstellungen der Eltern und ihren Nachkommen beträgt 0,47; kaum ein Zusammenhang, der in diesem Buch geschildert wird, ist so ausgeprägt.[18] Dennoch entstehen die meisten individuellen Differenzen *innerhalb* der Familie, nicht *zwischen* Familien. In der Hauptsache gehen diese ungeklärten Varianzen auf Geschwisterdifferenzen zurück.[19]

Will man erklären, wie unterschiedliche Haltungen von Geschwistern zustande kommen, sollte man den Geburtsrang berücksichtigen. Bei den Wissenschaftlern in meiner Studie sind die Erstgeborenen die konservativsten in der Geschwisterreihe – und zwar in signifikant höherem Maße als Einzelkinder.[20] Erstgeborene werden offenbar in Reaktion auf jüngere Geschwister konservativ. Mittlere Kinder besetzen eher die mittleren Positionen im familiären Spektrum gesellschaftlicher Einstellungen, während sich die Letztgeborenen zu den liberalsten Familienmitgliedern entwickeln (Abb. 9.3 und 9.4).[21]

Wie unterschiedlich sind nun die sozialen Grundüberzeugungen von Geschwistern? Der typische Erstgeborene in meinem Sample liegt bei einem Durchschnittswert von 2,95. Dieser Wert entspricht 43 Prozent des Samples, also etwas weniger als der Hälfte. Der typische Letztgeborene kommt auf 3,35 Punkte, dies entspricht 68 Prozent (einem Plus von 25 Prozent). Wenn politische Wahlen durch ein solches Gefälle entschieden werden, spricht man vom Erdrutsch.

Die Wechselwirkung zwischen Geburtenfolge und gesellschaftlichen Ansichten läßt sich auch anhand der Veränderungen ausloten, die solche Haltungen über die Jahrzehnte hinweg durchlaufen. Seit der wissenschaftlichen Revolution des siebzehnten Jahrhunderts und insbesondere seit der Aufklärung im achtzehnten Jahrhundert neigen Intellektuelle verstärkt zu liberalen Einstellungen. Naturphilosophen zeigten sich zunehmend offen für die Vorstellung, daß sich das Universum durch sich selbst lenke und bewege, ohne wundersame Eingriffe von außen. Um 1690 erreichte ein in meiner Studie typischer Letztgeborener einen Wert von 3,0 (»liberal«). Typische Erstgeborene erreichten diesen Wert erst um 1860, also 170 Jahre später. Was »gesellschaftliche Aufklärung« anging, waren Letztgeborene den Erstgeborenen um fast zweihundert Jahre voraus.

Geschwisterdifferenzen im Hinblick auf gesellschaftliche Einstellungen werden außerdem sichtbar, wenn man die Korrelation zwischen Eltern und Nachkommen in Kontrast setzt zur Geburtenfolge. Bei Erstgeborenen ist diese Korrelation fast doppelt so hoch wie bei Spätergeborenen.[22] Dies zeigt, daß Erstgeborene die gesellschaftlichen Werte ihrer Eltern eher teilen als Spätergeborene. Einige biographische Beispiele können diesen Differenzierungsprozeß unter Geschwistern verdeutlichen.

Der Historiker Frank Turner hat sich mit Personen befaßt, die im Viktorianischen Zeitalter ihre religiösen Überzeugungen aufgegeben haben. Der Verlust des Glaubens habe, so Turner, »unweigerlich zu heftigen Erschütterungen in der Familie« geführt. Oft sei der Wunsch, die Familie zu provozieren, »ein psychisches Motiv« für Veränderungen im religiösen Bereich gewesen.[23] Turner nennt Mary Ann Evans, die als Romanschriftstellerin unter dem Pseudonym George Eliot berühmt wurde, und Frances Power Cobbe,

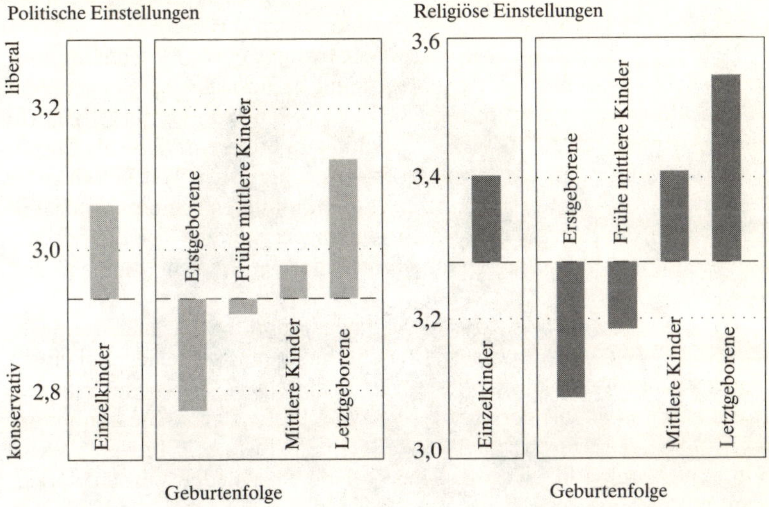


Abb. 9.3 und 9.4. Gesellschaftliche Einstellungen im Verhältnis zur Geburtenfolge. Die Ankunft jüngerer Geschwister drängt die Erstgeborenen in eine konservative Richtung. Bei den Spätergeborenen verhält sich die gesellschaftliche Radikalität direkt proportional zum relativen Geburtsrang. Die radikalsten Geschwister sind die Letztgeborenen. Verglichen mit Menschen, die Geschwister haben, nehmen Einzelkinder eine mittlere Stellung ein. Der Durchschnittswert für jedes Sample wird durch die horizontale Linie angegeben.
Untersucht man gesellschaftliche Einstellungen im Verhältnis zum Geburtsrang, wird ein gemäßigtes Zickzackmuster deutlich. Die typische Zunahme liberaler Einstellungen bei steigendem Geburtsrang kommt in einer Nachkommenschaft mit einer geraden Anzahl von Kindern in besonderem Maße zum Ausdruck, was die Nischenaufteilung auch im Hinblick auf gesellschaftliche Überzeugungen beweist.

eine liberale Journalistin. Diese Frauen, beide Spätergeborene, wuchsen in strenggläubigen Familien auf. Als Teenager begannen beide an ihrem Glauben zu zweifeln. Mary Ann weigerte sich schließlich, am Gottesdienst teilzunehmen; daraufhin wollten ihr Vater und ihre älteren Geschwister mit ihr nichts mehr zu tun haben. Turner berichtet, daß sie »von seiten ihrer Familie viel Schmerz, Peinlichkeiten und Demütigung zu erdulden hatte. Ihre Not war in der ganzen Nachbarschaft bekannt.«[24] Ganz ähnlich erging es Frances Power Cobbe. Nach dem Tod ihrer Mutter zögerte sie nicht länger und gestand ihrem Vater ihre religiösen Zweifel; sie war damals fünfundzwanzig Jahre alt. Fast ein Jahr lang blieb ihr das Elternhaus verschlossen.

Zu den größten Abweichungen zwischen Eltern und Kindern kommt es, wenn sich Eltern und Kinder nach ihrem jeweiligen Geburtsrang unterscheiden.[25] Dramatische Züge nahm diese Erscheinung in der Franklin-Familie an. William, der älteste Sohn von Benjamin Franklin, wurde 1763 zum letz-

George Eliot (Mary Ann Evans) im Jahr 1865 (im Alter von fünfundvierzig Jahren). Sie war das jüngste von fünf Kindern und schockierte ihre Familie, indem sie zur Freidenkerin wurde und später mit einem verheirateten Mann (dem Philosophen George Henry Lewes, der sich von seiner Frau getrennt hatte) zusammenlebte.
Als Erzählerin revolutionierte sie mit ihrem Stil, den Kritiker als »furchtbaren Realismus« schmähten, das Genre. *Middlemarch* (1872) gilt als einer der größten englischen Romane des neunzehnten Jahrhunderts. Die Moral des Romans verkörpert die Figur der Celia, die Schwester der Hauptfigur Dorothea. Das Vorbild für Celia, eine »pflichtgetreue« junge Frau, die in ihrem Leben niemals etwas Unbotmäßiges tat, war Eliots ältere Schwester Christiana. Dorothea geht im Roman eine unkonventionelle Ehe ein und leidet an den Folgen dieses Schrittes.

Daguerrotypie von Charles Darwin und seinem ältesten Kind William (1842), dem einzigen Nachkommen, von dem ein Photo mit Darwin überliefert ist. William führte später in Southampton ein eher ruhiges Leben als Bankkaufmann. Ein Freund sagte einmal, William setze »ein Beispiel für ein gesundes Leben«. In seinem Nachruf auf den Bruder hob Francis Darwin Williams »bescheidene und respektvolle Art« gegenüber seinen Vorgesetzten hervor (»William Erasmus Darwin [1839-1914]«, S. 19).
Als William einmal mit Vater und Onkel zusammen war, kritisierte er ein Komitee, das sich für die Abschaffung der Sklaverei einsetzte. Dieses Komitee war kurz zuvor aus Protest gegen ein Massaker an 400 schwarzen Jamaikanern gebildet worden. William scherzte, die Mitglieder des Komitees würden die Spenden, die sie erhalten hätten, wahrscheinlich für ihre Abendgesellschaften plündern. Darwin war über die Bemerkung seines Sohnes so erbost, daß er ihm schroff zur Antwort gab, es wäre »besser, wenn ich wieder nach Southampton gienge«. Am nächsten Morgen entschuldigte sich Darwin, der in der Nacht kein Auge zugetan hatte, für den Wutausbruch, der so gar nicht zu ihm paßte (*Leben und Briefe*, Bd. 3, S. 51). Williams Identifikation mit Autoritäten erlaubte es ihm nicht, sich so wie sein Vater in die Notlage von sozial schwachen Menschen einzufühlen. Er ist – soweit bekannt – der einzige Nachkomme Darwins, der seinen sanftmütigen Vater zu solchen Ausbrüchen provozieren konnte.

 ten königlichen Gouverneur von New Jersey ernannt. Während der amerikanischen Revolution schlug er sich auf die Seite der Loyalisten. Mit dieser politischen Haltung konnte er sich bei seinem radikalen Vater, der im fortgeschrittenen Alter von siebzig Jahren die Unabhängigkeitserklärung aktiv unterstützte, kaum beliebt machen. Als Loyalist wurde William des Landes verwiesen, sein Eigentum wurde beschlagnahmt. Den Rest seines Lebens verbrachte er in England. Die politischen Meinungsverschiedenheiten waren der Grund für eine »vollständige Entfremdung« zwischen Vater und Sohn.[26]

Die Geburtenfolge ist nur einer von vielen Faktoren, die unter Geschwistern zu unterschiedlichen gesellschaftlichen Einstellungen führen. Wenn man mehrere Faktoren – wie Altersabstände zwischen den Geschwistern, Eltern-Kind-Konflikte, Geschlechtszugehörigkeit und den Verlust der Eltern oder eines Elternteils – einbezieht, sind genauere Voraussagen über die Entwicklung gesellschaftlicher Überzeugungen möglich. Wieder empfiehlt sich ein multivariates Modell, wie ich es im vorhergehenden Kapitel vorgestellt habe. Ein familiendynamisches Modell mit acht Variablen ist 9,8-fach aussagekräftiger als die Geburtenfolge allein. Praktisch sind die Ursachen von Geschwisterdifferenzen im Hinblick auf gesellschaftliche Radikalität die gleichen wie die, die Geschwister in wissenschaftlichen Kontroversen in entgegengesetzte Richtungen treiben. Die acht Variablen in diesem familiendynamischen Modell sind (1) der Geburtsrang; dieser steht in Wechselwirkung (2) mit den Altersabständen zwischen den Geschwistern, (3) mit der Geschwisterzahl, (4) mit Schüchternheit, (5) mit Konflikten zwischen Eltern und Kindern und (6) mit dem Verlust der Eltern oder eines Elternteils. Der Geburtsrang steht auch in wechselseitigem Zusammenhang (7) mit der Schichtzugehörigkeit und mit dem Verlust eines Elternteils. Die letzte Variable (8) ist das Geschlecht, das in diesem Modell als ein Haupteffekt auftritt und zugleich in Wechselwirkung zum Eltern-Kind-Konflikt steht. Dieses familiendynamische Modell ist im Hinblick auf gesellschaftliche Einstellungen 138-fach aussagekräftiger als die Schichtzugehörigkeit. Die meisten individuellen Unterschiede zwischen gesellschaftlichen Einstellungen entstehen *innerhalb der Familie*.[27]

### *Disruptive Selektion*

Politische und religiöse Überzeugungen variieren zwischen Familien. Diese Unterschiede zwischen Familien kann man als Ergebnisse von Geschwisterdifferenzen betrachten, die sich über Generationen summiert haben. Eltern, die so viel dazu beitragen, die gesellschaftlichen Einstellungen ihrer Kinder zu formen, waren selbst einmal Kinder und Geschwister. Durch die Partnerwahl überdauern die Differenzen zwischen den Geschwistern als unterschiedliche Weltsichten der jeweiligen, neugegründeten Familien.

Der Prozeß, durch den die Geschwisterunterschiede mit der Zeit zunehmen, hat mit einem bekannten evolutionären Prinzip, der sogenannten dis-

Benjamin Franklin zur Zeit des amerikanischen Unabhängigkeitskrieges. Im Alter von zwölf Jahren wurde er zu seinem älteren Bruder James, einem Buchdrucker, in die Lehre gegeben. Die beiden stritten sich viel. Franklin berichtete später: »Mein Bruder war heftig und hatte mich oft geschlagen, was ich sehr übelnahm« (*Autobiographie*, S. 29). Mit siebzehn brach er die Lehre ab und floh nach Philadelphia, wo er zu einem berühmten Buchdrucker, Publizisten, Wissenschaftler und Staatsmann wurde.

ruptiven Selektion, zu tun. Dieses Phänomen ist eine Variante von Darwins größter Entdeckung, der natürlichen Selektion.[28] Im Gegensatz zur stabilisierenden Selektion, durch die individuelle Abweichungen aus einer Population entfernt werden, begünstigt die disruptive Selektion individuelle Differenzen und bewahrt sie dadurch. Geschwister schaffen sich ihre eigenen familiären Nischen und prägen Unterschiede im Hinblick auf ihre gesellschaftlichen Einstellungen aus. Im Erwachsenenalter gewinnen diese unterschiedlichen Weltsichten entscheidenden Einfluß auf die Partnerwahl. Zwar haben Partner nicht notwendig dieselben Persönlichkeitsmerkmale, aber gewöhnlich zeigen sie Ähnlichkeiten im IQ, in gesellschaftlichen Einstellungen und in der Schichtzugehörigkeit.[29] Durch die Wahl eines weltanschaulich »passenden« Partners erhöht sich die Wahrscheinlichkeit, daß der Nachwuchs die gesellschaftlichen Werte der Eltern teilt.

Neuere Untersuchungen zeigen, daß gesellschaftliche Haltungen, so wie viele Persönlichkeitsmerkmale auch, in gewissem Umfang erblich sind. Aus Studien der Zwillingsforschung geht hervor, daß dort, wo man in gesellschaftlichen Fragen auf unterschiedliche Antworten stößt, diese Differenzen fast zur Hälfte genetischen Ursprungs zu sein scheinen.[30] Freilich gibt es keine Gene, die festlegen, ob man britischer Tory oder deutscher Grüner wird. Aber es gibt erbliche Anlagen, die das Verhältnis zu Autoritäten beeinflussen, ebenso wie es ererbte Dispositionen zur Schüchternheit gibt.[31] Die Zwillingsforschung hat allerdings auch ergeben, daß gewisse gesellschaftliche Überzeugungen größtenteils *nicht* genetischen Ursprungs sind. Reaktionen auf Testfragen wie die folgende lassen sich fast gänzlich auf eine nicht gemeinsam erlebte Umwelt zurückführen: »Der sogenannte Underdog verdient die Sympathie oder Hilfe von anderen Menschen eigentlich gar nicht.«[32] In solchen Studien stellen sich genau diejenigen gesellschaftlichen Einstellungen als nicht oder nur schwach erblich heraus, von denen man erwarten würde, daß Geschwister, die aufgrund ihres unterschiedlichen Alters um ihren Status in der Familie rangeln, sie unterschiedlich beurteilen. Das betrifft etwa Rassendiskriminierung, aber auch die Segnungen des unbeschränkten Wettbewerbs, die Bedeutung familiärer Loyalitäten oder die Akzeptanz starker Streitkräfte.[33]

Unabhängig davon, ob die Differenzen hinsichtlich gesellschaftlicher Überzeugungen der genetischen Veranlagung oder den Umwelteinflüssen entspringen, halten sich Auffassungen zu Themen wie den genannten – durch die Wahl von passenden Ehepartnern – oft über Generationen. In dem Maß, in dem gesellschaftliche Einstellungen sowohl genetische als auch umweltbedingte Anteile haben, suchen sich Geschwister Partner, die aller Voraussicht nach dafür sorgen werden, daß die Nachkommen mit ihrer Weltsicht übereinstimmen. Dieser Vorgang wiederholt sich in jeder Generation, und aus diesem Grund werden Geschwisterdifferenzen allmählich zu Unterschieden zwischen Familien. Das ist das Wesen der disruptiven Selektion, die individuelle Unterschiede überdauern läßt, anstatt sie auszusondern.

So kann auch Benjamin Franklins Radikalität zumindest teilweise einem Vorgang zugeschrieben werden, in dem über mehrere Generationen hinweg Partnerwahlen wie die gerade beschriebene stattfanden. Franklin, ein Deist und politischer Radikaler, war ein jüngster Sohn.[34] Angeblich wurde er nur deshalb nicht mit dem Entwurf der Unabhängigkeitserklärung betraut, weil »man fürchtete, er könnte mittendrin einen Witz unterbringen«.[35] Weniger bekannt ist, daß seine männlichen Vorfahren über fünf Generationen, das heißt bis zurück in die Reformationszeit, jüngste Söhne von jüngsten Söhnen waren.[36] In seiner *Autobiographie* erwähnt er diese Genealogie und die Tradition seiner Familie im Hinblick auf abweichende Überzeugungen:

> »Unsere schlichte Familie bekannte sich früh zur reformierten Lehre und beharrte während der Regierung der Königin Marie treu dabei, obschon sie wegen ihres Eifers gegen das Papsttum mitunter gefährdet war. Sie be-

> saßen eine englische Bibel, und um diese desto sicherer zu verbergen, gerieten sie auf den Einfall, sie offen, mit über die Bibel gespannten Bindfäden, unter dem Deckel eines Klappstuhls zu befestigen. Wollte nun mein Ururgroßvater seiner Familie vorlesen, so legte er den Klappstuhl verkehrt auf seine Knie ... Eins der Kinder war an die Tür gestellt, um sogleich Nachricht zu geben, wenn es den Apparitor [einen Beamten des geistlichen Gerichts] kommen sähe; dann wurde der Stuhl mit der darunter versteckten Bibel wieder auf die Füße gestellt.«[37]

Die Reformation war eine der radikalsten Revolutionen in der Geschichte des abendländischen Denkens. Zehntausende gingen in den Tod, weil sie gegen die Autorität von Kirche und Staat aufbegehrten. In England ließ Queen Mary, Bloody Mary genannt, die Protestanten damals mit fanatischem Eifer verfolgen.[38] Auch als England einen gemäßigt protestantischen Kurs einschlug, mußten Franklins spätergeborene Vorfahren ihren Dissenter-Gottesdienst im Geheimen abhalten. Im Jahr 1680 wurden solche privaten Gottesdienste verboten. Zwei Jahre später wanderten Franklins Eltern nach Neu-England aus, »wo sie sich ihrer Form der Religionsausübung unbeanstandet hingeben zu dürfen hofften«.[39] Die Ironie der Geschichte: Indem die britische Regierung Franklins Vorfahren Überfahrt und Übersiedlung nach Amerika erlaubte, nährte sie eine Revolution, die schließlich dazu führte, daß sie ihre amerikanischen Kolonien verlor. *Wenn ein jüngster Sohn wie Benjamin Franklin seit vier Generationen von jüngsten Söhnen abstammt, ist er gewöhnlich ein Rebell.*

Ein Gegenbild zu Benjamin Franklins Geschichte läßt sich im Adel finden. Der Erbadel ist ein wirkungsvolles System zur Bündelung psychischer Effekte des Erstgeborenenstatus. Jede Generation von ältesten Söhnen neigt dazu, noch konservativer zu werden als die vorherige. Die Primogenitur, nicht der aristokratische Ursprung, machte die meisten Monarchen zu Konservativen. Ludwig XV. beispielsweise war in religiösen Dingen konservativ und nahm den katholischen Glauben sehr ernst. Seine *ménage a trois* mit zwei Mätressen (die Schwestern waren) verursachte ihm Schuldgefühle, und er weigerte sich eine Zeitlang, die Kommunion zu empfangen. Geschichten von Menschen, die im Zustand der Sünde die Hostie nahmen und angeblich daraufhin gestorben waren, hatten ihn in Angst und Schrecken versetzt.[40] Durch Voltaires wiederholte Angriffe auf die Kirche fühlte er sich so verletzt, daß er den Philosophen des Landes verweisen ließ. Über fünf Generationen hinweg waren Ludwigs männliche Vorfahren die ältesten Kinder eines ältesten Kindes. Doch das ist noch nicht alles. Verfolgt man die Geschichte der Familie Capet über weitere fünfzehn Generationen zurück, wird man feststellen, daß die meisten unter Ludwigs Vorfahren entweder Erstgeborene oder älteste Söhne waren.[41]

Ein anderes Beispiel für Geschwisterdifferenzen über mehrere Generationen hinweg entstammt dem kleinen englischen Landadel. Charles Darwin wuchs in Shrewsbury zusammen mit Thomas Campbell Eyton auf, dem

 Freund seiner Kindheit, der später Ornithologe wurde.[42] Die Jungen gingen oft zusammen auf Vogeljagd. Eyton, ein Erstgeborener, verfaßte später die taxonomischen Beschreibungen der Vögel, die Darwin von den Galápagos-Inseln mitgebracht hatte, und bekam am Ende sogar vier typische Exemplare der berühmten Galápagos-Finken.[43] Obwohl Eyton einer der ältesten Freunde Darwins und im Besitz einiger der aussagekräftigsten Beweisstücke für den Prozeß der Evolution war, blieb er ein »unnachgiebiger Gegner der Darwinschen Theorie« und war »tief betrübt«, daß Darwin Beobachtungen, die der Freund an Tauben gemacht hatte, als Argumente für die Theorie der natürlichen Selektion verwendete.[44]

Wie kam es, daß Eyton, ein standfester Tory, derart konservativ wurde? Ganz einfach: Er war der direkte Erbe des Eytonschen Familienbesitzes. 22 der 23 vorangegangenen Generationen hatten schon dort gelebt.[45] Darwin dagegen war bereits in der fünften Generation der jüngste Sohn eines jüngsten Sohnes. Zusammengenommen sind es also die Geschwisterdifferenzen von 27 Generationen, die, gefestigt durch die wiederholte Wahl eines passenden Ehepartners, hinter Eytons Unvermögen standen, die radikalen Ideen seines Freundes zu akzeptieren (Abb. 9.5).[46] Nimmt man Darwins Geburtsrang und seine gesellschaftlichen Einstellungen hinzu, dann ist die Wahrscheinlichkeit, daß er Anhänger der Evolutionstheorie werden würde, um das 30-fache höher als bei Eyton.[47] Auch wenn Darwin unter Freunden und Kollegen des neunzehnten Jahrhunderts lebte, war er seiner Zeit voraus, und seine Weltsicht war die eines Liberalen des zwanzigsten Jahrhunderts. Im Unterschied dazu ging die Weltsicht eines Thomas Eyton, der im neunzehnten Jahrhundert lebte, auf das sechzehnte Jahrhundert zurück, als man noch Ketzer und Hexen verbrannte. Zu den höchst unterschiedlichen familiären Erbschaften der beiden Freunde aus Kindertagen paßten die Ehen, die sie eingingen. Darwin heiratete seine weltoffene Kusine Wedgwood, eine Letztgeborene. Thomas Eyton ehelichte eine Erstgeborene.[48]

Das Prinzip der disruptiven Selektion von gesellschaftlichen Einstellungen bietet eine Erklärung für ein Phänomen, das sonst äußerst rätselhaft bliebe. Soziale Überzeugungen korrelieren kaum mit der Schichtzugehörigkeit.[49] Auch der soziale Status hat keinen nennenswerten Einfluß auf die Akzeptanz wissenschaftlicher Neuerungen. Verglichen mit der Schichtzugehörigkeit ist die Geburtenfolge 680-fach aussagekräftiger, wenn es um die Voraussage wissenschaftlicher Standpunkte geht. Und Geschwisterdifferenzen als Ganzes sind mindestens 1000-fach zuverlässigere Prädiktoren.[50] Die typischen Differenzen zwischen Geschwistern stellen im Hinblick auf radikales Verhalten auch andere gruppenspezifische Unterschiede in den Schatten, etwa die Geschlechtszugehörigkeit und die Zugehörigkeit zu einer rassischen oder religiösen Minderheit.[51] Geschichte ist in erster Linie Biographie und erst in zweiter Hinsicht Soziologie. Wir gerieten in große Schwierigkeiten, wenn wir das breite Spektrum gesellschaftlicher Überzeugungen erklären wollten, ohne etwas über Geschwisterdifferenzen und deren Wirkungen zu wissen, die sich über Jahrhunderte hinweg herausgebildet haben.[52]

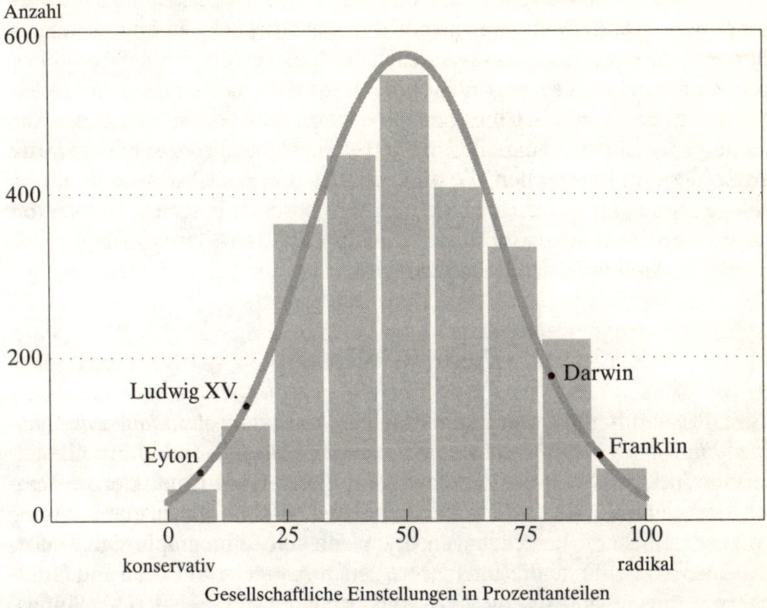


Abb. 9.5 Unterschiede in den gesellschaftlichen Einstellungen, die sich im Verlauf von Generationen gebildet haben. In jedem angenommenen Sample werden einige Individuen von überwiegend konservativen oder radikalen Ahnenreihen abstammen. Die Graphik zeigt vier Personen, die aus so verschiedenen Familien kommen, und gibt an, wo sie mit ihren gesellschaftlichen Einstellungen entsprechend den Wirkungen einer mehrgenerationellen Geburtenfolge gestanden haben *sollten*. Die durchschnittliche Abweichung zwischen den beobachteten und den erwarteten Ergebnissen beträgt zu vernachlässigende 3 Prozent. Für Darwin beispielsweise beträgt die Voraussage 80 Prozent, tatsächlich lag er bei 84 Prozent. Für Eyton wären 9 Prozentpunkte zu erwarten, tatsächlich waren es 8. Für Franklin lauten die entsprechenden Werte 88 und 90 Prozent und für Ludwig XV. 17 beziehungsweise 21 Prozent.

Nur wenige Menschen stammen wie Charles Darwin oder Thomas Eyton seit Generationen von Später- oder Erstgeborenen ab. Kinder mit erst- *und* spätergeborenen Vorfahren – und dies trifft auf die meisten Menschen zu – sind in ihren Auffassungen im allgemeinen gemäßigter. Revolutionäre Führergestalten sind daher die Ausnahme. Für die Ausprägung solcher Eigenschaften müssen in der Regel eine ganze Reihe von günstigen Faktoren zusammenkommen, die die von der Geburtenfolge abhängigen Unterschiede mehrerer Generationen bündeln. Eine genealogische Sicht auf das radikale Denken aber kann solche ungewöhnlichen Fälle erhellen.

Die Wahl eines jeweils zu den Geschwisterdifferenzen passenden Ehepartners hat darüber hinaus zur Folge, daß die Verschiedenartigkeit der

 Weltsichten ständig erneuert wird, und sei die Gesellschaft noch so elitär. Weil es stets Geschwisterdifferenzen geben wird, wird es auch immer konservativ denkende Menschen geben, die eine Rückkehr zu erblichen Standesverhältnissen, Klassengrenzen und anderen gesellschaftlichen Unterscheidungsmerkmalen begrüßen würden. Selbst ein Verbot, mehr als ein Kind zu haben, wie es in China bereits besteht, könnte diese Vielfalt der Auffassungen nicht ausräumen, denn jedes Kind ist biologisch einzigartig. Außerdem sind Menschen, die ohne Geschwister aufgewachsen sind, vielseitiger. Sie können verschiedene familiäre Nischen besetzen und verkörpern daher eine Variationsbreite, die in größeren Geschwistergruppen durch die Aufteilung in Nischen erreicht wird.

## Zusammenfassung

Geschwisterdifferenzen sind kein Zufall. *Daher ist es möglich, die gesellschaftlichen Einstellungen von Familienmitgliedern vorauszusagen.* Geburtenfolge, Altersabstände zwischen den Geschwistern, Eltern-Kind-Konflikte, die Temperamente und andere Merkmale familiärer Nischen tragen zur Formung gesellschaftlicher Überzeugungen bei. Wenn solche biographischen Informationen nicht nur für die untersuchte Person, sondern für Eltern und Großeltern verfügbar sind, nimmt die Voraussagbarkeit gesellschaftlicher Auffassungen dramatisch zu. Da Menschen im allgemeinen Lebenspartner wählen, die ihre Ansichten teilen, verfestigen sich die Geschwisterdifferenzen im Lauf der Zeit. Diese transgenerationellen Trends sind in hohem Maße dafür verantwortlich, daß wir um uns herum so viele verschiedene gesellschaftliche Einstellungen beobachten können.

Darwins radikal gesonnene Vorfahren haben sich über vier Generationen hinweg passende Ehepartner gesucht und auf diesem Weg mit dazu beigetragen, daß Darwin zu seinen revolutionären Entdeckungen kam. Er war für eine radikale Weltsicht in besonderer Weise empfänglich. Die Beschäftigung mit Malthus' *Abhandlung* ließ ihn über den unerbittlichen Kampf ums Dasein nachdenken, der sich aus Überbevölkerung ergibt. Dieser Kampf beginnt in der Familie, und manchmal endet er auch dort. Ausgetragen wird er größtenteils auf dem Weg der Geschwisterkonkurrenz. Wie Malthus verstand Darwin die Botschaft: Gott hatte die Welt nicht als einen besonders freundlichen Ort entworfen, ja er hat sie überhaupt nicht entworfen. Der angebliche Schöpfungsplan, so wurde Darwin klar, war vielmehr das Produkt der ständigen Konkurrenz um knappe Ressourcen. Diesen Prozeß nannte er natürliche Selektion.

Thomas Robert Malthus' Angriff auf die Vorstellung des Schöpfungsplans, der mit sämtlichen Konventionen seiner Zeit brach, ging auf ein ähnlich liberales »Familienerbe« zurück. Malthus war der jüngste Sohn eines mittleren und eines letztgeborenen Kindes, und beide Eltern förderten seine unkonventionellen Neigungen. Sein Vater Daniel, ein Freund und Bewunderer Rousseaus, erzog seine Kinder in dessen Geist zu selbständigem Denken. Als Thomas zehn war, engagierte Daniel verschiedene Privatlehrer, die seinen Sohn mit radikalen Ideen vertraut machten.[53] Die *Abhandlung*, so heißt es, habe der junge Malthus schließlich »in Diskussionen mit seinem Vater ausgearbeitet«.[54] Und so bündeln sich im Laufe von Generationen Geschwisterunterschiede, die letztlich radikale Veränderungen vorantreiben.

Kapitel 10

# Die Darwinsche Revolution als Sozialgeschichte

## Kritische Überlegungen zur Sozialgeschichte

Große Anstrengungen sind unternommen worden, um die Darwinsche Revolution marxistisch zu interpretieren. Die Evolutionstheorie habe, so wurde argumentiert, »bei der aufständischen Arbeiterklasse Anklang« gefunden und sei zum engen Verbündeten der »Wissenschaft der Arbeiterklasse« geworden.[1] Niemand hat sich intensiver bemüht, diese These zu erhärten, als der britische Wissenschaftshistoriker Adrian Desmond.[2] Die evolutionstheoretischen Ideen seien, so behauptet er, in den »randständigen« wissenschaftlichen Institutionen, gleichsam in einer radikalen Unterwelt weiterentwickelt worden.[3] Dort hätten Menschen gearbeitet, die die Naturtheologie, das von den Oxbridge-Anglikanern hochgehaltene Dogma, zu Fall bringen wollten. In seinem preisgekrönten Buch *Politics of Evolution* zeichnet Desmond ein lebendiges Portrait verschiedener Reformmediziner, die sich in ihrem Kampf gegen die Privilegien, in deren Genuß nur die Konkurrenten aus der Oberschicht kamen, materialistischen Theorien wie der Urzeugung und der Evolution zuwandten.[4]

Doch aus marxistischer Sicht wird Darwins Radikalität zum Rätsel. Er war Gentleman, Mitglied der Oberschicht und Angehöriger des kleinen Landadels; er studierte in Cambridge, der Hochburg der frömmelnden Naturtheologen, die Desmonds Radikale aus der Unterschicht zu erschüttern suchten. Nachdem er die Darwinbiographien von Desmond und Moore gelesen hatte, wunderte sich Stephen Jay Gould denn auch:

> »Aber wie kam Darwin auf diese Dinge? Warum gerade er? Gerade wenn ich ernst nehme, was ich von Desmond und Moore gelernt habe, läßt ihr soziologisches Vorgehen bei mir einen äußerst geschärften Sinn für das Paradox zurück. Denn nun habe ich verstanden, daß Darwin der völlig falsche Mann für die Sache war. Er war genau das, was Huxley so gern herauskehrte – ein Amateurnaturforscher aus der Oberklasse, ausgestattet mit ererbtem Wohlstand, Oxbridge-Produkt, das Käfer sammelte und auf eine Pfarrei hoffte.«[5]

Das scheinbare Paradox ist in Wirklichkeit keines. Bei den Debatten über die Evolutionstheorie spielten schichtbedingte Meinungsverschiedenheiten kaum eine Rolle. Ob ein Wissenschaftler aus der Unter- oder aus der Oberschicht stammte, änderte an der Wahrscheinlichkeit, zum Anhänger Darwins zu werden, nichts. Dagegen spielten Differenzen innerhalb der eigenen

Schicht für die Rezeption der Evolutionstheorie eine wichtige Rolle. Die meisten dieser Unterschiede hängen mit der Geburtenfolge und anderen Aspekten familiärer Nischen zusammen. Infolgedessen fand der eigentliche Kampf um die Evolutionstheorie *innerhalb* der Familien, nicht *zwischen* Familien statt (Abb. 10.1).[6]

Wie kommen preisgekrönte Historiker zu der Behauptung, daß die Schicht- oder Klassenzugehörigkeit für die Akzeptanz des evolutionstheoretischen Denkens verantwortlich gewesen sei, wenn dies nicht der Fall war? Verzerrungen im historischen Material können zu solchen Fehlschlüssen verleiten. Im allgemeinen sind Erstgeborene im akademischen Bereich erfolgreicher als Spätergeborene. In meinem Sample zur Darwinschen Revolution waren es überwiegend Erstgeborene, die in einflußreiche Gesellschaften gewählt und mit bedeutenden Preisen ausgezeichnet wurden.[7] Außerdem verhalten sich Erstgeborene konservativer als ihre jüngeren Geschwister. In der Zeit vor Darwin ist eine konservative Einstellung in gesellschaftlichen Fragen ein wesentlicher Prädiktor für die Wahrscheinlichkeit, daß die betreffende Person im sozialen Anerkennungssystem aufstieg.[8] Vor Beginn des zwanzigsten Jahrhunderts war es so gut wie ausgeschlossen, daß Radikale zum Ritter geschlagen oder in den Adelsstand erhoben wurden.[9] Auch in den großen wissenschaftlichen Gesellschaften wurden sie kaum für einflußreiche Posten vorgeschlagen. Trotz seines Ansehens ist Darwin nie zum Präsidenten einer wissenschaftlichen Gesellschaft gewählt worden. Zwar wurde 1859 seine Erhebung in den Ritterstand in die Wege geleitet, doch nach der Veröffentlichung der *Entstehung der Arten* war daran nicht mehr zu denken.[10] Zwanzig Jahre später war seine Kandidatur für die Zoologische Sektion des Institut de France dermaßen umstritten, daß er schließlich in die botanische Sektion gewählt wurde – eine reine Verlegenheitslösung. Darwin hielt dies für einen »guten Witz«.[11]

Wenn man erfolgreiche Angehörige der Oberschicht mit weniger berühmten Radikalen aus der Unterschicht vergleicht, kommt es unweigerlich zu einer Verwechslung: Unterschiede, die sich aus der Geburtenfolge ergeben, werden auf die Schichtzugehörigkeit zurückgeführt. Diese Geschwisterdifferenzen mögen den Eindruck verstärken, es sei die Klassenzugehörigkeit, die dem radikalen Denken zugrundeliege. Die erfolgreichen, wenn auch konservativen »Insider« sind Erstgeborene, Spätergeborene dagegen haben den Status radikaler »Outsider«.

Die Beispiele, mit denen Adrian Desmond seine These stützen möchte, machen deutlich, daß er eben jener Verwechslung aufgesessen ist. Sein persönlicher Held unter den radikalen Anhängern der Evolutionstheorie ist Robert Edmond Grant, dessen Vater der Mittelschicht angehörte und in Schottland Gerichtsschreiber war.[12] Robert war der siebente Sohn, und dies ist die entscheidende Variable für seine Radikalität. Unter den Agitatoren der Arbeiterklasse hebt er vor allem Charles Southwell hervor, den Gründer und Herausgeber des »Oracle of Reason« (1841-43), eines Wochenblattes zur Verbreitung der Evolutionstheorie und des Atheismus.[13] Desmond zu-

**Aufnahmebereitschaft für die Evolutionstheorie im Verhältnis zu Schichtzugehörigkeit und Geburtenfolge**

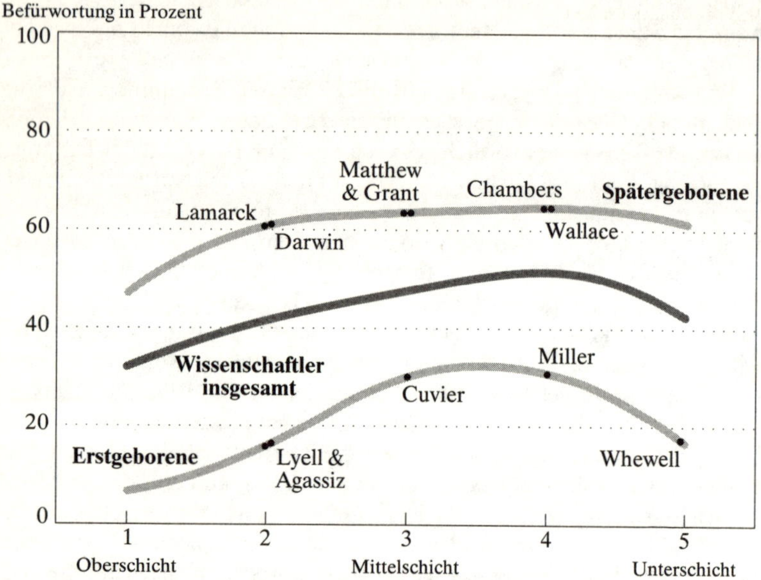


Abb. 10.1 Durchschnittswerte für die Befürwortung der Evolutionstheorie, geschichtet nach sozialer Herkunft und Geburtenfolge. Bei der linearen Trendberechnung ist die Korrelation zwischen Schichtzugehörigkeit und Befürwortung der Evolutionstheorie fast null. Dagegen ist die Korrelation zwischen Geburtenfolge und Befürwortung der Evolutionstheorie beträchtlich und weist eine tausendmal höhere Signifikanz auf als die Korrelation zwischen Schichtzugehörigkeit und Zustimmung.
Es gibt einen kleinen *kurvilinearen* Trend zwischen Schichtzugehörigkeit und Akzeptanz der Evolutionstheorie, doch ist dieser statistisch nicht signifikant.

folge suchten Southwell und die Mitherausgeber des *Oracle* »Achtung und Anerkennung als Märtyrer. Sie wurden wegen Blasphemie planmäßig verfolgt und ins Gefängnis gesteckt.«[14] Southwell hält in meinem Sample den absolut höchsten Geburtsrang:[15] Er war das jüngste von dreiunddreißig Kindern.

Wenn man Desmonds biographische Übersicht unter diesem Gesichtspunkt einer Prüfung unterzieht, dann fällt auf, daß sein Material, das eigentlich die Bedeutung der Klassenzugehörigkeit beweisen sollte, durch die Geburtenfolge verzerrt ist. Ohne sich dessen bewußt zu sein, gerieten ihm für seine These die enormen Differenzen zum Vorteil, die zwischen Geschwistern bestehen, welche in derselben Familie aufgewachsen sind. Seine Annahmen über den Konservatismus der Oberschicht stützten sich auf eta-

**Desmonds Sample von Teilnehmern an den Debatten über die Evolutionstheorie**

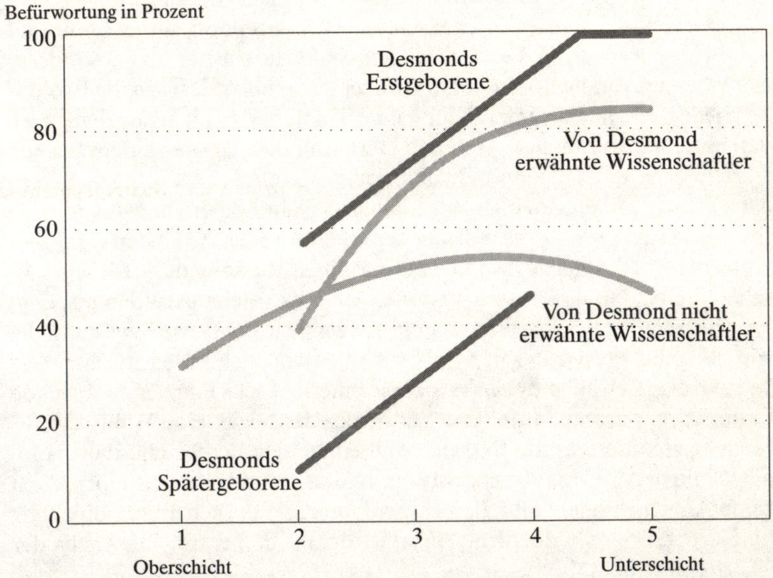


Abb. 10.2 Adrian Desmonds Sample der Teilnehmer an den Kontroversen um die Evolutionstheorie und andere radikale Themen dieser Zeit.
Verglichen mit einem größeren Kontrollsample sind in Desmonds Sample Wissenschaftler, die sowohl Spätergeborene waren als auch in gesellschaftlichen Kontroversen radikale Positionen bezogen, signifikant mehr vertreten. Um seine Behauptung, die Evolutionstheorie sei eine »Theorie der Arbeiterklasse«, zu stützen, legte Desmond seinen Schwerpunkt auf radikale Spätergeborene aus der Unterschicht. Die Oberschicht-Konservativen seines Samples dagegen waren im allgemeinen Erstgeborene. Wird diese Verzerrung korrigiert, zeigt sich, daß Schichtzugehörigkeit mit der Befürwortung von radikalen Ideen nichts zu tun hat.

blierte Erstgeborene wie Charles Lyell und Peter Mark Roget (ein Physiker, der heute vor allem für seinen *Thesaurus of English Words and Phrases* bekannt ist). Im Gegensatz dazu sind Desmonds Radikale aus der Mittel- und Unterschicht überwiegend jüngere Söhne (Abb. 10.2).[16] Wo es um radikale Themen geht, finden Erst- und Spätergeborene unweigerlich zu unterschiedlichen Positionen. Mit der jeweiligen Herkunft hat diese Tendenz nichts zu tun. Daß Klassenzugehörigkeit etwas zur Erklärung der Darwinschen Revolution beitragen könnte, ist daher eine Illusion.

Die unausgewogene Auswahl der empirischen Argumentationsbasis verdient unsere Aufmerksamkeit, denn sie ist ein generelles Problem der historischen Forschung. Die systematischen innerfamiliären Differenzen eröffnen eine Falle, in die Historiker leicht geraten, weil sie Schichtzugehörigkeit und andere Gruppendifferenzen für die Hauptursachen des historischen Wandels halten. Doch steht die Redlichkeit der narrativen Geschichtsschreibung auf dem Spiel, wenn man sich dieser Falle nicht gewahr ist.

Befangen in der marxistischen Geschichtskonzeption, waren Desmond und Moore gezwungen, Darwins wissenschaftliche Karriere auf absonderliche Weise umzudeuten. Aus marxistischer Sicht müßte Darwin die Evolutionstheorie eigentlich verabscheut haben. Da nun aber nicht zu leugnen ist, daß er sich auf sie einließ, kommen Desmond und Moore zu dem Schluß, Darwin habe unter seinen radikalen Ideen »gelitten«.[17] »Krank vor Sorge« habe er »um seinen guten Ruf« gefürchtet.[18] Daher sei er zum »heimlichen Evolutionisten« geworden und habe seine ketzerischen Ansichten vor seiner Umgebung verborgen.[19] Den Grund für seinen Rückzug nach Down 1842 sehen die beiden in Darwins Wunsch, den Chartistenaufständen aus dem Weg zu gehen.[20] Die Chartisten waren eine radikale politische Bewegung, die von 1838 bis etwa 1850 in Großbritannien von sich reden machte. Der Name bezog sich auf die *People's Charter*, eine aus sechs Punkten bestehende Grundsatzerklärung, in der unter anderem das allgemeine Wahlrecht für Männer gefordert wurde und die Aufhebung der Bedingung, daß Parlamentsmitglieder Grundbesitz vorweisen können mußten.[21] Es gibt jedoch keine Anhaltspunkte dafür, daß Darwin die Ziele der Chartisten ablehnte. Im Gegenteil, es gibt deutliche Hinweise darauf, daß er mit den Zielen der Chartisten sympathisierte.

Im Frühjahr 1848 brach in Europa die Revolution aus. In Paris wurde eine neue Nationalversammlung gebildet. Der *Globe*, eine führende Londoner Zeitung, kommentierte die Ziele der Revolutionäre immer bissiger. Er verurteilte die Nationalversammlung, die außerstande sei, die Aufstände zu unterdrücken, so wie es die britische Regierung einen Monat zuvor getan hatte, als die Chartisten überall auf die Straße gegangen waren. Darwin besuchte zu dieser Zeit seinen sterbenden Vater in Shrewsbury. In einem Brief an seine Frau Emma nannte er den Standpunkt des *Globe* »einfach schändlich«. Er war so verärgert über die reaktionären Ansichten der Zeitung, daß er seine Frau bat, sie solle ihm, solange er unterwegs sei, die Zeitung nicht mehr nachschicken.[22]

Desmond und Moore führen Darwins intellektuelle Nöte auf dessen angebliche Furcht zurück, seine anglikanischen »Freunde« zu verletzen und »des Verrats an seiner privilegierten Klasse beschuldigt zu werden«.[23] Unter Darwins Freunden läßt sich mühelos eine Handvoll Menschen finden, die diesen Kriterien entsprechen. Aber Desmond und Moore gehen einen Schritt weiter, wenn sie behaupten, daß die *meisten* von Darwins Freunden Konservative gewesen seien.

Um diese Annahme zu überprüfen, habe ich ein Meßverfahren entwickelt, mit dem sich, ausgehend von Indikatoren wie der Anzahl der Briefe, die zwischen 1826 und 1859 an ihn gerichtet worden sind, darstellen läßt, zu wem Darwin persönliche Beziehungen unterhielt. Die gesellschaftlichen Einstellungen von mehr als dreihundert Freunden und Mitarbeitern Darwins habe ich in meiner Datenbank dokumentiert. Verglichen mit anderen Wissenschaftlern seiner Zeit, waren Darwins engste Freunde ausgesprochen liberal.[24] In seiner Autobiographie sollte er seinen eher konservativen Bekannten später ihre »alberne« Sorge um ihren sozialen Status und die orthodoxe Lehre vorwerfen.[25]

### *Darwins Mitentdecker*

Ebensowenig wie Darwins gesellschaftliche Einstellungen sich mit sozioökonomischen Interpretationen schlüssig erklären lassen, passen die Leistungen zweier anderer Männer, die seine zukunftsträchtigste wissenschaftliche Erkenntnis – die natürliche Selektion – vorwegnahmen, in dieses Argumentationsmuster. Der eine der beiden war Patrick Matthew, ein glühender Chartist, der 1831 in einer kleinen Veröffentlichung die Grundzüge einer Theorie der Selektion darlegte. Er, ein jüngerer Sohn aus einer Mittelschichtfamilie, die im Bauholzgeschäft tätig war, verfaßte mehrere beißende Abhandlungen gegen den Adel. Im Jahr 1839 nahm er als schottischer Delegierter an der chartistischen Generalversammlung in London teil. Matthew legte sein Mandat nieder, als er von Feargus O'Connor, der zur Anwendung von physischer Gewalt aufrief, als »Mittelschichtverräter« bezeichnet wurde.[26] Nach chartistischen Maßstäben markierte dieser Vorwurf die politische Scheidemarke zwischen einem entschiedenen Radikalen und einem offenen Anarchisten. Nach seiner Rückkehr nach Perth billigten diejenigen, die ihn zum Delegierten gewählt hatten, seinen Schritt. O'Connor kam bald darauf ins Gefängnis und verfiel dem Wahnsinn.[27]

Alfred Russel Wallace war erst sechzehn Jahre alt, als er im Jahr 1839 – angeregt durch die politischen Vorstellungen des walisischen Reformers Robert Owen – zum Sozialisten wurde. Wie Wallace sich später erinnerte, habe ihn Owen »stärker« beeinflußt, »als ich damals wußte, und jetzt, da ich seine Lebensgeschichte und die meisten seiner Werke gelesen habe, bin ich fest davon überzeugt, daß er der größte Sozialreformer und der eigentliche Begründer des modernen Sozialismus ist«.[28]

Obwohl sie verschiedenen Klassen angehörten, teilten die drei Entdecker der natürlichen Selektion also ähnliche gesellschaftliche Einstellungen.[29] Insbesondere in ihrer Ablehnung der Primogenitur, die Talent durch Privileg ersetzte, waren sich Matthew, Darwin und Wallace einig. Dieser Punkt ist unter Geschwistern ebenso strittig wie in sozioökonomischer Hinsicht. Schließlich verhindert die Primogenitur den gesellschaftlichen Aufstieg auf dem Weg des offenen Wettbewerbs. In *Naval Timber*, dem Buch, mit dem Matthew die Theorie der natürlichen Selektion vorwegnahm, bezeichnete er das Erstgeburtsrecht als »einen Frevel an diesem Gesetz der Natur [der natürlichen Selektion], den diese nicht ungesühnt lassen wird«.[30] Nicht minder heftig äußerte sich Darwin zu den »schlimmen Folgen« der Primogenitur, die er in der *Abstammung des Menschen* diskutierte.[31] Es sei eine Schande, daß

 Erstgeborene, »mögen sie auch an Körper oder Geist schwach sein«, auf Kosten von »überlegenen« jüngeren Söhnen heiraten dürften.[32] Darwins Sohn Francis bemerkte später zu diesem Thema: »Mein Vater hatte ein lebhaftes Gespür für die Ungerechtigkeit der Primogenitur und war in ähnlichem Sinne indigniert über die ungerechten Testamente, welche von Zeit zu Zeit vorkommen.«[33]

Darwins Evolutionstheorie feiert die in ununterbrochenen biologischen Prozessen erworbenen Fähigkeiten, die sich dem unbeschränkten Wettbewerb verdanken. In der Theorie der natürlichen Selektion sahen ihre drei Entdecker das letzte und höchste Argument für die Abschaffung der Primogenitur. Wundert es da, daß Spätergeborene diese Vorstellung Darwins von Herzen begrüßten und Erstgeborene, unabhängig von ihrer Schichtzugehörigkeit, vor ihr zurückschreckten?

## Ein umfassendes Modell

Ein umfassendes, computergestütztes Modell der Darwinschen Revolution vermag zu zeigen, eine wieviel größere Bedeutung die innerfamiliären Differenzen im Vergleich zu gesellschaftlichen Einflüssen wie Nationalität oder soziale Herkunft haben. Dieses Modell enthält Informationen über Geburtenfolge, Eltern-Kind-Konflikte, Verlust der Eltern oder eines Elternteils, Alter und wissenschaftliches Ansehen im Jahr 1859, persönliche Beziehungen zu Darwin, gesellschaftliche Auffassungen, gesellschaftliche Einstellungen der Eltern, nationale Unterschiede und Schichtzugehörigkeit. Mit diesem Modell lassen sich die Protagonisten der Darwinschen Revolution zu 84 Prozent zutreffend als Anhänger beziehungsweise Gegner der Evolutionstheorie klassifizieren. Der Erklärungsgehalt des Modells beruht zu mehr als fünfzig Prozent auf den Einflüssen, die Geschwister zu unterschiedlichen Entwicklungen veranlassen. Auch andere wichtige Prädiktoren für die Befürwortung wissenschaftlicher Neuerungen, wie Alter, Nationalität und gesellschaftliche Einstellungen, tragen erheblich zum Erfolg des Modells bei. Der sozioökonomische Status dagegen geht nicht in das Modell ein, da er so gut wie nichts erklärt. Für Voraussagen über die Akzeptanz des Darwinismus haben durch Geburtenfolge bedingte Unterschiede ein 1000-fach höheres Gewicht als sozioökonomische. Verglichen mit nationalen Besonderheiten, die in das Modell einfließen, sind Differenzen, die auf die Geburtenfolge zurückgehen, zehnmal voraussagekräftiger. Geschwisterdifferenzen insgesamt sind 37-fach aussagekräftiger als nationale Unterschiede. Nur eine einzige Variable des Modells kann es mit der Aussagekraft der Geschwisterdifferenzen aufnehmen: die gesellschaftlichen Einstellungen. Aber auch hier sind Geschwisterdifferenzen letztlich bedeutender, da sie die individuellen Ausprägungen dieser Auffassung ebenfalls zu erklären vermögen.[34] Wieder einmal kommen wir zu dem Schluß, daß Radikalität zum großen Teil *innerhalb* der Familien entsteht und nicht *zwischen* ihnen (Abb. 10.3).[35]

**Vorausgesagte Wahrscheinlichkeiten für die Befürwortung der Evolutionstheorie, bezogen auf gesellschaftliche Einstellungen und Geburtenfolge**

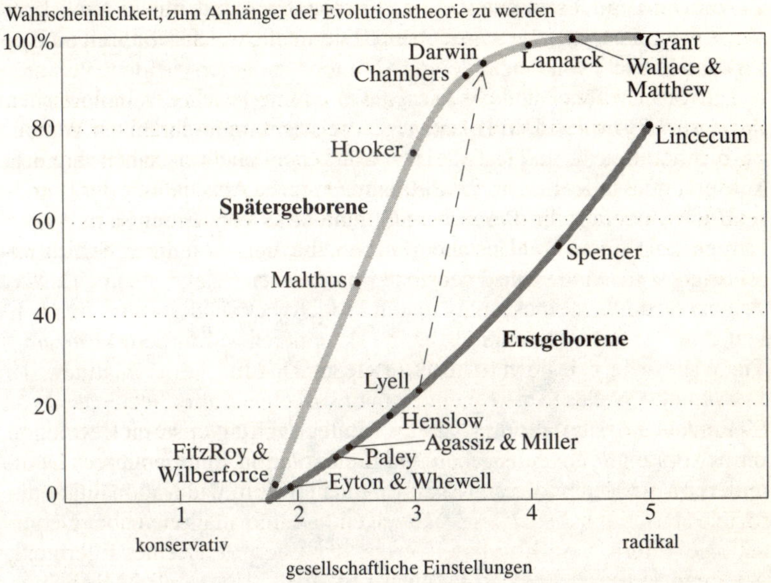


Abb. 10.3 Vorausgesagte Wahrscheinlichkeiten für die Unterstützung der Evolutionstheorie, bezogen auf gesellschaftliche Einstellungen und Geburtenfolge (*N*=407). Alle Personen, für die die Wahrscheinlichkeit bei über 50 Prozent lag, wurden zu Anhängern der Evolutionstheorie; war die Wahrscheinlichkeit geringer als 50 Prozent, kam es zur Ablehnung.
Geburtenfolge und gesellschaftliche Einstellungen sind die zuverlässigsten Prädiktoren, wenn man die Reaktion auf die Evolutionstheorie voraussagen möchte, und die Daten sind hier nach diesen beiden Variablen ausgewertet. Die höchste Wahrscheinlichkeit für die Akzeptanz der Evolutionstheorie fand sich bei Liberalen, vor allem bei spätergeborenen Liberalen wie Lamarck, Grant, Darwin und Wallace. Bei Erstgeborenen war es unwahrscheinlich, daß sie zu Anhängern dieser Theorie wurden, es sei denn, sie teilten, wie Herbert Spencer und Gideon Lincecum, gesellschaftlich radikale Einstellungen.
Die für die Darwinsche Revolution typische Differenz zwischen Erstgeborenen und Spätergeborenen wird durch den gestrichelten Pfeil markiert. Es ist die gleiche Differenz wie die, die Charles Darwin von seinem Freund Charles Lyell trennt – 71 Prozent. Sowohl aufgrund der direkten als auch der indirekten Effekte (mittels gesellschaftlicher Einstellungen) ist die Geburtenfolge ein zuverlässigerer Prädiktor als die gesellschaftliche Einstellung.

*Vorkämpfer und Gefolgsleute*

Fünfzehn Mitglieder meines Samples habe ich nach ihrer Rolle als Pioniere der Evolutionstheorie als »Vorkämpfer« dieser Revolution klassifiziert.[36] Diese Männer – darunter Lamarck, Chambers, Darwin und Wallace – sind die bahnbrechenden Denker, die die wichtigsten Argumente zugunsten der Evolution entwickelten. Bei diesen fünfzehn Pionieren lag die durchschnittliche Wahrscheinlichkeit für die Akzeptanz der Evolutionstheorie bei 83 Prozent und damit signifikant höher als bei anderen, die nur zu Anhängern der Evolutionstheorie geworden sind. Die intellektuellen Führergestalten lassen sich leicht von den anderen Evolutionisten unterscheiden: Sie waren mit größerer Wahrscheinlichkeit *Liberale und Letztgeborene*, hatten *Konflikte mit einem Elternteil* und sind *weit gereist*. Alle diese biographischen Merkmale bezeichnen innerfamiliäre Differenzen und sind eng mit dem Persönlichkeitsmerkmal Offenheit für Erfahrung verbunden (Abb. 10.4).[37]

Unter den fünfzehn Pionieren fällt eine besonders bedeutsame Untergruppe auf: Darwin, Wallace und Matthew, die drei Wissenschaftler, die unabhängig voneinander die Theorie der natürlichen Selektion entwickelten. Auf der Grundlage eines multivariaten Modells beträgt die Wahrscheinlichkeit, daß Darwin die Evolutionstheorie akzeptieren würde, bei 94 Prozent.[38] Für Wallace liegt sie noch höher, 96 Prozent. Und für Patrick Matthew, der Darwin und Wallace vorwegnahm, ergibt sich eine Wahrscheinlichkeit von 97 Prozent. Kurzum, alle drei hatten wesentlich günstigere Voraussetzungen, die Schöpfungslehre aufzugeben und die Evolution zu akzeptieren, als die anderen Vorkämpfer dieser wissenschaftlichen Umwälzung.[39]

## Darwins Genius

Daß Darwin, Wallace und Matthew zu der gleichen grundlegenden wissenschaftlichen Erkenntnis gelangten, führt uns zu einer wichtigen Frage: Wie haben wir Darwins Gesamterfolg als Wissenschaftler zu beurteilen? Eine einzelne, wenn auch glänzende Idee macht noch kein Genie. Ein computergestütztes Modell der Darwinschen Revolution mag zwar Darwins Offenheit für die Evolutionstheorie erläutern, erklärt aber noch nicht, warum er diese mit einem derartigen Erfolg ausarbeiten konnte. Um darauf eine Antwort zu finden, müssen wir Darwins wissenschaftlichen Arbeitsstil betrachten.

Alle seine Biographen bestätigen, daß Darwin voller Skrupel war. Doch es macht einen Unterschied, ob jemand von Skrupeln oder von der Angst gequält ist, seine Familie oder Freunde zu verraten. Darwins Hauptinteresse galt dem Schutz seiner wissenschaftlichen Reputation, nicht der Sicherung seines gesellschaftlichen Status. Frederick Burkhardt, ein gründlicher Kenner der umfangreichen Korrespondenz, in der Darwin um Beweise für und gegen seine umstrittenen Ansichten bat, kommt zu dem Schluß, Darwin sei »ein vorsichtiger Stratege« gewesen. Manchmal sei er sich »seiner Sache sicher« gewesen, aber ebenso oft »fühlte er sich unwohl mit seiner Arbeit und versuchte die Reaktion abzuschätzen, die seine Theorie der Transmutation hervorrufen würde«.[40] Weit entfernt davon, ein »heimlicher Evolutionist« zu sein, wie Desmond und Moore behaupten, hat Darwin einem Dutzend sei-

**Vorausgesagte Wahrscheinlichkeiten für die Befürwortung der Evolutionstheorie**

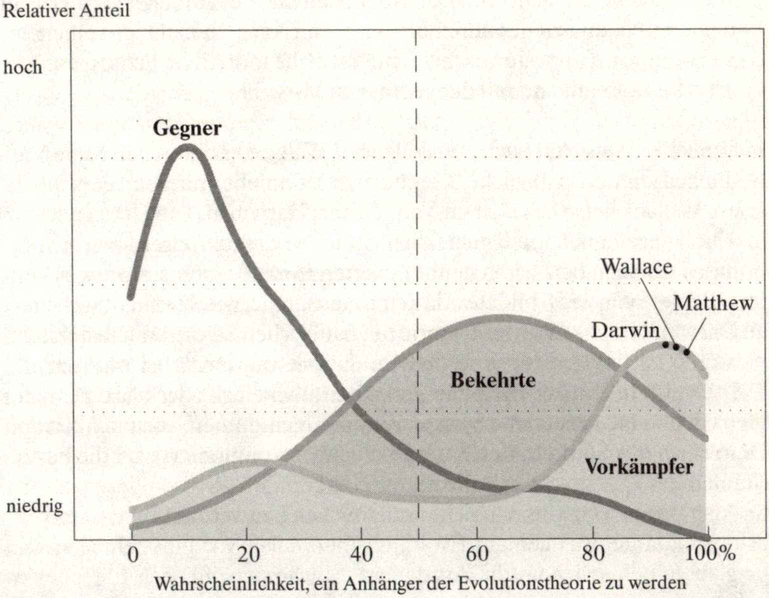


Abb. 10.4 Vorausgesagte Wahrscheinlichkeiten für die Unterstützung der Evolutionstheorie, auf der Grundlage eines Modells mit zehn Variablen (*N*=644). Mit Hilfe dieses Modells lassen sich die verschiedenen Fraktionen in dieser Debatte gut voneinander unterscheiden. Es werden nicht nur die vorausgesagten Wahrscheinlichkeiten für Anhänger oder Gegner dargestellt, sondern auch jene für die fünfzehn Vorkämpfer. Verglichen mit den Anhängern ist die Wahrscheinlichkeit, diese radikale Neuerung zu befürworten, für diese fünfzehn signifikant höher.
Unter den fünfzehn Vorkämpfern der Evolutionstheorie waren drei jüngere Söhne, die unabhängig voneinander die Theorie der natürlichen Selektion entwickelten. Bei diesen drei Männern – Darwin, Wallace und Matthew – lag die Wahrscheinlichkeit, daß sie die Evolutionstheorie akzeptieren würden, bedeutend höher als bei den restlichen zwölf Pionieren der Evolutionstheorie.

ner engsten Freunde von seinen evolutionstheoretischen Vorstellungen berichtet. Die zwanzigjährige »Verspätung«, mit der er seine Theorie der natürlichen Selektion veröffentlichte, war keine wirkliche Verspätung. Er benötigte diese Zeit, um seine Argumentation auszubauen und um vor allem Lösungen für ihre Schwachstellen zu finden.

Patrick Matthew erkannte den beträchtlichen Unterschied zwischen seiner Entdeckung – die dreißig Jahre lang unbemerkt blieb – und Darwins weit erfolgreicherer Präsentation derselben Theorie. Er schrieb 1860:

»Ich kam auf dieses Naturgesetz durch Intuition, fast ohne die Anstrengung konzentrierten Nachdenkens, und es erschien mir wie eine selbstverständliche Tatsache. Mr. Darwin scheint hier ein größeres Verdienst an der Entdeckung zu gebühren als mir – mir kam sie nicht wie eine Entdeckung vor. Er hat sie anscheinend mit Hilfe induktiver Schlüsse ausgearbeitet, langsam und mit der gebotenen Vorsicht.«[41]

In ähnlicher Weise hat auch Alfred Russel Wallace erkannt, daß seine Vorstellungen über die natürliche Selektion »eine schnelle erste Skizze« gewesen seien. Wallace hat sich selbst im Vergleich zu Darwin als »den jungen Mann in Eile« bezeichnet. Lediglich kursorische Verlautbarungen von revolutionären Ideen haben selten nennenswerten Einfluß; auch die Darwin-Wallace-Papiere von 1858 bildeten da keine Ausnahme, wie Wallace 1864 selbst an Darwin schrieb: »Was die Theorie der natürlichen Selektion selbst angeht, so werde ich immer daran festhalten, daß sie die Deine ist und nur die Deine... Mein Artikel hätte nie jemanden überzeugt oder wäre als nicht mehr denn eine geistreiche Spekulation wahrgenommen worden, während Dein Buch das Studium der Naturgeschichte revolutioniert und die besten Männer der Zeit in seinen Bann gezogen hat.«[42]

Also war es Darwins Vorsicht und Ausdauer zu verdanken, daß er vollbringen konnte, was keinem Evolutionstheoretiker vor ihm gelungen war. Er glaubte beharrlich an die Ausdauer.[43] Solche persönlichen Eigenheiten haben nicht nur etwas mit Gruppendifferenzen und auch nicht nur mit Schichtzugehörigkeit zu tun. Darwins beharrliche Entschlossenheit war eindeutig eine Geschwisterstrategie, wie er in seiner Autobiographie denn auch selbst zugibt. Dem Übereifer seiner »Ersatzmutter« Caroline ausgesetzt, entwickelte Darwin eine sture Gleichgültigkeit gegenüber ihrer Autorität.[44] Freilich gehört zum Genie mehr als Ausdauer (und auch mehr als Schweiß, wie Thomas Edison einmal sagte); doch in Verbindung mit seiner radikalen Sichtweise erklärt Darwins Beharrlichkeit viel von seinen revolutionären Leistungen.

## Die Phrenologiebewegung

Noch klarer als die Darwinsche Revolution zeigt die Rezeption der Phrenologie, auf welch subtile Weise Geschwisterdifferenzen die Geschichtsschreibung zu verwirren vermögen. Die Phrenologie wurde Ende der neunziger Jahre des achtzehnten Jahrhunderts von Franz Joseph Gall entwickelt, einem in Deutschland geborenen Physiker, der in Wien lebte. Er war das sechste von zehn Kindern eines kleinen Kaufmanns, der zum Bürgermeister seines Dorfes aufstieg. Galls Eltern waren beide »fromme Katholiken«, er selbst aber war höchstens »nominell religiös« – ein typischer Deist des frühen neunzehnten Jahrhunderts.[45] Als geschickter Anatom kam er auf die richtige Idee, daß die Gehirnfunktionen sich in bestimmten Bereichen des Gehirns

Alfred Russel Wallace im Jahr 1869 (im Alter von sechsundvierzig Jahren). Von seinem Temperament her weder so vorsichtig noch so beharrlich wie Darwin, war er doch ebenso radikal. »Mein großer Fehler«, gestand er Darwin, »ist Eile. Eine Idee nimmt mich gefangen, ich denke einige Tage darüber nach und dann schreibe ich sie herunter mit den Beispielen, die mir gerade einfallen ...« Auf ihre Beiträge zur Theorie der natürlichen Selektion zurückblickend, verglich Wallace die Wege, auf denen beide sich dem Problem genähert hatten, und erklärte bescheiden, sein Anteil an der Entdeckung sei nicht mehr gewesen »als eine Woche zu zwanzig Jahren« (zitiert nach: Marchant, *Alfred Russel Wallace*, S. 92f., S. 129)

lokalisieren lassen müßten. Falsch war freilich seine Annahme, daß die Schädelform individuelle Unterschiede in der Funktionsweise des Gehirns direkt zu erkennen gebe. Er war der Auffassung, daß man das Innere des Gehirns – und daher den Charakter – »lesen« könne, indem man seinen äußeren Ausdruck in Form von »Beulen« und anderen Eigenarten der Schädelbildung analysiere.[46] Galls in pompösem Stil gehaltene Vorlesungen waren bis 1801 gut besucht, dann jedoch wurden sie von Kaiser Franz I. mit der Begründung verboten, sie seien zu materialistisch.

Im Jahr 1807 verließ Gall Wien und übersiedelte nach Paris, wo er den Rest seines Lebens verbrachte. Aber auch Napoleon Bonaparte bemühte sich rasch, Galls Einfluß gering zu halten. Im Exil auf St. Helena erklärte er stolz: »Ich habe viel zu Galls Ruin beigetragen.«[47] Dieses Kunststück war ihm durch eine Kommission gelungen, die er 1808 einberufen und mit Gegnern des Materialismus vom Schlag eines Georges Cuvier besetzt hatte. Diese

 Versammlung von Erstgeborenen erteilte Galls phrenologischen Auffassungen eine verächtliche Abfuhr.[48] Aufgrund der offiziellen Zurückweisung blieb er stets ein wissenschaftlicher Außenseiter. Im Jahr 1821 wurde ihm die Mitgliedschaft in der französischen Akademie der Wissenschaften verweigert. Gall »bekleidete niemals ein akademisches Amt; und sein Verhältnis zu Autorität und Orthodoxie war fast durchweg getrübt.«[49]

Die Phrenologie fand im allgemeinen Unterstützung bei Spätergeborenen, bei Erstgeborenen dagegen stieß sie auf Ablehnung; sie polarisierte daher die wissenschaftliche Gemeinschaft in ähnlicher Weise wie die Evolutionstheorie. Viele Anhänger der Phrenologie waren gleichzeitig engagierte Verfechter der Evolutionstheorie, so etwa Robert Chambers und Alfred Russel Wallace. Fast 90 Prozent meines Samples akzeptierten entweder beide Theorien oder lehnten beide ab.[50] Die Geschichte der Darwinschen Revolution ist jedoch keine Wiederholung der Phrenologie; deren Rezeption verlief auf ganz anderen Wegen.

Weite Verbreitung fanden Galls Theorien durch Johann Spurzheim, seinen ersten Schüler, der wie Gall ein jüngerer Sohn war. Er machte die Phrenologie während der zehner und zwanziger Jahre des letzten Jahrhunderts in Großbritannien und Amerika durch Vorträge bekannt; diese waren gut besucht, und die Phrenologie wurde zu einer »Populärwissenschaft«. In Großbritannien verschaffte ihr George Combe viele Anhänger; von seiner *Constitution of Man* wurden in den ersten drei Jahrzehnten nach Erscheinen (1828) über 100 000 Exemplare verkauft.[51] Dieses Buch soll – neben der Bibel und Bunyans *Pilgrim's Progress* – zu den drei Büchern gehört haben, die in den meisten britischen Haushalten des frühen neunzehnten Jahrhunderts zu finden waren.[52] Combe war der mittlere Sohn eines Bierbrauers; sein jüngerer Bruder Andrew, der nächstfolgende Sohn in einer Geschwisterreihe von dreizehn Kindern, wurde sein Assistent.[53]

Viele Phrenologen beteiligten sich aktiv an Vorstößen zur Schulreform; sie vertraten die Auffassung, daß die Begabung und nicht das Privileg das ausschlaggebende Kriterium für den gesellschaftlichen und beruflichen Erfolg sein sollte.[54] Durch frühzeitiges phrenologisches Schädellesen könnten, so dachten diese Reformer, verborgene Fähigkeiten gefördert und Leistungsschwächen ausgeglichen werden. So inspirierten Galls Ideen eines der ersten »Head Start«-Programme. Sozialhistorisch arbeitende Wissenschaftler behaupten daher immer wieder, diese Kontroverse habe sozioökonomische Wurzeln. So kommt etwa Steven Shapin, der die Rezeption der Phrenologie in Edinburgh untersucht hat, zu dem Schluß:

> »Die öffentlichen Auseinandersetzungen [um die Phrenologie] ... führten dazu, daß sich unzufriedene und bilderstürmende bürgerliche Gruppen gegen die traditionellen Eliten und deren intellektuelle Sprecher wandten; daher ist es keine Übertreibung, wenn man den Edinburgher Streit um die Phrenologie im Rahmen der makrosoziologischen Kategorie der Klasse betrachtet.«[55]

**Aufnahmebereitschaft für die Phrenologie, bezogen auf Schichtzugehörigkeit und Geburtenfolge**

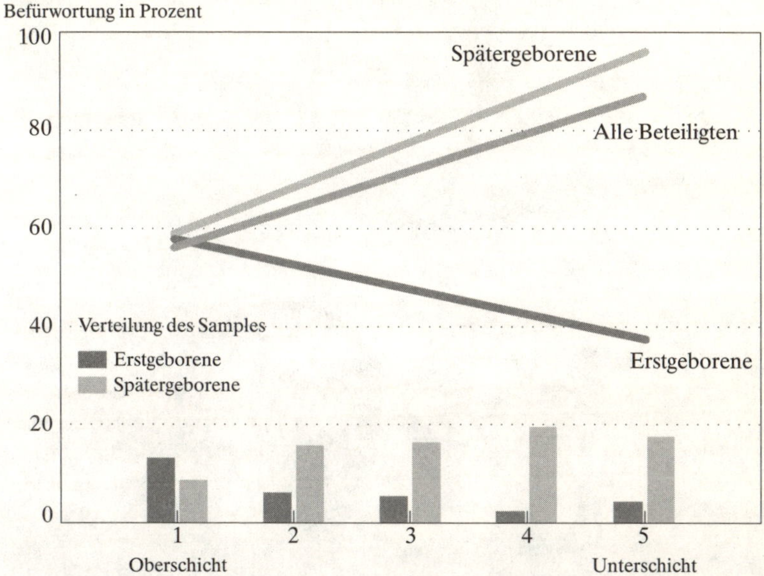


Abb. 10.5 Die Rezeption der Phrenologie entsprechend der Schichtzugehörigkeit und der Geburtenfolge. Der Einfluß der Geburtenfolge ist beträchtlich. Der auf den ersten Blick beeindruckende Einfluß der Schichtzugehörigkeit ist lediglich auf die hohe Korrelation dieser Variablen mit der Geburtenfolge zurückzuführen.
Am unteren Rand der Graphik sind die Anteile der Erst- beziehungsweise Spätergeborenen dargestellt, wobei sich die Anteile der Schichten zu hundert aufaddieren. Zu beachten ist der ständig wachsende Anteil von Spätergeborenen in Mittel- und Unterschicht. Die Phrenologie war eine Bewegung von Spätergeborenen, vor allem aus den unteren Schichten.
Aufgrund des Überhangeffekts der Geburtenfolge im Hinblick auf die Rekrutierung der Anhänger hat die Schichtzugehörigkeit keinen signifikanten Effekt. Die Beziehung zwischen Radikalität und Schichtzugehörigkeit ist vor allem darauf zurückzuführen, daß die radikalen Phrenologen überwiegend jüngere Söhne waren.

Schaut man sich aber das Beweismaterial genauer an, wird deutlich, wie vorsichtig man mit solchen Behauptungen sein muß. Roger Cooter zum Beispiel hat »den nach sozioökonomischen und intellektuellen Kriterien niederen Status der Phrenologen« aufgedeckt, indem er sein Augenmerk darauf richtete, »wer im Sample Mitglied der Royal Society von London und Edinburgh war«.[56] Doch sind Unterschiede im wissenschaftlichen Rang und Ansehen nicht zu verwechseln mit herkunftsbedingten Differenzen. Außerdem ist wissenschaftliches Ansehen typischerweise mit dem Status des Erstgeborenen verbunden. Vor mehr als einem Jahrhundert schon wies Darwins Vet-

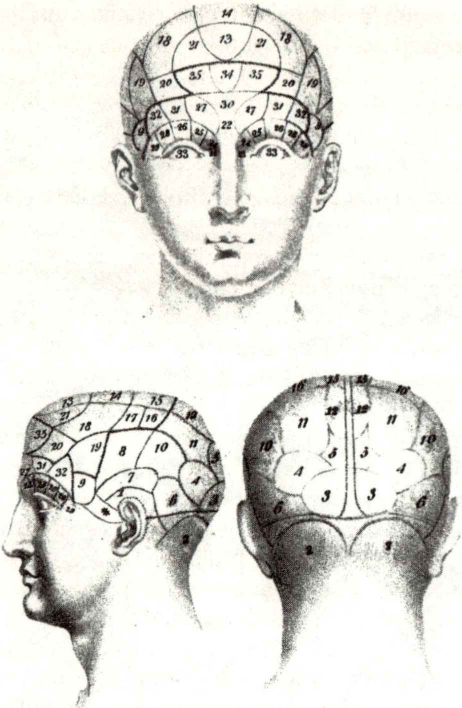

Ein phrenologischer Atlas der Schädeldecke mit den Regionen, denen bestimmte mentale Fähigkeiten zugeordnet wurden.

ter Francis Galton nach, daß Erstgeborene unter den Mitgliedern der Royal Society überrepräsentiert waren.[57] Solche Statusdifferenzen können Geschwisterdifferenzen ebenso belegen wie Schichtunterschiede. Nur eine empirische Überprüfung kann uns zeigen, welche Hypothese korrekt ist.

177 Teilnehmer an der Kontroverse um die Phrenologie gehören zu meinem Sample. In dieser Gruppe läßt sich eine mäßig starke Beziehung zwischen der Zustimmung zur Phrenologie und der Herkunft aus der Unterschicht ausmachen.[58] Oberflächlich betrachtet, erhärtet dieses Ergebnis die Auffassungen von Cooter und Shapin. Dieser »sozioökonomische« Effekt verdankt sich zum großen Teil dem Umstand, daß durch Geburtenfolge bedingte Differenzen mit schichtspezifischen zusammenfallen. Reformer, die Spätergeborene waren, entstammen im allgemeinen der Unterschicht.[59] Sobald wir die Wirkung der Geburtenfolge einem Test unterziehen und berücksichtigen, daß die meisten Phrenologen keine Wissenschaftler waren, stellt sich heraus, daß die Schichtzugehörigkeit als Haupteffekt zu vernachlässigen ist (Abb. 10.5).[60]

Sozioökonomische Bedingungen spielen durchaus in der Rezeption der

Phrenologie eine Rolle, aber nicht in der Weise, wie es allgemein angenommen wird. Gegner der Phrenologie kamen hauptsächlich aus den Reihen der Wissenschaftler – und das gilt für Erst- und Spätergeborene gleichermaßen. Darwin beispielsweise lehnte diese Theorie aus *wissenschaftlichen* Gründen ab, nicht weil sie für seinen Oberschichtgeschmack zu radikal war.[61] Überlegungen dieser Art bewogen auch Hewett Cottrell Watson, einen anderen Oberschicht-Spätergeborenen meines Samples. Er, der viel früher als Darwin zum Anhänger der Evolutionstheorie geworden war, und zu dessen engagiertem Verfechter wurde, gab drei Jahre lang das *Phrenological Journal* heraus. Ab 1840 jedoch widmete er sich wieder seinen botanischen Forschungen, weil er zu der Auffassung gelangt war, die Phrenologie könne nie zu einer kritischen Wissenschaft werden.[62]

Wissenschaftler akzeptieren Beweise nach anderen Standards als Nichtwissenschaftler. Die eifrigsten Verfechter der Phrenologie waren daher überwiegend spätergeborene Nichtwissenschaftler. Als Reformer des Erziehungswesens und Vortragsreisende waren sie an Galls Ideen interessiert, weil sie radikale Sozialreformen durchsetzen wollten; ihnen ging es nicht darum, das wissenschaftliche Verständnis des menschlichen Verhaltens voranzutreiben. Zwar unterschieden sich diese Nichtwissenschaftler im Hinblick auf ihre gesellschaftliche Herkunft nicht wesentlich von den Wissenschaftlern meines Samples, doch wurden sie eben nicht in die Royal Society aufgenommen. Sobald soziale Herkunft mit wissenschaftlicher Reputation (einer Erstgeborenentendenz) vermischt wird, scheint sie eine bedeutende Rolle bei der Rezeption der Phrenologie zu spielen. Dieser Zusammenhang ist allerdings ein Pseudoeffekt, der darauf beruht, daß Faktoren durcheinandergebracht und nicht richtig überprüft werden. Sobald man dies korrigiert, zeigt sich, daß individuelle Unterschiede in Geburtenfolge und gesellschaftlichen Einstellungen einen 24-fach höheren Erklärungswert für die Befürwortung der Phrenologie haben als die nicht signifikante Schichtzugehörigkeit.[63]

## Zusammenfassung

Individuelle Unterschiede setzen sich immer wieder durch, und das gilt auch für die Rolle, die sie für die Erklärung des menschlichen Verhaltens und dessen Ausdrucksformen in der Geschichte spielen. Um die Erklärung dieses Phänomens dreht sich dieses Buch: Weitgefächerte Differenzen zwischen Individuen sind durch die Darwinsche Evolution programmiert und erweitern sich fortwährend durch familiäre Erfahrung. Biologische Evolution über Millionen von Jahren hinweg hat dafür gesorgt, daß Geschwister sehr verschieden voneinander sind. Wenn schon Familienmitglieder nicht die gleichen Vorstellungen teilen, dann gilt das erst recht für die Mitglieder größerer Gruppen, die dieselbe radikale Umwälzung miterleben.[64]

Wenn Historiker versuchen, den Ursachen radikalen Denkens auf die

Spur zu kommen, berufen sie sich oft auf Herkunft, Schicht oder Klasse. Meistens sind sie vorab davon überzeugt, daß hier kausale Beziehungen bestehen, und kümmern sich daher nicht weiter um eine Überprüfung ihrer Behauptungen.[65] Die moralische Eindringlichkeit, die dem marxistischen Denken eigen ist und die solche Überzeugungen stützt, führt zu einer Art emotionalem Panzer: Wer diese Auffassungen teilt, läßt sich auch nicht beirren, wenn die Bestätigung ausbleibt.[66] Das Problem ist ein allgemeines: Je emotionsbefrachteter eine Behauptung ist, desto weniger wird sie einer kritischen Prüfung unterzogen. Aber gerade solche Themen bedürfen der Überprüfung.

Schichtzugehörigkeit hat einen Einfluß darauf, wer überhaupt an wissenschaftlichen Debatten teilnimmt; Bauern werden selten Wissenschaftler. Doch die Gründe für intellektuelle Radikalität sind ganz andere, wie der Vergleich zwischen der Darwinschen Revolution und der Bewegung der Phrenologen verdeutlichen konnte. Von den 28 wissenschaftlichen Kontroversen, die ich untersucht habe, hatte die Schichtzugehörigkeit in der Debatte über die Phrenologie den größten Einfluß auf das Akzeptanzverhalten. Doch ist dieser Zusammenhang in einem nicht unbeträchtlichen Maß ein Pseudoeffekt, der auf Unterschiede zwischen Erst- und Spätergeborenen sowie zwischen Wissenschaftlern und Nichtwissenschaftlern zurückgeht. Verglichen mit Spätergeborenen, haben Erstgeborene im allgemeinen die bessere Schulbildung und werden daher mit größerer Wahrscheinlichkeit Wissenschaftler. Erstgeborene sind vor allem im Kreis der *etablierten* Wissenschaftler überrepräsentiert. Diese Tendenzen zur intellektuellen Primogenitur können für den unachtsamen Historiker zu einer Falle werden, wenn er ohne adäquate methodische Überprüfung seiner Hypothesen radikales Denken marxistisch erklären will.

Wenn wir aber die enorme Rolle berücksichtigen, die individuelle Differenzen spielen, dann weist alles, was wir über den Ursprung radikaler Neigungen belegen können, auf eine andere Schlußfolgerung: Immer wieder stoßen wir auf die Verschiedenheit von Geschwistern, die in derselben Familie aufwachsen. Die Klassenkampftheorie von Marx wirft kaum ein Licht auf die unterschiedlichen Persönlichkeitsmerkmale, zu denen auch Offenheit für radikale Vorstellungen gehört. In Verbindung mit Darwins Divergenzprinzip ist es der Einfluß der Geschwisterkonkurrenz, der uns die meisten Antworten auf unsere Frage geben kann.

Kapitel 11

# Reformation und Protestantismus

Nur wenige Bewegungen erschütterten die Gesellschaft so nachhaltig wie die protestantische Reformation, die einen »gewaltigen Kampf um Seele und Geist der Menschen« entfachte.[1] Von 1517 bis zum Ende des siebzehnten Jahrhunderts fielen den Massakern, der Verfolgung und den Religionskriegen, die von der protestantischen Revolte ausgelöst wurden, nahezu eine Million Menschen zum Opfer.[2] Zusammen mit der italienischen Renaissance gilt die Reformation allgemein als »die erste in der Reihe der großen Revolutionen, aus denen die moderne Welt hervorging«.[3] Doch muß die Renaissance, die Epoche des neu erwachten Interesses an klassischer Bildung, in vielerlei Hinsicht als konservative Revolution betrachtet werden. Die Reformation dagegen war ein radikales Ereignis. In ganz Europa führte diese unerschrockene Auflehnung gegen die etablierten Mächte zu einem entschiedenen Bruch mit der Vergangenheit. Das Schisma der Konfessionen ist als »Kopernikanische Wende« des religiösen Denkens bezeichnet worden, die sämtliche überkommenen theologischen Glaubensinhalte »auf den Kopf stellte«.[4]

Der Ursprung der protestantischen Reformation ist aufs engste mit dem theologischen Denken des Augustinermönches Martin Luther (1483-1546) verbunden. Am 31. Oktober 1517 schlug er seine berühmten *Fünfundneunzig Thesen oder Disputation zur Erläuterung der Kraft des Ablasses* ans Tor der Schloßkirche in der Universitätsstadt Wittenberg und gab so seiner Kritik am anhaltenden Machtmißbrauch der Kirche öffentlich Ausdruck. Diese hatte durch offizielle »Ablaßbriefe« die Sünder zu Geldspenden aufgefordert und ihnen im Gegenzug Vergebung der Sünden versprochen. Außerdem verhießen die Ablaßbriefe – abhängig von der Höhe der Spende – eine entscheidende Verkürzung der zur Läuterung im Fegefeuer notwendigen Zeitspanne. In seinen *Fünfundneunzig Thesen* entwickelte Luther eine Reihe von Argumenten gegen diese Praxis.[5] Es stehe nicht in der Macht des Papstes, auf die Sühne im Fegefeuer Einfluß zu nehmen, da sie allein von Gott auferlegt werde. Und wenn die Päpste diese Macht doch besäßen, weshalb, so fragte Luther, ließen sie dann, anstatt diese zur Steigerung der kirchlichen Einnahmen zu mißbrauchen, nicht lieber christliche Nächstenliebe walten? Noch wesentlicher aber erschien ihm die Gefahr für die Seelen der Menschen. Durch den Verkauf von Ablaßbriefen erwecke man bei den Sündern den Eindruck, sie hätten sich Vergebung verdient. Dies aber wirke einer aufrichtigen Buße entgegen. Die Vergebung Gottes jedoch gebühre nur wahrhaft reuigen Menschen.

Die Ablaßpraxis war nur die Spitze eines riesigen Eisbergs – mißbräuchliche Finanzwirtschaft war in der Kirche gang und gäbe. So wurden Kirchenämter prinzipiell an den Meistbietenden verkauft und nicht dem geeignetsten Kandidaten übertragen. Durch Entrichtung einer Art Vormerkungsgebühr konnte man sich einen lukrativen Posten bereits sichern, bevor die Stelle durch den Ruhestand oder den Tod des Amtsinhabers vakant geworden war. 1521, während des Reichstags zu Worms, präsentierten die deutschen Fürsten eine Liste von 102 Lasten und Übergriffen, die der Heilige Stuhl dem Deutschen Reich auferlegt oder gegen dieses verübt habe.[6] Luthers Protest fügte sich konsequent ein in eine länger als zwei Jahrhunderte währende Geschichte stetig wachsender Klagen über den Machtmißbrauch der Kirche.

So verlieh Luther, ohne dies beabsichtigt zu haben, mit seinen 95 Thesen einem weitverbreiteten Unmut Ausdruck. Die Thesen wurden abgeschrieben, aus dem Lateinischen ins Deutsche übertragen und überall in Deutschland verbreitet. In nur vierzehn Tagen entwickelte sich Luthers Protest zu einer Angelegenheit von nationaler Bedeutung, und Luther fand sich zu seiner eigenen Überraschung an der Spitze eines Volksaufstands wieder. In den folgenden drei Jahre wurden etwa 300 000 Exemplare seiner Bücher und Flugschriften verkauft, ein für das sechzehnte Jahrhundert erstaunlicher Erfolg.[7] 1521 klagte ein päpstlicher Repräsentant, neun Zehntel des deutschen Volkes stünden hinter Luther. Ferdinand I., der Erzherzog von Österreich, schrieb zwei Jahre später an seinen Bruder Karl V., den Kaiser des Heiligen Römischen Reiches deutscher Nation: »Luthers Lehre ist so tief im Denken der Menschen im Reich verwurzelt, daß es unter tausend Menschen keinen einzigen gibt, der davon gänzlich unberührt ist; schlimmer könnte es kaum sein.«[8]

Kaum hatte Luther seine 95 Thesen angeschlagen, wurde er von Papst Leo X. aufgefordert, seine Ansichten über Ablaß und Buße zu widerrufen. Luther weigerte sich; solange man ihm nicht nachweisen könne, daß seine Auffassungen auf einer irrigen Auslegung der Heiligen Schrift beruhten, sei er dazu nicht bereit. Im August 1518 zitierte der Papst den Reformator nach Rom, um ihn dort der Ketzerei anklagen zu lassen. Friedrich der Weise, Kurfürst von Sachsen und Luthers mächtiger Beschützer in dieser ganzen Zeit, konnte Luthers Bitte durchsetzen, seinen Standpunkt auf deutschem Boden verteidigen zu dürfen. Als guter Katholik war vermutlich auch Friedrich durch einige von Luthers progressiven Ansichten beunruhigt. Andererseits aber war er ein toleranter Herrscher, der große Achtung vor dem berühmtesten seiner Wittenbergischen Universitätsprofessoren hegte.

In den Jahren 1518 bis 1521 nahm Luther an verschiedenen öffentlichen Disputationen teil, in deren Verlauf er sich mit der Frage der päpstlichen Autorität auseinandersetzte.[9] In dieser Zeit gelangte er zu einer Reihe wesentlicher theologischer Ansichten, in denen der »Protestantismus« zum erstenmal Gestalt annahm.* Im Zentrum der lutherischen Theologie steht die Vorstellung, daß nur der Glaube von Sündenschuld freisprechen könne. Das Heil erlange man nicht durch »gute Werke« wie Geldspenden an die Kirche,

Der Verkauf von Ablaßbriefen. Dieser Holzschnitt aus dem sechzehnten Jahrhundert zeigt links einen erfolgreichen Verkäufer von Ablaßbriefen, in dessen Truhe unter dem Tisch so viel Geld fließt, daß der Mann in der Mitte an Ort und Stelle neue Münzen prägen muß. Ein zeitgenössischer Vers faßt diese kirchliche Praxis zusammen: »Sobald das Geld im Kasten klingt, die Seele aus der Hölle springt.«

sondern allein durch das Bekenntnis zu Christus und dessen Macht, die Sünden zu vergeben. Als Gabe Christi könne die Erlösung nicht käuflich sein. Der Ablaß, so Luther weiter, sei nichts als ein »grausamer Schwindel«, propagiert von einer korrupten Kirche, deren Lehren einer umfassenden Reform bedürften.[10]

Luthers Ideen bargen bereits den Keim einer radikalen theologischen Revolution in sich. Denn wenn Erlösung allein durch den Glauben an Christus möglich ist (*sola fide*), läßt sich nicht mehr rechtfertigen, daß die Laien den mächtigen Bischöfen und Priestern untergeordnet sein sollen, die ihnen die Absolution erteilten.[11] Vergebung ist dann eine persönliche Angelegenheit zwischen dem Sünder und Gott. Der Überbau der Katholischen Kirche und ihre sakramentale Praxis beruhten auf dem doppelten Prinzip der »guten Werke« und der »Absolution«. Im Gegensatz dazu geht es in Luthers Theologie um eine Rückkehr zur Reinheit und Einfachheit des Evangeliums.[12] Seiner Lehre zufolge hatte die innere Verpflichtung Vorrang vor den Regeln,

* Der Begriff »Protestant« stammt aus dem Jahr 1529, als verschiedene lutherische Fürsten während des Reichstags zu Speyer gegen die Erlasse der katholischen Mehrheit protestierten, ein Vorfall, der als »Protestation der evangelischen Stände« in die Geschichte einging.

 die Menschenwerk waren, und galt als Legitimation dessen, was er als »Priesterschaft aller Gläubigen« bezeichnete.[13]

Die protestantische Reformation entwickelte sich schließlich zu einer radikalen Revolte gegen die verknöcherten Strukturen kirchlicher Autorität und Macht. Die lutherische Lehre eröffnete den Gläubigen die Möglichkeit, sich zwischen zwei geistlichen Mächten zu entscheiden: dem Papst einerseits und Christus andererseits, der sich den Menschen durch das Evangelium offenbare. »Im Grunde«, so urteilt der Historiker Hans J. Hillerbrand über diese Epoche, »verweigerten die Reformatoren den Gehorsam. Im entscheidenden Augenblick wiesen sie die Auffassung zurück, daß die Kirche unfehlbar sei.«[14]

Es ist nicht verwunderlich, daß die protestantische Erhebung Menschen in ihren Bann zog, die sich von den Herrschenden »unterdrückt« fühlten.[15] Gleichzeitig aber sprach Luthers Botschaft auch die »Waghälse und Abenteurer« an und nährte bei ihren frühen Anhängern einen »überwältigenden Freiheitsdrang«.[16] Eben diese Aspekte der lutherischen Theologie sind es, von denen sich Spätergeborene durch die ganze Geschichte hindurch immer wieder angezogen fühlten.

## Die Ausbreitung der Reformation

Die Bereitschaft zur Übernahme des protestantischen Glaubens läßt sich, wie Hillerbrand feststellt, nicht auf einen einzelnen Faktor beschränken:

> »Es wäre wunderbar, wenn der Entscheidung, Luthers Lehre zu akzeptieren (oder auch nicht) ein bestimmtes Muster zugrunde läge – so daß man zum Beispiel sagen könnte, daß die Menschen in den Städten (oder auf dem Land), im Norden (oder im Süden), mit einem bestimmten Bildungsniveau (oder ohne) Lutheraner wurden. Ein solches Muster existiert jedoch nicht, oder wenn doch, so ist es zumindest schwer erkennbar.«[17]

Allerdings haben Reformationshistoriker eine Reihe von Tendenzen benannt, die für die Ausbreitung der protestantischen Überzeugungen charakteristisch waren.

Wenn wir die Verbreitung des protestantischen Glaubens erklären wollen, müssen wir unterscheiden zwischen den langfristig wirksamen historischen Kräften, die zur Reformation führten (der vielfältige Machtmißbrauch durch die katholische Kirche) und den persönlichen Motiven, die einzelne dazu bewegten, die lutherischen Anschauungen zu übernehmen. Mit der Wechselwirkung historischer Kräfte über relativ lange Zeiträume hinweg befaßt sich die Makrohistorie. Die Mikrohistorie dagegen erforscht das Leben einzelner und interessiert die Biographen. Die Unterscheidung zwischen »makro-« und »mikrohistorischen« Prozessen ermöglicht es uns, komplexe

Martin Luther im Jahr 1545 (im Alter von 61 Jahren). Luther, bekannt für seinen derben Humor, klagte einmal: »Meine Feinde überwachen jeden Schritt, den ich unternehme. Wenn ich in Wittenberg einen fahren lasse, riechen sie es in Rom.« (Smith, *The Life and Letters of Martin Luther*, S. 355)

Vorgänge nach untergeordneten Fragestellungen aufzuschlüsseln, die leichter zu untersuchen sind. So lassen sich makrohistorische Zusammenhänge heranziehen, wenn man das alltägliche (mikrohistorische) Verhalten von Individuen voraussagen möchte. Es ist nicht notwendig, die umfassenden Probleme der Makrohistorie zu lösen, um zu solchen Aussagen über historisches Verhalten zu gelangen. Die Rolle der Familiendynamik, die sich in Geschwisterdifferenzen hinsichtlich bestimmter Persönlichkeitsmerkmale ausdrückt, dient eher der Erhellung mikro- als makrohistorischer Fragen.

Die Ausbreitung der Reformation gehört in das Gebiet mikrohistorischer Forschung. Indem sie dieser Frage nachgingen, sind Wissenschaftler auf mindestens acht Faktoren gestoßen, die allem Anschein nach die individuelle Entscheidung für oder wider die Reformation beeinflußt haben.[18] Die meisten dieser Faktoren beziehen sich auf individuelle Unterschiede in bezug auf die gesellschaftliche Stellung. So standen etwa Menschen von geringem Machtpotential und niedrigem sozialen Status Luthers Botschaft im allgemeinen positiv gegenüber. Die acht Merkmale, die Reformationsforschern zufolge mit der Bereitschaft, den neuen Glauben anzunehmen, korrelieren, sind, kurz zusammengefaßt:

*1. Alter*: Die Reformation wurde bevorzugt von jungen Menschen unterstützt.

*2. Sozialer Status*: Die engagiertesten Anhänger der Reformation fanden sich im niederen Klerus (unter Mönchen und Gemeindepriestern), wohingegen der höhere Klerus Veränderungen ablehnte.[19] Auch die Universitätsprofessoren zählten zu den Gegnern der lutherischen Lehre.

*3. Die Fürsten*: Politische Herrscher, selbst jene, die den reformierten Glauben unterstützten, duldeten den Protestantismus in ihren Ländern und Territorien zu Beginn nur sehr zögernd.

*4. Die Städte*: Von den 65 Freien Reichsstädten Europas zeigten sich die meisten aufgeschlossen für die Reformation. Die Fürstentümer hingegen, in denen »alles vom Herrscher abhing«, widersetzten sich protestantischen Reformen.[20]

*5. Politische Macht und Status*: Auch in den Freien Städten gehörten die Stadtregierungen – die Patrizier und der Magistrat – nur selten zu den treibenden Kräften der Reformation. Die Stadtregierungen sahen sich meist erst durch den Druck seitens der Stadtbevölkerung gezwungen, die Veränderungen zu akzeptieren.

*6. Humanistische Bildung*: Humanisten (im Sinn der Lehre des Erasmus von Rotterdam) standen, zumindest anfangs, der Reformation positiv gegenüber. Früher noch als Luther hatte Erasmus eine Kirchenreform gefordert. Seine Schrift *Das Lob der Torheit* (1511) war eine bissige Satire auf Mönche und Kardinäle, sogar auf die Päpste. Um eine bekannte Redensart zu wiederholen: »Erasmus legte das Ei, das Luther ausbrütete.«[21]

*7. Schicht*: Die unteren Schichten begrüßten die Reformation eher als die oberen.

*8. Regionale Unterschiede*: Territorien mit dezentralisierter Herrschaft wie die deutschen Fürstentümer und die Föderation der Schweizer Kantone verhielten sich dem reformierten Glauben gegenüber positiver als jene Gebiete, in denen die Macht zentralisiert war. In den zentralistisch regierten Staaten (Frankreich, Spanien und England) war die Macht der Kirche (und deren Mißbrauch) leichter zu zügeln, und so gelang es diesen Staaten eher, sich einen Teil der kirchlichen Einkünfte zu sichern.

Diese acht Faktoren verdeutlichen ein schwerwiegendes methodisches Problem. Wie sollen wir die jeweilige Bedeutung so vieler verschiedener Einflüsse gegeneinander abwägen, vor allem, wenn man davon ausgehen muß, daß sich diese bei vielen Menschen überschnitten? In den Reichsstädten verhielten sich Ratsmitglieder zur Reformation vielleicht tatsächlich zurückhaltender als die übrige Bevölkerung. Doch die Ratsmitglieder waren vermutlich im Durchschnitt älter als die übrige Bevölkerung und wahrscheinlich auch wirtschaftlich erfolgreicher. So spielen drei der genannten Hypothesen in diesen Zusammenhang hinein. Aber stimmt es denn überhaupt? Standen die Ratsmitglieder, auch bezogen auf ihr Alter und ihren sozioökonomischen Status, dem Protestantismus tatsächlich reservierter gegenüber als die übrige Bevölkerung der Reichsstädte? Das ist durchaus möglich, aber nicht sicher.

Um in diesen Zusammenhängen zu größerer Klarheit zu gelangen, habe ich eine repräsentative Gruppe von 718 historischen Personen zusammengestellt, die in der Reformation eine bedeutsame Rolle spielten.[22] Meine Untersuchung berücksichtigt, vom Adel bis zum Bauernstand, jede soziale Schicht des sechzehnten Jahrhunderts und umfaßt Personen aus sechzehn verschiedenen Ländern. Sie alle wurden entsprechend der von Reformationsforschern übernommenen Bezeichnungen als Katholiken, Lutheraner, Calvinisten et cetera klassifiziert. Hinsichtlich ihrer Stellung ergeben sich drei große Untergruppen: 144 Mitglieder des europäischen Adels, die im allgemeinen über die Religion ihrer Untertanen entschieden, 322 prominente Theologen, die für oder gegen den reformierten Glauben eintraten, und 252 Laien, die als Ratsmitglieder, Humanisten und Universitätsprofessoren aktiv an der Reformation beteiligt waren. 22 Prozent des gesamten Samples sind aufgrund ihres Glaubens hingerichtet worden, weitere 10 Prozent wurden zu Kerkerstrafen verurteilt oder waren gezwungen zu fliehen.

## Die Anhänger der Reformation. Ein Modell

Modelle mit mehreren Variablen ermöglichen es uns, den Einfluß jedes einzelnen möglichen Prädiktors für die Übernahme reformatorischer Ideen zu bestimmen und dabei auch die Bedeutung anderer Variablen mit zu berücksichtigen. Unabhängig vom jeweils gewählten statistischen Ansatz erweist sich die Geburtenfolge als der beste Prädiktor für die Glaubensrichtung. Erstgeborene hielten normalerweise am katholischen Glauben fest, während Spätergeborene sich im allgemeinen zum Protestantismus bekannten.[23]

Prüft man diese Ergebnisse anhand von Studien zu Geschwistern, die in derselben Familie aufgewachsen sind, unterwirft man sie gleichsam dem Härtetest, dann lassen sie sich bestätigen. Vor allem in den Samples, die ich für die europäischen Fürstenhäuser angelegt habe, fanden sich zahlreiche Geschwister, 114 Personen insgesamt. Für 75 Prozent von ihnen ließ sich die Reaktion auf die protestantische Rebellion mit Hilfe des Prädiktors Geburtenfolge korrekt voraussagen.[24]

Es gibt nur einen weiteren Prädiktor, und zwar das Alter, der annähernd so aussagekräftig ist wie die Geburtenfolge. So war die Neigung zum reformierten Glauben bei jungen Menschen besonders ausgeprägt.[25] Aufschlußreich ist der Vergleich zwischen dem Einfluß des Alters und dem der

 Geburtenfolge. Um 1520 war ein typischer Spätergeborener im Alter von siebzig Jahren ebenso aufgeschlossen für den reformierten Glauben wie ein typischer Erstgeborener im Alter von dreißig Jahren – trotz einer Altersdifferenz von vierzig Jahren. Unter den über vierzigjährigen Zeitgenossen der Reformation war die Wahrscheinlichkeit bei Spätergeborenen, zum neuen Glauben überzutreten, *17-fach höher* als bei Erstgeborenen.[26]

Die Voraussagekraft der Geburtenfolge läßt sich mit einem weiteren Faktor vergleichen, der die Entscheidung für einen bestimmten Glauben beeinflußt: mit der Zugehörigkeit zu einer bestimmten gesellschaftlichen Schicht. Wie Reformationsforscher bereits seit langem behaupten, waren Angehörige der unteren Schichten bedeutend offener gegenüber der Reformation als Mitglieder der Oberschichten. Das Gewicht dieser Korrelation wird jedoch durch den Umstand abgeschwächt, daß die Vertreter der Unterschichten eher Spätergeborene waren als die prominenten Adligen. Die Zugehörigkeit zur Unterschicht steht auch in einer mäßigen Korrelation mit dem Stand des Klerikers, vor allem wenn es um den *niederen* Klerus geht, der die Kirchenreform in besonderem Maße unterstützte. Zugehörigkeit zur Unterschicht und Stand des Klerikers stehen wiederum in einer mäßigen Korrelation zu der Tatsache einer späteren Geburt. Ein kausaler Bezug zwischen Schicht und religiöser Haltung ist daher nicht ohne weiteres zu erkennen. Wenn wir diese Zuordnungskriterien überprüfen, erweisen sich die Meinungsunterschiede aufgrund der Geburtenfolge als *15-fach größer* als solche, die auf die Schichtzugehörigkeit zurückgehen (Abb. 11.1).[27]

Die Ausbreitung der Reformation bestätigt eindrucksvoll den großen Einfluß der Geographie auf die geschichtliche Entwicklung. Ganz allgemein läßt sich sagen, daß die Menschen in Nordeuropa den protestantischen Glauben übernommen haben, während er im Süden Europas abgelehnt wurde. Wenn aber die Geographie das Ergebnis so entscheidend beeinflußt hat, wie sollten dann Geschwisterdifferenzen die Bedeutung erlangt haben, die ich ihnen zuschreibe?

Daß die Geographie für die Verbreitung der Kirchenreform eine Rolle gespielt hat, steht außer Frage. Doch darf man darüber nicht – wie es häufig geschieht – vergessen, daß auch der Faktor »Geographie« und Geschwisterdifferenzen miteinander korrelieren können, wenn es um die Verteilung politischer Macht geht. Der Schlüssel liegt in der Praxis der Erbteilung, die dazu führt, daß jeder Sohn eines Herrschers Land und auf diesem Wege auch ein Stück vom politischen Kuchen bekommt.

Diese Form des Erbrechts steht im Gegensatz zur Primogenitur, in deren Folge Länder und Territorien als Ganzes vererbt werden.[28] In den frühen Jahren der Reformation war die Erbteilung unter den protestantischen Fürsten weiter verbreitet als unter den katholischen. Die Reformation hat diesen politischen Unterschied nicht bewirkt, doch sie hat ihn mit Sicherheit verstärkt. Luther und die anderen Reformatoren traten nämlich in besonderem Maß für die Erbteilung ein, die sie als Zeichen brüderlicher Gleichheit verstanden.[29] Die führenden katholischen Dynastien dagegen hielten streng an

**Befürwortung der Reformation, bezogen auf Schichtzugehörigkeit und Geburtenfolge**

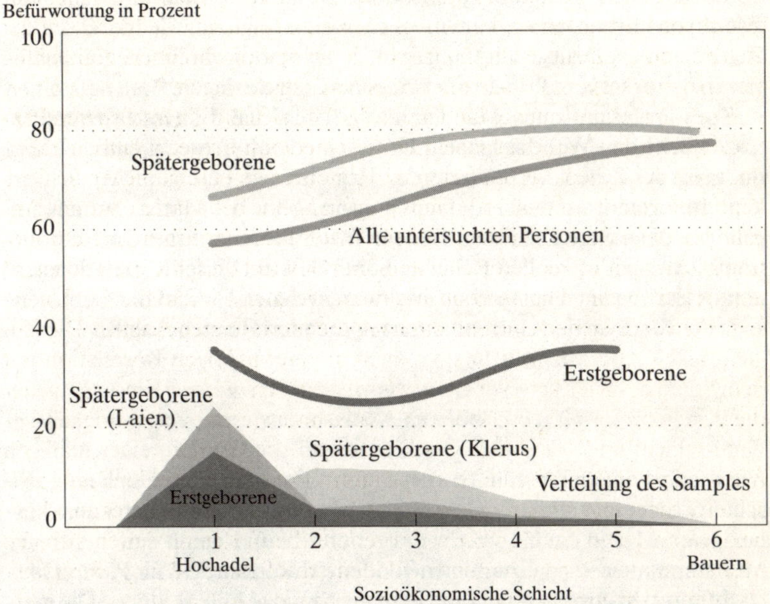


Abb. 11.1 Akzeptanz des protestantischen Glaubens, geschichtet nach sozialer Klasse und Geburtenfolge. Der Einfluß der Geburtenfolge ist von wesentlicher Bedeutung und gilt für jede soziale Schicht in gleichem Maße. Darüber hinaus läßt sich eine leichte Tendenz feststellen, daß Angehörige der Unterschichten die Reformation eher unterstützten als Menschen, die zur Oberschicht zählten. Dieser sozioökonomische Trend beruht zum großen Teil auf von der Geburtenfolge bestimmten Unterschieden. Regierende und andere Mitglieder des Adels in unserem Sample waren meist Erstgeborene, wie sich dem unteren Teil der Graphik entnehmen läßt. Im Gegensatz zu diesen Eliten waren die Angehörigen der Unterschichten (unseres Samples) meist Spätergeborene. Diese Tendenz der Spätergeborenen zur Teilnahme an der Reformation gilt vor allem für den niederen Klerus, eine Gruppe, die den Ruf nach Reform der Kirche besonders vehement unterstützte.

der Primogenitur fest. Mit der Erbteilung verteidigte der Protestantismus auch die Interessen seiner spätergeborenen Anhänger; der Katholizismus dagegen schützte die Interessen der Erstgeborenen.

Im Augsburger Religionsfrieden von 1555 einigten sich die protestantischen und katholischen Herrscher formal auf das Prinzip des *cuius regio eius religio* – wer herrscht, bestimmt auch die Religion (Abb. 11.2). Daraus folgt logischerweise, daß ungeteilt vererbte Territorien eines Herrscherhauses, wie etwa das Habsburger Reich, mit hoher Wahrscheinlichkeit von einem Erstgeborenen oder ältesten Sohn regiert wurden. Frankreich, Spanien und Portugal wurden ebenfalls zentralistisch regiert – sie alle hielten der Römischen Kirche die Treue. Wäre Arthur, der Bruder Heinrichs VIII., nicht im Alter von fünfzehn Jahren gestorben (und wäre es nicht zu den bekannten Komplikationen gekommen, nachdem Heinrich keinen überlebenden männlichen Erben hatte), wäre möglicherweise England, wie Irland, katholisch geblieben. Deutschland hingegen, zersplittert in zahlreiche Fürstentümer und geprägt vom Prinzip der Erbteilung, war der ideale Boden für einen Sieg des Protestantismus. Man kann also sagen, daß die Geschwisterdifferenzen über den Weg der lokalen Unterschiede im Erbrecht entscheidend zur geographischen Verbreitung der Reformation beitrugen. Wenn Fürstentümer geteilt wurden und damit jüngere Söhne die Macht übernehmen konnten, dann wurde in diesen Territorien der Protestantismus um so wahrscheinlicher zur offiziellen Religion. Somit läßt die Verteilung der Konfession in Europa auch heute noch erkennen, welchen Einfluß die Geburtenfolge der vor über vierhundert Jahren regierenden Herrscher hatte.

### *Reformationstheologen*

Wie die Spätergeborenen unter den Fürsten Europas fühlten sich auch die Spätergeborenen unter den Theologen stark zur protestantischen Lehre hingezogen.[30] Martin Luther ist ein Erstgeborener und damit eine berühmte Ausnahme von dieser allgemeinen Tendenz; das gleiche gilt für Philipp Melanchthon, den engen Freund und bedeutendsten Schüler Luthers. Die meisten anderen Reformatoren aber waren, wie Ulrich Zwingli, Johann Calvin, Guillaume Farel, John Knox, Heinrich Bullinger und William Tyndale jüngere Söhne.

Lebensgeschichten wie die Melanchthons legen nahe, daß meinem Modell zur Reformation ein oder mehrere Prädiktoren fehlen, mit denen sich solche Ausnahmeerscheinungen erklären ließen. Einer dieser fehlenden Prädiktoren ist die enge persönliche Beziehung zu einem Reformationsführer. Ergänzt man mein Modell um diese Variable, erhöht sich seine Aussagekraft beträchtlich. Wenn sie vor einer Entscheidung stehen, werden Menschen häufig durch persönliche Bindungen geleitet.[31]

### *Märtyrer der Reformation*

Noch augenfälliger als bei den Fürsten und Theologen ist die Bedeutung der Geburtenfolge bei den Märtyrern der Reformation. Menschen, die bereit waren, ihr Leben für ihre religiösen Überzeugungen zu opfern, waren im allgemeinen Extremisten. Unter den Personen in der von mir untersuchten Gruppe, die wegen ihrer protestantischen Überzeugungen hingerichtet wurden, waren 23 von 24 (also 96 Prozent) Spätergeborene – ein viel höherer Prozentsatz, als nach den Gesetzen des Zufalls zu erwarten wäre.

Ganz anders verhält es sich mit den katholischen Märtyrern. Bedingt

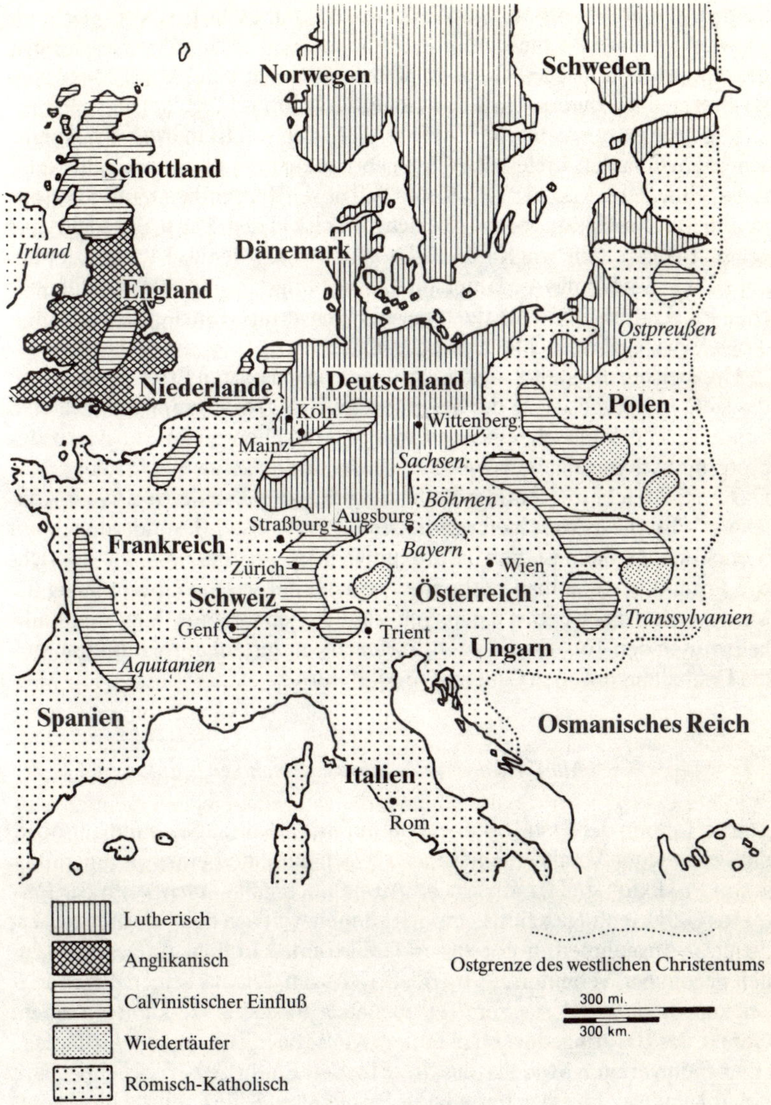


Abb. 11.2 Verbreitung der Konfessionen in Europa zur Zeit des Augsburger Religionsfriedens (1555). Dieses Friedensabkommen gestattete jedem Herrscher, die Konfession seines Landes selbst zu bestimmen. Die Verteilung der protestantischen Gebiete scheint stark durch die Geographie beeinflußt zu sein (besonders durch die Entfernung von Rom), doch ergaben sich viele geographische Unterschiede aus den durch die Geburtenfolge bedingten Differenzen zwischen den regierenden Fürsten.

 durch ihre stärkere Bindung an die Tradition, war es für Erstgeborene meist schwierig, sich der protestantischen Bewegung anzuschließen. In Ländern, die den protestantischen Glauben übernahmen, starben Erstgeborene häufig eher den Märtyrertod, als daß sie ihre religiösen Überzeugungen opferten. So brachte der Wunsch Heinrichs VIII., sich von Katharina von Aragón scheiden zu lassen, viele adlige Erstgeborene Englands in eine schwierige Lage. Einerseits forderte der König religiösen Ungehorsam, andererseits mußte die Opposition gegen Heinrichs Bruch mit dem Papst als Hochverrat gelten. Erstgeborene wie Kardinal Thomas Wolsey, der als Lordkanzler der Scheidung des Königs die Unterstützung verweigerte, mußte den dafür üblichen Preis zahlen. 1530 wurde er wegen Hochverrats verhaftet; er starb allerdings, bevor er hingerichtet werden konnte.

Die meisten der katholischen Märtyrer Europas waren Erstgeborene; und das steht im Gegensatz zu der bei protestantischen Märtyrern beobachteten Tendenz. Die Wahrscheinlichkeit, daß Spätergeborene zu Märtyrern des protestantischen Glaubens wurden, ist *46-fach höher* als für Erstgeborene. Das unterstreicht die zentrale Bedeutung des jeweiligen historischen Kontextes. Wird dieser in seinen regionalen und religiösen Besonderheiten mit berücksichtigt, dann ist die Geburtenfolge in 86 Prozent der Fälle der richtige Prädiktor, wenn man bestimmen möchte, für welche Überzeugung die Märtyrer ihr Leben ließen. Spätergeborene gingen für ihren religiösen Radikalismus in den Tod; Erstgeborene dagegen wurden aufgrund ihres unbeirrten Festhaltens am alten Glauben zu Märtyrern.[32]

### *Martin Luther und andere »Ausnahmen«*

Martin Luther, der Erstgeborene, erinnert uns an die altbekannte Tatsache, daß es zu jeder Verallgemeinerung, die sich auf einen einzigen biographischen Prädiktor stützt, individuelle Ausnahmen gibt – auch wenn der Prädiktor Geburtenfolge heißt. Dennoch können wir nach den Faktoren fragen, die diese Ausnahmen am ehesten erklären können. Luthers Aufgeschlossenheit gegenüber Veränderungen erklärt sich zum Teil aus seiner Zugehörigkeit zum niederen Klerus, zum Teil aber auch aus seiner Herkunft aus einem Gebiet, das Reformgedanken in hohem Maße begrüßte. Auf der Grundlage eines multivariaten Modells, das diese beiden Einflüsse berücksichtigt, läßt sich folgende Voraussage treffen: Für Erstgeborene, die ähnliche biographische Voraussetzungen erfüllten wie Luther, ist die Wahrscheinlichkeit, daß sie die Reformation akzeptierten, signifikant höher als für andere Erstgeborene.

Doch obwohl sich korrekt voraussagen läßt, daß Luther ein Reformer werden würde, ist es nicht wahrscheinlich, daß er sich der radikalen Fraktion der Kirchenreform anschließen würde.[33] Reformationshistoriker haben die verschiedenen protestantischen Richtungen in zwei große Untergruppen unterteilt.[34] Zur sogenannten Ratsreformation – eine Bezeichnung, die auf

Das Martyrium des Heinrich von Zutphen, eines holländischen Luther-Anhängers, 1524. Der Mann auf dem Pferd (links oben), der die Hinrichtung überwacht, ist Christoph, Herzog von Braunschweig-Wolfenbüttel und Erzbischof von Bremen. Der Herzog, die Hinrichtung angeordnet hatte, war das älteste von acht Kindern (und strenger Katholik). 1558, nach Christophs Tod, übernahm dessen jüngerer Bruder Georg das Amt des Erzbischofs von Bremen. Als drittgeborener Sohn begrüßte Georg den protestantischen Glauben.

die Verbindung zwischen Reformatoren und den Magistraten der einzelnen Städte zurückgeht – zählen sie gemäßigte Vertreter wie Luther, Zwingli und Calvin. Die Anhänger dieses Flügels der Reformation wollten die Fürsten zwar zu einer Reform der Kirche bewegen, deren weltliche Autorität jedoch stellten sie nur selten in Frage. Im Gegensatz dazu wurde die »radikale Reformation« von einer Vielzahl religiöser Extremisten angeführt, darunter Wiedertäufer und Spiritualisten. Die Mitglieder dieser Sekten forderten die jeweiligen politischen Autoritäten heraus und lenkten die theologische Reform in eine Richtung, die Luther und andere Ratsreformatoren niemals beabsichtigt hatten.

Gestützt auf die mannigfaltigen Prädiktoren der Konfessionswahl, lassen sich Luther, Zwingli, Calvin und Knox alle korrekt als Vertreter der Ratsreformation klassifizieren. Unter diesen religiösen Führern gilt Luther allgemein als derjenige, der am wenigsten gesellschaftlich »progressive« Ideen verfocht.[35] In Übereinstimmung mit einem multivariaten Modell läßt sich auch voraussagen, daß die drei Spätergeborenen (Zwingli, Calvin und Knox) mit bedeutend höherer Wahrscheinlichkeit einen radikalen gesellschaftlichen Wandel unterstützen würden. Luthers konservative Haltung in weltlichen Dingen spiegelt sich in seinem Verhalten während der Bauernkriege um 1525: Er forderte die deutschen Fürsten auf, alle, die sich am Feldzug der Bauern beteiligten, wie einen »tollen Hund« totzuschlagen. Karlstadt und Thomas Müntzer, bedeutende Führer der radikalen Reformation, waren in seinen Augen »gefährliche Fanatiker«.[36] Verglichen mit den tonangebenden Ratsreformatoren waren die Vertreter der radikalen Reformation eher jünger. Überdies waren sie Spätergeborene, gehörten den unteren Schichten an und bekleideten nur ein niederes Amt oder einen wenig geachteten Beruf. Auch die Wahrscheinlichkeit, daß sie wegen ihrer religiösen Überzeugungen hingerichtet werden würden, war höher (Abb. 11.3).[37]

Nicht nur Martin Luther, auch die meisten anderen aktiven Reformatoren bilden im Hinblick auf einen oder mehrere signifikante Prädiktoren der Konfessionswahl Ausnahmen. Berücksichtigen wir jedoch alle relevanten Prädiktoren innerhalb des Modells, dann ändert sich das Bild. Gestützt auf ein multivariates Modell lassen sich 85 Prozent des Samples von Anhängern der Reformation korrekt einordnen. Und die falsch klassifizierten Fälle weisen oft auf weitere Prädiktoren für die Konfessionswahl hin.

Einen davon hat der Psychologe Erik Erikson untersucht. In *Der junge Mann Luther* schreibt er diesem »einen Ödipus-Komplex zu ..., und gewiß keinen trivialen«.[38] Die meisten Reformationsforscher haben Eriksons Behauptung, Luther sei in seiner Kindheit unterdrückt worden, als nicht ausreichend belegbar zurückgewiesen. Dennoch ist der Konflikt mit den Eltern ein typischer Prädiktor für Radikalismus. Systematisch kodiert, trägt diese Information wahrscheinlich zum Erfolg meines Modells bei.[39]

Ungenaue Voraussagen können auf fehlenden oder ungenauen biographischen Daten beruhen. Ein Beispiel für irreführende biographische Angaben liefert der Fall Ferdinands I., des Erzherzogs von Österreich. Er, der jüngere Bruder des Kaisers, war ein fanatischer Katholik, dem »jeder Kompromiß« mit den Lutheranern zuwider war.[40] Als Herrscher Österreichs richtete er seinen ganzen religiösen Eifer auf die Verfolgung der Wiedertäufer.[41] Ferdinand müßte als Ausnahme der von mir postulierten Geschwisterdifferenzen gelten, wäre da nicht ein seltsamer historischer Sachverhalt. Ferdinand war zwar der vierte in einer Reihe von sechs Geschwistern; allerdings ist er nicht mit seinen drei älteren Geschwistern am Brüsseler Hof der Habsburger erzogen worden. Er wuchs vielmehr mit seiner Schwester Katharina in Spanien auf. Seine älteren Geschwister lernte er erst kennen, als er bereits vierzehn Jahre alt war. Funktional gesehen, ist er daher als Erstgeborener, nicht als Spätergeborener groß geworden. Definiert man Ferdinands Geburtenfolge entsprechend seinen tatsächlichen Lebensumständen, dann läßt sich

**Vorhergesagte Wahrscheinlichkeit, zum Anhänger der Reformation zu werden**



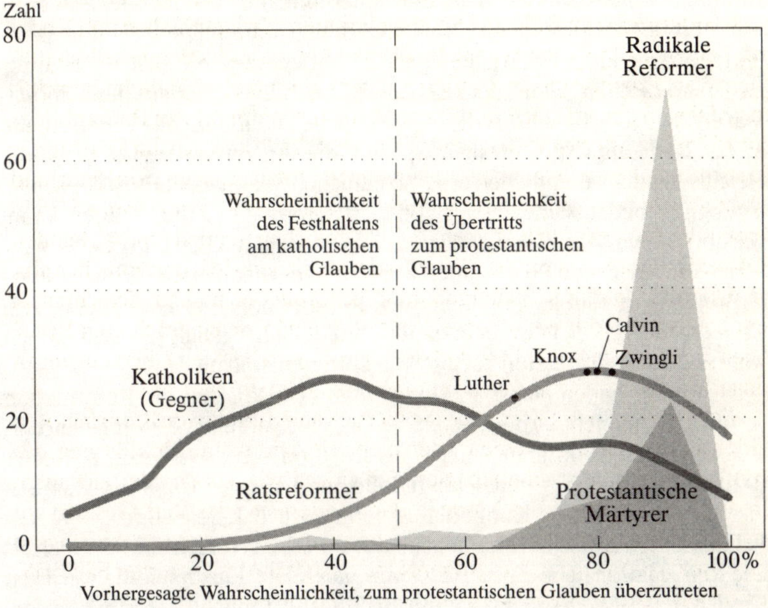


Abb. 11.3 Vorhergesagte Wahrscheinlichkeit, zum Anhänger der Reformation zu werden, auf der Grundlage eines Modells mit sieben Variablen (*N*=718). Die Geburtenfolge ist der zuverlässigste Prädiktor, wenn es um die Unterstützung der protestantischen Erhebung geht.
Mit Hilfe eines Modells mit sieben Variablen lassen sich Katholiken und gemäßigte Reformer klar voneinander unterscheiden; das gilt auch für die Differenzierung zwischen Luther und den anderen tonangebenden Ratsreformatoren Zwingli, Calvin und Knox. Gleichzeitig läßt sich voraussagen, daß radikale Reformer wie die Wiedertäufer mit höchster Wahrscheinlichkeit für die Sache der Protestanten eintreten würden. Das Modell unterscheidet auch protestantische Märtyrer, die meist zu den radikalen Reformern gehörten, von solchen Protestanten, die eines natürlichen Todes starben.

mit Hilfe des multivariaten Modells seine unerbittliche Verfolgung von Häretikern korrekt vorhersagen. Die Wahrscheinlichkeit, daß er sich nicht vom Katholizismus abwenden würde, liegt bei 76 Prozent, die Aussicht, daß er ein radikaler Reformer hätte werden können, beträgt gerade ein Prozent. Ferdinand ist eine der Ausnahmen, die die Regel zu bestätigen scheint.

Ein multivariates Modell zeigt, daß innerfamiliäre Auseinandersetzungen während der Reformationszeit weit verbreitet waren. Diese Familienkonflikte waren zudem viel wichtiger als die Differenzen, die sich aus dem sozioökonomischen Status, dem Leben als Stadtbürger oder aus der Nationalität ergaben. Die Familie ist die Hauptursache für individuelle Unterschiede in der Radikalität, und deshalb spiegelt die ihr innewohnende Dynamik gleichzeitig die wesentlichen gesellschaftlichen Spaltungen. Es ist diese psychologisch bedeutsame Dimension der Reformation, die erklären kann, warum so viele Menschen »entgegen ihren wirtschaftlichen und gesellschaftlichen Interessen« zu Protestanten wurden.[42] Die marxistische Geschichtsinterpretation, darauf haben die meisten Reformationsforscher hingewiesen, ist nur wenig hilfreich, wenn man der Verteilung der religiösen Sympathien während der Reformation auf die Spur kommen möchte.

Historiker haben längst anerkannt, daß der Riß, den die Reformation verursachte, manchmal quer durch die Familien verlief, und zwar genau entlang den Generationsgrenzen. Die Reformation habe, so Donald R. Kelley, dazu geführt, daß sich »massenhaft Söhne und Töchter von ihren Familien lossagten«.[43] Religiöse Konflikte, bemerkt auch J. J. Scarisbrick, »stifteten Feindschaften zwischen den Nachbarn, zwischen Vätern und Söhnen.«[44] Die Reformation habe erbitterte Kämpfe ausgelöst; Eltern spionierten ihren Kindern nach, und Kinder verrieten ihre Eltern.[45] Obwohl Reformationsforschern dieses Faktum immer wieder aufgefallen ist, haben sie es doch nicht erklären können, da ihnen die Bedeutung der innerfamiliären Dynamik entgangen ist. Illoyalität und Verrat erwachsen keineswegs nur aus ödipal bestimmten Generationskonflikten.[46]

Zwischen Ehepartnern kam es aufgrund des unterschiedlichen Glaubens ebenfalls häufig zu Differenzen, die in der Regel dem Muster der Geburtenfolge gehorchten.[47] Gleiches gilt für die Auseinandersetzungen zwischen Eltern und Kindern.[48] Erstgeborene Väter oder Mütter sahen ihre Autorität in Glaubensdingen von ihren spätergeborenen Kindern in Frage gestellt. Die reformatorischen Neigungen spätergeborener Eltern hingegen stießen bei ihren erstgeborenen Kindern (und künftigen Erben) auf Widerstand. Beide Formen des Konflikts sind häufig innerhalb ein und derselben Familie zu beobachten, so etwa in der Familie der Hohenzollern. 1502 heiratete Elisabeth, das zweite von drei Kindern des Königs Johann von Dänemark, den Kurfürsten Joachim I. Dieser, ein Erstgeborener, duldete später den Verkauf von Ablaßbriefen in seinem Kurfürstentum – einer der Gründe, die Luther 1517 zu seinem Protest veranlaßten.

1527 empfing Elisabeth von Brandenburg heimlich das Abendmahl durch einen lutherischen Pfarrer. Ihr aufgebrachter Ehemann wollte sie in den Kerker werfen lassen. Nur eine nächtliche Flucht in lutherisches Gebiet konnte sie retten. Elisabeth war ungewöhnlich bewandert in den Schriften der Reformationstheologen; es hieß, daß sie »manch einen Doktor an Ge-

Ferdinand I., Erzherzog von Österreich und Bruder Karls V. Von den fünf Geschwistern Ferdinands trat eines zum lutherischen Glauben über, und ein weiteres gilt allgemein als Sympathisant der lutherischen Bewegung. Ferdinand, funktional gesehen ein Erstgeborener, unterwarf seine Geschwister einer ständigen religiösen Prüfung. Als die geplante Heirat zwischen Ferdinands jüngerer Schwester Katharina und dem Kronprinzen Johann Friedrich von Sachsen, einem Lutheraner, im Jahr 1524 abgesagt wurde, bemerkte Ferdinand, er hätte seine Schwester lieber ertrunken, als auf lutherischem Boden gesehen (Ozment, *The Reformation in the Cities*, S. 145).

lehrsamkeit übertraf«.[49] Sie korrespondierte häufig mit Luther und spielte für die Verbreitung des reformierten Glaubens eine wichtige Rolle.

Elisabeths ältestes Kind, Joachim, war wie sein Vater ein Feind jeglicher Reform. Er liebte den Prunk und die Zeremonien der katholischen Messe. Joachims jüngere Schwester Elisabeth wiederum trat 1538 zum protestantischen Glauben über, ebenso ihr jüngerer Bruder Johann. Nur Joachim wollte von allen religiösen Veränderungen um sich herum nichts wissen. Nach dem Tod seines Vaters forderte er, nunmehr Joachim II. und regierender Kurfürst, seine Mutter auf, nach Berlin und an den Hof der Brandenburger zurückzukehren. Wegen seiner fortgesetzt konservativen Haltung in religiösen Angelegenheiten widersetzte sie sich seinen Bitten. Von seiner Mutter und den jüngeren Geschwistern mehr und mehr unter Druck gesetzt und entmutigt durch das Anwachsen der lutherischen Bewegung in seinem Herrschaftsgebiet, willigte er schließlich ein, das protestantische Abendmahl zu empfangen. Allerdings blieb seine anschließende Kirchenreform wohl der in Deutschland zögerlichste Abschied vom Katholizismus.[50]

1545 konnte Joachim II. seine Mutter endlich zur Rückkehr an den brandenburgischen Hof bewegen. Das letzte Jahrzehnt ihres Lebens verbrachte sie damit, die Religionspolitik ihres Sohnes in aufgeklärtere Bahnen zu lenken. Dieses Beispiel läßt ein wichtiges historisches Prinzip erkennen: Wenn Eltern einen anderen Rang in der Geburtenfolge einnehmen als ihre Kinder, verhalten sie sich gegenüber Revolutionen häufig aufgeschlossener als jene.

Familiäre Konflikte führten während der Reformationszeit zu zahlreichen Dramen. Die meisten dieser Vorgänge und die Verhaltensweisen der Beteiligten wird man nur dann verstehen, wenn man neben der Geburtenfolge auch Geschwisterrivalitäten und Geschwisterdifferenzen berücksichtigt. Immer wieder läßt sich mit unterschiedlichen Geburtsrängen und deren Folgen erklären, weshalb sich nahe Verwandte gegeneinander stellten, ja weshalb manche Menschen sogar ihre Geschwister bewußt in den Tod schickten. Ein bezeichnendes Beispiel für einen Glaubenskonflikt unter Geschwistern, der tödlich endete, liefern die Brüder Díaz aus Spanien. Juan Díaz konvertierte während seines Aufenthaltes in Genf um 1545 zum Calvinismus. Sein Bruder Alfonso, Anwalt am päpstlichen Gericht in Rom, war entsetzt. Er reiste sofort nach Genf, um seinen Bruder wieder der katholischen Herde zuzuführen. Finanziell besser gestellt als sein Bruder, konnte er diesem eine ansehnliche Pension des päpstlichen Gerichts anbieten, wenn Juan nur dem protestantischen Glauben abschwor. Dieser schlug das Angebot aus. Aus Angst, Juan könne seiner Familie in Spanien unsägliche Schande bereiten, bestellte Alfonso einen Mörder, der Juans Kopf mit einer Axt spaltete. Karl V. weigerte sich, Mörder und Auftraggeber gerichtlich verfolgen zu lassen, was in protestantischen Ländern zu vehementen Protesten führte.[51]

In einen anderen Fall von Brudermord waren zwei der Brüder von Jane Seymour, der dritten Frau Heinrichs VIII., verwickelt. 1547, nach dem Tod Heinrichs VIII., wurde Edward Seymour Lordprotektor von Janes Sohn Edward VI. Der Tod Heinrichs VIII. bot protestantischen Adelsfamilien wie den Seymours, die der älteren, meist katholischen Aristokratie mehr und mehr die politische Herrschaft streitig machten, eine willkommene Gelegenheit. Als Edwards jüngerer Bruder Thomas begann, durch Intrigen die eigene Hausmacht zu vergrößern, ließ es der Lordprotektor geschehen, daß sein Bruder verhaftet, angeklagt und hingerichtet wurde.[52] Thomas Seymours Hinrichtung schürte »unter dem Volk großen Haß« gegen den Bruder und Lordprotektor, dessen Autorität damit irreparabel untergraben wurde.[53]

Ein weiterer Geschwisterkonflikt ereignete sich in der mächtigsten katholischen Familie Englands. Graf Henry Howard, ein hochmütiger Mann und zugleich ein begabter Dichter, war das älteste Kind des dritten Herzogs von Norfolk. Die Howards, vor allem jedoch Henry, erhoben seit langer Zeit Anspruch auf den englischen Thron. Henry ging sogar so weit, sein Wappen zu ändern, um diesem Anspruch größeren Nachdruck zu verleihen. Der junge

Heinrich VIII. (1491-1547). Heinrich, ein zweiter Sohn und mittleres Kind, bekämpfte ursprünglich die lutherischen Reformen. Für seine Anstrengungen erhielt er sogar die päpstliche Auszeichnung eines Verteidigers des Glaubens. Seine Scheidungsabsichten indes öffneten ihm die Augen für die Vorteile der Reformation. Scarisbrick hat Heinrichs eigenwillige Theologie auf unnachahmliche Weise beschrieben: »Sturer Konservatismus und ein oft überraschender Radikalismus liegen eng beieinander« (*Henry VIII*, S. 409).

Graf versuchte auch, seine jüngere Schwester Mary, die Herzogin von Richmond, dazu zu überreden, die Geliebte Heinrichs VIII. zu werden, um so größeren Einfluß auf den König zu bekommen. Im Gegensatz zu ihrem katholischen Bruder war Mary überzeugte Protestantin, die dem englischen Märtyrer John Foxe ihren Schutz angeboten hatte. Empört wies Mary das skrupellose Ansinnen ihres älteren Bruders zurück. Ihr »mörderischer Haß« gegen den Bruder führte schließlich zu dessen Verhaftung und einer Anklage wegen Hochverrats.[54] Im Januar 1547 wurde Henry Howard enthauptet.

Fälle wie der der Díaz-Brüder, der Seymour-Brüder oder der Howards machen deutlich, daß der Brudermord das Ergebnis erbitterter Feindschaften war, die durch die Reformation ausgelöst wurden. Aus Darwinscher Sicht ist Brudermord das allerletzte Mittel; denn schließlich führt er dazu, daß ein bedeutender Anteil der Gene des Mörders in der Population vernichtet werden. In Zeiten heftiger Konflikte oder aber dann, wenn wertvolle Ressourcen besonders knapp sind, stellt uns der Brudermord nicht wirklich vor ein Rätsel, wie dieses Buch zeigt. In der Reformationszeit war das Töten eines Geschwisters lediglich eine *extreme* Manifestation der bedeutsamsten Ursache gesellschaftlicher Konflikte: der Geschwisterrivalität.

### *Die Frauen Heinrichs VIII.*

Ebenso wie der Brudermord als extremer Ausdruck einer allgemeinen darwinistischen Tendenz betrachtet werden kann, so lassen sich auch viele andere tödlich endende Auseinandersetzungen zwischen Familienangehörigen in der Reformationszeit erklären. Zu den bekanntesten zählen wahrscheinlich die Konflikte zwischen Heinrich VIII. und seinen sechs Frauen. Entgegen der gängigen Auffassung waren nicht alle Frauen Heinrichs VIII. mit der Wahl ihres Ehemanns unzufrieden. Tatsächlich kamen einige seiner Frauen sogar recht gut mit ihm aus, und zwei haben ihn auch überlebt. Diese unterschiedlich erfolgreichen Ehen liefern gleichsam den Testfall für meine Thesen zu Geschwisterdifferenzen und Ehekonflikten.

Zwischen Heinrichs Frauen gab es bezeichnende Unterschiede, die ihre Haltung zur Reformation, ihre gesellschaftlichen und sexuellen Neigungen sowie ihr Verhalten gegenüber der Autorität ihres königlichen Ehemanns betrafen. Jede dieser Frauen stand in ihrer Ehe irgendwann vor der entscheidenden Frage, ob sie sich gegen Heinrichs Macht auflehnen sollte oder nicht. Das Dilemma, in das sie gerieten, wurde durch ihre Geschlechtszugehörigkeit nicht geringer, schließlich wurden Frauen damals dazu erzogen, »den Eltern kritiklos zu gehorchen«.[55] Nach der Heirat erwartete man von ihnen ebenso unbedingten Gehorsam gegenüber ihrem Ehemann. Wenn dieser außerdem noch König von England war, konnte der Entschluß, sich ihm zu widersetzen, tödliche Folgen haben.

Die drei Ehen Heinrichs VIII., die den tragischsten Verlauf nahmen, führte er mit Frauen, die aus der jüngeren Hälfte ihrer jeweiligen Geschwisterreihe stammten. Keine dieser drei war von ihrem Charakter her besonders zurückhaltend. Sie verhielten sich vielmehr wie typische Spätergeborene und widersetzten sich Heinrichs Wünschen auf für sie riskante Weise. Zwei dieser Ehefrauen endeten auf dem Schafott, und die dritte, Katharina von Aragón, hätte das gleiche Schicksal ereilt, wäre sie nicht die Tante des Kaisers des Heiligen Römischen Reiches gewesen.

*Katharina von Aragón.* Erasmus von Rotterdam, der sechs Jahre lang in England gelebt hatte, pries Katharina als eine der »wenigen vornehmen Fürsprecherinnen« der neuen Gelehrsamkeit der Renaissance.[56] Sie, das letzte von fünf Kindern, war die einzige Letztgeborene unter den Frauen Heinrichs

Katharina von Aragón im Jahr 1530 (im Alter von fünfundvierzig Jahren). Sie war die erste und mutigste der Frauen Heinrichs VIII. Bekannt für ihre Mildtätigkeit, war sie beim englischen Volk sehr beliebt. Nachdem Heinrich sich von ihr hatte scheiden lassen, mußte sich Katharina »Princess Dowager« nennen. Sie weigerte sich, diesen Titel anzuerkennen oder zu erklären, ihre Tochter Mary sei unehelich. Zur Strafe mußte sie ständig ihren Wohnsitz wechseln, und es war ihr verboten, ihre Tochter zu sehen. Katharinas Haushalt und Dienerschaft wurden zusehends kleiner, bis ihr schließlich nur noch ein Zimmer blieb, in dem sie aß, betete und schlief. Aus Angst vor einer Vergiftung ließ sie alle Mahlzeiten in ihrem Beisein zubereiten.

VIII. 1501 wurde sie im Alter von sechzehn Jahren zunächst mit Heinrichs älterem Bruder Arthur verheiratet. Ihr gerade fünfzehnjähriger Ehemann starb fünf Monate später, noch bevor die Ehe vollzogen werden konnte.

Bei Heinrichs gelegentlichen Seitensprüngen drückte Katharina ein Auge zu, an ihrem Status als Königin jedoch hielt sie kompromißlos fest. Nachdem sie Heinrich keine Kinder mehr gebar, verlangte er die Scheidung. Standhaft verweigerte sie ihre Einwilligung, weil dies den Anspruch ihrer Tochter Mary auf den Thron gefährdet hätte. Ihr entschiedener Widerspruch brachte Heinrich, der in Glaubensdingen konservativ war, schließlich dazu, die Reformation in England einzuführen. Er machte sich zum Oberhaupt der Kirche in England, unterlief damit die Autorität des Papstes und sicherte sich eine von der Kirche sanktionierte Scheidung durch den Erzbischof von Canterbury.

Katharina, eine tapfere und willensstarke Frau, kämpfte mit allen Mitteln um ihre Stellung als Heinrichs rechtmäßige Gattin. In den letzten Jahren ihres Lebens mußte sie wiederholt um ihr Leben fürchten. Die Natur, so Lordkanzler Thomas Cromwell, »hat der Königin Unrecht getan, indem sie diese nicht als Mann geschaffen hat. Wäre sie keine Frau gewesen, hätte sie alle Helden der Geschichte in den Schatten gestellt.«[57] Der letzte Brief Katharinas an Heinrich, in dem sie ihm ihre unverändert große Liebe beteuerte, rührte ihn zu Tränen. Sie starb im Alter von einundfünfzig Jahren.[58]

*Anne Boleyn.* Heinrichs zweite Frau war das zweite von drei Kindern und die Enkelin von Thomas Howard.[59] 1526, als er noch mit Katharina von Aragón verheiratet war, hatte sich Heinrich unsterblich in Anne verliebt. Sechs Jahre lang machte er ihr leidenschaftlich den Hof, während er sich gleichzeitig um die Scheidung von Katharina bemühte. Nach vier Jahren keuschen Werbens wurde Anne schließlich zu seiner Geliebten. Ihre erste Schwangerschaft ließ im Frühjahr 1533 eine geheime Eheschließung erforderlich werden, damit die Rechtmäßigkeit eines möglichen männlichen Thronfolgers gesichert war. Einige Monate später, nachdem Heinrich seine Scheidung von Katharina von Aragón erklärt hatte, wurde die Heirat mit Anne offiziell bekanntgegeben.

Bald darauf jedoch trübte sich das Verhältnis zwischen Heinrich VIII. und Anne. Sie war anspruchsvoll und schwierig, und ihr Status als Königin bestärkte sie nur in ihrer Kühnheit. Ein zeitgenössischer Beobachter schrieb: »Wenn die Dame etwas will, findet sich niemand, der es wagt, ihr zu widersprechen, nicht einmal der König.«[60] Sie habe »vor nichts« zurückgeschreckt und sei »äußerst provozierend und unvorsichtig« gewesen.[61] Die Königin machte sich nicht die Mühe, ihre große Sympathie für den lutherischen Glauben zu verbergen, die ihr Ehemann nicht teilte, und benutzte ihren Einfluß sogar dazu, einen Ketzer vor dem Scheiterhaufen zu retten.[62]

Nachdem sie eine Tochter geboren hatte (die zukünftige Königin Elisabeth I.), erlitt Anne mehrere Fehlgeburten. Die letzte besiegelte ihr Schicksal. Thomas Cromwell wurde die unangenehme Aufgabe übertragen, Heinrich aus der unglücklichen Ehe zu befreien. In einem inszenierten Prozeß, der auf frei erfundenen Anschuldigungen beruhte, wurde Anne des Ehebruchs für schuldig befunden und im Mai 1536 hingerichtet.

*Catherine Howard.* Sie war das vierte von fünf überlebenden Kindern und die fünfte Ehefrau Heinrichs VIII.[63] Historiker haben sie als »lebhaft«, aber »rücksichtslos« beschrieben.[64] Wie ihre Cousine Anne Boleyn endete auch sie unter dem Beil des Henkers. Vor der Heirat mit Heinrich hatte sich Catherine heimlich mit einem anderen Mann verlobt, mit dem sie auch weiterhin sexuelle Beziehungen unterhielt. Nach englischem Recht hatte ihre Verlobung die gleiche rechtliche Bedeutung wie eine Hochzeit, die erneute

Anne Boleyn als Königin. Aufgrund ihrer liberalen Haltung in Fragen der Religion wurde Anne von vielen der Ketzerei verdächtigt. Dieser Umstand gab dem Glauben, sie habe den König verhext, noch mehr Nahrung.

Heirat mußte also als Bigamie und Ehebruch gelten. Zu allem Überfluß verliebte sich Catherine nach ihrer Heirat mit Heinrich VIII. in einen weiteren Bewunderer. Da sie keine Gefahr scheute, pflegte sie auch zu diesem neuen Liebhaber heimlich sexuellen Kontakt. Dieser Leichtsinn brachte sie schließlich zu Fall: Sie wurde vor Gericht gestellt und im Februar 1542 enthauptet. Auch ihre beiden Liebhaber wurden hingerichtet. Der eine, ein Adliger, wurde gnädigerweise sofort geköpft; der andere dagegen, ein einfacher Bürger, wurde gefoltert, gehängt, aber nicht zu Tode gebracht; man schlitzte ihm den Bauch auf und kastrierte ihn, bevor er dann enthauptet und schließlich gevierteilt wurde.

Die drei anderen Ehen Heinrichs verliefen erstaunlich konfliktfrei. Zwei können sogar als glücklich gelten. In der letzten hat er sich mit einer Erstgeborenen verbunden; in den beiden vorangehenden mit Spätergeborenen, die beide zur erstgeborenen Hälfte ihrer Geschwisterreihe gehörten. Noch entscheidender war, daß die beiden Spätergeborenen ungewöhnlich schüchtern waren, was die Effekte der Geburtenfolge abschwächte und die Wahrscheinlichkeit herabsetzte, daß diese Ehen ein gewaltsames Ende fanden.

 *Jane Seymour.* Die dritte Frau Heinrichs VIII. war die älteste Tochter und das vierte von neun überlebenden Kindern.[65] Allen Schilderungen zufolge war sie die Frau, die Heinrich am meisten liebte. Er selbst fand, daß sie einen »freundlichen und liebenswerten« Charakter habe.[66] Andere beschrieben Jane als »schüchtern« und »nachgiebig«.[67] Nach ihrer Heirat wählte sie »Zu Gehorsam und Dienst bestimmt« zu ihrem königlichen Motto.[68] Klugerweise verzichtete Jane darauf, politischen Einfluß auf Heinrich auszuüben.[69] Ein Jahr und sechs Monate währte diese glückliche Ehe, bis Jane im Oktober 1537, nach der Geburt des späteren Königs Edward VI., starb

*Anna von Kleve.* Die vierte Ehe Heinrichs VIII. verlief weniger harmonisch, auch wenn Anna von Kleve die Ehe überlebte. Heinrich VIII. hatte die Hochzeit mit ihr, dem zweiten von vier Kindern, in die Wege geleitet, ohne sie je zuvor gesehen zu haben. Als er ihr schließlich begegnete, schien sie ihm unscheinbar, plump im Benehmen und der englischen Sprache kaum mächtig. Auch körperlich stieß sie ihn ab, doch war es zu spät, die Hochzeit rückgängig zu machen. Nachdem er sechs Monate mit diesem »recht tumben, scheuen Mädchen« verheiratet gewesen war, ersuchte Heinrich um eine Annullierung der Ehe, da sie nicht vollzogen worden sei.[70] Zur allgemeinen Überraschung willigte die »äußerst fügsame« Anna ohne weiteres ein.[71] Sie erhielt eine ansehnliche Abfindung in Form von Ländereien und verbrachte den Rest ihres Lebens in England als die »Schwester des Königs«. Als Anna die englische Sprache besser beherrschte, wurde sie zu einem Liebling des Hofs und tanzte bei höfischen Festen ausgelassen mit Catherine Parr, Heinrichs nächster Frau. Anna von Kleve war nach Dafürhalten der Historikerin Alison Weir »die klügste unter den Frauen Heinrichs VIII.«[72]

*Catherine Parr.* Sie, die einzige Erstgeborene unter Heinrichs Frauen, war eine sehr »mütterliche« Frau.[73] Leider verband sich Heinrich erst in seiner letzten Ehe mit einer Erstgeborenen, denn dies sollte sich für ihn als die beste Wahl erweisen. Catherine war eine »nüchterne, gottesfürchtige Gemahlin«, die besser für Heinrich VIII. und seine Kinder sorgte als alle seine Frauen zuvor.[74] Wie die folgende Geschichte zeigt, verhielt sie sich, wenn es um die Autorität des Königs ging, im allgemeinen sehr vorsichtig. Als sie mit ihrem Mann über eine theologische Frage aneinandergeriet, zeigte sich der leicht reizbare Heinrich verärgert. »Soweit kommt es«, beklagte er sich bei Bischof Gardiner, »daß ich mich von meiner Frau belehren lassen muß!«[75] Er unterzeichnete sogar eine Klage wegen Ketzerei gegen Catherine, doch bevor er sie gefangennehmen ließ, spielte er ihr die Anklageschrift absichtlich zu.

Als ihr das Schriftstück gezeigt wurde, reagierte Catherine zunächst hysterisch, anschließend wurde sie krank. Heinrich sandte ihr seinen Leibarzt und kam sogar selbst, um sie zu beruhigen. Als Catherine schließlich ihre Fassung wiedererlangt hatte, brachte Heinrich das Gespräch auf die Religion. Sofort unterbrach ihn Catherine mit der Erklärung, »es gezieme ihr keineswegs, eine eigene Meinung zu vertreten, besonders wenn diese im Widerspruch zur Weisheit des Königs stehe«. Sie hätte lediglich beabsichtigt, ihm einige

Catherine Parr, die sechste und letzte der Ehefrauen Heinrichs VIII. Ein Hofkaplan sagte über sie: »Ihre seltene Güte machte jeden Tag zu einem Sonntag; so etwas hatte man aus königlichen Palästen bis dahin nicht gehört« (zitiert nach Fraser, *The Wifes of Henry VIII*, S. 377).

Mußestunden durch Konversation zu vertreiben. In diesem Fall, soll der König entgegnet haben, seien sie wahre Freunde.[76] Für die erstgeborene Catherine Parr hatten Fragen der religiösen Reform entschieden weniger Gewicht als der Gehorsam, den sie ihrem sprunghaften Gemahl und König erwies. Durch diese Umsicht hat sie ihn überlebt.

Betrachtet man den unterschiedlichen Verlauf der sechs Ehen Heinrichs VIII., dann fällt auf, daß das jeweilige Ende in direktem Zusammenhang mit der Bereitwilligkeit der Frauen stand, sich seiner Macht zu fügen. Nun steht Gehorsam gegenüber Autoritäten in enger Wechselbeziehung mit Geschwisterdifferenzen, die durch Geburtenfolge und Veranlagung, insbesondere durch Schüchternheit, bestimmt sind. Dies gilt natürlich auch für die Frauen Heinrichs VIII. Berücksichtigt man die unterschiedlichen Grade der Schüchternheit, erweist sich die Geburtenfolge als guter Prädiktor für das Schicksal der sechs Frauen.[77] Am konfliktfreiesten verliefen die Ehen mit der Erstgeborenen und den Frauen mit einem frühen Geburtsrang; unkompliziert waren auch die Ehen mit schüchternen und zurückhaltenden Spätergeborenen. Die Frauen, die auf dem Schafott endeten, gehörten zu den jüngeren im Geschwisterrang und haben nie ein Blatt vor den Mund genommen.

 Es ist auffällig, daß Heinrich VIII. zuerst eine Frau heiratete, die die jüngste unter ihren Geschwistern war, und dann, in den folgenden Ehen, jedesmal eine Frau, die in der Geburtenfolge einen früheren Rang besetzte als ihre Vorgängerin, bis er zuletzt an eine Erstgeborene geriet.[78] Heinrich scheint aus seinen diversen Ehen gelernt zu haben: Starrköpfige Könige mag es reizen, um Spätergeborene zu werben, doch in der Ehe entpuppen sich diese als rebellisch.[79]

## Zusammenfassung

Die protestantische Reformation ist ein klassisches Beispiel für eine Erhebung gegen Macht und Autorität. Solche Revolutionen überschreiten gewöhnlich geographische und nationale Grenzen ebenso wie gesellschaftliche Schranken. Da es zwischen Geschwistern, die in derselben Familie aufwachsen, nahezu genauso viele Differenzen geben kann wie unter nicht miteinander verwandten Personen, haben Revolutionen einen charakteristischen, polarisierenden Effekt auf die Mitglieder einer Familie. Diese psychologischen Erwägungen helfen uns zu erklären, weshalb die Reformation »in allen sozialen Schichten« Widerhall fand.[80] Selbstverständlich haben die grundlegenden Ursachen von Geschwisterdifferenzen – Geburtenfolge, Eltern-Kind-Konflikt, Geschlechtszugehörigkeit und Temperament – die Reformation nicht *hervorgebracht*. Hierfür waren jahrhundertealte Entwicklungen verantwortlich, die auf makrohistorische Wurzeln zurückgehen. Doch sobald der protestantische Aufstand gegen die römische Kirche einmal in Gang gesetzt war, bestimmte oft die Familiendynamik, auf welche Seite sich die einzelnen stellten – auf die des religiösen Status quo oder auf die Luthers und seiner Anhänger.

Die fundamentale Bedeutung von Geschwisterdifferenzen kann im Verlauf von Ereignissen wie der Reformation einen Umstand erhellen, der andernfalls ein Paradox bliebe. Immer wieder stößt man auf Menschen, die für die Reformation eintraten und doch »keinen offenkundigen politischen Vorteil aus einer Veränderung zu ziehen schienen«.[81] Ihre Konfessionswahl war primär in ihrer Person begründet – in ihrer »revolutionären Persönlichkeit« – und nur sekundär durch gesellschaftlichen oder ökonomischen Nutzen bestimmt. Derartige Ergebnisse stützen die immer häufiger von Reformationsforschern vertretene Ansicht, daß der Kern dieses Konflikts geistiger Natur war. Die marxistische Deutung der Reformation als »frühbürgerlicher Revolution« hingegen trägt nur wenig zum Verständnis dieser Ereignisse bei.[82] »Die Geschichte der Reformation«, so der Historiker Arthur Geoffrey Dickens, »läßt sich nicht in einen bloßen Schatten der Wirtschafts- oder Sozialgeschichte verwandeln.«[83]

Ob wir Ketzer betrachten, die zu Märtyrern wurden, Konservative, die sich den Veränderungen der Zeit nicht anpaßten, oder rebellische Ehefrauen, die auf dem Schafott ihr Leben ließen – immer sind es Geschwisterdifferenzen, die in den Wirren der Reformationszeit das Schicksal der Menschen so entscheidend beeinflußt haben. Mitunter waren sogar die eigenen Geschwister die Vollstrecker des Todesurteils. Aber auch wenn sie selbst nicht so weit gingen, fanden Geschwister stets fanatische Verbündete, die die Aufgabe des Geschwistermords übernahmen. Im erbitterten Streit um den wahren christlichen Glauben erlebte die Reformationszeit die Abkehr von brüderlicher Liebe und die Hinwendung zu Bruderfehden mit tödlichem Ausgang. Wie Hillerbrand richtig bemerkt: »Der Schauplatz des Kampfes war die Familie.«[84]

Und eine letzte Beobachtung ist hinsichtlich der Geschwisterdifferenzen von Bedeutung: Die Reformation führte zu einer radikalen Veränderung der Weltsicht. Die protestantische Lehre vertrat in einer Gesellschaft, die lange vom Kollektivismus geprägt worden war, die Werte des Individualismus. Kollektivistische Kulturen betonen die Familie, Werte, die auf der Gemeinschaft gründen, und eine traditionelle Rollenverteilung.[85] Solche Kulturen sanktionieren Ungleichheiten, die auf Privilegien des Standes und der Geburt basieren. Individualistische Kulturen legen dagegen größeren Wert auf Chancengleichheit und persönliche Freiheit.

Aufgrund ihrer Förderung des Individualismus stand die protestantische Kultur den vielen neuen Entwicklungen, die das Abendland damals beschäftigten, aufgeschlossener gegenüber als streng katholische Gesellschaften, ganz gleich ob es um freies Unternehmertum, die neuzeitliche Wissenschaft oder eine Vielzahl egalitärer Reformen ging.[86] Das ganze siebzehnte Jahrhundert hindurch verhielten sich protestantische Wissenschaftler kontroversen Neuerungen gegenüber offener als ihre katholischen Kollegen.[87] Selbst für die Erstgeborenen unter den Protestanten gilt diese Tendenz. Den höchsten Anteil an erstgeborenen Revolutionären der letzten fünf Jahrhunderte – einschließlich solch schöpferischer Wissenschaftler wie Johannes Kepler, William Harvey und Isaac Newton – finden wir im unmittelbaren Anschluß an die Reformation.[88] Dieser kulturelle Trend war in entscheidendem Maße das Vermächtnis von Geschwisterdifferenzen, die im Jahrhundert zuvor an Einfluß gewonnen hatten.

Spätergeborene haben die mittelalterliche Herrschaft in Frage gestellt. Als diese Herausforderung einmal auf fruchtbaren Boden gefallen war, trieb sie ihre Wurzeln immer tiefer, je weiter jede neue Generation die radikalen Eroberungen der vorangegangenen Generationen durch eine Partnerwahl, die den Geschwisterdifferenzen entsprach, vorantrieb. Manifest auch in den Mustern der Massenauswanderungen, zu denen es nun aus Furcht vor religiöser Verfolgung kam, verwandelten die Geschwisterdifferenzen nach und nach das kulturelle Erscheinungsbild Europas. Um 1600 hatten sie in den ideologischen Unterschieden zwischen Staaten und den jeweiligen Politikkonzepten ihren Ausdruck gefunden. Dies war die Geburt der modernen Gesellschaft und zahlreiche regionale Kulturen verdanken ihre freiheitlichen gesellschaftlichen Werte und ihre Achtung des Individuums den Spätergeborenen der Reformationszeit und ihrer erfolgreichen Rebellion.

Kapitel 12

# Politische Trends

Im allgemeinen sind Spätergeborene politisch liberaler eingestellt als Erstgeborene. Doch selbst wenn sich Erst- und Spätergeborene über politische Ziele einig sind, vertreten sie häufig unterschiedliche Auffassungen über die Art und Weise, wie diese Ziele durchzusetzen sind. Meinungsverschiedenheiten über politische Taktiken spiegeln unterschiedliche Geschwisterstrategien wider. Die Nischen in der Familie erzeugen nicht nur ideologische Differenzen, sondern sind auch die Ursache für unterschiedliche »politische Stile«. Im Vergleich zu spätergeborenen sind erstgeborene Radikale häufig militanter und moralischer. Ihre Radikalität ist eher von Idealismus geprägt als von Mitleid für sozial Benachteiligte.

Der britische Psychologe Hans Eysenck vertrat ein zweidimensionales Modell des politischen Denkens. Zusätzlich zur Dimension konservativ/liberal schlug er für die Bewertung politischer Haltungen die Dimension innengerichtet/außengerichtet vor.[1] Sein Modell unterstreicht den Unterschied zwischen politischem Ziel und politischer Taktik. Außengerichtete Menschen werden eher einer politisch entschlossenen Handlungsweise den Vorzug geben. Sind sie außerdem konservativ, werden sie im allgemeinen die Vorstellung von Gesetz und Ordnung unterstützen, die Befürwortung einer starken Militärmacht und den Ruf nach der Todesstrafe. Außengerichtete Liberale scheuen solche Positionen eher. Ihre Entschlossenheit drückt sich etwa in ihrer Befürwortung des Rechts der Frauen auf Abtreibung aus. Wenn sie engagierte Revolutionäre werden, sind außengerichtete Menschen fähig, Gewalt, ja sogar Terrorismus gutzuheißen. Für konservative wie für liberale Menschen dieses Schlages gilt die Maxime: »Der Zweck heiligt die Mittel.«[2]

Bei Persönlichkeitstests korreliert Außengerichtetheit mit zwei der großen fünf Persönlichkeitsdimensionen: mit Extravertiertheit und, in noch stärkerem Maße, mit Freundlichkeit/Feindseligkeit.[3] Außengerichtete Menschen sind eher Führer als Anhänger, eher unbeugsam als flexibel und eher moralisch als einfühlend; kurz, Menschen, die es gewohnt sind, sich durchzusetzen. Es überrascht nicht, daß Männer diesen Zug stärker verkörpern als Frauen.[4]

Doch Außengerichtetheit ist nicht nur eine männliche Eigenschaft, sondern auch kennzeichnend für Erstgeborene. In ihren bahnbrechenden Studien zur Geburtenfolge stellte Helen Koch fest, daß Erstgeborene von ihren Lehrern in bezug sowohl auf Wut, Streitlust, Grausamkeit, als auch hinsichtlich der Neigung, anderen die Schuld zuzuschieben, zu nörgeln und auf ihren Rechten zu beharren, höher eingestuft wurden.[5] Diese psychologischen Unterschiede waren unter Jungen ausgeprägter als unter Mädchen. Verglichen mit ihren jüngeren Brüdern scheinen erstgeborene Jungen zukünftige »Terroristen« zu sein.[6] In ihren Ursprungsfamilien bleiben diese terroristischen Neigungen häufig folgenlos (ausgenommen für die jüngeren Geschwister). In Zeiten radikaler Revolutionen jedoch kann diese psychologische Tendenz in Terrorismus münden.

## Vier politische Stile

Eysencks Modell postuliert mindestens vier unterschiedliche Stile politischen Denkens. Diese vier Stile, die zugleich auf vier verschiedene Persönlichkeitsprofile hindeuten, lassen sich in den meisten politischen Bewegungen der Weltgeschichte erkennen. Verdeutlicht man sich diese Unterschiede, verschafft man sich auch Gewißheit über das, was eine bestimmte politische Umwälzung »radikal« erscheinen läßt.

*1. Außengerichtetes Festhalten am Status quo.* Das beste Beispiel für außengerichteten Konservatismus ist die absolute Monarchie, eine Regierungsform mit fließenden Grenzen zum Despotismus. Der Sturz solcher Regime war das erklärte Ziel der meisten politischen Revolutionäre.

In der Geschichte war absolute Herrschaft meist gleichbedeutend mit dem Geburtsrecht der Erstgeborenen und ältesten Söhne. In einer Welt, die durch unnachgiebiges Festhalten am Status quo gekennzeichnet ist, gründet sich die gesellschaftliche Stellung in der Regel auf Privilegien, die mit Geburt und Geburtsrang verbunden sind. Die Primogenitur zementierte die sozioökonomische Begünstigung und förderte eine konservative Weltsicht. Im mittelalterlichen Europa sah man in landlosen jüngeren Söhnen eine Bedrohung für die politische Stabilität. Um eine Rebellion im eigenen Land zu vermeiden, schickten außengerichtete Herrscher – gewöhnlich entweder Erstgeborene oder älteste Söhne – diese jüngeren Söhne in Kriege auf fremdem Boden.[7]

In jüngerer Zeit fand und findet außengerichtetes, konservatives Denken seinen Ausdruck in einer Reihe rechtsgerichteter Bewegungen – darunter auch Faschismus, neo-nazistische Organisationen und religiös-fundamentalistische Sekten. Außengerichtete Konservative neigen dazu, Menschen abzuwerten, die anders sind als sie selbst. Und wie Erstgeborene tendieren sie in besonderem Maße zu rassistischen Anschauungen (Abb. 12.1).[8]

*2. Innengerichtetes Festhalten am Status quo.* Nicht alle Konservativen vertreten ihre politischen Anschauungen militant oder versuchen, sie anderen aufzuzwingen. Libertäre Auffassungen und eine Politik des Laissez-faire sind Beispiele konservativer Haltungen, die eher zur Innengerichtetheit tendieren. In der Praxis äußert sich dies in begrenzten Reformen wie der Verbesserung des Sozialwesens.

Aus erblich bedingten Ursachen ebenso wie aufgrund ihrer Familiensituation können jüngere Geschwister für konservative Werte eintreten.[9] Gleichgültig, wie konservativ ihre politischen Ansichten sind, Spätergeborene zeigen stets Mitgefühl mit jenen Menschen, die vom Schicksal weniger begünstigt sind als sie selbst. Daher stehen sie gemäßigten Reformen im allgemeinen aufgeschlossen gegenüber, wie sich am aufgeklärten Despotismus verdeutlichen läßt, einem Begriff, der im Hinblick auf die reformorientierten Monarchen des achtzehnten Jahrhunderts geprägt wurde. Den aufgeklärten Despoten ging es als wohlmeinenden Herrschern darum, Wohlergehen und persönliche Freiheit ihrer Untertanen zu fördern. In die bis dahin konservative Weltordnung führten sie gemäßigte Reformen ein, schafften die Folter ab, schränkten die Todesstrafe ein und forderten Toleranz gegenüber den Juden.[10] Die berühmtesten dieser Monarchen waren Katharina die Große von Rußland, Karl III. von Spanien, Friedrich der Große von Preußen, Joseph II. von Österreich (und sein jüngerer Bruder Leopold II. von Toskana), Stanislaus II. Augustus von Polen und Napoleon Bonaparte.[11] Von diesen sieben Herrschern sind sechs Spätergeborene, und – was noch ungewöhnlicher ist – vier von ihnen waren jüngere Söhne.[12] Nur Katharina die Große fällt als Erstgeborene aus diesem Muster heraus. Allerdings sind Frauen im großen und ganzen innengerichteter als Männer.

*3. Innengerichtetes Eintreten für liberale gesellschaftliche Veränderungen.* Bei dieser dritten politischen Kategorie ist der Trend zu gesellschaftlichen Reformen ausgeprägter als bei den ersten beiden Kategorien. Eysenck beschrieb diese Kategorie als »das Gewissen der Reformer«.[13] Zu den berühmten Beispielen liberaler Reformer gehören die Gegner der Sklaverei, Freidenker, Sozialisten und utopische Träumer. In vorangegangenen Kapiteln bin ich bereits auf einige dieser liberalen Reformbewegungen eingegangen und konnte zeigen, daß sie stets von Spätergeborenen unterstützt und von Erstgeborenen bekämpft wurden. Prominente spätergeborene Verfechter von Reformen sind Voltaire, Rousseau, Jefferson und Marx. Auch die bekanntesten Befürworterinnen der Gleichberechtigung für Frauen waren meist Spätergeborene, darunter Mary Wollstonecraft, George Eliot, Florence Nightingale, Susan B. Anthony, Elizabeth Cady Stanton, Margaret Sanger und Virginia Woolf.

Reformbewegungen, die den Pazifismus propagieren, sind als besonders ausgeprägte Form innengerichteter liberaler Strömungen zu verstehen. Die Wiedertäufer des sechzehnten Jahrhunderts sind berühmte Exponenten dieser Gesellschaftstheorie. Wie die Quäker ein Jahrhundert später lehnten die Mitglieder dieser Sekte jede Form aggressiven Verhaltens ab, wurden daher von protestantischen und katholischen Herrschern, denen die Weigerung zu kämpfen als umstürzlerisch galt, gnadenlos verfolgt. Die Wiedertäufer waren die protestantische Sekte, die zu Beginn einen großen Prozentsatz spätergeborener Konvertiten anzog.[14] In jüngerer Zeit zählen Mahatma Gandhi und Martin Luther King Jr. zu jenen innengerichteten Liberalen, die die Idee des passiven Widerstands mit Erfolg propagierten. King war das zweite von drei Kindern. Gandhi, der King stark beeinflußte, war das jüngste von vier Kindern. Als Kind ist Gandhi zudem ungewöhnlich schüchtern gewesen.[15]

Abb. 12.1 Zweidimensionales Schema der politischen Einstellungen (nach Eysenck und Wilson, *The Psychological Basis of Ideology*). Die Abbildung spezifiziert die vier politischen Stile, bezogen auf unterschiedliche Persönlichkeitsprofile. Erstgeborene fühlen sich charakteristischerweise durch konservative Ideologien angezogen. Als Konservative neigen Erstgeborene zu Ideologien, die sich als außengerichtet bezeichnen lassen, wie etwa der Faschismus. Spätergeborene Liberale tendieren zu Ideologien, die von Innengerichtetheit zeugen, wie Sozialismus und Pazifismus. Sowohl Erst- als auch Spätergeborene werden von den anderen beiden Denkrichtungen angezogen (aufgeklärter Konservatismus und Kommunismus), jedoch aus unterschiedlichen Gründen. Die wahrscheinlichste Ursache dafür, daß Spätergeborene den Kommunismus unterstützen, liegt in einer für ihren Geburtsrang ungewöhnlichen Außengerichtetheit. Bei den Erstgeborenen ist der Grund für diese Anziehung am ehesten in der radikalen Familie zu suchen, in der sie aufwuchsen.

*4. Außengerichtete Verfechter radikaler Veränderungen.* Diese letzte Kategorie politischer Bewegungen umfaßt kommunistische Regime sowie terroristische Vereinigungen, die einen radikalen gesellschaftlichen Wandel erreichen wollen. Verfechter radikaler Umwälzungen sind häufig Spätergeborene; anhand der Geburtenfolge lassen sie sich im Hinblick darauf, wie innen- oder außengerichtet sie sind, weiter spezifizieren. Aufgrund ihrer charakteristischen Unbeugsamkeit und Tendenz zu aggressiven Handlungsweisen neigen Erstgeborene zu einer *militanten* Haltung.

Die biographischen Umstände, die außengerichteten Radikalismus fördern, sind etwas eingeschränkt. Unnachgiebige Radikale haben in der Regel liberale Eltern oder sind unter politischen Verhältnissen aufgewachsen, in der die Revolution bereits zum Alltag gehört, wie beispielsweise Ernesto »Ché« Guevara, der während der kubanischen Revolution an der Seite Castros kämpfte und später sein Leben ließ, als er die Revolution in Bolivien in Gang setzte. »Es ist kein Zufall«, kommentiert der Biograph David James, »daß der künftige Ché Guevara die herrschenden Klassen haßte, die Bourgeoisie, ja das ganze gesellschaftliche, wirtschaftliche und politische System: Er war so erzogen worden, seine dominante Mutter hatte es ihm von Kindesbeinen an eingeimpft.« Ché sei »im wesentlichen das Geschöpf seiner Mutter« gewesen.[16]

Ché Guevaras Verhalten als Revolutionsführer zeigt den außengerichteten Stil des Erstgeborenen. Während seiner gesamten politischen Laufbahn bewies er seine »Fähigkeit zu tiefem Haß und einen ungebrochenen Respekt – ja sogar eine gewisse Vorliebe – für Gewalt«.[17] 1959 überwachte er persönlich die Hinrichtung von Tausenden von Batista-Anhängern. Diese Massenprozesse und -hinrichtungen waren »die kubanische Version der Schreckensherrschaft – und Ché Guevaras Name wurde zu einem Synonym dafür«.[18]

Einmal an die Macht gekommen, rekrutieren kommunistische Regime zwecks Machterhalt ihre Führer häufig unter Erstgeborenen. In der ehemaligen Sowjetunion mußten die revolutionären Errungenschaften Lenins und Trotzkis – beides jüngere Söhne – der diktatorischen Führung zweier funktionaler Erstgeborener weichen: Stalin und Chruschtschow.[19] Mao Tse-tung, ein weiterer außengerichteter Erstgeborener, focht einen lebenslangen Feldzug aus, um in China eine radikale Revolution zu erreichen.

Es macht methodisch einen gewichtigen Unterschied, ob man auf Außengerichtetheit zurückgreift, um sie als Hilfskonstruktion zu benutzen und unbequeme Ausnahmen abzutun, oder ob man diese Kategorie als wissenschaftliche Hypothese einsetzt. Eine Hypothese kann man überprüfen. Um als sinnvolle Erklärung gelten zu können, muß das Konstrukt Außengerichtetheit auf alle Fälle anwendbar sein, nicht nur auf einzelne, die in ihrem Verhalten mit einer liebgewonnenen Hypothese nicht übereinstimmen. Das zweidimensionale Modell, das ich oben vorgestellt habe, hat den Vorteil, daß es unmittelbar überprüft werden kann. So würde zum Beispiel der Nachweis, daß Faschisten in der Hauptsache Spätergeborene sind, dieses Modell genauso in Frage stellen, wie der Nachweis, daß Pazifisten meist Erstgeborene sind. Da das Modell vier verschiedene Kategorien politischer Ereignisse unterscheidet, läßt es sich auf mindestens vier verschiedene Weisen widerlegen.

### *Linksgerichtete Militante*

Die politischen Karrieren dreier besonders außengerichteter Radikaler sind insofern lehrreich, als sie zeigen, daß derselbe familiäre Hintergrund das eine Kind zu einem linksgerichteten Militanten werden läßt, seine Geschwi-

Carlos, Ende der sechziger Jahre, mit seiner Mutter und einer unbekannten Frau bei einer Cocktailparty in der venezolanischen Botschaft in London. Carlos war der Lieblingssohn seiner Mutter und (wie sie selbst bestätigte) »ebenso veranlagt wie sie – eine extravertierte Hedonistin mit einer unbezwingbaren Lebensfreude. Doch hinter dieser Fassade spürte sie oft Anzeichen einer vom Vater geerbten Engstirnigkeit, von dessen grüblerischer Unsicherheit und einer weiteren Eigenschaft, die sie Stärke nannte. Andere mögen diese eher als Boshaftigkeit empfunden haben« (Smith, *Carlos*, S. 85). In dieser Zeit war Carlos stets elegant gekleidet und ein wahrer Frauenheld. »Eine Aura des Wohlstands umgab ihn«, erinnert sich ein Londoner Freund, »er schien immer etwas besseres zu sein als wir anderen« (Demaris, *Brothers in Blood*, S. 43).

ster aber nicht. Im allgemeinen teilten alle elf Geschwister, die in diesen drei Familien aufwuchsen, die gleichen liberalen gesellschaftlichen und politischen Ansichten. Sie unterschieden sich jedoch beträchtlich im Hinblick darauf, wie sie ihre Überzeugungen umsetzten.

*Carlos der Schakal.* Ein gutes Beispiel für einen linksgerichteten Militanten liefert Iljitsch Ramírez Sánchez, besser bekannt als Carlos der Schakal. Als er 1994 verhaftet wurde, rühmte sich Carlos, im Dienste des internationalen Terrorismus 83 Menschen getötet zu haben.[20] Sein Vater, ein bekannter venezolanischer Anwalt, war ein fanatischer Marxist, der seine drei Söhne nach dem berühmten russischen Revolutionär nacheinander Iljitsch, Lenin und Wladimir genannt hatte. Als ältestes der drei Kinder Ramírez übernahm Iljitsch die marxistische Botschaft seines Vaters bereitwillig und setzte sie später unter seinem Decknamen Carlos um. Seine beiden jüngeren Brüder hingegen schlugen normale, bürgerliche Karrieren ein: Der eine wurde Ingenieur, der andere Geschäftsmann. Sie, so könnte man sagen, rebellierten auf ihre Weise gegen das, was in ihrer Familie als herrschende Meinung galt.

1966, als die Brüder siebzehn, fünfzehn und sieben waren, schickte der Vater sie nach England, wo sie die Sprache lernen und mehr über die Alte Welt erfahren sollten. Ein naher Bekannter, der Iljitsch in London erlebt hat, sagte später: »Er war auf gewisse Weise faszinierend ... Wenn er dabei war, verwandelte sich jede Art von Unterhaltung früher oder später in ein Streitgespräch. Er war starrköpfig, wenn es darum ging, sich durchzusetzen.«[21] In London erhielten die beiden älteren Brüder auch Russischunterricht bei einer emigrierten Nonne. Sie erinnerte sich, daß Iljitsch wißbegieriger gewesen sei als Lenin, »als sei das Erlernen der Sprache das Wichtigste in seinem Leben«.[22] Carlos favorisierte zu jener Zeit den Ausspruch: »Kugeln sind das einzig Wahre.«[23]

In den siebziger Jahren wurde aus Iljitsch Carlos. In Europa verübte er mehrere Bombenanschläge und Attentate. Sein schwächster Punkt als Terrorist jedoch war seine Selbstverliebtheit. »Selbst wenn seine Freiheit oder gar sein Leben auf dem Spiel stand«, schreibt sein Biograph Colin Smith, »war er kaum in der Lage, ein Geheimnis zu bewahren«.[24] Nur wenige Wochen nachdem er einen Raketenanschlag auf den Pariser Flughafen Orly verübt hatte, geriet er mit einem britischen Freund aneinander, als sie sich über die Sicherheit auf Flughäfen unterhielten. »Wenn man sich das Überraschungsmoment richtig zunutze macht«, behauptete Carlos, »ist es ganz einfach, die Sicherheitskontrollen in Orly zu passieren und in ein Flugzeug zu steigen.«[25] Carlos' Freund, der keine Ahnung von dessen terroristischen Aktivitäten hatte, war anderer Meinung. Daraufhin beschrieb Carlos bis ins kleinste Detail, wie man das Sicherheitssystem in Orly unterlaufen konnte. Der Freund erinnert sich: »Er stellte es nicht als hypothetische Situation dar. Er sagte: ›Ich bin schon viele Male dort gewesen und ich weiß, was möglich ist‹.«[26] Dieses Gespräch ließ den Freund stutzig werden. Am folgenden Tag öffnete er einen Koffer, den Carlos ihm zur Aufbewahrung anvertraut hatte. Er fand drei Pistolen, einen Schalldämpfer, drei M26 Granaten, zwei Pfund Dynamit und mehrere gefälschte Pässe. Nur weil der Freund zögerte, zur Polizei zu gehen, entging Carlos seiner Verhaftung.

Carlos' bekanntestes Unternehmen fand 1975 in Wien statt. Mit fünf Komplizen nahm er mehrere Dutzend OPEC-Minister gefangen. Ziel dieses Anschlages war es, den Iran und Saudi Arabien für ihre gemäßigte Haltung gegenüber Israel zu bestrafen. Bei der Geiselnahme wurden drei Menschen getötet – einer von Carlos, der fünf Kugeln auf sein Opfer abfeuerte. »Mein Sohn hat sich zum General gemausert«, verkündete sein Vater voller Stolz, als er die Nachricht von der Geiselnahme hörte.[27]

Carlos verhandelte mit der österreichischen Regierung um ein Flugzeug, und die fünf Terroristen flogen mit ihren Geiseln nach Algier. Wie sich der venezolanische Minister erinnert, habe sich Carlos während des Flugs »wie

Carlos und vier weitere Terroristen mit ihren OPEC-Geiseln beim Besteigen der DC-9, die sie von Wien nach Algier brachte. Carlos, in weißem Trenchcoat und Baskenmütze, steht ganz links, direkt neben dem Bus. Während des Flugs nach Algier fragte der Pilot Carlos, weshalb er zum Terroristen geworden sei. Carlos' Antwort: »Weil Gewalt die einzige Sprache ist, die die westlichen Demokratien verstehen« (Smith, *Carlos*, S. 276).

ein Filmschauspieler« aufgeführt: »Er prahlte mit seinen Taten, verteilte Autogramme und erzählte uns, daß der OPEC-Anschlag eine ganz neue Art des Vorgehens sei, die er entwickelt habe, um die Existenz des palästinensischen Staates zu sichern.«[28] Schließlich wurden die Ölminister von ihren Regierungen gegen Lösegeld freigekauft. Angeblich sollen 50 Millionen US-Dollar gezahlt worden sein.[29]

Trotz der Bemühungen der Eltern, ihre Söhne zu Radikalen zu erziehen, wurde nur Carlos zum Terroristen. Zwar wurde auch Lenin, der zweite Bruder, zum KGB-Agenten ausgebildet, doch war er nie so kriegerisch wie Iljitsch und ging an die Agententätigkeit viel nüchterner heran. Er kehrte schließlich nach Caracas zurück, wo er ein ruhiges Dasein als Ingenieur führte. Er bezeichnete sich selbst einmal als »linksgerichtet«, war jedoch politisch nicht mehr aktiv.

1976 gab der jüngste Bruder Wladimir einem Reporter des *London Observer* ein Interview. »Natürlich halte ich zu meinem Bruder«, bekräftigte er, »es gibt einen starken Zusammenhalt in unserer Familie. Aber ich selbst bin politisch so neutral, wie es nur geht. Früher habe ich mich einmal für die Liberale Partei in London interessiert. Neutraler geht's wohl kaum, oder?«[30] Ungefähr zu jener Zeit schrieb ihm ein alter Schulkamerad: »Wlad, Kumpel, falls die Leute von der MI5 dich überwacht haben, müssen sie sich zu Tode gelangweilt haben. Du bist immer nur zum Fußball gegangen, hast ein oder zwei Bier in den Windsor Arms getrunken oder warst mit deiner Freundin unterwegs.«[31] Im Gegensatz zu seinem ältesten Bruder brachte es Wladimir nicht über sich, die Juden zu hassen. Die jüdischen Kinder, mit denen er in London Fußball spielte, hatten ihn so ins Herz geschlossen, daß sie ihm den Spitznamen Isaac gaben.

*Mussolini.* Auch die Laufbahn von Benito Mussolini, dem Begründer der faschistischen Bewegung Italiens, ist aufschlußreich für die Untersuchung linksgerichteter militanter Führer. Mussolinis Vater, ein Schmied, erzog seinen Sohn nach der Lehre von Karl Marx.[32] Wie Carlos spiegelt sich auch in Mussolinis Vornamen die politische Vorliebe seines Vaters: Benito, Amilcare und Andrea verweisen auf drei linksgerichtete Revolutionäre (Juárez, Cipriani und Costa).

Als junger Mann schloß sich Mussolini der Sozialistischen Partei Italiens an und machte dort Karriere. Bei Ausbruch des Ersten Weltkriegs trat er für die Intervention ein, doch die meisten Sozialisten waren dagegen. Mussolini hatte für die pazifistische Gesinnung seiner sozialistischen Parteigenossen, der er nationalistisches und imperialistisches Gedankengut entgegensetzte, nur Verachtung übrig. Wegen seiner wiederholten Aufrufe zu politischer Gewalt wurde er 1914 aus der Sozialistischen Partei ausgeschlossen. Daraufhin gründete er die Faschistische Partei Italiens. Was politisch als linksgerichtete Organisation begann, führte »Il Duce« allmählich in eine militärische Allianz mit Adolf Hitler. Vor allem aufgrund dieser historischen Wendung ist der Faschismus heute eher eine »konservative« als eine »liberale« Bewegung. Konstant geblieben jedoch ist sein außengerichteter Charakter.[33]

Der jüngere Bruder Arnaldo verehrte Benito und schrieb sogar eine Biographie über ihn. Dennoch nahm er kein Blatt vor den Mund, wenn es um seines Bruders »bedauernswerten Hang zur Delinquenz« ging, und einige von dessen politischen Aktionen hielt er für geradezu »kriminell«.[34] Extreme Gewalttätigkeit und eine Neigung zur Grausamkeit sind typische Eigenschaften von Erstgeborenen, die selbst der Mussolini so ergebene jüngere Bruder für einen sozialistischen Genossen befremdlich fand.

*Mao Tse-tung.* Für Erstgeborene kann der Weg zum militanten Radikalismus auch über einen Konflikt mit den Eltern führen,[35] so wie im Falle Mao Tse-tungs, der das älteste von vier Kindern war. Sein Vater sei, so hat Mao in den dreißiger Jahren einem amerikanischen Besucher erzählt, ein gestrenger Lehrmeister gewesen: »Ein jähzorniger Mensch, der mich und meine Brüder häufig schlug. Er gab uns überhaupt kein Geld und nur das kargste Essen.«[36] Mao identifizierte sich mit den Arbeitern seines Vaters, die ebenso schlecht behandelt wurden. Einmal im Monat erhielten sie Eier zu ihrem Reis, aber niemals Fleisch. Aufgrund dieser internen politischen Spannungen entwickelte Maos Familie ihr eigenes »Parteiensystem«. Mao selbst hat es später einmal so beschrieben:

»Es gab zwei ›Parteien‹ in der Familie. Die eine war mein Vater, die herrschende Macht. Die Opposition bestand aus mir, meiner Mutter, meinem Bruder und manchmal sogar dem Arbeiter. Innerhalb der ›Einheitsfront‹ der Unterdrückten gab es jedoch Meinungsverschiedenheiten. Meine Mutter vertrat eine Politik des indirekten Angriffs. Sie kritisierte meine Zurschaustellung von Gefühlen und die Versuche, offen gegen die herrschende Macht zu rebellieren. Sie sagte, das tue man in China nicht.«[37]

Am Ende obsiegte Maos außengerichtete Opposition. »Ich lernte, ihn zu hassen«, gab Mao zu, »und wir gründeten eine echte Einheitsfront gegen ihn.«[38]

## Überprüfung des Modells

### *Abstimmungen im Obersten Bundesgericht*

Uns liegt bereits beträchtliches empirisches Material dazu vor, wie insbesondere von der Geburtenfolge bestimmte Geschwisterdifferenzen die konservativ/liberale Dimension des politischen Denkens beeinflussen.[39] Eine Untersuchung über die Ernennungen der Richter des Obersten Bundesgerichts in den USA und die Abstimmungsprotokolle dieser Richter untermauert diese Beweise.

Seit seiner Gründung im Jahr 1789 gehörten dem Obersten Gerichtshof insgesamt 108 Richter an. Analysiert man deren biographische Daten, ergeben sich mehrere bedeutsame Trends. Unter den ernannten Richtern findet man mehr Erstgeborene, als man von ihrer Verteilung in der Bevölkerung her erwarten würde.[40] Dieses Ergebnis entspricht der bereits ausreichend dokumentierten Tendenz von Erstgeborenen, bei akademischen Leistungen zu glänzen.

Von größerem Interesse ist jedoch der weitaus ausgeprägtere Zusammenhang zwischen Geburtenfolge und dem Stil der Rechtsprechung. Diese Beziehung wird besonders deutlich, wenn man sein Augenmerk darauf lenkt, welcher amerikanische Präsident welche Richter ernannt hat. Während der letzten beiden Jahrhunderte ließen Präsidenten der Demokratischen Partei durchgängig eine Präferenz für die Ernennung Spätergeborener erkennen. Bei den republikanischen Präsidenten war es genau umgekehrt.[41] John F. Kennedy und Lyndon B. Johnson beriefen insgesamt vier Richter in das Bundesgericht; alle vier waren Spätergeborene. Das hatte zur Folge, daß im Bundesgericht unter dem Vorsitzenden Richter Warren schließlich neun Spätergeborene und kein einziger Erstgeborener saßen. 1968, nach Richard Nixons Wahl zum Präsidenten, bestimmten die Republikaner vierzehn Jahre lang über die Ernennung der Richter zum Obersten Bundesgericht. (Jimmy Carter hatte keine Gelegenheit, ein Richteramt neu zu besetzen.) Es ist kein Geheimnis, daß Nixon, Ford, Reagan und Bush gleichermaßen bemüht waren, den liberalen Tendenzen des Warren Court entgegenzuwir-

*»Was soll's! Wenn Ihr Schlaumeier alle einer Meinung seid, warum sollte ausgerechnet ich euch widersprechen?«*

Geschwisterdifferenzen sind gewöhnlich ein guter Prädiktor für Abweichungen von der Mehrheit. Im Obersten Bundesgericht haben spätergeborene Richter entschieden häufiger eine abweichende Meinung vertreten als ihre erstgeborenen Kollegen. Richter Horace Gray, ein Erstgeborener, rühmte sich sogar damit, daß er in zwanzig Jahren auf der Richterbank nur einmal eine von der Mehrheit abweichende Meinung vertreten habe.

ken. Die vier republikanischen Präsidenten ernannten insgesamt zehn Richter, sechs davon waren Erstgeborene.[42]

Der Grund für diesen Zusammenhang wird deutlich, wenn wir das Abstimmungsverhalten der Richter betrachten. Verschiedene Rechtsexperten haben die Abstimmungsprotokolle von 1946 bis heute entsprechend der Dimension konservativ/liberal ausgewertet. Im Vergleich zu erstgeborenen neigten spätergeborene Richter eher zu liberalen Entscheidungen.[43] Setzt man »0« für die konservativste Einstellung und »100« für die liberalste Haltung, erzielten die zwölf erstgeborenen Richter 33 Punkte, während es die elf als mittlere Kinder geborenen Richter auf 43 Punkte brachten. Die neun letztgeborenen Richter weisen die höchste Punktzahl auf (61). Familiäre Nischen spiegeln sich also auch in den Rechtsvorstellungen dieser Richter wider. Auf der Ebene des Obersten Bundesgerichts der Vereinigten Staaten bestimmen Geschwisterdifferenzen die Gesetze des Landes.

Obwohl sich die amerikanischen Präsidenten offensichtlich die Beziehung zwischen Geburtenfolge und Liberalismus systematisch zunutze gemacht haben, wurde dieser Zusammenhang in den Ernennungsverfahren niemals explizit berücksichtigt. Vom Standpunkt des Präsidenten gesehen, gibt es dafür gute Gründe. Beabsichtigt ein Präsident, das Oberste Bundesgericht zu konservativeren oder liberaleren Entscheidungen zu veranlassen, kann er sich nur an die Rechtsauffassung des Kandidaten halten, die dieser *in der Zeit zuvor* an den Tag gelegt hat. Familiäre Nischen dagegen sind ein Indikator für Offenheit für Erfahrung. Insbesondere die Geburtenfolge ist ein zuverlässiger Prädiktor dafür, ob jemand *zukünftigen* gesellschaftlichen Veränderungen aufgeschlossen gegenüberstehen wird. Nehmen wir an, ein republikanischer Präsident hätte zufällig einen konservativen Letztgeborenen zum Richter ernannt. Dieser Präsident würde Gefahr laufen, daß der Richter nach seiner Berufung an das Oberste Bundesgericht liberaler wird – eine Erfahrung, die Präsident Eisenhower machen mußte. 1953 berief er den als zweites von zwei Kindern geborenen Earl Warren zum Richter am Obersten Bundesgericht. Warren war Republikaner und vormals Gouverneur von Kalifornien gewesen, erschien also als geeigneter Kandidat. Nachdem er sein Amt angetreten hatte, änderte er jedoch seine Rechtsauffassung. Als Vorsitzender Richter leitete er in einer Zeit tiefgreifender gesellschaftlicher Reformen sechzehn Amtsperioden lang die Verhandlungen vor dem Bundesgericht. Der Historiker Anthony Lewis hat die Arbeit des Bundesgerichts unter Warren als eine »von Richtern gemachte Revolution« beschrieben.[44] Während der sechziger Jahre machten Konservative ihrem Unmut schließlich sogar mit Aufklebern Luft, auf denen sie die Amtsenthebung Warrens forderten. Später räumte auch Eisenhower ein, die Entscheidung für Warren sei »die größte Dummheit meines Lebens«[45] gewesen. 

### *Führer der Weltrevolution*

Mostafa Rejai und Kay Phillips (ein Politologe und ein Soziologe) haben versucht, die wichtigsten Merkmale »revolutionärer Eliten« zu definieren. Anhand von 31 Rebellionen untersuchten sie die Lebensläufe von 135 politischen Führern.[46] Ihr historischer Überblick beginnt mit dem englischen Bürgerkrieg in den vierziger Jahren des siebzehnten Jahrhunderts und endet mit den politischen Unruhen in Ländern wie Guatemala, Israel, Nordirland, Südafrika und Südvietnam in den siebziger Jahren des zwanzigsten Jahrhunderts.

Rejai und Phillips sammelten Informationen zum familiären Hintergrund und auch zur Geburtenfolge. Sie fanden nur wenig Hinweise auf einen Zusammenhang zwischen Geschwisterdifferenzen und Radikalität, woraus sie schlossen, daß die prägenden Jahre »relativ unwichtig« für die Entwicklung einer revolutionären Persönlichkeit seien.[47] Statt dessen betonten beide die Bedeutung situationsbedingter Faktoren: das Miterleben einer politischen Krise oder das Aufwachsen in einem Entwicklungsland.

Auf der Grundlage der von Rejai und Phillips erhobenen Daten lassen sich die 135 politischen Führer drei verschiedenen Gruppen zuordnen: den *konservativen*, den *gemäßigten* und den *radikalen* Revolutionären. Zu den konservativen Revolutionären gehört eine kleine Gruppe von Personen, deren Ziel es war, zu einer früheren Lebensform zurückzukehren; religiöse Anschauungen spielten dabei häufig eine wichtige Rolle. Der katholische Widerstand gegen die britische Herrschaft in Nordirland etwa ist, so wie die meisten antikolonialistischen Bewegungen, ein gutes Beispiel für diese Art von politischem Protest. Rejai und Phillips bezeichnen diese konservativen Führergestalten als »Verteidiger des Glaubens«.[48]

Am entgegengesetzten Ende des politischen Spektrums finden wir die radikalen Revolutionäre. Charakteristisch für diese Gruppe ist der Versuch, bestehende Regime zu stürzen und neuen, weniger autokratischen Regierungen zur Macht zu verhelfen. Anführer solcher Bewegungen bezeichnen Rejai und Phillips als »Agitatoren« und »Berufsrevolutionäre«, Kategorien, die, wie sie zugeben, die »landläufige stereotype Vorstellung von einem Revolutionär«[49] wiedergeben. Bekannte Beispiele für radikale Revolutionäre sind Rebellen, die ihr Leben dem Kampf widmeten – Lenin, Mao Tse-tung, Ho Chi Minh und Tschou En-lai.

Zwischen beiden Extremen finden sich die zahlreichen gemäßigten Revolutionäre, die Rejai und Phillips untersucht haben. Die beiden Wissenschaftler unterteilten das »Mittelfeld« in weitere Untergruppen wie »Gründerväter«, »Moralisten«, »Wissenschaftler« und »angesehene Mitglieder des Establishments«.[50] Zu den gemäßigten Revolutionären zählen George Washington, Thomas Jefferson, Gabriel Mirabeau und Abbé Emmanuel-Joseph Sieyès. Letzterer unterstützte die progressiven Reformen aus der ersten Phase der Französischen Revolution. 1799 jedoch war er Mitorganisator des Staatsstreichs, der Napoleon an die Macht bringen sollte. Auf gemäßigte Revolutionäre stößt man häufig in populistischen Revolutionen wie der amerikanischen oder der französischen des achtzehnten Jahrhunderts. Berufsrevolutionäre dagegen streben nach einer Veränderung des Systems, lange bevor die Bevölkerung zu solchen Veränderungen bereit ist. Ché Guevara, der bei dem Bemühen, die kubanische Revolution nach Bolivien zu exportieren, starb, war ein »radikaler« Revolutionär.

Wenn man politischen Aktivismus anhand dieser progressiven Skala des Radikalismus bewertet, erweist er sich als Effekt der Geburtenfolge. Verglichen mit den Verteidigern des Glaubens, ist es 18-fach wahrscheinlicher, daß Berufsrevolutionäre Später- und nicht Erstgeborene sind. Gemäßigte Revolutionäre halten sich hier in der Mitte zwischen diesen beiden politischen Gruppen.[51] George Washington und John Adams sind typische erstgeborene Revolutionäre oder »Gründerväter«, die eher dem Lager der gemäßigten als dem der radikalen Revolutionäre zuzuordnen sind.[52] Georges-Jacques Danton, Leo Trotzki und Jassir Arafat hingegen sind exemplarisch für radikale (und spätergeborene) Revolutionäre.

### *Einfluß von Situation und Kontext: Krisen und Kriege*

Ein weiterer bedeutender Prädiktor für revolutionäre Führerschaft ist die revolutionäre Situation selbst. Gemäßigte Revolutionäre, auch die erstgeborenen, standen häufig an der Spitze von Protestbewegungen, die durch eine politische oder wirtschaftliche »Krise«[53] ausgelöst wurden. Eine solche Krise verwandelt den Protest einer Minderheit in eine Angelegenheit des Volkes und läßt so die revolutionäre Veränderung auch für die Mehrheit der Bevölkerung zu einer annehmbaren Perspektive werden. Wie schon Lenin bemerkte, ist es nicht schwer, ein Revolutionär zu sein, »wenn die Revolution bereits aufgeflammt ist und ihren Höhepunkt erreicht hat«.[54] Indem sie die Notwendigkeit einer Veränderung auf die Tagesordnung setzen, öffnen Krisen den erstgeborenen Führern Tür und Tor. Dazu kommt, daß in solchen Zeiten häufig der Ruf nach harten Maßnahmen zur Bewältigung der Situation laut wird. 

Spätergeborene sind die eigentlichen »Berufsrevolutionäre«, sie streben nach einer politischen Veränderung um jeden Preis. Zu dieser Gruppe gehören Lenin in Rußland, Liu Shao-chi in China und Stephen Biko, der engagierte Bürgerrechtskämpfer, der 1977 von der südafrikanischen Polizei zu Tode geprügelt wurde. Diese Muster stimmen mit dem überein, was ich über wissenschaftliche Revolutionen gesagt habe. Erstgeborene können neue Denkmuster übernehmen, doch tun sie dies meist erst in geistigen Krisenzeiten oder im späteren Stadium eines revolutionären Prozesses. Spätergeborene dagegen warten selten so lange.[55] Obwohl die situationsbedingten Faktoren für Revolutionsführer eine wichtige Rolle spielen, lassen sich die erläuterten Unterschiede meist auf Geschwisterdifferenzen zurückführen.[56]

Kriegszeiten beeinflussen politische Führerschaft in ganz ähnlicher Weise. In Kriegen wächst das Bedürfnis nach einer starken Führungspersönlichkeit; damit steigt auch die Wahrscheinlichkeit, daß Erstgeborene an die Macht gelangen. Unter den amerikanischen Präsidenten, die in Kriegszeiten gewählt wurden, sind Erstgeborene deutlich überrepräsentiert. Gleiches gilt für die britischen Premierminister der beiden letzten Jahrhunderte.[57] Spätergeborene politische Führer, die flexibler zu sein scheinen als Erstgeborene, waren hingegen erfolgreicher, wenn es darum ging, ihre Länder aus einem Krieg herauszuhalten.[58]

Während des Zweiten Weltkriegs waren die meisten der tonangebenden Politiker Erstgeborene oder Einzelkinder: Roosevelt, Churchill, Mussolini und Stalin. Nur Adolf Hitler scheint hier eine Ausnahme zu machen. Er war das erste überlebende Kind seiner Mutter, die ihn stets ihren beiden älteren Stiefkindern vorzog, Kindern ihres Mannes aus dessen früherer Ehe.[59] Hitlers nächstes Halbgeschwister war sechs Jahre älter als er, ein überdurchschnittlich großer Altersunterschied. Ein älterer Bruder ging aus dem Haus, als Hitler sieben Jahre alt war. Und damit war er der älteste Sohn im Haus. Hitler hatte noch drei jüngere Geschwister, von denen zwei das Kindesalter überlebten. Aufgrund seines gewalttätigen Temperaments, das er bereits als Kind an den Tag legte, wurde Hitler schon bald zu einem Experten, wenn es darum ging, sich durchzusetzen.

### *Geburtenfolge und Militanz*

Die Bewegung zur Abschaffung der Sklaverei in Amerika kann man als einen weiteren Prüfstein für den Zusammenhang zwischen Geburtenfolge und

 Außengerichtetheit betrachten. In den Jahrzehnten, die dem Bürgerkrieg vorausgingen, waren die Abolitionisten geteilter Meinung darüber, ob die Sklaverei durch militante Aktionen oder durch gewaltlose Maßnahmen zu beseitigen sei.[60] William Lloyd Garrison, das mittlere von drei Kindern, trat für passiven Widerstand ein. Das bedeutete auch den Verzicht auf politische Aktionen. Der Sklaverei könne nur durch moralische Argumente begegnet werden.

Von den einundsechzig Reformbewegungen in der amerikanischen Geschichte, die ich untersucht habe, zogen Gegner der Sklaverei den größten Prozentsatz an Spätergeborenen an. Unter den militanten Gegnern der Sklaverei jedoch finden sich unverhältnismäßig viele Erstgeborene. Der berühmteste Sklavenaufstand in Amerika wurde von Nat Turner, einem Erstgeborenen, angeführt. 1831 »metzelten« Turner und seine Anhänger mehr als sechzig Weiße, darunter auch einige Dutzend Kinder, nieder und »verstümmelten ihre Leichen«. »Mit dem Blut seiner Opfer besprengte Nat seine Anhänger«.[61] Über zweihundert Sklaven ließen bei diesem gewaltsamen Aufstand ihr Leben.[62]

Turner war von seinen Eltern in dem Glauben erzogen worden, daß er »für einen höheren Zweck auserwählt sei«. Er war ein feuriger Prediger und glaubte an seine göttliche Inspiration. Seinem Anwalt teilte er während seines Prozesses mit: »Nachdem ich schon früh festgestellt hatte, wie großartig ich war, mußte ich auch so auftreten. Deshalb habe ich es stets geflissentlich vermieden, mich unters Volk zu mischen, und einen Schleier des Geheimnisses um mich gehüllt.«[63] Wie die Außengerichtetheit gehören auch messianische Überzeugungen zu den typischen Merkmalen von Erstgeborenen.[64] Messianische Führer aber erwarten unbedingte Treue von ihren Anhängern.

Auch Henry Highland Garnet, ein weiterer Vorkämpfer der Abolitionisten, war als Sklave geboren worden. Sein Vater Joseph, ein »zorniger, grüblerischer, militanter Mann«, erzählte seinem ältestes Kind, es stamme in direkter Linie von einem Mandigo-Prinzen ab.[65] Die Mandigo, so lehrte er seinen Sohn, seien ein großes Volk von Kriegern, die niemals für lange Zeit in Sklaverei gehalten werden konnten. 1824 – Henry war damals neun Jahre alt – floh Joseph mit seiner Familie in den Norden.

Inspiriert durch das Beispiel seines Vaters wurde Henry zu einem Führer der Anti-Sklaverei-Bewegung. 1843 hielt er eine aufwühlende Rede vor einem nationalen Kongreß von Schwarzen und rief die Sklaven zum landesweiten Aufstand gegen ihre »blutsaugenden« Besitzer auf. »Es wäre viel besser für euch, sofort zu sterben«, mahnte er seine schwarzen Brüder, »als in Sklaverei zu leben.«[66] Garnets Rede hatte eine »elektrisierende Wirkung auf die Nation«.[67] Viele Abolitionisten waren erschreckt durch Garnets Aufruf zum Aufstand, und schon bald galt er als der »gefährlichste Schwarze im Norden«.[68] Dennoch zog Garnet eine gewisse Anhängerschaft an, und seine Ansichten schürten den Widerstand gegen das Gesetz gegen entflohene Sklaven von 1850. John Brown, ebenfalls engagierter Kämpfer, ließ Garnets Rede von 1843 auf eigene Kosten neu drucken und verteilen. Gegen Ende der

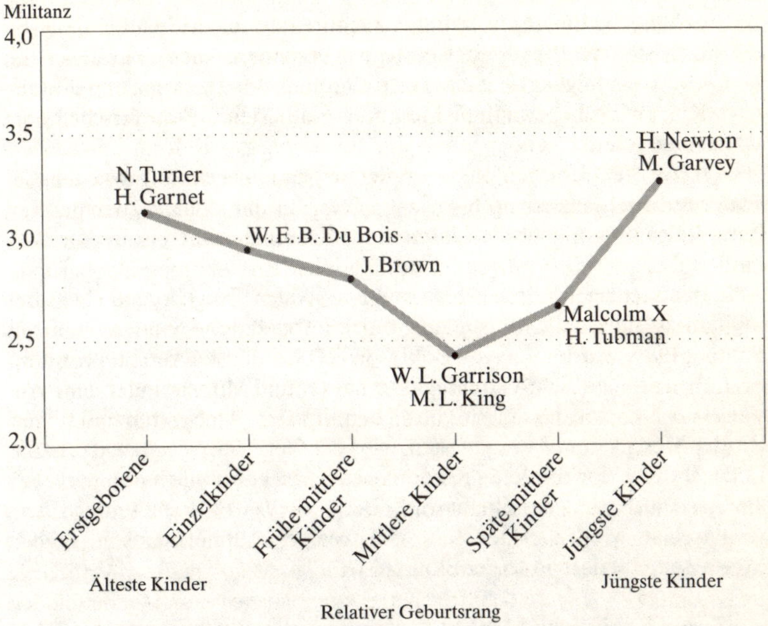


Abb. 12.2 Militanz in der Rassenfrage als Funktion des relativen Geburtsrangs ($N$=94). Die militantesten Kämpfer für Reformen waren zumeist Erstgeborene (beispielsweise Nat Turner und Henry Highland Garnet) oder Spätergeborene (wie Huey Newton und Marcus Garvey, ein prominenter schwarzer Nationalist). Jene, die für eine gewaltlose Form der Rassenreform eintraten, waren meist mittlere Kinder, so etwa William Lloyd Garrison und Martin Luther King Jr., beide das zweite von drei Kindern. Booker T. Washington, ebenfalls zweites Kind von drei Geschwistern, wurde wegen seiner »Anpassung« an die weiße Gesellschaft oft kritisiert. Die kurvilineare Beziehung zwischen dem relativen Geburtsrang und Militanz, ist statistisch signifikant. Das lineare Verhältnis ist gleich Null.

vierziger Jahre des neunzehnten Jahrhunderts übernahm selbst Frederick Douglass, der sich früher stets gegen eine Rebellion der Schwarzen ausgesprochen hatte, Garnets Standpunkt. Garnet, der eine nationale Heimat für die Schwarzen schaffen wollte, war der Wegbereiter für die schwarzen Nationalisten des zwanzigsten Jahrhunderts wie Marcus Garvey und Malcolm X.[69]

Um die These zu prüfen, daß die Geburtenfolge in Zusammenhang mit militanten Reformbestrebungen steht, habe ich vier unabhängige Experten herangezogen, die mir bei der Einordnung der Abolitionisten auf einer fünfstufigen Skala für Gewaltbereitschaft geholfen haben.[70] Unter den militanten Abolitionisten sind die Erstgeborenen entschieden überrepräsentiert. Das gleiche gilt für jüngste Kinder. Die am wenigsten zur Gewalt neigende

 Gruppe setzt sich aus mittleren Kindern wie William Lloyd Garrison zusammen.[71]

Eine ähnliche Beziehung zwischen Geburtsrang und Militanz läßt sich bei den Aktivisten der Bürgerrechtsbewegung erkennen. Auch unter denen, die für Gleichberechtigung der Schwarzen eintraten, waren es vor allem die mittleren Kinder, die für gewaltfreie Methoden plädierten.[72] Als wahrscheinliche Ursache militanter Tendenzen in der Bewegung zur Reform der Rassengesetze ist die Geburtenfolge doppelt so voraussagekräftig wie die Geschlechts- oder Rassenzugehörigkeit.[73] Der Zusammenhang zwischen Geburtenfolge und militantem Eintreten für Rassengleichheit ist in Abb. 12.2 dargestellt.[74]

In den sechziger Jahren erhielten die radikalen Erstgeborenen bei ihren militanten Aktionen Unterstützung durch letztgeborene Kinder. Die Black Panther Party wurde 1966 von Bobby Seale, dem ältesten von drei Kindern, ins Leben gerufen. Sein Verteidigungsminister und Mitbegründer der Partei war Huey Newton, das jüngste von sieben Kindern. An Newton und seinem Bruder Melvin, dem Zweitjüngsten, wird der Gegensatz sichtbar, der häufig Letztgeborene von mittleren Kindern trennt, die gewöhnlich weniger »radikal«, also auch weniger militant sind. »Baby Huey« wurde von seinen Eltern verhätschelt, Melvin erhielt sehr viel weniger Aufmerksamkeit. Gilbert Moore schreibt dazu in seiner Biographie:

> »Zwischen Huey und Melvin, seinem nächsten Bruder, lagen vier Jahre. Vier Jahre und gewaltige Unterschiede in ihren Persönlichkeiten. Sie sahen die Welt mit völlig anderen Augen; sie reagierten auch völlig verschieden.«[75]

Melvin war ein Einzelgänger. Er war fleißig und wurde von den anderen Kindern als »spießig« verlacht. Im Gegensatz zum äußerst friedfertigen Melvin überwand Huey seine anfängliche Angst vor Prügeleien. Mit zunehmendem Alter trennten sich ihre Wege:

> »[Huey] lernte, wie man sich wehrt – wie man andere in den Arsch tritt. Er lernte, wie ein Schwarzer zu gehen, wie ein Schwarzer zu reden. Du gehst so, daß ein Fremder geglaubt hätte, mit deinem Bein stimmt 'was nicht. Aber dein Bein war schon in Ordnung. Du gehst so, weil du böse bist, ein richtig böses Arschloch.«[76]

Irgendwann begann Huey, in den Straßen von Oakland, Kalifornien, herumzustreunen. Um die Polizei einzuschüchtern, trug er ein geladenes Gewehr mit sich. Melvin dagegen richtete seinen Ehrgeiz, den er schon als Kind gezeigt hatte, auf seine Ausbildung. Er machte einen Abschluß in Sozialarbeit und arbeitete als Lehrer. Als Huey das »Zehn-Punkte-Programm« der Black Panther Partei aufsetzte, korrigierte Melvin die Grammatik des Textes. Huey landete im Gefängnis, nachdem er wegen Mordes an einem Polizisten verurteilt worden war.

Martin Luther King Jr. bei seiner Ansprache vor dem Demonstrationszug nach Washington auf den Stufen des Lincoln Memorial (28. August 1963). »Ich habe einen Traum«, sagte er zu der Menge, die fast eine Viertelmillion Menschen zählte, »daß eines Tages, auf den roten Hügeln von Georgia, die Söhne ehemaliger Sklaven und ehemaliger Sklavenbesitzer sich gemeinsam an den Tisch der Brüderlichkeit setzen werden.« (Davis, *I Have a Dream*, S. 263) Dreieinhalb Jahre später wurde dieser engagierte Befürworter der Gewaltlosigkeit in Memphis, Tennessee, von einem Attentäter niedergeschossen. King war erst achtunddreißig Jahre alt.

Martin Luther King Jr., das zweite von drei Kindern, ist ein besonders gutes Beispiel dafür, daß mittlere Kinder gewaltfreie Methoden des politischen Protests bevorzugen. Selbst als Junge »verteidigte sich King lieber mit Worten als mit körperlicher Gewalt«.[77] Kings jüngerer Bruder Arthur ärgerte seine Schwester immer wieder, oft so lange, bis sie in Tränen ausbrach, und Martin griff häufig zu ihren Gunsten ein. Arthur zeigte für Martins nur verbale Verteidigung »nichts als Verachtung«; er selbst zögerte niemals zurückzuschlagen, wenn er von anderen Jungen angegriffen wurde.[78]

### *Mittlere Kinder*

Jahrelang habe ich geglaubt, mittlere Kinder unterschieden sich nur wenig von den jüngsten Kindern, bis vielleicht auf den Umstand, daß sie nicht ganz so liberal sind. Angesichts der biographischen Fakten, die ich hier wiedergegeben habe, mußte ich meine Auffassung ändern. Unterschiedliche familiäre Nischen begünstigen bestimmte Anpassungen der Persönlichkeit, darunter auch die Neigung zu Aggression. Am unnachgiebigsten sind Erstgeborene. Auch Spätergeborene verhalten sich militant, allerdings aus anderen Gründen. Ihre Militanz entspringt ihrer wagemutigen, eifernden und liberalen Natur. Sie sind nicht dominant oder auf Bestrafung versessen, wie man es bei Erstgeborenen häufig findet. Verglichen mit anderen Geschwistern sind mittlere Kinder flexibler und eher zu Kompromissen bereit. Wenn sie sich auflehnen, dann aus Verzweiflung oder aus Mitleid mit anderen, nicht aus Haß oder aus ideologischem Fanatismus. Mittlere Kinder sind die »romantischsten« Revolutionäre.[79]

Der Schlüssel zur Psyche der mittleren Kinder liegt in ihrer besonderen familiären Nische. Mittleres Kind zu sein, scheint die Bereitschaft zu Kompromissen besonders zu fördern, vermutlich, weil die Besetzung dieser Nische ein Minimum an persönlicher Macht bedeutet. Die Position der Mittleren ist, im Gegensatz zu der ihrer älteren Geschwister, kein besonders guter Ausgangspunkt für aggressive Verhaltensweisen, vor allem dann nicht, wenn sie auf sich gestellt handeln müssen. Dazu kommt, daß mittlere Geschwister gewöhnlich Hemmungen zeigen, ihren jüngsten Geschwistern aggressiv zu begegnen, weil diese als »Nesthäkchen« besonderen Schutz genießen. Bei Streitigkeiten mit ihren Geschwistern können es sich die Letztgeborenen eher erlauben, auf ihrer Position zu beharren, da die Eltern und manchmal auch andere Geschwister für sie eintreten. Als Folge solcher taktischen Beschränkungen entwickeln mittlere Geschwister häufig diplomatische Fähigkeiten und pflegen Bündnisse mit anderen Geschwistern. Der Psychologe David Winter berichtet, daß mittlere Kinder hinsichtlich der »Angst vor der Macht anderer« am unteren Ende der Skala liegen.[80] Anders ausgedrückt: Mittlere Kinder sind eher bereit, Macht mit anderen zu teilen.

Die Familie eines berühmten politischen Revolutionärs macht die Wirksamkeit solcher von mittleren Kindern ins Leben gerufenen Geschwisterbündnisse deutlich. Ernesto »Ché« Guevara hatte vier jüngere Geschwister. Teilweise bedingt durch sein Asthmaleiden »überschüttete ihn seine Mutter mit ihrer Sorge und Zuneigung« und zog den Ältesten ihren anderen Kindern vor.[81] Aus Groll über die verstärkte Zuwendung, die Ché zuteil wurde, rächten sich die jüngeren Geschwister massiv:

> »Sie quälten ihn und griffen ihn manchmal körperlich an. Ernestito war jedoch keiner, der eine solche Behandlung widerstandslos hingenommen hätte. Eines Tages warf er sich auf seinen jüngeren Bruder und zwei seiner Schwestern und rang erbittert mit ihnen. Aber drei sind stärker als einer, und sie gewannen die Oberhand. Als Zeichen ihres Triumphs tauchten sie seinen Kopf in eiskaltes Wasser und sahen voll Schadenfreude zu, wie Ernestito einen heftigen Asthmaanfall erlitt.«[82]

Keines von Chés Geschwistern wurde politisch aktiv. Drei wählten einen künstlerischen Beruf (Architektur und Design), bei dem sie mit anderen Menschen zu tun hatten. Der Bruder, der Ché im Alter am nächsten stand,

Fidel Castro und Ché Guevara (rechts), als Zuschauer bei einer Parade der Bauernmiliz im August 1960. Castro fühlte sich durch Guevaras orthodoxen Marxismus mehr und mehr vor den Kopf gestoßen; Ché kritisierte Castro wegen dessen sowjetischen Hintermännern. 1965 zwang Castro Guevara zum Rücktritt von seinem Ministerposten. Ché ging in den Kongo, wo er gegen weiße Söldner kämpfte, schließlich nach Bolivien, wo er versuchte, eine bäuerliche Revolution in Gang zu setzen. Am 8. Oktober 1967 wurde Ché von bolivianischen Schutztruppen gestellt, verhaftet und später erschossen.

wurde Anwalt. Es ist in diesem Zusammenhang von Bedeutung, daß Chés politischer Sturz in Kuba auf seine Unfähigkeit zu Kompromissen zurückgeht. Fidel Castro, ein mittleres Kind, hielt Ché für »zu dogmatisch und zu arrogant, im Grunde für einen Parvenü«.[83] Fidel ärgerte sich besonders über Chés Kompromißlosigkeit in Fragen des Marxismus und zwang ihn schließlich, von seinem Amt als Industrieminister zurückzutreten. Unterschiedliche familiäre Nischen führen zu unterschiedlichen politischen Stilen.

Besonders in kleinen Geschwisterverbänden werden die Persönlichkeitsdifferenzen zwischen den Geschwistern durch Geschwistergegensätze verstärkt. So wie das zweite Kind anders zu sein versucht als das erste, versucht das dritte Kind, sich vom zweiten zu unterscheiden. Dies führt dazu, daß »Sprung-Paare« einander häufig ähnlicher sind als Geschwister, die direkt aufeinander folgen.[84] Da dies bei Letzt- und Erstgeborenen gewöhnlich nicht der Fall ist, sind die Jüngsten freier, Erstgeborenen-Eigenschaften wie etwa Außengerichtetheit und Unnachgiebigkeit nachzuahmen.

Die Entwicklungspsychologie wirft einiges Licht auf diese Geschwisterdifferenzen; vor allem hat sie die Tendenz der Eltern herausgestellt, die ältesten und die jüngsten Kinder den mittleren vorzuziehen. Normalerweise folgen die Eltern bei der »Aufzucht« ihrer Kinder dem relativen Nutzen, den eine Investition in weitere Kinder hat. Da die Erstgeborenen älter sind als ihre Geschwister und daher mit größerer Wahrscheinlichkeit am Leben bleiben und sich vermehren, haben sie einen Vorteil im Kampf um elterliche Fürsorge. Wenn Eltern nicht mehr in der Lage sind, weitere Kinder zu bekommen, ist es sinnvoll, wenn sie ihre Zuwendung auf die Kinder konzentrieren, die der Gefahr, krank zu werden und zu sterben, am ehesten ausgesetzt sind.[85] Verlierer bei diesem »darwinistischen« Kalkül sind meist die mittleren Kinder.[86] Die jüngsten Kinder sind wiederum in einer besseren Lage, da sie die einzigen Familienmitglieder sind, die die elterliche Zuwendung ohne Trübung durch die Bedürfnisse eines jüngeren Rivalen erfahren können.

## Zusammenfassung

Politische Einstellungen haben stets zwei Dimensionen, die beide aufs engste mit dem Thema der Geschwisterdifferenzen verknüpft sind. Spätergeborene verhalten sich meist liberaler als Erstgeborene und diese meist unnachgiebiger, außengerichteter als ihre jüngeren Geschwister. Ein zweidimensionales Modell der politischen Stile macht deutlich, daß »radikales« Handeln nicht unbedingt die Sache »extrem Liberaler« ist. Der Schlüssel zum Verständnis des individuellen Verhaltens in politischen Umbruchsituationen liegt darin, daß man zwischen diesen verschiedenen Formen des Radikalismus unterscheidet und ihren Ursprung in der Familie erfaßt.

Ausgerüstet mit diesem zweidimensionalen Modell, sind wir nunmehr in der Lage, auch die gewaltsamste Revolution in der politischen Geschichte des Abendlands zu verstehen. Die Französische Revolution, insbesondere die Schreckensherrschaft, in der sie gipfelte, ist in nicht unerheblichem Maß eine Geschichte des Geschwisterkampfes. Auf zwei Ebenen fand das Schisma statt, auf beiden ging es um Leben oder Tod: Die Geschwister kämpften um ihre unterschiedlichen ideologischen Ziele und um die Art und Weise, wie diese durchzusetzen seien.

Kapitel 13

# Die Französische Revolution

Zu Beginn des Jahres 1789 hatte Ludwig XVI. angesichts des Staatsbankrotts keine andere Wahl: Er mußte, zum ersten Mal nach 175 Jahren, die Generalstände einberufen. Der Wunsch des Bürgertums (oder des Dritten Standes) nach radikalem politischen Wandel führte die parlamentarischen Verhandlungen rasch in ein politisches Patt. Gleichzeitig wuchs, bedingt durch Mißernten und Hungersnot, die Unzufriedenheit in der Bevölkerung. Die Folge waren zahlreiche regional begrenzte Aufstände. Überall in Frankreich wurden Patriotische Clubs gegründet, die gleichsam ein »Spinnennetz« revolutionärer Agitation über das Land legten. Gelenkt wurden sie vom Club der Jakobiner in Paris.[1]

Am 12. Juli verbreitete sich in der französischen Hauptstadt die Nachricht, der König wolle das Stimmrecht des Dritten Standes einschränken. Aus Angst vor den königlichen Truppen, die den Plan des Königs durchsetzen sollten, beschlossen die Pariser, sich zu bewaffnen; am Morgen des 14. Juli 1789 holten sie 32 000 Gewehre aus dem Hôtel des Invalides. Auf der Suche nach weiteren Waffen und nach Schießpulver marschierte die Menge Richtung Bastille. Der Gouverneur Bernard de Launey verlor die Nerven und befahl seiner kleinen Garnison, das Feuer zu eröffnen. 83 Bürger fielen dem Beschuß zum Opfer. Nach einigen Stunden des Kampfes jedoch war die Festung gestürmt. Die aufgebrachte Menge ermordete drei der Offiziere und den Gouverneur; ihre Köpfe wurden auf Pfähle gespießt durch die Straßen getragen.[2] Dies war der Beginn der Französischen Revolution.

Ludwig XVI. tat den Sturm auf die Bastille am nächsten Tag als »Aufstand« ab. Herzog La Rochefoucauld-Liancourt sah sich veranlaßt, ihn zu korrigieren: »Sire, das ist keine Revolte, das ist eine Revolution.«[3] Die Revolution wurde immer gewaltsamer, und Zehntausende von Menschen fielen der neu erfundenen Guillotine zum Opfer. Der Höhepunkt dieses wilden Gemetzels ist unter der Bezeichnung »Schreckensherrschaft« bekannt, eine Phase, die sich über etwa ein Jahr erstreckte (1793-94) und in deren Verlauf 40 000 Menschen hingerichtet wurden. Immer häufiger kam es zu offenen Feindseligkeiten zwischen Bürgern und ihren Nachbarn und Freunden. Ungefähr 300 000 Menschen wurden als »Verdächtige« angezeigt. Viele von ihnen landeten in den Gefängnissen, einige wurden vom rachedurstigen Mob massakriert. Das gegenseitige Mißtrauen war so groß, daß Menschen sich schon wegen Kleinigkeiten denunziert sahen. Ein Augenzeuge berichtet: »Nicht einmal die engsten Freunde wagten es, stehenzubleiben und miteinander zu reden. Die Leute zitterten in ihrer eigenen Wohnung. Wenn man lachte, wurde man beschuldigt, daß man sich über eine schlechte Nachricht für die Republik freue. Weinte man, glaubten die anderen, man weine aus Bedauern über ihr Wohlergehen.«[4]

Die Nationalversammlung, die im Juli des Jahres 1789 aus den Generalständen hervorgegangen war, wurde im Oktober 1791 von der gesetzgebenden Nationalversammlung abgelöst. Aufgrund von Maximilien Robespierres erfolgreicher Eingabe, daß kein Deputierter der Konstituante wiedergewählt werden solle, fanden sich in der gesetzgebenden Nationalversammlung ungleich mehr Sympathisanten der Revolution als in ihrer Vorgängerin. Dennoch arbeitete die Konstituante weiterhin mit einem zunehmend verdächtigen König zusammen, dem nach einem fehlgeschlagenen Fluchtversuch kaum mehr jemand traute. Im April 1792 erklärte die Versammlung jenen ausländischen Mächten den Krieg, die die ins Ausland geflohenen Brüder des Königs unterstützten. Im Frühjahr und Sommer jenes Jahres verstärkten sich die Spannungen zwischen dem Hof und der gesetzgebenden Nationalversammlung, die jedoch noch immer zögerte, den König abzusetzen.

Am 10. August 1792 entschied jedoch das Volk von Paris über sein Schicksal. In der Nacht davor hatte sich die revolutionäre Kommune gebildet, die die amtierende Regierung der Stadt ablösen sollte. Um den König zu schützen, hatte der Befehlshaber der Nationalgarde seine Truppen um die Tuilerien postiert, in denen die königliche Familie wohnte. Nachdem man ihn zu Verhandlungen mit der Kommune ins Rathaus gerufen hatte, wurde der Befehlshaber gefangengenommen und anschließend ermordet; seine Befehle an die Nationalgarde wurden annulliert. Dann erfolgte der bewaffnete Angriff der Kommune auf die Tuilerien. Es kam zu einem Massaker, bei dem sechshundert königstreue Angehörige der Schweizer Garde entweder erschossen oder vom Pöbel verstümmelt wurden. Robespierre beschrieb diese Revolte stolz als »die schönste Revolution, mit der die Menschheit je geehrt wurde«.[5] Mit dem Sturz der Monarchie löste sich die gesetzgebende Versammlung auf, um Neuwahlen für einen Nationalkonvent zu ermöglichen, der dann im September zusammentrat.

Inzwischen waren die Pariser Gefängnisse überfüllt mit Royalisten, »unbelehrbaren« Priestern, die sich der Revolution entgegengestellt, und jenen Mitgliedern der Schweizer Garde, die das Massaker am 10. August überlebt hatten. Diese Gefangenen wurden nicht vor ein Gericht gestellt; vielmehr nahm sich die Kommune der Angelegenheit an. Zwischen dem 2. und dem 6. September zogen Horden bezahlter Mörder von einem Gefängnis zum anderen. Vor den Gefängnissen floß das Blut buchstäblich in die Gosse.

Die Abgeordneten des neugewählten Nationalkonvents versammelten sich zwei Wochen nach dieser Gewaltorgie zur konstituierenden Sitzung. Es überrascht kaum, daß der Konvent der Revolution sogar noch aufgeschlossener gegenüberstand als seine Vorgängerin. Jeder, der gegen den Sturz der Monarchie protestiert hatte, war von der Kandidatur ausgeschlossen worden, und nur wenige Royalisten wagten es, sich um ein Mandat zu bewerben. Die Linke hatte die Macht im Land.*

Der Sturm auf die Bastille (14. Juli 1789). In dieser Festung, lange Zeit ein Symbol der Despotie der Bourbonen, waren einige der berühmtesten Vertreter der Aufklärung, darunter auch Voltaire, eingekerkert.

## Ursachen des Terrors

Innerhalb des Nationalkonvents bildeten sich zwei vage umrissene Parteien. Die »Gironde«, eine Bezeichnung, die darauf zurückgeht, daß ihre Führer aus Bordeaux, dem Gebiet der Gironde, stammten, kam zuerst an die Macht. Die Partei, die der Gironde die Macht schließlich entwand, war die »Bergpartei«, so genannt, weil sie die obersten Bänke der Nationalversammlung besetzt hielt. Zwischen diesen rivalisierenden Fraktionen befanden sich – sowohl ideologisch als auch räumlich – die vorsichtigen und zurückhaltenden Abgeordneten der »Ebene«, die am weitesten unten in der Versammlung saßen. Die Schreckensherrschaft hatte ihren Ursprung im ideologischen Kampf zwischen Girondisten und Montagnards (den Abgeordneten der Bergpartei).[6]

Die Girondisten wollten die Septembermörder vor Gericht stellen. Die Montagnards dagegen plädierten für Nachsicht; sie stellten sich vor die

---

* Die politischen Bezeichnungen »links« und »rechts« in ihrer heutigen politischen Bedeutung stammen aus der Französischen Revolution. In der gesetzgebenden Nationalversammlung saßen die Vertreter der beiden widerstreitenden Richtungen an den gegenüberliegenden Seiten der Halle, die Konservativen in den Bänken auf der rechten Seite. Als der Nationalkonvent an einem neuen Versammlungsort zusammentrat, zögerten die neuen Abgeordneten, auf der rechten Seite Platz zu nehmen, aus Furcht, man könnte sie royalistischer Sympathien bezichtigen. Schließlich gruppierten sie sich vertikal, wobei die radikalsten Abgeordneten die Bänke am oberen Ende des Saals einnahmen.

 Kommune, die Regierung der Stadt Paris, die die Massaker veranlaßt hatte. Der Streit ist um so rätselhafter, als die Patrioten aus beiden Parteien die Revolution bis dahin in relativer Eintracht unterstützt hatten. »Die neu gewählten Abgeordneten der Provinzen«, schreibt die Historikerin Mona Ozouf, »sahen ungläubig zu, wie sich jene, die vorher Seite an Seite gegen Despotismus und Aristokratie gekämpft hatten, nun gegenseitig zerfleischten.«[7]

Im Frühsommer 1793 konnte die Bergpartei den Girondisten, die die wachsende Gewalttätigkeit der Revolution einzudämmen suchten, die Macht entreißen. Mit Zustimmung der radikalen Montagnards wurde der Nationalkonvent am 2. Juni 1793 von Soldaten der Nationalgarde umstellt. Sie versperrten die Ausgänge, so daß niemand das Gebäude verlassen konnte, und mehr als einhundert geladene Kanonen wurden auf die Tür gerichtet. Eine wütende Menge (geschätzt wurden 80 000 Menschen) verlangte die Verhaftung der girondistischen Führer, von denen 29 widerstrebend der Garde übergeben wurden. Fünf Monate später wurden diese Männer in einem Schnellverfahren verurteilt und durch die Guillotine hingerichtet. Weitere 75 Abgeordnete, die es gewagt hatten, gegen die gesetzeswidrigen Verhaftungen zu protestieren, wurden ihrerseits festgenommen und aus dem Nationalkonvent ausgeschlossen.

### *Marxistische Erklärungen*

In Übereinstimmung mit der marxistischen Theorie wird die Französische Revolution allgemein als die klassische bürgerliche Revolution betrachtet.[8] Albert Mathiez schrieb zu Beginn dieses Jahrhunderts, die Revolution sei »im Grunde ein Klassenkampf« gewesen. Auch andere französische Historiker haben sich zu dieser Auffassung bekannt, wenngleich auch mit Einschränkungen.[9] Quantitative Studien der letzten Zeit haben gezeigt, daß solche sozioökonomischen Differenzen, sofern es sie überhaupt gibt, nur schwer zu verifizieren sind. Bei beiden politischen Gruppen handelte es sich eindeutig um Angehörige der Mittelschichten – Anwälte, Geschäftsleute, Ärzte und Kleriker. Nur ein Prozent der Deputierten im Nationalkonvent entstammten der Arbeiterklasse.[10] Im Gegensatz zur landläufigen Meinung waren die Aristokraten nicht die Hauptopfer des Terrors. Vierundachtzig Prozent der Exekutierten waren vielmehr Bürgerliche – Händler, Handwerker und Bauern.[11] Patrice Higonnet faßt die historischen Befunde wie folgt zusammen:

> »Versuche, Girondisten und Montagnards nach ihren [politischen] Prinzipien oder nach ihrer sozialen Klasse zu unterscheiden, ergaben nur wenig systematisches Material, und die Dürftigkeit der Ergebnisse ist um so auffälliger, als die Studien sehr umfassend angelegt waren … Im großen und ganzen läßt sich sagen, daß sowohl die Rechte als auch die Linke sich aus einer einzigen Klasse rekrutierten und daß sie ein gemeinsames Weltbild teilten.«[12]

Der Aufstand des 2. Juni 1793. An diesem Sonntag konnten sich viele Arbeiter der großen Menge anschließen, die sich vor dem Nationalkonvent zusammengefunden hatte. Sie forderten vor allem die Verhaftung der girondistischen Führer. Der girondistische Abgeordnete Jean-Denis Lanjuinais, der dazu aufrief, doch etwas zu unternehmen, wurde – wie die Abbildung zeigt – von einigen Montagnards vom Podium gezerrt. Inzwischen schwenkte der Pöbel, der in den Versammlungssaal eingedrungen war, Heugabeln und Spieße. Widerstrebend lieferten die im Nationalkonvent eingeschlossenen Abgeordneten die girondistischen Führer aus. Nun war, wie es ein Abgeordneter formulierte, Terror »an der Tagesordnung«.

Kurz: Was auch immer Girondisten und Montagnards voneinander trennte, ihre Zugehörigkeit zu verschiedenen sozialen Klassen oder irgendwelche anderen offensichtlichen sozialen Unterschiede spielten keine Rolle. Einige Akteure der Französischen Revolution waren sich dieser Tatsache durchaus bewußt. Ihnen erschien die Revolution vielmehr wie eine Seuche, die Zwietracht zwischen Freunden und Familienmitgliedern säte.[13] Der große girondistische Redner Pierre Vergniaud wies im Frühjahr 1793 auf diesen heimtückischen Charakter der Schreckensherrschaft hin: Die Revolution gleiche »dem Gott Saturn, der seine eigenen Kinder verschlingt«.[14]

Auf innerfamiliäre Konflikte weisen hingegen zahlreiche Geschichten aus dem Kreis der Deputierten hin. Barères republikanische Überzeugung etwa zerstörte seine Ehe.[15] Le Bons radikale Ansichten sollen seine fromme Mutter in den Wahnsinn getrieben haben.[16] Joseph Lacanal wiederum stammte aus einer weitläufigen Familie, die »noch royalistischer gesinnt war als der König«.[17] Um sich von den anderen Familienmitgliedern, darunter auch vier älteren königstreuen Brüdern, abzugrenzen, änderte er die Schreibweise seines Namens in »Lakanal«. Viele Abgeordnete sahen sich genötigt, peinliche Verbindungen zu royalistischen Eltern, Kindern oder Geschwistern erklären zu müssen.[18]

Als der Terror zunahm, wurden einige der Deputierten für ihre eigenen Geschwister zu tödlichen Feinden. Der Abgeordnete Jean Duprat überwarf sich 1791 mit seinem älteren Bruder Louis. Dieser war am Massaker an den inhaftierten Royalisten in Avignon beteiligt gewesen, während Jean, der Girondist, versuchte, der wachsenden Gewalt Einhalt zu gebieten. Der ältere Duprat behauptete schließlich, die Freunde seines Bruders hätten versucht, ihn zu ermorden, und präsentierte im Jakobinerclub seine blauen Flecken. Jean Duprat, der gezwungen war, sich vor dem Nationalkonvent zu rechtfertigen, erzählte die schmutzige Geschichte eines Konflikts zwischen zwei Brüdern. Daraufhin denunzierte der ältere Bruder den jüngeren im April 1793 wegen dessen »gemäßigter Haltung«. Aufgrund dieser öffentlichen Anschuldigung im Jakobinerclub wurde Jean Duprat drei Monate später verhaftet und zusammen mit den anderen führenden Girondisten auf der Guillotine hingerichtet.[19]

Marie Joseph Chénier, ebenfalls Abgeordneter, war in eine heftige politische Auseinandersetzung mit seinem älteren Bruder, dem berühmten Dichter André Chénier, verwickelt, der auf seiten der Royalisten stand. Als dieser schließlich während der Schreckensherrschaft verhaftet wurde, unternahm Marie Joseph nichts, um ihn vor dem Tod zu bewahren. Nur zwei Tage vor Robespierres Sturz wurde André Chénier hingerichtet. In Zeitungen und selbst auf Schmierereien an seiner Haustür konnte Marie Joseph lange Zeit die Anklage lesen: »Kain, wo ist dein Bruder?« Tatsächlich jedoch hatte Marie Joseph gar keine Möglichkeit, seinem älteren Bruder zu helfen, den er bereits zuvor einmal vor den Behörden versteckt hatte. Als Verbündeter Dantons, der kurz zuvor auf Befehl Robespierres und des Wohlfahrtsausschusses hingerichtet worden war, galt der jüngere Chénier selbst als Gegner der Schreckensherrschaft. Als ihn seine Eltern drängten, zugunsten des Bruders zu intervenieren, entgegnete er, es sei besser, der Bruder würde einfach im Gefängnis »vergessen«, als daß sie auf ihn aufmerksam machten. Die Eltern hielten sich indes nicht an diesen Rat und schrieben ein Gnadengesuch an den Wohlfahrtsausschuß. Diese Verzweiflungstat besiegelte Andrés Schicksal am Vorabend von Robespierres Sturz.[20]

Bislang haben sich die Historiker nicht entschließen können, innerfamiliäre Zerwürfnisse ebenso wie sozioökonomische Deutungen der Schreckensherrschaft in Betracht zu ziehen.[21] Aber immerhin haben bereits einige Historiker das in diesem Konflikt häufige Motiv des »Brudermords« hervorgehoben.[22] Jacqueline Chaumié bezeichnete die Schreckensherrschaft als den »radikalen Bruch zwischen verfeindeten Brüdern«, die »zwei ›Denkfamilien‹«[23] vertreten hätten. Dieser Sicht stimmt Patrice Higonnet zu, der in der sozialen Nähe zwischen Gironde und Bergpartei den eigentlichen Grund dafür sieht, daß dieser Kampf so »brudermörderisch und erbarmungslos«[24]

**Anteil der Erstgeborenen in den großen politischen Parteien während der Zeit der Französischen Revolution (1789-1794)**

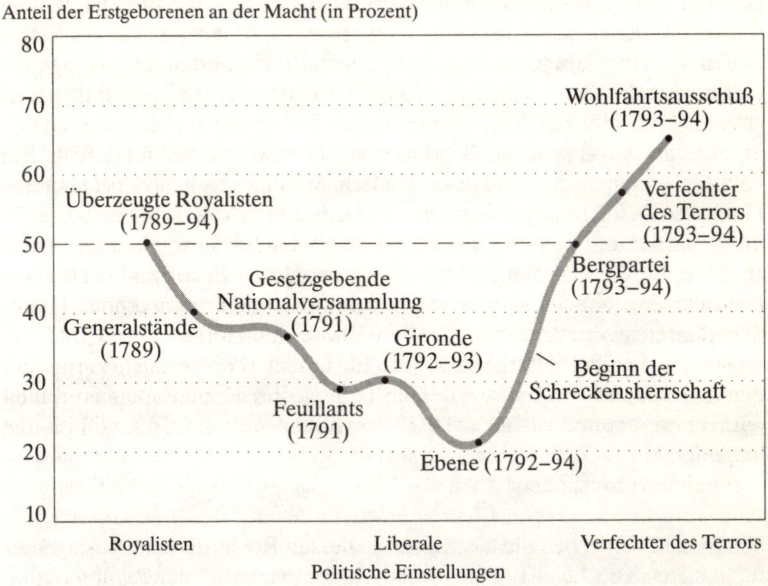


Abb. 13.1 Entwicklung des durchschnittlichen Anteils der Erstgeborenen in den wichtigsten politischen Parteien im Verlauf der Französischen Revolution (1789-94). Die Beziehung ist ausgeprägt kurvilinear. Erstgeborene dominieren sowohl das Lager der extrem Konservativen wie auch das der extrem Radikalen.
Der Bruch zwischen Girondisten und Montagnards ereignete sich Anfang 1793 und führte, verursacht durch den Prozeß gegen den König, zur repressiven Politik der Schreckensherrschaft. Unter der Führung Robespierres und des Wohlfahrtsausschusses brachte die Schreckensherrschaft ganz deutlich die Politik der Erstgeborenen zum Ausdruck.
Der nicht-lineare Effekt erklärt sich daraus, daß die »radikale« Haltung während der Schreckensherrschaft keine »liberale« Position war. Die Erstgeborenen versuchten, ihre Unterstützung der Revolution durch Gewaltbereitschaft zu demonstrieren, nicht durch ein Eintreten für eine liberale Politik.

geführt worden sei. Französische Historiker verwenden die Anspielungen auf den »Brudermord« oft als Metapher in dem Versuch, die sinnlose Gewalt der Schreckensherrschaft zu beschreiben. Dieser Kampf auf Leben und Tod war jedoch nicht metaphorisch, sondern real. Innerhalb des Nationalkonvents wandten sich die Deputierten auf eine Weise gegeneinander, die *systematische Geschwisterdifferenzen* erkennen läßt. Die meisten dieser Unterschiede können dem Einfluß der Geburtenfolge zugeschrieben werden.

Es gibt zwei einfache Möglichkeiten, um nachzuweisen, daß die Geburtenfolge auch in der Französischen Revolution eine bedeutende Rolle spielte. Die erste besteht in der Analyse der wichtigsten politischen Parteien, die zu jener Zeit um die Macht kämpften. Der zweite, noch deutlichere Indikator für den Einfluß der Geburtenfolge ist das Wahlverhalten im Nationalkonvent. Dank eines glücklichen historischen Zufalls – der Tatsache, daß bei wichtigen Entscheidungen namentlich abgestimmt und die Namen festgehalten wurden – können wir diesen zweiten Test anwenden.

Je weiter die Revolution um sich griff, desto mehr »Liberale« (und Spätergeborene), wurden in jede neue Körperschaft gewählt (vgl. Abb. 13.1).[25] Überzeugte Royalisten, die die Macht bis 1789 innegehabt und sich der Revolution vehement entgegengestellt hatten, waren weitgehend Erstgeborene. Unter den Delegierten der Generalstände, die die Revolution im Juli 1789 in Gang setzten und während ihrer ersten Phase leiteten, war bereits ein etwas größerer Anteil an Spätergeborenen zu verzeichnen. In der gesetzgebenden Nationalversammlung stieg der Anteil an Spätergeborenen erneut. Dieser Trend erreichte im dritten Revolutionsjahr seinen Höhepunkt. Damals gelangten die Feuillants für kurze Zeit an die Macht. Ihr Name geht zurück auf den Konvent der Feuillants, in deren Kirche sie ihre Versammlungen abhielten.[26] Diese Gruppe mit einem besonders hohen Anteil an Spätergeborenen vereinigte jene »Gemäßigten«, die sich im Sommer 1791 vom militanten Jakobinerclub abgespalten hatten.

Schon bald vertrieben die Girondisten, die den Krieg mit dem Ausland befürworteten, die Feuillants aus ihrer Machtstellung. Unter ihren Führern fanden sich proportional etwas mehr Erstgeborene als unter denen der Feuillants. Verglichen mit der royalistischen Opposition allerdings waren die Girondisten eine von Spätergeborenen geprägte Gruppe. Sie sahen im Krieg ein Mittel, die Einheit der Nation wiederherzustellen und die wachsende Feindseligkeit der Bürger gegen die wahren Feinde der Revolution zu lenken – gegen jene ausländischen Mächte, die aus Furcht vor einem Überschwappen des republikanischen Gedankenguts die Revolution einzudämmen suchten. Zu den bekannten Girondisten zählen Jacques Pierre Brissot, das dreizehnte von siebzehn Kindern, und Jean Marie Roland de la Platière, der jüngste von fünf Söhnen. Pierre Victurnien Vergniaud, der bedeutende girondistische Redner, war das jüngste von zwei Kindern.

Im Nationalkonvent findet man unter den nachgiebigen und zurückhaltenden Abgeordneten der Ebene den größten Anteil an Spätergeborenen. Diese gemäßigten Revolutionäre waren meist mittlere Kinder. Dagegen schlossen sich die Letztgeborenen im allgemeinen einer der beiden extremen Fraktionen an.[27] Die Ebene war zu zaghaft, um die Kontrolle über den Nationalkonvent ausüben zu können, aber ihre Mehrheit gab den Ausschlag dafür, wer sich im Konvent durchsetzen konnte. Die Abgeordneten der Bergpartei bezeichneten diese vorsichtigen Gemüter verächtlich als »Sumpfkröten«. Wenn Mitglieder dieser Fraktion es tatsächlich wagten, vor der Versammlung zu reden, höhnten die Montagnards über ihr »Gequake«. Da die Ebene zunächst mit der Gironde gemeinsame Sache machte, kam diese Partei vor den Montagnards an die Macht.

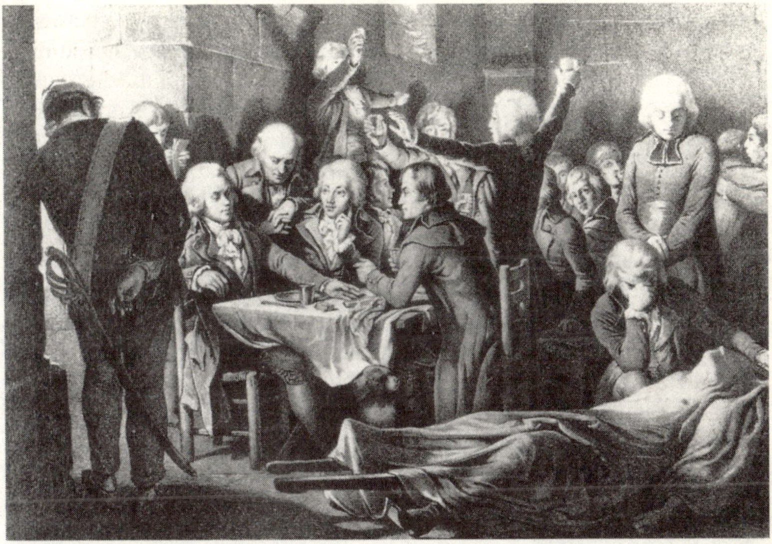

Die letzte Nacht der Girondisten (30. Oktober 1793). Vergniaud, der wortgewaltigste Redner der Girondisten, sitzt am Ende des Tisches (mit dem Gesicht nach vorn gewandt, den linken Arm ausgestreckt). Im Vordergrund rechts ist der Leichnam Valazés zu sehen, der sich selbst erdolchte, nachdem er das Todesurteil des Revolutionstribunals vernommen hatte. Ein Priester und ein erschütterter Genosse blicken auf den Toten herab. Die ganze Nacht über sangen die Abgeordneten Lieder und sprachen leise miteinander. Am nächsten Morgen wurden die 21 Girondisten auf fünf Schinderkarren zum Ort ihrer Hinrichtung geführt. Auf dem Weg sangen sie die »Marseillaise.« Vergniaud, der zuletzt hingerichtet wurde, sang bis zum Ende. Als die »heilige Stimme« Vergniauds verstummte, schrieb der französische Historiker Jules Michelet, »war es, als ersterbe die Stimme der Republik und des Rechts« (zitiert nach Bowers, *Pierre Vergniaud*, S. 496).

Der Sieg der Bergpartei markierte einen Einschnitt; nun begann die Rückkehr der Erstgeborenen an die Macht. Wieder wurde Frankreich, jetzt unter der »revolutionären Diktatur« Robespierres und der Schreckensherrschaft, politisch von Erstgeborenen beherrscht.[28] Während der Schreckensherrschaft überstieg der Anteil der Erstgeborenen sogar den der königstreuen Opposition. Führende Repräsentanten der Jakobinerdiktatur wie der blutdürstige Jean-Paul Marat hatten mit Ludwig XVI., ihrem erstgeborenen Tyrannen, mehr gemein, als sie dachten.[29]

Der Bruch zwischen Girondisten und Montagnards lag nicht in widerstreitenden ideologischen Zielen begründet, sondern folgte aus den unterschiedlichen Vorstellungen über die richtige Taktik. Als die Französische Revolution auf die Schreckensherrschaft zusteuerte, wurde sie »radikaler«, weil ihre Vertreter eine immer größere Außengerichtetheit und Militanz an den Tag legten, nicht weil sie liberaler oder freiheitsliebender gewesen wären. Der Sturz und die Enthauptung der führenden Girondisten resultierte aus ihren zum Scheitern verurteilten Versuchen, diesen Prozeß aufzuhalten. Die politische Spaltung ging auf Geschwisterdifferenzen und nicht auf Klassenkonflikte zurück.

### *Der Wohlfahrtsausschuß*

Drahtzieher der Schreckensherrschaft waren die zwölf ständigen Mitglieder des Wohlfahrtsausschusses. Sieben von ihnen waren Erstgeborene; in keiner großen politischen Fraktion der Revolutionszeit hatten Erstgeborene einen größeren Anteil. Robert R. Palmer schrieb eine kollektive Biographie über die »zwölf Herrscher«: fast alle seien sie »Autokraten, argwöhnisch und reizbar« gewesen – typische Eigenschaften Erstgeborener.[30] Zu den Erstgeborenen im Ausschuß gehörten Barère, Billaud-Varenne, Collot d'Herbois, Hérault de Séchelles, Prieur de la Côte d'Or, Saint-Just und Robespierre. Barère, ursprünglich ein Führer der Ebene, war der größte Konformist der Revolution. »Seine Schwäche bestand darin, daß er sich stets auf die Seite der Erfolgreichen schlug. Er war noch in seinem Schwanken liberal.«[31] Als die Zeit reif war, wandte sich Barère schließlich in einem verzweifelten Versuch, seine Haut zu retten, an Robespierre und andere Vertreter des Terrorregimes. »Da er sein Mäntelchen immer nach dem Wind hängte«, schreibt Georges Lefebvre, »bezog Barère erst im allerletzten Moment Stellung.«[32] Im Gegensatz zu ihm, der erst im Verlauf der Revolution zum Vertreter der Schreckensherrschaft wurde, ließ Billaud-Varennes Charakter den Terroristen, »zu dem er wurde«, klar erkennen.[33] Saint-Just wiederum war »das *enfant terrible* der Revolution«[34]: ein hitzköpfiger, selbstsüchtiger und eingebildeter Mann. Mit neunzehn war er von zu Hause weggelaufen, die Reise nach Paris bezahlte er mit dem Silber seiner Mutter. Wie Billaud-Varenne war auch er ein überzeugter Verfechter des Terrors, da diese Neigung in seiner Persönlichkeit angelegt war. Eugene Curtis beschreibt Saint-Just in seiner Biographie als »kalt und mißtrauisch ... Überall witterte er Verschwörungen, Verrat und Bestechung.«[35] Collot d'Herbois war noch abstoßender. Ein Bekannter beschrieb diesen politischen Fanatiker als »bösartig, hochmütig und rachsüchtig.«[36] Während der Schreckensherrschaft sorgte Collot d'Herbois persönlich für die Hinrichtung von über zweitausend Menschen in Lyon, nachdem dort ein Aufstand der Girondisten niedergeschlagen worden war. An einem Tag ließ er mehr als zweihundert Menschen töten. Die Massenhinrichtungen wurden mit Kanonen durchgeführt, die mit Schrapnellgeschossen geladen waren. Wegen des Rachedurstes, den er in Lyon an den Tag gelegt hatte, nannte man ihn »Tiger«.

Verglichen mit Billaud-Varenne, Collot d'Herbois und Saint-Just war Maximilien Robespierre eigentlich eine sympathische Gestalt – ein Idealist, dessen familiärer Hintergrund und die daraus folgenden charakterlichen Schwächen schließlich die Oberhand gewannen. Robespierres Mutter starb, als der Sohn sechs war, und der Vater überließ seine vier Kinder der Fürsorge

Maximilien Robespierre während einer Sitzung des Nationalkonvents (nach einer Skizze). Unter das Portrait notierte der Künstler: »Augen grün, Gesichtsfarbe blaß, grüngestreifte Nanking-Jacke, Weste blau mit Streifen, Krawatte weiß und rot gestreift.« Robespierre hatte eine »ichbezogene Rhetorik«, die sein aufrechtes Privatleben unterstrich. In seine Rede flocht er »unfehlbar Bekenntnisse zum Märtyrertum und die Aufforderung ein, ... den Tod ... auf sich zu nehmen« (Schama, *Der zaudernde Citoyen*, S. 579). Da er als Kind verlassen worden war, reagierte Robespierre überempfindlich auf Treulosigkeit und war schnell bereit, jene zu bestrafen, die er für Verräter hielt.

von Verwandten. Robespierres Schwester bestätigte die »völlige Veränderung«, die sich an ihrem Bruder nach dem Tod seiner Mutter vollzog. Aus einem sorglosen Jungen sei ein düsterer Bursche geworden, der »sich sozusagen als Familienoberhaupt betrachtete«.[37]

Robespierres Vater hinterließ einen schlechten Ruf und hohe Schulden, was sein ältestes Kind als tiefe Schmach empfand. Als Robespierre im Alter von sechsundzwanzig Jahren in die Akademie von Arras gewählt wurde, hielt er eine bewegende Rede über »Die Schädlichkeit von Vorurteilen, die dazu führen, daß die Niedertracht der Übeltäter an deren Familie und Verwandten haftet«.[38] Robespierre liefert ein eindrucksvolles Beispiel für die radikalen Neigungen Erstgeborener, die auf einen tiefgreifenden Konflikt mit den Eltern zurückzuführen sind.

Robespierres harte Kindheit machte ihn zwar zu einem Liberalen, jedoch keineswegs innengerichtet. Weil er sich weigerte, Kompromisse zu schließen, nannte man ihn den Unbestechlichen.[39] Er wird als ein Mann geschildert, der »nicht leicht verzeihen konnte«, »kalt und abweisend« und »unfähig zu lächeln«.[40] Die Charakterisierungen der Historiker ähneln sich: »Er besaß die Tugenden und Fehler eines Inquisitors. Er liebte die Menschheit, in seinen Nächsten jedoch konnte er sich nicht mitfühlend hineinversetzen.«[41] Solche Eigenschaften finden sich häufig bei Erstgeborenen, die sich zu radikalen politischen Ansichten hingezogen fühlen.

Um zu verstehen, wie es dazu kam, daß mit der Schreckensherrschaft wiederum Erstgeborene zu politischer Macht gelangten, muß man sich vor Augen halten, daß der Schlüssel zu Führungspositionen nach dem September 1792 nicht länger im Kampf um die Freiheit zu suchen ist. Mit den Septembrisaden, den Massakern in den Gefängnissen und vor allem mit dem Prozeß gegen den König, der im gleichen Jahr begann, trat die Revolution in eine Phase ein, die an Unerbittlichkeit mit den Jahren davor nicht zu vergleichen ist. Dieses Stadium zunehmender Gewalt wurde als Phase der »Radikalisierung« beschrieben, ein Begriff, der etwas irreführend ist. Denn bei der Schreckensherrschaft handelt es sich nicht einfach um »Radikalismus«. Die Erstgeborenen unter den Abgeordneten waren generell nicht radikaler als ihre spätergeborenen Kollegen, wenn mit »radikal« »extrem liberal« gemeint ist. In jedem großen Sample, das man auf liberale politische Überzeugungen hin untersucht, sind unter den Liberalen Spätergeborene stets in der Mehrzahl – ein Trend, der sich durch die letzten fünf Jahrhunderte der abendländischen Geschichte hindurch zurückverfolgen läßt.[42]

Die Girondisten waren in einer Reihe gesellschaftlicher Schlüsselfragen deutlich liberaler als die Bergpartei.[43] Im Gegensatz zu den Montagnards zeigten die Girondisten eine positive Einstellung gegenüber Frauen und befürworteten sogar deren aktive Beteiligung an der Politik. Auch an der Abschaffung der Primogenitur hatten sie maßgeblichen Anteil, einer Initiative, die eng mit der Unterstützung der Gleichberechtigung der Frauen verbunden ist.[44] Darum kann Mona Ozouf den Vorwurf der Montagnards, die Girondisten seien Royalisten, nur als »auf tönernen Füßen« stehend bezeichnen.[45]

### *Brüder unter den Abgeordneten*

Unter den 893 in den Nationalkonvent gewählten Abgeordneten befanden sich sechzehn Brüder, die zusammen aufgewachsen waren, so etwa Maximilien und Augustin Robespierre. Die politischen Differenzen, die zwischen diesen sechzehn Mandatsträgern herrschten, lassen sich nicht durch Klassenunterschiede erklären. In zwölf dieser sechzehn Fälle lag die politische Haltung, die die Brüder jeweils einnahmen, vielmehr in der Geburtenfolge begründet. Die jüngeren Brüder schlossen sich den Girondisten oder der

Ebene an, die älteren Brüder der Bergpartei. Noch bemerkenswerter ist, daß kein jüngerer Bruder »links« von seinem älteren Bruder saß. Selbst in einem derart kleinen Sample ist ein solcher Trend statistisch signifikant und stimmt mit der allgemeineren Tendenz im Nationalkonvent als Ganzem überein.[46] 

Bei zweien der drei Brüderpaare, die auf der gleichen Seite saßen, war der jüngere Bruder der gemäßigtere, beispielsweise Robespierres jüngerer Bruder Augustin. In Jean Matrats Biographie heißt es, es sei kaum jemand zu finden, »der sich von Maximilien stärker unterscheidet als er«.[47] Anders als der Unbestechliche, der die Menschen, die ihn umgaben, rigide und intolerant behandelte, erscheint Augustin als wahrer *bon vivant* – seine Freunde nannten ihn auch Bon Bon. Er war Montagnard, jedoch äußerst kritisch gegenüber Vertretern der Schreckensherrschaft wie Fréron, dessen grausame Exzesse er zu zügeln versuchte. Augustin betrachtete die verschiedenen Fraktionen der Bergpartei weitaus toleranter als Maximilien. Vor dem Konvent verteidigte er sogar einige der Feinde seines Bruders, und der Ältere tadelte ihn öffentlich dafür.[48]

### *Fraktionen innerhalb der Parteien*

Der Einfluß der Geburtenfolge ist so tiefgreifend, daß er sogar Spaltungen *innerhalb* von Parteien hervorrufen kann. Mit dem Fortschreiten der Revolution spaltete sich Fraktion um Fraktion ab, und zwar jeweils entlang den Linien der Geburtenfolge. Das begann 1791, als spätergeborene Jakobiner – die Gemäßigten des Clubs – sich zu den Feuillants zusammenschlossen. Aus den Jakobinern ging die Führungsspitze der Girondisten hervor, von denen sich bald die Militantesten abspalteten: die Erstgeborenen der Bergpartei. Selbst in den Fällen, in denen die politischen Führer in der gleichen Partei blieben, kam es entlang der durch Geburtenfolge bestimmten Grenze ständig zu Querelen.[49] Die Erstgeborenen unter den Girondisten waren gewöhnlich militanter als ihre spätergeborenen Parteigänger, die einen Ausgleich mit der Bergpartei anstrebten. Einer der auf Versöhnung bedachten Redner der Girondisten war Pierre Vergniaud: das jüngste Kind seiner Familie. Der Historiker Auguste Kuscinski sieht ihn als »Opfer des Hasses, der Leidenschaft und des Ehrgeizes der Buzot, Guadet und Barbaroux«, die der gleichen Partei angehörten[50] – allesamt Erstgeborene, wie manch andere militante Girondisten auch.

Die Bedeutung der Geburtenfolge wird am deutlichsten am Beispiel der Unabhängigen, einer Fraktion der Bergpartei.[51] Diese Gruppe vereinigte die grausamsten Extremisten des Konvents. In dieser insgesamt äußerst gewaltbereiten Gruppe gab es eine klare Trennung zwischen den militantesten Mitgliedern wie Billaud-Varenne oder Marat und den weichherzigeren »Nachsichtigen«, die versuchten, den Terror zu mäßigen. Zu den berühmtesten Nachsichtigen gehörte Georges-Jacques Danton, den Robespierre im April 1794 enthaupten ließ. Danton war ein revolutionärer Hitzkopf, den die

 Kühnheit seines Denkens vorantrieb. Politisch flexibel, zeigte er »eine Art Unfähigkeit, sich die unterschiedslose Betrachtung von ›Faktionen‹ und ›Verschwörungen‹ zu eigen zu machen, die den Diskurs eines Marat oder Robespierre kennzeichnet«.[52] Danton verspürte auch nicht das Bedürfnis, sich an Menschen, die anderer Meinung waren als er, zu rächen. Im Gegensatz zu Robespierre und anderen Verfechtern des Terrors war er der Auffassung, daß die meisten Menschen »nicht mit der revolutionären Energie geboren« würden und darum auch nicht »als Schuldige behandelt werden« dürften, wenn sie vor militanten Maßnahmen zurückschreckten.[53] Die Fraktion der Unabhängigen läßt sich als die Fraktion der Erstgeborenen im Konvent bezeichnen; unter den Nachsichtigen allerdings finden sich vornehmlich jüngere Söhne.[54]

## Der Prozeß gegen den König.<br>Eine Fallstudie zur Außengerichtetheit

Wie jedes Persönlichkeitsmerkmal läßt sich bei vielen historisch bedeutenden Personen auch die Außengerichtetheit messen. Glücklicherweise haben die Historiker in den zwei Jahrhunderten seit der Französischen Revolution eine eindrucksvolle Sammlung an biographischen Daten zu den wichtigsten Akteuren gesammelt. Ausgehend von einer Vielzahl von Indikatoren, habe ich eine Skala für die Bewertung politischer Außengerichtetheit erstellt. Sie unterscheidet 19 verschiedene, nachweisbare Manifestationen von Militanz, Intoleranz, Rachsucht und anderen der Dimension der »Feindseligkeit« zuzuordnenden Verhaltensformen.[55] Auf Grundlage der maßgeblichen biographischen Quellen zu den Abgeordneten des Nationalkonvents war es mir möglich, alle 893 Mitglieder anhand dieser Skala einzustufen.

Selbst wenn man die Parteizugehörigkeit berücksichtigt, korreliert Außengerichtetheit mäßig mit der Geburtenfolge: Die Erstgeborenen unter den Abgeordneten waren außengerichteter als die Spätergeborenen.[56] Bei den Deputierten, die mittlere Kinder waren, tritt hingegen Innengerichtetheit am stärksten hervor – ein Ergebnis, das meine im vorherigen Kapitel dargestellten Thesen untermauert. Die durch Geburtenfolge bedingten Persönlichkeitsunterschiede lassen uns auch die ständigen politischen Spaltungen verstehen, durch die sich diese engagierten Liberalen untereinander verfeindeten.[57]

Welche Bedeutung haben individuelle psychologische Ausprägungen der Außengerichtetheit im Vergleich zu anderen Faktoren (meist soziologischer Natur), mit deren Hilfe Historiker die Schismen innerhalb des Nationalkonvents zu erklären suchten? Der Prozeß gegen König Ludwig XVI. ist in dieser Hinsicht aufschlußreich. Im Dezember 1792 wurde Louis Capet vor dem Konvent des Verrats angeklagt. Insgesamt beteiligten sich 721 Abgeordnete an der Abstimmung über das Schicksal des Königs; ihr Votum wurde namentlich festgehalten. Seit nahezu zweihundert Jahren untersuchen Histori-

Georges-Jacques Danton mit auf den Rücken gebundenen Händen, auf dem Weg zur Guillotine. Als ein Freund ihn vor seiner bevorstehenden Verhaftung warnte, entgegnete Danton, er werde lieber enthauptet, als selbst jemanden enthaupten zu lassen (Matrat, *Robespierre ou la tyrannie de la majorité*, S. 274). Kurz vor seiner Exekution fragte Danton seinen Henker, ob er einige Verse singen dürfe, die er für diesen Anlaß komponiert hatte. Man gewährte ihm die Bitte, und er »sang mit lauter Stimme eine Strophe über Robespierres Untergang. Danach lachte er, als säße er mit seinen Freunden in seinem Stammcafé.« Seine letzten Worte waren: »Zeigt dem Volk meinen Kopf, es lohnt sich« (Belloc, *Danton*, S. 280).

ker das Abstimmungsergebnis, um dem Rätsel der Schreckensherrschaft auf die Spur zu kommen. Auch die Abgeordneten waren sich dessen bewußt: Diese Abstimmungen kamen einem förmlichen Referendum über die Verschärfung oder Mäßigung der politischen Gewalt gleich.[58]

Obwohl sich eine Handvoll Deputierter der Stimme enthielt, wagte es keiner, die Schuld Ludwigs zu leugnen. Drei weitere Abstimmungen brachten ein äußerst knappes Ergebnis. Bei der ersten ging es um die Frage, ob man die Entscheidung über das Todesurteil dem französischen Volk überlassen solle. Dieser Vorschlag der Girondisten wurde abgelehnt. Das zweite Votum sollte die Form der Bestrafung festlegen: War der König für seine verräterischen Handlungen zum Tode zu verurteilen? Diese Frage wurde bejaht. Und die dritte und entscheidende Abstimmung drehte sich um eine mögliche Begnadigung. Die Führer der Gironde wollten den König am Leben lassen, um eine weitere Radikalisierung der Revolution zu verhindern. Bei der Entscheidung über die Begnadigung stimmten 361 Abgeordnete für den Tod des Königs, 360 dagegen. Eine einzige Stimme gab den Ausschlag für die Hinrichtung des Königs durch die Guillotine.[59] Diese Stimme teilte die Abgeordneten für immer in Befürworter und Gegner des Königsmords und führte zu den Säuberungen, die auf die Abstimmung folgten.

Die spätergeborenen Deputierten – besonders die als mittlere Kinder geborenen – stimmten *für* eine Anhörung des Volkes, *gegen* das Todesurteil und *für* Begnadigung.[60] Unabhängig von der Geburtenfolge votierten innengerichtete Abgeordnete auch dafür, das Leben des Königs zu schonen.[61] Die Wahrscheinlichkeit, daß typische spätergeborene Deputierte für die Hinrichtung des Königs eintraten, liegt lediglich bei 38 Prozent; bei einem erstgeborenen Abgeordneten dagegen liegt sie mit 73 Prozent fast doppelt so hoch.

Zusätzlich zu Geburtenfolge und dem Persönlichkeitsmerkmal Außengerichtetheit habe ich sechs weitere Prädiktoren des Abstimmungsverhaltens im Prozeß gegen den König überprüft; darunter Variablen wie Alter, Parteizugehörigkeit und soziale Schicht oder Klasse, die von Historikern bereits eingehend diskutiert wurden. In Übereinstimmung mit deren Ergebnissen waren die Befürworter des Königsmords dem Lager der Montagnards zuzuordnen, die schon früher als politische Revolutionäre aktiv gewesen und relativ jung waren.[62] Mit dem Einsatz multipler Prädiktoren läßt sich zeigen, daß einige Abgeordnete ungewöhnlich stark gegen den König prädisponiert waren. Die Wahrscheinlichkeit, daß sie für den Tod des Königs stimmen würden, liegt im Fall Maximilien Robespierres bei 97 Prozent, in dem Jean Paul Marats bei 98 Prozent. Hätte der Verteidiger Ludwigs XVI. auf Befangenheit plädieren können, hätte er gut daran getan, junge erstgeborene Abgeordnete ausschließen zu lassen, besonders jene, die dem Lager der Montagnards zuzurechnen waren. Hätten nur zwei von ihnen nicht an der Abstimmung teilgenommen, wäre der König wahrscheinlich mit dem Leben davongekommen.

Berücksichtigt man andere Prädiktoren, stellt man fest, daß weder Schicht- oder Klassenzugehörigkeit, noch Unterschiede der geographischen beziehungsweise der Herkunft aus Stadt oder Land das Abstimmungsverhalten maßgeblich beeinflußt haben.[63] Dieser Befund überrascht um so mehr, als französische Historiker diesen *interfamiliären* Faktoren lange Zeit den größten Einfluß auf die Schreckensherrschaft zugeschrieben haben. Im Nationalkonvent haben die Montagnards die Girondisten wiederholt als aristokratische Provinzler bezeichnet, und die Girondisten konterten, indem sie die Montagnards wegen ihrer anstößigen Verbindung zu den Gewalttätern der Pariser Kommune angriffen.[64]

Obwohl Klasse und Schicht keine entscheidende Rolle beim Abstimmungsverhalten spielen, besteht doch eine Wechselwirkung mit der Geburtenfolge. In der Gruppe der Erstgeborenen stimmten die Abgeordneten der unteren Schichten mit höherer Wahrscheinlichkeit für den Tod des Königs als Angehörige der oberen Schichten. Das Verhalten der Erstgebore-

**Abstimmungsverhalten im Prozeß gegen Ludwig XVI., bezogen auf Schicht und Geburtenfolge**

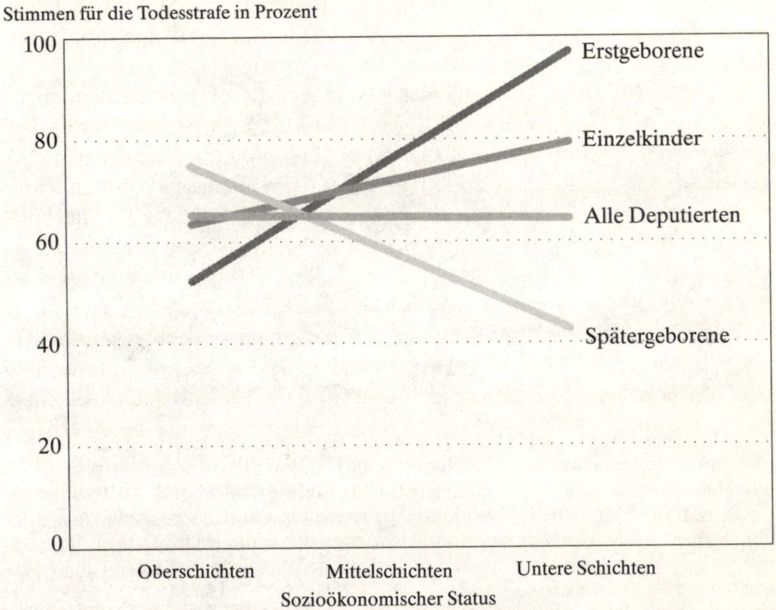


Abb. 13.2. Abstimmungsverhalten im Prozeß gegen Ludwig XVI., geschichtet nach Schicht und Geburtenfolge. Die erstgeborenen Abgeordneten entsprachen den Erwartungen ihrer Schicht. Die Oberschicht-Erstgeborenen stimmten für Begnadigung des Königs, Erstgeborene der Mittel- und Unterschichten votierten für den Tod. Mit ihrer Entscheidung, das Leben des Königs zu schonen, handelten die Unterschicht-Spätergeborenen dem für ihre Schicht typischen Verhalten zuwider. Der Konflikt unter den Abgeordneten war weitgehend ein Konflikt innerhalb von Familien, nicht zwischen Familien.
Die Geburtenfolge hat einen zentralen Einfluß auf das Abstimmungsverhalten; die Zugehörigkeit zu einer bestimmten sozialen Schicht oder Klasse ist nicht so entscheidend. Unter Berücksichtigung dieser beiden Haupteffekte, läßt sich eine statistisch signifikante Wechselwirkung zwischen Geburtenfolge und sozialer Herkunft feststellen.

nen entspricht damit der marxistischen Theorie. Die Spätergeborenen allerdings hielten sich nicht daran und folgten dem entgegengesetzten Trend (Abb. 13.2).[65] Eine einleuchtende Erklärung für dieses Ergebnis liegt darin, daß Erstgeborene sich im allgemeinen den Erwartungen ihrer Schicht gemäß verhalten, während ihre spätergeborenen Geschwister meist genau dagegen rebellieren. Das Problem einer marxistischen Interpretation der Französischen Revolution liegt in ihrem Versäumnis, den Einfluß der Geschwisterdifferenzen zu erkennen.

Berücksichtigt man alle relevanten Prädiktoren für das politische Verhal-

Die Hinrichtung Ludwigs XVI. am 21. Januar 1793. Nachdem der König auf das Schafott gebracht worden war, band der Henker seine Hände auf den Rücken und schnitt ihm das Haar. Kurz vor seiner Hinrichtung versuchte Ludwig noch einmal, das Wort an die zwanzigtausend Menschen zählende Menge zu richten, die sich versammelt hatte, um ihn sterben zu sehen. »Ich sterbe, obwohl ich keines der Verbrechen begangen habe, deren ich angeklagt wurde«, begann er, »und ich bete dafür, daß das Blut, das ihr gleich vergießen werdet, niemals von Frankreich gefordert werden wird...« Mitten in seiner Ansprache wurde der König von einem Trommelwirbel übertönt. Dann band man ihn auf ein Brett und schob ihn unter die wartende Klinge. Nach der Enthauptung präsentierte der Henker dem Volk den blutigen Kopf. Zum Andenken an dieses Ereignis tauchten einige Zuschauer ihre Taschentücher in das Blut des Königs (Schama, *Der zaudernde Citoyen*, S. 699).

ten während der Schreckensherrschaft, gelangt man zu einer gesicherten Schlußfolgerung. Der größte Teil dessen, was wir an individuellem Verhalten in dieser Zeit erklären können, ist eine getreue Widerspiegelung der Geschwisterdifferenzen und -strategien. Oberflächlich gesehen mag die Parteizugehörigkeit als der beste Prädiktor für das Abstimmungsverhalten während des Prozesses gegen Ludwig XVI. gelten, *kausal* betrachtet jedoch spielt die Parteizugehörigkeit eine den Geschwisterdifferenzen untergeordnete Rolle. Benutzt man kausale Modelle, um all diese sich überschneidenden Einflüsse festzuhalten, stellen sich Geschwisterdifferenzen als nahezu doppelt so bedeutsam heraus als alle anderen Prädiktoren für politisches Verhalten zusammengenommen. Die Erklärungen, die man in den letzten beiden Jahrhunderten zur Französischen Revolution gefunden hat, sind mehr oder weniger nur eine Fußnote zum vernachlässigten Einfluß der Geschwisterdifferenzen.[66]

So wie die Ursachen der Reformation gehen auch die der Französischen Revolution auf jahrhundertelange Entwicklungen zurück und sind zum großen Teil Gegenstand der Makrohistorie. Geburtenfolge und Familiendynamik helfen uns bei der Beantwortung einer anderen Frage: Warum begrüßen einige Menschen den radikalen politischen Wandel, den andere vehement ablehnen? Außerdem beleuchtet der Einfluß der Familiendynamik ein anderes merkwürdiges Problem: Nimmt man eine Gruppe von entschiedenen Anhängern der Revolution, warum unterstützen einige von ihnen bereitwillig die drakonischen Gesetze, die die Schreckensherrschaft etablieren, während andere entsetzt vor solchen Maßnahmen zurückschrecken?

Eine reine Sozialgeschichte der Französischen Revolution ist Beschränkungen unterworfen, in denen die Tragödie der Revolution selbst zum Ausdruck kommt. Radikale Umwälzungen gehen meist über soziologische Prädiktoren hinweg, da diese Aufstände Menschen in entgegengesetzte Richtungen treiben, die zusammen aufgewachsen sind. Nicht Klassenkonflikte, sondern Geschwisterdifferenzen führten zur Schreckensherrschaft. Das letztliche Scheitern der Französischen Revolution lag in der Unfähigkeit der Beteiligten begründet, diese Tatsache zu erkennen.

In den ersten Jahren der Revolution ging die politische Macht von erstgeborenen Konservativen auf spätergeborene Liberale über, eine Gruppe, die vergleichsweise innengerichtet war. Spätergeborene waren zwar eifrige Verfechter der revolutionären Sache, allerdings nicht unbedingt bereit, ihre politischen Ziele mit willkürlicher Gewalt durchzusetzen. Diese Abneigung tritt besonders auffällig bei den Abgeordneten der Ebene zutage. Hier waren, proportional gesehen, die meisten mittleren Kinder vertreten, und sie vor allem schreckten vor den militanten Taktiken der beiden anderen Parteien zurück. Als die Revolution immer gewalttätiger wurde, ergriffen mit den Führern der Montagnards außengerichtete Erstgeborene die Macht, während Spätergeborene, nach Michelets Worten, »den Geist der Revolution« nicht länger verkörperten.[67] Als Reaktion auf die zunehmend gewaltsame Bedrohung durch Paris und die Kommune schufen Erstgeborene wie Marat, Robespierre und Saint-Just den rücksichtslosen Apparat des Terrors. Wer es wagte, sich der Schreckensherrschaft zu widersetzen – die wahren Non-Konformisten jener Zeit –, wurde zum Feind des Volkes erklärt und endete unter der Guillotine.[68]

Die Französische Revolution wollte die Gesellschaft nach den republikanischen Idealen »Freiheit, Gleichheit, Brüderlichkeit« formen. Wie sich herausstellte, ließen sich Freiheit und Gleichheit verhältnismäßig leicht erreichen – Brüderlichkeit dagegen war mühsamer zu realisieren. Der Abgeordnete Lanthénas ahnte das Ausmaß dieses Problems, als er feststellte: »Ich sehe nur Brüder, die sich zerfleischen und dies um so unbarmherziger tun, weil sie im Grunde für die gleiche Sache kämpfen – die vollkommenste Freiheit und eine einzige, unteilbare Republik.«[69] Nachdem die Schreckensherrschaft zu einem politischen Kampf zwischen Brüdern geführt hatte, verschlang sie die Gründer der Ersten Republik und ließ, an Stelle des Despotismus, den sie zu Fall bringen wollte, eine neue und ebenso unglückselige Tyrannei entstehen. Was für die Historiker der Französischen Revolution ein ständiges Rätsel war – die brudermörderische Natur des Konflikts – ist in Wirklichkeit dessen, wenn auch abstoßende, Lösung.

Teil IV

# Die Synthese

Kapitel 14

# Gesellschaftlicher und geistiger Kontext

## Der historische Kontext

Gleichgültig, wie umfassend die Untersuchung eines einzelnen historischen Ereignisses sein mag, die Ergebnisse werden stets eine unvollkommene und möglicherweise irreführende Deutung menschlichen Verhaltens bleiben. Selbst bei einer detaillierten Analyse zahlreicher Ereignisse scheint die Vielfalt realer Verhaltensweisen Verallgemeinerungen auszuschließen.

Dies Problem läßt sich beispielhaft am Einfluß der Geburtenfolge auf das Verhalten in revolutionären Situationen verdeutlichen. Im Verlauf einiger Revolutionen ist die Geburtenfolge ein verläßlicher Prädiktor für die Haltung einzelner; in diesen Fällen sind es in der Regel die Spätergeborenen, die den Kreuzzug gegen das Alte anführten. Bei anderen Revolutionen wiederum lassen sich aus der Geburtenfolge keinerlei Rückschlüsse ziehen. Und schließlich gibt es revolutionäre Situationen, in denen der Einfluß der Geburtenfolge gegenläufig zum allgemeinen Trend ist; hier sind Erstgeborene tonangebend im Kampf für den Wandel. Trotz dieser unterschiedlichen Ergebnisse jedoch läßt sich ein *durchgängiges historisches Muster* feststellen. Der Schlüssel liegt in der Bedeutung des jeweiligen historischen Kontextes, den gesellschaftlichen, politischen, religiösen und geistigen Bedingungen, die zu einem bestimmten Zeitpunkt in einem bestimmten, räumlich abgegrenzten Kulturzusammenhang herrschen. Der Einfluß der Geburtenfolge ist stets mit einem spezifischen situativen Kontext verbunden. Über zwei Jahrzehnte habe ich biographisches Material gesammelt, um eine solche kontextbezogene Erklärung des menschlichen Verhaltens vornehmen zu können. So wie ich mich den Ereignissen nähere, kommt deren besonderem Charakter ebensoviel Gewicht zu wie den speziellen Merkmalen der Beteiligten. In diesem Kapitel werde ich die Ergebnisse meiner Untersuchungen zu achtundzwanzig wissenschaftlichen Revolutionen erläutern.

Um menschliches Verhalten in Zeiten eines historischen Wandels zu verstehen, müssen wir die wichtigsten Eigenschaften einer revolutionären Veränderung definieren. »Was macht eine Revolution ›revolutionär‹?« Einige wissenschaftliche Revolutionen waren mit kontroversen ideologischen Konsequenzen verbunden, andere nicht. Die Erfindung des elektrischen Lichts war weder ein »konservativer« noch ein »radikaler« Akt. Edisons Glühbirnen stellten weder die Existenz Gottes in Frage, noch forderten sie die politische Autorität heraus. Dagegen hatte die Entdeckung zuverlässiger Verhütungsmittel eindeutig gesellschaftspolitische Folgen. Das gleiche gilt für Entwicklungen auf dem Gebiet der Biologie, die die Transplantation von

 Fötusgewebe oder künstliche Befruchtung ermöglichen. Was die Reaktion auf die künstliche Befruchtung von der auf Edisons Glühbirnen unterscheidet, das sind die jeweiligen ideologischen Implikationen.

Manche wissenschaftlichen Entdeckungen fordern das menschliche Erkenntnisvermögen auf besondere Weise heraus. Hier ist die Erklärung zu suchen – in der Frage, wie unglaublich sie anfangs erscheinen –, weshalb einige Entdeckungen Jahre brauchen, bis sie akzeptiert werden, während andere ohne weiteres übernommen werden.[1] Man vergleiche nur Alfred Wegeners Theorie der Kontinentalverschiebung, eine kühne Hypothese, die sich erst nach einem halben Jahrhundert durchsetzen konnte, mit der Entdeckung der DNA-Struktur. Das von Watson und Crick 1953 vorgestellte Modell der Doppel-Helix wurde ohne große Auseinandersetzungen akzeptiert. Nachdem Linus Pauling, der eine konkurrierende Theorie zu diesem Thema vertrat, eine Beschreibung der von Watson und Crick entwickelten Molekülstruktur gelesen hatte, überzeugte er sich in nur fünf Minuten von deren Richtigkeit.[2] Crick meinte einmal, die grundlegenden Gedanken, die zum Verständnis der DNA-Struktur führten, seien »lächerlich einfach, wenn man sie richtig darstellt, da sie dem gesunden Menschenverstand nicht zuwiderlaufen, wie dies bei der Quantenmechanik oder der Relativitätstheorie der Fall ist.«[3]

### *Von konservativen Innovationen zu radikalen Revolutionen*

Im Verlauf wissenschaftlicher Revolutionen richten sich die Effekte der Geburtenfolge nach den ideologischen Konsequenzen, die den neuen Ideen innewohnen. Haben neue Theorien gesellschaftlich radikale Folgen, werden sie im allgemeinen von Spätergeborenen befürwortet und von Erstgeborenen verworfen. Im umgekehrten Fall zeigt sich ein entgegengesetzter Trend: Konservative Innovationen werden von Erstgeborenen unterstützt, wohingegen Spätergeborene zu ihren entschiedensten Gegnern gehören.

Die biographischen Daten, die ich über Wissenschaftler gesammelt habe, ermöglichen eine genaue Überprüfung meiner Thesen über den Einfluß der Geburtenfolge und deren Zusammenhang mit Ideologien in der Wissenschaft. Auf der Grundlage von mehr als 19 000 Beurteilungen, die ich von Fachhistorikern habe vornehmen lassen, versuchte ich zu bestimmen, in welchem Maß politische und religiöse Auffassungen die Aufnahmebereitschaft für innovative Theorien beeinflussen. Bei einigen wissenschaftlichen Revolutionen wie etwa der Darwinschen Evolutionstheorie gehörten religiös und politisch Radikale zu den engagierten Befürwortern der wissenschaftlichen Umwälzung. Bei anderen Kontroversen wie der Auseinandersetzung über die Vergletscherungstheorie hatten gesellschaftliche Einstellungen keinerlei nachweisbare Auswirkungen auf die wissenschaftliche Haltung. In wieder anderen wissenschaftlichen Auseinandersetzungen, etwa in der Debatte um die Eugenik, traten religiös und politisch konservativ eingestellte Menschen

James Watson und Francis Crick (rechts) 1953, bei einer Demonstration des von ihnen entwickelten DNA-Modells. Diese Entdeckung ist ein gutes Beispiel für die kreative Lösung eines verzwickten wissenschaftlichen Rätsels, nicht für eine radikale Innovation. Zwar führte die DNA-Forschung von Watson und Crick zu einer Revolution der Molekularbiologie, doch war dieser Fortschritt eher technischer denn radikaler Natur. Von Erstgeborenen entwickelte wissenschaftliche Neuerungen sind mit einer größeren Wahrscheinlichkeit technischer Art und nur selten wegweisende, radikale Revolutionen. In Übereinstimmung mit diesem Trend waren auch Watson und Crick ebenso wie auch Linus Pauling, ihr schärfster Rivale auf dem Gebiet der DNA-Forschung, Erstgeborene.

als die vehementesten Befürworter dieser neuen Anschauungen hervor. Beziehen wir diese Trends in den gesellschaftlichen Einstellungen auf die unterschiedlichen wissenschaftlichen Kontroversen und vergleichen sie mit den Tendenzen, die sich an den Wirkungen der Geburtenfolge erkennen lassen, wird ein auffälliges Muster deutlich: Die Richtung, die der Einfluß der Geburtenfolge nimmt, hängt von den Merkmalen einer wissenschaftlichen Kontroverse ab, die in den gesellschaftlichen Einstellungen Widerhall finden (Abb. 14.1).[4]

Die lineare Beziehung zwischen Geburtenfolgetrends und ideologischen

 Implikationen eröffnet verschiedene Möglichkeiten, meine Thesen zur Geburtenfolge zu überprüfen.[5] So dürfte es in der Geschichte keine gesellschaftlich konservativen Neuerungen geben, die von Spätergeborenen verfochten wurden. Könnte man nur *ein* derartiges Ereignis mit einem signifikanten Trend nachweisen, stünde ich mit meinen Behauptungen vor einer erheblichen Herausforderung. Ebensowenig sind Ereignisse zu erwarten, in denen Erstgeborene radikale Umwälzungen verfechten. Wenn Erstgeborene in der Geschichte zu »Rebellen« wurden, ging es stets darum, Gott wieder im wissenschaftlichen Weltbild zu etablieren oder den gesellschaftlichen Status quo zu befestigen. Die Eugenik wurde deshalb von Erstgeborenen befürwortet, weil diese Reformbewegung sozioökonomische Unterschiede durch eine genetische Theorie zu legitimieren schien. (Das Wort Eugenik stammt aus dem Griechischen und bedeutet »von guter Herkunft«.) Historisch gesehen vertraten Erstgeborene meist die Ansicht, Biologie sei Schicksal. Entsprechend waren Rassen, die zur Minderheit gehören, Frauen und Spätergeborene meist Gegner derart deterministischer Deutungen.

Doch es sind bei weitem nicht nur ideologische Faktoren, die den revolutionären Kontext definieren. Um einige andere Merkmale, mit denen sich wissenschaftliche Innovationen bestimmen lassen, deutlich zu machen, habe ich eine Datenbank mit dreißig Variablen zusammengestellt, die die auffälligsten Merkmale dieser Kontroversen beleuchten.[6] Zusammengenommen liefern diese dreißig Variablen für jede Kontroverse einen einzigartigen »Fingerabdruck«. Ungefähr die Hälfte dieser Variablen bezieht sich auf biographische Merkmale wie Geburtenfolge, Eltern-Kind-Konflikt, Temperament, Verlust eines Elternteils und politische und religiöse Einstellungen. In den vorangegangenen Kapiteln habe ich alle diese biographischen Prädiktoren und ihren Zusammenhang mit Radikalität erörtert.

Meine Datenbank enthält außerdem eine Reihe struktureller Attribute des wissenschaftlichen Wandels. So haben sich manche Kontroversen über mehr als ein ganzes Jahrhundert erstreckt, wohingegen andere im Laufe eines Jahrzehnts entschieden wurden. Einige dieser Innovationen wurden fast ausschließlich von Wissenschaftlern diskutiert, an anderen waren auch zahlreiche Nichtwissenschaftler beteiligt. Bei einigen kamen nationale Unterschiede zum Ausdruck, bei anderen nicht. Einige Umwälzungen ereigneten sich auf dem Gebiet der Physik, andere auf dem der Biologie. Bei keiner wissenschaftlichen Innovation lassen sich für jede der dreißig Variablen die gleichen Werte nachweisen. Jedes Muster ist einzigartig und läßt einen spezifischen historischen Kontext erkennen. Also stellt sich die Aufgabe, zu bestimmen, ob die Unterschiede in diesen historischen Konstellationen von Bedeutung oder zufällig sind.

Ausmaß und Richtung von Effekten der Geburtenfolge in der Wissenschaft werden im allgemeinen von anderen Variablen biographischer Natur vorhergesagt. So sind beispielsweise Weltreisen ein verläßlicher Indikator für Risikobereitschaft und Offenheit für Erfahrung. Entsprechend haben Menschen, die ausgiebig gereist sind, auch einen Sinn für neue wissenschaft-

**Geburtenfolgetrends in der Wissenschaft, bezogen auf die ideologischen Implikationen der Innovation**

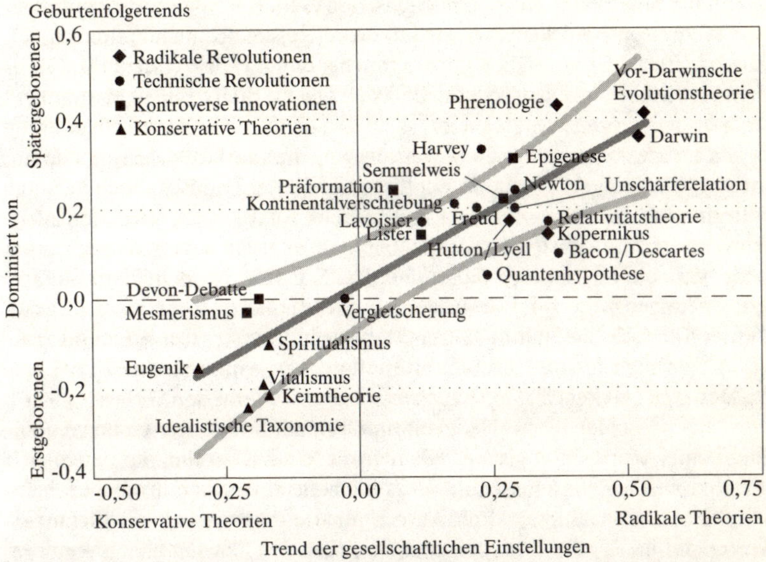


Abb. 14.1 Der Einfluß der Geburtenfolge auf Veränderungen in der Wissenschaft, bezogen auf religiöse und politische Implikationen der jeweiligen Innovation. Die senkrechte Achse zeigt die Korrelation zwischen Geburtenfolge und Akzeptanz wissenschaftlicher Innovationen. Sämtliche Theorien oberhalb der Trennlinie (0.00) wurden von Spätergeborenen unterstützt und von Erstgeborenen bekämpft, wohingegen alle Theorien unterhalb der Linie eine größere Akzeptanz durch Erstgeborene erfuhren. Die waagerechte Achse veranschaulicht die Korrelation zwischen gesellschaftlicher Einstellung und Unterstützung der jeweiligen Innovation. Sämtliche Theorien, die links von der Trennlinie (0.00) liegen, wurden von Konservativen unterstützt und von Liberalen abgelehnt; sämtliche Theorien rechts davon wurden von Liberalen befürwortet und von Konservativen bekämpft. Die Bestimmung der gesellschaftlichen Überzeugungen basiert auf über 19 000 von Fachhistorikern vorgenommenen Beurteilungen der religiösen und politischen Haltung der Beteiligten jeder Debatte.

Diese Analyse erlaubt eine einfache meta-analytische Verallgemeinerung: Je radikaler eine Neuerung in gesellschaftlicher Hinsicht ist, desto eher wurde sie von Spätergeborenen unterstützt und von Erstgeborenen abgelehnt. Die beiden radikalsten Revolutionen der Wissenschaftsgeschichte sind die frühe Evolutionstheorie und der Darwinismus. Beide fanden starke Unterstützung bei Spätergeborenen. Die konservativste Innovation, die ich untersucht habe, ist die Eugenik, eine Theorie, die allgemein von Erstgeborenen bevorzugt wurde. Was man in der Wissenschaftsgeschichte nicht findet, sind zwei Konstellationen: Es gibt keine radikalen Revolutionen, die von Erstgeborenen unterstützt, und keine konservativen Theorien, die von Spätergeborenen befördert wurden.

 liche Theorien. Aus dem gleichen Grund interessieren sich Spätergeborene für innovative Theorien. Dieser Zusammenhang läßt sich sogar bestätigen, wenn die signifikante Korrelation zwischen Geburtenfolge und der Vorliebe für Weltreisen berücksichtigt wird. Sowohl Reisen als auch Geburtenfolge sind deutliche Kennzeichen für die gleiche Tendenz des Verhaltens: Offenheit für Erfahrung. Dazu kommt, daß sich der ideologisch-weltanschauliche Horizont durch Reisen erweitert.

Die Auswirkungen der Geburtenfolge machen sich in stärkerem Umfang bemerkbar, wenn ein weiterer Schlüsselaspekt der Familiendynamik – der Eltern-Kind-Konflikt – für das Ergebnis relevant ist. Beide Variablen lassen eine bestimmte Einstellung gegenüber Autorität voraussagen, auch wenn jede Variable ein anderes biographisches Szenario für den Erwerb dieser Einstellungen widerspiegelt. Allgemeiner formuliert: Wann immer die Geburtenfolge für die Haltung gegenüber Veränderungen von Bedeutung ist, gewinnen auch andere Variablen an Einfluß, die die innerfamiliäre Dynamik reflektieren – Altersabstände zwischen Geschwistern, der Verlust eines Elternteils, Geschlechtszugehörigkeit und Temperament. Die Geburtenfolge stellt eine Art psychologischer Feuerprobe für den Einfluß dieser anderen Prädiktoren dar, die kausal zusammenhängend ein enges Cluster bilden.[7]

Die aussagekräftigsten Prädiktoren für die Auswirkung der Geburtenfolge sind in Tabelle 7 wiedergegeben. Diese Prädiktoren haben eines gemein: *Sie alle sind gute Indikatoren für Kontroversen.* So machen sich die Effekte der Geburtenfolge vor allem in Debatten bemerkbar, an denen viele Teilnehmer beteiligt sind. Ähnlich läßt sich sagen, daß die Geburtenfolge genau in jenen Auseinandersetzungen eine große Rolle spielt, die allgemein als »wissenschaftliche Revolutionen«[8] betrachtet werden. Tatsächlich sind die meisten verläßlichen Prädiktoren für die Akzeptanz wissenschaftlicher Innovationen, etwa Alter und Freundschaft, ebenso wichtige Prädiktoren für den Einfluß der Geburtenfolge auf diese Kontroversen. Jeder der genannten Prädiktoren hilft uns zu erklären, warum Menschen in unsicheren Situationen zu unterschiedlichen Entscheidungen kommen. Wie ein Thermometer summiert die Geburtenfolge die anderen Indikatoren der Kontroverse und bildet sie in einer einzigen Meßgröße für die »revolutionäre Temperatur« ab.

Wie wirkungsvoll sind die Variablen in Tabelle 7, wenn es darum geht, den Einfuß der Geburtenfolge vorauszusagen? Die Antwort läßt sich als multiple Korrelation mit dem Wert 0,90 wiedergeben. Wie jede andere variiert eine auch multiple Korrelation von 0 bis 1,0. Sie unterscheidet sich jedoch darin, daß sie die Aussagekraft von zwei oder mehr Variablen zusammenfaßt. Korrelationen von 0,90 findet man normalerweise nur in Gebieten wie der Physiologie und der Physik, jedoch nicht in der Geschichte oder der Psychologie. Auf historischem Feld liegt der Schlüssel zu großen Korrelationen in der entscheidenden Bedeutung des historischen Kontexts.[9] Wendet man diesen methodischen Schritt auf die Geburtenfolge an, gelangt man zu einer einfachen, jedoch weitreichenden Schlußfolgerung: Je heftiger die Kontroverse

Tabelle 7
**Prädiktoren für Geburtenfolgeeffekte bei 28 wissenschaftlichen Kontroversen**

| Prädiktoren für Unterstützung durch Spätergeborene | Korrelation des Prädiktors mit Unterstützung durch Spätergeborene | Zufallswahrscheinlichkeit des Trends |
|---|---|---|
| *Biographische Prädiktoren* | | |
| Religiöse Einstellung (unterstützt von Atheisten) | 0,58 | geringer als 1:1000 |
| (Ausgiebige) Reisen | 0,53 | geringer als 1:100 |
| Politische Einstellung (unterstützt von Liberalen) | 0,52 | geringer als 1:100 |
| Konflikt mit den Eltern (ausgeprägt) | 0,45 | geringer als 1:100 |
| Alter (unterstützt von Jüngeren) | 0,39 | geringer als 1:33 |
| Persönlicher Kontakt (unterstützt durch Freunde) | 0,39 | geringer als 1:33 |
| *Strukturelle Prädiktoren* | | |
| Stadium der Kontroverse (früh) | 0,54 | Geringer als 1:100 |
| Dauer der Kontroverse in Jahren | 0,45 | Geringer als 1:100[a] |
| Nationale Unterschiede (bedeutende) | 0,40 | Geringer als 1:33 |
| Anzahl der Beteiligten | 0,38 | Geringer als 1:33 |
| Strittigkeit (wenig populäre Theorien) | 0,38 | Geringer als 1:33 |
| Allgemein als »Revolution« bezeichnet | 0,37 | Geringer als 1:20 |
| *Nicht-signifikante Prädiktoren* | | |
| Gescheiterte Theorie | 0,29 | Geringer als 1:10 |
| Konfessionszugehörigkeit | 0,12 | wahrscheinlich |
| Schichtzugehörigkeit | 0,00 | sehr wahrscheinlich |

Anmerkung: *Die Analyseeinheit ist die Effektgröße jedes Prädiktors in 28 wissenschaftlichen Kontroversen.* Die Korrelationen der Tabelle geben den Grad wieder, in dem sich die einzelnen Prädiktoren für die wissenschaftliche Einstellung, etwa die religiöse Einstellung, in der Anwendung auf solche Kontroversen bewähren, bei denen sich ein großer Einfluß der Geburtenfolge nachweisen läßt. Aufgrund der Bedeutung zeitlicher Verläufe habe ich vier dieser 28 wissenschaftlichen Kontroversen in »frühe« und »späte« Phasen unterteilt, wodurch sich 32 Einzelfälle ergeben; diese vier Kontroversen sind die Kopernikanische Wende, die Psychoanalyse, die Quantentheorie und die Eugenik.

a. Diese Korrelation basiert auf dem *absoluten* Wert von Geburtenfolgeeffekten – mit anderen Worten auf dem Grad, in dem sich die Kontroversen gemäß der Geburtenfolge polarisierten, gleichgültig, welche Richtung diese Einflüsse hatten. Theorien, die lange Zeit für ihre Durchsetzung brauchten, führten oft zu einem Bruch zwischen Geschwistern.

 um eine neue Idee, desto größer ist der nachweisbare Einfluß der Geburtenfolge. Als Kennzeichen für die individuell unterschiedliche Offenheit für Erfahrung lassen Geburtsfolgetrends den Pulsschlag des historischen Wandels erkennen.[10]

### *Der Lebenszyklus von Theorien*

Nach der gesellschaftlichen Einstellung ist die jeweilige (frühe oder späte) Phase der wissenschaftlichen Debatte der zweitsicherste Prädiktor für Geburtenfolgeeffekte. Diese nehmen im allgemeinen mit der Zeit ab. Es liegt nahe, diese zeitliche Dimension anhand einer Analyse der »Lebenszyklen« von Theorien zu untersuchen; ich habe dies für einundzwanzig Theorien versucht, die sich durchgesetzt haben, und an denen wir den Wandel von Heterodoxie zu Orthodoxie verfolgen können.

Zu Beginn nehmen Erstgeborene und Spätergeborene zu den meisten wissenschaftlichen Innovationen unterschiedliche Haltungen ein. Wenn neue empirische Belege hinzukommen und neue Experimente zur Überprüfung der Arbeitshypothesen durchgeführt werden, verlieren die durch Geburtenfolge bedingten Differenzen an Bedeutung. Subjektive Erwägungen weichen empirischen Argumenten. Schließlich verschwinden die Unterschiede, die auf die Geburtenfolge zurückgehen, ganz. Das gleiche gilt für die Ablehnung neuer Denkweisen (Abb. 14.2).[11]

Bei den einundzwanzig untersuchten Theorien, die sich durchsetzen konnten, ist der Einfluß der Geburtenfolge auf die Akzeptanz neunfach höher als der neuen Beweismaterials. Die meisten Abweichungen im Rezeptionsverhalten hängen mit den bereits existierenden unterschiedlichen Einstellungen gegenüber Innovationen zusammen und sind weniger Ausdruck eines allmählichen Überzeugt-Werdens. Anders ausgedrückt: Einige Menschen (junge Wissenschaftler, liberal eingestellte Menschen und Spätergeborene) müssen, offenbar wegen ihrer schon bestehenden Bereitschaft, Veränderungen zu akzeptieren, nicht bekehrt werden.

Diese auffallenden Ergebnisse legen nahe, daß es für den wissenschaftlichen Fortschritt weniger auf Rationalität als auf subjektive Erwägungen ankommt. In der Praxis aber kann man diese Unterscheidung nicht so klar und deutlich treffen. Die Geburtenfolge bedingt verschiedene Strategien des Weltverständnisses. Darwin zufolge fördert die Evolution innerhalb der meisten Arten eine extreme Vielfalt, damit diese in unterschiedlichen und unvorhersehbaren Umgebungen überleben können; in den zwischenmenschlichen Beziehungen innerhalb der Familie setzt sich dieser Prozeß der Ontogenese fort. Das hat zur Folge, daß die Menschen auf deutlich unterschiedliche Weise zur Anpassung fähig sind, um die Probleme zu bewältigen, vor die sie das Leben stellt. In der Wissenschaft verhält es sich ähnlich. Es gibt nicht nur einen Weg, ein wissenschaftliches Rätsel zu lösen.[12]

**Aufnahmebereitschaft für wissenschaftliche Theorien im Zeitverlauf, bezogen auf die Geburtenfolge**

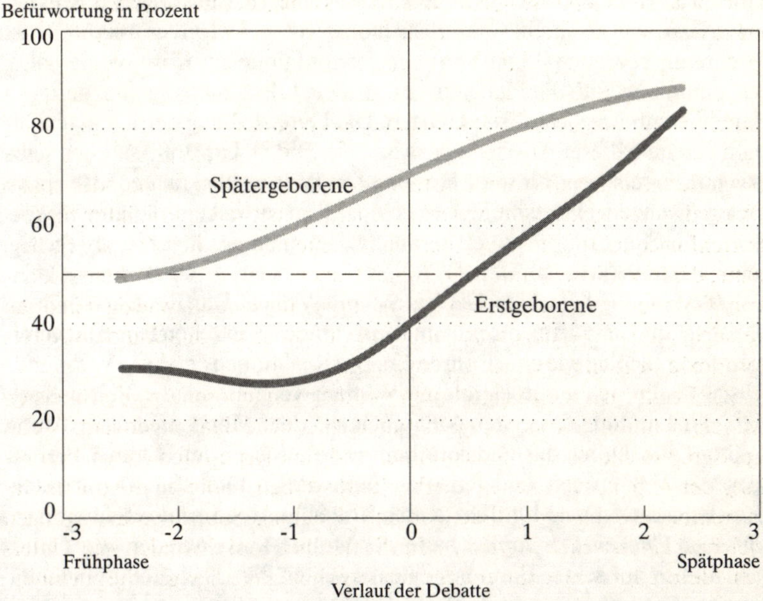


Abb. 14.2 Die »Lebensgeschichte« wissenschaftlicher Kontroversen. Die Abbildung stellt die Rezeption von 21 erfolgreichen Theorien bezogen auf die Geburtenfolge dar, die individuelle Unterschiede in der Offenheit für Erfahrung wiedergibt. Die horizontale Achse bezeichnet den jeweiligen Zeitraum, der für jede Debatte standardisiert ist (mit Hilfe von *z*-Werten). Die mittlere Dauer dieser 21 Kontroversen lag bei 75 Jahren. Jede Einheit auf der horizontalen Achse steht für 15 Jahre.
Die Wissenschaftler unterscheiden sich, bedingt durch die Geburtenfolge, deutlich in ihrer Offenheit für Neuerungen, doch verlieren diese Unterschiede zunehmend an Bedeutung, je mehr diese Theorien durch empirische Belege gestützt werden.

### *Weshalb Galilei siegte*

Die Kopernikanische These, daß die Erde sich um die Sonne drehe, fußte auf astronomischen Daten, die bereits seit Jahrhunderten vorlagen. Zur Zeit des Kopernikus gab es keine direkte Möglichkeit, seine Theorie zu beweisen, und nur wenige Astronomen nahmen seine Behauptungen ernst.

In dem halben Jahrhundert nach Kopernikus' Tod wurden eine Reihe wichtiger astronomischer Entdeckungen gemacht, die der Debatte über seine gewagte Behauptung eine neue Richtung wiesen.[13] Zunächst war es ein neuer Stern, der 1572 am Himmel auftauchte. Der aristotelischen Theorie zufolge aber war der Himmel unveränderlich. Noch problematischer erwiesen sich für traditionelle Astronomen sechs Kometen, die zwischen 1577 und 1596 beobachtet werden konnten. Durch die Demonstration der Parallaxe vor dem Hintergrund des Fixsternhimmels bewies der dänische Astronom Tycho Brahe, daß diese Kometen keine Erscheinungen der Erdatmosphäre sein konnten, sondern sich oberhalb des Mondes frei durch den Weltraum bewegten.[14] Die Vertreter der traditionellen Kosmologie hatten angenommen, daß die Planeten, von großen, kristallinen Sphären getragen, um eine unbewegliche Erde kreisten. Die Untersuchung der Kometenbahnen bereitete dieser Anschauungsweise ein Ende.[15] Um 1600 sah sich selbst Tycho, ein reizbarer, für seine konservative Weltsicht bekannter Erstgeborener, gezwungen, ein kosmologisches Modell zu entwickeln, das alle kopernikanischen Neuerungen zuließ bis auf die Behauptung, die Erde bewege sich um die Sonne (Abb. 14.3).[16]

Im März 1610 erschien Galileis *Siderius Nuntius*. Das Buch, das sich auf Beobachtungen stützte, die ihm mit dem gerade erfundenen Fernrohr gelungen waren, schlug wie eine Bombe ein. Die Reaktionen auf diese Veröffentlichung lassen sich nur noch mit der Wirkung vergleichen, die die Nachricht von der Landung des ersten Menschen auf dem Mond dreihundert Jahre später hatte. Durch das Fernrohr betrachtet erschien der Himmel alles andere als vollkommen; und genau das hatte die aristotelische Theorie lange Zeit behauptet. Den Mond entstellten Krater, und die Sonne war übersät mit dunklen Flecken. Der Jupiter hatte vier Monde, und wenn der »wandernde Stern« sich auf seiner Bahn bewegte, bewegten diese sich mit. Diese unerwartete Entdeckung entkräftete ein Argument, das lange Zeit gegen die Behauptung vorgebracht worden war, daß die Erde sich bewege.

Tychos Beobachtungen zu den Kometenbahnen betrafen flüchtige Phänomene, die von anderen Astronomen angezweifelt werden konnten. Galileis Entdeckungen mit dem Fernrohr ließen sich jedoch nicht von der Hand weisen. Um größere Unterstützung für seine Kopernikanische Weltsicht zu gewinnen, stellte Galilei eifrig Fernrohre her und sandte sie an einflußreiche Personen.[17] Als die katholische Kirche 1616 die Kopernikanische Theorie verbieten ließ, wählte sie den falschen Ansatzpunkt: Sie hätte Fernrohre mit dem Bann belegen sollen.

Das Auftauchen neuer astronomischer Beweise nach 1572 bietet einen guten Prüfstein für die verschiedenen Faktoren, die bestimmen, welche Theorie ein Wissenschaftler vertreten wird. Liegen nur wenige Beweise für eine neue Theorie vor, entscheiden die Menschen nach ihrem Gefühl. Für solche Entschlüsse ist die Geburtenfolge meist ein guter Prädiktor. Ihre Aussagekraft nimmt aber ab, wenn sich Belege finden, die die eine oder die andere Theorie stützen. Genau diese Entwicklung vollzog sich im Verlauf von Galileis wissenschaftlicher Karriere. Zwischen 1572 und 1610 nimmt der Einfluß der Geburtenfolge ständig ab. Es gab zu viele astronomische Indizien, die in die eine Richtung deuteten. Erstgeborene, von der Lawine der Empirie überrollt, ließen von ihrem Widerstand gegen die Theorie des Kopernikus ab und verwarfen am Ende das gesamte bis dahin geltende System.

Der Erstgeborene Galilei ist dafür exemplarisch. Obwohl Galilei seit den

**Aufnahmebereitschaft für die Kopernikanische Theorie nach Jahr und Geburtenfolge**

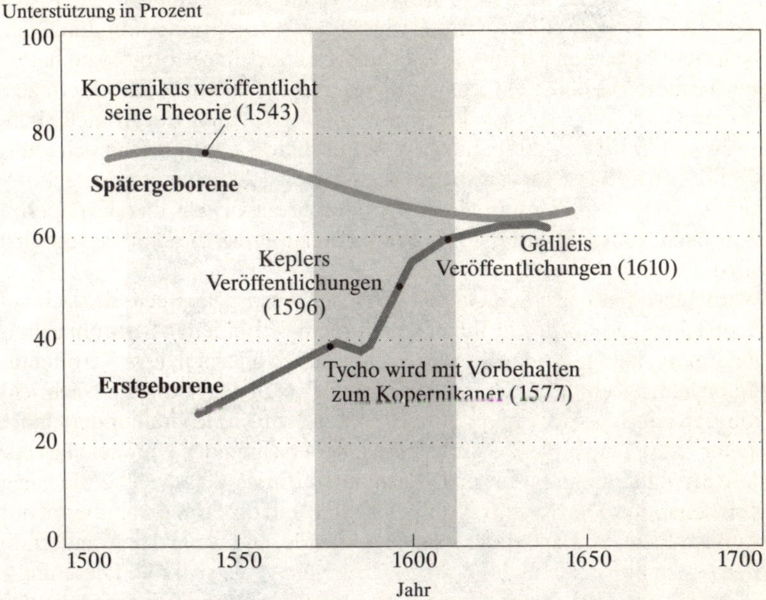


Abb. 14.3 Die Rezeption der Kopernikanischen Theorie, bezogen auf die Geburtenfolge und den zeitlichen Verlauf. Zwischen 1572 und 1610 (in der Abbildung unterlegt) wurde die Kopernikanische Theorie durch eine Reihe wichtiger astronomischer Entdeckungen untermauert, die in Galileis Entdeckungen mit seinem Fernrohr ihren Höhepunkt fanden. Vor 1610 waren es eher die Spätergeborenen, die die Theorie des Kopernikus übernahmen. Nach 1609 ist die Geburtenfolge kein signifikanter Prädiktor für die Akzeptanz mehr.

neunziger Jahren des sechzehnten Jahrhunderts ein Anhänger des Kopernikus gewesen war, hatte er es abgelehnt, diese Theorie in der Öffentlichkeit zu vertreten, bis ihm das Fernrohr überzeugende Belege lieferte.[18] Nach dem Bau seines ersten Fernrohrs im Herbst 1609 fürchtete Galilei jedoch, daß ein wissenschaftlicher Konkurrent ihm den kopernikanischen Rang ablaufen könnte und wurde daher von einem heimlichen Kopernikaner zum berühmtesten öffentlichen Verfechter dieser Weltsicht.[19]

Besonders nach 1609 trennte die rasche Folge neuer astronomischer Beweise die bis dahin vermischten Komponenten des wissenschaftlichen Urteils. Einige dieser Bestandteile waren ideologischer Natur – das Produkt tiefsitzender religiöser Überzeugungen. Andere dagegen waren empirisch, und wieder andere reflektierten individuelle Unterschiede in der Offenheit für Erfahrung. Obwohl der Geburtenfolge nach 1609 als Prädiktor für die Einstellung zur Kopernikanischen Theorie keine Bedeutung mehr zu-

Obwohl Galilei nicht zum Rebellen geboren war, hatte er eine starke Neigung, Autorität in Frage zu stellen, vor allem dann, wenn er sich in seinen Zweifeln durch zwingende Beweise bestärkt sah, die für eine neue wissenschaftliche Theorie sprachen. Seine zahlreichen Entdeckungen mit dem Fernrohr waren »ein erster Schritt auf dem Weg, der zwei Jahrzehnte später in den Kerker der Inquisition münden sollte« (Westfall, »Scientific Patronage«, S. 28). Bald nach seinem Inquisitionsprozeß im Jahr 1633, in dem er der Häresie für schuldig befunden wurde, soll Galileo erklärt haben »Eppur si muove« (Und sie bewegt sich doch).

kommt, läßt sich eine Korrelation gesellschaftlicher Einstellungen mit der wissenschaftlichen Haltung noch über weitere fünfzig Jahre nachweisen. Gesellschaftliche Auffassungen reflektieren etablierte Werte und Überzeugungen, die meist in der Jugend, also in einer oft weit zurückliegenden Zeit erworben werden. Es ist leichter, seine Ansichten über Fakten zu modifizieren, als seine politischen und religiösen Überzeugungen zu ändern.[20] Obwohl beide Faktoren – die an Tatsachen gebundenen und die ideologischen – Entscheidungen und Haltungen zur Kopernikanischen Revolution beeinflußten, läßt sich keiner der beiden Faktoren auf den anderen reduzieren.

Die Ausbildung bei einem Vertreter der Kopernikanischen Lehre ist eine

weitere Variable, die die Unterstützung dieser Theorie nach 1609 erklärt.[21] 
Besonders für Wissenschaftler öffnete das Netzwerk der persönlichen Beziehungen den Weg zur Kopernikanischen Lehre und erklärt daher zusätzliche Züge in der Verbreitung von Vorstellungen, die sich mit Hilfe der Geburtenfolge und anderen individuellen Differenzen nicht erläutern lassen. Daß Wissenschaft von vielen unterschiedlichen Faktoren beeinflußt wird, kann kaum überraschen. Bemerkenswert jedoch ist, daß diese Einflüsse getreulich die Bandbreite der Geburtenfolgeeffekte spiegeln (und damit innerfamiliäre Differenzen).[22]

Zusammenfassend läßt sich also sagen, daß die Übernahme der Kopernikanischen Lehre von vielen Motiven bestimmt war – ideologischen, gesellschaftlichen, psychologischen und empirischen. Auch die Theorie selbst spielte eine Rolle, indem sie den Astronomen den Weg zu neuen Beobachtungen wies, die für die strittige Frage ausschlaggebend waren. Aufgrund neuer Beweise mußten die eher subjektiven Erwägungen allmählich den Argumenten der Vernunft weichen. Wenn rationale Kriterien für den Nutzen einer neuen Theorie sprechen, sind Wissenschaftler schnell bereit, sie sich zu eigen zu machen.[23] Läßt man einen Galilei durch ein Fernrohr blicken, wird er am Ende als Sieger erscheinen.

Sogar in der Wissenschaft, wo sich rationale Kriterien zumindest auf lange Sicht durchsetzen, unterliegt die Rationalität bezeichnenderweise einer Art Schwelleneffekt. Der Punkt, an dem die Schwelle überschritten wird, ist bei jedem einzelnen und bei jeder gesellschaftlichen Gruppe unterschiedlich. Während der Auseinandersetzung um die Kopernikanische Wende überschritten Spätergeborene diese Schwelle eher als Erstgeborene; Wissenschaftler wechselten schneller die Seite als Nichtwissenschaftler. Dennoch gelang dieser Schritt am Ende den meisten Menschen, und selbst die katholische Kirche gab immerhin, nach 350 Jahren, ihren Irrtum in bezug auf Galilei und die Kopernikanische Lehre zu.[24]

Der Entscheidungsprozeß in der Astronomie des siebzehnten Jahrhunderts steht im schroffen Gegensatz zu den bitteren theologischen Debatten jener Zeit. Bis zum heutigen Tag schwelt die Auseinandersetzung darüber, ob der Leib Christi bei der Kommunion im wörtlichen Sinne in Brot und Wein präsent ist. Eine tragische Auseinandersetzung, denn viele Menschen wurden hingerichtet, weil sie nicht dieser Meinung waren. Es wäre schön zu wissen, wer irrtümlich verbrannt wurde.

### *Der Mann, der das Licht der Sterne beugte*

Der Aufstieg des erstgeborenen Albert Einstein zu Weltruhm bietet eine aufschlußreiche Parallele zur Rezeption der Kopernikanischen Lehre. Im November 1915 trug Albert Einstein seine Arbeit über die Allgemeine Relativitätstheorie vor der Preußischen Akademie der Wissenschaften vor. Seine radikale Neukonzeption der Vorstellung von Raum und Zeit verband Ein-

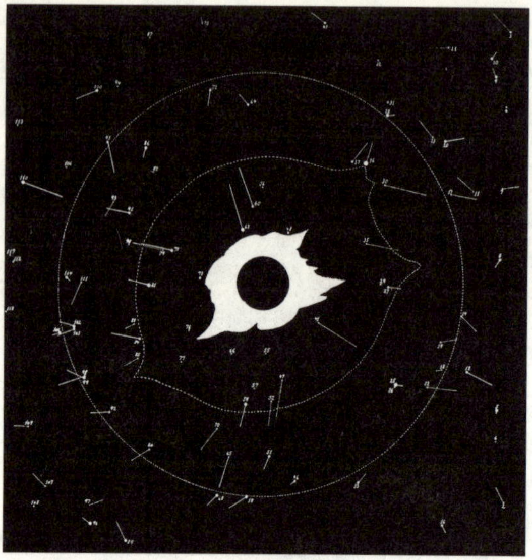

Während der totalen Sonnenfinsternis am 21. September 1922 wurde Einsteins Theorie der allgemeinen Relativität erneut geprüft, dieses Mal von Astronomen, die nach Tahiti und Westaustralien entsandt worden waren. Die Zeichnung basiert auf Photographien und zeigt die zum Zeitpunkt der totalen Sonnenfinsternis auffällige Verschiebung der Sterne, die sich in der Nähe der Sonne befinden. Die sichtbare Verschiebung nach außen ist so groß, daß es so aussieht, als befänden sich die Sterne, die hinter der Sonnenscheibe versteckt sind, jenseits der Sonnenkorona.

stein mit einer Prognose: Sternenlicht werde, wenn es die Sonne passiert, um 1,7 Gradsekunden abgelenkt – doppelt so stark, als sich aus den Newtonschen Gesetzen ergibt. Die erste Gelegenheit, diese Vorhersage zu prüfen, ergab sich 1919 bei einer Sonnenfinsternis in der südlichen Hemisphäre. Während der nur kurzen Dauer der totalen Sonnenverfinsterung ließ sich Einsteins Prognose mit Hilfe photographischer Aufnahmen des Sternenhimmels bestätigen.

Als diese Ergebnisse astronomischer Forschung vor der Royal Society in London vorgetragen wurden, fanden Einstein und seine Theorie den Weg in die Schlagzeilen der Weltpresse. J. J. Thomson, Präsident der Royal Society, pries Einsteins Theorie als »eine der größten Leistungen in der Geschichte des menschlichen Denkens«.[25] Diese Worte aus dem Munde eines Erstgeborenen, der bis dahin an Einsteins Theorie gezweifelt hatte, bedeuteten sehr viel. Selbst Sir Oliver Lodge, der eifrigste britische Vertreter der Newtonschen Theorie des Äthers (und ebenfalls ein Erstgeborener), erkannte Einsteins »kolossalen Triumph« an. Nach 1920 hat die Geburtenfolge keine Aussagekraft mehr als Prädiktor für die Haltung zur Relativitätstheorie (Abb. 14.4).[26]

Albert Einstein bei einem Spaziergang in Berlin. Nachdem die Londoner *Times* das Ergebnis der Sonnenfinsternis von 1919 verbreitet hatte, wurde Einstein mit einem Schlag berühmt. Nur zwei Wochen nach der überwältigenden Nachricht nannte die *New York Times* ihn den »plötzlich berühmten Doktor Einstein« (Pais, »*Raffiniert ist der Herrgott* …«, S. 315). Dieser Schnappschuß wurde 1932 von einem Passanten aufgenommen, der Einstein von Zeitungsbildern her kannte.

Im Gegensatz dazu ist jedoch die gesellschaftliche Einstellung auch nach 1919 noch ein guter Prädiktor für die Unterstützung oder Ablehnung der Einsteinschen Theorien.[27] (Liberale fühlten sich von der Idee der »Relativität« angezogen.) Wie im Falle Galileis, haben auch die Beobachtungen während der Sonnenfinsternis von 1919 die empirisch begründeten Argumente von den ideologisch begründeten geschieden. Diese Loskopplung taucht in wissenschaftlichen Kontroversen regelmäßig auf und macht deutlich, wie unzulänglich es ist, Wissenschaft allein als gesellschaftlich bedingte Aktivität zu begreifen. Rationale Erwägungen spielen bei wissenschaftlichen

**Aufnahmebereitschaft für die Relativitätstheorie, bezogen auf Jahreszahl und Geburtenfolge**

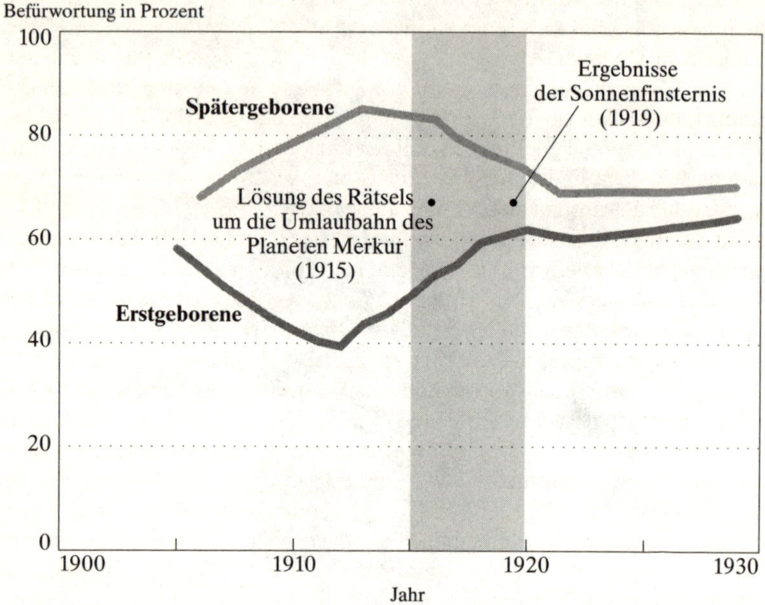


Abb. 14.4 Die Rezeption der Relativitätstheorie, bezogen auf Jahr und Geburtenfolge. Vor 1920 fand Einsteins radikale Neukonzeption von Raum und Zeit mehr Unterstützung bei Spätergeborenen als bei Erstgeborenen. Zwischen 1915 und 1920 (in der Abbildung unterlegt) konnte die Theorie der allgemeinen Relativität zwei bedeutende empirische Bestätigungen verbuchen. 1915 erklärte Einstein eine Anomalie in der Umlaufbahn des Planeten Merkur, die die Astronomen ein halbes Jahrhundert lang beschäftigt hatte. Die Sonnenfinsternis im Jahr 1919 lieferte einen eindeutigen Beweis für die Richtigkeit seiner Ansichten. Nach 1920 wird die Einstellung zu Einsteins Theorien nicht länger von der Geburtenfolge beeinflußt.

Auseinandersetzungen eine große Rolle, auch wenn sich deren Einfluß und Bedeutung im Verlauf des Disputs ändern.

Nicht jeder Wissenschaftler muß sich rational verhalten, um Erfolg zu haben. Solange sich die Mehrheit konsequent daran hält, daß Hypothesen zu überprüfen sind, funktioniert die Wissenschaft recht gut. Läßt man jedoch die Methode der Falsifikation nicht zu und beschränkt man das Recht, ihre Ergebnisse zu vertreten, dann wird jede wissenschaftliche Debatte zu einer Spielart gesellschaftlicher Auseinandersetzungen.[28]

Die Zeit und der Wandel ideologischer Anschauungen führen mitunter zu dem Ergebnis, daß sich Innovationen, die von Spätergeborenen angeführt wurden, in Dogmen verwandeln, die dann von Erstgeborenen verfochten werden. Ein anschauliches Beispiel dafür liefert der Aufstieg und Fall der Präformationstheorie in der Embryologie, derzufolge Embryonen Erwachsene *en miniature* seien. Im Verlauf ihrer Entwicklung, so glaubte man, würden diese Miniaturgestalten wie ein Ballon mechanisch aufgeblasen. Diese Vorstellung gewann im siebzehnten Jahrhundert an Bedeutung als ein Element der mechanistischen Philosophie, die mit dem Durchbruch der naturwissenschaftlichen Revolution allgemein verbreitet war. Die Theorie läßt sich aber auch verstehen als Moment einer generellen Abkehr vom aristotelischen Denken, das postulierte, daß die Organe sich allmählich aus unorganischer Materie bildeten – in einem »Epigenese« genannten Prozeß.

Vor 1700 fand die Präformation, entsprechend ihrem ketzerischen Charakter, mehr Anhänger unter Spätergeborenen als unter Erstgeborenen. Als sich die Erstgeborenen jedoch einmal an die neue Idee gewöhnt hatten, kam sie ihnen entgegen. Denn die Vertreter der Präformationstheorie gingen davon aus, daß alle Embryonen von Gott geschaffen worden seien – der ihnen, *en miniature*, bereits ihre endgültige Gestalt gegeben habe – und nur auf ihre Vergrößerung warteten. Da die Präformation eine überzeugende Alternative zur epigenetischen Entwicklung und ihren materialistischen Konsequenzen darstellte, sprach sie vor allem religiös Konservative an.[29]

Als in der Mitte des achtzehnten Jahrhunderts die epigenetischen Lehren ein Comeback erlebten, führten daher erstgeborene Naturalisten wie Charles Bonnet und Lazzaro Spallanzani einen heftigen Angriff dagegen. In ihren unterschiedlichen Reaktionen auf die Präformationstheorie waren Erstgeborene und Spätergeborene wie Schiffe, die sich in der Nacht begegnen. Nachdem ihr anti-aristotelisches Modell zur orthodoxen Lehre geworden war, wandten sich die Spätergeborenen eifrig der radikalen Gegenvorstellung zu. Da der Einfluß der Geburtenfolge kontextabhängig ist, gibt es keinen signifikanten Geburtenfolgetrend als Haupteffekt. Die Spätergeborenen verhielten sich jedoch bei den Debatten um diese beiden Theorien insofern konsequent, als sie stets die Theorie vorzogen, die gerade unpopulär war (Abb. 14.5).[30]

### *Werden Revolutionen durch Krisen beschleunigt?*

In welchem Ausmaß werden wissenschaftliche Revolutionen durch Krisen beschleunigt? Thomas Kuhn mißt in seiner einflußreichen Analyse wissenschaftlicher Revolutionen den Krisen eine große Bedeutung zu.[31] Den meisten Revolutionen gehe eine allmähliche Zunahme von Anomalien voraus, die den etablierten Paradigmen widersprächen. Dieses Merkmal wissenschaftlicher Revolutionen ist für den Einfluß der Geburtenfolge relevant. Es handelt sich dabei um ein reziprokes Verhältnis. Die Krise bestimmt das Ausmaß des Einflusses der Geburtenfolge, und die Geburtenfolge wiederum ist ausschlaggebend dafür, ob ein Zustand der Krise erreicht wird.

Radikale wissenschaftliche Revolutionen werden nur selten von Krisen angekündigt.[32] Dies dürfte jedoch, hält man an Kuhns Standpunkt fest, gerade nicht der Fall sein. Doch je radikaler eine Revolution ist, desto weniger scheint sie Kuhns Formel zu bestätigen. Das Problem liegt darin, daß sich Spätergeborene in ihrem Denken und Verhalten nicht nach Kuhns Theorie richten.[33] Wenn eine so radikale Idee wie die der Evolution zur Diskussion gestellt wird, warten Spätergeborene nicht auf eine Krise, bis sie die vorherrschende Gegenthese über Bord werfen. *In meiner Untersuchung von achtundzwanzig wissenschaftlichen Innovationen waren die Spätergeborenen in ihrer Bereitschaft, radikale Neuerungen zu unterstützen, den Erstgeborenen gewöhnlich um ein halbes Jahrhundert voraus.* Nur wenn sie sich mit so schwierigen Fachfragen konfrontiert sehen wie denjenigen, mit deren Lösung sich Darwin zwanzig Jahre lang abmühte, werden die eher gewissenhaften unter den Spätergeborenen zögern, bevor sie sich kopfüber in eine Revolution stürzen. Aber auf jeden Darwin, der es wegen seiner hohen Ansprüche an einen triftigen Beweis riskierte, von einem Konkurrenten »überholt« zu werden, kommt ein Mensch wie Alfred Russel Wallace, der wagemutig genug war, nach nur einer Woche des Nachdenkens über das gleiche Thema zu schreiben. Doch auch Wallace war nicht von dem Gefühl der Krise getrieben; er hatte sich bereits vierzehn Jahre zuvor durch Robert Chambers' *Vestiges of Creation* von der Evolutionstheorie überzeugen lassen. So lösten Chambers, Darwin und Wallace eine Krise aus, *die es zuvor gar nicht gegeben hatte.*[34] Die radikalsten Revolutionen, so läßt sich zusammenfassend sagen, gehen nur selten aus einer Krise hervor. Eben das macht sie ja »radikal«.

Kuhns Darstellung des wissenschaftlichen Fortschritts mag in vielerlei Hinsicht nützlich sein, allerdings krankt sie an dem Problem, daß Kuhn zu viele verschiedene Arten von Veränderung in eine einzige Formel zu pressen versucht. Seinem Modell zufolge ist die Krise ein *wesentlicher* Bestandteil der Revolution, auch wenn das nicht der Fall ist.[35] Gleichwohl spielen Krisen bei einigen wissenschaftlichen Umwälzungen eine größere Rolle als bei anderen. Gerade für technische Revolutionen lassen sich vorausgehende Krisen häufiger nachweisen als für radikale Revolutionen. In den meisten technischen Wissenschaften verhindert die häufig spezialistische Natur der behandelten Fragen einen erfolgreichen Paradigmenwechsel noch lange, nachdem die Zeichen für den Zusammenbruch einer Lehre offenbar geworden sind. Es ist eine Sache, ein wachsendes Problem zu erkennen. Es ist eine ganz andere, auch eine erfolgreiche Lösung zu finden.

Bei technischen Revolutionen verstärkt eine Krise im allgemeinen den Einfluß der Geburtenfolge. Diese Wechselwirkung widerspricht dem bei radikalen Revolutionen beobachteten Trend. Hier liegt die Antwort wieder in der Rolle des Kontextes. In der Wissenschaft rebellieren revolutionäre Den-

**Aufnahmebereitschaft für Präformationstheorie und Epigenese, bezogen auf Jahr und Geburtenfolge**

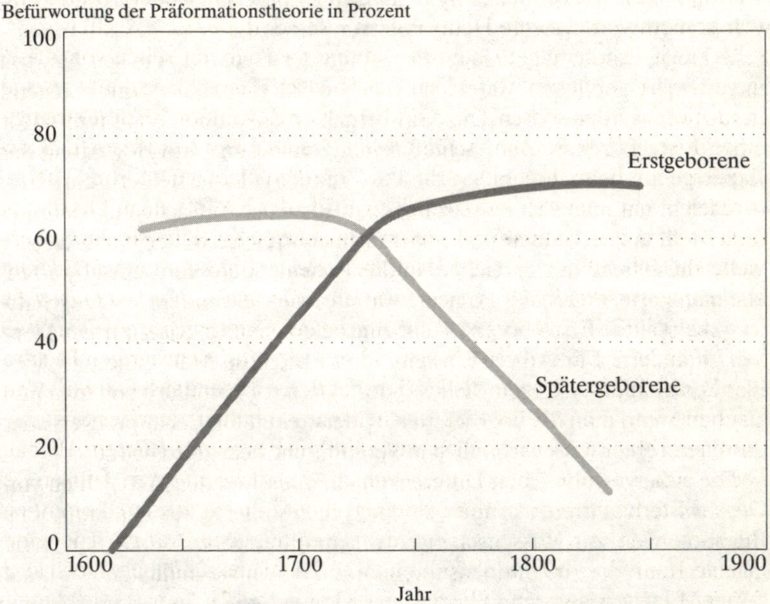


Abb. 14.5 Die Rezeption von Präformationstheorie, später der Epigenese, bezogen auf die Geburtenfolge. Aufgrund der Überkreuzung der Kurven ist der Einfluß der Geburtenfolge für den allgemeinen Trend nicht signifikant. Bedeutend allerdings ist die Tendenz bei Spätergeborenen, jeweils die Theorie zu vertreten, die gerade unpopulär war.

ker im allgemeinen nicht ohne guten Grund. Im Frühstadium einer radikalen Revolution liefern liberale ideologische Ziele die Motivation. Technische Revolutionen dagegen gewinnen ihre Beweggründe aus den Anzeichen für einen drohenden Zusammenbruch des etablierten Lehrgebäudes. In beiden Fällen sind es die Spätergeborenen, die zuerst rebellieren. Doch tun sie das, je nach historischem Kontext, aus verschiedenen Gründen.[36]

Wie die Beteiligten die historische Veränderung empfinden und charakterisieren, ist in hohem Maße geprägt von ihrer Persönlichkeit. So sprechen Radikale bereits von politischen oder begrifflichen Krisen, wo für Konservative gar keine zu existieren scheinen. Spätergeborene, die radikale Neuerungen als erste akzeptieren, betonen im allgemeinen, wie fragwürdig die alte Theorie geworden sei. Man kann natürlich leicht das Bild einer Krise beschwören, wenn man zitiert, was Kopernikus über das Ptolemäische Weltbild, Bacon über die Scholastik oder Darwin über die Schöpfungslehre gesagt haben. Aber solche Äußerungen, die von Radikalen stammen, lassen sich nicht auf alle anderen Wissenschaftler übertragen.

Ebensowenig kann man den Erstgeborenen stets Glauben schenken, wenn sie beteuern, eine unhaltbar gewordene Theorie sei noch immer glaubwürdig. Als die traditionelle Physik durch die Entdeckung des Quantums revolutioniert wurde, stellte Henri Poincaré seinen Lesern 1908 die rhetorische Frage, ob die allgemeinen Prinzipien der Dynamik, die seit Newton unverändert geblieben waren, aufgegeben oder zumindest grundlegend modifiziert werden sollten. Die Antwort gab er selbst, und sie war typisch für einen Erstgeborenen. Zum Schluß seiner Schilderung und Bewertung der Experimente, deren Ergebnisse die alte Ordnung in Frage stellten, schrieb er: »Vielleicht hat man sich zu sehr beeilt, diese neuen Tatsachen als definitiv festgestellt anzuerkennen und unsere früheren Götterbilder umzustürzen; vielleicht sollte man zahlreichere und entscheidendere Versuche abwarten, ehe man Partei ergreift.«[37] Poincaré wartete, wie viele andere Wissenschaftler – meist ältere Erstgeborene –, auf eine tiefergehende Krise, um sein Denken zu ändern. Für Albert Einstein, Paul Ehrenfest, Max Laue und Max Planck waren das alles keine Einwände.[38] Wessen Darstellung soll man nun glauben, wenn man die überlieferten, widerstreitenden Behauptungen über das Wesen einer wissenschaftlichen Veränderung beurteilen will?

Die außergewöhnlichen Differenzen, die zwischen den Weltsichten von Geschwistern auftreten können, sind für einen weiteren Aspekt von Kuhns Behauptungen zur Wissenschaftsentwicklung relevant. Neben der Krise machte Kuhn die »Inkommensurabilität« zu einem wesentlichen Merkmal seines Modells wissenschaftlicher Revolutionen. Seiner Ansicht nach lebten Wissenschaftler, die so gegensätzliche Theorien wie die Ptolemäische und die Kopernikanische Astronomie vertreten, in unterschiedlichen Begriffswelten, und er verglich den Prozeß des Übergangs mit einer Gestaltverschiebung. Menschen, die widerstreitende Theorien verträten, so Kuhn, seien nicht in der Lage, wirklich miteinander zu kommunizieren. Aber auch dann wäre man in der Beurteilung, wie verschiedene philosophische Vorstellungen einzuschätzen sind, von den Darstellungen Beteiligter abhängig und müßte sich für die eine oder andere entscheiden.

Haben sie einmal einen neuen radikalen Standpunkt eingenommen, fällt es Spätergeborenen relativ leicht, in den Begriffen *beider* Theorien zu denken, wenn sie eine revolutionäre Veränderung vorantreiben wollen. Nicht selten erreichen sie eine erstaunliche Gewandtheit darin, die alte in die neue Denkweise zu übersetzen und umgekehrt. Dieser Umstand legt nahe, daß Spätergeborene angesichts eines Theoriewandels mit dem Gefühl der »Inkommensurabilität« keine besonderen Schwierigkeiten haben. Psychologisch betrachtet, stellt Inkommensurabilität nur inflexible Menschen vor Probleme, nicht aber solche, die offen sind für Erfahrung.[39] Hätte man 1860 eine Gruppe frischbekehrter Darwinisten gefragt, ob die Theorie Darwins mit der Schöpfungslehre nicht zu vergleichen sei, dann hätten dies nur wenige bejaht. Sie war unvereinbar mit der Schöpfungslehre, war dieser auch überlegen, aber nicht wirklich inkommensurabel.

Auch Darwin selbst scheint seine Evolutionstheorie als vollkommen vergleichbar mit der Schöpfungslehre empfunden zu haben. Seine *Entstehung der Arten* war eine Abhandlung darüber, wie überzeugend Schöpfungslehre und Evolutionstheorie die biologischen Tatsachen erklärten.[40] Er versuchte Punkt für Punkt zu zeigen, daß die Evolutionstheorie nach rationalen Kriterien die überlegenere war. Darum fragte er etwa nach dem Grund, weshalb die Embryonen von Landwirbeltieren Kiemenschlitze haben. In diesem rudimentären Organ sah er einen Hinweis darauf, daß die Landwirbeltiere von Lebewesen abstammten, die im Wasser lebten. Oder er fragte, warum es auf Ozeaninseln keine Frösche und andere Amphibien, dafür aber eine Vielzahl von Reptilien gebe. Seine Erklärung: Die Meeresströmungen seien das wichtigste Transportmittel für solche Bewohner, das Salzwasser jedoch töte die Frösche und ihren Laich. Schlangen und Echsen hingegen könnten den Transport im Meer überleben, vor allem, wenn sie Treibholz nutzten. Die Schöpfungslehre liefert für diese und viele andere Fragen, die Darwin gestellt hatte, keine ausreichende Erklärung, es sei denn, man sagt, »dass es so ist und dass es dem Schöpfer gefallen hat«.[41] Ein Vertreter der Schöpfungslehre könnte anführen, die Frösche seien nur schlecht an das Leben auf Ozeaninseln angepaßt. Darwin wußte es besser, weil er nachweisen konnte, daß Frösche, wenn sie auf einer Insel angesiedelt wurden, dort so gut gediehen, daß sie zu einer Plage wurden.[42] Der Schöpfungsplan Gottes, wenn es denn einen gab, war weder vollkommen, noch basierte er auf offenkundigen rationalen Erwägungen.

Darwin konnte so überzeugend darlegen, daß sich Evolutionstheorie und Schöpfungslehre vergleichen ließen, daß sich seine Leser gezwungen sahen, sich für eine der beiden Lehren zu entscheiden. Vom Standpunkt der Vernunft betrachtet, mußten die meisten Leser einräumen, daß die Evolutionstheorie überzeugender war. Nach Darwins vorsichtiger Vivisektion erschien das Handeln des Schöpfers so irrational, daß es vielen Anhängern der Schöpfungslehre klüger erschien, ihn als »erste Ursache« in den Hintergrund treten zu lassen: besser ein ferner Gott als ein Gott ohne Sinn und Verstand. Die wenigen Menschen, die Darwin nicht überzeugen konnte, hätten zweifellos mit der Hand auf einem ganzen Stapel von Bibeln geschworen, daß die beiden Theorien inkommensurabel seien. Derartige Beteuerungen, die meist von Erstgeborenen, Konservativen, älteren Wissenschaftlern und schlecht informierten Bischöfen stammten, sind mit Vorsicht zu genießen. Spätergeborene wie Thomas Henry Huxley nahmen diese Leute in öffentlichen Diskussionen förmlich auseinander – man nannte ihn nicht umsonst Darwins Bulldogge.

Es ist daher problematisch, zeitgenössische Aussagen über den erkenntnistheoretischen Status einer Theorie für bare Münze zu nehmen, ohne etwas darüber zu wissen, wie dieser Zeitgenosse generell zu Neuerungen stand.[43] Wenn es zwischen Wissenschaftlern und ihren diesbezüglichen Einstellungen Differenzen in der Größenordnung von 100 zu 1 gibt, dann wird eine ähnliche Diskrepanz auch in ihrer Rechtfertigung von Innovationen herrschen. Deshalb lassen sich Fragen nach dem wissenschaftlichen Fort-

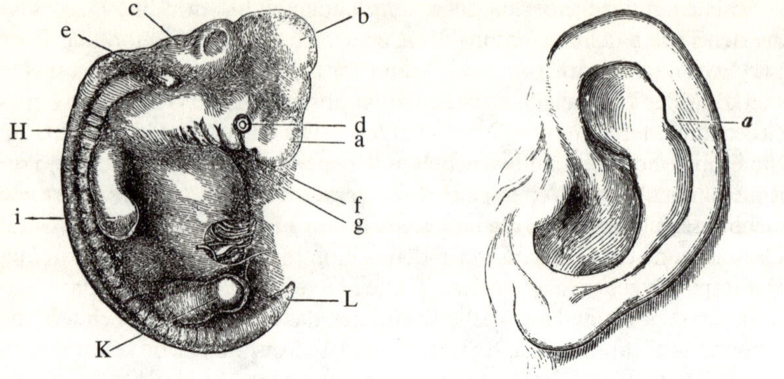


Beispiele rudimentärer Organe beim Menschen (aus Darwins *Abstammung des Menschen*, 1899, S. 12, S. 18). Links: Ein menschlicher Embryo, ungefähr sieben Wochen alt. Die Kiemenschlitze, gekennzeichnet durch die Buchstaben *f* und *g*, sind unterhalb des Auges deutlich erkennbar. Ebenfalls sichtbar ist der rudimentäre Schwanz. Rechts: Das menschliche Ohr, mit seinem rudimentären Höcker (*a*). Im Verlauf der Evolution der Primaten wurde der äußere Teil des Ohrs nach innen gestülpt, abgerundet und verkleinert. Der Höcker bleibt in rudimentärer Form erhalten, eine anatomische Besonderheit, die wegen Darwins Erklärung mitunter auch »Darwinscher Höcker« genannt wird.

schritt nur anhand großer Samples untersuchen, die sich aus unterschiedlichen Individuen zusammensetzen. Beschränkt man die Auswahl der Individuen, wird man stets möglicherweise »einseitige« Aussagen erhalten, die leicht zur Untermauerung einer bestimmten historischen oder philosophischen Behauptung umgemünzt werden können.

## Zusammenfassung

Das Verständnis menschlichen Verhaltens, einschließlich seines Ursprungs in frühen Erfahrungen in der Familie, reicht zur Erklärung menschlicher Reaktionen auf große historische Revolutionen nicht aus. Hier liefert die historische Situation mit ihrem gesellschaftlichen, politischen, religiösen und geistigen Kontext den Schlüssel zu der Frage, zu welchem Ausdruck die Persönlichkeit letzten Endes findet. Die Art der Innovationen, die Geschwister unterstützen, unterscheidet sich grundlegend, je nachdem ob es sich um politische Revolutionen, soziale Reformbewegungen oder wissenschaftliche Kontroversen handelt. Betrachtet man diese verschiedenen Ereignisse innerhalb ihres jeweiligen historischen Kontextes, läßt sich jedoch ein durchgängiges Muster feststellen.

Erstgeborene übernehmen die Führung bei Reformen, die im Trend liegen, bei populistischen Bewegungen und in der orthodoxen Wissenschaft. Von Spätergeborenen eingeführte Innovationen sind ganz anderer Natur. In politischen Kontroversen sind sie im allgemeinen radikale Revolutionäre, die den Protest schüren, lange bevor dieser zu einer verbreiteten Erscheinung wird. Als Vertreter sozialer Reformen unterstützen sie die unpopulärsten Bewegungen wie Sklavenbefreiung, Sozialismus, Anarchismus und Atheismus. In der Wissenschaft treten Spätergeborene meist für ketzerische Neuerungen ein, die dem erkenntnistheoretischen und gesellschaftlichen Kontext ihrer Zeit widersprechen. Sie warten nicht auf eine Krise, wenn sie für einen radikalen Wandel eintreten. Statt dessen sind sie eifrig bemüht, ihre selbstzufriedenen älteren Geschwister, die wenig Veranlassung sehen, den Status quo aufzugeben, mit einer Krise zu konfrontieren.

In der Geschichte kann man einen engen Zusammenhang zwischen Geschwisterrivalität und unterschiedlichen Weltanschauungen nachweisen. Bei großen Revolutionen läßt sich die Entscheidung zwischen der alten und der neuen Ordnung fast immer auf unterschiedliche Nischen in der Familie zurückführen. Das Auftreten von Geschwisterrivalitäten und die Art und Weise, wie diese zum Ausdruck kommen, hängen von vielen Faktoren ab. Bei wissenschaftlichen Umwälzungsprozessen läßt sich der Einfluß der familiären Nischen gewöhnlich in den Frühphasen nachweisen, wenn es noch wenig empirische Beweise für die neue Theorie gibt. Und wenn nationale Interessen zu einer Polarisierung der Wissenschaftler führen, beeinflussen die Geschwisterdifferenzen die Entwicklung in jenen Ländern, die sich der neuen Theorie am heftigsten widersetzen.[44] Als allgemeine Regel gilt: Je ketzerischer eine Innovation, desto heftiger die Auseinandersetzungen unter Geschwistern über deren Sinn und Nutzen.

# Kapitel 15
# Schlußfolgerungen

## Eine neue Sicht auf die Familie

Psychologen haben wiederholt nachgewiesen, daß Geschwister, die gemeinsam aufwachsen, in ihrer Persönlichkeit fast ebenso unterschiedlich sind wie zwei nach dem Zufallsprinzip aus der Bevölkerung ausgewählte Menschen. Dies hat zwei wesentliche Ursachen. Zum einen teilen Geschwister durchschnittlich nur die Hälfte ihrer Gene. Zum anderen – und das ist weniger offensichtlich – werden sie durch unterschiedliche Umwelteinflüsse geprägt. Das gilt nicht nur für die Erfahrungen, die Kinder außerhalb der Familie machen, sondern gerade auch für die Erfahrungen innerhalb der Familie. Die Familie bietet eben kein einheitliches Erfahrungsfeld, das die Kinder automatisch wie eine einzige und von allen Geschwistern gleich erlebte Umwelt umhüllt. Was Psychologen früher als »gemeinsame familiäre Umwelt« auffaßten, wird in Wahrheit auf ganz verschiedene Weise erlebt. Viele der entscheidenden Umweltfaktoren – Alter, Größe, Macht sowie Status und Privilegien innerhalb der Familie – nehmen für jedes Kind einer Geschwistergruppe eine jeweils eigene Ausprägung an. Die Familie läßt sich am sinnvollsten als Anordnung verschiedener Nischen darstellen, die jeweils von einem Individuum besetzt sind. Jede Nische eröffnet spezifische günstige Ausgangspunkte. Wegen dieser unterschiedlichen Perspektiven erlebt jedes Familienmitglied die gleichen Ereignisse auf seine eigene Weise. Natürlich haben Familien gemeinsame Interessen und gemeinsame soziale Werte. Geschwister jedoch unterscheiden sich in ihren Interessen und Wertvorstellungen, und diese Differenzen sind zu einem wesentlichen Teil durch die unterschiedlichen Nischen innerhalb der Familie bedingt.

Die familiären Nischen sind heterogen, das aber bedeutet nicht, daß sie zufällig entstehen. Untersucht man die Nischen in *verschiedenen* Familien, wird deutlich, daß diese mikrokosmischen Umwelten erstaunlich vorhersagbare Merkmale gemeinsam haben, die mit dem Geschwisterstatus in auffälliger Weise korrelieren. Allen Familien gleich ist der Umstand, daß Geschwisterstrategien einer bestimmten Ordnung folgen. Diese Strategien wiederum hängen mit Geburtenfolge, Geschlechtszugehörigkeit und anderen systematischen Unterschieden zusammen. Dabei verdient die Geburtenfolge besondere Beachtung, da sie Unterschiede in Alter, Größe, Macht, Einfluß und Privilegien zusammenfaßt. Die typische Strategie eines Erstgeborenen besteht darin, seine Interessen an denen der Eltern auszurichten und die Vorstellung, die die Eltern vom Familienleben haben, zu übernehmen. Der familiäre Status von Erstgeborenen besteht darin, daß sie eine Vorrangstellung genießen, und sie sind bestrebt, diesen Status aufrechtzuerhalten, indem sie ihre Nische gegen Übergriffe durch jüngere Brüder und Schwestern verteidigen.

Spätergeborene Kinder sehen sich in ihrer Entwicklung mit einer anderen Aufgabe konfrontiert. Ihr zentrales Problem ist es, eine von den anderen anerkannte familiäre Nische zu finden, die keine bloße Kopie der Erstgeborenen-Nische ist. Statt dessen versuchen die jüngeren, sich auf Gebieten hervorzutun, auf denen ältere Geschwister noch keine überlegene Position erreicht haben. Im allgemeinen kultivieren Spätergeborene Offenheit für Erfahrung – eine nützliche Strategie für jemanden, der oder die eine neue und erfolgversprechende Nische sucht. Entsprechend dieser Tendenz, die Umwelt zu erforschen, sind Spätergeborene risikofreudiger und streben durch Aufgeschlossenheit und Anderssein nach der Stellung, die Erstgeborene durch Verteidigung ihres eigenen Bereichs und durch Anpassung an die elterlichen Erwartungen zu erlangen suchen. Für jede familiäre Nische gelten andere Regeln.

Natürlich bestehen auch zwischen Familien wesentliche gesellschaftliche Differenzen, bedingt unter anderem durch gesellschaftlichen Status, Rasse und Nationalität. Kinder setzen sich jedoch weniger mit den Unterschieden *zwischen* Familien auseinander als mit denen, die *innerhalb* ihrer eigenen Familie spürbar werden. Im Verlauf von Jahrtausenden haben Kinder Motivationssysteme entwickelt, die dazu beitragen, ihre Versorgung und Pflege durch die Menschen ihrer unmittelbaren Umgebung, besonders durch die Eltern, zu maximieren. Die Familie bietet dafür den primären Verhaltenskontext. Vom Standpunkt der Evolution betrachtet, sind die diversen Persönlichkeitsmerkmale nichts anderes als unterschiedliche Strategien, soviel elterliche Investitionen wie möglich zu erhalten und das Überleben bis ins Erwachsenenalter zu sichern.

Marx befand sich im Irrtum, als er den primären Motor des historischen Wandels außerhalb der Familie suchte. Freud kam der Wahrheit um einiges näher, als er die Bedeutung von Konflikten in der Familie erkannte. Allerdings täuschte sich auch er, weil er der Libido und damit dem Ödipuskonflikt den Vorrang einräumte. Der Eltern-Kind-Konflikt ist jedoch weitgehend sekundärer Natur, nämlich *abgeleitet aus der geschwisterlichen Rivalität* um die elterlichen Ressourcen. Ebensowenig läßt sich behaupten, daß diese Konflikte durch sexuelle Triebe bestimmt sind und damit ihren Ursprung in der Sexualität haben. Vielmehr konkurrieren Geschwister miteinander um elterliche Investitionen *in all ihren typischen Formen* und streben danach, so viel Zuwendung wie möglich *von beiden Eltern* zu erlangen. Aus diesem Grund ist der Eltern-Kind-Konflikt, wie er sich in den in diesem Buch untersuchten Umwälzungen und Revolutionen zeigt, eine wesentliche Ursache für rebellisches Verhalten; mit dem Geschlecht des jeweiligen Elternteils indes hat das nichts zu tun. Aufgrund der Bedeutung der Geschwisterkonkurrenz um elterliche Investitionen lassen sich die unterschiedlichen Haltungen zu radikalen Veränderungen mit der Geburtenfolge zwei bis dreimal besser erklären als durch den Eltern-Kind-Konflikt. Sowohl Freud als auch Marx begingen einen gravierenden Fehler, als sie die grundlegenden theoretischen Fortschritte vernachlässigten, die ihr Zeitgenosse Charles Darwin bereits erzielt hatte.

### *Der Darwinsche Leitgedanke*

Neben dem Geschlecht kommt der Geburtenfolge eine zentrale Rolle im Drama der Geschwisterdifferenzen zu. Kein anderer Umwelteinfluß scheint so entscheidend an der Bildung und Anordnung der vielfältigen kleinen Binnenumwelten innerhalb einer Familie beteiligt zu sein. Allerdings sind in dem weit umfassenderen Drama »Familie« der Eltern-Kind-Konflikt, der Verlust eines Elternteils, Temperament, und die zahlreichen Wechselfälle der individuellen Erfahrung ebenso Bestandteil dieser dynamischen und an Darwin orientierten Sicht der menschlichen Entwicklung.

Solange Lebewesen ihren Nachwuchs ernähren, bestimmt die Konkurrenz unter den Nachkömmlingen, wer von ihnen überlebt und sich fortpflanzen kann. Die Konkurrenz unter den Geschwistern ist in vielerlei Hinsicht sogar bedeutender als die mit dem Paarungsverhalten verbundene Rivalität. Denn um sich fortzupflanzen, müssen Lebewesen zunächst einmal das Kindesalter überleben. Die Unterschiede in der Persönlichkeit reflektieren die Darwinschen Strategien, die wir alle zu diesem Zweck einsetzen. Millionen von Jahre, in denen der Stärkere in diesem Wettbewerb siegte, haben uns dazu bestimmt, auf die Strategien zurückzugreifen, die unsere Gene so weit gebracht haben. Einige dieser Strategien sind nicht besonders schön. Vor Darwin fiel es selbst den eifrigsten Verfechtern der Naturtheologie schwer zu erklären, weshalb Kuckucksküken ihre Nestgenossen aus dem Nest werfen. Für manche Spezies ist der Mord an Geschwistern ein notwendiger Akt der Selbsterhaltung. Bei unseren Vorfahren im Tierreich ist das Kainsmal weitverbreitet und nicht zu übersehen. Die Gegenstrategien Abels jedoch sind gleichermaßen präsent.

Selbst in heutiger Zeit wird die Geschwisterrivalität von einem einfachen Darwinschen Grundsatz angeheizt: Bei dem kleinsten Anzeichen für eine Bevorzugung durch die Eltern geht es allein darum, *dafür zu sorgen, daß man selbst der Bevorzugte ist.* Aus diesem Grund sind Geschwister so besorgt, daß »Mutter dich mehr liebt«, und wetteifern um die Aufmerksamkeit der Eltern. Und hier liegt auch die Ursache dafür, daß Geschwister mit erstaunlicher Ernsthaftigkeit darüber streiten können, wer besser oder mehr zu essen bekommen hat. Eltern wundern sich manchmal über das Ausmaß und über die Kleinlichkeit dieser Rivalität. Vom Standpunkt der Evolution betrachtet, ist sie völlig natürlich. Sie ist fest verankert, weil sie der Anpassungsfähigkeit dient. Paradoxerweise gilt dies genauso für den Altruismus unter Geschwistern. Wie die Wahl zwischen Brudermord und Aufopferung des eigenen Lebens für Bruder oder Schwester getroffen wird, hängt von *umweltbedingten*

*Zufällen* ab und erst in zweiter Linie von den Darwinschen Strategien, die sich in der Vergangenheit als nützlich für die Anpassung erwiesen haben. Wenn es um Darwinismus und zwischenmenschliche Beziehungen geht, dann muß Geschichte als Biographie und als Sozialgeschichte erzählt werden, nicht als genetisch bedingter Determinismus. Nur wenige Dinge im Leben sind wirklich vorherbestimmt, gleichwohl aber ist das menschliche Verhalten erstaunlich voraussagbar, wenn man die relevanten Zwänge einmal erkannt hat.

Der Kampf um die elterlichen Investitionen fördert die »Gegensatzeffekte« zwischen Geschwistern. Dieser schonungslose Prozeß der Differenzierung innerhalb einer Geschwistergruppe ist eine Form des Darwinschen Prinzips der Divergenz. In der kurzen Phase der Kindheit vollziehen Geschwister das, was Spezies wie Darwins Galápagos-Finken im Laufe von Jahrmillionen erreicht haben. Wie die unterschiedlichen Schnäbel dieser Finken paßt sich auch der menschliche Geist an die umweltbedingten Nischen an, die seine Entwicklung prägen.[1] Im Gegensatz zum Schnabel der Finken jedoch ist der menschliche Geist lernfähig und damit auch zu unterschiedlichen und äußerst komplexen Anpassungen des Verhaltens in der Lage. Die eng miteinander verwobenen Prozesse der »Merkmalsverschiebung« und des »Konkurrenzausschlusses« ermöglichen diese verschiedenen Anpassungen, indem sie die Neigungen, Interessen und Aktivitäten der einzelnen Geschwister bestimmen und die biologisch gegebenen Persönlichkeitsdifferenzen ergänzen. Grundsätzlich sind diese Gegensatzeffekte bei dicht aufeinanderfolgenden Geschwistern am größten.[2]

Andere Aspekte der innerfamiliären Erfahrung (Altersunterschiede zwischen Geschwistern, Geschlecht und Temperament) vervollständigen den Einfluß der Geburtenfolge. Viele dieser Variablen stehen in Wechselwirkung sowohl zur Geburtenfolge als auch untereinander. So sind beispielsweise erstgeborene Schwestern sozial dominant, bringen diese Eigenschaft jedoch auf andere Weise zum Ausdruck als erstgeborene Brüder. Während Brüder gewöhnlich auf körperliche Aggression zurückgreifen, behaupten Schwestern ihre Herrschaft mit verbalen Mitteln. Der Konflikt mit den Eltern ist ein weiterer für die Persönlichkeitsentwicklung entscheidender Faktor, auch wenn der Einfluß dieses Konflikts sich bei Erstgeborenen deutlicher zeigt als bei Spätergeborenen. Geburtenfolgeeffekte haben ihren Ursprung in der Konkurrenz um die Gunst der Eltern. Wird diese nicht gewährt, übernehmen die meisten Kinder Strategien von Spätergeborenen.

Die Darwinsche Theorie liefert einen weiteren wichtigen Schlüssel zum Verständnis des menschlichen Verhaltens. Darwin hat uns gelehrt, in Populationen zu denken.[3] Das Kennzeichen dieser Denkweise ist die Würdigung von *Unterschieden zwischen Individuen.* Diese Herangehensweise steht im Gegensatz zum »typologischen Denken«, das die Dinge oder Menschen festgefügten Kategorien zuordnet. Die Schöpfungslehre war ihrem Wesen nach typologisch, weil sie die enormen Unterschiede innerhalb einer Spezies geringachtete. Im Anschluß an Darwins Erkenntnisse haben die Biologen endlich erkannt, daß die endlose Variation die eigentliche Regel in der Natur ist. Eine Spezies ist eine extrem veränderliche Population, und dieser Grundsatz gilt auch für die Menschen. Wir unterscheiden uns alle voneinander, sogar von unseren Geschwistern – ein Umstand, der die meisten soziologischen Behauptungen über die Bedeutung von Differenzen zwischen sozialen Gruppen fragwürdig werden läßt. Vor allem unser Geist vereint eine erstaunliche Vielzahl von Fähigkeiten, die ein intelligentes Verhalten erlauben. Es gibt keine einfachen »Typen« von Intelligenz, ebensowenig wie eine einzelne Entwicklungsform der Darwinfinken den »Typus« der Spezies repräsentiert.[4]

## Eine Neuinterpretation der Geschichte

### *Der wissenschaftliche Fortschritt*

Für den Verlauf der letzten fünf Jahrhunderte erwies sich die *Geburtenfolge* als der zuverlässigste Prädiktor für revolutionäres Engagement. Im Vergleich zu Erstgeborenen identifizieren sich Spätergeborene eher mit sozial Benachteiligten und sind in höherem Maße bereit, die herrschende Ordnung in Frage zu stellen. Aufgrund ihrer Identifikation mit den Eltern und mit Autorität im allgemeinen neigen Erstgeborene dazu, den Status quo zu verteidigen. Der Einfluß der Geburtenfolge geht über die Bedeutung des Geschlechts, der sozialen Schicht, der Rasse, der Nationalität und – für die letzten fünf Jahrhunderte – der Zeit hinaus.

Um diesen überraschenden Ergebnissen eine gesicherte empirische Basis zu verschaffen, habe ich meine Untersuchung auf zwei größere Gebiete ausgerichtet – auf die Wissenschaftsgeschichte und auf allgemeine Geschichte. Während der frühesten Stadien radikaler wissenschaftlicher Revolutionen war die Wahrscheinlichkeit, einen revolutionären Standpunkt zu vertreten, bei Spätergeborenen *17-fach* höher als bei Erstgeborenen.[5] Als Charles Darwin sich 1837 zur Theorie der Evolution bekannte, war es aufgrund seiner Stellung in der Geburtenfolge *100-fach* wahrscheinlicher, daß er diese Theorie vertreten als daß er weiterhin bei der damals herrschenden Lehre vom großen Schöpfungsplan verharren würde.[6] Erstgeborene wie Charles Lyell, Darwins großes Vorbild, hatten bei ihrem Versuch, von der Schöpfungslehre zum Darwinismus überzuwechseln, indessen gegen enorme innere Widerstände zu kämpfen. Wie sehr er sich auch bemühte, Darwins Ideen nach 1859 zu akzeptieren, so spürte Lyell doch, »wie sehr die alten Bahnen und Gleise des Denkens den neuen Kurs immer noch durchkreuzten«.[7] Andere Erstgeborene unter den Wissenschaftlern in Darwins Generation teilten Lyells Neigung, den Status quo zu verteidigen. Sie waren einfach nicht zur Rebellion geboren.

Die unbestrittene wissenschaftliche Originalität von Erstgeborenen liegt darin, daß sie Rätsel scharfsinnig lösen, indem sie etablierte Theorien auf neue, aber gesellschaftlich akzeptable Gebiete ausweiten.* Der Erstgeborene Jonas Salk, der einen Impfstoff gegen Polio entwickelte, und auch die meisten Nobelpreisträger liefern dafür gute Beispiele. Ihr intensives Streben nach individueller Leistung bringt Erstgeborene außerdem dazu, ihr Gebiet gegen Eindringlinge zu verteidigen. In den letzten fünf Jahrhunderten war die Wahrscheinlichkeit für Erstgeborene, um den Vorrang ihrer wissenschaftlichen Theorie zu kämpfen, dreifach höher als für Spätergeborene.[8] Nur selten handelt ein Erstgeborener so großzügig wie Darwin oder Wallace, die sich das Verdienst der Autorenschaft für die Theorie der natürlichen Auslese teilten. Doch Darwin und Wallace teilten auch ein wichtiges Ziel: den Sturz einer Weltsicht, in der Privilegien und Status eng mit dem Schicksal der Geburt verbunden waren.

Das Ausmaß der durch die Geburtenfolge bedingten Unterschiede läßt sich leichter ermessen, wenn man sie auf andere, vertrautere Begriffe bezieht. Was Letztgeborene um 1690 akzeptierten und verteidigten, wurde von Erstgeborenen erst um 1860, also 170 Jahre später, anerkannt.[9] Im Bereich der Wissenschaft verringern sich solche zeitlichen Differenzen in der Akzeptanz von Veränderungen, wenn immer mehr unbestreitbares Beweismaterial zusammengetragen wird. Dennoch kann man sagen, daß Spätergeborene den Erstgeborenen in ihrer Bereitschaft, heterodoxe Innovationen zu unterstützen, im allgemeinen ein halbes Jahrhundert voraus waren.[10]

Das Alter hemmt meist die Aufnahmebereitschaft für neue Ideen und ergänzt die Effekte der Geburtenfolge. Dieser zusätzliche Einfluß bietet einen weiteren Maßstab für den Vergleich von Geburtenfolgeeffekten. Im Alter von Anfang dreißig hat sich die Mehrheit der Erstgeborenen bereits nach dem wissenschaftlichen Status quo ausgerichtet. Danach widersetzen sie sich abweichenden Neuerungen mit einem für sie typischen gelehrsamen Eifer. Die Mehrheit der Spätergeborenen dagegen bleibt bis in ihre frühen Sechziger offen für radikale Innovationen: ein Unterschied von 30 Jahren.[11] Diese größere Aufgeschlossenheit für Neuerungen hat zur Folge, daß sie auch in fortgeschrittenem Alter noch wissenschaftlich kreativ sind.[12]

Darwins Leistungen sind exemplarisch für diese Tendenz. In der Zeit zwischen zwanzig und Anfang dreißig schrieb Darwin seine originellsten Arbeiten auf den Gebieten der Geologie und der Naturgeschichte. Mit vierzig wurde er durch seine drei Monographien über Entenmuscheln zum interna-

* In diesem Zusammenhang sollte man wiederholen, daß der Einfluß der Geburtenfolge auf die Persönlichkeit typischerweise 5- bis 10-fach größer ist als auf den IQ und auf akademischen Erfolg (vgl. S. 91ff.). Darüber hinaus ist der akademische Erfolg, der mit dem Status des Erstgeborenen verbunden ist, nicht die einzige Form intellektueller Leistung. Erst- und Spätergeborene tun sich auf verschiedene Weise hervor, wiederum bestimmt durch Persönlichkeitsunterschiede und die unterschiedlichen familiären Nischen, die sie geprägt haben (vgl. Kapitel 4, besonders S. 116-126). Selbst in der Wissenschaft ist die Beziehung zwischen IQ und Erfolg bei Menschen, die intelligent genug sind, Wissenschaftler zu werden, nicht sehr ausgeprägt. So zeigte die Forschung, daß ein Wissenschaftler mit einem IQ von 130 mit ebenso großer Wahrscheinlichkeit einen Nobelpreis gewinnen kann wie ein Wissenschaftler mit einem IQ von 180 (Hudson, *Contrary Imaginations*, S. 104).

 tional anerkannten Fachmann für wirbellose Tiere. Nachdem er mit fünfzig Jahren schließlich die *Entstehung der Arten* veröffentlicht hatte, wandte er sich der Botanik zu, einem Gebiet, auf dem er, wie er selbst erklärte, ein »Ignorant« war.[13] Während der nächsten zwei Jahrzehnte schrieb er sechs bahnbrechende Bücher über Orchideen, Kletterpflanzen, insektenfressende Pflanzen, über die Vermehrung und über die Fähigkeit der Pflanzen, sich zu bewegen. Professionelle Botaniker wie Joseph Hooker und Asa Gray waren überwältigt von Darwins Fähigkeit, Zusammenhänge zu entdecken, die Fachleute bis dahin übersehen hatten. Wie Gray selbst bemerkte, gingen Darwins Entdeckungen über die Bewegungen von Pflanzen auf die zufällige Beobachtung eines Botanikers zurück, »bei dem sie jedoch keine Früchte trug«. Die gleiche botanische Beobachtung wurde, »berührt von Darwins Geist ... auf wunderbare Weise fruchtbar«.[14]

Darwin war nicht der Mann, der sich auf seinen neu erworbenen Ruhm als international anerkannter Botaniker zurückgezogen hätte. Er machte sich an die Niederschrift seiner Werke *Descent of Man* (1871; *Die Abstammung des Menschen ...*, dt. 1871) und *Expression of the Emotions in Man and Animals* (1872; *Der Ausdruck der Gemütsbewegungen ...*, dt. 1872, 1874), die er mit Anfang sechzig veröffentlichte. Diese beiden bahnbrechenden Arbeiten verliehen dem Studium des menschlichen Verhaltens endgültig ein evolutionstheoretisches Fundament. Es dauerte über ein Jahrhundert, bis die Psychologen die reiche theoretische Goldader, die Darwin in diesen beiden Büchern vorgezeichnet hatte, erkannten und ernsthaft auszubeuten begannen.

Darwins letztes Werk wurde im Herbst 1881 veröffentlicht, sechs Monate vor seinem Tod im Alter von dreiundsiebzig Jahren. Die Publikation befaßte sich mit den weitgehend unbekannten Lebensgewohnheiten der Regenwürmer. Auch diesmal überraschte Darwin die wissenschaftliche Welt. Er zeigte, daß Würmer erstaunlich intelligente Lebewesen und durch den Nutzen, den sie dem Erdreich bringen, unermüdliche Freunde des Menschen sind. Darwins bezaubernder Beitrag zur Aufwertung des bescheidenen Regenwurms erzielte größere Verkaufserfolge als alle anderen seiner wissenschaftlichen Veröffentlichungen.[15] Von der Geologie zur Zoologie, von Orchideen zu Venus-Fliegenfallen und vom Regenwurm zum Menschen: Darwin hat mit seiner lebenslangen Forschung das menschliche Denken kontinuierlich revolutioniert. Was Darwins bemerkenswerte Karriere auszeichnet, ist vor allem seine Vorliebe, das Unscheinbare und Unbedeutende zum Wertvollen und Bedeutenden zu erheben. »Ich hatte immer Freude daran«, schrieb er in seiner Autobiographie, »die Pflanzen in der Rangordnung organisierter Wesen höher zu stufen.«[16] Mit seiner Theorie der natürlichen Selektion ging er sogar noch einen Schritt weiter, indem er einen blind waltenden Prozeß von Versuch und Irrtum an die Stelle Gottes setzte.

Wie in seinen radikalen Theorien, so spiegeln sich Darwins außergewöhnliche Persönlichkeit und sein revolutionärer Geist auch in seiner Arbeitsweise und seinem wissenschaftlichen Stil. Fragen waren ihm wichtiger als Antworten, Neugier wichtiger als Überzeugungen und Ausdauer wichti-

Charles Darwin, etwa 1874, in einer Aufnahme seines vierten Sohnes Leonard. Zwei Jahre später bemühte sich Darwin in seiner Autobiographie vergeblich, seinen bemerkenswerten Einfluß auf das wissenschaftliche Denken zu erklären: »... mein Erfolg als Wissenschaftler, worauf immer er sich belaufen mag, [ist], soweit ich es beurteilen kann, von komplexen, verschiedenartigen Eigenschaften und Verfassungen meines Geistes bestimmt. Die wichtigsten von ihnen sind die Liebe zur Wissenschaft, grenzenlose Geduld zu langem Nachdenken über jedes Thema, Fleiß beim Beobachten und Sammeln von Tatsachen und eine gehörige Portion Phantasie und gesunder Menschenverstand. Bei den eher bescheidenen Fähigkeiten, die ich besitze, ist es wahrhaft erstaunlich, daß ich die Überzeugungen von Wissenschaftlern in manchem wichtigen Punkt so stark beeinflußt haben soll« (*Mein Leben*, S. 151f.).

ger, als sich auf Privilegien auszuruhen. Er liebte es, »törichte Experimente« durchzuführen: Tests für Einfälle, die so unwahrscheinlich waren, daß andere sie nie ernst nahmen.[17] Was Darwin bei einer Gelegenheit über den Erfolg in der Wissenschaft sagte, ließe sich ebenso gut auf ihn selbst beziehen: »Es ist starrköpfig, so zu sein.«[18] Und in diesem Satz ist auch seine größte wissenschaftliche Erkenntnis zusammengefaßt, das Prinzip der natürlichen Auslese. Durch die Selektion zufälliger Variationen über einen Zeitraum von Jahrmillionen hinweg hat dieser unerbittliche biologische Prozeß auf der Erde eine erstaunliche Vielfalt des Lebens geschaffen und auch in der menschlichen Intelligenz seinen überwältigenden Ausdruck gefunden. Obwohl Darwin nie über die Beziehungen zwischen Geschwistern schrieb, ist er ein Paradebeispiel dafür, wie die Strategien, die in der Geschwisterrivalität entwickelt werden, insbesondere Offenheit für Erfahrung und starrköpfige Ausdauer, den revolutionären Geist inspirieren können.

Der von Darwin entdeckte Mechanismus der natürlichen Selektion war als Idee deshalb so gefährlich und schockierend, weil er den Geist Gottes durch den ketzerischen Geist von Versuch und Irrtum ersetzte.[19] Wovor sich Erstgeborene wie Louis Agassiz und Charles Lyell am meisten fürchteten, war nicht die Möglichkeit von Veränderungen in der Biologie, sondern daß sie sich ohne ersichtliche intelligente Lenkung vollziehen. Speziell Darwins Sicht der Evolution des Menschen beleidigte ihre Vorstellung von dessen moralischer und geistiger Überlegenheit. In einem Notizbuch, das Lyell in den sechziger Jahren des neunzehnten Jahrhunderts führte, gestand er, daß er einen spürbaren »Widerwillen gegen [die] auf den Affen zurückgehende Genealogie« empfinde. Ferner glaubte Lyell, »daß jede menschliche Rasse ihren [für sie bestimmten] Platz hat, wie die untergeordneten Tiere«.[20] Die Darwinsche Revolution drehte sich vor allem um die Beziehungen innerhalb des Stammbaums der Lebewesen auf der Erde. Es ging auch um die Frage, welcher schöpferische Mechanismus jene Beziehungen, die Evolution voraussetzt, erklären konnte. Der subversivste Aspekt der darwinistischen Lehre lag in ihrer radikalen Widerlegung des Geists eines Schöpfers, den Agassiz und Lyell und die Erstgeborenen im allgemeinen für das Wesen des Lebens hielten.

Der von Darwin als Motor der Evolution beschriebene Mechanismus verkörpert seine eigene Kreativität und seine gleichzeitige Bescheidenheit: die allmähliche Verbesserung durch uneingeschränkten Wettbewerb. Wie Darwin selbst einmal über die Wissenschaft bemerkte, sind es nicht unbedingt immer die Klügsten, die die bahnbrechenden Entdeckungen machen.[21] Diese empirische Beobachtung stellte Darwin vor ein ganz besonderes Rätsel, da er, wie die meisten seiner Zeitgenossen, dazu neigte, Genie mit höchster Intelligenz gleichzusetzen, besonders mit jener intellektuellen Fähigkeit, die typisch ist für Leistungen auf naturwissenschaftlichem Gebiet. Darwin wußte sehr wohl, daß es ihm daran mangelte. In seiner Autobiographie betonte er: »Ich verfüge nicht über die schnelle Auffassungsgabe oder die geistige Beweglichkeit, die bei manchen klugen Männern, zum Beispiel bei Huxley, so bemerkenswert ist. Deshalb bin ich auch ein schlechter Kritiker: Beim ersten Lesen bin ich meist voller Bewunderung für ein Buch oder einen Aufsatz, und erst nach erheblichem Nachdenken fallen mir die schwachen Stellen auf.«[22]

Zu Darwins Glück ist die schöpferische Intelligenz so unterschiedlich wie die familiären Nischen, in denen sie gedeiht. Es gibt eine mathematische, eine künstlerische und eine soziale Intelligenz, ja sogar eine Intelligenz des Fleißes, wie die des unscheinbaren Wurms. Darwins eigene Kreativität – die Grundlage seines besonderen Genies – lag in einer glücklichen Mischung unterschiedlichster Interessen, Charaktereigenschaften und Fähigkeiten. Er ist ein hervorragendes Beispiel für den *Genius* der Vielfalt – die revolutionärste Form des Genies überhaupt.

Politische Veränderungen bieten einen Kontext für die Beobachtung des prägenden Einflusses familiärer Nischen, der einen Kontrast bildet zu den Prozessen wissenschaftlicher Innovation. Neben Offenheit für Erfahrung zählt Außengerichtetheit zu einem integralen Bestandteil des politischen Denkens. Außengerichtetheit bestimmt die Art und Weise, in der konservative wie liberale Ansichten in die politische Praxis umgesetzt werden. Diese Überlegung ist kein bloßer Einfall, sondern sie kann wissenschaftlichen Anspruch erheben, weil sie überprüfbar ist. Berücksichtigt man Differenzen in der Offenheit, bestimmt unterschiedlich ausgeprägte Außengerichtetheit politisches Verhalten auf signifikante Weise.

Die Bereitschaft, zu gewaltsamen Mitteln zu greifen, um den Status quo aufrecht zu erhalten, verbindet zwei charakteristische Tendenzen von Erstgeborenen. Entsprechend überrepräsentiert sind Erstgeborene unter außengerichteten Konservativen. In vordemokratischen Zeiten befanden sich Erstgeborene und älteste Söhne, die aufgrund der Primogenitur die Zügel der politischen Macht in der Hand hielten, in einer besonders günstigen Position, den Status quo zu verteidigen. Spätergeborene wurden wegen ihres Kampfs gegen den Despotismus zum Tode verurteilt, erstgeborene Herrscher oder Ratsmitglieder unterzeichneten das Todesurteil.

Im Gegensatz zu den ältesten Geschwistern, die im allgemeinen die herrschende gesellschaftliche Ordnung unterstützten, standen die Spätergeborenen meist auf der Seite von liberalen Reformen. In der Geschichte des Abendlandes ist die Wahrscheinlichkeit, daß die Verfechter radikaler politischer Revolutionen Spätergeborene waren, 18-fach höher als die, daß sie Erstgeborene waren.[23] Während der Reformation war die Wahrscheinlichkeit, zum Märtyrer zu werden, für Spätergeborene 46-fach höher als für Erstgeborene.[24] Im Kampf um egalitäre soziale Reformen setzten sich Spätergeborene für Redefreiheit, Glaubensfreiheit, für die Abschaffung der Sklaverei und die Gleichheit der Rassen und Geschlechter ein.

Das Merkmal der Außengerichtetheit wirft ein bedeutendes Licht auf die *politische Taktik*, eine Frage, die mitunter politisch Verbündete zu erbitterten Feinden werden läßt. Die Führergestalten, die am stärksten moralisieren und sich am unflexibelsten verhalten, sind in der Regel Erstgeborene, gefolgt von Einzelkindern, jüngsten und dann den mittleren Kindern. Erstgeborene Radikale (die häufig die Kinder spätergeborener Radikaler sind) bevorzugen im allgemeinen aggressive Strategien – Persönlichkeiten wie Mussolini, Stalin, Ché Guevara und Carlos der Schakal. Carlos sprach für sie alle, als er sagte: »Nur Kugeln ergeben einen Sinn.«[25] Dagegen sind Spätergeborene weit weniger davon überzeugt, daß der Zweck die Mittel heilige. Mehr als jede andere Gruppe von Geschwistern stehen mittlere Kinder auf der Seite friedlicher Reformen. Nur selten findet sich in der Geschichte ein erstgeborener Befürworter des gewaltlosen Widerstands wie Gandhi oder Martin Luther King Jr.[26] Kompromißfähigkeit ist ein besonderes Talent mittlerer Kinder.

 Aufgrund ihrer familiären Nische haben sie ein Gespür für den Sinn von Koalitionen, parlamentarischen Methoden und einer Regierungsform, die auf dem Konsensprinzip basiert.[27]

Die Spaltung innerhalb der Bewegung zur Abschaffung der Sklaverei in Amerika – die sich über die Frage des bewaffneten Kampfs vollzog – bietet ein gutes Beispiel für diese Art von Geschwisterdifferenzen. Wenn Erstgeborene auf seiten der Abolitionisten standen, riefen sie zu Gewalt auf und griffen in manchen Fällen selbst zu gewaltsamen Mitteln, wohingegen Spätergeborene – besonders mittlere Kinder – auf die Kraft der moralischen Überzeugung setzten. Während der Französischen Revolution führte solch unterschiedliches Verhalten zum tragischen Konflikt zwischen Girondisten und Montagnards. Militante Erstgeborene, darunter Robespierre und andere Begründer der Schreckensherrschaft, wandten sich gegen ihre spätergeborenen Mitkämpfer – die Girondisten – und schickten sie auf die Guillotine. Während der Schreckensherrschaft hielten diese außengerichteten Radikalen die Menschenfreundlichkeit der Girondisten – eine Eigenschaft von Spätergeborenen – für Königstreue. Daß dieser Vorwurf zu Unrecht erhoben wurde, haben französische Historiker inzwischen erkannt, doch bis heute ist ihnen das Wesen des Brudermords, das den dahinter verborgenen Konflikt kennzeichnet, entgangen. Episoden des massenhaften Brudermords sind vermutlich untrennbar mit politischen Revolutionen verbunden; doch wird der Brudermord nicht als solcher wahrgenommen, weil Menschen nur selten ihre *eigenen* Geschwister töten. Allerdings sind manche bereit, die politischen Verbündeten ihrer Geschwister zu töten, wodurch sie stellvertretenden Brudermord begehen.

Obwohl Differenzen zwischen Familien keine große Bedeutung für die Persönlichkeitsentwicklung haben, spielen sie eine große Rolle im menschlichen Verhalten und hinterlassen ihren Stempel in der Geschichte. Wenn man über Geschichte schreibt, ist oft schwer festzustellen, welche Gruppenunterschiede wirklich kausale Bedeutung haben und welche nur Scheinwirkungen darstellen, die auf Geschwisterdifferenzen zurückgehen. Die Statistik hilft uns, diese Probleme methodisch zu lösen. Statistische Studien bestätigen immer wieder, daß Geburtenfolge (und Familiendynamik insgesamt) den meisten soziologischen Prädiktoren für menschliches Verhalten überlegen ist.

So wie sich die Ursachen historischer Veränderungen meist auf die Familiengeschichte zurückführen lassen, so weisen sie zugleich nach vorn: auf die Gründung neuer Familien. Menschen mit einer liberalen Einstellung heiraten im allgemeinen ebenfalls Liberale, und auch ihr Nachwuchs ist liberal. Um 1600 war die durch ganz Europa gehende Spaltung zwischen Katholiken und Protestanten, die als ein innerfamiliärer Konflikt begonnen hatte, zu einer Trennlinie zwischen geographischen Regionen, ja sogar zwischen Nationen geworden. Nachdem sich diese geographischen Grenzlinien einmal etabliert hatten, zeigten sich Kinder, die in protestantischen Ländern aufwuchsen, empfänglicher für die Freiheiten, die die vorausgehende Generation erkämpft hatte. Im Gefolge der Reformation verhielten sich Protestanten, die zu Wissenschaftlern wurden – selbst die Erstgeborenen unter ihnen – wie Spätergeborene, was ihre Offenheit für Erfahrung angeht. Daher waren protestantische Wissenschaftler eher bereit, radikale wissenschaftliche Neuerungen zu akzeptieren als ihre katholischen Kollegen. Durch die befreiende Wirkung der Reformation wurden Spätergeborene zu immer neuen Rebellionen ermutigt. Der Beginn der modernen Wissenschaft im siebzehnten Jahrhundert war ein Vorgriff auf die Aufklärung des achtzehnten. Die Aufklärung wiederum führte zum verstärkten Streben nach Freiheit des Denkens, und Menschen wie Thomas Paine, Jean-Jacques Rousseau und Voltaire setzten eine ganze Reihe neuer Revolutionen des gesellschaftlichen Denkens in Gang. Ein Resultat dieser raschen Folge umwälzender Bewegungen war, daß die für radikale Einstellungen relevanten Geschwisterdifferenzen in bezug auf Radikalität sich im Lauf der Generationen bündelten. 

Die Stammbäume der meisten liberal eingestellten Menschen weisen eine Vielzahl Spätergeborener auf, die in früheren Generationen radikale Kämpfer waren. Rebellen wie Darwin und Benjamin Franklin – die jüngsten Söhne von jüngsten Söhnen über vier oder fünf Generationen hinweg – sind exemplarisch für die gebündelte Macht von Geschwisterdifferenzen. Darwin wurde vor allem deshalb ein radikaler Revolutionär, weil er in einer *liberalen* Familie aufgewachsen war. Sein Vater, ein Letztgeborener, war der atheistische Sohn eines Letztgeborenen, der Deist war. Als Darwins Vater eine Frau suchte, fiel seine Wahl auf die Tochter des *radikalsten Freundes* seines Vaters, auf die Tochter von Josiah Wedgwood. Als Jüngster von dreizehn Kindern war Josiah einer der heftigsten Gegner der Sklaverei in Großbritannien. Er sprach sich sowohl für die Amerikanische als auch für die Französische Revolution aus, womit er die königliche Familie brüskierte, die sein feines Wedgwood-Porzellan bezog.[28]

### *Ausnahmen von der Regel*

Zu allen Verallgemeinerungen, die ich in diesem Buch vorgenommen habe, gibt es Ausnahmen. Jede Form des menschlichen Verhaltens ist zugleich zufällig und determiniert. In der Welt, die uns umgibt, werden wir in unserer Fähigkeit, die Handlungen von Individuen vorauszusagen, durch eine Vielzahl sich durchkreuzender Einflüsse beschränkt. Dennoch bieten *multiple* Prädiktoren – in weit größerem Maße als einzelne – ein sinnvolles Mittel zur Erklärung menschlichen Verhaltens. Ausnahmen von einer statistischen Verallgemeinerung lassen sich oft durch eine weitere, noch bedeutendere Verallgemeinerung erklären. Wissenschaftlich wird der Umgang mit diesen Ausnahmen dadurch, daß man anderslautende Hypothesen überprüft.

Berücksichtigt man den Zusammenhang zwischen der gesellschaftlichen Einstellung der Eltern und der ihrer Kinder, so wird niemand erwarten, daß der älteste Sohn von Karl Marx oder Mao Tse-tung zum Konservativen werden würde. Hinsichtlich ihrer gesellschaftlichen Überzeugungen folgen die meisten Kinder dem Vorbild ihrer Eltern, wobei die Erstgeborenen dies getreulicher tun als ihre jüngeren Geschwister. Ebenso läßt sich die Tatsache, daß Martin Luther, ein Erstgeborener, Protestant wurde, teilweise auf die Tatsache zurückführen, daß er aus Deutschland kam, wo der Machtmißbrauch der Kirche besonders verbreitet war. Luthers Aufgeschlossenheit gegenüber religiösen Reformen spiegelt auch seine Stellung im niederen Klerus wider, einer Gruppe, die durch kirchliche Reformen viel zu gewinnen hatte. Diese prädisponierenden Faktoren *gelten generell für alle Theologen, die im Zeitalter der Reformation lebten*, nicht nur für Martin Luther.[29] Das ist das Kriterium, durch das Erklärungen dieser Art wissenschaftlichen Anspruch erheben können. Eine wohlüberlegte Erläuterung des individuellen Verhaltens berücksichtigt alle wichtigen Einflüsse und überprüft sie.

Die Verwendung multipler Prädiktoren gestattet uns mitunter erstaunliche Annahmen über Individuen. So liegt die Wahrscheinlichkeit, daß junge Spätergeborene mit einer liberalen Einstellung eine radikale Neuerung wie die Evolutionstheorie übernehmen, bei 95 Prozent. Mit anderen Worten übernahmen 95 von 100 Leuten, die den gleichen biographischen Hintergrund hatten wie Charles Darwin, die Theorie, die er so leidenschaftlich verfocht. Das Verhalten der übrigen fünf läßt sich in manchen Fällen durch den Einfluß anderer intervenierender Variablen wie Alter, freundschaftliche Beziehungen und wissenschaftliche Ausbildung erklären. Umgekehrt liegt die Wahrscheinlichkeit, daß ältere Erstgeborene mit einer konservativen Haltung die gleiche radikale Idee übernehmen, nur bei fünf Prozent. Mit nur drei Variablen (Geburtenfolge, gesellschaftliche Einstellung und Alter) läßt sich im Hinblick auf die individuell wahrscheinliche Zustimmung zu radikalen Neuerungen eine Abweichung von 20 zu 1 zeigen. Die Menschen, die am meisten zu einer radikalen Veränderung beigetragen haben, stellen zusammen mit jenen, die am heftigsten dagegen protestiert haben, die extremen Pole des Verhaltens dar.*

Individuelle Ausnahmen dieser statistischen Verallgemeinerungen weisen häufig den Weg zu anderen Ursachen des Verhaltens, die übersehen wurden. Wenn die statistischen Irrtümer richtig identifiziert werden, eröffnen sie den Weg zu einem besseren Verständnis des Verhaltens. Ein Historiker, der sich angesichts statistischer Verallgemeinerungen unbehaglich fühlt, empfindet auch Unbehagen über das Wesen der Geschichte. Die meisten histori-

* In bezug auf die Rezeption der Evolution (1700-1875) habe ich den im Text erwähnten relevanten statistischen Test durchgeführt. Dieser Test vergleicht Erstgeborene, die älter als fünfzig Jahre alt waren und eine sozial konservative Einstellung hatten (die auf der Fünf-Punkte-Skala unter 2,0 lagen) mit Spätergeborenen, die unter fünfunddreißig und liberal waren (auf der Skala bei 3,0 oder darüber). In der untersuchten Gruppe von 43 Wissenschaftlern waren 10 Erstgeborene, die alle Gegner der Evolutionstheorie waren. Dagegen waren 34 der 35 Spätergeborenen (oder 97 Prozent) für die Evolutionstheorie ($r = 0{,}94$, [phi], $df = 1/43$, $t = 4{,}97$, $p < 0{,}0001$ [exakter Fisher-Test]).

schen Behauptungen sind von Natur aus statistisch, so wie die Lebenserfahrung selbst. Diese Behauptungen enthalten Hypothesen, die überprüft werden können und sollten. 

## Geschichte als Wissenschaft

### *Das Individuum und die Situation*

Historische Annahmen über die Familiendynamik veranschaulichen die komplizierte Frage, ob die Geschichtswissenschaft auf allgemeine Prinzipien des menschlichen Verhaltens zurückgreifen muß. Es stimmt zwar, daß Spätergeborene zur Rebellion neigen, doch der Akt der Rebellion hat bestimmte Ziele zum Inhalt und geschieht in einem spezifischen gesellschaftlichen und geistigen Zusammenhang. Unter den richtigen Voraussetzungen lehnen selbst Erstgeborene den Status quo ab. Es überrascht daher kaum, daß einige erstgeborene Sklaven sich gegen die verabscheuenswerte Praxis der Sklaverei auflehnten und ihre Herren erschlugen.

Die wichtigste moderierende Instanz für individuelle Reaktionen auf historische Veränderungen ist die *Art der Veränderung* selbst. Innovationen können konservativer, technischer oder radikaler Natur sein, sie können außen- oder innengerichtet durchgesetzt werden et cetera. In der Wissenschaft sind Erstgeborene rasch bereit, begriffliche Innovationen technischer oder konservativer Natur zu unterstützen. Technische Innovationen setzen sich im allgemeinen relativ schnell durch. Konservative Innovationen dagegen sind »Revolutionen« im ursprünglichen Wortsinn: »wiederzukehren, eine zyklische Folge zu durchlaufen wie die Jahreszeiten«.[30] Trotz ihrer Vorliebe für Neues und für Veränderungen haben Spätergeborene im allgemeinen konservativen Innovationen widerstanden. Sie identifizieren sich am ehesten mit radikalen Veränderungen, die den Status quo in Frage stellen.

Bei den über einhundert verschiedenen historischen Bewegungen, die ich untersucht habe, sind Ausrichtung und Ausmaß des Einflusses der Geburtenfolge systematisch auf den *Grad und die Schärfe* der Kontroverse bezogen. Wann immer neue Theorien kontrovers sind – aus sozialen, theoretischen oder ideologischen Gründen –, machen sich Unterschiede in der Reaktion der Menschen, die auf die Geburtenfolge zurückgehen, bemerkbar. Und wann immer es eine signifikante, durch Geburtenfolge bedingte Differenz gibt, kommt auch den anderen Attributen der familiären Nischen eine wesentliche Rolle zu.

### *Die Überprüfung von Hypothesen*

Mehr als zwei Jahrzehnte lang habe ich meine Annahmen anhand zahlloser konkurrierender Hypothesen überprüft. Einige davon haben die formale

 Überprüfung bestanden und gehören zum Arsenal der Prinzipien, die zur Erklärung menschlichen Verhaltens beitragen können. So sind zum Beispiel rebellische Neigungen eng mit einer gesellschaftlich liberalen Einstellung verbunden, die wiederum auf liberale Eltern oder Großeltern zurückgeführt werden kann. Das Temperament ist ein weiterer relevanter Faktor: Die eifrigsten Revolutionäre sind meist Spätergeborene, die gewöhnlich extravertiert sind. Dazu kommt, daß Fürsprecher der Revolution zuweilen durch Lehrer und andere Menschen ihrer sozialen Umgebung beeinflußt werden.

Ich habe diese konkurrierenden Behauptungen überprüft, um Fehler zu vermeiden, nicht weil ich glaube, daß man an Geschichte ebenso herangehen kann wie an Biologie oder Chemie. Dennoch ist sie anderen Wissenschaften, die sich mit Veränderungen befassen, vor allem der Geologie, der Paläontologie und der Entwicklungsbiologie, erstaunlich ähnlich. Darüber hinaus ist auch Geschichte als Wissenschaft von einem wissenschaftlichen Verständnis des menschlichen Verhaltens abhängig. Methoden der Verhaltensforschung lassen sich nutzbringend anwenden, um historische Hypothesen zu überprüfen, die lange Zeit fraglos hingenommen wurden. Historiker neigten dazu, die Anwendung (natur-)wissenschaftlicher Methoden abzulehnen, zumeist mit der Begründung, daß diese für ein historisches Verständnis »ungeeignet« seien.[31] Es ist jedoch denkbar, Charles Darwin als den größten Historiker aller Zeiten zu betrachten. Viele seiner Methoden waren historische, etwa seine sorgfältige Beschreibung der Gegenstände, die er untersuchte, und sein Festhalten an der Bedeutung des jeweiligen Kontextes. Darwin allerdings war so erfolgreich nicht durch die deskriptiven Methoden an sich, sondern durch sein Beharren darauf, Hypothesen zu überprüfen.

Wenn der menschliche Geist mit mehr Informationen konfrontiert wird, als er aufnehmen kann, sucht er bedeutungsvolle (und gewöhnlich *bestätigende*) Muster. Aus diesem Grund neigen wir dazu, Beweise zu vernachlässigen, die nicht unseren Erwartungen entsprechen, wodurch die herrschende Weltsicht stets von neuem bestätigt wird.[32] Charles Darwin war sich dieser menschlichen Neigung bewußt. In seiner Autobiographie spricht er davon, wie rasch er Fakten vergaß, die seiner Theorie zu widersprechen schienen. Deshalb habe er es zu seiner »goldenen Regel« gemacht, diese Informationen niederzuschreiben, damit er sie nicht übersehen konnte.[33] Wie mit Darwins goldener Regel lassen sich mit der Überprüfung von Hypothesen gewisse Beschränkungen überwinden, die darin liegen, wie der menschliche Geist Informationen verarbeitet.

Ähnlich der geschichtlichen Forschung heute war auch die Naturgeschichte einst gezwungen, mit vielfältigen Interpretationen zurechtzukommen. Die Evolutionsbiologie durchlief eine lange Phase, in der über darwinistische und nicht-darwinistische Erklärungsmodelle gestritten wurde. Gleich der natürlichen Selektion, mit deren Hilfe sich die Arten an ihre Umgebung anpassen, eliminiert indes die Überprüfung von Hypothesen früher oder später unzureichende Theorien. Empirischer Erfolg, Voraussagbarkeit, Einfachheit und unabhängige Verifikation der Ergebnisse vergrößern die

Chancen, zu zuverlässigen Schlußfolgerungen zu gelangen.[34] Ebenso wie die erfolgreichen Arten in der Natur besetzen schöpferische Wissenschaftler die vorteilhaftesten Nischen. Mit Hilfe der Überprüfung von Hypothesen entwickeln sie sich in ihrem Denken weiter und verhindern damit ihr intellektuelles Aussterben.[35]

Die Überprüfung von Hypothesen besitzt einen weiteren Vorteil. Sie reduziert die sirenenhafte Anziehungskraft der wissenschaftlichen Modeerscheinungen, die in den Geisteswissenschaften als Fortschritte gelten. Warum werden denn heute so viele neuere geisteswissenschaftliche Ansätze mit dem Etikett »Post-« versehen und sollen so als Nachfolger eines ehemals populären Ansatzes gelten? Eine Post-Physik dagegen gibt es nicht, auch keine Post-Biologie oder Post-Chemie. Immer wieder wurde durch Überprüfung der Hypothesen bewiesen, daß Neuerungen keine vorübergehende Modeerscheinung waren. Während der wissenschaftlichen Revolution des siebzehnten Jahrhunderts wurde diese radikale Methode durch Letztgeborene wie Francis Bacon und René Descartes vertreten. Jüngere Geschwister setzten sich für diese Methoden ein, da sie eine mächtige intellektuelle Waffe gegen den Status quo darstellten. Zur Zeit der naturwissenschaftlichen Revolution hatte die Forderung nach Überprüfung etwas durchaus Rebellisches, ein Prinzip, das auch heute noch gilt.[36]

Bacon und Descartes konnten so außergewöhnlich einflußreich werden, weil sie ihre Kollegen zur Akzeptanz und schließlich auch zur Institutionalisierung der radikalen Prinzipien für die Überprüfung von Hypothesen bewegen konnten. Von da an hatten die Scholastiker und die Kirche nicht mehr das letzte Wort, wenn es um die wahre Interpretation der Natur ging. Mit der Geburt der modernen Wissenschaft wurde ein demokratischer Wissensbegriff zur Norm. Dessen demokratischer Charakter führte zur Aufklärung und schuf die Grundlagen für weitere Revolutionen menschlichen Denkens. Die amerikanische Verfassung, mit ihrer Betonung der Gewaltenteilung, spiegelt diese befreienden Prinzipien wider, die die Gründerväter dem Studium der Newtonschen Lehre entnommen hatten.[37] Der Sieg der wissenschaftlichen Revolution ist der größte Triumph von Spätergeborenen, den ich in diesem Buch erörtert habe. Durch den Sieg in der Schlacht um die Regeln des Wissens verwandelten jüngere Geschwister diese schöpferische Domäne des menschlichen Forschens erfolgreich in fortgesetzte Rebellion.

Für den Fortschritt des menschlichen Wissens ist jedoch mehr als nur eine geeignete Methode vonnöten. Menschen, die Revolutionen in Gang setzen, brauchen Entschlußkraft, Mut und einen unabhängigen Geist. Leider wurden diese kühnen Köpfe aufgrund ihrer abweichenden Denkweise mit Ablehnung, Spott und Folter verfolgt. Wie Charles Darwin, der seinen Glauben an die Evolution mit einem »Mordgeständnis« verglich, mußten Menschen mit »ketzerischen« Meinungen für ihre revolutionären Ziele leiden.[38] Nicht jeder unorthodoxe Denker hatte Erfolg, und nicht alle behielten recht. Doch viele von ihnen waren durch ein mächtiges Band miteinander verbunden: Meist waren sie zur Rebellion gleichsam geboren.

# Danksagung

An diesem Buch habe ich sechsundzwanzig Jahre gearbeitet. Auf dem Weg, den ich dabei zurückgelegt habe, bin ich vielen Menschen begegnet, denen ich zu Dank verpflichtet bin. Ohne die großzügige Unterstützung vieler treuer Ratgeber und Freunde sowie durch meine Familie hätte ich die umfangreichen biographischen Forschungen nicht durchführen können, die im Mittelpunkt dieser Untersuchung stehen.

Mein Dank gilt der John D. und Catherine T. MacArthur Foundation, die mich fünf Jahre lang als Fellow unterstützte. Die großzügige Hilfe der Stiftung hat es mir ermöglicht, die Untersuchung in ihrer gegenwärtigen Form fertigzustellen. Ich danke auch der Harvard Society of Fellows, die mir ein Stipendium gewährte, dem Miller Institute for Basic Research in Science (University of California, Berkeley), der John Simon Guggenheim Foundation, dem National Endowment for the Humanities und dem Dibner Institute for the History of Science and Technology. Zusätzliche Forschungen wurden mir durch Beihilfen der National Science Foundation ermöglicht.

Als Quelle für Daten über das menschliche Verhalten ist die Geschichte einzigartig. Als Fachdisziplin jedoch zeigt sie große Schwächen auf der Ebene der Theoriebildung und vor allem bei der Hypothesenprüfung. Zahlreiche Kollegen aus den Verhaltenswissenschaften waren mir behilflich, für meine geschichtswissenschaftlichen Annahmen einen theoretischen Bezugsrahmen zu entwickeln und, was noch wichtiger ist, diese Annahmen mit statistischen Methoden zu überprüfen. Für ihre Unterstützung bei der Klärung vieler theoretischer Probleme, die für dieses Buch von grundlegender Bedeutung sind, möchte ich den Mitgliedern der Human Behavior and Evolution Society danken (vor allem Richard Alexander, Michael Bailey, Laura Betzig, David M. Buss, Martin Daly, Jennifer Davis-Walton, Sarah Blaffer Hrdy, Kevin MacDonald, John K. Pearce, Catherine Salmon, Donald Symons und Margo Wilson). David M. Buss, Harmon R. Holcomb III und Sarah Blaffer Hrdy machten viele nützliche Anmerkungen zum Manuskript, besonders zu den Teilen, die mit der Darwinschen Theorie und ihrer Relevanz für das menschliche Verhalten zu tun haben. Mein Verständnis der evolutionstheoretischen Biologie verdanke ich zum großen Teil meinen früheren Lehrern Stephen Jay Gould, Ernst Mayr und Edward O. Wilson. Vor allem Ernst Mayr war eine unerschöpfliche Quelle der Inspiration für mich, und er hat Unzähliges zu diesem Buch beigetragen.

Ich danke auch Robert Rosenthal, Donald Rubin, Hal Stern, Douwe Yntema, Alan Zaslavsky und anderen Mitgliedern des Brown Bag Statistics Seminar am Psychologischen Institut der Harvard-Universität. Fast ein Jahrzehnt lang habe ich dieses Seminar immer wieder besucht und von den »Gurus«, die es durchführten, wertvolle statistische Erkenntnisse mitgenommen. Zu einer Reihe methodologischer Fragen gaben David Pillemer, David Faust und Bruce H. Jones viele wichtige Ratschläge. Besonderen Dank schulde ich Donald Rubin und Joseph Schafer für ihre Kenntnisse zum Problem der fehlenden Daten. Die Technik zur Hinzuschätzung fehlender Daten, auf die ich in diesem Buch gelegentlich zurückgreife, hat mir ein Computerprogramm ermöglicht, das Joseph Schafer geschrieben hat.

Einige Hypothesen, die ich aufgestellt habe, hätten ohne die Hilfe der 110 Historiker, die mich als Experten unterstützt haben, nicht überprüft werden können. Insgesamt haben sie 20 000 Bewertungen von über 4 000 historischen Persönlichkeiten vorgenommen. Die Beurteilungen betrafen religiöse und politische Einstellungen sowie individuelle Stellungnahmen im Verlauf von Debatten über revolutionäre wissenschaftliche Neuerungen. Für ihre Bereitschaft, mich an ihrem historischen Wissen teilhaben zu lassen, bin ich ihnen allen zu großem Dank verpflichtet.

Im Laufe der Jahre habe ich von der Hilfe einiger tatkräftiger Forschungsassistenten profitiert. Einer von ihnen, Joseph Eros, entwickelte mit dem Computer einen Lageplan der Widener Library von Harvard, mit dessen Hilfe er Hunderte von Biographien auf dem kürzesten Weg aufspüren konnte. Weitere Forschungsassistenten waren Tim Alborn, Husam Ansari, Shari Bassik, Bari Kuhl, Dominique Marchand, Anne-Marie Moulin, Kevin Nabe, Fran O'Connell, Irina Sirotkina, Karine Tran-Minh und Gail Weingart. Ihnen allen möchte ich danken. Aus persönlichem Interesse am Thema übernahm Jonathan Finkelstein einen Teil der biographischen Fußarbeit im Zusammenhang mit den Abstimmungsmustern am Obersten Bundesgericht (Kapitel 12), und auch sonst war er mir eine große Hilfe.

Wiederholt zeigten im Laufe der Zeit Autoren aus verschiedenen wissenschaftlichen Forschungsbereichen – darunter angesehene Fachleute – Interesse an meiner Studie. Was sie zu meinen Ideen und Ergebnissen zu sagen hatten, regte mich an, über meinen Gegenstand neu nachzudenken. Besonders Daniel Goleman und Matt Ridley möchte ich an dieser Stelle meinen Dank aussprechen. Sehr dankbar bin ich auch Olivia Judson, Michael Shermer, David Stipp und Robert Wright für ihre Lektüre des ganzen Manuskripts und ihre zahlreichen Verbesserungsvorschläge.

I. Bernard Cohen bedachte das Manuskript mit jener Art von gedankenvoller Kritik, die nur ein Doyen auf dem Gebiet der Wissenschaftsgeschichte äußern kann. Auch Philip Kitcher machte zahlreiche konstruktive Vorschläge, ebenso wie Donald Fleming, John Kerr, Paul-André Rosental, Richard Sens und Miriam Solomon. Dean Keith Simonton stellte mir einige seiner Daten über bedeutende Wissenschaftler zur Verfügung. Elizabeth Knoll verdanke ich scharfsinnige Empfehlungen zum Aufbau des Buches.

Von anderen Fachleuten erhielt ich Unterstützung bei einzelnen Kapiteln. Was Darwin und die Darwinsche Revolution betrifft, so waren mir über die Jahre die klugen Ratschläge von Frederick Burkhardt, Pietro Corsi, Peter

Gautrey, Malcolm Kottler, Duncan Porter und Sam Schweber eine große Hilfe. Loren R. Graham beriet mich bei Fragen zur Eugenik-Bewegung, und David B. Ralston verdanke ich viele Informationen zur europäischen Geschichte. Patrice Higonnet schulde ich Dank für seine kritische Lektüre des Kapitels über die Französische Revolution und Philip Converse für seine technische Beratung bei meiner statistischen Analyse der Abstimmung während des Prozesses gegen Ludwig XVI. Steven Harris, Scott H. Hendrix und Steven Ozment machten nützliche Vorschläge zu dem Kapitel über die Reformation.

Von Frederick Crews – dessen heroische Anstrengungen zur Entlarvung von Pseudowissenschaften ihm die Feindschaft (und mehr noch die Dankbarkeit) vieler Leute eintrugen – erhielt ich Rat und Inspiration zu einer Reihe von Problemen, besonders was die Defizite von Marxismus und Psychoanalyse angeht. Auch die kritischen Untersuchungen von Morris Eagle, Adolf Grünbaum, J. Allan Hobson, John Kerr, Malcolm Macmillan und Peter Swales zur Psychoanalyse sind mir eine große Hilfe gewesen.

Als Freundin und Kollegin gewährte mir Shirley Roe besondere Unterstützung bei der Fertigstellung dieses Projekts. Mein Vater Alvah W. Sulloway las das gesamte Manuskript, das er mit gepfefferten Kommentaren wie »nun laß doch dieses geisttötende Detail weg« versah. Die Folgen dieses vernünftigen Ratschlags spiegeln sich in den Anhängen. Die photographischen Arbeiten für das Buch stammen größtenteils von John Lupo, der wie immer seinen ganzen Ehrgeiz daran setzte, daß die Kopien besser aussehen als die Originale. Ich danke auch den Leuten von AlphaGraphics, die mir mit Reproduktionen und in vielen anderen Dingen behilflich waren. Edward Tenner, Harvey Shoolman und vor allem Frank Curtis berieten mich in Fragen der Reproduktionsrechte. Meine gute Freundin und unermüdliche Ratgeberin Jeanne O'Connell machte zu jedem Aspekt dieses Projekts nützliche Vorschläge. Als die Arbeit Gestalt annahm, hörte sie sich geduldig und kritisch meine Ideen an. Ihre umsichtigen Ratschläge haben sehr zur Verbesserung des Buches beigetragen.

Dan Frank, mein Lektor bei Pantheon, war mir eine große Hilfe bei der Aufgabe, die These des Buches klar herauszuarbeiten. Was er tat, war Lektorat im besten Sinne. Einige Kapitel las er so oft, daß er manchmal meine Thesen besser zu kennen schien als ich selbst. Seine klugen Ratschläge, die er immer äußerst taktvoll vorbrachte, ließen die Endredaktion des Manuskripts zu einer wirklichen Freude werden. Claudine O'Hearn half mir, einige schwer auffindbare Illustrationen für das Buch aufzuspüren, und bei der mühevollen Aufgabe, die Reproduktionsrechte zu erhalten. Fearn Cutler, die den Umschlag entwarf, war mir auch mit Vorschlägen zum Format der Tabellen, Diagramme und Abbildungen behilflich. Nancy Gilbert, die das Manuskript für den Satz vorbereitete, hat im Text noch vieles verbessert, und dafür möchte ich ihr danken. Und von Jeanne Morton, Produktionsleiterin bei Pantheon, erhielt ich wichtige Anregungen in Stilfragen. Andrea Böltken, der Lektorin der deutschen Ausgabe, danke ich für eine Reihe von Korrekturen, die sie am Text vorgenommen hat. Ich möchte außerdem Frank Trümper, meinen Übersetzern Klaus Binder und Bernd Leineweber sowie dem Siedler Verlag für die Umsicht und Detailtreue danken, mit der sie diese deutsche Ausgabe erstellt haben.

Die Diagramme für dieses Buch wurden anfangs unter Verwendung von SYSTAT hergestellt, einem Statistikprogramm mit ungewöhnlich vielseitigen graphischen Fähigkeiten. Während der Forschungsarbeit und der Vorbereitung dieses Buches konnte ich mit Hilfe dieses Programms meine Daten visuell bearbeiten und so die komplexen Beziehungen zwischen den Variablen, die ich untersuchen wollte, besser verstehen. Wenn bemerkenswerte statistische Ergebnisse in visueller Form präsentiert werden, *sehen* sie bemerkenswert *aus*. Meine SYSTAT-Diagramme wurden in ihrer hier vorliegenden Form von Bonnie Scranton, einer Graphikdesignerin der Zeitschrift *Newsweek*, mit Hilfe von Adobe Illustrator entworfen. Ohne das Know-how von David Ershun von NK Graphics hätten wir die SYSTAT-Dateien nicht in das Adobe-Format konvertieren können.

Ich war in der glücklichen Lage, in John K. Pearce und Carolyn Phinney zwei besonders wertvolle Kollegen und zugleich Kritiker zu finden. In den letzten acht Jahren las John jedes Kapitel dieses Buches, einen Entwurf nach dem anderen, und beriet mich zu Inhalt und Stil. Die Diskussionen, die ich mit ihm über die Darwinsche Theorie und Familiendynamik geführt habe, waren für mich eine große Bereicherung. Carolyn Phinney hat dank ihrer Fähigkeit, subtile (und nicht so subtile) Lücken im logischen Aufbau und Zusammenhang zu erkennen, immer wieder auf kreative Weise zu dem Buch beigetragen, sowohl im Hinblick auf die gesamte Struktur als auch auf die endgültige Gestalt des Textes. Darüber hinaus waren ihre anspruchsvollen Standards der empirischen Beweisführung eine ständige Quelle der Inspiration und haben mir geholfen, meine Forschungsergebnisse besser zu verstehen.

Seit 1989 ist meine akademische Heimat das Programm für Wissenschaft, Technologie und Gesellschaft am Massachusetts Institute of Technology. Ich danke diesem Programm und seinen beiden Direktoren Kenneth Keniston und Merritt Roe Smith für die lebendige intellektuelle Umgebung, die einem unabhängigen Wissenschaftler hier geboten wird.

Mein größter Dank gilt Jerome Kagan, dem ich dieses Buch gewidmet habe. Jerrys enthusiastische Unterstützung für mein ursprüngliches Projekt (das ich 1970 entwickelt habe, in meinem ersten Jahr als graduierter Student) und seine nicht nachlassende und hilfreiche Anteilnahme an all dessen endlosen »Reinkarnationen« haben meinen Werdegang entscheidend beeinflußt. Im Herzen jung, kann er sich für neue Ideen immer wieder begeistern. Seine vielseitigen wissenschaftlichen Interessen kamen mir sehr zustatten und spiegeln sich in der interdisziplinären Anlage dieses Buches.

Meine letzter Dank richtet sich an jemanden, den ich nur durch das gedruckte Wort kenne. Mein Interesse am Leben von Charles Darwin geht zurück auf die Zeit, als ich noch Student war, und damals wandelte ich einen

Sommer auf seinen Spuren in Südamerika. Das Problem der wissenschaftlichen Kreativität fesselte mich, und ich begann, Darwins intellektuelle Entwicklung zu untersuchen. Im Geiste der Darwinschen Hartnäckigkeit studierte ich über 6 000 Lebensläufe in der Hoffnung, einen einzigen zu verstehen – den Darwins. Wenn jemals ein Mensch zum Rebellen geboren und als solcher erfolgreich war, dann war es Darwin. Was ich über Darwins Leben und Denken gelernt habe, läßt sich in einem Satz zusammenfassen: Der schöpferische Genius erschließt sich am ehesten durch die bemerkenswerten Einsichten, die sich in Darwins Theorien über den menschlichen Geist finden.

# Anhang

Der Anhang wurde für die deutsche Ausgabe um einige Abschnitte gekürzt und umfaßt im amerikanischen Original neben einer kurzen Einführung in die Statistik, einer Liste der wissenschaftlichen Berater, Forschungsanregungen und einem Test der eigenen rebellischen Neigung zusätzliche technische Einzelheiten zu folgenden Bereichen: Methoden zur Schätzung fehlender Daten (vor allem zu den Kapiteln 2 bis 8), Datenerhebung und Experteneinstufungen zu gesellschaftlichen Einstellungen (vor allem zu den Kapiteln 9 sowie 12 und 13), ein Modell zur Reformation (zu Kapitel 11), ein Modell zur Französischen Revolution (zu Kapitel 13).

Anhang 1

# In der Untersuchung angewandte Verfahren zur Definition von Variablen

## Übersicht

In diesem Buch habe ich 121 historische Ereignisse untersucht, die biographische Daten zu 6 566 Beteiligten enthalten. 323 von ihnen waren Frauen. Zu diesen 121 Ereignissen gehören 28 wissenschaftliche Revolutionen, 61 Reformbewegungen in der amerikanischen Geschichte, 31 politische Revolutionen und die Reformation. Darüber hinaus habe ich eine Datenbank über das Abstimmungsverhalten im Obersten Bundesgericht der USA zusammengestellt, in der biographische Daten zu allen 108 bisher amtierenden Richtern erfaßt sind.

In einigen Fällen beinhalten diese Datenbanken bis zu 256 Variablen – die Hochstzahl an Variablen, die in meinem Datenbank-Programm bearbeitet werden können. Einige dieser 256 Variablen sind Dummy-Definitionen (das heißt als 0 oder 1 definierte Informationen). In meiner Datenbank zu den wissenschaftlichen Kontroversen habe ich der Nationalität der Beteiligten zehn als Dummies definierte Felder zugeordnet. Die Nationalitäten umfassen die acht wichtigsten europäischen Länder sowie die Vereinigten Staaten. Im zehnten Feld sind die Nationalitäten der Beteiligten definiert, die nicht zu diesen neun Ländern gehören. Je nachdem, wie man solche als Dummies definierten Variablen zählt (gilt die Nationalität als eine Variable oder als zehn?), liegt der Umfang der Informationen in diesen 122 Datenbanken irgendwo zwischen einer halben Million und einer Million biographischen Dateneinheiten.

In einzelnen Fällen fehlt ein Teil der biographischen Information. Diese Tatsache habe ich mit der Zahl 99 definiert. (Meine statistischen Programme erkennen die Zahl 99 als fehlende Information.) Daneben enthält jede Datenbank eine Variable für die Anzahl der fehlenden Dateneinheiten für jede erfaßte Person. Auch fehlende Informationen sind Informationen, und nicht selten korrelieren sie mit anderen Prädiktoren des Verhaltens. Die Tatsache, daß es für eine Person nur unzureichende historische Dokumente gibt, bedeutet, daß sie vermutlich aus der Unterschicht und aus einer großen Familie stammt und ein mittleres Kind war.

## Variablen in den Datenbanken

In diesem Anhang erläutere ich meine Datenbank zu den wissenschaftlichen Kontroversen (*N*=3 890). Diese Variablen lassen sich in fünf allgemeine Kategorien unterteilen: Informationen über (1) den familiären Hintergrund des Beteiligten, (2) die soziale Einstellung des Beteiligten, (3) die gesellschaftliche Einstellung der Eltern, (4) die Merkmale der wissenschaftlichen Laufbahn des Beteiligten und (5) das spezifische historische Ereignis, an dem der Wissenschaftler beteiligt war. 

*Familiärer Hintergrund des Beteiligten*

1. Name
2. Geburtsjahr
3. Todesjahr
4-14. Nationalität. Diese Information ist für die neun häufigsten Nationalitäten und mit einer zehnten Kategorie für »andere« Nationalitäten als Dummy definiert. Außerdem wird sie als Persönlichkeitsbereich behandelt.
15. Geschlecht (männliches *N*=3 826; weibliches *N*=64)
16. Beruf des Vaters
17. Sozioökonomischer Status des Vaters. Definiert auf einer Fünf-Punkte-Skala: Aristokratie (*N*=245), freie Berufe (*N*=1 233), Mittelschicht (*N*=849), untere Mittelschicht (*N*=237) und Unterschicht (*N*=198).
18-19. Konfessionszugehörigkeit. Als Dummy definiert für Protestanten (*N*=1 991), Katholiken (*N*=1 066) und Juden (*N*=154).
20. Geburtenfolge. Diese ist als Dummy definiert, Erstgeborene und Spätergeborene, und zwar in funktionaler, nicht in biologischer Hinsicht. Geschwister, die als Säuglinge oder im frühen Kindesalter starben, werden bei der Feststellung der Geburtenfolge nicht mitgezählt. Einige wenige Personen, deren Rang in der Geburtenfolge in ihren ersten sieben Lebensjahren keine feste Gestalt angenommen hat und nicht bis zum sechzehnten Lebensjahr erhalten blieb, sind in die statistische Analyse nicht eingegangen (vgl. Kapitel 2). Eine andere Möglichkeit, die funktionale Geburtenfolge festzustellen, ist die Verwendung einer dreistufigen Skala und die Zuordnung eines mittleren Werts für Personen, deren Geburtsrang sich im Laufe ihrer Kindheit entscheidend verschoben hat. Dieses Definitionsschema paßt nur auf wenige Personen, und ich habe es einige Male in meinen Analysen von kleinen Samples benutzt. Die Wahl der Methoden hatte jedoch in keinem Fall einen Einfluß auf die statistische Signifikanz der in diesem Buch vorgestellten Ergebnisse. Weil sie in hohem Maße mit der funktionalen Geburtenfolge korreliert, ist die biologische Geburtenfolge ein signifikanter Prädiktor für Radikalismus. Unter Berücksichtigung der funktionalen Geburtenfolge ist die biologische Geburtenfolge kein signifikanter Prädiktor mehr (siehe *S. 465,* Anm. 81).
21. Geburtsrang. Funktional definiert als erstes Kind, zweites Kind, drittes Kind et cetera.
22. Männliche Geburtenfolge. Funktional definiert als ältester Sohn, zweiter

Sohn, dritter Sohn et cetera. Die Festlegung der Werte bei Töchtern erfolgte – analog zum Vorgehen bei den Söhnen – anhand der Anzahl ihrer älteren Brüder (+1).

23. Anzahl der Geschwister. Funktional definiert.

24-25. Relativer Geburtsrang. Diese Variable ist auf zweifache Weise definiert. Zunächst definierte ich den relativen Geburtsrang als (Geburtsrang –1)/(Anzahl der Geschwister –1). Nach diesem Maßstab reicht der relative Geburtsrang von 0 für Erstgeborene bis 1 für Letztgeborene. Daneben definiere ich den relativen Geburtsrang auf einer Sieben-Punkte-Skala: (1) Erstgeborene mit jüngeren Geschwistern; (2) Einzelkinder; (3) »älteste Söhne« und »einzige Söhne« (in den Fällen, in denen die genaue Geburtenfolge unbekannt ist); (4) Spätergeborene, deren Geburtsränge in der ersten Hälfte ihrer Geschwisterreihe liegen; (5) Spätergeborene, deren Geburtsränge in der zweiten Hälfte ihrer Geschwisterreihe, aber nicht im letzten Drittel liegen; (6) Spätergeborene, deren Geburtsränge im letzten Drittel ihrer Geschwisterreihe liegen und die nicht Letztgeborene sind, und (7) Letztgeborene. Die meisten der in diesem Buch angeführten Statistiken basieren auf dieser zweiten Methode. Die Korrelation zwischen den beiden Skalen beträgt 0,97. Die zweite Skala erlaubt die Einbeziehung von wesentlich mehr Fällen (1 823 gegenüber 1 451), da sie die »ältesten Söhne« mit erfaßt. Im Hinblick auf die Unterstützung wissenschaftlicher Innovationen liegen die »ältesten Söhne« zwischen Erstgeborenen und Spätergeborenen.

26. Altersabstand zum nächstjüngeren Geschwister. Soweit bekannt, in Monaten angegeben, andernfalls in Jahren.

27. Altersabstand zum nächstälteren Geschwister. Soweit bekannt, in Monaten angegeben, andernfalls in Jahren.

28. Vorhandensein eines Geschwisters im Sample. Als Dummy mit 0 oder 1 definiert.

29. Vorhandensein eines Elternteils oder eines Kindes im Sample. Als Dummy mit 0 oder 1 definiert.

30. Schüchternheit versus Extravertiertheit. Die als Text vorliegende Information wurde biographischen Quellen entnommen, als Memo-Feld transkribiert und erfaßt.

31-33. Bewertungen unabhängiger Gutachter zu Schüchternheit und Extravertiertheit. Definiert auf einer Sieben-Punkte-Skala.

34. Schüchternheit versus Extravertiertheit. Mittelwerte der unabhängigen Gutachten.

35. Eltern-Kind-Konflikt. Die als Text vorliegende Information wurde biographischen Quellen entnommen, als Memo-Feld transkribiert und erfaßt.

36-38. Unabhängige Bewertung des Konflikts mit dem Vater. Definiert auf einer Sieben-Punkte-Skala.

39. Konflikt mit dem Vater. Mittelwerte der unabhängigen Gutachten.

40-42. Unabhängige Bewertungen des Konflikts mit der Mutter. Definiert auf einer Sieben-Punkte-Skala.

43. Konflikt mit der Mutter. Mittelwerte der unabhängigen Gutachten. 
44. Eltern-Kind-Konflikt. Mittlerer Wert der Variablen 39 und 43.
45. Geburtenfolge des Vaters. Definiert als relativer Geburtsrang.
46. Geburtenfolge der Mutter. Definiert als relativer Geburtsrang.
47. Geburtenfolge der Eltern. Mittelwert der beiden vorhergehenden Variablen.
48. Alter der Mutter bei der Geburt des Beteiligten. Diese Information ist bei der Schätzung fehlender Daten zur Geburtenfolge hilfreich.
49. Alter des Vaters bei der Geburt des Beteiligten. Diese Information ist bei der Schätzung fehlender Daten zur Geburtenfolge hilfreich.
50. Dauer der Ehe bis zur Geburt des Beteiligten in Jahren. Diese Information ist bei der Schätzung fehlender Daten zur Geburtenfolge hilfreich.
51. Alter des Beteiligten beim Tod der Mutter (oder ihres Weggangs aus dem Haushalt).
52. Wenn Informationen zur vorhergehenden Variablen fehlen, Angaben zum höchsten bekannten Alter des Beteiligten, als die Mutter noch lebte.
53. Alter des Beteiligten beim Tod des Vaters (oder seines Weggangs aus dem Haushalt).
55. Wenn Informationen zur vorhergehenden Variablen fehlen, Angaben zum höchsten bekannten Alter des Beteiligten, als der Vater noch lebte.
56. Namensgebung nach einem Elternteil. Definiert auf einer Drei-Punkte-Skala: 0 bedeutet, nicht nach einem Elternteil genannt worden zu sein, 1 steht für die Verleihung eines der ersten beiden Vornamen eines Elternteils, 2 für die Verleihung der beiden Vornamen eines Elternteils. Diese Information ist bei der Schätzung fehlender Daten zur Geburtenfolge hilfreich.

*Gesellschaftliche Einstellungen des Beteiligten*

57. Gesellschaftliche Einstellungen. Die als Text vorliegende Information wurde autobiographischen und biographischen Quellen entnommen, als Memo-Feld transkribiert und erfaßt.
58. Politische Einstellung nach eigenen Zeugnissen. Definiert von konservativ bis liberal auf einer Fünf-Punkte-Skala (siehe Kapitel 9).
59. Politische Einstellung nach Zeugnissen Außenstehender. Definiert von konservativ bis liberal auf einer Fünf-Punkte-Skala (siehe Kapitel 9).
60-89. Bis zu dreißig Bewertungen der politischen Einstellung des Beteiligten durch Fachhistoriker. Definiert von konservativ bis liberal auf einer Fünf-Punkte-Skala (siehe Kapitel 9).
90. Anzahl der Experten, die die politische Einstellung des Beteiligten bewerteten.
91. Politische Einstellung. Der Mittelwert der Variablen 60-89.
92. Religiöse Überzeugung nach Selbstzeugnissen. Auf einer Fünf-Punkte-Skala definiert von konservativ bis atheistisch (siehe Kapitel 9).

93. Religiöse Überzeugung nach Zeugnissen Außenstehender. Auf einer Fünf-Punkte-Skala definiert von konservativ bis atheistisch (siehe Kapitel 9).
94-123. Bis zu dreißig Bewertungen der religiösen Überzeugungen des Beteiligten durch Fachhistoriker. Definiert von konservativ bis atheistisch auf einer Fünf-Punkte-Skala (siehe Kapitel 9).
124. Anzahl der Experten, die die religiösen Überzeugungen des Beteiligten bewerteten.
125. Religiöse Überzeugung. Der Mittelwert der Variablen 94-123.

*Gesellschaftliche Einstellung der Eltern*

126. Gesellschaftliche Einstellung der Eltern. Die als Text vorliegende Information wurde biographischen Quellen entnommen, als Memo-Feld transkribiert und erfaßt.
127. Politische Einstellung des Vaters. Auf einer Fünf-Punkte-Skala definiert von konservativ bis radikal.
128. Religiöse Überzeugung des Vaters. Auf einer Fünf-Punkte-Skala definiert von konservativ bis atheistisch.
129. Gesellschaftliche Einstellung des Vaters. Mittelwert der beiden vorhergehenden Variablen.
130. Politische Einstellung der Mutter. Auf einer Fünf-Punkte-Skala definiert von konservativ bis radikal.
131. Religiöse Überzeugung der Mutter. Auf einer Fünf-Punkte-Skala definiert von konservativ bis atheistisch.
132. Gesellschaftliche Einstellung der Mutter. Mittelwert der beiden vorhergehenden Variablen.
133. Gesellschaftliche Einstellungen der Eltern. Der Mittelwert der Variablen 127-128 und 130-131.

*Merkmale der beruflichen Laufbahn des Beteiligten*

134. Schulbesuch (dazu Universität oder ähnliches) in Jahren.
135. Höchster erzielter Abschluß, mit Ausnahme der ehrenhalber verliehenen akademischen Grade.
136. Höchstalter bei Abschluß der schulischen (und universitären et cetera) Ausbildung.
137-53. Wichtigste Spezialgebiete. In Textformat erfaßt. Beteiligung an verschiedenen Forschungszweigen als Dummy in sechzehn Bereichen definiert: Mathematik, Physik, Astronomie, Chemie, Geologie, Anatomie und Physiologie, Medizin, Naturgeschichte, Verhaltenswissenschaften, Philosophie, Sozialwissenschaften, Geisteswissenschaften, Politik, Theologie, »andere« sowie Wissenschaft versus Nichtwissenschaft.

154. Auslandsaufenthalte. 
155. Zahl der bei diesen Auslandsaufenthalten besuchten Länder.
156. Weltreisen. Definiert auf einer Fünf-Punkte-Skala (siehe Kapitel 4).
157. Wissenschaftliches Ansehen. Die meisten der in dieser Arbeit behandelten 6 700 Wissenschaftler wurden durch die Herausgeber des achtzehnbändigen *Dictionary of Scientific Biography* bewertet. Für die Bestimmung der Länge des Eintrags zu jedem erwähnten Wissenschaftler benutzten die Herausgeber eine Zwölf-Punkte-Skala.
158-60. Allgemeine Bedeutung, bestimmt auf der Grundlage der Anzahl der Nennungen in drei verschiedenen Ausgaben des *Biography and Genealogy Master Index* (1981, 1985, 1990).
161. Wissenschaftliche Bedeutung. Nach Dean Keith Simonton (»Scientific Eminence Historical and Contemporary: A Measurement Assessment«, *Scientometrics* 6, 1984, S. 169-183, und persönliche Mitteilung) auf der Grundlage von 15 verschiedenen Maßstäben bewertet, wie etwa der Anzahl der Zeilen, die die Einträge zu den Beteiligten in diversen biographischen Nachschlagewerken und Enzyklopädien umfassen. Simontons Liste von 2 026 Wissenschaftlern wurde in meinem Sample auf 3 294 erhöht, indem ich Simontons niedrigsten Wert (null) in meinem Sample den vor 1850 geborenen Wissenschaftlern gab, die nicht bedeutend genug waren, um in Simontons Liste aufgenommen zu werden. Die Korrelation zwischen Simontons zusammengesetzter Skala und meinen vier Indikatoren für wissenschaftliche Bedeutung beträgt 0,66 (und reicht von 0,56 bis 0,74). Simontons fünfzehn Indikatoren korrelieren miteinander bei 0,60, was einen alpha-Koeffizienten von 0,94 ergibt.
162. Allgemeine Bedeutung. Der mit Hilfe von $z$-Werten kombinierte Mittelwert der Variablen 157-61. Die effektive Zuverlässigkeit dieser Meßgröße ist 0,96.
163. Bedeutung im Jahr 1859. Diese Variable gilt nur für diejenigen, die an der Darwinschen Revolution beteiligt waren, und basiert auf der Anzahl und dem allgemeinen Prestige von Ehrungen und Auszeichnungen.
164. Lebenslängliche Bedeutung nach 1859. Diese Variable gilt nur für diejenigen, die an der Darwinschen Revolution beteiligt waren, und basiert auf der Anzahl und dem allgemeinen Prestige von Ehrungen und Auszeichnungen.
165. Fehlende Daten. Die Zahl der fehlenden Dateneinheiten für die Beteiligten im Hinblick auf wichtige biographische Fragen wie Geburtsdatum, Herkunft der Eltern, Geburtenfolge, Eltern-Kind-Konflikt, Schüchternheit, Konfessionszugehörigkeit und gesellschaftliche Einstellungen.
166. Biographische Quellen. Daten aus bedeutenderen biographischen Quellen wie dem *Dictionary of Scientific Biography* und entsprechenden Quellen aus anderen Ursprungsländern.

167. Die spezifische wissenschaftliche Kontroverse, zu der der Beteiligte Stellung bezog.
168. Das Jahr, in dem die wissenschaftliche Kontroverse begann.
169. Das Jahr, in dem die wissenschaftliche Kontroverse abgeschlossen wurde.
170. Dauer der Kontroverse.
171. Das Jahr, in dem der Beteiligte zuerst Stellung bezog.
172. Alter des Beteiligten zu dem Zeitpunkt, als er Stellung bezog.
173. Wissenschaftliche Stellungnahme. Binär definiert auf der Grundlage von Zuordnungen in der Sekundärliteratur.
174. Bibliographische Quellen für die wissenschaftliche Einstellung (siehe Anhang 2).
175-184. Wissenschaftliche Einstellung. Feststellung durch Fachhistoriker auf einer Sieben-Punkte-Skala. Jeder Beteiligte wurde von bis zu zehn Experten bewertet.
185. Zahl der Experten, die die wissenschaftliche Einstellung bewerteten.
186. Wissenschaftliche Einstellung. Der Mittelwert der Variablen 175-184.
187. Wissenschaftliche Militanz. Die Tendenz des jeweiligen Wissenschaftlers, von der durchschnittlichen Reaktion auf eine Kontroverse abzuweichen, definiert auf einer 7-Punkte-Skala.
188. Status eines »Schöpfers«. Diese Variable sagt aus, ob der Beteiligte einer der »Schöpfer« der wissenschaftlichen Neuerung war, zu der er Stellung bezog. Definiert auf einer Drei-Punkte-Skala.
189. Status eines Insiders der wissenschaftlichen Disziplin. Diese Variable sagt aus, ob der Beteiligte aktiv in der Disziplin tätig war, für die die Innovation die größte Relevanz hatte (als Dummy definiert).
190. Chauvinismus und der nationale Ursprung der Innovation. Diese Variable ist als Dummy definiert und sagt aus, ob der Beteiligte ein Bürger des Landes war, in dem die Innovation ihren Ursprung hatte.
191. Nationale Unterschiede. Definiert als –1, 0 oder 1, je nachdem, ob das Ursprungsland des Beteiligten auf die Innovation in einer Weise reagierte, die sich von der Reaktion anderer Länder signifikant unterschied.
192. Persönlicher Einfluß. Information darüber, wie weit der Beteiligte den/die Haupturheber der neuen Theorie kannte. Definiert auf einer dreistufigen Skala.
193. Anzahl der Briefe, die mit Darwin bis zur Veröffentlichung der *Entstehung der Arten* (1859) gewechselt wurden. Nur für die an der Darwinschen Revolution Beteiligten definiert.
195. Häufigkeit, mit der das Ereignis als eine bedeutende wissenschaftliche »Revolution« zitiert wird. Diese Variable basiert auf der zusammengenommenen Häufigkeit der Erwähnungen bei Thomas Kuhn, *Die Struktur wissenschaftlicher Revolutionen*, 2. rev. und um das Postscriptum von 1969 erw. Ausg., Frankfurt/M. 1979, Ian Hacking, *Scientific Revolutions*, Oxford

– New York 1981, I. Bernard Cohen, *Revolutionen in der Naturwissenschaft*, Frankfurt/M. 1994, und dem *Dictionary of Scientific Biography*.

196. Anzahl der Beteiligten an der Kontroverse, basierend auf der gesamten Anzahl der in der Datenbank erfaßten Beteiligten.
197. Popularität der Innovation, basierend auf der durchschnittlichen Unterstützung der Innovation durch die in der Datenbank erfaßten Beteiligten.
198. Ideologische Konsequenzen der Innovation, basierend auf der Korrelation zwischen wissenschaftlicher Einstellung und gesellschaftlicher Einstellung (Politik und Religion) für die Beteiligten an jeder einzelnen Debatte. Diese Korrelationen basieren auf über 19 000 Einstufungen durch Fachhistoriker.
199. Erfolg oder Scheitern der Innovation. Definiert auf einer fünfstufigen Skala.
200. Vorhandensein einer Krise vor dem ersten Bekanntwerden der Innovation, definiert auf einer Fünf-Punkte-Skala.

### *Andere Variablen in der Datenbank*

Die meisten der übrigen 56 Variablen der Datenbank stellen alternative Methoden dar, mit denen die bereits beschriebenen Informationen festgehalten und definiert werden können. So bezeichnen einige Felder der Datenbank quadratische Trends, etwa wenn Erst- und Letztgeborene als 1 definiert werden und mittlere Kinder als –1. Wieder andere Variablen wurden für Zwecke der Aufzeichnung benutzt. So wird jedem Beteiligten, der mehr als einmal in der Datenbank erscheint, sowohl eine Fallnummer als auch eine Indexvariable zugeordnet.

Bestimmte mögliche Prädiktoren, darunter auch physische Merkmale wie Größe und Gewicht, sind nicht in meine Datenbasis eingegangen, da es für die meisten historischen Persönlichkeiten äußerst schwierig ist, Informationen zu diesen Punkten zu bekommen. Man sollte allerdings im Auge behalten, daß ein jüngeres Geschwister, das ein älteres Geschwisterkind physisch überragt und ihm außerdem im Alter nahe ist, durchaus andere Strategien benutzen könnte als ein jüngeres Geschwister, das klein für sein Alter ist.

### *Zusatz zur deutschen Ausgabe*

Einige Kritiker des Buches haben bemängelt, daß mein historisches Sample unverhältnismäßig viele bedeutende Männer aus Ober- und Mittelschichten enthält. Daher sei es fraglich, ob meine Ergebnisse auf die Gesamtbevölkerung übertragen werden können. Natürlich hat diese Kritik ihre Berechtigung. Dennoch: Die allgemeinen Ergebnisse, die in diesem Buch beschrieben werden, werden nicht signifikant beeinträchtigt, wenn man die Daten als Ganzes nach den folgenden Variablen schichtet: Alter, Geschlechtszugehörigkeit, sozioökonomischer Status, Bildung, Konfessionszugehörigkeit, Ethnie, Nationalität, Jahrhundert der Geburt oder Ansehen. Meine Skala für Ansehen berücksichtigt auch eine Kategorie für Menschen, die als so unbedeutend galten, daß sie weder in das *Dictionary of Scientific Biography* noch in eine andere Nationalbiographie ihres Ursprungslandes aufgenommen wurden. Selbst die unbedeutendsten Individuen in meiner Untersuchung – eine Gruppe von mehr als fünfhundert Menschen – reagierten auf radikale Innovationen, entsprechend Geburtenfolge und anderen signifikanten Prädiktoren, auf ganz ähnliche Weise wie ihre bedeutenderen und sozial bevorteilten Kollegen.

Kurz: Ganz gleich, wie man die Daten der 6 566 Teilnehmer der von mir untersuchten 121 historischen Kontroversen auch schichtet, die Effektgrößen für Geburtenfolge und andere Prädiktoren der Familiendynamik bleiben gleich, wenn man formale Tests of Homogenität zur Grundlage nimmt. Der Umstand, daß die historischen Samples nicht repräsentativ für die Gesamtbevölkerung sind, scheint die Ergebnisse meines Buches nicht in einer meßbaren Größenordnung zu beeinflussen. Diese Erkenntnisse über die Homogenität von Effektgrößen, beobachtet über verschiedene soziale Schichten und Jahrhunderte hinweg, sind vor allem angesichts der Tatsache beachtenswert, daß eben diese Effekte auf ideologische Konsequenzen und die Umstrittenheit individueller Innovationen äußerst empfindlich reagieren (siehe Kapitel 14).

Man sollte auch berücksichtigen, daß sich die meisten der psychologischen Ergebnisse, die in diesem Buch dargestellt sind – vor allem jene, die zu Geburtenfolge und Offenheit für Erfahrung in Beziehung stehen –, auch in zahlreichen Studien über nicht bedeutende Menschen finden (siehe Kapitel 3). Jüngere psychologische Forschungen über ganz gewöhnliche Menschen erhärten daher die historischen Daten aus den letzten fünf Jahrhunderten. Zu vielen Themen, die in diesem Buch diskutiert werden, sind weitere Untersuchungen vonnöten. Dennoch: Es ist äußerst wahrscheinlich, daß auch in Zukunft die Ursache für die Verschiedenartigkeit der Prädiktoren für Radikalität, die auf die Familiendynamik zurückgehen, die Verschiedenartigkeit des Verhaltens selbst ist.

Anhang 2

## Kriterien für die Auswahl der Teilnehmer an wissenschaftlichen Kontroversen

Das Auswahlverfahren für ein repräsentatives Sample, in dem Beteiligte an wissenschaftlichen Auseinandersetzungen zusammengefaßt werden, kann zu Verzerrungen führen, und ich habe mich bemüht, dieses Problem so weit als möglich auszuschalten. Für jede der 28 wissenschaftlichen Debatten, die ich untersucht habe, wurden die Samples auf zwei Ebenen zusammengestellt. Zunächst habe ich eine Teilnehmerliste auf der Basis wissenschaftshistorischer Veröffentlichungen zusammengestellt. Dieser Anhang bietet Informationen über meine wichtigsten bibliographischen Quellen. Für jeden einzelnen, der in meiner Datenbank erfaßt wurde, habe ich einen oder mehrere Hinweise aus der Sekundärliteratur festgehalten, die die Aufnahme in meine Datenbank rechtfertigen. Dann habe ich meine Auswahl mehr als hundert Fachhistorikern zur Prüfung vorgelegt. Von diesen Historikern wurden 26 gebeten, die Beteiligten im Hinblick auf ihre wissenschaftliche Einstellung zu beurteilen. Auf der Grundlage von Expertenvorschlägen wurden weitere mehrere hundert Personen in die Samples aufgenommen, jedoch nur, wenn ihre wissenschaftliche Einstellung durch eine publizierte Quelle belegt werden konnte.

Zu meinen biographischen Quellen zählen Autobiographien und Biographien, die über Wortführer in diesen Kontroversen verfaßt wurden. Hinzu kommen Sekundärquellen zur Rezeption jeder einzelnen Innovation. Für jede Kontroverse führe ich weiter unten in diesem Anhang meine wichtigsten Sekundärquellen an. Als zusätzliche Maßnahme habe ich die Biographien von über 6 700 Wissenschaftlern durchgesehen, die zur Zeit der jeweiligen Debatte lebten und bedeutend genug waren, um im achtzehnbändigen *Dictionary of Scientific Biography* erwähnt zu werden. In der Datenbank sind Wissenschaftler erfaßt, die sich in einer der 28 von mir untersuchten wissenschaftlichen Kontroversen äußerten.

Grundsätzlich habe ich alle in die Samples aufgenommen, von denen bekannt ist, daß sie zur jeweiligen Frage eine klare Stellung bezogen, ungeachtet ihres wissenschaftlichen Spezialgebiets. An diesem Grundsatz hielt ich fest, da ich glaube, daß ein zufälliger Ausschluß von Beteiligten, aus welchem Grund auch immer, das Sample verzerren würde. Deshalb wurden auch Anthropologen, Soziologen, Philosophen und sogar Theologen in die Samples aufgenommen – immer vorausgesetzt, daß sie sich zu den von Naturwissenschaftlern erörterten Fragen äußerten. Zwölf Prozent meiner Beteiligten waren Personen, die nicht in erster Linie Wissenschaftler waren, obwohl sie mit wissenschaftlichen Fragen erstaunlich vertraut waren. Dadurch, daß ich die Spezialgebiete der Beteiligten erfaßt habe, konnte ich mich der Frage stellen, ob diese breit gestreuten Teilnehmersamples auch repräsentativ für die Debatte unter den Fachwissenschaftlern sind. Obwohl Nichtwissenschaftler mitunter anders auf wissenschaftliche Innovationen reagierten als Wissenschaftler, sind diese Unterschiede nicht sehr ausgeprägt und ändern nichts an meinen wesentlichen Ergebnissen.

## Wichtigste bibliographische Quellen

Es folgt eine Aufstellung der wichtigsten Sekundärquellen für jede wissenschaftliche Debatte, die ich bei der Zusammenstellung der vorläufigen Auswahl der Beteiligten herangezogen habe. Die 28 Debatten sind chronologisch aufgeführt, beginnend mit der Kopernikanischen Revolution. Jede Person, auf deren Stellungnahme es einen eindeutigen Hinweis in diesen Sekundärquellen gibt, ist in meine Samples aufgenommen worden. Auch der Bezug zur jeweiligen Quelle ist vermerkt.

### *1. Die Kopernikanische Revolution:*

J.L.E. Dreyer, *History of the Planetary Systems from Thales to Kepler*, Cambridge 1906; Dorothy Stimson, *The Gradual Acceptance of the Copernican Theory of the Universe*, New York 1917; Ernst Zinner, *Entstehung und Ausbreitung der Copernicanischen Lehre*, Erlangen 1943; Alexander Koyré, *La revolution astronomique. Copernic, Keper, Borelli*, Paris 1961; ders., *Von der geschlossenen Welt zum unendlichen Universum*, Frankfurt/M. 1980; Thomas Kuhn, *Die Kopernikanische Revolution*, Braunschweig 1981; Jerzy Dobrzycki, *The Reception of Copernicus' Heliocentric Theory*, Dordrecht – Boston 1972; Owen Gingerich, »›Crisis‹ versus Aesthetic in the Copernican Revolution«, in: Arthur Beer und K.Aa. Strand (Hrsg.), *Vistas in Astronomy*, Oxford – New York 1975; Robert S. Westman, »The Melanchton Circle, Rheticus, and the Wittenberg Interpretation of the Copernican Theory«, *Isis* 66, S. 165-193; ders. (Hrsg.), *The Copernican Achievement*, Berkeley – Los Angeles 1975; Edward Rosen, *Copernicus and the Scientific Revolution*, Malabar/Fla. 1984; Frederick J. Baumgartner, »Scepticism and French Interest in Copernicanism to 1630«, *Journal for the History of Astronomy* 16, 1986, S. 77-88; Owen Gingerich und Robert S. Westman, »The Wittich Connection: Conflict and Priority in Late Sixteenth-Century Cosmology«, *Transactions of the American Philosophical Society* 78, Teil 7, 1988, und Mario Biagioli, *Galileo, Courtier: The Practice of Science in the Culture of Absolutism*, Chicago 1993.

*2. Francis Bacon, René Descartes und die neuen Methoden der experimentellen Wissenschaft:*

Paul Mouy, *Le développement de la physique Cartésienne, 1646-1712*, Paris 1934; Richard Foster Jones, *Ancients and Moderns: A Study of Background of the Battle of the Books*, St. Louis 1936; ders., *Ancients and Moderns: A Study of the Rise of Scientific Movement in Seventeenth-Century England*, 2. Aufl. St. Louis 1961; Robert K. Merton, »Science, Technology and Society in Seventeenth-Century England«, *Osiris* 4, 1938, S. 360-632; ders., *Science, Technology and Society in Seventeenth-Century England*, New York 1970; I. Bernard Cohen, *Geburt einer neuen Physik. Von Kopernikus zu Newton*, München u.a. 1960; ders. (Hrsg.), *Puritanism and the Rise of Modern Society: The Merton Thesis*, New Brunswick – London 1990; ders., *Revolutionen in der Naturwissenschaft*, Frankfurt/M. 1994; A. Rupert Hall, *The Scientific Revolution 1500-1800*, 2. Aufl. Boston 1966; Richard S. Westfall, *The Construction of Modern Science: Mechanisms and Mechanics*, New York 1971; Charles Webster, *The Great Instauration: Science, Medicine, and Reform, 1626-1660*, New York 1976, und ders., »Puritanism, Separatism, and Science«, in: David C. Lidberg und Donald L. Numbers (Hrsg.), *God and Nature: Historical Essays on the Encounter between Christianity and Science*, Berkeley – Los Angeles 1986, S. 198ff.

*3. William Harvey und der Blutkreislauf:*

Geoffrey Keynes, *The Life of William Harvey*, Oxford 1966; Walter Pagel, *William Harvey's Biological Ideas: Selected Aspects and Historical Background*, Basel – New York 1967; Gweneth Whitteridge, *William Harvey and the Circulation of Blood*, London – New York 1971, und Robert G. Frank, Jr., *Harvey and the Oxford Physiologists: A Study of Scientific Ideas*, Berkeley – Los Angeles 1980.

*4. Präformationslehre in der Embryologie:*

F. J. Cole, *Early Theories of Sexual Generation*, Oxford 1930; Charles W. Bodemer, »Regeneration and the Decline of Preformation in Eighteenth Century Embryology«, *Bulletin of the History of Medicine* 38, 1964, S. 20-31; Jacques Roger, *Les Sciences de la vie dans la pensée française du XVIIIe siècle. La génération des animaux de Descartes à l'Encyclopédie*, 2. Aufl. Paris 1971; Elizabeth Gasking, *Investigations into Generation, 1651-1828*, Baltimore 1967; Thomas S. Hall, *Ideals of Life and Matter: Studies in the History of General Physiology, 600 B.C. to A.D. 1900*, 2 Bde., Chicago – London 1969; Peter J. Bowler, »Preformation and Pre-Existence in the Seventeenth Century: A Brief Analysis«, *Journal of the History of Biology* 4, 1971, S. 221-244; Shirley A. Roe, *Matter, Life, and Generation: Eighteenth-Century Embryology and the Haller-Wolff Debate*, Cambridge 1981, und John Farley, *Gametes and Spores: Ideas about Sexual Reproduction, 1750-1914*, Baltimore – London 1982.

Erwin H. Ackerknecht, »Anticontagionism between 1821 and 1867«, *Bulletin of the History of Medicine* 22, 1948, S. 562-593; Elizabeth Gasking, *Investigation into Generation, 1651-1828*, Baltimore 1967; Gerald L. Geison, »The Protoplasmic Theory of Life and the Vitalist-Mechanist Debate«, *Isis* 60, 1969, S. 273-292; Thomas S. Hall, *Ideals of Life and Matter: Studies in the History of General Physiology, 600 B.C. to A.D. 1900*, 2 Bde., Chicago – London 1969; Jacques Roger, *Les Sciences de la vie dans la pensée française du XVIIIe siècle. La génération des animaux de Descartes à l'Encyclopédie*, 2. Aufl. Paris 1971; John Farley, *Gametes and Spores: Ideas about Sexual Reproduction, 1750-1914*, Baltimore – London 1982, und Shirley A. Roe, *Matter, Life, and Generation: Eighteenth-Century Embryology and the Haller-Wolff Debate*, Cambridge 1981.

*6. Die Newtonsche Revolution der Himmelsmechanik:*

Margaret Jacob, *The Newtonians and the English Revolution, 1689-1720*, Ithaca/N.Y. 1976; John L. Heilbron, *Electricity in the 17th and 18th Centuries: A Study of Early Modern Physics*, Berkeley – Los Angeles 1979; I. Bernhard Cohen, *The Newtonian Revolution: With Illustrations of the Transformation of Scientific Ideas*, Cambridge 1980; Richard S. Westfall, *The Construction of Modern Science: Mechanisms and Mechanics*, New York – Cambridge 1971; ders., *Never at Rest: A Biography of Isaac Newton*, Cambridge 1980, und Henry Guerlac, *Newton on the Continent*, Ithaca – London 1981.

*7. Epigenese in der Embryologie:*

F. J. Cole, *Early Theories of Sexual Generation*, Oxford 1930; Jacques Roger, *Les Sciences de la vie dans la pensée du XVIIIe siècle. La génération des animaux de Descartes à l'Encyclopédie*, 2. Aufl. Paris 1971; Charles W. Bodemer, »Regeneration and the Decline of Preformation in Eighteenth Century Embryology«, *Bulletin of the History of Medicine* 38, 1964, S. 20-31; Elizabeth Gasking, *Investigations into Generation, 1651-1828*, Baltimore 1967; Thomas S. Hall, *Ideals of Life and Matter: Studies in the History of General Physiology, 600 B.C. to A.D. 1900*, 2 Bde., Chicago – London 1969; Peter J. Bowler, »Preformation and Pre-Existence in the Seventeenth Century: A Brief Analysis«, *Journal of the History of Biology* 4, 1971, S. 221-244; Shirley A. Roe, *Matter, Life and Generation: Eighteenth-Century Embryology and the Haller-Wolff Debate*, Cambridge 1981, und John Farley, *Gametes and Spores: Ideas about Sexual Reproduction, 1750-1914*, Baltimore – London 1982.

Robert Darnton, *Der Mesmerismus und das Ende der Aufklärung in Frankreich*, München – Wien 1983, und Henri F. Ellenberger, *Die Entdeckung des Unbewußten. Geschichte und Entwicklung der dynamischen Psychiatrie von den Anfängen bis zu Janet, Freud, Adler und Jung*, Zürich 1985.

*9. Lavoisier und die Revolution der Chemie:*

Douglas McKie, *Antoine Lavoisier: The Father of Modern Chemistry*, Philadelphia 1935; Aaron J. Ihde, *The Development of Modern Chemistry*, New York 1964; H. Gilman McCann, *Chemistry Transformed: The Paradigmatic Shift from Phlogiston to Oxygen*, Norwood/N. J. 1978; Karl Hufbauer, *The Formation of the German Chemical Community (1720-1795)*, Berkeley – Los Angeles 1982, und Hans-Georg Schneider, *Paradigmenwechsel und Generationenkonflikt. Eine Fallstudie zur Struktur wissenschaftlicher Revolutionen. Die Revolution der Chemie des späten 18. Jahrhunderts*, Frankfurt/M. 1992.

*10. Franz Joseph Gall und die Phrenologie:*

Charles Gibbon, *The Life of George Combe, Author of »The Constitution of Man«*, 2 Bde., London 1878; Owsei Tempkin, »Gall and the Phrenological Movement«, *Bulletin of the History of Medicine* 21, 1947, S. 275-321; Robert M. Young, *Mind, Brain, and Adaption in the Nineteenth Century: Cerebral Localization and Its Biological Context from Gall to Ferrier*, Oxford 1970; Terry M. Parssinen, »Popular Science and Society: The Phrenology Movement in Early Victorian Britain: Appendix A«, 1970 (unveröffentlichtes Manuskript); dies., »Popular Science and Society: The Phrenology Movement in Early Victorian Britain«, *Journal of Social History* 8, 1974, S. 1-20; Geoffrey N. Cantor, »Phrenology in Early Nineteenth-Century Edinburgh: An Historiographical Discussion«, *Annales of Science* 32, 1975, S. 195-218; Steven Shapin, »Phrenological Knowledge and the Social Structure of Early Nineteenth-Century Edinburgh«, *Annales of Science* 32, 1975, S. 219-243; ders., »Homo Phrenologicus: Anthropological Perspectives on an Historical Problem«, in: Barry Barnes und Steven Shapin (Hrsg.), *Natural Order: Historical Studies of Scientific Culture*, Beverly Hills – London 1979, S. 41-67; ders., »The Politics of Observation: Cerebral Anatomy and Social Interests in the Edinburgh Phrenology Disputes«, in: R. Wallis (Hrsg.), *On the Margins of Science: The Social Construction of Rejected Knowledge*, Keele/Staffordshire 1979 (=Sociology Review Monograph No. 27), S. 139-178, und Roger Cooter, *The Cultural Meaning of Popular Science: Phrenology and the Organization of Consent in Nineteenth-Century Britain*, Cambridge 1984; ders., *Phrenology in the Britain Isles: An Annotated, Historical Biobibliography and Index*, Metuchen/N.Y. – London 1989.

Reijer Hooykaas, *Natural Law and Divine Miracle: The Principle of Uniformity in Geology, Biology and Theology*, Leiden 1963; ders., *Catastrophism in Geology: Its Scientific Character in Relation to Actualism and Uniformitarianism*, Amsterdam 1970; Gordon L. Davies, *The Earth in Decay: A History of British Geomorphology, 1578-1878*, New York 1969; Martin J.S. Rudwick, *The Meaning of Fossils: Episodes in the History of Palaeontology*, London 1972; Roy Porter, *The Making of Geology: Earth Science in Britain, 1660-1815*, New York 1975; Mott T. Greene, *Geology in the Nineteenth-Century: Changing Views of a Changing World*, Ithaca – London 1982, und Rachel Laudan, *From Mineralogy to Geology: The Foundations of a Science, 1650-1830*, Chicago – London 1987.

*12. Charles Lyell und die Lehre vom Uniformitarianismus in der Geologie:*

Charles Lyell, *Life, Letters and Journal of Sir Charles Lyell Bart*, hrsg. v. Katherine M. Lyell, 2 Bde., London 1881; Walter F. Cannon, »The Uniformitarian-Catastrophist Debate«, *Isis* 51, 1960, S. 38-55; Reijer Hooykaas, *Natural Law and Divine Miracle: The Principle of Uniformity in Geology, Biology and Theology*, Leiden 1963; ders., *Catastrophism in Geology: Its Scientific Character in Relation to Actualism and Uniformitarianism*, Amsterdam 1970; Gordon L. Davies, *The Earth in Decay: A History of British Geomorphology, 1578-1878*, New York 1969; Martin J. S. Rudwick, *The Meaning of Fossils: Episodes in the History of Palaeontology*, London 1972; Roy Porter, *The Making of Geology: Earth Science in Britain, 1660-1815*, New York 1975; Mott T. Greene, *Geology in the Nineteenth-Century: Changing Views of a Changing World*, Ithaca – London 1982, und Rachel Laudan, *From Mineralogy to Geology: The Foundations of a Science, 1650-1830*, Chicago – London 1987.

*13. Kontroverse über das Devon:*

Martin J. S. Rudwick, *The Great Devonian Controversy: The Shaping of Scientific Knowledge among Gentlemanly Specialists*, Chicago – London 1985, und James A. Secord, *Controversy in Victorian Geology: The Cambrian-Silurian Dispute*, Princeton 1986.

*14. Theorie der Eiszeit:*

Elizabeth C. Agassiz, *Louis Agassiz: His Life and Correspondence*, 2 Bde., Boston 1885; Jules Marcou, *Life, Letters, and Works of Louis Agassiz*, 2 Bde., New York – London 1896; Albert V. Carozzi, »Agazzi's Amazing Geological Speculation: The Ice-Age«, *Studies in Romanticism* 5, 1966, S. 57-83; ders., Einleitung zu Louis Agassiz, *Studies on Glaciers*, ins Amerik. übers. u. hrsg. v. Albert V. Carozzi, New York 1967; ders., »Agassiz's Influence on Geological Thinking in the Americas«, *Archives des Science (Genève)* 27, 1973, S. 5-38; ders., »Glaciology and the Ice Age«, *Journal of Geological Education* 32, 1984, S. 158-170; Martin J. S. Rudwick, »The Glacial Theory. Review of *Studies on Glaciers* by Louis Agassiz«, *History of Science* 8, 1970, S. 136-157, sowie John Imbrie und Katherine Palmer Imbrie, *Die Eiszeiten. Naturgewalten verändern unsere Welt*, Düsseldorf 1981. 

*15. Idealistische Klassifikationssysteme:*

Hugh E. Strickland, »On the True Method of Discovering the Natural System in Zoology and Botany«, *Notices and Abstracts to the British Association for the Advancement of Science; at the Glasgow Meeting, August 1840,* London 1840, Bd. 10, S. 128f.; ders., »Report on the Recent Progress and Present State of Ornithology«, *Report of the Fourteenth Meeting of the British Association for the Advancement of Science; held at York in September 1844,* London 1844, Bd. 14, S. 170-219; Erwin Stresemann, *Die Entwicklung der Ornithologie. Von Aristoteles bis zur Gegenwart*, Berlin 1951, und Kathleen Elizabeth Duffin, »The Search for a Natural Classification: Perspectives on the Quinarian Episode in Ornithology«, Senior Honors Thesis, Harvard College, Committee on History and Science 1976.

*16-17. Vordarwinistische Theorien der Evolution und Darwinismus:*

Charles Darwin, *Leben und Briefe in drei Bänden*, hrsg. v. Francis Darwin, Nachdr. d. Ausg. v. 1887, Tübingen 1992; ders., *More Letters of Charles Darwin: A Record of His Work in a Series of Hitherto Unpublished Letters*, hrsg. v. Francis Darwin und A. C. Seward, 2 Bde., New York 1903; ders., *The Correspondence of Charles Darwin*, hrsg. v. Frederick Burkhardt und Sydney Smith, 10 Bde. (bisher), Cambridge 1985-; Bentley Glass u. a. (Hrsg.), *Forerunners of Darwin, 1745-1859*, Baltimore 1959; Milton Millhauser, *Just Before Darwin: Robert Chambers and Vestiges*, Middletown/Conn. 1959; Gavin de Beer, *Charles Darwin: Evolution by Natural Selection*, Garden City/N.Y. 1964; Thomas F. Glick, *The Comparative Reception of Darwinism*, Austin – London 1972; Martin J. S. Rudwick, *The Meaning of Fossils: Episodes in the History of Palaeontology*, London 1972; David L. Hull, *Darwin and His Critics: The Reception of Darwin's Theory of Evolution by the Scientific Community*, Cambridge 1973; Hull u.a., »Planck's Principle«, *Science* 202, 1978, S. 717-723; Neal C. Gillespie, *Charles Darwin and the Problem of Creation*, Chicago – London 1979; James R. Moore, *The Post-Darwinian Controversies: A Study of the Protestant Struggle to Come to Terms With Darwin in Great Britain and America, 1870-1900*, Cambridge 1979; Michael E. Ruse, *The Darwinian Revolution: Science Red in Tooth and Claw*, Chicago – London 1979; Adrian Desmond, *Archetypes and Ancestors: Palaeontology in Victorian London, 1850-1875*, Chicago – London 1982; ders., »Robert E. Grant: The Social Predicament of a Pre-Darwinian Transmutationist«, *Journal of the History of Biology* 17, 1984, S. 189-223; ders., »Robert E. Grant's Later Views on Organic Development: The Swiney Lectures on ›Palaeozoology‹ 1853-1857«, *Archives for Natural History* 11, 1984, S. 395-413; ders., »Richard's Owen Reaction to Transmutation in the 1830s«, *British Journal of the History of Science* 18, 1985, S. 25-50; ders., »Artisan Resistance and Evolution in Britain, 1819-1848«, *Osiris* 3, 1987, S. 77-110; ders., *The Politics of Evolution: Morphology, Medicine, and Reform in Radical London*, Chicago – London 1989; Joy Harvey, *Races Specified, Evolution Transformed: The Social Context of Scientific Debates Originating in the Société d' Anthropologie de Paris, 1859-1902*, Ph.D. Dissertation, Harvard University, Ann Arbor/Mich. 1983; ders., »Evolutionism Transformed: Positivists and Materialists in the Société d'Anthropologie de Paris from Second Empire to Third Republic«, in: David Oldroyd und I. Langhan (Hrsg.), *The Wider Domain of Evolutionary Thought*, Dordrecht 1983, S. 289-310; Peter J. Bowler, *Evolution: The History of an Idea*, Berkeley – Los Angeles 1984; ders., *The Non-Darwinian Revolution: Reinterpreting a Historical Myth*, Baltimore – London 1988; Pietro Corsi, *The Age of Lamarck: Evolutionary Theories in France, 1790-1830*, Berkeley – Los Angeles 1988; Thomas Junker, *Darwinismus und Botanik. Rezeption, Kritik und theoretische Alternativen im Deutschland des 19. Jahrhunderts*, Stuttgart 1989; Alvar Ellegård, *Darwin and the General Reader: The Reception of Darwin's Theory of Evolution in the British Periodical Press, 1859-1872*, mit einem neuen Vorwort v. David L. Hull, Chicago – London 1990 [1958] und Adrian Desmond und James Moore, *Darwin*, München – Leipzig 1991.

*18. Ignaz Semmelweis und das Kindbettfieber:*

William J. Sinclair, *Semmelweis: His Life and His Doctrine*, Manchester 1909; György Gortvay und Imre Zoltan, *Semmelweis. Retter der Mütter*, Leipzig 1976, und M. J. Busby und A. E. Rodin, »Relative Contribution of Holmes and Semmelweis to the Understanding of the Etiology of Puerperal Fever«, *Texas Reports on Biology and Medicine* 34, 1976, S. 221-237.

*19. Spiritualismus:*

Alan Gauld, *The Founders of Psychical Research*, New York 1968; Frank Miller Turner, *Between Science and Religion: The Reaction to Scientific Naturalism in Late Victorian England*, New Haven – London 1974, und Janet Oppenheim, *The Older World: Spiritualism and Psychical Research in England, 1850-1914*, Cambridge 1985.

Phyllis Allen Richmond, »Some Variant Theories in Opposition to the Germ Theory of Disease«, *Journal of the History of Medicine and Allied Sciences* 9, 1954, S. 290-303; dies., »American Attitudes toward the Germ Theory of Disease« (1860-1880)«, *Journal of History of Medicine and Allied Sciences* 9, 1954, S. 428-454; J.K. Crellin, »The Problem of Heat Resistance of Micro-Organisms in the British Spontaneous Generation Controversies of 1860-1880«, *Medical History* 10, 1966, S. 50-59; ders., »Airborne Particles and the Germ Theory: 1860-1880«, *Annales of Science* 22, 1966, S. 49-60; ders., »The Dawn of the Germ Theory: Particles, Infection and Biology«, in: F. L. Paynter (Hrsg.), *Medicine and Society in the 1860s*, London 1968, S. 57-76; John Farley und Gerald L. Geison, »Science, Politics, and Spontaneous Generation in 19th Century France: The Pasteur-Pouchet Debate«, *Bulletin of the History of Medicine* 48, 1974, S. 161-198, und John Farley, *The Spontaneous Generation Controversy from Descartes to Oparin*, Baltimore – London 1977.

*21. Joseph Lister und die aseptische Chirurgie:*

Guy Theodore Wrench, *Lord Lister, His Life and Work*, London 1913; Rickman J. Godlee, *Lord Lister*, Leipzig 1925; H. R. M. Landis, »The Reception of Koch's Discovery in the United States«, *Annals of Medical History* 4, 1932, S. 531-537; Erwin H. Ackerknecht, »Anticontagionism between 1821 and 1867«, *Bulletin of the History of Medicine* 22, 1948, S. 562-593, und Richard B. Fisher, *Joseph Lister, 1821-1912*, New York 1977.

*22. Eugenik:*

Mark H. Haller, *Eugenics: Hereditarian Attitudes in American Thought*, New Brunswick/N. J. 1963; Loren R. Graham, »Science and Values: The Eugenics Movement in Germany and Russia in the 1920s«, *American Historical Review* 28, 1977, S. 1133-1164; Daniel J. Kevles, *In the Name of Eugenics: Genetics and the Use of Human Heredity*, New York 1985; Sheila Faith Weiss, *Racial Hygiene and National Efficiency: The Eugenics of Wilhelm Schallmayer*, Berkeley – Los Angeles 1987; Robert N. Proctor, *Racial Hygiene: Medicine under the Nazis*, Cambridge – London 1988; Peter Weingart u.a., *Rasse, Blut und Gene. Geschichte der Eugenik und Rassenhygiene in Deutschland*, Frankfurt/M. 1988.

Ernest Jones, *Das Leben und Werk von Sigmund Freud*, 3 Bde., Stuttgart – Bern 1960-1962; Herman Nunberg und Ernest Federn, *Minutes of the Vienna Psychoanalytic Society*, 4 Bde., New York 1962-1975; David Shakow und David Rapaport, »The Influence of Freud on American Psychology«, *Psychological Issues* 4, Nr. 1, 1964 (Monographie 13); Franz Gabriel Alexander u.a. (Hrsg.), *Psychoanalytic Pioneers*, New York 1966; Henri F. Ellenberger, *Die Entdeckung des Unbewußten. Geschichte und Entwicklung der dynamischen Psychiatrie von den Anfängen bis zu Janet, Freud, Adler und Jung*, Zürich 1985; Nathman G. Hale Jr., *Freud and the Americans*, Bd. 1: *The Beginnings of Psychoanalysis in the United States, 1876-1917*, New York 1971; Sigmund Freud und Carl Gustav Jung, *Briefwechsel. Sigmund Freud und Carl Gustav Jung*, hrsg. v. William McGuire u. Wolfgang Sauerländer, Frankfurt/M. 1974; Paul Roazen, *Sigmund Freud und sein Kreis. Eine biographische Geschichte der Psychoanalyse*, Herrsching 1988, und Elke Mühlleitner, *Biographisches Lexikon der Psychoanalyse. Die Mitglieder der Psychologischen Mittwoch-Gesellschaft und der Wiener Psychoanalytischen Vereinigung 1902-1938*, Tübingen 1992.

*24. Max Plancks Quantenhypothese:*

Martin J. Klein, »Einstein, Specific Heats, and the Early Quantum Theory«, *Science* 148, 1965, S. 173-180; Russell McCormmach, »Henri Poincaré and the Quantum Theory«, *Isis 58*, 1967, S. 37-66; Arnim Hermann, *Frühgeschichte der Quantentheorie*, Mosbach/Baden 1969; Gerald Holton, *Thematic Origins of Scientific Thought: Kepler to Einstein*, Cambridge 1973; Louis Feuer, *The Scientific Intellectual*, New York 1974; Friedrich Hund, *Geschichte der Quantentheorie*, 3. überarb. Aufl. Mannheim 1984, und Thomas Kuhn, *Black-Body Theory and the Quantum Discontinuity, 1894-1912*, Chicago 1978.

*25-26. Einstein und die (spezielle und allgemeine) Relativitätstheorie:*

Philipp Frank, *Einstein. Sein Leben und seine Zeit*, Nachdr. d. Ausg. v. 1949, Braunschweig – Wiesbaden 1979; Stanley Goldberg, *The Early Responses to Einstein's Special Theory of Relativity, 1905-1911: A Case Study in National Differences*, Cambridge 1968; ders., *Understanding Relativity: Origin and Impact of a Scientific Revolution*, Boston – Basel – Stuttgart 1984; Ronald W. Clark, *Albert Einstein. Ein Leben zwischen Tragik und Genialität*, 10. Aufl. München 1995; Banesh Hoffmann, *Albert Einstein. Schöpfer und Rebell*, Frankfurt/M. 1979; Louis Feuer, *The Scientific Intellectual*, New York 1974; Arthur I. Miller, *Albert Einstein's Special Theory of Relativity: Emergence (1905) and Early Interpretation (1905-1911)*, Reading/Mass. 1981, Abraham Pais, *»Raffiniert ist der Herrgott...«: Albert Einstein. Eine wissenschaftliche Biographie*, Braunschweig 1986, und Thomas F. Glick, *The Comparative Reception of Relativity*, Dordrecht – Boston 1987. 

*27. Unschärferelation in der Quantenmechanik:*

Louis Feuer, *The Scientific Intellectual*, New York 1974; Paul Forman, »Weimar Culture, Causality, and Quantum Theory, 1918-1927: Adaption by German Physicists and Mathematicians to a Hostile Intellectual Environment«, *Historical Studies in the Physical Science* 3, 1971, S. 1-115, und ders., »The Reception of an Acausal Quantum Mechanics in Germany and Britain«, in: Seymour H. Mauskopf (Hrsg.), *The Reception of Unconventional Science*, Boulder/Col. 1978, S. 11-50.

*28. Alfred Wegener und die Kontinentalverschiebung (Plattentektonik):*

Alfred Wegener, *Die Entstehung der Kontinente und Ozeane*, Braunschweig 1929; Anthony Hallman, *A Revolution in the Earth Science: From Continental Drift to Plate Tectonics*, Oxford 1973; Ursula B. Marvin, *Continental Drift: The Evolution of a Concept*, Washington/D.C. 1973; Walter Sullivan, *Warum die Erde bebt. Der unaufhaltsame Drift der Kontinente*, Frankfurt/M. 1977; William Glen, *The Road to Jaramillo: Critical Years in the Revolution in Earth Science*, Stanford 1982; Alan E. Leviton und Michele L. Aldrich (Hrsg.), »Plate Tectonics: Biogeography«, *Journal of the History of the Earth Sciences Society* 4, Nr. 2, 1985; John A. Stewart, »Drifting Continents and Colliding Interests: A Quantitative Application of the Interests Perspective«, *Social Studies of Science* 16, 1986, S. 261-279; ders., »Drifting or Colliding Interests?: A Reply to Laudan with Some New Results«, *Social Studies of Science* 17, 1987, S. 321-331; ders., *Drifting Continents & Colliding Paradigms: Perspectives on the Geoscience Revolution,* Bloomington – Indianapolis 1990, und H. E. Le Grand, *Drifting Continents and Shifting Theories: The Modern Revolution in Geology and Scientific Change*, Cambridge – New York 1988.

# Vermischte technische Erläuterungen

*Technische Erläuterung 1 (Kapitel 2, Anm. 8): Zusammenhang zwischen der Jahreszeit bei der Geburt und revolutionärem Temperament.*

Nach Michael Holmes, einem britischen Psychologen, der an der University of Edinburgh lehrt, gibt es einen Zusammenhang zwischen der Einstellung gegenüber revolutionären wissenschaftlichen Ideen und der Jahreszeit zum Zeitpunkt der Geburt.[1] Holmes' Studie, die in der angesehenen Zeitschrift *Nature* veröffentlicht wurde, enthält eine Reihe methodischer Schwächen, die ihn zu falschen Ergebnissen führen.

Holmes sammelte Informationen über den Geburtsmonat von 28 Teilnehmern an den Debatten über die Evolution vor Darwin und von 19 weiteren Personen, die zu Einsteins Relativitätstheorie Stellung bezogen. Wie er diese historischen Samples zusammenstellte, erklärt Holmes nicht. Ebensowenig zog er unabhängige Gutachter heran, um seine Klassifizierung bestätigen zu lassen. In beiden Samples kam Holmes zu dem Ergebnis, daß die Anhänger dieser Theorien im Unterschied zu ihren Gegnern eher in den Wintermonaten (Oktober bis einschließlich April) geboren worden waren. Dieses Ergebnis führte er darauf zurück, daß Kinder, die in den Wintermonaten geboren werden, ihre ersten Monate warm eingepackt verbringen und im Sommer, wenn sie alt genug sind, ihre Umgebung zu erkunden, schon eine gewisse Bewegungsfreiheit erlangt haben.

Ich habe Holmes' Analyse wiederholt und auf die 636 Personen ausgedehnt, die in meinen Datenbanken als Teilnehmer an diesen beiden wissenschaftlichen Kontroversen erfaßt sind.[2] Als bivariate Korrelation steht die Jahreszeit der Geburt tatsächlich in einem signifikanten Zusammenhang mit der Unterstützung revolutionärer Ideen. Die Korrelation ist jedoch gering und weist, verglichen mit Holmes' Ergebnissen, in die *entgegengesetzte Richtung.*[3] Bei einer genaueren Untersuchung und nach Korrektur methodisch bedingter Verzerrungen verschwindet diese schwache Korrelation.

Der von Holmes festgestellte zeitliche Zusammenhang weist mehrere methodische Fehler auf. Zunächst besteht die Möglichkeit, daß die Unterteilung des Samples nach der Jahreszeit zum Zeitpunkt der Geburt zufällig ist, wenn man die Unterteilung auf der Grundlage einer Dichotomie vornimmt. Stellt sich die Geburt eines Wissenschaftlers im April als für die Hypothese nützlich heraus, so wird der April »Wintermonaten« zugerechnet. Weisen die Daten für den April in eine andere Richtung, so kann der April einfach den »Sommermonaten« zugerechnet werden. Die Daten für den Oktober lassen sich auf die gleiche Weise manipulieren. Will man den Einfluß der Jahreszeiten korrekt analysieren, ist ein konsequenterer statistischer Ansatz vonnöten, als es bei Holmes der Fall ist. Idealerweise sollte jeder Monat des Jahres nach der Jahreszeit eingestuft werden, und zwar auf der Grundlage objektiver Kriterien wie der Temperatur. Nachdem ich dies berücksichtigt hatte, wurde die anhand meiner eigenen Daten von mir festgestellte Korrelation zwischen Jahreszeit und revolutionärem Temperament statistisch unbedeutend.[4] Mein vorläufiges Ergebnis war also ein statistischer Zufallstreffer, der auf der willkürlichen Unterteilung des Jahres in zwei zeitliche Kategorien basierte.

Holmes hatte nicht nur statistisches Glück (oder Pech) mit seiner Vorgehensweise. Angesichts der von ihm gewählten Methode sind solche Scheinergebnisse viel häufiger, als der Zufall erwarten ließe.[5] Der erste Fehler war der, daß Holmes nicht mehr als 47 Beteiligte untersuchte, ein sehr kleines Sample für Analysen dieser Art. Die zur Verfügung stehenden Daten zu den Teilnehmern an diesen beiden wissenschaftlichen Kontroversen sind zehnmal umfangreicher als das von Holmes veröffentlichte Sample.[6] Wählt man jedoch ein kleines Sample aus einem viel umfangreicheren und *leicht zugänglichen* Sample aus, ist die Versuchung groß, die Zählung der Teilnehmer abzubrechen, sobald eine Arbeitshypothese statistische Signifikanz erreicht hat. Wenn nicht vorher eine Entscheidung getroffen wurde, dann kann es leicht passieren, daß die Entscheidung, keine weiteren Teilnehmer in die Untersuchung aufzunehmen, die Testverfahren verzerrt, so daß sie nicht mehr den Regeln der statistischen Wahrscheinlichkeit entsprechen. Hätte Holmes Fachhistoriker zur Überprüfung seiner Annahmen über die wissenschaftliche Einstellung der Teilnehmer herangezogen, dann hätten diese ihn sicherlich nach den vielen bekannten Wissenschaftlern gefragt, die in seinen Samples *fehlen*. Wären sie in seinen Samples enthalten gewesen, hätten sich seine ursprünglichen Ergebnisse als nicht-signifikant herausgestellt.

Die Jahreszeit der Geburt steht mit anderen verwirrenden Variablen in Zusammenhang, die Holmes nicht berücksichtigt hat. Dazu zählt die Jahreszeit zum Zeitpunkt der Heirat. Über den Zusammenhang zwischen Jahreszeiten und Hochzeiten, ein zeitliches Muster, das in den europäischen Ländern seit fünf Jahrhunderten belegt ist, gibt es eine umfangreiche Literatur.[7] Die Jahreszeit zum Zeitpunkt der Heirat steht wiederum mit den jahreszeitlichen Unterschieden der Geburten und der Geburtenfolge in Zusammenhang. Geschichtlich läßt sich beobachten, daß die Häufigkeit der Geburten im Februar ihren Höhepunkt und im Juli ihren Tiefpunkt erreicht.[8] Das Muster für Erstgeborene weicht von diesem allgemeinen Trend ab, da es direkt auf die Jahreszeit zum Zeitpunkt der Heirat bezogen ist. Im März wurden am wenigsten Ehen geschlossen, was auf das alte kirchliche Verbot von Eheschließungen während der Fasten- und Fürbittenzeit zurückgeht. In katholischen Ländern ist dieses zeitliche Muster besonders ausgeprägt. Menschen, die während der Fastenzeit sexuelle Zurückhaltung üben, bekommen im Winter keine Kinder.[9] In dem Maß, wie nationale Unterschiede in der Wissenschaft bestehen, können sie aufgrund der Kreuz-Korrelation mit der Konfessionszugehörigkeit den Geburteneffekten einen jahreszeitlichen Index hinzufügen. Dieser Zusammenhang wurde von Holmes nicht berücksichtigt, obwohl er sich der möglicherweise verzerrenden Wirkung dieser Variable bewußt war.[10] Wenn ich Konfessionszugehörigkeit und Nationalität in mein Sample als Kovariablen einführe, zeigt sich, daß die Korrelation zwischen der Jahreszeit zum Zeitpunkt der Geburt und der Unterstützung revolutionärer Theorien annähernd Null ist.[11]

Ein weiterer Test zur Überprüfung von Holmes' These betrifft die Rolle des Klimas. Wenn Kleinkinder, die im Alter von sechs Monaten nicht mehr fest eingewickelt sind, eine revolutionäre Veranlagung entwickeln, dann würde das heißen, daß Kinder, die am Äquator geboren werden, bedeutend rebellischer wären als Kinder, die in einem gemäßigten Klima aufwachsen. Dies scheint jedoch nicht der Fall zu sein. In meinem Sample ist die Korrelation zwischen dem mittleren Breitengrad des Ursprungslandes und der Unterstützung radikaler Ideen genau Null.[12]

Wenn Effektgrößen in den Verhaltenswissenschaften erwartungsgemäß klein sind, wie es etwa bei Variablen wie der Jahreszeit der Geburt und ihren Auswirkungen auf die Persönlichkeit der Fall ist, dann braucht man für eine adäquate Überprüfung des Zusammenhangs umfangreiche Samples. Darüber hinaus müssen solche Samples für offensichtliche Kovariablen kontrolliert werden, die zu Fehlschlüssen führen könnten. Holmes vernachlässigte beide dieser grundlegenden Vorsichtsmaßnahmen. Dabei fehlte es ihm nicht an Zeit oder Veranlassung. Die ursprünglich 1974 durchgeführte Untersuchung ruhte zwanzig Jahre lang unveröffentlicht in einer Schublade, bis er sie schließlich an *Nature* übergab. Besonders überraschend an der Veröffentlichung ist, daß seine Kollegen von *Nature* seine Methoden nicht in Frage stellten.

### *Technische Erläuterung 2 (Kapitel 2, Anm. 78): Radikales Denken und Primogenitur.*

Der Einfluß der Primogenitur als Anreiz zu revolutionärem Denken bei jüngeren Geschwistern läßt sich überprüfen. Um 1700 war das Erstgeburtsrecht in Europa noch immer weit verbreitet.[13] Das änderte sich erst gegen Ende des Jahrhunderts, als im Zuge der Französischen Revolution die Primogenitur in vielen Ländern per Gesetz verboten wurde.[14] Nimmt man an, daß die Praxis der Primogenitur Geburtenfolgeeffekte hervorruft, dann ist zu erwarten, daß eine Einschränkung dieser Praxis zu einer allmählichen Abschwächung dieser Geburtenfolgeeffekte führt.

Zur Überprüfung dieser Möglichkeit gehört eine vergleichende Untersuchung der Geburtenfolge als Prädiktor für radikales Denken für die Zeit von 1517 bis 1967, einen Zeitraum von 450 Jahren. Da Geburtenfolgeeffekte stark mit der ideologischen Radikalität von Revolutionen korrelieren, habe ich diese Variable in meinen Test als Kovariable mit aufgenommen.[15] Es geht also um die Frage, ob Geburtenfolgeeffekte, unter Berücksichtigung ihres bekannten Zusammenhangs mit ideologischer Radikalität, mit der Zeit schwächer wurden.

Dieser Test macht eine Varianzanalyse erforderlich, bei der die Unterstützung radikaler Revolutionen die abhängige Variable ist und (1) die Geburtenfolge, (2) das Jahr der Teilnahme und (3) die ideologische Radikalität der Kontroverse als Kovariablen in das Modell eingehen.[16] Es soll geprüft werden, ob ein Modell, in dem die Geburtenfolge, das Jahr der Teilnahme und der ideologische Kontext bereits erfaßt sind, auch eine signifikante zweifache Wechselwirkung zwischen der Geburtenfolge und dem Jahr der Teilnahme an der Auseinandersetzung akzeptiert.

Die partielle Korrelation des Einflusses der Geburtenfolge seit 1517 beträgt 0,22.[17] Unter Berücksichtigung der beiden Haupteffekte beträgt die partielle Korrelation für die zweifache Wechselwirkung zwischen der Geburtenfolge und dem Jahr der Teilnahme an der Auseinandersetzung lediglich 0,03, ist also nicht signifikant. Läßt man die Variable für den ideologischen Kontext weg, ändert sich das statistische Ergebnis. Dennoch ist die Berücksichtigung einer erwiesenermaßen überflüssigen Kontrollvariablen ihrem Wegfall vorzuziehen. Diese Nullergebnisse werden durch ein weiteres Resultat gestützt: Der Einfluß der Geburtenfolge bleibt für jede soziale Schicht über den gesamten Zeitraum von 450 Jahren hinweg unverändert, auch wenn sich die Praxis des Erbrechts bei den Ober- und Unterschichten oft unterscheidet.[18]

Der hier durchgeführte Test dient indirekt auch zur Überprüfung des Einflusses veränderter Praktiken der Kindererziehung. Ebenso wie die Familie als soziale Institution war auch die Erziehung bedeutenden Veränderungen unterworfen.[19] Dennoch ist der Einfluß dieser Veränderung auf die Aufgeschlossenheit gegenüber neuen Ideen so gering, daß er nicht meßbar ist. Bemerkenswert ist, daß der Altersunterschied zwischen unmittelbar aufeinanderfolgenden Geschwistern für die Erklärung wissenschaftlicher Radikalität viel wichtiger ist als der Wandel in den Erziehungspraktiken, der sich im Laufe der letzten vier Jahrhunderte vollzogen hat.[20] Zwar beeinflußten diese Veränderungen einige Aspekte des menschlichen Verhaltens, allem Anschein nach jedoch nicht die Offenheit für Erfahrung.

Vor dem Hintergrund der Grundidee dieses Buches sind solche Ergebnisse durchaus einleuchtend. Unabhängig von den veränderten Erziehungsmethoden erleben Kinder eine starke und dauerhafte Rivalität zu ihren Geschwistern. Bei der Herausbildung der Geschwisterunterschiede kommt es nicht auf die sozioökonomischen Unterschiede zwischen den Familien an. In einer Darwinschen Welt besteht unter Geschwistern eine Konkurrenz um elterliche Investitionen, und die Geschwisterunterschiede entwickeln sich automatisch, selbst wenn die Eltern ihr Bestes tun, um alle ihre Kinder gleich zu behandeln.

Einige Leser sind vielleicht skeptisch, ob ein derart komplexes Problem wie der Eltern-Kind-Konflikt aufgrund historischer Daten zuverlässig beurteilt werden kann. Daher führe ich einige biographische Beispiele an, um zu zeigen, wie diese Informationen gesammelt und kodiert wurden. Drei unabhängige Experten wurden herangezogen, diese biographischen Informationen auf einer Sieben-Punkte-Skala zu bewerteten.[21]

*Louis Agassiz.* Darwins Gegner Louis Agassiz hatte eine stabile Beziehung zu seinen Eltern. Er war seinem Vater Rodolphe, der in ihm die Liebe zur Lehre weckte, ergeben. »Ich wünschte, man würde eines Tages von Louis Agassiz sagen«, schrieb er mit einundzwanzig Jahren an seinen Vater, »daß er der bekannteste Naturforscher seiner Zeit, ein rechtschaffener Bürger und ein guter Sohn gewesen ist.«[22] Rodolphe, ein willensstarker protestantischer Pfarrer, hatte für seinen Sohn eine Laufbahn als Geschäftsmann ins Auge gefaßt und war anfangs gegen dessen Pläne, die Universität zu besuchen. Erst als Louis' Onkel mütterlicherseits versprach, die Kosten für die Ausbildung zu übernehmen, gab der Vater nach.

Rodolphe, der befürchtete, Louis könnte sich als Naturwissenschaftler nicht ernähren, legte ihm die Medizin nahe. Als er erfuhr, daß Louis ein Buch über die Fische Brasiliens schrieb, anstatt für sein Medizinstudium zu arbeiten, war er zunächst verärgert; als das Buch veröffentlicht wurde und große Beachtung fand, freute er sich jedoch. Agassiz scheint seinen Vater etwas idealisiert zu haben, denn kein Konflikt konnte seine Achtung vor ihm trüben. Rodolphes Tod »brachte seinem Sohn viel Kummer«.[23] Auf der Sieben-Punkte-Skala, bei der 7,0 für eine enge und harmonische Beziehung steht, gaben die drei unabhängigen Experten Agassiz 5,8 Punkte. Mit dieser Einstufung liegt er weit über dem Mittelwert des Samples (5,1).

Agassiz' Beziehung zu seiner Mutter war noch enger.[24] Einer seiner Biographen schreibt, daß Louis »ganz deutlich ihr Lieblingskind war, der Quell ihrer kühnsten Hoffnungen und Ambitionen«.[25] Rose Agassiz überschüttete ihn mit »einer tiefen mütterlichen Liebe, tröstete ihn bei allen Problemen und spendete ihm Rat«.[26] Gelegentlich schalt sie ihn, weil er in bezug auf sein Studium »wählerisch« sei und »keine Rücksicht« auf die Wünsche seiner Eltern nehme.[27] Nachdem Louis berühmt geworden war, hütete sie seine wissenschaftlichen Schriften wie einen Schatz und sammelte selbst die, die in englischer Sprache verfaßt waren und die sie nicht verstand. Ihr Tod war für ihn »die größte Erschütterung seines Lebens«.[28] Die unabhängigen Experten bewerteten diese positive Beziehung mit 6,5 Punkten, womit Agassiz bei 92 Prozent liegt.

*Charles Darwin.* Darwins Beziehung zu seinen Eltern gestaltete sich ganz anders, allein schon durch den frühen Tod der Mutter. In seiner Autobiographie widmete er seinem Vater Robert, den er sehr bewunderte, viel Raum. Für ihn war der Vater »ein in vieler Hinsicht bemerkenswerter Mensch« und der »gütigste Mensch..., den ich je kannte«.[29] Weiter beschreibt er, wie Dr. Darwin aufgrund seiner Fähigkeit, das Vertrauen seiner Patienten zu gewinnen, ein äußerst erfolgreicher Arzt wurde. Er hatte anscheinend einen nahezu unheimlichen Spürsinn für die wahren Motive der Menschen, der mitunter an Telepathie zu grenzen schien. Darwin erzählte seinen Kindern immer wieder Geschichten von seinem Vater. Auch die Formulierung: »Wie mein Vater immer sagte...« fiel häufig. Darwins Achtung vor seinem Vater, erinnerte sich sein Sohn Francis, »war grenzenlos und rührend«.[30] 

Trotz der Zuneigung, die Darwin für seinen Vater empfand, hatte er es als Kind mit ihm nicht leicht. Darwin selbst glaubte, »als ich jung war, ... [war der Vater] ein wenig ungerecht gegen mich; später aber erfüllte es mich mit Dank, denken zu dürfen, daß ich sein großer Liebling wurde.«[31] John Bowlby, der sein Leben lang das Bindungsverhalten untersucht hat, wies auf »Darwins schwierige, jedoch bei weitem nicht schlechte Beziehung zu seinem Vater in seiner Kindheit und Jugend«[32] hin. Die drei unabhängigen Experten stimmten mit Bowlby überein. Sie stuften Darwins Beziehung zu seinem Vater mit 4,5 ein, etwas über dem Durchschnitt. Wenn die Beziehung Darwins zu seinem Vater getrennt nach Kindheit und Erwachsenenalter bewertet worden wäre, hätte man sie für die Kindheit mit 3,5 und für das Erwachsenenalter mit 6,5 bewertet. Insgesamt scheint eine Einstufung mit 4,5 Punkten gerechtfertigt.

*Samuel Butler.* Andere Experten hätten vielleicht die Beurteilung Darwins in Frage gestellt, doch bei Samuel Butler wären sich alle einig gewesen. Er war der berühmte Autor von *Erewhon* (1872), einer viel gelesenen Satire über eine verkehrte Welt. Im wundersamen Land Erewhon wird Krankheit mit Gefängnis oder dem Tod bestraft, während Verbrecher zur Behandlung ins Krankenhaus geschickt werden. Samuel Butler war das zweite von vier Kindern. Über seinen Vater schrieb er:

> «Er hat mich nie gemocht – ich ihn auch nicht. Soweit ich zurückdenken kann, gab es keine Zeit, in der ich mich nicht vor ihm fürchtete oder ihn nicht mochte... Jahrelang habe ich jeden Tag viele Male an den Mann gedacht, der immer gegen mich war, der an allem, was ich sagte oder tat, immer das Schlechte sah und nie das Gute. Zu seiner Kinderfrau sagte er... ›Ich behalte dich: du darfst nicht gehen: ich behalte dich, damit ich dich quälen kann.‹
> Und ich hatte immer das Gefühl, daß er mich als etwas betrachtete, das er ungestraft plagen konnte, oder so gut wie ungestraft, so wie er seine Kinderfrau quälte ... Das gnadenlose Schicksal hat niemals zwei Menschen zusammengeführt, die von ihrem Wesen her gegensätzlicher waren als mein Vater und ich.«[33]

Butler scherzte einmal, daß jemand, der seine Biographie schreiben wollte, mit dem Satz beginnen sollte: »Der Gegenstand dieser Lebensgeschichte ist das Kind reicher und unehrenhafter Eltern.«[34] Die Beziehung wurde von den

 Experten mit 1,0, der niedrigsten Punktzahl, bewertet. Es ist offensichtlich, daß Butlers Satire über ein Land, in dem Leiden Grausamkeit weckt, seine Beziehung zu seinem Vater widerspiegelt.

Biographische Informationen stehen nicht immer so detailliert zur Verfügung. Nehmen wir an, von Charles Darwin, über den wir das meiste wissen, wäre nur der eine Satz überliefert, den er als Erwachsener geäußert hat: »Ich glaube nicht, daß Jemand einen Vater viel mehr lieben konnte, als ich den meinigen.«[35] Die Experten hätten die Eltern-Kind-Beziehung im Fall Darwins mit Sicherheit anders bewertet, als sie es tatsächlich taten.

Die Konsequenzen, die sich aus diesem Problem ergeben, erscheinen weniger bedeutend, wenn man sich zwei Sachverhalte vergegenwärtigt. Zunächst habe ich die meisten meiner Daten zum Eltern-Kind-Konflikt aus Biographien von bedeutenden Persönlichkeiten bezogen, deren Beziehung zu ihren Eltern für die gesamte Lebensspanne beleuchtet ist.[36] Wichtiger ist jedoch, daß der Einfluß des Konflikts mit den Eltern selbst auf einer *groben* Skala den entscheidenden Zusammenhang mit radikalem Denken erkennen läßt. So ist eine zweistufige Skala, die zwischen konfliktreichen (wie bei Samuel Butler) und allen anderen Typen von Eltern-Kind-Beziehungen unterscheidet, nahezu genauso aussagekräftig als Prädiktor für eine revolutionäre Persönlichkeit wie eine Sieben-Punkte-Skala. Der Schlüssel dafür liegt in der kausalen Beziehung. Der Eltern-Kind-Konflikt ist am aussagekräftigsten bei Erstgeborenen, deren Beziehung zu ihren Eltern äußerst konfliktreich war (Kapitel 5, Abb. 5.1). Solche Fälle sind immer auffällig, auch wenn man nur auf retrospektives Material zurückgreifen kann.

Bei der Bewertung der Eltern-Kind-Beziehung ist eine gewisse Fehlerquote unvermeidlich; in der Hauptsache aber geht es darum, daß niemand einen Agassiz mit einem Butler verwechseln würde. Diese beiden erlebten die Beziehung zu ihren Eltern völlig verschieden. Es sind diese augenfälligen Gegensätze, nicht die kleineren Unterschiede, die das radikale Denken fördern.

### *Technische Erläuterung 4 (Kapitel 10, Anm. 7 und 8): Geburtenfolge, Konservatismus und wissenschaftlicher Rang während der Darwinschen Revolution.*

Um meine Behauptung zu belegen, daß Erstgeborene und Konservative es zu größerem wissenschaftlichen Ansehen brachten als Spätergeborene und Liberale, habe ich einen Index für die wissenschaftliche Bedeutung konstruiert, der für das Jahr 1859 gilt, das Jahr, in dem Darwins *Entstehung der Arten* erschien. Diese Frage wirft einiges Licht auf das biographische Sample von Adrian Desmond und die Schlußfolgerungen, die er in *Politics of Evolution* daraus zieht.[37]

Mein Index der wissenschaftlichen Bedeutung basiert auf einem Punktesystem, das Auszeichnungen, Preise und Mitgliedschaften in angesehenen Gesellschaften sowie die Ämter auswertet, die die Betreffenden in diesen

Gesellschaften innehatten. Die Korrelation zwischen wissenschaftlicher Bedeutung und Erstgeborenenstatus ist in dem Sample zur Darwinschen Revolution statistisch signifikant. Unter Einbeziehung der Geschwisterzahl war die Wahrscheinlichkeit, zur bedeutenderen Hälfte der Wissenschaftler zu gehören, für Erstgeborene 1,7-fach höher als für Spätergeborene.[38] 

Die Korrelation zwischen gesellschaftlicher Einstellung und wissenschaftlicher Bedeutung in meinem Sample zur Darwinschen Revolution ist ebenso statistisch signifikant. Bedeutende Persönlichkeiten waren im allgemeinen konservativ.[39] Von einem multiplen Regressionsmodell, das die Bedeutung eines Wissenschaftlers im Jahr 1859 voraussagt, werden die gesellschaftliche Einstellung und die Geburtenfolge als signifikante Prädiktoren akzeptiert. Betrachtet man diese beiden Trends zusammen, so ist die Wahrscheinlichkeit, zur bedeutenderen Hälfte der Wissenschaftler zu gehören, für konservative Erstgeborene 4,0-fach höher als für liberale Spätergeborene.[40] Als Adrian Desmond seine Liste der etablierten Wissenschaftler zusammenstellte, um sie mit den Unterschichtradikalen zu vergleichen, traf er seine Auswahl aus einer Population, in der konservative Erstgeborene in signifikanter Weise überrepräsentiert waren.[41] Das Ergebnis war, daß Desmond einen »Klassenunterschied« in bezug auf Radikalität feststellte, der in Wirklichkeit auf Geschwisterunterschiede zurückging.

Nach 1859 veränderten sich die Kriterien für wissenschaftliches Ansehen drastisch. Die Ursache dafür war der Sieg von Darwins Theorien. Wissenschaftler, die die Darwinsche Theorie unterstützten, erhielten immer mehr Auszeichnungen wie internationale Preise und Mitgliedschaften in angesehenen ausländischen wissenschaftlichen Gesellschaften. Vergleicht man die wissenschaftliche Bedeutung der Beteiligten an der Darwinschen Revolution im Jahr 1859 mit der wissenschaftlichen Bedeutung gegen Ende ihres Lebens, so war die Wahrscheinlichkeit, zu Ruhm zu gelangen, für Spätergeborene entschieden größer als für Erstgeborene.[42]

### *Technische Erläuterung 5 (Kapitel 10, Anm. 16): Das Sample von Adrian Desmond.*

In Anhang B seines Buchs *Politics of Evolution* führt Adrian Desmond 75 Personen auf, die für seine Analyse wichtig waren. Nicht alle 75 Personen bezogen zu den vier radikalen Theorien Stellung (Evolution, Phrenologie, Spontanzeugung und Ablehnung der idealistischen Klassifikationstheorien), auf deren Grundlage ich Desmonds Behauptungen überprüfe. Einige dieser in Desmonds Anhang aufgeführten Personen stehen in seiner allgemeinen Darstellung im Hintergrund. 36 Personen aus Desmonds Sample nahmen zu einer oder mehreren der vier von mir untersuchten Theorien Stellung. Insgesamt bezogen diese Personen 75 »Positionen«. Dies sind die Personen, die in Abb. 10.2 genannt sind.

In ihrer Darwin-Biographie behaupten Desmond und Moore, die freundschaftlichen Beziehungen unter Angehörigen der Oberschicht hätten den evolutionären Eifer dieser Wissenschaftler gebremst.[43] Während der Auseinandersetzung um die Evolutionstheorie (1700-1875) ist die Korrelation zwischen dem persönlichen Kontakt zu einem Vertreter der Evolutionstheorie und der Unterstützung dieser Theorie praktisch Null, womit diese Behauptung hinfällig wird.[44]

Dieser empirische Beweis wird durch zwei damit zusammenhängende Ergebnisse bestätigt. Die Korrelation zwischen dem Umfang des Briefwechsels, den jemand vor dem 24. November 1859, dem Erscheinungsdatum der *Entstehung der Arten*, mit Darwin pflegte, und der Reaktion des Briefschreibers auf die Evolutionstheorie nach diesem Datum ist gleich Null.[45] Die Korrelation zwischen der Zustimmung zu Darwins Theorie und der Häufigkeit, mit der ein Wissenschaftler in der *Entstehung* erwähnt wird, ist ebenfalls gleich Null.[46]

Ich habe die multiple Korrelation zwischen diesen drei Meßgrößen für die persönliche Beziehung zu Darwin (persönlicher Kontakt, Korrespondenz mit Darwin und Erwähnung in der *Entstehung)* und der gesellschaftlichen Einstellung der Zeitgenossen Darwins berechnet. Die Relation ist gleichfalls statistisch nicht signifikant.[47] Kaum signifikant ist auch die Tatsache, daß Darwin mit Menschen befreundet war und korrespondierte, die wie er der Oberklasse angehörten.[48] Als ein Gentleman der Oberklasse zog Darwin diese Personen bei seinen persönlichen Kontakten und seiner Korrespondenz vor. Dies überrascht kaum, da Wissenschaftler im allgemeinen miteinander korrespondieren.

Darüber hinaus habe ich die Möglichkeit überprüft, ob Darwins Freundschaften vor 1859 hauptsächlich zu Menschen bestanden, die seine sozialen Werte teilten. Ich habe Darwins Zeitgenossen in vier Gruppen unterteilt (Konservative, Gemäßigte, Liberale und Radikale). Der fokussierte Kontrast vergleicht die Liberalen (wie Darwin) mit den anderen drei Gruppen.[49] Dieser Test ergab, daß Darwins engste Freunde seine liberale Einstellung teilten. Die Wahrscheinlichkeit, daß Darwins Freunde liberal waren, war 1,8-mal so hoch als daß sie konservativ oder radikal waren.[50] Sollte Darwin befürchtet haben, seine Freunde mit seinen evolutionären Ideen vor den Kopf zu stoßen, so war dies unnötig: Diese Freunde waren fast durchweg liberal eingestellt und unterstützten im allgemeinen nach 1859 seine Lehre.

*Technische Erläuterung 7 (Kapitel 10, Anm. 35 und 38): Multivariate Modelle der Darwinschen Revolution.*

Mein familiendynamisches Modell der Darwinschen Revolution umfaßt vier signifikante Prädiktoren: (1) Geburtenfolge, (2) Verlust eines Elternteils (Wechselwirkung mit der Geburtenfolge), (3) Eltern-Kind-Konflikt (Wechselwirkung mit der Geburtenfolge) und (4) individuelle Unterschiede beim Reisen. Bei diesem Modell beträgt die multiple Korrelation zur Befürwortung der Evolutionstheorie 0,47. Die Aussagekraft dieses familiendynamischen Modells beruht hauptsächlich auf der Geburtenfolge.[51]

Ein umfassenderes Modell der Darwinschen Revolution schließt neben den vier Variablen meines familiendynamischen Modells sechs weitere Prädiktoren ein: Alter, wissenschaftliche Bedeutung im Jahr 1859, gesellschaftliche Einstellung, gesellschaftliche Einstellung der Eltern, nationale Unterschiede und persönlicher Kontakt zu Darwin im Jahr 1859. Mit Hilfe dieses Modells lassen sich 84 Prozent der an der wissenschaftlichen Debatte Beteiligten korrekt klassifizieren. Tabelle 9 zeigt die partielle Korrelation für jeden Prädiktor dieses umfassenden Modells, unter Berücksichtigung der neun anderen Prädiktoren. Der aussagekräftigste Prädiktor ist die Geburtenfolge, gefolgt von der gesellschaftlichen Einstellung, der wissenschaftlichen Bedeutung im Jahr 1859 und dem Eltern-Kind-Konflikt. Das Alter wäre ein statistisch signifikanter Prädiktor, wenn es nicht so stark mit der wissenschaftlichen Bedeutung im Jahr 1859 korrelieren würde. Ältere Wissenschaftler waren nicht so sehr aufgrund ihres Alters Gegner der Darwinschen Lehre, sondern weil diese Gegnerschaft Statusvorteile mit sich brachte.

Es sind auch andere multivariate Modelle zur Darwinschen Revolution möglich. Zum Beispiel kann die Geburtenfolge als Bestandteil einer dreifachen Wechselwirkung mit Schichtzugehörigkeit und dem Verlust eines Elternteils, wie in Kapitel 5 (siehe Abb. 5.3) ausgeführt, in das Modell eingehen. Um die mehrfache Kolinearität von Variablen möglichst gering zu halten, habe ich in dem in Tabelle 8 illustrierten Modell nur zweifache Wechselwirkungen als mögliche Prädiktoren aufgenommen.

Die Einbeziehung der Schichtzugehörigkeit in das in Tabelle 9 vorgestellte Modell mit zehn Variablen erhöht den Wert des Bestimmtheitsmaßes $R$ von 0,6668 auf 0,6674, ein äußerst geringfügiger und nicht signifikanter Unterschied. Wie der sozioökonomische Status, so erhöht auch die Variable »wissenschaftliches Spezialgebiet« den Erklärungsgehalt des Modells kaum.

*Technische Erläuterung 8 (Kapitel 12, Anm. 43):*

Abstimmungen des Obersten Bundesgerichts. Die Daten zu den Abstimmungen der Richter des Obersten Bundesgerichts habe ich dem Sammelband von Leon Friedman und Fred L. Israel und den Arbeiten von Glendon Schubert, von John Paul Ryan und C. Neal Tate, von S. Sidney Ulmer und

Tabelle 8

**Prädiktoren für die Befürwortung des Darwinismus(1859-75)**

| Variable | Partielle Korrelation | T-Wert | Freiheitsgrad | Zufallswahrscheinlichkeit des Trends |
|---|---|---|---|---|
| *Signifikante Prädiktoren* | | | | |
| Geburtenfolge (Spätergeborene) | 0,37 | 7,57 | 1/363 | < 1:10⁹ |
| Gesellschaftliche Einstellung (liberal) | 0,36 | 7,29 | 1/363 | < 1: 10⁹ |
| Wiss. Bedeutung im Jahr 1859 | -0,22 | -4,38 | 1/363 | < 1: 10⁹ [a] |
| Konflikt mit den Eltern (ausgeprägt) | 0,15 | 2,87 | 1/363 | < 1:200[b] |
| Alter beim Verlust eines Elternteils (älter) | 0,15 | 2,87 | 1/363 | < 1:200[b] |
| Reisen (ausgedehnt) | 0,12 | 2,25 | 1/363 | < 1:33 |
| Nationale Differenzen | 0,12 | 2,22 | 1/363 | < 1:33 |
| Gesellschaftliche Einstellung der Eltern (liberal) | 0,11 | 2,03 | 1/363 | < 1:20 |
| *Nicht signifikante Prädiktoren* | | | | |
| Persönlicher Kontakt zu Darwin vor 1860 | 0,10 | 1,82 | 1/363 | < 1:15 |
| Alter im Jahr 1859 | -0,08 | -1,50 | 1/363 | < 1:7[a] |

*Anmerkung:* Dieses Modell mit zehn Variablen wurde aus verschiedenen anderen Modellen ausgewählt. Die Auswahl basiert auf dem 9R Programm des BMDP (All Possible Subsets Regression) und Mallows' $C_p$. Für das Modell mit zehn Variablen, das umfassendste Modell, gilt $R$=0,68 ([korrigiertes $R$=0,66], $df$=10/363 [harmonisches Mittel], $F$=30,49, $p$<1 zu einer Milliarde). Nach Mallows' $C_p$-Kriterium verzichtet das zweitbeste Modell auf die Variable des Alters und das drittbeste Modell auf den persönlichen Kontakt zu Darwin. Bei beiden alternativen Modellen bleibt das korrigierte $R$=0,66.

a. Läßt man bei dem Modell die wissenschaftliche Bedeutung im Jahr 1859 weg, so beträgt die partielle Korrelation in bezug auf das Alter -0,15 ($df$=10/363 [harmonisches Mittel], $t$=2,78, $p$<0,01).

b. Die Variable steht in Wechselwirkung zur Geburtenfolge und hat auf Erstgeborene einen bedeutenderen Einfluß als auf Spätergeborene.

von Lee Epstein u. a. entnommen.[52] Für die beiden nach 1991 ernannten Richter habe ich die Daten nach konservativ/liberal-Einschätzungen aus dem *Wall Street Journal* ergänzt.[53]

Glendon Schubert hat auf einer Zwei-Punkte-Skala vorgenommene Bewertungen zur liberalen Einstellung von 59 Richtern aus jüngerer Zeit veröffentlicht. Fügt man diese Daten mit den differenzierteren Auswertungen, die von anderen Forschern publiziert wurden, zusammen, so erhält man Daten zu den Abstimmungen von 66 Richtern. Die Beziehung zwischen der Geburtenfolge und der liberalen Entscheidung ist in diesem Sample statistisch signifikant.[54]

Ausgehend von Untersuchungen der frühen juristischen Karrieren der Richter, die bei Leon Friedman und Fred L. Israel zusammen mit anderen biographischen Informationen zu finden sind, konnte ich alle 108 Richter im Hinblick auf ihre liberale Einstellung bewerten. 26 frühe Richter habe ich nach einer Drei-Punkte-Skala klassifiziert (konservativ, gemäßigt oder liberal). Diese Bewertung stützt sich auf die in Beiträgen zu Friedman und Israel veröffentlichen Beurteilungen. Da es zu den übrigen 16 Richtern keine Auswertung ihrer richterlichen Entscheidungen gibt, habe ich sie nach ihrer gesellschaftlichen Einstellung bewertet. Die Einschätzung wurde von zwei unabhängigen Gutachtern vorgenommen, ihre Zuverlässigkeit in diesem Sample beträgt 0,85.[55] Sämtliche Werte für liberale Einstellungen (das heißt die Bewertung der gesellschaftlichen Einstellung sowie fünf verschiedene Bewertungskategorien für juristische Haltungen) wurden für alle 108 Richter nach $z$ und als Mittelwert berechnet.

Für das Oberste Bundesgericht insgesamt ist die durch die Messung mit sechs Variablen festgestellte Korrelation zwischen relativem Geburtsrang und liberaler Einstellung signifikant und der für die zuletzt ernannten 66 Richter ähnlich.[56] Auf der Grundlage des 9R Programms des BMDP (All Possible Subsets Regression) und Mallows' $C_p$ als Auswahlkriterium wurden nur die ersten beiden aus den folgenden sechs Variablen ausgewählt: (1) relativer Geburtsrang, (2) Parteizugehörigkeit, (3) Schicht, (4) Konfession, (5) Jahr der Ernennung und (6) Anzahl der Geschwister. In pfadanalytischen Modellen lassen sich 61 Prozent der erklärten Varianz auf den relativen Geburtsrang zurückführen, da diese Variable auch ein Prädiktor für die Parteizugehörigkeit ist.[57] Zusammenfassend läßt sich also sagen, daß das Abstimmungsverhalten der Richter des Obersten Bundesgerichts innerfamiliäre Unterschiede widerspiegelt.

Es wurden auch andere Modelle zur Analyse des Abstimmungsverhaltens der Richter des Obersten Bundesgerichts vorgeschlagen, die auf der Bewertung einer kleineren Zahl von Richtern und einer größeren Anzahl von Variablen basieren.[58] Diese komplexeren Modelle neigen zur »Überfütterung« und werden daher von dem 9R Programm des BMDP (All Possible Subsets Regression) auf der Grundlage des Mallowschen Auswahlkriteriums $C_p$ verworfen. Die beiden Forscher Segal und Spaeth haben dieses methodische Problem erkannt. Ihre Ausführungen zur Unterscheidung zwischen *prädiktiven* und *kausalen* Modellen sind ebenfalls sehr hilfreich.[59] So ist die Unterstützung der demokratischen Partei beispielsweise ein Prädiktor für liberale Entscheidungen im Gericht; allerdings lassen sich die liberale Einstellung und die Unterstützung der demokratischen Partei beide auf den gleichen *kausalen* Einfluß zurückführen. Dieser kausale Einfluß hat im allgemeinen seinen Ursprung innerhalb der Familie und wirkt sich gleichzeitig auf die Parteizugehörigkeit und die Tendenz bei Abstimmungen aus. Prädiktive Modelle ziehen oft Variablen heran, die ihre Voraussagekraft anderen Variablen verdanken, die diese Modelle zu erklären versuchen. Kausale Modelle versuchen, solche Redundanzen zu vermeiden.

Andere Forscher haben eine nicht signifikante Korrelation zwischen der Geburtenfolge und den Entscheidungen im Obersten Bundesgericht festgestellt.[60] Diese negativen Ergebnisse sind leicht auf eine oder mehrere der folgenden methodischen Schwächen zurückzuführen: (1) fehlerhafte biographische Daten, (2) Definition der *biologischen* anstelle der *funktionalen* Geburtenfolge, (3) begrenzter Umfang des Samples, (4) ungeeignete Maßstäbe für die Auswertung und (5) das Versäumnis, den Einfluß des relativen Geburtsrangs im Gegensatz zur Geburtenfolge zu überprüfen. So stellten Somit, Arwine und Peterson eine nicht signifikante Beziehung zwischen der Geburtenfolge und den Entscheidungen der Richter bei Abstimmungen des Obersten Bundesgerichts fest.[61] In ihrer Untersuchung (*N*=57) verwenden sie die dichotom definierte Geburtenfolge anstelle des relativen Geburtsrangs. Die Verwendung einer dichotomen Variablen jedoch führt, besonders bei einem so kleinen Sample, zu einem gewissen Verlust der statistischen Aussagekraft. Darüber hinaus definieren Somit et al. einige ihrer Daten zur Geburtenfolge im biologischen Sinn anstatt als funktionale Geburtenfolge.[62] Ruth Bader Ginsburg hatte zum Beispiel eine ältere Schwester, die an Meningitis starb, als Ruth ein Jahr alt war. Ginsburg wuchs als Einzelkind auf. In meiner Datenbank wurde sie als Erstgeborene (und Einzelkind) eingestuft, während Somit et al. sie als Spätergeborene betrachten, was nach der in meinem Buch entwickelten psychologischen These keinen Sinn ergibt.[63]

Paul Weber wiederum stellt einen nicht signifikanten Zusammenhang zwischen dem relativen Geburtsrang und der liberalen Einstellung der Richter fest.[64] Die fehlende statistische Signifikanz seines Samples läßt sich erklären durch dessen begrenzten Umfang (*N*=25) sowie durch drei Fehler, die ihm bei der Auswertung der Informationen zur Geburtenfolge unterliefen. Drei seiner »Erstgeborenen« waren Spätergeborene: Felix Frankfurter und Potter Stewart waren mittlere Kinder, Earl Warren war ein Letztgeborener. Wenn man diese drei Irrtümer korrigiert, werden Webers Ergebnisse statistisch relevant.

### *Technische Erläuterung 9 (Kapitel 14, Anm. 6): Wissenschaftliche Revolutionen nach Kuhn.*

Meine Messung der Übereinstimmung zwischen Thomas Kuhns Modell des wissenschaftlichen Wandels und meinen 28 Kontroversen basiert auf sechs verschiedenen Maßen, die für Kuhns These von Bedeutung sind.[65] Diese Maße sind: (1) die Häufigkeit der Erwähnung der einzelnen Ereignisse in Kuhns *Struktur wissenschaftlicher Revolutionen*, (2) die Frage, ob es sich um eine Kontroverse in der Physik handelte, (3) die Häufigkeit, mit der die Kontroverse in der Sekundärliteratur zu wissenschaftlichen Revolutionen erwähnt wird, (4) der Anteil der Beteiligten, die ausschließlich Wissenschaftler waren, (5) der Erfolg oder das Scheitern der Revolution und (6) die Einleitung durch eine Krise. Die beiden letzten Maße basieren auf meiner eigenen Skalierung, die sich auf wissenschaftshistorische Veröffentlichungen stützt. Alle sechs Variablen für Merkmale »im Sinne Kuhns« wurden in eine *z*-Wertung übertragen und ihr Mittelwert in der zusammengesetzten Messung errechnet. Die Korrelation zwischen einem Ereignis, das die von Kuhn beschriebenen Merkmale aufweist, und der Erwähnung in Kuhns *Struktur wissenschaftlicher Revolutionen* beträgt 0,51, wobei die Zitationszählung von der abhängigen Variablen getrennt wurde. Die Korrelation zwischen einem Ereignis, das die von Kuhn beschriebenen Merkmale aufweist und dem Bereich der Physik zugeordnet werden kann, beträgt 0,73, wobei der Status der physikalischen Wissenschaft von der abhängigen Variable getrennt wurde.[66]

### *Technische Erläuterung 10 (Kapitel 14, Anm. 30): Zeit und nationale Unterschiede als moderierende Variablen der wissenschaftlichen Radikalität.*

Die Rezeption der Eugenik zeigt, daß sich die Beziehung zwischen Geburtenfolge und der Annahme der Eugenik über die Jahre hinweg umkehrt. Verglichen mit Erstgeborenen lehnten Spätergeborene die Eugenik im Verlauf der Kontroverse mit größerer Wahrscheinlichkeit ab, obwohl der Trend statistisch nicht signifikant ist.[67] Eine detailliertere Unterteilung der Anhänger der Eugenik in Befürworter einer »positiven« oder »negativen« Gesellschaftspolitik würde vermutlich einen signifikanten zeitlichen Trend entsprechend der Geburtenfolge ergeben. Das gleiche gilt für ein größeres Sample. Die Wechselwirkung zwischen der Unterstützung der Eugenik und der zeitlichen Dauer der Kontroverse wird deutlicher, wenn wir die gesellschaftliche Einstellung der Beteiligten und ihr Verhältnis zur Eugenik berücksichtigen. Zu Beginn der Kontroverse um die Eugenik wurde sie hauptsächlich von Liberalen befürwortet, am Ende dagegen eher von Konservativen. Dieser Unterschied *ist* statistisch signifikant.[68]

Mitunter beeinflussen chauvinistische Überlegungen die Rezeption einer wissenschaftlichen Theorie. Die Newtonsche Lehre ist ein gutes Beispiel für diese Tendenz. Was einem Mitglied der Royal Society of London im Jahr

 1700 annehmbar schien, wurde von einem französischen Cartesianer wie Bernard Fontenelle aufs heftigste abgelehnt. Obwohl Fontenelle sich gegen Newtons Lehre von der allgemeinen Gravitation sträubte, war er doch kaum ein konservativer Denker. Er war ein jüngerer Sohn und im Alter von ungefähr zwanzig Jahren ein radikaler Verfechter der kartesianischen Philosophie; in Fragen der Physik wurde er zum Anhänger der Wirbelstrudeltheorie. Als Newtons *Principia* 1687 erschienen, sah sich Fontenelle mit einem weitreichenden Angriff auf seine abweichende Weltsicht konfrontiert, und das durch einen Briten. Wenn Descartes' Strudel wirklich existierten, so hätte sich die von ihnen erzeugte Reibung als Abweichung von Newtons Gesetz vom umgekehrten Quadrat bei Gravitationseffekten bemerkbar machen müssen: keine Abweichungen, keine Strudel. Es war bedauerlich für den Franzosen, daß sich solche Abweichungen nicht finden ließen. »Als die neue revolutionäre Lehre Isaac Newtons 1687 an die Öffentlichkeit drang«, meint denn auch I. Bernard Cohen, »war es klar, daß die wirklich aus dem Felde zu schlagenden Feinde nicht die Aristoteliker und nicht die Scholastiker waren, sondern die Kartesianer samt ihrer auf den Wirbeln basierenden physikalischen Kosmologie.«[69]

Die Tatsache, daß Isaac Newton Brite war und seine Hauptgegner Franzosen, nahm der Opposition gegen Newtons Theorien in Großbritannien die Spitze. Bei der Rezeption der Newtonschen Lehre auf dem Kontinent läßt sich ein starker Einfluß der Geburtenfolge nachweisen, nicht aber in Großbritannien.[70] Wäre Isaac Newton Franzose gewesen, oder René Descartes Brite, hätte die Rezeptionsgeschichte der Newtonschen Theorien im Hinblick auf Geburtenfolge und Nationalität sicherlich anders ausgesehen. So jedoch lassen die Unterschiede in bezug auf die Geburtenfolge die nationale Konkurrenz zwischen der Newtonschen und der kartesianischen Physik erkennen.

Die Revolution der Chemie verweist auf einen ähnlichen Zusammenhang mit nationalen Unterschieden. Die betreffenden Wissenschaftler lassen sich in zwei Gruppen unterteilen – französische Wissenschaftler, von denen viele zu Lavoisiers persönlichen Freunden zählten, und die übrigen. Nichtfranzösische Wissenschaftler zögerten weitaus länger, die neue Wissenschaft von der Chemie zu akzeptieren als die französischen Wissenschaftler. Bei den nichtfranzösischen Wissenschaftlern war der Umstand, ein Spätergeborener zu sein, ein hervorragender Prädiktor für die Unterstützung der Ideen Lavoisiers. In Frankreich selbst spielte die Geburtenfolge keine signifikante Rolle.[71]

Durch diese Art von Wechselwirkungseffekten wird ein weiteres wichtiges Merkmal von Geburtenfolgeeffekten deutlich. Sie spiegeln den Grad einer wissenschaftlichen Kontroverse weit mehr wider als die Anziehungskraft einer bestimmten Weltsicht. Spätergeborene unterstützen nicht automatisch bestimmte Weltsichten oder wissenschaftliche »Themen«, die etwa mit Realismus, Skeptizismus oder Diskontinuität in Verbindung gebracht werden. Im siebzehnten Jahrhundert vertraten Spätergeborene den als radikal geltenden Atomismus, der die Welt als eine Zusammensetzung diskontinuierlicher Partikel betrachtete. Demgegenüber betonte die Evolutionstheorie die Kontinuität zwischen dem Menschen und der niederen Tierwelt. Da die Evolutionstheorie eine radikale Theorie war, fühlten sich die Spätergeborenen zu dieser Betonung der Kontinuität ebenso hingezogen wie früher zur Vorstellung der Diskontinuität.[72]

# Anmerkungen

## *Einführung*

1 Zu Alter und wissenschaftlicher Innovation siehe u. a. David L. Hull, Peter D. Tessner und Arthur M. Daimond, »Planck's Principle«, *Science* 202, 1978, S. 717-723; John T. Blackmore, »Is Planck's ›Principle‹ True?«, *British Journal for the Philosophy of Science* 29, 1978, S. 32-36.

2 Zu Ödipuskonflikt und Radikalismus siehe Erik H. Erikson, *Der junge Mann Luther. Eine psychoanalytische und historische Studie,* München 1965; E. Victor Wolfenstein, *The Revolutionary Personality: Lenin, Trotsky, Gandhi,* Princeton/N.J. 1967; Mostafa Rejaj und Kay Phillips, *Leaders of Revolution,* Beverly Hills – London 1979, S. 175-178; dies., *World Revolutionary Leaders,* New Brunswick 1983, S. 151f.

3 Zum behaupteten Einfluß sozioökonomischer Faktoren auf politischen Wandel siehe Georges Lefebvre, *The French Revolution*, Bd. 1: *From Its Origins to 1793*, London – New York 1962, S. 124; James Kirby Martin, *Men in Rebellion: Higher Governmental Leaders and the Coming of the American Revolution,* New Brunswick/N.J. 1973, S. 95; Rejaj und Phillips, *Leaders of Revolution,* S. 97ff.; dies., *World Revolutionary Leaders,* S. 75; Albert Soboul, Einleitung zu *Actes du Colloque Girondins et Montagnards,* hrsg. von Albert Soboul, Paris 1980, S. 8. Zu Reformation und Protestantismus siehe Hans J. Hillerbrand, *The World of the Reformation*, New York 1973, S. 38; Lewis W. Spitz, *The Protestant Reformation, 1517-1559*, New York 1985, S. 184; Steven Ozment, *Protestants: The Birth of a Revolution*, New York 1992, S. 20. Zum Einfluß von Schicht und revolutionären Tendenzen in der Wissenschaft siehe Steven Shapin, »The Politics of Observation: Cerebral Anatomy and Social Interests in the Edinburgh Phrenology Disputes«, in: R. Wallis (Hrsg.), *On the Margins of Science: The Social Construction of Rejected Knowledge*, Keele, Staffordshire 1979 (= Sociology Review Monograph 27), S. 139-178; Roger Cooter, *The Cultural Meaning of Popular Science: Phrenology and the Organization of Consent in Nineteenth-Century Britain*, Cambridge 1984, S. 43f.; Adrian Desmond, *The Politics of Evolution: Morphology, Medicine, and Reform in Radical London*, Chicago – London 1989; ders. und James Moore, *Darwin: The Life of a Tormented Evolutionist*, New York – London 1992.

4 Zitiert nach Stanley Loomis, *Ein Jahr, zwei Wochen und ein Tag. Paris 1793-1794*, Tübingen 1965, S. 84.

5 Arthur Geoffrey Dickens, *The English Reformation*, 2. Aufl., London 1989, S. 51, S. 220. Siehe auch J.J. Scarisbrick, *Henry VIII.*, London 1968, S. 508; Donald R. Kelley, *The Beginning of Ideology: Consciousness and Society in the French Reformation*, Cambridge 1981, S. 78.

6 Für brauchbare Übersichten zu Studien über Geschwisterdifferenzen siehe Robert Plomin und Denise Daniels, »Genetics and Shyness«, in: Warren H. Jones, Jonathan M. Cheek und Stephen R. Briggs (Hrsg.), *Perspectives on Research and Treatment,* New York – London 1987, S. 63-80; Judy Dunn und Robert Plomin, *Warum Geschwister so verschieden sind*, Stuttgart 1996.

7 Zu Geburtenfolge und reproduktivem Erfolg siehe Duby 1978; James L. Boone, »Parental Investment and Elite Family Structure in Preindustrial States: A Case Study of Late Medieval – Early Modern Portuguese Genealogies«, *American An-*

*thropologist* 88, 1986, S. 859-878, insbes. S. 869; Kevin MacDonald, »A Perspective on Darwinian Psychology: The Importance of Domain-General Mechanisms, Plasticity, and Individual Differences«, *Ethology and Sociobiology* 12, 1991, S. 449-480. Zu Geburtenfolge und Kindesmord siehe Susan C.M. Scrimshaw, »Infant Mortality and Behaviour in the Regulation of Family Size«, *Population and Development Review* 4, 1978, S. 383-403; dies., »Infanticide in Human Populations«, in: Glenn Hausfater und Sarah Blaffer Hrdy (Hrsg.), *Infanticide: Comparative and Evolutionary Perspectives*, New York 1984, S. 439-462; Sarah Blaffer Hrdy, »Sex-biased Parental Investment among Primates and Other Mammals: A Critical Evaluation of the Trivers-Willard Hypothesis«, in: Richard Gelles und Jane Lancaster (Hrsg.), *Child Abuse and Neglect*, New York 1987, S. 97-147. Zu Geschwisterkonflikten in der Geschichte siehe Martin Daly und Margo Wilson, *Homicide*, New York 1988, S. 30: Die Autoren machen darauf aufmerksam, daß die Feudalherrschaft für »eine schier endlose Geschichte brüderlicher Blutopfer« gesorgt habe.

8 Historiker konnten bislang unter anderem deshalb darauf verzichten, formal Hypothesen zu bilden und diese auch zu überprüfen, weil an falsch erzählter oder schlecht recherchierter Geschichte die Menschen in der Regel nicht sterben. In der Medizin würden nicht überprüfte Behauptungen über die Wirkungen eines neuen Arzneimittels etwa, die dessen entsprechend voreilige Anwendung zur Folge hätten, zu Unheil führen. Der Nachweis hingegen, daß objektivierte Verfahren als Methode zur Bewertung von Hypothesen narrativen Methoden vorzuziehen sind (David Faust, *The Limits of Scientific Reasoning*, Minneapolis 1984), fordert kein Menschenleben.

### *Kapitel 1: Offenheit für Innovationen in der Wissenschaft*

1 *The Correspondence of Charles Darwin*, hrsg. von Frederick Burkhardt und Sidney Smith, Bd. 3, Cambridge 1987, S. 2.

2 Ebenda, Bd. 1, Cambridge 1985, S. 134; Josiah Wedgwood an Robert Waring Darwin, Brief vom 31. August 1831.

3 Charles Darwin, *Mein Leben*, hrsg. von Nora Barlow, Frankfurt/M. 1993, S. 90.

4 Die Galápagos-Inseln sind das symbolische Äquivalent zu dem berühmten »fallenden Apfel«, der Newton zu seinen Ideen über die allgemeine Gravitation inspiriert haben soll. Wie die Geschichte von Newtons Entdeckungen so hat auch Darwins Expedition zu den Galápagos-Inseln zu beträchtlichen Legendenbildungen angeregt, siehe Frank J. Sulloway, »Darwin and His Finches: The Evolution of a Legend«, *Journal of the Nature* 303, 1983, S. 372.

5 Zum Alter der Galápagos-Inseln siehe Carole S. Hickman und Jerre H. Lipps, »Geologic Youth of Galápagos Islands Confirmed by Marine Stratigraphy and Paleontology«, *Science* 227, 1985, S. 1578ff.; D. M. Christie u.a., »Drowned Islands Downstream from the Galápagos Islands Imply Extended Speciation Times«, *Nature* 355, 1992, S. 246ff.

6 *Charles Darwin's Diary of the Voyage of the H.M.S. »Beagle«*, hrsg. von Nora Barlow, Neudr. der Ausg. von 1933, New York 1969, S. 334.

7 Charles Darwin, *Reise eines Naturforschers um die Welt*, hrsg. von G.A. Narciss, Stuttgart 1962, S. 644f.

8 *Charles Darwin's Diary*, S. 383; Eintrag vom 18. Januar 1836.

9 Darwin, *Reise eines Naturforschers*, S. 648. Für moderne Untersuchungen zu Darwins Finken siehe David Lack, *Darwin's Finches: An Essay on the General Biological Theory of Evolution*, Cambridge 1947; Peter R. Grant, *Ecology and Evolution of Darwin's Finches*, Princeton 1986.

10 *Charles Darwin's Diary*, S. 334.

11 Darwin, *Reise eines Naturforschers*, S. 665.
12 Ebenda, S. 671.
13 Sandra Herbert, »The Place of Man in the Development of Darwin's Theory of Transmutation. Part 1. To July 1837«, *Journal of the History of Biology* 7, 1974, S. 217-258; siehe auch Sulloway, »Darwin and His Finches«; ders., »The ›Beagle‹ Collections of Darwin's Finches (Geospizinae)«, *Bulletin of the British Museum (Natural History) Zoology Series* 43, no. 2, 1982; ders., »Further Remarks on Darwin's Spelling Habits and the Dating of ›Beagle‹ Voyage Manuscripts«, in: *Journal of the History of Biology* 15, 1983, S. 361-390; ders., »Darwin and the Galapagos«, *Biological Journal of the Linnean Society* 21, 1984, S. 29-59.
14 Zum Leben von John Gould siehe Gordon C. Sauer, *John Gould the Bird Man. A Chronology and Bibliography*, Kansas City 1982, und R. Bowdler Sharpe, *An Analytic Index to the Works of the Late John Gould. With a Biographical Memoir and Portrait*, London 1893.
15 Richard Owen, *The Life of Sir Richard Owen. With scientific portions revised by C. Davies Sherborn*, Bd. 2, London 1894, S. 250f.; Sharpe, *Analytic Index*, xxiv (nach dem ich zitiere).
16 Frank J. Sulloway, »Darwin's Conversion: The ›Beagle‹ Voyage and Its Aftermath«, *Journal of the History of Biology* 15, 1982, S. 358.
17 Ebenda, S. 357.
18 Ebenda, S. 362-386.
19 *Darwin's Journal*, hrsg. von Gavin de Beer, Bulletin of the British Museum (Natural History) Historical Series 2, no.1., 1959, S. 7.
20 *Correspondence of Charles Darwin*, Bd. 2, S. 32; Brief vom 30. Juli 1837.
21 Darwin, *Mein Leben*, S. 124.
22 *Correspondence of Charles Darwin*, Bd. 3, S. 43f.
23 Die Veröffentlichung von Darwins »großem Buch« über die Arten ließ über ein Jahrhundert auf sich warten: Darwin, *Natural Selection* [1854-1858], hrsg. von Robert Stauffer, Cambridge 1975. Er erweiterte einige Kapitel aus diesem umfassenden Werk, um sie in sein Buch *The Variation of Animals and Plants under Domestication*, 2 Bde., London 1868 (dt.: *Das Variiren der Thiere und Pflanzen im Zustande der Domestication* [1868], 2 Bde., 4. Aufl. Stuttgart 1910) aufzunehmen.
24 Ders. und Alfred Russel Wallace, *Evolution by Natural Selection*, Neudr. der Ausg. von 1858, mit einem Vorwort von Sir Gavin de Beer, Cambridge 1958. Der amerikanische Naturforscher war Asa Gray.
25 Thomas Bell, »Presidential Address to the Linnean Society on the Anniversary of Linnaeus's Birth, May 24, 1859«, *Journal of the proceedings of the Linnean Society: Botany* 4, 1860, S. vii-xx, hier S. viii.
26 Ernst Mayr, »Introduction« zu Charles Darwin, *On the Origin of Species. A Facsimile of the First Edition*, Cambridge – London 1964, S. vii.
27 Rudolphe Louis Agassiz, »Professor Agassiz on the Origin of Species«, *American Journal of Sciences*, 2nd Series, 30, 1860, S. 142-155, hier S. 154.
28 Charles Darwin, *Leben und Briefe in drei Bänden*, hrsg. von Francis Darwin, Nachdr. d. Ausg. 1887, Tübingen 1992, Bd. 2, S. 242.
29 John Willis Clark und Thomas McKenny Hughes, *The Life and Letters of the Reverend Adam Sedgwick*, Bd. 2, Cambridge 1890, S. 360; Brief vom 2. Januar 1860.
30 Pierre Flourens, *Examen du livre de M. Darwin sur l'origine des espèces*, Paris 1864, S. 65.
31 Robert FitzRoy, *Narrative of the Surveying Voyages of His Majesty's Ships Adventure and Beagle, between the years 1826 and 1836, Describing Their Examination of the Southern Shores of South America, and the Beagle's Circumnavigation of the Globe*, Bd. 2, London 1839, S. 503.
32 Edward Lurie, *Louis Agassiz: A Life in Science*, Chicago 1960, S. 373. Ich beziehe mich hier auf Stephen Jay Goulds Darstellung von Agassiz' Reise, »Agassiz auf den Galápagos«, in: ders., *Wie das Zebra zu seinen Streifen kommt. Essays zur Naturgeschichte*, Frankfurt/M. 1991, S. 105-117.

33 Ernst Mayr, Eine neue Philosophie der Biologie, München – Wien 1991, S. 215-225. 
34 Thomas S. Kuhn, *Die Struktur wissenschaftlicher Revolutionen*, Frankfurt/M. 1979.
35 Ebenda, S. 38.
36 Ebenda, S. 79-103; vgl. auch I. Bernard Cohen, *Revolutionen in der Naturwissenschaft*, Frankfurt/M. 1994, S. 65-66. Kuhns einflußreiche Darstellung des Wissenschaftsprozesses hat eine vielfältige Literatur über die »soziale Konstruktion« des wissenschaftlichen Denkens hervorgebracht. Zu den wichtigsten Vertretern der sozialen Konstruktion der Wissenschaft gehören Ludwig Fleck, *Entstehung und Entwicklung einer wissenschaftlichen Tatsache. Einführung in die Lehre von Denkstil und Denkkollektiv*, 2. Aufl. Frankfurt/M. 1979; Bruno Latour und Steve Woolgar, *Laboratory Life: The Construction of Scientific Facts*. Einleitung von Jonas Salk, Princeton 1986; ders., *Science in Action: How to Follow Scientists and Engineers through Society*, Cambridge 1987; Steven Shapin, »History of Science and Its Sociological Reconstructions«, *History of Science* 20, 1982, S. 157-211; ders., »Mertonian Concessions. Review of *Making Science*, by Stephen Cole«, *Science* 259, 1993, S. 839-841; ders. und Simon Schaffer, *Leviathan and the Air-Pump: Hobbes, Boyle, and the Experimental Life*, Princeton 1985; Harry M. Collins und Trevor J. Pinch, *Frames of Meaning. The Social Construction of Extraordinary Science*, London 1982; ders., *Changing Order: Replication and Induction in Scientific Practice*, London – Beverly Hills 1985; und Andrew Pickering, *Constructing Quarks: A Sociological History of Particle Physics*, Edinburgh 1984. Einen Überblick über die neuere Literatur zur Wissenschaft als in soziales Handeln eingebettete Praxis, die experimentelle und instrumentelle Traditionen erkennen läßt, bieten Timothy Lenoir, »Practice, Reason, Context: The Dialogue Between Theory and Experiment«, *Science in Context* 2, 1988, S. 3-22, und Jan Golinski, »The Theory of Practice and the Practice of Theory: Sociological Approaches in the Story of Science«, *Isis* 81, 1990, S. 492-505.
37 Alan Lightman und Owen Gingerich, »When do Anomalies Begin?«, *Science* 255, 1992, S. 690-695.
38 Siehe etwa den ausgezeichneten Artikel von Bernard Barber, »Resistance by Scientists to Scientific Discovery«, *Science* 134, 1961, S. 596-602; Robert K. Merton, *The Sociology of Science: Theoretical and Empirical Investigations*, Chicago – London 1973, S. 497-559; Michael J. Mahoney, *Scientist as Subject*, Cambridge 1976, S. 116; Cohen, *Revolutionen*, S. 47f., S. 437.
39 Ernst Mayr, *Die Entwicklung der biologischen Gedankenwelt*, Heidelberg 1984, S. 248f., 261f.; Peter L. Bowler, *Evolution: The History of an Idea*, Berkeley – Los Angeles 1984, S. 65ff. Siehe auch Arthur O. Lovejoy, »The Argument for Organic Evolution Before the *Origin of Species*, 1830-1858«, in: Bentley Glass, Owsei Tempkin und William L. Straus Jr. (Hrsg.), *Forerunners of Darwin*, Baltimore 1959, S. 356-414, hier S. 356, S. 380.
40 *More Letters of Charles Darwin: A Record of His Work in a Series of Hitherto Unpublished Letters*, hrsg. von Francis Darwin und A.C. Seward, Bd. 1, New York 1903, S. 305; Brief an Joseph Hooker vom 28. Juli 1868.
41 Siehe John C. Greene, »The Kuhnian Paradigm and the Darwinian Revolution in Natural History«, in: H. D. Roller (Hrsg.), *Perspectives in the History of Science and Technology*, Norman/Okla. 1971, S. 3-25, hier S. 17, S. 25 Fn. 9, und Michael T. Ghiselin, »The Individual in the Darwinian Revolution«, *New Literary History* 3, 1972, S. 123.
42 Darwin, *Mein Leben*, S. 128.
43 Zitiert in Milton Millhauser, *Just Before Darwin: Robert Chambers and Vestiges*, Middletown/Conn. 1959, S. 122.
44 *Correspondence of Charles Darwin*, Bd. 3, Cambridge 1987, S. 2; Brief an Joseph Hooker vom 11. Januar 1844.
45 Ian Mitroff, *The Subjective Side of Science: A Philosophical Inquiry into the Psychology*

*of the Apollo Moon Scientists*, Seaside/Calif. 1983, S. 264. Siehe auch Giere, der »den vielversprechendsten Zugang zu einer allgemeinen Theorie der Wissenschaft« darin sieht, »das Individuum als grundlegende Untersuchungseinheit zu betrachten«, Ronald N. Giere, »The Units of Analysis in Science Studies«, in: Steve Fuller u.a. (Hrsg.), *The Cognitive Turn. Sociological and Psychological Perspectives on Science*, Dordrecht 1989, S. 3-11, hier S. 8. Siehe auch ders., *Explaining Science: A Cognitive Approach*, Chicago – London 1988. Philip Kitcher, *The Advancement of Science: Science without Legend, Objectivity without Illusion*, New York 1993, vertieft diese allgemeine Behauptung, indem er zeigt, daß Rationalität das Ergebnis eines Wettbewerbs zwischen Wissenschaftlern ist, die verschiedene begriffliche Nischen besetzen.

46 Lovejoy, »Argument for Organic Evolution«, S. 360. Die Berufung auf Darwins Genie bedarf der Einschränkung, daß es bereits vor 1859 eine ansehnliche Zahl von Wissenschaftlern gab, die Anhänger der Evolutionstheorie waren. Ich habe mindestens 30 Personen gezählt, die um 1837, als Darwin sich von dieser Theorie überzeugte, den Gedanken der Evolution akzeptierten; 1859 waren es bereits 85 (vgl. Kapitel 2).

47 Prof. [Thomas Henry] Huxley, »Über die Aufnahme der *Entstehung der Arten*«, in: Darwin, *Leben und Briefe*, Bd. 2, S. 174-199, hier S. 192.

48 Darwin, *Leben und Briefe*, Bd. 2, S. 221.

### *Kapitel 2: Geburtenfolge und wissenschaftliche Revolutionen*

1 Auf diesen Punkt hat Ernst Mayr aufmerksam gemacht: »Die besten Biologen und darunter vor allem die, die sich in Klassifikation und Morphologie gut auskannten, hielten mit besonderer Zähigkeit am Dogma der Schöpfung und der Konstanz der Arten fest«, ders., Einleitung zu Charles Darwin, *On the Origin of Species. A Facsimile of the First Edition*, Cambridge – London 1964, S. ix.

2 Robert R. McCrae und Paul T. Costa Jr., »Validation of the Five-factor Model of Personality Across Instruments and Observers«, *Journal of Personality and Social Psychology* 52, 1987, S. 1258-1265; dies., *Personality in Adulthood*, New York – London 1990, S. 41, S. 44; John C. Loehlin, *Genes and Environment in Personality Development*, Newbury Park/Calif. 1992, S. 64ff.

3 L. J. Eaves, H. J. Eysenck und N. G. Martin, *Genes, Culture and Personality: An Empirical Approach*, London – New York 1989, S. 360-365, S. 385; Thomas Bouchard u.a., »Sources of Human Psychological Differences: The Minnesota Study of Twins Reared Apart«, *Science* 250, 1990, S. 223ff.; Judy Dunn und Robert Plomin, *Warum Geschwister so verschieden sind*, Stuttgart 1996, S. 57; Loehlin, *Genes and Environment*, S. 66f., S. 91.

4 Neben den in diesem Kapitel bereits zitierten Arbeiten zur Verhaltensgenetik siehe Robert Plomin und Denise Daniels, »Why are Children in the Same Family so Different from One Another«, *Behavioral and Brain Sciences* 10, 1987, S. 1-60; Judy Dunn und Robert Plomin, »Why are Siblings so Different? The Significance of Differences in Sibling Experience within the Family«, *Family Process* 30, 1991, S. 271-283.

5 Ein Literaturbericht über Geburtenfolge und Persönlichkeitsentwicklung folgt in Kapitel 3.

6 Siehe beispielsweise Robert D. Palmer, »Birth Order and Identification«, *Journal of Consulting Psychology* 30, 1966, S. 129-135; Irving D. Harris und Kenneth I. Howard, »Birth Order and Responsibility«, *Journal of Marriage and the Family* 30, 1968, S. 427-432; John Price, »Personality Differences within Families: Comparisons of Adult Brothers and Sisters«, *Journal of Biosocial Science* 1, 1969, S. 177-205; Brian Sutton-Smith und B. G. Rosenberg, *The Sibling*, New York 1970,

S. 114f.; Eleanor Singer, »Adult Orientation of First and Later Children«, *Sociometry* 34, 1971, S. 143-151; Thomas Ewin Smith, »Birth Order, Sibship Size and Social Class as Antecedents of Adolescents' Acceptance of Parents Authority«, *Social Forces* 50, 1971, S. 223-232; Jerome Kagan, *Personality Development*, New York 1971, S. 148; ders., »The Child in the Family«, *Daedalus* 106, 1977, S. 33-56. 

7 Betsy Jane Becker, »Influence Again: An Examination of Reviews and Studies of Gender Differences in Social Influence«, in: Janet Shibley Hyde und Maria C. Linn (Hrsg.), *The Psychology of Gender: Advances through Meta-analysis*, Baltimore – London 1986, S. 178-209, insbes. S. 206, macht auf die Tatsache aufmerksam, daß ein Großteil der experimentellen psychologischen Forschung für die reale Welt nur von zweifelhafter Bedeutung ist.

8 Daß Effekte der Geburtenfolge zu großen Teilen umweltbedingt sind, zeigen Vergleiche von biologisch Spätergeborenen, die als Erstgeborene aufgewachsen sind, mit Spätergeborenen, die ältere Geschwister haben. Ich werde im Text einige Beispiele geben. Weiter unten (Anm. 81) zitiere ich statistische Befunde zu diesem Thema. Fälle, in denen die biologische und die funktionale Geburtenfolge in ernsthaftem Widerspruch zueinander stehen, sind so selten, daß sie die allgemeinen Ergebnisse, die in diesem Buch dargestellt werden, nicht beeinflussen.

Angeblich soll die Geburtenfolge hormonale Unterschiede und Antigene bewirken, aber es gibt keine zwingenden Beweise, daß solche physiologischen Differenzen für Persönlichkeitsunterschiede, die durch die Geburtenfolge bedingt sind, verantwortlich sind. Die hormonalen Veränderungen, die die Schwangerschaft mit sich bringt, beginnen sich vier Jahre nach der Geburt zu normalisieren, während die Auswirkungen der Geburtenfolge in einem Altersabstand von drei bis fünf Jahren am größten sind (siehe Kapitel 3 und 5). Freilich bedarf die Frage, ob es eine unterschiedliche pränatale Umwelt für jedes Kind gibt, weiterer Forschungen. Siehe John W. Foster und Stanley Archer, »Birth Order and Intelligence. An Immunological Interpretation«, *Perceptual and Motor Skills* 48, 1979, S. 79-93; Edward M. Miller, »Prenatal Sex Hormone Transfer: A Reason to Study Opposite-sex Twins«, *Personality and Individual Differences* 17, 1994, S. 511-529; Ray Blanchard u. a., »Birth Order and Sibling Sex Ratio in Homosexual Male Adolescents and Probably Prehomosexual Feminine Boys«, *Developmental Psychology* 31, 1995, S. 22-30.

Michael Holmes behauptet, daß die Haltung zu wissenschaftlichen Revolutionen von der Jahreszeit der Geburt abhängt, ein Zusammenhang, der biologische oder umweltbedingte Gründe haben kann, siehe ders., »Revolutionary Birthdays«, *Nature* 373, 1995, S. 468. Zwar trifft es zu, daß die Geburtenfolge mit der Jahreszeit variiert, aber diese eher mäßige Beziehung ist nicht verantwortlich für die Effekte der Geburtenfolge, die in diesem Buch diskutiert werden. Bei größeren und repräsentativeren Samples zeigt sich, daß Holmes' Annahmen über jahreszeitlich bedingte Folgen der Geburt nicht zu halten sind (vgl. Anhang 3, Technische Erläuterung 1).

9 Für jede in meiner Untersuchung berücksichtigte Person wurde eine ganze Reihe von biographischen Merkmalen erfaßt. Außer Geburtenfolge und Geschwisterzahl habe ich Geschlecht, Schicht, Nationalität, Religion, wissenschaftliches Spezialgebiet, Alter zur Zeit der Teilnahme an Kontroversen um wissenschaftliche Neuerungen und über dreißig andere Variablen aufgenommen. Bei der Definition der Geburtenfolge habe ich verstorbene Geschwister, Adoptionen und in der Kindheit vorhandene Stiefgeschwister berücksichtigt. Der Geburtenfolgestatus, der vor dem siebenten Lebensjahr gegeben war, muß bis zum sechzehnten Lebensjahr einer Person stabil gewesen sein, um verwertbare Informationen zu erhalten. Fälle, die diese Kriterien nicht erfüllten, wurden für die statistischen Tabellen nicht herangezogen. Die Definitionsverfahren für diese Variablen werden in Anhang 1 beschrieben.

10 Siehe jedoch Kapitel 4 bis 6 und 8 bis 9, wo Ergebnisse für Einzelkinder separat vorgestellt werden.
11 Edward Lurie, *Louis Agassiz: A Life in Science*, Chicago 1960, S. 4.
12 William Coleman, *Georges Cuvier, Zoologist: A Study in the History of Evolution Theory*, Cambridge 1964, S. 6.
13 Mary Pickard Winsor, »Louis Agassiz and the Species Question«, *Studies in the History of Biology* 3, 1979, S. 89-117, hier S. 112.
14 Edward Lurie, »Agassiz, Jean Louis Rudolphe (1807-1873)«, *Dictionary of Scientific Biography* 1, 1970, S. 72ff., hier S. 72.
15 Coleman, *Georges Cuvier*, S. 14f., S. 175.
16 Franck Bourdier, »Cuvier, Georges (1769-1832)«, *Dictionary of Scientific Biography* 3, 1971, S. 521-528, hier S. 527.
17 Ebenda, S. 524.
18 Ebenda, S. 527.
19 Ebenda, S. 523f.
20 Ders., »Cuvier, Frédéric (1773-1838)«, *Dictionary of Scientific Biography* 3, 1971, S. 520f.
21 Ebenda, S. 521.
22 Amabel Williams-Ellis, *Darwin's Moon: A Biography of Alfred Russel Wallace*, London – Glasgow 1966.
23 Alfred Russel Wallace, *My Life – A Record of Events and Opinions*, Bd. 1, London – New York 1905, S. 15.
24 Victor E. Thoren, *The Lord of Uraniborg: A Biography of Tycho Brahe*, unter Mitarbeit v. John R. Christianson, Cambridge 1990, S. 5.
25 Ebenda, S. 4; siehe auch Arthur Koestler, *Die Nachtwandler. Die Entstehungsgeschichte unserer Welterkenntnis*, Bern – Stuttgart – Wien 1959, Neuausg. Frankfurt/M. 1980, S. 284.
26 C. Doris Hellman, »Brahe, Tycho (1546-1601)«, *Dictionary of Scientific Biography* 2, 1973, S. 401-416, hier S. 410; Thoren, *Lord of Uraniborg*, S. 426.
27 Thoren, *Lord of Uraniborg*, S. 337.
28 Ebenda, S. 250.
29 Ebenda, S. 468f.
30 I. Bernard Cohen, *Revolutionen in der Naturwissenschaft*, Frankfurt/M. 1994, S. 84.
31 Um ein für eine wissenschaftliche Debatte repräsentatives Sample zu erhalten, habe ich mich an eine wichtige Regel gehalten: Jede Person, die sich belegbar im Verlauf einer Kontroverse geäußert hat, wurde unabhängig von seinem oder ihrem Beruf in mein Sample aufgenommen. Daher gibt es in meiner Übersicht nicht nur (Natur-)Wissenschaftler, sondern auch Theologen und Philosophen, von denen sich ja viele auch naturwissenschaftlich betätigt haben.
Die Grenzen zwischen den Naturwissenschaften und anderen Disziplinen verliefen in früheren Jahrhunderten weniger scharf als heute, und viele Theologen waren in naturwissenschaftlichen Fragen gut unterrichtet. Kopernikus, Priestley und Mendel bekleideten kirchliche Ämter. Selbst Darwin dachte an eine kirchliche Laufbahn, bevor er an der Weltumseglung der *Beagle* teilnahm; und an den größeren britischen Universitäten mußten Professoren bis zur Mitte des neunzehnten Jahrhunderts die geistlichen Weihen empfangen haben. Etwa 12 Prozent meines Samples von Teilnehmern an wissenschaftlichen Kontroversen sind als Nichtwissenschaftler einzustufen, eine Information, die ich in meiner Datenbank im Zusammenhang mit den Gebieten, auf denen sie es zu einer beachtlichen Kennerschaft brachten, berücksichtigt habe.
32 Für jeden als Befürworter oder Gegner klassifizierten Teilnehmer an einer wissenschaftlichen Kontroverse habe ich eine überlieferte *öffentliche Äußerung* zusammen mit dem Datum, an dem die entsprechende Äußerung gefallen ist, in meine Datenbank aufgenommen. Die meisten Quellen, die ich zur Identifizierung von Stellungnahmen herangezogen habe, sind in Anhang 2 aufgeführt. Auch

das achtzehnbändige *Dictionary of Scientific Biography* enthält wertvolle Informationen zu Stellungnahmen vieler Personen, die ich in meine Studie einbezogen habe. In diesem Lexikon gibt es Artikel zu mehr als 1 700 Mitgliedern meines Samples. Informationen aus dieser Quelle sind in meiner Datenbank besonders vermerkt. 

33 Den 110 Experten, die sich mir für meine Studie zur Verfügung gestellt haben, bin ich für ihre großzügige Unterstützung äußerst dankbar. Ohne ihre Hilfe wären viele Aspekte dieses Forschungsprojekts nicht zu realisieren gewesen.

34 Für die Zeit vor Darwin gilt die Überzeugung, daß Evolution ein *physischer* Prozeß sei, als Kriterium der Befürwortung der Evolutionstheorie. Es gab Naturphilosophen, die glaubten, die Arten wären göttliche »Ideen«, die sich als solche entwickelten. Sie sind nicht als Evolutionisten zu betrachten, weil sie die physische Realität dieses Prozesses nicht anerkannten; derartige metaphysische Annahmen vertrugen sich bestens mit der Schöpfungslehre.

35 Da Beurteilungen jeweils von mehreren Experten gleichzeitig vorliegen, ist es möglich, einen »Zuverlässigkeitskoeffizienten« (für die Experten) zu ermitteln. Im Fall der Kontroversen über die Evolutionstheorie (einschließlich Darwinismus) liegt er für meine zehn Experten bei 0,89, einem beachtlich hohen Wert. Aufgrund von Mehrfachbeurteilungen, die die Fehlerquote mindern, liegt die »effektive Verläßlichkeit« der Expertenurteile bei 0,93. Werte in dieser Größenordnung sind mehr als ausreichend für die Validität der in diesem Buch vorgelegten statistischen Analysen.
Ich habe für alle 28 in diesem Kapitel aufgeführten wissenschaftlichen Innovationen auf unabhängige Expertenurteile zurückgegriffen. Der durchschnittliche »Zuverlässigkeitskoeffizient« für die ganze Untersuchung, die auf den Beurteilungen von 26 Experten beruht, liegt bei 0,90.

36 Charles Darwin, *Leben und Briefe in drei Bänden*, hrsg. von Francis Darwin, Nachdr. d. Ausg. v. 1887, Tübingen 1992, Bd. 2, S. 317.

37 Charles Lyell, *Life. Letters and Journals of Sir Charles Lyell Bart*, Bd. 2, hrsg. von Katherine M. Lyell, London 1881, S. 364; siehe auch Alexander Wilson, *The Chartist Movement in Scotland*, New York 1970.

38 Darwin, *Leben und Briefe*, Bd. 3, S. 9.

39 Ralph Colp Jr., *To Be an Invalid: The Illness of Charles Darwin*, Chicago – London 1977, S. 141-144; John Bowlby, *Charles Darwin: A New Life*, London – New York 1990, S. 372.

40 *The Correspondence of Charles Darwin*, hrsg. von Frederick Burkhardt und Sidney Smith, Bd. 7, Cambridge 1991, S. 397.

41 Rudolphe Louis Agassiz, »Professor Agassiz on the Origin of Species«, *American Journal of Sciences*, 2nd series, 30, 1860, S. 142-155, hier S. 154.

42 David L. Hull, *Darwin and his Critics: The Reception of Darwin's Theory of Evolution by the Scientific Community*, Cambridge 1973, S. 200-207.

43 Lester G. Crocker, »Diderot and Eighteenth Century French Transformism«, in: Bentley Glass, Owsei Temkin und William L. Strauss Jr. (Hrsg.), *Forerunners of Darwin: 1745-1859*, Baltimore 1959, S. 114-143, hier S. 123; Albert V. Carozzi, »Maillet, Benoît de (1656-1738)«, *Dictionary of Scientific Biography* 9, 1974, S. 26f., hier S. 27; Ernst Mayr, *Die Entwicklung der biologischen Gedankenwelt*, Heidelberg 1984, S. 248f.; Peter L. Bowler, *Evolution: The History of an Idea*, Berkeley – Los Angeles 1984, S. 65ff.

44 Carozzi, »Maillet«, S. 26.

45 *Erläuterungen zu Abbildung 2.1:* Für die ganze Periode zwischen 1700 und 1875 beträgt die Korrelation zwischen Geburtenfolge und wissenschaftlicher Einstellung 0,39 ($r$=*phi*, $df$=1/446, $t$=9,07, $p<1\times10^{-15}$). Entsprechend der von mir benutzten Sieben-Punkte-Skala zur Messung der wissenschaftlichen Einstellung ist die punktbiseriale Korrelation mit der Geburtenfolge 0,36 ($df$=1/431, $t$=8,07, $p<1\times10^{-13}$). Durch die Verwendung einer siebenstufigen Skala verändern sich die

Ergebnisse der meisten statistischen Tests nur wenig, zugleich wird es dadurch notwendig, bestimmte Fälle auszulassen. (Zu den Erstgeborenen werden hier auch Einzelkinder gezählt, die in ihrer Einstellung zur Evolution den anderen Erstgeborenen ähnlich sind.)

In diese Statistik sind zwei getrennte Samples eingegangen. Für die Periode vor Darwin ist die Korrelation zwischen Geburtenfolge und Zustimmung zur Evolutionstheorie 0,43 (*r=phi*, *df*=1/218, *t*=6,99, $p<1\text{x}10^{-11}$). Die partielle Korrelation zwischen Geburtenfolge und wissenschaftlicher Einstellung beträgt bei gleichzeitiger Einbeziehung der Variablen »Zahl der Geschwister« und »soziale Schicht« 0,40. Unter Berücksichtigung der Geburtenfolge liefern weder die Zahl der Geschwister noch die soziale Herkunft eine signifikante Erklärung für die Einstellung zur Evolutionstheorie.

Für die Rezeption des Darwinismus beträgt die Korrelation zwischen Geburtenfolge und wissenschaftlicher Einstellung 0,35 (*r=phi*, *df*=1/226, *t*=5,58, $p<1\text{x}10^{-8}$). Bezieht man außerdem die Zahl der Geschwister und die soziale Herkunft mit ein, so beträgt die partielle Korrelation zwischen Geburtenfolge und wissenschaftlicher Einstellung 0,32. Weder die Zahl der Geschwister noch die soziale Herkunft sind dabei jedoch signifikant für die statistische Erklärung der Haltung zum Darwinismus.

46 *Charles Darwin's Notebooks, 1836-1844: Geology, Transmutation of Species, Metaphysical Enquiries*, transkribiert und herausgegeben von Paul A. Barret u.a., Ithaca/N.Y. 1987, S. 250 (1838).

47 Für die Zeit vor 1850 ist *r*=0,50 (*df*=1/226, *t*=6,87; $p<1\text{x}10^{-10}$). Die Grenzen des 95%-Konfidenzintervalls für dieses Wahrscheinlichkeitsverhältnis (17,5 zu 1) liegen bei 5,3 und 53,5.

48 Durch die Darwinsche Theorie wurden bedeutend mehr Wissenschaftler zu Anhängern der Evolutionstheorie als durch frühere evolutionstheoretische Ansätze (*r*=0,23, *df*=1/644, *t*=6,00, $p<1\text{x}10^{-9}$). Die Zunahme unter erstgeborenen Anhängern war größer als die unter Spätergeborenen, von denen bereits sehr viel mehr die Evolutionstheorie in irgendeiner Form akzeptiert hatten.

49 Loren Eiseley, *Darwin's Century*, New York 1961.

50 Die durchschnittliche Größe der Geschwisterzahl in meinem Sample der Darwinschen Revolution (1700 bis 1875) ist 3,55 (*N*=381), berechnet nach der Regel von Greenwood-Yule »On the Determination of Size of Family and of the Distribution of Characteristics in Order of Birth from Samples Taken Through Membergs of the Sibships, *Journal of the Royal Statistical Society* 77, 1914, S. 179-199. 47 Prozent des Samples sind Erstgeborene (gegenüber einem erwarteten Anteil von 28 Prozent); diese Geburtenfolgeposition ist also bedeutend überrepräsentiert, womit sich die auch sonst festzustellende Rolle von Erstgeborenen bei intellektuellen Leistungen bestätigt, siehe dazu William D. Altus, »Birth Order and Its Sequelae«, *Science* 151, 1966, S. 44-49; Lillian Belmont und Francis A. Marolla, »Birth Order, Family Size, and Intelligence«, *Science* 182, 1973, S. 1096-1101.

51 Darwin, *Leben und Briefe*, Bd. 3, S. 70.

52 Die durchschnittliche Geschwisterzahl für alle Länder mit Ausnahme Frankreichs beträgt 3,8; Frankreich eingeschlossen dagegen 3,6. Bei französischen Wissenschaftlern liegen die durchschnittlichen Geschwisterzahlen bedeutend niedriger als bei Wissenschaftlern aus anderen Ländern (2,10 zu 3,76, berechnet nach der Regel von Greenwood-Yule; *r*=–0,28, *df*=1/190, *t*=3,96, *p*=<0,001). Für die Rezeption des Darwinismus in Frankreich (im Unterschied zu anderen Ländern) ist *r*=–0,13 (*df*=1/349, *t*=–2,48, *p*=<0,02). Unter Einbeziehung der Geburtenfolge reduziert sich dieser signifikante Nationalitäteneffekt auf *r*=–0,08 (*df*=1/225, *t*=1,21, *p*=<0,23).

53 Mayr, *Entwicklung der biologischen Gedankenwelt*, S. 431.

54 Zur Rolle von Cuvier, dessen Opposition gegenüber der Evolutionstheorie »ei-

nen langen und alles beherrschenden Schatten auf die Frage warf«, siehe Robert E. Stebbins, »France«, in: Thomas F. Glick (Hrsg.), *The Comparative Reception of Darwin*, Austin – London 1972, S. 117-163, hier S. 118f.

55 Das Material zum Verhältnis von Alter und Offenheit für wissenschaftliche Innovationen ist im großen und ganzen anekdotischer Natur, aber die Verallgemeinerung ist zutreffend. Zur Rolle des Alters in der Darwinschen Revolution siehe den Aufsatz von David L. Hull, Peter D. Tessner und Arthur M. Diamond, »Planck's Principle«, *Science* 202, 1978, S. 717-723, in dem die britische Rezeption von Darwins Theorien untersucht wird. Siehe auch Thomas S. Kuhn, *Die Struktur wissenschaftlicher Revolutionen*, Frankfurt/M. 1979, S. 103, S. 162ff.; John T. Blackmore, »Is Planck's ›Principle‹ true?«, *British Journal for the Philosophy of Science* 29, 1978, S. 347ff.; Frank J. Sulloway, *Testing Theories of Scientific Change* (in Vorbereitung).

56 *Erläuterungen zu Abbildung 2.2:* Die partielle Korrelation zwischen Alter und Befürwortung der Evolutionstheorie unter Einbeziehung der Geburtenfolge beträgt –0,20 ($df$=1/403, $t$=–4,08, $p$<0.0001; auf der Grundlage der Debatten vor und während der Darwinschen Revolution). Das Alter steht in signifikanter Wechselwirkung mit der Geburtenfolge. Unter Berücksichtigung der Haupteffekte Geburtenfolge und Alter beträgt die partielle Korrelation für den Wechselwirkungseffekt –0,09 ($df$=1/403, $t$=–1,82, $p$<0,05).

57 Das klassische Werk zur Verbreitung von Innovationen ist Everett M. Rogers, *Diffusion of Innovations*, New York 1962. Zu Überblicken über Methoden und allgemeine Resultate dieser Forschungsrichtung siehe auch ders., *Communication of Innovations: A Cross-Cultural Approach*, 2. Aufl. zusammen mit F. Floyd Shoemaker, New York 1971; ders., *Diffusion of Innovations*, 3. Aufl. New York 1983; und Vijay Mahajan und Robert A. Peterson, *Models for Innovation Diffusion*, Newbury Park/Calif. 1985. Für die Forschung zur Verbreitung von Innovationen sind meta-analytische Methoden entscheidend. Jeder Aspekt meiner Studie ist von diesen Methoden bestimmt, angefangen von der Datensammlung über deren Auswertung bis zur Darstellung der Ergebnisse. Zu meta-analytischen Methoden siehe Gene V. Glass, Barry McGaw und Mary Lee Smith, *Meta-Analysis in Social Research*, Beverly Hills/Calif. 1981; John E. Hunter, Frank L. Schmidt und Gregg B. Jackson, *Meta-Analysis: Culminating Research Findings Across Studies*, Beverly Hills/Calif. 1982; Robert Rosenthal, *Judgment Studies: Design, Analysis, and Meta-Analysis*, Cambridge 1987.

58 Bei der Zusammenstellung dieser Zitationszählung habe ich auf die Zahl der jeder Theorie gewidmeten Seiten zurückgegriffen, und zwar bei Kuhn, *Struktur wissenschaftlicher Revolutionen*; Cohen, *Revolutionen*; Ian Hacking, *Scientific Revolutions*, Oxford – New York 1981, und im achtzehnbändigen *Dictionary of Scientific Biography.* Die Seitenzählungen sind als eine Variable in meiner Datenbank formalisiert.

In der genannten Sekundärliteratur ist die meistzitierte »Revolution« die Newtonsche Theorie (mit 978 Referenzseiten), es folgen die Darwinsche Revolution (525), Einsteins spezielle und allgemeine Relativitätstheorie (374), die Kopernikanische Revolution (323) und die Revolutionierung der Chemie unter Führung von Lavoisier (321). In meiner historischen Übersicht finden sich 16 der 17 meistzitierten »Revolutionen«. Ich habe keine Daten zur Entwicklung der elektromagnetischen Theorie von Faraday, Maxwell, Hertz und anderen gesammelt, weil ich keine Berichte über die Rezeption dieser Ideen finden konnte, die für eine fundierte statistische Übersicht detailliert genug gewesen wären.

59 Vier der zwölf technischen Revolutionen meiner Übersicht fanden wegen ihrer ideologischen Konsequenzen häufige Erwähnung – die Newtonsche Theorie, die Psychoanalyse, die Relativitätstheorie und die Quantenmechanik, siehe dazu Karl R. Popper, »The Rationality of Scientific Revolutions«, in: Ian Hacking (Hrsg.), *Scientific Revolutions*, Oxford 1981, S. 80-106, hier S. 103; Cohen, *Revolu-*

*tionen*, S. 514. Folgt man Cohen, *Revolutionen*, S. 164, und Ian Hacking, »Was There a Probalistic Revolution, 1800-1930?«, in: Michael Heidelberger, Lorenz Krüger und Rosemarie Reinwald (Hrsg.), *Probability Since 1800: Interdisciplinary Studies of Scientific Development*, Bielefeld 1983, S. 493, so lassen sich diese zwölf technischen Revolutionen in die vier »großen«, die ich gerade genannt habe, und acht »kleinere« unterteilen. In Kapitel 14 werde ich diese Unterscheidung einem Test unterziehen, indem ich eine kontinuierliche Skala für ideologische Radikalität verwende.

60 Popper, »The Rationality of Scientific Revolutions«, S. 81, S. 98-106, hat eine ähnliche Unterscheidung zwischen »ideologischen« und »wissenschaftlichen« Revolutionen vorgeschlagen; die Kopernikanische Theorie und den Darwinismus ordnet er der ersten Kategorie zu. Auch Cohen, *Revolutionen*, S. 384, S. 514, der Poppers Unterscheidung übernimmt, teilt dessen Einschätzung der Kopernikanischen und der Darwinschen Theorie als ideologisch radikal.

61 Außer den im Text genannten Richtlinien habe ich zwei weitere Indikatoren für radikale Standpunkte in Betracht gezogen: (1) Veröffentlichungen von Wissenschaftshistorikern, die einen Widerspruch zwischen einer Innovation und dem Wortlaut der Bibel konstatiert haben; und (2) Belege dafür, daß religiöse oder politische Institutionen untersagten, eine Theorie zu lehren.

62 James Hutton, »The Theory of the Earth; or An Investigation of the Laws Observable in the Composition, Dissolution, and Restoration of Land upon the Globe«, *Transactions of the Royal Society of Edinburgh* 1, 1788, S. 209-304, hier S. 304.

63 Die Annahme, daß die Welt nur sechstausend Jahre alt sei, stützte sich auf Erzbischof James Ussher (1650), der berechnet hatte, daß die Welt am Sonntag, dem 23. Oktober des Jahres 4004 v. Chr. geschaffen worden sei. Ussher war nicht der erste, der dieses Datum für die Erschaffung der Welt reklamierte, aber er konnte sich mit seiner Berechnung durchsetzen, siehe Gordon L. Davies, *The Earth in Decay: A History of British Geomorphology, 1578-1878*, New York 1969, S. 13f.; Martin J. S. Rudwick, *The Meaning of Fossils: Episodes in the History of Paleontology*, London – New York – Chicago 1972, S. 70.

64 Die fünf Innovationen, die ich als konservative Theorien einstufe, werden von Wissenschaftshistorikern explizit als solche beschrieben. Zu den vitalistischen Doktrinen (einschließlich denjenigen, die die Theorie der Urzeugung bekämpfen) siehe Elizabeth Gasking, *Investigation into Generation, 1651-1828*, Baltimore 1967; John Farley, *The Spontaneous Generation Controversy from Descartes to Oparin*, Baltimore – London 1977; ders., *Gametes and Spores: Ideas about Sexual Reproduction, 1750-1914*, Baltimore – London 1982; Shirley A. Roe, *Matter, Life, and Generation: Eighteenth-Century Embryology and the Haller-Wolff Debate*, Cambridge 1981. Zu den idealistischen Klassifikationssystemen siehe Erwin Stresemann, *Die Entwicklung der Ornithologie. Von Aristoteles bis zur Gegenwart*, Berlin 1951; Adrian Desmond, *The Politics of Evolution: Morphology, Medicine, and Reform in Radical London*, Chicago – London 1989. Zur Keimtheorie, die gesellschaftlich Konservative anzog, die darauf aus waren, die Vorstellung der spontanen Zeugung in Mißkredit zu bringen, siehe John Farley und Gerald L. Geison, »Science, Politics and Spontaneous Generation in 19th Century France: The Pasteur-Pouchet Debate«, *Bulletin of the History of Medicine* 48, 1974, S. 161-198. Zum modernen Spiritualismus (der im allgemeinen als eine Form der Religion gilt) siehe Janet Oppenheim, *The Other World: Spiritualism and Psychical Research in England, 1850-1914*, Cambridge 1985. Zur Eugenik siehe Daniel J. Kevles, *In the Name of Eugenics: Genetics and the Uses of Human Heredity*, New York 1985; Robert N. Proctor, *Racial Hygiene: Medicine under the Nazis*, Cambridge – London 1988; Peter Weingart, Jürgen Kroll und Kurt Bayertz, *Rasse, Blut und Gene: Geschichte der Eugenik und Rassenhygiene in Deutschland*, Frankfurt/M. 1988.
Die Präformationstheorie in der Embryologie wird in der Regel als eine konser-

vative Theorie dargestellt, weil sie mit der Schöpfungslehre und dem Vitalismus in Verbindung gebracht wird. Diese biologische Idee war nicht von Anfang an eine konservative Theorie; sie ersetzte vielmehr die alternierende konservative Vorstellung (die aristotelische Theorie der Epigenese). Die Lehre von der Präformation wurde im achtzehnten Jahrhundert zur konservativen Alternative zur Theorie der Epigenese, siehe Roe, *Matter, Life, and Generation*, S. 3-9. Diese, eine meiner sieben kontroversen Innovationen, gründete sich auf »liberale« Annahmen, die der Vorstellung vom biologischen Wandel offen gegenüberstanden. Siehe Kapitel 14, in dem ich mich eingehender mit dem Einfluß des historischen Kontextes befasse. 

65 Zitiert nach Roe, *Matter, Life, and Generation,* S. 98 (Haller an Bonnet, Bonnet MSS, 27. 5. 1766).

66 Ebenda, S. 119.

67 Stresemann, *Entwicklung der Ornithologie*, S. 171-191.

68 Desmond, *Politics of Evolution*, S. 22.

69 Für diese bedingte Wahrscheinlichkeit (2,0 zu 1 zugunsten der Spätergeborenen) gilt $\chi^2(1)=55{,}15$ [$r=0{,}17$], $N=2015$; $p<1\text{x}10^{-13}$. Die bedingte Wahrscheinlichkeit für mehrere Ereignisse zusammengenommen wurde mit Hilfe der Mantel-Haenszel Statistik berechnet, die Unterschiede in der Anzahl der Zellen und der Samplegröße ausgleicht. Die Grenzen des 95%-Konfidenzintervalls für diese Wahrscheinlichkeit liegen bei 1,7 und 2,6. Weil diese Ergebnisse untereinander völlig heterogen sind, bewerten sie den Einfluß der Geburtenfolge auf wissenschaftliche Innovationen zu gering.
Für das gesamte Sample der 28 wissenschaftlichen Innovationen beträgt die Korrelation zwischen Geburtenfolge und wissenschaftlicher Einstellung – ermittelt als gewichteter Durchschnitt der Einzelkorrelationen – 0,24 ($r$=*phi*, $df=1/2013$, $t=11{,}08$, $p<1\text{x}10^{-20}$).

70 Ich habe in meiner Studie 78 Personen als »Initiatoren« von wissenschaftlichen Innovationen benannt. Unter den Initiatoren radikaler ideologischer Revolutionen sind Spätergeborene mit einem Faktor von 4,5 überrepräsentiert ($r=0{,}32$, $\chi^2[1]=6{,}88$, $N=66$, $p<0{,}01$). Für technische Revolutionen oder kontroverse Innovationen gilt das nicht, obwohl Spätergeborene diese Theorien wesentlich häufiger unterstützt haben als Erstgeborene.

71 Für den Homogenitätstest zwischen den 28 wissenschaftlichen Kontroversen gilt $\chi^2(29)=84{,}69$; $N=2015$, $p<1\text{x}10^{-7}$; das bedeutet, daß die Effektgrößen der Geburtenfolge zwischen den Ereignissen signifikant variieren. (Zwei der 28 Kontroversen habe ich im Hinblick auf ein frühes und ein spätes Stadium untersucht, so daß die Freiheitsgrade sich auf 30 summieren.)

72 Zu den materialistischen Implikationen der Phrenologie siehe Robert M. Young, *Mind, Brain and Adaptation in the Nineteenth Century: Cerebral Localization and Its Biological Context from Gall to Ferrier*, Oxford 1970; ders., »Gall, Franz Joseph (1758-1828)«, *Dictionary of Scientific Biography* 5, 1972, S. 250-256; Roger Cooter, *The Cultural Meaning of Popular Science: Phrenology and the Organization of Consent in Nineteenth-Century Britain*, Cambridge 1984.

73 Zu diesem Problem werde ich in Kapitel 14 (besonders Tabelle 14.1) eine multidimensionale Klassifikation der wissenschaftlichen Debatten vorlegen. Die Bedeutung von zeitgenössischen Hinweisen auf den revolutionären Status einer wissenschaftlichen Innovation hat besonders Cohen, *Revolutionen* hervorgehoben.

74 Aufgrund des offensichtlich radikalen Charakters der Phrenologie behandle ich diese Theorie als radikal ideologische Revolution, wenn ich weitere statistische Ergebnisse vorstelle. Klassifiziert man die Phrenologie auf diese Weise und betrachtet man die späteren Debatten über die Kopernikanische Theorie als eine technische Revolution, dann bestehen die Geburtenfolgeeffekte für alle vier Klassen von wissenschaftlichen Kontroversen den Homogenitätstest für Effekt-

größen. In Kapitel 14 werde ich zeigen, daß nach 1609 die Akzeptanz der Kopernikanischen Theorie durch Wissenschaftler im großen und ganzen von technischen Erwägungen und nicht mehr von ideologischen Bindungen bestimmt wurde.

75 Unter den Befürwortern wissenschaftlicher Innovationen sind Spätergeborene sowohl in den frühen wie in den späteren Stadien der entsprechenden Debatten überrepräsentiert. In den späteren Stadien ist die bedingte Wahrscheinlichkeit zugunsten der Spätergeborenen allerdings nur noch halb so groß wie zu Beginn der Auseinandersetzungen um eine wissenschaftliche Innovation. Diese unterschiedlichen Auswirkungen der Geburtenfolge sind signifikant ($z$=1,98, $p$<0,05).

76 *Erläuterungen zu Abbildung 2.4:* Die Ellipsen stellen Gaußsche bivariate Konfidenzbereiche um den Mittelpunkt jeder Klasse von Innovationen dar. Als Konfidenzniveau wurde 95 Prozent gewählt. Die Neigung der Ellipsen richtet sich nach dem Wert der Pearsonschen Korrelation zwischen dem Einfluß der Geburtenfolge auf die wissenschaftliche Einstellung und dem Zeitpunkt innerhalb der Debatte (früh, mittel, spät), siehe Leland Wilkinson und Mary Ann Hill, *Using SYSTAT*, Evanston/Ill. 1994, S. 373.
Unter Einbeziehung von (1) dem Status als einer radikalen ideologischen Revolution und (2) der Phase der Debatte ist der Zusammenhang zwischen diesen beiden Variablen signifikant (partielles $r$=–0,47, $df$=1/26, $t$=–2,79, $p$<0,01).

77 Unter Berücksichtigung des Typs der wissenschaftlichen Innovation beträgt die partielle Korrelation zwischen der bedingten Wahrscheinlichkeit für jede Innovation und dem Jahr ihres Auftretens 0,02 ($df$=1/27, $t$=0,13, $p$=0,90).

78 Ich werde diese Beurteilung der Primogenitur in Anhang 3, Technische Erläuterung 2, genauer prüfen.

79 Siehe Josiah Wedgwood, *The Economics of Inheritance*, London 1929, S. 70; Lawrence Stone, *Family, Sex, and Marriage in England, 1500-1800*, New York 1979, S. 167, und Martine Segalen, *Quinze generations de Bas-Bretons. Parente et société dans le pay bigouden Sud, 1720-1980*, Paris 1985, S. 63.

80 Für die spätergeborenen ältesten Söhne gilt im Gegensatz zu den jüngeren für alle Theorien außer den konservativen $r$=0,00 ($\chi^2$[1]=0,02, $N$=678, $p$<0,89); für konservative Theorien sind die Ergebnisse ähnlich ($r$=0,00, $\chi^2$[1]=0,00, $N$=181, $p$<0,97).

81 Ein formaler Test der Geburtenfolge als eines funktionalen Konstrukts läßt sich im Rückgriff auf Wissenschaftler durchführen, die (wie Louis Agassiz und Tycho Brahe) biologisch Spätergeborene waren, aber als Erstgeborene aufgewachsen sind. Es gibt in meinem Sample 29 Fälle dieser Art. Die Reaktionen dieser Personen auf wissenschaftliche Innovationen sind von denen anderer Erstgeborener statistisch nicht zu unterscheiden. Es kommt hinzu, daß diese funktionalen Erstgeborenen »liberale« Innovationen signifikant seltener befürwortet haben als funktionale Spätergeborene ($r$=0,11, $\chi^2$[1]=14,82, $N$=1265, $p$<0,001). Normale Spätergeborene haben »liberale« Neuerungen 4,4-fach häufiger unterstützt als Spätergeborene, die als Erstgeborene aufgewachsen sind.

82 Für die bedingte Wahrscheinlichkeit von 3,1 zu 1 (auf einen erstgeborenen Anhänger von 23 »liberalen« Innovationen kommen 3,1 spätergeborene Anhänger) gilt: $r$=0,26, $\chi^2$(1)=112,77, $N$=1618, $p$<1x$10^{-15}$ (nach dem Test von Mantel-Haenszel). Die Grenzen des 95%-Konfidenzintervalls liegen bei 2,5 und 3,8. Für dieselben 23 Kontroversen liegt die Korrelation zwischen Geburtenfolge und wissenschaftlicher Einstellung bei 0,27 ($r$=$phi$, $df$=1/1616, $t$=11,12, $p$<1x$10^{-22}$). Die mit den Durchschnittswerten gewichtete Korrelation beträgt 0,31. Die gewichtete Korrelation der auf einer Sieben-Punkte-Skala definierten wissenschaftlichen Einstellung mit der Geburtenfolge liegt fast genauso hoch ($r$=0,29, $N$=1089).

83 Diese statistischen Angaben folgen aus der Tatsache, daß die bedingte Wahrscheinlichkeit für »liberale« Theorien 3,1 zu 1 zugunsten der Spätergeborenen beträgt, verglichen mit einer bedingten Wahrscheinlichkeit von 0,54 zu 1 zugun-

sten von Erstgeborenen bei konservativen Theorien: 3,1/0,54=5,7 zu 1. Für radikale ideologische Revolutionen versus konservative Neuerungen liegt die analoge bedingte Wahrscheinlichkeits bei 4,8/0,54 oder 8,9 zu 1.

84 Ich werde mich mit diesen Beobachtungen in Kapitel 14 ausführlicher beschäftigen, besonders in Abbildung 14.1 und Tabelle 7. Dort zeige ich, daß im Verlauf wissenschaftlicher Innovationen der Einfluß der Geburtenfolge von einem Dutzend Variablen abhängt, die ihn mildern.

85 Wenn wir die 28 Debatten in meiner Übersicht auf der Grundlage des Mittelwerts für jede mäßigende Variable in zwei Gruppen aufteilen, ergeben sich signifikante statistische Unterschiede für den Einfluß der Geburtenfolge. Für den Grad der Befürwortung gilt $r$=0,08, $\chi^2(1)$=11,41, $N$=2001, $p$<0,001; für die Teilnehmerzahl gilt $r$=0,10, $\chi^2(1)$=10,31, $N$=2001, $p$<0,005; für die Dauer der Debatte gilt $r$=0,07, $\chi^2(1)$=21,05, $N$=2001, $p$<=0,0001.

86 Siehe Cécile Ernst und Jules Angst, *Birth Order: Its Influence on Personality*, Berlin – New York 1983.

87 *Erläuterungen zu Abbildung 2.5:* Teilt man die Personen, die zu den 23 in meiner Übersicht als »liberale« ausgewiesenen Kontroversen Stellung beziehen, je nach der Zahl ihrer Geschwister (2, 3, 4 et cetera bis 7 und darüber) in Untergruppen, so erweist sich der Effekt der Geburtenfolge in jeder Untergruppe als signifikant. Die Korrelationen für die einzelnen Subsamples unterscheiden sich dabei nicht signifikant voneinander ($\chi^2$[5]=3,47, $p$=0,63).

88 *Erläuterungen zu Abbildung 2.6:* Für die 23 liberalen Kontroversen in meiner Übersicht sind die Geburtenfolgeeffekte innerhalb jeder sozioökonomischen Personengruppe signifikant, nur nicht innerhalb der Aristokratie. Die punktbiseriale Korrelation zwischen wissenschaftlicher Einstellung und sozioökonomischem Status (berechnet als linearer Trend) beträgt 0,04 ($df$=1/1500, $t$=1,47, $p$<0,15). Zur Verteilung des Samples siehe Anhang 1.

89 Unter den Aristokraten in meinem Sample finden sich mit größerer Wahrscheinlichkeit Nichtwissenschaftler als in anderen Gruppen; außerdem waren Spätergeborene aus dieser Schicht häufiger als Erstgeborene Theologen (ein Geburtenfolgetrend, der sich in anderen sozioökonomischen Gruppen nicht findet). Schließlich kam es öfter vor, daß Adlige meines Samples persönliche Freunde oder Schüler der Entdecker neuer Theorien waren. Diese Störfaktoren (die statistisch signifikant sind) tragen innerhalb dieser sozioökonomischen Gruppe zu einer Verminderung der Geburtenfolgeeffekte bei.

Bei Aristokraten, die Wissenschaftler (und zugleich weder Theologen noch mit dem Entdecker der neuen Theorie befreundet) waren, ist der durch die Geburtenfolge bedingte Unterschied im Hinblick auf die Akzeptanz einer innovativen Theorie statistisch signifikant. Für diese Kontrollgruppe beträgt die bedingte Wahrscheinlichkeit 3,6 zugunsten der Spätergeborenen, ein Wert, der in etwa dem für eine vergleichbare Kontrollgruppe von Nichtaristokraten entspricht (3,7 zu 1).

90 *Erläuterungen zu Abbildung 2.7*: Für Geschwister, die sich an Kontroversen um »liberale« Theorien beteiligt haben, gilt $r$=0,41 ($\chi^2$[1]=13,76, $N$=83, $p$<0,001). Der Geburtenfolgeeffekt ist hier signifikant höher als beim übrigen Sample. Für den Unterschied zwischen $r$=0,26 (für 1521 Nichtgeschwister) und $r$=0,41 (für 83 Geschwister) gilt $z$=1,48, $p$<0,15. Wenn man diese Differenz auf die mit Hilfe einer Sieben-Punkte-Skala erhobene wissenschaftliche Einstellung bezieht, sind die Effektgrößen signifikant unterschiedlich ($z$=2,35, $p$<0,02; gegenübergestellt wurden $r$=0,25 [$N$=1028] und $r$=0,49 [$N$=70]). Ein ähnlich signifikanter Unterschied zeigt sich, wenn wir 74 Eltern und ihre Nachkommen als Familienmitglieder nichtverwandten Individuen gegenüberstellen ($z$=3,20, $p$<0,005).

22 weitere Geschwister in meiner Studie haben sich zu konservativen Theorien wie Vitalismus und Eugenik geäußert. Die Korrelation zwischen Geburtenfolge und wissenschaftlicher Einstellung beträgt 0,01, das heißt sie ist signifikant nied-

riger als die Korrelation für »liberale« Neuerungen ($z$=1,67, $p$<0,05, einseitiger Test).

91 Diese Differenz von 1,92 Punkten zwischen Wissenschaftlern, die Geschwister sind, ist doppelt so groß wie bei nicht verwandten Wissenschaftlern meines Samples (0,98 Punkte): $N$=1098, $z$=2.35, $p$<0.02.

92 Franck Bourdier, »Cuvier, Frédéric (1773-1838)«, *Dictionary of Scientific Biography* 3, 1971, S. 520f., hier S. 521. Bezieht man die Faktoren Familiengröße und soziale Herkunft mit ein, so entschieden sich mehr spätergeborene als erstgeborene Wissenschaftler meines Samples für Forschungen auf dem Gebiet der Verhaltenswissenschaften ($r$=0,07, $df$=1/885, $t$=2,02, $p$<0,05; Forschungen in Tierbiologie, Psychologie und Psychiatrie wurden Arbeiten auf anderen Gebieten gegenübergestellt). Wenn Spätergeborene ein gutes Gespür für menschliches Verhalten entwickeln, dann ist das eine nützliche Strategie für sie, um mit den mächtigeren älteren Geschwistern fertig zu werden. Im familiären Kontext ist psychologische Raffinesse eine Form der Macht. Die Entscheidung, sich auf diesem Gebiet zu spezialisieren, wird durch die Wechselwirkung zwischen der Geburtenfolge und dem Altersabstand zwischen den Geschwistern beeinflußt. Am ehesten spezialisierten sich Spätergeborene auf dem Gebiet der Verhaltenswissenschaften, wenn sie von ihrem nächstälteren Geschwister durch einen großen Altersabstand getrennt waren – das heißt vier oder mehr Jahre ($r$=0,11, $df$=1/440, $t$=2,34, $p$<0,02); die bedingte Wahrscheinlichkeit zeigt unter diesen Umständen einen eindrucksvollen Wert zugunsten der Spätergeborenen, nämlich 2,76 Spätergeborene auf einen Erstgeborenen im Bereich der Verhaltenswissenschaften). Man beachte, daß Frédéric Cuvier 49 Monate jünger war als sein Bruder Georges. Ein anderer Wegbereiter der Psychologie im neunzehnten Jahrhundert, Francis Galton, war das jüngste von sieben Kindern und sechs Jahre jünger als sein nächstälteres Geschwister. Ein großer Altersabstand zwischen Geschwistern verstärkt die Ungleichheit, die mit der Geburtenfolge verbunden ist. Außerdem scheinen knappe familiäre Ressourcen Geschwister zu veranlassen, sich für Psychologie zu interessieren. Vor allem waren es Wissenschaftler aus großen Unterschichtfamilien, die sich auf diesem wissenschaftlichen Gebiet betätigten (für diese Wechselwirkung beträgt die partielle Korrelation $r$=0,10 [$df$=2/885, $F$=4,20, $p$<0,02]).

93 Robert J. Richards, *Darwin and the Emergence of Evolutionary Theories of Mind and Behaviour*, Chicago – London 1987, S. 69.

94 Ebenda, S. 65.

95 Ebenda

96 Die Wahrscheinlichkeit, daß eine dermaßen unterschiedlich verteilte theoretische Orientierung sich zufällig ergeben hat, beträgt weniger als 1 zu einer Billion ($p<1x10^{-12}$). Diesem Vergleich liegen die gegensätzlichen Reaktionen auf die vordarwinsche Evolutionstheorie sowie die idealistischen Theorien der Taxonomie zugrunde. Die Präferenz, die Spätergeborene für die radikale Alternative zeigten, entspricht in ihrem Wert – 124 zu 1 – der Wahrscheinlichkeit, die sich aus den beiden relevanten Werten in Tabelle 2 ergibt (9,7 zu 1 versus 0,078 zu 1). Für die gegensätzliche theoretische Orientierung unter Erstgeborenen gilt $r$=0,75 ($df$=1/120, $t$=8,00, $p<1x10^{-13}$). Für denselben Gegensatz unter Spätergeborenen gilt $r$=0,08 ($df$=1/139, $t$=0,95, $p$=0,78). Für die Differenz zwischen beiden Gegensätzen gilt $z$=7,14, $p<1x10^{-12}$.

97 Darwin, *Leben und Briefe*, Bd. 3, S. 89.

98 Ebenda, Bd. 2, S. 375.

1 Siehe beispielsweise Lala Carr Steelman und Brian Powell, »The Social and Academic Consequences of Birth Order: Real, Artifactual, or Both«, *Journal of Marriage and the Family* 47, 1985, S. 117-124.

2 Alfred Adler, *Menschenkenntnis*, Frankfurt/M. 1966; ders., »Characteristics of the First, Second, and Third Child«, *Children* 3, 1928, S. 14-52; *Alfred Adlers Individualpsychologie. Eine systematische Darstellung seiner Lehre in Auszügen aus seinen Schriften*, hrsg. von Heinz L. Ansbacher, 4. erg. Aufl., München – Basel 1995, S. 303-308; siehe auch Cécile Ernst und Jules Angst, *Birth Order: Its Influence on Personality*, Berlin – New York 1983, S. 85-87. Freud und andere frühe Psychoanalytiker ignorierten meist das Thema der Geburtenfolge. Freud selbst machte nur eine kurze Bemerkung zu diesem Problem, siehe dazu Sigmund Freud, *Vorlesungen zur Einführung in die Psychoanalyse* (1916-17), in: ders., *Gesammelte Werke*, hrsg. von Anna Freud unter Mitarbeit von Marie Bonaparte u.a., Bd. 11, S. 346.

3 *Alfred Adlers Individualpsychologie*, S. 304.

4 Ebenda, S. 305; Ernst und Angst, *Birth Order*, S. 85.

5 *Alfred Adlers Individualpsychologie*, S. 305.

6 Ebenda, S. 306.

7 Ebenda

8 Ebenda, S. 307.

9 Zu den zahlreichen Mängeln der psychoanalytischen Theorie siehe Adolf Grünbaum, *Die Grundlagen der Psychoanalyse. Eine philosophische Kritik*, Stuttgart 1988; ders., *Validation in the Clinical Theory of Psychoanalysis: A Study in the Philosophy of Psychoanalysis*, Madison/Conn. 1993 (= *Psychological Issues*, monograph 61); Hans Jürgen Eysenck, *Sigmund Freud. Niedergang und Ende der Psychoanalyse*, München 1985; Frederic Crews, *Skeptical Engagements*, New York – Oxford 1986; ders., *The Memory Wars: Freud's Legacy in Dispute*. With responses by 18 critics, New York 1995; Frank J. Sulloway, *Freud. Biologe der Seele. Jenseits der psychoanalytischen Legende*, Köln 1982; ders., »Reassessing Freud's Case Histories: The Social Construction of Psychoanalysis«, *Isis* 82, 1991, S. 245-275. Psychoanalytische Hypothesen können im klinischen Setting nicht getestet werden, weil sowohl der Therapeut als auch der Patient von einer durch die Psychoanalyse beeinflußten Erwartungshaltung bestimmt sind, siehe Grünbaum, *Grundlagen*. Es ist bemerkenswert, daß die Adlerianer mit ihrem *Journal of Individual Psychology* viel mehr Anstrengungen als die Freudianer unternommen haben, um ihre Hypothesen zu überprüfen, und verschiedentlich haben sie mit dieser Methode auch in Studien zur Geburtenfolge gearbeitet, siehe Charles Harvey Miley, »Birth Order Research 1963-1967: Bibliography and Index«, *Journal of Individual Psychology* 25, 1969, S. 64-70; E. L. Vockell, D. W. Felker und C. H. Miley, »Birth Order Literature 1967-1971: Bibliography and Index«, *Journal of Individual Psychology* 29, 1973, 39-53.

10 Adlers Hypothesen sind von einer Reihe von Psychologen erweitert und verfeinert worden. Eine Zusammenfassung dieser Forschungen findet sich bei Brian Sutton-Smith und B. G. Rosenberg, *The Sibling*, New York 1970, S. 4-10; Ernst und Angst, *Birth Order*, S. 86f. Eine spannende psychoanalytische Untersuchung benutzt die Geburtenfolge, um verschiedene historische Tendenzen zu erklären, wie zum Beispiel holistische oder atomistische, romantische oder realistische, verbundene oder unverbundene Charaktere: Irving D. Harris, *The Promised Seed: A Comparative Study of Eminent First and Later Sons*, Glencoe 1964. Zwar sind die Thesen von Harris eher impressionistischer Art und stützen sich auf kleine Samples, aber zum Teil stimmen sie durchaus mit der allgemeinen Richtung der empirischen Literatur überein.

11 William D. Hamilton 1963, »The Evolution of Altruistic Behaviour«, *American Naturalist* 97, S. 354ff.; ders., »The General Evolution of Social Behaviour. I«, *Jour-*

*nal of Theoretical Biology* 7, 1964, S. 1-16; ders.; »The General Evolution of Social Behaviour. II«, *Journal of Theoretical Biology* 7, 1964, S. 17-32.

12 Richard Dawkins, *The Extended Phenotype: The Gene as the Unit of Selection*, Oxford – San Francisco 1982, S. 185f., dessen Definition der Gesamtfitneß ich paraphrasiert habe, gibt eine Erklärung, warum dieser Begriff nur auf die *Effekte*, die von einem Individuum auf den reproduktiven Erfolg der Verwandten ausgehen, zu beziehen ist und nicht als eine absolute Eigenschaft eines Individuums betrachtet werden kann. Wäre dies der Fall, dann hätten individuelle Organismen eine Gesamtfitneß, auch wenn sie schon gestorben oder noch gar nicht geboren wären.

13 Zur Anekdote von Haldane siehe Robert J. Richards, *Darwin and the Emergence of Evolutionary Theories of Mind and Behavior*, Chicago – London 1987, S. 541. Haldane schrieb in den fünfziger Jahren, so daß er noch nicht alle Implikationen dieser Vorstellung überblicken konnte, daher gebührt die Ehre dieser Entdeckung Hamilton ein Jahrzehnt später. Auf dessen Konzept der Gesamtfitneß baut Edward O. Wilson, *Sociobiology: The New Synthesis*, Cambridge 1975 auf und entwickelt unter dem Begriff »Soziobiologie« die Umrisse einer Evolutionstheorie des sozialen Verhaltens. In den zwei Jahrzehnten seit Wilsons Behandlung dieses Gegenstandes wurde dies zu einem blühenden Forschungsgebiet. Wilsons Buch von 1975 löste hitzige Debatten aus; daraufhin haben viele Forscher seinen Begriff »Soziobiologie« aufgegeben und andere Bezeichnungen gewählt. Heute nennt sich dieser Forschungsbereich Verhaltensbiologie, darwinistische Anthropologie oder Entwicklungspsychologie (evolutionary psychology). Diese Taktik hat den Ruf, den diese Disziplin genießt, geschmälert. Der Begriff »Entwicklungspsychologie« eignet sich für die Zwecke von Psychologen, der Ansatz bleibt jedoch ein Teilgebiet des umfassenderen Projekts, das Wilson mit dem Begriff »Soziobiologie« umschrieben hat. Darwin war ein Soziobiologe, auch wenn er diesen Begriff nicht gebrauchte; daher sind alle Soziobiologen Darwinisten. Für weitere Veröffentlichungen zur Soziobiologie siehe Edward O. Wilson, *On Human Nature*, Cambridge 1978; Richard D. Alexander, *Darwinism and Human Affairs*, Seattle 1979; Donald Symons, *The Evolution of Human Sexuality*, New York 1979; Robert L. Trivers, *Social Evolution*, Menlo Park/Calif. 1985; David M. Buss, *Die Evolution des Begehrens: Geheimnisse der Partnerwahl*, Hamburg 1994; Mat Ridley, *The Red Queen: Sex and the Evolution of Human Nature*, New York 1994; Robert Wright, *The Moral Animal: Evolutionary Psychology and Everyday Life*, New York 1994. Eine bedenkenswerte Kritik der Soziobiologie findet sich bei Philip Kitcher, *Vaulting Ambition: Sociobiology and the Quest for Human Nature*, Cambridge – London 1985.

14 Trivers, *Social Evolution*, S. 47.

15 Ebenda

16 Robert L. Trivers, »Parent-offspring conflict«, *American Zoologist* 14, 1974, 249-264. Die Vorstellung eines Eltern-Kind-Konflikts ist in Hamiltons Annahmen über Verwandtenselektion ebenso enthalten wie die des Geschwisterkonflikts und dies hat auch Hamilton, »General Evolution« (I. und II.), so gesehen. Trivers erweiterte diese beiden Prinzipien auf eine neue, bedeutsame Weise, indem er sich zur Erklärung der individuellen Entwicklung (und der Beziehungen zwischen Eltern und Nachkommen) eines Kosten-Nutzen-Ansatzes bediente.

17 Trivers, *Social Evolution*, S. 144-155.

18 Aus genetischer Sicht teilen Geschwister knappe Ressourcen, wenn der Nutzen, der sich daraus ergibt, mehr als doppelt so hoch ist wie die Kosten, siehe ebenda, S. 148.

19 Nach der Darwinschen Theorie müßten eineiige Zwillinge engelgleiche Altruisten und frei von jeder Art geschwisterlicher Rivalität sein. Das Zwillingsphänomen ist in unserer Art zu selten, als daß sich Verhaltensweisen für so einen speziellen Fall hätten entwickeln können, siehe Alexander, *Darwinism*, S. 157; Martin

Daly und Margo Wilson, *Homicide*, New York 1988, S. 11. Einen unbegrenzten Altruismus gibt es dagegen bei vielen asexuellen Organismen, weil hier die Geschwister in der Regel Zwillinge sind, siehe Wilson, *Sociobiology*. Manche Blattläuse (Aphiden) haben zwei verschiedene Formen von Nachkommenschaft, die faktisch Zwillinge sind. Eine Form, eine Soldatenkaste, bleibt im ersten Larvenstadium und verteidigt das Leben der zweiten Form. Die zweite Form, die an die Ernährung durch Pflanzensaft angepaßt ist, erreicht das Erwachsenenalter und pflanzt sich fort. Die Aphidensoldaten sind Altruisten, weil sich ihre Geschwister in ihrem Auftrag fortpflanzen, siehe Trivers, *Social Evolution*, S. 42.

Eine beachtliche Tendenz zur Kooperation hat sich bei den sozialen Insekten – Ameisen, Bienen und Wespen – entwickelt. William Hamilton hat 1963 erkannt, daß die sozialen Insekten ihre altruistischen Neigungen einem ungewöhnlichen genetischen Arrangement namens Haplodiploidie verdanken: Weibchen haben zwei Chromosomensätze, während Männchen, die sich aus einem unbefruchteten Ei entwickeln, nur einen Satz von Chromosomen haben, der von ihrer Mutter stammt, siehe Hamilton, »Genetical Evolution« (I und II); Edward O. Wilson, *Insect Societies*, Cambridge 1971. Im Durchschnitt haben Schwestern zu drei Vierteln dieselben Gene und sind mit ihren Brüdern nur zu einem Viertel verwandt. Daher haben die sozialen Insekten Gesellschaften entwickelt, deren Grundlage die Weibchen bilden und in denen Schwestern die meiste Arbeit tun. Bei manchen Arten begrenzen die Schwestern aktiv den männlichen Nachwuchs der Königin, siehe Trivers, *Social Evolution*, S. 178, S. 279f. Wozu braucht man auch Brüder, die meistens faulenzen und genetisch wie Neffen zu betrachten sind?

20 Douglas W. Mock, »Infanticide, Siblicide, and Avian Nestling Mortality«, in: Glenn Hausfater und Sarah Blaffer Hrdy (Hrsg.), *Infanticide: Comparative and Evolutionary Perspectives*, New York 1984, S. 3-30; siehe auch ders., Hugh Drummond und Christopher H. Stinson, »Avian Siblicide: Killing a Brother Or a Sister May Be a Common Adaptive Strategy Among Nestling Birds, Benefiting Both the Surviving Offspring and the Parents«, *American Scientist* 78, 1990, S. 438-449.

21 Mock, Drummond und Stinson, »Killing a Brother«, S. 445.

22 Mock, »Infanticide«, S. 17. Da sich Geschwistermord und elterlicher Kindesmord komplementär zueinander verhalten, wäre zu erwarten, daß die Hauptkontrolle des Prozesses entweder bei den Eltern oder bei den Nachkommen liegt. Anders gesagt, sollte eine Art ohne Koordination zwischen beiden Verhaltensweisen nicht gleichzeitig Geschwistermord und Kindesmord praktizieren. Man würde auch erwarten, daß die elterliche Kontrolle des Kindesmords bei solchen Arten am verbreitetsten ist, bei denen die physiologischen Kosten der Fortpflanzung besonders hoch sind. Die Kosten für ein Vogelei sind verhältnismäßig klein im Vergleich zu den Kosten für eine neunmonatige Schwangerschaft beim Menschen.

23 Virginia D. Hayssen, »Mammalian Reproduction: Constraints on the Evolution of Infanticide«, in: Hausfater und Hrdy (Hrsg.), *Infanticide*, S.114. Zu weiteren Fällen von Geschwistermord bei Säugetieren siehe Trivers, *Social Evolution*, S. 23; Laurence C. Frank, Steven E. Glickman und Paul Licht, »Fatal Sibling Aggression, Precocial Development, and Androgens in Neonatal Spotted Hyenas«, *Science*, 1991, S. 702ff.

24 Natalie Angier, »Canary Chicks: Not All Created Equal«, *New York Times (Science Times)*, 25 January 1994, S. C1, S. C8 (ein Bericht über die Forschungen Hubert Schwabls).

25 Zu nächsten und letzten Ursachen in der Biologie siehe Ernst Mayr, »Cause and Effect in Biology«, *Science* 134, 1961, S. 1501-1506.

26 Zur Komplementarität von Geschwistermord, elterlichem Kindesmord, Vernachlässigung durch schlechte Ernährung und Empfängnisverhütung siehe Hrdy und Hausfater (Hrsg.), *Infanticide*, S. xv. Ich danke Sarah Hrdy für ihre Mitteilungen zu den physiologischen Fragen, die in diesem Abschnitt diskutiert werden.

Siehe auch Sarah Blaffer Hrdy, »Fitness Tradeoffs in the History of Evolution of Delegated Mothering With Special Reference to Wet-Nursing, Abandonment, and Infanticide«, *Ethology and Sociobiology* 13, 1992, S. 409-442.

27 Sarah Blaffer Hrdy, »Sex-biased Parental Investment Among Primates and Other Mammals: A Critical Evaluation of the Trivers-Willard Hypothesis«, in: Richard Gelles und Jane Lancaster (Hrsg.), *Child Abuse and Neglect*, New York 1987, S. 97-147, hier S. 98. Zum Kindesmord bei Tieren und Menschen siehe die von Hausfater und Hrdy (1984) sowie von Parmigiano und von Saal (1994) herausgegebenen Sammelbände.

28 Daly und Wilson, *Homicide*, S. 41f., S. 46, S. 61.

29 Susan C. N. Scrimshaw, »Infanticide in Human Populations«, in: Hausfater und Hrdy (Hrsg.), *Infanticide*, S. 439-462, hier S. 459 (die A. Aguirre zitiert).

30 Ebenda, S. 458.

31 Nancy Scheper-Hughes, *Death Without Weeping: The Violence of Everyday Life in Brazil*, Berkeley – Los Angeles 1992, S. 310.

32 Ebenda, S. 365.

33 Scrimshaw, »Infanticide«, S. 458f. (mit Zitat A. Aguirre).

34 Alexander, *Darwinism*, S. 158, hat das Verhältnis zwischen Altersunterschieden bei Geschwistern und der Darwinschen Fitneß genau erkannt. Zur elterlichen Diskriminierung siehe Daly und Wilson, *Homicide*, S. 41f., S. 46ff., S. 72f., S. 75; dies., »The Darwinian Psychology of Discriminative Parental Solicitude«, *Nebraska Symposium on Motivation* 35, 1988, S. 91-144. Meine Pointe zu elterlichem Bevorzugungsverhalten und Geburtenfolge ist etwas schwierig, weil sich Eltern normalerweise mehr um den jüngeren Nachwuchs kümmern, damit er überlebt. Aber sie haben auch dafür zu sorgen, daß die Fitneß optimiert wird. Daher investieren sie zwar in jedes Kind entsprechend seinen altersgemäßen Bedürfnissen, aber eben mit der Tendenz, den Nachwuchs besonders zu pflegen, der am wahrscheinlichsten überleben und sich fortpflanzen wird. Die jeweils herrschenden Bedingungen spielen natürlich auch eine Rolle. Bei schlechten Lebensbedingungen kann es durchaus sein, daß Eltern ein Ungeborenes dem Erstgeborenen vorziehen, siehe Hrdy, »Fitness Tradeoffs«. Der Versuch, ein Kind während einer Hungersnot aufzuziehen, kann sowohl die Mutter als auch das Kind das Leben kosten, so daß es für die Mutter keine Reproduktionsaussichten mehr gibt.

35 Zu dieser Übersicht über den sozialen Status von Erstgeborenen in 39 Ländern siehe Paul C. Rosenblatt und Elizabeth L. Skoogberg, »Birth Order in Cross-Cultural Perspective«, *Developmental Psychology* 10, 1974, S. 48-54. Die alte japanische Eßsitte hatte auch mit den Geschlechterbeziehungen zu tun, siehe George F. Kay, *The Family in Transition: Its Past, Present, and Future Patterns*, Newton Abbot/U. K. 1972, S. 117. Die ältesten Männer waren gegenüber den ältesten Frauen privilegiert, eine Tendenz, die ebenfalls darwinistische Implikationen hat, wie ich später in diesem Kapitel zeigen werde.

36 Zu einer Kritik an den Überlegungen Alexanders zur darwinistischen Logik der Primogenitur siehe ders., *Darwinism*, S. 158; zur Darwinschen Logik der Primogenitur siehe Kitcher, *Vaulting Ambition*, S. 294-298.

37 Sarah Blaffer Hrdy und Debra S. Judge, »Darwin and the Puzzle of Primogeniture«, *Human Nature* 4, 1993, S. 1-45, haben diesen Punkt meisterlich behandelt. Siehe auch Martine Segalen, *Quinze generations de Bas-Bretons. Parente et société dans le pay bigouden Sud, 1720-1980*, Paris 1985.

38 David Herlihy, »Three Patterns of Social Mobility in Medieval History«, *Journal of Interdisciplinary History* 3, 1973, S. 622-647.

39 Diese Hypothese wurde zuerst von Robert L. Trivers und Dan Willard, »Natural Selection of Parental Ability to Vary the Sex-ratio of Offspring«, *Science* 179, 1973, S. 90ff. vertreten und hat viele, meist bestätigende Studien angeregt. Umfangreiches, von Hrdy in »Sex-biased Parental Investment« klug aufbereitetes biologisches Material läßt den Schluß zu, daß die Weibchen bestimmter Arten

die Geschlechterquote des Nachwuchses aus Gründen der Gesamtfitneß regulieren. Beim Rotwild zum Beispiel ist es so, daß der männliche Nachwuchs eine gute Kondition haben muß, um bei der Konkurrenz um Paarungspartner zu bestehen. Wenn die Weibchen eine gute biologische Kondition haben, bringen sie einen höheren Anteil von männlichen Nachkommen zur Welt. Weibchen, deren Kondition schlecht ist, haben mehr weiblichen Nachwuchs.

40 James L. Boone, »Parental Investment and Elite Family Structure in Preindustrial States: A Case Study of Late Medieval – Early Modern Portuguese Genealogies«, *American Anthropologist* 88, 1986, S. 859-878. Siehe auch Eckart Voland, »Human Sex-ratio Manipulation: Historical Data From a German Parish«, *Journal of Human Evolution* 13, 1984, S. 99-107; ders., »Differential Reproductive Success Within the Krummhorn Population (Germany, 18th and 19th Centuries)«, *Behavioral Ecology and Sociobiology* 26, 1990, S. 65-72; Hrdy, »Sex-biased Parental Investment«; dies. und Judge, »Darwin and the Puzzle of Primogeniture«.

41 Die Ergebnisse von Volands genealogischer Untersuchung einer deutschen Dorfgemeinschaft im achtzehnten und neunzehnten Jahrhundert kommen Boones portugiesischem Fall sehr nahe. Die Studie zeigt, daß elterliche Diskriminierung in bezug auf Geburtenfolge und Geschlecht nicht auf die Oberschichten beschränkt ist. Zu dieser Art Diskriminierung kommt es in der Regel überall da, wo Wohlstand herrscht und der Reichtum schichtenspezifisch verteilt und an Land gebunden ist. Siehe dazu Voland, »Human Sex-ratio Manipulation«; ders., »Differential Reproductive Success«; Boone, »Parental Investment and Family Structure«.

42 Boone, »Parental Investment and Family Structure«, S. 869.

43 Im Vergleich zu den ältesten Söhnen hatten die jüngeren Söhne bedeutend mehr illegitime Kinder ($r$=0,16, $\chi^2[1]$=87,21, $N$=3285, $p$<0,0001; berechnet nach Boones Tabelle 5, ebenda, S. 870). Die Frage, ob Spätergeborene stärker zu sexueller Freibeuterei und ähnlichen Strategien neigen, wäre eine eigene Untersuchung wert. Aufgrund von theoretischen Überlegungen und den durch die Geburtenfolge bedingten Persönlichkeitsunterschieden, von denen später in diesem Kapitel die Rede sein wird, könnte ich mir vorstellen, daß es unterschiedliche Partnerwahlstrategien gibt, die sich durch die Geburtenfolge ergeben.

44 Laura Betzig, *Despotism and Differential Reproduction: A Darwinian View of History*, Hawthorne/N.Y. 1986.

45 Michael Mitterauer und Reinhard Sieder, *Vom Patriarchat zur Partnerschaft. Zum Strukturwandel der Familie*, 2. Aufl. München 1980, S. 30; Christian Vogel, »Die Rolle der Familie im biogenetischen Geschehen«, in: Eckart Voland (Hrsg.), *Fortpflanzung: Natur und Kultur*, Frankfurt/M. 1992, S. 290-305.

46 Judy Dunn und Robert Plomin, *Warum Geschwister so verschieden sind*, Stuttgart 1996, S. 83.

47 Diesen Punkt habe ich diskutiert in Frank J. Sulloway, »Birth Order and Evolutionary Psychology: A Meta-analytic Overview«, *Psychological Inquiry* 6, 1995, S. 75-80.

48 Robert R. McCrae und Paul T. Costa Jr., »Validation of the Five-factor Model of Personality Across Instruments and Observers«, *Journal of Personality and Social Psychology* 52, 1987, S. 81-90; dies., *Personality in Adulthood*, New York – London 1990; siehe auch Lewis Robert Goldberg, »Language and Individual Differences: The Search for Universals in Personality Lexicons«, in: L. Wheeler (Hrsg.), *Review of Personality and Social Psychology*, Bd. 2, Beverly Hills/Calif. 1981, S. 141-165; ders., »From Ace to Zombie: Some Explorations in the Language of Personality«, in: C. D. Spielberger und J. N. Butcher (Hrsg.), *Advances in Personality Assessment*, Bd. 1, Hillsdale/N.J. 1982, S. 203-234; John M. Digman, »Personality Structure: Emergence of the Five-factor Model«, *Annual Review of Psychology* 41, 1990, S. 414-440; Oliver P. John, »The ›Big Five‹ Factor Taxonomy: Dimensions of Personality in the Natural Languages and in Questionnaires«, in: Lawrence A.

Pervin (Hrsg.), *Handbook of Personality: Theory and Research*, New York 1990, S. 55-100.

49 Die fünf großen Persönlichkeitsdimensionen stellen eine Art volkstümlicher Taxonomie dar und sind mit aller Vorsicht zu gebrauchen, siehe Jerome Kagan, *Galen's Dream*, New York 1994, S. 42-46. David M. Buss, »Evolutionary Personality Psychology«, *Annual Review of Psychology* 42, 1991, S. 459-491, geht davon aus, daß sie sich aus evolutionären Gründen gebildet haben, nämlich um in knapper und einfacher Form möglichst viele nützliche Informationen über Menschen bereitzustellen. Es ist dieselbe Logik, die für das semantische Differential (gut – böse, stark – schwach, aktiv – passiv) von Charles Egerton Osgood, George J. Suci und Percy H. Tannenbaum, *The Measurement of Meaning*, Urbana 1957, gilt. Diese drei Dimensionen, die sich mit den fünf großen Persönlichkeitsdimensionen überlappen, vermitteln ein Maximum an Information über Freund oder Feind mit einem Minimum an geistiger Aktivität. Bei niederen Tierarten macht das Schutzverhalten durch Angleichung häufig Gebrauch von diesen drei Dimensionen des biologischen »Urteilsvermögens«. Siehe auch David Sloan Wilson, »Adaptation and Individual Differences«. Vortrag auf der Tagung der Human Behavior and Evolution Society, Northwestern University, 29. Juni 1996.

50 Siehe zum Beispiel Helen L. Koch, »Some Emotional Attitudes of the Young Child in Relation to Characteristics of His Sibling«, *Child Development* 27, 1956, S. 408; Orville G. Brim Jr., »Family Structure and Sex Role Learning By Children: A Further Analysis of Helen Koch's Data«, *Sociometry* 21, 1958, S. 1-16; Sutton-Smith und Rosenberg, *The Sibling*, S. 114ff., Ernst und Angst, *Birth Order*, S. 148.

51 Gordon B. Forbes, »Birth Order and Political Success: A Study of the 1970 Illinois General Elections«, *Psychological Reports* 29, 1971, S. 1239-1242; Louis H. Stewart, »Birth Order and Political Leadership«, in: Margaret G. Hermann und Thomas W. Milbury (Hrsg.), *A Psychological Examination of Political Leaders*, New York – London 1977, S. 205-236; ders., *Changemakers: A Jungian Perspective on Sibling Position and the Family Atmosphere*, London – New York 1992.

52 Sutton-Smith und Rosenberg, *The Sibling*, S. 59.

53 Ebenda, S. 39-68. Ähnliche statusabhängige Strategien lassen sich bei hierarchisch organisierten Primatengruppen beobachten, siehe Frans de Waal, *Peacemaking Among Primates*, Cambridge – London 1989.

54 Sutton-Smith und Rosenberg. *The Sibling*, S. 118f.; siehe auch C. Daniel Batson, *The Altruism Question: Toward a Social Psychological Answer*, Hillsdale/N.J. 1991, zu Geburtenfolge und Altruismus. Vor allem in früheren Zeiten muß es im Interesse von jüngeren Geschwistern gewesen sein, mit den älteren zusammenzuarbeiten, weil diese größere Aussichten hatten, zu überleben und sich fortzupflanzen. Angesichts der hohen Kindersterblichkeitsraten in vergangenen Jahrhunderten wurden großenteils die Gene der jüngeren Geschwister nur über die älteren Geschwister weitergegeben. Bei einigen Vogelarten helfen die jüngeren Geschwister den älteren bei der Aufzucht ihrer Jungen, siehe Trivers, *Social Evolution*, S. 184f.; Stephen T. Emlen, Peter H. Wrege und Natalie J. Demong, *The Supreme Court Compendium: Data, Decisions, and Developments*, Washington 1995.

55 Siehe William D. Altus, »Birth Order and Its Sequelae«, *Science* 151, 1966, S. 44-49; Lillian Belmont und Francis A. Marolla, »Birth Order, Family Size, and Intelligence«, *Sciene* 182, 1973, S. 1096-1101; und Robert B. Zajonc, »Family Configuration and Intelligence«, *Science* 192, 1976, S. 227-236. Eigentlich gehören im Rahmen der fünf großen Persönlichkeitsdimensionen Leistungsunterschiede, die durch die Geburtenfolge bedingt sind, eher zur Dimension Bewußtheit als zur Dimension Offenheit. Der IQ ist keine Persönlichkeitsdimension, sondern stellt einen sechsten Faktor dar, siehe Robert R. McCrae, »Openness to Experience: Expanding the Boundaries of Factor V«, *European Journal of Personality* 8, 1994, S. 251-272.

56 Dieses Zitat ist bemerkenswert, denn es stammt von Ernst und Angst, *Birth Order*,

S. 240, die sich ansonsten recht kritisch zu den meisten anderen Annahmen über die Geburtenfolge äußern. Siehe auch Charles MacArthur, »Personalities of First and Second Children«, *Psychiatry* 19, 1956, S. 47-54; William D. Altus, »The Firstborn As a Conservative: Adler Revisited«, *American Psychologist* 18, 1963, S. 356; Robert D. Palmer, »Birth Order and Identification«, *Journal of Consulting Psychology* 30, 1966, S. 129-135; Irving D. Harris und Kenneth I. Howard, »Birth Order and Responsibility«, *Journal of Marriage and the Family* 30, 1968, S. 427-432; John Price, »Personality Differences Within Families: Comparisons of Adult Brothers and Sisters«, *Journal of Biosocial Science* 1, 1969, S. 177-205; Sutton-Smith und Rosenberg, *The Sibling*, S. 113f.; A. P. MacDonald Jr., »Manifestations of Differential Levels of Socialization by Birth Order«, *Developmental Psychology* 1, 1969 S. 485-492; ders., »Birth Order and Religious Affiliation«, *Developmental Psychology* 1, 1969, S. 628; ders., »Birth Order and Personality«, *Journal of Consulting and Clinical Psychology* 136, 1971, S. 171-176; ders., »Relation of Birth Order to Morality Types and Attitudes Toward the Poor«, *Psychological Reports* 29, 1971, S. 732; Eleanor Singer, »Adult Orientation of First and Later Children«, *Sociometry* 34, 1971, S. 143-151; Thomas Ewin Smith, »Birth Order, Sibship Size and Social Class as Antecedents of Adolescents' Acceptance of Parents' Authority«, *Social Forces* 50, 1971, S. 223-232; Jerome Kagan, *Personality Development*, New York 1971, S. 148; ders., »The Child in the Family«, *Daedalus* 106, 1977, S. 33-56; Linda Musun Baskett, »Ordinal Position Differences in Children's Family Interactions«, *Developmental Psychology* 20, 1984, S. 1026-1031.

57 Ernst und Angst, *Birth Order*, S. 159. Erstgeborene sind ängstlicher in Statusfragen als Spätergeborene, aber sie haben auch größeres Selbstvertrauen, siehe Helen L. Koch, »Some Personality Correlates of Sex, Sibling Position, and Sex of Sibling Among Five- and Six-year-old Children«, *Genetic Psychology Monographs* 52, 1955, S. 209-223. Solche Verhaltensunterschiede sind sehr kontextabhängig.

58 Zur Definition von neurotischer Disposition gehören Adjektivpaare wie »nicht neidisch-neidisch«, »ausgeglichen-temperamentvoll« und »nichtemotional-emotional«, siehe McCrae und Costa, »Validation of the Five-factor model«, S. 85. Zu den psychischen Funktionen der Eifersucht siehe W. Todd DeKay und David M. Buss, »Human Nature, Individual Differences, and the Importance of Context: Perspectives from Evolutionary Psychology«, *Current Directions in Psychological Science* 1, 1992, S. 184-189, hier S. 187f.

59 Koch, »Some Personality Correlates«, S. 36.

60 Ebenda, S. 24; dies., »Some Emotional Attitudes«, S. 397f., S. 406.

61 Siehe beispielsweise dies., »Some Personality Correlates«, S. 26, S. 28, S. 36; dies., »Attitudes of Young Children Toward Their Peers as Related to Certain Characteristics of Their Siblings«, *Psychological Monograph* 70, 1956, S. 17-41, hier S. 17; dies., »Some Emotional Attitudes«, S. 407.

62 Für meine Annahme, daß Spätergeborene »Meister der zu kurz Gekommenen« sind, ist ein kurioser Fund der Verhaltensgenetik von Bedeutung, siehe J. L. Eaves, H. J. Eysenck und N. G. Martin, *Genes, Culture and Personality: An Empirical Approach*, London – New York 1989, S. 323. In einem aus sechzig Punkten bestehenden Fragebogen zu gesellschaftlichen Einstellungen, der großenteils Themen betrifft, die eine mäßige Erblichkeit zeigen, ließ der folgende Punkt so gut wie keine Erblichkeit erkennen: »Der sogenannte Underdog verdient wenig Sympathie oder Hilfe von anderen Menschen.« Die meisten Unterschiede in den Antworten zu diesem Punkt sind der nicht gemeinsamen Umwelt (also Geschwisterdifferenzen) zuzuschreiben. Zwar ist dieses Thema nicht verhaltensgenetisch untersucht worden, aber trotzdem ist es nicht schwer, Annahmen über die Richtung eines durch die Geburtenfolge bedingten Unterschieds zu machen.

63 Zum Verhältnis von Geburtenfolge und Konformität siehe Barry W. Bragg und Vernon L. Allen, »Ordinal Position and Conformity: A Role Theory Analysis«, *Sociometry* 33, 1970, S. 371-381; Edward E. Sampson und Francena T. Hancock,

»An Examination of the Relationship Between Ordinal Position, Personality, and Conformity: An Extension, Replication, and Partial Verification«, *Journal of Personality and Social Psychology* 5, 1967, S. 398-407; Sutton-Smith und Rosenberg, *The Sibling*, S. 83f., S. 140ff. Zu Geburtenfolge und konventioneller Moral siehe ebenda, S. 110; MacDonald, »Birth Order and Religious Affiliation«; Ernst und Angst, *Birth Order*, S. 124ff. Zu Geburtenfolge und gefährlichen Unternehmungen siehe Sutton-Smith und Rosenberg, *The Sibling*, S. 82; Richard N. Nisbett, »Birth Order and Participation in Dangerous Sports«, *Journal of Personality and Social Psychology* 8, 1968, S. 351ff.

64 Carmi Schooler, »Birth Order Effects: Not Here, Not Now!«, *Psychological Bulletin* 78, 1972, S. 161-175.

65 Ernst und Angst, *Birth Order*. Forscher auf diesem Gebiet sind Ernst und Angst für ihre systematische Untersuchung der Literatur zur Geburtenfolge zu großem Dank verpflichtet. Ihr Buch überzeugte mich von der Notwendigkeit, mein historisches Sample im Hinblick auf Hintergrundfaktoren wie Schichtzugehörigkeit und Geschwisterzahl zu überprüfen. Weitere nützliche Überblicke über die Literatur zur Geburtenfolge finden sich bei Miley, »Birth Order Research 1963-1967«; Vockell, Felker und Miley, »Birth Order Literature 1967-1971«; Daniel S. P. Schubert, Mazie Earle Wagner und Herman J. P. Schubert, »A Thousand References on Sibling Constellation Variables: Ordinal Position, Sibship Size, Sibling Age Spacing, and Sex of Sibling«, *JSAS Catalog of Selected Documents in Psychology* 6, no. 1792, 1976; dies., »An Additional 2000 References on Sibling Constellation Variables: Ordinal Position, Sibship Size, Sibling Age Spacing, and Sex of Sibling«, *Psychological Documents* no. 2545, 1984.

66 Ernst und Angst, *Birth Order*, S. 242

67 Dunn und Plomin, *Warum Geschwister so verschieden sind*, S. 108. Zu ähnlich kritischen Urteilen über den Stand der Forschung zum Thema der Geburtenfolge gelangen auch Sandra Scarr und Susan Grajek, »Similarities and Differences among Siblings«, in: Michael E. Lamb und Brian Sutton-Smith (Hrsg.), *Sibling Relationships: Their Nature and Nurture Across the Lifespan*, Hillsdale/N.J. 1982, S. 357-381; Robert Plomin und Denise Daniels, »Why are Children in the Same Family so Different from One Another«, *Behavioral and Brain Sciences* 10, 1987, S. 1-60; Judith Blake, *Family Size and Achievement*, Berkeley – Los Angeles 1989; dies., »Number of Siblings and Educational Attainment«, *Science* 245, 1989, S. 32-36; Albert Somit, Alan Arwine und Steven A. Peterson, *Birth Order and Political Behavior*, Lanham/Md. 1996.

68 Im Vorwort zu ihrem Buch von 1983 bemerken Ernst und Angst, daß meta-analytische Methoden, die damals gerade in Gebrauch kamen, dazu beigetragen hätten, ihre Untersuchung auf »eine viel sicherere Grundlage« zu stellen, siehe dies., *Birth Order*, S. xi. Wenn man diese Methoden auf Ernst und Angsts eigene Daten anwendet, dann tun sie genau dies und zeigen erstaunlich konsistente Trends in der Erforschung der Geburtenfolge. Anmerkung: Ernst und Angst haben im Text und in den Tabellen nicht immer alle signifikanten Ergebnisse jeder veröffentlichten Untersuchung dargestellt. In meiner Metaanalyse habe ich diese Auslassungen berichtigt, ebenso wie andere Fehler, auf die ich in dem Bericht gestoßen bin. Beispielsweise haben einige Untersuchungen, die laut Ernst und Angst die soziale Schicht oder die Geschwistergröße nicht berücksichtigt haben, wenigstens eine dieser beiden Variablen doch einbezogen.

69 Für eine Einführung in meta-analytische Verfahren siehe Gene V. Glass, Barry McGaw und Mary Lee Smith, *Meta-Analysis in Social Research*, Beverly Hills/Calif. 1981; John E. Hunter, Frank L. Schmidt und Gregg B. Jackson, *Meta-Analysis: Culminating Research Findings Across Studies*, Beverly Hills 1982; John E. Hunter und Frank L. Schmidt, *Methods of Meta-Analysis: Correcting Error and Bias in Research Findings*, Newbury Park/Calif. 1990; Robert Rosenthal, *Meta-Analytic Procedures for Social Research*, überarb. Neuaufl. Newbury Park/Calif. 1991; ders.,

*Judgment Studies: Design, Analysis, and Meta-Analysis*, Cambridge 1987; Frederic M. Wolf, *Meta-Analysis: Quantitative Methods for Research Synthesis*, Beverly Hills/Calif. 1986; Charles C. Mann, »Meta-Analysis in the Breach«, *Science* 249, 1990, S. 476-480.

70 Hunter, Schmidt und Jackson, *Meta-Analysis*, S. 132.

71 Die Methode der Stimmenauszählung, die ich hier verwende, kann dazu führen, daß signifikante Trends unterschätzt werden und so ein statistischer Fehler vom Typ II entsteht, siehe Mann, »Meta-Analysis in the Breach«. Da die Daten zum Verhältnis von Geburtenfolge und Persönlichkeitsstruktur in Tabelle 4 aber so konsistent sind, ist diese Grenze der Methode der Stimmenauszählung irrelevant.

72 Die Überrepräsentanz von signifikanten Studien zur Geburtenfolge ist extrem, daher besteht sie unabhängig von meiner Kennzeichnung der Ergebnisse als »Bestätigung« oder »Widerlegung« der entsprechenden Hypothesen. Wenn wir die Richtung der mitgeteilten Effekte außer acht lassen, zeigen 86 Studien signifikante Ergebnisse ($z$=15,81, $p<10^{-8}$). Diese Daten zur Geburtenfolge bestehen auch den Schubladentest, der berücksichtigt, daß nicht-signifikante Untersuchungen in der Schublade enden, anstatt veröffentlicht zu werden, siehe Sulloway, »Birth Order«.

73 Ich habe bereits darauf hingewiesen, daß die fünf großen Persönlichkeitsdimensionen eine volkstümliche Taxonomie darstellen und keine natürliche Klassifikation von Persönlichkeitsdifferenzen, siehe Kagan, *Galen's Dream*, S. 42-46. Robert R. McCrae und Paul T. Costa Jr., *Personality in Adulthood*, New York – London 1990, S. 43, S. 47, identifizieren sechs Aspekte der Extravertiertheit, einer davon ist soziale Dominanz. Daraus folgt nicht, daß Erstgeborene auch geselliger und vergnüglicher sind als Spätergeborene, zwei Züge, die ebenfalls zu den Aspekten der Extravertiertheit gehören. Im Gegenteil, diese Züge korrelieren gerade mit Spätergeborenen, siehe MacArthur, »Personalities of First and Second Children«; Everett Earl Hall Jr. und Ben Barger, »Attitudinal Structures in Older and Younger Siblings«, *Journal of Individual Psychology* 20, 1964, S. 59-68.

74 Für den Heterogenitätstest der Studien gilt $\chi^2(4)$=44,96, $p$<0,001; die Ergebnisse sind nicht homogen.

75 Grundlage dieses Vergleichs relativer Wirkungsgrößen sind die typischen »erklärten Fälle«. Steelman und Powell, »Social and Academic Consequences of Birth Order«, fanden signifikante, durch die Geburtenfolge bedingte Unterschiede in sozialen Fähigkeiten (wo Spätergeborene höher lagen), aber nicht für den akademischen Bereich. In dieser Studie, die mit einem Sample von über 3 000 Personen arbeitet, sind die Effekte bei Persönlichkeitsvariablen im allgemeinen 2 bis 10 mal so groß wie bei akademischen Variablen (wobei der Durchschnittsfaktor bei 7 liegt).

Viele Kontroversen in Untersuchungen zur Geburtenfolge wären unnötig, wenn die Forscher sich bewußt wären, daß es sich bei den Geburtenfolgeeffekten um *Erwartungsgrößen* handelt, da ihr Einfluß auf verschiedene Verhaltensklassen in signifikanter Weise heterogen ist (Tabelle 4). Somit, Arwine und Peterson, *Birth Order and Political Behavior*, stellen zum Beispiel die Relevanz der Geburtenfolge für viele Aspekte der politischen Führungstätigkeit zu Recht in Frage und zeigen, daß ihr Einfluß in verschiedenen politischen Kontexten mager und inkonsistent ist. Da ihnen zu wenige Daten zur Verfügung stehen, die Annahmen über Rangverhältnisse in dieser Hinsicht stützen, gehen sie dazu über, *alle* Annahmen, die sich auf die Geburtenfolge berufen, als unbegründet abzutun, aber sie verwechseln Daten, die den Rang betreffen, mit Daten, die Offenheit für Erfahrung belegen. Diese unglückliche Logik bringt sie dazu, ihr eigenes signifikantes Ergebnis, daß spätergeborene Richter des Obersten Gerichtshofes eher als erstgeborene von der Mehrheitsmeinung abweichen, als »statistische Verzerrung« zu verwerfen, siehe ebenda, S. 48. So wie ihr Ergebnis dokumentiert ist, hätte es eine Zufallswahrscheinlichkeit von 1 zu 50 000. Wenn das eine statistische Verzerrung ist!

76 Ernst und Angst, *Birth Order*, S. 43ff., S. 48, führen 33 Untersuchungen zum Verhältnis von Geburtenfolge und IQ auf, in die die Geschwisterzahl und/oder die Schichtzugehörigkeit einbezogen worden sind. Von sechzehn Studien wird die Hypothese bestätigt, daß Erstgeborene höhere IQs haben. Nur eine Studie zeigt eine signifikante Differenz zugunsten der Spätergeborenen. Die übrigen sechzehn Untersuchungen bringen keine überzeugenden Ergebnisse. Meta-analytisch gesehen, ist dieses Resultat beeindruckend ($z$=5,34, $p<10^{-8}$). Der Geburtsrang erklärt aber nur 1 Prozent der verschiedenen IQ-Werte. Wenn sich in meta-analytischen Studien ein Zusammenhang zwischen Geburtenfolge und IQ feststellen läßt, so liegt dies an der *Größe der Samples* nicht aber an der *Höhe des Effektes*.
Für das Verhältnis zwischen Geburtenfolge und schulischen Leistungen ist der auf 35 kontrollierten, von Ernst und Angst mitgeteilten Untersuchungen beruhende Trend zugunsten der Erstgeborenen ebenfalls beeindruckend ($z$=4,35, $p<10^{-6}$). Die Wirkungsgrößen, die in diesen Untersuchungen aufgestellt worden sind, sind im allgemeinen klein ($r \leq 0{,}10$), wie die für den IQ.

77 Mit der meta-analytischen Methode, die ich verwendet habe (nämlich Studien mit signifikanten Ergebnissen zu zählen), ist es nicht möglich, Wirkungsgrößen zu schätzen, wenigstens nicht direkt, siehe Hunter, Schmidt und Jackson, *Meta-Analysis*, S. 130ff.; Larry V. Hedges und Ingram Olkin, »Vote-counting Methods in Research Synthesis«, *Psychological Bulletin* 88, 1980, S. 359-369. Um Wirkungsgrößen direkt zu berechnen, wäre eine gründlichere Meta-Analyse notwendig, eine Aufgabe, die sich lohnen würde. Meine Schätzungen von Wirkungsgrößen beruhen auf einer informellen Übersicht über Untersuchungen, die die entsprechenden Informationen enthalten. Für Offenheit vgl. Kapitel 2, Tabelle 2, wo die stärksten Wirkungsgrößen etwas über $r$=0,40 betragen. Die Meta-Analyse dieser Wirkungsgrößen zeigt, daß sie ziemlich genau mit den aufgrund der Heterodoxie der betreffenden Theorien *zu erwartenden* Wirkungsgrößen übereinstimmen (Abb. 14.1). Wenn wir von den Wirkungsgrößen, die wir für Offenheit für Erfahrung beobachtet haben, und von Tabelle 4 extrapolieren, sind die folgenden *maximalen* Korrelationen für andere Persönlichkeitsdimensionen zu erwarten: Gewissenhaftigkeit ($r \approx 0{,}35$), Liebenswürdigkeit ($r \approx 0{,}30$) und neurotische Disposition ($r \approx 0{,}20$). Die Wirkungsgrößen für Extravertiertheit gehen selten über $r$=0,10 hinaus (siehe Kapitel 7, Abbildung 7.2). Korrelationen, die mit *Durchschnittswerten* arbeiten und bezeichnenderweise verschiedenartige Verhaltenskontexte und die Modi ihrer Bewertung durcheinanderbringen, sind im allgemeinen halb so groß wie die maximalen Korrelationen, die ich hier im einzelnen angegeben habe. Mit »maximaler Korrelation« meine ich eine Wirkungsgröße, die sich bei großen Samples ständig wiederholt und ihre Konsistenz dem Zusammenspiel zwischen der Geburtenfolge, der spezifischen Ergebnisvariable, und dem Verhaltenskontext verdankt.

78 Zum Zusammenhang zwischen Geschlecht und den fünf großen Persönlichkeitsdimensionen, siehe Alan Feingold, »Gender Differences In Personality: A Meta-Analysis«, *Psychological Bulletin* 116, 1994, S. 429-456, hier S. 443. Bei meinem meta-analytischen Überblick über die Literatur zur Geburtenfolge komme ich zu zwei weiteren Schlußfolgerungen. Ernst und Angst sind der Auffassung, daß die Geburtenfolgeeffekte mit dem Alter verschwinden und bei Erwachsenen nur selten anzutreffen sind. Bei den 196 Untersuchungen, die in Tabelle 4 analysiert werden, findet sich keine Beziehung zwischen Alter und dem Ergebnis, was der Behauptung von Ernst und Angst, *Birth Order*, S. 184, S. 284, widerspricht; für das Verhältnis zwischen dem Alter der Untersuchungspersonen und dem Untersuchungsergebnis gilt $r$=0,4 – nicht signifikant. Ernst und Angst haben auch die Verläßlichkeit von Papier- und Bleistifttests in Frage gestellt. Diese Kritik besteht

zu Recht. Durch »experimentelle« Untersuchungen und aufgrund von Daten, die durch »Beobachtung« gewonnen sind, lassen sich eher Geburtenfolgeeffekte nachweisen als mit Daten, die auf »Selbsteinschätzung« beruhen ($r$=0,22, $\chi^2[1]$=9,60, $N$=196, $p$<0,0001; im Gegensatz zu Untersuchungsergebnissen von Papier- und Bleistifttests und allen anderen Resultaten). Verschiedentlich ist an Versuchspersonen demonstriert worden, daß experimentelle Untersuchungen den Daten, die auf Selbsteinschätzung beruhen, überlegen sind. Zum Beispiel entdeckte Ralph H. Stewart, »Birth Order and Dependency«, *Journal of Personality and Social Psychology* 6, 1967, S. 192-194, unter Verwendung von Embedded Figures Tests Unterschiede im Abhängigkeitsverhältnis, die nicht festzustellen waren, wenn ein adjektivischer Fragebogen zugrundegelegt wurde. Wie viele Erstgeborene wären denn bereit, sich als »abgestumpft«oder »ohne Unternehmungsgeist« zu beschreiben? Durch Selbsteinschätzung gewonnene Meßdaten zu Fähigkeiten wie Einfühlsamkeit oder Risikofreudigkeit führen im Hinblick auf die Geburtenfolge zu mageren Ergebnissen, siehe Ernst und Angst, *Birth Order*, S. 103ff., S. 161f. Bei *experimentellen* Untersuchungen müssen die Versuchspersonen eher Farbe bekennen. In Untersuchungen, die mit schmerzhaften Elektroschocks arbeiten, zeigte sich zum Beispiel, daß Spätergeborene in signifikanter Weise eher als Erstgeborene bereit waren, sich als Versuchspersonen zur Verfügung zu stellen, und daß sie den Schmerz, den sie empfanden, sichtbar zum Ausdruck brachten, siehe Batson, *The Altruism Question*.

79 Siehe Helen L. Koch, »The Relation of ›Primary Mental Abilities‹ in Five- and Six-year-olds to Sex of Child and Characteristics of his Siblings«, *Child Development* 25, 1954, S. 209-223; dies., »Some Personality Correlates«; dies., »The Relation of Certain Family Constellation Characteristics and the Attitudes of Children toward Adults«, *Child Development* 26, 1955, S. 14-40; dies., Attitudes of Young Children toward Their Peers«; dies., »Children's Work Attitudes and Sibling Characteristics«, *Child Development* 27, 1956, S. 289-310; dies., »Sibling Influence on Children's Speech«, *Journal of Speech and Hearing Disorders* 21, 1956, S. 322-328; dies., »Sissiness and Tomboyishness in Relation to Sibling Characteristics«, *Journal of Genetic Psychology* 88, 1956, S. 231-244; dies., »Some Emotional Attitudes«; dies., »The Relation in Young Children Between Characteristics of Their Playmates and Certain Attributes of Their Siblings«, *Child Development* 28, 1957, S. 175-202; dies., »The Relation of Certain Formal Attributes of Siblings to Attitudes Held toward Each Other and toward Their Parents«, *Monograph of the Society for Research in Child Development* 25, 1960, S. 1-124. Ein ehemaliger Schüler beschrieb Koch als jemanden »von der alten Schule, eine sehr anständige, förmliche Dame, die für ihre Freundlichkeit den Studenten gegenüber bekannt war. Sie behielt bei ihren Vorlesungen immer ihren Hut auf und trug Handschuhe« (persönliche Mitteilung von Bruce Cushna vom 20. Juli 1992).

80 Dies., »Some Personality Correlates«, S. 36; dies., »Sibling Influence on Children's Speech«, S. 325; dies., »Some Emotional Attitudes«, S. 397f., S. 403, S. 406, S. 408.

81 Dies., »Some Personality Correlates«, S. 36.

82 Für die Geburtenfolge, das Geschlecht des Geschwisters und den Altersabstand ist die erwartete Anzahl von signifikanten Zufallseffekten 40,6 (einschließlich Wechselwirkungen). Diese Summe, die auf den von Koch verwendeten zweiseitigen Test zurückgeht, läßt sich mit der angegebenen Zahl von 72 signifikanten Effekten vergleichen ($\chi^2[1]$=25,96, $z$=5,06, $p$<1 zu einer Million). Für die Geburtenfolge ist die Wahrscheinlichkeit, 36 signifikante Effekte (einschließlich Wechselwirkungen) zufällig zu erhalten, ebenfalls gering ($\chi^2[1]$=7,43, $z$=2,73, $p$<0,01). Insgesamt gibt es 96 signifikante Effekte in Kochs Studie, einschließlich Wechselwirkungen. Die zu erwartende Zufallsanzahl ist 43,5 ($\chi^2[1]$=66,69, $z$=8,17, $p<1 \times 10^{-16}$). Die Geschlechtszugehörigkeit ist für 24 Haupteffekte verantwortlich. Die anderen 72 Effekte betreffen die Geburtenfolge, die Altersabstände zwi-

schen den Geschwistern und das Geschlecht des Geschwisters und interagieren manchmal mit dem Geschlecht. Im Verhältnis zum Geschlecht zeigen sich die anderen drei Variablen eher als Wechselwirkungseffekte, wodurch ihr Einfluß auf der Ebene von »Merkmalen«schwieriger zu bestimmen ist ($\chi^2[1]=4{,}44$, $p<0{,}05$).

83 Koch, »Some Personality Correlates«, S. 15, S. 26f. Bei Jungen waren diese Geburtenfolgetrends im Hinblick auf Wut, Rachsucht und Grausamkeit besonders in mittleren Altersabständen (2 bis 4 Jahre) ausgeprägt. Daher betreffen einige von diesen Effekten Wechselwirkungen, die in drei Richtungen verlaufen (Geburtenfolge x Altersabstand x Geschlecht).

84 Dies., »Attitudes of Young Children toward Their Peers«, S. 8, S. 17. Dieser durch die Geburtenfolge bedingte signifikante Unterschied in dem mit »Streitsucht« bezeichneten Verhaltensbereich zeigt sich als ein aus »Geschlecht x Geburtenfolge« zusammengesetzter Wechselwirkungseffekt. Spätergeborene Jungen sind streitsüchtiger als erstgeborene, was ihre Tendenz zur Anwendung von Taktiken erkennen läßt, die aus ihrem Mangel an Macht herrühren.

85 Koch war selbst von der Häufigkeit dieser mit der Geburtenfolge zusammenhängenden Wechselwirkungen überrascht und warnte ihre Leser vor zu »einfachen« Schlußfolgerungen im Zusammenhang dieser Frage, siehe dies.,«Attitudes of Young Children toward Their Peers«, S. 37. Tatsächlich aber sind einfache Schlußfolgerungen völlig gerechtfertigt, nur nicht zu spezifischen Merkmalen. Ernst und Angst, *Birth Order*, S. 125, S. 167, wiederholen Kochs konservatives Verdikt, demzufolge signifikante Wechselwirkungen als »Inkonsistenzen« und nicht als signifikante Effekte mit eigenem Recht behandelt werden dürfen. Dieser Zugang zum menschlichen Verhalten, der Komplexität mit falschen Ergebnissen gleichsetzt, ist grundsätzlich verfehlt.

86 Durch Geburtenfolge bedingte Differenzen decken sich nicht vollständig mit den geschlechtsspezifischen. Erstgeborene und Frauen sind beispielsweise gewissenhafter als Spätergeborene und Männer.

87 Brim, »Family Structure and Sex Role Learning«.

88 Talcott Parsons und Robert F. Bales, *Family, Socialization and Interaction Process*, Glencoe/Ill. 1955.

89 Diese beiden gegensätzlichen Verhaltensklassen sind nur leicht veränderte Beschreibungen von Extravertiertheit und Liebenswürdigkeit. McCrae und Costa, *Personality in Adulthood*, S. 27; siehe auch Jerry S. Wiggins, »A Psychological Taxonomy of Trait-Descriptive Terms: The Interpersonal Domain«, *Journal of Personality and Social Psychology* 37, 1979, S. 395-412.

90 Die nach der Geschlechtszugehörigkeit und dem Geschlecht des Geschwisters bestimmte partielle Korrelation zwischen Geburtenfolge und instrumentellem Verhalten ist –0,91 ($df=1/20$ [Zellen], $t=9{,}85$, $p<0{,}0001$). Die nach den anderen zwei Aussagefaktoren bestimmte Korrelation für das Geschlecht des Geschwisters ist 0,87 ($df=1/20$, $t=8{,}00$, $p<0{,}0001$). Diese letzte Korrelation begünstigt die Mädchen, die von ihren Lehrern im Verhältnis zu den Jungen als in der schulischen Umgebung planvoller und anspruchsvoller wahrgenommen wurden. Die Korrelationen sind ungewöhnlich groß, weil sie von Gruppenunterschieden abgeleitet sind.
Bei dem Versuch, Brims Methode der Analyse von Kochs Daten zu reproduzieren (siehe Brim, »Family Structure and Sex Role Learning«), bin ich auf eine Reihe von kleineren Inkonsistenzen gestoßen, die mir nicht auflösbar erschienen. Deshalb wiederholte ich Brims Analyse von Kochs Daten; die Statistiken, die ich hier wiedergebe, stammen daher aus meiner nochmaligen Analyse und nicht von Brim.

91 Für die Geburtenfolge beträgt die partielle Korrelation mit expressivem Verhalten 0,66 ($df=1/20$, $t=3{,}89$, $p<0{,}001$, bestimmt nach den anderen beiden Aussagefaktoren, nämlich dem Geschlecht und dem Geschlecht des Geschwisters). Für

das Geschlecht beträgt die partielle Korrelation mit expressiven Merkmalen 0,91 (*df*=1/20, *t*=9,64, *p*<0,001).

92 Koch, »Some Personality Correlates«, S. 34; dies., »Attitudes of Young Children toward Their Peers«, S. 12, S. 15, S. 21, S. 26. Für unmännliche Tendenzen traf der durch Geburtenfolge bedingte Haupteffekt nur im Bereich von mittleren Altersabständen (2 bis 4 Jahre Unterschied) zu, siehe dies., »Sissiness and Tomboyishness«, S. 238. Zu männlichen versus weiblichen Einstellungen und Geburtenfolge siehe Ernst und Angst, *Birth Order*, S. 259f.

93 Zum Thema der geschlechtsspezifischen Unterschiede in Kochs Studie ist ein Hinweis zur Vorsicht angebracht. Brim, »Family Structure and Sex Role Learning«, S. 13, glaubte, daß die Lehrer Jungen und Mädchen bei einigen Skalen verschieden einstuften. Insbesondere war er der Meinung, daß Mädchen bei »instrumentellen« Merkmalen höher als Jungen eingestuft wurden, wann immer sie diese Merkmale im gleichen absoluten Maß zeigten. Eine ebenso plausible Erklärung ist, daß die Lehrer ihre Einstufungen im Kontext der schulischen Umgebung vornahmen. Mädchen wurden in diesem Kontext als »planvoller«, »selbstbewußter« und »verantwortlicher« eingestuft. Diese mögliche Fehlerquelle ist klein und betrifft nur einige Skalen. Insgesamt hat dieses Problem keinen Einfluß auf die signifikanten Unterschiede zwischen den Geschlechtern, wie sie von der Geburtenfolge bewirkt werden.

94 Zu Dominanz versus Kooperation in Primatengruppen siehe Frans de Waal, *Unsere haarigen Vettern*, München 1983, und Trivers, *Social Evolution*, S. 363, S. 381.

## *Kapitel 4: Nischen in der Familie*

1 Robert Plomin und Denise Daniels, »Why are Children in the Same Family so Different from One Another«, *Behavioral and Brain Sciences* 10, 1987, S. 1-60, geben einen kritischen Überblick über den Forschungsstand zum Einfluß der Geschwisterdifferenzen auf die Persönlichkeitsstruktur. Siehe auch Sandra Scarr und Susan Grajek, »Similarities and Differences among Siblings«, in: Michael E. Lamb und Brian Sutton Smith (Hrsg.), *Sibling Relationship: Their Nature and Nurture Across the Lifespan*, Hillsdale/N. J. 1982, S. 357-381; John C. Loehlin, Joseph M. Horn und Lee Willerman, »Heredity, Environment, and Personality Change: Evidence from the Texas Adoption Project«, *Journal of Personality* 58, 1990, S. 221-243; John C. Loehlin, *Genes and Environment in Personality Development*, Newbury Park/Calif. 1992; Judy Dunn und Robert Plomin, »Why are Siblings so Different? The Significance of Differences in Sibling Experience within the Family«, *Family Process* 30, 1991, S. 271-283; Robert Plomin u.a., »Parent-offspring and Sibling Adoption Analyses of Parental Ratings of Temperament in Infancy and Childhood«, *Journal of Personality* 59, 1991, S. 705-732. Die Unterscheidung zwischen einer »gemeinsamen« und einer »nicht gemeinsamen« familiären Umwelt ist problematisch, weil es forschungspraktisch unmöglich ist, die nicht gemeinsam erlebte Umwelt direkt zu messen. Daher wird unter einer nichtgemeinsamen familiären Umwelt im allgemeinen das verstanden, was übrig bleibt, nachdem die genetischen Faktoren, die gemeinsame Umwelt und Meßfehler festgestellt und bestimmt worden sind. Zu diesem methodischen Fragenkomplex siehe die 31 Kritiken, die auf Plomins und Daniels' Besprechung der relevanten Literatur, »Why are Children in the Same Family so Different from One Another«, folgten, besonders die von Bock und Zimowski, Eysenck, Hartung, Hay und Jensen. Ungeachtet der Meßprobleme hat die nicht gemeinsame Umwelt einen weit größeren Einfluß auf die Persönlichkeitsstruktur als bislang angenommen. Darüber herrscht unter den meisten Forschern inzwischen Übereinstimmung.

Zu Belegen dafür, daß Geschwisterunterschiede mit der Zeit zunehmen, siehe Loehlin, Horn und Willerman, »Heredity, Environment, and Personality Change«, S. 227-229; Loehlin, *Genes and Environment*, S. 83, S. 100f.; K. McCartney, M. J. Harris und F. Bernieri, »Growing up and Growing apart: A Developmental Meta-analysis of Twin Studies«, *Psychological Bulletin* 107, 1990, S. 226-237.

2 Charles Darwin, *Mein Leben*, hrsg. von Nora Barlow, Frankfurt/M. 1993, S. 47. In ihrem Buch *Warum Geschwister so verschieden sind*, Stuttgart 1996, präsentieren Judy Dunn und Robert Plomin eine Fülle von Material über Schriftsteller und andere Intellektuelle, die sich von ihren Geschwistern sehr stark unterschieden.

3 Karl Bruhns (Hrsg.), *Alexander von Humboldt. Eine wissenschaftliche Biographie*, Bd. 1, Nachdruck der Ausg. von 1872, Osnabrück 1969, S. 54f.

4 Alexander von Humboldt und Aimé Bonpland, *Reise in die Aequinoctial-Gegenden des neuen Continents in den Jahren 1799-1804*, 6 Bde., Stuttgart – Tübingen 1815-1832; Bruhns (Hrsg.), *Alexander von Humboldt*, S. 307-423

5 James Parton, *Life of Voltaire*, Bd. 1, Boston – London 1881, S. 236.

6 Darwin, *Mein Leben*, S. 125.

7 *The Correspondence of Charles Darwin*, hrsg. von Frederick Burkhardt und Sidney Smith, Bd. 7, Cambridge 1985, S. 102.

8 Ernst Mayr, *Artbegriff und Evolution*, Hamburg – Berlin 1967, S. 37. Der Begriff »Geschwisterart« wurde von Mayr geprägt, siehe ders., *Systematics and the Origin of Species from the Viewpoint of a Zoologist*, New York 1942.

9 Peter R. Grant, *Ecology and Evolution of Darwin's Finches*, Princeton 1986, S. 314-347.

10 Mayr, *Artbegriff und Evolution*, S. 62. Im Sinn von Darwins evolutionärer Logik testete und bestätigte G. F. Gause, *The Struggle for Existence*, Baltimore 1934, das Konkurrenzausschlußprinzip durch Experimente mit Mikroorganismen. Seine Ergebnisse hatten einen großen Einfluß auf David Lack, *Darwin's Finches: An Essay on the General Biological Theory of Evolution*, Cambridge 1947, der sich um das moderne Verständnis von Darwins Galápagos-Finken sehr verdient gemacht hat.

11 Der Begriff »Merkmalsverschiebung« stammt von W. L. Brown und E. O. Wilson, »Character Displacement«, *Systematic Zoology* 5, 1956, S. 49-64, die sich auf Lacks Daten über die Darwinschen Finken (1947) bezogen.

12 Eine Darwinsche Perspektive auf die Familie läßt sich mit der Theorie des Familiensystems vereinbaren, die seit langem die Einzigartigkeit des Individuums, die Interessenkonflikte und die Bedeutung familiärer »Subsysteme« betont, siehe J. H. S. Bossard und E. Boll, *The Large Family System*, Philadelphia 1956; Lynn Hoffman, *Foundations of Family Therapy: A Conceptual Framework for Systems Change*, New York 1981; P. Minuchiun, »Families and Individual Development: Provocations from the Field of Family Therapy«, *Child Development* 56, 1985, S. 289-302. Allerdings fehlt der Systemtheorie der Familie die evolutionäre Logik, die dem vielfältig verschachtelten Muster von adaptiven Reaktionen zugrundeliegt.

13 Geschwister teilen viel mehr als die Hälfte ihrer Gene miteinander (wie auch mit anderen Mitgliedern der Spezies). Im Durchschnitt finden sich relativ *neue* Gene zur Hälfte bei allen Geschwistern. Für die Evolution von neuen Verhaltensweisen oder Merkmalen kommt es gerade auf diese neuen Gene an, siehe Robert Wright, *The Moral Animal: Evolutionary Psychology and Everyday Life*, New York 1994, S. 158.

14 Arnold H. Buss und Robert Plomin, *Temperament: Early Developing Personality Traits*, Hillsdale/N. J. 1984; Alexander Thomas und Stella Chess, *Temperament und Entwicklung. Über die Entstehung des Individuellen*, Stuttgart 1980; Stella Chess und Alexander Thomas, *Temperament and Clinical Practice*, New York – London 1986; Jerome Kagan, *Die Natur des Kindes*, München 1984; ders., *Galen's Dream*, New York 1994.

15 Marvin Zuckerman, »All Parents are Environmentalists Until They Have Their Second Child«, *Behavioral and Brain Sciences* 10, 1987, S. 42ff.

16 David T. Lykken, »Research With Twins: The Concept of Emergenesis«, *Society for Psychophysiological Research* 19, 1982, S. 361-373; ders. u.a., »Emergenesis: Genetic Traits That May Not Run in Families«, *American Psychologist* 47, 1992, S. 1565-1577.

17 Siehe John Hartung, »On Nonheritable Genetic Differences«, *Behavioral and Brain Sciences* 10, 1987, S. 25, und David T. Lykken, »An Alternative Explanation for Low Zero Sib Correlations«, *Behavioral and Brain Sciences* 10, 1987, S. 31.

18 Lykken u.a., »Emergenesis«, S. 1572.

19 Ebenda, S. 1565.

20 Siehe zum Beispiel John Tooby und Leda Cosmides, »On the Universality of Human Nature and the Uniqueness of the Individual: The Role of Genetics and Adaptation«, *Journal of Personality* 58, 1990, S. 17-68; David M. Buss, »Evolutionary Personality Psychology«, *Annual Review of Psychology* 42, 1991, S. 459-491; Kevin MacDonald, »A Perspective on Darwinian Psychology: The Importance of Domain-general Mechanisms, Plasticity, and Individual Differences«, *Ethology and Sociobiology* 12, 1991, S. 449-480; ders., »Evolution, the Five-factor Model, and Levels of Personality«, *Journal of Personality* 63, 1995, S. 525-567.

21 Mac Donald, »Perspective on Darwinian Psychology«; ders., »Evolution«.

22 Marvin Zuckerman, »The Psychophysiology of Sensation Seeking«, *Journal of Personality* 58, 1990, S. 313-345.

23 Steven Pinker, *The Language Instinct*, New York 1994.

24 Eleanor Emmons Maccoby und Carol Nagy Jacklin, *The Psychology of Sex Differences*, Stanford 1974, S. 243-246; Kim A. McDonald, »Biology and Behavior«, *The Chronicle of Higher Education*, 14. September 1994, S. A10-A11, S. A21. Einige Persönlichkeitsdifferenzen zwischen Erstgeborenen und Spätergeborenen können mit analogen physiologischen Mechanismen, die kontextabhängig sind und ebenfalls Wechselwirkungen zwischen genetischer Ausstattung und Umwelt erkennen lassen, in Verbindung stehen. Bei Frauen haben individuelle Differenzen im sozialen Dominanzverhalten mit unterschiedlichen Geschlechtshormonspiegeln zu tun, siehe Elizabeth Cashdan, »Hormones, Sex, and Status in Woman«, *Hormones and Behavior* 29, 1995, S. 354-366.

25 Richard D. Alexander, »The View from the President's Window: Impression from the Santa Barbara Meeting«, *Human Behavior and Evolution Society Newsletter* 4, no. 2, 1995, S. 1ff.

26 Die Bedeutung von »offenen« genetischen Programmen und die Rolle der verlängerten elterlichen Pflege beim Menschen sind von Ernst Mayr, *Evolution und Vielfalt des Lebens*, Berlin – Heidelberg 1979, S. 26f., gebührend hervorgehoben worden.

27 Es mag dem Prozeß, den man als »Geschwisterselektion« bezeichnen könnte, zuzuschreiben sein, daß sich Persönlichkeitsmerkmale im menschlichen Genpool bei Erst- beziehungsweise Spätergeborenen in unterschiedlichem Maß entwickelt haben. Unsere Art verdankt ihre Fähigkeit zur Gewissenhaftigkeit wahrscheinlich mehr den Erst- als den Spätergeborenen. Offenheit für Erfahrung ist dagegen ein Attribut von Spätergeborenen, und die Selektion dieses Merkmals spielte sich vermutlich innerhalb dieser Geschwistergruppe intensiver ab. Im Verlauf der Evolution wären dann die genetischen Resultate der »Geschwisterselektion« durch entsprechende Partnerwahl kontinuierlich gepoolt worden, wodurch künftigen Generationen neue Verhaltensstrategien zur Verfügung standen.

28 Darwin, *Mein Leben*, S. 81.

29 Zur Rolle von zufälligen Ereignissen in der Biographie siehe Dunn und Plomin, *Warum Geschwister so verschieden sind*, S. 163-180, die Darwins Reise als Beispiel anführen. Viele scheinbar »zufällige« Ereignisse sind allerdings nicht so zufällig, wie sie erscheinen, auch Darwins Reise nicht (Abb. 4.3).

30 In traditionalen Lebensverhältnissen war die »Familieneinheit« umfangreicher als in modernen Gesellschaften. Daher haben bestimmte Merkmale des moder-

nen Familienlebens, darunter vielleicht auch Differenzen, die durch Geburtenfolge bedingt sind, gegenüber früher eine größere Bedeutung erlangt. Gleichwohl sind die Grundzüge der Persönlichkeitsentwicklung unter psychodynamischem Gesichtspunkt im großen und ganzen vermutlich gleich geblieben. Rivalitäten zwischen Geschwistern ergeben sich aus dem angestrengten Versuch, möglichst viel Zuwendung von Personen, die elterliche Funktionen ausüben, zu erlangen. Ähnliches gilt für Verhaltensstrategien, die mit Statushierarchien zu tun haben. Sie sind in Gruppen von Gleichaltrigen ebenso nützlich wie in der Familie.

31 Denise Daniels, »Differential Experiences of Siblings in the Same Family as Predictors of Adolescent Sibling Personality Differences«, *Journal of Personality and Social Psychology* 51, 1986, S. 339-346.

32 Helen L. Koch, »The Relation of Certain Formal Attributes of Siblings to Attitudes Held toward Each Other and toward Their Parents«, *Monograph of the Society for Research in Child Development* 25, 1960, S. 1-124; Dunn und Plomin, *Warum Geschwister so verschieden sind*, S. 76f., S. 84f.

33 Martin Daly und Margo Wilson, *Homicide*, New York 1988. Es gibt zwingende Beweise dafür, daß Menschen über ein sehr feines Unterscheidungsvermögen in Angelegenheiten verfügen, die mit sozialer Gerechtigkeit und Gegenseitigkeit zu tun haben, siehe Leda Cosmides, »The Logic of Social Exchange: Has Natural Selection Shaped How Humans Reason?«, *Cognition* 31, 1989, S. 187-276; Kalman Glantz und John K. Pearce, *Exiles from Eden: Psychotherapy from an Evolutionary Perspective*, New York 1989.

34 Leslie Stephen, »Dickens, Charles (1812-1870)«, *Dictionary of National Biography* 5, 1888, S. 20-32, hier S. 20.

35 Ebenda, S. 20f.

36 John Forster, *Charles Dickens' Leben*, Bd. 1, Berlin 1872, S. 45; auch zitiert bei Dunn und Plomin, *Warum Geschwister so verschieden sind*, S. 102, die das Beispiel Dickens' als Beleg für die Bedeutung der elterlichen Diskriminierung heranziehen.

37 Forster, *Charles Dickens' Leben*, Bd. 1, S. 48. Siehe auch Norman I. MacKenzie, *Dickens. Ein Leben*, Frankfurt/M. 1983, S. 11, S. 83.

38 Forster, *Charles Dickens' Leben*, Bd. 1, S. 31f.

39 Ebenda.

40 Edgar Johnson, *Charles Dickens: His Tragedy and Triumph*, Revised and abridged, New York 1977, S. 349.

41 Peter Ackroyd, *Dickens*, London 1990, S. 5.

42 Plomin und Daniels, »Why are Children«, S. 7; Dunn und Plomin, *Warum Geschwister so verschieden sind*, S. 95.

43 Die Arbeiten von John Tooby und Leda Cosmides mit ihrer Betonung der »Bereichsspezifität« vieler kognitiver Mechanismen bieten einen wichtigen Rahmen für die Konzeptualisierung vieler Aspekte des familiären Lebens, siehe dies., »On the Universality«; dies., »The Past Explains the Present: Emotional Adaptations and the Structure of Ancestral Environments«, *Ethology and Sociobiology* 11, S. 375-424; dies., »Psychological Foundations of Culture«, in: Jerome H. Barkow, Leda Cosmides und John Tooby (Hrsg.), *The Adapted Mind: Evolutionary Psychology and the Generation of Culture*, New York 1992, S. 19-136.

44 Judy Dunn und P. Munn, »Becoming a Family Member: Family Conflict and the Development of Social Understanding«, *Child Development* 56, 1985, S. 480-492.

45 Dunn und Plomin, *Warum Geschwister so verschieden sind*, S. 111.

46 James Parton, *Life of Voltaire*, Bd. 1, Boston – London 1881, S. 29.

47 Georg Brandes, *Voltaire*, Bd. 1, 2. Aufl. Berlin 1923, S. 25.

48 Ebenda.

49 Theodore Besterman, *Voltaire*, London 1969, S. 31.

50 Parton, *Life of Voltaire*, Bd. 1, S. 51, S. 28.

51 Ebenda, S. 51.

52 Frances Fuchs Schachter u.a., »Sibling Deidentification«, *Developmental Psychology* 12, 1976, S. 418-427.

53 Eine Folgestudie, die sich auf Beurteilungen, die Mütter von 325 Geschwistern abgaben, stützte, bestätigte diese Ergebnisse zur Frage der Desidentifikation unter Geschwistern, siehe Frances Fuchs Schachter, »Sibling Deidentification and Split-parent Identification: A Family Tetrad«, in: Lamb und Sutton-Smith (Hrsg.), *Sibling Relationships*, S. 125-152. Dieser Befund ist allerdings mit Vorsicht zu behandeln, denn Schachter und ihre Kollegen untersuchten wahrgenommene und nicht tatsächliche Unähnlichkeiten zwischen Geschwistern, siehe Scarr und Grajek, »Similarities and Differences among Siblings«, S. 371.

54 Schachter, »Sibling Deidentification«, S. 148.

55 Sigmund Freud, *Traumdeutung*, in: *Gesammelte Werke*, hrsg. von Anna Freud unter Mitarbeit von Marie Bonaparte u.a., Bd. 2, S. 256-262; ders., *Vorlesungen zur Einführung in die Psychoanalyse*, in: *Gesammelte Werke*, Bd. 11, S. 208ff.

56 Dieses Material wird von Mayr, *Entwicklung der biologischen Gedankenwelt*, S. 60-78, S. 250, diskutiert, darunter Fälle von ökologischer Diversifikation *innerhalb* der Arten (Polymorphismus und sexuelle Unterschiede); siehe auch Gause, *Struggle for Existence*; Brown und Wilson, »Character Displacement«; Dolph Schluter, Trevor D. Price und Peter R. Grant, »Ecological Character Displacement in Darwin's Finches«, *Science* 227, 1985, S. 1056-1059; Grant, *Ecology and Evolution.*

57 Diese Annahme über Geschwisterstrategien zur Ausnutzung von Differenzen zwischen den Eltern wird durch einen interessanten Befund gestützt. Aus einer Untersuchung über die drei ältesten Geschwister in 70 Familien ging hervor, daß das erste und das zweite Kind in ihren Interessen am weitesten auseinanderlagen, *wenn sich die Eltern in ihren Interessen ebenfalls sehr unterschieden.* Unter solchen Umständen zeigte das Springerpaar (das erste und das dritte Kind) größere Ähnlichkeiten, was mit dem für die Unterschiede zwischen Geschwistern typischen Trend der Verteilung nach dem Prinzip der geraden und ungeraden Zahlen übereinstimmt, siehe Don Verger, »Birth Order and Sibling Differences in Interests«, *Journal of Individual Psychology* 24, 1968, S. 56-59.

58 *Erläuterungen zu Tabelle 4.1:* Für das Verhältnis zwischen Geburtsrang und wissenschaftlicher Radikalität im Verlauf von liberalen Debatten gilt $r$=0,19 ($df$=1/1133, $t$=6,38, $p$<0,001). Für das Verhältnis zwischen der Größe der Geschwisterzahl und wissenschaftlicher Radikalität gilt $r$=–0,11 ($df$=1/1133, $t$=–3,56, $p$<0,001). Für die Wechselwirkung zwischen dem Geburtsrang und der Größe der Geschwisterzahl gilt $r$=–0,09 ($df$=1/1133, $t$=–3,05, $p$<0,005). Diese Wechselwirkung läßt vermuten, daß die Radikalität der Spätergeborenen sich zum großen Teil aus der Reaktion auf den Konservatismus der Erstgeborenen ergibt. Wenn die Familie größer wird, nimmt der Altersabstand der jüngeren Geschwister zu dem konservativsten Mitglied der Geschwistergruppe zu. Dadurch werden die Motive für extreme Radikalität schwächer. Die Wechselwirkung zwischen Geburtenfolge und Geschwisterzahl kann zu sehr heterogenen Ergebnissen führen. In großen Geschwistergruppen zeigt sich bei den Letztgeborenen im Verhältnis zu den mittleren Kindern und vor allem zu den Erstgeborenen ein erhöhtes Maß an Heterogenität (*partielles* $r$=0,14, $df$=6/1130, $F$=3,95, $p$<0,01; auf der Grundlage der zweiseitigen Wechselwirkung nach Levines Test auf Varianzengleichheit). Mit anderen Worten: Wie sich die Letztgeborenennische entwickeln wird, ist (besonders in großen Unterschichtfamilien) am wenigsten vorhersehbar.

59 Die Hypothese von Trivers und Willard, daß Unterschichteltern Töchter bevorzugen, ist ein gutes Beispiel für eine evolutionstheoretische Hypothese, die sich *nicht* von selbst versteht. Sie ist empirisch gut belegt, siehe Robert L. Trivers und Dan Willard, »Natural Selection of Parental Ability to Vary the Sex-ratio of Offspring«, *Science* 179, 1973, S. 90ff.; auch Eckart Voland, »Human Sex-ratio

Manipulation: Historical Data from a German Parish«, *Journal of Human Evolution* 13, 1984, S. 99-107; James L. Boone, »Parental Investment and Elite Family Structure in Preindustrial States: A Case Study of Late Medieval – Early Modern Portuguese Genealogies«, *American Anthropologist* 88, 1986, S. 859-878; Sarah Blaffer Hrdy, »Sex-biased Parental Investment among Primates and other Mammals: A Critical Evaluation of the Trivers-Willard Hypothesis«, in: Richard Gelles und Jane Lancaster (Hrsg.), *Child Abuse and Neglect*, New York 1987, S. 97-147; dies., »Fitness Tradeoffs in the History of Evolution of Delegated Mothering with Special Reference to Wet-nursing, Abandonment, and Infanticide«, *Ethology and Sociobiology* 13, 1992, S. 409-442; Steven J. C. Gaulin und Carole J. Robbins, »Trivers-Willard Effect in Contemporary North American Society«, *American Journal of Physical Anthropology* 85, 1991, S. 61-69; Wright, *Moral Animal*, S. 173. Die Darwinsche Theorie hat zu einer Reihe von Forschungsergebnissen über die Struktur kognitiver Prozesse geführt. Zum Beispiel machen Menschen bestimmte logische Fehler, wenn sie in abstrakten Begriffen denken; wenn es um konkrete Fragen der sozialen Gegenseitigkeit geht, unterlaufen ihnen diese Fehler nicht, siehe Cosmides, »Logic of Social Exchange«.

60 Stephen Jay Gould und Richard Lewontin, »The Spandrels of San Marco and the Panglossian Paradigm: A Critique of the Adaptationist Programme«, *Proceedings of the Royal Society of London (B)*, 205, 1979, S. 581-598, haben auf die Gefahren des »panglossianischen« Denkens in der Evolutionsbiologie hingewiesen. Wenn etwas existiert, heißt das noch nicht, daß es auch anpassungsfähig ist. Auch wenn es nicht der Ironie entbehrt, wenn die orthodoxe Darwinsche Theorie mit der Philosophie des Dr. Pangloss (die vom Darwinismus umgestoßen wurde) verglichen wird, so ist es doch ein wichtiger Punkt, auf den Gould und Lewontin aufmerksam machen.

61 Arthur Birembaut, »Élie de Beaumont, Jean-Baptiste-Armand-Louis-Léonce (1798-1874)«, *Dictionary of Scientific Biography* 4, 1971, S. 347-350, hier S. 350.

62 Prof. [Thomas Henry] Huxley, »Über die Aufnahme der *Entstehung der Arten*«, in: Charles Darwin, *Leben und Briefe in drei Bänden*, Bd. 2, hrsg. von Francis Darwin, Nachdruck der Ausg. von 1887, Tübingen 1992, S. 174-199, hier S. 180 (über Élie de Beaumont und die Evolution); Jules Marcou, *Life, Letters, and Works of Louis Agassiz*, Bd. 1, New York – London 1896, S. 110f. (über Élie de Beaumont und die Vergletscherungstheorie).

63 Mott T. Greene, *Geology in the Nineteenth Century: Changing Views of a Changing World*, Ithaca – London 1982, S. 94.

64 Robert E. Butts, »Whewell, William (1794-1866)«, *Dictionary of Scientific Biography* 14, 1976, S. 292-295, hier S. 292.

65 Charles Darwin, *Leben und Briefe*, Bd. 2, S. 254 Fn.

66 Zusätzlich zu den 38 Wissenschaftlern, die Robert Merton in seinem hervorragenden Artikel über Prioritätsstreitigkeiten in *Entwicklung und Wandel von Forschungsinteressen. Aufsätze zur Wissenschaftstheorie*, Frankfurt/M. 1985, S. 258-300, zitiert, habe ich weitere 162 Personen untersucht, die im *Dictionary of Scientific Biography* unter der Überschrift »Rangstreitigkeiten« genannt sind.

67 Für das Verhältnis zwischen Geburtenfolge und Beteiligung an Prioritätsstreitigkeiten $r=-0{,}22$ ($\chi^2[1]=6{,}06$, $N=120$, $p<0{,}01$). Bei diesem Test werden Personen, die sich tief betroffen zeigten, wenn es um die Frage ging, wem der wissenschaftliche Vorrang gebührte, und sich in aggressiver Weise an entsprechenden Streitigkeiten beteiligten, mit jenen verglichen, die sich von dieser Frage »nicht betroffen« fühlten oder sich »ambivalent« verhielten, wenn sie zu entscheiden hatten, ob sie entsprechende Ansprüche erheben sollten. Ich habe diese Kategorien auf Mertons nützliche Unterscheidungen gestützt, siehe ebenda, S. 258ff.

68 Bernard I. Cohen, »Newton, Isaac (1642-1727)«, *Dictionary of Scientific Biography* 10, 1974, S. 42-101, hier S. 84.

69 Merton, *Entwicklung und Wandel*, S. 287-300.

70 Cohen, »Newton«, S. 84.
71 Steven Shapin und Simon Schaffer, *Leviathan and the Air-Pump: Hobbes, Boyle, and the Experimental Life*, Princeton 1985, S. 128-139.
72 Louis Trenchard More, *The Life and Works of The Honourable Robert Boyle*, London 1944, S. 92.
73 Ebenda, S. 134. Shapins und Schaffers interessante These über »Höflichkeit« und das Aufkommen der wissenschaftlichen Methode zeigt, wie problematisch es ist, wenn man weitgespannte Annahmen über geschichtliche Prozesse auf einer schmalen Grundlage biographischer Beipiele trifft, die ausgewählt wurden, ohne die jeweiligen Einflüsse durch Geschwisterunterschiede zu prüfen. Den gleichen methodischen Fehler macht Mario Biagioli, »Scientific Revolution, Social Bricolage, and Etiquette«, in: Roy Porter und Mikulás Teich (Hrsg.), *The Scientific Revolution in National Context*, Cambridge 1992, S. 11-54, wenn er behauptet, daß die wissenschaftlichen Stile eines Boyle und eines Galilei durch die damals in England und Italien unterschiedlichen nationalen politischen Stile geprägt wurden: »Der auffällige Unterschied zwischen Galileis aggressivem und Boyles höflichem Stil findet seine Erklärung in den verschiedenen gesellschaftlichen Kontexten, die den ›Zivilisationsprozeß‹ bestimmt haben«, ebenda S. 37. Wirklich? Galilei, ein Erstgeborener, ist als »streitsüchtig« und »jähzornig« beschrieben worden, besaß also Charaktereigenschaften, die für diesen Geburtsrang typisch sind, siehe Stillman Drake, *Galileo Studies*, Ann Arbor/Mich. 1970, S. 66; ders., »Galilei, Galileo (1564-1642)«, *Dictionary of Scientific Biography* 3, 1972, S. 247f. Ein überzeugender Beweis für die Behauptung, daß italienische Wissenschaftler sich insgesamt unhöflicher verhielten als britische, wäre nur dann möglich, wenn man italienische Erstgeborene wie Galilei mit britischen Erstgeborenen wie Newton oder Spätergeborene wie Robert Bellarmine und Boyle vergliche. Bellarmine, der im *Dictionary of Scientific Biography* erwähnt wird, wird als jemand beschrieben, der von »zugleich sanftem und heiterem Temperament« war und es »nicht kongenial« fand, sich auf Kontroversen einzulassen, siehe Ernan McMullin, »Bellarmine, Robert (1542-1621)«, *Dictionary of Scientific Biography* 1, 1970, S. 587-590, hier S. 587. Die soziokulturellen Argumentationsweisen von Shapin und Schaffer, *Leviathan*, beziehungsweise Mario Biagioli, »Scientific Revolution« und *Galileo, Courtier: The Practice of Science in the Culture of Absolutism*, Chicago 1993, mögen etwas für sich haben, aber sie sind nicht beweiskräftig genug für die Fälle, die sie erklären wollen und für die es eine viel einfachere Erklärung gibt: nämlich Differenzen, die sich aus der Familienstruktur ergeben.
74 John Bartlett, *Familiar Quotations*, Boston – Toronto 1955, S. 266.
75 L. Pearce Williams, *Michael Faraday: A Biography*, London – New York 1965, S. 160.
76 Ders., »Faraday, Michael (1791-1867)«, *Dictionary of Scientific Biography* 4, 1971, S. 527-540, hier S. 527; siehe auch Merton, *Entwicklung und Wandel*, S. 260.
77 Williams, *Michael Faraday*, S. 160.
78 Charles Coulston Gillispie, »Laplace, Pierre-Simon, Marquis de (1749-1829)«, *Dictionary of Scientific Biography* 15, 1978, S. 273-356, hier S. 347.
79 Ebenda
80 Alfred Russel Wallace, *My Life; a Record of Events and Opinions*, Bd. 1, London – New York 1905, S. 363.
81 *Correspondence of Charles Darwin*, Bd. 7, S. 107, Brief vom 18. Juni 1858.
82 Ebenda, S. 117f.
83 Charles Darwin und Alfred Russel Wallace, »On the Tendency of Species to Form Varieties; and on the Perpetuation of Varieties and Species by Natural Means of Selection ... Communicated by Charles Lyell ... and J. D. Hooker [Read 1 July 1858.]«, *Journal of the Proceedings of the Linnean Society (Zoology)* 3, 1858, S. 45-62, wiederabgedruckt in: dies., *Evolution by Natural Selection*, Foreword by Sir Gavin de Beer, Cambridge 1958.

84 Zu dem Ausdruck »delikate Situation« siehe Leonard Huxley, *Life and Letters of Thomas Henry Huxley*, Bd. 1, New York 1901, S. 500. Zur Antwort von Wallace siehe *Correspondence of Charles Darwin*, Bd. 7, Cambridge 1991, S. 166; Alfred Russel Wallace an Joseph Hooker, Brief vom 6. Oktober 1858. Es ist bemerkenswert, wie schnell Darwins Freunde bereit waren, seine Interessen zu schützen, ohne Wallace in dieser Angelegenheit zu konsultieren, siehe auch Arnold C. Brackman, *A Delicate Arrangement: The Strange Case of Charles Darwin and Alfred Russel Wallace*, New York 1980. Auf dem Hintergrund dieser Tatsache ist Wallaces freundliche Antwort noch erstaunlicher.

85 Darwin, *Leben und Briefe*, Bd. 2, S. 301.

86 Ebenda, Bd. 3, S. 118.

87 Merton, *Entwicklung*, S. 262.

88 Zu vielfältigen Interessen und Offenheit für Erfahrung siehe Robert R. McCrae und Paul T. Costa Jr., »Openness to Experience«, in: Hogan und W. H. Jones (Hrsg.), *Perspectives in Personality*, Bd. 1, Greenwich/Conn. 1985, S. 145-172, hier S. 163-166.

89 Jonathan Weiner, *Der Schnabel des Finken oder Der kurze Atem der Evolution. Was Darwin noch nicht wußte*, München 1994, S. 287.

90 Zu konvergentem und divergentem Denken siehe J. P. Guilford, »A Revised Structure of Intellect«, *Reports from the Psychological Laboratory*, no. 19, University of Southern California 1957; ders., »Traits of Creativity«, in: H. H. Anderson (Hrsg.), *Creativity and Its Cultivation*, New York 1959, S. 142-161; Jacob W. Getzels und Philip W. Jackson, *Creativity and Intelligence: Explorations with Gifted Students*, London – New York 1962; Liam Hudson, *Contrary Imaginations: A Psychological Study of the English Schoolboy*, London 1966.
Über den Zusammenhang zwischen Geburtenfolge und divergentem Denken ist viel geforscht worden, allerdings mit widersprüchlichen Ergebnissen, siehe Cécile Ernst und Jule Angst, *Birth Order: Its Influence on Personality*, New York 1983, S. 150-153. Wie die Diskussion im Text klar zu machen versucht, ist diese Beziehung komplex, weil sie abhängig ist von Geburtenfolge, Geschwisterzahl, Altersabständen zwischen den Geschwistern und Schichtzugehörigkeit. Daß Spätergeborene »divergente Denker« – das heißt unkonventionell – sind, ist hinreichend belegt, wie ich in den Kapiteln 2 und 3 gezeigt habe. Divergentes Denken ist begrifflich am besten einzuordnen, wenn man es als einen Aspekt der Offenheit für Erfahrung, einer der fünf großen Persönlichkeitsdimensionen, versteht, siehe Robert R. McCrae, »Openness to Experience: Expanding the Boundaries of Factor V.«, *European Journal of Personality* 8, 1994, S. 251-272, hier S. 256.

91 Diese Daten beziehen sich auf die Spezialgebiete, die für die Wissenschaftler im *Dictionary of Scientific Biography*, im *World Who's Who in Science* und verschiedenen nationalen Biographien angegeben sind.

92 Die meisten wissenschaftlichen Arbeitsgebiete sind noch einmal in Unterabteilungen gegliedert, so daß es von der Ebene der Untersuchung abhängt, wie man die Zahl der Arbeitsgebiete bestimmt, auf denen ein Wissenschaftler bedeutende Leistungen vollbracht hat. Ich habe mich dazu entschlossen, die wissenschaftlichen Karrieren durchgängig nach Beiträgen für einen oder mehrere von 15 allgemeinen Arbeitsbereichen wie Mathematik, Physik, Medizin oder Physiologie zu definieren. Forschungen auf ungewöhnlichen Gebieten wie etwa der Ozeanographie oder der Meteorologie behandele ich unter der Kategorie »andere« Forschungen.

93 Für die Beziehung zwischen wissenschaftlichem Ansehen und der Anzahl der Gebiete, zu denen Wissenschaftler Bedeutendes beitrugen, gilt $r$=0,24 ($df$=1/2258, $t$=11,53, $p$<0,0001). Abhängig von diesem linearen Trend gibt es außerdem einen signifikanten quadratischen Trend. Wissenschaftliches Ansehen wurde am *wirksamsten* durch Spezialisierung oder durch eine besonders weit verzweigte Forschungstätigkeit erreicht. Im mittleren Verteilungsbereich

hatten es die betreffenden Wissenschaftler relativ schwer, sich mit ihren Bemühungen um eine breit angelegte Forschungstätigkeit einen Namen zu machen ($r$=0,06, $df$=1/2258, $t$=2,83, $p$<0,005). 

94 Für das Verhältnis zwischen der Anzahl der wissenschaftlichen Interessen und dem Geburtsrang gilt $r$=0,09 ($df$=1/780, $t$=2,42, p<0,02). Wenn auch die Größe der Geschwisterzahl einbezogen wird, dann stellt sich diese Beziehung als ein quadratischer Trend dar: Mittlere Kinder haben weniger wissenschaftliche Interessen als Erstgeborene oder Letztgeborene ($r$=0,07, $df$=1/780, $t$=2,08, $p$<0,05). Für den kombinierten linearen und quadratischen Trend gilt $r$=0,13 ($df$=2/780, $F$=6,36, $p$<=0,005).
Diese und andere Wirkungsgrößen, die wissenschaftliche Interessen betreffen, sind klein, aber alle zusammen summieren sie sich. Karrierestrategien orientieren sich nicht nur an den Erfordernissen der familiären Nischen, sondern sind natürlich auch von vielen anderen Faktoren beeinflußt, zu denen vor allem die kognitiven Fähigkeiten gehören.

95 Für das Verhältnis zwischen Schichtzugehörigkeit und der Anzahl der wissenschaftlichen Interessen gilt $r$=0,08 ($df$=1/742, $t$=2,32, $p$<0,05).

96 Für das Verhältnis zwischen wissenschaftlichen Interessen und Geschwisterzahl gilt $r$=0,10 ($df$=1/688, $t$=2,67, $p$<0,01).

97 Für die auf die Anzahl der wissenschaftlichen Interessen bezogene dreiseitige Wechselwirkung zwischen Geburtenfolge, sozialer Schicht und Familiengröße beträgt das partielle $r$=0,08 ($df$=1/742, $t$=2,29, $p$<0,05). Die zweiseitige Wechselwirkung zwischen Geburtenfolge und Familiengröße ist ebenfalls signifikant (partielles $r$=0,07, $df$=1/742, $t$=1,99, $p$<0,05). Diese Ergebnisse stehen in Beziehung zu dem Begriff Ressourcenverwässerung, der gelegentlich benutzt wird, um Auswirkungen der Geburtenfolge auf wissenschaftliche Leistungen zu erklären, siehe Brian Powell und Lala Carr Steelman, »Beyond Sibship Size: Sibling Density, Sex Composition, and Educational Outcomes«, *Social Forces* 69, 1990, S. 181-206; Russel Travis und Vandana Kohli, »The Birth Order Factor: Ordinal Position, Social Strata, and Educational Achievement«, *Journal of Social Psychology* 135, 1995, S. 499-507.

98 Anna Freud Bernays, »My Brother, Sigmund Freud«, *The American Mercury* 51, 1940, S. 335-342, hier S. 337.

99 Ebenda

100 Ein interessanter Fall, bei dem Regel 4 (*»Unter bestimmten Umständen lasse die vorigen Regeln außer acht und spezialisiere dich«*) zur Anwendung gelangt, betrifft eine dreifache Wechselwirkung zwischen Geburtenfolge, Schichtzugehörigkeit und allgemeinem Forschungsgebiet (physikalische versus biologische Wissenschaften). Wenn Erstgeborene zu einem besonderen Wissenschaftsbereich etwas *allgemein* beitragen wollten (wie es Oberschicht-Erstgeborene in der Physik taten), entschieden sich Spätergeborene aus derselben Schicht für *Spezialisierungen* auf diesem Gebiet. In diesem Muster sich überkreuzender Karrierestrategien gibt es eine Invariante: Spätergeborene taten immer das Gegenteil von dem, was Erstgeborene taten (partielles $r$=0,11, $df$=1/697, $t$=2,88, $p$<0,005).

101 *Erläuterungen zu Abbildung 4.2*: Für den quadratischen Trend der sich von der Geburtenfolge abhängig ergebenden und nach der Geschwisterzahl überprüften Anzahl der wissenschaftlichen Gebiete gilt $r$=0,07 ($df$=1/780, $t$=2,08, $p$<0,05). Die quadratischen Trends in Abbildung 4.2 sind denen ähnlich, die sich in einer Studie von Mark A. Runco, »Birth Order and Divergent Thinking«, *Journal of Genetic Psychology* 148, 1987, S. 119-125, über divergentes Denken finden. Insofern breitgestreute wissenschaftliche Interessen ein Zeichen für divergentes Denken sind, zeigt Abbildung 4.2, warum sich Untersuchungen über diesen Gegenstand so häufig widersprechen. In Familien mit zwei Kindern ist das zweitgeborene divergent. Bei drei Kindern ist das zweite konvergent (und von zwei divergenten Geschwistern umgeben). Weil die Vorzüge der Divergenz von der Größe (und

den Ressourcen) der Familie abhängen, müssen Untersuchungen über divergentes Denken den Geburtsrang, die Geschwisterzahl und die Schichtzugehörigkeit berücksichtigen. Solche Kontrollen fehlen in der vorhandenen Forschungsliteratur fast völlig.
Die Altersabstände zwischen den Geschwistern beeinflussen die Entwicklung des divergenten Denkens ebenfalls, meist in Wechselwirkung mit Geburtenfolge und Geschwisterzahl. Wenn Erstgeborene keine ihnen im Alter sehr nahestehenden (also weniger als vier Jahre jüngeren) Geschwister haben, dann geben sie ihre bescheidenen Bemühungen, eine breite Interessenvielfalt zu entwickeln, auf und spezialisieren sich. Unter den gleichen Umständen entwickeln Spätergeborene ausgesprochen vielseitige Interessen (für die zweifache Wechselwirkung zwischen Geburtenfolge und Altersabständen gilt das partielle $r=0,20$ [$df=2/441$, $F=9,36$, $p<0,001$]).
Dieses Muster ist abhängig von der Familiengröße. In kleinen Familien führt ein geringer Altersabstand zur Diversifikation. In großen Familien trifft das Gegenteil zu: Eng beieinanderliegende Geschwister spezialisieren sich, während Geschwister, deren Altersabstand groß ist, vielseitige Interessen ausbilden (partielles $r=0,10$, $df=1/441$, $t=2,17$, $p<0,05$). Die Tendenz ist vor allem bei Spätergeborenen ausgeprägt (für diese dreifache Wechselwirkung ist das partielle $r=0,15$, $df=2/441$, $t=2,32$, $p<0,005$).
Zusammenfassend läßt sich sagen, daß Altersabstände eine ähnliche Funktion haben wie die Schichtzugehörigkeit. Ohne ein im Alter sehr nahe stehendes Geschwister kann man auf eine größere elterliche Zuwendung rechnen, daher ist die Attraktivität der Diversifikation unter diesen Umständen verhältnismäßig groß. Im allgemeinen entwickeln Spätergeborene vielfältige Interessen, wenn es *ratsam und praktisch* ist.

102 Zum Verhältnis zwischen Geburtenfolge und intellektueller Leistung siehe Ernst und Angst, *Birth Order*, S. 29-69. In meinem Wissenschaftlersample beträgt die Korrelation zwischen Geburtenfolge und wissenschaftlichem Ansehen –0,08 ($df=1/1993$, $t=3,69$, $p<0,001$). Der Trend verläuft in signifikanter Weise nicht linear, Erstgeborene und Letztgeborene sind diejenigen, die es zu größtem Ansehen gebracht haben ($r=0,12$, $df=2/1588$, $F=10,80$, $p<0,0001$). Berücksichtigt man außerdem Schichtzugehörigkeit und Familiengröße, dann beträgt die lineare Korrelation 0,06 ($df=1/1504$, $t=2,35$, $p<0,02$), was darauf hinweist, daß Letztgeborene mehr Ansehen erreicht haben als Erstgeborene. Unter Einbeziehung dieser drei Variablen beträgt der nicht lineare Trend 0,13 ($df=1(1/1504$, $t=5,08$, $p<0,0001$). Erstgeborene sind als einziger Geburtsrang in meinem Wissenschaftlersample überrepräsentiert (unter Berücksichtigung der Familiengröße auf der Grundlage der Regel von Greenwood-Yule).

103 Für die zweifache Wechselwirkung zwischen Geburtenfolge und Spezialisierungsgebiet (physikalische versus biologische Wissenschaften) in bezug auf wissenschaftliches Ansehen beträgt das partielle $r=0,09$ ($df=1/697$, $t=2,41$, $p<0,02$).

104 Bei meinem Meßverfahren für wissenschaftliches Ansehen, das 19 biographische Indikatoren umfaßt (von denen 15 der Arbeit von Dean Keith Simonton, »Scientific Eminence Historical and Contemporary: A Measurement Assessment«, *Scientometrics* 6, 1984, S. 169-182, entnommen sind), ist Darwin der fünftbedeutendste Wissenschaftler in meinem Sample – zugleich der bedeutendste Biologe. Zum Kreis der zehn bedeutendsten Wissenschaftler zählen außerdem – in der Reihenfolge ihres Ranges – (1) Newton, (2) Galilei, (3) Descartes, (4) Kopernikus, (6) Kepler, (7) Lavoisier, (8) Pascal, (9) Huygens und (10) Leibniz. Unter den Biologen rangiert Cuvier an 12., Lamarck an 15., Harvey an 17. und Linné an 20. Stelle. Die anderen bedeutenden Wissenschaftler, von denen in diesem Kapitel die Rede ist, nehmen folgende Ränge ein: Laplace (13), Faraday (14), Davy (16), Freud (21), Franklin (27), Humboldt (29), Voltaire (31) und Mendel (52). Wenn es um einzelne Personen geht, dann ist der Versuch, das wissen-

schaftliche Ansehen zu bestimmen, nicht frei von subjektiven Elementen. Die Rangzuweisungen, die ich vorgenommen habe, sollten also *cum grano salis* betrachtet werden. Ich persönlich würde Darwin einen höheren Rang geben als Descartes, ihn sogar noch vor Kopernikus plazieren, dessen Originalität auf ein einziges Gebiet beschränkt war. Und Freud scheint mir mit Platz 21 zu hoch eingestuft, was mit dem Meßverfahren zusammenhängt, das in starkem Maße den Platz berücksichtigt, der den Wissenschaftlern in biographischen Lexika zugestanden wird.

105 Für die zweifache Wechselwirkung zwischen Geburtenfolge und Schichtzugehörigkeit in ihrem Verhältnis zum wissenschaftlichen Ansehen beträgt das partielle $r=0{,}07$ ($df=1/1162$, $t=2{,}46$, $p<0{,}02$). Die Geburtenfolge steht auch in einer signifikanten Beziehung zum wissenschaftlichen Ansehen: Erstgeborene sind bedeutendere Wissenschaftler als Spätergeborene (partielles $r=-0{,}10$, $df=1/1162$, $t=-3{,}46$, $p<0{,}001$ [aber vergleiche Anm. 102]). Für die Schichtzugehörigkeit ist der Trend statistisch nicht signifikant. Zusätzlich zu diesen Effekten besteht eine vierfache Wechselwirkung zwischen Geburtenfolge, Schichtzugehörigkeit, Spezialisierungsgebiet (Physik versus Biologie) und der Anzahl der Forschungsbereiche in ihrem Verhältnis zum wissenschaftlichen Ansehen. Im allgemeinen kamen Erstgeborene und Spätergeborene zu wissenschaftlichem Ansehen, indem sie verschiedene Karrierestrategien anwendeten, die sich ihrerseits unter dem Aspekt der Schichtzugehörigkeit signifikant unterschieden (partielles $r=0{,}09$, $df=1/723$, $t=2{,}44$, $p<0{,}02$; unter Einbeziehung der Größe der Geschwisterzahl, aller Haupteffekte und aller untergeordneten Wechselwirkungen). Eine der dreifachen Wechselwirkungen ist ebenfalls signifikant: im Verhältnis zu Erstgeborenen kamen Spätergeborene zu wissenschaftlichem Ansehen durch Spezialisierung auf dem Gebiet der Physik oder durch Diversifikation in den biologischen Disziplinen (partielles $r=0{,}13$, $df=1/723$, $t=3{,}50$, $p<0{,}001$).

106 Wird der Begriff des wissenschaftlichen Rangs oder Ansehens pro Einheiten der zur Verfügung stehenden »familiären Ressourcen« (die sich als Quotient zwischen der Schichtzugehörigkeit und der Geschwisterzahl darstellen lassen) zum Ausdruck gebracht, dann ist mit ihm eine zweifache Wechselwirkung zwischen der Geschwisterzahlposition und der Anzahl der Forschungsgebiete verbunden. So stellte sich zum Beispiel heraus, daß mittlere Kinder ein auffallendes Geschick zeigten, zu wissenschaftlichem Ansehen zu gelangen, indem sie nur auf einem einzigen wissenschaftlichen Gebiet arbeiteten. Im Vergleich dazu taten sich erstgeborene und jüngste Kinder dadurch hervor, daß sie auf mehreren Arbeitsgebieten hervorragende Leistungen erbrachten (partielles $r=0{,}12$, $df=4/686$, $F=2{,}56$, $p<0{,}05$). Außerdem besteht eine dreifache Wechselwirkung zwischen der Geschwisterzahlposition, der Anzahl der Arbeitsgebiete und dem Wissenschaftstyp (physikalische versus biologische Wissenschaften; partielles $r=0{,}14$, $df=4/686$, $F=3{,}26$, $p<0{,}01$). Mittlere Kinder waren am erfolgreichsten, wenn sie auf einem Gebiet der physikalischen Wissenschaften arbeiteten. Erstgeborene brachten es vorzugsweise zu Rang und Ansehen, wenn sie auf zwei Gebieten arbeiteten, und zwar auch im Bereich der *Physik*. Und Letztgeborene wurden berühmt, indem sie in drei oder mehr Forschungsbereichen tätig waren, und zwar vornehmlich auf dem Gebiet der *Biologie*.

Die Fähigkeit, durch Spezialisierung zu wissenschaftlichem Ansehen zu gelangen, beruht unter anderem auf einem kuriosen Effekt, der die geraden und ungeraden Geburtsränge betrifft. Außer den Zweitgeborenen waren Wissenschaftler mit den Geburtsrängen vier, sechs, acht und zehn bedeutend erfolgreicher, wenn sie sich spezialisierten, als Wissenschaftler mit den Geburtsrängen eins, drei, fünf, sieben und neun. Für diesen Effekt beträgt $r=0{,}09$ ($df=1/750$, $t=2{,}35$, $p<0{,}02$; berechnet als fokussierter Kontrast und in Abhängigkeit von dem linearen Trend für die Anzahl der Arbeitsgebiete). Ich hätte diesen Zickzackmustern keine Beachtung geschenkt, wenn ich nicht durch G. William Skinner, »Seek a

Loyal Subject in a Filial Son: Family Roots of Political Orientation in Chinese Society«, in: *Family Process and Political Process in Modern Chinese History*, Taipeh 1992, S. 943-993, darauf aufmerksam gemacht worden wäre, der hinsichtlich der politischen Einstellungen in chinesischen Familien auf ähnliche Muster gestoßen ist.

107 Hugo Iltis, *Gregor Johann Mendel. Leben, Werk und Wirkung*, Berlin 1924, S. 17.

108 Ebenda, S. 60.

109 McCrae und Costa, »Openness to Experience«, S. 166. Zu Risikofreudigkeit, sozialem Status und reproduktivem Erfolg siehe David M. Buss, *Die Evolution des Begehrens: Geheimnisse der Partnerwahl*, Hamburg 1994, S. 201.

110 Langdon E. Longstreth, »Birth Order and Avoidance of Dangerous Activities«, *Developmental Psychology* 2, 1970, S. 154.

111 Zu Boxen und Fallschirmspringen siehe Brian Sutton-Smith und B. G. Rosenberg, *The Sibling*, New York 1970, S. 20ff. Zu anderen Sportarten siehe Richard E. Nisbett, »Birth Order and Participation in Dangerous Sports«, *Journal of Personality and Social Psychology* 8, 1968, S. 351ff. Nisbetts Ergebnisse haben sich in einem anderen, kleineren Sample, in dem Schichtzugehörigkeit und Größe der Geschwisterzahl berücksichtigt wurden, bestätigt, siehe dazu Bonnie Berger Casher, »Relationship Between Birth Order and Participation in Dangerous Sports«, *The Research Quarterly* 48, 1977, S. 33-40.

112 In seiner Untersuchung von tausend bedeutenden Persönlichkeiten fand Irving D. Harris, *The Promised Seed: A Comparative Study of Eminent First and Later Sons*, Glencoe/Ill. 1964, S. 17f., heraus, daß jüngere Söhne nur auf zwei Gebieten überrepräsentiert waren: als militärische Führer und als Forschungsreisende.

113 Bruhns (Hrsg.), *Alexander von Humboldt*, Bd. 1, S. 476f.

114 Für Reisen habe ich eine Fünfpunkteskala verwendet. Mit null wurde bewertet, wer nicht außerhalb seines Landes gereist ist. Für Reisen in ein Nachbarland (von England nach Frankreich zum Beispiel) bekamen die Betreffenden einen Punkt. Zwei Punkte erhielt, wer größere Strecken zu Wasser oder zu Land zurücklegte (also etwa von Westeuropa nach Nordamerika). Wer in weitentfernte Gegenden (von England nach Malaysia zum Beispiel) gereist war oder mehr als zwei Reisen über den Atlantik unternommen hatte, erhielt drei Punkte. Vier Punkte wurden schließlich an diejenigen vergeben, die sich an außerordentlich weiten Reisen und Weltumsegelungen beteiligt hatten.

115 *Erläuterungen zu Abbildung 4.3*: In den folgenden Tests sind Schichtzugehörigkeit und Familiengröße stets berücksichtigt. Für die Geschwisterzahlposition und Weltreisen beträgt das partielle $r$=0,11 ($df$=1/664, $t$=2,76, $p$<0,01). Zu Reisen kam es häufiger in großen Geschwistergruppen, aber dieser Trend ist nicht signifikant. Dafür steht die Schichtzugehörigkeit in einer signifikanten Wechselwirkung zur Geschwisterzahl: Reiselust war am stärksten in großen Unterschichtfamilien und am wenigsten in großen Oberschichtfamilien verbreitet (partielles $r$=0,11, $df$=2/664, $F$=3,92, $p$<0,05).

Außer dem linearen Trend für Weltreisen in Abhängigkeit von der Geburtenfolge gibt es einen quadratischen Trend in Abhängigkeit vom Geburtsrang ($r$=0,13, $df$=1/642, $t$=3,36, $p$<0,001). Am häufigsten reisten Drittgeborene.

Einzelkinder und spätergeborene älteste Söhne unternahmen zusammen mehr Weltreisen als Erstgeborene ($r$=0,08, $df$=1/441, $t$=1,71, $p$<0,05, einseitiger Test).

Die Altersabstände zwischen Geschwistern sind für die Wahrscheinlichkeit von Weltreisen von Bedeutung, aber nur in Verbindung mit der Geburtenfolge. Ein großer Altersabstand (mehr als vier Jahre) veranlaßte Erstgeborene, weniger und Spätergeborene, mehr zu reisen ($r$=0,11, $df$=1/349, $t$=2,14, $p$<0,05). Diese Beziehung wird durch die Familiengröße modifiziert, was besonders für große Familien gilt. In kleinen Familien wurde etwas mehr gereist, wenn ein großer Altersabstand vorhanden war (für diese dreifache Wechselwirkung ist das partielle $r$=0,13, $df$=1/349, $t$=2,54, $p$<0,05). Diese Effekte, die Altersabstände und Welt-

reisen betreffen, verhalten sich parallel zu denen, die mit wissenschaftlicher Vielseitigkeit zusammenhängen, wovon in diesem Kapitel bereits die Rede war.
Unter Einbeziehung der Geschwisterzahlposition, der Schichtzugehörigkeit und der Familiengröße beträgt die partielle Korrelation von Weltreisen und Geburtsdatum 0,38 ($df=1/664$, $t=10{,}62$, $p<0{,}0001$). Der Einfluß der Geschwisterzahlposition auf Weltreisen ist bei Wissenschaftlern des zwanzigsten Jahrhunderts ebenso groß wie bei Wissenschaftlern in früheren Jahrhunderten.

116 Darwin, *Mein Leben*, S. 48.

117 Bruhns (Hrsg.), *Alexander von Humboldt*, Bd. 1, S. 33f.

118 Darwin, *Mein Leben*, S. 72.

119 *Correspondence of Charles Darwin*, Bd. 1, Cambridge 1985, S. 126.

120 Wilfred Blunt, *The Complete Naturalist: A Life of Linnaeus*, With the assistence of William T. Stearn, New York 1971, S. 102; siehe auch S. 117.

121 Franck Bourdier, »Geoffroy Saint-Hilaire, Étienne (1772-1844)«, *Dictionary of Scientific Biography* 5, 1972, S. 355-358.

122 Elisabeth C. Agassiz (Hrsg.), *Louis Agassiz. Leben und Briefwechsel*, Berlin 1885, S. 364f.

123 Wallace, *My Life*, Bd.1, S. 282.

124 Ebenda, S. 361ff.; H. Lewis McKinney, *Wallace and Natural Selection*, New Haven – London 1972, S. 131.

125 Die Korrelation zwischen Weltreisen und Befürwortung des Darwinismus beträgt 0,15 ($df=1/413$, $t=2{,}99$, $p<0{,}005$). Die für die Geburtenfolge kontrollierte partielle Korrelation beträgt 0,07 ($df=1/413$, $t=1{,}55$, $p<0{,}13$). In der Rezeptionsgeschichte der 23 liberalen Theorien im naturwissenschaftlichen Bereich *ist* die Weltreise ein signifikanter Prädiktor für die Akzeptanz neuer Theorien, unter Berücksichtigung der Geburtenfolge ($r=0{,}08$, $df=1/787$, $t=2{,}20$, $p<0{,}03$).

126 Für diesen »kubischen« Trend bei Weltreisen in Abhängigkeit vom relativen Geburtsrang ist $r=0{,}13$ ($df=1/664$, $t=3{,}47$, $p<0{,}001$). Es besteht auch ein signifikanter Effekt der »geraden und ungeraden Zahlen« bei Weltreisen in Abhängigkeit vom Geburtsrang der Söhne. Unter den Spätergeborenen sind die Söhne mit ungeraden Geburtsrängen mehr gereist als Söhne mit geraden Geburtsrängen. Wenn der erste spätergeborene Sohn gereist war, verlor diese Option für den nächsten anscheinend an Attraktivität, wohingegen sie für den dritten Sohn wieder an Reiz gewann und so weiter ($r=0{,}07$, $df=1/864$, $t=1{,}98$, $p<0{,}05$).

127 Die enge Beziehung zwischen Weltreisen und der Suche nach einer familiären Nische, wird noch dadurch unterstützt, daß Reisen in einem signifikanten Verhältnis zu der Anzahl der wissenschaftlichen Interessen steht, was selbst dann zutrifft, wenn das Reisen selbst nicht als ein Interesse gezählt wird ($r=0{,}14$, $df=1/663$, $t=3{,}72$, $p<0{,}001$).
Reisen (besser: die psychische Bereitschaft, die ihm zugrunde liegt) steht im Hinblick auf die Anzahl der wissenschaftlichen Interessen in Wechselwirkung mit der Geburtenfolge und der Geschwisterzahl. Jüngere Geschwister, die in irgendeiner Form über die Weltmeere gereist waren, hatten mehr Interessen als diejenigen, die keine weiten Reisen unternommen hatten (für diese zweifache Wechselwirkung ist das partielle $r=0{,}17$, $df=2/663$, $F=9{,}76$, $p<0{,}005$). Die dreifache Wechselwirkung ist ebenfalls signifikant: Mehrere wissenschaftliche Interessen zu verfolgen war am häufigsten bei jüngeren Geschwistern aus größeren Familien verbreitet, besonders wenn sie reisten (partielles $r=0{,}15$, $df=2/663$, $F=7{,}74$, $p<=0{,}001$). Darwin und Wallace sind beispielhaft für diesen letzten Trend.
Relative Wahrscheinlichkeiten sind nützlich, will man die Ergebnisse zum Reisen und zu den verschiedenartigen Interessen, die wir als Offenheit für Erfahrung interpretiert haben, zusammenfassen. Wenn wir Wissenschaftler, deren aus beiden Variablen kombinierte Werte oberhalb des Mittelwertes liegen, mit denen vergleichen, deren Werte darunter liegen, dann zeigt sich, daß die Letztgeborenen 4,4-fach häufiger oberhalb des Mittelwertes liegen als die Erstgeborenen.

Andere Wahrscheinlichkeitswerte, für die die Erstgeborenen als Vergleichsgruppe dienen (1,0), sind 2,9 für Einzelkinder, 1,3 für mittlere Kinder in der zweiten Hälfte ihrer Geschwistergruppe (aber nicht im letzten Drittel) und 3,8 für mittlere Kinder im letzten Drittel ihrer Geschwistergruppe (aber nicht Letztgeborene).

128 Frank J. Sulloway, »Darwinian Psychobiography. Review of *Charles Darwin: A New Life*, by John Bowlby (1990)«, *New York Review of Books*, 10 October 1991, S. 28-32.

129 Charles Darwin, »Preliminary Notice«, in: Ernst Krause, *Erasmus Darwin*, London 1879, S. 1-127; ders., *Mein Leben*, und ders., »A Biographical Sketch of an Infant«, *Mind* 12, 1877, S. 285-294.

130 Darwin, *Mein Leben*, S. 32ff.

### *Kapitel 5: Störungen in Familie und Entwicklung*

1 John Bowlby, »The Nature of the Child's Tie to His Mother«, *International Journal of Psycho-Analysis* 39, 1958, S. 350-373; ders., »Grief and Mourning in Infancy and Early Childhood«, *The Psychoanalytic Study of the Child* 15, 1960, S. 9-52; ders., *Attachment and Loss*, 3 Bde., New York – London 1969-1980; ders., *A Secure Base: Parent-Child Attachment and Healthy Human Development*, New York 1988; Mary Ainsworth, *Infancy in Uganda: Infant Care and the Growth of Attachment*, Baltimore 1967; Mary B. Main, »Analysis of a Peculiar Form of Reunion Behavior in Some Day-care Children: Its History and Sequelae in Children Who are Home-reared« in: Roger A. Webb (Hrsg.), *Social Development in Childhood: Daycare Programs and Research*, Baltimore – London 1977, S. 33-78; Michael Rutter, »Separation, Loss, and Family Relationships«, in: ders. und Lionel Hersov (Hrsg.), *Child and Adolescent Psychiatry: Modern Approaches*, Oxford 1977; ders., »Maternal Deprivation, 1972-1978: New Findings, New Concepts, New Approaches«, *Child Development* 50, 1979, S. 283-305; ders., *Maternal Deprivation Reassessed*, 2. Aufl. Harmondsworth 1981. Einen brauchbaren Überblick über Bowlbys Werdegang und seine Schriften gibt Robert Karen, *Becoming Attached: Unfolding the Mystery of the Infant-Mother Bond and Its Impact on Later Life*, New York 1994.

2 Bowlby begann seine psychoanalytische Ausbildung, als die Psychoanalyse bereits zu einer anerkannten, von Erstgeborenen beherrschten Bewegung geworden war (siehe Kapitel 2, Tabelle 2). Er war ein jüngerer Sohn und rebellierte gegen die vorherrschende Orthodoxie. Seine Ideen wurden zunächst nicht beachtet und dann feindselig behandelt. Dabei hat er die nicht darwinistischen Annahmen der Psychoanalyse durchaus gewürdigt, wie ich an anderer Stelle gezeigt habe, siehe Bowlby, *Attachment and Loss*, Bd. 1; Frank J. Sulloway, *Freud. Biologe der Seele. Jenseits der Psychoanalytischen Legende,* Köln 1982; ders., »Darwinian Psychobiography. Review of *Charles Darwin: A New Life*, by John Bowlby (1990)«, *New York Review of Books*, 10 October 1991, S. 28-32.

3 Sarah Blaffer Hrdy, *The Langurs of Abu: Female and Male Strategies of Reproduction*, Cambridge 1977; Glenn Hausfater und Sarah Blaffer Hrdy (Hrsg.), *Infanticide: Comparative and Evolutionary Perspectives*, New York 1984.

4 Harry Harlow, »The Nature of Love«, *American Psychologist* 3, 1958, S. 673-685.

5 Für die Bewertung des Eltern-Kind-Konflikts wurde eine Skala mit 7 Punkten benutzt. Die durchschnittliche Korrelation zwischen den drei unabhängigen Experten, die die Beurteilung vorgenommen haben, beträgt 0,78. Die *effektive* Zuverlässigkeit der Mehrfachbeurteilungen ist 0,90. Zur *Validität* des Materials zu den Eltern-Kind-Beziehungen siehe Anhang 3, Technische Erläuterung 3. Die in dieser Untersuchung vorgenommene Messung des Eltern-Kind-Konflikts ist

nicht gleichbedeutend mit den Standardmessungen für Bindung. Freilich sind beide Konstruktionen eng verwandt. 

6 *Erläuterungen zu Abbildung 5.1:* Der nach der Geburtenfolge überprüfte Konflikt mit den Eltern zeigt einen signifikanten Einfluß auf wissenschaftliche Radikalität ($r$=–0,16, $df$=1/675, $t$=–4,21, $p$<0,001 für »liberale« wissenschaftliche Kontroversen; das Vorzeichen der Korrelation ist negativ, weil ein starker Eltern-Kind-Konflikt auf der Skala der Eltern-Kind-Beziehungen niedrig bewertet worden ist). Die Wechselwirkung zwischen Geburtenfolge und Eltern-Kind-Konflikt ist ebenfalls signifikant ($r$=0,08, $df$=1/675, $t$=2,07, $p$<0,05). Für die Geburtenfolge als Haupteffekt beträgt die partielle Korrelation 0,22 ($df$=1/675, $t$=5,90, $p$<0,0001).

Meine Ergebnisse zum Verhältnis von Geburtenfolge und Eltern-Kind-Konflikt stimmen mit einer interessanten Studie über philosophische Einstellungen überein. In dieser Studie wurden 27 Brüderpaare untersucht (alle sind Undergraduates von Harvard und stammen aus Familien mit zwei Kindern). Durch Geburtenfolge bedingte Differenzen tauchten nur auf, wenn sich einer der Brüder stark mit dem Vater identifizierte. War dies nicht der Fall, dann stimmten die Weltanschauungen der jeweiligen Brüderpaare weitgehend überein, siehe Richard S. Stein, Adele B. Stein und Jerome Kagan, »The Effects of Ordinal Position and Identification on the Development of Philosophical Attitudes«, *Journal of Genetic Psychology* 117, 1970, S. 13-24. Mutteridentifikationen wurden in dieser Studie nicht untersucht.

7 Im Jahr 1975 führte ich ein Gespräch mit Anna Freud über das Verhältnis zwischen Geburtenfolge und wissenschaftlicher Radikalität und dessen Rolle in der frühen Rezeption der Psychoanalyse. Sie spielte meine Ergebnisse mit den Worten herunter: »Nicht die Stellung, die jemand in der Geburtenfolge einnimmt, zählt, sondern wie sehr er oder sie geliebt wird« (Gespräch in 20, Maresfield Gardens, London, Juni 1975). Beide Betrachtungsweisen sind wichtig, aber selbst in Freuds eigener Bewegung ist die Geburtenfolge ein besserer Prädiktor für die Entwicklung einer revolutionären Persönlichkeit als der Ödipuskonflikt.

8 Ein gutes Beispiel ist Erik H. Erikson, *Der junge Mann Luther. Eine psychoanalytische und historische Studie*, München 1965. Andere Beispiele finden sich in dem nützlichen Literaturbericht von David E. Stannard, *Shrinking History: On Freud and the Failure of Psychohistory*, Oxford – New York 1980.

9 Zur psychoanalytischen Verwechslung des Eltern-Kind-Konflikts, der mit der Darwinschen Theorie erklärbar ist, mit dem Ödipuskonflikt, der unvereinbar ist mit der Darwinschen Theorie, siehe Stephen Trivers, *Social Evolution*, Menlo Park/Calif. 1985, S. 146ff., und vor allem die differenzierte Diskussion bei Martin Daly und Margo Wilson, *Homicide*, New York 1990.

10 Bei liberalen wissenschaftlichen Kontroversen ist die Korrelation zwischen Offenheit für Neuerungen und Eltern-Kind-Konflikt für den Konflikt mit dem Vater und den mit der Mutter ähnlich. Für Konflikte mit dem Vater ist $r$=–0,14 ($df$=1/649, $t$=–3,67, $p$<0,001). Für Konflikte mit der Mutter ist $r$=–0,13 ($df$=1/538, $t$=–3,12, $p$<0,005). Zu beachten ist auch, daß das Verhältnis zwischen Vater-Sohn-Konflikt und Mutter-Sohn-Konflikt positiv ist, nicht negativ ($r$=0,38, $df$=1/575, $t$=9,74, $p$<0,0001). Von freudianischer Seite könnte eingewendet werden, daß Konflikte mit den Eltern weitgehend unbewußt und daher außerhalb der klinischen Erfahrung nicht zugänglich sind. Diese Logik, so könnte man psychoanalytisch weiterargumentieren, würde erklären, warum der Eltern-Kind-Konflikt weniger einflußreich erscheint als die Geburtenfolge. Aber dieses Argument wird durch die Daten, die ich vorgelegt habe, widerlegt. Aufgrund des hohen Zustimmungsgrades von Spätergeborenen zu wissenschaftlichen Innovationen ist es nahezu unmöglich, daß Konflikte mit den Eltern, *gleichgültig welche psychische Form sie annehmen*, mehr »Varianz« erklären als die Geburtenfolge.

11 Für die Wechselwirkung zwischen Geburtenfolge und Offenheit für Erfahrung in

ihrem Verhältnis zum Eltern-Kind-Konflikt gilt das partielle $r=0,11$, $df=1/418$, $t=2,22$, $p<0,05$. Offenheit wurde im Zusammenhang mit Offenheit für wissenschaftliche Neuerungen, Reisen und breitgestreuten Interessen bestimmt (und als $z$- und Durchschnittswert dieser drei Faktoren zusammen berechnet). Dieser Meßwert für Offenheit steht in einer signifikanten Korrelation zum Eltern-Kind-Konflikt (partielles $r=-0,15$, $df=1/418$, $t=3,04$, $p<0,005$). In diesen Ergebnissen ist die Geschwisterzahl berücksichtigt. In größeren Geschwistergruppen gibt es weniger Eltern-Kind-Konflikte (partielles $r=0,10$, $df=1/418$, $t=2,03$, $p<0,05$). Bezogen auf diese Haupteffekte und die Wechselwirkung zwischen Geburtenfolge und Offenheit zeigen sich bei den Spätergeborenen weniger Konflikte als bei den Erstgeborenen (partielles $r=0,11$, $df=1/418$, $t=2,19$, $p<0,05$).

12 Zu relevantem Material, siehe Eleanor Singer, »Adult Orientation of First and Later Children«, *Sociometry* 34, 1971, S. 143-151; Thomas Ewin Smith, »Birth Order, Sibship Size and Social Class as Antecedents of Adolescents' Acceptance of Parent's Authority«, *Social Forces* 50, 1971, S. 223-232.

13 Siehe Louis Wood Burkhalter, *Gideon Lincecum, 1793-1874: A Biography*, Cambridge – London 1965, S. 17-27, S. 105f.

14 *The Correspondence of Charles Darwin*, hrsg. von Frederick Burkhardt und Sidney Smith, Bd. 8, Cambridge 1992, S. 542; siehe auch ebenda, Bd. 9, Cambridge 1994, S. 45-48.

15 Burkhalter, *Gideon Lincecum*, S. 18.

16 Ebenda.

17 I. Bernard Cohen, *Revolutionen in der Naturwissenschaft*, Frankfurt/M. 1994, S. 220.

18 Arthur Koestler, *Die Nachtwandler. Die Entstehungsgeschichte unserer Welterkenntnis*, Bern – Stuttgart – Wien 1959, S. 229.

19 Ebenda; siehe auch Owen Gingerich, »Kepler, Johannes (1571-1630), *Dictionary of Scientific Revolution* 7, 1973, S. 289-312, hier S. 289; Max Caspar, *Johannes Kepler*, 3. Aufl. Stuttgart 1958, S. 36ff., S. 255.

20 Koestler, *Die Nachtwandler*, S. 230.

21 Ebenda, S. 236.

22 Nach dem »familiendynamischen Modell« für Radikalität, das ich in Kapitel 8 vorstellen werde, liegt die für Kepler voraussagbare Wahrscheinlichkeit der Befürwortung radikaler Ideen bei 65 Prozent. Im Vergleich mit anderen Erstgeborenen erreicht er mit diesem Wahrscheinlichkeitswert 97 Prozentpunkte.

23 Nach dem »familiendynamischen Modell« für Radikalität aus Kapitel 8 liegt die Wahrscheinlichkeit dafür, daß Newton Innovationen befürworten wird, bei 60 Prozent, womit er 89 Prozentpunkte für Erstgeborene erreicht.

24 Richard S. Westfall, *Never at Rest: A Biography of Isaac Newton*, Cambridge 1980, S. 53ff.

25 Ebenda, S. 53.

26 In seinem psychoanalytisch fundierten *Portrait of Isaac Newton*, Cambridge 1968, hat Frank Manuel die These vertreten, Newton hätte sein weiteres Leben damit zugebracht, seine Wut über den Verlust der Mutter zum Ausdruck zu bringen, und sich dafür wahllos Zielscheiben gesucht, so etwa Robert Hooke und Gottfried Leibniz. Zu dieser provokativen Ansicht meint Westfall: »Ist das ... wahr? Ich glaube eher, daß wir darüber überhaupt nichts wissen. Es kann sein, aber es kann auch sein, daß diese Ansicht völlig falsch ist. Ich kann mir nicht vorstellen, daß es eine beweiskräftige Antwort auf diese Frage gibt«, Westfall, *Never at Rest*, S. 53 Fn. Dem ist nichts hinzuzufügen. Manuels These *läßt* sich anhand von gesampleten Daten überprüfen, aber das ist eine ganz andere Sache.

27 Milton Millhauser, *Just before Darwin: Robert Chambers and Vestiges*, Middletown/Conn. 1959, S. 16.

28 *Memoir of Robert Chambers, with Autobiographical Reminiscences of William Chambers*, Edinburgh 1872, S. 216.

29 Im allgemeinen sind spätergeborene älteste Söhne ähnlich radikal wie andere Spätergeborene. Die Hauptausnahme von dieser Regel betrifft Zweitgeborene, aber nur in großen Familien. Hier neigen älteste Söhne zu konservativen Einstellungen. Zu diesem Ergebnis trägt ein dreifacher Wechselwirkungseffekt zwischen Geburtsrang, dem Rang des Sohnes und der Geschwisterzahl bei (partielles $r$=0,11, $df$=1/435, $t$=2,31, $p$<0,03; für Spätergeborene, die an liberalen wissenschaftlichen Kontroversen beteiligt waren). Von den Haupteffekten oder den zweifachen Wechselwirkungseffekten ist keiner signifikant.

30 Friedrich II., *Wonach er sich zu richten hat. Urteile und Verfügungen*, hrsg. von Georg Piltz, Berlin 1987, S. 72.

31 Edith Simon, *Friedrich der Große. Das Werden eines Königs*, Tübingen 1963, S. 59.

32 Robert B. Asprey, *Frederick the Great: The Magnificent Enigma*, New York 1986, S. 47.

33 Durant, *Das Zeitalter Voltaires. Eine Kulturgeschichte Mittel- und Westeuropas von 1715 bis 1756*, Bern 1967, S. 460.

34 Asprey, *Frederick the Great*, S. 47; Durant, *Zeitalter Voltaires*, ebenda.

35 Aus einem Bericht von Friedrichs älterer Schwester Wilhelmine, Markgräfin von Bayreuth, zitiert bei Durant, *Zeitalter Voltaires*, S. 460f.

36 Aus vielen Untersuchungen geht hervor, daß Homosexualität besonders bei Spätergeborenen auftritt, zumindest bei Männern, siehe Ray Blanchard und Peter M. Sheridan, »Sibship Size, Sibling Ratio, Birth Order, and Parental Age in Homosexual and Nonhomosexual Gender Dysphorics«, *Journal of Nervous and Mental Disease* 180, 1992, S. 27-31; siehe auch Kenneth J. Zucker und Ray Blanchard, »Reanalysis of Bieber et. al.'s Data on Sibling Sex Ration and Birth Order in Male Homosexuals«, *Journal of Nervous and Mental Disease* 182, 1994, S. 528ff.; Ray Blanchard u.a., »Birth Order and Sibling Sex Ration in Homosexual Male Adolescents and Probably Prehomosexual Feminine Boys«, *Developmental Psychology* 31, 1995, S. 22-30; Ray Blanchard und Anthony F. Bogaert, »Homosexuality in Men and Number of Older Brothers«, *American Journal of Psychiatry* 151, 1996, S. 27-31. Die Effektgröße in diesen Untersuchungen ist im allgemeinen ziemlich klein ($r$<0,10). Eine wichtige psychologische Ursache für homosexuelle Neigungen speziell bei Spätergeborenen mag darin liegen, daß diese offener für Erfahrungen und daher eher bereit sind, ihren unkonventionellen sexuellen Interessen zu folgen. Im Zusammenhang mit besonders radikalen Verhaltensweisen ist die Effektgröße des Einflusses, den die Geburtenfolge auf Offenheit für Erfahrung hat, beträchtlich ($r\approx$0,40). Eine auf 10 Prozent der Bevölkerung bezogene Effektgröße von 0,40 würde eine Nettoeffektgröße von $r$=0,04 bedeuten, was etwa der Hälfte der *beobachteten* Korrelation zwischen Geburtenfolge und Homosexualität entspricht. Daß Homosexualität mit dem Vorhandensein von älteren Brüdern zu korrelieren scheint, nicht aber mit der Existenz älterer Schwestern, paßt zu einer immunologischen Erklärung der Homosexualität, die von mütterlichen Antigenen bei früheren männlichen Föten ausgeht, siehe Blanchard und Bogaert, »Homosexuality«. Allerdings ist dieser Befund auch mit dem Einfluß vereinbar, den Geburtenfolge und das Geschlecht der Geschwister auf Persönlichkeitsmerkmale haben, siehe Kapitel 3, Abb. 3.2. Es bedarf weiterer Studien, um zu entscheiden, welcher dieser Erklärungen der Vorzug zu geben ist. Im übrigen mag an beiden etwas dran sein.

37 Durant, *Zeitalter Voltaires*, S. 466.

38 Asprey, *Frederick the Great*, S. 404.

39 Ebenda, S. 1.

40 Arthur Koestler, *The Case of the Midwife Toad*, New York 1971, S. 19.

41 Susan C. M. Scrimshaw, »Infanticide in Human Populations«, in: Hausfater und Hrdy (Hrsg.), *Infanticide*, S. 439-462, hier S. 458; Martin Daly und Margo Wilson, *Homicide*, New York 1988, S. 46.

42 *Erläuterungen zu Abbildung 5.2*: Für den quadratischen Trend, der als zwei umge-

kehrte Kontraste berechnet ist, um den Wechselwirkungseffekt erkennen zu lassen, ist das partielle $r=0,08$ ($df=1/734$, $t=2,15$, $p<0,05$; nur für liberale wissenschaftliche Debatten). Für die Geburtenfolge ist das partielle $r=0,24$ ($df=1/734$, $t=6,56$, $p<0,0001$).

Helen Koch fand heraus, daß die größten Persönlichkeitsunterschiede mit einer Altersdifferenz zwischen 24 und 48 Monaten verbunden sind, siehe dies., »Some Personality Correlates of Sex, Sibling Position, and Sex of Sibling among Five- and Six-year-old Children«, *Genetic Psychology Monographs* 52, 1955, S. 3-50; dies., »Attitudes of Young Children toward Their Peers as Related to Certain Characteristics of Their Siblings«, *Psychological Monograph* 70, S. 1-41. Auch bei Irving D. Harris und Kenneth I. Howard, »Birth Order and Reponsibility«, *Journal of Marriage and the Family* 30, 1968, S. 427-432, und bei Delbert Joseph Hayden, »Trait Oppositeness in Siblings«, *Dissertation Abstracts International (B)* 33, 1973, S. 3285, finden sich Belege für die quadratische Beziehung zwischen Altersabstand und Persönlichkeitsdifferenzen.

43 Für die Geburtenfolge und die Verbundmessung der Offenheit für Erfahrung (Offenheit für wissenschaftliche Neuerungen, breitgestreute Interessen, Reisen) ist $r=0,30$ ($df=1/756$, $t=8,61$, $p<0,0001$). Für den quadratischen Trend, der sich durch die Geburtsintervalle ergibt und der als zwei umgekehrte Kontraste berechnet ist, um den Wechselwirkungseffekt erkennen zu lassen, ist $r=0,23$ ($df=1/756$, $t=6,55$, $p<0,0001$). Für die Differenz zwischem diesem quadratischen Trend bei Offenheit für Erfahrung und dem quadratischen Trend bei wissenschaftlicher Einstellung ist $z=4,36$, $p<0,0001$. Es gibt auch einen durch die Geburtsintervalle bedingten linearen Trend in Beziehung zu Offenheit für Erfahrung ($r=0,12$, $df=1/756$, $t=3,39$, $p<0,001$). Soziale Einstellungen sind ebenfalls ein nützlicher Indikator für Offenheit. In meinem Wissenschaftlersample korrelieren die gesellschaftlichen Einstellungen wie erwartet mit Geburtenfolge und Altersabständen zwischen den Geschwistern, siehe Kapitel 9.

44 Nach dieser Verbundmessung der Offenheit für Erfahrung nehmen folgende Wissenschaftler die ersten zehn Plätze ein: (1) Athanasius Kircher; (2) Francis Galton; (3) Charles Darwin, mit dem Alfred Russel Wallace und Alexander von Humboldt den gleichen Platz belegen; (6) Benjamin Franklin; (7) Robert Hooke; (8) Reginald Daly (ein Geophysiker, der ein leidenschaftlicher Feldforscher war und die ganze Welt bereiste); (9) der Geologe Frank Debenham, der Robert Scott zum Südpol begleitete; und (10) der Philosoph und Psychologe John Dewey. Alle zehn sind Spätergeborene. Auf Platz elf rangiert Alfred Wegener. Er war das jüngste von vier Kindern und Wegbereiter der Theorie der Kontinentalverschiebung. Er kam auf der Eiskappe von Grönland ums Leben, als er versuchte, eine wissenschaftliche Expedition mit Nachschub zu versorgen.

Im Bereich Offenheit für Erfahrung liegt der Mittelwert der Erstgeborenenränge bei 37 und der der Spätergeborenen bei 60 Prozentpunkten, eine beträchtliche Differenz ($r=0,25$, $df=1/1617$, $t=10,44$, $p<0,0001$). Sogar nachdem die Geburtenfolge als Prädiktor für Offenheit verwendet worden ist, ist die partielle Korrelation für den relativen Geburtsrang (vom ersten bis zum letzten) signifikant ($r=0,11$, $df=1/1312$, $t=4,02$, $p<0,001$). Am offensten waren Letztgeborene wie Galton, Humboldt und Wegener oder Personen, die ganz unten in der Geschwisterreihe standen wie Darwin und Wallace. Der Mittelwert der Ränge von Letztgeborenen mit einem Altersabstand von vier Jahren liegt bei 73 Prozentpunkten. Außer Geburtenfolge und Altersabstand sind Geschwisterzahl und Schichtzugehörigkeit Prädiktoren für breitgestreute wissenschaftliche Interessen, siehe Kapitel 4, Abb. 4.2 und den Begleittext. Erstgeborene wie Freud, die bei dieser Messung einen hohen Rang einnehmen (Freud ist auf Platz dreizehn), sind im allgemeinen in großen Mittel- oder Unterschichtfamilien aufgewachsen.

45 Was hier zur Logik von Altersabständen zwischen Geschwistern und Geschwisterkonflikt gesagt wird, führt zu einer weiteren Schlußfolgerung: Jüngere Ge-

schwister verhalten sich zu ihren älteren Geschwistern altruistischer als umgekehrt, weil das ältere Geschwister eine bessere genetische Versicherungspolice ist. Mit dieser Hypothese stimmt das, was wir über die Dimension Freundlichkeit, eine der fünf großen Dimensionen, wissen, überein (Kapitel 3, Tabelle 4). 

46 Für Daten zum Reproduktionswert je nach Alter siehe Daly und Wilson, *Homicide*, S. 74. Diese Wahrscheinlichkeitsfunktion steigt bis zum Alter von fünf Jahren steil an. Danach wird der Zuwachs des Reproduktionswerts kontinuierlich geringer und erreicht seinen Scheitelpunkt beim Alter von fünfzehn Jahren. Ob die bereinigten Kosten, die durch ein jüngeres Geschwister entstehen, ihr Maximum zwischen drei und fünf Jahren erreichen, konnte ich nicht genau feststellen. Diese Kosten werden sicherlich durch den Umfang der familiären Ressourcen beeinflußt, daher gibt es keine allgemeingültige Antwort auf diese Frage, wenn man nur die individuelle Ebene in Betracht zieht. Jedenfalls kommen grobe Schätzungen dieser Kosten zu dem Schluß, daß sie bei einem Altersabstand zwischen zwei und sechs Jahren am höchsten sind.

47 Die Tendenz, daß Erstgeborene die größten Konflikte mit ihren Eltern bei Altersabständen von drei bis vier Jahren haben, stellt eine zweifache Wechselwirkung dar ($r$=0,18, $df$=1/269, $t$=2,95, $p$<0,005). Der Eltern-Kind-Konflikt im ganzen folgt einem quadratischen Trend, der bei mittleren Altersabständen (drei bis vier Jahre) am niedrigsten ist ($r$=0,18, $df$=1/269, $t$=1,97, $p$<0,05). Bei geringen Altersabständen (unter vier Jahren) nehmen die Konflikte für Spätergeborene zu. Bei diesem Intervall ziehen Eltern in traditionellen Gesellschaften am ehesten den Kindesmord in Betracht. Wenn das Geburtsintervall fünf Jahre überschreitet, erhöht sich wiederum das Konfliktpotential zwischen Eltern und Nachkommen. Einzelkinder haben ein konfliktreicheres Verhältnis zu ihren Eltern als Kinder mit Geschwistern. Dafür gibt es mehrere Erklärungen, zwischen denen zu entscheiden mir die Mittel fehlen. Beispielsweise kann es sein, daß Geschwister Konflikte eher aufeinander lenken als auf die Eltern. Außerdem ist der Konflikt mit den Eltern als Strategie kostenintensiver, wenn es Geschwister gibt. Bei großen Geschwistergruppen ist der Eltern-Kind-Konflikt signifikant schwächer als bei kleinen ($r$=0,17, $df$=1/406, $t$=3,41, $p$<0,001).

48 Diese Korrelationen habe ich aus Daten berechnet, die angegeben sind bei Robert Plomin, *Development, Genetics, and Psychology*, Hillsdale/N.J. 1986, S. 71-74; ders., J. C. DeFries und G. E. McClearn, *Behavioral Genetics: A Primer*, 2. Aufl. New York 1990, S. 383f., und John C. Loehlin, *Genes and Environment in Personality Development*, Newbury Park/Calif. 1992, S. 15, S. 32, S. 37, S. 47-68. Für zweieiige Zwillinge ist $N$ größer als 15 000. Für eineiige ist $N$ > 3 500. Für die Differenz zwischen den beiden Korrelationen ist $z$=2,68 ($p$<0,005).

Die Auffassung, die hier zu Altersabständen zwischen Geschwistern und Geschwistergegensatzeffekten vertreten wird, hat wichtige methodische Konsequenzen für die verhaltensgenetische Forschung. Gegensatzeffekte zwischen Geschwistern sind bei Zwillingen und Nichtzwillingen verschieden, daher können Standardschätzungen der Erblichkeit von den Methoden beeinflußt sein, nach denen sie normalerweise berechnet werden. Dieses Problem wird von Verhaltensgenetikern gewöhnlich übersehen.

49 Plomin, *Development*, S. 236.

50 *Erläuterungen zu Abbildung 5.3*: Für die Geburtenfolge als Haupteffekt ist $r$=0.20 ($df$=1/842, $t$=6.10, $p$<0.0001). Für den dreifachen Wechselwirkungseffekt zwischen Geburtenfolge, Schichtzugehörigkeit und Verlust der Eltern ist das partielle $r$=0,09 ($df$=2/843, $F$=3,58, $p$<0,03). Andere signifikante Effekte sind nicht vorhanden.

Der Wechselwirkungseffekt in Abbildung 5.3 gilt auch für die dreifache Unterteilung der Schichtzugehörigkeit (Ober-, Mittel- und Unterschicht). Angehörige der Mittelschicht folgen einem Muster, das in der Mitte zwischen den Mustern der anderen beiden Schichten liegt. Der dreifache Wechselwirkungseffekt in Abbildung 5.3 besteht unabhängig davon, ob Vater oder Mutter gestorben sind.

Die Offenheit für Erfahrung (gemessen nach Offenheit für wissenschaftliche Neuerungen, Breite der Interessenlage und Reisen) zeigt einen ähnlichen dreifachen Wechselwirkungseffekt ($r$=0,08, $df$=2/1050, $F$=3,66, $p$<0,03). Diese abhängige Variable steht unter einem zweifachen Effekt, der die Geburtenfolge und das Alter beim Verlust der Eltern oder eines Elternteils betrifft (partielles $r$=0,11, $df$=2/1050, $F$=6,07, $p$<0,005). Am offensten sind Spätergeborene, die früh einen Elternteil verloren haben. Bei Erstgeborenen hat dieses Schicksal Engstirnigkeit zur Folge.

51 Kurzfristig reagieren Geschwister auf den Verlust eines Elternteils im allgemeinen mit größerer Nähe. Die langfristigen Folgen hängen davon ab, in welcher Form es zur Ersatzelternschaft kommt, siehe Helgola G. Ross und Joel I. Milgram, »Important Variables in Adult Sibling Relationships: A Qualitative Survey«, in: Michael E. Lamb und Brian Sutton-Smith (Hrsg.), *Sibling Relationships. Their Nature and Significance across the Lifespan*, Hillsdale/N.J. 1982, S. 225-249, hier S. 243.

52 Karl Bruhns (Hrsg.), *Alexander von Humboldt. Eine wissenschaftliche Biographie*, Bd. 1, Nachdr. der Ausg. von 1872, Osnabrück 1969, S. 21.

53 Ebenda, S. 36.

54 Max Born, *Mein Leben. Die Erinnerungen des Nobelpreisträgers*, München 1975, S. 13.

55 Ebenda, S. 15.

56 In seiner wissenschaftlichen Arbeit gehörte Born zu den frühesten Anhängern von Einsteins spezieller Relativitätstheorie. Er setzte sich auch energisch für die Quantentheorie ein und war führend an der Entwicklung der Quantenmechanik beteiligt. Daß Born diese neuen Theorien vertrat, wäre schwerer zu verstehen, wenn er nicht in frühem Alter seine Mutter verloren hätte. Auf Grundlage des multivariaten Modells, das ich in Kapitel 10 diskutieren werde, liegt die Wahrscheinlichkeit, daß Born diese drei Theorien vertreten würde, bei 61 Prozent.

57 In der Regel müssen Schwestern Ersatzelternaufgaben übernehmen, Brüder nur ausnahmsweise, und zwar unabhängig davon, welcher Schicht sie angehören. Daher mögen einige der hier beschriebenen Effekte nur auf männliche Personen zutreffen.

58 Karel B. Absolon, *Der Großmeister der Chirurgie Theodor Billroth (1829-1894)*, Rockville 1989, S. 13. Billroth war anfangs ein Gegner von Joseph Listers neuer Technik der Antisepsis. Später trug er zu deren Verbreitung in Deutschland bei.

59 Ross und Milgram, »Important Variables«, S. 243. Meine Ansichten zur Ersatzelternschaft werden durch eine andere Untersuchung bestätigt. In einem Vergleich von Erstgeborenen, die zugegebenermaßen ihre jüngeren Geschwister »so dominierend wie Eltern« behandelten, mit Spätergeborenen, die ihren älteren Geschwistern ihr dominierendes Verhalten »übel nahmen«, stellte Jenny Flaherty, »Psychological Correlates of Scientific Attitudes«, Senior Honors Thesis, Wellesley College, Wellesley/Mass. 1980, fest, daß Erstgeborene für die Soziobiologie aufgeschlossener waren als Spätergeborene. Aber diese Differenz war *signifikant größer* in dem Teilsample, in dem es um Konflikte im Zusammenhang mit Ersatzelternschaft ging ($z$=1,89, $p$<0,05).

60 Für das Verhältnis zwischen dem frühen Verlust eines Elternteils und Konflikten mit dem überlebenden Elternteil ist $r$=0,15 ($df$=2/299, $F$=3,60, $p$<0,03). Unter Spätergeborenen kommt es bedeutend häufiger zu Konflikten, unabhängig davon, ob sie einen Elternteil verloren haben ($r$=0,12, $df$=1/282, $t$=2,09, $p$<0,03; unter Einbeziehung der Geschwisterzahl). Auch von der Schichtzugehörigkeit geht ein Haupteffekt aus: In Unterschichtfamilien kommt es öfter zu Konflikten, die weitgehend auf das Konto von Spätergeborenen gehen.
Für die Wechselwirkung zwischen Geburtenfolge und Verlust der Eltern im Verhältnis zum Eltern-Kind-Konflikt ist das partielle $r$=0,20 ($df$=2/299, $F$=6,37, $p$<0,005). Der Verlust der Eltern steht ebenfalls in Wechselwirkung mit der

Schichtzugehörigkeit: Die Konflikte nach einem Verlust sind in der Unterschicht viel größer (partielles $r$=0,15, $df$=2/299, $F$=3,23, $p$<0,05). Diese zweifache Wechselwirkung trifft besonders auf Spätergeborene zu, daher gibt es auch einen signifikanten dreifachen Effekt (partielles $r$=0,22, $df$=2/299, $F$=7,63, $p$<0,001).

61 Hier beziehe ich mich auf John Bowlby, *Charles Darwin: A New Life*, London 1990, und Sulloway, »Darwinian Psychobiography«.

62 Den Begriff »verdrängt« verwende ich mit Bedacht und anders, als er in der traditionellen Psychoanalyse benutzt wird. Bowlby, *A Secure Basis*, S. 70f., hat das Verdrängungskonzept als »selektiven Ausschluß« neu formuliert. Dieses Konzept ist weit weniger anspruchsvoll als das von Freud und erklärt weniger. Aber was es erklärt, erklärt es gut.

63 Bowlby, *Charles Darwin*, S. 57, S. 71, und Gwen Raverat, *Eine Kindheit in Cambridge*, Frankfurt/M. 1994, S. 279, auf die sich Bowlby bei dieser Geschichte bezieht. Raverat hat sehr richtig vorausgesagt, daß Psychologen »viel Spaß an dieser Anekdote haben werden«.

64 Zu diesen Einzelheiten siehe Bowlby, *Charles Darwin*, S. 57, S. 71.

65 Charles Darwin, *Mein Leben*, hrsg. von Nora Barlow, Frankfurt/M. 1993, S. 32.

66 Charles Darwin, *Leben und Briefe in drei Bänden*, hrsg. von Francis Darwin, Bd. 1, Nachdr. d. Ausg. v. 1887, Tübingen 1992, S. 11.

67 Darwin, *Mein Leben*, S. 26.

68 *Correspondence of Charles* Darwin, Bd. 1, Cambridge 1985, S. 502.

69 Zur Diskussion der Epidemiologie des Hyperventilationssyndroms und zu Material, das Bowlbys Hypothese stützt, siehe G. W. Brown, T. Harris und A. Bifulco, »Long-term Effects of Early Loss of Parent«, in: Michael Rutter, Carroll E. Izard und Peter B. Read (Hrsg.), *Depression in Young People: Developmental and Clinical Perspectives*, New York 1986, S. 251-296. Einige dieser Befunde sind von L. Champion, »The Relationship between Social Vulnerability and the Occurence of Severely Threatening Life Events«, *Psychological Medicine* 20, 1990, S. 157-161, in Frage gestellt worden. Siehe auch Samuel B. Guze, *Why Psychiatry Is a Branch of Medicine*, New York – Oxford 1992, S. 28.

Ich habe Bowlbys Hypothese, daß der frühe Verlust eines Elternteils das Selbstvertrauen untergräbt, überprüft, indem ich sie mit Schüchternheit, die oft mit Angst verbunden ist (Kapitel 7), in Zusammenhang gestellt habe. Tatsächlich besteht hier eine Verbindung (partielles $r$=0,13, $df$=2/595, $F$=5,31, $p$<0,01). In dieser Beziehung steht der Verlust eines Elternteils in Wechselwirkung mit der Schichtzugehörigkeit. In Unterschichtfamilien ist der allgemeine Trend umgekehrt (partielles $r$=0,18, $df$=2/595, $F$=10,02, $p$<0,005). Wenn Erstgeborene »der Mann im Haus« werden, was in Unterschichtfamilien häufiger vorkommt, steigt ihr Status. Dies wird ihnen von den Spätergeborenen übelgenommen und führt dazu, daß diese rebellisch werden. Solche gegensätzlichen familiären Nischen (und die damit verbundene Familiendynamik) sind im allgemeinen nicht dazu angetan, schüchterne Charaktere hervorzubringen. Die Richtigkeit von Bowlbys Erklärung für Darwins Krankheit hängt also von vielen kontingenten Aspekten der familiären Nischen ab und gilt nicht einfach als solche. Insbesondere trifft sie nicht generell auf Erstgeborene aus der Unterschicht zu.

70 *Correspondence of Charles Darwin*, Bd. 2, Cambridge 1986, S. 279.

71 *More Letters of Charles Darwin: A Record of His Work in a Series of Hitherto Unpublished Letters*, hrsg. von Francis Darwin und A. C. Seward, Bd. 1, New York 1903, S. 252; Bowlby, *Charles Darwin*, S. 240, S. 377.

72 Darwin, *Leben und Briefe*, Bd. 2, S. 351.

73 Darwin, *Mein Leben*, S. 145.

74 Bowlby, *Charles Darwin*, S. 12.

75 Die Interpretation, die ich hier anbiete, unterscheidet sich von der, die Bowlby, ebenda, gegeben hat. Bowlby betont im wesentlichen Darwins Empfindlichkeit gegenüber Kritik. Ich dagegen unterstreiche stärker Darwins Entschlossenheit,

mit Kritik fertig zu werden, auch wenn er dabei in Angst geriet und sich überarbeitete, siehe Sulloway, »Darwinian Psychobiography«.

76 Darwin, *Mein Leben*, S. 151.

77 Darwin, *Leben und Briefe*, Bd. 1, S. 136.

78 Ebenda.

79 *Correspondence of Charles Darwin*, Bd. 7, Cambridge 1991, S. 388.

80 Charles Darwin, *Über die Entstehung der Arten durch natürliche Zuchtwahl oder die Erhaltung der begünstigten Rassen im Kampf ums Dasein*, hrsg. u. eingel. von Gerhard H. Müller, Darmstadt 1988, S. 318.

81 Zitiert bei Ernst Mayr, *... und Darwin hat doch recht. Charles Darwin, seine Lehre und die moderne Evolutionsbiologie*, München – Wien 1994, S. 141.

82 Die soziale Herkunft hat keinen Einfluß auf wissenschaftliche Radikalität. Für liberale wissenschaftliche Debatten ist $r$=0,01 ($df$=1/2173, $t$=0,31, $p$<0,76). Für das Sample, das der Abbildung 5.3 zugrunde liegt, ist $r$=0,04 ($df$=1/843, $t$=1,21, $p$=0,23).

## *Kapitel 6: Geschlecht*

1 Stephen Jay Gould, *Der falsch vermessene Mensch*, Frankfurt/M. 1983.

2 Betsy Jane Becker, » Influence Again: An Examination of Reviews and Studies of Gender Differences in Social Influence«, in: Janet Shibley Hyde und Maria C. Linn (Hrsg.), *The Psychology of Gender: Advances through Meta-Analysis*, Baltimore – London 1986, S. 178-209, hier S. 205.

3 Marcia C. Linn, »Meta-Analysis of Studies of Gender Differences: Implications and Future Directions«, in: Hyde und Linn (Hrsg.), *Psychology of Gender*, S. 210-231, hier S. 217.

4 Metaanalytische Untersuchungen zu jüngsten Veröffentlichungen der Gender-Forschung umfassen über tausend Veröffentlichungen, siehe: Hyde und Linn (Hrsg.), *Psychology of Gender,* und vor allem Alan Feingold, »Gender Differences in Personality: A Meta-Analysis«, *Psychological Bulletin* 116, 1994, S. 429-456; auch die wegweisende Übersicht von Eleanor Emmons Maccoby und Carol Nagy Jacklin, *The Psychology of Sex Differences*, Stanford 1974, ist noch immer nützlich. Allerdings werden in dieser Studie metaanalytische Techniken noch nicht verwendet, und aus diesen und anderen methodischen Gründen wurde sie auch von Jeanne Humphrey Block, »Issues, Problems, and Pitfalls in Assessing Sex Differences«, *Merrill-Palmer Quarterly* 22, 1976, S. 283-308, kritisiert.
Die größte geschlechtsspezifische Differenz betrifft die Körperstärke ($r$≈0,67). In kognitiver Hinsicht gibt es nur eine substantielle geschlechtsspezifische Differenz: die Fähigkeit des räumlichen Vorstellungsvermögens ($r$≈0,45). Bei den Persönlichkeitseigenschaften gibt es einen großen Unterschied im Hinblick auf Innen- oder Außengerichtetheit ($r$≈0,53). Bei Aggression beträgt die mittlere punktbiseriale Korrelation 0,25 (eine bescheidene Differenz). Die meisten anderen Persönlichkeitsdifferenzen sind klein: für bestimmendes Auftreten ist $r$≈ 0,15, für Konformität ist $r$≈0,12. Zu diesen Statistiken siehe Becker, »Influence Again«, S. 199; Linn, »Meta-Analysis«, S. 218; Feingold, »Gender Differences«, S. 448. Die Durchschnittskorrelation für die fünf großen Persönlichkeitsdimensionen beträgt 0,28. Wenn ich von »kleinen« psychologischen Unterschieden spreche, so heißt das nicht, daß sie trivial sind. Bei therapeutischen Effekten ist eine Korrelation von 0,10 gleichbedeutend mit einer von 45 auf 55 Prozent steigenden Wahrscheinlichkeit, eine tödliche Krankheit zu überleben.

5 David M. Buss, *Die Evolution des Begehrens: Geheimnisse der Partnerwahl*, Hamburg 1994. Für unterschiedliche geschlechtsspezifische Kriterien bei der Partnerwahl beträgt die durchschnittliche Korrelation 0,20, siehe Feingold, »Gender Differences«, S. 450.

6 Linn, »Meta-Analysis«, S. 211.
7 Ebenda, S. 220; Becker, »Influence Again«.
8 Philip G. Zimbardo und Michel R. Leippe, *The Psychology of Attitude Change*, Philadelphia 1991, S. 60. Zu anderen Beispielen für situationsbedingte geschlechtspezifische Wechselwirkungseffekte siehe Hyde und Linn (Hrsg.), *Psychology of Gender*; Linn, »Meta-Analysis«, S. 221.
9 Siehe die Besprechung dieser Literatur bei Barry W. Bragg und Vernon L. Allen, »Ordinal Position and Conformity: A Role Theory Analysis«, *Sociometry* 33, 1970, S. 371-381.
10 *Erläuterungen zu Abbildung 6.1*: In der Abbildung sind sieben Meßgrößen für Konformität kombiniert. Vier davon stammen von Helen L. Koch, »The Relation of Certain Family Constellation Characteristics and the Attitude of Children toward Adults«, *Genetic Psychology Monographs* 52, 1955, S. 13-40, hier S. 19ff., und sind zu einer Meßgröße zusammengefaßt. Zwei weitere Meßgrößen sind Edward E. Sampson und Francena T. Hancock, »An Examination of the Relationship between Ordinal Position, Personality, and Conformity: An Extension, Replication, and Partial Verification«, *Journal of Personality and Social Psychology* 5, 1967, S. 398-407, entnommen. Die letzte Meßgröße stammt aus Bragg und Allen, »Ordinal Position«. Siehe auch Brian Sutton-Smith und B. G. Rosenberg, *The Sibling*, New York 1970, S. 141, wo sich eine ähnliche Zusammenstellung findet. (Ihre Tabelle 9.2 enthält allerdings einige Transkriptionsfehler).
Die vertikale Skala in Abbildung 6.1 zeigt die durchschnittliche Rangordnung im Konformitätsverhalten bei jeder Geschwisterkonfiguration. In Zweikind-Familien sind acht Konfigurationen auf der Basis von Geburtenfolge, Geschlecht und dem Geschlecht des Geschwisters möglich. Für die Wechselwirkung zwischen Geburtenfolge und dem Geschlecht des Geschwisters beträgt die partielle Korrelation 0,48 ($df$=1/12, $t$=1,90, $p$<0,05 [einseitiger Test]). Der statistische Test beruht auf zusammengefaßten Wertungen, nicht auf den ursprünglichen Daten. Die erheblich größeren $N$ der ursprünglichen Daten würden die statistische Signifikanz dieser Ergebnisse noch erhöhen. Die Einbeziehung der Daten von Koch, »Relation of Certain Family Constellations«, in einen umfassenden metaanalytischen Test ist schwierig, während die anderen Untersuchungen sich durch diese Methode leicht kombinieren lassen. Für diese anderen Studien ist die Wechselwirkung zwischen Geburtenfolge und Geschlecht $r$=0,22 ($df$=1/248, $t$=3,47, $p$<0,01). Die kombinierte Korrelation für Geburtenfolge ist ein ebenfalls signifikanter Wert von 0,25, während sie für Geschlecht nur 0,06 beträgt, also nicht signifikant ist. Die Geburtenfolge steht ebenfalls in Wechselwirkung zum Geschlecht der Geschwister. Spätergeborene aus beiden Geschlechtern neigen zu nichtkonformem Verhalten, wenn ihr älteres Geschwister ein Bruder ist ($r$=0,13, $df$=1/248, $t$=2,10, $p$<0,05).
11 Bragg und Allen, »Ordinal Position«.
12 Helen L. Koch, »Sissiness and Tomboyishness in Relation to Sibling Characteristics«, *Journal of Genetic Psychology* 88, 1956, S. 231-244.
13 Aus der Forschung geht hervor, daß Mädchen sich gegenüber Direktiven von Lehrern und Eltern konformer verhalten als Jungen, siehe Maccoby und Jacklin, *Psychology of Sex Differences*, S. 272. Siehe auch Carol Gilligan, *Die andere Stimme. Lebenskonflikte und die Moral der Frau*, 6. Aufl. München 1993.
14 Zu instrumentellen versus expressiven Rollen in der Familie siehe Talcott Parsons und Robert F. Bales, *Family, Socialization and Interaction Process*, Glencoe/Ill. 1955. Zu Mustern der Identifikation mit den Eltern bei Schwestern siehe Helen L. Koch, »The Relation of Certain Formal Attributes of Siblings to Attitudes Held toward Each Other and toward Their Parents«, *Monograph of the Society for Research in Child Development* 25, 1960, S. 1-124, hier S. 37f., S. 100, S. 103; Sutton-Smith und Rosenberg, *The Sibling*, S. 145f.
15 Die Forschung zur Frage der durch Geburtenfolge bedingten Konformität bei

Frauen hat noch keine befriedigenden Ergebnisse erbracht. Über die *Motive* der Anpassung unter experimentellen Bedingungen ist noch zu wenig bekannt, siehe Sampson und Hancock, »Examination of the Relationship«, S. 406. Vielleicht ist es so, daß sich konformes Verhalten von jüngeren Schwestern, die ältere Schwestern haben, als Freundlichkeit ausdrückt (eine Eigenschaft von Spätergeborenen). Im wirklichen Leben mag es sein, daß solche Personen sich in wichtigen gesellschaftlichen Fragen relativ nonkonformistisch zeigen, aber das historische Material, das ich in diesem Kapitel vorlegen werde, deutet eigentlich auf etwas anderes hin. Wie auch immer, wichtig ist, sich klar zu machen, daß psychologische Experimente nur über kurzfristiges Verhalten Auskunft geben. Auf lange Sicht kann eine Verhaltensweise ganz anders aussehen.

16 John N. Edwards und David L. Klemmack, »Birth Order and the Conservators of Tradition Hypothesis«, *Journal of Marriage and the Family* 35, 1973, S. 619-626, hier S. 623f.; Kathryn Elaine Hess, »Ordinal Position and Acceptance of Conventional Morality«, *Dissertation Abstracts (A)* 32, 1971, S. 1073.

17 Geschlechtsspezifische Unterschiede sind bei vielen psychologischen Merkmalen bedeutend kleiner als Unterschiede, die durch die Geburtenfolge bedingt sind. Dies gilt zum Beispiel für das Leistungs- und das Autonomiebedürfnis, siehe Sampson und Hancock, »Examination of the Relationship«. Männliche Spätergeborene haben viele Eigenschaften, die als typisch weiblich gelten: sie sind kooperativer, freundlicher, flexibler und weicher. Weibliche Spätergeborene sind allgemein »weiblicher« als weibliche Erstgeborene, die zu Leistungsorientierung und dominantem Verhalten neigen, siehe Kapitel 3 sowie Helen L. Koch, »Some Personality Correlates of Sex, Sibling Position, and Sex of Sibling among Five- and Six-year-old Children«, *Genetic Psychology Monographs* 52, 1955, S. 3-50, hier S. 38; Cécile Ernst und Jules Angst, *Birth Order: Its Influence on Personality*, Berlin – New York 1983, S. 259f. Siehe auch Maccoby und Jacklin, *Psychology of Sex Differences*, S. 351.

18 Mein Sample von Reformern basiert auf den 504 Personen, die in dem von Alden Whitman herausgegebenen, biographischen Lexikon *American Reformers*, New York 1985, aufgeführt sind.

19 Für mein Sample von Konservativen habe ich mich auf Louis Filler, *Dictionary of American Conservatism*, New York 1987, gestützt. In dem kombinierten Sample sind 213 von 614 Personen (das heißt 35 Prozent) Frauen. Zu Daten über die Verteilung von Rasse und Klasse siehe Anm. 23.

20 Diese fünf Reformkategorien ergeben sich eindeutig durch eine Faktorenanalyse der 61 Typen von Reformen, die Whitman skizziert hat, siehe ders. (Hrsg.), *American Reformers*, S. 919-927. Jemand, der sich in einer Unterkategorie engagiert hat, beteiligte sich im allgemeinen auch an anderen Reformen, die derselben Unterkategorie zuzurechnen sind, nicht aber an grundsätzlich anderen Reformen. Meine Klassifikation der Reformbewegungen basiert auf einer Reihe von Kriterien wie Rekrutierungsmustern aufgrund der Schichtzugehörigkeit, Rasse, religiösem Bekenntnis, Geschlecht und der historischen Epoche. Die Geburtenfolge habe ich nicht als Klassifikationskriterium aufgenommen, aber diese Vorsichtsmaßnahme ändert am Ergebnis nichts. Die Faktorenanalyse dieser Reformbewegungen und der an ihnen Beteiligten zeigt deutlich, daß der erste Faktor die Dimension konservativ/radikal ist. Der zweite Faktor betrifft geschlechtsspezifische Interessen und Probleme.

21 Ebenda, S. xiv.

22 In die Kategorie »radikale Reformer« habe ich Personen aufgenommen, die sich mit politischen und religiösen Fragen und den Beziehungen zwischen den Rassen auseinandergesetzt haben. »Radikalismus« wird hier auf einer Skala von drei Punkten gemessen: –1 für die Beteiligung an konservativen Bestrebungen, 0 für die Beteiligung an gemäßigten Reformen und +1 für die Teilnahme an radikalen Reformen. In das multivariate Modell, mit dessen Hilfe ich Wahrscheinlichkeits-

voraussagen über die Teilnahme an radikalen Reformen treffe, sind drei Variablen eingegangen: Geburtenfolge, Schicht und rassischer Minderheitenstatus. Radikale Reformbewegungen gab es in früheren Jahrhunderten häufiger, daher habe ich das Geburtsjahr in das multivariate Modell aufgenommen. Diese vier Prädiktoren bleiben signifikant, auch wenn die Geschwisterzahl, die nicht signifikant ist, in das Modell einbezogen wird.

Im folgenden führe ich die partiellen Korrelationen für die Prädiktoren in diesem Modell auf: für das Geburtsjahr ist $r$=–0,36 ($df$=1/520 [das harmonische Mittel], $t$=–8,94, $p$<0,0001), für den rassischen Minderheitenstatus ist $r$=0,22 ($df$=1/520, $t$=5,22, $p$<0,0001), für die Geburtenfolge ist $r$=0,20 ($df$=1/520, $t$=4,58, $p$<0,0001), für Schichtzugehörigkeit ist $r$=0,15 ($df$=1/520, $t$=3,40, $p$<0,005). Für das kombinierte Modell gilt $R$=0,47 (korrigiertes $R$=0,46, $df$=4/520, $F$=36,67, $p$<0,0001). Für Frauen allein beträgt die Korrelation zwischen Geburtenfolge und Unterstützung radikaler Reformen $r$=0,20 ($df$=1/168, $t$=2,64, $p$<0,01). Für Geschlecht und Radikalität ist das partielle $r$=0,04 ($df$=1/532 [das harmonische Mittel], $t$=1,04, $p$<0,30).

23 Unter »unterprivilegierten Schichten und Gruppen« verstehe ich hier Schwarze ($N$=28), Hispanics ($N$=2), Juden ($N$=22), Angehörige der Unterschicht ($N$=206) und Spätergeborene ($N$=283). Siehe auch Leonard Lieberman und Larry T. Reynolds, »The Debate over Race Revisited: An Empirical Investigation«, *Phylon* 39, 1978, S. 333-343, die in ihrer Untersuchung über Einstellungen von Anthropologen zum Begriff der Rasse eine ähnliche Konstruktion verwenden.

24 Für das Verhältnis zwischen Geburtenfolge und Unterstützung der Bewegung zur Abschaffung der Sklaverei ist $r$=0,16 ($df$=1/356, $t$=2,98, $p$<0,001); in diesem Test wird die Unterstützung des Abolitionismus der Unterstützung aller anderen Reformbewegungen gegenübergestellt. Die gleiche Gegenüberstellung ist für Frauen als getrennte Gruppe signifikant ($r$=0,17, $df$=1/175, $t$=2,28, $p$<0,05). Diese Ergebnisse decken sich mit denen von John Sherwood und Mark Nataupsky, »Predicting the Conclusions of Negro-White Intelligence Research from the Biographical Charcteristics of the Investigator«, *Journal of Personality and Social Psychology* 8, 1968, S. 53-58, die herausgefunden haben, daß erstgeborene Forscher bedeutend häufiger als spätergeborene zu der Auffassung neigen, daß Schwarze durch Geburt einen niedrigeren IQ haben. Ein solcher Befund gibt nur die persönliche Meinung eines Forschers wieder und sagt nichts darüber aus, ob es wirklich rassisch bedingte Intelligenzunterschiede gibt.

25 Edith F. Hurwitz, »Harriet Elizabeth Beecher Stowe«, in: Whitman (Hrsg.), *American Reformers*, S. 780-783, hier S. 781.

26 Die Tubman war ein »Mittelkind«, und ihr relativ hoher Geburtsrang kann aus dem Alter ihrer Eltern zur Zeit ihrer Geburt erschlossen werden. Sie waren beide um die vierzig, siehe Earl Conrad, *Harriet Tubman*, Washington/D.C. 1943, S. 5, S. 33, S. 211.

27 Susan Bleisweis Wrench, »Harriet Tubman«, in: Whitman (Hrsg.), *American Reformers*, S. 816-818, hier S. 817.

28 Ebenda.

29 Conrad, *Harriet Tubman*, S. 127.

30 Für den durch die Geburtenfolge bedingten Gegensatz zwischen konservativen und reformerischen Frauen ist $r$=0,18 ($df$=1/182, $t$=2,51, $p$<0,02).

31 Filler, *Dictionary*, S. 294. Barry Goldwater, der Held der Schlafly, ist in meinem Sample von amerikanischen Konservativen ebenfalls enthalten. Wie die Schlafly ist auch Goldwater ein Erstgeborener.

32 Ebenda, S. 234.

33 Francis Krasno, »Catherine Esther Beecher«, in: Whitman (Hrsg.), *American Reformers*, S. 63.

34 Für das Verhältnis zwischen Geburtenfolge und geschlechtsuntypischem Verhalten bei Frauen ist $r$=0,13 ($df$=1/175, $t$=2,30, $p$<0,05). Dieser Geburtenfolgeeffekt

basiert auf dem Gegensatz zwischen weiblichen Teilnehmern an männlich beherrschten Reformbewegungen und weiblicher Beteiligung an typisch weiblichen Reformbestrebungen, die etwa die Situation von Kindern oder Frauenthemen betreffen. Die Geschlechtsspezifik der Reformbewegungen wurde als die Differenz zwischen der Geschlechterrate jeder einzelnen Reformbewegung und der durchschnittlichen Geschlechterrate aller Reformen bestimmt.

35 John J. Reed, »Sarah Moore Grimké and Angelina Emily Grimké«, in: Whitman (Hrsg.), *American Reformers*, S. 379-382, hier S. 381.

36 Für das Verhältnis zwischen Geburtenfolge und Art der Reformbestrebungen bei Frauen ist $r$=0,14 ($df$=1/175, $t$=1,87, $p$<0,05; einseitiger Test). Dieser Gegensatz basiert auf der Teilnahme von Frauen an Reformen, die entsprechend der durchschnittlichen Schichtzugehörigkeit der Teilnehmer (Ober- und Unterschicht) in zwei Kategorien unterteilt wurden. Für Frauen, die die Klassenschranken überschritten, ist $r$=0,23 ($df$=1/47, $t$=1,66, $p$<0,06, einseitiger Test). Dieser Gegensatz stützt sich auf eine Untersuchung über Oberschichtfrauen und ihre Unterstützung für oberschicht- beziehungsweise unterschichtspezifische Reformen.

37 Unter Minderheiten verstehe ich hier Schwarze, Hispanics, Katholiken und Juden. Kontrolliert für Minderheitenstatus und Geburtenfolge, die signifikanten, für die Unterstützung radikaler Reformanliegen maßgebenden Haupteffekte, beträgt die partielle Korrelation für die zweifache Wechselwirkung –0,10 ($df$=1/344, $t$=3,69, $p$<0,05, für beide Geschlechter, einseitiger Test). Für Frauen beträgt die partielle Korrelation für dieselbe Wechselwirkung –0,11 ($df$=1/180, $t$=1,52, $p$<0,07, einseitiger Test).

38 Susan Bleisweis Wrench, »Sojourner Truth«, in: Whitman (Hrsg.), *American Reformers*, S. 814f., hier S. 815.

39 Ebenda.

40 Siehe auch Kapitel 5, wo ich vergleichbares Material präsentiere, aus dem hervorgeht, daß Geburtenfolgeeffekte (1) durch Konflikte mit den Eltern und (2) durch fehlgeschlagene Identifikationen von Kindern mit ökonomisch erfolglosen Eltern durchbrochen werden. In Kapitel 9 zeige ich, daß Erstgeborene eher die politischen Einstellungen ihrer Eltern übernehmen als Spätergeborene.

41 Die Überrepräsentanz erstgeborener Frauen in der Frauenrechtsbewegung läßt sich durch die Regel von Greenwood-Yule nachweisen, die nach der Größe der Geschwisterzahl bereinigt ($r$=0,24, $\chi^2$=4,80[1], $N$=85, $p$<0,05), siehe M. Greenwood und G. U. Yule, »On the Determination of Size of Family and of the Distribution of Characteristics in Order of Birth from Samples Taken through Members of the Sibships«, *Journal of the Royal Statistical Society* 77, 1914, S. 179-199.

42 Um zu verstehen, warum sich vor allem Erstgeborene in der Frauenrechtsbewegung engagierten, muß man sich klar machen, daß Erstgeborene erfolgsorientierter sind als Spätergeborene, siehe Sampson und Hancock, »Examination of the Relationship«.

43 Für den Gegensatz zwischen der Beteiligung von Frauen an der Frauenrechtsbewegung und dem zusätzlichen Engagement für andere politische und die Rassenbeziehungen betreffende Reformen ist $r$=0,27 ($df$=1/85, $t$=2,63, $p$<0,01). »Persönliche Betroffenheit« ist ein signifikanter Prädiktor für die Unterstützung von Reformen. Unter persönlicher Betroffenheit verstehe ich hier eine Haltung, die das Motiv dafür sein mag, daß eine Frau für Frauenrechte beziehungsweise ein Schwarzer oder ein Jude für Rassengleichheit eintritt. Persönliche Betroffenheit steht auch mit der Geburtenfolge in Wechselwirkung. Unter Einbeziehung von Geburtenfolge, Geschlecht und persönlicher Betroffenheit als Haupteffekte hat die Wechselwirkung zwischen persönlicher Betroffenheit und Geburtenfolge eine partielle Korrelation von –0,10 ($df$=1/363, $t$=–1,91, $p$<0,03, einseitiger Test) zur Folge. Nur für Frauen beträgt die partielle Korrelation –0,11 ($df$=1/168, $t$=1,41, $p$<0,10, einseitiger Test).

44 Weitere 28 Frauen in meinem Sample beteiligten sich an verschiedenen »konservativen« Debatten wie Eugenik und modernem Spiritualismus. Zu meiner Definition »konservativer« Debatten siehe Kapitel 2, Tabelle 2, und Kapitel 14, Abbildung 14.1. Frauen sind in konservativen Debatten überrepräsentiert, weil die größten Debatten dieser Art sich in – historisch gesehen – jüngster Zeit abgespielt haben, nicht weil Frauen generell dazu tendierten, konservative Standpunkte einzunehmen.

45 Zum Verhältnis von Geschlecht und Akzeptanz von Neuerungen bei liberalen Debatten ist $r$=0,09 ($df$=1/3117, $t$=4,81, $p$<0,0001). Die meisten Wissenschaftler in meinem Sample sind Männer, daher ist es schwierig, große Korrelationen für *irgendeinen* Effekt zu erhalten, der Frauen betrifft. Wenn es ebenso viele Frauen in meinem Sample gäbe wie Männer, dann wäre die Korrelation zwischen Geschlecht und unterstützendem Verhalten nicht geringer als 0,52! Asymmetrische Samples führen zu asymmetrischen Korrelationen. Mit Hilfe relativer Wahrscheinlichkeiten läßt sich dieses Problem bereinigen. Frauen unterstützten liberale wissenschaftliche Innovationen 1,7-fach öfter als Männer.

46 In meinem Wissenschaftlersample beträgt die Korrelation zwischen Geschlecht und relativem Geburtsrang 0,06 ($df$=1/1410, $t$=2,39, $p$<0,02, für Teilnehmer an liberalen Debatten). Dieses Ergebnis wird durch eine Untersuchung der Geschwisterzahl bestätigt. Auf der Grundlage der Regel von Greenwood-Yule, siehe Greenwood und Yule, »Determination of Size of Family«, hätten 26 Prozent der Frauen, die an liberalen Kontroversen teilnehmen, Letztgeborene sein müssen (tatsächlich waren es 45 Prozent). Weitere 27 Prozent des Samples sind Erstgeborene mit jüngeren Geschwistern, was fast exakt dem erwarteten Anteil entspricht (der aber niedriger ist, als es bei berühmten Personen gewöhnlich der Fall ist). Mittelkinder sind unterrepräsentiert, ein für diesen Personenkreis typisches Ergebnis. Erst- und Letztgeborenen widmen die Eltern mehr Aufmerksamkeit, dadurch werden die intellektuellen Fähigkeiten stimuliert und die betreffenden Kinder zu akademischen Leistungen motiviert, siehe William D. Altus, »Birth Order and its Sequelae«, *Science* 151, 1966, S. 44-49; Robert B. Zajonc, »Family Configuration and Intelligence«, *Science* 192, 1976, 227-236.
Die Zahl der Frauen in meinem Sample, die Spätergeborene waren und mit einem älteren Bruder aufwuchsen (16 von 16) ist signifikant größer als der Zufall ($\chi^2$=3,66[1], $p$<0.05, für Teilnehmer an liberalen Debatten [einseitiger Test]).

47 Außerdem waren Frauen in meinem Sample, die besonders berühmt wurden, eher Spätergeborene als Männer, die es zu Rang und Ansehen brachten. Dies gilt besonders für Frauen, die an liberalen wissenschaftlichen Debatten beteiligt waren ($z$=2,76, $p$<0,005).

48 Gerhard Sonnert, *Who Succeeds in Science?: The Gender Dimension*, with the Assistance of Gerald Holton, New Brunswick/N.J. 1995.

49 Das Geburtsjahr korreliert in meiner Studie mit gesellschaftlichen Einstellungen (die Betreffenden wurden mit der Zeit liberaler). Vergleiche zwischen Männern und Frauen müssen entsprechend kontrolliert werden, weil die Männer meines Samples im Durchschnitt früher geboren wurden als die Frauen. Auch unter Einbeziehung des Geburtsjahrs sind die Frauen liberaler als die Männer. Die partielle Korrelation zwischen Geschlecht und gesellschaftlichen Einstellungen beträgt 0,12 ($df$=1/2125, $t$=4,84, $p$<0,0001; für Frauen, die sich an liberalen Debatten beteiligten). Unter Berücksichtigung des Geburtsjahrs beträgt die partielle Korrelation zwischen dem Geschlecht und den gesellschaftlichen Einstellungen der Eltern 0,18 ($df$=1/374, $t$=3,45, $p$<0,001, für Teilnehmer an liberalen Debatten). Zur Bestimmung von gesellschaftlichen Einstellungen siehe Kapitel 9.

50 Für Geschlecht und Eltern-Kind-Konflikt ist $r$=0,13 ($df$=1/542, $t$=2,97, $p$<0,005; Frauen hatten häufiger Konflikte).

51 Die Korrelation zwischen Geschlecht und Konflikten mit Müttern beträgt 0,25 ($df$=1/373, $t$=4,99, $p$<0,0001); für Väter beträgt die analoge Korrelation 0,02

(*df*=1/459, *t*=0,75, was nicht signifikant ist). Die Differenz zwischen den beiden Werten ist selbst signifikant, zeigt sie doch, daß die Wissenschaftlerinnen mit ihren Müttern eher aneinandergerieten als die Männer ($z=3{,}24$, $p<0{,}001$). Diese Ergebnisse zum Eltern-Kind-Konflikt stimmen mit Jeanne Blocks Längsschnittuntersuchung über Geschlechterunterschiede überein. Frauen, die viele Konflikte mit ihren Eltern austrugen, fand Block heraus, sind unkonventionell und nicht so typisch weiblich wie andere, siehe Jeanne Humphrey Block, »Conceptions of Sex Role: Some Cross-cultural and Longitudinal Perspectives«, *American Psychologist* 28, 1973, S. 512-526, hier S. 524.

52 Für die Überrepräsentanz von Erstgeborenen bei der Unterstützung konservativer Theorien (nur Frauen) gilt $\chi^2=4{,}15[1]$, $N=27$, $p<0{,}05$, nach der Regel von Greenwood-Yule, siehe Greenwood und Yule, »Determination of Size of Family«. Wenn wir die beiden Klassen von Debatten in meinem Sample (konservative und liberale) miteinander kombinieren, dann zeigt sich, daß erstgeborene Frauen bedeutend eher den konservativen Standpunkt eingenommen haben, der in diesen Kontroversen zur Debatte stand ($\chi^2=7{,}69[2]$, $N=47$, $p<0{,}05$, nach der Regel von Greenwood-Yule).

53 Phyllis Grosskurth, *Margaret Mead: A Life of Controversy*, London 1988, S. 39, S. 73, S. 76f.

54 Ebenda, S. 76.

55 Ebenda, S. 49.

56 Margaret Mead, *Brombeerblüten im Winter. Ein befreites Leben*, Reinbek bei Hamburg 1993, S. 54.

57 Mildred George Goertzel, Victor Goertzel und Ted George Goertzel, *Three Hundred Eminent Personalities*, San Francisco 1978, S. 94, S. 96.

58 Boyce Rensberger, »The Nature-Nurture Debate I.«, *Science* 83, Nr. 4 (April), 1983, S. 28-37, hier S. 34; Derek Freeman, *Liebe ohne Aggression. Margaret Meads Legende von der Friedfertigkeit der Naturvölker*, München 1983, S. 312.

59 Jane Howard, *Margaret Mead: A Life*, New York 1984, S. 79.

60 Margaret Mead, *Jugend und Sexualität in primitiven Gesellschaften*, Bd.1: *Kindheit und Jugend in Samoa*, 4. Aufl. München 1976, S. 35f.; Freeman, *Liebe ohne Aggression*, S. 102.

61 Interview mit Margaret Mead im BBC (1976), zitiert nach Freeman, *Liebe ohne Aggression*, S. 104.

62 Mead, *Jugend auf Samoa*, Bd. 1, S. 136.

63 Ebenda, S. 177.

64 Freeman, *Liebe ohne Aggression*, S. 115.

65 Howard, *Margaret Mead*, S. 322.

66 Zitiert bei Freeman, *Liebe ohne Aggression*, S. 269.

67 Ebenda, S. 269-274.

68 Howard, *Margaret Mead*, S. 323.

69 Freeman, *Liebe ohne Aggression*, S. 18, S. 316.

70 Ebenda, S. 318f.

71 Ebenda, S. 318.

72 Mary Catherine Bateson, *Mit den Augen meiner Tochter. Meine Erinnerung an Margaret Mead und Gregory Bateson*, Reinbek bei Hamburg 1988, S. 232.

73 Esther Ehrman, *Mme du Châtelet: Scientist, Philosopher and Feminist of the Enlightenment*, Leamington Spa/U.K. 1986, S. 61.

74 Ebenda, S. 2

75 Siehe John L. Heilbron, *Electricity in the 17th and 18th Centuries: A Study of Early Modern Physics*, Berkeley – Los Angeles 1979, S. 278, und Henry Guerlac, *Newton on the Continent*, Ithaca – London 1981, S. 73.

76 Ehrman, *Mme du Châtelet*, S. 2.

77 Ira O. Wade, *The Intellectual Development of Voltaire*, Princeton 1969, S. 445.

78 Ehrman, *Mme du Châtelet*, S. 56.

79 *The Correspondence of Charles Darwin*, hrsg. von Frederick Burkhardt und Sidney Smith, Bd. 2, Cambridge 1986, S. 81.
80 *Harriet Martineau's Autobiography. With Memorials by Maria Weston Chapman*, Bd. 1, London 1877, S. 355.
81 Siehe Valerie Kossew Pichanick, *Harriet Martineau: The Woman and Her Work, 1802-1876*, Ann Arbor/Mich. 1980, S. 3f.; *Harriet Martineau's Autobiography*, Bd. 1, S. 133.
82 Leslie Stephen, »Godwin, William (1756-1836)«, *Dictionary of National Biography* 8, 1890, S. 64-68.
83 William Petersen, *Malthus*, Cambridge 1979, S. 38, S. 46, S. 217.
84 *Harriet Martineau's Autobiography*, Bd. 1, S. 211, S. 327ff.
85 Ich danke Peter J. Gautrey für dieses Detail.
86 Paul Roazen, *Sigmund Freud und sein Kreis. Eine biographische Geschichte der Psychoanalyse*, Herrsching 1988, S. 423.
87 Jack L. Rubins, *Karen Horney. Sanfte Rebellin der Psychoanalyse*, Frankfurt/M. 1983, S. 120, siehe auch S. 12, S. 34.
88 Sigmund Freud, *Neue Folge der Vorlesungen zur Einführung in die Psychoanalyse*, in: *Gesammelte Werke*, hrsg. von Anna Freud unter Mitarbeit von Marie Bonaparte u.a., Bd. 11.
89 Rubins, *Karen Horney*, S. 165-179; Phyllis Grosskurth, *Melanie Klein: ihre Welt und ihr Werk*, Stuttgart 1993, S. 219-222.
90 Grosskurth, *Melanie Klein*, S. 219.
91 Rubins, *Karen Horney*, S. 263f.
92 Roazen, *Freud und sein Kreis*, S. 462f.
93 Grosskurth, *Melanie Klein*, S. 299; Robert Karen, *Becoming Attached: Unfolding the Mystery of the Infant-Mother Bond and Its Impact on Later Life*, New York 1994, S. 44f.
94 Grosskurth, *Melanie Klein*, S. 165.
95 Ebenda, S. 3.
96 Karen, *Becoming Attached*, S. 42ff.
97 Roazen, *Freud und sein Kreis*, S. 460-465.
98 Grosskurth, *Melanie Klein*, S. 512.
99 Karen, *Becoming Attached*, S. 47.
100 Siehe Kapitel 9, vor allem Abb. 9.1.
101 Die Wissenschaftlerinnen in meiner Untersuchung waren im Durchschnitt jünger als die Männer. Das Alter ist ein guter Prädiktor für Offenheit für Erfahrung, daher habe ich es in das multiple Regressionsmodell für die wissenschaftliche Stellungnahme zusammen mit dem relativen Geburtsrang, gesellschaftlichen Einstellungen und Konflikten mit den Eltern aufgenommen. Die Mehrfachkorrelation für dieses Modell beträgt 0,53 ($df$=5/581, $F$=45,24, $p$<0,0001; für liberale Debatten). Das Modell enthält eine signifikante zweifache Wechselwirkung zwischen Geburtenfolge und Konflikten mit den Eltern, wie ich in Kapitel 5, Abbildung 5.1 gezeigt habe. Unter Einbeziehung dieser fünf Prädiktoren für Radikalität beträgt die Korrelation für Geschlecht 0,04 ($df$=1/581, $t$=0,99, $p$<0,33). Ergebnisse des multivariaten Modells stehen nicht zu der Ordnung in Beziehung, mit der die Variablen eingeführt werden. Geschlecht wird immer zurückgewiesen, während die anderen vier Variablen immer angenommen werden.
102 Evelyn Fox Keller, *A Feeling for the Organism: The Life and Work of Barbara McClintock*, New York 1983; dies., *Reflections on Gender and Science*, New Haven – London 1985, S. 173. Die Genetikerin Barbara McClintock, von der Keller, *Feeling for the Organism*, S. 173f., meint, daß sie eine solche offene Geistesart verkörperte, war das dritte von vier Kindern. Sogar als Frau war McClintock eine Außenseiterin in der Wissenschaft.

1 Siehe beispielsweise Judy Dunn und Robert Plomin, *Warum Geschwister so verschieden sind*, Stuttgart 1996, S. 41, S. 57; John C. Loehlin, *Genes and Environment in Personality Development*, Newbury Park/Calif. 1992, S. 68. Man schätzt, daß Persönlichkeitsmerkmale zu etwa 30 bis 40 Prozent genetischen Ursprungs sind, körperliche Merkmale wie Größe und Gewicht zu rund 80 Prozent. Biologisch gesehen, erhöht sich die Anpassungsfähigkeit, wenn Organismen »offene« Verhaltensprogramme haben. Im Bereich der Persönlichkeit haben sich während der Evolution offene Programme herausgebildet, zu denen ein hohes Maß an Lernfähigkeit gehört, siehe Ernst Mayr, *Die Entwicklung der biologischen Gedankenwelt*, Heidelberg 1984, S. 481.
Allerdings ist Vorsicht angebracht bei Schätzungen zur Erblichkeit, die aufgrund der Gegensatzeffekte bei Geschwistern zur Verzerrung neigen. So wie Erblichkeit manchmal berechnet wird, besteht die Gefahr, daß die Einflüsse, die ich in diesem Buch dokumentiere, Verwirrung stiften, beispielsweise im Bereich der Zwillingsforschung. Da wird Erblichkeit oft berechnet als doppelte Differenz zwischen den Korrelationen für Persönlichkeitsmerkmale bei eineiigen und zweieiigen Zwillingen. Zwischen zweieiigen Zwillingen bestehen größere Gegensatzeffekte als zwischen eineiigen, und daher wird die Erblichkeitsschätzung auf das Doppelte dieser Größe erhöht. Der Begriff »Gegensatzeffekte« wird auch benutzt, um die Tendenz von Eltern zu bezeichnen, bei der Einstufung der Persönlichkeiten ihrer Kinder die Differenzen, die sie angeblich beobachten, zu übertreiben. Dieses Vorurteil hat die gleichen inflationären Auswirkungen auf Erblichkeitsschätzungen wie die Gegensatzeffekte, die von der Konkurrenz unter Geschwistern herrühren, siehe Kimberly J. Saudino u.a., »Parent Ratings of EAS Temperaments in Twins, Full Siblings, Half Siblings, and Step Siblings«, *Journal of Personality and Social Psychology* 68, 1995, S. 723-733. Aber obwohl solche methodischen Probleme die Erblichkeitsschätzungen beeinflussen können, so ist doch der Umfang der erforderlichen Bereinigungen relativ klein im Verhältnis zu der Gesamtmenge der Varianzen, die durch genetische Faktoren zu erklären sind.

2 Alexander Thomas und Stella Chess, *Temperament und Entwicklung. Über die Entstehung des Individuellen*, Stuttgart 1980; Stella Chess und Alexander Thomas, *Temperament in Clinical Practice*, New York – London 1986; Jerome Kagan, *Galen's Dream*, New York 1994.

3 Arnold H. Buss und Robert Plomin, *Temperament: Early Developing Personality Traits*, Hillsdale/N.J. 1984; Robert Plomin, J. C. DeFries und G. E. McClearn, *Behavioral Genetics: A Primer*, 2. Aufl. New York 1990, S. 384f.; Loehlin, *Genes and Environment*, S. 4.

4 Philip Zimbardo, der mehrere einflußreiche Bücher über Schüchternheit geschrieben hat, meinte einmal, daß »Schüchternheit ein verschwommener Begriff« sei, siehe ders., *Nicht so schüchtern! So helfen Sie sich aus Ihrer Verlegenheit,* 8. Aufl. München – Landsberg/Lech 1994, S. 24. Seither wurde viel zu diesem Thema geforscht, und der Begriff hat deutlichere Konturen bekommen. Einen Überblick über diese Forschungsarbeiten gibt der Band von Warren H. Jones, Jonathan M. Cheek und Stephen R. Briggs (Hrsg.), *Shyness: Perspectives on Research and Treatment*, New York – London 1986. Korrelationen zwischen Schüchternheit und Introvertiertheit bewegen sich, je nach Meßverfahren, zwischen 0,40 und 0,60, siehe Robert Plomin und Denise Daniels, »Genetics and Shyness«, in: Jones, Cheek und Briggs (Hrsg.), *Shyness*, S. 63-80, hier S. 63; W. Ray Crozier, »Individual Differences in Shyness«, in: ebenda, S. 133-145, hier S. 135f. Zum Verhältnis zwischen Schüchternheit und den fünf großen Persönlichkeitsdimensionen siehe Robert R. McCrae und Paul T. Costa Jr., »Validation of the Five-factor Model of Personality across Instruments and Observers«, *Journal of Personality and Social*

*Psychology* 52, 1987, S. 81-90, hier S. 84; dies., *Personality in Adulthood*, New York – London 1990, S. 3.

5 Hans Jürgen Eysenck und Stanley Rachman, *Neurosen – Ursachen und Heilmethoden. Einführung in die moderne Verhaltenstherapie*, Berlin 1968, S. 27.

6 Hans Jürgen Eysenck, »The Questionnaire Measurement of Neuroticism and Extraversion«, *Revista de Psicologia* 50, 1956, S. 113-140; siehe auch Russel G. Geen, »Physiological, Affective, and Behavioral Implications of Extraversion-Introversion«, in: Jones, Cheek und Briggs (Hrsg.), *Shyness*, S. 265-278, hier S. 274.

7 Kagan, *Galen's Dream*, S. 167f.; Plomin und Daniels, »Genetics and Shyness«, S. 65-69; Loehlin, *Genes and Environment*, S. 67.

8 Jerome Kagan und J. Stephen Reznick, »Shyness and Temperament«, in: Jones, Cheek, Briggs (Hrsg.), *Shyness*, S. 81-90; Jerome Kagan, J. Stephen Reznick und Nancy Snidman, »Biological Bases of Childhood Shyness«, *Science* 240, 1988, S. 167-171.

9 Eine Besprechung dieser Forschungsarbeiten findet sich bei Kagan und Reznick, »Shyness and Temperament«, S. 88.

10 Kagan, Reznick und Snidman, »Biological Bases«, S. 171. Gleichwohl gibt es widersprüchliche Ergebnisse zum Verhältnis zwischen Geburtenfolge und Schüchternheit, ein Punkt, auf den ich in diesem Kapitel zurückkommen werde.

11 Ich habe unter Verwendung von Autobiographien und Biographien für mehr als tausend Personen aus meiner Datenbank Informationen über Schüchternheit zusammengetragen. Dieses Material habe ich mit Hilfe einer Sieben-Punkte-Skala kodiert und drei unabhängige Gutachter gebeten, die Verläßlichkeit meiner Einstufungen zu prüfen. Die durchschnittliche Korrelation zwischen den Wertungen der insgesamt vier Gutachter betrug 0,76.
Harrison C. Gough und Avril Thorne, »Positive, Negative, and Balanced Shyness: Self-definitions and the Reaction of Others«, in: Jones, Cheek und Briggs (Hrsg.), *Shyness*, S. 189-203, haben versucht, positive oder negative Konnotationen des Begriffs Schüchternheit zu vermeiden und ein sehr nützliches Schema für dieses Merkmal entwickelt, das ich für meine Wertungen benutzt habe.

12 Francis Darwin, »Darwin, Charles Robert (1809-1882)«, *Dictionary of National Biography* 5, 1888, S. 522-534, hier S. 533.

13 Charles Darwin, *Leben und Briefe in drei Bänden*, hrsg. von Francis Darwin, Bd. 1, Nachdr. d. Ausg. v. 1887, Tübingen 1992, S. 131.

14 Ders., *Mein Leben*, hrsg. von Nora Barlow, Nachdr. d. Ausg. v. 1876, Frankfurt/M. 1993, S. 119.

15 Adrian J. Desmond und James Moore, *Darwin*, München – Leipzig 1991, S. 349.

16 Charles Darwin, *Über den Ausdruck der Gemütsbewegungen bei dem Menschen und den Tieren*, Stuttgart 1872, S. 329.

17 Edward Lurie, *Louis Agassiz: A Life in Science*, Chicago 1960, S. 18, S. 33.

18 Jule Marcou, *Life, Letters, and Works of Louis Agassiz*, Bd. 1, New York – London 1896, S. 15.

19 Ebenda, S. 15f.

20 Ebenda, S. 23, S. 13.

21 Maila M. Walter, *Science and Cultural Crisis: An Intellectual Biography of Percy Williams Bridgman (1882-1961)*, Stanford 1990, S. 16f.

22 *Erläuterungen zu Abbildung 7.1:* Die Geburtenfolge hat einen signifikanten Haupteffekt in bezug auf liberale wissenschaftliche Neuerungen (partielles $r=0{,}22$, $df=1/745$, $t=6{,}11$, $p<0{,}001$), Schüchternheit dagegen nicht (partielles $r=-0{,}03$, $df=1/745$, $t=-0{,}72$, $p<0{,}48$). Die für Geburtenfolge und Schüchternheit kontrollierte zweifache Wechselwirkung ist jedoch signifikant (partielles $r=0{,}09$, $df=1/745$, $t=2{,}41$, $p<0{,}02$).
Schüchternheit spiegelt sich auch in »wissenschaftlicher Militanz«. Ich habe die Neigung zu einem solchen Verhalten auf der Sieben-Punkte-Skala zur Akzeptanz von wissenschaftlichen Neuerungen bewertet. Militanz definiere ich als absolute

Differenz zwischen dem Mittelwert der Skala (4.0) und der tatsächlich abgegebenen wissenschaftlichen Stellungnahme. (Die Bewertungen der wissenschaftlichen Stellungnahme wurden von sechsundzwanzig Wissenschaftshistorikern, die als unabhängige Gutachter fungierten, vorgenommen). Es zeigte sich, daß schüchterne Wissenschaftler bedeutend häufiger als ihre extravertierten Kollegen eine gemäßigte, nicht-extreme Position einnahmen, gleichgültig um welche Streitfrage es ging ($r$=0,09, $df$=1/702, $t$=2,35, $p$<0,02). Schüchterne Wissenschaftler sind auch in gesellschaftlicher Hinsicht konservativer als extravertierte ($r$=0,10, $df$=1/458, $t$=2,23, $p$<0,03; unter Berücksichtigung der Geburtenfolge).

23 Robert M. Arkin, Elizabeth L. Lake und Ann H. Baumgardner, »Shyness and Self-representation«, in: Jones, Cheek und Briggs (Hrsg.), *Shyness*, S. 189-203, hier S. 193f. Physische Merkmale wie Größe und Gewicht scheinen mit der Geburtenfolge etwa im gleichen Wechselwirkungsverhältnis zu stehen wie Schüchternheit. Es ist leichter, dominant aufzutreten – eine Erstgeborenentendenz –, wenn man die Statur eines Schwergewichtsboxers hat. Meines Wissens gibt es zu diesem Thema keine Forschungen. Siehe jedoch den Abschnitt »Ursachen der Schüchternheit« weiter unten in diesem Kapitel, wo ich diese Hypothese in Zusammenhang mit dem Einfluß des Altersabstands zwischen Geschwistern indirekt stütze.

24 Zitiert bei Gavin de Beer, *Charles Darwin: Evolution by Natural Selection*, Garden City/N. Y. 1964, S. 166; siehe auch Cyrill Bibby, *T. H. Huxley: Scientist, Humanist, and Educator*, New York 1960, S. 69, und John Bowlby, *Charles Darwin: A New Life*, London 1990, S. 355.

25 Darwin, *Leben und Briefe*, Bd. 2, S. 316.

26 Theodore Besterman, *Voltaire*, London 1969, S. 497.

27 Peter Gay, *The Enlightenment: An Interpretation. The Rise of Modern Paganism*, New York 1966, S. 384.

28 John E. N. Hearsey, *Voltaire*, London 1976, S. 18.

29 James Parton, *Life of Voltaire*, Bd. 1, Boston – London 1881, S. 50.

30 Ebenda, Bd. 2, S. 134.

31 *Voltaire's Correspondence*, hrsg. von Theodore Besterman, Bd. 81, S. 39; Parton, *Life of Voltaire*, Bd. 1, S. 19f.

32 Besterman, *Voltaire*, S. 106f.; Parton, *Life of Voltaire*, Bd. 1, S. 184-192.

33 Parton, *Life of Voltaire*, Bd. 1, S. 284.

34 Robert Olby, *Origins of Mendelism*, 2. Aufl. Chicago 1985, S. 236-239; Mayr, *Entwicklung*, S. 578-581.

35 V. Kruta und V. Orel, »Mendel, Johann Gregor (1822-1884)«, *Dictionary of Scientific Biography* 9, 1974, S. 277-283, hier S. 282; siehe auch Olby, *Origins of Mendelism*, S. 93.

36 Mendel wird auf meiner Sieben-Punkte-Skala für Schüchternheit mit 2,0 bewertet; damit liegt er erheblich unter dem Durchschnitt.

37 Arthur Koestler, *Die Nachtwandler. Die Entstehungsgeschichte unserer Welterkenntnis*, Bern – Stuttgart – Wien 1959, S. 115.

38 Edward Rosen, *Copernicus and the Scientific Revolution*, Malabar/Fla. 1984, S. 59.

39 Ebenda, S. 187.

40 Koestler, *Nachtwandler*, S. 152.

41 Rosen, *Copernicus*, S. 184f.

42 Ebenda, S. 82, S. 161.

43 Robert S. Westman, »The Melanchton Circle, Rheticus, and the Wittenberg Interpretation of the Copernican Theory«, *Isis* 66, 1975, S. 165-193, hier S. 182, S. 184, S. 190.

44 Rosen, *Copernicus*, S. 167.

45 Koestler, *Nachtwandler*, S. 189.

46 Armin Hermann, *Frühgeschichte der Quantentheorie*, Mosbach/Baden 1969, S. 31f. Planck betont in seinen Erinnerungen sein anfängliches Eintreten für die

Diskontinuität in der Physik zu sehr, siehe Thomas Kuhn, *Die Entstehung des Neuen. Studien zur Struktur der Wissenschaftsgeschichte*, Frankfurt/M. 1978, S. 140.

47 Thomas Kuhn, *Die Struktur wissenschaftlicher Revolutionen*, 2., rev. und erw. Ausg. Frankfurt/M. 1979, S. 90; siehe auch ders., *Entstehung des Neuen*.

48 John L. Heilbron, *The Dilemmas of an Upright Man: Max Planck as Spokesman for German Science*, Berkeley – Los Angeles 1986, S. 33, S. 21. Auf der Schüchternheitsskala erhielten Kopernikus 2.5 Punkte, Rhetikus 6 und Planck 2,5.

49 Zu Belegen, daß Erstgeborene stärker zu Schüchternheit neigen als Spätergeborene, siehe Charles MacArthur, »Personalities of First and Second Children«, *Psychiatry* 19, 1956, S. 47-54, hier S. 48f.; John Price, »Personality Differences within Families: Comparisons of Adult Brothers and Sisters«, *Journal of Biosocial Science* 1, 1969, S. 177-205, hier S. 194, und Jens Asendorpf, »Shyness in Middle and Late Childhood«, in Jones, Cheek und Briggs (Hrsg.), *Shyness*, S. 91-103, hier S. 100. Zur entgegengesetzten Auffassung siehe Kagan, Reznick und Snidman, »Biological Bases«, S. 171. Je nachdem, ob Geselligkeit (eine Eigenschaft von Spätergeborenen) oder soziales Dominanzverhalten (ein Merkmal von Erstgeborenen) bewertet wird, können die Messungen für Extravertiertheit widersprüchlich ausfallen. Siehe meine metaanalytische Übersicht der Literatur mit widersprüchlichen Ergebnissen in Kapitel 3, Tabelle 4.

50 *Erläuterungen zu Abbildung 7.2*: Insgesamt hat die Geburtenfolge einen signifikanten Haupteffekt in bezug auf Schüchternheit (partielles $r$=–0,12, $df$=1/370, $t$=–2,78, $p$<0,05). Die Wechselwirkung zwischen Geburtenfolge und Größe der Geschwisterzahl ist ebenfalls signifikant (partielles $r$=–0,15, $df$=1/370, $t$=–2,83, $p$<0,005). Als Haupteffekt ist die Größe der Geschwisterzahl nicht signifikant (partielles $r$=0,05, $df$=1/370, $p$<0,34).

51 Asendorpf, »Shyness in Middle and Late Childhood«, S. 100. In meiner Untersuchung bilden die schüchternste Geschwistergruppe die mittleren Kinder, gefolgt von den Einzelkindern, den jüngsten Kindern und den Erstgeborenen. Einzelkinder sind nicht signifikant weniger extravertiert als Erstgeborene, allerdings ist mein Sample der im Hinblick auf Schüchternheit bewerteten Einzelkinder klein ($N$=38).

52 Kagan, Reznick und Snidman, »Biological Bases«, S. 171. Helen Koch fand heraus, daß Erstgeborene im Verhältnis zu Spätergeborenen selbstbewußter, konkurrenzbewußter und emotionaler waren und stärker auf ihren Rechten bestanden, siehe dies., »Some Personality Correlates of Sex, Sibling Position, and Sex of Sibling among Five- and Six-year-old Children«, *Genetic Psychology Monographs* 52, 1955, S. 3-50; dies., »Sibling Influence on Children's Speech«, *Journal of Speech and Hearing Disorders* 21, 1956, S. 322-328; dies., »Some Emotional Attitudes of the Young Child in Relation to Characteristics of His Sibling«, *Child Development* 27, 1956, S. 393-426. Alle diese Eigenschaften sind Korrelate der Extraversion (im Sinn sozialer Dominanz).

53 Für Schüchternheit bei jüngeren Geschwistern und deren Altersabstand zum nächstälteren Geschwister ist $r$=0,11 ($df$=1/334, $t$=2,01, $p$<0,05). Für Schüchternheit bei älteren Geschwistern und deren Altersabstand zum nächstjüngeren Geschwister ist $r$=–0,8 ($df$=1/266, $t$=1,25, $p$<0,21). Für die beiden kombinierten Effekte (ausgedrückt als die Differenz zwischen den beiden Altersabständen) ist $r$=0,14 ($df$=1/222, $t$=2,12, $p$<0,05). Nach dieser Statistik ist die optimale Formel für Extravertiertheit: ein jüngeres Geschwister in einem nahen Altersabstand – am besten drei bis vier Jahre jünger – und auf keinen Fall ein kaum älteres Geschwister. Die entsprechende Formel für Schüchternheit würde lauten: ein nur wenig älteres Geschwister und auf keinen Fall ein nur wenig jüngeres Geschwister.

54 Für die die Schüchternheit betreffende Wechselwirkung zwischen dem Alter, in dem man die Mutter verloren hat, und der Schichtzugehörigkeit ist das partielle $r$=0,10 ($df$=1/464, $t$=2,27, $p$<0,05; unter Berücksichtigung der Haupteffekte).

55 Siehe z.B. John Bowlby, *Attachment and Loss*, 3 Bde., New York – London 1969-80; ders., *A Secure Base: Parent-Child Attachment and Healthy Human Development*, New York 1988, dessen »angstgebundene« Kinder dem Stereotyp von schüchternen Menschen sehr nahe kommen. Siehe auch Paul A. Pilkonis, »Short-term Group Psychotherapy for Shyness«, in: Jones, Cheek und Briggs (Hrsg.), *Shyness*, S. 375-385.

56 Für die die Schüchternheit betreffende, dreifache Wechselwirkung zwischen Geburtenfolge, Schicht und Alter beim Verlust der Mutter ist das partielle $r$=0,12 ($df$=1/388, $t$=–2,46, $p$<0,02).

57 Zu Bowlbys Erklärung von Darwins Krankheit (Hyperventilationssyndrom) siehe John Bowlby, *Charles Darwin*, und Kapitel 5.

58 Groddeck erhielt 3,5 Punkte auf der Schüchternheitsskala.

59 Carl M. Grossman und Sylvia Grossman, *The Wild Analyst: The Life and Work of Georg Groddeck*, London 1965, S. 18f.

60 *Harriet Martineau's Autobiography. With Memorials by Maria Weston Chapman*, Bd. 1, London 1877, S. 19, S. 394. Als Erwachsene erhielt die Martineau 4.3 Punkte auf der Schüchternheitsskala.

61 Ernst Mayr, »A Tenderfoot Explorer in New Guinea: Reminiscences of an Expedition for Birds in the Primeval Forests of the Arfak Mountains«, *Natural History* 32, 1932, S. 83-97, hier S. 97.

62 Persönliche Mitteilung Ernst Mayrs vom 4. August 1992.

## *Kapitel 8: Ausnahmen von der Regel*

1 Ich habe die Behauptung, berühmte Leute neigten zu extremen Auffassungen, überprüft, indem ich »Extremismus« als absolute Differenz zwischen dem Bevölkerungsdurchschnitt für Offenheit für Erfahrung und den individuellen Werten in meiner Untersuchung bestimmt habe. Offenheit wird hier als gleichgewichteter Index für (1) Offenheit für wissenschaftliche Innovationen, (2) Reisen und (3) die Anzahl der wissenschaftlichen Interessensgebiete gemessen. Sie korreliert stark mit Ansehen oder Berühmtheit ($r$=0,15, $df$=1/2156, $t$=7,05, $p$<0,0001). Die für den linearen Einfluß von Offenheit auf Ansehen kontrollierte partielle Korrelation der absoluten Abweichung vom Mittelwert ist zugleich ein signifikanter Prädiktor für Berühmtheit ($r$=0,06, $df$=1/2156, $t$=2,85, $p$<0,005). Außerdem steht die Geburtenfolge in Wechselwirkung zum Extremismus. Spätergeborene brachten es durch extreme Positionen zu größerem Ansehen als Erstgeborene (partielles $r$=0,07, $df$=1/917, $t$=2,01, $p$<0,05; unter Einbeziehung der Haupteffekte Geburtenfolge, Offenheit und Extremismus). Für Erstgeborene hingegen war die Wahrscheinlichkeit höher, daß sie Rang und Ansehen durch *wissenschaftliche Militanz* erreichten (indem sie eine extreme Position bezogen, wenn sie eine neue Theorie entweder befürworteten oder ablehnten – $r$=–0,09, $df$=1/592, $t$=–2,22, $p$<0,05). Militanz ist in vielerlei Hinsicht das Gegenteil von Offenheit, daher führt Extremismus, je nachdem wie man ihn mißt, zu unterschiedlichen Resultaten im Hinblick auf die Geburtenfolge.

2 Martin J. S. Rudwick, »Miller, Hugh (1802-1856)«, *Dictionary of Scientific Biography* 9, 1974, S. 388ff., hier S. 389.

3 Nach einem umfassenderen Modell, das auch die gesellschaftlichen Einstellungen enthält, beträgt die voraussagbare Wahrscheinlichkeit, daß Miller die Theorie der Evolution akzeptierte, nur 11 Prozent. Siehe Kapitel 10, Abbildung 10.3.

4 Hobbes war antiklerikal eingestellt. Er war zwar Royalist, aber ein sehr ungewöhnlicher, und glaubte, daß eine Form der absoluten Herrschaft (sei sie monarchistisch oder parlamentarisch) notwendig sei für die Stabilität der Gesellschaft. Meine Geschichtsexperten gaben Hobbes mit seinen im Verhältnis zu seinen

Zeitgenossen beurteilten politischen und religiösen Einstellungen 96 Prozentpunkte auf der Skala für Radikalität in gesellschaftlichen Fragen. Auf der Skala für Offenheit (bestimmt als Offenheit für wissenschaftliche Innovationen, Reisen und Anzahl der wissenschaftlichen Interessen) erreichte er 89 Prozentpunkte.

5 Gelegentlich wird Hobbes als Vorläufer des Totalitarismus betrachtet, aber diese Interpretation geht auf ein grobes Mißverständnis seiner Absichten zurück. Sein striktes Eintreten für die Lehre von der Gleichheit aller Menschen »steht völlig im Gegensatz zu Prinzipien und Praktiken des modernen totalitären Staates«, Samuel L. Mintz, »Hobbes, Thomas (1588-1679)«, *Dictionary of Scientific Biography* 6, 1972, S. 444-452, hier S. 447. Siehe auch Irving D. Harris, *The Promised Seed: A Comparative Study of Eminent First and Later Sons*, Glencoe/Ill. – London 1964, S. 37-40.

6 Mintz, »Hobbes«, S. 448.

7 Ebenda, S. 449.

8 *Erläuterungen zu Abbildung 8.1*: Dieses aus zehn Variablen bestehende familiendynamische Modell basiert auf einer Logit-Regression; dreizehn Variablen standen zur Verfügung. Für das Modell beträgt das korrigierte $R$=0,29. Ich habe dafür Daten aus allen 28 wissenschaftlichen Revolutionen benutzt. (Zustimmendes Verhalten zu den fünf »konservativen« Theorien wird in dem Modell als konservative Stellungnahme geführt.) Von den 3 890 Personen in meiner Datenbank wurden 779 ausgeschieden, weil zu viele Daten fehlten. Für das bleibende Sample ($N$=3111) wurden fehlende Daten fünffach hinzugeschätzt, so daß fünf verschiedene Datensets entstanden.

Mit dem Modell werden auf der Basis der durchschnittlichen Antwort jeder Zelle 72,5 Prozent der Zellen richtig klassifiziert. Ich habe *Klappmesserverfahren* benutzt, die verhindern, daß ein Fall sich selbst voraussagt. Die *Basisrate* für den Erfolg beträgt 62,3 Prozent (das ist der Anteil des Samples, der liberale Positionen unterstützt).

Die Logit-Regression bringt nicht den ganzen Erklärungsgehalt des familiendynamischen Modells zum Ausdruck, weil fehlende Daten mehrfach hinzugeschätzt werden müssen. Dieses Vorgehen verwässert die Ergebnisse tendenziell, da es schwer ist, die Wechselwirkungseffekte zwischen den Variablen abzuschätzen. Ich benutze hier eine Logit-Regression, zusammen mit den mehrfachen Schätzungen der fehlenden Daten, hauptsächlich um für bestimmte historische Persönlichkeiten Schätzwerte für die Wahrscheinlichkeiten zu ermitteln. Mehr Informationen erhält man, wenn man den EM Algorithmus im Programm »8D« von BMDP anwendet und die sich daraus ergebende Korrelationsmatrix mit dem Programm »9R« von BMDP (All Possible Subsets Regression) analysiert. Mit Hilfe dieses Verfahrens ergibt sich ein korrigiertes $R$=0,33 ($df$=10/1152 [das harmonische Mittel], $F$=15,49, $p$<0,0001). Dieses Bestimmtheitsmaß bedeutet, daß – bei einer Erfolgswahrscheinlichkeit von 50 Prozent – zwei Drittel des Samples korrekt klassifiziert wurden. Modelle, in die Informationen über religiöse und politische Einstellungen aufgenommen werden, die sowohl intrafamiliäre als auch interfamiliäre Unterschiede wiedergeben, führen zu bedeutend besseren Ergebnissen (korrigiertes $R$=0,49, $df$=12/1221 [das harmonische Mittel], $F$=32,76, $p$<0,0001). Der Erfolg dieses Modells ist gleichbedeutend mit einer zu 75 Prozent richtigen Klassifizierung des Samples im Hinblick auf Zustimmung oder Ablehnung bei einer Basiserfolgsrate von 50 Prozent. Bei besonders radikalen wissenschaftlichen Innovationen wie zum Beispiel der Darwinschen Revolution ist ein umfassendes Modell noch erfolgreicher, es klassifiziert 84 Prozent der Teilnehmer richtig. Siehe Kapitel 10, Abbildung 10.3, und Anhang 3, Technische Erläuterung 7.

9 Für diese Gruppe extravertierter Letztgeborener bewegen sich die vorausgesagten Wahrscheinlichkeiten für die Zustimmung zu liberalen Neuerungen zwischen 80 und 93 Prozent. Im Vergleich dazu beträgt die Wahrscheinlichkeit für Darwin nur 73 Prozent.

10 *Emma Darwin: A Century of Family Letters, 1792-1896*, hrsg. von Henrietta Litchfield, Bd. 2, Cambridge 1915, S. 223.
11 Charles Darwin, *Leben und Briefe in drei Bänden*, hrsg. von Francis Darwin, Bd. 3, Nachdr. d. Ausg. v. 1887, Tübingen 1992, S. 67.
12 Ebenda.
13 Die für Huxley vorausgesagte Wahrscheinlichkeit der Unterstützung liberaler Neuerungen beträgt 80 Prozent.
14 Etwa 10 Prozent der Informationen, die in verhaltenswissenschaftlichen Untersuchungen zusammengetragen werden, werden als »Fehlervarianzen« betrachtet. Die restlichen 90 Prozent versucht man, in seinem Modell unterzubringen. Ich bin zwar den biographischen Widersprüchen nicht systematisch nachgegangen, aber ich schätze, daß sie in 1 bis 2 Prozent aller biographischen Berichte vorkommen. Einige davon können gelöst werden, wenn man den Unterschied zwischen funktionaler und biologischer Geburtenfolge berücksichtigt. Andere betreffen das Geburtsdatum (besonders bei Personen, die vor dem siebzehnten Jahrhundert geboren sind), den Beruf des Vaters und das Alter beim Verlust der Eltern oder eines Elternteils. Auch wenn man Experten als Gutachter einsetzt, kommt es zu Fehlern, aber wenn man mehrere voneinander unabhängig urteilende Gutachter hat, läßt sich diese Fehlerquelle verringern.
15 Stillman Drake, *Galileo Studies*, Ann Arbor/Mich. 1970, S. 43-62.
16 Ebenda, S. 58.
17 Ebenda.
18 Ebenda.
19 Siehe zum Beispiel Kapitel 9, wo ich diese Hypothese zu den durch Geburtenfolge bedingten Ähnlichkeiten zwischen Eltern und Nachkommen für gesellschaftliche Einstellungen teste.
20 Einzelkinder sind, was Offenheit für Erfahrung betrifft, bedeutend wechselhafter als Erstgeborene und Spätergeborene. Für den Gegensatz gilt $r$=0,10 ($df$=1/812, $t$=2,99, $p$<0,005; nach dem Test von Levine). Offenheit für Erfahrung ist hier bestimmt als (1) Offenheit für wissenschaftliche Neuerungen, (2) Anzahl der wissenschaftlichen Interessen, (3) liberale gesellschaftliche Einstellungen und (4) Weltreisen (in einer einzigen Meßgröße kombiniert und als $z$-Wert zusammengefaßt).
21 Charles Darwin, *Mein Leben*, hrsg. von Nora Barlow, Frankfurt/M. 1993, S. 77.
22 Robert FitzRoy, *Narrative of the Surveying Voyages of His Majesty's Ships Adventure and Beagle, between the Years 1826 and 1836, Describing Their Examination of the Southern Shores of South America, and the Beagle's Circumnavigation of the Globe*, 2 Bde., London 1839.
23 H. E. L. Mellersh, *FitzRoy of the Beagle*, London 1968, S. 274.
24 Gavin de Beer, *Charles Darwin: Evolution by Natural Selection*, Garden City/N.Y. 1964, S. 167.
25 Wenn wir FitzRoys gesellschaftliche Einstellungen zugrunde legen, beträgt die Wahrscheinlichkeit, daß er zum Anhänger der Evolutionstheorie würde, nur 5 Prozent (siehe Kapitel 10, Abbildung 10.3).
26 Stillman Drake, *Galileo at Work: His Scientific Biography*, Chicago – London 1978, S. 312.
27 Ebenda, S. 320, S. 338-343; Mario Biagioli, *Galileo, Courtier: The Practice of Science in the Culture of Absolutism*, Chicago 1993, S. 336-348.
28 Horace C. Hutchinson, *Life of Sir John Lubbock, Lord Avebury*, Bd. 1, London 1914, S. 23, S. 56.
29 Dieses umfassende Modell, demzufolge die Wahrscheinlichkeit für Lubbock, die Darwinsche Theorie zu unterstützen, 80 Prozent beträgt, wird in Kapitel 10 (siehe vor allem Abbildung 10.3) beschrieben.
30 Fred Somkin, »Lubbock, Sir John (Lord Avebury) (1834-1913)«, *Dictionary of Scientific Biography* 8, 1973, S. 527ff., hier S. 529.

31 Ebenda, S. 528
32 Für das religiöse Bekenntnis und die Zustimmung zur Theorie des Kopernikus ist $r=0{,}00$ ($df=1/237$, $t=0{,}00$, $p<0{,}95$).
33 Für den Status als Theologe und die Zustimmung zur Kopernikanischen Theorie ist $r=-0{,}06$ ($df=1/199$, $t=-0{,}80$, $p<0{,}43$).
34 Für den Wissenschaftlerstatus und die Zustimmung zur Kopernikanischen Theorie ist $r=0{,}13$ ($df=1/242$, $t=1{,}43$, $p<0{,}05$). Ich werde diesen Einfluß in Kapitel 14 noch genauer herausarbeiten (siehe den Abschnitt »Weshalb Galilei siegte«).
35 Für Alter und Zustimmung zur Theorie des Kopernikus ist $r=-0{,}23$ ($df=1/242$, $t=-3{,}25$, $p<0{,}005$).
36 Drake, *Galileo at Work*, S. 339.
37 Für die meisten Modelle, die ich in diesem Buch getestet habe, habe ich Mallows' $C_p$ als Kriterium für die Aufnahme von Variablen benutzt. Mallows' $C_p$ bestraft die Modelle für jede weitere Variable und paßt auf, daß sie nicht überfüttert werden, siehe W. J. Dixon (Hrsg.), *BMDP Statistical Software Manual*, Bd. 2, Berkeley – Los Angeles 1992, S. 1098.
38 Die in diesem Buch vorgebrachten Annahmen über das Verhalten lassen sich mit nichtsignifikanten Befunden zur Geburtenfolge, die mit vage definierten Ergebnisvariablen wie beispielsweise »Ansehen« oder »Berühmtheit«, »Führungseigenschaften (leadership)« und »Leistung« zusammenhängen, nicht widerlegen, siehe zum Beispiel Cécile Ernst und Jules Angst, *Birth Order: Its Influence on Personality*, Berlin – New York 1983, S. 43-69, und Albert Somit, Alan Arwine und Steven A. Peterson, *Birth Order and Political Behavior*, Lanham/Md. 1996. Die Beziehung zwischen Geburtenfolge und dieser Art von verhaltenswissenschaftlichen Ergebnissen ist normalerweise schwach, obwohl sich in *großen* Samples manchmal statistisch signifikante Trends finden (Kapitel 3, Seite 91). Die Behauptungen, die ich in diesem Buch aufstelle, sinnvoll zu testen, ist nur möglich, wenn solche Ergebnisvariablen auf der Ebene von konservativen/radikalen Leistungen (oder anderer einschlägiger Persönlichkeitsdimensionen wie etwa Freundlichkeit) definiert werden. Außerdem müssen in die Samples, die ich zur Prüfung von Hypothesen benutze, zumindest Geschwisterzahl und Schichtzugehörigkeit einbezogen werden. Im Idealfall sollten auch eine Reihe anderer für den situativen Kontext relevante Variablen wie beispielsweise gesellschaftliche Einstellungen berücksichtigt werden. Siehe Kapitel 14, besonders Abbildung 14.1 und Tabelle 7.

### *Kapitel 9: Gesellschaftliche Einstellungen*

1 Zur Amerikanischen Revolution siehe zum Beispiel Bernard Bailyn, *The Ideological Origins of the American Revolution*, Cambridge 1967; James Kirby Martin, *Men in Rebellion: Higher Governmental Leaders and the Coming of the American Revolution*, New Brunswick/N.J. 1973; zur Französischen Revolution siehe Jacques Godechot, *La Contre-revolution. Doctrine et Action 1789-1804*, Paris 1984; François Furet und Denis Richet, *Die Französische Revolution*, 6. Aufl. Frankfurt/M. 1989. Zum Verhältnis zwischen gesellschaftlichen Einstellungen und wissenschaftlichem Denken siehe Robert K. Merton, »Science, Technology and Society in Seventeenth-Century England«, *Osiris* 4, 1938, S. 360-632; Richard S. Westfall, *Science and Religion in Seventeenth-Century England*, New Haven – London 1958; Margaret C. Jacob, *The Newtonians and the English Revolution, 1689-1720*, Ithaca/N.Y. 1976; Charles Webster, *The Great Instauration: Science, Medicine, and Reform, 1626-1660*, New York 1976; James R. Moore, *The Post-Darwinian Controversies: A Study of the Protestant Struggle to Come to Terms with Darwin in Great Britain and America, 1870-1900*, Cambridge 1979; James R. Jacob und Margaret

C. Jacob, »The Anglican Origins of Modern Science: The Metaphysical Foundations of the Whig Constitution«, *Isis* 71, 1980, S. 251-267; Pietro Corsi, *The Age of Lamarck: Evolutionary Theories in France, 1790-1830*, Berkeley – Los Angeles 1988; Adrian Desmond, *The Politics of Evolution: Morphology, Medicine, and Reform in Radical London*, Chicago – London 1989, und I. Bernard Cohen (Hrsg.), *Puritanism and the Rise of Modern Science*, New Brunswick – London 1990.

2 *More Letters of Charles Darwin: A Record of His Work in a Series of Hitherto Unpublished Letters*, hrsg. von Francis Darwin und A. C. Seward, Bd. 1, New York 1903, S. 321.

3 Selbstdarstellungen und Beobachtungen von Zeitgenossen habe ich hauptsächlich benutzt, um die Verläßlichkeit der Gutachterwertungen zu kontrollieren. Darum beschreibe ich meine Erhebungsmethoden für diese Daten hier nicht.

4 Die durchschnittliche Korrelation für die Einschätzungen der 94 Gutachter beträgt 0,83. Die Korrelation zwischen diesen Gutachterwertungen und den Wertungen, die auf autobiographische Angaben zurückgehen, beträgt 0,93. Die Korrelation zwischen Wertungen, die auf zeitgenössische Beobachter zurückgehen, und den von den Gutachtern vorgenommenen Wertungen ist 0,90. Für die zusammengefaßten Gutachterwertungen beträgt die *effektive* Verläßlichkeit für den politischen Bereich 0,90 und für den Bereich der Religion 0,92. Die effektive Verläßlichkeit für alle drei Methoden liegt bei 0,91 für den politischen und 0,93 für den religiösen Bereich. Auch zwischen den politischen und religiösen Einstellungen besteht eine starke Korrelation ($r$=0,62, $df$=1/2142, $t$=36,87, $p$<0,0001).

5 *Erläuterungen zu Abbildung 9.1*: Die Werte für gesellschaftliche Einstellungen basieren auf dem Mittelwert aller individuellen Stellungnahmen zu politischen und religiösen Fragen. Für die 23 liberalen wissenschaftlichen Innovationen beträgt die partielle Korrelation zwischen gesellschaftlichen Einstellungen und zustimmendem Verhalten, unter Berücksichtigung der Geburtenfolge, 0,30 ($df$=1/1386, $t$=11,74, $p$<0,0001). Für politische Einstellungen allein ist $r$=0,30 ($df$=1/1977, $t$=14,11, $p$<0,0001); für religiöse Einstellungen allein ist $r$=0,32 ($df$=1/2074, $t$=10,12, $p$<0,0001). Die partielle Korrelation zwischen Geburtenfolge und zustimmendem Verhalten beträgt 0,26 ($df$=1/1386, $t$=10,12, $p$<0,0001). Die relative Wahrscheinlichkeitsrate von 12,5 für die Zustimmung zu liberalen Neuerungen gibt den Gegensatz wieder, der zwischen Individuen, die für ihre gesellschaftlichen Einstellungen unter 1,5 eingestuft wurden ($N$=35), und denen besteht, die über 4,5 liegen ($N$=60). Die relative Wahrscheinlichkeit gleicht die Ungleichheit der Fallzahlen aus. Diese Statistik ist ein effektiveres Maß für individuelle Unterschiede als auf Prozentzahlen basierende Vergleiche.

6 Bruno Belhoste, *Augustin-Louis Cauchy: A Biography*, New York – Berlin 1991, S. viii.

7 Hans Freudenthal, »Cauchy, Augustin-Louis (1789-1857)«, *Dictionary of Scientific Biography* 3, 1971, S. 131-148, hier S. 133 (der den Mathematiker Niels Henrik Abel zitiert); Belhoste, *Augustin-Louis Cauchy*, S. 139.

8 Ebenda, S. 138.

9 Zitiert bei Freudenthal, »Cauchy«, S. 133, und Belhoste, *Augustin-Louis Cauchy*, S. 139, deren Darlegungen ich hier zusammengefaßt habe. Obwohl Stendhals Bemerkungen etwas merkwürdig klingen, geben sie doch genau wieder, was Cauchy zwei Jahre zuvor über Franz Joseph Gall gesagt hatte.

10 Freudenthal, »Cauchy«, S. 133.

11 Für gesellschaftliche Einstellungen im Verhältnis zur Unterstützung der Eugenik ist $r$=–0,30 ($df$=1/219, $t$=–4,60, $p$<0,0001). Zur eugenischen Bewegung siehe Mark H. Haller, *Eugenics: Hereditarian Attitudes in American Thought*, New Brunswick/N.J. 1963; Daniel J. Kevles, *In the Name of Eugenics: Genetics and the Uses of Human Heredity*, New York 1985; Robert N. Proctor, *Racial Hygiene: Medicine under the Nazis*, Cambridge – London 1988; Peter Weingart, Jürgen Kroll und Kurt

Bayertz, *Rasse, Blut und Gene: Geschichte der Eugenik und Rassenhygiene in Deutschland*, Frankfurt/M. 1988.

12 Kevles, *In the Name of Eugenics*. John Sherwood und Mark Nataupsky, »Predicting the Conclusions of Negro-White Intelligence Research from Biographical Characteristics of the Investigator«, *Journal of Personality and Social Psychology* 8, 1968, S. 53-58, fanden heraus, daß erstgeborene Psychologen eher als spätergeborene der Ansicht sind, daß Schwarze qua Geburt einen niedrigeren IQ haben. Zwar sind in dieser Untersuchung keine Bewertungen der gesellschaftlichen Einstellungen vorgenommen worden, doch stellten die Autoren fest, daß die Auffassung von der angeborenen Minderwertigkeit der Schwarzen in einer signifikanten Korrelation zum Oberschichtstatus stand.
Zwei ähnliche Untersuchungen zur Geburtenfolge sind in diesem Zusammenhang zu erwähnen: Leonard Lieberman und Larry T. Reynolds, »The Debate over Race Revisited: An Empirical Investigation«, *Phylon* 39, 1978, 333-343, fanden heraus, daß erstgeborene Vertreter der biologischen Anthropologie stärker als spätergeborene der Ansicht zuneigten, daß es biologisch begründete Rassenunterschiede gebe. Eine Studie (aus dem Jahr 1980) über Rezeption soziobiologischer Vorstellungen unter Professoren aus Harvard und Wellesley, die mehrheitlich *keine* Biologen waren, kam zum Ergebnis, daß Erstgeborene diese Theorie signifikant eher akzeptierten als Spätergeborene ($r$=–0,25, $N$=94, $p$<0,01). Unter denjenigen, die diese Theorie für innovativ hielten im Gegensatz zu jenen, die sie als mit den geltenden wissenschaftlichen Überzeugungen kompatibel betrachteten, waren Spätergeborene stärker vertreten, siehe Jenny Flaherty, »Psychological Correlates of Scientific Attitudes«, Senior Honors Thesis, Wellesley College, Wellesley/Mass. 1980; und persönliche Mitteilung von David Pillemer.

13 *Erläuterungen zu Abbildung 9.2*: Unter Berücksichtigung der Geburtenfolge beträgt die partielle Korrelation zwischen gesellschaftlichen Einstellungen und zustimmendem Verhalten im Hinblick auf fünf konservative wissenschaftliche Innovationen –0,20 ($df$=1/345, $t$=–3,71, $p$<0,001). Die partielle Korrelation für Geburtenfolge und Zustimmung beträgt –0,14 ($df$=1/345, $t$=–2,70, $p$<0,01). Es besteht ein signifikanter Zusammenhang zwischen Geburtenfolge und gesellschaftlichen Einstellungen. Im Verhältnis zu Spätergeborenen waren Erstgeborene bei der Bewertung von Theorien empfänglicher für konservative ideologische Einflüsse ($r$=–0,11, $df$=1/345, $t$=–2,12, $p$<0,05).

14 *Charles Darwin's Notebooks, 1836-1844: Geology, Transmutation of Species, Metaphysical Enquiries*, hrsg. v. Paul H. Barett u.a., Ithaca/N.Y. 1987, S. 291 (*Notebook C*, S. 166)

15 H. Lewis MacKinney, »Wallace, Alfred Russel (1823-1913)«, *Dictionary of Scientific Biography* 14, 1976, S. 133-140, hier S. 139f.

16 Zum Verhältnis zwischen Schichtzugehörigkeit und gesellschaftlicher Radikalität siehe Steven Shapin, »Phrenological Knowledge and the Social Structure of Early Nineteenth-Century Edinburgh«, *Annals of Science* 32, 1975, S. 219-243; ders., »Homo Phrenologicus: Anthropological Perspectives on a Historical Problem«, in: Barry Barnes und Steven Shapin (Hrsg.), *Natural Order: Historical Studies of Scientific Culture*, Beverly Hills – London 1979, S. 41-67; ders., »The Politics of Observation: Cerebral Anatomy and Social Interests in the Edinburgh Phrenology Disputes«, in: R. Wallis (Hrsg.), *On the Margins of Science: The Social Construction of Rejected Knowledge*, Keele/Staffordshire 1979 (= Sociology Review Monograph no. 27); ders., »History of Science and Its Sociological Reconstructions«, *History of Science* 20, 1982, S. 157-211; Roger Cooter, *The Cultural Meaning of Popular Science: Phrenology and the Organization of Consent in Nineteenth-Century Britain*, Cambridge 1984; Desmond, *Politics of Evolution*; ders. und James Moore, *Darwin*, München – Leipzig 1991.

17 129 Mitglieder meines Samples stehen zueinander in Vater-Sohn-Beziehung. In

74 Fällen sind die gesellschaftlichen Einstellungen von beiden durch Fachhistoriker bewertet worden. Weitere 455 Eltern von Mitgliedern meines Samples konnte ich mit Hilfe veröffentlichter biographischer Quellen, die ich in Textform in meine Datenbank aufgenommen habe, einstufen. Biographen benutzen oft die Begriffe »konservativ«, »gemäßigt«, »liberal« und »radikal«, um die gesellschaftlichen Haltungen zu beschreiben. Wurden diese Begriffe verwendet, habe ich ihnen einen entsprechenden Wert in meiner Skala zugeordnet: 1,0 für »sehr konservativ«, 1,5 für »konservativ«, 2,0 steht für »gemäßigt«, 3,0 für »liberal«, 4,0 für »sehr liberal« oder »progressiv« und 5,0 für »radikal«.

18 Für die gesellschaftlichen Einstellungen von Eltern und Kindern ist *r*=0,47 (*df*=1/481, *t*=11,55, *p*<0,0001). Unter dem Aspekt der passenden Partnerwahl und der Erblichkeit ist die erwartete Korrelation für Radikalität zwischen biologischen Eltern und ihren Nachkommen in etwa gleich (0,52). Siehe N. G. Martin u.a., »Transmission of Social Attitudes«, *Proceedings of the National Academy of Science* 83, 1986, S. 4364-4368, hier S. 4368; L. J. Eaves, H. J. Eysenck und N. G. Martin, *Genes, Culture and Personality: An Empirical Approach*, London – New York 1989, S. 386. Aufgrund der Wahl von passenden Ehepartnern scheinen ähnliche genetische Dispositionen zwischen den Eltern auch Ähnlichkeiten zwischen Eltern und Nachkommen zu erklären.

19 Verhaltensgenetische Untersuchungen haben gezeigt, daß etwa die Hälfte dieser unerklärten Varianz genetischen Ursprungs ist. Die andere Hälfte ist auf die nicht gemeinsame Umwelt zurückzuführen, siehe Eaves, Eysenck und Martin, *Genes, Culture and Personality*, S. 363. So oder so sieht es so aus, als ginge diese Varianz letztlich auf Geschwisterdifferenzen zurück.

20 Auch anderen Untersuchungen zufolge sind Einzelkinder aufgeschlossener als Erstgeborene, siehe Roger Boshier und Frank H. Walkey, »Birth Order and Conservatism: An Adlerian Myth?«, *Psychological Reports* 29, 1971, S. 392ff.; Frank R. Farley und Sonja V. Farley, »Birth Order and Political Orientation in College Women«, *Psychological Reports* 34, 1974, S. 1045-1146.

21 *Erläuterungen zu den Abbildungen 9.3 und 9.4*: Die Korrelation zwischen relativem Geburtsrang und religiösen Einstellungen beträgt 0,16 (*df*=1/1500, *t*=6,22, *p*<0,0001). Für politische Einstellungen ist die Korrelation 0,13 (*df*=1/1464, *t*=4,82, *p*<0,0001).

Die nach dem Geburtsrang analysierten gesellschaftlichen Einstellungen zeigen ein Zickzackmuster. Unter Berücksichtigung des linearen Trends beträgt die Effektgröße für das Zickzack *r*=0,09 (*df*=1/554, *t*=2,01, *p*<0,05; für Spätergeborene). Dieses Zickzackmuster ist besonders ausgeprägt bei Nachkommen, die in der Reihe der Söhne die ungeraden Positionen besetzen. Bezieht man den Geburtsrang und den Status von Söhnen mit geradem oder ungeradem Geburtsrang ein, beträgt der Wechselwirkungseffekt *r*=0,21 (*df*=1/554, *t*=5,10, *p*<0,0001; für Spätergeborene). Zweitgeborene beispielsweise sind gesellschaftlich konservativ, wenn sie die ältesten Söhne sind, und radikal, wenn sie die zweiten Söhne sind.

G. William Skinner, »Seek a Loyal Subject in a Filial Son: Family Roots of Political Orientation in Chinese Society«, in: *Family Process and Political Process in Modern Chinese History*, Taipeh 1992, S. 943-993, hat in seiner Studie über chinesische Familien, die in Jakarta leben, auf ähnliche Zickzackmuster aufmerksam gemacht. Die Söhne waren um so familien- und traditionsbewußter, je früher sie in der Folge der Söhne standen. Außerdem hingen diese Muster davon ab, ob ein Sohn eine gerade oder eine ungerade Geburtenfolgeposition innehatte. Die gesellschaftlichen Einstellungen waren auch davon beeinflußt, ob die Geschwisterzahl gerade oder ungerade war, und vom Geschlecht der Geschwister. Ältere Töchter sorgten dafür, daß die Väter »menschlicher« wurden, so daß es weniger Konflikte mit den jüngeren Söhnen gab.

22 Für die gesellschaftlichen Einstellungen von Erstgeborenen und ihren Eltern ist

*r*= 0,62 (*df*=1/91, *t*=7,18, *p*<0,0001). Für Spätergeborene ist die Korrelation *r*=0,36 (*df*=1/131, *t*=4,44, *p*<0,0001). Für die Differenz zwischen den beiden Korrelationen gilt *z*=2,17 (*p*<0,02). Der Unterschied im Erklärungsgehalt beträgt $0{,}62^2/0{,}36^2$=3,0 zu 1.

23 Frank Miller Turner, »The Victorian Crisis of Faith and the Faith that was Lost«, in: Richard J. Helmstadter und Bernard Lightman (Hrsg.), *Victorian Faith in Crisis: Essays on Continuity and Change in Nineteenth-Century Religious Belief*, London – Palo Alto/Calif. 1990, S. 9-38, hier S. 21. Ich habe, bezogen auf die Wissenschaftler in meiner Studie, einen formalen Test von Turners Annahmen durchgeführt. In diesem Sample sind liberale gesellschaftliche Einstellungen signifikant mit dem Eltern-Kind-Konflikt korreliert (*r*=–0,14, *df*=1/491, *t*=–3,23, *p*<0,01; das Vorzeichen der Korrelation ist negativ, weil ein *niedriger* Wert auf der Skala für Beziehungen zu den Eltern ein *hohes* Niveau des Eltern-Kind-Konflikts bedeutet).

24 Turner, »Victorian Crisis of Faith«, S. 29.

25 Unter Berücksichtigung der gesellschaftlichen Einstellungen der Eltern und der Wechselwirkung zwischen den Geburtenfolgen der Eltern und ihren gesellschaftlichen Einstellungen hatten spätergeborene Eltern im allgemeinen häufiger radikale Nachkommen (*r*=0,18, *df*=1/125, *t*=2,03, *p*<0,05). Erstgeborene Nachkommen stimmten in hohem Maße mit den gesellschaftlichen Werten ihrer *erstgeborenen* Eltern (*r*=0,73) überein, weit weniger jedoch mit den Werten ihrer *spätergeborenen* Eltern (*r*=0,48; für den Gegensatz gilt *z*=1,34, *p*<0,10). Der gegenseitige Wechselwirkungseffekt kommt darin zum Ausdruck, daß erstgeborene Eltern, die konservativ waren, mehr radikale Nachkommen hatten, vor allem deshalb, weil ihre spätergeborenen Kinder radikaler waren (partielles *r*=–0,17, *df*=1/125, *t*=–1,98, *p*<0,05). Bei konservativen Eltern (<2,5 auf der Skala für gesellschaftliche Einstellungen) beträgt die Korrelation zwischen Geburtenfolge und gesellschaftlichen Einstellungen der Nachkommen 0,23. Bei liberalen Eltern (über 2,5) beträgt dieselbe Korrelation nur 0,05. Wenn beide Eltern liberal sind und wenn vor allem auch der Erstgeborene liberal ist, dann ist es schwieriger für Spätergeborene, sich von den Geschwistern in ihren gesellschaftlichen Einstellungen zu unterscheiden. Diese Folgerung führt zu einer überprüfbaren Hypothese: In liberalen Familien unterscheiden sich Spätergeborene von ihren älteren Geschwistern möglicherweise durch andere Mittel, etwa durch andere Interessen, Reisen oder Offenheit für Innovationen. In bezug auf Offenheit für Neuerungen läßt sich die Hypothese bestätigen (für den Unterschied zwischen den beiden relevanten Korrelationen gilt *z*=2,03, *p*<0,03). Der Trend für Reisen geht ebenfalls in die erwartete Richtung und ist schwach signifikant (*p*<0,15). Für die Anzahl der wissenschaftlichen Interessen ist der Trend nicht signifikant, allerdings sind die relevanten Effektgrößen für diese Variable ziemlich klein.

26 Edwin P. Tanner, »Franklin, William (1731-1813)«, *Dictionary of American Biography* 6, 1931, S. 600f., hier S. 601.

27 Für die gesellschaftlichen Einstellungen beträgt die multiple Korrelation eines familiendynamischen Modells mit acht Variablen 0,47 (korrigiertes *R*=0,44, *df*=9/325, *F*=10,09, *p*<0,0001; das Modell schließt auch einen signifikanten Wechselwirkungseffekt ein).

Unter Verwendung der BMDP-Programme 8D (das fehlende Daten schätzt) und 9R (All Possible Subsets Regression) wird mit Hilfe von Mallows' $C_p$-Kriterium ein Modell mit acht Variablen (und elf von dreizehn möglichen Begriffen, die Wechselwirkungen eingeschlossen) ausgewählt. (*R*=0,45, korrigiertes *R*=0,43, *df*=11/1185 [das harmonische Mittel], *F*=26,68, *p*<0,0001). Dieses Modell enthält drei Haupteffekte: Geburtenfolge, Eltern-Kind-Konflikt und Schüchternheit. Außerdem gibt es sieben zweifache Wechselwirkungen: Geburtenfolge und Größe der Geschwisterzahl; Geburtenfolge und Altersabstände; Geburtenfolge und Eltern-Kind-Konflikt; Geburtenfolge und Schüchternheit; Geburtenfolge und Verlust der Eltern; Geburtenfolge und Schichtzugehörigkeit sowie Schichtzugehörigkeit und Verlust der Eltern. Schließlich enthält das Modell einen dreifachen Wechselwirkungseffekt: Geburtenfolge, Verlust der Eltern und Schichtzugehörigkeit.

Für die durch Geschwisterunterschiede insgesamt erklärten Varianzen im Unterschied zu ihrer Erklärung nur durch die Geburtenfolge gilt $0{,}47^2/0{,}15^2=9{,}8$ zu 1. Für die Korrelation zwischen Schichtzugehörigkeit und gesellschaftlichen Einstellungen gilt $r=0{,}04$ ($df=1/2211$, $t=1{,}93$, $p<0{,}06$). Für die durch die Geburtenfolge erklärte Varianz im Unterschied zu ihrer Erklärung nur durch die Schichtzugehörigkeit gilt $0{,}15^2/0{,}04^2=14{,}1$ zu 1. Für die durch Geschwisterunterschiede erklärte Varianz im Unterschied zu ihrer Erklärung nur durch Schichtzugehörigkeit gilt $0{,}46^2/0{,}04^2=138$ zu 1.

28 Ernst Mayr, *Artbegriff und Evolution*, Hamburg – Berlin 1967, S. 460.

29 In meiner Untersuchung ist die Ähnlichkeit zwischen den gesellschaftlichen Einstellungen der Ehegatten beträchtlich, was mit anderen Forschungen zu diesem Thema übereinstimmt und zeigt, daß Eltern Partner gesucht haben, die zu ihnen passen ($r=0{,}63$, $df=1/143$, $t=9{,}79$, $p<0{,}0001$). In größeren Samples wurden Korrelationen für die gesellschaftlichen Einstellungen von Ehegatten in der Größenordnung zwischen 0,35 und 0,68 mit einem Mittelwert von 0,50 festgestellt. Siehe Eaves, Eysenck und Martin, *Genes, Culture and Personality*, S. 376ff. Siehe auch David M. Buss und Kenneth Craik, »Contemporary Worldviews: Personal and Policy Implications«, *Journal of Applied Social Psychology* 13, 1983, S. 259-280; David M. Buss, *The Evolution of Desire: Strategies of Human Mating*, New York 1994, S. 36.

Die in weltanschaulicher Übereinstimmung getroffene Partnerwahl ist von Buss und Craik, »Contemporary Worldviews«, empirisch untersucht worden. Sie haben gezeigt, daß Ehegatten ihre Wahl im Einklang mit »zeitgenössischen Weltanschauungen« treffen. Eine ihrer beiden Skalen zu »Weltanschauungen« betont die Wertschätzung von Technologie, Rationalität und freiem Unternehmertum. Mit der zweiten Skala wurden Einstellungen zu (1) einer Politik des verminderten Wirtschaftswachstums zugunsten von Verbesserungen im Umweltbereich und (2) zur Frage der Umverteilung des Wohlstands von den reicheren zu den ärmeren Ländern gemessen. Die Ehegattenkorrelation für die erste Skala betrug 0,37 und für die zweite Skala 0,50.

30 Eaves, Eysenck und Martin, *Genes, Culture and Personality*, S. 322.

31 Martin u.a., »Transmission of Social Attitudes«; Eaves, Eysenck und Martin, *Genes, Culture and Personality*; Judy Dunn und Robert Plomin, *Warum Geschwister so verschieden sind*, Stuttgart 1996, S. 43; Niels G. Waller u.a., »Genetic and Environmental Influences on Religious Interests, Attitudes, and Values: A Study of Twins Reared Apart and Together«, *Psychological Science* 5, 1990, S. 268-274.

32 Eaves, Eysenck und Martin, *Genes, Culture and Personality*, S. 322.

33 Meines Wissens ist in der Zwillingsforschung die Rolle der Geburtenfolge und anderer systematischer Geschwisterunterschiede bisher nicht berücksichtigt worden. Entsprechende Informationen könnten erheblich dazu beitragen, die Rolle der nicht gemeinsamen Umwelt in Modellen der verhaltenswissenschaftlichen Genetik genauer zu bestimmen.

34 Benjamin Franklin, *Autobiographie*, Frankfurt/M. 1969, S. 11. Franklins Vater hatte mit seiner ersten Frau sieben Kinder und mit seiner zweiten Frau weitere zehn. Dreizehn Kinder überlebten das Kindesalter. Eins von Franklins beiden jüngeren Geschwistern, ein Bruder, ertrank als Kleinkind in einer Badewanne, so daß Franklin zum zweitjüngsten Kind und jüngsten Sohn wurde.

35 Carl J. Becker, »Franklin, Benjamin (1706-1790)«, *Dictionary of American Biography* 6, 1931, S. 585-598, hier S. 597. Franklin gehörte zu den fünf Personen, die im Juni 1776 vom Kontinentalkongreß bestimmt wurden, die Unabhängigkeitserklärung zur Loslösung von Großbritannien zu entwerfen. Der größte Teil des Do-

kuments stammt von Thomas Jefferson. Die Erklärung wurde am 4. Juli 1776 von den Delegierten des Kontinentalkongresses angenommen. 

36 Franklin, *Autobiographie*, S. 8.

37 Ebenda, S. 10.

38 Steven Ozment, *The Age of Reform, 1250-1550: An Intellectual and Religious History of Late Medieval and Reformation Europe*, New Haven – London 1980, S. 426f.; Donald Kagan, Steven Ozment und Frank M. Turner, *The Western Heritage*, Bd. 1, 3. Aufl. New York 1987, S. 395.

39 Franklin, *Autobiographie*, S. 11.

40 Jules Michelet, *Histoire de France*, Bd. 5, Neuausg. Lausanne 1966-67, S. 325.

41 Detlev Schwennicke, *Europäische Stammtafeln*, Bd. 2, Neuausg. Marburg 1980-81, Tafel 30.

42 Die Familien Eyton und Darwin sind beide in *Burke's Genealogical and Heraldic History of the Landed Gentry. Founded in 1826 by John Burke and Sir Bernard Burke*, 3 Bde., hrsg. von Peter Townsend, 105. Ausg. London 1965-1972, einem Kompendium der reichsten Familien in England seit dem Mittelalter, aufgeführt.

43 Frank J. Sulloway, »The *Beagle* Collections of Darwin's Finches (Geospezinae)«, *Bulletin of the British Museum (Natural History) Zoology Series* 43, no. 2, 1982, S. 73.

44 Robert Adamson, »Eyton, Thomas Campbell (1809-1880)«, *Dictionary of National Biography* 6, 1890, S. 971.

45 Ebenda. Ich hätte nach einer solchen genealogischen Tatsache nie gesucht, aber Eytons Biograph erwähnt sie, vielleicht weil Eyton selbst gern davon sprach.

46 *Erläuterungen zu Abbildung 9.5:* Nach Eytons Abstammung müßte er auf der Skala für gesellschaftliche Einstellungen bei 9 Prozentpunkten liegen (sein tatsächlicher Platz ist bei 8 Prozent). Ich bin folgendermaßen zu dieser Einordnung von Eytons sozialem Weltbild gelangt: Zunächst habe ich angenommen, daß Eytons Vorfahre aus der ersten Generation bei 50 Prozentpunkten lag. Dann habe ich für jede folgende Generation eine schwache Korrelation von 0,12 zwischen »ältestem Sohn« und konservativem Gesellschaftsbild angenommen. Für den relativen Geburtsrang und gesellschaftliche Einstellungen beträgt die bekannte Korrelation 0,16 ($df$=1/1608, $t$=6,33, $p$<0,0001). In Eytons Familiengeschichte gibt es einen jüngeren Sohn als Erben des Besitzes, den ich bei meiner Berechnung berücksichtigt habe, siehe *Burke's Genealogie and Heraldic History*, Bd. 3, S. 308. Das Nettoergebnis dieser Rechnung war, daß Eyton bei 1,83 Punkten auf meiner Fünf-Punkte-Skala für gesellschaftliche Einstellungen plaziert wurde (dies entspricht 9 Prozent). Nach derselben Rechnung liegt Darwin bei 80 Prozent. Tatsächlich stieg Darwins Rang auf der Skala für gesellschaftliche Einstellungen im Laufe seines Lebens von 64 auf 84 Prozentpunkte. Der ermittelte Schätzwert für Benjamin Franklin beträgt 88 Prozent (tatsächlich liegt er bei 92 Prozent) und der für Ludwig XV. liegt bei 21 Prozent (tatsächlicher Wert ist 17 Prozent).

47 Die geschätzte Wahrscheinlichkeit für die Zustimmung Darwins zur Evolutionstheorie liegt bei 94 Prozent, was vor allem auf seine Geburtenfolge und seine gesellschaftlichen Einstellungen zurückzuführen ist. Eytons geschätzte Wahrscheinlichkeit beträgt 3 Prozent. Zu weiteren Angaben zu diesem Punkt siehe Kapitel 10, Abb. 10.3.

48 Theoretisch sollte die Wahl des Ehepartners zumindest geringfügig von der Ähnlichkeit im Geburtsrang abhängen. Obwohl mein Sample im Hinblick auf diese Variable etwas klein ist, kann ich sagen, daß die Eltern meiner Wissenschaftler sich passende Partner suchten, aber nur in Verbindung mit der Schichtzugehörigkeit. Spätergeborene Männer aus der Oberschicht zeigen eine leichte Präferenz für erstgeborene Frauen, die möglichst Erbinnen waren. Spätergeborene Männer aus der Unterschicht dagegen heirateten fast durchweg spätergeborene Frauen (partielles $r$=0,24, $df$=1/97, $t$=2,40, $p$<0,02). Diese Tendenz ist besonders ausgeprägt bei Personen mit extremen Einstellungen.

49 Die Korrelation zwischen gesellschaftlichen Einstellungen und Schichtzugehörigkeit beträgt 0,04 ($df$=1/2211, $t$=1,93, $p$<0,06).

50 Für die Offenheit für liberale wissenschaftliche Neuerungen beträgt die Korrelation mit der Geburtenfolge 0,26; für Schichtzugehörigkeit 0,01. Entsprechend sind die erklärten Varianzen 0,068 versus 0,0001 oder 680 zu 1. Dieser Unterschied sollte nicht zu der Annahme verleiten, die Geburtenfolge würde alles erklären, aber tatsächlich erklärt die Schichtzugehörigkeit (in diesem Kontext) nur wenig. Für Geschwisterdifferenzen insgesamt beträgt die partielle Korrelation mit der wissenschaftlichen Einstellung 0,33, in einem Modell mit acht Variablen. Die erklärte Varianz (0,109) ist 1090 mal größer als die Varianz, die durch die Schichtzugehörigkeit erklärt wird.

51 Für den religiösen Minderheitenstatus (Katholiken in protestantischen Ländern und umgekehrt) beträgt die partielle Korrelation für den Wechselwirkungseffekt mit Nationalität, unter Berücksichtigung von Konfession und Minderheitenstatus, 0,10 ($df$=1/1513, $t$=4,05, $p$<0,001). Als Haupteffekt beträgt die partielle Korrelation für den Minderheitenstatus 0,01 (nicht signifikant). Französische Protestanten zum Beispiel waren historisch gesehen für wissenschaftliche Neuerungen aufgeschlossener als französische und britische Katholiken, doch waren die beiden religiösen Minderheiten zusammengenommen nicht aufgeschlossener (was dem relativen Konservatismus der britischen Katholiken zuzuschreiben ist).
Die gesellschaftlichen Einstellungen jüdischer Wissenschaftler in meiner Untersuchung sind bedeutend liberaler als die anderer Teilnehmer ($r$=0,29, $df$=1/575, $t$=7,28, $p$<0,0001; im Vergleich zu einem generationell angepaßten Sample aus dem neunzehnten und zwanzigsten Jahrhundert). Gleichwohl sind die Geschwisterdifferenzen in den gesellschaftlichen Einstellungen 2,4-mal so groß wie dieser Gruppenunterschied und 3,5-mal so groß wie Geschlechterunterschiede ($r$=0,24, $df$=1/356, $t$=4,62, $p$<0,0001; Frauen im Vergleich zu einem generationell angepaßten Sample von Männern). Viele dieser durch Geschlecht und Rasse bedingten Unterschiede sind wahrscheinlich *Stichprobeneffekte.* Zum Beispiel sind Frauen in meiner Untersuchung bedeutend häufiger Spätergeborene als die Männer, wodurch individuelle Unterschiede scheinbar zu Gruppenunterschieden werden.

52 Die Pfadanalyse bekräftigt diese Schlußfolgerungen. Zum Beispiel ist der Beitrag der gesellschaftlichen Wertvorstellungen der Eltern zu denen ihrer Kinder $r$=0,47; dagegen beträgt die multiple Korrelation der Geschwisterunterschiede mit gesellschaftlichen Einstellungen 0,44. Folglich ist 0,47x0,44 (oder 0,21) dieses Einflusses ein Geschwisterunterschied zwischen den Eltern. Der gesamte Einfluß der Geschwisterunterschiede beträgt dann 0,44+0,21 oder 0,65 gegenüber 0,47 für die gemeinsame familiäre Umwelt. Und einiges von dem, was scheinbar der »gemeinsamen familiären Umwelt« zuzuschreiben ist, ist auf genetische Ähnlichkeiten zwischen den passenden Eltern zurückzuführen, siehe Martin u.a., »Transmission of Social Attitudes«; Eaves, Eysenck und Martin, *Genes, Culture and Personality.*
Für Aufgeschlossenheit gegenüber wissenschaftlichen Innovationen sind die gesellschaftlichen Einstellungen nur einer von vielen relevanten Prädiktoren. Aus diesem Grund sind Geschwisterdifferenzen für die statistische Erklärung dieser abhängigen Variable sogar noch wichtiger als für die statistische Erklärung der gesellschaftlichen Einstellungen. Mit Hilfe derselben Pfadanalyse, die ich gerade besprochen habe, sind 63 Prozent der erklärten Varianz hinsichtlich der Offenheit für Neuerungen den Geschwisterdifferenzen zuzuschreiben. Wenn wir die Pfadanalyse über mehr als eine Generation zurückführen, wird die Rolle der Geschwisterdifferenzen noch größer.

53 William Petersen, *Malthus*, Cambridge 1979, S. 23.

54 Diana M. Simpkins, »Malthus, Thomas Robert (1766-1834)«, *Dictionary of Scientific Biography* 9, 1974, S. 67-71, hier S. 68.

1 Adrian Desmond, *The Politics of Evolution: Morphology, Medicine, and Reform in Radical London*, Chicago – London 1989, S. 4. Auch Robert Young hat lange einen marxistischen Ansatz für die Wissenschaftsgeschichte vertreten, besonders für die Darwinsche Periode, siehe ders., *Darwin's Metaphor: Nature's Place in Victorian Culture*, Cambridge 1985, S. 164-167.

2 Desmond, *The Politics of Evolution*.

3 Ders., *Archetypes and Ancestors: Palaeontology in Victorian London, 1850-1875*, Chicago – London 1982; ders., »Robert E. Grant: The Social Predicament of a Pre-Darwinian Transmutationist«, *Journal of the History of Biology* 17, 1984, S. 189-223; ders., »Robert E. Grant's Later Views on Organic Development: The Swiney Lectures on ›Palaeozoology‹, 1853-1858«, *Archives for Natural History* 11, 1984, S. 395-413; ders., »Richard Owen's Reaction to Transmutation in the 1830s«, *British Journal of the History of Science* 18, 1985, S. 25-50; ders., »Artisan Resistance and Evolution in Britain, 1819-1848«, *Osiris* 3, 1987, S. 77-110, und vor allem ders., *Politics of Evolution*; siehe auch ders. und James Moore, *Darwin*, München – Leipzig 1991.

4 Desmonds Buch *Politics of Evolution* erhielt den Pfizer Award der History of Science Society und ist von der Jury als »ein paradigmatisches Beispiel« dafür gelobt worden, »wie Wissenschafts- und Sozialgeschichte miteinander zu verbinden sind«, Seymour H. Mauskopf, »Prize Announcements«, *Isis* 83, 1992, S. 278f., hier S. 279. Desmonds und Moores Darwin-Biographie von 1991 wurde mit dem Watson-Davis Preis der History of Science Society ausgezeichnet, der für Bücher verliehen wird, die Wissenschaftsgeschichte einem breiteren Publikum zugänglich machen.

5 Stephen Jay Gould, »The Paradox of Genius. Review of *Darwin*, by Adrian Desmond and James Moore (1991)«, *Nature* 355, 1992, S. 215f., hier S. 216. Siehe auch I. Bernard Cohen, »The Agnostic in the Abbey. Review of *Darwin*, by Adrian Desmond and James Moore«, *New York Times Book Review*, 2. August 1992, S. 10, der sich wundert, »wie ein Gentleman-Naturforscher mit Darwins Herkunft und Hintergrund so radikale Vorstellungen von der Evolution entwickeln konnte.«

6 *Erläuterungen zu Abbildung 10.1:* Für die Korrelation zwischen Geburtenfolge und Zustimmung zur Evolutionstheorie ist $r$=0,40 ($df$=1/447, $t$=9,21, $p$<0,0001). Als linearer Trend berechnet, tendiert die Korrelation zwischen Schichtzugehörigkeit und Zustimmung gegen null ($r$=0,01, $df$=1/552, $t$=0,20, $p$=nicht signifikant). Für die nichtlineare Beziehung gilt $r$=0,06 ($df$=1/552, $t$=1,31, $p$<0,20). Für die durch die zwei linearen Beziehungen erklärte Varianz gilt 0,402/0,012=1600 zu 1.

7 Zur »intellektuellen Primogenitur« von Erstgeborenen siehe Brian Sutton-Smith und B. G. Rosenberg, *The Sibling*, New York 1970, S. 69-79; Robert B. Zajonc, »Family Configuration and Intelligence«, *Science* 192, 1976, S. 227-236. Für die Dokumentation dieser Tendenz während der Darwinschen Revolution siehe Anhang 3, Technische Erläuterung 4.

8 Vor 1859 gelangten bedeutend weniger Spätergeborene und Liberale zu wissenschaftlichem Ansehen als Erstgeborene. Die Darwinsche Revolution brachte eine bedeutende Verschiebung dieses Gleichgewichts zwischen Macht und Prestige. Genaueres zu diesem Punkt findet sich in Anhang 3, Technische Erläuterung 4.

9 Jack B. Morrell und Arnold Thackray, *Gentlemen of Science: Early Years of the British Association for the Advancement of Science*, Oxford 1981, S. 23-29.

10 James Bunting, *Charles Darwin: A Biography*, Folkeston/Kent 1974, S. 88f.; Desmond und Moore, *Darwin*, S. 552.

11 Charles Darwin, *Leben und Briefe in drei Bänden*, hrsg. von Francis Darwin, Bd. 3, Nachdr. d. Ausg. v. 1887, Tübingen 1992, S. 216.

12 Desmond zitiert Grant mehr als sechshundert Mal in *Politics of Evolution* – häufiger als irgend einen anderen. Auch widmete er der mißlichen Lage und wechselvollen wissenschaftlichen Karriere, in die Grant durch seine Radikalität geriet, mehrere Artikel, siehe ders., »Robert E. Grant«; ders., »Robert E. Grant's Later Views«.

13 Charles Southwell, *An Essay on Marriage; Addressed to the Lord Bishop of Exeter*, London 1840, S. 19.

14 Desmond, »Artisan Resistance«, S. 85.

15 Ebenda, S. 86, S. 97, S. 109. Southwells zweiunddreißig ältere Geschwister stammten von den früheren Frauen seines Vaters. Er war das erste und einzige Kind seiner Mutter, siehe Charles Southwell, *Confessions of a Free-Thinker*, London ca. 1845.

16 *Erläuterungen zu Abbildung 10.2:* In Desmonds Sample sind 76 Prozent Spätergeborene, im Kontrollsample sind es dagegen nur 60 Prozent ($r$=0,11, $df$=1/616, $t$=2,69, $p$<0,01). Für das Verhältnis zwischen Schicht und Zustimmung zu radikalen Theorien beträgt die Korrelation in Desmonds Sample 0,28 ($df$=1/70, $t$=2,43, $p$<0,02). Unter Einbeziehung der Geburtenfolge und der signifikanten Wechselwirkung zwischen Geburtenfolge und sozialer Herkunft beträgt die partielle Korrelation nichtsignifikante 0,09 ($df$=1/50, $t$=0,62, $p$<0,54); die Korrelation zwischen Geburtenfolge und gesellschaftlichen Einstellungen beträgt in Desmonds Sample dagegen stolze 0,48 ($df$=1/50, $t$=3,94, $p$<0,001). Unter Berücksichtigung der Geburtenfolge ist die partielle Korrelation zwischen Schicht und gesellschaftlichen Einstellungen nicht signifikant ($r$=0,12, $df$=1/49, $t$=0,82, $p$<0,42). Für zusätzliche Informationen zu Desmonds Sample siehe Anhang 3, Technische Erläuterung 5.

17 Ich zitiere hier aus dem eingängigen Untertitel der amerikanischen Ausgabe von Desmonds und Moores Buch *Darwin. The Life of a Tormented Evolutionist* (1992).

18 Desmond und Moore, *Darwin*, S. 327, S. 338.

19 Ebenda, S. 403.

20 Ebenda, S. 328.

21 Dorothy Thompson, *The Chartists: Popular Politics in the Industrial Revolution*, New York 1984.

22 *The Correspondence of Charles Darwin*, hrsg. von Frederick Burkhardt und Sydney Smith, Bd. 4, Cambridge 1988, S. 144.

23 Desmond und Moore, *Darwin*, S. 317.

24 Siehe Anhang 3, Technische Erläuterung 6. Desmond und Moore gehören zu den fast dreißig unabhängigen Gutachtern, die mir behilflich waren, die gesellschaftlichen Einstellungen von Darwins Kollegen zu bewerten.

25 Zu Darwins kritischen Kommentaren zu den konservativen Tendenzen, die er an seinen wissenschaftlichen Freunden beobachtete, siehe Charles Darwin, *Mein Leben*, hrsg. von Nora Barlow, Frankfurt/M. 1993, S. 68-71 (Henslow); S. 81 (FitzRoy); S. 105 (Lyell); S. 107 (Buckland und der »groteske« Murchison)

26 Desmond und Moore, *Darwin*, S. 327; Desmond, »Artisan Resistance«, S. 425.

27 Kentwood D. Wells, »The Historical Context of Natural Selection: The Case of Patrick Matthew«, *Journal of the History of Biology* 6, 1973, S. 225-258, S. 241; Alexander Wilson, *The Chartist Movement in Scotland*, New York 1970, S. 71f., S. 75, S. 104; Thompson, *The Chartists*, S. 329.

28 Alfred Russel Wallace, *My Life – A Record of Events and Opinions*, Bd. 1, London – New York 1905, S. 104.

29 William Charles Wells, ein in Amerika geborener Physiker, der den größten Teil seines Erwachsenenlebens in England verbrachte, wird von manchen als ein Mitentdecker der natürlichen Selektion betrachtet. Diese Annahme stützt sich auf einen Aufsatz von 1818, in dem Wells von einer weißen Frau berichtet, die zahlreiche braune Flecke auf ihrer Haut hatte. Daran knüpfte er die Überlegung, daß die natürliche Selektion sich solcher Mutationen bedienen könnte, um eine

schwarze Rasse hervorzubringen. Im Unterschied zu Matthew, Darwin und Wallace beschränkte sich die Idee von Wells auf die menschlichen Rassen. Er äußerte sich nicht zu der weiterreichenden Frage, ob es zu ganz neuen Arten kommen kann, siehe Ernst Mayr, *Die Entwicklung der biologischen Gedankenwelt*, Heidelberg 1984, S. 322. Wells war ein zweiter Sohn. Seine gesellschaftlichen Einstellungen wurden als liberal eingestuft (3.0). Siehe auch Stephen Jay Gould, *Das Lächeln des Flamingos. Betrachtungen zur Naturgeschichte*, Frankfurt/M. 1995, S. 266-274.

30 Patrick Matthew, *On Naval Timber and Arboriculture*, Edinburgh 1831, S. 365, wieder abgedruckt bei W. J. Dempster, *Patrick Matthew and Natural Selection*, Edinburgh 1983, S. 98.

31 Charles Darwin, *Die Abstammung des Menschen und die geschlechtliche Zuchtwahl*, 5. Aufl. Stuttgart 1899, S. 150.

32 Ebenda. Zu Darwin und dem Erstgeburtsrecht siehe auch Sarah Blaffer Hrdy und Debra S. Judge, »Darwin and The Puzzle of Primogeniture«, *Human Nature* 4, 1993, S. 1-45.

33 Darwin, *Leben und Briefe*, Bd. 2, S. 375 Fn.34.

34 Wenn man die Geburtenfolge aus dem umfassenden Modell herausläßt, verliert man bei der erklärten Varianz 9 Prozent (die partielle Korrelation ist 0,37 [$df$=1/346, $t$=7,34, $p$<0,0001]). Läßt man die gesellschaftlichen Einstellungen bei dem Modell weg, dann werden 8 Prozent weniger Varianz erklärt. Der zweitbeste Prädiktor für die wissenschaftliche Stellungnahme – Rang und Ansehen um 1859 – ist verantwortlich für 3 Prozent der erklärten Varianz. (Angesehene Wissenschaftler, die im allgemeinen älter waren, verhielten sich dem Darwinismus gegenüber im allgemeinen *ablehnend.*) Alle anderen Prädiktoren tragen weniger als 2 Prozent erklärter Varianz zu einem vollständigen Modell bei. Schätzungen der durch die Geburtenfolge und andere Geschwisterunterschiede erklärten relativen Varianz beruhen auf Verfahren und Modellen der Pfadanalyse.

35 *Erläuterungen zu Abbildung 10.3:* Für das Modell mit zehn Variablen, das die Befürwortung des Darwinismus voraussagt, beträgt das multiple $R$=0,68 ($df$=10/363 [das harmonische Mittel], $F$=30,49, $p$<0,0001). Für weitere Einzelheiten zu diesem Modell siehe Anhang 3, Technische Erläuterung 7.

36 Meine Auswahl von »Vorkämpfern« der Darwinschen Revolution basiert auf Zitationszählungen in Standardwerken zur Geschichte der Evolutionstheorie wie Bentley Glass, Owsei Tempkin und William L. Straus, Jr (Hrsg.), *Forerunners of Darwin, 1745-1859*, Baltimore 1959; Neal L. Gillespie, *Charles Darwin and the Problem of Creation*, Chicago-London 1979; Michael E. Ruse, *The Darwinian Revolution: Science Red in Tooth and Claw*, Chicago – London 1979; Mayr, *Entwicklung der biologischen Gedankenwelt*; Peter L. Bowler, *Evolution: The History of an Idea*, Berkeley – Los Angeles 1984.

37 *Erläuterungen zu Abbildung 10.4:* Für die unterschiedlichen Wahrscheinlichkeitswerte für Wegbereiter und spätere Anhänger der Evolutionstheorie ist $r$=0,16 ($df$=1/263, $t$=2,56, $p$<0,02). Für diejenigen, die sich der Evolutionstheorie anschlossen, lag die durchschnittliche Wahrscheinlichkeit für diesen Schritt bei 64 Prozent.

38 Die für Darwin ermittelte Wahrscheinlichkeit, die Evolutionstheorie zu akzeptieren (94 Prozent), ist nach einem Logit-Regressionsmodell berechnet, in dem dieselben Prädiktoren verwendet wurden wie in meinem multiplen Regressionsmodell mit zehn Variablen (Anhang 3, Technische Erläuterung 7).

39 Für den Gegensatz zwischen den drei Entdeckern der Evolution durch natürliche Selektion (Matthew, Darwin, Wallace) und den anderen 12 Führern der Darwinschen Revolution beträgt $r$=0,45 ($df$=1/13, $t$=1,83, $p$<0,05; einseitiger Test).

40 Frederick Burkhardt, Einleitung zu *Correspondence of Charles Darwin*, Bd. 3, Cambridge 1987, S. xiv.

41 Patrick Matthew, »Letter«, *The Gardener's Chronicle*, 12. Mai 1860, S. 433.

42 Wallace, *My Life*, Bd. 1, S. 363; James Marchant, *Alfred Russel Wallace: Letters and Reminiscences*, New York 1916, S. 92f., S. 131.

43 Darwin, *Leben und Briefe*, Bd. 1, S. 316.

44 Darwin, *Mein Leben*, S. 26.

45 Robert M. Young, »Gall, Franz Joseph (1758-1828)«, *Dictionary of Scientific Biography* 5, 1972, S. 250-256, hier S. 250.

46 Zu ausgezeichneten Überblicken über die Phrenologiebewegung siehe ebenda; ders., *Mind, Brain and Adaptation in the Nineteenth Century: Cerebral Localization and Its Biological Context from Gall to Ferrier*, Oxford 1970; Roger Cooter, *The Cultural Meaning of Popular Science: Phrenology and the Organization of Consent in Nineteenth-Century Britain*, Cambridge 1984.

47 Paul Julius Möbius, *Franz Joseph Gall*, in: ders., *Ausgewählte Werke*, Bd. 7, Leipzig 1907, S. 11.

48 Drei der fünf Mitglieder dieser Kommission waren Erstgeborene (Georges Cuvier, Philippe Pinel und Jacques René Tenon). Ein viertes Mitglied (Antoine Portal) war ein »ältester Sohn«, also vielleicht ein Erstgeborener. Die Geburtenfolge des fünften Kommissionsmitglieds (Raphael-Bienvenu Sabatier) kenne ich nicht. Ich habe ein multivariates Modell verwendet, um die Wahrscheinlichkeit zu bestimmen, mit der sich diese Kommission zur Phrenologie zustimmend verhalten würde. Die durchschnittliche Wahrscheinlichkeit für alle Mitglieder (einschließlich Sabatier) liegt bei 8 Prozent – das ist bedeutend niedriger als für die beteiligte Bevölkerung insgesamt. Für diese Schätzwerte der Wahrscheinlichkeiten habe ich die fehlenden Daten durch mehrstufiges Hinzuschätzen ermittelt. Bei diesem Vorgehen ist es möglich, Standardabweichungen zu errechnen; das heißt, in unserem Fall können wir zu 95 Prozent sicher sein, daß der Wert 8 Prozent (±6 Prozent) beträgt.
Wenn wissenschaftliche Kommissionen mit angesehenen Fachleuten, also Vertretern der »etablierten Wissenschaft« besetzt werden, überwiegen meist die Erstgeborenen (so daß sich in der betreffenden Kommission konservative Auffassungen durchsetzen). Dieser Sachverhalt hat bedeutsame Konsequenzen für die Wissenschaftspolitik.

49 Young, »Gall«, S. 250.

50 Die Korrelation zwischen der Zustimmung zur Phrenologie und der zur Evolutionstheorie beträgt 0,59 ($\chi^2[1]=9{,}26$, $p<0{,}001$, auf der Grundlage von 27 Paaren von Stellungnahmen).

51 Cooter, *Cultural Meaning*, S. 10; Young, *Darwin's Metaphor*, S. 4. Verglichen mit den enormen Verkaufszahlen für Combes *Constitution of Man* (über 100 000 Exemplare) verkaufte sich die *Entstehung* mit 18 000 Exemplaren bis 1876 nur mäßig, siehe R. B. Freeman, *Charles Darwin. A Companion*, Folkestone/U.K. – Hamden/Conn. 1978, S. 221.

52 Young, »Gall«, S. 255.

53 Charles Gibbon, *The Life of Georges Combe, Author of »The Constitution of Man«*, 2 Bde., London 1878. Mit einem multivariaten Modell für die Rezeption der Phrenologie lassen sich die Führer dieser Bewegung leicht identifizieren. Gall, Spurzheim und die Brüder Combe erreichen danach wahrscheinliche Zustimmungswerte zwischen 83 und 93 Prozent, Gall selbst liegt bei 90 Prozent.

54 Cooter, *Cultural Meaning*, S. 141f., S. 175-180, S. 261.

55 Steven Shapin, »History of Science and Its Sociological Reconstruction«, *History of Science* 20, 1982 S. 157-211, hier S. 193; siehe auch ders., »Phrenological Knowledge and the Social Structure of Early Nineteenth-Century Edinburgh«, *Annals of Science* 32, 1975, S. 219-243; ders., »Homo Phrenologicus: Anthropological Perspectives on an Historical Problem«, in: Barry Barnes und Steven Shapin (Hrsg.), *Natural Order: Historical Studies of Scientific Culture*, Beverly Hills – London 1979, S. 41-67; ders., »The Politics of Observation: Cerebral Anatomy and Social Interests in the Edinburgh Phrenology Disputes«, in: R. Wallis (Hrsg.),

*On the Margins of Science: The Social Construction of Rejected Knowledge*, Keele/Staffordshire 1979 (= Sociology Review Monograph no. 27), S. 138-178.

56 Cooter, *Cultural Meaning*, S. 43f.

57 Francis Galton, *English Men of Science*, London 1874. Die Tendenz, daß Erstgeborene unter hervorragenden Wissenschaftlern überrepräsentiert sind, ist gut belegt, siehe Stephen Sargent Visher, *Scientists Starred 1903-1943 in »American Men of Science«: A Study of Collegiate and Doctoral Training, Birthplace, Distribution, Backgrounds, and Developmental Influences*, Baltimore 1947; Anne Roe, »A Psychological Study of Eminent Psychologists and Anthropologists and a Comparison with Biological and Physical Scientists«, *Psychological Monographs*, Nr. 353, 1953; S. Stewart West, »Sibling Configuration of Scientists«, *American Journal of Sociology* 66, 1960, S. 268-274; Roger D. Clarke und Glenn A. Rice, »Family Constellations and Eminence: The Birth Orders of Nobel Prize Winners«, *Journal of Psychology* 110, 1982, S. 281-287.

58 Für das Verhältnis zwischen Schicht und Zustimmung zur Phrenologie ist $r$=0,25 ($df$=1/86, $t$=2,38, $p$<0,05). Mein Sample aus Phrenologen und ihren Gegnern habe ich Publikationen von Autoren wie Shapin und Cooter entnommen, deren Ansichten über die Bedeutung der Schichtzugehörigkeit ich in Frage stelle, siehe Shapin, »Phrenological Knowledge«; ders., »Politics of Observation«; ders., »Homo Phrenologicus«; Cooter, *Cultural Meaning*; ders., *Phrenology in the British Isles: An Annotated, Historical Bibliography and Index*, Metuchen/N.J. – London 1989. Ich habe auch von Parssinens Sample von 155 Phrenologen profitiert, die entweder im *Dictionary of National Biography* oder in der *Modern English Biography* aufgeführt sind, siehe Terry M. Parssinen, »Popular Science and Society: The Phrenology Movement in Early Victorian Britain: Appendix A«, 1970 (unveröffentlichtes Manuskript); ders., »Popular Science and Society: The Phrenology Movement in Early Victorian Britain«, *Journal of Social History* 8, 1974, S. 1-20.

59 Für die Beziehung zwischen Schicht und Status des Spätergeborenen gilt $r$=0,20 ($df$=1/86, $t$=1,86, $p$<0,07).

60 *Erläuterungen zu Abbildung 10.5:* Für Geburtenfolge und Akzeptanz der Phrenologie beträgt $r$=0,40 ($df$=1/86, $t$=4,03, $p$<0,0001). Für den Nichtwissenschaftlerstatus ist $r$=0,26, ($df$=1/86, $t$=2,51, $p$<0,02). Für Schicht und Akzeptanz der Phrenologie ist $r$=0,25 ($df$=1/86, $t$=2,38, $p$<0,05). All diese Korrelationen sind nicht kontrolliert. Unter Berücksichtigung der Geburtenfolge beträgt die partielle Korrelation zwischen Schicht und Akzeptanz der Phrenologie $r$=0,19 ($df$=1/85, $t$=1,77, $p$<0,10). Unter Einbeziehung des Status als Wissenschaftler beträgt diese partielle Korrelation 0,13 ($df$=1/84, $t$=1,24, $p$<0,23). Im Hinblick auf die Akzeptanz der Phrenologie gibt es einen signifikanten Zusammenhang zwischen Geburtenfolge und dem Status des Nichtwissenschaftlers, $r$=–0,38 ($df$=1/84, $t$=–3,77, $p$<0,001). Auf Erstgeborene wirkte sich die mangelnde wissenschaftliche Qualifikation stärker aus als auf Spätergeborene, die die Phrenologie im allgemeinen auch dann unterstützten, wenn sie in wissenschaftlichen Methoden voll ausgebildet waren.

61 *Correspondence of Charles Darwin*, Bd. 1, Cambridge 1985, S. 97.

62 Frank N. Egerton, III., »Watson, Hewett Cottrell (1804-1881)«, *Dictionary of Scientific Biography* 14, 1976, S. 66ff.

63 Auf der Basis eines pfadanalytischen Modells mit vier Variablen, ist die Schichtzugehörigkeit verantwortlich für 4 Prozent der erklärten Varianz (im Sinne von kumulativen Pfadkoeffizienten) und nur 1 Prozent der tatsächlichen Varianz. Außer der Geburtenfolge enthält dieses Modell die gesellschaftlichen Einstellungen, den Wissenschaftlerstatus und die Schichtzugehörigkeit ($R$=0,65, $df$=4/70, $F$=12,76, $p$<0,001). Die durch die Pfadanalyse einzeln identifizierten Beiträge der anderen Variablen zur erklärten Varianz sind: Geburtenfolge (54 Prozent der Gesamtsumme), gesellschaftliche Einstellungen (37 Prozent) und Wissenschaftlerstatus (5 Prozent). Alle Prädiktoren außer der Schichtzugehörig-

keit sind signifikant. Für die durch die Schichtzugehörigkeit beziehungsweise die anderen drei Prädiktoren erklärte relative Varianz ist das Verhältnis 4 Prozent/96 Prozent=1/24. Schicht und Wissenschaftlerstatus sind nur schwach korreliert (*r*=0,14), daher wird die Schichtzugehörigkeit aus dem Modell nicht ausgeschlossen, denn sie steht in einer starken Kreuzkorrelation zu dieser anderen Variable. Sobald die Geburtenfolge in das Modell aufgenommen wird, verliert die Schichtzugehörigkeit ihre Signifikanz.

64 Annahmen von Wissenschaftshistorikern, die auf Gruppenunterschieden beruhen, sind im allgemeinen verdächtig, solange sie nicht für individuelle Unterschiede kontrolliert werden. Solche Fehldeutungen des historischen Materials sind ohne eine empirische Überprüfung oft kaum zu erkennen. Gruppenunterschiede mögen auf den ersten Blick vorhanden sein, weil sie auf Stichprobeneffekten beruhen können; sobald man sie jedoch auf angemessene Weise kontrolliert, lösen sie sich in individuelle Unterschiede auf.

Ein gutes Beispiel dafür ist Paul Formans These über die Durchsetzung der Unschärferelation in der Weimarer Zeit. Nach Forman veränderte die Niederlage Deutschlands im Ersten Weltkrieg die wissenschaftlichen Denkweisen der Weimarer Intellektuellen, siehe ders., »Weimar Culture, Causality, and Quantum Theory, 1918-1927: Adaptation by German Physicists and Mathematicians to a Hostile Intellectual Environment«, *Historical Studies in the Physical Sciences* 3, 1971, S. 1-115; ders., »The Reception of an Acausal Quantum Mechanics in Germany and Britain«, in: Seymour H. Mauskopf (Hrsg.), *The Reception of Unconventional Science*, Boulder/Colo. 1978, S. 11-50. Sie hätten durch die Erfahrungen des Krieges ihr Vertrauen in Wissenschaft und Technik verloren und sich mystischen und spirituellen Überzeugungen zugewandt. Eine Folge dieses intellektuellen Trends sei die Ablehnung der klassischen Kausalitätsvorstellung in der Physik gewesen. Es sind die großen individuellen Unterschiede, die Formans These hinfällig machen. Erstgeborene, in gesellschaftlicher Hinsicht konservativ eingestellte und ältere Wissenschaftler verteidigten durchgängig den Standpunkt der Kausalität, während Spätergeborene, Liberale und jüngere Wissenschaftler sich für das Konzept der Unschärferelation entschieden. ($R$=0,39, $df$=1/32, $t$=2,38, $p$<0,03). Daraus ergibt sich, daß der Krieg den Glauben einiger Menschen an die Rationalität sogar *bestärkt* hat. Der erstgeborene Albert Einstein, der sich weigerte, an einen Würfel spielenden Gott zu glauben, ist das beste Beispiel dafür.

Forman unterstellt, daß individuelle Unterschiede zu vernachlässigen seien, und so verfehlt seine soziologische These ein wichtiges Merkmal dieser wissenschaftlichen Debatte. Wenn wir die bedeutendsten individuellen Unterschiede in der Rezeption der Quantenmechanik systematisch gewichten, dann zeigt sich, daß individuelle Unterschiede von größerem Einfluß sind als die Frage, ob ein Wissenschaftler Deutscher war oder nicht. Nach einem computergestützten Modell mit nur fünf Variablen betrug die Wahrscheinlichkeit für Einstein, zum Anhänger der Unschärferelation zu werden, 28 Prozent. Bezieht man die individuellen Unterschiede mit ein, die Einstein und andere Physiker dazu brachten, die Unschärferelation abzulehnen, sieht man, daß die Tatsache, daß er Deutscher war, kein signifikanter Faktor in diesem Disput gewesen ist ($r$=0,01, $df$=1/31, $t$=0,49, $p$<0,96). Auch das Jahr der Teilnahme an der Debatte ist kein signifikanter Prädiktor für die wissenschaftliche Stellungnahme, berücksichtigt man die individuellen und nationalen Unterschiede ($r$=–0,25, $df$=1/30, $t$=–1,40, $p$<0,17).

Ich will nicht Formans allgemeine These bestreiten, daß es in Reaktion auf den Krieg zu Angriffen auf die wissenschaftliche Rationalität gekommen sei. Es gibt beachtliches Material, das diese These stützt (siehe auch Anne Harrington, *Medicine, Mind, and the Double Brain: A Study in Nineteenth-Century Thought*, Princeton 1987; dies., »Other ›Ways of Knowing‹: The Politics of Knowledge in Interwar German Brain Science«, in: dies. (Hrsg.), *So Human a Brain: Knowledge and Values in the Neurosciences*, Boston 1992, S. 229-244). Ich stelle nur die Annahme in

Frage, daß der Zeitgeist sich als signifikanter »Haupteffekt« auf das Denken der deutschen Mathematiker und Physiker ausgewirkt haben soll.

65 Nicht nur die Arbeiten, die ich in diesem Kapitel zitiert habe, sondern auch die Forschung über die Französische Revolution demonstrieren das durchgängige Versäumnis von Historikern, ihre Annahmen über die Schicht- oder Klassenzugehörigkeit zu testen (Kapitel 13, besonders Abb. 13.2).

66 Frederick Crews, *Sceptical Engagements*, New York – Oxford 1986, S. 140.

### *Kapitel 11: Reformation und Protestantismus*

1 Lewis W. Spitz, *The Protestant Reformation, 1517-1559*, New York 1985, S. 346, S. 384.

2 Donald R. Kelley, *The Beginning of Ideology: Consciousness and Society in the French Reformation*, Cambridge 1981, S. 125.

3 Steven Ozment, *Protestants: The Birth of a Revolution*, New York 1992, S. xiv.

4 Hans Liermann, »Untersuchungen zum Sakralrecht des protestantischen Herrschers«, *Zeitschrift der Savignystiftung für Rechtsgeschichte, Kanonistische Abteilung* 30, 1941, S. 311-383, hier S. 322; Bernd Moeller, *Reichsstadt und Reformation*, Gütersloh 1962, S. 33; Spitz, *Protestant Reformation*, S. 77, S. 87, S. 380; Ozment, *Protestants*, S. 11.

5 Ronald H. Bainton, *Here I Stand: A Life of Martin Luther*, New York 1950, S. 79-83; Spitz, *Protestant Reformation*, S. 66ff.

6 Zitiert bei Ozment, *Protestants*, S. 11f.

7 Spitz, *Protestant Reformation*, S. 88f.

8 Hans J. Hillerbrand, *The World of the Reformation*, New York 1973, S. 38; siehe auch Spitz, *Protestant Reformation*, S. 74.

9 Siehe den wertvollen Beitrag von Scott H. Hendrix, *Luther and the Papacy: Stages in a Reformation Conflict*, Philadelphia 1981, mit seiner Darstellung der wechselnden Einstellung Luthers zum Papsttum in dieser kritischen Phase.

10 Ozment, *Protestants*, S. 6.

11 Moeller, *Reichsstadt*, S. 32.

12 Lewis W. Spitz, »Reformation«, in: Philip P. Weiner (Hrsg.), *Dictionary of the History of Ideas: Studies of Selected Pivotal Ideas*, New York 1973, S. 67.

13 Hillerbrand, *World of Reformation*, S. 187.

14 Ebenda.

15 Ozment, *Protestants*, S. 20.

16 Arthur Geoffrey Dickens, *The English Reformation*, 2. Aufl. London 1989, S. 326; Hermann Heimpel, *Der Mensch in seiner Gegenwart. Sieben historische Essays*, Göttingen 1954, S. 156.

17 Hillerbrand, *World of Reformation*, S. 40.

18 Diese acht Faktoren habe ich entnommen aus: Guy Swanson, *Religion and Regime: A Sociological Account of the Reformation*, Ann Arbor/Mich. 1967; Moeller, *Reichsstadt*; Hillerbrand, *World of Reformation*, S. 38-41, S. 186, S. 206; Spitz, *Protestant Reformation*, S. 181-91; Dickens, *English Reformation*, S. 325-338; Steven Ozment, *The Reformation in the Cities*, New Haven – London 1975; ders., *Protestants*, S. 19ff., S. 32-37.

19 Moeller, *Reichsstadt*, S. 14.

20 Hillerbrand, *World of Reformation*, S. 14, siehe auch Moeller, *Reichsstadt*, der überzeugende Argumente für diese These vorgebracht hat.

21 Dickens, *English Reformation*, S. 89.

22 Meine Hauptquellen für dieses Sample sind William J. Durant, *Das Zeitalter der Reformation. Eine Geschichte der europäischen Kultur von Wiclif bis Calvin (1300-1564)*, Bern 1962; George Hunston Williams, *The Radical Reformation*, Philadel-

phia 1962; Geoffrey R. Elton, *Europa im Zeitalter der Reformation. 1517-1559*, 2. Aufl. München 1982; Émile G. Léonard, *A History of Protestantism*, 2 Bde., London 1965; Hans J. Hillerbrand, *Christendom Divided: The Protestant Reformation*, London – New York 1971; ders., *World of Reformation*; Ozment, *Reformation in the Cities*; ders., *The Age of Reform, 1250-1550: An Intellectual and Religious History of Late Medieval and Reformation Europe*, New Haven – London 1980; ders., *Protestants*; Dickens, *English Reformation*; Spitz, *Protestant Reformation.*

23 Ich habe die multiple Regression als Methode verwendet, jedoch sind auch andere Modell-Ansätze wie etwa die Pfadanalyse möglich. Die partielle Korrelation zwischen der Geburtenfolge und der Unterstützung der Reformation beträgt, unter Einbeziehung der sechs anderen Prädiktoren des Modells, 0,37 (*df*=1/513, *t*=9,12, *p*<0,0001).

Das beste Modell, das auf der Grundlage des Kriteriums von Mallows' $C_p$ ausgewählt wurde, akzeptiert sieben der neun im Text diskutierten Prädiktoren (multiples *R*=0,61 korrigiertes *R*=0,60], *df*=7/513 [das harmonische Mittel], *F*=42,60, *p*<0,0001). Ein Humanist zu sein, ist kein signifikanter Prädiktor, und die Zugehörigkeit zur Aristokratie ist zu sehr mit dem Merkmal der sozialen Herkunft verbunden, um dem Modell mit sieben Variablen etwas Wesentliches hinzuzufügen.

24 Für die Geburtenfolge und die Akzeptanz der Reformation unter Geschwistern gilt *r*=0,33 (*df*=1/112, *t*=3,69, *p*<0,001).

25 Die Korrelation zwischen Alter und Unterstützung der Reformation beträgt –0,22 (*df*=1/511, *p*<0,0001). Die Geburtenfolge steht in Wechselwirkung zum Alter. Bei Spätergeborenen war der Einfluß des Alters entschieden geringer als bei Erstgeborenen (partielles *r*=0,20, *df*=1/131, *t*=2,36, *p*<0,2).

26 Zwei Drittel (32 von 46) der Spätergeborenen, die älter waren als 39 Jahre, akzeptierten die Reformation, aber nur zwei der 17 Erstgeborenen (*r*=0,52, *df*=1/61, *t*=4,69, *p*<0,0001). Zu weiteren Vergleichen zwischen dem Einfluß der Geburtenfolge und dem des Alters siehe Kapitel 2, Abb. 2.2 (zur Darwinschen Revolution), Kapitel 9 (zu gesellschaftlichen Einstellungen im Zeitalter der Aufklärung) und Kapitel 14 (zu wissenschaftlichen Revolutionen).

27 *Erläuterungen zu Abbildung 11.1*: Unter Berücksichtigung der sechs Prädiktoren beträgt die partielle Korrelation zwischen sozialer Schicht und Konfessionswahl 0,10 (*df*=1/513 [harmonisches Mittel], *t*=2,32, *p*<0,05). Für die Geburtenfolge beträgt die partielle Korrelation 0,37 (*df*=1/513, *t*=9,12, *p*<0,0001). Für die Differenz bei der erklärten Varianz gilt $0{,}37^2/0{,}10^2=15{,}2$ zu 1. Die Daten zur Schichtzugehörigkeit sind ungleichgewichtig, da die Aristokratie in meinem Sample den höchsten Anteil an Erstgeborenen aufweisen. Für die Beziehung zwischen Geburtenfolge und sozialer Schicht gilt *r*=0,11 (*df*=1/349, *t*=2,08, *p*<0,05). Darüber hinaus befinden sich unter den Mitgliedern des Klerus (speziell des niederen Klerus) anteilig mehr Spätergeborene als unter den Nicht-Klerikern (*r*=0,10, *df*=1/361, *t*=1,84, *p*<0,5, einseitiger Test).

28 Die Diskussion der Erbteilung basiert auf der wertvollen Studie von Paula Fichtner, *Protestantism and Primogenitur in Early Modern Germany*, New Haven – New York 1989.

29 Ebenda, S. 53; Steven Ozment, *When Fathers Ruled: Family Life in Reformation Europe*, Cambridge 1983, S. 152.

30 Für das Verhältnis zwischen Geburtenfolge und Unterstützung des Protestantismus unter den Theologen gilt *r*=0,29 ($\chi^2$[1]=5,34, *N*=64, *p*<0,5).

31 In einem Modell mit acht Variablen beträgt die partielle Korrelation zwischen den persönlichen Einflüssen und der Konfessionswahl 0,19 (*df*=1/512 [harmonisches Mittel], *t*=4,34, *p*<0,0001).

32 Für das Verhältnis zwischen Geburtenfolge und der religiösen Überzeugung, für dic ein Märtyrer starb, gilt *r*=0,68 ($\chi^2$[1]=16,67, *N*=36, *p*<0,001). Für Geburtenfolge und Martyrium als Protestant gilt *r*=0,17 (*df*=1/248, *t*=2,70, *p*<0,01).

33 Zu Luthers »gemäßigter« Einstellung in religiösen Fragen siehe Dickens, *English Reformation*, S. 87; Ozment, *Protestants*, S. 121, S. 127, S. 136, S. 141. Siehe auch Hillerbrand, *World of Reformation*, S. 208, und Hendrix, *Luther and the Papacy*, S. 15, S. 139.

34 Zur Unterscheidung zwischen Ratsreformation und radikaler Reformation siehe Williams, *Radical Reformation*.

35 Ozment, *Age of Reform*, S. 264. Siehe auch Moeller, *Reichsstadt*, S. 49; Arthur Geoffrey Dickens, *Martin Luther and the Reformation*, London 1967, S. 72.

36 Ozment, *Protestants*, S. 127.

37 *Erläuterungen zu Abb. 11.3*: Ausgehend von einem Modell der Reformation mit sieben Variablen liegt die voraussagbare Wahrscheinlichkeit, daß Luther ein Protestant werden würde, bei 67 Prozent. Die Wahrscheinlichkeit, daß sich Knox der protestantischen Reformation anschließen würde, liegt bei 78 Prozent. Bei Calvin und Zwingli liegt der entsprechende Wert bei 80 und 82 Prozent. Dagegen war die Wahrscheinlichkeit, Protestant zu werden, bei den Führern der radikalen Reformation größer als 90 Prozent. Diese Werte wurden mit Hilfe des LR-Programms (Logit-Regression) des BMDP ermittelt, das jedem Einzelergebnis eine bestimmte Wahrscheinlichkeit zuordnet, siehe W. J. Dixon (Hrsg.), *BMDP Statistical Software Manual*, 2 Bde., Berkeley – Los Angeles 1992.

38 Erik H. Erikson, *Der junge Mann Luther. Eine psychoanalytische und historische Studie*, München 1965, S. 78.

39 Überzeugende Widerlegungen der Behauptungen Eriksons zu Luther finden sich bei Roland H. Bainton, »Psychiatry and History: An Examination of Erikson's *Young Man Luther*«, in: Roger A. Johnson (Hrsg.), *Psychohistory and Religion: The Case of Young Man Luther*, Philadelphia 1977, S. 19-56; Spitz, »Psychohistory and History: An Examination of Erikson's *Young Man Luther*«, in: Johnson, (Hrsg.), *Psychohistory and Religion*, S. 57-96, und Ozment, *Age of Reform*, S. 225-231. Daß Erikson die Hinweise auf einen Konflikt Luthers mit den Eltern überbetont hat, widerspricht keineswegs dem Umstand, daß der Eltern-Kind-Konflikt als wichtiger Prädiktor für radikale Einstellungen dient (Kapitel 5, besonders Abb. 5.1). Wenn Luther die Ressentiments gegenüber seinen Eltern tatsächlich so empfunden hätte, wie Erikson behauptet, wäre er nach dem multivariaten Modell für die Reformation radikaler Reformer geworden.

40 Edward Armstrong, *The Emperor Charles V.*, Bd. 1, 2. Aufl. London – New York 1910, S. 259.

41 Ebenda.

42 Spitz, *Protestant Reformation*, S. 184. Meine Interpretation der Reformation bestätigt die Ansichten von Steven Ozment, *Reformation in the Cities*, und Thomas A. Brady, »Social History«, in: Steven Ozment (Hrsg.), *Reformation Europe: A Guide to Research*, St. Louis 1982, S. 161-181, hier S. 176, die die sozioökonomische Deutung der Reformation, einschließlich der bekannten These Webers, kritisieren. Nach Meinung dieser Forscher führte die Reformation zu einer geistigen Spaltung.

43 Kelley, *Beginning of Ideology*, S. 78.

44 J. J. Scarisbrick, *Henry VIII.*, London 1968, S. 508.

45 Dickens, *English Reformation*, S. 51.

46 Scott H. Hendrix, »Luther's Loyalties and the Augustine Order«, in: Kenneth Hagen (Hrsg.), *Essays Dedicated to Heiko Augustinus Oberman in Honor of His 60th Birthday*, Leiden 1990, S. 236-258; ders., »Loyalty, Piety, or Opportunism: German Princes and the Reformation«, *Journal of Interdisciplinary History* 25, 1994, S. 211-224, versuchte, die Konfessionswahl durch »familiäre Loyalitäten« zu erklären. Über die Generationen hinweg ist diese Loyalität tatsächlich ein signifikanter Prädiktor für die Konfessionswahl ($r$=0,66, $df$=1/57, $t$=6,56, $p$<0,0001). Dies ergibt sich aus der hohen Korrelation zwischen der gesellschaftlichen Einstellung der Eltern und der ihrer Kinder (Kapitel 9). Ein Modell mit zwei Variab-

len, darunter der Faktor der Geburtenfolge, läßt noch genauere Voraussagen zur Konfessionswahl zu. Im allgemeinen übernehmen die Kinder die religiösen Anschauungen ihrer Eltern, es sei denn, die Geburtenfolge unterbricht diese Gesetzmäßigkeit (partielles $r$=0,21, $df$=1/42, $t$=1,81, $p$<0,05 [einseitiger Test]). Viele Kinder wichen in ihrer Überzeugung von der ihrer Eltern ab, vor allem wenn sie eine andere Position in der Geburtenfolge innehatten als die Eltern.

47 Für die Korrelation zwischen Geburtenfolge und Konfessionswahl bei Ehepartnern gilt $r$=0,55 ($\chi^2$ [1]=12,51, $N$=41, $p$<0,001).

48 Für die Korrelation zwischen Geburtenfolge und Konfessionswahl bei Eltern und Kindern gilt $r$=0,46 ($\chi^2$[1]=16,00, $N$=75, $p$<0,0001).

49 Johannes Schultze, »Elisabeth, Kurfürstin von Brandenburg (1485-1555)«, *Neue Deutsche Biographie* 4, 1957, S. 443.

50 Peter Gustav Kawerau, »Joachim II. (1505-1571)«, *The New Schaff-Herzog Encyclopedia of Religious Knowledge* 7, 1910, S. 183.

51 Henry Kamen, *Inquisition and Society in Spain in the Sixteenth and Seventeenth Centuries*, London 1985, S. 124.

52 Albert Frederick Pollard, »Seymour, Thomas (1508?-1549)«, *Dictionary of National Biography* 17, 1897, S. 1268-1271, hier S. 1268f.

53 Ders., »Seymour, Edward (1506?-1552)«, *Dictionary of National Biography* 17, 1897, S. 1237-1248, hier S. 1242.

54 Dickens, *English Reformation*, S. 229.

55 Alison Weir, *The Six Wives of Henry VIII.*, New York 1991, S. 3.

56 Carolly Erickson, *Great Harry*, New York 1980, S. 117.

57 C. R. N. Routh, *Who's Who in History*, Bd. 2: *England 1485 to 1603*, Oxford 1964, S. 35.

58 Antonia Fraser, *The Wives of Henry VIII.*, New York 1992, S. 229f.

59 Über die Geburtenfolge von Anne Boleyn und ihren beiden Geschwistern wurde viel diskutiert. Von den drei Kindern läßt sich mit Bestimmtheit sagen, daß Mary die älteste Tochter war und Anne mit ziemlicher Sicherheit das zweite Kind. Außerdem hatte Anne noch einen Bruder, siehe Weir, *Six Wives*, S. 146f.; siehe auch Hugh Paget, »The Youth of Anne Boleyn«, *Bulletin of the Institut of Historical Research* 55, 1981, S. 162-170.

60 Weir, *Six Wives*, S. 281

61 Dickens, *English Reformation*, S. 135f.

62 Retha M. Warnicke, *The Rise and Fall of Anne Boleyn: Family Politics at the Court of Henry VIII.*, Cambridge – New York 1989, S. 111; Weir, *Six Wives*, S. 224.

63 Weir, *Six Wives*, S. 413. Catherine Howards Geburtsrang und die Zahl ihrer Geschwister werden in den verschiedenen Quellen unterschiedlich angegeben (so soll sie beispielsweise das fünfte von zehn Kindern gewesen sein), doch sämtliche Quellen stimmen darin überein, daß sie »recht spät in eine größere Geschwisterschar hineingeboren wurde«, Fraser, *Wives of Henry VIII.*, S. 318.

64 Scarisbrick, *Henry VIII.*, S. 429; Fraser, *Wives of Henry VIII.*, S. 322.

65 Ein älterer Bruder starb ein Jahr, nachdem Jane geboren wurde. Insgesamt gab es also zehn Seymour-Kinder, siehe Fraser, *Wives of Henry VIII.*, S. 235.

66 Martin Hume, *The Wives of Henry the Eighth and the Parts they Played in History*, New York 1905, S. 293.

67 Ebenda, S. 293, S. 298. Siehe auch Weir, *Six Wives*, S. 341; Fraser, *Wives of Henry VIII.*, S. 233.

68 Fraser, *Wives of Henry VIII.*, S. 262.

69 Hume, *Wives of Henry the Eighth*, S. 293.

70 Scarisbrick, *Henry the Eighth*, S. 375.

71 Ebenda, S. 373.

72 Weir, *Six Wives*, S. 429.

73 Spitz, *Protestant Reformation*, S. 267.

74 Scarisbrick, *Henry the Eighth*, S. 433. Siehe auch Routh, *Who's Who*, S. 41.

75 Weir, *Six Wives*, S. 519. 

76 James Gairdner, »Parr, Catherine (1512-1548)«, *Dictionary of National Biography* 3, 1887, S. 1217-1221, hier S. 1219.

77 Unter Einbeziehung der Schüchternheit beträgt die partielle Korrelation zwischen relativem Geburtsrang und den Eheschicksalen 0,98 ($df$=1/4, $t$=7,87, $p$<0,01). Da $N$=6 ist, mag man dieses statistische Ergebnis vielleicht eher im Sinn einer Anekdote auffassen. Dennoch ist die Geburtenfolge ein signifikanter Prädiktor für die Konfessionswahl bei Ehepaaren im Zeitalter der Reformation und damit für die Wahrscheinlichkeit von Konflikten zwischen Ehegatten in dieser Zeit (siehe Anm. 47, wo $N$=41 ist). In meiner Analyse der Frauen Heinrichs VIII. habe ich fünf Variablen berücksichtigt: die Geburtenfolge, die Folge der Eheschließungen, Schüchternheit, Sitten (auch sexuelle) und religiöse Einstellungen. Unter Verwendung des Mallows-Kriteriums $C_p$, eines Tests für die Hinzunahme neuer Variablen, wurde von allen möglichen Modellen ein Modell mit zwei Variablen (Geburtenfolge und Schüchternheit) bevorzugt. Für das Modell mit zwei Variablen gilt $R$=0,99 (korrigiertes $R$=0,99, $df$=2/3, $F$=98,77, $p$<0,005). Soziale Neigungen und religiöse Einstellung korrelieren stark mit dem Verlauf der Ehe (Liberalen erging es schlechter als Konservativen). Da diese beiden Variablen bereits eng mit der Geburtenfolge und der Schüchternheit korreliert sind, gehen sie in das multivariate Modell nicht ein.

78 Auf der Grundlage des relativen Geburtsrangs (von Erst- bis zu Letztgeborenen) ist die Reihenfolge der Eheschließungen Heinrichs VIII. signifikant: $r$=–0,74 ($df$=1/4, $t$=2,21, $p$<0,05 [einseitiger Test]).

79 Die Frage des Zusammenhangs zwischen Geburtenfolge und Zufriedenheit in der Ehe wurde von Walter Toman, *Familienkonstellationen. Ihr Einfluß auf den Menschen und seine Handlungen*, München 1965, untersucht, siehe auch ders. und Siegfried Preiser, *Familienkonstellationen und ihre Störungen. Ihre Wirkungen auf die Person, ihre sozialen Beziehungen und die nachfolgende Generation*, Stuttgart 1973. Seine Theorie der »Komplementarität« (die davon ausgeht, daß glückliche Ehen die Beziehungen der Ehepartner zu ihren älteren oder jüngeren Geschwistern wiederholen) ist widersprüchlich, siehe Cécile Ernst und Jules Angst, *Birth Order: Its Influence on Personality*, Berlin – New York 1983, S. 177-181. Nach Toman kommt ein erstgeborener Sohn, der eine jüngere Schwester hat, im allgemeinen besser mit einer spätergeborenen Tochter aus, die einen älteren Bruder hat. Diese These wendet Toman auch auf die Beziehungen zwischen Eltern und Kindern an. Wenn es einen Zusammenhang gibt zwischen der Geburtenfolge und der Wahl des Ehepartners, so ist dieser sicherlich komplexer, als Toman annimmt. Im Kontext von zwischenmenschlichen Beziehungen in Zeiten radikaler Revolutionen stehen die meisten der in diesem Buch beschriebenen Sachverhalte im Widerspruch zu Tomans Theorie. In Zeiten des Aufruhrs verschärfen komplementäre Positionen in der Geburtenfolge den Konflikt, nicht nur unter den Geschwistern, sondern auch zwischen Eltern und Kindern sowie Ehegatten.

80 Dickens, *The English Reformation*, S. 36.

81 Hillerbrand, *Christendom Divided*, S. 38.

82 Brady, »Social History«, S. 164, unterzieht diese Behauptungen einer kritischen Prüfung.

83 Dickens, *English Reformation*, S. 92; siehe auch Spitz, *Protestant Reformation*, S. 184.

84 Hillerbrand, *Christendom Divided*, S. 188.

85 Zu Literatur über kollektivistische und individualistische Kulturen siehe Lee Ross und Richard E. Nisbett, *The Person and the Situation: Perspectives of Social Psychology*, Philadelphia 1991, S. 181.

86 Zum Zusammenhang zwischen Protestantismus und Entstehung der modernen Wissenschaft siehe Dorothy Stimson, »Puritanism and the New Philosophy in 17th Century England«, *Bulletin of the Institute of the History of Medicine* 3, 1935,

S. 321-334; Richard Foster Jones, *Anciens and Moderns: A Study of the Background of the Battle of the Books*, St. Louis 1936, S. 191, und Robert K. Merton, »Science, Technology and Society in Seventeenth-Century England«, *Osiris* 4, 1938, S. 360-632. Die Geschichte der Forschung zu diesem Thema wurde, mit einem umfassenden Literaturbericht in einem äußerst hilfreichen Buch ausführlich dargestellt von I. Bernard Cohen (Hrsg.), *Puritanism and the Rise of Modern Science: The Merton Thesis*, New Brunswick – London 1990. Merton führt Webers These fort, der davon ausging, daß die Reformation eine Konsequenz des »Bedürfnisses war, sich den Fesseln, die die Kirche dem wirtschaftlichen Leben auferlegte, entschlossen zu widersetzen«, Brady, »Social History«, S. 164. Siehe Max Weber, *Die Protestantische Ethik und der »Geist« des Kapitalismus,* Tübingen – Leipzig 1904; Ernst Troeltsch, *Zur religiösen Lage. Religionsphilosophie und Ethik*, Tübingen 1913, und Richard H. Tawney, *Religion und Frühkapitalismus. Eine historische Studie*, Bern 1946, die diese Argumentation entwickelt haben.

87 Für die Korrelation zwischen Konfession und Unterstützung liberaler wissenschaftlicher Innovationen vor 1750 gilt $r$=0,21 ($df$=1/629, $t$=5,39, $p$<0,0001). Nach 1750 gibt es keinen signifikanten Unterschied in der Unterstützung liberaler wissenschaftlicher Innovationen, der sich auf die Konfession zurückführen ließe.

88 Unter Einbeziehung der gesellschaftlichen Einstellungen (protestantische Wissenschaftler waren meist aufgeschlossener als katholische) waren zwischen 1543 und 1750 erstgeborene Protestanten mit einer signifikant höheren Wahrscheinlichkeit als erstgeborene Katholiken liberalen wissenschaftlichen Innovationen gegenüber eher positiv eingestellt ($r$=0,20, $df$=1/83, $t$=1,87, $p$<0,05 [einseitiger Test]). Bei Spätergeborenen ist der Effekt nahezu gleich groß. Daraus kann man schließen, daß der Protestantismus in bezug auf die Aufgeschlossenheit für wissenschaftliche Neuerungen einen unabhängigen Effekt darstellt, der der Geburtenfolge übergeordnet ist ($r$=0,16, $df$=1/180, $t$=2,21, $p$<0,03 für Personen, deren Geburtenfolge bekannt ist).

Die drei Variablen Geburtenfolge, Konfessionszugehörigkeit und Geburtsjahr weisen eine dreifache Wechselwirkung mit wissenschaftlichem Ansehen auf ($r$=0,06, $df$=1/1750, $t$=2,36, $p$<0,02). Es sind erstgeborene Protestanten und spätergeborene Katholiken, die zu Beginn der Neuzeit die wissenschaftlich bedeutendsten Leistungen hervorbrachten. In dieser Zeit sind Erstgeborene besonders häufig unter den Wegbereitern großer wissenschaftlicher Revolutionen zu finden. Diese Wechselwirkung läßt sich vielleicht darauf zurückführen, daß Erstgeborene im allgemeinen einen höheren IQ haben als Spätergeborene, siehe Robert B. Zajonc, »Family Configuration and Intelligence«, *Science* 192, 1976, S. 227-236. In der Wissenschaft hat man zusätzliche leichte Vorteile, wenn man aufgeschlossen ist. Intelligente Konservative sind im allgemeinen ernstzunehmende Gegner von radikalen Innovationen, was ihre Bedeutung im historischen Rückblick schmälert.

## *Kapitel 12: Politische Trends*

1 Hans J. Eysenck, *The Psychology of Politics*, London – New York 1954; ders. und Glen D. Wilson, *The Psychological Basis of Ideology*, Lancaster 1978.

2 Eysenck, *Psychology of Politics*; ders. und Wilson, *Psychological Basis*, S. 31, S. 181.

3 Eysenck, *Psychology of Politics*, S. 178f., S. 210, S. 226; ders. und Wilson, *Psychological Basis*, S. 309; Robert R. McCrae und Paul T. Costa Jr., »Creativity, Divergent Thinking, and Openness to Experience«, *Journal of Personality and Social Psychology* 52, 1987, S. 1258-1265; Alan Feingold, »Gender Differences in Personality: A Meta-Analysis«, *Psychological Bulletin* 116, 1994, S. 429-456.

4 Eysenck und Wilson, *Psychological Basis*, S. 113; Feingold, »Gender Differences«.
5 Helen L. Koch, »Some Personality Correlates of Sex, Sibling Position, and Sex of Sibling among Five- and Six-year-old Children«, *Genetic Psychology Monographs* 52, 1955, S. 3-50. Zur Darstellung der Forschungsergebnisse Kochs siehe Kapitel 3, besonders Abb. 3.2.
6 Koch »Some Personality Correlates«, S. 15, S. 26. Männer, die ihre Partnerinnen aus Eifersucht töten, sind meist Erstgeborene; allerdings hat diese Hypothese meines Wissens bisher noch niemand überprüft.
7 James L. Boone, »Parental Investment and Elite Family Structure in Preindustrial States: A Case Study of Late Medieval – Early Modern Portuguese Genealogies«, *American Anthropologist* 88, 1986, S. 859-878.
8 Zur Beziehung zwischen Geburtenfolge und Rassismus siehe John Sherwood und Mark Nataupsky, »Predicting the Conclusions of Negro – White Intelligence Research from the Biographical Characteristics of the Investigator«, *Journal of Personality and Social Psychology* 8, 1968, S. 53-58, hier S. 55ff.; Leonard Lieberman und Larry T. Reynolds, »The Debate over Race Revisited: An Empirical Investigation«, *Phylon* 39, 1978, S. 333-343.
9 Zur Forschung über die Vererbung politischer und religiöser Einstellungen siehe N. G. Martin u. a., »Transmission of Social Attitudes«, *Proceedings of the National Academy of Science* 83, 1986, S. 4364-4368; J. L. Eaves, H. J. Eysenck und N. G. Martin, *Genes, Culture and Personality: An Empirical Approach*, London – New York 1989.
10 Stuart Andrews, *Enlightened Despotism*, New York 1968, S. 185.
11 Meine Aufzählung der aufgeklärten Despoten umfaßt die Herrscher, die bei John G. Gagliardo, *Enlightened Despotism*, New York 1967, und Andrews, *Enlightened Despotism*, am häufigsten genannt werden. Einige von ihnen, wie zum Beispiel Joseph II. (und besonders dessen jüngerer Bruder Leopold II.), wären eher als »Grenzliberale« zu betrachten denn als konservativ, siehe Andrews, *Enlightened Despotism*, S. 7f. Andere, wie Napoleon, waren außengerichteter als die anderen. Insgesamt betrachtet, waren diese sieben Herrscher entweder Konservative oder Gemäßigte, die begrenzte, von Innengerichtetheit bestimmte Reformen favorisierten.
12 Die anderen drei jüngeren Söhne neben Leopold II. waren Charles III., Stanislaw II. Augustus und Napoleon Bonaparte.
13 Eysenck und Wilson, *Psychological Basis*, S. 181.
14 Für das Verhältnis zwischen Geburtenfolge und Unterstützung der verschiedenen Sekten während der Reformation gilt, definiert nach einer dreistufigen Skala für Radikalismus, $r$=0,33 ($df$=1/248, $t$=5,44, $p$<0,0001). Die Wiedertäufer zählen zur radikalsten Kategorie, siehe Steven Ozment, *Protestants: The Birth of a Revolution*, New York 1992, S. 22, S. 126; George Hunston Williams, *Radical Reformation*, Philadelphia 1962, S. 226. Mein Sample von Mitgliedern dieser schweren Verfolgungen ausgesetzten Sekte, für die die Stellung innerhalb der Geburtenfolge bekannt ist, ist nur klein. Jedenfalls konnte ich feststellen, daß die von mir erfaßten Wiedertäufer Spätergeborene waren.
15 Robert Payne, *The Life and Death of Mahatma Gandhi*, New York 1969, S. 25.
16 Daniel James, *Ché Guevara: A Biography*, New York 1969, S. 34.
17 Ebenda, S. 44
18 Ebenda, S. 112
19 Diese Daten zum Geburtsrang der politischen Führer der Sowjetunion weichen von den Daten ab, die bei Albert Somit, Alan Arwine und Steven A. Peterson, *Birth Order and Political Behavior*, Lanham/Md. 1996, S. 84, zu finden sind, die die biologische anstelle der funktionalen Geburtenfolge festgehalten haben. So bezeichnen sie Stalin als das jüngste von vier Kindern, obwohl alle seine älteren Geschwister in ihrer frühen Kindheit starben, was ihn, funktional betrachtet, zu einem Einzelkind machte, siehe Ronald Hingley, *Joseph Stalin: Man and Legend*,

London 1974. Da die Informationen zum Geburtsrang der Sowjetführer nicht ohne weiteres zugänglich und zuweilen widersprüchlich sind, führe ich hier die zuverlässigsten Quellen an. Zu Stalin siehe Hingley, ebenda, S. 3, zu Chruschtschow siehe Wolfgang Leonhard, *Nikita Sergejewitsch Chruschtschow: Aufstieg und Fall eines Sowjetführers*, Luzern – Frankfurt/M. 1965, S. 13. Zu den sowjetischen Führern, deren Geburtenfolge bekannt ist, gehört auch Breschnew, der das zweite von drei Kindern und älterer Sohn war, siehe Akademie der Wissenschaften der UdSSR, *Leonid Brezhnev: Pages from His Life*, New York 1978, S. 16, und Paul T. Murphy, *Brezhnev: Soviet Politician*, Jefferson/N.C. 1981, S. 6. John Dornberg, *Breschnew. Profil eines Herrschers im Kreml*, München 1973, S. 51, betrachtet Breschnew als Erstgeborenen, was mit an Sicherheit grenzender Wahrscheinlichkeit ein Irrtum ist. Zwei weitere politische Führer der Ära nach Stalin, für die Daten zur Geburtenfolge vorliegen (Gorbatschow und Jelzin) sind im funktionalen Sinne Erstgeborene, siehe Dusko Doder und Louise Branson, *Gorbachev: Heretic in the Kremlin*, New York 1990, S. 3f., und Vladimir Solovyov und Elena Klepikova, *Boris Yeltsin: A Political Biography*, London 1992, S. 115. Aus der früheren Ehe seines Vaters hatte Gorbatschow einen älteren Bruder, der im Zweiten Weltkrieg gefallen war. Allem Anschein nach ist Gorbatschow nicht mit diesem älteren Halbbruder aufgewachsen.

20 David Stipp, »Family Matters«, *The Wall Street Journal*, 23. August 1994, S. A1, S. A5.
21 Ovid Demaris, *Brothers in Blood: The International Terrorist Network*, New York 1977, S. 43.
22 Colin Smith, *Carlos: Portrait of a Terrorist*, London 1976, S. 32.
23 Ebenda, S. 29.
24 Ebenda, S. 154.
25 Ebenda.
26 Demaris, *Brothers in Blood*, S. 45.
27 Ebenda, S. 22.
28 Ebenda, S. 16.
29 Smith, *Carlos*, S. 283.
30 Ebenda, S. 87.
31 Ebenda, S. 88.
32 Denis Mack Smith, *Mussolini*, New York 1982, S. 1.
33 Alan C. Elms, *Personality in Politics*, New York 1976, S. 31.
34 Smith, *Mussolini*, S. 38, S. 116.
35 Der Schlüssel zur revolutionären politischen Persönlichkeit liegt nicht im Ödipus-Konflikt, wie E. Victor Wolfenstein, *The Revolutionary Personality: Lenin, Trotzky, Gandhi*, Princeton/N.J. 1967, behauptet, selbst wenn er bei Erstgeborenen oft eine wichtige Bedeutung hat. Zur formalen Überprüfung dieser Behauptung siehe Anm. 51 und 56.
36 Diese und andere Einzelheiten stammen aus Mostafa Rejai und Kay Phillips, *Leaders of Revolution*, Beverly Hills – London 1979, S. 176f.
37 Zitiert bei Rejai und Phillips, *Leaders of Revolution*, S. 177.
38 Zitiert nach ebenda.
39 Siehe Kapitel 6, besonders die Ausführungen zu »Frauen in der Reformbewegung«; siehe auch Kapitel 9, vor allem Abb. 9.3 und 9.4, sowie Kapitel 11, besonders Abb. 11.1.
40 Paul Weber, »The Birth Order Oddity in Supreme Court Appointments«, *Presidential Studies Quarterly* 14, 1984, S. 561-568, hier S. 562.
41 Ebenda.
42 Für die gesamte Geschichte des Obersten Bundesgerichts und die 108 Ernennungen gilt für die Korrelation zwischen relativem Geburtsrang und Parteizugehörigkeit des ernennenden Präsidenten $r$=0,36 ($df$=1/106, $t$=3,99, $p$<0,001). Spätergeborene Richter waren im allgemeinen Demokraten $r$=0,30 ($df$=1/106,

$t$=3,22, $p$<0,005). Wenn man diese Tatsache berücksichtigt, zeigt sich, daß demokratische Präsidenten eher Spätergeborene (und besonders Letztgeborene) ernannten, wohingegen republikanische Präsidenten eher Erstgeborene nominierten (partielles $r$=0,21 ($df$=1/106, $t$=2,20, $p$<0,05).

43 Für den relativen Geburtsrang und mehrheitlich liberale Abstimmungen im Obersten Bundesgericht gilt $r$=0,38 ($df$=1/64, $t$=3,29, $p$<0,01).
Unabhängig von der Geburtenfolge ist die Parteizugehörigkeit der Richter ein signifikanter Prädiktor für liberale Entscheidungen (partielles $r$=0,27, $df$=1/63, $t$=2,22, $p$<0,05). Auf der Grundlage eines Modells mit zwei Variablen, das den relativen Geburtsrang und die Parteizugehörigkeit berücksichtigt, beträgt die multiple Korrelation mit Abstimmungsmustern $r$=0,46 ([korrigiertes $r$=0,46], $df$=2/63, $F$=8,22, $p$<0,001). Bei spätergeborenen Richtern gibt es einen signifikanten Trend, häufiger von der Mehrheitsmeinung abzuweichen.

44 Anthony Lewis, »Earl Warren«, in: Leon Friedman und Fred L. Israel (Hrsg.), *The Justices of the United States Supreme Court, 1789-1969*, Bd. 4, New York 1969, S. 2721-2899, hier S. 2721.

45 Peter McInerney, »Earl Warren«, in: Alden Whitman (Hrsg.), *American Reformers*, New York 1985, S. 844-849, hier S. 844.

46 Rejai und Phillips, *Leaders of Revolution*; dies., *World Revolutionary Leaders*, New Brunswick/N.J. 1983; dies., *Loyalists and Revolutionaries: Political Leaders Compared*, New York 1988.

47 Dies., *Leaders of Revolution*, S. 125.

48 Dies., *World Revolutionary Leaders*, S. 111. Diese beiden Forscher haben auf der Grundlage einer Faktorenanalyse der Daten der von ihnen untersuchten Revolutionäre eine detaillierte Klassifizierung der revolutionären Persönlichkeit ausgearbeitet. Meine dreistufige Klassifizierung von Revolutionären auf einer Skala von konservativ bis radikal lehnt sich an die Klassifizierung von Rejai und Philipps an, die neun Unterkategorien umfaßt. Einige politische Führer erzielen in mehr als einer Unterkategorie hohe Werte. Sie wurden der Kategorie zugeordnet, in der sie den höchsten Faktorenwert erzielten. Die Kriterien für einen konservativen Revolutionär sind Mitgliedschaft in der nordirischen IRA und/oder eine hohe Einstufung als »Verteidiger des Glaubens«. Zu den radikalen Revolutionären gehören Agitatoren, Berufsrevolutionäre und erfahrene Staatsmänner, die einmal Berufsrevolutionäre waren. Alle anderen Untertypen wurden der Kategorie der gemäßigten Revolutionäre zugeordnet.

49 Ebenda, S. 110.

50 Ebenda, S. 102-105.

51 Für die Korrelation zwischen Geburtenfolge und Unterstützung radikaler politischer Revolutionen gilt $r$=0,48 ($df$=1/47, $t$=3,77, $p$<0,001). Unter Einbeziehung der Geschwisterzahl beträgt die partielle Korrelation zwischen Geburtenfolge und Unterstützung radikaler politischer Revolutionen 0,39 ($df$=1/45, $t$=2,84, $p$<0,1). Die partielle Korrelation zwischen Eltern-Kind-Kinflikt und Unterstützung radikaler politischer Revolutionen beträgt, unter Berücksichtigung der Geburtenfolge, 0,30 ($df$=1/39, $t$=1,93, $p$<0,06). Im Vergleich zum Eltern-Kind-Konflikt läßt sich mit Hilfe der Geburtenfolge das 2,6-fache an Varianzen bei der Unterstützung radikaler Revolutionen erklären.

52 George Washington, das älteste von fünf überlebenden Kindern, hatte zwei Halbbrüder, die viel älter waren als er. Diese beiden Brüder wuchsen in England auf. Als sie nach Amerika zurückkehrten – George war damals ungefähr elf Jahre alt –, lebten sie auf verschiedenen Landgütern, siehe James Thomas Flexner, *George Washington: The Forge of Experience (1732-1775)*, Boston 1965, S. 12. Ebenso wie Rejai und Phillips betrachte ich Washington als Erstgeborenen.

53 Für die Korrelation zwischen der Unterstützung radikaler Revolutionen und dem Einfluß einer Krise gilt $r$=0,48 ($df$=1/47, $t$=2,48, $p$<0,02). Für den Zusammenhang zwischen Geburtenfolge und der Unterstützung revolutionärer Bewe-

gungen in Zeiten der Krise gilt $r$=0,20 ($df$=1/47, $t$=1,43, $p$<0,16). Diese Statistik wäre sicherlich signifikant, wenn mehr biographische Daten zur Verfügung stünden. Gerade für die politischen Agitatoren der Entwicklungsländer fehlen häufig Informationen. Diese Menschen sind meist Spätergeborene, und die Revolutionen, an denen sie sich beteiligten, waren in den wenigsten Fällen von einer Krise begleitet, die die Ereignisse beschleunigte. Auf der Grundlage einer Schätzung zu den fehlenden biographischen Angaben mit Hilfe des 8D-Programms des BMDP beträgt die Korrelation zwischen Geburtenfolge und der Wahrscheinlichkeit, in Zeiten einer Krise ein politischer Führer zu werden, –0,35 (($df$=1/56 [das harmonische Mittel], $t$=2,80, $p$<0,01): Erstgeborene sind Führer in Zeiten der Krise. In meiner quantitativen Untersuchung der »Krisen« bin ich Rejai und Phillips, *Leaders of Revolution*, gefolgt. Auf der Grundlage verschiedener situativer Merkmale klassifizierten sie ihre 31 Revolutionen nach zwei Gruppen: (1) jene, die wie die Amerikanische und Französische Revolution von sich zuspitzenden Konflikten ausgelöst wurden und (2) jene, die unabhängig von einer bereits existierenden Krise ihren Lauf nahmen. Das Fehlen einer Krise kennzeichnet die meisten Revolutionen in der Dritten Welt, die nach Rejai und Phillips »von Elitegruppen von langer Hand systematisch ... geplant, organisiert und durchgeführt wurden«, ebenda, S. 132.

54 Zitiert bei Lazar Pistrak, *Chruschtschow unter Stalin*, Stuttgart 1962, S. 15.

55 Auf die Krisen gehe ich in Kapitel 14 näher ein, wenn ich mich mit ihrer Rolle für wissenschaftliche Revolutionen auseinandersetze.

56 Mit Hilfe des 8D-Programmes des BMDP für die Schätzung fehlender Daten und des 9R-Programms (All Possible Subsets Regression) wurde, gemäß dem Kriterium von Mallows' $C_p$, ein Modell mit fünf Variablen – aus sieben möglichen – gewählt. Bezogen auf die partielle Korrelation sieht die Rangfolge der aussagekräftigsten Prädiktoren für radikale Revolutionäre wie folgt aus: (1) Herkunft aus einem Entwicklungsland, (2) ausgeprägter Eltern-Kind-Konflikt, (3) Position als spätergeborenes Kind, (4) große Geschwisterzahl und (5) Nichtvorhandensein einer Krise ($R$=0,68, korrigiertes $R$=0,65, $df$=5/64 [das harmonische Mittel], $F$=10,94, $p$<0,0001). Nicht-signifikante Prädikatoren sind beispielsweise Ansehen und Geburtsjahr. Bei pfadanalytischen Modellen lassen sich 59 Prozent der erklärten Varianzen auf Geschwisterunterschiede zurückführen, während situationsbedingte Variablen (Herkunft aus einem Entwicklungsland, Existenz oder Fehlen einer Krise) die übrigen 41 Prozent erklären. Zusammenfassend läßt sich sagen, daß Geschwisterunterschiede wichtiger zu sein scheinen als situationsbedingte Faktoren. Die Pfadanalyse kehrt die Aussagekraft des Eltern-Kind-Konflikts und der Geburtenfolge um, da bei Spätergeborenen der Konflikt mit den Eltern meist ausgeprägter ist.

57 Siehe Louis H. Stewart, »Birth Order and Political Leadership«, in: Margaret G. Hermann (Hrsg.), *A Psychological Examination of Political Leaders*, New York 1977, S. 205-236; ders., *Changemakers: A Jungian Perspective on Sibling Position and the Family Atmosphere*, London – New York 1992; siehe auch Dean Keith Simonton, »Personality and Politics«, in: Lawrence A. Pervin (Hrsg.), *Handbook of Personality: Theory and Research*, New York 1990, S. 670-692.

58 Zu politischen Führern siehe Stewart, »Birth Order«; ders., *Changemakers*. Zu Nobelpreisträgern siehe Roger D. Clark und Glenn A. Rice, »Family Constellations and Eminence: The Birth Orders of Nobel Prize Winners«, *Journal of Psychology* 110, 1982, S. 281-287.

59 John Toland, *Adolf Hitler*, Bergisch Gladbach 1977, S. 26-30.

60 Carleton Mabee, *Black Freedom: The Nonviolent Abolitionists from 1830 through the Civil War*, London 1970.

61 J. G. deR. Hamilton, »Nat Turner«, *Dictionary of American Biography* 19, 1936, S. 69f., hier S. 69.

62 Stephen B. Oates, *The Fire of Jubilee: Nat Turner's Fierce Rebellion*, New York 1975, S. 126.

63 Eric Foner (Hrsg.), *Nat Turner*, Englewood Cliffs/N.J. 1971, S. 1. 
64 Irving D. Harris, *The Promised Seed: A Comparative Study of Eminent First and Later Sons*, Glencoe/Ill. 1964; Brian Sutton-Smith und B. G. Rosenberg, *The Sibling*, New York 1970, S. 9.
65 Martin B. Pasternak, *Rise Now and Fly to Arms: The Life of Henry Highland Garnet*, New York 1995, S. 3.
66 Michael N. Shute, »Henry Highland Garnet«, in: Whitman (Hrsg.), *American Reformers*, S. 332ff., hier S. 333.
67 Pasternak, *Rise Now*, S. xii.
68 Ebenda, S. 48.
69 Ebenda, S. xiii.
70 Mein Sample von Abolitionisten ist dem von Whitman herausgegebenen Band *American Reformers* entnommen und umfaßt 91 Personen. Weitere 25 Personen aus Whitmans Darstellung waren an den späteren Bürgerrechtsbewegungen beteiligt, und 10 Personen kämpften für die Rechte der Indianer. Von diesen 126 Personen waren 44 Frauen und 28 waren Schwarze. Meine Skala für Militanz umfaßt folgende Ordnungskategorien, die von den Mitautoren Whitmans dargestellt worden sind: (1) entschiedenes Eintreten für gewaltlosen Widerstand, (2) Eintreten für die Abschaffung der Sklaverei (oder Rassendiskriminierung), jedoch Ablehnung pazifistischer Methoden, (3) Befürwortung einiger militanter Methoden, insbesondere der *defensiven* Aggression, (4) Unterstützung von Personen, die gewaltsame Mittel zum Kampf gegen die Sklaverei (oder Rassendiskriminierung) propagierten, ohne jedoch selbst zu solchen Mitteln zu greifen, (5) Anwendung gewaltsamer Mittel im Kampf um die Gleichheit. Unter Zuhilfenahme von vier unabhängigen Gutachtern beträgt die effektive Zuverlässigkeit der Wertungen für Militanz 0,91.
Diese Wertungen korrelieren in hohem Maße mit einer weiteren Klassifizierung, die auf der bei Mabee, *Black Freedom*, ausgeführten Zugehörigkeit zu bestimmten Organisationen basiert: $r$=0,81 ($df$=1/30, $t$=7,57, $p$<0,001).
71 Bei der Abolitionsbewegung beträgt die partielle Korrelation des quadratischen (∪-förmigen) Trends zur Militanz, unter Einbeziehung des relativen Geburtsrangs und der Familiengröße, 0,27 ($df$=1/62, $t$=2,16, $p$<0,04). Dieser Trend läßt sich bei Männern und Frauen, bei Schwarzen und Weißen nachweisen.
72 Bei der Bewegung für die Gleichberechtigung der Schwarzen beträgt die partielle Korrelation des quadratischen (∪-förmigen) Trends zur Militanz, unter Berücksichtigung des relativen Geburtsrangs und der Familiengröße, 0,43 ($df$=1/21, $t$=2,17, $p$<0,05). Diese Trends lassen sich auch bei der Französischen Revolution feststellen (Kapitel 13).
73 In meinem Sample von Kämpfern für Rassengleichheit waren Schwarze militanter als Weiße (was kaum überrascht), und Männer militanter als Frauen. Jedoch ist, im Gegensatz zur Geburtenfolge, weder Rasse noch Geschlecht ein *signifikanter* Prädiktor für Militanz.
74 *Erläuterungen zu Abb. 12.1*: Bezogen auf den linearen Trend und die Geschwisterzahl verläuft die Korrelation zwischen Geburtsrang und Militanz deutlich nichtlinear (partielles $r$=0,27, $df$=1/91, $t$=2,68, $p$<0,01).
Hypothetisch betrachtet, sollten in konservativen Bewegungen *umgekehrte* ∪-förmige Relationen zum Geburtsrang nachweisbar sein, die durch Innengerichtetheit gekennzeichnet sind. Der moderne Spiritualismus, der an ein Leben nach dem Tod glaubt, ist eine solche Bewegung. Die Zustimmung zu diesem Glauben zeigt den erwarteten nichtlinearen Trend. Unter seinen Anhängern waren mittlere Kinder überproportional vertreten, unter Berücksichtigung des Effekts, den die Geburtenfolge auf liberales Denken ausübt (partielles $r$=0,16 [$df$=1/106, $t$=1,69, $p$<0,05; einseitiger Test]). Erstgeborene wurden zu Anhängern des Spiritualismus, da es sich um eine konservative Lehre handelt, die der Existenz Gottes Nachdruck verleiht. Mittlere Kinder scheinen sich dem Spiritualismus zuge-

wandt zu haben, weil er von einer innengerichteten Haltung zeugt. Letztgeborene, die im allgemeinen liberal und außengerichtet sind, wollen mit diesem ihrer Meinung nach abergläubischen Unsinn nur wenig zu tun haben.

75 Gilbert Moore, *A Special Rage*, New York 1971, S. 38f.

76 Ebenda, S. 39.

77 David L. Lewis, *King: A Critical Biography*, New York 1970, S. 12.

78 Ebenda; Lenwood G. Davis, *I Have a Dream... The Life and Times of Martin Luther King, Jr.*, Chicago 1969, S. 17.

79 In der Studie über revolutionäre Elitegruppen von Rejai und Phillips, *World Revolutionary Leaders*, S. 152, S. 156f., nehmen mittlere Kinder bei der Bewertung »romantischer« politischer Neigungen einen etwas höheren Rang ein ($r$=0,20, $df$=1/43, $t$=1,31, $p$<0,10 [einseitiger Test, basierend auf dem Gegensatz]). Nach Auffassung dieser beiden Forscher spiegelt dieser Wert die »sanftere Seite« des revolutionären Charakters wider. Allgemein zu mittleren Kindern siehe Catherine Salmon, »Middleborns are Different: Birth Order and the Psychology of Kinship«, Diskussion auf der Tagung der *Human Behavior and Evolution Society*, Northwestern University, 28. Juni 1996.

80 David G. Winter, *The Power Motive*, New York 1973, S. 158.

81 James, *Ché Guevara*, S. 33

82 Ebenda, S. 33f.

83 Ebenda, S. 171f.

84 Francis Fuchs Schachter u. a., »Sibling Deidentification«, *Developmental Psychology* 12, 1976, S. 418-427; ders. u.a., »Sibling Deidentification Judged by Mothers: Cross-validation and Developmental Studies«, *Child Development* 49, 1978, S. 543-546; ders., »Sibling Deidentification and Split-parent Identification: A Family Tetrad«, in: Michael E. Lamb und Brian Sutton-Smith (Hrsg.), *Sibling Relationships: Their Nature and Significance across the Lifespan*, Hillsdale/N.J. 1982, S. 123-152.

85 Richard D. Alexander, *Darwinism and Human Affairs*, Seattle 1979, S. 158. Siehe auch Martin Daly und Margo Wilson, *Homicide*, New York 1988, S. 52, S. 62, S. 75.

86 Wir wissen immer noch recht wenig über die alltägliche Psychodynamik, die Geschwisterunterschiede in bezug auf militante Neigungen befördert, und meine Ausführungen zu diesem Thema waren zum großen Teil spekulativer als beabsichtigt. Es bedarf daher weiterer Untersuchungen über die Art und Weise, in der Geschwister ihre familiären Nischen abgrenzen und Strategien zur optimalen Wahrung ihrer Interessen entwickeln. Im Zusammenhang damit benötigen wir auch eingehendere Untersuchungen zu Geschwistern, die gemeinsam aufgewachsen sind.

### *Kapitel 13: Die Französische Revolution*

1 François Furet und Denis Richet, *Die Französische Revolution*, 6. Aufl. Frankfurt 1989, S. 99.

2 Georges Lefebvre, *The French Revolution*, Bd. 1: *From Its Origin to 1793*, London – New York 1962, S. 124.

3 Simon Schama, *Der zaudernde Citoyen. Rückschritt und Fortschritt in der Französischen Revolution*, Stuttgart – München 1989, S. 25.

4 Zitiert bei Claude G. Bowers, *Pierre Vergniaud: Voice of the French Revolution*, New York 1950, S. 323.

5 Schama, *Der zaudernde Citoyen*, S. 615.

6 Patrice Higonnet, »The Social and Cultural Antecedents of Revolutionary Discontinuity: Montagnards and Girondins«, *English Historical Review* 100, 1985, S. 513-544, hier S. 538.

7 Mona Ozouf, »Die Girondisten«, in: François Furet und Mona Ozouf (Hrsg.), *Kritisches Wörterbuch der Französischen Revolution*, Frankfurt/M. 1996, S. 585-602, hier S. 585.
8 Higonnet, »Social and Cultural Antecedents«, S. 513f., S. 534.
9 Albert Soboul, Einleitung zu ders. (Hrsg.), *Actes du Colloque Girondins et Montagnards*, Paris 1980, S. 8 (Zitat Mathiez); Lefebvre, *French Revolution*, Bd. 1, S. 214, S. 266; Bowers, *Pierre Vergniaud*, S. 260.
10 Alison Patrick, *The Men of the First French Revolution: Political Alignments in the National Convention of 1792*, Baltimore – London 1972, S. 216, S. 219, S. 225; Soboul, Einleitung, S. 11.
11 Donald Greer, *The Incidence of the Terror during the French Revolution: A Statistical Interpretation*, Cambridge 1935, S. 97.
12 Higonnet, »Social and Cultural Antecedents«, S. 517, S. 530, S. 538.
13 Bowers, *Pierre Vergniaud*, S. 34.
14 Ebenda, S. 340.
15 Robert R. Palmer, *Twelf Who Ruled: The Year of the Terror in the French Revolution*, Princeton 1969, S. 108.
16 Auguste Kuscinski, *Dictionnaire des conventionelles*, Paris 1917-1919, S. 382.
17 John Charles Dawson, *Lakanal the Regicide: A Biographical and Historical Study of the Career of Joseph Lakanal*, Tuscaloosa 1948, S. 1.
18 Siehe etwa Kuscinskis Artikel in ders., *Dictionnaire des conventionelles,* über Bonnet de Meautry, Chénier, Crassous, Dufriche-Valaze, Dumont, Gaston, Laloy, Marey, Méjansac, Montaut, Reverchon, Second, Serveau, Valdruche und Yzarn-Valady. Eine Reihe von Abgeordneten, darunter Chénier, Crassous, La Revellière-Lépeaux und Second hatten Brüder, die wegen ihrer königstreuen Haltung hingerichtet wurden.
19 Ebenda, S. 230; Roman d'Amat, »Duprat, Jean«, *Dictionnaire biographique française* 12, 1968, S. 508f.
20 Adolphe Robert und Gaston Gougny, *Dictionnaire des parlementaires françaises*, Bd. 2, S. 86f.
21 Ozouf, »Girondisten«, S. 586.
22 Ebenda.
23 Jacqueline Chaumié, »Les Girondins«, in: Soboul (Hrsg.), *Actes*, S. 22, S. 29.
24 Higonnet, »Social and Cultural Antecedents«, S. 538.
25 *Erläuterungen zu Abb. 13.1*: Für die nichtlineare Relation zwischen Geburtenfolge und Parteizugehörigkeit gilt $r=0{,}24$ ($df=1/325$, $t=4{,}53$, $p<0{,}0001$). Im Konvent gab es unter den Anhängern der Ebene einen signifikant größeren Anteil an mittleren Kindern als in anderen Fraktionen. Unter Einbeziehung des linearen Einflusses des Geburtsrangs (vom ersten bis zum letzten Kind), ist der quadratische Trend (der die Abgeordneten, die mittlere Kinder waren, den übrigen Abgeordneten gegenüberstellt) ebenfalls ein signifikanter Prädiktor für eine radikale Einstellung. Die radikalsten Abgeordneten waren entweder Erst- oder Letztgeborene $r=0{,}16$ ($df=1/195$, $t=2{,}31$, $p<0{,}03$).
26 Lefebvre, *French Revolution*, Bd. 1, S. 209f.
27 Erst- und Letztgeborene weisen eine deutlich größere Heterogenität in der Parteizugehörigkeit auf als mittlere Kinder, die sich im allgemeinen der Ebene anschlossen ($r=0{,}40$, $df=1/193$, $t=6{,}03$, $p<0{,}0001$). In seinen Memoiren beschrieb der Montagnard Choudieu die Ebene verächtlich als die Partei, »in der sich all jene wiederfanden, die nicht genug Mut hatten, sich eine eigene Meinung zu bilden«, Pierre-René Choudieu, *Mémoires et Notes de Choudieu*, hrsg. von Victor Barrucand, Paris 1897, S. 219.
28 George Lefebvre, *The French Revolution*, Bd. 2: *From 1793 to 1799*, London – New York 1964, S. 121.
29 Ich betrachte Ludwig XVI. als Erstgeborenen, da sein älterer Bruder starb, als er sechs Jahre alt war. Damit war er das älteste von fünf überlebenden Geschwistern, siehe Detlev Schwennicke, *Europäische Stammtafeln*, Bd. 2, Tafel 30.

30 Palmer, *Twelf Who Ruled*, S. 4. Von den sieben Erstgeborenen des Wohlfahrtsausschusses hatten fünf jüngere Geschwister (Barère, Billaud-Varenne, Collot d'Herbois, Robespierre und Saint-Just), und zwei waren Einzelkinder (Hérault de Séchelles und Prieur de la Côte d'Or). Die fünf jüngeren Söhne des Ausschusses waren Carnot, Couthon, Robert Lindet und Jeanbon Saint-André. Prieur aus dem Dep. Marne war das zweite von drei Kindern, jedoch konnte ich nicht feststellen, ob das älteste Kind ein Mädchen oder ein Junge war. Unter den zeitweiligen Mitgliedern des Ausschusses waren drei Erstgeborene (Cambon, Gasparin und Treilhard), nur einer (Danton) war ein jüngerer Sohn. Im großen und ganzen waren die jüngeren Söhne, die im Ausschuß saßen, weniger rücksichtslos als die älteren Söhne. So weigerte sich Lindet, das Todesurteil für Danton zu unterschreiben. Nur einer dieser jüngeren Söhne (Couthon) wurde wegen seiner Rolle während der Schreckensherrschaft hingerichtet oder verbannt, unter den Erstgeborenen hingegen waren es sechs. Selbst in einem solch kleinen Sample ist der Unterschied statistisch signifikant ($r$=0,61, $N$=11, $p$<0,05 [exakter Test]). Zu bemerken ist, daß in dem anderen wichtigen Exekutivausschuß der Schreckensherrschaft, dem Allgemeinen Sicherheitsausschuß, die Erstgeborenen in der Mehrzahl waren. Von den neun Personen, zu denen Informationen zur Geburtenfolge vorliegen, waren fünf Erstgeborene. Von drei weiteren Mitgliedern heißt es, sie seien älteste Söhne (und damit möglicherweise auch Erstgeborene) gewesen.

31 Ebenda, S. 9.

32 Lefebvre, *French Revolution*, Bd. 2, S. 133.

33 Palmer, *Twelf Who Ruled*, S. 12.

34 Ebenda, S. 9.

35 Eugene Newton Curtis, *Saint-Just: Colleague of Robespierre*, New York – London 1973, S. 244.

36 Alfred Begis (Hrsg.), *Curiosités révolutionnaires: Billaud Varenne, membre du Comité de Salut Public. Mémoires inédits et correspondence accompagnés de notices biographiques sur Billaud Varenne et Collot d'Herbois*, Paris 1893, S. 262, S. 279; Palmer, *Twelf Who Ruled*, S. 166-171.

37 Reginald Somerset Ward, *Maximilien Robespierre: A Study in Deterioration*, London 1934, S. 18.

38 Ebenda, S. 19.

39 Bruce Mazlish, *The Revolutionary Ascetic: Evolution of a Political Type*, New York 1976, nannte Robespierre einen »revolutionären Asketen«. Bezogen auf die fünf großen Dimensionen der Persönlichkeit läßt sich diese Eigenschaft Robespierres wohl eher unter »Gewissenhaftigkeit« einordnen als unter »Feindseligkeit«, siehe Robert R. McCrae und Paul T. Costa Jr., »Validation of the Five-factor Model of Personality across Instruments and Observers«, *Journal of Personality and Social Psychology* 52, 1987, S. 81-90, hier S. 85.

40 Lefebvre, *French Revolution*, Bd. 2, S. 134.

41 Palmer, *Twelf Who Ruled*, S. 7.

42 Siehe Kapitel 9, bes. Abb. 9.3 und 9.4. Nur auf Frankreich bezogen, beträgt die Korrelation zwischen Geburtenfolge und liberaler Einstellung 0,15 ($df$=1/260, $t$=2,43, $p$<0,02). Diese Korrelation basiert auf den Werten für gesellschaftliche Einstellungen, die ich bei den Wissenschaftlern meines Samples von der Reformation bis zur Gegenwart gemessen habe. Zu diesem Sample gehören auch einige prominente Teilnehmer der Französischen Revolution wie etwa Bailly, Fourcroy, Guillotin, Guyton de Morveau, Marat und Monge.

43 Chaumié, »Les Girondins«, S. 32, S. 41, S. 43, S. 49.

44 Gary Kates, *The ›Cercle Social‹, the Girondins and the French Revolution*, Princeton 1985, S. 112-115.

45 Ozouf, »Girondisten«, S. 594.

46 Bei diesen Geschwistern unter den Abgeordneten ergibt der Unterschied zwi-

schen Montagnards und Nicht-Montagnards eine Korrelation mit der Geburtenfolge von −0,63 ($r$=*phi*, $N$=16, $p$<0,05 [exakter Test]).

47 Jean Matrat, *Robespierre ou la tyrannie de la majorité*, Paris 1971, S. 169. Augustin Robespierres Spitzname wurde von seinem zweiten Vornamen abgeleitet: Bon.

48 Augustin verteidigte den ultra-radikalen Hébert im Januar 1794 vor dem Konvent. Zum Dank dafür wurde er von seinem älteren Bruder mit der Entgegnung zurechtgewiesen: »Er [Augustin] hat [bei seiner Mission] in Toulon große Dienste geleistet, aber mit seinem Eingreifen in die gegenwärtige Auseinandersetzung begeht er einen Fehler.« Kuscinski, *Dictionnaire des conventionelles*, S. 531. Zwei Monate später ließ Maximilien Robespierre Hébert auf der Guillotine hinrichten.

49 Für den Unterschied in der Geburtenfolge zwischen Feuillants und späteren Jakobinern (die sich 1791 von den Feuillants abspalteten) gilt $r$ (*phi*)=0,20 ($\chi^2$=5,30, $N$=135, $p$<0,05); für den zwischen Feuillants und der Kerngruppe der Girondisten: $r$(*phi*)=0,23 ($\chi^2$=2,64, $N$=49, $p$<0,06 [einseitiger Test]); für den zwischen der Kerngruppe der Girondisten und den »Sympathisanten« der Girondisten: $r$(*phi*)=0,32 ($\chi^2$=5,72, $N$=55, $p$<0,01); für den zwischen der Kerngruppe der Montagnards und den »Sympathisanten« der Montagnards: $r$(*phi*)=0,28 ($\chi^2$=6,99, $N$=90, $p$<0,001).
Für das allgemeine Verhältnis zwischen Geburtsrang und Parteizugehörigkeit im Konvent gilt $r$=0,20 ($df$=1/196, $t$=2,83, $p$<0,005). Unter Einbeziehung des Geburtsrangs gibt es auch einen statistisch signifikanten quadratischen Trend, der mittlere Kinder allen anderen Positionen innerhalb der Geburtenfolge gegenüberstellt (partielles $r$=0,19 [$df$=1/195, $t$=2,76, $p$<0,01]). Ein besserer Maßstab für den Einfluß der Geburtenfolge ist die Kombination beider Trends: $r$=0,27 ($df$=1/195, $F$=7,94, $p$<0,001). Sowohl für Erst- als auch für Letztgeborene war die Wahrscheinlichkeit, sich den beiden militanten Extremen im Konvent anzuschließen, größer als für mittlere Kinder. Definiert man die Parteizugehörigkeit als quadratischen Trend, wobei die Ebene die Mitte des Konvents einnimmt, steigt das multiple R eines Modells mit zwei Variablen (dem relativen Geburtsrang und dem signifikanten Unterschied zwischen mittleren und Kindern mit anderem Geburtsrang) auf 0,36 ($df$=2/195, $F$=14,14, $p$<0,0001).
Meine Klassifizierung der Abgeordneten basiert auf den gesammelten Auswertungen von Patrick, *Men of the First French Revolution*, Higonnet, »Social and Cultural Antecedents«, und François Brunel, »Les députés Montagnards«, in: Soboul (Hrsg.), *Actes*, S. 343-361.

50 Kuscinski, *Dictionnaire des conventionelles*, S. 603.

51 Higonnet, »Social and Cultural Antecedents«, S. 525, bezeichnet diesen blutrünstigen Haufen als die Andere Linke.

52 Mona Ozouf, »Danton«, in: Furet und Ozouf (Hrsg.), *Kritisches Wörterbuch*, S. 396-411, hier S. 409.

53 Ebenda. Das weitgehende Fehlen von Rachemotiven unter den jüngeren Geschwistern bietet eine Erklärung für einen ansonsten rätselhaften Umstand der Französischen Revolution. Die Girondisten, die die Schreckensherrschaft überlebten, gehörten im allgemeinen nicht zu den Abgeordneten, die nach ihrem Ende die Akteure des Terrors verfolgten, siehe Chaumié, »Les Girondins«, S. 29f. Dieser Akt politischer Heuchelei war vor allem Sache von Erstgeborenen wie Amar, Barère, Billaud-Varenne und Merlin aus Thionville, die die Schreckensherrschaft mitgetragen hatten. Nachdem sie gelernt hatten, wie man Gemäßigten gegenüber eine harte Linie verfolgt, legte diese verschlagene Gruppe den gleichen Eifer an den Tag, als es darum ging, gegen ehemalige »Extremisten« Härte zu zeigen. Gleichgültig, in welchem Stadium sich die Revolution befand, stets verschanzten sie sich hinter moralischer Entrüstung.

54 Von den 29 Unabhängigen der Bergpartei, zu denen mir Informationen zur Geburtenfolge vorliegen, werden, ausgehend von der Geburtenfolge und den politischen Zuordnungen Kuscinskis und anderer Forscher, 24 korrekt als Mitglieder

oder Nicht-Mitglieder der Nachsichtigen klassifiziert ($r$=0,48, $df$=1/27, $t$=2,81, $p$<0,01). Drei der vier Nachsichtigen, deren Geburtsrang bekannt ist, waren jüngste Söhne (Basire, Joseph Chénier und Danton selbst). Basire und Danton waren zweitjüngste Kinder, Chénier dagegen Letztgeborener. Desmoulins, ein Erstgeborener, wird allgemein den Nachsichtigen zugerechnet, doch hob er sich deutlich von diesen ab, wie Ozouf, »Danton«, S. 408, anmerkt. Während Danton um eine Aussöhnung mit seinen militanten Kollegen bemüht war und sogar einige der Leute befreite, die Desmoulins erfolgreich hinter Gitter gebracht hatte, benutzte Desmoulins die Parole von der Mäßigung stets »als Waffe« gegen seine Feinde.

Dantons enger Freund Philippeaux, den Prieur de la Côte d'Or als »ungeschickt, unachtsam und selbstgefällig« beschrieb, war Erstgeborener. Nach Kuscinskis Auffassung fiel Philippeaux eher seiner »Arroganz« und »Eitelkeit« zum Opfer als irgendwelchen »gemäßigten« Eigenschaften, *Dictionnaire des conventionelles*, S. 493. Obwohl er ein Anhänger Dantons war, war er kein Nachsichtiger.

Von den 25 Unabhängigen der Bergpartei, die nicht zu den Nachsichtigen gehörten, waren 21 entweder Erstgeborene oder älteste Söhne. Die bekanntesten unter ihnen waren *Billaud-Varenne*, Carrier, *Collot d'Herbois*, *Fabre d'Eglantine*, Fouché, *Fréron*, *Hérault de Séchelles* (ein Einzelkind) und *Merlin aus Thionville* (alle Anhänger Héberts), *Javogues* (Anhänger Marats) und *Marat*, *Julien* und *Le Bon* (Anhänger Robespierres) und *Tallien* (ein Vertreter der Schreckensherrschaft). *Hébert*, der ultraradikale Herausgeber von *Le Père Duchesne*, war ein funktionaler Erstgeborener, aber kein Mitglied des Konvents (die kursiv gesetzten Namen bezeichnen Erstgeborene.)

55 Meine Skala der Außengerichtetheit ist ein Maßstab für aggressives und feindseliges Verhalten und deckt sich auch weitgehend mit den von Hans J. Eysenck, *The Psychology of Politics*, London – New York 1954, S. 178f., S. 210, S. 226, und ders. und Glenn D. Wilson, *The Psychological Basis of Ideology*, Lancaster 1978, S. 309, beschriebenen Kategorien der politischen Einstellungen.

56 Die nicht kontrollierte Korrelation zwischen Geburtenfolge und Unnachgiebigkeit beträgt –0,27 ($df$=1/192, $t$=–3,84, $p$<0,001). Unter Berücksichtigung der Parteizugehörigkeit beträgt die partielle Korrelation –0,19 ($df$=1/184, $t$=–2,57, $p$<0,02). Die Einbeziehung der Parteizugehörigkeit trägt der Tatsache Rechnung, daß Abgeordnete der Bergpartei sich aus Opportunität außengerichtet zeigten, was eine unechte Kreuz-Korrelation zwischen Parteizugehörigkeit und dem Persönlichkeitsmerkmal ergibt, das wir bewerten möchten. Die partielle Korrelation zeigt, daß diese Kreuz-Korrelation minimal ist. Sie ist zudem bereinigt, da die Parteizugehörigkeit selbst in einem signifikanten Verhältnis zur Geburtenfolge steht. Pfadanalytische Modelle bieten vielleicht die geeignetste Möglichkeit, diese Daten zu analysieren.

57 Für den Unterschied zwischen mittleren und anderen Geburtsrängen in bezug auf Außengerichtetheit gilt das partielle $r$=–0,25 ($df$=1/192, $t$=–3,60, $p$<0,001, unter Berücksichtigung der Parteizugehörigkeit).

58 Higonnet, »Social and Cultural Antecedents«, S. 516; Mona Ozouf, »Der Prozeß gegen den König«, in: Furet und Ozouf (Hrsg.), *Kritisches Wörterbuch*, S. 159-178, hier S. 173.

59 Edmont Seligman, *La justice en France pendant la révolution*, 2. Aufl. Paris 1913, und insbesondere Patrick, *Men of the First French Revolution*, S. 104, haben die komplexe Situation bei der Auszählung der Stimmen hervorragend erläutert.

60 Bei den drei getrennten Abstimmungen sind die Korrelationen (*phi*) zwischen älteren und jüngeren Söhnen wie folgt: bei der Frage des Volksentscheids ($r$=–0,17, $df$=1/172, $t$=–2,24, $p$<0,03); in der Frage der Todesstrafe ($r$=–0,15, $df$=1/182, $t$=–2,06, $p$<0,05); in der Frage der Begnadigung ($r$=–0,17, $df$=1/177, $t$=–2,29, $p$<0,03). Die negativen Werte zeigen an, daß die älteren Söhne mit größerer Wahrscheinlichkeit für eine radikale Linie stimmten. Jüngere Söhne stimmten

für eine Amtsenthebung Marats, nachdem dieser zur Gewalt gegen den Konvent aufgerufen hatte ($r$=–0,16, $df$=1/141, $t$=–1,95, $p$<0,06). Darüber hinaus stimmten jüngere Söhne für den Ausschuß der Zwölf, der im Mai 1793 eingesetzt wurde, um Mordpläne gegen Mitglieder der Gironde zu untersuchen ($r$=–0,22, $df$=1/142, $t$=–2,74, $p$<0,01). Und schließlich protestierten jüngere Söhne mit größerer Wahrscheinlichkeit als ältere Söhne gegen die Verhaftung der führenden Girondisten ( $r$=0,22, $df$=1/192, $t$=3,71, $p$<0,005). Bei allen sechs politischen Entscheidungen beträgt die Korrelation zwischen Geburtenfolge und »Radikalität« –0,20 ($df$=1/192, $t$=–2,76, $p$<0,01). Ich lege diese Statistiken zum Unterschied zwischen älteren und jüngeren Söhnen dar, weil französische Quellen die Informationen zur Geburtenfolge häufig in dieser Form wiedergeben. Bei der dichotom definierten Geburtenfolge ist das Sample kleiner, doch die Korrelation für die sechs politischen Abstimmungen ist nahezu die gleiche ($r$=–0,21, $df$=1/161, $t$=–2,96, $p$<0,01). Aufgrund der signifikanten Wechselwirkung zwischen Geburtenfolge und Schichtzugehörigkeit unterbewerten diese Korrelationen den Einfluß der Geburtenfolge. Siehe Abb. 13.2.
Alle sechs politischen Entscheidungen weisen quadratische (∪-förmige) Trends auf: *Letztgeborene* stimmten mit weitaus größerer Wahrscheinlichkeit als mittlere Kinder für eine radikale Richtung. Auf der Grundlage der quadratischen Gegensätze sind die Korrelationen im Abstimmungsverhalten wie folgt: für Volksentscheid ($r$=0,20, $df$=1/170, $t$=2,59, $p$<0,05); für den Tod des Königs ($r$=0,21, $df$=1/180, $t$=2,92, $p$<0,01); für Begnadigung ($r$=0,21, $df$=1/175, $t$=2,76, $p$<0,01); für die Amtsenthebung Marats ($r$=0,27, $df$=1/138, $t$=3,33, $p$<0,01); für die Wiedereinsetzung des Ausschusses der Zwölf ($r$=0.27, $df$=1/140, $t$=3,31, $p$<0.01) und gegen die Verhaftung der Führer der Gironde ($r$=0,28, $df$=1/188, $t$=4,04, $p$<0,0001). Für die drei Abstimmungen im Verlauf des Prozesses gegen den König ergibt der quadratische Gegensatz eine Korrelation von 0,29 ($df$=1/182, $t$=4,01, $p$<0,0001). Für die sechs verschiedenen politischen Anlässe ergibt der quadratische Vergleich eine Korrelation von 0,34 ($df$=1/192, $t$=4,94, $p$<0,0001). Unter Einbeziehung des signifikanten linearen Trends aufgrund des Geburtsrangs ist die partielle Korrelation des quadratischen Trends beim relativen Geburtsrang für diese sechs politischen Anlässe statistisch signifikant: für den quadratischen Trend gilt partielles $r$=0,28 ($df$=1/191, $t$=4,04, $p$<0,0001). In Kapitel 12 habe ich solche quadratischen Trends in bezug auf Militanz erörtert.

61 Für die Korrelation zwischen Außengerichtetheit und der Entscheidung für das Todesurteil gilt $r$=0,48 ($df$=1/730, $t$=14,62, $p$<0,0001). Unter Einbeziehung der Geburtenfolge 0,44 ($df$=1/173, $t$=6,47, $p$<0,0001).

62 Für ein Modell mit fünf Variablen von sieben möglichen gilt $R$=0,69 ([bereinigtes $R$=0,68], $df$=5/531 [das harmonische Mittel], $F$=94,02, $p$<0,0001). Mit Hilfe dieses Modells lassen sich 85 Prozent der Abgeordneten im Zusammenhang mit ihren Entscheidungen korrekt klassifizieren. Die fünf Variablen sind Geburtenfolge, Außengerichtetheit, Alter, Parteizugehörigkeit und politische Erfahrung.

63 Als bivariate Korrelationen stehen zwei dieser drei Variablen in einer schwachen Beziehung zur Abstimmung. Für die Schichtzugehörigkeit gilt r=0,03 ($df$=1/725, $t$=0,78, $p$<0,44), für städtische versus ländliche Herkunft: $r$=0,10 ($df$=1/725, $t$=2,67, $p$<0,01). Die Korrelation mit dem Abstimmungsverhalten, bezogen auf die in Nordosten/Südwesten unterteilten Regionen des Landes, ist gewichtiger ($r$=0,16, $df$=1/730, $t$=4,49, $p$<0,0001). Die geographische Variable korreliert in ausreichender Weise mit anderen Prädiktoren, so daß sie in den meisten multivariaten Modellen vernachlässigt werden kann.

64 Higonnet, »Social and Cultural Antecedents«, S. 526.

65 *Erläuterungen zu Abb. 13.2*: Die Geburtenfolge hat einen signifikanten Haupteffekt auf das Abstimmungsverhalten, was bei der Schichtzugehörigkeit nicht der Fall ist. Die für beide Prädiktoren kontrollierte, partielle Korrelation für die zweiseitige Wechselwirkung beträgt 0,17 ($df$=1/180, $t$=2,7, $p$<0,3).

Die stärkste Korrelation, die die Schichtzugehörigkeit mit den anderen sieben Prädiktoren des Abstimmungsverhaltens im Prozeß gegen den König zeigt, ist die mit der Geburtenfolge. Abgeordnete der Unterschicht waren häufig Spätergeborene, zum Teil, weil die Unterschichtfamilien meist größer waren als die der Oberschicht ($r=-0{,}19$, $df=1/192$, $t=-2{,}70$, $p<0{,}1$). Diese Beziehung erklärt auch, weshalb Abgeordnete der Unterschicht die Schreckensherrschaft nicht in besonderem Maße unterstützten.

Für die Voraussage des Abstimmungsverhaltens während des Prozesses sind mehrere zusätzliche Wechselwirkungseffekte interessant. Unter Berücksichtigung von Geburtenfolge und Außengerichtetheit beträgt die partielle Korrelation für die zweifache Wechselwirkung 0,18 ($df=1/180$, $t=2{,}41$, $p<0{,}02$). Erstgeborene stimmten für den Tod des Königs, unabhängig vom Merkmal Außengerichtetheit. Im Vergleich dazu war der Einfluß dieses Temperamentsmerkmals bei den Spätergeborenen größer. Ebenso gibt es eine Wechselwirkung zwischen Außengerichtetheit und Parteizugehörigkeit. Im allgemeinen stimmten die Montagnards für das Todesurteil (ein signifikanter Haupteffekt). Bei den Nicht-Montagnards spielte die Außengerichtetheit eine signifikant größere Rolle bei der Entscheidung für das Todesurteil (partielles $r=0{,}16$, $df=1/177$, $t=2{,}17$, $p<0{,}05$, unter Einbeziehung aller Haupteffekte – Geburtenfolge, Außengerichtetheit und Parteizugehörigkeit – und sämtlicher zweiseitiger Wechselwirkungen).

Für die Neigung zum Terror gibt es eine signifikante Wechselwirkung zwischen Geburtenfolge und Temperament. Ein niedriger Geburtsrang macht es wahrscheinlich, daß ein Akteur der Revolution von französischen Historikern als »Terrorist« bezeichnet wird ($r=-0{,}20$, $df=1/194$, $t=-2{,}77$, $p<0{,}01$). Das gleiche gilt für starke Extravertiertheit ($r=-0{,}28$, $df=1/194$, $t=-3{,}98$, $p<0{,}0001$). Unter Berücksichtigung dieser beiden Haupteffekte ist die zweifache Wechselwirkung signifikant. Die Rolle der Extravertiertheit für die Unterstützung der Schreckensherrschaft ist bei Erstgeborenen größer als bei Spätergeborenen (partielles $r=-0{,}22$, $df=1/202$, $t=-3{,}18$, $p<0{,}01$).

Meine Analyse der Wechselwirkungseffekte in Zusammenhang mit der Geburtenfolge ist durch das biographische Material begrenzt, das gegenwärtig für diese Variable zur Verfügung steht. Wenn es Historikern in Zukunft gelingen sollte, zusätzliche Informationen zur Geburtenfolge der Abgeordneten des Konvents zu beschaffen, werden sich wahrscheinlich weitere signifikante Wechselwirkungseffekte ergeben, die auf den sozialen Kontext zurückgehen. Je nachdem, ob sie zum Beispiel aus einer Stadt oder aus dem ländlichen Süden Frankreichs stammten, werden Erst- und Spätergeborene auf solche Einflüsse unterschiedlich reagiert haben.

66 Im Gegensatz zu den multiplen Regressionsmodellen macht die Pfadanalyse Annahmen über Ursache und Wirkung. Obwohl die Parteizugehörigkeit bei weitem die stärkste Korrelation mit dem Abstimmungsverhalten aufweist, ist diese oberflächliche Beziehung irreführend. Ein pfadanalytisches Modell mit drei Variablen – Parteizugehörigkeit, Geburtenfolge und Außengerichtetheit – macht dies deutlich. In diesem Modell mit drei Variablen beträgt der Gesamteinfluß der Parteizugehörigkeit auf das Abstimmungsverhalten 0,59 (als partielle Korrelation). Der Gesamteinfluß der Geburtenfolge beträgt 0,29 (ihre Korrelation mit dem Abstimmungsverhalten). Dazu kommen ihre indirekten Effekte. Zu diesen gehören 0,29 x 0,59 (der Einfluß der Geburtenfolge auf das Abstimmungsverhalten über die Parteizugehörigkeit), plus 0,17 x 0,30 (der Einfluß der Geburtenfolge auf das Abstimmungsverhalten über Außengerichtetheit), plus 0,17 x 0,22 x 0,59 (der Einfluß der Geburtenfolge auf das Abstimmungsverhalten über Außengerichtetheit und ihren Einfluß auf die Parteizugehörigkeit). Für die Geburtenfolge ergibt die Summe der Effekte 0,53. Für die Außengerichtetheit, die auch eine Geschwisterdifferenz ist, beträgt die Summe der Effekte 0,43. Damit erklären Geschwisterunterschiede 0,96 »Einflußeinheiten« gegenüber 0,59 bei der Parteizu-

gehörigkeit (oder 62 Prozent der erklärbaren Varianz). Wenn wir Parteizugehörigkeit als quadratischen Trend mit einbeziehen (wobei mittlere Kinder sich vorzugsweise der Ebene anschließen), so steigt die durch die Geschwisterdifferenzen erklärbare Varianz auf 66 Prozent. Die Hinzunahme weiterer Prädiktoren in das pfadanalytische Modell ergibt keine signifikanten Abweichungen von diesen grundlegenden Annahmen. Eine nützliche Übersicht über das Problem der kausalen Modelle findet sich bei Herbert B. Asher, *Causal Modeling*, 2. Aufl. Newbury Park/Calif. 1983, und bei James A. Davis, *The Logic of Causal Order*, Newbury Park/Calif. 1985.

67 Zitiert bei Lefebvre, *French Revolution*, Bd. 2, S. 52.

68 Palmer, *Twelf Who Ruled*, S. 123.

69 Chaumié, »Girondins«, S. 23.

### *Kapitel 14: Gesellschaftlicher und geistiger Kontext*

1 Eine der besten Untersuchungen über kognitive Strategien in der Wissenschaft ist die von Kevin Dunbar, »How Scientists Really Reason: Scientific Reasoning in Real-World Laboratories«, in: Robert J. Sternberg und Janet E. Davidson (Hrsg.), *The Nature of Scientific Insight*, Cambridge 1995, der in drei verschiedenen Labors mehrere hundert Stunden wissenschaftlicher Diskussionen analysiert hat, bei denen es um Problemlösungen ging. Diese Art Forschung ist so arbeitsintensiv, daß verständlicherweise nur wenige bereit sind, sie durchzuführen.

2 Horace F. Judson, *The Eighth Day of Creation: The Makers of the Revolution in Biology*, New York 1979, S. 177.

3 Francis Crick, *Ein irres Unternehmen. Die Doppelhelix und das Abenteuer Molekularbiologie*, München 1990, S. 92.

4 *Erläuterungen zu Abb. 14.1*: Zur vierfachen Klassifizierung der wissenschaftlichen Kontroversen siehe Kapitel 2, wo die Effektgrößen der Geburtenfolge in Tabelle 2 dargestellt werden. Für die beiden Kontroversen, bei denen die Samplegröße der beobachteten Daten unter 30 liegt (Präformationslehre und Devon-Debatte), habe ich die fehlenden Daten durch Schätzungen ergänzt.
Bezogen auf die gesellschaftlichen Einstellungen unterscheidet sich jede Ereignisklasse in signifikanter Weise von den anderen. Die mit den Durchschnittswerten gewichteten Korrelationen zwischen der gesellschaftlichen Einstellung und der Unterstützung von Innovationen sind wie folgt: bei radikalen ideologischen Revolutionen gilt $r$=0,46 ($N$=946), bei technischen Revolutionen $r$=0,27 ($N$=1085), bei kontroversen Innovationen $r$=0,10 ($N$=224) und bei konservativen Theorien $r$=0,21 ($N$=510). Für den Unterschied zwischen radikalen ideologischen Revolutionen und technischen Revolutionen gilt $z$=4,98 ($p$<0,0001). Für den Unterschied zwischen technischen Revolutionen und kontroversen Innovationen gilt $z$=2,30 ($p$<0,05). Für den Unterschied zwischen kontroversen Innovationen und konservativen Theorien gilt $z$=3,76 ($p$<0,0001). Bezogen auf die mit den Durchschnittswerten gewichteten Korrelationen für die Geburtenfolge unterscheiden sich drei der vier Ereignisklassen in signifikanter Weise. Nur technische Revolutionen und kontroverse Innovationen werden nicht durch diese Variable unterschieden, obwohl diese beiden Ereignisklassen sich statistisch in bezug auf den Einfluß der gesellschaftlichen Einstellung der Beteiligten differenzieren lassen.

5 Paul Meehl, »Why Summaries of Research on Psychological Theories are Often Uninterpretable«, *Psychological Reports* 66, 1990, S. 195-244, hier S. 202f., hat die Unzulänglichkeit der statistischen Methoden hervorgehoben, die lediglich die Null-Hypothese überprüfen. Ebenso hat er erkannt, daß allgemeine Aussagen über die Wissenschaft nur in einem statistischen Sinne zutreffend sind und daher

mit Hilfe metaanalytischer Methoden überprüft werden müssen, siehe ders., Vorwort zu David Faust, *The Limits of Scientific Reasoning*, Minneapolis 1984, S. xxii. Mein in diesem Kapitel vertretener Ansatz versucht, diesem doppelten Problem gerecht zu werden. Hier ist ein konkretes Beispiel für das, was ich im Sinn habe, ausgehend von der in Abb. 14.1 dargestellten linearen Beziehung. Eine wissenschaftliche Revolution wie der Darwinismus, der eine Korrelation von 0,53 zwischen den gesellschaftlichen Einstellungen und der wissenschaftlichen Haltung aufweist, sollte eine entsprechende Korrelation von 0,36, plus minus 0,11, zwischen der Geburtenfolge und der wissenschaftlichen Haltung aufweisen (das 95-Prozent- Konfidenzintervall der Korrelation). Geburtenfolgeeffekte, die diesen vorausgesagten Bereich (0,25 bis 0,47) überschreiten, sind anomal und widerlegen meine Behauptungen potentiell.
In der Praxis verhält es sich etwas komplizierter, als dieses bivariate Modell nahezulegen scheint, obwohl diese Komplikationen nur das Risiko der Voraussagen vergrößern. Der ideologische Kontext ist nicht die einzige Determinante für Geburtenfolgeeffekte. Ebenso relevant sind kognitive und zeitliche Faktoren (wie die Neuartigkeit eines Konzepts und empirische Beweise). Die allgemeine Richtung meines Ansatzes bleibt jedoch unverändert: Überzeugende Widerlegungen von Annahmen über die Geburtenfolge müssen alle Beziehungen zwischen multiplen Variablen berücksichtigen. Wenn wir zusätzliche Faktoren finden, die bei revolutionären Kontroversen eine Rolle spielen, können Voraussagen über den Einfluß der Geburtenfolge genauer und damit widerlegbarer werden.

6 Meine Datenbank zu diesen strukturellen Merkmalen wissenschaftlicher Innovationen umfaßt Informationen zu dreißig Variablen und deren Beziehungen zu wissenschaftlichen Stellungnahmen. Diese Variablen lassen sich in zwei allgemeine Kategorien unterteilen: *biographische Variablen*, die Voraussagen über die Unterstützung oder Ablehnung von Innovationen bei den Beteiligten zulassen, und zentrale *strukturelle Attribute* der Innovationen. Zu den biographischen Merkmalen gehören: (1) Geburtenfolge, (2) Eltern-Kind-Konflikt, (3) Schüchternheit, (4) Verlust eines Elternteils, (5) religiöse Überzeugung, (6) politische Einstellung, (7) Reisen, (8) Alter, (9) gesellschaftliche Schicht, (10) persönliche Beziehungen, (11) Konfessionszugehörigkeit, (12) Bildung und (13) fachliche Loyalitäten. Zu den strukturellen Attributen von Innovationen gehören (14) nationale Unterschiede (die auch ein biographisches Merkmal sind), (15) Grad der Strittigkeit, (16) der Zeitraum, über den sich die Kontroverse erstreckt, (17) die jeweilige Phase der Auseinandersetzung (Frühphase oder Spätphase), (18) die Häufigkeit, mit der eine Innovation von Wissenschaftshistorikern als »Revolution« bezeichnet wird, (19) die Zahl der Teilnehmer an einer Debatte, (20) die Art der Wissenschaft (Physik oder Biologie), (21) das »Scheitern« einer Theorie, (22) der Anteil der wissenschaftlichen Insider, die an der Debatte beteiligt sind, (23) der Anteil der Nichtwissenschaftler, die an der Debatte beteiligt sind, (24) der Anteil der Frauen, die an der Debatte beteiligt sind, und (25) der Anteil der Kleriker, die an der Debatte beteiligt sind.
Andere Variablen dieser Datenbank betreffen das Problem, wie weit eine bestimmte Theorie mit historischen und philosophischen Aussagen über den wissenschaftlichen Fortschritt übereinstimmt. So enthält die Datenbank Informationen, die für Kuhns Hypothesen von Bedeutung sind, etwa ob Theorien (26) »präparadigmatisch« oder »paradigmatisch« sind, (27) von einer »Krise« eingeleitet werden und (28) Merkmale der »Inkommensurabilität« aufweisen, siehe Thomas Kuhn, *Die Struktur wissenschaftlicher Revolutionen*, 2., revidierte und um das Postscriptum von 1969 erw. Ausg., Frankfurt/M. 1979. Obwohl diese Einschätzungen auf meinem eigenen Urteil basieren, geben sie doch einen wesentlichen Teil der zu diesem Thema veröffentlichten Arbeiten wieder. Zur Überprüfung dieser Urteile habe ich auch eine Reihe damit zusammenhängender und

objektiver Indikatoren in meine Datenbank aufgenommen, wie (29) die Häufigkeit, mit der Kuhn und andere Autoren eine bestimmte Innovation zitiert haben, und (30) ob von der Innovation zum ersten Mal in einem Buch oder in einem Artikel die Rede war (als Indikator für die Ausgereiftheit der Innovation). Zu einer eingehenderen Diskussion dieser Variablen siehe Anhang 3, Technische Erläuterung 9.

7 Aus meiner Hypothese zur Geburtenfolge und deren Beziehung zu verschiedenen Merkmalen familiärer Nischen folgen weitere gewagte Voraussagen. Als Widerlegung meiner Argumente würde ich die Entdeckung eines *positiven* Geburtenfolgeeffekts (also Unterstützung durch Spätergeborene und Ablehnung durch Erstgeborene) in den Fällen akzeptieren, in denen der Eltern-Kind-Konflikt eine *Opposition* zu einer bestimmten Innovation voraussagt. Bei konservativen Innovationen würde das umgekehrte Ergebnis meine Behauptungen über die Bedeutung familiärer Nischen auf ebenso überzeugende Weise widerlegen. Es lassen sich eine Reihe weiterer möglicher Widerlegungen formulieren, die sich auf andere Prädiktoren der Geschwisterunterschiede beziehen. Es geht mir darum zu zeigen, daß all diese Variablen Teil eines kausalen Beziehungsgeflechts sind, das das Familiensystem erkennen läßt, und die daher nicht gänzlich unabhängig voneinander variieren können.

8 Meine Variable der Häufigkeit, mit der eine Innovation als Revolution zitiert wird, basiert darauf, wie oft jede der 28 Kontroversen bei Kuhn, *Struktur wissenschaftlicher Revolutionen*; Ian Hacking, *Scientific Revolutions*, Oxford – New York 1981; I. Bernard Cohen, *Revolutionen in der Naturwissenschaft*, Frankfurt/M. 1994, und in dem achtzehnbändigen *Dictionary of Scientific Biography* zitiert wird.

9 Für die Relation zwischen Effektgröße der Geburtenfolge und den 12 signifikanten Prädiktoren, die in Tabelle 7 genannt sind, gilt $R$=0,90 (korrigiertes $R$=0,83, $df$=12/19, $F$=6,64, $p$<0,0001). Die Auswahl des bestmöglichen Regressionsmodells, auf der Grundlage von Mallows' $C_p$ als Selektionskriterium, ergibt ein Modell mit sechs Variablen (religiöse Überzeugung, politische Einstellung, Phase der Kontroverse, Reisen, Eltern-Kind-Konflikt und nationale Unterschiede). Dieses sparsame Modell zeigt eine multiple Korrelation von 0,89 (korrigiertes $R$=0,85, $df$=6/25, $F$=15,01, $p$<0,0001). Da einige Variablen bei Wahrscheinlichkeitsaussagen über Geburtenfolgeeffekte in Wechselwirkung miteinander stehen, sind auch aussagekräftigere Modelle möglich. Im weiteren Verlauf dieses Kapitels werde ich auf einige dieser Wechselwirkungseffekte eingehen.

10 Die Geburtenfolge ist lediglich ein effizientes Mittel, den Pulsschlag der historischen Veränderungen zu erfassen. Es sind auch andere Meßgrößen möglich. In diesem Zusammenhang habe ich meine Datenbank der strukturellen Merkmale wissenschaftlicher Innovationen nach interkorrelierenden »Faktoren« untersucht. Es ergeben sich vier klar umrissene Faktoren. Der erste Faktor betrifft *ideologische Kontroversen* und weist hohe Werte für die Geburtenfolge (0,80), religiöse Überzeugung (0,74) und politische Einstellung (0,71) auf. Der zweite Faktor betrifft das *Scheitern von Revolutionen* (0,79) und bestätigt Kuhns Unterscheidung zwischen präparadigmatischen und paradigmatischen Wissenschaften, siehe Kuhn, *Struktur wissenschaftlicher Revolutionen*. Die Psychoanalyse erzielt den höchsten Wert bei diesem Faktor, zum Teil deshalb, weil sie viele ihrer Anhänger unter Nichtwissenschaftlern (0,57) und weniger bedeutenden Wissenschaftlern (–0,28) hat. Der dritte Faktor betrifft *technische Innovationen* und deren Annahme durch Insider (0,85), bedeutende Wissenschaftler (0,67) und Erstgeborene (0,20). Der letzte Faktor betrifft *moderne wissenschaftliche Innovationen*, die sich schneller durchsetzen als die Innovationen der Vergangenheit (0,71) und intellektuelle Offenheit, die gewöhnlich mit der Jugend assoziiert wird, stärker belohnen (0,53).

11 *Erläuterungen zu Abb. 14.2*: Der zeitliche Ablauf wurde unter Rückgriff auf $z$-Werte auf der Skala für jede einzelne in der Abbildung dargestellte Debatte standardi-

siert. Diese Analyse schließt 7 »gescheiterte« Revolutionen aus: die Präformationslehre, den Mesmerismus, die Phrenologie, idealistische Klassifikationssysteme, den Spiritualismus, die Eugenik und die Psychoanalyse. Die beobachtete Tendenz gegen Ende der Debatten ergibt sich aus anderen »subjektiven« Einflüssen, die in meiner Studie genannt werden, beispielsweise gesellschaftliche Einstellung und persönliche Beziehungen.

Für die Beziehung zwischen Geburtenfolge und Unterstützung erfolgreicher Innovationen beträgt die partielle Korrelation 0,24 ($df$=1/1344, $t$=8,88, $p$<0,0001). Bezogen auf die zeitliche Dauer beträgt die partielle Korrelation 0,8 ($df$=1/1344, $t$=3,01, $p$<0,005). Im Hinblick auf die verstrichene Zeit läßt sich mit der Geburtenfolge die Varianz 9-fach häufiger erklären ($0{,}24^2/0{,}08^2$=9,0 zu 1). Dies wird durch Pfadanalysen noch deutlicher. Die im Verlauf einer Auseinandersetzung verstreichende Zeit führt zu neuen empirischen Erkenntnissen, die ihrerseits die Wissenschaftler zu einer Modifikation ihrer Konzepte zwingen, doch ein großer Teil dieses neuen Beweismaterials geht selbst auf Geschwisterunterschiede in den Forschungsstilen zurück.

12 Soziologen neigen dazu, die Rationalität der Wissenschaften zu unterschätzen, zum Teil, weil sie die Bedeutung des Individuums vernachlässigen. »Für die meisten Zwecke«, behauptet Harry M. Collins (ein konstruktivistischer Soziologe), »sind die Gedanken eines Individuums *als Individuum* unerheblich«, ders., *Changing Order: Replication and Induction in Scientific Practice*, London – Beverly Hills 1985, S. 148. Insofern die Soziologen den wissenschaftlichen Konsens zu erklären versuchen, ist diese Behauptung berechtigt: Der Schlüssel liegt nicht im Individuum. Das Individuum ist jedoch von zentraler Bedeutung für die kontroverse Natur der Wissenschaft und damit auch für den wissenschaftlichen Fortschritt. Daher hat Ian Mitroff, *The Subjective Side of Science: A Philosophical Inquiry into the Psychology of the Apollo Moon Scientists*, Seaside/Calif. 1983, S. 264, Kuhns Wissenschaftsbegriff aus *Die Struktur wissenschaftlicher Revolutionen* wegen dessen Unterschätzung des Individuums zu Recht kritisiert. Wie Ronald N. Giere, *Explaining Science: A Cognitive Approach*, Chicago – London 1988, S. 46, S. 241, zeigt, wird diese Tendenz zur Vernachlässigung der Rolle des Individuums von vielen Wissenschaftstheoretikern geteilt.

Philip Kitcher, *The Advancement of Science: Science without Legend, Objectivity without Illusion*, New York 1993, hat ein an der kontroversen Seite der wissenschaftlichen Rationalität orientiertes Modell entwickelt. Sein Ansatz verbindet die Erkenntnis kognitiver und gesellschaftlicher Zwänge mit einer Untersuchung darüber, wie Wissenschaftler durch Prüfung ihrer Hypothesen weniger genötigt sind, über Fakten zu »verhandeln«. Vieles in diesem Kapitel stimmt mit der sehr ähnlichen Auffassung Kitchers überein, ebenso mit der von Miriam Solomon, »Social Empiricism«, *Noûs* 28, 1994, S. 325-343. Meine Betonung der kognitiven Vielfalt und der Bedeutung des Individuums steht auch in Einklang mit den Ansichten von Ernst Mayr, *Evolution und die Vielfalt des Lebens*, Berlin – Heidelberg 1979, von Giere, *Explaining Science*, und David L. Hull, *Science as a Process: An Evolutionary Account of the Social and Conceptual Development of Science*, Chicago – London 1988.

13 Thomas Kuhn, *Die Kopernikanische Revolution*, Braunschweig 1981, S. 210.

14 Doris C. Hellman, »Brahe, Tycho (1546-1601)«, *Dictionary of Scientific Biography* 2, 1973, S. 401-416; Owen Gingerich und Robert S. Westman, »The Wittich Connection: Conflict and Priority in Late Sixteenth-Century Cosmology«, *Transactions of the American Philosophical Society* 78, Teil 7, 1988.

15 Hellmann, »Brahe«, S. 403.

16 *Erläuterungen zu Abb. 14.3:* Für die Korrelation zwischen Geburtenfolge und Rezeption der Kopernikanischen Lehre vor 1610 gilt $r$=0,38 ($df$=1/28, $t$=2,18, $p$<0,5). Nach 1609 gibt es keinen signifikanten Unterschied, der auf die Geburtenfolge zurückzuführen ist ($r$=0,00 $df$=1/49, $t$=0,00, $p$<1,00).

17 Mario Biagioli, »Scientific Revolution, Social Bricolage, and Etiquette«, in: Roy Porter und Mikulás Teich (Hrsg.), *The Scientific Revolution in National Context*, Cambrige 1992, S. 11-54. 

18 Stillman Drake, *Galileo at Work: His Scientific Biography*, Chicago – London 1978, S. 164; Richard S. Westfall, »Scientific Patronage: Galileo and the Telescope«, *Isis* 76, 1985, S. 11-30.

19 Westfall, »Scientific Patronage«, S. 28.

20 »Nach 1609 war die hauptsächliche psychologische Stärke des ptolemäischen Systems«, schreibt Thomas Kuhn, *Die Kopernikanische Revolution*, S. 226, »sein Konservatismus. Jene, die an ihm festhielten, wollten keine neuen Dinge lernen müssen.« Genau genommen war der »Konservatismus«, der in dieser Kontroverse weiterhin eine bedeutende Rolle spielte, eher »ideologischer« als »kognitiver« Natur. Der Einfluß der gesellschaftlichen Einstellung auf die Unterstützung der Kopernikanischen Theorie nimmt im Verlauf der Zeit zu (für die Wechselwirkung gilt als partielles $r$=0,15 [$df$=1/175, $t$=2,05, $p$<0,05]). Nach 1609 ist die Effektgröße der gesellschaftlichen Einstellung signifikant größer als der Geburtenfolgeeffekt ($z$=3,50, $p$<0,001). Vor 1610 gibt es keinen signifikanten Unterschied zwischen diesen beiden Variablen: Beide sind aussagekräftige Prädiktoren, obwohl der Effekt der Geburtenfolge etwas größer ist als der der gesellschaftlichen Einstellung.

21 Nach 1609 ist die Freundschaft mit führenden Vertretern der Kopernikanischen Lehre als Prädiktor für deren Akzeptanz signifikant wichtiger als die Geburtenfolge ($z$=2,29, $p$<0,05). Vor 1610 gelten beide Variablen als gleichermaßen aussagekräftige Prädiktoren.

22 Im Fall der Kopernikanischen Revolution ist die Geburtenfolge nicht die einzige Variable, die Wechselwirkungen mit anderen wesentlichen Variablen aufweist. Das gilt etwa für den *Status des Wissenschaftlers*. Nicht-Wissenschaftler waren mit Fragen der Astronomie im engeren Sinne nicht vertraut, daher waren sie nicht in der Lage, technische Vorteile des Kopernikanischen Systems zu ermessen. Entsprechend befaßten sich Laien mehr mit religiösen Überlegungen als Wissenschaftler und zögerten eher, die Kopernikanische Lehre zu übernehmen. (Für die Wechselwirkung zwischen religiöser Überzeugung und dem Status als Wissenschaftler gilt partielles $r$=0,18 ($df$=1/240, $t$=2,77, $p$<0,01). Unter den Wissenschaftlern zählen besonders die Astronomen zu den Anhängern der Theorie. Diese Tatsache ist in Zusammenhang mit Solomons Ausführung über den *kognitiven Vorsprung* in der Wissenschaft von Bedeutung, siehe Solomon, »Social Empiricism«. Wer mit empirischen Beweisen vertraut ist, der mißt ihnen im allgemeinen die größte Bedeutung zu.

Die Theologen waren besonders empfindlich, was die religiösen Kriterien der Wahrheit anbelangt. Im Lauf der Zeit reagierten sie auf die Kopernikanische Lehre zunehmend im Sinn eines ideologischen Engagements, weniger aufgrund der Tatsachen: also genau umgekehrt wie die Wissenschaftler. Ihre religiösen Überzeugungen waren in zu hohem Maße ein »gesellschaftliches Konstrukt«, um sich durch die Entdeckung neuer Sterne oder von Bergen auf dem Mond erschüttern zu lassen. (Für die Wechselwirkung zwischen dem Status als Theologe und der religiösen Überzeugung im Zusammenhang mit der wissenschaftlichen Einstellung gilt partielles $r$=0,16 [$df$=1/176, $t$=4,78, $p$<0,05]).

Der Status des Theologen weist auch eine Wechselwirkung mit dem Status des Wissenschaftlers auf: Theologen, die (wie Gassendi) gleichzeitig Wissenschaftler waren, akzeptierten die Kopernikanische Lehre mit einer signifikant höheren Wahrscheinlichkeit als die, die keine Wissenschaftler waren (für die Zeit nach 1609 gilt partielles $r$=0,32, $df$=1/37, $t$=2,12, $p$<0,05).

23 Im Vergleich zu Insidern stehen Außenseiter wissenschaftlichen Innovationen manchmal wohlwollender gegenüber, jedoch nur, wenn es dabei um Fragen nicht-technischer Natur geht, die radikale ideologische Konsequenzen haben.

Zwei wichtige Beispiele hierfür sind die Phrenologie und die Psychoanalyse. Für die die Geburtenfolgetrends betreffende zweifache Wechselwirkung zwischen der ideologischen Tendenz von Innovationen (im Sinn von Politik und Religion) und der Unterstützung durch Außenseiter gilt partielles $r$=0,38 ($df$=1/28, $t$=2,14, $p$<0,05). Ich betone noch einmal, daß diese Verallgemeinerungen, die sich im Hinblick auf den wissenschaftlichen Fortschritt zuverlässig treffen lassen, vom historischen Kontext abhängen und *nicht überall gleichermaßen Gültigkeit besitzen.*

24 Alan Cowell, »After 350 Years, Vatican Says Galileo Was Right: It Moves«, *New York Times*, 3. Oktober 1992, S. 1, S. 4. Zu dem Bild Galileis im Verließ der Inquisition, das auf Seite 342 wiedergegeben ist, ist anzumerken, daß Galilei mit weit größerem Respekt behandelt wurde, als aus dieser Abbildung hervorgeht. Aufgrund seines Alters und in Anbetracht der unzureichenden Begründung der Anklage durch die Inquisition wurde Galilei im Palast des Heiligen Offiziums untergebracht, siehe Pietro Redondi, *Galilei – der Ketzer*, Frankfurt/M. 1993, S. 287.

25 Philipp Frank, *Einstein. Sein Leben und seine Zeit*, Nachdr. der Ausg. v. 1949, Braunschweig – Wiesbaden 1979, S. 239; Banesh Hoffmann, *Albert Einstein. Schöpfer und Rebell*, Frankfurt/M. 1978, S. 156f.

26 *Erläuterungen zu Abb. 14.4:* Für die Korrelation zwischen Geburtenfolge und Unterstützung der Relativitätstheorie vor 1915 gilt $r$=0,34 ($df$=1/40, $t$=2,37, $p$<0,05). Für die Zeit nach 1914 gilt $r$=0,09 ($df$=1/67, $t$=0,74, $p$<0,47).

27 Für die Korrelation zwischen gesellschaftlicher Einstellung und der Annahme der Relativitätstheorie nach 1919 gilt $r$=0,34 ($df$=1/42, $t$=2,37, $p$<0,05). Für die Zeit nach 1914 gilt $r$=0,39 ($df$=1/67, $t$=0,74, $p$<0,47).

28 Vertreter des soziologischen Konstruktivismus haben mit Recht auf die Bedeutung gesellschaftlicher Einflüsse in der Wissenschaft hingewiesen. Siehe zum Beispiel Barry Barnes, *Scientific Knowledge and Sociological Theory*, London – Boston 1974; ders., *Interest and Growth of Knowledge*, London 1977; ders., *T. S. Kuhn and Social Science*, New York 1982; ders. und David Bloor, »Relativism, Rationalism and the Sociology of Knowledge«, in: Martin Hollis und S. Lukes (Hrsg.), *Rationality and Relativism*, Cambridge 1982, S. 21-47; Bruno Latour und Steve Woolgar, *Laboratory Life: The Construction of Scientific Facts*, mit einer Einl. v. Jonas Salk, Princeton 1986; Bruno Latour, *Science in Action: How to Follow Scientists and Engineers through Society*, Cambridge 1987; Karin D. Knorr-Cetina, *Die Fabrikation von Erkenntnis. Zur Anthropologie der Naturwissenschaft*, Frankfurt/M. 1991; Harry M. Collins und Trevor J. Pinch, *Frames of Meaning. The Social Construction of Extraordinary Science*, London 1982; dies., *The Golem: What Everybody Should Know about Science*, Cambridge – New York 1993; Collins, *Changing Order*; Andrew Pickering, *Construction Quarks: A Sociological History of Particle Physics*, Edinburgh 1984, und die wegweisende Arbeit von Ludwig Fleck, *Entstehung und Entwicklung einer wissenschaftlichen Tatsache. Einführung in die Lehre von Denkstil und Denkkollektiv*, Nachdr. d. Ausg. v. 1935, 2. Aufl. Frankfurt/M. 1993. Jan Golinski, »The Theory of Practice and the Practice of Theory: Sociological Approaches in the Story of Science«, *Isis* 81, 1990, S. 492-505, gibt einen Überblick über einige der jüngsten Arbeiten zur Rhetorik in der Wissenschaft und weist auf deren Verbindungen mit diesem soziologischen Ansatz hin. Für Autoren, die sich mit der wissenschaftlichen Rhetorik auseinandersetzen, geht es nicht darum, *was* Wissenschaftler sagen, sondern *wie sie es sagen.*

Trotz ihrer aufschlußreichen Bemühungen um die Erweiterung des Begriffs von der gesellschaftlichen Bedeutung der Wissenschaft liegen die Anhänger des soziologischen Konstruktivismus falsch, wenn sie versuchen, die Bedeutung der kognitiven und empirischen Aspekte der Wissenschaft zu reduzieren. Latour, *Science in Action*, S. 247, ging beispielsweise so weit, ein »Moratorium« für kognitive Ansätze der Wissenschaftstheorie zu verlangen. Weder Latour noch irgendein anderer Vertreter des soziologischen Konstruktivismus gaben sich jemals die

Mühe, ihre Behauptungen mit formalen wissenschaftlichen Methoden zu überprüfen. Statt ein Moratorium für Ansätze zu verlangen, die nicht mit ihren eigenen Standpunkten übereinstimmen, hätten diese Wissenschaftler besser daran getan zu erkennen, daß durch den Verzicht auf Überprüfung ihr eigenes Forschungsprogramm bereits ein Moratorium für kritische Forschung enthält. Ohne eine Überprüfung der Hypothesen geraten Behauptungen über das Wesen des wissenschaftlichen Denkens leicht zu intellektuellen Modeerscheinungen. Frederick Crews, *Skeptical Engagements*, New York – Oxford 1986, liefert eine erhellende Kritik solcher relativistischen Auffassungen vom Wissen, ebenso Paul R. Gross und Norman Levitt, *Higher Superstition: The Academic Left and Its Quarrels with Science*, Baltimore – London 1994. 

29 *Erläuterungen zu Abb. 14.5:* Für die Tendenz von Spätergeborenen, jeweils die Theorie (Präformation oder Epigenese) zu unterstützen, die gerade nicht in der allgemeinen Gunst stand, gilt die partielle Korrelation $r=0{,}28$ ($df=1/56$, $t=2{,}18$, $p<0{,}05$). Keiner der beiden Haupteffekte (Geburtenfolge oder verstrichene Zeit) ist signifikant.
In Anhang 3, Technische Erläuterung 10, bringe ich Beweise für eine Reihe anderer Wechselwirkungseffekte des Typs »Geburtenfolge x Situation«. Einige dieser Wechselwirkungen betreffen die Rolle der Zeit. So wurde die Eugenik im Laufe der Zeit immer konservativer in ihren Zielen und fand nach 1900 mehr Anhänger unter Erstgeborenen und Konservativen. Andere Wechselwirkungseffekte, die ich in diesem Anhang diskutieren werde, betreffen die Rolle von nationalen Unterschieden. Zu den aufschlußreichen Beispielen zählen die Newtonsche Revolution und Lavoisiers Revolution der Chemie, die in den Herkunftsländern der Begründer am positivsten aufgenommen wurden. In bezug auf den nationalen Kontext der Kontroversen läßt sich sagen, daß Spätergeborene mit einer größeren Wahrscheinlichkeit Innovationen in jenen Ländern unterstützten, in denen die Auseinandersetzung am intensivsten war.

30 Shirley A. Roe, *Matter, Life, and Generation: Eighteenth-Century Embryology and the Haller-Wolff Debate*, Cambridge 1981, S. 8.

31 Kuhn, *Struktur wissenschaftlicher Revolutionen*; siehe auch ders., *Die Kopernikanische Revolution.* Für eine brauchbare Übersicht über Kuhns Thesen siehe Paul Hoyningen-Huene, *Die Wissenschaftsphilosophie Thomas S. Kuhns. Rekonstruktion und Grundlagenprobleme*, Braunschweig 1989.

32 Das Fehlen einer Krise bei radikalen Revolutionen wurde von vielen Wissenschaftshistorikern und sogar von den Beteiligten selbst belegt. Zur Darwinschen Revolution siehe John C. Greene, »The Kuhnian Paradigm and the Darwinian Revolution in Natural History«, in: H. Duane Roller (Hrsg.), *Perspectives in the History of Science and Technology*, Norman/Okla. 1971, S. 3-25; Michael T. Ghiselin, »The Individual in the Darwinian Revolution«, *New Literary History* 3, 1972, S. 113-134, und Charles Darwin, *Mein Leben*, hrsg. v. Nora Barlow, Frankfurt/M. 1993, S. 128. Zur Kopernikanischen Revolution siehe Owen Gingerich, »›Crisis‹ Versus Aesthetic in the Copernican Revolution«, in: Arthur Beer und K. Aa. Strand (Hrsg.), *Vistas in Astronomy*, Oxford – New York 1975, S. 85-95, der zahlreiche Beweise gegen die Auffassungen Kuhns zu diesem Ereignis liefert, siehe Kuhn, *Struktur wissenschaftlicher Revolutionen* und *Die Kopernikanische Revolution.*
In meiner Datenbank zu 28 wissenschaftlichen Kontroversen steht der Status der radikalen ideologischen Revolution in negativer Korrelation zum Vorhandensein einer Krise ($r=-0{,}53$, $p<0{,}005$). Das gleiche gilt für die konservativen Theorien ($r=-0{,}48$, $p<0{,}01$). Im Fall der technischen Revolutionen liegt eine positive Korrelation vor ($r=0.33$, $p<0.07$), was diese Ereignisklasse in signifikanter Weise sowohl von radikalen ideologischen Revolutionen als auch von konservativen Theorien unterscheidet ($z=3{,}54$, $p<0{,}001$ und $z=3{,}27$, $p<0{,}005$). In Kuhns *Struktur wissenschaftlicher Revolutionen* werden Revolutionen, die auf Krisen zurückgehen, häufiger zitiert als jene, die nicht von Krisen begleitet werden ($r=0{,}44$, $p<0{,}05$).

33 Kuhns Wissenschaftsmodell, siehe ders., *Struktur wissenschaftlicher Revolutionen*, bietet eine bessere Beschreibung des Verhaltens Erstgeborener als des Verhaltens Spätergeborener. Kuhn selbst ist ein Erstgeborener, vielleicht ist das der Grund dafür.

34 Im Hinblick auf das wahrscheinliche Auftreten von Geburtenfolgeeffekten besteht eine starke Wechselwirkung zwischen Krisen und ideologischen Anschauungen (partielles $r$=–0,49, $df$=1/28, $t$=–2,95, $p$<0,01, unter Berücksichtigung beider Haupteffekte). Je radikaler eine Revolution ist, desto stärker schwächt eine Krise die Geburtenfolgeeffekte ab. Dies trifft auf die Kopernikanische und die Darwinsche Revolution zu. Bei nicht radikalen Revolutionen wird der Einfluß der Geburtenfolge durch das Vorhandensein einer Krise *verstärkt*. Revolutionäre Denker rebellieren im allgemeinen nicht ohne einen guten Grund in der Wissenschaft. Im Fall radikaler Revolutionen sorgt eine liberale Ideologie für die notwendige Motivation. Im Falle technischer Revolutionen liefert der Zusammenbruch einer etablierten Theorie die entsprechende Motivation, was Spätergeborene, im Gegensatz zu Erstgeborenen, dazu bringt, den Prozeß der Rebellion in Gang zu setzen.

35 Kuhn, *Struktur wissenschaftlicher Revolutionen*, S. 193, hat die Notwendigkeit einer Krise zur Einleitung von Revolutionen etwas eingeschränkt. Siehe auch Hoyningen-Huene, *Wissenschaftsphilosophie*, S. 225ff. Dennoch bleibt Kuhn der Ansicht, daß Krisen ein übliches Merkmal von Revolutionen seien. Bei radikalen ideologischen Revolutionen gehören Krisen jedoch nicht zu den *üblichen* Merkmalen.

36 In der Biologie ist die Wahrscheinlichkeit von Krisen geringer, auch wenn entsprechende Theorien paradigmatisch sind, da ideologische Überlegungen Radikalen die Möglichkeit zu voreiligen revolutionären Schlüssen geben. Die Korrelation zwischen einer von einer Krise begleiteten Theorie und ihrem Auftreten in der Physik ist recht eindrucksvoll: $r$=0,75 ($df$=1/30, $t$=6,12, $p$<0,0001). In seiner Darstellung revolutionärer Veränderungen vernachlässigte Kuhn, *Struktur wissenschaftlicher Revolutionen*, die Biologie weitgehend. (Die Korrelation zwischen einer biologischen Theorie und ihrer Erwähnung in Kuhns *Struktur wissenschaftlicher Revolutionen* beträgt –0,52 [$df$=1/30, $t$=3,30, $p$<0,005].) Der Darwinschen Revolution widmete Kuhn lediglich eine Seite – einem Ereignis, das eine der radikalsten Revolutionen in der Geschichte der Wissenschaften darstellt und *nicht* von einer Krise begleitet war. Zu Kuhns Vernachlässigung der biologischen Disziplinen siehe Michael E. Ruse, »The Revolution in Biology«, *Theoria* 36, 1970, S. 1-22; ders., »Two Biological Revolutions«, *Dialectica* 25, 1971, S. 17-38; Mayr, *Evolution und die Vielfalt des Lebens*, S. 161, und Hoyningen-Huene, *Wissenschaftsphilosophie*, S. 17.

37 Henri Poincaré, *Wissenschaft und Methode*, Leipzig – Berlin 1914, S. 181.

38 Thomas Kuhn, *Die Entstehung des Neuen. Studien zur Struktur der Wissenschaftsgeschichte*, Frankfurt/M. 1978, S. 143f., S. 210.

39 Ich habe hier absichtlich die Formulierung »psychologisch betrachtet« verwendet, da meine eigenen Bemerkungen über die Inkommensurabilität auf einer etwas pragmatischeren Ebene liegen, als Kuhn für bemerkenswert oder philosophisch problematisch erachten würde.

40 Neal C. Gillespie, *Charles Darwin and the Problem of Creation*, Chicago – London 1979, S. 19-40. Siehe auch Ernst Mayr, *Die Entwicklung der biologischen Gedankenwelt*, Heidelberg 1984, S. 321. Der Vergleich von Theorien wird durch Kuhns Begriff der Inkommensurabilität nicht ausgeschlossen, siehe Kuhn, *Struktur wissenschaftlicher Revolutionen*, S. 210-227. Für Kuhn jedoch enthält die Konversion stets Inkommensurabilität. Siehe auch Hoyningen-Huene, *Wissenschaftsphilosophie*, S. 212-216.

41 Charles Darwin, *Über die Entstehung der Arten durch natürliche Zuchtwahl oder die Erhaltung der begünstigten Rassen im Kampf ums Dasein*, hrsg. u. eingel. v. Gerhard H. Müller, Darmstadt 1988, S. 506.

42 Ebenda, S. 466.
43 Meine Ausführungen haben praktische Konsequenzen für die Entscheidungen wissenschaftlicher Kommissionen und die Auswertung ihrer Beschlüsse. Da Kommissionen sich vornehmlich aus bedeutenden Personen (und damit Erstgeborenen) zusammensetzen, sollten ihre Stimmen vielleicht »gewichtet« werden, um etwaige individuelle Voreingenommenheiten gegenüber Innovationen zu bereinigen.
44 Zur Beziehung zwischen dem Einfluß der Geburtenfolge bei der Übernahme von Theorien und dem Einfluß der nationalen Unterschiede in der Wissenschaft siehe Tabelle 7 in diesem Kapitel und Anhang 3, Technische Erläuterung 10.

### *Kapitel 15: Schlußfolgerung*

1 Jonathan Weiner, *Der Schnabel des Finken oder Der kurze Atem der Evolution. Was Darwin noch nicht wußte*, München 1994, S. 406.
2 Francis Fuchs Schachter u.a., »Sibling Deidentification«, *Developmental Psychology* 12, 1976, S. 418-427; ders. u.a., »Sibling Deidentification Judged by Mothers: Cross-Validation and Developmental Studies«, *Child Development* 49, 1978, S. 543-546; ders., »Sibling Deidentification and Split-Parent Identification: A Family Tetrad«, in: Michael E. Lamb und Brian Sutton-Smith (Hrsg.), *Sibling Relationships: Their Nature and Significance across the Lifespan*, Hillsdale/N.J. 1982, S. 123-152.
3 Ernst Mayr, Einleitung zu Charles Darwin, *On the Origin of Species. A Facsimile of the First Edition*, Cambridge – London 1964; ders., *Evolution und die Vielfalt des Lebens*, Berlin – Heidelberg 1979, S. 34-39.
4 Die Vorstellung vom Intellekt als einer vielgestaltigen Sammlung spezialisierter »Intelligenzen« entstammt den Arbeiten von Howard Gardner, *Dem Denken auf der Spur. Der Weg der Kognitionswissenschaft*, Stuttgart 1992; ders., *Creating Minds: An Anatomy of Leadership Seen through the Lives of Freud, Einstein, Picasso, Stravinsky, Eliot, Graham, and Gandhi*, New York 1993; ders., *Abschied vom IQ. Die Rahmen-Theorie der vielfachen Intelligenz*, Stuttgart 1994; ders., *Leading Minds: An Anatomy of Leadership*, unter Mitarbeit v. Emma Laskin, New York 1995. Diese psychologische Sichtweise stimmt mit der Vorstellung überein, derzufolge sich das Gehirn aus anpassungsfähigen Modulen zusammensetzt, die zur Lösung bestimmter Verhaltensprobleme entwickelt wurden, siehe John Tooby und Leda Cosmides, »On the Universality of Human Nature and the Uniqueness of the Individual: The Role of Genetics and Adaptation«, *Journal of Personality* 58, 1990, S. 17-68; dies., »The Past Explains the Present: Emotional Adaptations and the Structure of Ancestral Environments«, *Ethology and Social Biology* 11, 1990, S. 375-424; dies., »Psychological Foundations of Culture«, in: Jerome H. Barkow, Leda Cosmides und John Tooby (Hrsg.), *The Adapted Mind: Evolutionary Psychology and the Generation of Culture*, New York 1992, S. 19-136. Steven Jay Gould, »Why Darwin? Review of *Charles Darwin: Voyaging* by Janet Brown (1995)«, *New York Review of Books,* 4. April 1996, S. 10-14, hat die Bedeutung dieses Ansatzes in Zusammenhang mit Darwins intellektuellen Fähigkeiten hervorgehoben, eine Sicht, die ich uneingeschränkt unterstütze. Nach Gould läßt sich Darwins Erfolg als Wissenschaftler auf drei verschiedene Einflüsse zurückführen: (1) glückliche Umstände, zum Beispiel seine Herkunft aus einer Familie der Oberklasse, die es ihm erlaubte, den größten Teil seiner Zeit der Forschung zu widmen, (2) eine ebenso glückliche Kombination verschiedener geistiger Fähigkeiten und (3) die gelungene Wechselwirkung dieser geistigen Fähigkeiten mit einem bestimmten wissenschaftlichen Problem. Im Sinn des in diesem Buch vorgestellten Ansatzes formuliert, war es unwahrscheinlich, daß Darwin – wie Redi, Spallanzani und

Pasteur – den Nachweis erbringen wollte, daß alles Leben auf früheres Leben zurückgeht. Diese Auffassung war eher eine konservative Errungenschaft, die eine für eine konservative Weltsicht »vorangepaßte« Mentalität erfordert.

5 Siehe Kapitel 2, Abb. 2.3 und 2.4.

6 Siehe Zusammenfassung des Kapitels 2.

7 *Life, Letters and Journal of Sir Charles Lyell Bart*, hrsg. von Katherine M. Lyell, Bd. 2, London 1881, S. 363.

8 Zu Geburtenfolge und Nobelpreisen siehe Roger D. Clark und Glenn A. Rice, »Family Constellations and Eminence: The Birth Orders of Nobel Prize Winners«, *Journal of Psychology* 110, 1982, S. 281-287; Zu Streitigkeiten um den Vorrang siehe S. 117.

9 Siehe S. 232.

10 Siehe Kapitel 14, Abb. 14.2. Selbst in Kontroversen, die nur ein Jahrzehnt dauerten, wie die Auseinandersetzung über Listers Methode der antiseptischen Chirurgie, haben Spätergeborene den neuen Standpunkt 7,5 Jahre vor den Erstgeborenen übernommen.

11 Siehe Kapitel 2, Abb. 2.2 und S. 267 f. Siehe auch S. 492 (Anm. 25).

12 Zu Alter und Kreativität siehe Dean Keith Simonton, *Greatness: Who Makes History and Why*, New York – London 1994, S. 181-191. Für die Korrelation zwischen dem zum Zeitpunkt der wissenschaftlichen Entdeckung erreichten Alter und der Geburtenfolge gilt $r$=0,18 ($df$=1/64, $t$=1,50, $p$<0,07; für die 66 führenden Köpfe wissenschaftlicher Revolutionen in meiner Studie [einseitiger Test]). Die Größe meines Samples ist für diesen statistischen Test gering, darum ist es nur begrenzt möglich, mit diesem Test zu signifikanten Ergebnissen zu kommen. Mein Versuch, den Umfang dieser Untersuchung auszudehnen, stieß auf starke Einwände der von mir befragten Wissenschaftshistoriker. Siehe Anm. 31 dieses Kapitels.

13 *The Correspondence of Charles Darwin*, hrsg. v. Frederick Burkhardt und Sidney Smith, Bd. 2, Cambridge 1986, S. 408.

14 Asa Gray, *Scientific Papers of Asa Gray*, ausgewählt v. Charles Spray Sargent, Bd. 2, Boston – New York 1889, S. 430.

15 Richard B. Freeman, *Charles Darwin: A Companion*, Folkestone/U.K. 1978, S. 283.

16 Charles Darwin, *Mein Leben*, hrsg. v. Nora Barlow, Frankfurt/M. 1993, S. 141.

17 Ders., *Leben und Briefe in drei Bänden*, hrsg. v. Francis Darwin, Bd. 1, Nachdr. d. Ausg. v. 1887, Tübingen 1992, S. 136.

18 Ebenda. Siehe auch *More Letters of Charles Darwin: A Record of His Work in a Series of Hitherto Unpublished Letters*, hrsg. v. Francis Darwin und A. C. Seward, Bd. 2, New York 1903, S. 41.

19 Zur natürlichen Selektion als Darwins »gefährlicher Idee« siehe Daniel C. Dennett, *Darwin's Dangerous Idea: Evolution and the Meaning of Life*, New York 1995.

20 Leonard G. Wilson, *Sir Charles Lyell's Scientific Journals on the Species Question*, New Haven – London 1970, S. 347.

21 *Emma Darwin: A Century of Family Letters, 1792-1896*, hrsg. von Henrietta [Darwin] Litchfield, Bd. 2, Cambridge 1915, S. 207.

22 Darwin, *Mein Leben*, S. 146.

23 Siehe S. 300.

24 Siehe Kapitel 11, bes. Abb. 11.3

25 Colin Smith, *Carlos: Portrait of a Terrorist*, London 1976, S. 29.

26 Eine bekannte Ausnahme von der Regel, daß Erstgeborene gewaltsame Methoden befürworten, läßt sich in Gruppen wie den Quäkern beobachten. Das Quäkertum war ursprünglich eine Dissenterbewegung, deren pazifistische Philosophie als Gruppennorm institutionalisiert wurde. Die Wiedertäufer waren spätergeborene Vorläufer dieser religiösen Richtung (Kapitel 11, bes. Abb. 11.4). Ausnahmen von der Regel, daß Letztgeborene in der Politik gewaltsame Metho-

den befürworten, sind Personen, die wie Gandhi besonders schüchtern sind. Diese Verallgemeinerung trifft in noch stärkerem Maße auf Erstgeborene zu. Zur Prüfung dieser Behauptungen siehe Kapitel 13, Anm. 65. 

27 Es ist eine kuriose Fußnote der Geschichte, daß Henry Martyn Robert, der mit seinen berühmten *Robert's Rules of Order* (1876) die parlamentarischen Prozeduren systematisch zusammengefaßt hat, das vierte von sieben Kindern war – genau das mittlere.

28 Howard Mackey, »Wedgwood, Josiah (1730-1795)«, in: Joseph O. Baylen und Norbert J. Grossman (Hrsg.), *Biographical Dictionary of Modern British Radicals*, Bd. 1: *1770-1830*, Hassocks/Sussex 1979, S. 517f., hier S. 518.

29 Siehe S. 272-275.

30 I. Bernard Cohen, *Revolutionen in der Naturwissenschaft*, Frankfurt/M. 1994, S. 29.

31 Vor kurzem stellte ich einen Forschungsantrag bei der National Science Foundation, um das Verhältnis von Alter und Kreativität in der Wissenschaft zu untersuchen. In meinem Antrag stellte ich eine Reihe von Hypothesen vor, die ich mit Hilfe multivariater Methoden überprüfen wollte. So muß der Einfluß des Alterns etwa von Kovariablen wie der Zahl der auf Forschung in einem bestimmten Gebiet verwandten Jahre, von dem Ansehen, der Art der Leistung und individuellen Unterschieden in der Offenheit für Erfahrung getrennt werden. Die NSF-Kommission für das History and Philosophy of Science Program besteht hauptsächlich aus Historikern. Die Kommission verabschiedete folgende Beurteilung zu meinem Vorhaben:
Eine der wichtigsten Fragen, die von der Kommission diskutiert wurden, war der geschichtliche Ansatz des Antragstellers. Viele Mitglieder der Kommission waren der Ansicht, daß die Anwendung einer hoch spezialisierten statistischen Analyse auf die Geschichte *naiv, unangemessen, ja sogar eigenartig* sei. Ist es wirklich so, daß Verallgemeinerungen in geschichtswissenschaftlichen Zusammenhängen mit statistischen Mitteln überprüft werden sollten, statt durch eine eingehende Prüfung der Quellen? Einige [Mitglieder der Kommission] merkten an, daß es den Anschein habe, der Antragsteller kehre zurück zu den Vorstellungen des neunzehnten Jahrhunderts, denen zufolge Geschichte eine Wissenschaft ist, die Gesetzmäßigkeiten aufdeckt. Die Mitglieder der Kommission lehnten eine so beschränkte Sichtweise der Geschichtswissenschaft ab (Empfehlung der Kommission zum Antrag auf ein Forschungsstipendium SBR-9512062, »Testing Theories of Scientific Change«, April 1995; Hervorhebungen von mir).
Es versteht sich von selbst, daß ich das Stipendium, trotz der hervorragenden Beurteilungen durch externe Gutachter, nicht erhielt.
Abgesehen davon, daß eine solche Antwort seltsam ist, wo doch für die National *Science* Foundation das Hauptkriterium für die Bewilligung von Stipendien der »wissenschaftliche Nutzen« sein sollte, verwechselt die Kritik der Kommission Untersuchungsmethode (Hypothesenprüfung) und Geschichtstheorie. Erst durch Überprüfung wird ein Ansatz wissenschaftlich, nicht durch eine bestimmte Sichtweise. Selbst die Behauptung, daß Geschichte wissenschaftlich untersucht werden kann, ist nur durch die Überprüfung von Hypothesen richtig zu beurteilen. Zur antiwissenschaftlichen Haltung, die in letzter Zeit Wissenschaftsgeschichte und -soziologie kennzeichnet, siehe Paul R. Gross und Norman Levitt, *Higher Superstition: The Academic Left and Its Quarrels with Science*, Baltimore – London 1994.

32 Thomas Kuhn, *Die Struktur wissenschaftlicher Revolutionen*, 2., rev. und um das Postscriptum von 1969 erw. Ausg., Frankfurt/M. 1979. Die gleiche Einsicht findet sich in Piagets Theorie des Lernens durch Assimilation und Anpassung, von der Kuhn beeinflußt ist, siehe Bärbel Inhelder und Jean Piaget, *Die Psychologie des Kindes*, 5. Aufl. Stuttgart 1993. Zu einigen wichtigen kognitiven Beschränkungen der wissenschaftlichen Forschung siehe David Faust, *The Limits of Scientific Reasoning*, Minneapolis 1984.

33 Darwin, *Mein Leben*, S. 128.

34 Kuhn, *Struktur wissenschaftlicher Revolutionen*, hebt einige von diesen Rationalitätskriterien hervor. Trotzdem ist sein Ansatz weithin mißverstanden worden als ein Plädoyer für das Vorhandensein irrationaler Motive in der Wissenschaft. Siehe auch Paul Hoyningen-Huene, *Die Wissenschaftsphilosophie Thomas S. Kuhns. Rekonstruktion und Grundlagenprobleme*, Braunschweig 1989.

35 Diese Analogie zwischen der Überprüfung von Hypothesen und der natürlichen Selektion hat Donald T. Campbell entwickelt, siehe ders., »Variation and Selective Retention in Socio-Cultural Revolution«, in: H. R. Barringer, G. I. Blanksten und R. W. Mack (Hrsg.), *Social Change in Developing Areas*, Cambridge 1965, S. 19-49; ders., »Natural Selection as an Epistemological Model«, in: Raoul Naroll und Ronald Cohen (Hrsg.), *A Handbook of Methods in Cultural Anthropology*, Garden City/N.Y. 1970, S. 51-85; ders., »Evolutionary Epistemology«, in: Paul A. Schlipp (Hrsg.), *The Philosophy of Karl Popper*, Bd. 1, La Salle/Ill. 1974, S. 413-463. Siehe auch Stephen E. Toulmin, *Menschliches Erkennen*, Frankfurt/M. 1981, und Robert J. Richards, *Darwin and the Emergence of Evolutionary Theories of Mind and Behavior*, Chicago – London 1987.

36 Im siebzehnten Jahrhundert ist die Unterstützung der wissenschaftlichen Methode durch Spätergeborene viel größer, als es nach den Daten, die ich in Tabelle 2 (S. 56) und in Abb. 14.1 (S. 335) angeführt habe, den Anschein hat. Als ich die biographischen Daten zu den Teilnehmern an dieser Kontroverse zu sammeln begann, erwies sich die Geburtenfolge recht bald als eindrucksvoller Prädiktor für Befürwortung. Erst als ich dieses Sample ausdehnte, trat dieser anfängliche Einfluß in den Hintergrund. Zwei Aspekte dieser Debatte, die signifikante Wechselwirkungen enthalten, tragen zu einer Erklärung dieser Abschwächung des ursprünglichen Untersuchungsergebnisses bei. Erstens waren die eifrigsten Befürworter der wissenschaftlichen Methode jüngere Söhne (wie Bacon und Descartes). Auf diese wurde ich zuerst aufmerksam. Hier ist ein einfacher Test für diese Behauptung: Ich habe ein Modell konstruiert, bei dem jede(r) Beteiligte nach der Häufigkeit gewichtet wird, in der sie oder er in zwei Standardwerken zu dieser Debatte zitiert werden, siehe Paul Mouy, *Le développement de la physique Cartésienne, 1646-1712*, Paris 1934; Richard Foster Jones, *Ancients and Moderns: A Study of the Rise of Scientific Movement in Seventeenth-Century England*, 2. Aufl. St. Louis 1961. In diesem Modell ist die Geburtenfolge ein einigermaßen guter Prädiktor für Befürwortung ($r$=0,28, $df$=1/79, $t$=2,59, $p$<0,02). Diese gewichtete Korrelation rückt den »Bacon/Descartes«-Effekt in unmittelbare Nähe zur Regressionslinie für die 28 wissenschaftlichen Auseinandersetzungen in Abb. 14.1. Der Schlüssel für die Geburtenfolgeeffekte in dieser Debatte ist der »Aktivismus«, mit dem die neue Wissenschaft vertreten wurde. Es ist auch bemerkenswert, daß die Korrelation zwischen der Befürwortung der neuen experimentellen Methode und dem relativen Geburtsrang beträchtlich größer ist als die Korrelation für die dichotom definierte Geburtenfolge: für den relativen Geburtsrang gilt $r$=0,27 ($df$=1/60, $t$=2,17, $p$<0,05; diese Statistik entspricht der bivariaten Korrelation [*phi*] von nur 0,08). Gewichtet nach dem »Aktivismus«, steigt die Korrelation zwischen dem relativen Geburtsrang und der Befürwortung der Methode auf 0,30.

Die zweite Wechselwirkung, die diese spezielle Debatte kennzeichnet, betrifft die Geburtenfolge und den Wissenschaftlerstatus. Bei Wissenschaftlern ist die Geburtenfolge kein signifikanter Prädiktor für die Annahme einer neuen experimentellen Methode ($r$=0,01, $df$=1/54, $t$=0,07, $p$<0,95). Der Status als Wissenschaftler ist selbst ein signifikanter Prädiktor, was kaum überraschen dürfte. Die methodischen Fragen zur Entstehung wissenschaftlicher Erkenntnis, die in dieser Debatte diskutiert wurden, waren unter den Wissenschaftlern eindeutig weniger kontrovers als unter den Nicht-Wissenschaftlern. Entsprechend ist die Geburtenfolge ein bedeutend besserer Prädiktor für die Annahme der experimentellen Methode durch Nichtwissenschaftler (*r*=0,40, *df*=1/23, *t*=2,11, *p*<0,05). Für die zweifache Wechselwirkung beträgt die partielle Korrelation 0,25 (*df*=1/77, *t*=2,29, *p*<0,05). Anhand des Materials zu diesem Wechselwirkungseffekt komme ich zu folgender Voraussage: Ein signifikanter Einfluß der Geburtenfolge in bezug auf die Autorität der Alten ist bei den *Wissenschaftlern des sechzehnten Jahrhunderts* zu finden, ein Zeitabschnitt, den ich nicht untersucht habe. 

37 Cohen, *Revolutionen*, S. 310. Siehe auch John Randall, *The Making of the Modern Mind*, überarb. Aufl. Boston 1940, S. 276; Margaret Jacob, *The Newtonians and the English Revolution, 1689-1720*, Ithaca/N.Y 1976, S. 18; Isaiah Berlin, *Personal Impressions*, hrsg. v. Henry Hardy, London 1980, S. 44.

38 *Correspondence of Charles Darwin*, Bd. 3, Cambridge 1987, S. 2.

## *Anhang 3: Vermischte technische Erläuterungen*

1 Michael Holmes, »Revolutionary Birthdays«, *Nature* 373, 1995, S. 73-468.

2 In dieser Analyse der Jahreszeit zum Zeitpunkt der Geburt habe ich neben den Teilnehmern an den vor-darwinistischen Debatten über die Evolution auch die Beteiligten an der Kontroverse über den Darwinismus untersucht.

3 Für die Korrelation zwischen der Geburt in den Wintermonaten und der Unterstützung revolutionärer Theorien gilt *r*=–0,08 (*df*=1/553, *t*=–1,92, *p*<0,06). Für die Personen, zu denen Informationen zur Geburtenfolge vorliegen (und die wissenschaftlich bedeutender sind als die anderen Personen des Samples), ist die Korrelation statistisch signifikant (*r*=–0,12, *df*=1/405, *t*=–2,52, *p*<0,02).

4 Für diesen Test habe ich die Jahreszeit der Geburt auf der Grundlage einer 12-Punkte-Skala definiert, wobei dem Januar 6 und dem Juli –6 Punkte zugeordnet werden. Die sich daraus ergebende Korrelation zwischen der Jahreszeit zum Zeitpunkt der Geburt und der wissenschaftlichen Einstellung ist *r*=–0,06 (*df*=1/553, *t*=–1,42, *p*<0,16). Eine Verschiebung des Punktesystems für die Monate um jeweils einen Monat in die eine oder andere Richtung ändert am Ergebnis nur wenig.

5 Angesichts der Tatsache, daß die Jahreszeit zum Zeitpunkt der Geburt keinen (oder kaum einen) Einfluß auf das revolutionäre Temperament haben dürfte, weist das Ergebnis von Holmes ein signifikant höheres Bestimmtheitsmaß auf und träte nur in einem von tausend Fällen zufällig auf. Besonders auffällig an Holmes' Ergebnis ist die Effektgröße (*r* [*phi*]=0,59, $\chi^2$=16,13, *p*<0,001). Die Varianz, die durch dieses Ergebnis erklärt wird, ist neunmal so hoch wie die, die mit der Variable Aufnahmebereitschaft für wissenschaftliche Innovationen aufgrund nationaler Unterschiede in Verbindung steht; sie ist 19 mal so hoch wie die Varianz, die sich durch die Variable freundschaftliche Beziehungen erklären ließe und 35 mal so hoch wie die, die mit der Variable wissenschaftliches Spezialgebiet verbunden ist. Alle diese Variablen sind für sich genommen signifikante Prädiktoren für die wissenschaftliche Einstellung. Kurz gesagt: Die von Holmes ermittelte Höhe des Effekts liegt deutlich über den Erwartungen.

6 Siehe besonders Thomas F. Glick (Hrsg.), *The Comparative Reception of Darwinism*, Austin – London 1972; ders., *The Comparative Reception of Relativity*, Dordrecht – Boston 1987.

7 Siehe zum Beispiel E. A. Wrigley und R. S. Schofield, *The Population History of England, 1541-1871: A Reconstruction*, Cambridge 1981, S. 298f.

8 Ebenda, S. 288.

9 Für die Korrelation zwischen der Jahreszeit zum Zeitpunkt der Geburt (definiert auf einer Zwölf-Punkte-Skala) und Zugehörigkeit zum protestantischen Glauben gilt *r*=0,11 (*df*=1/535, *t*=2,49, *p*<0,02). Katholiken wurden häufiger in den Sommermonaten geboren als Protestanten. Für die Korrelation zwischen fran-

zösischer Nationalität und der Geburt in den Sommermonaten gilt $r$=0,09 ($df$=1/553, $t$=2,21, $p$<0,03 auf der Grundlage der Zwölf-Punkte-Skala für die Jahreszeiten). Da die Franzosen mit einer weitaus größeren Wahrscheinlichkeit Gegner des Darwinismus waren als andere Nationen in Europa, ergibt sich eine unechte Kreuz-Korrelation zwischen der Jahreszeit zum Zeitpunkt der Geburt und der Einstellung zum Darwinismus.

10 1974 hielt ich einen Vortrag an der Universität von Edinburgh über den Zusammenhang zwischen der Geburtenfolge und der Unterstützung von wissenschaftlichen Revolutionen, den Holmes besuchte. Seine Untersuchung über jahreszeitliche Einflüsse bei der Geburt hatte zu jenem Zeitpunkt begonnen und geht zum Teil auf meine eigene, unveröffentlichte Forschung zurück.

11 Unter Berücksichtigung der Konfessionszugehörigkeit und nationaler Unterschiede beträgt die Korrelation zwischen der Jahreszeit zum Zeitpunkt der Geburt und der Unterstützung revolutionärer Theorien $r$=–0,05 ($df$=1/534, $t$=1,27, $p$<0,20).

12 Für die Korrelation zwischen dem mittleren Breitengrad des Geburtslands und der Unterstützung von Revolutionen gilt $r$=0,00 ($df$=1/634, $t$=0,06, $p$<0,96). Noch besser wäre es jedoch, wenn man Wissenschaftler, die in der südlichen Hemisphäre geboren wurden, mit jenen vergleicht, die in der nördlichen Hemisphäre geboren wurden. Leider habe ich in meiner Datenbank nicht genügend Wissenschaftler aus der südlichen Hemisphäre, um einen solchen Test durchführen zu können.

13 Lawrence Stone, *Family, Sex, and Marriage in England, 1500-1800*, gekürzte Ausg., New York 1979, S. 412; Michael Mitterauer und Reinhard Sieder, *Vom Patriarchat zur Partnerschaft. Zum Strukturwandel der Familie*, 2. Aufl. München 1980, S. 58.

14 Mitterauer und Sieder, ebenda, S. 89; George Lefebvre, *The French Revolution*, Bd. 1, London – New York 1962, S. 148.

15 Zur Beziehung zwischen dem Einfluß der Geburtenfolge und den ideologischen Konsequenzen wissenschaftlicher Innovationen siehe Kapitel 14, bes. Abb. 14.1.

16 In diesem statistischen Test wird die ideologische Radikalität der Kontroversen durch die ereignisspezifische Effektgröße für politische und religiöse Faktoren angezeigt, mit denen Wahrscheinlichkeitsvoraussagen zum Ergebnis der Debatte gemacht werden. Siehe Kapitel 14, Abb. 14.1.

17 Unter Einbeziehung des Teilnahmejahres und des ideologischen Kontexts beträgt die Korrelation zwischen Geburtenfolge und wissenschaftlicher Einstellung $r$=0,22 ($df$=1/2083, $t$=10,41, $p$<0,0001). Für die Wechselwirkung zwischen Geburtenfolge und dem Jahr der Teilnahme an der Kontroverse gilt $r$=0,03 ($df$=1/2083, $t$=1,21, $p$<0,28).

18 Josiah Wedgwood, *The Economics of Inheritance*, London 1929, S. 148; Mitterauer und Sieder, *Vom Patriarchat zur Partnerschaft*, S. 73; Sarah Blaffer Hrdy und Debra S. Judge, »Darwin and the Puzzle of Primogeniture«, *Human Nature* 4, 1993, S. 1-45.

19 Philippe Ariès, *Geschichte der Kindheit*, 11. Aufl. München 1994.

20 Siehe Kapitel 5, Abb. 5.2.

21 Die für alle Gutachter berechnete Zuverlässigkeit der Bewertungen des Eltern-Kind-Konflikts beträgt 0,78. Bei der Heranziehung von drei Experten beträgt die effektive Zuverlässigkeit 0,90.

22 Jules Marcou, *Life, Letters, and Works of Louis Agassiz*, Bd. 1, New York – London 1896, S. 30; Edward Lurie, *Louis Agassiz: A Life in Science*, Chicago 1960, S. 31.

23 Lurie, *Louis Agassiz*, S. 92.

24 Ebenda, S. 5; Marcou, *Life*, Bd. 1, S. 26.

25 Lurie, *Louis Agassiz*, S. 5.

26 Marcou, *Life*, Bd. 2, S. 161.

27 Elizabeth C. Agassiz, *Louis Agassiz: His Life and Correspondence*, Bd. 1, Boston 1885, S. 61.

28 Marcou, *Life*, Bd. 2, S. 161.
29 Charles Darwin, *Mein Leben*, hrsg. v. Nora Barlow, Frankfurt/M. 1993, S. 32.
30 Ders., *Leben und Briefe in drei Bänden*, hrsg. v. Francis Darwin, Bd. 1, Nachdr. d. Ausg. v. 1887, Tübingen 1992, S. 10.
31 Ebenda, S. 11.
32 John Bowlby, *Charles Darwin: A New Life*, London 1990, S. 13.
33 Henry Festing Jones, *Samuel Butler, Author of Erewhon (1835-1902)*, Bd. 1, London 1919, S. 20f.
34 Ebenda, S. viii.
35 Darwin, *Leben und Briefe*, Bd. 3, S. 38.
36 Die Korrelation zwischen wissenschaftlicher Bedeutung in meinem Sample und der Verfügbarkeit von Informationen zum Eltern-Kind-Konflikt beträgt 0,39 ($df=1/3790$, $t=25{,}82$, $p<0{,}0001$).
37 Adrian Desmond, *The Politics of Evolution: Morphology, Medicine, and Reform in Radical London*, Chicago – London 1989.
38 Für das Verhältnis zwischen Geburtenfolge und wissenschaftlicher Bedeutung im Jahr 1859 ist die partielle Korrelation –0,14 ($df=1/309$, $t=-2{,}48$, $p<0{,}02$; unter Berücksichtigung der Größe der Geschwisterzahl und der Schichtzugehörigkeit). Beide Kovariablen sind für sich genommen signifikante Prädiktoren für die wissenschaftliche Bedeutung. Die bedeutendsten Wissenschaftler kamen aus kleinen Oberschichtfamilien: für die Größe der Geschwisterzahl beträgt die partielle Korrelation –0,18 ($df=1/309$, $t=-3{,}29$, $p<0{,}001$); für die Schichtzugehörigkeit ist die partielle Korrelation –0,15 ($df=1/309$, $t=-2{,}58$, $p<0{,}02$).
39 Für die Korrelation zwischen wissenschaftlicher Bedeutung und konservativer Einstellung gilt $r=-0{,}27$ ($df=1/375$, $t=-4{,}80$, $p<0{,}0001$).
40 Für den Gegensatz zwischen konservativen Erstgeborenen und liberalen Spätergeborenen, bezogen auf die wissenschaftliche Bedeutung im Jahr 1859, gilt $r=-0{,}33$ ($df=1/248$, $t=-5{,}56$, $p<0{,}0001$) Für die multiple Korrelation zu beiden Prädiktoren gilt $R=0{,}31$ ($df=1/374$, $F=20{,}00$, $p<0{,}0001$).
41 Siehe Kapitel 10, Abb. 10.2.
42 Für die *relative Veränderung* des Zusammenhangs zwischen wissenschaftlicher Bedeutung nach 1859 und Geburtenfolge gilt $r=0{,}16$ ($df=1/174$, $t=2{,}15$, $p<0{,}05$, ein Verhältnis, bei dem Spätergeborene im Vorteil sind).
43 Adrian Desmond und James Moore, *Darwin*, München – Leipzig 1991, S. 336f., S. 361, S. 402f.
44 Für die Korrelation zwischen persönlichem Einfluß und Akzeptanz der Darwinschen Evolutionstheorie gilt $r=0{,}00$ ($df=1/348$, $t=-0{,}08$, $p<0{,}94$). Für die Zeit vor Darwin beträgt die Korrelation 0,07 ($df=1/294$, $t=1{,}12$, $p<0{,}27$). Es besteht keine signifikante Wechselwirkung mit der Schichtzugehörigkeit. Meine Variable persönlicher Einfluß unterscheidet drei Stufen: »enge Freunde«, »Bekannte« und »Fremde«. Im Fall des Samples zur Darwinschen Revolution habe ich diese Informationen durch eine Meßgröße für die Zahl der mit Darwin bis 1859 gewechselten Briefe ergänzt. Die Korrelation zwischen beiden Skalen beträgt 0,67 ($df=1/333$, $t=16{,}50$, $p<0{,}0001$).
45 Die Korrelation zwischen der Zahl der mit Darwin um 1859 gewechselten Briefe und der anschließenden Unterstützung seiner Theorie ist $r=0{,}00$ ($df=1/359$, $t=-0{,}02$, $p<0{,}99$).
46 Die Korrelation zwischen der Erwähnung in Darwins *Entstehung* und der anschließenden Unterstützung seiner Theorie ist $r=-0{,}03$ ($df=1/360$, $t=-0{,}49$, $p<0{,}63$).
47 Für die Annahme der Darwinschen Theorie, bezogen auf (1) die Erwähnung in Darwins *Entstehung*, (2) die Zahl der mit ihm um 1859 gewechselten Briefe und (3) die Nähe des persönlichen Kontakts zu Darwin, gilt $R=0{,}06$ ($df=1/268$, $F=0{,}37$, $p<0{,}78$).
48 Für den persönlichen Kontakt zu Darwin, bezogen auf die Schichtzugehörigkeit,

gilt *r*=–0,10 (*df*=1/297, *t*=–1,73, *p*<0,09). Für das Verhältnis zwischen der Schichtzugehörigkeit der Briefpartner Darwins und der Anzahl der mit ihm um 1859 gewechselten Briefe gilt *r*=–0,11 (*df*=1/85, *t*=–1,89, *p*<0,06).

49 Die »Schnittstellen« bei diesem fokussierten Kontrast liegen auf meiner Fünf-Punkte-Skala für gesellschaftliche Einstellungen bei 2,0, 3,0 und 4,0.

50 Für das Verhältnis zwischen der Freundschaft Darwins zu anderen Wissenschaftlern und deren gesellschaftlicher Einstellung gilt *r*=0,11 (*df*=1/166, *t*=1,47, *p*<0,15). Dieser Test vergleicht Wissenschaftler, deren gesellschaftliche Einstellung der Darwins entsprach (das heißt, Wissenschaftler, die auf der Fünf-Punkte-Skala zwischen 3,0 und 4,0 lagen), mit allen anderen Wissenschaftlern.

51 Für ein familiendynamisches Modell mit vier Variablen und die Annahme der Evolutionstheorie gilt *R*=0,47 ([korrigiertes *R*=0,46] *df*=4/373 [das harmonische Mittel], *F*=25,89, *p*<0,0001). Für die Geburtenfolge – dem aussagekräftigsten Prädiktor des Modells – beträgt die partielle Korrelation 0,38 (*df*=1/373, *t*=8,05, *p*<0,0001). Die gesellschaftlichen Einstellungen lassen ebenfalls den Einfluß der Familiendynamik erkennen (Kapitel 9). Nimmt man die gesellschaftliche Einstellung in dieses Modell mit vier Variablen auf, erhöht sich die multiple Korrelation von 0,47 auf 0,63 ([korrigiertes *R*=0,63] *df*=5/392 [das harmonische Mittel], *F*=52,51, *p*<0,0001).

52 Leon Friedman und Fred L. Israel (Hrsg.), *The Justices of the United States Supreme Court, 1789-1969: Their Lives and Major Opinions*, 4 Bde., New York – London 1969; Glendon Schubert, *The Judicial Mind Revisited: Psychometric Analysis of Supreme Court Ideology*, New York – London 1974; ders., »Aging, Conservatism, and Judicial Behavior«, *Micropolitics* 3, 1983, S. 135-179; John Paul Ryan und C. Neal Tate, *The Supreme Court in American Politics: Policy Through Law*, 2. Aufl. Washington/D.C. 1980; C. Neal Tate, »Personal Attribute Models of the Voting Behavior of U.S. Supreme Court Justices: Liberalism in Civil Liberties and Economics Decisions, 1946-1978«, *American Journal of Political Science* 35, 1991, S. 460-480; S. Sidney Ulmer, »Are Social Background Models Time-Bound?«, *American Political Science Review* 80, 1986, S. 957-969; Lee Epstein u. a., *The Supreme Court Compendium: Data, Decisions, and Developments*, Washington/D.C. 1994.

53 Diese Information verdanke ich David Stipp.

54 Für die Korrelation zwischen dem relativen Geburtsrang und liberalen Entscheidungen bei Abstimmungen im Obersten Bundesgericht gilt *r*=0,35 (*df*=1/64, *t*=3,00, *p*<0,01). Auch der Unterschied zwischen Richtern, die mittlere Kinder sind, und denen, die jüngste Kinder sind, ist signifikant (*r*=0,41, *df*=1/31, *t*=2,51, *p*<0,02). Berücksichtigt man die Größe der Geschwisterzahl und die Schichtzugehörigkeit (beides keine signifikanten Prädiktoren für das Abstimmungsverhalten), ist die partielle Korrelation zwischen dem relativen Geburtsrang und dem Abstimmungsverhalten statistisch signifikant (*r*=0,41, *df*=1/47 [das harmonische Mittel], *t*=3,07, *p*<0,005; unter Schätzung der fehlenden Daten zur Geschwisterzahl mit Hilfe des 8D-Programms des BMDP ).

55 Die Korrelation zwischen der gesellschaftlichen Einstellung und der Liberalität der Richter beträgt 0,60. Die beiden unterschiedlichen Methoden der Bewertung der liberalen Einstellung ergeben eine mittlere Zuverlässigkeit von 0,80. Werden beide Meßskalen (Einstellung als Richter und gesellschaftliche Einstellung) und zwei unabhängige Gutachter zugrunde gelegt, beträgt die effektive Zuverlässigkeit 0,90.

56 Bezogen auf die gesamte Geschichte des Obersten Bundesgerichts beträgt die Korrelation zwischen relativem Geburtsrang und liberaler Einstellung 0,26 (*df*=1/106, *t*=2,73, *p*<0,01). Bei einer dichotomen Definition der Geburtenfolge beträgt die Korrelation 0,23 (*df*=1/106, *t*=2,41, *p*<0,02).

57 Die Korrelation zwischen relativem Geburtsrang und Parteizugehörigkeit ergibt *r*=0,27 (*df*=1/106, *t*=2,91, *p*<0,005).

58 Siehe zum Beispiel C. Neal Tate und Roger Handberg, »Time Binding and Theory Building in Personal Attribute Models of Supreme Court Voting Behavior, 1916-1988«, *American Journal of Political Science* 35, 1991, S. 460-480, sowie Jeffrey A. Segal und Harold J. Spaeth, *The Supreme Court and the Attitudinal Model*, Cambridge 1993.

59 Ebenda, S. 231-234.

60 Neben Albert Somit u. a., *Birth Order and Political Behavior*, Lanham/Md. 1996 siehe auch Paul Weber, »The Birth Order Oddity in Supreme Court Appointments«, *Presidential Studies Quarterly* 14, 1984, S. 561-568, und S. Sidney Ulmer, »Are Social Background Models Time-Bound?«. Ulmers zwei Meßgrößen – die Unterstützung der bundesstaatlichen und örtlichen Regierung und die Unterstützung der Bundesregierung – sind relativ ungeeignet für die Messung einer konservativen Einstellung, obwohl der erste Maßstab schwach mit dieser Variablen korreliert. Viele Liberale haben für eine Intervention der Bundesregierung zur Durchsetzung liberaler Ziele gestimmt, wie die Geschichte der Bürgerrechtsgesetzgebung zeigt. Daher verwende ich für meine sechs zusammengesetzten *z*-Werte, mit denen ich meine Skala für die liberale Einstellung der 108 Richter bestimme, nur Ulmers ersten Maßstab.

61 Somit u. a., *Birth Order*, S. 46.

62 Ebenda, S. 50ff., bieten eine Tabelle für Informationen über die Geburtenfolge sämtlicher 108 Richter. In vierzig Fällen ist die Information falsch. Als ich die Autoren darauf aufmerksam machte, sagte man mir, daß diese Fehler nur in der Tabelle auftauchen würden und keinen Einfluß auf die im Buch beschriebenen statistischen Ergebnisse hätten (persönliche Mitteilung, Alan Arwine, 13. Mai 1996). Somit u. a., *Birth Order,* definieren die Geburtenfolge im allgemeinen als biologische Geburtenfolge, aber sie sind darin nicht konsequent. In meinem Sample der Richter des Obersten Bundesgerichts habe ich jede Information zur Geburtenfolge, die nicht mit der bei Weber, »Birth Order Oddity«, und Somit u. a., *Birth Order,* veröffentlichten Information übereinstimmt, überprüft. Meine eigenen biographischen Informationen sind eine exakte Feststellung der *funktionalen* Geburtenfolge aller 108 Richter des Obersten Bundesgerichts.

63 Siehe auch den auf S. 426 (Anm. 81) beschriebenen Test zur Unterscheidung zwischen funktionaler und biologischer Geburtenfolge in bezug auf die Aufgeschlossenheit für neue Ideen.

64 Weber, »Birth Order Oddity«.

65 Thomas Kuhn, *Die Struktur wissenschaftlicher Revolutionen*, 2., rev. und um das Postscriptum von 1969 erw. Ausg., Frankfurt/M. 1979.

66 Die Heranziehung unabhängiger Experten zur Bewertung der von Kuhn beschriebenen Merkmale wie »Inkommensurabilität« und »Krise« wäre eine sinnvolle Ergänzung meiner Auswertung der von Kuhn diskutierten Ereignisse. Dieser recht praktikable Ansatz würde auch die Überprüfung vieler interessanter Probleme der Wissenschaftstheorie ermöglichen, die sonst kaum angemessen zu behandeln sind. Eine Aufstellung solcher Probleme findet sich bei Arthur Donovan, Larry Laudan und Rachel Laudan (Hrsg.), *Scrutinizing Science: Empirical Studies of Scientific Change*, Dordrecht – Boston – Baltimore 1988.

67 Unter Berücksichtigung der Haupteffekte Geburtenfolge und Teilnahmejahr in ihrem Verhältnis zur Unterstützung der Eugenik beträgt die partielle Korrelation für die Wechselwirkungseffekte –0,11 ($df$=1/150, $t$=–1,30, $p$<0,20).

68 Für die zweifache Wechselwirkung zwischen der gesellschaftlichen Einstellung und der Dauer der Kontroverse in ihrem Verhältnis zur Unterstützung der Eugenik beträgt die partielle Korrelation –0,23 ($df$=1/121, $t$=–2,64, $p$<0,01). Zum Wandel des ideologischen Hintergrunds der Kontroverse um die Eugenik siehe Loren R. Graham, »Science and Values: The Eugenics Movement in Germany and Russia in in the 1920s«, *American Historical Review* 28, 1977, S. 1133-1164; Daniel J. Kevles, *In the Name of Eugenics: Genetics and the Uses of Human Heredity*,

New York 1985, S. 76-95; Sheila Faith Weiss, *Racial Hygiene and National Efficiency: The Eugenics of Wilhelm Schallmayer*, Berkeley – Los Angeles 1987; Peter Weingart, Jürgen Kroll und Kurt Bayertz, *Rasse, Blut und Gene. Geschichte der Eugenik und Rassenhygiene in Deutschland*, Frankfurt/M. 1988.

69 I. Bernard Cohen, *Revolutionen in der Naturwissenschaft*, Frankfurt/M. 1994, S. 39.

70 Die Korrelation zwischen der Geburtenfolge und der Akzeptanz der Newtonschen Lehre auf dem Kontinent beträgt 0,28 ($df$=1/138, $t$=1,80, $p$<0,05 [einseitiger Test]). In Großbritannien gilt die Korrelation –0,08 ($df$=1/23, $t$=–0,39, $p$<0,70).

71 Für die Korrelation zwischen Geburtenfolge und Akzeptanz der Theorien von Lavoisier außerhalb Frankreichs gilt $r$=0,42 ($df$=1/60, $t$=3,54, $p$<0,01). Für dieselbe Korrelation bezogen auf Frankreich gilt $r$=–0,12 ($df$=1/34, $t$=–0,70, $p$<0,49).

72 Die Vorstellung, daß die Geburtenfolge bestimmte philosophische Präferenzen festlegt, wurde von Irvin D. Harris, *The Promised Seed: A Comparative Study of Eminent First and Later Sons*, Glencoe/Ill. – London 1964, angeregt. Siehe auch Brian Sutton-Smith und B. G. Rosenberg, *The Sibling*, New York 1970, S. 9. Die damit zusammenhängende Frage der »thematischen« Präferenzen in der Wissenschaft wurde von Gerald Holton, *Thematic Origins of Scientific Thought: Kepler to Einstein*, Cambridge 1973, erörtert. Durch Geburtenfolgeeffekte mögen *einige* Präferenzen für verschiedene Themen vermittelt sein. Allem Anschein nach betrachten die Erstgeborenen die Welt eher als hierarchisch, geordnet und voraussagbar, siehe Jerome Kagan, *Personality Development*, New York 1971, S. 148f.; siehe auch Richard S. Stein, Adele Stein und Jerome Kagan, »The Effects of Ordinal Position and Identification on the Development of Philosophical Attitudes«, *Journal of Genetic Psychology* 117, 1970, S. 13-24. Diese thematischen Präferenzen sind jedoch in ihrem Umfang nur geringfügig im Vergleich zu den *kontextabhängigen* Überlegungen, durch die neue Theorien kontrovers werden oder nicht. Dies ist der Grund, weshalb Spätergeborene die gleichen »Themen« zunächst enthusiastisch verfechten und später, wenn sie nicht mehr kontrovers sind, aufgeben.

# Abbildungen

# Tabellen

# Bildnachweis

Addis, Don / *St. Petersburg Times* 227 · Adler, Alexandria 74 · American Museum of Natural History, Department of Library Services 173, 235 · Archive Photos / Express Newspapers 293 · Archive Photos / Popperfoto 295 · Bettmann Archive 305 · Born, Gustav / Familie Scribner 153 · Brown, A. Barrington / Science Source / Photo Researchers 333 · Cambridge University Library 155 (r.), 156 (o.l.), 361 · Chronicle Communications / Larousse, Paris 317 · Down House / Royal College of Surgeons 6 · Emilio Segrè Visual Archives 127 · Hacker Art Books Inc., New York 263 · Harper & Row / Verwaltung der staatlichen Schlösser und Gärten Berlin 145 · Harvard University, Museum of Comparative Zoology 78, 189 · Institut et Musée Voltaire, Genf 177 · Knopf, Alfred A. / Studio Vista / Barbara und Hensleigh Wedgwood 156 (o.r.) · Larson, Gary / *The Far Side*, Universal Press Syndicate 175 · *Lick Observatory Bulletin* 344 · Mary Evans Picture Library, London 43, 110, 140, 219, 277, 311, 313, 326 · Mary Evans Picture Library, London / Sigmund Freud Copyrights Ltd. 74 (l.), 181, 345 · Musée de la Ville de Paris / Alfred A. Knopf 323 · National Portrait Gallery, London 109, 118 (2), 179, 234, 255, 279, 281, 283, 285 · Niels Bohr Institute / American Institute of Physics, Norton, W. W. 195 · Philadelphia Museum of Art, John G. Johnson Collection 265 · Privatbesitz 23, 26 (2), 27 (2), 33 (3) · Royal Naval College, Greenwich 215 · Schlesinger Library, Radcliffe College 165 · Schulz, Charles / Feature Syndicate Inc. 202 · Ullstein Bilderdienst, Berlin 146 · UPI / Bettmann Archive 307 · Wellcome Institute Library, London 29, 45, 47, 61, 142, 155 (l.), 197, 237, 342 · Aus der Wochenzeitung *The New Yorker* stammen die Cartoons von Dean Vietor (86, *N.Y.* vom 9.1.1995), Charles Sauers (91, *N.Y.* vom 29.3.1982), Charles Addams (105, *N.Y.* vom 4.5.1981), Bruce Eric Kaplan (113, *N.Y.* vom 30.10.1995) und Bud Handelsman (298, *N.Y.* vom 13.5.1972). · Folgende Illustrationen sind Büchern entnommen: S. 42 aus Marcou, Jules, *Life, Letters, and Works of Louis Agassiz*, New York–London 1896, Bd. 2 · S. 68 aus Cuvier, Frédéric (Hrsg.): *Dictionnaire des Sciences Naturelles. Portraits*, Strasbourg 1826 · S. 193 aus Huxley, Leonard, *Life and Letters of Thomas Henry Huxley*, New York 1901, Bd. 1 · S. 209 aus Miller, Hugh, *My Schools and School Masters*, Boston 1871 [1854]; · S. 258 aus Spurzheim, Johann G., *Phrenology, or the Doctrine of the Mental Phenomena*, 5. Aufl., Boston 1838 · S. 273 aus Holmquist, Hjalmar Fredrik, *Martin Luther*, Kopenhagen 1917 · S. 319 aus Duruy, George (Hrsg.), *Memoirs of Barras, Member of the Directorate*, London 1895, Bd. 1. · Folgende Illustrationen stammen aus Originalausgaben von Darwins Werken: S. 131 aus *Journal of Researches into the Natural History and Geology of the Countries visited during the Voyage of H.M.S. Beagle round the world*, London – New York 1890 · S. 156 (u.) aus *More Letters of Charles Darwin*, hrsg. v. Francis Darwin und A. C. Seward, New York 1903, Bd. 1 · S. 158 aus *The Life and Letters of Charles Darwin*, hrsg. v. Francis Darwin, London 1887 · S. 352 aus *The Descent of Man, and Selection in Relation to Sex*, London 1871.

# Bibliographie


Absolon, Karel B., *Der Großmeister der Chirurgie Theodor Billroth (1829-1894)*, Rockville 1989.

Ackerknecht, Erwin H., »Anticontagionism between 1821 and 1867«, *Bulletin of the History of Medicine* 22, 1948, S. 562-593.

Ackroyd, Peter, *Dickens*, London 1990.

Adamson, Robert, »Eyton, Thomas Campbell (1809-1880)«, *Dictionary of National Biographie* 6, 1890, S. 971.

Adler, Alfred, »Characteristics of the First, Second, and Third Child«, *Children* 3, 1928, S. 14-52.

ders., *Menschenkenntnis*, Frankfurt/M. 1966.

*Alfred Adlers Individualpsychologie. Eine systematische Darstellung seiner Lehre in Auszügen aus seinen Schriften*, hrsg. v. Heinz L. Ansbacher und Rowena R. Ansbacher, 4. erg. Aufl. München – Basel 1995.

Agassiz, Elisabeth C., *Louis Agassiz: His Life and Correspondence*, 2 Bde., Boston 1885.

Agassiz, Elisabeth C. (Hrsg.), *Louis Agassiz. Leben und Briefwechsel*, Berlin 1886.

Agassiz, Rudolphe Louis, »Professor Agassiz on the Origin of Species«, *American Journal of Sciences*, 2. Folge, 30, 1860, S. 142-155.

Ainsworth, Mary, *Infancy in Uganda: Infant Care and the Growth of Attachment*, Baltimore 1967.

Akademie der Wissenschaften der UDSSR, *Leonid Brezhnev: Pages from His Life*, New York 1978.

Alexander, Franz Gabriel, Samuel Eisenstein und Martin Grotjahn (Hrsg.), *Psychoanalytic Pioneers*, New York 1966.

Alexander, Richard D., *Darwinism and Human Affairs*, Seattle 1979.

ders., *The Biology of Moral Systems*, Hawthorne/N.Y. 1987.

ders., »Epigenetic Rules and Darwinian Algorithms: The Adaptive Study of Learning and Development«, *Ethology and Sociobiology* 11, 1990, S. 241-313.

ders., »Social Learning and Kin Recognition: A Reply to Paul Sherman and an Addendum«, *Ethology and Sociobiology* 12, 1991, S. 387-399.

ders., »The View from the President's Window: Impression from the Santa Barbara Meeting«, *Human Behavior and Evolution Society Newsletter* 4, Nr. 2 (September), 1995, S. 1ff.

Altus, William D., »The First-Born as a Conservative: Adler Revisited«, *American Psychologist* 18, 1963, S. 356.

ders., »Birth Order and Its Sequelae«, *Science* 151, 1966, S. 44-49.

ders., »Marriage and Order of Birth«, *Proceedings of the 78th Annual Convention of the American Psychological Association* 5, 1970, S. 361ff.

Andrews, Stuart, *Enlightened Despotism*, New York 1968.

Angier, Natalie, »Canary Chicks: Not all Created Equal«, *New York Times (Science Times)*, 25. Januar 1994, S. C1, C8.

Anonymus, »Zoological Society«, *The Morning Chronicle*, 12. Januar 1837, S. 3.

ders., «Zoological Society«, *The Morning Herald*, 12. Januar 1837, S. 5.

Ansbacher, Heinz L., »The Significance of the Socio-Economic Status of the Patients of Freud and of Adler«, *American Journal of Psychotherapy* 13, 1959, S. 376-382.

Antman, A. E., »Big Brother. Letter to the Editor«, *The Economist*, 25. Dezember 1993, S. 8.

Appel, Toby, *The Cuvier-Geoffroy Debate. French Biology in the Decades before Darwin*, New York – Oxford 1987.

Apperly, Frank L., »A Study of American Rhodes Scholars«, *Journal of Heredity* 30, 1939, S. 493ff.

Arbuckle, Elisabeth Sanders (Hrsg.), *Harriet Martineau's Letters to Fanny Wedgwood*, Stanford/Calif. 1983.

Ariès, Philippe, *Geschichte der Kindheit*, 11. Aufl. München 1994.

Arkin, Robert M., Elizabeth A. Lake und Ann H. Baumgardner, »Shyness and Self-Presentation«, in: Warren E. Jones, Jonathan M. Cheek und Stephen R. Briggs (Hrsg.), *Shyness: Perspectives on Research and Treatment*, New York – London 1986, S. 189-203.

Armitage, Angus, *John Kepler*, London 1966.

Armstrong, Edward, *The Emperor Charles V.*, 2 Bde., 2. Aufl. London – New York 1910.

Asendorpf, Jens, »Shyness in Middle and Late Childhood«, in: Warren E. Jones, Jonathan M. Cheek und Stephen R. Briggs (Hrsg.), *Shyness: Perspectives on Research and Treatment*, New York – London 1986, S. 91-103.

Asher, Herbert B., *Causal Modeling*, 2 Aufl. Newbury Park/Calif. 1983.

Asprey, Robert B., *Frederick the Great: The Magnificent Enigma*, New York 1986.

Aulard, François-Alphonse, *L'Éloquence parlementaire pendant la révolution française: Les Orateurs de l'Assemblée Constituante*, Paris 1882.

ders., *L'Éloquence parlementaire pendant la révolution française: Les Orateurs de la Législative et de la Convention*, 2 Bde., Paris 1885-1886.

ders., *La Société des Jacobins: Recueil de documents pour l'histoire du club des Jacobins de Paris*, Bd. 1: *1789-1790*, Paris 1889.

Baer, Karl E. von, *Nachrichten über Leben und Schriften des Herrn Geheimraths Dr. Karl Ernst von Baer, mitgetheilt von ihm selbst*, Nachdr. d. Ausg. v. 1886, Hannover-Döhren 1972.

Baillet, Adrien, *Auteurs déguisez sous des noms étrangers, empruntez, supposez, feints à plaisir, chiffrez, renversez, retournez, ou changez d'une langue en une autre*, Paris 1690.

Bailyn, Bernard, *The Ideological Origins of the American Revolution*, Cambridge 1967.

Bainton, Roland H., *Here I Stand: A Life of Martin Luther*, New York 1950.

ders., »Psychiatry and History: An Examination of Erikson's *Young Man Luther*«, in: Roger A. Johnson (Hrsg.), *Psychohistory and Religion: The Case of Young Man Luther*, Philadelphia 1977, S. 19-56.

Barber, Bernard, »Resistance by Scientists to Scientific Discovery«, *Science* 134, 1961, S. 596-602.

Barkow, Jerome H., Leda Cosmides und John Tooby (Hrsg.), *The Adapted Mind: Evolutionary Psychology and the Generation of Culture*, New York 1992.

Barlow, Nora, »Der Darwin-Butler-Streit«, in: Charles Darwin, *Mein Leben*, hrsg. v. Nora Barlow, Frankfurt/M. 1993, S. 190-257.

Barnes, Barry, *Scientific Knowledge and Sociological Theory*, London – Boston 1974.

ders., *Interests and the Growth of Knowledge*, London 1977.

ders., *T. S. Kuhn and Social Science*, New York 1982.

Barnes, Barry und David Bloor, »Relativism, Rationalism and the Sociology of Knowledge«, in: Martin Hollis und S. Lukes (Hrsg.), *Rationality and Relativism*, Cambridge 1982, S. 21-47.

Barnes, Barry und Steven Shapin (Hrsg.), *Natural Order: Historical Studies of Scientific Culture*, Beverly Hills/Calif. 1979.

Barnett, Correlli, *Bonaparte*, New York 1978.

Bartlett, John, *Familiar Quotations*, Boston – Toronto 1955.

Baskett, Linda Musun, »Ordinal Position Differences in Children's Family Interactions«, *Developmental Psychology* 20, 1984, S. 1026-1031.

Bateson, Mary Catherine, *Mit den Augen einer Tochter. Meine Erinnerung an Margaret Mead und Gregory Bateson*, Reinbek bei Hamburg 1988.

Batson, C. Daniel, *The Altruism Question: Toward a Social Psychological Answer*, Hillsdale/N.Y. 1991.
Baumgartner, Frederic J., »Scepticism and French Interest in Copernicanism to 1630«, *Journal for the History of Astronomy* 17, 1986, S. 77-88.
Becker, Betsy Jane, »Influence again: An Examination of Reviews and Studies of Gender Differences in Social Influence«, in: Janet Shibley Hyde und Maria C. Linn (Hrsg.), *The Psychology of Gender: Advances through Meta-analysis*, Baltimore – London 1986, S. 178-209.
Becker, Carl L., »Franklin, Benjamin (1706-1790)«, *Dictionary of American Biography* 6, 1931, S. 585-598.
Becker, Selwyn W. und Jean Carroll, »Ordinal Position and Conformity«, *Journal of Abnormal and Social Psychology* 65, 1962, S. 129ff.
Becker, Selwyn, Melvin J. Lerner und Jean Carroll, »Conformity as a Function of Birth Order, Payoff, and Type of Group Pressure«, *Journal of Abnormal and Social Psychology* 69, 1964, S. 318-323.
Beesly, A. H., *Life of Danton*, London 1899.
Begis, Alfred (Hrsg.), *Curiosités révolutionnaires: Billaud Varenne, membre du Comité de Salut Public. Mémoires inédits et correspondance accompagnés de notices biographiques sur Billaud Varenne et Collot-d'Herbois*, Paris 1893.
Beik, Paul H., *The French Revolution Seen from the Right: Social Theories in Motion, 1789-1799*, Bericht der American Philosophical Society, Neue Folge 46 (Teil 1), New York 1970.
Belhoste, Bruno, *Augustin-Louis Cauchy: A Biography*, New York – Berlin 1991.
Bell, Eric T., *Die großen Mathematiker*, Düsseldorf 1967.
Bell, Thomas, »Presidential Address to the Linnean Society on the Anniversary of Linnaeus's Birth, May 24, 1859«, *Journal of the Proceedings of the Linnean Society: Botany* 4, 1860 [1859], S. vii-xx.
Belloc, Hilaire, *Danton: A Study*, London 1928.
Belmont, Lillian und Francis A. Marolla, »Birth Order, Family size, and Intelligence«, *Science* 182, 1973, S. 1096-1101.
Belsky, J., L. Steinberg und P. Draper, »Childhood Experience, Interpersonal development, and Reproductive Strategy: An Evolutionary Theory of Socialization«, *Child Development* 62, 1991, S. 647-670.
Bennet, Amanda, »Along with High Honor, Nobel award in Economics Influences Future Research«, *Wall Street Journal*, 11. Oktober 1994, S. B1, B16.
Benrath, Karl, »Renée of France (Renata of Ferrara) [1510-1575]«, *The New Schaff-Herzog Encyclopedia of Religious Knowledge* 9, 1911, S. 486f.
Berger, Philip A., »Antidepressant Medications and the Treatment of Depression«, in: Jack D. Barchas, Philip A. Berger, Roland D. Ciaranello und Glen R. Elliot (Hrsg.), *Psychopharmacology: From Theory to Practice*, New York 1977, S. 174-207.
Berlin, Isaiah, *Personal Impressions*, hrsg. v. Henry Hardy, London 1980.
Bernays, Anna Freud, »My Brother, Sigmund Freud«, *The American Mercury* 51, 1940, S. 335-342.
Besterman, Theodore, *Voltaire*, London 1969.
Betzig, Laura, *Despotism and Differential Reproduction: A Darwinian View of History*, Hawthorne/N.Y. 1986.
Biagioli, Mario, »Scientific Revolution, Social Bricolage, and Etiquette«, in: Roy Porter und Mikulás Teich (Hrsg.), *The Scientific Revolution in National Context*, Cambridge 1992, S. 11-54.
ders., *Galileo, Courtier: The Practice of Science in the Culture of Absolutism*, Chicago 1993.
Bibby, Cyril, *T. H. Huxley: Scientist, Humanist, and Educator*, New York 1960.
Biermann, Kurt R., »Humboldt, Friedrich Wilhelm Heinrich Alexander von (1769-1859)«, *Dictionary of Scientific Biography* 6, 1972, S. 549-555.
Bietenholz, Peter G. (Hrsg.), *Contemporaries of Erasmus: A Biographical Register of the Renaissance and Reformation*, 3 Bde., Toronto 1985-87.

Birembaut, Arthur, »Élie de Beaumont, Jean-Baptiste-Armand-Louis-Léonce [1798-1874]«, *Dictionary of Scientific Biography* 4, 1971, S. 347-350.
Blackmore, John T., »Is Planck's ›principle‹ true?«, *British Journal for the Philosophy of Science* 29, 1978, S. 347ff.
Blake, Judith, *Family Size and Achievement*, Berkeley – Los Angeles 1989.
dies., »Number of Siblings and Educational Attainment«, *Science* 245, 1989, S. 32-36.
Blanchard, Ray und Anthony F. Bogaert, »Homosexuality in Men and Number of Older Brothers«, *American Journal of Psychiatry* 153, 1996, S. 27-31.
Blanchard, Ray und Peter M. Sheridan, »Sibship Size, Sibling Sex Ratio, Birth Order, and Parental Age in Homosexual and Nonhomosexual Gender Dysphorics«, *Journal of Nervous and Mental Disease* 180, 1992, S. 40-47.
Blanchard, Ray und Kenneth J. Zucker, »Reanalysis of Bell, Weinberg, and Hammersmith's Data on Birth Order, Sibling Sex Ratio, and Parental Age of Homosexual Men«, *American Journal of Psychiatry* 151, 1994, S. 1375.
Blanchard, Ray, Kenneth J. Zucker, Susan J. Bradley und Caitlin S. Hume, »Birth Order and Sibling Sex Ratio in Homosexual Male Adolescents and Probably Prehomosexual Feminine Boys«, *Developmental Psychology* 31, 1995, S. 22-30.
Blanning, T. C. W., *The French Revolution: Aristocrats versus Bourgeois?*, Atlantic Highlands/N.Y. 1987.
Block, Jack, »Critique of the Act Frequency Approach to Personality«, *Journal of Personality and Social Psychology* 50, 1989, S. 234-245.
Block, Jeanne Humphrey, »Conceptions of Sex Role: Some Cross-Cultural and Longitudinal Perspectives«, *American Psychologist* 28, 1973, S. 512-526.
ders., »Issues, Problems, and Pitfalls in Assessing Sex Differences«, *Merrill-Palmer Quarterly* 22, 1976, S. 283-308.
[Blomfield] Jenyns, Leonard, *Memoir of the Rev. John Stevens Henslow*, London 1862.
Blunt, Wilfrid, *The Compleat Naturalist: A Life of Linnaeus*, unter Mitarbeit v. William T. Stearn, New York 1971.
Bodemer, Charles W., »Regeneration and the Decline of Preformation in Eighteenth Century Embryology«, *Bulletin of the History of Medicine* 38, 1964, S. 20-31.
Böhmer, Heinrich, *Luther im Lichte der neueren Forschung. Ein kritischer Bericht*, 5. Aufl. Leipzig 1918.
Boone, James L., »Parental Investment and Elite Family Structure in Preindustrial States: A Case Study of Late Medieval-Early Modern Portuguese Genealogies«, *American Anthropologist* 88, 1986, S. 859-878.
Boring, Edwin, G., »Cognitive Dissonance: Its Use in Science«, *Science* 145, 1964, S. 680-685.
Born, Max, *Mein Leben. Die Erinnerungen des Nobelpreisträgers*, München 1975.
Boshier, Roger und Frank H. Walkey, »Birth Order and Conservatism: An Adlerian Myth?«, *Psychological Reports* 29, 1971, S. 392ff.
Bossard, J. H. S. und E. Boll, *The Large Family System*, Philadelphia 1956.
Bouchard, Thomas J., Jr., David T. Lykken, Matthew McGue, Nancy L. Segal und Auke Tellegen, »Sources of Human Psychological Differences: The Minnesota Study of Twins Reared Apart«, *Science* 250, 1990, S. 223ff.
Bouchard, Thomas J., Jr., und Matthew McGue, »Genetic and Rearing Environmental Influences on Adult Personality: An Analysis of Adopted Twins Reared Apart«, *Journal of Personality* 58, 1990, S. 263-292.
Bourdier, Franck, »Cuvier, Frédéric (1773-1838)«, *Dictionary of Scientific Biography* 3, 1971, S. 520f.
ders., »Cuvier, George (1769-1832)«, *Dictionary of Scientific Biography* 3, 1971, S. 521-528.
ders., »Geoffroy Saint-Hilaire, Étienne (1772-1844)«, *Dictionary of Scientific Biography* 5, 1972, S. 355-358.
ders., »Geoffroy Saint-Hilaire, Isidore (1805-1861)«, *Dictionary of Scientific Biography* 5, 1972, S. 358f.

Bowers, Claude G., *Pierre Vergniaud: Voice of the French Revolution*, New York 1950.
Bowlby, John, »The Nature of the Child's Tie to His Mother«, *International Journal of Psycho-Analysis* 39, 1958, S. 350-373.
ders., »Grief and Mourning in Infancy and Early Childhood«, *The Psychoanalytic Study of the Child* 15, 1960, S. 9-52.
ders., *Attachment and Loss*, 3 Bde., New York – London 1969-1980.
ders., *Verlust, Trauer, Depression*, Frankfurt/M. 1983 (Teilausg. v. *Attachment and Loss*).
ders., *Bindung. Eine Analyse der Mutter-Kind-Beziehung*, Frankfurt/M. 1986 (Teilausg. v. *Attachment and Loss*).
ders., *A Secure Base: Parent-Child Attachment and Healthy Human Development*, New York 1988.
ders., *Charles Darwin: A New Life*, London–New York 1990.
Bowler, Peter J., »Preformation and Pre-Existence in the Seventeenth Century: A Brief Analysis«, *Journal of the History of Biology* 4, 1971, S. 221-244.
ders., *Evolution: The History of an Idea*, Berkeley – Los Angeles 1984.
ders., *The Non-Darwinian Revolution: Reinterpreting a Historical Myth*, Baltimore – London 1988.
Brackman, Arnold C., *A Delicate Arrangement: The Strange Case of Charles Darwin and Alfred Russel Wallace*, New York 1980.
Bradford, Sarah H., *Scenes from the Life of Harriet Tubman*, Auburn/N.Y. 1869.
Brady, Thomas A., Jr., »Social History«, in: Steven Ozment (Hrsg.), *Reformation Europe: A Guide to Research*, St. Louis 1982, S. 161-181.
Bragg, Barry W. und Vernon L. Allen, »Ordinal Position and Conformity: A Role Theory Analysis«, *Sociometry* 33, 1970, S. 371-381.
Brandes, Georg, *Voltaire*, 2 Bde., 2. Aufl. Berlin 1923.
Brandi, Karl, *Kaiser Karl V. Werden und Schicksal einer Persönlichkeit und eines Weltreiches*, 7. Aufl. München 1964.
Brannigan, Augustine, *The Social Basis of Scientific Discoveries*, Cambridge 1981.
Braudel, Fernand, *Philippe II. La Méditerranée et le monde méditerranée à l'epoque de Philippe II*, Paris 1949.
Breland, Hunter M., »Birth Order, Family Configuration, and Verbal Achievement«, *Child Development* 45, 1974, S. 1011-1019.
Brim, Orville G., Jr., »Family Structure and Sex Role Learning by Children: A Further Analysis of Helen Koch's Data«, *Sociometry* 21, 1958, S. 1-16.
Broad, William und Nicholas Wade, *Betrug und Täuschung in der Wissenschaft*, Basel 1984.
Brockliss, L. W. B., »The Scientific Revolution in France«, in: Roy Porter und Mikulás Teich (Hrsg.), *The Scientific Revolution in National Context*, Cambridge 1992, S. 55-89.
Brome, Vincent, *Ernest Jones: Freud's Alter Ego*, New York 1983.
Brooke, John Headley, »Richard Owen, William Whewell an the *Vestiges*«, *British Journal for the History of Science* 10, 1977, S. 132-145.
Brown, G. W., T. Harris und A. Bifulco, »Long-Term Effects of Early Loss of Parent«, in: Michael Rutter, Carroll E. Izard und Peter B. Read (Hrsg.), *Depression in Young People: Developmental and Clinical Perspectives*, New York 1986, S. 251-296.
Brown, W. L. und E. O. Wilson, »Character Displacement«, *Systematic Zoology* 5, 1956, S. 49-64.
Browne, Janet, *Charles Darwin: Voyaging*, New York 1995.
Browning, Oscar, »Bateson, William Henry (1812-81)«, *Dictionary of National Biography* 1, 1885, S. 1321.
Bruhns, Karl (Hrsg.), *Alexander von Humboldt. Eine wissenschaftliche Biographie*, 3 Bde., Nachdr. d. Ausg. v. 1872, Osnabrück 1969.
Brunel, François, »Les députés Montagnards«, in: Albert Soboul (Hrsg.), *Actes du colloque Girondins et Montagnards*, Paris 1980, S. 343-361.
Brush, Stephen G., »Should the History of Science be Rated X?«, *Science* 183, 1974, S. 1164-1172.

Buffon, Georges Louis de, »Discours prononcé a L' Académie Française par M. de Buffon, le jour de sa réception«, in: ders., *Oeuvres complètes*, 44 Bde., Paris 1824-1832, Bd. 1, S. cxlix-clxiii.

Bunting, James, *Charles Darwin: A Biography*, Folkeston/Kent 1974.

Burke, John und Sir Bernard Burke, *Burke's Genealogical and Heraldic History of the Landed Gentry. Founded 1836 by John Burke and Sir Bernard Burke*, hrsg. v. Peter Townsend, 3 Bde., 18. Aufl. London 1965-1972.

dies., *Burke's Genealogical and Heraldic History of the Peerage, Baronetage and Knightage. Founded in 1826 by John Burke and Sir Bernard Burke*, hrsg. v. Peter Townsend, 3 Bde., 105. Aufl. London 1970.

Burkhalter, Lois Wood, *Gideon Lincecum, 1793-1874: A Biography*, Austin – London 1965.

Burkhardt, Frederick, Einleitung zu Frederick Burkhardt und Sydney Smith (Hrsg.), *The Correspondence of Charles Darwin*, Bd. 2: *1837-1843*, Cambridge 1986.

ders., Einleitung zu Frederick Burkhardt und Sydney Smith (Hrsg.), *The Correspondence of Charles Darwin*, Bd. 3: *1844-1846*, Cambridge 1987.

Burkhardt, Richard W., Jr., *The Spirit of System: Lamarck and Evolutionary Biology*, Cambridge – London 1977.

Burlingame, Leslie J., »Lamarck, Jean-Baptiste (1744-1829)«, *Dictionary of Scientific Biography* 7, 1973, S. 584-594.

Busby, M. J. und A. E. Rodin, »Relative Contribution of Holmes and Semmelweis to the Understanding of the Etiology of Puerperal Fever«, *Texas Reports on Biology and Medicine* 34, 1976, S. 221-237.

Buss, Arnold H. und Robert Plomin, *Temperament: Early Developing Personality Traits*, Hillsdale/N.Y. 1984.

Buss, David M., »Sex Differences in Human Mate Preferences: Evolutionary Hypotheses Tested in 37 Cultures«, *Behavioral and Brain Sciences* 12, 1989, S. 1-14.

ders., »Evolutionary Personality Psychology«, *Annual Review of Psychology* 42, 1991, S. 459-491.

ders., *Die Evolution des Begehrens. Geheimnisse der Partnerwahl*, Hamburg 1994.

ders., »Evolutionary Psychology: A New Paradigm for Psychological Science«, *Psychological Inquiry* 6, 1995, S. 1-30.

Buss, David M., Jeanne Humphrey Block und Jack Block, »Preschool Activity Level: Personality Correlates and Developmental Implications«, *Child Develpment* 51, 1980, S. 401-408.

Buss, David M. und Kenneth Craik, »The Act Frequency Concept of Disposition«, *Journal of Personality* 48, 1980, S. 379-392.

dies., »The Act Frequency Approach to Personality«, *Psychological Review* 90, 1983, S. 105-126.

dies., »Contemporary Worldviews: Personal and Policy Implications«, *Journal of Applied Social Psychology* 13, 1983, S. 259-280.

Butler, Samuel, *Life and Habit*, London 1877.

ders., *Evolution, Old and New; or the Theories of Buffon, Dr. Erasmus Darwin, and Lamarck, as Compared with that of Mr. Charles Darwin*, London 1879.

ders., *Merkwürdige Reisen ins Land Erewhon*, 2. Aufl. Berlin 1981.

Butts, Robert, »Whewell, William (1794-1866)«, *Dictionary of Scientific Biography* 14, 1976, S. 292-295.

Campbell, Donald T., »Variation and Selective Retention in Socio-Cultural Revolution«, in: H. R. Barringer, G. I. Blanksten und R. W. Mack (Hrsg.), *Social Change in Developing Areas*, Cambridge 1965, S. 19-49.

ders., »Natural Selection as an Epistemological Model«, in: Raoul Naroll und Ronald Cohen (Hrsg.), *A Handbook of Methods in Cultural Anthropology*, Garden City/N.Y. 1970, S. 51-85.

ders., »Evolutionary Epistemology«, in: Paul A. Schlipp (Hrsg.), *The Philosophy of Karl Popper*, Bd. 1, La Salle/Ill. 1974, S. 413-463.

Campbell, W. W. und R. Trumpler, »Observations on the Deflection of Light in Passing Through the Sun's Gravitational Field«, *Lick Observatory Bulletin* 11, 1923, S. 41-54.

Cannon, Walter F., »The Uniformitarian-Catastrophist Debate«, *Isis* 51, 1960, S. 38-55.

Cantor, Geoffrey N., »Phrenology in Early Nineteenth-Century Edinburgh: An Historiographical Discussion«, *Annales of Science* 32, 1975, S. 195-218.

Carozzi, Albert V., »Agassiz's Amazing Geological Speculation: The Ice-Age«, *Studies in Romanticism* 5, 1966, S. 57-83.

ders., Einleitung zu Louis Agassiz, *Studies on Glaciers*, ins Amerik. übers. u. hrsg. v. Albert V. Carozzi, New York 1967.

ders., »Agassiz's Influence on Geological Thinking in the Americas«, *Archives des Sciences (Genève)* 27, 1973, S. 5-38.

ders., »Maillet, Benoît de (1656-1738)«, *Dictionary of Scientific Biography* 9, 1974, S. 26f.

ders., »Glaciology and the Ice Age«, *Journal of Geological Education* 32, 1984, S. 158-170.

Cashdan, Elizabeth, »Hormones, Sex, and Status in Women«, *Hormones and Behavior* 29, 1995, S. 354-366.

Casher, Bonnie Berger, »Relationship between Birth Order and Participation in Dangerous Sports«, *The Research Quarterly* 48, 1977, S. 33-40.

Caspar, Max, *Johannes Kepler*, 3. Aufl. Stuttgart 1958.

Caspi, A., G. H. Elder, Jr. und D. J. Bem, »Moving Against the World: Life-Course Patterns of Explosive Children«, *Developmental Psychology* 23, 1987, S. 308-313.

Caton, Hiram, *The Politics of Progress: The Origins and Development of the Commercial Republic, 1600-1835*, Gainesville/Fla. 1958.

Cattell, J. McKeen, »Families of American Men of Science. III. Vital Statistics and the Composition of Families«, *Scientific Monthly* 5, 1917, S. 368-377.

Challamel, Augustin, *Les Clubs contre-révolutionnaires: Cercles, comités, sociétés, salons, réunions, cafés, restaurants et libraries*, Paris 1895.

[Chambers, Robert], *Natürliche Geschichte des Weltalls, der Erde und der auf ihr befindlichen Organismen, begründet auf die durch die Wissenschaft errungenen Thatsachen.* – Aus dem Englischen nach der 6. Aufl. von Carl Vogt, 2. Aufl. Braunschweig 1858.

Chambers, William, *Memoir of Robert Chambers, with Autobiographical Reminiscences of William Chambers*, Edinburgh 1872.

Champion, L., »The Relationship between Social Vulnerability and the Occurrence of Severely Threatening Life Events«, *Psychological Medicine* 20, 1990, S. 157-161.

Châtelet, Gabrielle-Émilie le Tonnelier de Breteuil, »Lettre sur les éléments de la philosophie de Newton«, *Journal des sçavans*, September 1738, S. 534-541.

Chaumié, Jacqueline, »Les Girondins«, in: Albert Soboul (Hrsg.), *Actes du colloque Girondins et Montagnards*, Paris 1980, S. 19-60.

Chess, Stella und Alexander Thomas, *Temperament in Clinical Practice*, New York – London 1986.

Choudieu, Pierre-René, *Mémoires et Notes de Choudieu*, hrsg. v. Victor Barrucand, Paris 1897.

Christie, D. M., R. A. Duncan, A. R. McBirney, M. A. Richards, W. M. White, K. S. Harpp und C. G. Fox, »Drowned Islands Downstream from the Galápagos Islands Imply Extended Speciation Times«, *Nature* 355, 1992, S. 246ff.

Clark, John Willis und Thomas McKenny Hughes, *The Life and Letters of the Reverend Adam Sedgwick*, 2 Bde., Cambridge 1890.

Clark, Roger D. und Glenn A. Rice, »Family Constellations and Eminence: The Birth Orders of Nobel Prize Winners«, *Journal of Psychology* 110, 1982, S. 281-287.

Clark, Ronald W., *Albert Einstein. Ein Leben zwischen Tragik und Genialität*, 10. Aufl. München 1995.

Clark, William, »The Scientific Revolution in the German Nations«, in: Roy Porter und Mikulás Teich (Hrsg.), *The Scientific Revolution in National Context*, Cambridge 1992, S. 90-114.

Cleveland, W. S., »LOWESS: A Program for Smoothing Scatterplots by Robust Locally Weighted Regression«, *American Statistician* 35, 1981, S. 54.
Cohen, I. Bernard, *Franklin and Newton*, Philadelphia 1956.
ders., *Geburt einer neuen Physik. Von Kopernikus zu Newton*, München u.a. 1960.
ders., »Newton, Isaac (1642-1727)«, *Dictionary of Scientific Biography* 10, 1974, S. 42-101.
ders., *Benjamin Franklin, Scientist and Statesman*, New York 1975.
ders., *The Newtonian Revolution: With Illustrations of the Transformation of Scientific Ideas*, Cambridge 1980.
ders., »The Publication of *Science, Technology and Society*: Circumstances and Consequences«, *Isis* 79, 1988, S. 571-581.
ders. (Hrsg.), *Puritanism and the Rise of Modern Science: The Merton Thesis*, unter Mitarbeit v. K. E. Duffin und Stuart Strickland, New Brunswick – London 1990.
ders., »The Agnostic in the Abbey. Review of *Darwin*, by Adrian Desmond and James Moore«, *New York Times Book Review* 2. August 1992, S. 10.
ders., »What Galileo Saw: The Experience of Looking Through a Telescope«, in: Paolo Mazzoldi (Hrsg.), *From Galileo's »Occhialino« to Optoelectronics*, London 1993, S. 445-472.
ders., *Revolutionen in der Naturwissenschaft*, Frankfurt/M. 1994.
Cohen, Jacob, *Statistical Power Analysis for the Behavioral Sciences*, New York 1977, 2. Aufl. 1988.
Cohen, Robert S., »Marx, Karl (1818-1883)«, *Dictionary of Scientific Biography* 15, 1978, S. 403-417.
Cole, F. J., *Early Theories of Sexual Generation*, Oxford 1930.
Coleman, William, *George Cuvier, Zoologist: A Study in the History of Evolution Theory*, Cambridge 1964.
ders., »Bateson, William (1861-1926)«, *Dictionary of Scientific Biography* 1, 1970, S. 505f.
Collins, Harry M., *Changing Order: Replication and Induction in Scientific Practice*, London – Beverly Hills 1985.
Collins, Harry M. und Trevor J. Pinch, *Frames of Meaning. The Social Construction of Extraordinary Science*, London 1982.
dies., *The Golem: What Everyone Should Know about Science*, Cambridge – New York 1993.
Colp, Ralph, Jr., *To Be an Invalid: The Illness of Charles Darwin*, Chicago – London 1977.
Combe, George, *Das Wesen des Menschen und sein Verhältnis zu der Außenwelt*, Bremen 1838.
Conant, James Bryant, »The Advancement of Learning During the Puritan Commonwealth«, *Proceedings of the Massachusetts Historical Society* 66, 1942, S. 3-31.
Condon, Edward Uhler, »Reminiscences of a Life In and Out of Quantum Mechanics«, *International Journal of Quantum Chemistry Symposia* 7, 1973, S. 7-22.
Congdon, Lee, *The Young Lukács*, Chapel Hill/N.C. 1983.
Conrad, Earl, *Harriet Tubman*, Washington/D.C. 1943.
Cook, Harold J., »The New Philosophy in the Low Countries«, in: Roy Porter und Mikulás Teich (Hrsg.), *The Scientific Revolution in National Context*, Cambridge 1992, S. 115-149.
Cooter, Roger, *The Cultural Meaning of Popular Science: Phrenology and the Organization of Consent in Nineteenth-Century Britain*, Cambridge 1984.
ders., *Phrenology in the Britain Isles: An Annotated, Historical Biobibliography and Index*, Metuchen/N.J. – London 1989.
Corsi, Pietro, *Oltre il mito. Lamarck e le scienze naturali del suo tempo*, Bologna 1983; *The Age of Lamarck: Evolutionary Theories in France, 1790-1830*, Berkeley – Los Angeles 1988.
Coser, Lewis A., *Men of Ideas: A Sociologist's View*, New York 1965.
Cosmides, Leda, »The Logic of Social Exchange: Has Natural Selection Shaped How Humans Reason?«, *Cognition* 31, 1989, S. 187-276.

Costa, Paul T., Jr., P. J. Fagan, R. L. Piedmont, Y. Ponitcas und T. N. Wise, »The Five-Factor Model of Personality and Sexual Functioning in Outpatient Men and Women«, *Psychiatric Medicine* 10, 1992, S. 199-215.
Costabel, Pierre, »Malebranche, Nicolas (1638-1715)«, *Dictionary of Scientific Biography* 9, 1974, S. 47-53.
Cowell, Alan, »After 350 Years, Vatican Says Galileo Was Right: It Moves«, *New York Times*, 3. Oktober 1992, S. 1, S. 4.
ders., »Low Birth Rate is Becoming a Headache for Italy«, *New York Times*, 28. August 1993, S. 1, S. 5.
Crellin, J. K., »The Problem of Heat Resistance of Micro-Organisms in the British Spontaneous Generation Controversies of 1860-1880«, *Medical History* 10, 1966, S. 50-59.
ders., »Airborne Particles and the Germ Theory: 1860-1880«, *Annales of Science* 22, 1966, S. 49-60.
ders., »The Dawn of the Germ Theory: Particles, Infection and Biology«, in: F. L. Paynter (Hrsg.), *Medicine and Society in the 1860s*, London 1968, S. 57-76.
Crews, Frederick, *Skeptical Engagements*, New York – Oxford 1986.
ders., *The Memory Wars: Freud's Legacy in Dispute*, New York 1995.
Crick, Francis, *Ein irres Unternehmen. Die Doppelhelix und das Abenteuer Molekularbiologie*, München 1990.
Crocker, Lester G., »Diderot and Eighteenth Century French Transformism«, in: Bentley Glass, Owsei Temkin und William L. Straus, Jr. (Hrsg.), *Forerunners of Darwin: 1745-1859*, Baltimore 1959, S. 114-143.
Cronin, Vincent, *Napoleon. Eine Biographie*, Hamburg – Düsseldorf 1973.
Cross, J. W. (Hrsg.), *George Eliot's Life as Related in Her Letters and Journals*, 3 Bde., New York um 1885.
Crozier, W. Ray, »Individual Differences in Shyness«, in: Warren H. Jones, Jonathan M. Cheek und Stephen R. Briggs (Hrsg.), *Shyness: Perspectives on Research and Treatment*, New York – London 1986, S. 133-145.
Curtis, Eugene Newton, *Saint-Just: Colleague of Robespierre*, New York 1973.
Cuvier, Frédéric (Hrsg.), *Dictionnaire des Sciences Naturelles. Portraits*, Strasbourg 1826.

Dajer, Tony, »Divided Selves«, *Discover*, September 1992, S. 38-69.
Daly, Martin und Margo Wilson, *Homicide*, New York 1988.
dies., »The Darwinian Psychology of Discriminative Parental Solicitude«, *Nebraska Symposium on Motivation* 35, 1988, S. 91-144.
dies., »Is Parent-Offspring Conflict Sex-Linked? Freudian and Darwinian Models«, *Journal of Personality* 58, 1990, S. 163-189.
dies., »Some Differential Attributes of Lethal Assaults on Small Children by Stepfathers Versus Genetic Fathers«, *Ethology and Sociobiology* 15, 1994, S. 207-217.
d'Amat, Roman, »Duprat, Jean«, *Dictionnaire biographique française* 12, 1968, S. 508f.
Daniels, Denise, »Differential Experiences of Siblings in the Same Family as Predictors of Adolescent Sibling Personality Differences«, *Journal of Personality and Social Psychology* 51, 1986, S. 339-346.
Darnton, Robert, »Mesmer, Franz Anton (1734-1815)«, *Dictionary of Scientific Biography* 9, 1974, S. 325-328.
ders., *Der Mesmerismus und das Ende der Aufklärung in Frankreich*, München – Wien 1983.
Darwin, Charles Robert, »Remarks upon the Habits of the Genus *Geospiza, Camarhynchus, Cactornis*, and *Certhidea* of Gould«, *Proceedings of the Zoological Society of London* 5, 1837, S. 49.
ders., *Journal of Researches into the Geology and Natural History of the Various Countries Visited by H. M. S. Beagle, under the Command of Captain FitzRoy, R. N. from 1832 to 1836*, London 1839. (dt.: *Reise eines Naturforschers ...*)
ders., *The Zoology of the Voyage of H. M. S. Beagle, under the Command of Captain FitzRoy, R. N. during the Years 1832-1836*, hrsg. v. Charles Darwin, Teil 3: *Birds*, London 1841.

ders., *Journal of Researches into the History and Geology of the Countries Visited during the Voyage of H. M. S. Beagle round the World, under the Command of Capt. FitzRoy, R. N.* 2. Aufl. London 1845.
ders., »On the Tendency of Species to Form Varieties. Communicated by Charles Lyell ... and J. D. Hooker [Vorgetragen am 1. Juli 1858]«, *Journal of the Proceedings of the Linnean Society (Zoology)* 3, 1859 [1858], S. 45-62; wieder abgedr. in Charles Darwin und Alfred Russel Wallace, *Evolution by Natural Selection*, Cambridge 1958, S. 259-267.
ders., *On the Origin of Species by Means of Natural Selection, or the Preservation of Favoured Races in the Struggle for Life*, London 1859. (dt.: *Über die Entstehung der Arten ...*)
ders., *On the Origin of Species by means of Natural Selection, or the Preservation of Favoured Races in the Struggle for Life*, 6. Aufl. London 1872.
ders., *Über den Ausdruck der Gemütsbewegungen bei dem Menschen und den Thieren*, übers. v. J. V. Carus, Stuttgart 1872.
ders., »A Biographical Sketch of an Infant«, *Mind* 2, 1877, S. 285-294.
ders., »Biographische Daten«, in: Ernst Krause, *Erasmus Darwin und seine Stellung in der Geschichte der Descendenz-Theorie*, Leipzig 1880, S. 1-72.
ders., *Journal of Researches into the Natural History and Geology of the Countries Visited during the Voyage of H. M. S. Beagle round the World, under the Command of Capt. FitzRoy, R. N.*, neue Ausgabe mit Illustrationen von R. T. Pritchett, London – New York 1890.
ders., *Die Abstammung des Menschen und die geschlechtliche Zuchtwahl*, dt. von J. V. Carus, 5. Aufl. Stuttgart 1899.
ders., *More Letters of Charles Darwin: A Record of His Work in a Series of Hitherto Unpublished Letters*, hrsg. v. Francis Darwin und A. C. Seward, 2 Bde., New York 1903.
ders., *Das Variieren der Tiere und Pflanzen im Zustande der Domestikation*, 2 Bde., 4. Aufl. Stuttgart 1910.
ders., *Die Fundamente zur Entstehung der Arten. Zwei in den Jahren 1842 und 1844 verfasste Essays*, Leipzig – Berlin 1911.
ders., *Darwin's Journal*, hrsg. v. Gavin de Beer, *Bulletin of the British Museum (Natural History) Historical Series* 2, Nr. 1, 1959.
ders., *Reise eines Naturforschers um die Welt*, hrsg. v. Dr. G. A. Narciss und bearb. v. Dr. I. Bühler nach d. Ausg. v. 1875, in der Übers. von J. V. Carus, Stuttgart 1962.
ders., *Darwin's Ornithological Notes*, hrsg. v. Nora Barlow, *Bulletin of the British Museum (Natural History) Historical Series* 2, Nr. 7, 1963 [1836].
ders., *Charles Darwin's Diary of the Voyage of H. M. S. »Beagle«*, hrsg. v. Nora Barlow, Cambridge 1933, Neuausg. New York 1969.
ders., *Natural Selection*, hrsg. v. Robert Stauffer, Cambridge 1975 [1854-1858].
ders., *The Correspondence of Charles Darwin*, hrsg. v. Frederick Burkhardt und Sydney Smith, 10 Bde. (bisher), Cambridge 1985–.
ders., *Charles Darwin's Notebooks, 1836-1844: Geology, Transmutation of Species, Metaphysical Enquiries*, hrsg. v. Paul H. Barrett, Peter J. Gautrey, Sandra Herbert, David Kohn und Sydney Smith, Ithaca/N.Y. 1987.
ders., *Über die Entstehung der Arten durch natürliche Zuchtwahl oder die Erhaltung der begünstigten Rassen im Kampf ums Dasein*, nach der Übers. von J. V. Carus, hrsg. u. eingel. v. Gerhard H. Müller, Darmstadt 1988.
ders., *Leben und Briefe in drei Bänden*, hrsg. v. Francis Darwin, übers. v. J. V. Carus, Nachdr. d. Ausg. v. 1887, Tübingen 1992.
ders., *Mein Leben*, hrsg. v. seiner Enkelin Nora Barlow, Frankfurt/M. 1993.
Darwin, Charles und Alfred Russel Wallace, »On the Tendency of Species to Form Varieties; and on the Perpetuation of Varieties and Species by Natural Means of Selection ... Communicated by Charles Lyell ... and J. D. Hooker [Vorgetragen am 1. Juli 1858]«, *Journal of the Proceedings of the Linnean Society (Zoology)* 3, 1859 [1858], S. 45-62; wieder abgedr. in Charles Darwin und Alfred Russel Wallace, *Evolution by Natural Selection*, Cambridge 1958, S. 259-267.

dies., *Evolution by Natural Selection*, mit einem Vorw. v. Sir Gavin de Beer, Cambridge 1958 [1858].
Darwin, Emma, *Emma Darwin: A Century of Family Letters, 1792-1896*, hrsg. v. Henrietta [Darwin] Lichtfield, 2 Bde., Cambridge 1915.
Darwin, Erasmus, *Zoonomie oder Gesetze des organischen Lebens*, 3. Bde., Hannover 1795-1799.
Darwin, Francis, »Darwin, Charles Robert (1809-1882)«, *Dictionary of National Biography* 5, 1888, S. 522-534.
ders., »William Erasmus Darwin (1839-1914)«, *Christ's College Magazine* 29, 1914, S. 16-23.
Davies, Gordon L., *The Earth in Decay: A History of British Geomorphology, 1578-1878*, New York 1969.
Davies, Nicholas B., *Dunnock Behavior and Social Evolution*, Oxford – New York 1992.
Davis, James A., *The Logic of Causal Order*, Newbury Park/Calif. 1985.
Davis, Lenwood G., *I Have a Dream ... The Life and Times of Martin Luther King, Jr.*, Chicago 1969.
Dawkins, Richard, *The Extended Phenotype: The Gene as the Unit of Selection*, Oxford – San Francisco 1982
ders., *Das egoistische Gen*, 3. Aufl. Berlin – Heidelberg 1988.
Dawson, John Charles, *Lakanal the Regicide: A Biographical and Historical Study of the Career of Joseph Lakanal*, Tuscaloosa 1948.
Deak, Istvan, »The convert«, *New York Review of Books*, 12. März 1987, S. 39-44.
de Beer, Gavin, *Charles Darwin: Evolution by Natural Selection*, Garden City/N.Y. 1964.
Debus, Allen G. (Hrsg.), *World Who's Who in Science: A Biographical Dictionary of Notable Scientists from Antiquity to the Present*, Chicago 1968.
DeKay, W. Todd und David M. Buss, »Human Nature, Individual Differences, and the Importance of Context: Perspectives from Evolutionary Psychology«, *Current Directions in Psychological Science* 1, 1992, S. 184-189.
Demaris, Ovid, *Brothers in Blood: The International Terrorist Network*, New York 1977.
Demster W. J., *Patrick Matthew and Natural Selection*, Edinburgh 1983.
Dennett, Daniel C., *Darwin's Dangerous Idea: Evolution and the Meaning of Life*, New York 1995.
Desmond, Adrian, *Archetypes and Ancestors: Palaeontology in Victorian London, 1850-1875*, Chicago – London 1982.
ders., »Robert E. Grant: The Social Predicament of a Pre-Darwinian Transmutationist«, *Journal of the History of Biology* 17, 1984, S. 189-223.
ders., »Robert E. Grant's Later View on Organic Development: The Swiney Lectures on »Palaeozoology«, 1853-1857«, *Archives for Natural History* 11, 1984, S. 395-413.
ders., »Richard Owen's Reaction to Transmutation in the 1830s«, *British Journal of the History of Science* 18, 1985, S. 25-50.
ders., »Artisan Resistance and Evolution in Britain, 1819-1848«, *Osiris* 3, 1987, S. 77-110.
ders., *The Politics of Evolution: Morphology, Medicine, and Reform in Radical London*, Chicago – London 1989.
Desmond, Adrian und James Moore, *Darwin*, München – Leipzig 1991.
de Waal, Frans, *Unsere haarigen Vettern*, München 1983.
ders., *Peacemaking among Primates*, Cambridge – London 1989.
Diamond, Arthur M., »Age and the Acceptance of Cliometrics«, *Journal of Economic History* 40, 1980, S. 838-841.
Diamond, Solomon, »Wundt, Wilhelm (1832-1920)«, *Dictionary of Scientific Biography* 14, 1976, S. 526-529.
Dibelius, Franz Wilhelm, »George, Duke of Saxony (George the Bearded) [1471-1539]«, *The New Schaff-Herzog Encyclopedia of Religious Knowledge* 4, 1909, S. 458f.
Dickens, Arthur Geoffrey, *Martin Luther and the Reformation*, London 1967.
ders., *The English Reformation*, 2. Aufl. London 1989.

Dickens, Charles, *David Copperfields persönliche Geschichte, Abenteuer, Erfahrungen und Beobachtungen*, 9. Bde., Leipzig 1849-50.
ders., *Große Erwartungen*, Naumburg/S. 1895.
Dieudonné, Jean, »Poincaré, Jules Henry (1854-1912)«, *Dictionary of Scientific Biography* 11, 1975, S. 51-61.
Digman, John M., »Personality Structure: Emergence of the Five-Factor Model«, *Annual Review of Psychology* 41, 1990, S. 417-440.
Dixon, W. J. (Hrsg.), *BMDP Statistical Software Manual*, 2 Bde., Berkeley – Los Angeles 1992.
Dobrzycki, Jerzy, *The Reception of Copernicus' Heliocentric Theory*, Dordrecht – Boston 1972.
Dobzhansky, Theodosius, Francisco J. Ayala, G. Ledyard Stebbins und James W. Valentine, *Evolution*, San Francisco 1977.
Dock, William, »Wells, William Charles (1757-1817)«, *Dictionary of Scientific Biography* 14, 1976, S. 253f.
Doder, Dusko und Louise Branson, *Gorbachev: Heretic in the Kremlin*, New York 1990.
Dominey, Wallace J. und Lawrence S. Blumer, »Cannibalism of Early Life Stages in Fishes«, in: Glenn Hausfater und Sarah Blaffer Hrdy (Hrsg.), *Infanticide: Comparative and Evolutionary Perspectives*, New York 1984, S. 43-64.
Donovan, Arthur, Larry Laudan und Rachel Laudan (Hrsg.), *Scrutinizing Science: Empirical Studies of Scientific Change*, Dordrecht – Boston – Baltimore 1988.
Dornberg, John, *Breschnew. Profil eines Herrschers im Kreml*, München 1973.
Dorozynski, Alexander, »Privacy Rules Blindside French Glaucoma Effort«, *Science* 252, 1991, S. 369f.
Drake, Stillman, Einleitung zu *Discoveries and Opinions of Galileo*, ins Amerik. übers. v. Stillman Drake, Garden City/N.Y. 1957.
ders., *Galileo Studies*, Ann Arbor/Mich. 1970.
ders., »Cesi, Federico (1585-1630)«, *Dictionary of Scientific Biography* 3, 1971, S. 179f.
ders., »Galilei, Galileo (1564-1642)«, *Dictionary of Scientific Biography* 5, 1972, S. 237-250.
ders., *Galileo at Work: His Scientific Biography*, Chicago – London 1978.
Dreyer, J. L. E., *History of the Planetary Systems from Thales to Kepler*, Cambridge 1906; Neudruck unter d. Titel *A History of Astronomy from Thales to Kepler*, New York 1953.
Duby, Georges, *La societé chevaleresque*, Paris 1991.
ders., *Medieval Marriage: Two Models from Twelfth-Century France*, Vorlesungen an der Johns Hopkins University, Baltimore 1978.
Duffin, Kathleen Elizabeth, »The Search for a Natural Classification: Perspectives on the Quinarian Episode in Ornithology«, Senior honors thesis, Harvard College, Committee on History and Science 1976.
Dunbar, Kevin, »How Scientists Really Reason: Scientific Reasoning in Real-World Laboratories«, in: Robert J. Sternberg und Janet E. Davidson (Hrsg.), *The Nature of Scientific Insight*, Cambridge 1995, S. 365-395.
Dunn, Judy, *Sisters and Brothers*, Cambridge 1985.
dies., *Young Children's Close Relationships: Beyond Attachment*, Newbury Park/Calif. 1993.
Dunn, Judy und Carol Kendrick, *Siblings: Love, Envy, and Understanding*, Cambridge 1982.
Dunn Judy und P. Munn, »Becoming a Family Member: Family Conflict and the Development of Social Understanding«, *Child Development* 56, 1985, S. 480-492.
Dunn, Judy und Robert Plomin, »Why are Siblings so Different? The Significance of Differences in Sibling Experience within the Family«, *Family Process* 30, 1991, S. 271-283.
dies., *Warum Geschwister so verschieden sind*, Stuttgart 1996.
Durant, William J., *Das Zeitalter der Reformation. Eine Geschichte der europäischen Kultur von Wiclif bis Calvin (1300-1564)*, Bern 1962.

ders., *Das Zeitalter Voltaires. Eine Kulturgeschichte Mittel- und Westeuropas von 1715 bis 1756*, Bern 1967.
Durston, Christopher, *The Family in the English Reformation*, Oxford 1989.
Duruy, George (Hrsg.), *Paul J. Barras. Memoiren*, 4 Bde.; Bd 1: *Ancien Régime-Revolution*, Stuttgart 1895.

Eaves, L. J., H. J. Eysenck und N. G. Martin, *Genes, Culture, and Personality: An Empirical Approach*, London – New York 1989.
Edwards, John N. und David L. Klemmack, »Birth Order and the Conservators of Tradition Hypothesis«, *Journal of Marriage and the Family* 35, 1973, S. 619-626.
Egerton, Frank N., III, »Forbes, Edward, Jr. (1815-1854)«, *Dictionary of Scientific Biography* 5, 1972, S. 6ff.
ders., »Watson, Hewett Cottrell (1804-1881)«, *Dictionary of Scientific Biography* 14, 1976, S. 66ff.
Ehrman, Esther, *Mme du Châtelet: Scientist, Philosopher and Feminist of the Enlightenment*, Leamington Spa/UK 1986.
Eiseley, Loren, *Darwin's Century*, New York 1961.
Eisenman, Russell, »Creativity, Birth Order, and Risk Taking«, *Bulletin of the Psychometric Society* 25, 1987, S. 87f.
Ekman, Paul (Hrsg.), *Darwin and Facial Expression: A Century of Research in Review*, New York 1973.
Ellegård, Alvar, *Darwin and the General Reader: The Reception of Darwin's Theory of Evolution in the British Periodical Press, 1859-1872*, mit einem neuen Vorwort v. David L. Hull, Chicago – London 1990 [1958].
Ellenberger, Henri F., *Die Entdeckung des Unbewußten. Geschichte und Entwicklung der dynamischen Psychiatrie von den Anfängen bis zu Janet, Freud, Adler und Jung*, Zürich 1985.
Elms, Alan C., *Personality in Politics*, New York 1976.
Elton, Geoffrey R., *Europa im Zeitalter der Reformation. 1517-1559*, 2. Aufl. München 1982.
Emlen, Stephen T., Peter H. Wrege und Natalie J. Demong, »Making Decisions in the Family: An Evolutionary Perspective«, *American Scientist* 83, 1995, S. 148-157.
Epstein, Lee, Jeffrey A. Segal, Harold J. Spaeth und Thomas G. Walker, *The Supreme Court Compendium: Data, Decisions, and Developments*, Washington/D.C. 1994.
Erdmann, David, »Albert of Prussia [1490-1568]«, *The New Schaff-Herzog Encyclopedia of Religious Knowledge* 1, 1908, S. 106ff.
ders., »George of Brandenburg [1484-1543]«, *The New Schaff-Herzog Encyclopedia of Religious Knowledge* 4, 1909, S. 457f.
Erickson, Carolly, *Great Harry*, New York 1980.
Erikson, Erik Homberger, *Der junge Mann Luther. Eine psychoanalytische und historische Studie*, München 1965.
Ernst, Cécile und Jules Angst, *Birth Order: Its Influence on Personality*, Berlin – New York 1983.
Eysenck, Hans J., *The Psychology of Politics*, London – New York 1954.
ders., »The Questionnaire Measurement of Neuroticism and Extraversion«, *Revista de Psicologia* 50, 1956, S. 113-140.
ders., *Sigmund Freud. Niedergang und Ende der Psychoanalyse*, München 1985.
ders., »Genetic and Environmental Contributions to Individual Differences: The Three Major Dimensions of Personality«, *Journal of Personality* 58, 1990, S. 245-261.
Eysenck, Hans J. und Stanley Rachman, *Neurosen – Ursachen und Heilmethoden. Einführung in die moderne Verhaltenstherapie*, Berlin 1968.
Eysenck, Hans J. und Glen D. Wilson, *The Psychological Basis of Ideology*, Lancaster 1978.

Fahrenberg, J., H. Selg und R. Hampel, *Das Freiburger Persönlichkeitsinventar FPI*, 2. Aufl. Göttingen 1973.
Farber, Susan L., *Identical Twins Reared Apart: A Reanalysis*, New York 1981.
Farley, Frank und Sonja V. Farley, »Birth Order and Political Orientation in College Women«, *Psychological Reports* 34, 1974, S. 1045-1146.
Farley, John, *The Spontaneous Generation Controversy from Descartes to Oparin*, Baltimore – London 1977.
ders., *Gametes and Spores: Ideas about Sexual Reproduction, 1750-1914*, Baltimore – London 1982.
Farley, John und Gerald L. Geison, »Science, Politics, and Spontaneous Generation in 19th Century France: The Pasteur-Pouchet Debate«, *Bulletin of the History of Medicine* 48, 1974, S. 161-198.
Faust, David, *The Limits of Scientific Reasoning*, Minneapolis 1984.
Faust, David und Paul E. Meehl, »Using Scientific Methods to Resolve Questions in the History and Philosophy of Science: Some Illustrations«, *Behavior Therapy* 23, 1992, S. 195-211.
Favier, Jean, Anike Blaise, Serge Cosseron und Jacques Legrand (Hrsg.), *Chronicle of the French Revolution*, London 1989.
Feingold, Alan, »Gender Differences in Personality: A Meta-Analysis«, *Psychological Bulletin* 116, 1994, S. 429-456.
Fellows, Otis, *Diderot*, überarb. Aufl. Boston 1989.
Feshback, Seymour und Bernard Weiner, *Personality*, 2 Aufl. Lexington/Mass. 1986.
Festinger, Leon, *Theorie der kognitiven Dissonanz*, Bern-Stuttgart 1978.
Feuer, Louis, *The Scientific Intellectual*, New York 1963.
ders., *Einstein and the Generations of Science*, New York 1974.
Fichtner, Paula Sutter, *Protestantism and Primogeniture in Early Modern Germany*, New Haven – New York 1989.
Filler, Louis, *Dictionary of American Conservatism*, New York 1987.
Fisch, R., »Psychology of Science«, in: Ina Spiegel-Rosing und D. de S. Price (Hrsg.), *Science, Technology, and Society: A Cross-Disciplinary Perspective*, Newbury Park/Calif. 1977, S. 277-318.
Fisher, Richard B., *Joseph Lister, 1827-1912*, New York 1977.
FitzRoy, Robert, *Narrative of the Surveying Voyages of His Majesty's Ships Adventure and Beagle, between the Years 1826-1836, Describing Their Examination of the Southern Shores of South America, and the Beagle's Circumnavigation of the Globe*; Bd. 1: *Proceedings of the First Expedition, 1826-1830, under the Command of Captain P. Parker King*; Bd. 2: *Proceedings of the Second Expedition, 1831-1836, under the Command of Captain Robert FitzRoy, R. N. With Appendix*, London 1839.
Flaherty, Jenny, »Psychological Correlates of Scientific Attitudes«, Senior honors thesis, Wellesley College, Wellesley/Mass. 1980.
Fleck, Ludwig, *Entstehung und Entwicklung einer wissenschaftlichen Tatsache. Einführung in die Lehre von Denkstil und Denkkollektiv*, Nachdr. d. Ausg. v. 1935, 2. Aufl. Frankfurt/M. 1993.
Fleming, Donald, »Charles Darwin, the Anaesthetic Man«, *Victorian Studies* 4, 1961, S. 219-236.
Flexner, James Thomas, *George Washington: The Forge of Experience (1732-1775)*, Boston 1965.
Flourens, Pierre, *Examen du livre de M. Darwin sur l'origine des espèces*, Paris 1864.
Foner, Eric (Hrsg.), *Nat Turner*, Englewood Cliffs/N.J. 1971.
Forbes, Gordon B., »Birth Order and Political Success: A Study of the 1970 Illinois General Elections«, *Psychological Reports* 29, 1971, S. 1239-1242.
Forman, Paul, »Weimar Culture, Causality, and Quantum Theory, 1918-1927: Adaptation by German Physicists and Mathematicians to a Hostile Intellectual Environment«, *Historical Studies in the Physical Sciences* 3, 1971, S. 1-115.
ders., »The Reception of an Acausal Quantum Mechanics in Germany and Britain«,

in: Seymour H. Mauskopf (Hrsg.), *The Reception of Unconventional Science*, Boulder/Colo. 1978, S. 11-50.

Forster, John, *Charles Dickens' Leben*, 3 Bde., Berlin 1872-1875.

Foster, John W. und Stanley J. Archer, »Birth Order and Intelligence: An Immunological Interpretation«, *Perceptual and Motor Skills* 48, 1979, S. 79-93.

Frank, Laurence G., Stephen E. Glickman und Paul Licht, »Fatal Sibling Aggression, Precocial Development, and Androgens in Neonatal Spotted Hyenas«, *Science* 252, 1991, S. 702ff.

Frank, Philipp, *Einstein. Sein Leben und seine Zeit*, Nachdr. d. Ausg. v. 1949, Braunschweig – Wiesbaden 1979.

Frank, Robert G., Jr., *Harvey and the Oxford Physiologists: A Study of Scientific Ideas*, Berkeley – Los Angeles 1980.

Franklin, Benjamin, *Autobiographie*, Frankfurt/M. 1969.

Fraser, Antonia, *The Wives of Henry VIII.*, New York 1992.

Frederick, Jeffrey T., *The Psychology of the American Jury*, Charlottesville/Va. 1987.

Freeman, Derek, *Liebe ohne Aggression. Margaret Meads Legende von der Friedfertigkeit der Naturvölker*, München 1983.

Freeman, Richard B., *Charles Darwin: A Companion*, Folkestone/U.K.–Hamden/Conn. 1978.

Freud, Sigmund, *Gesammelte Werke*, hrsg. v. Anna Freud unter Mitarbeit von Marie Bonaparte u. a., 18 Bde., London 1940-1968.

ders., *Traumdeutung*, in: *Gesammelte Werke*, Bd. 2 u. 3.

ders., *Vorlesungen zur Einführung in die Psychoanalyse*, in: *Gesammelte Werke*, Bd. 11.

ders, *Neue Folge der Vorlesungen zur Einführung in die Psychoanalyse*, in: *Gesammelte Werke*, Bd. 11.

ders., *Abriß der Psychoanalyse*, in: *Gesammelte Werke*, Bd. 17, S. 63-138.

Freud, Sigmund und Carl Gustav Jung, *Briefwechsel. Sigmund Freud und Carl Gustav Jung*, hrsg. v. William McGuire u. Wolfgang Sauerländer, Frankfurt/M. 1974.

Freudenthal, Hans, »Cauchy, Augustin-Louis (1789-1857)«, *Dictionary of Scientific Biography* 3, 1971, S. 131-148.

Friedman, Leon und Fred L. Israel (Hrsg.), *The Justices of the United States Supreme Court, 1789-1969: Their Lives and Major Opinions*, 4 Bde., New York – London 1969.

Friedrich II., »Gedächtnisrede auf LaMettrie. Gelesen in der Akademie am 19. Januar 1752«, in: *Die Werke Friedrichs des Großen*, Bd. 8, Berlin 1913, S. 217-221.

Fuller, Steve, *Philosophy of Science and Its Discontents*, Boulder/Colo. 1989.

Fulton, John F. und Elizabeth H. Thomson, *Benjamin Silliman: Pathfinder in American Science*, New York 1947.

Furet, François und Mona Ozouf (Hrsg.), *La Gironde et les Girondins*, Paris 1991.

dies., *Kritisches Wörterbuch der französischen Revolution*, Frankfurt/M. 1996.

Furet, François und Denis Richet, *Die Französische Revolution*, 6. Aufl. Frankfurt/M. 1989.

Gagliardo, John G., *Enlightened Despotism*, New York 1967.

Gairdner, James, »Askew, Anne (1521-1546)«, *Dictionary of National Biography* 1, 1885, S. 662ff.

ders., »Parr, Catherine (1512-1548)«, *Dictionary of National Biography* 3, 1887, S. 1217-1221.

Galilei, Galileo, »The Starry Messenger«, in: *Discoveries and Opinions of Galileo*, Garden City/N.Y., S. 20-58.

ders., *Dialog über die beiden hauptsächlichen Weltsysteme. Das Ptolemäische und das Kopernikanische*, Darmstadt 1982.

Galison, Peter, *How Experiments End*, Chicago 1987.

Galton, Francis, *English Men of Science*, London 1874.

Gardner, Howard, *Dem Denken auf der Spur. Der Weg der Kognitionswissenschaft*, Stuttgart 1992.

ders., *Creating Minds: An Anatomy of Creativity Seen through the Lives of Freud, Einstein, Picasso, Stravinsky, Eliot, Graham, and Gandhi*, New York 1993.
ders., *Abschied vom IQ. Die Rahmen-Theorie der vielfachen Intelligenz*, Stuttgart 1994.
ders., *Leading Minds: An Anatomy of Leadership*, unter Mitarbeit v. Emma Laskin, New York 1995.
Gasking, Elizabeth, *Investigations into Generation, 1651-1828*, Baltimore 1967.
Gauld, Alan, *The Founders of Psychical Research*, New York 1968.
Gaulin, Steven J. C. und Carole J. Robbins, »Trivers-Willard Effect in Contemporary North American Society«, *American Journal of Physical Anthropology* 85, 1991, S. 61-69.
Gause, G. F., *The Struggle for Existence*, Baltimore 1934.
Gay, Peter, *Voltaire's Politics: The Poet as Realist*, Princeton 1959.
ders., *The Enlightenment: An Interpretation. The Rise of Modern Paganism*, New York 1966.
Geen, Russell G., »Physiological, Affective, and Behavioral Implications of Extraversion-Introversion«, in: Warren H. Jones, Jonathan M. Cheek und Stephen R. Briggs (Hrsg.), *Shyness: Perspectives on Research and Treatment*, New York – London 1986, S. 265-278.
Geisberg, Max, *The Single-leaf Woodcut: 1500-1540*, überarb. und hrsg. v. Walter L. Strauss, 4 Bde., New York 1974.
Geison, Gerald L., »The Protoplasmic Theory of Life and the Vitalist-Mechanist Debate«, *Isis* 60, 1969, S. 273-292.
George, Charles H. und Katherine George, *The Protestant Mind of the English Reformation 1570-1640*, Princeton 1961.
Getzels, Jacob W. und Philip W. Jackson, *Creativity and Intelligence: Explorations with Gifted Students*, London – New York 1962.
Ghiselin, Michael T., *The Triumph of the Darwinian Method*, Berkeley – Los Angeles 1969.
ders., »The Individual in the Darwinian Revolution«, *New Literary History* 3, 1972, S. 113-134.
Gibbon, Charles, *The Life of George Combe, Author of »The Constitution of Man«*, 2 Bde., London 1878.
Gibney, Leo, *An Investigation into the Verdict Preferences of Death Qualified and Non-Death Qualified Juries*, Ann Arbor/Mich. 1989.
Giere, Ronald N., *Explaining Science: A Cognitive Approach*, Chicago – London 1988.
ders., »The Units of Analysis in Science Studies«, in: Steve Fuller, Marc de Mey, Terry Shinn und Steve Woolgar (Hrsg.), *The Cognitive Turn: Sociological and Psychological Perspectives on Science*, Dordrecht 1989, S. 3-11.
Gieryn, Thomas F., »Distancing Science from Religion in Seventeenth-Century England«, *Isis* 79, 1988, S. 582-593.
Gieryn, Thomas F. und Richard F. Hirsh, »Marginality and Innovation in Science«, *Social Studies of Science* 13, 1983, S. 87-106.
Gillespie, Neal C., *Charles Darwin and the Problem of Creation*, Chicago – London 1979.
Gilligan, Carol, *Die andere Stimme. Lebenskonflikte und die Moral der Frau*, 6. Aufl. München 1993.
Gillispie, Charles Coulston, *Genesis and Geology: A Study in the Relations of Scientific Thought, Natural Theology, and Social Opinion in Great Britain, 1790-1850*, Cambridge 1951.
ders., »Mertonian Theses«, *Science* 184, 1974, S. 656-660.
ders., »Laplace, Pierre-Simon de (1749-1827)«, *Dictionary of Scientific Biography* 15, 1978, S. 273-356.
Gingerich, Owen, »Kepler, Johannes (1571-1630)«, *Dictionary of Scientific Biography* 7, 1973, S. 289-312.
ders., »›Crisis‹ Versus Aesthetic in the Copernican Revolution«, in: Arthur Beer und K. Aa. Strand (Hrsg.), *Vistas in Astronomy*, Oxford – New York 1975, S. 85-95.

Gingerich, Owen und Robert S. Westman, »The Wittich Connection: Conflict and Priority in Late Sixteenth-Century Cosmology«, *Transactions of the American Philosophical Society* 78, Teil 7, 1988.
Gini, Corrado, »Superiority of the Eldest«, *Journal of Heredity* 6, 1915, S. 37ff.
Glantz, Kalman und John K. Pearce, *Exiles from Eden: Psychotherapy from an Evolutionary Perspective*, New York 1989.
Glass, Bentley, »Maupertuis, Pioneer of Genetics and Evolution«, in: Bentley Glass, Owsei Tempkin und William L. Straus, Jr., (Hrsg.), *Forerunners of Darwin, 1745-1859*, Baltimore 1959, S. 51-83.
Glass, Bentley, Owsei Tempkin und William L. Straus, Jr., (Hrsg.), *Forerunners of Darwin, 1745-1859*, Baltimore 1959.
Glass, Gene V., Barry McGaw und Mary Lee Smith, *Meta-Analysis in Social Research*, Beverly Hills/Calif. 1981.
Glen, William, *The Road to Jaramillo: Critical Years in the Revolution in Earth Science*, Stanford 1982.
Glick, Thomas F. (Hrsg.), *The Comparative Reception of Darwinism*, Austin – London 1972.
ders., *The Comparative Reception of Relativity*, Dordrecht – Boston 1987.
Gluck, Mary, *Georg Lukács and His Generation: 1900-1918*, Cambridge 1985.
Godechot, Jacques, *La Contre-Revolution. Doctrine et action 1789-1804*, Paris 1984.
Godlee, Rickman J., *Lord Lister*, Leipzig 1925.
Goertzel, Mildred George, Victor Goertzel und Ted George Goertzel, *Three Hundred Eminent Personalities*, San Francisco 1978.
Goldberg, Lewis Robert, »Language and Individual Differences: The Search for Universals in Personality Lexicons«, in: L. Wheeler (Hrsg.), *Review of Personality and Social Psychology*, Bd. 2, Beverly Hills/Calif. 1981, S. 141-165.
ders., »From Ace to Zombie: Some Explorations in the Language of Personality«, in: C. D. Spielberger und J. N. Butcher (Hrsg.), *Advances in Personality Assessment*, Bd. 1, Hillsdale/N.J. 1982, S. 203-234.
Goldberg, Stanley, *The Early Responses to Einstein's Special Theory of Relativity, 1905-1911: A Case Study in National Differences*, Cambridge 1968.
ders., *Understanding Relativity: Origin and Impact of a Scientific Revolution*, Boston – Basel – Stuttgart 1984.
Golinski, Jan, »The Theory of Practice and the Practice of Theory: Sociological Approaches in the Story of Science«, *Isis* 81, 1990, S. 492-505.
Gortvay, György und Imre Zoltan, *Semmelweis. Retter der Mütter*, Leipzig 1976.
Gosse, Edmund, *The Life of Philip Henry Gosse*, London 1890.
Gosse, Philip Henry, *Omphalos: An Attempt to Untie the Geological Knot*, London 1857.
Gough, Harrison G. und Avril Thorne, »Positive, Negative, and Balanced Shyness: Self-Definitions and the Reactions of Others«, in: Warren H. Jones, Jonathan M. Cheek und Stephen R. Briggs (Hrsg.), *Shyness: Perspectives on Research and Treatment*, New York – London 1986, S. 189-203.
Gould, John, »Remarks on a Group of Ground Finches in Mr. Darwin's Collection, with Characters of the New Species«, *Proceedings of the Zoological Society of London* 5, 1837, S. 4-7.
ders., »Observations on the Raptorial Birds from Mr. Darwin's Collection, with Characters of the New Species«, *Proceedings of the Zoological Society of London* 5, 1837, S. 9-11.
ders., »Exhibition of the Fissirostral Birds from Darwin's Collection, and Characters of the New Species«, *Proceedings of the Zoological Society of London* 5, 1837, S. 22.
ders., »Three Species of the Genus *Orpheus*, from the Galápagos, in the Collection of Mr. Darwin«, *Proceedings of the Zoological Society of London* 5, 1837, S. 27.
ders., »On a New Rhea (*Rhea darwinii*) from Mr. Darwin's Collection«, *Proceedings of the Zoological Society of London* 5, 1837, S. 35.
ders., *The Zoology of the Voyage of H. M. S. Beagle, under the Command of Captain FitzRoy,*

*R. N., during the Years 1832-1836*, hrsg. v. Charles Darwin, Teil 3: *Birds*, London 1841.
ders., *A Prospectus of the Works on Ornithology, etc. by John Gould, F. R. S., with a List of Subscribers to, or Possessors of, the Works*, London 1968.
Gould, Stephen Jay, *Der falsch vermessene Mensch*, Frankfurt/M. 1983.
ders., »Agassiz auf den Galápagos«, in: ders., *Wie das Zebra zu seinen Streifen kommt. Essays zur Naturgeschichte*, Frankfurt/M. 1991, S. 105-117.
ders., *Die Entdeckung der Tiefenzeit. Zeitpfeil oder Zeitzyklus in der Geschichte unserer Erde*, München 1992.
ders., »The Paradox of Genius. Review of *Darwin*, by Adrian Desmond und James Moore (1991)«, *Nature* 355, 1992, S. 215f.
ders., *Das Lächeln des Flamingos. Betrachtungen zur Naturgeschichte*, Frankfurt/M. 1995.
ders., »Why Darwin? Review of *Charles Darwin: Voyaging*, by Janet Browne (1995)«, *New York Review of Books*, 4. April 1996, S. 10-14.
Gould, Stephen Jay und Richard Lewontin, »The Spandrels of San Marco and the Panglossian Paradigm: A Critique of the Adaptationist Programme«, *Proceedings of the Royal Society of London (B)* 205, 1979, S. 581-598.
Graham, Loren R., *Dialektischer Materialismus und Naturwissenschaften in der UDSSR*, Frankfurt/M. 1974.
ders., »Science and Values: The Eugenics Movement in Germany and Russia in the 1920s«, *American Historical Review* 82, 1977, S. 1133-1164.
Grant, Peter R., *Ecology and Evolution of Darwin's Finches*, Princeton 1986.
Grant, Rosemary B. und Peter R. Grant, *Evolutionary Dynamics of a Natural Population: The Large Cactus Finch of the Galápagos*, Chicago – London 1989.
Gray, Asa, *Scientific Papers of Asa Gray*, ausgewählt v. Charles Sprague Sargent, 2 Bde., Boston – New York 1889.
Greaves, Richard L., »Puritanism and Science: The Anatomy of a Controversy«, *Journal of the History of Ideas* 30, 1969, S. 345-368.
Greene, John C., »The Kuhnian Paradigm and the Darwinian Revolution in Natural History«, in: H. Duane Roller (Hrsg.), *Perspectives in the History of Science and Technology*, Norman/Okla. 1971, S. 3-25.
Greene, Mott T., *Geology in the Nineteenth Century: Changing Views of a Changing World*, Ithaca – London 1982.
Greenson, Ralph R., »Disidentifying from Mother: Its Special Importance for the Boy«, *International Journal of Psycho-Analysis* 49, 1968, S. 370-374; wieder abgedr. in *Explorations in Psychoanalysis*, New York 1978, S. 305-312.
Greenwood, M. und G. U. Yule, »On the Determination of Size of Family and of the Distribution of Characteristics in Order of Birth from Samples Taken Through Members of the Sibships«, *Journal of the Royal Statistical Society* 77, 1914, S. 179-199.
Greer, Donald, *The Incidence of the Terror during the French Revolution: A Statistical Interpretation*, Cambridge 1935.
Gross, Paul R. und Norman Levitt, *Higher Superstition: The Academic Left and Its Quarrels with Science*, Baltimore – London 1994.
Grossman, Carl M. und Sylvia Grossman, *The Wild Analyst: The Life and Work of Georg Groddeck*, London 1965.
Grosskurth, Phyllis, *Havelock Ellis: A Biography*, London 1980.
dies., *Margaret Mead: A Life of Controversy*, London 1988.
dies., *The Secret Ring: Freud's Inner Circle and the Politics of Psychoanalysis*, Reading/Mass. 1991.
dies., *Melanie Klein: ihre Welt und ihr Werk*, Stuttgart 1993.
Gruber, Howard, *Darwin on Man: A Psychological Study of Scientific Creativity*, zusammen mit *Darwin's Early and Unpublished Notebooks*, mit Anmerkungen versehen v. Paul H. Barrett, New York 1974.
Grünbaum, Adolf, *Die Grundlagen der Psychoanalyse. Eine philosophische Kritik*, Stuttgart 1988.

ders., *Validation in the Clinical Theory of Psychoanalysis: A Study in the Philosophy of Psychoanalysis*, mit einer Einl. v. Philip S. Holzman, *Psychological Issues*, Monographie 61, Madison/Conn. 1993.
Gueniffey, Patrice, »Robespierre«, in: François Furet und Mona Ozouf (Hrsg.), *Kritisches Wörterbuch der französischen Revolution*, Frankfurt/M. 1996, S. 503-527.
Guerlac, Hanry, *Newton on the Continent*, Ithaca – London 1981.
Guilford, J. P., »A Revised Structure of Intellect«, Reports from the Psychological Laboratory, Nr. 19, University of Southern California 1957.
ders., »Traits of Creativity«, in: H. H. Anderson (Hrsg.), *Creativity and Its Cultivation*, New York 1959, S. 142-161.
Gutting, Gary (Hrsg.), *Paradigms and Revolutions. Appraisals and Applications of Thomas Kuhn's Philosophy of Science*, Notre Dame/Ind. 1980.
Guze, Samuel B., *Why Psychiatry Is a Branch of Medicine*, New York – Oxford 1992.

Haag, Eugène und Émile Haag, »Budé«, *La France Protestante* 3, Paris 1852, S. 74-77.
Hackett, Francis, *Franz der Erste*, Berlin 1936.
Hacking, Ian, *Scientific Revolutions*, Oxford – New York 1981.
ders., »Was there a Probabilistic Revolution, 1800-1930?«, in: Michael Heidelberger, Lorenz Krüger und Rosemarie Rheinwald (Hrsg.), *Probability Since 1800: Interdisciplinary Studies of Scientific Development*, Bielefeld 1983, S. 487-506.
Hahlweg, Kai und C. A. Hooker (Hrsg.), *Issues in Evolutionary Epistemology*, Albany 1989.
Hahn, Roger, *The Anatomy of a Scientific Institution: The Paris Academy of Science, 1666-1803*, Berkeley – Los Angeles – London 1971.
Hagstrom, Warren O., *The Scientific Community*, New York 1965.
Hale, Nathman G., Jr., *Freud and the Americans*, Bd. 1: *The Beginnings of Psychoanalysis in the United States, 1876-1917*, New York 1971.
Hall, A. Rupert, *The Scientific Revolution 1500-1800: The Formation of the Modern Scientific Attitude*, 2. Aufl. Boston 1966.
Hall, Everett Earl, Jr., »Psychological Correlates of Ordinal Position in the Two-Child Family«, *Dissertation Abstractions* 24, 1963, S. 2116f.
Hall, Everett Earl, Jr., und Ben Barger, »Attitudinal Structures in Older and Younger Siblings«, *Journal of Individual Psychology* 20, 1964, S. 59-68.
Hall, Marie Boas, *All Scientists Now: The Royal Society in the Nineteenth Century*, Cambridge 1984.
Hall Thomas S., *Ideals of Life and Matter: Studies in the History of General Physiology, 600 B.C. to A.D. 1900*, 2 Bde., Chicago – London 1969.
Hallman, Anthony, *A Revolution in Earth Sciences: From Continental Drift to Plate Tectonics*, Oxford 1973.
Haller, John S., Jr., *Outcasts from Evolution: Scientific Attitudes of Racial Inferiority, 1859-1900*, Urbana/Ill. 1971.
Haller, Mark H., *Eugenics: Hereditarian Attitudes in American Thought*, New Brunswick/N.J. 1963.
Hamilton, J. G. deR., »Nat Turner«, *Dictionary of American Biography* 19, 1936, S. 69f.
Hamilton, William D., »The Evolution of Altruistic Behavior«, *American Naturalist* 97, 1963, S. 354-356.
ders., »The Genetical Evolution of Social Behavior. I«, *Journal of Theoretical Biology* 7, 1964, S. 1-16.
ders., »The Genetical Evolution of Social Behavior. II«, *Journal of Theoretical Biology* 7, 1964, S. 17-32.
Harlow, Harry, »The Nature of Love«, *American Psychologist* 3, 1958, S. 673-685.
Harrington, Anne, *Medicine, Mind, and the Double Brain: A Study in Nineteenth-Century Thought*, Princeton 1987.
dies., »Other ›Ways of Knowing‹: The Politics of Knowledge in Interwar German Brain Science«, in: dies. (Hrsg.), *So Human a Brain: Knowledge and Values in the Neurosciences*, Boston 1992, S. 229-244.

Harris, Irving D., *The Promised Seed: A Comparative Study of Eminent First and Later Sons*, Glencoe/Ill. – London 1964.

Harris, Irving D. und Kenneth I. Howard, »Birth Order and Responsibility«, *Journal of Marriage and the Family* 30, 1968, S. 427-432.

Harris, Michael, *A Field Guide to the Birds of the Galápagos Islands*, London 1974.

Harris, Steven J., »Transposing the Merton Thesis: Apostolic Spirituality and the Establishment of the Jesuit Scientific Tradition«, *Science in Context* 3, 1989, S. 29-65.

Hart, Michael H., *Die 100 einflußreichsten Persönlichkeiten der Menschheitsgeschichte*, Wien 1994.

Hartung, John, »On Nonheritable Genetic Differences«, *Brain and Behavioral Sciences* 10, 1987, S. 25.

Harvey, Joy, *Races Specified, Evolution Transformed: The Social Context of Scientific Debates Originating in the Société d'Anthropologie de Paris, 1859-1902*, Ph. D. Dissertation, Harvard University, Ann Arbor/Mich. 1983.

ders., »Evolutionism Transformed: Positivists and Materialists in the Société d'Anthropologie de Paris from Second Empire to Third Republic«, in: David Oldroyd und I. Langhan (Hrsg.), *The Wider Domain of Evolutionary Thought*, Dordrecht 1983, S. 289-310.

Harwood, Jonathan, »National Styles in Science: Genetics in Germany and the United States between the World Wars«, *Isis* 78, 1987, S. 390-414.

Hausfater, Glenn und Sarah Blaffer Hrdy (Hrsg.), *Infanticide: Comparative and Evolutionary Perspectives*, New York 1984.

Hayden, Delbert Joseph, »Trait Oppositeness in Siblings«, *Dissertation Abstracts International (B)* 33, 1973, S. 3285.

Hayssen, Virginia D., »Mammalian Reproduction: Constraints on the Evolution of Infanticide«, in: Glenn Hausfater und Sarah Blaffer Hrdy (Hrsg.), *Infanticide: Comparative and Evolutionary Perspectives*, New York 1984, S. 105-123.

Hearsey, John E. N., *Voltaire*, London 1976.

Hedges, Larry V. und Ingram Olkin, »Vote-Counting Methods in Research Synthesis«, *Psychological Bulletin* 88, 1980, S. 359-369.

Heilbron, John L., *Electricity in the 17th and 18th Centuries: A Study of Early Modern Physics*, Berkeley – Los Angeles 1979.

ders., *The Dilemmas of an Upright Man: Max Planck as Spokesman for German Science*, Berkeley – Los Angeles 1986.

Heimpel, Hermann, *Der Mensch in seiner Gegenwart. Sieben historische Essays*, Göttingen 1954.

Hellman, C. Doris, »Brahe, Tycho (1546-1601)«, *Dictionary of Scientific Biography* 2, 1973, S. 401-416.

Helmreich, Robert und Donald Kuiken, »Effects of Stress and Birth Order on Attitude Change«, *Journal of Personality* 36, 1968, S. 466-473.

Hendrix, Scott H., *Luther and the Papacy: Stages in a Reformation Conflict*, Philadelphia 1981.

ders., »Luther's Loyalties and the Augustinian Order«, in: Kenneth Hagen (Hrsg.), *Augustine, the Harvest, and Theology (1300-1650): Essays Dedicated to Heiko Augustinus Oberman in Honor to His 60th Birthday*, Leiden 1990, S. 236-258.

ders., »Loyalty, Piety, or Opportunism: German Princes and the Reformation«, *Journal of Interdisciplinary History* 25, 1994, S. 211-224.

Hendry, John, »Weimar Culture and Quantum Causality«, *History of Science* 18, 1980, S. 155-180.

Henry, John, »The Scientific Revolution in England«, in: Roy Porter und Mikulás Teich (Hrsg.), *The Scientific Revolution in National Context*, Cambridge 1992, S. 178-209.

Herbert, Miranda und Barbara McNeil (Hrsg.), *Biography and Genealogy Index*, 8 Bde., 2. Ausg. Detroit/Mich. 1981.

Herbert, Sandra, »The Place of Man in the Development of Darwin's Theory of Transmutation. Part 1. To July 1837«, *Journal of the History of Biology* 7, 1974, S. 217-258.

Herlihy, David, »Three Patterns of Social Mobility in Medieval History«, *Journal of Interdisciplinary History* 3, 1973, 622-647.

ders., »Family and Property in Renaissance Florence«, in: David Herlihy und A. L. Udovitch (Hrsg.), *The Medieval City*, New Haven 1977, S. 3-24.

Hermann, Armin, *Frühgeschichte der Quantentheorie*, Mosbach/Baden 1969.

ders., »Lenard, Philipp (1862-1947)«, *Dictionary of Scientific Biography* 8, 1973, S. 180-183.

Hess, Kathryn Elaine, »Ordinal Position and Acceptance of Conventional Morality«, *Dissertation Abstracts (A)* 32, 1971, S. 1073.

Hickman, Carole S. und Jerre H. Lipps, »Geologic Youth of Galápagos Islands Confirmed by Marine Stratigraphy and Paleontology«, *Science* 227, 1985, S. 1578ff.

Higonnet, Patrice, »The Social and Cultural Antecedents of Revolutionary Discontinuity: Montagnards and Girondins«, *English Historical Review* 100, 1985, S. 513-544.

Hill, Christopher, *Intellectual Origins of the English Revolution*, Oxford 1965.

ders., »Puritanism, Capitalism, and the Scientific Revolution«, in: Charles Webster (Hrsg.), *The Intellectual Revolution of the Seventeenth Century*, London 1974, S. 243-253; zuerst veröffentlicht in *Past and Present* 29, 1964, S. 88-97.

Hillerbrand, Hans J., *Christendom Divided: The Protestant Reformation*, London 1971.

ders., *The World of the Reformation*, New York 1973.

Hilts, Philip J., »Crucial Research Data in Report Biologist Signed Are Held Fake: Nobelist to Ask Retraction of Paper He Defended«, *The New York Times*, 21. März 1991, S. A1, B10

Hingley, Ronald, *Joseph Stalin: Man and Legend*, London 1974.

Hobson, John Allan, *The Dreaming Brain*, New York 1988.

Hodge, M. J. S., »The Universal Gestation of Nature: Chamber's *Vestiges* and *Explanations*«, *Journal of the History of Biology* 5, 1972, S. 127-152.

Hoffman, Lynn, *Grundlagen der Familientherapie. Konzepte für die Entwicklung von Systemen*, 3. Aufl. Salzhausen 1995.

Hoffmann, Banesh, *Albert Einstein. Schöpfer und Rebell*, Frankfurt/M. 1979.

Holden, Constance, »The Making of a (Female) Scientist«, *Science* 262, 1993, S. 1815.

Holmes, Michael, »Revolutionary Birthdays«, *Nature* 373, 1995, S. 373-468.

Holmquist, Hjalmar Fredrik, *Martin Luther: Mindskrift til Reformationsjubilaeet*, Copenhagen 1917.

Holton, Gerald, *Thematic Origins of Scientific Thought: Kepler to Einstein*, Cambridge 1973.

Hooke, Robert, »Statistics, Sports, and Some Other Things«, in: Judith M. Tanur, Frederick Mosteller, William H. Kruskal, Erich L. Lehmann, Richard F. Link, Richard S. Pieters und Gerald R. Rising (Hrsg.), *Statistics: A Guide to the Unknown*, 3. Aufl. Pacific Grove/Calif. 1989, S. 188-197.

Hooker, Joseph Dalton, »Enumeration of the Plants in the Galápagos Islands, with Descriptions of the New Species«, *Proceedings of the Linnean Society of London* 1, 1846, S. 276-279.

ders., »An enumeration of the Plants of the Galápagos Archipelago; with Descriptions of those which Are New«, *Transactions of the Linnean Society of London* 20, 1847, S. 163-233.

ders., »On the Vegetation of the Galápagos Archipelago as Compared with that of Some Other Tropical Islands and of the Continent of America«, *Transactions of the Linnean Society of London* 20, 1847, S. 235-262.

Hooykaas, Reijer, *Natural Law and Divine Miracle: The Principle of Uniformity in Geology, Biology and Theology*, Leiden 1963.

ders., *Catastrophism in Geology, Its Scientific Character in Relation to Actualism and Uniformitarianism*, Amsterdam 1970.

Howard, Jane, *Margaret Mead: A Life*, New York 1984.

Hoyningen-Huene, Paul, *Die Wissenschaftsphilosophie Thomas S. Kuhns. Rekonstruktion und Grundlagenprobleme*, Braunschweig 1989.

Hrdy, Sarah Blaffer, *The Langurs of Abu: Female and Male Strategies of Reproduction*, Cambridge 1977.

dies., »Sex-Biased Parental Investment among Primates and Other Mammals: A critical Evaluation of the Trivers-Willard Hypothesis«, in: Richard Gelles und Jane Lancaster (Hrsg.), *Child Abuse and Neglect*, New York 1987, S. 97-147.

dies., »Fitness Tradeoffs in the History of Evolution of Delegated Mothering with Special Reference to Wet-Nursing, Abandonment, and Infanticide«, *Ethology and Sociobiology* 13, 1992, S. 409-442.

Hrdy, Sarah Blaffer und Glenn Hausfater, »Comparative and Evolutionary Perspectives on Infanticide: Introduction and Overview«, in: Glenn Hausfater und Sarah Blaffer Hrdy (Hrsg.), *Infanticide: Comparative and Evolutionary Perspectives*, New York 1984, S. xiii-xxxv.

Hrdy, Sarah Blaffer und Debra S. Judge, »Darwin and the Puzzle of Primogeniture«, *Human Nature* 4, 1993, S. 1-45.

Hudson, Liam, »Intelligence, Divergence and Potential Originality«, *Nature* 196, 1962, S. 601.

dies., »Personality and Scientific Aptitude«, *Nature* 198, 1963, S. 913.

dies., *Contrary Imaginations: A Psychological Study of the English Schoolboy*, London 1966.

Hudson, Valerie M., »Birth Order and World Leaders: An Exploratory Analysis of Effects on Personality and Behavior«, *Political Psychology* 11, 1990, S. 583-601.

Hufbauer, Karl, *The Formation of the German Chemical Community (1720-1795)*, Berkeley – Los Angeles 1982.

Hull, David L., *Darwin and His Critics: The Reception of Darwin's Theory of Evolution by the Scientific Community*, Cambridge 1973.

ders., *Science as a Process: An Evolutionary Account of the Social and Conceptual Development of Science*, Chicago – London 1988.

Hull, David L., Peter D. Tessner und Arthur M. Diamond, »Planck's Principle«, *Science* 202, 1978, S. 717-723.

Humboldt, Alexander von und Aimé Bonpland, *Reise in die Aequinoctial-Gegenden des neuen Continents in den Jahren 1799-1804*, 6 Bde., Stuttgart – Tübingen 1815-1832.

Hume, Martin, *The Wives of Henry the Eighth and the Parts They Played in History*, New York 1905.

Hund, Friedrich, *Geschichte der Quantentheorie*, 3. überarb. Aufl. Mannheim 1984.

Hunt, Lynn, *The Family Romance of the French Revolution*, Berkeley – Los Angeles 1992.

Hunt Robert, »Davy, Humphry (1778-1829)«, *Dictionary of National Biography* 14, 1888, S. 187-193.

Hunter, John E. und Frank L. Schmidt, *Methods of Meta-Analysis: Correcting Error and Bias in Research Findings*, Newbury Park/Calif. 1990.

Hunter, John E., Frank L. Schmidt und Gregg B. Jackson, *Meta-Analysis: Culminating Research Findings Across Studies*, Beverly Hills 1982.

Hunter, Michael, *Science and Society in Restoration England*, Cambridge 1981.

ders., *The Royal Society and Its Fellows, 1660-1700: The Morphology of an Early Institution*, Chalfont St. Giles 1982.

Hurwitz, Edith F., »Harriet Elizabeth Beecher Stowe«, in: Alden Whitman (Hrsg.), *American Reformers*, New York 1985, S. 780-783.

Hutchinson, Horace G., *Life of Sir John Lubbock, Lord Avebury*, 2 Bde., London 1914.

Hutton, James, »The Theory of the Earth; or an Investigation of the Laws Observable in the Composition, Dissolution, and Restoration of Land upon the Globe«, *Transactions of the Royal Society of Edinburgh* 1, 1788, S. 209-304.

Huxley, Leonard, *Life and Letters of Thomas Henry Huxley*, 2 Bde., New York 1901.

Huxley, Thomas Henry, »Über die Rezeption der Entstehung der Arten«, in: Charles Darwin, *Leben und Briefe in drei Bänden*, hrsg. v. Francis Darwin, Nachdr. d. Ausg. v. 1887, Tübingen 1992, Bd. 2, S. 174-199.

Hyde, Janet Shibley, »Introduction: Meta-Analysis and the Psychology of Gender«, in: Janet Shibley Hyde und Maria C. Linn (Hrsg.), *The Psychology of Gender: Advances through Meta-Analysis*, Baltimore – London 1986, S. 1-13.
Hyde, Janet Shibley und Maria C. Linn (Hrsg.), *The Psychology of Gender: Advances through Meta-Analysis*, Baltimore – London 1986.

Ihde, Aaron J., *The Development of Modern Chemistry*, New York 1964.
Iltis, Hugo, *Gregor Johann Mendel. Leben, Werk und Wirkung*, Berlin 1924.
Imbrie, John und Katherine Palmer Imbrie, *Die Eiszeiten. Naturgewalten verändern unsere Welt*, Düsseldorf 1981.
Inhelder, Bärbel und Jean Piaget, *Die Psychologie des Kindes*, 5. Aufl. Stuttgart 1993.

Jacob, James R. und Margaret Jacob, »The Anglican Origins of Modern Science: The Metaphysical Foundations of the Whig Constitution«, *Isis* 71, 1980, S. 251-267.
Jacob, Margaret, *The Newtonians and the English Revolution, 1689-1720*, Ithaca/N.Y. 1976.
Jacyna, L. S., »Principles of General Physiology: The Comparative Dimension to British Neuroscience in the 1830s and 1840s«, *Studies in the History of Biology* 7, 1984, S. 47-92.
ders., »The Romantic Programme and the Reception of Cell Theory in Britain«, *Journal of the History Biology* 17, 1984, S. 13-48.
Jäger, Ralf J., Maria Anvret, Kerstin Hall und Gerd Scherer, »A Human XY Female with Frame Shift Mutation in the Candidate Testisdetermining Gene SRY«, *Nature* 348, 1990, S. 452ff.
James, Daniel, *Ché Guevara. A Biography*, New York 1969.
Jenkins, Elizabeth, *Gloriana. Königin Elisabeth I. von England*, Tübingen 1958.
Jensen, William A., Bernd Heinrich, David B. Wake, Marvalee H. Wake und Stephen L. Wolfe, *Biology*, Belmont/Calif. 1979.
Jenssen, Johannes, *History of the German People at the Close of the Middle Ages*, 16 Bde., London 1896-1910.
John, Oliver P., »The ›Big Five‹ Factor Taxonomy: Dimensions of Personality in the Natural Languages and in Questionnaires«, in: Lawrence A. Pervin (Hrsg.), *Handbook of Personality: Theory and Research*, New York 1990, S. 55-100.
Johnson, Edgar, *Charles Dickens: His Tragedy and Triumph*, New York 1977.
Johnson, John A., Christopher K. Germer, Jay S. Efran und Willis F. Overton, »Personality as the Basis for Theoretical Predilections«, *Journal of Personality and Social Psychology* 55, 1988, S. 824-835.
Jones, Ernest, *Das Leben und Werk von Sigmund Freud*, 3 Bde., Stuttgart-Bern 1960-1962.
Jones, Harold E., »The Environment and Mental Development«, in: L. Carmichael (Hrsg.), *Manual of Child Psychology*, New York 1954, S. 631-692.
Jones, Henry Festing, *Samuel Butler, Author of Erewhon (1835-1902)*, 2 Bde., London 1919.
Jones, Richard Foster, *Ancients and Moderns: A Study of Background of the Battle of the Books*, St. Louis 1936.
ders., *Ancients and Moderns: A Study of the Rise of Scientific Movement in Seventeenth-Century England*, 2. Aufl. St. Louis 1961; Berkeley – Los Angeles 1965.
Jones, Warren H., Jonathan M. Cheek und Stephen R. Briggs, *Shyness: Perspectives on Research and Treatment*, New York – London 1986.
Joravsky, David, *The Lysenko Affair*, Cambridge 1970.
Jordan, David P., *The King's Trial: The French Revolution vs. Louis XVI.*, Berkeley 1979.
Judd, John Wesley, »Darwin and Geology«, in: A. C. Seward (Hrsg.), *Darwin and Modern Science*, Cambridge – New York 1909, S. 337-384.
Judson, Horace F., *The Eighth Day of Creation: The Makers of the Revolution in Biology*, New York 1979.

Junker, Thomas, *Darwinismus und Botanik. Rezeption, Kritik und theoretische Alternativen im Deutschland des 19. Jahrhunderts*, Stuttgart 1989.

Kagan, Donald, Steven Ozment und Frank M. Turner, *The Western Heritage*, 2 Bde., 3. Aufl. New York 1987.
Kagan, Jerome, *Personality Development*, New York 1971.
ders., »The Child in the Family«, *Daedalus* 106, 1977, S. 33-56.
ders., *The Power and Limitations of Parents*, Austin/Tex. 1986.
ders., *Die Natur des Kindes*, München 1987.
ders., *Galen's Dream*, New York 1994.
Kagan, Jerome und J. Stephen Reznick, »Shyness and Temperament«, in: Warren H. Jones, Jonathan M. Cheek und Stephen R. Briggs (Hrsg.), *Shyness: Perspectives on Research and Treatment*, New York – London 1986, S. 81-90.
Kagan, Jerome, J. Stephen Reznick und Nancy Snidman, »Biological Bases of Childhood Shyness«, *Science* 240, 1988, S. 167-171.
Kala, A. K. und N. N. Wig, »Delusions Across Cultures«, *International Journal of Social Psychiatry* 28, 1982, S. 185-93.
Kamen, Henry, *Inquisition and Society in Spain in the Sixteenth and Seventeenth Centuries*, London 1985.
Kammeyer, Kenneth, »Birth Order as a Research Variable«, *Social Forces* 46, 1967, S. 71-80.
Karen, Robert, *Becoming Attached: Unfolding the Mystery of the Infant-Mother Bond and Its Impact on Later Life*, New York 1994.
Kates, Gary, *The* Cercle Social, *the Girondins, and the French Revolution*, Princeton 1985.
Kawerau, Peter Gustav, »Joachim I. [1484-1553]«, *The New Schaff-Herzog Encyclopedia of Religious Knowledge* 7, 1910, S. 182f.
ders., »Joachim II. [1505-1571]«, *The New Schaff-Herzog Encyclopedia of Religious Knowledge* 7, 1910, S. 183.
Kay, George F., *The Family in Transition: Its Past, Present, and Future Patterns*, Newton Abbot/England 1972.
Kearney, Hugh F., »Puritanism, Capitalism, and the Scientific Revolution«, in: Charles Webster (Hrsg.), *The Intellectual Revolution of the Seventeenth Century*, London 1974, S. 218-242; zuerst veröffentlicht in *Past and Present* 28, 1964, S. 81-101.
Keller, Evelyn Fox, *A Feeling for the Organism: The Life and Work of Barbara McClintock*, New York 1983.
ders., *Reflections on Gender and Science*, New Haven – London 1985.
Kelley, Donald R., *The Beginning of Ideology: Consciousness and Society in the French Reformation*, Cambridge 1981.
Kevles, Daniel J., *In the Name of Eugenics: Genetics and the Uses of Human Heredity*, New York 1985.
Keynes, Geoffrey, *The Life of William Harvey*, Oxford 1966.
Keynes, Richard Darwin (Hrsg.), *The Beagle Record*, Cambridge 1979.
Kimble, John W., *Man and Nature: Principle of Human and Environmental Biology*, Reading/Mass. 1975.
ders., *Biology*, 4. Aufl. Reading/Mass. 1978.
Kitcher, Patricia, *Freud's Dream: A Complete Interdisciplinary Science of Mind*, Cambridge 1992.
Kitcher, Philip, *Abusing Science: The Case against Creationism*, Cambridge 1982.
ders., *Vaulting Ambition: Sociobiology and the Quest for Human Nature*, Cambridge 1985.
ders., *The Advancement of Science: Science without Legend, Objectivity without Illusion*, New York 1993.
Klein, Martin J., »Einstein, Specific Heats, and the Early Quantum Theory«, *Science* 148, 1965, S. 173-180.
Knorr-Cetina, Karin D., *Die Fabrikation von Erkenntnis. Zur Anthropologie der Naturwissenschaft*, Frankfurt/M. 1991.

Koch, Helen L., »The Relation of »Primary Mental Abilities« in Five- and Six-Year-Olds to Sex of Child and Characteristics of His Sibling«, *Child Development* 25, 1954, S. 209-223.
dies., »Some Personality Correlates of Sex, Sibling Position, and Sex of Sibling among Five- and Six-Year-Old Children«, *Genetic Psychology Monographs* 52, 1955, S. 3-50.
dies., »The Relation of Certain Family Constellation Characteristics and the Attitudes of Children toward Adults«, *Child Development* 26, 1955, S. 13-40.
dies., »Attitudes of Young Children toward Their Peers as Related to Certain Characteristics of Their Siblings«, *Psychological Monograph* 70, 1956, S. 1-41.
dies., »Children's Work Attitudes and Sibling Characteristics«, *Child Development* 27, 1956, S. 289-310.
dies., »Sibling Influence on Children's Speech«, *Journal of Speech and Hearing Disorders* 21, 1956, S. 322-328.
dies., »Sissiness and Tomboyishness in Relation to Sibling Characteristics«, *Journal of Genetic Psychology* 88, 1956, S. 231-244.
dies., »Some Emotional Attitudes of the Young Child in Relation to Characteristics of His Sibling«, *Child Development* 27, 1956, S. 393-426.
dies., »The Relation in Young Children between Characteristics of Their Playmates and Certain Attributes of Their Siblings«, *Child Development* 28, 1957, S. 175-202.
dies., »The Relation of Certain Formal Attributes of Siblings to Attitudes Held toward Each Other and toward Their Parents«, *Monograph of the Society for Research in Child Development* 25, 1960, S. 1-124.
Koestler, Arthur, *The Watershed: A Biography of Johannes Kepler*, Latham/Md. 1960.
ders., *The Case of the Midwife Toad*, New York 1971.
ders., *Die Nachtwandler. Die Entstehungsgeschichte unserer Welterkenntnis*, 2. Aufl. Bern – Stuttgart 1959.
Kohn, Alexander, *False Prophets*, Oxford – New York 1986.
Kolde, Theodor Friedrich Herman, »Frederick III., the Wise [1486-1525]«, *The New Schaff-Herzog Encyclopedia of Religious Knowledge* 4, 1909, S. 375ff.
Koyré, Alexandre, *La revolution astronomique. Copernic, Kepler, Borelli*, Paris 1961.
ders., *Von der geschlossenen Welt zum unendlichen Universum*, Frankfurt/M. 1980.
ders. und I. Bernard Cohen, »Newton & the Leibniz-Clarke Correspondence, with Notes on Newton, Conti, and Des Maizeaux«, *Archives Internationales d'Histoire des Sciences* 15, 1962, S. 63-126.
Kraft, P. und P. Kroes, »Adaptation of Scientific Knowledge to an Intellectual Environment. Paul Forman's ›Weimar Culture, Causality, and Quantum Theory, 1918-1927‹: Analysis and Criticism«, *Centarus* 27, 1984, S. 76-99.
Krasno, Francis, »Catherine Esther Beecher«, in: Alden Whitman (Hrsg.), *American Reformers*, New York 1985, S. 62ff.
Kruta, Vladislav, »Wagner, Rudolph (1805-1864)«, *Dictionary of Scientific Biography* 14, 1976, S. 113f.
ders. und V. Orel, »Mendel, Johann Gregor (1822-1884)«, *Dictionary of Scientific Biography* 9, S. 277-283.
Kuhn, Thomas S., »The Essential Tension: Tradition and Innovation in Scientific Research«, in: Calvin W. Taylor und Frank Barron (Hrsg.), *Scientific Creativity: Its Recognition and Development*, New York – London 1963, S. 341-354; wieder abgedr. u. übers. in ders., *Die Entstehung des Neuen. Studien zur Struktur der Wissenschaftsgeschichte*, Frankfurt/M. 1978.
ders., »Postscriptum von 1969«, in: ders., *Die Struktur wissenschaftlicher Revolutionen*, 2., rev. und um das Postscriptum von 1969 erw. Ausg., Frankfurt/M. 1979, S. 186-221.
ders., »Logik der Forschung oder Psychologie der wissenschaftlichen Arbeit« in: Imre Lakatos und Alan Musgrave (Hrsg.), *Kritik und Erkenntnisfortschritt*, Braunschweig 1974, S. 1-24.
ders., »Bemerkungen zu meinen Kritikern« in: Imre Lakatos und Alan Musgrave (Hrsg.), *Kritik und Erkenntnisfortschritt*, Braunschweig 1974, S. 223-269.

ders., *Black-Body Theory and the Quantum Discontinuity, 1894-1912*, Chicago 1978.
ders., *Die Entstehung des Neuen. Studien zur Struktur der Wissenschaftsgeschichte*, Frankfurt/M. 1978.
ders., *Die Struktur wissenschaftlicher Revolutionen*, 2., rev. und um das Postscriptum von 1969 erw. Ausg., Frankfurt/M. 1979.
ders., *Die kopernikanische Revolution*, Braunschweig 1981.
Kuscinski, Auguste, *Dictionnaire des conventionnels*, Paris 1917-1919.

Lack, David, *The Galápagos Finches (Geospizinae): A Study in Variation. Occasional Papers of the California Academy of Science*, Nr. 31, San Francisco 1945.
ders., *Darwin's Finches: An Essay on the General Biological Theory of Evolution*, Cambridge 1947.
Lakatos, Imre und Alan Musgrave (Hrsg.), *Kritik und Erkenntnisfortschritt. Abhandlungen des Internationalen Kolloquiums über die Philosophie der Wissenschaft, London 1965*, 3. Aufl. Braunschweig 1974.
LaMettrie, Julien Offray de, *Der Mensch als Maschine*, 2. Aufl. Nürnberg 1988.
Landis, H. R. M., »The Reception of Koch's Discovery in the United States«, *Annals of Medical History* 4, 1932, S. 531-537.
Langford, Jerome J., *Galileo, Science and the Church*, überarb. Aufl. Ann Arbor 1971.
Latour, Bruno, »Les idéologies de la competence en milieu industrial à Abidjan«, *Cahier Orstrom Sciences Humaines* 9, 1973, S. 1-174.
ders., *Science in Action: How to Follow Scientists and Engineers through Society*, Cambridge 1987.
Latour, Bruno und Steve Woolgar, *Laboratory Life: The Construction of Scientific Facts*, mit einer Einl. v. Jonas Salk, Princeton 1986.
Laudan, Larry, Arthur Donovan, Rachel Laudan, Peter Barker, Harold Brown, Jarret Leplin, Paul Thagard und Steve Wykstra, »Scientific Change: Philosophical Models and Historical Research«, *Synthese* 69, 1986, S. 141-223.
Laudan, Rachel, *From Mineralogy to Geology: The Foundations of a Science, 1650-1830*, Chicago – London 1987.
Laudan, Rachel, Larry Laudan und Arthur Donovan, »Testing Theories of Scientific Change«, in: Arthur Donovan, Larry Laudan und Rachel Laudan (Hrsg.), *Scrutinizing Science: Empirical Studies of Scientific Change*, Dordrecht – Boston – Baltimore 1988, S. 3-44.
Layman, C. H. (Hrsg.), *Man of Letters: The Early Life and Love Letters of Robert Chambers*, Edinburgh 1990.
Leary, Warren E., »Lab Notes Are False, Secret Service Says«, *New York Times*, 15. Mai 1990, C5.
Lee, Sidney, »Seymour, Jane (1509?-1537)«, *Dictionary of National Biography* 10, 1892, S. 678ff.
dies., »Stephen, Sir Leslie (1837-1904)«, *Dictionary of National Biography*, Supplement, 1901-1911, 1912, S. 398-405.
Lefebvre, Georges, *La révolution francaise*, 3. Aufl., Paris 1963.
ders., *Napoleon*, Stuttgart 1989.
ders., *The French Revolution*, 2 Bde., London – New York 1962-1964.
Lefebvre, George, Marcel Reinhard und Marc Bouloiseau (Hrsg.), *Procès verbaux des séances de la Convention National*, 3 Bde., Paris 1959-1963.
Legge, Francis, »Wilberforce, Samuel (1805-1873)«, *Dictionary of National Biography* 21, 1900, S. 204-208.
Le Grand, H. E., *Drifting Continents and Shifting Theories: The Modern Revolution in Geology and Scientific Change*, Cambridge – New York 1988.
Leibniz, Gottfried Wilhelm und Samuel Clarke, *Der Briefwechsel von 1715-1716*, hrsg. mit einer Einleitung und einem Anhang v. Ed Dellian, Hamburg 1990.
Lemay, Edna Hindie, »Les révélations d'un dictionnaire: Du nouveau sur la composition de l'Assemblée Nationale Constituante (1789-1791)«, *Annales de la Révolution Française* 284, 1991, S. 159-189.

Lemay, Morris L., »Birth Order and College Misconduct«, *Journal of Individual Psychology* 24, 1968, S. 167ff.
Lenoir, Timothy, »Practice, Reason, Context: The Dialogue between Theory and Experiment«, *Science in Context* 2, 1988, S. 3-22.
Léonard, Émile G., *A History of Protestantism*, 2 Bde., London 1965.
Leonhard, Wolfgang, *Nikita Sergejewitsch Chruschtschow. Aufstieg und Fall eines Sowjetführers*, Luzern – Frankfurt/M. 1965.
Lesky, Erna, *Die Wiener medizinische Schule im 19. Jahrhundert*, Graz – Köln 1965.
Leviton, Alan E. und Michele L. Aldrich (Hrsg.), »Plate tectonics: Biogeography«, *Journal of the History of the Earth Sciences Society* 4, Nr. 2, 1985.
Lewis, Anthony, »Earl Warren«, in: Leon Friedman und Fred L. Israel (Hrsg.), *The Justices of the United States Supreme Court, 1789-1869*, Bd. 4, New York 1969, S. 2721-2899.
Lewis, Bob D., »Birth Order and Religiosity«, *Psychological Reports* 37, 1975, S. 809f.
Lewis, David L., *King: A Critical Biography*, New York 1970.
Lewis-Beck, Michael S., Anne Hildreth und Alan B. Spitzer, »Was There a Girondin Faction in the National Convention, 1792-93«, *French Historical Studies* 15, 1988, S. 519-536.
Lieberman, Leonard und Larry T. Reynolds, »The Debate over Race Revisited: An Empirical Investigation«, *Phylon* 39, 1978, S. 333-343.
Liermann, Hans, »Untersuchungen zum Sakralrecht des protestantischen Herrschers«, *Zeitschrift der Savigny-Stiftung für Rechtsgeschichte, Kanonische Abteilung* 30, 1941, S. 311-383.
Light, Richard J. und David B. Pillemer, *Summing Up: The Science of Reviewing Research*, Cambridge – London 1984.
Lightman, Alan und Owen Gingerich, »When do Anomalies Begin?«, *Science* 255, 1992, S. 690-695.
Lilley, S., »Social Aspects of the History of Science«, *Archives Internationales d'Histoire des Sciences* 28, 1949, S. 376-443.
Lindroth, Sten, »Linnaeus, Carl (1707-1778)«, *Dictionary of Scientific Biography* 8, 1973, S. 374-381.
Linn, Maria C., »Meta-Analysis of Studies of Gender Differences: Implications and Future Directions«, in: Janet Shibley Hyde und Maria C. Linn, *The Psychology of Gender: Advances through Meta-Analysis*, Baltimore – London 1986, S. 210-231.
Lipset, David, *Gregory Bateson: The Legacy of a Scientist*, Englewood Cliffs/N.J. 1980.
Little, Roderick J. A. und Donald B. Rubin, *Statistical Analysis with Missing Data*, New York 1987.
Loehlin, John C., »Are Personality Traits Differentially Heritable?«, *Behavior Genetics* 12, 1982, S. 417-428.
ders., »Twin Studies, Environment Differences, Age Changes«, *Behavioral and Brain Sciences* 10, 1987, S. 30f.
ders., *Gene and Environment in Personality Development*, Newbury Park/Calif. 1992.
Loehlin, John C., Joseph M. Horn und Lee Willerman, »Heredity, Environment, and Personality Change: Evidence from the Texas Adoption Project«, *Journal of Personality* 58, 1990, S. 221-243.
Loehlin, John C. und Robert C. Nichols, *Heredity, Environment, and Personality: A Study of 850 Sets of Twins*, Austin – London 1976.
Longstreth, Langdon E., »Birth Order and Avoidance of Dangerous Activities«, *Developmental Psychology* 2, 1970, S. 154.
Longstreth, Langdon E., Gayle V. Longstreth, Christopher Ramirez und Gloria Fernandez, »The Ubiquity of Big Brother«, *Child Development* 46, 1975, S. 769-772.
Looft, William R., »Conservatives, Liberals, Radicals, and Sensation-Seekers«, *Perceptual and Motor Skills* 32, 1971, S. 98.
Loomis, Stanley, *Ein Jahr, zwei Wochen und ein Tag. Paris 1793-1794*, Tübingen 1966.
Lovejoy, Arthur O., »The Argument for Organic Evolution before the *Origin of Species*,

1830-1858«, in: Bentley Glass, Owsei Tempkin und William L. Straus, Jr., (Hrsg.), *Forerunners of Darwin, 1745-1859*, Baltimore 1959, S. 356-414.

Lueptow, Loyd B., Lori Garovich und Margaret B. Lueptow, »The Persistence of Gender Stereotypes in the Face of Changing Sex Roles: Evidence Contrary to the Sociocultural Model«, *Ethology and Sociobiology* 16, 1995, S. 509-530.

Lurie, Edward, *Louis Agassiz: A Life in Science*, Chicago 1960.

ders., »Agassiz, Jean Louis Rodolphe (1807-1873)«, *Dictionary of Scientific Biography* 1, 1970, S. 72ff.

Lyell, Charles, *Lehrbuch der Geologie. Ein Versuch, die früheren Veränderungen der Erdoberfläche durch noch jetzt wirksame Ursachen zu erklären*, 3 Bde., London 1833-35.

ders., *Das Alter des Menschengeschlechts auf der Erde und der Ursprung der Arten durch Abänderung, nebst einer Beschreibung der Eiszeit in Europa und Amerika*, Leipzig 1867.

ders., *Life, Letters and Journals of Sir Charles Lyell Bart*, hrsg. v. Katherine M. Lyell, 2 Bde., London 1881.

Lykken, David T., »Research with Twins: The Concept of Emergenesis«, *Society for Psychophysiological Research* 19, 1982, S. 361-373.

ders., »An Alternative Explanation for Low or Zero Sib Correlations«, *Behavioral and Brain Sciences* 10, 1987, S. 31.

Lykken, David T., Matthew McGue, Auke Tellegen und Thomas J. Bouchard, Jr., »Emergenesis: Genetic traits that may not run in families«, *American Psychologist* 47, 1992, S. 1565-1577.

Mabee, Carleton, *Black Freedom: The Nonviolent Abolitionists from 1830 through the Civil War*, London 1970.

Macalpine, I. und R. Hunter, *George III. and the Mad Business*, New York 1969.

MacArthur, Charles, »Personalities of First and Second Children«, *Psychiatry* 19, 1956, S. 47-54.

McCann, H. Gilman, *Chemistry Transformed: The Paradigmatic Shift from Phlogiston to Oxygen*, Norwood/N.J. 1978.

McCarry, Charles, *Citizen Nader*, New York 1972.

McCartney, K., M. J. Harris und F. Bernieri, »Growing Up and Growing Apart: A Developmental Meta-Analysis of Twin Studies«, *Psychological Bulletin* 107, 1990, S. 226-237.

Maccoby, Eleanor Emmons und Carol Nagy Jacklin, *The Psychology of Sex Differences*, Stanford 1974.

McCormmach, Russell, »Henri Poincaré and the Quantum Theory«, *Isis* 58, 1967, S. 37-66.

McCrae, Robert R., »Creativity, Divergent Thinking, and Openness to Experience«, *Journal of Personality and Social Psychology* 52, 1987, S. 1258-1265.

ders., »Openness to Experience: Expanding the Boundaries of Factor V«, *European Journal of Personality* 8, 1994, S. 251-272.

McCrae, Robert R. und Paul T. Costa, Jr., »Openness to Experience«, in: R. Hogan und Warren H. Jones (Hrsg.), *Perspectives in Personality*, Bd. 1, Greenwich/Conn. 1985, S. 145-172.

dies., »Validation of the Five-Factor Model of Personality across Instruments and Observers«, *Journal of Personality and Social Psychology* 52, 1987, S. 81-90.

dies., *Personality in Adulthood*, New York 1990.

dies., »The Paradox of Parental Influence: Understanding Retrospective Studies of Parent-Child Relations and Adult Personality«, in: C. Perris, W. A. Arrindell und M. Eisemann (Hrsg.), *Parenting and Psychopathology*, New York 1994, S. 107-125.

MacDonald, A. P., Jr., »Manifestations of Differential Levels of Socialization by Birth Order«, *Developmental Psychology* 1, 1969, S. 485-492.

ders., »Birth Order and Religious Affiliation«, *Developmental Psychology* 1, 1969, S. 628.

ders., »Birth Order and Personality«, *Journal of Consulting and Clinical Psychology* 136, 1971, S. 171-176.

ders., »Relation of Birth Order to Morality Types and Attitudes towards the Poor«, *Psychological Reports* 29, 1971, S. 732.

MacDonald, Kevin, »A Perspective on Darwinian Psychology: The Importance of Domaingeneral Mechanisms, Plasticity, and Individual Differences«, *Ethology and Sociobiology* 12, 1991, S. 449-480.

ders., »Evolution, the Five-Factor Model, and Levels of Personality«, *Journal of Personality* 63, 1995, S. 525-567.

MacDonald, Kim A., »Biology and Behavior«, *The Chronicle of Higher Education*, 14. September 1994, S. A10-11, A21.

McInerney, Peter, »Earl Warren«, in: Alden Whitman (Hrsg.), *American Reformers*, New York 1985, S. 844-849.

MacKenzie, Norman Ian, *Dickens. Ein Leben*, Frankfurt/M. 1983.

Mackey, Howard, »Wedgwood, Josiah (1730-1795)«, in: Joseph O. Baylen und Norbert J. Gossman (Hrsg.), *Biographical Dictionary of Modern British Radicals*, Bd 1: *1770-1830*, Hassocks/Sussex 1979, S. 517f.

McKie, Douglas, *Antoine Lavoisier: The Father of Modern Chemistry*, Philadelphia 1935.

MacKinney, H. Lewis, *Wallace and Natural Selection*, New Haven – London 1972.

ders., »Wallace, Alfred Russel (1823-1913)«, *Dictionary of Scientific Biography* 14, 1976, S. 133-140.

MacKinnon, Donald W., »The Personality of Creativity: A Study of American Architects«, *Proceedings of the XIVth International Congress of Applied Psychology* 2, 1962, S. 11-39.

MacLean, George und Ulrich Rappen, *Hermine Hug-Hellmuth*, New York – London 1991.

MacLeavy, William Sharpe, *Horae entomologicae; or, Essays on the Annulose Animals*, London 1819-1821.

MacLeod, Roy M., »Evolution and Richard Owen«, *Isis* 56, 1965, S. 259-280.

Macmillan, Malcolm, *Freud Evaluated: The Completed Arc.*, Amsterdam – Cambridge 1991.

McMullin, Ernan, »Bellarmine, Robert (1542-1621)«, *Dictionary of Scientific Biography* 1, 1970, S. 587-590.

McNeil, Barbara (Hrsg.), *Biography and Genealogy Master Index, 1981-1985*, 5 Bde., Detroit/Mich. 1985.

dies., *Biography and Genealogy Master Index, 1986-1990*, 3 Bde., Detroit/Mich. 1990.

McNeill, William H., *Mythhistory and Other Essays*, Chicago 1986.

Mahajan, Vijay und Robert A. Peterson, *Models for Innovation Diffusion*, Newbury Park/Calif. 1985.

Mahoney, Michael J., *Scientist as Subject*, Cambridge 1976.

ders., »Psychology of the Scientist: An Evaluative Review«, *Social Studies of Science* 9, 1979, S. 349-375.

Main, Mary B., »Analysis of a Peculiar Form of Reunion Behavior in Some Day-Care Children: Its History and Sequelae in Children Who Are Home-Reared«, in: Roger A. Webb (Hrsg.), *Social Development in Childhood: Daycare Programs and Research*, Baltimore – London 1977, S. 33-78.

Malcolm, Janet, *Fragen an einen Psychoanalytiker. Zur Situation eines unmöglichen Berufs*, 2. Aufl. Stuttgart 1992.

Malthus, Thomas Robert, *Eine Abhandlung über das Bevölkerungsgesetz. Oder eine Untersuchung seiner Bedeutung für die menschliche Wohlfahrt in Vergangenheit und Zukunft*, 2 Bde., Jena 1924-25.

Mandeville, Bernard de, *Bernhard von Mandesvilles Fabeln von den Bienen*, Leipzig 1818.

Mann, Charles C., »Meta-Analysis in the Breech«, *Science* 249, 1990, S. 476-480.

ders., »Can Meta-Analysis Make Policy«, *Science* 266, 1994, S. 960ff.

Manuel, Frank E., *A Portrait of Isaac Newton*, Cambridge 1968.
Marchant, James, *Alfred Russel Wallace: Letters and Reminiscences*, New York 1916.
Marcou, Jules, *Life, Letters, and Works of Louis Agassiz*, 2 Bde., New York – London 1896.
Marjoribanks, Kevin, »Social Attitudes: Social Status and Sibling Constellation Correlates«, *Psychological Reports* 45, 1979, S. 995-1000.
Martin, James Kirby, *Men in Rebellion: Higher Governmental Leaders and the Coming of the American Revolution*, New Brunswick/N.J. 1973.
Martin, N. G., L. J. Eaves, A. C. Heath, Rosemary Jardine, Lynn M. Feingold und Hans J. Eysenck, »Transmission of Social Attitudes«, *Proceedings of the National Academy of Science* 83, 1986, S. 4364-4368.
Martineau, Harriet, *Harriet Martineau's Autobiography. With Memorials by Maria Weston Chapman*, 3 Bde., London 1877.
Marvin, Ursula B., *Continental Drift: The Evolution of a Concept*, Washington/D.C. 1973.
Matrat, Jean, *Robespierre ou la tyrannie de la majorité*, Paris 1971.
Matthew, Patrick, *On Naval Timber and Arboriculture*, Edinburgh 1831.
ders., »Nature's Law of Selection«, *The Gardener's Chronicle*, 7. April 1860, S. 312.
ders., »Letter«, *The Gardener's Chronicle*, 12. Mai 1860, S. 433.
Mauskopf, Seymour H., »Molecular Geometry in 19th-Century France: Shifts in guiding assumptions«, in: Arthur Donovan, Larry Laudan und Rachel Laudan (Hrsg.), *Scrutinizing Science: Empirical Studies of Scientific Change*, Dordrecht – Boston 1988, S. 125-144.
ders., »Prize Announcements«, *Isis* 83, S. 278f.
Mayr, Ernst, »A Tenderfoot Explorer in New Guinea: Reminiscences of an Expedition for Birds in the Primeval Forests of the Arfak Mountains«, *Natural History* 32, 1932, S. 83-97.
ders., *Systematics and the Origin of Species from the Viewpoint of a Zoologist*, New York 1942.
ders., »Cause and Effect in Biology«, *Science* 134, 1961, S. 1501-1506.
ders., Einleitung zu Charles Darwin, *On the Origin of Species. A Facsimile of the First Edition*, Cambridge – London 1964.
ders., *Artbegriff und Evolution*, Hamburg-Berlin 1967.
ders., *Evolution und die Vielfalt des Lebens*, Berlin-Heidelberg 1979.
ders., *Die Entwicklung der biologischen Gedankenwelt*, Heidelberg 1984.
ders., *Eine neue Philosophie der Biologie*, München-Wien 1991.
ders., »The Ideological Resistance to Darwin's Theory of Natural Selection«, *Proceedings of the American Philosophical Society* 135, 1991, S. 123-139.
ders., *... und Darwin hat doch recht. Charles Darwin, seine Lehre und die moderne Evolutionsbiologie*, München–Wien 1994.
ders., »Ernst Mayr: An Informal Chronology«, zusammengestellt zur Eröffnung der Ernst Mayr Bibliothek am Museum für Vergleichende Zoologie, Harvard University, Cambridge/Mass. 1995.
Mazlish, Bruce, *The Revolutionary Ascetic: Evolution of a Political Type*, New York 1976.
Mead, Margaret, *Social Organization of Manu'a*, Honolulu/Hawaii 1969 [1930]
dies., *Jugend und Sexualität in primitiven Gesellschaften*, Bd. 1: *Kindheit und Jugend in Samoa*, 4. Aufl. München 1976.
dies., *Brombeerblüten im Winter. Ein befreites Leben*, Reinbek bei Hamburg 1993.
Meehl, Paul E., *Clinical versus Statistical Prediction: A Theoretical Analysis and a Review of the Evidence*, Minneapolis 1954.
ders., »Seer over Sign: The First Good Example«, *Journal of Experimental Research in Personality* 1, 1965, S. 27-32.
ders., »Theoretical Risks and Tabular Asterisks: Sir Karl, Sir Ronald, and the Slow Progress of Soft Psychology«, *Journal of Consulting and Clinical Psychology* 46, 1978, S. 806-834.

ders., Vorwort zu David Faust, *The Limits of Scientific Reasoning*, Minneapolis 1984, S. xi-xxiv.
ders., »Why Summaries of Research on Psychological Theories Are Often Uninterpretable«, *Psychological Reports* 66, 1990, S. 195-244.
Mellersh, Harold E. L., *FitzRoy of the Beagle*, London 1968.
Merriman, Roger Bigelow, *Life and Letters of Thomas Cromwell*, 2 Bde., Oxford 1902.
Merton, Robert K., »Science, Technology and Society in Seventeenth-Century England«, *Osiris* 4, 1938, S. 360-632; wieder abgedr. in ders., *Science, Technology and Society in Seventeenth-Century England*, New York 1970.
ders., *Science, Technology and Society in Seventeenth-Century England*, New York 1970.
ders., *The Sociology of Science: Theoretical and Empirical Investigations*, Chicago – London 1973.
ders., *Entwicklung und Wandel von Forschungsinteressen. Aufsätze zur Wissenschaftssoziologie*, Frankfurt/M. 1985 (Teilausg. von *The Sociology of Science*)
ders., *Auf den Schultern von Riesen. Ein Leitfaden durch das Labyrinth der Gelehrsamkeit*, Frankfurt/M. 1989.
ders., *Soziologische Theorie und soziale Struktur*, Berlin 1995.
Michelet, Jules, *Histoire de France*, 17 Bde., Neuausg. Lausanne 1966-67.
Miley, Charles Harvey, »Birth Order Research 1963-1967: Bibliography and Index«, *Journal of Individual Psychology* 25, 1969, S. 64-70.
Miller, Arthur I., *Albert Einstein's Special Theory of Relativity: Emergence (1905) and Early Interpretation (1905-1911)*, Reading/Mass. 1981.
Miller, Donald G., »Duhem, Pierre-Maurice-Marie (1861-1916)«, *Dictionary of Scientific Biography* 4, 1971, S. 225-233.
Miller, Edward M., »Prenatal Sex Hormone Transfer: A Reason to Study Opposite-Sex Twins«, *Personality and Individual Differences* 17, 1994, S. 511-529.
Miller, Hugh, *Foot-Prints of the Creator; or, the Asterolepis of Stromness*, Edinburgh 1847, 22. Aufl. 1883.
ders., *My Schools and School Masters*, Boston 1871 [1854].
Millhauser, Milton, *Just Before Darwin: Robert Chambers and Vestiges*, Middletown/Conn. 1959.
Milne, Edward Arthur, *Sir James Jeans, a Biography*, mit einer Denkschrift v. S. C. Roberts, Cambridge 1952.
Mintz, Samuel L., »Hobbes, Thomas (1588-1679)«, *Dictionary of Scientific Biography* 6, 1972, S. 444-451.
Minuchiun, P., »Families and Individual Development: Provocations from the Field of Family Therapy«, *Child Development* 56, 1985, S. 289-302.
Mischel, Walter, *Personality and Assessment*, New York 1968.
Mitford, Nancy, *Friedrich der Große*, München 1973.
Mitroff, Ian, *The Subjective Side of Science: A Philosophical Inquiry into the Psychology of the Apollo Moon Scientists*, Seaside/Calif. 1983.
Mitterauer, Michael und Reinhard Sieder, *Vom Patriarchat zur Partnerschaft. Zum Strukturwandel der Familie*, 2. Aufl. München 1980.
Mock, Douglas W., »Infanticide, Siblicide, and Avian Nestling Mortality«, in: Glenn Hausfater und Sarah Blaffer Hrdy (Hrsg.), *Infanticide: Comparative and Evolutionary Perspectives*, New York 1984, S. 3-30.
Mock, Douglas W., Hugh Drummond und Christopher H. Stinson, »Avian Siblicide: Killing a Brother or a Sister May Be a Common Adaptive Strategy Among Nestling Birds, Benefiting Both the Surviving Offspring and the Parents«, *American Scientist* 78, 1990, S. 438-449.
Möbius, Paul Julius, *Franz Joseph Gall*, in: ders., *Ausgewählte Werke*, Bd. 7, Leipzig 1907.
Moeller, Bernd, *Reichsstadt und Reformation*, Gütersloh 1962.
Moody, Paul Amos, *Introduction to Evolution*, New York 1970.
Moore, Gilbert, *A Special Rage*, New York 1971.
Moore, James R., *The Post-Darwinian Controversies: A Study of the Protestant Struggle to*

*Come to Terms with Darwin in Great Britain and America, 1870-1900*, Cambridge 1979.

Moore, Ruth, *Niels Bohr. Ein Mann und sein Werk verändern die Welt*, München 1970.

More, Louis Trenchard, *The Life and Works of The Honourable Robert Boyle*, London 1944.

Morningstar, Lasha, »Can Edmonton Psychologists Save the Royal Marriage?«, *Toronto Star*, 16. Juli 1993, S. B2

Morrell, Jack B., »Professors Robinson and Playfair, and the *Theophobia Gallica*: Natural Philosophy, Religion, and Politics in Edinburgh, 1789-1815«, *Notes and Records of the Royal Society* 26, 1971, S. 43-63.

Morrell, Jack B. und Arnold Thackray, *Gentlemen of Science: Early Years of the British Association for the Advancement of Science*, Oxford 1981.

Mouy, Paul, *Le développement de la physique Cartésienne, 1646-1712*, Paris 1934.

Mühlleitner, Elke, *Biographisches Lexikon der Psychoanalyse. Die Mitglieder der Psychologischen Mittwoch-Gesellschaft und der Wiener Psychoanalytischen Vereinigung 1902-1938*, Tübingen 1992.

Mulligan, Lotte, »Puritans and English Science: A Critique of Webster«, *Isis* 71, 1980, S. 456-469.

Murphy, Paul J., *Brezhnev: Soviet Politican*, Jefferson/N.C. 1981.

Murray, Penelope (Hrsg.), *Genius: The History of an Idea*, mit einer Einl. v. Penelope Murray, Oxford 1989.

Neu, John (Hrsg.), *Isis Cumulative Bibliography, 1976-1985*, 2 Bde., Boston 1989.

Nichols, Robert, C., »Heredity, Environment, and School Achievement«, *Measurement and Evaluation in Guidance* 1, 1968, S. 122-129.

Nisbett, Richard E., »Birth Order and Participation in Dangerous Sports«, *Journal of Personality and Social Psychology* 8, 1968, S. 351ff.

Norman, W. T., »Toward an Adequate Taxonomy of Personality Attributes: Replicated Factor Structure in Peer Nomination Personality Ratings«, *Journal of Abnormal and Social Psychology* 66, 1963, S. 574-583.

Nunberg, Herman (Hrsg.), *Protokolle der Wiener Psychoanalytischen Vereinigung*, 4 Bde., Frankfurt/M. 1976-1981.

Oates, Stephen B., *The Fire of Jubilee: Nat Turner's Fierce Rebellion*, New York 1975.

Olby, Robert, *Origins of Mendelism*, 2. Aufl. Chicago 1985.

Oppenheim, Abraham N., *Questionnaire Design and Attitudes Measurement*, London 1968.

Oppenheim, Janet, *The Other World: Spiritualism and Psychical Research in England, 1850-1914*, Cambridge 1985.

Orieux, Jean, *Das Leben des Voltaire*, Frankfurt/M. – Leipzig 1994.

Ornstein, Martha, *The Rôle of Scientific Societies in the Seventeenth Century*, Chicago 1928.

Osgood, Charles Egerton, George J. Suci und Percy H. Tannenbaum, *The Measurement of Meaning*, Urbana 1957.

Ostwald, Friedrich Wilhelm, *Lebenslinien. Eine Selbstbiographie*, 3 Bde., Berlin 1926f.

Outram, Dorinda, *Georges Cuvier: Vocation, Science and Authority in Post-Revolutionary France*, Manchester 1984.

ders., »Uncertain Legislator: Georges Cuvier's Laws of Nature in Their Intellectual Context«, *Journal of the History of Biology* 19, S. 323-368.

Owen, Rev. Richard, *The Life of Sir Richard Owen*, mit einem wissenschaftlichen Teil überarb. v. C. Davies Sherborn, 2 Bde., London 1894.

Ozment, Steven, *The Reformation in the Cities*, New Haven – London 1975.

ders., *The Age of Reform, 1250-1550: An Intellectual and Religious History of Late Medieval and Reformation Europe*, New Haven – London 1980.

ders. (Hrsg.), *Reformation Europe: A Guide to Research*, St. Louis 1982.

ders., *When Fathers Ruled: Family Life in Reformation Europe*, Cambridge 1983.
ders., *Three Behaim Boys: Growing up in Early Modern Germany: A Cronicle oh Their Lives*, New Haven 1990.
ders., *Protestants: The Birth of a Revolution*, New York 1992.
Ozouf, Mona, »Danton«, in: François Furet und Mona Ozouf (Hrsg.), *Kritisches Wörterbuch der Französischen Revolution*, Frankfurt/M. 1996, S. 396-411.
dies., »Der Prozeß gegen den König«, in: François Furet und Mona Ozouf (Hrsg.), *Kritisches Wörterbuch der Französischen Revolution*, Frankfurt/M. 1996, S. 159-178.
dies., »Die Girondisten«, in: François Furet und Mona Ozouf (Hrsg.), *Kritisches Wörterbuch der Französischen Revolution*, Frankfurt/M. 1996, S. 585-602.
dies., »Die Montagnards«, in: François Furet und Mona Ozouf (Hrsg.), *Kritisches Wörterbuch der Französischen Revolution*, Frankfurt/M. 1996, S. 630-649.

Packard, Alpheus S., *Lamarck, the Founder of Evolution: His Life and Work*, New York 1901.
Pagel, Walter, *William Harvey's Biological Ideas: Selected Aspects and Historical Background*, Basel – New York 1967.
Paget, Hugh, »The Youth of Anne Boleyn«, *Bulletin of the Institute of Historical Research* 55, 1981, S. 162-170.
Pais, Abraham, *»Raffiniert ist der Herrgott ...« Albert Einstein. Eine wissenschaftliche Biographie*, Braunschweig 1986.
Palmer, Robert D., »Birth Order and Identification«, *Journal of Consulting Psychology* 30, 1966, S. 129-135.
Palmer, Robert R., *Twelve Who Ruled: The Year of the Terror in the French Revolution*, Princeton 1969.
Pannekoek, A., *A History of Astronomy*, New York 1961.
Parfait, Noël, *Notice biographique sur A.-F. Sergent*, Chartres 1848.
Parmigiano, Stefano und Frederick S. von Saal (Hrsg.), *Infanticide and Parental Care*, London 1994.
Parsons, Talcott und Robert F. Bales, *Family, Socialization and Interaction Process*, Glencoe/Ill. 1955.
Parssinen, Terry M., »Popular Science and Society: The Phrenology Movement in Early Victorian Britain: Appendix A«, 1970 (unveröffentlichtes Manuskript).
dies., »Popular Science and Society: The Phrenology Movement in Early Victorian Britain«, *Journal of Social History* 8, 1974, S. 1-20.
Parton, James, *Life of Voltaire*, 2 Bde., Boston – London 1881.
Pasternak, Martin B., *Rise Now and Fly to Arms: The Life of Henry Highland Garnet*, New York – London 1995.
Pastore, Nicholas, *The Nature-Nurture Controversy*, New York 1949.
Patrick, Alison, *The Men of the First French Revolution: Political Alignments in the National Convention of 1792*, Baltimore – London 1972.
Payne, Robert, *The Life and Death of Mahatma Gandhi*, New York 1969.
Pertué, Michel, »Remarques sur les listes de Conventionnels«, *Annales de la Révolution Française* 245, 1981, S. 366-378.
ders., »La liste des Girondins de Jean-Paul Marat«, *Annales da la Révolution Française* 245, 1981, S. 379-389.
Petersen, William, *Malthus*, Cambridge 1979.
Pichanick, Valerie Kossew, *Harriet Martineau: The Woman and Her Work, 1802-1876*, Ann Arbor/Mich. 1980.
Pickering, Andrew, »Constraints on Controversy: The Case of the Magnetic Monopole«, *Social Studies of Science* 11, 1981, S. 63-93.
ders., *Construction Quarks: A Sociological History of Particle Physics*, Edinburgh 1984.
Pilkonis, Paul A., »Short-Term Group Psychotherapy for Shyness«, in: Warren H. Jones, Jonathan M. Cheek und Stephen R. Briggs (Hrsg.), *Shyness: Perspectives on Research and Treatment*, New York – London 1986, S. 375-385.

Pinker, Steven, *The Language Instinct*, New York 1994.
Pistrak, Lazar, *Chruschtschow unter Stalin*, Stuttgart 1962.
Planck, Max, *Wissenschaftliche Autobiographie*, Leipzig 1928.
Plomin, Robert, *Development, Genetics, and Psychology*, Hillsdale/N.J. 1986.
ders., *Genetics and Experience: The Interplay between Nature and Nurture*, Thousand Oaks/Calif.–London 1994.
Plomin, Robert, Hilary Coon, Gregory Carey, J. C. deFries und David W. Fulker, »Parent-Offspring and Sibling Adoption Analysis of Parental Ratings of Temperament in Infancy and Childhood«, *Journal of Personality* 59, 1991, S. 705-732.
Plomin, Robert und Denise Daniels, »Genetics and Shyness«, in: Warren H. Jones, Jonathan M. Cheek und Stephen R. Briggs (Hrsg.), *Shyness: Perspectives on Research and Treatment*, New York – London 1986, S. 63-80.
dies., »Why Are Children in the Same Family so Different from One Another«, *Behavioral and Brain Sciences* 10, 1987, S. 1-60.
Plomin, Robert, J. C. deFries und John C. Loehlin, »Genotype-Environment Interaction and Correlation in Analysis of Human Behavior«, *Psychological Bulletin* 84, 1977.
Plomin Robert, J. C. de Fries und G. E. McClearn, *Behavioral Genetics: A Primer*, 2. Aufl. New York 1990.
Poincaré, Henri, *Der Wert der Wissenschaft*, Leipzig 1906.
ders., *Wissenschaft und Methode*, Leipzig–Berlin 1914.
ders., *Wissenschaft und Hypothese*, Nachdr. d. Ausg. v. 1914, Stuttgart 1974.
Pollard, Albert Frederick, »Seymour, Edward (1506?-1552)«, *Dictionary of National Biography* 17, 1897, S. 1237-1248.
ders., »Seymour, Thomas (1508?-1549)«, *Dictionary of National Biography* 17, 1897, S. 1268-1271.
Pomeau, René Henry, »Voltaire«, *The Encyclopaedia Britannica* 29, 15. Aufl. Chicago 1992, S. 524-528.
Popper, Karl R., »The Rationality of Scientific Revolutions«, in: Ian Hacking (Hrsg.), *Scientific Revolutions*, Oxford 1981, S. 80-106.
ders., *Logik der Forschung*, 7. Aufl. Tübingen 1982.
ders., *Vermutungen und Widerlegungen. Das Wachstum der wissenschaftlichen Erkenntnis*, 2 Bde., Tübingen 1995.
Porter, Roy, *The Making of Geology: Earth Science in Britain, 1660-1815*, New York 1975.
ders., »The Descent of Genius: Charles Darwin's Brilliant Career«, *History Today*, Juli 1982, S. 16-22.
ders., *Kleine Geschichte der Aufklärung*, Berlin 1991.
Powell, Brian und Lala Carr Steelman, »Beyond Sibship Size: Sibling Density, Sex Composition, and Educational Outcomes«, *Social Forces* 69, 1990, S. 181-206.
Price, John, »Personality Differences within Families: Comparisons of Adult Brothers and Sisters«, *Journal of Biosocial Sciences* 1, 1969, S. 177-205.
Prioleau, L., M. Murdock und N. Brody, »An Analysis of Psychotherapy Versus Placebo«, *The Behavioral and Brain Science* 6, 1983, S. 275-285.
Proctor, Robert N., *Racial Hygiene: Medicine under the Nazis*, Cambridge – London 1988.

Quatrefages de Breau, Armand de, *Les Émules de Darwin*, 2 Bde., Paris 1894.

Randall, John, *The Making of the Modern Mind*, überarb. Aufl. Boston 1940 [1926].
Raverat, Gwen, *Eine Kindheit in Cambridge*, Frankfurt/M. 1994.
Redondi, Pietro, *Galilei – der Ketzer*, Frankfurt/M. 1993.
Reed, John J., »Sarah Moore Grimké and Angelina Emily Grimké«, in: Alden Whitman (Hrsg.), *American Reformers*, New York 1985, S. 379-382.
Reichenbach, Hans, *Experience and Prediction*, Chicago 1938.
Reid, Ivan, *Social Class Differences in Britain: A Sourcebook*, London 1977.

Rejai, Mostafa und Kay Phillips, *Leaders of Revolution*, Beverly Hill – London 1979.
dies., *World Revolutionary Leaders*, New Brunswick/N.J. 1983.
dies., *Loyalists and Revolutionaries: Political Leaders Compared*, New York 1988.
Rensberger, Boyce, »The Nature-Nurture Debate I«, *Science* 83, 4. April, S. 28-37.
Reyer, Alexandre, *Leben und Wirken des Naturhistorikers Dr. Franz Unger*, Graz 1871.
Richards, Robert J., *Darwin and the Emergence of Evolutionary Theories of Mind and Behavior*, Chicago – London 1987.
Richet, Denis, »Tage des Volksaufstandes während der Revolution«, in: François Furet und Mona Ozouf (Hrsg.), *Kritisches Wörterbuch der Französischen Revolution*, Frankfurt/M. 1996, S. 230-251.
Richmond, Phyllis Allen, »Some Variant Theories in Opposition to the Germ Theory of Disease«, *Journal of the History of Medicine and Allied Sciences* 9, 1954, S. 290-303.
ders., »American Attitudes toward the Germ Theory of Disease (1860-1880)«, *Journal of History of Medicine and Allied Sciences* 9, 1954, S. 428-454.
Ridley, Jasper, *Heinrich VIII. Eine Biographie*, Zürich 1990.
Ridley, Matt, *The Red Queen: Sex and the Evolution of Human Nature*, New York 1994.
Roazen, Paul, *Sigmund Freud und sein Kreis. Eine biographische Geschichte der Psychoanalyse*, Herrsching 1988.
ders., *Freuds Liebling Helene Deutsch. Das Leben einer Psychoanalytikerin*, München 1989.
Robert, Adolphe und Gaston Gougny, *Dictionnaire des parlementaires français*, 5 Bde., Paris 1889-1891.
Robert, Henry Martyn, *Pocket Manuel of Rules of Order for Deliberative Assemblies*, Chicago 1876.
Robinson, John P., Jerrold G. Rusk und Kendra B. Head, *Measures of Political Attitudes*, Ann Arbor/Mich. 1972.
Roe, Anne, »A Psychological Study of Eminent Psychologists and Anthropologists and a Comparison with Biological and Physical Scientists«, *Psychological Monograph*, Nr. 353, 1953.
Roe, Shirley A., *Matter, Life, and Generation: Eighteenth-Century Embryology and the Haller-Wolff Debate*, Cambridge 1981.
Roger, Jacques, *Les Sciences de la vie dans la pensée française du XVIIIe siècle. La génération des animaux de Descartes à l'Encyclopédie*, 2. Aufl. Paris 1971.
Rogers, Everett M., *Diffusion of Innovations*, New York 1962.
ders., *Communication of Innovation: A Cross-Cultural Approach*, 2. Aufl. [v. *Diffusion of Innovations*] New York 1971.
ders., *Diffusion of Innovations*, 3. Aufl. New York 1983.
Ronan, Colin A., *Edmond Halley: Genius in Eclipse*, Garden City/N.Y. 1969.
Roodin, Paul A. und Glen M. Vaught, »Birth Order and Conservatism«, *Psychological Reports* 31, 1972, S. 814.
Rosen, Edward, *Copernicus and the Scientific Revolution*, Malabar/Fla. 1984.
Rosenberg, Benjamin George, »Life Span Personality Stability in Sibling Status«, in: Michael E. Lamb und Brian Sutton-Smith (Hrsg.), *Sibling Relationships: Their Nature and Significance Across the Lifespan*, Hillsdale/N.J. 1982, S. 167-224.
Rosenblatt, Paul C. und Elizabeth L. Skoogberg, »Birth Order in Cross-Cultural Perspective«, *Developmental Psychology* 10, 1974, S. 48-54.
Rosenthal, Robert, *Meta-Analytic Procedures for Social Research*, Newbury Park/Calif. 1984.
ders., *Judgment Studies: Design, Analysis, and Meta-Analysis*, Cambridge 1987.
ders., »Parametric Measures of Effect Size«, in: H. Cooper L. V. Hedges (Hrsg.), *Handbook of Research Synthesis*, New York 1991, S. 231-244.
Rosenthal, Robert und Ralph L. Rosnow, *Essentials of Behavioral Research: Methods and Data Analysis*, New York 1984, 2. Aufl. 1991.
dies., *Contrast Analysis: Focused Comparisons in the Analysis of Variance*, Cambridge 1985.

Rosenthal, Robert, und Donald B. Rubin, »A Simple, General Purpose Display of Magnitude of Experimenter Effect«, *Journal of Educational Psychology* 47, 1982, S. 166-169.
Rosnow, Ralph L. und Robert Rosenthal, »Focused Tests of Significance and Effect Size Estimation in Counseling Psychology«, *Journal of Counseling Psychology* 35, 1988, S. 203-208.
Ross, Helgola G. und Joel I. Milgram, »Important Variables in Adult Sibling Relationships: A Qualitative Survey«, in: Michael E. Lamb und Brian Sutton-Smith (Hrsg.), *Sibling Relationships: Their Nature and Significance Across the Lifespan*, Hillsdale/N.J. 1982, S. 225-249.
Ross, Lee und Richard E. Nisbett, *The Person and the Situation: Perspectives of Social Psychology*, Philadelphia 1991.
Rothman, Kenneth J., *Modern Epidemiology*, Boston 1986.
Routh, C. R. N., *Who's Who in History*, Bd. 2: *England 1485 to 1603*, Oxford 1964.
Rowe, David C., *The Limits of Family Influence: Genes, Experience, and Behavior*, New York – London 1994.
Rubin, Donald D., »Multiple Imputation in Sample Surveys – a Phenomenological Bayesian Approach to Nonresponse«, *The Proceedings of the Survey Research Methods Section of the American Statistical Association*, Arlington/Va. 1978, S. 20-34.
ders., *Multiple Imputation for Nonresponse in Surveys*, New York 1987.
ders., »Multiple Imputation after 18+ Years«, *Journal of the American Statistical Association* 91, 1996, S. 473-489.
Rubin, Donald B. und Joseph L. Schafer, »Efficiently Creating Multiple Imputations for Incomplete Multivariate Normal Data«, *Proceedings of the Statistical Computing Section of the American Statistical Association*, 1990, S. 83-88.
Rubins, Jack L., *Karen Horney. Sanfte Rebellin der Psychoanalyse*, Frankfurt/M. 1983.
Rudwick, Martin J. S., »The Glacial Theory. Review of *Studies on Glaciers* by Louis Agassiz«, *History of Science* 8, 1970, S. 136-157.
ders., *The Meaning of Fossils: Episodes in the History of Palaeontology*, London 1972.
ders., »Miller, Hugh (1802-1856)«, *Dictionary of Scientific Biography* 9, 1974, S. 388ff.
ders., *The Great Devonian Controversy: The Shaping of Scientific Knowledge among Gentlemanly Specialists*, Chicago – London 1985.
Runco, Mark A., »Birth Order and Divergent Thinking«, *Journal of Genetic Psychology* 148, 1987, S. 119-125.
Runyon, William McKinley, *Life Histories and Psychobiography: Explorations in Theory and Method*, New York 1982.
Ruse, Michael E., »The Revolution in Biology«, *Theoria* 36, 1970, S. 1-22.
ders., »Two Biological Revolutions«, *Dialectica* 25, 1971, S. 17-38.
ders., *The Darwinian Revolution: Science Red in Tooth and Claw*, Chicago – London 1979.
Rutter, Michael, »Separation, Loss, and Family Relationships«, in: Michael Rutter und Lionel Hersov (Hrsg.), *Child and Adolescent Psychiatry: Modern Approaches*, Oxford 1977, S. 34-57.
ders., »Maternal Deprivation, 1972-1978: New Findings, New Concepts, New Approaches«, *Child Development* 50, 1979, S. 283-305.
ders., *Maternal Deprivation Reassessed*, 2. Aufl. Harmondsworth 1981.
Ryan, John Paul und C. Neal Tate, *The Supreme Court in American Politics: Policy Through Law*, 2. Aufl. Washington/D.C. 1980.

Sack, Robert L. und Emanuel de Fraites, »Lithium and the Treatment of Mania«, in: Jack D. Barchas, Philip A. Berger, Roland D. Ciaranello und Glen R. Elliott (Hrsg.), *Psychopharmacology: From Theory to Practice*, New York 1977, S. 208-225.
Salmon, Catherine, »Middleborns Are Different: Birth Order and the Psychology of Kinship«, Diskussion auf der Tagung der *Human Behavior and Evolution Society*, Northwestern University, 28. Juni 1996.

Saltus, Richard, »Twinspeak: They Often Lag in Verbal Skills«, *Boston Globe*, 11. Mai 1992, S. 25, 27.

Salvin, Osbert, »On the Avifauna of the Galápagos Archipelago«, *Transactions of the Zoological Society of London* 9, 1876, S. 447-510.

Sampson, Edward E., »Birth Order, Need Achievement, and Conformity«, *Journal of Abnormal and Social Psychology* 64, 1962, S. 155-159.

Sampson, Edward E. und Francena T. Hancock, »An Examination of the Relationship between Ordinal Position, Personality, and Conformity: An Extension, Replication, and Partial Verification«, *Journal of Personality and Social Psychology* 5, 1967, S. 398-407.

Santillana, Giorgio de, *The Crime of Galileo*, Chicago 1955.

Saudino, Kimberly J., Shirley McGuire, David Reiss, E. Mavis Hetherington und Robert Plomin, »Parent Ratings of EAS Temperaments in Twins, Full Siblings, Half Siblings, and Step Siblings«, *Journal of Personality and Social Psychology* 68, 1995, S. 723-733.

Sauer, Gordon C., *John Gould the Bird Man: A Chronology and Bibliography*, Kansas City 1982.

Scarisbrick, J. J., *Henry VIII.*, London 1968.

Scarr, Sandra und Susan Grajek, »Similarities and Differences among Siblings«, in: Michael E. Lamb und Brian Sutton-Smith (Hrsg.), *Sibling Relationships: Their Nature and Significance across the Lifespan*, Hillsdale/N.J. 1982, S. 357-381.

Scarr, Sandra und Kathleen McCartney, »How People Make Their Own Environments: A Theory of Genotype → Environmental Effects«, *Child Development* 54, 1983, S. 424-435.

Schachter, Frances Fuchs, »Sibling Deidentification and Split-Parent Identification: A Family Tetrad«, in: Michael E. Lamb und Brian Sutton-Smith (Hrsg.), *Sibling Relationships: Their Nature and Significance across the Lifespan*, Hillsdale/N.J. 1982, S. 123-152.

Schachter, Frances Fuchs, Gabi Gilutz, Ellen Shore und Michelle Adler, »Sibling Deidentification Judged by Mothers: Cross-Validation and Developmental Studies«, *Child Development* 49, 1978, S. 543-546.

Schachter, Frances Fuchs, Ellen Shore, Susan Feldman-Rotman, Ruth E. Marquis und Susan Campbell, »Sibling Deidentification«, *Developmental Psychology* 12, 1976, S. 418-427.

Schachter, Stanley, *The Psychology of Affiliation: Experimental Studies of the Sources of Gregariousness*, Stanford 1959.

Schafer, Joseph L., »Algorithms for Multiple Imputation and Posterior Simulation from Incomplete Multivariate Data with Ignorable Nonresponse«, Ph. D. Dissertation, Department of Statistics, Harvard University 1991.

Schama, Simon, *Der zaudernde Citoyen. Rückschritt und Fortschritt in der Französischen Revolution*, Stuttgart-München 1989.

Scheper-Hughes, Nancy, *Death Without Weeping: The Violence of Everyday Life in Brazil*, Berkeley – Los Angeles 1992.

Schluter, Dolph, Trevor D. Price und Peter R. Grant, »Ecological Character Displacement in Darwin's Finches«, *Science* 227, 1985, S. 1056-1059.

Schneider, Hans-Georg, *Paradigmenwechsel und Generationenkonflikt. Eine Fallstudie zur Struktur wissenschaftlicher Revolutionen. Die Revolution der Chemie des späten 18. Jahrhunderts*, Frankfurt/M. 1992.

Schooler, Carmi, »Birth Order Effects: Not Here, Not Now!«, *Psychological Bulletin* 78, S. 161-175.

Schubert, Daniel S. P., Mazie Earle Wagner und Herman J. P. Schubert, »A Thousand References on Sibling Constellation Variables: Ordinal Position, Sibship Size, Sibling Age Spacing, and Sex of Sibling«, *JSAS Catalog of Selected Documents in Psychology* 6, Nr. 1792, 1976.

dies., »An Additional 2,000 References on Sibling Constellation Variables: Ordinal

Position, Sibship Size, Sibling Age Spacing, and Sex of Sibling«, *Psychological Documents*, Nr. 2545, 1984.
Schubert, Glendon, *The Judicial Mind Revisited: Psychometric Analysis of Supreme Court Ideology*, New York – London 1974.
ders., »Aging, Conservatism, and Judicial Behavior«, *Micropolitics* 3, 1983, S. 135-179.
Schultze, Johannes, »Elisabeth, Kurfürstin von Brandenburg [1485-1555]«, *Neue Deutsche Biographie* 4, 1957, S. 443.
Schwennicke, Detlev, *Europäische Stammtafeln*, neue Aufl., 14 Bde., Marburg 1980-1991.
Scribner, Robert W., *The German Reformation*, Atlantic Highlands/N.J. 1986.
Scrimshaw, Susan C. M., »Infant Mortality and Behavior in the Regulation of Family Size«, *Population and Development Review* 4, 1978, S. 383-403.
dies., »Infanticide in Human Populations«, in: Glenn Hausfater und Sarah Blaffer Hrdy (Hrsg.), *Infanticide: Comparative and Evolutionary Perspectives*, New York 1984, S. 439-462.
Secord, James A., *Controversy in Victorian Geology: The Cambrian-Silurian Dispute*, Princeton 1986.
ders., »Robert Chambers and *Vestiges*«, in: James R. Moore (Hrsg.), *History, Humanity, and Evolution: Essays for John C. Greene*, Cambridge 1989, S. 165-194.
ders., »Edinburgh Lamarckians: Robert Jameson and Robert E. Grant«, *Journal of the History of Biology* 24, 1992, S. 1-18.
Segal, Jeffrey A. und Harold J. Spaeth, *The Supreme Court and the Attitudinal Model*, Cambridge 1993.
Segal, Nancy L., »Twin, Sibling, and Adoption Methods: Tests of Evolutionary Hypotheses«, *American Psychologist* 48, 1993, S. 943-956.
Segalen, Martine, *Quinze generations de Bas-Bretons. Parente et société dans le pay bigouden Sud, 1720-1980*, Paris 1985.
Seligman, Edmond, *La justice en France pendant la révolution*, 2. Aufl. Paris 1913.
Seymour, William, *Ordeal of Ambition: An English Family in the Shadow of the Tudors*, London 1972.
Sharkow, David und David Rapaport, »The Influence of Freud on American Psychology«, *Psychological Issues* 4, Nr. 1, 1964 (Monographie 13).
Shapin, Steven, »Phrenological Knowledge and the Social Structure of Early Nineteenth-Century Edinburgh«, *Annals of Science* 32, 1975, S. 219-243.
ders., »Homo Phrenologicus: Anthropological Perspectives on an Historical Problem«, in: Barry Barnes und Steven Shapin (Hrsg.), *Natural Order: Historical Studies of Scientific Culture*, Beverly Hills – London 1979, S. 41-67.
ders., »The Politics of Observation: Cerebral Anatomy and Social Interests in the Edinburgh Phrenology Disputes«, in: R. Wallis (Hrsg.), *On the Margins of Science: The Social Construction of Rejected Knowledge*, Keele/Staffordshire 1979 (=Sociology Review Monograph Nr. 27), S. 139-178.
ders., »Merton Thesis«, in: William F. Bynum, E. Janet Browne und Roy Porter (Hrsg.), *Dictionary of the History of Science*, Princeton 1981, S. 262a-262b.
ders., »History of Science and Its Sociological Reconstruction«, *History of Science* 20, 1982, S. 157-211.
ders., »Understanding the Merton Thesis«, *Isis* 79, 1988, S. 594-605.
ders., »Mertonian Concessions. Review of *Making Science*, by Stephen Cole«, *Science* 259, 1993, S. 839-841.
Shapin, Steven und Simon Schaffer, *Leviathan and the Air-Pump: Hobbes, Boyle, and the Experimental Life*, Princeton 1985.
Shapiro, Barbara, *John Wilkins, 1614-1672: An Intellectual Biography*, Berkeley – Los Angeles 1969.
dies., »Latitudinarianism and Science in Seventeenth-Century England«, in: Charles Webster (Hrsg.), *The Intellectual Revolution of the Seventeenth Century*, London 1974, S. 286-316; zuerst veröffentlicht in *Past and Present* 40, 1968, S. 16-41.

Sharpe, R. Bowdler, *An Analytic Index to the Works of the Late John Gould. With a Biographical Memoir and Portrait*, London 1893.
Sherwood, John und Mark Nataupsky, »Predicting the Conclusions of Negro-White Intelligence Research from the Biographical Characteristics of the Investigator«, *Journal of Personality and Social Psychology* 8, 1968, S. 53-58.
Shute, Michael N., »Henry Highland Garnet«, in: Alden Whitman (Hrsg.), *American Reformers*, New York 1985, S. 332ff.
Simon, Edith, *Friedrich der Große. Das Werden eines Königs*, Tübingen 1963.
Simonton, Dean Keith, *Genius, Creativity, and Leadership: Historiometric Inquiries*, Cambridge – London 1984.
ders., »Is the Marginality Effect all That Marginal?«, *Social Studies of Science* 14, 1984, S. 621f.
ders., »Scientific Eminence Historical and Contemporary: A Measurement Assessment«, *Scientometrics* 6, 1984, S. 169-182.
ders., *Why Presidents Succeed: A Political Psychology of Leadership*, New Haven – London 1987.
ders., *Scientific Genius: A Psychology of Science*, Cambridge – New York 1988.
ders., *Psychology, Science, and History: An Introduction to Historiometry*, New Haven – London 1990.
ders., »Personality and Politics«, in: Lawrence A. Pervin (Hrsg.), *Handbook of Personality: Theory and Research*, New York 1990, S. 670-692.
ders., *Greatness: Who Makes History and Why*, New York – London 1994.
Simpkins, Diana M., »Malthus, Thomas Robert (1766-1834)«, *Dictionary of Scientific Biography* 9, 1974, S. 67-71.
Sinclair, William J., *Semmelweis: His Life and His Doctrine*, Manchester 1909.
Singer, Eleanor, »Adult Orientation of First and Later Children«, *Sociometry* 34, 1971, S. 143-151.
Skinner, G. William, »Seek a Loyal Subject in a Filial Son: Family Roots of Political Orientation in Chinese Society«, *Family Process and Political Process in Modern Chinese History*, Taipeh 1992, S. 943-993.
Slater, E., »Birth Order and Maternal Age of Homosexuals«, *Lancet* 13, 1962, S. 69-71.
Smith, Colin, *Carlos: Portrait of a Terrorist*, London 1976.
Smith, Denis Mack, *Mussolini. Eine Biographie*, München 1983.
Smith, John Maynard, »Dinosaur Dilemma. Review of *The Dinosauria,* edited by David B. Weishample, Peter Dodson, and Halszka Osmälska; and *Dinosaurs, Spitfires, and Sea Dragons* by Chris McGowan«, *New York Review of Books*, 25. April 1991, S. 5ff.
Smith, Merritt Roe, »Industry, Technology, and the »Labor Question« in 19th-Century American: Seeking Synthesis«, *Technology and Culture* 32, 1991, S. 555-570.
Smith, Preserved, *The Life and Letters of Martin Luther*, Boston – New York 1911.
Smith, Thomas Ewin, »Birth Order, Sibship Size, and Social Class as Antecedents of Adolescents' Acceptance of Parents' Authority«, *Social Forces* 50, 1971, S. 223-232.
Snow, Charles P., »Either – Or«, *The Progressive* 24, 1961, S. 24f.
ders., *The Two Cultures and the Scientific Revolution*, New York 1961.
Soboul, Albert, Einleitung zu ders. (Hrsg.), *Actes du Colloque Girondins et Montagnards*, Paris 1980.
Solomon, Miriam, »Social Empiricism«, *Noûs* 28, 1994, S. 325-343.
Solovyov, Vladimir und Elena Kleipkova, *Boris Yeltsin: A Political Biography*, aus d. Russ. übers. v. David Gurevich, London 1992.
Somit, Albert, Alan Arwine und Steven A. Peterson, *Birth Order and Political Behavior*, Lanham/Md. 1996.
Somkin, Fred, »Lubbock, Sir John (Lord Avebury) (1834-1913)«, *Dictionary of Scientific Biography* 8, 1973, S. 527ff.
Sonnert, Gerhard, *Who Succeeds in Science?: The Gender Dimension*, unter Mitarb. v. Gerald Holton, New Brunswick/N.J. 1995.

Sonnert, Gerhard und Gerald Holton, »Career Patterns of Women and Men in the Sciences«, *American Scientist* 84, 1996, S. 63-71.
Southwell, Charles, *An Essay on Marriage; Addressed to the Lord Bishop of Exeter*, London 1840.
ders., *The Confession of a Free-Thinker*, London um 1845.
Spengel, Johann Wilhelm, *Die Darwinische Theorie. Verzeichnis der über dieselbe in Deutschland, England, Amerika, Frankreich, Italien, Holland, Belgien und Skandinavischen Reichen erschienenen Schriften und Aufsätze*, 2. Aufl. Berlin 1872.
Spinka, Matthew, *John Huss: A Biography*, Princeton 1968.
Spitz, Lewis W., *The Renaissance and Reformation Movements*, 2 Bde., St. Louis 1971.
ders., »Reformation«, in: Philip P. Weiner (Hrsg.), *Dictionary of the History of Ideas: Studies of Selected Pivotal Ideas*, New York 1973, Bd. 4, S. 66-69.
ders., »Psychohistory and History: An Examination of Erikson's *Young Man Luther*«, in: Roger A. Johnson (Hrsg.), *Psychohistory and Religion: The Case of Young Man Luther*, Philadelphia 1977, S. 57-96.
ders., *The Protestant Reformation, 1517-1559*, New York 1985.
Spurzheim, Johann G., *Phrenology, or the Doctrine of the Mental Phenomena*, 2 Bde, 5. Aufl. Boston 1838.
Stanfield, James Field, *An Essay on the Study and Composition of Biology*, London 1813.
Stannard, David E., *Shrinking History: On Freud and the Failure of Psychohistory*, Oxford – New York 1980.
Stebbins, Robert E., »France«, in: Thomas F. Glick (Hrsg.), *The Comparative Reception of Darwinism*, Austin – London 1972, S. 117-163.
Steelman, Lala Carr und Brian Powell, »The Social and Academic Consequences of Birth Order: Real, Artifactual, or Both«, *Journal of Marriage and the Family* 47, 1985, S. 117-124.
Stein, Richard S, Adele B. Stein und Jerome Kagan, »The Effects of Ordinal Position and Identification on the Development of Philosophical Attitudes«, *Journal of Genetic Psychology* 117, 1970, S. 13-24.
Stephen, Leslie, »Dickens, Charles (1812-1870)«, *Dictionary of National Biography* 5, 1888, S. 20-32.
ders., »Godwin, William (1756-1836)«, *Dictionary of National Biography* 8, 1890, S. 64-68.
ders., »Martineau, Harriet (1802-1876)«, *Dictionary of National Biography* 12, 1893, S. 1194-1199.
Stewart, John A., »Drifting Continents and Colliding Interests: A Quantitative Application of the Interests Perspective«, *Social Studies of Science* 16, 1986, S. 261-279.
ders., »Drifting or Colliding Interests?: A Reply to Laudan with Some New Results«, *Social Studies of Science* 17, 1987, S. 321-331.
ders., *Drifting Continents & Colliding Paradigms: Perspectives on the Geoscience Revolution*, Bloomington – Indianapolis 1990.
Stewart, Louis H., »Birth Order and Political Leadership«, in: Margaret G. Hermann (Hrsg.), gemeinsam mit Thomas W. Milbury, *A Psychological Examination of Political Leaders*, New York – London 1977, S. 205-236.
ders., *Changemakers: A Jungian Perspective on Sibling Position and the Family Atmosphere*, London – New York 1992.
Stewart, Ralph H., »Birth Order and Dependency«, *Journal of Personality and Social Psychology* 6, 1967, S. 192ff.
Stimson, Dorothy, *The Gradual Acceptance of the Copernican Theory of the Universe*, New York – Gloucester/Mass. 1917.
dies., »Puritanism and the New Philosophy in 17th Century England«, *Bulletin of the Institute of the History of Medicine* 3, 1935, S. 321-334.
dies., *Scientists and Amateurs: A History of the Royal Society*, New York 1948.
Stipp, David, »Family Matters«, *The Wall Street Journal*, 23. August 1994, S. A1, A5.
Stone, Lawrence, *Family, Sex, and Marriage in England, 1500-1800*, gekürzte Ausg. New York 1979.

Stowe, Harriet Beecher, *Onkel Toms Hütte*, 2. Aufl. Würzburg 1994.
Stresemann, Erwin, *Die Entwicklung der Ornithologie. Von Aristoteles bis zur Gegenwart*, Berlin 1951.
Strickland, Hugh E., »On the True Method of Discovering the Natural System in Zoology and Botany«, *Notices and Abstracts to the British Association for the Advancement of Science; at the Glasgow Meeting, August 1840*, London 1840, Bd. 10, S. 128f.
ders., »Report on the Recent Progress and Present State of Ornithology«, *Report of the Fourteenth Meeting of the British Association for the Advancement of Science; Held at York in September 1844*, London 1844, Bd. 14, S. 170-219.
Sullivan, Walter, *Warum die Erde bebt. Die unaufhaltsame Drift der Kontinente*, Frankfurt/M. 1977.
Sulloway, Frank J., »Charles Darwin and the Voyage of H. M. S. *Beagle*«, Arbeit, vorgestellt dem Committee on History and Science für die Erlangung des Titels Bachelor of Arts, Harvard College, 1969.
ders., »Geographic Isolation in Darwin's Thinking: The Vicissitudes of a Crucial Idea«, *Studies in the History of Biology* 3, 1979, S. 23-65.
ders., »Darwin and His Finches: The Evolution of a Legend«, *Journal of the History of Biology* 15, 1982, S. 1-53.
ders., *The ›Beagle‹ Collections of Darwin's Finches (Geospizinae), Bulletin of the British Museum (Natural History) Zoology Series* 43, Nr. 2, 1982.
ders., »Darwin's Conversion: The *Beagle* Voyage and Its Aftermath«, *Journal of the History of Biology* 15, 1982, S. 325-396.
ders., *Freud. Biologe der Seele. Jenseits der psychoanalytischen Legende*, Köln 1982.
ders., »The Legend of Darwin's Finches«, *Nature* 303, 1983, S. 372.
ders., »Further Remarks on Darwin's Spelling Habits and the Dating of *Beagle* Voyage Manuscripts«, *Journal of the History of Biology* 16, 1983, S. 361-390.
ders., »Darwin and the Galápagos«, *Biological Journal of the Linnean Society* 21, 1984, S. 29-59.
ders., »Darwin's ›Dogged‹ Genius: His Galápagos Visit in Retrospect«, *Noticias de Galapagos*, Nr. 42, 1985, S. 7-14.
ders., »Darwin's Early Intellectual Development: An Overview of the *Beagle* Voyage (1831-1836)«, in: David Kohn (Hrsg.), *The Darwinian Heritage*, Princeton 1985, S. 121-151.
ders., »Reassessing Freud's Case Histories: The Social Construction of Psychoanalysis«, *Isis* 82, 1991, S. 245-275.
ders., »Darwinian Psychobiography. Review of *Charles Darwin: A New Life* by John Bowlby«, *New York Review of Books*, 10. Oktober 1991, S. 28-32.
ders., »Birth Order and Evolutionary Psychology: A Meta-Analytic Overview«, *Psychological Inquiry* 6, 1995, S. 75-80.
ders., *Born to Rebel: Birth Order, Family Dynamics, and Creative lives,* New York 1996.
ders., (Hrsg.), *Testing Theories of Scientific Change*, (in Vorbereitung).
Sulloway, Frank J. und Mark B. Adams, »Charles Darwin's Voyage with H. M. S. *Beagle*«, ein Film in sechs Teilen und einem Begleitbuch, Cambridge 1970.
Suomi, Stephen J., »Sibling Relationships in Nonhuman Primates», in: Michael E. Lamb und Brian Sutton-Smith (Hrsg.), *Sibling Relationships: Their Nature and Significance across the Lifespan*, Hillsdale/N.J. 1982.
Sutton-Smith, Brian und B. G. Rosenberg, *The Sibling*, New York 1970.
Swanson, Guy, *Religion and Regime: A Sociological Account of the Reformation*, Ann Arbor 1967.
Swarth, Harry S., »The Avifauna of the Galápagos Islands«, *Occasional Papers of the California Academy of Sciences*, Nr. 18, 1931.
Sydenham, Michael John, *The Girondins*, London 1961.
ders., *The French Revolution*, London 1965.
Symons, Donald, *The Evolution of Human Sexuality*, New York 1979.

Tanner, Edwin P., »Franklin, William (1731-1813)«, *Dictionary of American Biography* 6, 1931, S. 600f.
Tate, C. Neal, »Personal Attribute Models of the Voting Behavior of U. S. Supreme Court Justices: Liberalism in Civil Liberties and Economics Decisions, 1946-1978«, *American Political Science Review* 75, 1981, S. 355-367.
Tate, C. Neal und Roger Handberg, »Time Binding and Theory Building in Personal Attribute Models of Supreme Court Voting Behavior, 1916-1988«, *American Journal of Political Science* 35, 1991, S. 460-480.
Tawney, Richard H., *Religion und Frühkapitalismus. Eine historische Studie*, Bern 1946.
Tempkin, Owsei, »Gall and the Phrenological Movement«, *Bulletin of the History of Medicine* 21, 1947, S. 275-321.
Thagard, Paul, »Scientific Cognition: Hot or Cold?«, in: Steve Fuller, Marc de Mey, Terry Shinn und Steve Woolgar (Hrsg.), *The Cognitive Turn: Sociological and Psychological Perspectives on Science*, Dordrecht 1989, S. 71-82.
Thomas, Alexander und Stella Chess, *Temperament und Entwicklung. Über die Entstehung des Individuellen*, Stuttgart 1980.
Thompson, Dorothy, *The Chartists: Popular Politics in the Industrial Revolution*, New York 1984.
Thoren, Victor E., *The Lord of Uraniborg: A Biography of Tycho Brahe*, unter Mitarbeit v. John R. Christianson, Cambridge 1990.
Todd, John M., *Luther. A Life*, London 1982.
Toland, John, *Adolf Hitler*, Bergisch Gladbach 1977.
Toman, Walter, *Familienkonstellationen. Ihr Einfluß auf den Menschen und seine Handlungen*, München 1965.
ders., »Birth Order Rules All«, *Psychology Today*, Dezember 1970, S. 44-49, 68-70.
ders., »The Duplication Theorem of Social Relationships as Tested in the General Population«, *Psychological Review* 78, 1971, S. 380-390.
ders., »Basics of Family Structure and Sibling Position«, in: Michael D. Kahn und Karen Gail Lewis (Hrsg.), *Sibling in Therapy: Life Span and Clinical Issues*, New York 1988, S. 46-50.
ders., »Family Constellations and Friendships Systems«, *Contemporary Family Therapy* 11, 1989, S. 3-20.
ders., *Family Constellations*, 4. Aufl. New York 1992 (dt. *Familienkonstellationen*).
Toman, Walter und Siegfried Preiser, *Familienkonstellationen und ihre Störungen. Ihre Wirkungen auf die Person, ihre sozialen Beziehungen und die nachfolgende Generation*, Stuttgart 1973.
Tooby John und Leda Cosmides, »On the Universality of Human Nature and the Uniqueness of the Individual: The Role of Genetics and Adaptation«, *Journal of Personality* 58, 1990, S. 17-68.
dies., »The Past Explains the Present: Emotional Adaptations and the Structure of Ancestral Environments«, *Ethology and Sociobiology* 11, 1990, S. 375-424.
dies., »Psychological Foundations of Culture», in: Jerome H. Barkow, Leda Cosmides und John Tooby (Hrsg.), *The Adapted Mind: Evolutionary Psychology and the Generation of Culture*, New York 1992, S. 19-136.
dies., »Friendship and the Banker's Paradox: Other Pathways to the Evolution of Adaptations for Altruism«, *Proceedings of the British Academy: Evolution of Social Behaviour Patterns in Primates and Man*, hrsg. v. John Maynard Smith (in Druckvorbereitung).
Toulmin, Stephen E., *Menschliches Erkennen*, Frankfurt/M. 1981.
Travis, Russell und Vandana Kohli, »The Birth Order Factor: Ordinal Position, Social Strata, and Educational Achievement«, *Journal of Social Psychology* 135, 1995, S. 499-507.
Trivers, Robert L., »Parental Investment and Sexual Selection«, in: Bernard Campbell (Hrsg.), *Sexual Selection and the Descent of Man, 1871-1971*, Chicago 1972, S. 136-179.

ders., »Parent-Offspring Conflict«, *American Zoologist* 14, 1974, S. 249-264.
ders., *Social Evolution*, Menlo Park/Calif. 1985.
Trivers, Robert L. und Dan Willard, »Natural Selection of Parental Ability to Vary the Sex-Ratio of Offspring«, *Science* 179, 1973, S. 90ff.
Troeltsch, Ernst, *Zur religiösen Lage, Religionsphilosophie und Ethik*, Tübingen 1913.
ders., *Die Soziallehren der christlichen Kirchen und Gruppen*, Nachdr. d. Ausg. v. 1922, Aalen 1965.
Tufte, Edward R., *The Visual Display of Quantitative Information*, Cheshire/Conn. 1983.
ders., *Envisioning Information*, Cheshire/Conn. 1990.
Turner, Frank Miller, *Between Science and Religion: The Reaction to Scientific Naturalism in Late Victorian England*, New Haven – London 1974.
ders., »The Victorian Conflict between Science and Religion: A Professional Dimension «, *Isis* 69, 1978, S. 356-376.
ders., »The Victorian Crisis of Faith and the Faith that Was Lost«, in: Richard J. Helmstadter und Bernard Lightman (Hrsg.), *Victorian Faith in Crisis: Essays on Continuity and Change in Nineteenth-Century Religious Belief*, London – Palo Alto/Calif. 1990, S. 9-38.

Ulmer, S. Sidney, »Are Social Background Models Time-Bound?«, *American Political Science Review* 80, 1986, S. 957-967.
Ussher, James, *Annales Veteris Testamenti, a prima mundi origine deducti*, London 1650.

Verger, Don, »Birth Order and Sibling Differences in Interests«, *Journal of Individual Psychology* 24, 1968, S. 56-59.
Vernon, Philip Ewart (Hrsg.), *Creativity: Selected Readings*, Harmondsworth 1970.
Vickers, Brian, *Appropriating Shakespeare: Contemporary Critical Quarrels*, New Haven – London 1993.
Visher, Stephen Sargent, *Scientists Starred 1903-1943 in »American Men of Science«: A Study of Collegiate and Doctoral Training, Birthplace, Distribution, Backgrounds, and Developmental Influences*, Baltimore 1947.
Vockell, E. L., D. W. Felker und C.H. Miley, »Birth Order Literature 1967-1971: Bibliography and Index«, *Journal of Individual Psychology* 29, 1973, S. 39-53.
Vogel, Christian, »Die Rolle der Familie im biogenetischen Geschehen«, in: Eckart Voland (Hrsg.), *Fortpflanzung. Natur und Kultur*, Frankfurt/M. 1992.
Voland, Eckart, »Human Sex-Ratio Manipulation: Historical Data from a German Parish«, *Journal of Human Evolution* 13, 1984, S. 99-107.
ders., »Differential Reproductive Success within the Krummhorn Population (Germany, 18th and 19th Centuries)«, *Behavioral Ecology and Sociobiology* 26, 1990, S. 65-72.
Voltaire, François-Marie Arouet, *Lettres philosophiques*, Amsterdam 1734 (dt. *Sammlung verschiedener Briefe ... die Engländer ... betreffend*).
ders., *Éléments de la philosophie de Newton*, Amsterdam 1738.
ders., *Sammlung verschiedener Briefe des Herrn Voltaire, die Engländer und andere Sachen betreffend*, Jena 1747.
ders., *Oeuvres de Voltaire, avec des notes et une notice historique sur la vie de Voltaire*, 13 Bde., Paris 1835-1838.
ders., *Voltaire's sämtliche Schriften*, 29 Bde., Berlin 1886-1897.
ders., *Voltaire's Correspondence*, hrsg. v. Theodore Besterman, 107 Bde., Genf 1953-1965.
ders., *Correspondance*, hrsg. v. Theodore Besterman, 13 Bde., Paris 1985-1993.
Voltaire, Farnçois-Marie Arouet und Friedrich der Große, *Briefwechsel Friedrichs des Großen mit Voltaire*, hrsg. v. Reinhold Koser, 3 Bde., Leipzig 1908-11.

Wade, Ira O., *The Intellectual Development of Voltaire*, Princeton 1969.
Wallace, Alfred Russel, »On the Law which has Regulated the Introduction of New Species«, *Annals and Magazine of Natural History* 26, 1855, S. 184-196.

ders., »On the Tendency of Varieties to Depart Indefinitely from the Original Type«, *Journal of the Proceedings of the Linnean Society (Zoology)* 3, 1859 [1858], S. 53-62; wieder abgedr. in Charles Darwin und Alfred Russel Wallace, *Evolution by Natural Selection*, Cambridge 1958, S. 268-279.
ders., *The Malay Archipelago: The Land of the Orang-Utan and the Bird of Paradise; a Narrative of Travel with Studies of Man and Nature*, London 1869.
ders., *Der Darwinismus. Eine Darstellung der Lehre von der natürlichen Zuchtwahl und einiger ihrer Anwendungen*, Braunschweig 1891.
ders., *My Life – A Record of Events and Opinions*, 2 Bde., London – New York 1905.
Waller, Niels G., Brian A. Kojetin, Thomas J. Bouchard, Jr., David T. Lykken und Auke Tellegen, »Genetic and Environmental Influences on Religious Interests, Attitudes, and Values: A Study of Twins Reared Apart and Together«, *Psychological Science* 2, 1990, S. 138-142.
Waller, Niels G. und Phillip R. Shaver, »The Importance of Nongenetic Influences on Romantic Love Style: A Twin-Family Study«, *Psychological Science* 5, 1994, S. 268-274.
Walter, Gérard, *Robespierre*, 2 Bde., Paris 1961.
Walter, Maila L., *Science and Cultural Crisis: An Intellectual Biography of Percy Williams Bridgman (1882-1961)*, Stanford 1990.
Ward, Reginald Somerset, *Maximilien Robespierre: A Study in Deterioration*, London 1934.
Warnicke, Retha M., *The Rise and Fall of Anne Boleyn: Family Politics at the Court of Henry VIII.*, Cambridge – New York 1989.
Warren, Jonathan R., »Birth Order and Social Behavior«, *Psychological Bulletin* 65, 1966, S. 38-49.
Weber, Max, *Die Protestantische Ethik und der »Geist« des Kapitalismus*, Tübingen – Leipzig 1904.
Weber, Paul, »The Birth Order Oddity in Supreme Court Appointments«, *Presidential Studies Quarterly* 14, 1984, S. 561-568.
Webster, Charles, »Richard Towneley (1629-1707), and the Towneley Group, and Seventeenth-Century Science«, *Transactions of the Historical Society of Lancashire and Cheshire* 118, 1966, S. 51-76.
ders., *The Great Instauration: Science, Medicine, and Reform, 1626-1660*, New York 1976.
ders., »Puritanism, Separatism, and Science«, in: David C. Lindberg und Ronald L. Numbers (Hrsg.), *God and Nature: Historical Essays on the Encounter between Christianity and Science*, Berkeley – Los Angeles 1986, S. 198-200.
Webster, Richard, *Why Freud Was Wrong: Sin, Science, and Psychoanalysis*, New York – London 1995.
Wedgwood, Barbara und Hensleigh Wedgwood, *The Wedgwood Circle, 1739-1897: Four Generations of a Family and Their Friends*, London 1980.
Wedgwood, Josiah, *The Economics of Inheritance*, London 1929.
Wegener, Alfred, *Die Entstehung der Kontinente und Ozeane*, Braunschweig 1929.
Weiner, Jonathan, *Der Schnabel des Finken oder Der kurze Atem der Evolution. Was Darwin noch nicht wußte*, München 1994.
Weingart, Peter, Jürgen Kroll und Kurt Bayertz, *Rasse, Blut und Gene. Geschichte der Eugenik und Rassenhygiene in Deutschland*, Frankfurt/M. 1988.
Weir, Alison, *The Six Wives of Henry VIII*, New York 1991.
Weiss, Philip, »Conduct Unbecoming?«, *New York Times Magazine*, 29. Oktober 1989, S. 40-95.
Weiss, Sheila Faith, *Racial Hygiene and National Efficiency: The Eugenics of Wilhelm Schallmayer*, Berkeley – Los Angeles 1987.
Wells, Kentwood D., »The Historical Context of Natural Selection: The Case of Patrick Matthew«, *Journal of the History of Biology* 6, 1973, S. 225-258.
Wenke, Robert A., *The Art of Selecting a Jury*, 2. Aufl. Springfield/Ill. 1989.
West, S. Stewart, »Sibling Configuration of Scientists«, *American Journal of Sociology* 66, 1960, S. 268-274.

Westfall, Richard S., *Science and Religion in Seventeenth-Century England*, New Haven – London 1958.
ders., *Force in Newton's Physics: The Science of Dynamics in the Seventeenth Century*, London – New York 1971.
ders., *The Construction of Modern Science: Mechanisms and Mechanics*, New York – Cambridge 1971.
ders., *Never at Rest: A Biography of Isaac Newton*, Cambridge 1980.
ders., »Scientific Patronage: Galileo and the Telescope«, *Isis* 76, 1985, S. 11-30.
Westman, Robert S., »The Melanchthon Circle, Rheticus, and the Wittenberg Interpretation of the Copernican Theory«, *Isis* 66, 1975, S. 165-193.
ders. (Hrsg.), *The Copernican Achievement*, Berkeley – Los Angeles 1975.
Whitman, Alden (Hrsg.), *American Reformers*, New York 1985.
Whitteridge, Gweneth, *William Harvey and the Circulation of the Blood*, London – New York 1971.
Wiggins, Jerry S., »A Psychological Taxonomy of Trait-Descriptive Terms: The Interpersonal Domain«, *Journal of Personality and Social Psychology* 37, 1979, S. 395-412.
Wilkinson, Leland, *SYGRAPH: The System for Graphics*, Evanston/Ill. 1990.
Wilkinson, Leland und Mary Ann Hill, *Using SYSTAT*, Evanston/Ill. 1994.
Williams, George C., *Adaptation and Natural Selection: A Critique of Some Current Evolutionary Thought*, Princeton 1966.
ders., *Sex and Evolution*, Princeton 1975.
Williams, George Hunston, *The Radical Reformation*, Philadelphia 1962.
ders., *The Radical Reformation*, 3. Aufl. in der Reihe *Sixteenth Century Essays and Studies*, Bd. 15, Kirksville 1992.
Williams, L. Pearce, *Michael Faraday: A Biography*, London – New York 1965.
ders., »Faraday, Michael (1791-1867)«, *Dictionary of Scientific Biography* 4, 1971, S. 527-540.
Williams, Wesley C., »Chambers, Robert (1802-1871)«, *Dictionary of Scientific Biography* 3, 1971, S. 191ff.
Williams-Ellis, Amabel, *Darwin's Moon: A Biography of Alfred Russel Wallace*, London – Glasgow 1966.
Wilson, Alexander, *The Chartist Movement in Scotland*, New York 1970.
Wilson, Arthur M., *Diderot*, New York 1972.
Wilson, David Sloan, »Adaptation and Individual Differences«, Vortrag, gehalten auf der Tagung der Human Behavior and Evolution Society, Northwestern University, 29. Juni 1996.
Wilson, Edward O., *The Insect Societies*, Cambridge 1971.
ders., *Sociobiology: The New Synthesis*, Cambridge 1975.
ders., *Biologie als Schicksal. Die soziobiologischen Grundlagen menschlichen Verhaltens*, Frankfurt/M. 1980.
Wilson, George und Archibald Geikie, *Memoir of Edward Forbes*, Cambridge – London – Edinburgh 1861.
Wilson, Leonard G., *Sir Charles Lyell's Scientific Journals on the Species Question*, New Haven – London 1970.
Winkler, Mary G. und Albert van Helden, »Representing the Heavens: Galileo and Visual Astronomy«, *Isis* 83, 1992, S. 195-217.
Winsor, Mary Pickard, »Louis Agassiz and the Species Question«, *Studies in the History of Biology* 3, 1979, S. 89-117.
Winter, David G., *The Power Motive*, New York 1973.
Wolf, Frederic M., *Meta-Analysis: Quantitative Methods for Research Synthesis*, Beverly Hills/Calif. 1986.
Wolfenstein, E. Victor, *The Revolutionary Personality: Lenin, Trotsky, Gandhi*, Princeton/N.J. 1967.
Woodward, Kenneth L., gemeinsam mit Lydia Densworth, »The Order of Innovation: A Study Finds Scientific Rebels Are Born, Not Made«, *Newsweek*, 21. Mai 1990, S. 76.

Workman, Herbert B., *John Wyclif: A Study of the English Medieval Church*, 2 Bde., Oxford 1926.
Wrench, Guy Theodore, *Lord Lister, His Life and Work*, London 1913.
Wrench, Susan Bleisweis, »Sojourner Truth«, in: Alden Whitman (Hrsg.), *American Reformers*, New York 1985, S. 814f.
dies., »Harriet Tubman«, in: Alden Whitman (Hrsg.), *American Reformers*, New York 1985, S. 816ff.
Wright, Robert, *The Moral Animal: Evolutionary Psychology and Everyday Life*, New York 1994.
Wrigley, E. A. und R. S. Schofield, *The Population History of England, 1541-1871: A Reconstruction*, Cambridge 1981.
Wurzbach, Constant von, »Unger, Franz«, *Biographisches Lexikon des Kaiserthums Oesterreich* 49, 1884, S. 44-61.

Young, Robert M., *Mind, Brain, and Adaptation in the Nineteenth Century: Cerebral Localization and Its Biological Context from Gall to Ferrier*, Oxford 1970.
ders., »Gall, Franz Joseph (1758-1828)«, *Dictionary of Scientific Biography* 5, 1972, S. 250-256.
ders., *Darwin's Metaphor: Nature's Place in Victorian Culture*, Cambridge 1985.

Zajonc, Robert B., »Family Configuration and Intelligence«, *Science* 192, 1976, S. 227-236.
ders., »Validating the Confluence Model«, *Psychological Bulletin* 93, 1983, S. 457-480.
Zajonc, Robert B. und John Barth, »Birth Order, Family Size, and Decline of SAT Scores«, *American Psychologist* 35, 1980, S. 662-668.
Zajonc, Robert B. und Gregory B. Marcus, »Birth Order and Intellectual Development«, *Psychological Review* 82, 1975, S. 74-88.
Zajonc, Robert B., Hazel Marcus und Gregory B. Marcus, »The Birth-Order Puzzle«, *Journal of Personality and Social Psychology* 37, 1979, S. 1325-1341.
Zangwill, Oliver L., »The Consequences of Brain Damage«, *International Journal of Neurology* 5, 1966, S. 395-402.
Zimbardo, Philip G., *Nicht so schüchtern! So helfen Sie sich aus Ihrer Verlegenheit*, 8. Aufl. München-Landsberg/Lech 1994.
Zimbardo, Philip G. und Michel R. Leippe, *The Psychology of Attitude Change*, Philadelphia 1991.
Zinner, Ernst, *Entstehung und Ausbreitung der Copernicanischen Lehre*, Erlangen 1943.
Zucker, Kenneth J. und Ray Blanchard, »Reanalysis of Bieber et al's 1962 Data on Sibling Sex Ratio and Birth Order in Male Homosexuals«, *Journal of Nervous and Mental Disease* 182, 1994, S. 528ff.
Zuckerman, Harriet, *Scientific Elite: Nobel Laureates in the United States*, New York – London 1977.
Zuckerman, Marvin, »All Parents Are Environmentalists until They Have Their Second Child«, *Behavioral and Brain Sciences* 10, 1987, S. 42ff.
ders., »The Psychophysiology of Sensation Seeking«, *Journal of Personality* 58, 1990, S. 313-345.
Zweig Stefan, *Triumph und Tragik des Erasmus von Rotterdam*, 2. Aufl. Frankfurt/M. 1982.
Zweigenhaft, Richard L., »Birth Order, Approval-Seeking, and Membership in Congress«, *Journal of Individual Psychology* 31, 1975, S. 205-210.

# Register

Die *kursiven Ziffern* verweisen auf Bildlegenden.

Die Deutsche Bibliothek – CIP-Einheitsaufnahme

Sulloway, Frank J.:
Der Rebell der Familie:
Geschwisterrivalität, kreatives Denken und Geschichte /
Frank J. Sulloway. [Aus dem Amerikan.
von Klaus Binder und Bernd Leineweber].
– 1. Aufl. – Berlin : Siedler, 1997
Einheitssacht.: Born to rebel <dt.>
ISBN 3-88680-627-8

Die Originalausgabe erschien 1996
unter dem Titel »Born to Rebel« bei Pantheon Books,
einem Unternehmen der Random House Inc., New York.
Die deutsche Ausgabe
wurde in Zusammenarbeit mit dem Autor und
Pantheon Books überarbeitet.

Das Register wurde von
Tim Jung und Bernd Leineweber erstellt.



Der Siedler Verlag ist ein Unternehmen
der Verlagsgruppe Bertelsmann.


Lektorat: Andrea Böltken
Karten und Graphiken: Bonnie Scranton
Schutzumschlag: Rothfos + Gabler, Hamburg
Satz und Reproduktionen: Bongé +Partner, Berlin
Druck und Buchbinder: GGP, Pößneck
Printed in Germany 1997
ISBN 3-88680-627-8
Erste Auflage